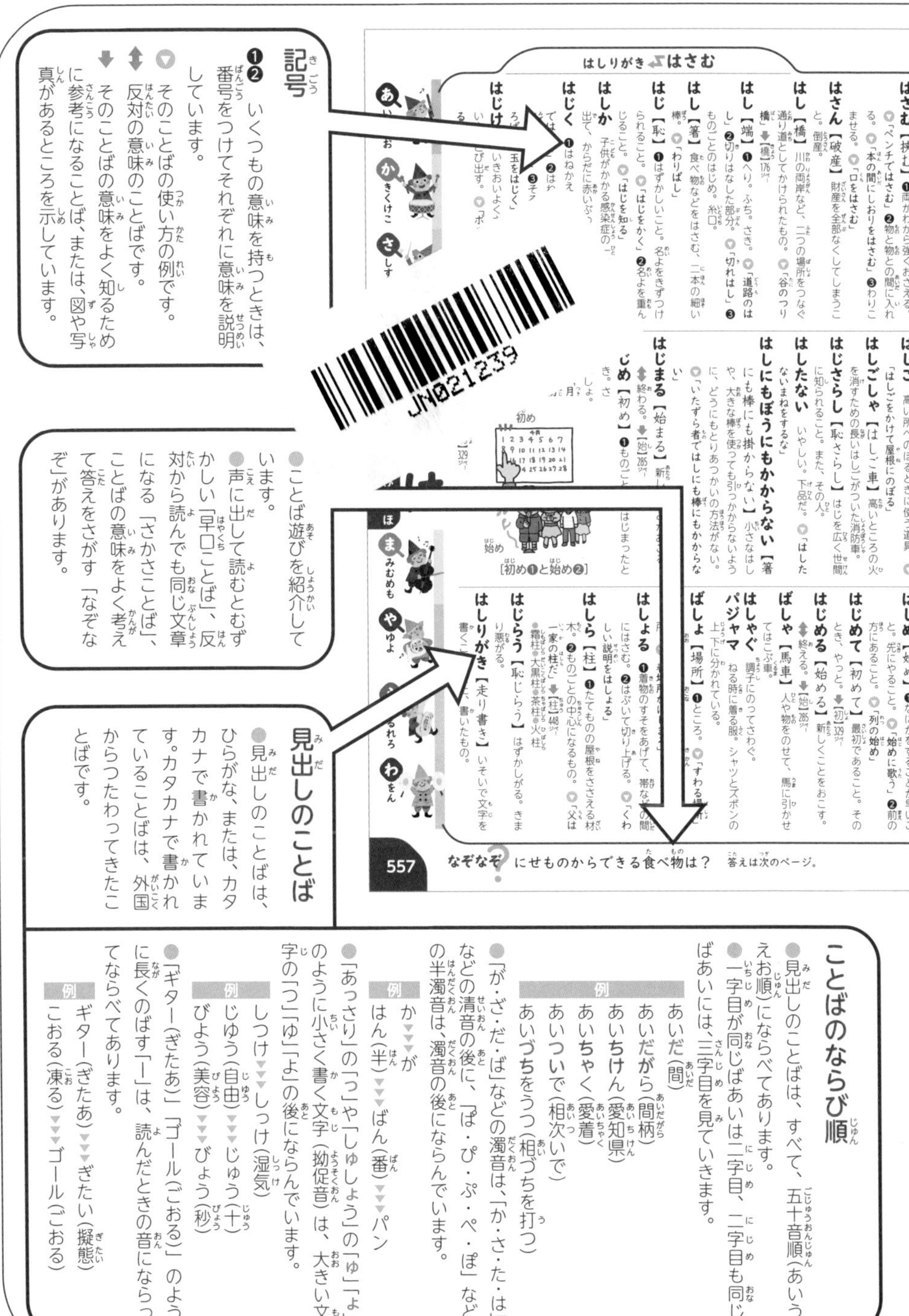

記号

❶❷ いくつもの意味を持つときは、番号をつけてそれぞれに意味を説明しています。

▽ そのことばの使い方の例です。

⬍ 反対の意味のことばです。

⬇ そのことばの意味をよく知るために参考になることば、または、図や写真があるところを示しています。

● ことば遊びを紹介しています。

● 声に出して読むとむずかしい「早口ことば」、反対から読んでも同じ文章になる「さかさことば」、ことばの意味をよく考えて答えをさがす「なぞなぞ」があります。

見出しのことば

● 見出しのことばは、ひらがな、または、カタカナで書かれています。カタカナで書かれていることばは、外国からつたわってきたことばです。

ことばのならび順

● 見出しのことばは、すべて、五十音順（あいうえお順）にならべてあります。

● 一字目が同じばあいは二字目、二字目も同じばあいには、三字目を見ていきます。

例
あいだ（間）
あいだがら（間柄）
あいちけん（愛知県）
あいちゃく（愛着）
あいついで（相次いで）
あいづちをうつ（相づちを打つ）

● 「が・ざ・だ・ば」などの濁音は、「か・さ・た・は」などの清音の後に、「ぱ・ぴ・ぷ・ぺ・ぽ」などの半濁音は、濁音の後にならんでいます。

例
か▼▼▼が
はん（半）▼▼▼ばん（番）▼▼▼パン

● 「あっさり」の「っ」や「しゅしょう」の「ゅ」「ょ」のように小さく書く文字（拗促音）は、大きい文字の「つ」「ゆ」「よ」の後にならんでいます。

例
しつけ▼▼▼しっけ（湿気）
じゆう（自由）▼▼▼じゅう（十）
びよう（美容）▼▼▼びょう（秒）

● 「ギター（ぎたあ）」「ゴール（ごおる）」のように長くのばす「ー」は、読んだときの音にならってならべてあります。

例
ギター（ぎたあ）▼▼▼ぎたい（擬態）
こおる（凍る）▼▼▼ゴール（ごおる）

小学館

はじめての国語辞典

小学館

国語辞典編集部 編

この辞典の特色

この辞典は、はじめて国語辞典を手にするみなさんのことを考えて作りました。全部で1万8千語のことばを収録しています。みなさんにとって、身近なことばを中心に選びましたので、この辞典の中には知っていることばがたくさんあるはずです。

辞典は「知らないことばを調べる時に使うものだ」と言われています。でも、「1万8千語の中からことばを探す」のは、大変難しいことだと思います。1万8千個の中から、たったひとつのおもちゃを見つけることが、とても難しいのと同じです。そんな時は、この辞典を手にとってパラパラとめくるだけでいいのです。知っていることばや、見たことのある物の絵を見つけることができると思います。

そうするうちに、いつの間にか上手に辞典を引くことができるようになるはずです。そのころには、豊かなことばで自分の気持ちを伝えたり、相手の気持ちを理解したりすることができるようになっているでしょう。

この辞典が、みなさんにとって、たくさんの「はじめて」に出会う辞典になることを、心から願っています。

2021年2月
小学館 国語辞典編集部

もくじ

コラム

ことばの意味や使い方を、より深く知ってもらうための読み物や、参考にしてほしい図や絵などをまとめたコラムがはいっています。

あ ア 4	い イ 29	う ウ 56	え エ 69	お オ 79
か カ 108	き キ 155	く ク 188	け ケ 204	こ コ 223
さ サ 260	し シ 283	す ス 355	せ セ 371	そ ソ 394
た タ 410	ち チ 440	つ ツ 457	て テ 469	と ト 486
な ナ 514	に ニ 524	ぬ ヌ 533	ね ネ 534	の ノ 541
は ハ 547	ひ ヒ 577	ふ フ 599	へ ヘ 625	ほ ホ 633
ま マ 653	み ミ 668	む ム 681	め メ 689	も モ 697
や ヤ 707		ゆ ユ 717		よ ヨ 724
ら ラ 737	り リ 741	る ル 749	れ レ 750	ろ ロ 755
わ ワ 759		を ヲ 765		ん ン 765

あ

ア

アース 安全のため、冷蔵庫などの電気器具と地面を銅線でつなぐこと。よぶんな電気を地中にながして、危険をふせぐ。

アーチ ❶橋や門などで、鉄・石・コンクリートを弓形にわたして作る建築のし方。❷スギ・ヒノキなどの葉で、柱をつつんで作る門。

アーチェリー 西洋式の弓を射る競技。洋弓。

[アーチェリー]

アーモンド バラのなかまの木。種があまいものと苦いものの二種類がある。あまい種はナッツとして食べ、苦い種はせき止め薬に使う。

あい【愛】 4年 アイ ❶かわいがること。大切にすること。▽「愛育。愛国」❷すきなこと。心をひかれること。▽「愛唱。愛読」

愛（筆順）★「受」ににているので注意 又ではない

●愛きょう●愛犬●愛好●愛国●愛称●愛情●愛する●愛想●愛知県●愛着●愛用●愛らしい●敬愛●親愛●博愛●友愛

あい【相】 ❶ことばの上について意味を強める。▽「相変わらず。相次いで」❷たがいに。いっしょに。▽「相ともに」⬇【相】395ページ ●相づちを打つ●相手●相棒

あいうえおじゅん【あいうえお順】 ひらがな、かたかなの「あ」行から「わ」行までの五十音順。▽「本だなの本をあいうえお順にならべる」

あいかぎ【合いかぎ】 もとのかぎと同じ形をしたかぎで、そのじょうをあけることのできるもの。

あいかわらず【相変わらず】 いつも変わりがない。ふだんのとおりに。

あいきょう【愛きょう】 顔かたち・心持ちなどが人にたいしていい感じをあたえること。▽「愛きょうがある。愛きょうをふりまく」

あいくるしい【愛くるしい】 とてもかわいらしい。▽「愛くるしいえがお」

あいけん【愛犬】 かわいがって、飼っている犬。また、犬をかわいがること。▽「愛犬家」

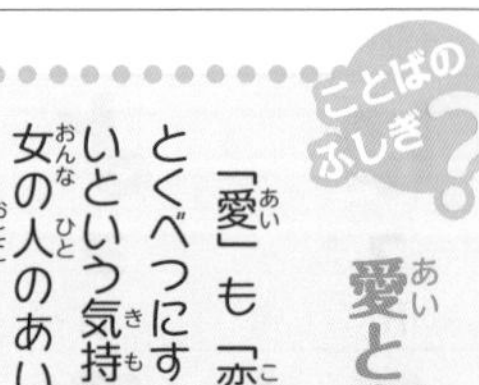

ことばのふしぎ

愛と恋

「愛」も「恋」も、だれかのことをとくべつにすきになって、大切にしたいという気持ちのことです。男の人と女の人のあいだだけでなく、女どうし、男どうしのこともあります。

ただ、「愛」はあいてを大切に思い、それはほかの人にはかえられないという気持ちですが、「恋」はあいてをすてきだと思ったり、自分のものにしたいと思ったりする気持ちで、少しちがいます。

あいこ 勝ち負けがないこと。引き分け。▽「じゃんけんはあいこだ」

あいこう【愛好】 すきで、大事にしたり、かわいがったりすること。▽「音楽やスポーツを愛好する」

あいこく【愛国】 自分の国を大切に思うこと。▽「愛国心」

あ

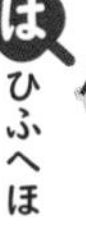

あいことば【合い言葉】前からきめておいて、たがいに合図しあうことば。▽「合い言葉は『山』と『川』だ」

あいさつ【挨拶】❶人と会ったときにかわす、おじぎやことば。▽「朝のあいさつ」❷会や式のとき、その場の人々に感謝やお祝いの気持ちを話すことば。▽「開会のあいさつ」

アイシー【ＩＣ】一まいの小さな板に多数の電子回路を組みこんだもの。けいたい電話や計算機など、いろいろな電気せいひんの部品としてつかう。集積回路。

あいしょう【愛称】友達・親子・兄弟などの間で、親しみの気持ちでよび合う名前。▽「しずかさんは、『しずちゃん』の愛しょうでよばれている」

あいじょう【愛情】❶かわいいと思うあたたかな心。▽「子供に愛情をそそぐ」❷すきだと思う心。▽「愛情がうすれる」

あいず【合図】前もってやくそくしたし方で、たがいに知らせ合うこと。▽「目で合図をおくる」

アイスクリーム つめたいおかしの一種。牛乳・さとう・たまごの黄身などをまぜ合わせ、こおらせて作る。⇩図

アイスホッケー 氷の上でスケートをしながら、先をまげた棒で、小さな円ばんをあいてのゴールへ入れる競技。一チームは六人。

あいする【愛する】かわいがる。大切にする。すきになる。▽「花を愛する」

あいそ【愛想】❶人にいい感じをあたえること。あいそう。▽「あいそがいい」❷もてなし。▽「なんのおあいそもなくて、すみません」

あいそをつかす【愛想を尽かす】すっかりいやになる。あきれる。▽「注意してもやめないので、あいそをつかす」

あいだ【間】❶物と物とにはさまれたところ。すきま。▽「列の間をつめる」❷あるときからあるときまでの時間。▽「ねている間」❸人と人との関係。▽「間がら」⇩【間】148ページ

あいだがら【間柄】人と人との関係。つきあい。▽「なんでもいえる間がら」

あいたくちがふさがらない【開いた口がふさがらない】あきれて、ものも言えない。▽「あまりのずうずうしさに、開いた口がふさがらない」

あいちけん【愛知県】中部地方にある県。名古屋市を中心に、工業がさかん。県庁は名古屋市にある。⇩都道府県（図）

あいちゃく【愛着】かわいくて、わすれられないこと。大事にしたい気持ち。「あいじゃく」ともいう。▽「愛着のある本」

あいついで【相次いで】どんどんつづいて。▽「相次いで客が来る」

あいづちをうつ【相づちを打つ】人の話によく調子を合わせてうけこたえをする。▽「話に相づちを打つ」

あいて【相手】❶ものごとをいっしょにするときの、一方の人。▽「練習相手。話し相手」❷競争をするときの、一方の人。▽「手ごわい相手」

アイデア 思いつき。考え。着想。「アイディア」ともいう。▽「よいアイデアがうかぶ」

アイティー【ＩＴ】コンピューターやイン

アイスクリームを作ってみよう!
❶ヨーグルトに木のスプーンなどをさして冷とうこへ
❷完成!!

なぞなぞ 人とかわす「さつ」だけれど、お金じゃないのは？ 答えは次のページ。

ターネットなどを使った技術。情報技術。▼「ITき業ではたらく」

アイディー【ID】 ❶その人の身分を証明する書類。❷インターネットなどで、サービスを利用する人を区別するための番号や記号。▼「パソコンにユーザーIDとパスワードを入れる」

あいとう【哀悼】 人の死んだのを、かなしみなげくこと。▼「心からあいとうの意を表す」

あいどく【愛読】 その本がすきで、よく読むこと。▼「愛読書」

アイドル 人気者。あこがれのまとになっている人。▼「アイドル歌手」

あいにく つごう悪く。運が悪く。▼「父はあいにくるすです」

アイヌ 北海道やサハリンにすんでいる民族。昔は、先住民族として本州にもすんでいた。

あいのて【合いの手】 ❶歌やおどりに合わせて入れる、かけ声や手びょうし。❷話の切れ目に入れて、話をしやすくするみじかいことば。▼「話にうまく合いの手を入れる」

あいふく【合服】 春や秋に着る服。

あいぼう【相棒】 ❶いっしょに仕事をするあいて。❷なかのいい友達。

あいま【合間】 ものごとのとぎれた間。ひま。▼「仕事の合間に本を読む」

あいまい はっきりしない。たしかでない。▼「あいまいな返事」

あいよう【愛用】 それがすきで、いつも使うこと。使いつけ。▼「愛用のカメラ」

あいらしい【愛らしい】 かわいい。かわいらしい。▼「愛らしい人形」

アイロン 熱で布のしわをのばしたり、おり目をつけたりする道具。

あう【合う】 ❶一つになる。▼「意見が合う」❷あてはまる。▼「足に合うくつ」❸ひきあう。損をしない。▼「採算が合う」❹そろう。▼「調子が合う」⬇【合】229ページ

あう【会う】 人と人がおたがいの顔を見る。であう。▼「友達に会う」⬇【会】111ページ

あう【遭う】 いきあう。わざわいなどにであう。▼「ふぶきにあう」

アウト ❶テニスやピンポンなどで、ボールが、きめられた線の外がわに出ること。❷野球で、こうげきの資格をなくすこと。⇔セーフ。

アウトドア 家の外。たてものの外。屋外。野外。▼「アウトドアスポーツを楽しむ」

あえぐ 苦しくて、はあはあと息をする。▼「暑さにあえぐ」

あえて むりに。おしきって。▼「むずかしいが、あえてやってみよう」

あえる やさい・貝などにみそ・す・ごまなどをまぜ合わせる。

あお【青】 ❶よく晴れた空のような色。▼「青空」❷水色や緑色などをまとめていうことば。▼「青葉」❸「進め」をしめす交通信号。▼「信号が青になった」❹あることばの上について、わかくて、ものごとのまだよくできないことをあらわす。▼「青二才」⬇【青】372ページ
●青々●青息吐息●青かび●青ざめる●青白い●青筋を立てる●青菜に塩●青二才●青葉●青虫●青物●青森県

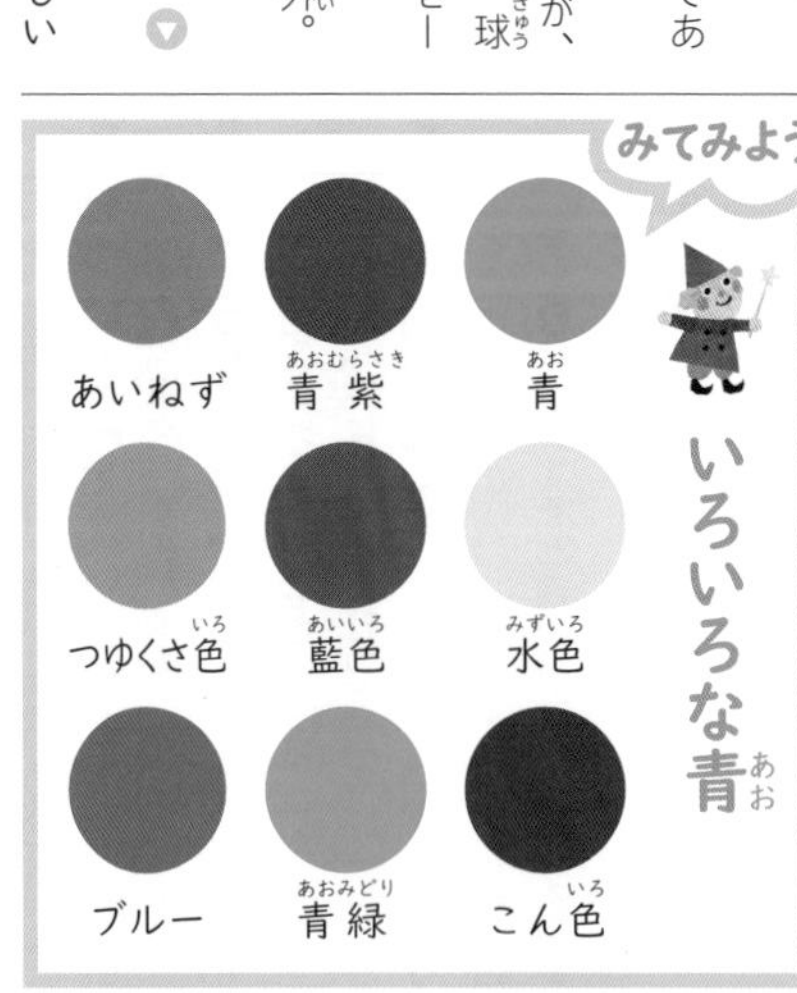

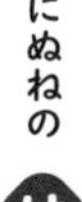

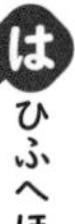
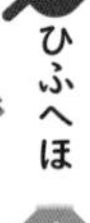

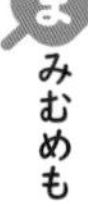
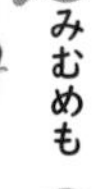

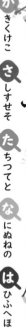

あおあお【青青・青々】いかにも青いようす。⬇「々」は同じ文字をくり返すという意味のおどり字という記号。

あおい【青い】❶よく晴れた空のような色をしている。▽「青い海」❷顔色がよくない。▽「青い顔」⬇【青】372ページ

あおいきといき【青息吐息】ため息をついて、苦しがったり、心配しているようす。▽「宿題がいっぱいあって青息と息だ」

あおかび【青かび】もちやパンにはえる緑色のかび。

あおぐ【仰ぐ】❶上をむく。▽「天をあおぐ」❷うやまう。▽「手本としてあおぐ」❸おねがいしてうける。▽「教えをあおぐ」

あおぐ【▲扇ぐ】うちわやおうぎを動かして風を起こす。▽「うちわであおぐ」

あおざめる【青ざめる】病気やおどろき、おそれなどのために、顔色が青白くなること。▽「顔が青ざめる」

あおじろい【青白い】❶青みがかって白い。❷血の気がなく顔色が悪い。

あおすじをたてる【青筋を立てる】かんかんになっておこるようす。▽「ひたいに青筋を立てておこる」

[青筋を立てる]

あおぞら【青空】❶青く晴れた空。▽「ぬけるようなきもちのいい青空」❷屋根のない所。屋外。▽「青空ちゅう車」

あおなにしお【青菜に塩】塩をかけられたなっぱのように、しおれて元気をなくしたようす。

あおにさい【青二才】まだわかくて、大したことのできない男。

あおば【青葉】❶緑色の木の葉。❷夏のはじめのわかば。▽「青葉の季節」

あおむけ【あお向け】顔や胸や腹などを上に向けること。⬍うつぶせ。

あおむし【青虫】チョウやガの幼虫のうち、からだに長い毛がない緑色の虫。モンシロチョウの幼虫など。

[あお向け]

あおもの【青物】やさい類をひとまとめにしていうことば。

あおものいちば【青物市場】やさいや、果物の売り買いをする市場。青果市場。⬇コラム375ページ

あおもりけん【青森県】東北地方にある県。リンゴの産地。県庁は青森市にある。⬇都道府県（図）

あおる ❶風や波が、物を大きく動かす。▽「大波が船をあおる」❷おだてる。そそのかす。▽「さわぎをあおる」

あか【赤】❶血や、もえている火のような色。▽「赤インク」❷「止まれ」を示す交通信号。❸ほかのことばの上について「まったく」とか、「まるまる」などの意味をあらわす。▽「赤の他人」「赤はじ」⬇【赤】380ページ ●赤子●赤字●赤潮●赤とんぼ●赤の他人●赤恥●赤み●赤ん坊

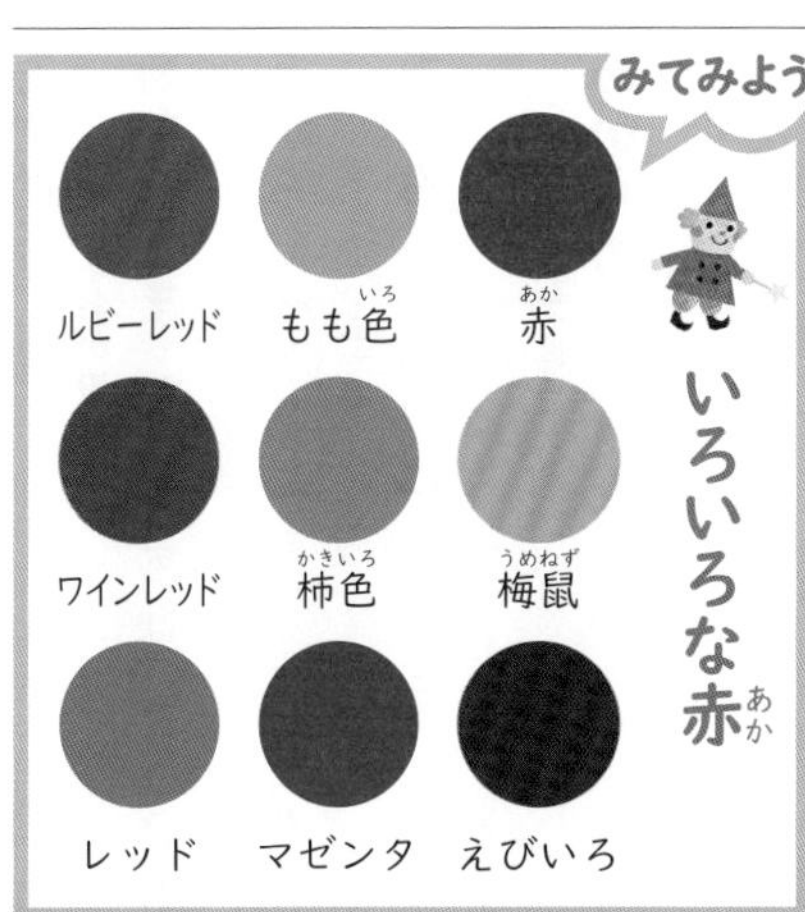

前のページの答え⇒「あいさつ」

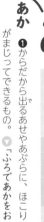

あか ❶からだから出るあせやあぶらに、ほこりがまじってできるもの。▽「ふろであかをおとす」❷水の中のまじりものが、うつわの底にかたまったもの。▽「水あか」

あかい【赤い】 血の色や、もえる火の色をしている。▽「赤いリンゴ」⬇【赤】380ページ

あかぎれ 寒さのため、手足のひふにできるひびわれ。

あがく ❶馬などが、前足で地面をひっかく。❷苦しみからのがれようと、ばたばたする。▽「あがいても、むだだ」

あかご【赤子】 生まれて一年ぐらいまでの子供。赤ちゃん。赤んぼう。

あかごのてをひねる【赤子の手をひねる】 赤んぼうの手をねじるように、強いものが弱いものをかんたんにうち負かす。▽「あんなやつを負かすのは、赤子の手をひねるようなものだ」

あかし 正しいということの証明やしょうこのこと。▽「あかしをたてて、うたがいをはらした」

あかじ【赤字】 不足のお金。帳ぼには赤い字で書かれる。▽「赤字を出す」⇕黒字。

あかしお【赤潮】 ひじょうに小さい生物が急にふえたため、海水の色が赤くなったもの。魚や貝などに、害をあたえる。

あかす【明かす】 ❶ひみつや、かくしていることを言ってしまう。▽「手品のたねを明かす」❷朝までねないでいる。▽「夜を明かす」⬇【明】689ページ

あかちゃん【赤ちゃん】 生まれて一年ぐらいまでの子供。親しみをこめたよび方。赤んぼう。赤子。

あかつき【暁】 夜明けごろ。明け方。⬇図

あかとんぼ【赤とんぼ】 赤い小さなトンボ。秋に、むれをなしてとぶ。

あかねいろ【あかね色】 少し暗い赤色。

あかのたにん【赤の他人】 自分とはまったく関係のない人。

[あかね色]

あかはじ【赤恥】 他人の前でかく、ひどいはじ。▽「赤はじをかく」

あかはだか【赤裸】 からだに衣服をなにもつけていないこと。まるはだか。すっぱだか。

あかみ【赤み】 赤い色合い。▽「ほおに赤みがさす」

あかみ【赤身】 魚などで、肉が赤いもの。マグロなど。⬇すし（図）

あかみがかる【赤みがかる】 赤い色をおびている。▽「雲が赤みがかる」

あがめる とうといものとしてうやまう。▽「神仏をあがめる」

あからさま ありのまま。はっきり。▽「あからさまにものを言う」

あからむ【赤らむ】 赤くなる。▽「カキの実が赤らむ」⬇【赤】380ページ

あからむ【明らむ】 光がさして、ものがよく見えてくる。▽「日の出とともに、東の空が明らむ」⬇【明】689ページ

あからめる【赤らめる】 赤くする。▽「顔を赤らめる」⬇【赤】380ページ

あかり【明かり】 ❶明るくする光。▽「明かりをつける」❷ともしび。電灯。▽「月明かり」⬇【明】689ページ

あがり【上がり】 ❶上がること。▽「上がりのエレベーター」❷収入。▽「店の上がりを計算する」❸できあがり。でき。▽「仕事の上がりがたいへんきれいだ」❹すごろくで、最後の場所に行きつくこと。

あかりとり【明かり取り】 部屋の中に光を取り入れるためのまど。

あがる【上がる】 ❶下から上へいく。❷船から陸へうつる。▽「陸へ上がる」⇕下がる。❸おしまいになる。▽「仕事は今日じゅうに上がる」❹上手になる。▽「うでまえが上がる」❺おちつき

動物の赤ちゃんのひみつ

ペンギン（コウテイペンギン）

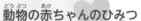

お父さんがマイナス40℃の中、2か月も絶食してたまごをあたため、ひなをかえす。その後、こうたいしてお父さんがえさを取りに行く間はお母さんがひなを守るよ。

ジャイアントパンダ

ジャイアントパンダの赤ちゃんは100～200グラムで、人の手のひらにのるくらい小さい。おとなになると、おおきいパンダは160キログラムにもなるよ。

ライオン

ライオンの赤ちゃんは、小さいときだけもようがある。草むらにじょうずにかくれるためなんだって!!

がなくなり、ぼうっとなる。▽「ぶたいに出て上がる」❻雨や雪がやむ。▽「雨が上がる」❼上の段階にすすむ。▽「中学校へ上がる」❽ねだんが高くなる。▽「電車賃が上がる」❾速くなる。▽「スピードが上がる」⬇【上】333ページ

あがる【挙がる】目立つようになる。▽「しょうこが挙がる」⬇【挙】174ページ

あがる【揚がる】❶上に高くかかげられる。▽「たこがあがる」❷いきおいよく発せられる。▽「かん声があがる」❸熱い油であげて、食べられるようになる。▽「てんぷらがあがる」

あかるい【明るい】❶光が多く、ものがはっきりと見えるようす。▽「明るい部屋」⬍暗い。❷ほがらかである。晴れ晴れとしている。▽「明るい顔」❸ものごとについてよく知っている。▽「地理に明るい」⬇【明】689ページ

あかるみ【明るみ】あかるい所。あかるい方。▽「長い林をぬけると、道は明るみに出た」

あかるむ【明るむ】あかるくなる。▽「東の空が明るむ」⬇【明】689ページ

あかんぼう【赤ん坊】生まれて一年ぐらいまでの子供。赤ちゃん。赤子。

なぞなぞ？ 顔にぬらないあま～いクリームは？ 答えは次のページ。

あき【秋】四季の一つ。九月・十月・十一月ごろ。⬇【秋】316ページ ●秋口●秋田県●秋の七草●秋晴れ

あきあき【飽き飽き】すっかりあきてしまうこと。つくづくいやになること。▽「つまらない演説にあきあきした」

あきぐち【秋口】秋のはじめ。▽「秋口には、台風がやって来る」

あきす【空き巣】るすの家をねらって入るどろぼう。あきすねらい。

あきたけん【秋田県】東北地方にある県。米・スギの産地。県庁は秋田市にある。⬇都道府県（図）

あきたりない ものたりない。十分でない。まんぞくしない。▽「彼のたいどにはあきたりないところが多い」

あきち【空き地】使っていない土地。たてもののたっていない土地。▽「いつのまにか空き地になっていた」

あきない【商い】物を売ったり、買ったりすること。商売。

あきなう【商う】売り買いをする。あきないをする。⬇【商】331ページ

あきのななくさ【秋の七草】秋に花がさく草のうち、ハギ・ススキ（オバナ）・クズ・ナデシコ・オミナエシ・フジバカマ・キキョウの七つ。春の七草とともに古くから日本人に親しまれている。⇕春の七草。

あきばこ【空き箱】中になにも入っていない、からのはこ。からばこ。▽「空き箱にボタンをいれる」

あきばれ【秋晴れ】秋のよく晴れた、さわやかな天気。

あきや【空き家】人がすんでいない家。

あきらか【明らか】はっきりしているようす。うたがいのないようす。▽「明らかに私が悪い。明らかなまちがい」⬇【明】689ページ

あきらめる もうだめだと思う。思い切る。▽「台風で旅行はあきらめた」

あきる【飽きる】十分になっていやになる。▽「勉強にあきる」

アキレスけん 足のふくらはぎの筋肉と、かかとの骨とをつないでいるすじ。⬇体（図）

あきれる 思いがけないことで、あっけにとられる。▽「あきれてものも言えない」

あきんど 商売をする人。商人の意味の古いことば。

あく【悪】3年 アク・（オ） わるい

❶悪いこと。正しくないこと。▽「悪事」⇕善。❷このましくないこと。▽「悪声」

一 亜 亜 亜 悪 悪 悪（タテ棒は2本 はねる）

●悪意●悪運●悪事●悪質●悪臭●悪性●悪政●悪たれ●悪党●悪徳●悪人●悪筆●悪評●悪文●悪魔●悪友●悪用●悪化●険悪●最悪●罪悪●善悪●俗悪

あく【空く】❶ひまになる。使わなくなる。▽「席が空く」❷からになる。▽「手が空く」⬇【空】189ページ

あく【明く】❶目が見えるようになる。❷ひらいている。▽「せなかの明いた服」⬇【明】689ページ

あく【開く】しまっていたもの、とじていたものがひらく。▽「戸が開く」⇕閉まる。⬇【開】112ページ

あく ❶灰を水にとかしてすんだところをとった水。せんたくなどに使った。❷植物の中にふくまれている、しぶみ。▽「やさいのあく」❸人の性質や文章などに目立つ、しぶとさや、しつこさ。▽「あくの強い人」

あくい【悪意】悪い心。人をにくむ、意地の悪い心。▽「悪意のあることば」⇕善意。

あくうん【悪運】❶運のよくないこと。▽「悪運に泣く」❷悪いことをしても、少しもそのむくいをうけず、さかえていること。

あ

▼「悪運の強い人」

あくじ【悪事】悪い行い。▼「悪事をはたらく」

あくしつ【悪質】❶やり方のたちがよくないこと。▼「悪質ないたずら」❷そまつで、よくないこと。▼「悪質な紙はやぶれやすい」⇔良質。

あくしゅ【握手】❶手と手をにぎり合って親しさをあらわす動作。▼「あく手をかわす」❷なかなおりをすること。

あくしゅう【悪臭】いやなにおい。▼「トイレの悪しゅうを消す」

あくせい【悪性】たちの悪いこと。▼「悪性のかぜがはやる」

あくせい【悪政】悪い政治。世の中の人を苦しめる政治。

あくせく ❶気が小さくて、つまらないことが気にかかり、くよくよすること。❷いそがしそうにはたらくこと。▼「年じゅうあくせくしている」

アクセサリー ❶首かざり・ゆびわなどのように、からだにつけるかざりもの。装身具。⬇服（図）❷きかいなどのふぞく品。

アクセス ❶ある場所へ行く方法。▼「空港へのアクセスが悪い」❷コンピューターで、情報を取り出したり書きこんだりすること。

アクセル 足でふんで、自動車の速さをかげんするしかけ。

アクセント ❶一つの語のうち、ある部分をとくに強くまたは高く発音するきまり。▼「『神』と『紙』とでは、アクセントがちがう」❷音楽・デザインなどで、全体の調子をある部分でとくに強めること。また、そのもの。▼「アクセントをつける」

あくたれ【悪たれ】❶わるさ。また、わるさをする子ども。▼「悪たれ小ぞう」❷にくまれ口。▼「悪たれをいう」

あくどい ひどい。▼「あくどいいたずら」

あくとう【悪党】❶悪いことをするなかま。❷悪い人。悪人。

あくとく【悪徳】よくない心や行い。▼「悪徳商人」⇔美徳。

あくにん【悪人】悪者。悪い心を持っている人。悪党。⇔善人。

あくび ねむいときやたいくつなときに、口がしぜんに大きくあいて出る息。▼「あくびをがまんする」

あくひつ【悪筆】字がまずいこと。また、下手な字。⇔達筆。

あくひょう【悪評】悪いうわさ。悪い評判。▼「悪評がたつ」⇔好評。

あくぶん【悪文】下手で、意味がわかりにくい文章。

あくま【悪魔】❶悪いことをさせようと、人の心をさそいこむばけもの。❷とても悪いことをする人のたとえ。

あくまで どこまでも。▼「あくまでやりとおす」

あくやく【悪役】ドラマや映画などで、悪い人の役。

あくゆう【悪友】❶悪い友達。❷親しい友達をわざとさすことば。

あくよう【悪用】悪いことに使うこと。▼「タイムマシンは悪用しないでほしい」

あぐら 両足を組んで楽にすわること。▼「あぐらをかく」

あくりょく【握力】物をにぎりしめる手の力。▼「あく力が強い」

正座　あぐら

［あぐら・正座］

あくる【明くる】日・月・年などの上につけて「つぎの」という意味をあらわす。▼「明くる朝」⬇【明】689ページ

アクロバット からだを自由にまげたり、さか立ちをしたりする軽業。または、それをす

前のページの答え⇒「アイスクリーム」

る人。曲芸。

あげあしをとる【揚げ足を取る】人のことばのまずいところや、言いあやまりをとりあげて、こまらせる。▽「人のあげ足を取ってばかりいる」

あけがた【明け方】夜が明けようとするころ。▽「明け方に目がさめる」

あげく そのあと。その結果。▽「さんざん泣いたあげくねむってしまう」

あけくれ【明け暮れ】❶朝に夕に。いつもいつも。❷月日をおくること。▽「この一年は勉強におわれる明け暮れだった」

あげしお【上げ潮】❶海の水が陸の方にみちてくること。みち潮。❷調子がよくなること。▽「上げ潮にのって試合に勝ちすすむ」

あけすけ つつみかくさないようす。▽「あけすけにものを言う」

あけっぱなし【開けっ放し】❶まどやふたなどが、開けたままであること。❷思っていることをかくさないこと。▽「開けっ放しの性格」

あけてもくれても【明けても暮れても】夜が明けても、日が暮れても。いつもいつも。▽「明けても暮れてもどら焼きのことばかり考えている」

あけのみょうじょう【明けの明星】夜明け前の東の空に、とくにかがやいている星。金星のこと。よいの明星も同じ金星である。⇕よいの明星。

あげはちょう 黄色い羽に、黒いすじや点々がある大きなチョウ。↓公園（図）

あけび 山に生えるつる性の植物。実は一〇センチメートルほどの長円形で食べられる。つるで、かご・いすなどを作る。

[あけび]

あけぼの 夜がほのかに明けはじめるころ。明け方。▽「春のあけぼの」

あける【空ける】❶ひまをつくる。▽「時間を空ける」❷中をからにする。▽「父が出張で、家を空ける」❸空間をつくる。▽「一字空けて行を始める」↓【空】189ページ

あける【明ける】❶朝が来て、あかるくなる。▽「夜が明ける」⇕暮れる。❷新しい年になる。▽「年が明ける」❸とじていたものをひらく。▽「目を明ける」↓【明】609ページ

あける【開ける】しまっていたものや、とじていたものをひらく。▽「戸を開ける」⇕閉める。↓【開】112ページ

あげる【上げる】❶下から上へうつす。⇕下げる。❷人にあたえる。▽「おかしを上げる」❸おわりまでする。なしとげる。▽「仕事を今日じゅうに上げる」❹上手になる。▽「うでまえを上げる」❺ねだんを高くする。▽「定価を上げる」❻速くする。▽「スピードを上げる」❼大きな音や声を出す。▽「かん声を上げる」❽食べたものをもどす。はく。↓【上】333ページ

あげる【挙げる】❶目立つようにする。▽「例を挙げる」❷犯人をつかまえる。❸成果を示す。▽「利益を挙げる」↓【挙】174ページ

あげる【揚げる】❶高くしてよく見えるようにする。▽「たこをあげる」❷油の中に入れて、にる。▽「フライをあげる」❸船から荷物をおろす。▽「船荷をあげる」

あご 口の上と下にあって物をかむ役目をする部分。↓顔（図）

アコーディオン じゃばらをのびちぢみさせながら、音を出すけんばん楽器。↓楽器（図）

あこがれ そうなりたいという強いのぞみ。▽「音楽家にあこがれをいだく」

あこがれる ああなりたい、こうしたいというように、何かのことに心が強くひきつけられる。▽「サッカーの選手にあこがれる」

あ

あごでつかう【あごで使う】 いばったたいどで人を使う。

あごをだす【あごを出す】 ひどく、つかれたようす。▽「マラソンであごを出す」

あさ【朝】 夜が明けはじめてからしばらくの間。⇔夕。晩。⇒【朝】451ページ ●朝市●朝方●朝霧●朝露●朝なぎ●朝日●朝飯前●朝もや●朝焼け

あさ【麻】 アマ・タイマ・マニラアサなどの植物。その皮からとった糸で、つな・あみ・布地などを作る。

あざ【字】 町や村をさらに小さく分けた一区画。⇒【字】286ページ

あざ ひふにできる赤や青などのまだら。▽「足にあざができた」

あさい【浅い】 ❶底や、おくまでの間がみじかい。⇔深い。❷つながりがうすい。▽「関係が浅い」❸色がうすい。▽「浅い緑色」❹少ない。たりない。▽「考えが浅い」⇒【浅】387ページ

あさいち【朝市】 朝早くから、やさいや魚などを売る市。

あさがお【朝顔】 夏の朝、じょうご形に花をひらくつる草。赤・白・青・むらさきなどの色がある。

あさがた【朝方】 朝の早いうち。▽「朝方雪がふりだした」⇔夕方。

あさぐろい【浅黒い】 色などが少し黒い。▽「浅黒いはだ」

あざける ばかにしてわらったり悪口を言ったりする。

あさごはん【朝ご飯】 朝に食べるごはん。朝食。

あさせ【浅瀬】 川や海などの浅い所。

あさって あしたの次の日。⇔おととい。

あさつゆ【朝露】 朝のうちにおりているつゆ。⇔夜露。

あさなぎ【朝なぎ】 朝、陸からふく風と海からふく風とが入れかわるとき、一時、風がやんで、波がしずかになること。⇔夕なぎ。

あさはか 考えが浅いようす。考えがたりないようす。▽「あさはかな人だ」

あさひ【朝日】 朝の太陽。朝の太陽の光。⇔夕日。▽「朝日をあびる」

あさましい ❶なさけない。▽「あさましい世の中」❷いやしい。▽「あさましい根性をたたきなおす」

あざみ 植物。春から秋に、赤むらさき色の花がさく。葉はぎざぎざしていてとげがある。

あざむく【欺く】 ❶だます。いつわる。▽「人をあざむく」❷見まちがえさせる。▽「昼をあざむく明るさ」

あさめしまえ【朝飯前】 朝食の前にでもできるような、かんたんなこと。

あさもや【朝もや】 朝のうちたちこめるうすいきり。⇔夕もや。

あざやか【鮮やか】 ❶色や形がはっきりしている。▽「あざやかな緑」❷やり方がすばらしい。上手。▽「あざやかなゴール」

あさやけ【朝焼け】 日の出のころに東の空が赤くなること。⇔夕焼け。

あざらし 寒い海にすむ、ほにゅう動物。ゴマファザラシ・クラカケアザラシなど。

あさり 海辺の浅いどろや、すなの中にいる二枚貝。

あさる ❶食べ物をさがしもとめる。▽「犬がえさをあさる」❷物をさがしまわる。▽「ほしい本をあさる」

あざわらう【あざ笑う】 ばかにして笑う。▽「人の失敗をあざ笑う」

あし【足】 ❶人や動物のからだをささえ、歩いたり、運動したりする部分。(図) ▽「足が速い」⇔手。⇒体 ❷歩くこと。❸乗り

[足]

早口ことば （五回続けていえるかな） 青巻紙、赤巻紙、黄巻紙。

物。▼「通学の足をうばう」⬇【足】400ページ
●足跡●足音●足掛け●足が出る●足が鈍る●足が棒になる●足首●足手まとい●足取り●足並み●足慣らし●足の甲●足の踏み場もない●足場●足踏み●足元●足下を見られる●足を洗う●足を運ぶ●後足●後ろ足●駆け足●客足●素足●手足●出足

あし【脚】❶すね。ひざの下の部分。❷ものの下にあってささえているもの。▼「つくえのあし」

あじ【味】❶あまい・からい・にがい・すっぱいなどの舌の感じ。❷おもむき。おもしろみ。▼「なかなか味のある絵」❸気がきいていること。▼「味なことをやる」⬇【味】668ページ
●味わい●後味

あじ　あたたかい海にすむ魚。からだの両がわにひし形のうろこが一列にならび、背中が青く腹が白い。

アジア　六大州の一つで世界の陸地のやく三分の一をしめる。日本・中国・フィリピン・タイ・インドネシア・インド・イランなどの国がある。⬇世界（図）

あしあと【足跡】❶人や動物の歩いたあと。❷すぎさったものごとのあと。

あしおと【足音】❶歩いたり走ったりするときの足の音。❷ものごとが近づいてくる気配。▼「春の足音」

あしか　海にすむ、ほにゅう動物。ひれのような足でおよぎ、魚やイカなどを食べる。芸をおぼえる。

あしかけ【足掛け】年月を数えるとき、はじめを一として年がかわるごとに一つずつつくわえていく数え方。▼「この町に来てから、足かけ五年になる」

2023年	2024年	2025年	2026年	2027年
11月15日 1年目	2年目	3年目	4年目	5年目 2月25日
足かけ5年				
1月1日 1年目	2年目	3年目	4年目	5年目 12月31日
足かけ5年				

あしがすくむ【足がすくむ】こわかったりおどろいたりして、足が自由に動かなくなる。▼「屋上から下を見ると足がすくむ」

あしがでる【足が出る】お金がたりなくなる。▼「買い物をして足が出る」

あしがにぶる【足が鈍る】❶くたびれて、歩くのがおそくなる。❷あまり行きたくない。▼「いやなお使いなので、足がにぶる」

あしがぼうになる【足が棒になる】長い時間立っていたり、歩いたりして、足がすっかりつかれてしまう。▼「足が棒になるまでさがした」

あしからず　悪く思わないでください。▼「出席しませんが、あしからず」

あしくび【足首】足のくるぶしの上の細い部分。⇕手首。⬇体（図）

あじさい　つゆのころ、花がさく庭木。花は白から青・うすい赤とかわっていく。

あした【明日】今日の次の日。あす。みょうにち。▼「明日もあそびましょう」⇕昨日。

あしでまとい【足手まとい】そばにいて仕事をするのにじゃまになること。

あしどり【足取り】❶歩き方。❷歩いたあと。▼「足取りがつかめない」

あしなみ【足並み】いっしょに歩くときの足のそろいぐあい。歩調。▼「足並みをそろえる」

あしならし【足慣らし】❶歩く力をつけ

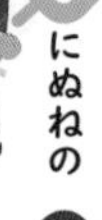

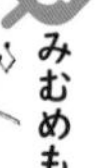

あ

るために、歩くけいこをすること。❷前もってやってみること。

あしのうら【足の裏】足の、地面をふむ部分。⇒体（図）

あしのこう【足の甲】足首から先の部分の、表の面。⇒体・指（図）

あしのふみばもない【足の踏み場もない】ちらかっていて足をおろすところもない。

あしば【足場】❶足をおいて立つ所。▼「ぬかるんでいて、足場が悪い」❷工事をするとき、足がかりのためにこしらえた所。❸仕事をするための土台。

あしぶみ【足踏み】❶すすまないで、その場所で足を片方ずつふむこと。❷止まったままで進歩しないこと。

あじみ【味見】すこし食べたり飲んだりして、味のぐあいをたしかめること。

あしもと【足元・足下】❶足のそば。▼「足元に気をつける」❷歩き方。▼「足元があぶない」❸身近なところ。

あしもとをみられる【足元を見られる】弱みにつけこまれる。

あしらう ❶もてなす。▼「客を上手にあしらう」❷いいかげんにあつかう。▼「鼻であしらう」❸とりあわせる。▼「肉料理にトマトをあしらう」

あじわい【味わい】❶食べ物の味。❷おもしろみ。▼「味わいのある絵だ」

あじわう【味わう】❶味をよく感じながら食べる。▼「よくかんで味わう」❷ものごとのおもしろみや、意味を感じとる。▼「文章を読んで味わう」❸けいけんする。▼「苦しみを味わう」⇒【味】668ページ

あしをあらう【足を洗う】今までのよくない仕事をやめて、まじめな生活に入る。▼「足を洗って出直す」

あしをうばわれる【足を奪われる】乗り物を利用できなくなる。▼「大雪で帰りをいそぐ乗客は足をうばわれた」

あじをしめる【味を占める】自分のしたことがうまくいって、わすれられなくなる。

あしをはこぶ【足を運ぶ】出かける。

あす【明日】❶今日の次の日。あした。⇕昨日。❷これから先。未来。

あすかじだい【飛鳥時代】七世紀ごろ、今の奈良県飛鳥地方に都があった時代。仏教が中国からつたわった。

あずかる【預かる】❶たのまれて物をおいておく。▼「荷物を預かる」❷あとしまつをまかせてもらう。▼「このけんかは、わたしが預かる」⇒【預】724ページ

あずき【小豆】豆のなかまの植物。赤黒い実をあんこ・赤飯の材料にする。

あずける【預ける】❶自分の物をたのんでおいてもらう。▼「荷物を預ける」❷人にまかせる。▼「このあとしまつは、あなたに預ける」⇒【預】724ページ

アスパラガス ユリのなかまのやさい。若いくきを食べる。

アスファルト 石油からとれる黒くてねばねばしたもの。道路をほそうするときなどに使う。

アスリート スポーツの選手。スポーツマン。▼「トップアスリートが出場する大会」

あせ【汗】からだのひふから出る水分。暑いときや運動のあとに多く出る。からだの中でいらなくなったものを出したり、体温を調節したりする。

あぜ 水田と水田の間にある、細い道のようになっている所。

あせだく【汗だく】あせをいっぱいかくこと。あせまみれ。▼「あせだくで荷物を運ぶ」

あせばむ【汗ばむ】うっすらとあせをかく。

あせみどろ【汗みどろ】あせで、からだ

なぞなぞ きたなくしているとからだから出るよごれの色は？ 答えは次のページ。

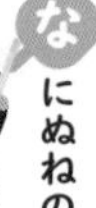

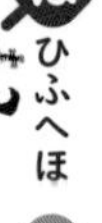

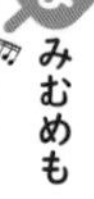

がびっしょりぬれること。

あせも【汗も】あせをたくさんかいたために、ひふにできる小さな赤いしっしん。

あせる【焦る】思うようにならなくて、気持ちがいらいらする。

あせる 色がうすれる。▽「カーテンの色があせる」

あそこ ❶はなれた場所をさすことば。▽「あそこに見えるのが小学校です」❷おたがいに知っている場所をさすことば。▽「いつものあそこで会おう」

あそび【遊び】遊ぶこと。

あそぶ【遊ぶ】❶すきなことをして楽しむ。❷仕事がなくてひまでいる。❸場所や道具が役立っていない。▽「土地が遊んでいる」⬇【遊】718ページ

あだ かたき。▽「あだをうつ」

あたい【価】ねだん。▽「価をつける」⬇【価】109ページ

あたい【値】❶ねだん。▽「商品に値をつける」❷ねうち。▽「千金の値」❸計算して出した数。▽「値を出す」⬇【値】441ページ

あたいする【値する】ねうちがある。するだけの価値がある。▽「一ドルはなん円に値するのだろうか。お手伝いは、ほめられるに値する」

あたえる【与える】❶自分のものをほかの人にやる。⇕奪う。❷人にあることを生じさせる。▽「大損害をあたえる」

あたかも まるで。ちょうど。▽「あたかも、かみなりのような音だ」

あたたか【温か】❶ものの温度がちょうどよい。❷気持ちなどがあたたかい。▽「温かな家庭」⬇【温】105ページ

あたたか【暖か】気温などがほどよい高さである。▽「暖かな日」⬇【暖】435ページ

あたたかい【温かい】❶物の温度が熱くもつめたくもなくちょうどよいようす。▽「温かいごはん」⇕冷たい。❷愛情があって、つめたくないようす。▽「温かい家庭」❸お金がたくさんあるようす。▽「ふところが温かい」⬇【温】105ページ

あたたかい【暖かい】❶暑くも寒くもないちょうどよい温度である。❷なさけ深い。▽「暖かい心の持ち主」⬇【暖】435ページ

あたたまる【温まる】❶あたたかになる。ぬくもる。▽「ふろに入って温まる」❷心がなごやかになる。▽「心温まる話」❸お金を手に入れてゆたかになる。⬇【温】105ページ

あたたまる【暖まる】気温が上がって寒くなくなる。▽「部屋が暖まる」⬇【暖】435ページ

あたためる【温める】❶あたたかにする。▽「スープを温める」❷長い間、外に出さないでおく。▽「長年温めてきた考えを発表する」⬇【温】105ページ

あたためる【暖める】あたたかにする。▽「部屋を暖める」⬇【暖】435ページ

あだな【あだ名】その人の名前の一部やくちょうなどをうまくとらえてつけた、よび名。ニックネーム。

わたしの **あだな**

あたふた あわて、いそいでいるようす。▽「あたふたと出かけていった」

あたま【頭】❶首より上の部分。⬇体（図）❷ものの先のほう。▽「くぎの頭」❸考える力。▽「きみは頭がいい」❹はじめ。▽「頭から計算する」❺人数。▽「頭数」⬇【頭】489ページ ●頭が下がる ●頭を抱える

あたまかくしてしりかくさず【頭隠して尻隠さず】一部分が出ているのを知らずに、全部をかくしたつもりでいる、おろかなようすをあらわしたことわざ。

あたまがさがる【頭が下がる】しぜんにそんけいしたり、感謝したりする気持ちになる。▽「あの人のはたらきぶりには頭が下がる」

【】漢字を使った書き方　【】小学校で習う漢字（学習漢字）　▽使い方　⇕反対の言葉　⬇さらにくわしく

あ

がる」

あたまをいためる【頭を痛める】 いろいろ心配して考える。胸を痛める。

あたまをかかえる【頭を抱える】 どうしたらよいか、すっかりこまってしまう。▼「お金をなくして頭をかかえる」

あたまをひねる【頭をひねる】 いっしょうけんめいに考える。▼「むずかしい問題をとこうと頭をひねる」

あたらしい【新しい】 ❶できたばかり。手に入れてすぐ。▼「新しい家」⇔古い。❷今までとちがう。▼「新しい考え」❸生き生きとしている。▼「この魚は新しい」↓【新】348ページ

あたり【辺り】 ❶まわり。近所。▼「この辺りを歩く」❷だいたいの時間。▼「来年あたり、完成しそうだ」↓【辺】631ページ

あたり【当たり】 ❶ぶつかること。❷ねらいどおりになること。くじなどで、えらばれること。▼「当たりくじ」❸野球でうつこと。▼「よい当たりが出る」❹目当て。▼「犯人の当たりをつける」

あたりさわり【当たり障り】 ぐあいのわるいこと。▼「当たり障りのない話をする」

あたりどし【当たり年】 ❶果物や作物のよくできる年。❷幸せな、よい年。運のいい年。

あたりまえ【当たり前】 わかりきったこと。ふつうなこと。▼「きちんとあいさつするのは、当たり前のことだ」

あたる【当たる】 ❶ぶつかる。出合う。▼「石に当たる」❷ねらいどおりになる。⇔外れる。❸ちょうどあう。▼「東に当たる」❹調べてみる。▼「辞書に当たる」❺うける。▼「日が当たる」↓【当】487ページ

アダルト おとな。▼「アダルトな感じの服」

あちこち あちらこちら。方々。▼「車があちこちに止めてある」

あちら ❶むこうの方。あっち。▼「あちらの品物をください」❷あの人。▼「あちらはお父さまですか」

あつ【圧】5年 アツ ― おさえつけること。▼「圧力」

广としない
上のヨコ棒より長く

●圧縮●圧する●圧政●気圧●血圧●高気圧●水圧●低気圧●電圧

あつい【厚い】 ❶ある面と反対がわの面まで、へだたりが大きいさま。⇔薄い。❷心がこもっている。▼「厚いもてなしを受ける」↓【厚】227ページ

あつい【暑い】 気温がかなり高い。⇔寒い。↓【暑】329ページ

あつい【熱い】 ❶ものの温度が高い。⇔冷たい。❷感情が高まるようす。↓【熱】537ページ

[暑い・熱い]

あっか【悪化】 ようすが悪いほうにかわっていくこと。▼「傷が悪化する」

あつかい【扱い】 ❶あつかうこと。❷人のあいてをすること。▼「お客のあつかいが悪い店」

あつかう【扱う】 ❶手で物を使う。▼「ナイフをあつかう」❷とりあげる。▼「番組で新しいゲームの話題をあつかう」❸もてなす。▼「客をあつかう」❹仕事をうけもつ。▼「宅配便をあつかう店」

あつかましい【厚かましい】 はずかしいことでも平気なようす。ずうずうしい。▼「厚かましく列にわりこむ」

あつぎ【厚着】 衣服をたくさんかさねて着る

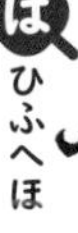

前のページの答え⇒「あか」

こと。⇔薄着。

あっけない ものたりない。はりあいがない。▽「あっけないまく切れ」

あっけにとられる【あっけに取られる】 考えてもいなかったことにおどろいてぼんやりする。

あつさ【厚さ】 どのくらい厚いかということ。▽「電話帳ぐらいの厚さ」

あつさ【暑さ】 気温がかなり高いこと。▽「この夏一番の暑さ」

あつささむさもひがんまで【暑さ寒さも彼岸まで】 暑いのは秋の彼岸まで、寒いのは春の彼岸までで、それからあとはいい気候になる。

あっさり ❶しつこくなく、さっぱりしていること。▽「あっさりした味のラーメン」❷手軽でかんたんなこと。▽「あっさり引き下がる」

あっしゅく【圧縮】 いろいろなものをおしちぢめること。▽「圧縮空気」

あっする【圧する】 ❶おしつける。おさえつける。❷あいてを負かす。

あっせい【圧政】 国民を権力でおさえつけて行う政治。

あっせん 世話をすること。なかにたってとりもつこと。

あったかい 「あたたかい」のくだけた言い方。

あづちももやまじだい【安土桃山時代】 一五七三～一六〇三年の織田信長・豊臣秀吉が政治をしていた時代。天下統一がすすめられた。

あつで【厚手】 紙・布・板・やきものなどの厚いこと。▽「厚手のセーター」⇔薄手。

あっぱれ 感心して、ほめたたえるときに言うことば。または、りっぱなようす。▽「あっぱれなうでまえ」

あつぼったい【厚ぼったい】 厚い感じがする。▽「厚ぼったいカーテン」

あつまり【集まり】 ❶集まること。❷むれ。❸会合。▽「児童会の集まり」

あつまる【集まる】 たくさんの人やものが一か所によりかたまる。▽「校庭に集まる」⬇【集】317ページ

あつめる【集める】 同じところによせる。▽「人を集める。切手を集める」⬇【集】317ページ

あつらえる とくべつにたのんで、自分の思うように作ってもらう。

あつりょく【圧力】 おさえる力。おしつける力。▽「圧力をくわえる」

あて【当て】 ❶目当て。▽「当てもなく歩き回る」❷見こみ。▽「当てがはずれる」❸たのみ。▽「当てにならない人」

あてがう ❶ぴったりとつける。▽「けい帯電話を耳にあてがう」❷わりあてる。❸あたえておく。▽「子供におもちゃをあてがう」

あてこすり【当てこすり】 遠回しに、人のいやがることを言うこと。皮肉。

あてさき【あて先】 手紙などを送るあいての住所や名前。送り先。

あてじ【当て字】 ことばの意味にかまわずに読み方が同じなので当てはめて使う漢字。「おめでとう」を「お目出度う」と書くなど。

あてどもなく これという当てもなく。▽「海岸をあてどもなく歩く」

あてな【あて名】 手紙などに書くあいての名前。

あてはまる【当てはまる】 ちょうどよく合う。▽「うまく当てはまる例」

あでやか 品がよく美しい。つやっぽく美しい。▽「あでやかなドレス」

あてる【当てる】 ❶ぶつける。▽「ボールを当てる」❷正しくおしはかる。▽「答えを当てる」❸命中させる。▽「まとに当てる」❹わりあてる。▽「図書係に当てる」❺光や熱などにふれさせる。▽「せんたくものを日に当てる」⬇【当】487ページ

あと【後】 ❶うしろ。▽「後書き」⇔前。❷

あ

これから先。のち。▽「後のことをよろしくたのむ」⇔先。⬇【後】224ページ
●後足●後味●後々●後押し●後片付け●後がま●後腐れ●後ずさり●後の祭り●後は野となれ山となれ●後払い●後回し●後戻り●後を引く

あと【跡】❶足あと。❷さったあとにのこるしるし。❸家のあとつぎ。▽「あと取り」❹昔、何かあった場所。▽「城あと」❺あとにのこした行いや仕事。❻ゆくえ。▽「あとをくらます」

あとあし【後足】動物の、後ろの足。⇔前足。

あとあじ【後味】❶物を食べたあと、口にのこる味。❷何かがすんだあとにのこる感じ。▽「どうも後味の悪い勝ち方だ」

あとあと【後後・後々】ずっとあと。しょうらい。⬇「々」は同じ文字をくり返すという意味のおどり字という記号。

あとおし【後押し】❶車などを後ろからおすこと。❷力をかすこと。おうえんすること。後えん。

あとかたづけ【後片付け】何かをしたあとを、きれいに片付けること。あとしまつ。▽「食事の後片付けをする」

あとかたもない【跡形もない】あとに何一つのこさない。あとに何のしょうこものこっていない。▽「流されてあと形もない」

あとがま【後がま】前の人にかわって、そのつとめや地位につく人。

あとくされ【後腐れ】そのことがすんでも、いろいろめんどうなことがのこること。▽「後くされのないように、きちんと話をつけておく」

あどけない むじゃきで、かわいい。▽「赤ちゃんのあどけない顔」

あとずさり【後ずさり】前を向いたまま後ろへさがること。▽「犬にほえられて後ずさりする」

あとつぎ【跡継ぎ】❶家の仕事や財産をうけつぐこと。また、その人。あととり。❷前の人のやっていた仕事をうけつぐこと。また、その人。

あととり【跡取り】家の財産や仕事をつぐこと。また、その人。あとつぎ。▽「あと取りむすこ」

あとのまつり【後の祭り】大事なときにまにあわなくて、役に立たないこと。▽「今ごろ来ても後の祭りだ」

あとはのとなれやまとなれ【後は野となれ山となれ】今さえよければ、後はどうなってもかまわない。

あとばらい【後払い】品物をうけとり、代金は後ではらうこと。⇔先払い。前払い。

アドバルーン 広告や宣伝のために、空にあげておく気球。

アトピー ❶生まれつき、からだがある物に対して感じやすく、さわったりすると強い反応が出てしまう体質。❷アトピー性ひふえんのこと。❶の体質の人が、からだにしげきをうけ、ひふが赤くなって、かゆくなる病気。

あとまわし【後回し】じゅんばんをかえて、後にすること。

あともどり【後戻り】❶ひきかえすこと。❷前より悪くなっていくこと。

アトラクション ❶客を集めるために行う、歌や劇などの出し物。❷遊園地などにある乗り物。▽「人気のアトラクションに行列ができる」

アトリエ 画家・ちょう刻家などの仕事場。

アドレス 送り先の住所。あて名。▽「メールのアドレスをこうかんする」

あとをひく【後を引く】すっきりとおわらないで、いつまでもだらだらつづく。▽「いやな気分が後を引く」

あな【穴】❶くぼんだところ。▽「穴をほる」❷中がつきぬけてあいているところ。❸欠点。弱点。▽「敵の穴をつく」❹損。不足。

なぞなぞ かいてもかいても前に進まない動きは？ 答えは次のページ。

▽「会計に穴をあける」❺知られていないよい場所。▽「穴場」⬇【穴】212ページ ●穴埋め●穴があったら入りたい●節穴

あなうめ【穴埋め】❶穴をうめること。❷たりない部分をおぎなうこと。

アナウンサー ラジオ・テレビなどで、ニュースを読んだり、司会をしたり、話をしたりする人。

あながあったらはいりたい【穴があったら入りたい】はずかしくてたまらない気持ちをたとえることば。

［穴があったら入りたい］

あながち かならずしも。▽「あながち悪いとはかぎらない」

あなた 話をするときに、あいてをさしていうことば。

あなどる【侮る】ばかにする。軽く見る。見下げる。見くびる。▽「弱いあいてだとあなどると負ける」

あなのあくほど【穴のあくほど】じっと見つめることのたとえ。

アナログ 時間や重さなどを、数字ではなく針の位置や棒の長さなどを少しずつ変えることで表すこと。⬍デジタル。

あに【兄】年上の男のきょうだい。⬍弟。⬇【兄】205ページ

アニメーション 絵を一こまずつうつして、その絵が動いて見えるようにした映画。アニメ。動画。

あね【姉】年上の女のきょうだい。⬍妹。⬇【姉】285ページ

あの ❶はなれているものをさすことば。▽「あの山」❷おたがいに知っていることをさすことば。▽「あの問題。例のあのことです」

あのよ【あの世】人が死んだのちに行くといわれている所。⬍この世。

アパート 中をいくつかに分けて、一家族ずつすめるようにしたたてもの。

あばく【暴く】❶うめてあるものをほり出す。▽「古代の遺せきを暴く」❷人のかくしていることを発表する。▽「人のひみつを暴くのはよくない」⬇【暴】636ページ

あばたもえくぼ みにくいあばたもえくぼのようにかわいらしく見えるように、すきになってしまうと、悪いところでもよく見えるものだ。

あばらぼね【あばら骨】胸をつつむようにして左右に十二本ずつある骨。ろっ骨。

あばらや【あばら家・あばら屋】古くなって、あれはてた家。

あばれる【暴れる】❶らんぼうなことをする。❷いさましく、思い切ったことをする。▽「試合では思いきり暴れる」⬇【暴】636ページ

アピール ❶うったえること。❷人々にうけること。人々の心をひくこと。▽「演説は人々に強くアピールした」

あびせる【浴びせる】❶水や湯をからだいっぱいにかける。❷強く言う。さかんに言う。▽「質問を浴びせる」⬇【浴】730ページ

あひる マガモを人が飼いならしてつくり出した水鳥。水かきでおよぐ。

あびる【浴びる】❶水や湯などを、からだにかぶる。❷光をうける。▽「朝日を浴びる」❸うける。▽「はくしゅを浴びる」⬇【浴】730ページ

あぶ【×虻】ハエやハチににた形のこん虫。人・牛・馬の血や、花のみつなどをすう。

あぶく あわ。

アフターサービス 品物の修理などについて、品物を作った会社や売った店が、あとあとまで世話をすること。

あぶない【危ない】❶けがなどをする心配がある。きけんだ。▽「自転車の二人乗りは

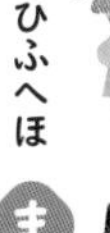

あ

危ない」❷たしかでない。▽「危ない足どり。合格するかどうか危ない」↓【危】155ページ

あぶはちとらず【×虻蜂取らず】あれもこれもとよくばって、どちらも取れないこと。

あぶら【油】植物や鉱物などからとったもえやすい液体。水にとけないで水より軽い。↓【油】717ページ ●油紙●油を売る●油を絞る

あぶら【脂】動物のあぶら。しぼう。

あぶらあせ【脂汗】苦しいときなどにながれ出る汗。

あぶらな 春に黄色の花がさく植物。種から、なたね油をとる。ナノハナ。

あぶらをうる【油を売る】昔、油売りが客と話しこみながら売ったことから、むだ話をして時間をつぶすこと。仕事をしないでなまけること。

あぶらをしぼる【油を絞る】まちがった者や、なまけた者をきびしくしかる。▽「宿題を忘れて、先生に油をしぼられた」

アフリカ 六大州の一つ。エジプト・モロッコ・エチオピア・ケニア・タンザニア・南アフリカ共和国などの国がある。↓世界（図）

あぶる 火にあてて軽く焼いたり、あたためたりする。▽「のりをあぶる。たきびで手をあぶる」

あふれる いっぱいになってこぼれる。▽「大雨で川の水があふれる」

あべこべ 順序や向きなどがさかさまなこと。反対。▽「右と左があべこべだ」

あほ おろかなようすや、そういう人。あほう。

あま【天】ことばの上について「てん」の意味をあらわす。▽「天の川。天の橋立」↓【天】480ページ

あま【雨】ことばの上について「あめ」の意味をあらわす。▽「雨水。雨戸」↓【雨】56ページ ●雨足●雨具●雨雲●雨ごい●雨戸●雨宿り

あま【尼】女のおぼうさん。

あま【海女】海に入って貝や海そうなどをとる仕事をする女の人。

あまあし【雨足・雨脚】❶雨がふるようす。雨が白い線のように見えるもの。▽「雨足がはげしくなる」❷雨が通りすぎていくようす。▽「雨足がはやい」

あまい【甘い】❶さとうや、あめなどのような味がする。❷きびしくない。ゆるい。▽「点があまい」❸心をうっとりさせる。▽「あまいメロディー」❹不十分である。▽「ピントがあまい」↔辛い。きびしい。

あまえる【甘える】❶かわいがってもらおうとする。❷親切に慣れてわがままを言う。▽「人の好意にあまえる」

あまえんぼう【甘えん坊】人にすぐあまえようとする人。

あまぐ【雨具】雨にぬれないために使う用具。かさやレインコートなど。

あまぐも【雨雲】低くたれこめて、雨や雪をふらせる雲。乱層雲。

あまごい【雨ごい】晴れた日がつづきすぎてこまるとき、雨をふらせてくれるように神や仏にいのること。

あまざけ【甘酒】もち米や米のかゆにこうじをまぜて作った、あまいのみ物。

あます【余す】のこす。のこっている。▽「今年もあと三日を余すばかりだ」↓【余】724ページ

アマチュア 職業としてではなく、すきで、あることをしている人。アマ。素人。▽「アマチュアカメラマン」↔プロフェッショナル。

あまど【雨戸】雨や風などをふせぐために、しょうじやガラス戸の外側に立てる戸。▽「雨戸をしめる」

あまねく 広く。すみずみまで。▽「かれの名は、あまねく知れわたった」

あまのがわ【天の川】たくさんの星が集まって、夜の空に川のように見える所。銀

前のページの答え⇒「あぐら」

河。⬇銀河系（図）

あまのじゃく 人の言うことや、行いに、わざと反対する人。へそまがり。

あまやかす【甘やかす】あまえさせる。わがままにさせる。

あまやどり【雨宿り】家ののき下などで、雨がやむのをまつこと。

あまり【余り】❶余ったもの。❷わり算で、わりきれないで、のこった数。❸ある数より少し多い。以上。▽「百人余りの人が参加した」

あまり ❶ていどをこえて。たいそう。▽「あまりにひどいしうち」❷たいして。▽「あまりおもしろくない」

あまる【余る】❶多すぎてのこる。▽「時間が余る」❷自分の力やねうち以上である。▽「身に余る光栄」❸わり算でわりきれない数がのこる。⬇【余】724ページ

あまんじる【甘んじる】十分ではないが、まんぞくする。▽「こんな成績にあまんじるようではだめだ」

あみ【網】糸やなわや針金などで編んだもの。

あみがさ【編みがさ】スゲ・わら・イグサなどで編んだかぶりもの。

あみだ ❶すべての人をすくうという仏。❷くじびきの一種。あみだくじ。❸ぼうしを後ろにずらしてかぶるようす。あみだかぶり。

あみだす【編み出す】くふうして、新しいやり方を考え出す。▽「新しいわざを編み出す」

[あみだ❷]

あみだな【網棚】電車などで、荷物をのせるためのたな。

あみをはる【網を張る】❶魚や鳥などをとるあみをしかける。❷つかまえるために、用意をしてまつ。▽「犯人をつかまえるためにあみを張る」

あむ【編む】❶竹・糸・針金などをたがいちがいに組みあわせる。▽「セーターを編む」❷作文を集めて本を作る。編集する。▽「町の歴史を編む」⬇【編】631ページ

あめ【天】空。てん。▽「天つち」⬇【天】480ページ

あめ【雨】空の上の水蒸気がひやされて、水のしずくになっておちてくるもの。「あま」「さめ」とよむことがある。雨雲、秋雨、春雨など。⬇【雨】56ページ
●雨降って地固まる●通り雨●長雨

あめ なめたりしゃぶったりする、あまいおかし。

あめだま【あめ玉】口の中でころがしてなめる丸いあめ。

あめふってじかたまる【雨降って地固まる】雨のあと、地面はかたくなる。それと同じように、かわったこと、いやなことなどのあとが、前よりかえってよくなることのたとえ。

アメリカ ❶太平洋と大西洋の間にある南北アメリカ大陸。⬇世界（図）❷アメリカ合衆国のこと。

あめんぼ 川や池にすむこん虫。長い足で水の上をすべるように走る。

あやうい【危うい】あぶない。▽「危ういところでたすかる」⬇【危】155ページ

あやうく【危うく】❶やっと。▽「危うく時間にまにあった」❷もうちょっとで。▽「危うく川におちそうになる」

あやかる 幸せな人ににて、自分も幸福になる。▽「友人の幸運にあやかる」

あやしい【怪しい】❶ふしぎだ。へんだ。▽「あやしい物音」❷うたがわしい。▽「あの人の話はあやしい」

あやしむ【怪しむ】あやしいと思う。

あやす 小さい子供のきげんをとる。▽「赤ちゃんをあやす」

あやつりにんぎょう【操り人形】頭

や手足を糸でつったりして動かし、しばいやおどりをさせる人形。

あやつる【操る】 ❶うまくあつかう。▽「ふねを操る」❷人形などを動かす。❸かげにいて、自分の思うように人を動かす。▽「うまく人を操る」⬇【操】396ページ

あやとり【あや取り】 糸を輪にして手首や指にかけ、いろいろな形を作る遊び。▽「ぼくの特技はあやとりです」

あやぶむ【危ぶむ】 あぶないと思う。うまくいくか気にかける。▽「成功を危ぶむ」⬇【危】155ページ

あやふや はっきりしなくてあてにならないようす。あいまい。▽「あやふやな返事でよくわからない」

あやまち【過ち】 ❶やりそこない。まちがい。失敗。❷ついうっかりしておかした罪。▽「過ちをゆるす」⬇【過】109ページ

あやまり【誤り】 まちがい。失敗。▽「計算の誤りをただす」

あやまる【誤る】 まちがってする。やりそこなう。▽「欲に目がくらんで、身を誤る」⬇【誤】225ページ

あやまる【謝る】 ゆるしてくれるようにわびる。▽「すなおに謝る」⬇【謝】311ページ

あやめ 五、六月ごろ、むらさきや白い花をさかせる植物。

あゆ【×鮎】 からだの長さが二〇センチメートルくらいの細長い魚。秋にたまごをうむ。子は冬を海で過ごし、春に川を上る。

あゆみ【歩み】 ❶歩くこと。歩いていく調子。▽「歩みをとめる」❷すすんできたあと。▽「国の歩み」

あゆみよる【歩み寄る】 ❶歩いて近づく。❷意見などがちがうときに、たがいにゆずり合って一つにまとめるようにする。▽「ふた

雨

しのつく雨

激しくふる雨。どしゃぶり。

霧雨

霧のようにこまかい雨。ぬか雨。

みぞれ

とけかけた雪と雨がまざってふるもの。

春雨

春にふる雨。

富正月

一月一日から一月三日までにふる雪や雨。豊作になると言われる。

ひょうとあられ

小さな氷のようなかたまりでふるもの。大きさでなまえが変わる。

きつねのよめ入り

はれているのに雨がふること。

めぐみの雨

草木をうるおす雨。天の助けのようにふる雨。

もっと学ぼう!

『美しい日本語の辞典』にはたくさんの雨や雲のなまえがのっているよ! ふりがながないので、たくさん勉強してちょうせんしてみよう。

あ いうえお

か きくけこ

さ しすせそ

た ちつてと

な にぬねの

は ひふへほ

ま みむめも

や ゆよ

ら りるれろ

わ をん

なぞなぞ 「は」は「は」でもヒラヒラ飛びまわる「は」は? 答えは次のページ。

りが歩み寄って解決した」

あゆむ【歩む】歩く。足を動かしてすすむ。↓【歩】633ページ

あら ❶人の欠点。▽「人のあらさがしはやめよう」❷魚を料理したあとにのこる、少し肉のついた骨。

アラーム ❶危険を知らせること。また、危険を知らせる警報器。❷目ざまし時計。▽「明日の朝六時にアラームをセットする」

あらい【洗い】❶洗うこと。❷魚の肉を、つめたい水や氷で洗い、ちぢませた食べ物。▽「コイの洗い」

あらい【荒い】❶らんぼうである。▽「やり方があらい」❷はげしい。▽「息があらい」

あらい【粗い】❶細かでない。▽「ざるの目があらい」⇕細かい。❷ざらざらしてなめらかでない。▽「表面があらい」❸ていねいでない。▽「仕事があらい」

荒い　粗い

[荒い❷と粗い❶]

あらいざらい【洗いざらい】何から何まで。すっかり。のこらず。▽「もう、こうなったら洗いざらい話そう」

あらう【洗う】❶よごれを水や湯でおとし、きれいにする。❷すっかりしらべあげる。▽「足どりを洗う」↓【洗】387ページ

あらかじめ 前々から。前もって。▽「あらかじめ材料を用意しておく」

あらけずり【粗削り・荒削り】❶おおざっぱにけずってあること。おおざっぱにけずった物。❷おおまかで細かいところまでいきとどかないこと。▽「あらけずりな文章」

あらさがし【あら捜し・あら探し】他人の失敗や欠点をさがし出すこと。

あらし【嵐】❶はげしい風。❷暴風雨。

あらす【荒らす】❶こわす。らんぼうする。❷ぬすみとる。▽「空きビルをあらす」

あらすじ 物語のだいたいの内容。▽「映画のあらすじを話す」

あらそう【争う】❶勝ち負けをきょうそうする。❷うばい合う。▽「地位を争う」❸けんかをする。↓【争】394ページ

あらた【新た】あたらしいようす。▽「新たな門出」↓【新】348ページ

あらだてる【荒立てる】❶あらくする。▽「おこって声をあら立てる」❷ごたごたをいっそう大きくする。▽「ことをあら立てる」

あらたまる【改まる】❶新しくなる。▽「年が改まる」❷きちんとしてふだんとちがった感じになる。▽「気持ちが改まる」❸よいほうへかわる。なおる。▽「悪い心が改まる」↓【改】111ページ

あらためて【改めて】❶新しく。❷もう一度。▽「改めて考えてみよう」

あらためる【改める】❶新しくする。▽「時間割を改める」❷直してよくする。よいほうへかえる。▽「頭をかくくせを改める」❸調べる。けんさする。▽「答えが合っているかどうか改める」↓【改】111ページ

あらて【新手】❶新しくなかまに入る人。❷まだたたかわない、元気な新しい兵や選手。❸新しい方法。

あらなみ【荒波】❶あらい波。❷世の中のきびしさ。▽「世のあら波にもまれる」

アラビアすうじ【アラビア数字】0・1・2・3……など、主に、算数で使う数字。インドで使われはじめ、アラビア人がヨーロッパにつたえた。算用数字。↓ローマ数字(表)

あらまき【荒巻き・新巻き】❶竹の皮やわらなどで魚をつつんだもの。❷軽く塩づけにしたサケ。

あらまし ❶だいたい。❷あらすじ。▽「仕事もあらましかたづいた」

あらゆる あるかぎりの。全部の。何から何まで。▽「あらゆる努力をする」

あられ ❶空で水蒸気が寒さのためにこおって、ふってくるもの。❷もちをこまかく切り、かわかしたものをいって味つけしたおかし。

あらわ すっかりあらわすようす。むきだし。

あらわす【表す】 ❶はっきりとしめす。▽「図に表す」❷持っている気持ちや力を外に出す。▽「悲しみを表す」⇔隠す。⇒【表】592ページ

あらわす【現す】 かくれていたもののすがたを見えるようにする。▽「クマがすがたを現す」⇒【現】218ページ

あらわす【著す】 本を書いて、世の中に出す。⇒【著】450ページ

あらわれる【表れる】 気持ちや力などが、おもてに出てくる。▽「うれしさが顔に表れる」⇒【表】592ページ

あらわれる【現れる】 かくれていたもののすがたが見えるようになる。▽「勉強の成果が現れる」⇒【現】218ページ

あらんかぎり【有らん限り】 あるだけ全部。▽「有らん限りの力を出す」

あり 土の中に巣を作るこん虫。女王アリを中心に集まって生活している。⇒公園（図）

ありあまる【有り余る】 余るほど十分にある。▽「有り余るほどの才能」

ありあり はっきり。▽「夏休みのできごとがありありと目にうかぶ」

ありあわせ【有り合わせ】 ちょうどそこにあること。▽「有り合わせのもの」

ありか ❶ものをおいてある所。❷すんでいる所。▽「敵のありか」

ありがたい ❶感謝する気持ちになる。うれしい。❷もったいない。とうとい。▽「ありがたいお説教を聞いた」

ありがためいわく【ありがた迷惑】 親切はありがたいが、かえってこまる。▽「旅先でかさばるおみやげをもらうのはありがた迷わくだ」

ありがとう 感謝やお礼の気持ちをあらわすあいさつのことば。

ありきたり どこにでもあって、めずらしくないこと。▽「ありきたりのアイデアでおもしろくない」

ありつく ほしいものをやっと手に入れる。▽「やっと食事にありつく」

ありとあらゆる【有りとあらゆる】 全部の。有るかぎりの。

ありのはいでるすきもない【ありのはい出るすきも無い】 アリがにげ出す、わずかなすきまさえない。

ありのまま そのままでかざらないこと。▽「ありのままを話す」

アリバイ 事件のおきたとき、自分がその場所にいなかったという証明。

ありふれた どこにでもある。めずらしくない。▽「ありふれた話」

ある【有る】 ❶持っている。▽「お金が有る」❷ものごとが行われる。▽「これからテストが有る」⇔無い。⇒【有】718ページ

ある【在る】 ❶そこに物がおかれている。▽「ここにカブト虫の本が在る」❷地位をしめている。▽「十年間も会長の職に在る」⇒【在】262ページ

ある はっきりしないことや、はっきりさせたくないことをさすことば。▽「ある日」

あるいは ❶または。▽「ペンあるいはえんぴつで書く」❷ひょっとすると。▽「あるいは夕立が来るかもしれない」

アルカリ 赤いリトマス試験紙を青色にかえる性質を持つもの。⇔酸。

アルカリせい【アルカリ性】 赤いリトマス試験紙を青色にかえる性質。⇔酸性。

あるく【歩く】 足を動かしてすすむ。⇒【歩】

あいうえお かきくけこ さしすせそ たちつてと なにぬねの はひふへほ まみむめも やゆよ らりるれろ わをん

前のページの答え⇒「あげはちょう」

アルコール 633ページ 米・イモなどのでんぷんからつくる液体。薬や燃料に用いる。酒やビールなどにも入っている。

アルコールランプ アルコールを燃料とする小型のランプ。↓試験管（図）

あるじ 一家の主人。▽「山小屋のあるじ」

アルト 女の歌う声で、もっともひくい声。また、その声で歌う人。↓ソプラノ（図）

アルバイト 本来の仕事いがいにする仕事。▽「新聞配達のアルバイト」

アルバム ❶写真や切手などをはる帳面。写真帳。❷写真などを印刷して本にしたもの。❸何曲かをおさめた音楽のCDなど。

アルファベット ABC……Zまでの二十六字のローマ字をじゅんにならべたもの。

発音 ― エー
大文字 ― Aa ― 小文字

ビー	シー	ディー	イー	エフ
Bb	Cc	Dd	Ee	Ff
ジー	エイチ	アイ	ジェー	ケー
Gg	Hh	Ii	Jj	Kk
エル	エム	エヌ	オー	ピー
Ll	Mm	Nn	Oo	Pp
キュー	アール	エス	ティー	ユー
Qq	Rr	Ss	Tt	Uu
ブイ	ダブリュー	エクス	ワイ	ゼット
Vv	Ww	Xx	Yy	Zz

［アルファベット26文字］

アルプス ヨーロッパの南西部にある山脈。景色がよいので名高い。

アルマジロ うろこ形のこうらにおおわれた動物。からだをまるめて身を守る種類もいる。

アルミニウム 銀色の軽い金属。乗り物や食器など、いろいろな物に使われている。

あれ【荒れ】❶雨や風が、ひどくなること。あらし。❷ひふが、かさかさになること。

あれ ❶遠くにあるものをさすことば。▽「あれをください」❷おたがいによく知っていること。▽「あれは三年前のことだった」

あれくるう【荒れ狂う】はげしくあばれまわる。大変にあれる。▽「あれくるう海」

あれち【荒れ地】作物などを作れないあれた土地。▽「あれ地をきりひらく」

あれはてる【荒れ果てる】すっかりあれてしまう。▽「庭があれ果てる」

あれもよう【荒れ模様】あれそうなようす。あれているようす。▽「天気はあれ模様です」

あれる【荒れる】❶おだやかでなくなる。▽「海があれる」❷らんぼうする。❸なめらかでなくなる。▽「手があれる」

アレルギー あるきまったものやしげきに、ふつうよりもずっと感じやすいこと。

あわ【泡】液体の中に、空気やガスが入ってできるたま。あぶく。

あわ【×粟】イネのなかま。実は小さくて黄色い。ごはんにして食べたり、おかしの材料に使う。小鳥のえさにもなる。

［粟］

あわい【淡い】❶色や味などがうすい。▽「あわい光」❷かすかである。ほのかである。

あわおどり【×阿波踊り】徳島県徳島市などでおぼんに行われる伝統的なおどり。十数人でひとつのグループをつくっておどる。↓祭り（図）

［阿波踊り］

あわす【合わす】↓合わせる↓【合】229ページ

あわせ うら地のついている着物。▽「冬はあわせを着る」

あわせる【合わせる】❶一つにする。いっ

しょにする。▽「力を合わせる」❷そろえる。▽「時計の針を合わせる」❸くらべてたしかめる。▽「答えを合わせる」➡【合】229ページ

あわせる【併せる】いっしょにする。二つ以上のものを一つにする。▽「二つの村をあわせて町にする」

あわせるかおがない【合わせる顔がない】失敗や、悪いことなどをしたために、はずかしくて会うことができない。▽「試合に負けて、おうえんだんに合わせる顔がない」

あわただしい【慌ただしい】いそがしくておちつかない。▽「年のくれはあわただしい」

あわだてき【泡立て器】たまごのしろみや生クリームなどをかきまわして、あわをたくさんつくる道具。

あわてふためく【慌てふためく】あわてさわぐ。▽「急な来客にあわてふためく」

あわてる【慌てる】❶びっくりして、まごつく。❷ひどくいそぐ。

あわてんぼう【慌てん坊】急いで失敗する人。落ち着きがなくてあわてる人。▽「まだクリスマスじゃないよ。あわてんぼうだなぁ」

あわや 今にも。あぶなく。▽「あわや川へおちるところだった」

あわゆき【淡雪】うすくつもった雪。

あわよくば うまくいけば。▽「あわよくば勝てるかもしれない」

あわれ【哀れ】かわいそうなこと。

あわれむ【哀れむ】かわいそうに思う。同情する。

あわをくう【泡を食う】おどろいてあわてる。▽「『火事だ』と言われてあわを食う」

あん【安】3年 アン やすい

❶心配がない。▽「安心」
❷ねだんがやすい。▽「安価」
❸むずかしくない。▽「安易」
❹おだやか。▽「平安」

安 安 安 安 安 安（おる）

●安易●安価●安住●安心●安静●安全●安全器●安全地帯●安打●安置●安定●安否●安眠●安楽

あん【案】4年 アン

❶思うこと。考え。意見。▽「原案」
❷計画。▽「立案」
❸相談することがら。▽「議案」

案 案 案 案 案 案 案 案 案 案（おる）

●案外●案じる●案内●議案●新案●図案●答案●名案

あん【暗】3年 アン くらい

❶くらいこと。▽「明暗」⬍明。
❷おろかなこと。ばか。▽「暗君」
❸ほかに知られないこと。▽「暗号」
❹そらでおぼえること。▽「暗唱」

暗 暗 暗 暗 暗 暗 暗 暗 暗 暗 暗 暗 暗（上のヨコ棒より長く）

●暗雲●暗記●暗号●暗黒●暗殺●暗算●暗示●暗室●暗唱●暗礁●暗転●暗幕●明暗

あん ❶あずきなどをあまくにた食べ物。あんこ。▽「あんパン」❷片くり粉などを入れてとろりとさせた食べ物。▽「あんかけ」

あんい【安易】❶むずかしくないこと。手軽なこと。❷気軽に考えること。▽「安易な気持ちではだめだ。安易な計画」

あんうん【暗雲】❶黒い雲。❷何かがおこりそうな、ぶきみなようす。

あんか【安価】ねだんが安いこと。⬍高価。

なぞなぞ 顔は顔でも夏の朝にさく顔は？ 答えは次のページ。

アンカー ❶船のいかり。❷リレーで、さいごに走ったり、泳いだりする人。

あんがい【案外】 思いのほか。意外。▽「案外よくできた」

あんき【暗記】 なにも見ないで言えるように数などをおぼえること。

あんぎゃ【行脚】 ❶僧が国々をめぐり歩いて仏教の修行をすること。❷歩いて、方々を旅行すること。

アングル 写真をとるとき、カメラをむける角度。▽「アングルを変える」

アンケート 多くの人に、同じ質問をして答えをもとめる調査のし方。

あんこう 深い海の底にすむ魚。頭の上のとげを動かして小さな魚をさそいよせて食べる。

あんごう【暗号】 人に知られないようにひみつに約束してあるしるし。▽「この本の暗号をとくヒントは『ん』です」

アンコール 音楽会などで演奏がおわったとき、はくしゅをして、もう一曲やってもらうようにたのむこと。

あんこく【暗黒】 ❶まっ暗やみ。❷世の中がみだれること。

あんさつ【暗殺】 すきをねらって、人を殺すこと。やみうち。

あんざん【暗算】 書いたり計算機を使ったりしないで、頭の中だけでする計算。⇕筆算。

あんじ【暗示】 ❶それとなくわからせること。▽「答えを暗示する」❷知らず知らずのうちに、ある方向にみちびいてしまうこと。▽「暗示にかかる」

あんしつ【暗室】 光が入らないようにした部屋。

あんじゅう【安住】 おちついて住むこと。安心して住むこと。▽「やっと安住の地を見

いろいろな暗号

ひみつのシートを重ねる

あながあいた紙と、手紙をかさねるとひみつの暗号が出てくる

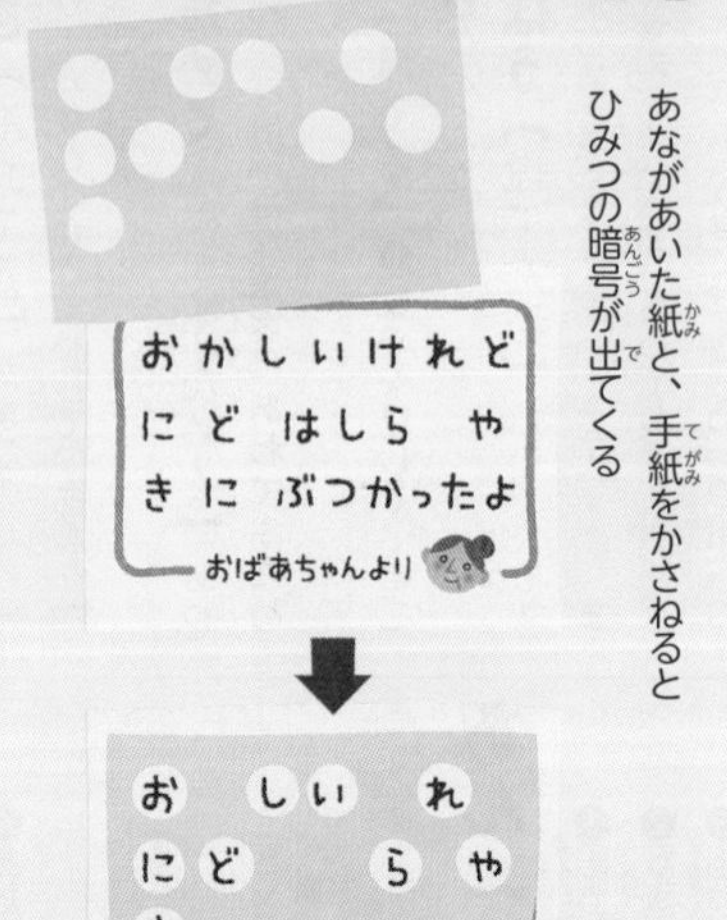

おかしいけれど
にど はしら や
きに ぶつかったよ
おばあちゃんより
お しい れ
にど らや
き

ヒントをみつける

たおたたしたいた
たたれたたにたた
どたたらたたたた
たたたたやたたき
たぬきより

たぬきは【た／ぬき】という二つのことばになるよ

答えは766ページ

葉っぱにひみつの言葉

タラヨウの葉は文字がうかびあがる

つけることができた」

あんしょう【暗唱】 おぼえたものを何も見ないで口に出して言うこと。

あんしょう【暗礁】 海の中にかくれている岩。▽「船が暗しょうにのり上げる」

あんじる【案じる】 ❶いろいろと考えてみる。▽「一計を案じる」❷心配する。▽「子供の将来を案じる」

あんしん【安心】 心配がなく心が安らかなこと。▽「安心してねむる」

あんせい【安静】 病気やけがをなおすために、からだを動かさないで静かにしていること。▽「絶対安静」

あんぜん【安全】 あぶなくないこと。

あんぜんき【安全器】 家の中に電気を引きこむとき、とりつける器具。よぶんな電流がながれると、ヒューズが切れて、電流が止まるしかけ。

あんぜんちたい【安全地帯】 ❶路面電車の停留所などにつくってある、のりおりするのにあぶなくない所。❷あぶなくない場所。

あんだ【安打】 野球で、あいてのエラーでなく、バッターが塁に出られるように打つこと。ヒット。

あんち【安置】 しずかに大事に置くこと。▽「仏像を安置する」

あんてい【安定】 ❶心が安らかであぶなげがないこと。▽「安定感」❷かわらないでおちついていること。▽「生活が安定する」❸もののすわりがよいこと。

アンテナ ラジオ・テレビなどで、電波を出したり、うけたりするもの。

あんてん【暗転】 ❶劇で、まくを引かずにぶたいを暗くし、場面をかえること。❷急に悪いほうに変わること。▽「状きょうが暗転した」

あんどん 昔、あかりをつけて、部屋を明るくした道具。

[あんどん]

あんな あのような。ああいう。▽「あんなすてきな家にすんでみたい」

あんない【案内】 ❶道や場所を知らない人をみちびいて、つれていくこと。▽「図書館を案内する」❷ようすがわかるようにしたもの。手引き。▽「旅行案内。学校案内」❸知らせ。通知。▽「入学式の案内をもらった」

あんに【暗に】 それとなく。こっそりと。▽「こづかいがたりないと暗ににおわせる」

あんばい ❶ものごとのかげん。ぐあい。▽「いいあんばいに雨もやんだ」❷味かげん。▽「しょうゆ味のあんばいが良い」

あんぴ【安否】 ぶじでいるかどうかということ。▽「安否を気づかう」

アンペア 電流の強さをあらわす単位。記号は「A」。

あんまく【暗幕】 部屋に光が入らないようにはる幕。

あんみん【安眠】 ゆっくりとよくねむること。▽「工事の音で安みんできない」

あんらく【安楽】 心もからだも安らかで楽しいこと。▽「安楽なくらし」

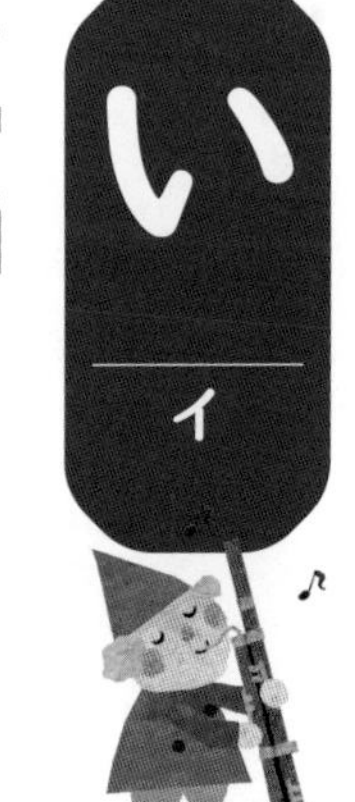

い【以】 4年 イ

ことばの上について「そこをもとにして」の意味をあらわす。

以 以 以 以 以（右上に。レとしない／入ではない）

●以下●以外●以後●以降●以上●以心伝心●以前●以内●以来

前のページの答え⇒「朝顔」

い
あいうえお かきくけこ さしすせそ たちつてと なにぬねの はひふへほ まみむめも やゆよ らりるれろ わをん

い

【衣】4年 イ （ころも）

からだにつけるもの。着るもの。

●衣装●衣食住●衣服●白衣

この形に注意

い

【医】3年 イ ―

❶病気をなおすこと。またその技術。

❷医者。▽「歯科医。主治医」

●医院●医学●医師●医者●医者の不養生●医術●医薬●医療●校医

つき出ない

おる

い

【位】4年 イ くらい

❶身分。立場。▽「上位。下位」

❷場所。▽「位置」

❸方角。▽「方位」

❹じゅんばんをあらわすことば。▽「一位。最下位」

●位置●位はい●順位●水位●即位●単位●地位●品位

い

【囲】5年 イ かこう・かこむ

❶とりかこむこと。▽「包囲する」

❷まわり。▽「周囲」

★井と外の口との大きさに注意

い

【委】3年 イ ゆだねる

❶まかせること。▽「委任」

❷くわしいこと。▽「委細」

●委員●委細●委任

おる

★「季」ににているので注意

い

【易】むずかしくないこと。たやすいこと。手軽なこと。▽「安易な気持ち。平易な文章を書いてみる」⇔難。⬇【易】71ページ

●安易●難易●平易●容易

い

【胃】6年 イ ―

食べたものをこなすところで、上は食道につづき、その下は腸につづいている。⬇消化器（図）

★「冒」ににているので注意

い

【移】5年 イ うつす・うつる

❶位置や場所をかえること。▽「お店が三けんとなりに移転する」

❷時間がうつること。▽「推移」

●移住●移植●移転●移動●移民

右からはらう

い

【異】6年 イ こと

❶ちがうこと。▽「大同小異」⇔同。

❷ふしぎなこと。▽「異なことを言う」

❸めずらしいこと。▽「特異」

❹ほかの。よその。▽「異国」

●異議●異口同音●異国●異国情緒●異質●異状●異常●異色●異性●異存●異動●異変●異様●大同小異●特異

上のヨコ棒より長く

い

【意】3年 イ ―

い

❶心。気持ち。▽「意気」
❷考え。思い。▽「意見」
❸わけ。いみ。▽「大意」

意（長めに・はねる・とめる）

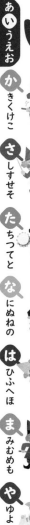

●意外●意気●意義●意気地●意見●意向●意志●意思●意地●意識●意地っ張り●意地悪●意図●意表●意味●意欲●意を決する●決意●好意●合意●注意●得意●用意

い【遺】6年 イ・（ユイ） —

❶わすれること。▽「遺失物」
❷あとにのこすこと。▽「遺族」

★「遣」ににているので注意

●遺がい●遺憾●遺骨●遺産●遺志●遺児●遺失●遺書●遺跡●遺族●遺体●遺伝●遺品●遺物

い【井】いど。⬇【井】371ページ

いい 「よい」のくだけた言い方。

いいあい【言い合い】口げんか。言いあらそい。▽「友達と言い合いになる」

いいえ 「そうでない」と答えるときに使うことば。▽「あなたは中学生ですか。いいえ、小学生です」⇕はい。

いいかえす【言い返す】口答えをする。▽「負けずに意見を言い返す」

いいがかり【言いがかり】むりなことを言ってあいてをこまらせること。

いいかげん【いい加減】❶ほどよいようす。▽「ふろの温度はちょうどいい加減だ」❷無責任で、なげやりなようす。▽「勉強をいい加減にする」❸かなり。そうとう。▽「いい加減つかれた」

いいかた【言い方】ことばの言いよう。話し方。▽「言い方に気をつける」

いいかわす【言い交わす】❶たがいに話し合う。❷口やくそくをする。

いいきかせる【言い聞かせる】よくわかるように話す。▽「理由を言い聞かせる」

いいきになる【いい気になる】うぬぼれる。調子にのる。▽「たまたまうまくいっただけなのにいい気になる」

いいきる【言い切る】❶言いおえる。❷きっぱりと言う。

いいぐさ【言いぐさ】言い方。▽「言いぐさが気にくわない」

いいくるめる【言いくるめる】うまく話して、あいてを自分の思うとおりにする。

いいしぶる【言い渋る】言うのをまよったり、すらすら言えなかったりする。▽「おかしのかくし場所を言いしぶる」

いいしれぬ【言い知れぬ】うまく言いあらわせない。言いようがない。▽「言い知れぬ不安を感じる」

いいそびれる【言いそびれる】言おうと思いながら、言わないでしまう。▽「いそがしくて、つい言いそびれる」

いいつける【言い付ける】❶命令する。▽「買い物を言い付ける」❷つげ口をする。▽「弟のいたずらを、母に言い付ける」❸いつも言っている。

いいつたえ【言い伝え】昔から言い伝えてきたこと。伝説。▽「村の言い伝え」

いいならわし【言い習わし】世の中で、昔から言われていること。

いいなり【言いなり】あいての言うとおり。▽「友達の言いなりになる」

いいぬける【言い抜ける】上手に言いわけをして、切りぬける。

いいのがれ【言い逃れ】うまいことを言って、ごまかすこと。ごまかしのことば。▽「うまく言いのがれをする」

いいはなつ【言い放つ】思ったことをえんりょなくきっぱり言う。言い切る。断言する。

いいはる【言い張る】自分の思いどおりに

なぞなぞ あざはあざでも寒い海でしか出ないあざは？ 答えは次のページ。

しようとして、強く言う。▽「ニンジンは絶対に食べないと言い張る」

いいふくめる【言い含める】よくわかるように話して聞かせる。▽「道をわたるときは気をつけるように言いふくめる」

いいふらす【言いふらす】言い広める。▽「人の失敗を言いふらす」

いいふるす【言い古す】昔からよく言われていて、めずらしくなくなる。▽「言い古されたことわざ」

いいぶん【言い分】言いたいことがら。▽「あいての言い分を聞く」

いいまわし【言い回し】言いあらわし方。言いよう。

イーユー【EU】ヨーロッパの国々の政治や経済をひとつにまとめようとする組織。ヨーロッパ連合。欧州連合。

いいわけ【言い訳】失敗やあやまちなどについて、あとからそのわけを話すこと。弁解。

いいん【医院】病気やけがをなおす所。病院にくらべて小さい。

いいん【委員】組や会の仕事について、ある役目をまかされている人。▽「学級委員」「委員会」

いう【言う】ことばに出す。話す。しゃべる。↓【言】217ページ

いえ【家】❶人のすむたてもの。人のすまい。❷親子、きょうだいがいっしょにすんでいる所。家庭。↓【家】109ページ
●家柄●家路●家並み●家元

いえがら【家柄】その家の地位や昔からの血すじや由来。▽「武士の家がら」

いえじ【家路】家に帰る道。▽「家路をいそぐ」

イエス はい。そうです。↕ノー。

イエス・キリスト（紀元前四年ごろ～紀元後三〇年ごろ）キリスト教をひらいた人。人間はみな愛し合わなければいけないと教えたが、反対する人たちに十字架にかけられて死んだ。三日ののち復活したとつたえられる。

いえなみ【家並み】たくさんの家がならんでいるようす。

いえもと【家元】おどり・生け花などの芸の道で、流派を代表する地位。また、その地位にある人。

いおう【硫黄】火山のそばで見られる黄色くもえやすい結しょう。マッチや火薬などの原料。

いか【以下】❶その数も入れて、それから下。▽「五年以下」❷これからあと。▽「以下同文」↕以上。

いか 海にすむ、からだのやわらかい動物。十本の足があり、きけんを感じるとすみをはいてにげる。

いが クリなどの木の実をつつんで中をまもっているとげのついた皮。↓くり（図）

いがい【以外】それよりほか。そのほか。▽「人間以外の動物」

いがい【意外】思いのほか。思いがけないこと。案外。▽「かれがそんなことを言うとは意外だ」

いかがわしい ❶あやしい。うたがわしい。▽「いかがわしい品物には手を出さない」❷下品な。

いがく【医学】人間のからだや病気について研究する学問。

いかす【生かす】❶生きるようにする。▽「死にかかった金魚をにわの池で生かす」↕殺す。❷役に立つように使う。▽「才能を生かす」↓【生】371ページ

いかだ 丸太をたくさんつなぎ合わせて、水にうかべるもの。

いがた【鋳型】とかした鉄などをながしこんでいものを作るときに使う型。

いかにも ❶実に。たしかに。▽「いかにも秋らしいすずしさ」❷どう考えても。

いがみあう【いがみ合う】人と人がにく

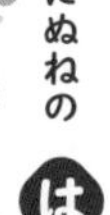

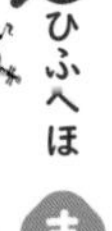

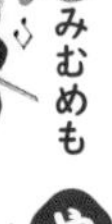

い

み合って、けんかをする。

いかめしい　厳しくてこわいかんじがするようす。▼「いかめしい顔をする」

いかり【怒り】　腹を立てること。

いかり　とめた船が流されないように、海の中になげこむ鉄のおもり。

いかる【怒る】　❶腹を立てる。❷かどばる。▼「かたがいかる」

いき【域】 6年　イキ　❶区切った土地。きまったはんい。▼「区域。地域。流域」❷さかい。ていど。▼「名人の域」

右上に　成や戍としない

いき【息】　❶口や鼻から呼吸する空気。❷調子。▼「二人の息が合う」➡【息】400ページ

●息が切れる●息切れ●息苦しい●息せききって●息遣い●息詰まる●息抜き●息の根●息巻く●息もつかずに●息を凝らす●息を殺す●息をつく暇もない●息を詰める●息をのむ●息を弾ませる●息を引き取る●ため息

いき【意気】　はりきった気持ち。

いき【生き】　魚などの新しいこと。

いき【行き】　行くとき。行く道。「ゆき」ともいう。▼「行きはバスにのる」⇔帰り。

いぎ【威儀】　おごそかできちんとしたふるまい。▼「いぎを正す」

いぎ【異議】　ほかの人とちがった考えや意見。異存。▼「異議ありません」

いぎ【意義】　❶ことばのわけ。意味。❷もののごとのねうち。

いきあたりばったり【行き当たりばったり】　前から考えておかないで、その場のなりゆきにまかせること。「ゆきあたりばったり」ともいう。▼「行き当たりばったりの仕事」

いきいき【生き生き】　元気いっぱいのようす。▼「生き生きとした顔」

いきうつし【生き写し】　すがたや身ぶりが、そっくりにていること。▼「弟は父に生き写しだ」

［生き写し］

いきうまのめをぬく【生き馬の目を抜く】　生きている馬の目をぬきとるという意味から、すばやくて、ゆだんができないことのたとえ。

いきうめ【生き埋め】　生きているまま地中にうめること。また、うまること。▼「生きうめの人を助ける」

いきおい【勢い】　❶いせいのいいこと。元気。❷ようす。なりゆき。▼「時の勢いに流される」❸はずみ。▼「走った勢いでころぶ」➡【勢】373ページ

いきおいこむ【勢い込む】　元気がついてふるいたつ。▼「明日までにやってしまおうと勢いこむ」

いきおいづく【勢い付く】　勇気づけられる。さかんになる。▼「味方がふえて、勢い付く」

いきがい【生きがい】　生きているねうち。▼「生きがいを感じる」

いきがかり【行きがかり】　（「ゆきがかり」ともいう）❶行くとちゅう。❷やりかけたはずみ。▼「行きがかり上、仕事を手伝うことになる」

いきがきれる【息が切れる】　❶息をするのが苦しい。❷息が止まる。死ぬ。▼「道がのぼり坂で、息が切れる」

いきがけ【行きがけ】　行くとちゅう。行くついで。「ゆきがけ」ともいう。

いきき【行き来】　（「ゆきき」ともいう）❶行ったり来たりすること。▼「行き来のはげしい通り」❷つきあうこと。▼「親しく行き

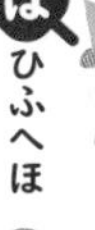

前のページの答え⇒「あざらし」

来する」

いきぎれ【息切れ】息が苦しくなって、止まりそうになること。

いきぐるしい【息苦しい】❶息をするのが苦しい。❷重苦しい。▼「試合は、息苦しいほどの接戦だった」

いきごみ【意気込み】はりきった気持ち。▼「たいへんな意気ごみ」

いきさき【行き先】これから行くところ。「ゆきさき」ともいう。▼「行き先をたずねる」

いきさつ あることがらのなりゆき。事情。▼「けんかのいきさつを話す」

いきじびき【生き字引】なんでもよく知っている人。ものしり。

いきすぎ【行き過ぎ】（「ゆきすぎ」ともいう）❶通りすぎること。❷やりすぎること。▼「親切も行き過ぎはこまる」

いきせききって【息せききって】ひどくいそぎ、息をはずませて。▼「息せききって家にかけこむ」

いきだおれ【行き倒れ】病気や空腹などのために道でたおれたり、死んだりすること。またそのような人。「ゆきだおれ」ともいう。

いきち【生き血】生きている動物の血。

いきちがい【行き違い】（「ゆきちがい」ともいう）❶両方で出かけてもとちゅうで出会わないこと。▼「むかえにきた母と行きちがいになる」❷ものごとの食いちがい。

いきづかい【息遣い】息をするようす。▼「息づかいがあらい」

いきづまる【行き詰まる】（「ゆきづまる」ともいう）❶道がなくなってその先に行けなくなる。❷ものごとをしているうちにどうしたらよいかわからなくなる。▼「仕事に行きづまる」

いきづまる【息詰まる】息が苦しくなる。息が苦しいほど身がひきしまる。▼「息づまるような試合だった」

いきとどく【行き届く】すみずみまで気がくばられている。「ゆきとどく」ともいう。▼「そうじが行き届く」

いきどまり【行き止まり】道などがふさがっていて、そこから先へ行けないこと。また、そういうところ。「ゆきどまり」ともいう。▼「この先はがけで、道は行き止まりです」

いきながらえる【生き長らえる】死ぬことからのがれて、生きつづける。また、長生きする。

いきなり だしぬけに。とつぜん。▼「席にすわるといきなり名をよばれた」

いきぬき【息抜き】❶ひと休みすること。骨休め。▼「勉強の息ぬきにあそぶ」❷空気の通りをよくするあな。

いきぬく【生き抜く】苦しくてもいっしょうけんめい生きていく。

いきのね【息の根】呼吸のこと。▼「息の根を止める」

いきのびる【生き延びる】死ぬようなあぶない目からのがれてたすかる。

いきまく【息巻く】おこって、ことばづかいや息づかいをあらくする。▼「きっと勝ってみせると息巻く」

いきもつかずに【息もつかずに】息もつかないほど休みなく。ひといきに。▼「息もつかずにまくしたてる」

いきもの【生き物】❶生きているもの。生物。とくに、動物。▼「生き物を飼う」❷生きているように変化するもの。▼「ことばは生き物だ」

いきようよう【意気揚揚・意気揚々】元気いっぱいで、とくいのようす。↓「々」は同じ文字をくり返すという意味のおどり字という記号。

イギリス ヨーロッパ大陸の西北に、海きょうをへだててフランスと向かい合っている島

い

国。英国。首都はロンドン。

いきりたつ はげしくおこる。▼「どら焼きをとられていきりたった」

いきる【生きる】 ❶命を持ってこの世にいる。⇔死ぬ。❷生活をする。❸役に立つ。▼「苦心が生きる」❹ぐっとよくなる。▼「赤をくわえると、この絵は生きる」⬇【生】371ページ

いきわかれ【生き別れ】 生きている家族などが別れ別れになること。

いきわたる【行き渡る】 のこりなく、行きとどく。「ゆきわたる」ともいう。▼「先生の注意がみんなに行きわたる」

いきをこらす【息を凝らす】 息を止めるようにして、じっとしている。▼「ロケットの発射を息をこらして見る」

いきをころす【息を殺す】 息をそっとしながら、じっとしている。▼「息を殺して野鳥を観察する」

いきをつくひまもない【息をつく暇もない】 ひと休みする時間もない。ひじょうにいそがしいようす。

いきをつめる【息を詰める】 息をしないようにして、じっとしている。

いきをのむ【息をのむ】 おどろいて、息ができない。▼「あっと息をのむ」

いきをはずませる【息を弾ませる】 呼吸がはげしくなる。

いきをひきとる【息を引き取る】 死んでしまう。▼「安らかに息を引きとる」

いく【育】 3年 イク そだつ・そだてる・はぐくむ
❶そだてること。▼「育児」
❷そだつこと。▼「成育」

育 育 育 育 育 育 (長めに / はねる)

●育児●教育●飼育●体育●発育●保育

いく【行く】 (「ゆく」ともいう) ❶歩く。前へすすむ。❷通りすぎる。遠くにさる。▼「むこうへ行く」❸ことがはかどる。▼「うまく行く」⬇【行】226ページ ●行く先

いくえ【幾重】 ❶ものがたくさん重なっていること。❷かさねがさね。

いくさ【戦】 たたかい。せんそう。▼「戦のない世界」⬇【戦】387ページ

いくさき【行く先】 これから行く所。「ゆくさき」ともいう。▼「行く先を言って出かける」

いくじ【育児】 子供を育てること。

いくじ【意気地】 気力。ものごとをやりとげようとする気持ち。▼「意気地がない」

いくじなし【意気地無し】 意気地がないこと。また、そういう人。

いくつ【幾つ】 どれほど。どれだけの数。▼「年はいくつですか」

いくどうおん【異口同音】 大ぜいの人が言い合わせたように同じことを言うこと。▼「異口同音に賛成する」

イクラ サケのたまごを一つぶずつばらばらにした食べ物。⬇すし(図)

いくら【幾ら】 ❶どれくらい。どれだけ。▼「この本はいくらですか」❷どんなに。▼「いくらまってもあいては来ない」❸数が多いさま。▼「おかしならいくらでも欲しい」

いけ【池】 大きなくぼみに、水がたまった所。また、地面をほって水をためた所。⬇【池】441ページ

いけがき【生け垣】 背のひくい木をならべてうえてつくったかきね。

いけす 料理などで使う魚を生かしたまま飼っておく所。

いけどる【生け捕る】 人や鳥・けものなどを生きたまままつかまえる。

いけない ❶だめだ。のぞみがない。▼「いけない、もうまにあわない」❷よくない。悪い

なぞなぞ ガスはガスでも食べられるガスは？ 答えは次のページ。

い。▽「うそをつくとは、いけない子だ」❸やめさせることば。▽「ここへ入ってはいけない」

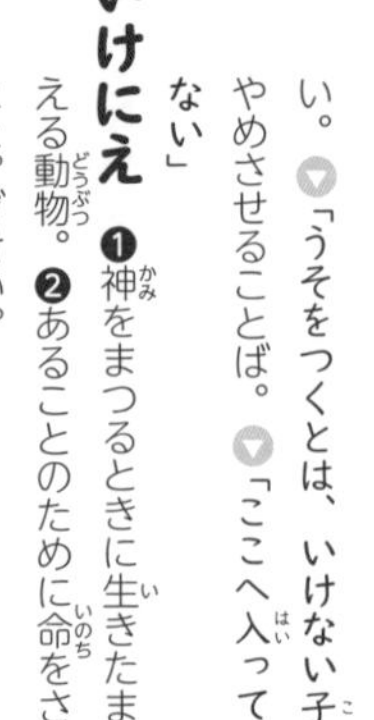

いけにえ ❶神をまつるときに生きたままそなえる動物。❷あることのために命をささげること。ぎせい。

いける ❶物を土の中にうめる。❷火のついた炭を灰の中にうめる。

いける【生ける】草や花をかびんなどにさす。▽「母が花を生ける」⬇【生】371ページ

いけん【意見】❶考え。❷注意し、さとすこと。▽「はっきりと自分の意見を言う」「お母さんに意見された」

いげん【威厳】りっぱで、いかめしいこと。▽「い厳のある話し方」

いご【以後】❶それからあと。以降。⬍以前。❷今からのち。▽「以後気をつけます」

いご【囲碁】縦と横に一九本ずつの線をひいた台の上に、二人の人が黒と白の石をかわりばんこに置いていき、じん地をとりあうゲーム。碁。

[囲碁]

いこい【憩い】休むこと。休息。▽「いこいのひととき、音楽をきく」

いこう【以降】これからあと。それからあと。以後。

いこう【威光】人をおそれさせるような力やいきおい。▽「親のい光」

いこう【意向】思うこと。考え。

いこう【憩う】休む。休息する。

イコール ❶同じであること。ひとしいこと。❷算数で、ひとしいことをあらわす「＝」の記号。等号。

いこく【異国】よその国。外国。

いこくじょうちょ【異国情緒】外国風な気分や感じ。エキゾチック。▽「異国情ちょただよう港町」

いごこち【居心地】そこにいる感じ。すみ心地。▽「居心地のいい家」

いこじ いじっぱり。がんこ。「えこじ」ともいう。▽「いこじになって言いはる」

いこつ【遺骨】死んだ人の骨。

いざ 仕事をはじめたり、人をさそったりするときに使うことば。さあ。▽「いざ、行かん」

いさかい ❶あらそい。❷口げんか。▽「いさかいがたえない」

いさぎよい【潔い】ひきょうなところがない。欲がなく、あっさりしている。▽「あきらめ方が潔い。潔い負け方」⬇【潔】213ページ

いざこざ あらそいごと。もめごと。▽「いざこざはいやだ」

いささか ほんの少し。わずかばかり。▽「いささか気味が悪い」

いざというとき【いざという時】たいへんなことがおこったとき。▽「いざという時の用意に貯金する」

いさましい【勇ましい】いきおいが強くてものごとをおそれない。元気で活発な。▽「勇ましい選手たち。勇ましい音楽」

いさむ【勇む】元気いっぱいになる。はりきる。▽「運動会の朝、勇んで出かける」⬇【勇】718ページ

いさめる 目上の人にまちがっていることを注意して直してもらう。▽「主君をいさめる」

いさりび【いさり火】夜、魚をさそいよせてとるために船の上でたく火。

いさん【遺産】❶死んだ人ののこした財産。▽「親の遺産をうけつぐ」❷前の時代の人が残したすぐれたもの。▽「世界遺産」

いし【石】❶鉱物質のかたまり。岩よりも小さく、すなよりも大きいもの。❷石材。▽「墓

石」❸碁をうつときの石。❹時計などに使う宝石。❺かたい、がんこのたとえ。▼「石頭」⬇【石】380ページ ●石垣●石川県●石灯ろう●石にかじりついても●石綿●軽石

いし【医師】 病人をしんさつして、病気やけがをなおす人。医者。▼「頭がいたいので医師にみてもらう」

いし【意志】 すすんでやりとげようとする心。▼「意志がかたい。意志が弱い」

いし【意思】 何かをしたいと思う考え。

いし【遺志】 死んだ人が生きていたころに持っていた、こころざしやねがい。▼「父の遺志をつぐ」

いじ【意地】 ❶自分の考えをどこまでも通そうとすること。▼「意地をはる」❷気持ち。気だて。▼「意地が悪い」

いじ【維持】 今までどおりにたもつこと。▼「良い成績をい持する」

いじ【遺児】 親に死なれて、あとにのこった子供。▼「交通遺児」

いしがき【石垣】 石や岩をつんでつくったかきね。▼「お城の石がき」

いしかわけん【石川県】 中部地方にある県。伝統工芸の九谷焼や輪島塗などが有名。県庁は金沢市にある。⬇都道府県（図）

いしき【意識】 ❶いろいろなことを感じること。▼「人の目を意識する」❷心のはたらき。▼「意識をうしなった」

いじける 心がひねくれて、おくびょうになる。▼「性格がいじける」

いじげん【異次元】 ❶ちがう世界。▼「タイムマシンに乗って異次元へ行く」❷ふつうとはまったくちがう考え方。▼「異次元の解決法」

いしころ【石ころ】 ちいさな石。小石。

いしつ【異質】 性質がほかとちがうこと。⬍同質。

いじっぱり【意地っ張り】 意地を張って、自分の考えをむりにおし通そうとすること。また、そういう人。

いしつぶつ【遺失物】 わすれもの。おとしてなくしたもの。

いしどうろう【石灯ろう】 石でつくった灯ろう。⬇灯ろう（図）

いしにかじりついても【石にかじりついても】 どんな苦労をしても。▼「石にかじりついても合格したい」

いしのうえにもさんねん【石の上にも三年】 石の上に三年もすわっていれば石もあたたまるということから、つらいこともしんぼうすればいつかは成功するものだということわざ。

いしばしをたたいてわたる【石橋をたたいて渡る】 じょうぶな石の橋も、たたきながらわたるというように、ひじょうに用心深いことのたとえ。

[石橋をたたいて渡る]

いじめる 弱いものをこまらせたり、いたい目にあわせたりして苦しめる。

いしゃ【医者】 病人をしんさつして病気やけがをなおす人。医師。

いしゃのふようじょう【医者の不養生】 人のからだをなおす医者も、自分のことには不注意であること。人には「気をつけろ」と言いながら、自分では実行しないことのたとえ。

いじゅう【移住】 ほかの土地に移り住むこと。▼「外国に移住する」

いしょ【遺書】 自分が死んだあとのために書きのこした文書や手紙。

いしょう【衣装】 ❶着るもの。▼「花よめ

前のページの答え⇒「アスパラガス」

衣装」❷劇やおどりに使う衣服。

いしょう【意匠】形や、図案などをくふうすること。また、そのくふう。デザイン。

いじょう【以上】❶それから上。▽「十年以上。想像以上の暑さ」⇕以下。❷ここまでにのべたこと。▽「以上でわたしのあいさつはおわりです」❸…のうえには。…からには。▽「引き受けた以上がんばります」

いじょう【異状】ふだんとちがうようす。別状。▽「健康に異状はない」

いじょう【異常】ふつうとかわっていること。▽「異常な行動」⇕正常。

いしょく【異色】ほかのものとはかわっているとくちょう。▽「異色の歌手」

いしょく【移植】❶草や木を植えかえること。❷からだの一部をべつの場所やべつの人に移しかえること。▽「臓器移植」

いしょくじゅう【衣食住】衣服と食物と住居。生活の中でもっとも大事な三つのもの。

いじらしい 弱々しくてかわいそうなようす。▽「おさないのに、がまんをして、いじらしい子供だ」

いじる ❶指でさわって、もてあそぶ。▽「かみの毛をいじる」❷きょうみをもってあつかう。▽「カメラをいじる」

いしわた【石綿】綿のような鉱物で、熱に強く電気を通しにくいもの。細かいせんいが人体に有害。アスベスト。

いじわる【意地悪】人をこまらせるようなことをすること。また、そういう心。▽「意地悪なたいど。意地悪を言う」

いじをはる【意地を張る】むりに自分の考えを通そうとする。

いじん【偉人】えらい人。すぐれてりっぱな人。▽「い人の伝記」

いしんでんしん【以心伝心】話したり、文字に書いたりしないでも、おたがいの考えや気持ちが、あいてにつたわること。

いす ❶こしをかけるもの。こしかけ。❷地位。▽「大臣のいす」

いずこ どこ。どちら。

いすとり【いす取り】ゲームの一種。人数よりすくないいすをおき、合図にあわせていすを取りあう。

いずみ【泉】地中から自然に水がわき出る所。また、その水。⬇【泉】387ページ

いずも【出雲】むかしの国のなまえ。今の島根県の東部。

イスラムきょう【イスラム教】七世紀のはじめにアラビアのマホメット（ムハンマド）がひらいた宗教。アラーの神を信こうする。

いずれ ❶どれ。どちら。▽「いずれが本物かわからない」❷そのうちに。近いうちに。▽「いずれひまをみて、うかがいます」❸けっきょくは。▽「うそをついてもいずれわかってしまう」

いすわる【居座る】❶座ったままでそこを動かない。❷もとの地位や役目にとどまっていてかわらない。▽「七年間も同じ地位に居座る」

いせい【威勢】❶人をおそれしたがわせる力。❷元気。活気。▽「魚屋さんのい勢のよいよび声」

いせい【異性】男から見て女、女から見て男をいうことば。⇕同性。

いせえび【伊勢海老】大形のエビ。えんぎのよい食べ物として、おせち料理などに使われる。

いせき【遺跡】大昔、人が生活していたあと。▽「エジプトの遺せき」

いせじんぐう【伊勢神宮】三重県の伊勢市にある神宮。天照大御神と豊受大神をまつる。

いせん【緯線】地球上の位置をあらわすために、地球の表面に赤道と平行にあると考えた線。赤道を〇度として南北にそれぞれ九

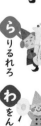

○度ずつある。⇕経線。

いぜん【以前】 ❶今より前。❷それより前。その前。⇕以後。

[緯線]

いぜん【依然】 前のとおり。もとからのまま。▽「いぜんとしてかわりがない」

いそ 岩の多い海や湖の水ぎわ。

いそいそ よろこびいさんで。▽「遠足なのでいそいそと家を出た」

いそうろう【居候】 お金をはらわないで人の家にすまわせてもらい、食べさせてもらうこと。また、その人。

いそがしい【忙しい】 ひまがなくて、せわしい。

いそがばまわれ【急がば回れ】 急ぐのならば、きけんな近い道を行くより、安全に遠回りするほうがいいということ。あせって失敗するより、用心深くやるほうがいい。

いそぎんちゃく あさい海の岩などについている動物。口のまわりのしょく手で、えさをとる。

いそぐ【急ぐ】 ❶ものごとをはやくする。❷はや足で歩く。▽「駅まで急ぐ」❸せく。あせる。▽「心が急ぐ」⬇【急】171ページ

いぞく【遺族】 死んだ人のあとにのこされた家族や親族。

いそしむ いっしょうけんめいにする。▽「読書にいそしむ」

いそん【依存】 ほかのものにたよってなりたつこと。「いぞん」ともいう。▽「いそん心。石油を外国にいそんする」

いぞん【異存】 ほかの人とちがった考え。反対の意見。異議。

いた【板】 うすく、平たくした木材など。⬇【板】572ページ
●板の間●板挟み●板前

いたい【痛い】 ❶からだがきずついて苦しい。❷心に苦しみを感じる。つらい。▽「この試合に負けたのは痛い」⬇【痛】458ページ

いたい【遺体】 死んだ人のからだ。なきがら。遺がい。

いだい【偉大】 能力やねうちなどがすぐれてりっぱなこと。▽「い大な人物」

いたく たいへん。ひじょうに。▽「いたく感心する」

いだく【抱く】 ❶うでかかえて持つ。▽「両手に子供をいだく」❷心に持つ。心に思う。▽「あこがれをいだく」

いたけだか 上からおさえつけるようなようす。▽「いたけだかに物をいう」

いたす【致す】 「する」のへりくだった言い方。▽「説明いたします」

いたずら 人がこまるようなことを、ふざけてすること。

いたずらに むだに。何の役にも立たずに。▽「いたずらに月日をすごした」

いただき【頂】 ❶山のてっぺん。頂上。⇕ふもと。中腹（図）❷もののいちばん上の部分。⬇【頂】451ページ

いただきます 食事をはじめるときのあいさつのことば。

いただく【頂く】 ❶頭にのせる。▽「雪をいただく山々」❷「もらう」「食べる」「のむ」などのていねいな言い方。▽「おみやげをいただく」⬇【頂】451ページ

いたたまれない じっとしておちついていられない。▽「いたたまれないほどのはずかしさ」

いたち 細長いからだをした動物。ネズミ・鳥などを食べる。敵におそわれると、くさいにおいを出してにげる。

いたちごっこ 同じことをくりかえしていて、きりがつかないこと。

（五回続けていえるかな）圧力計についた緑青のい力。

いたって【至って】たいへん。きわめて。▽「母はいたって元気だ」

いたで【痛手】❶深いきず。▽「痛手を負う」❷大きな損害。▽「大雨で作物が痛手をうけた」

いたど【板戸】板をはった戸。雨戸など。

いたのま【板の間】ゆかに板をはった所。また、そのような部屋。

いたばさみ【板挟み】両者の間に立って、どちらについたらよいか苦しむこと。▽「板ばさみになって苦しむ」

[板ばさみ]

いたまえ【板前】日本料理を作ることを仕事にしている人。

いたましい【痛ましい】かわいそうな。気のどくな。▽「痛ましいすがた」

いたみ【痛み】❶病気やきずで痛むこと。❷なやみ。悲しみ。▽「心の痛み」

いたむ【痛む】❶いたくて苦しむ。❷悲しむ。なやむ。▽「心が痛む」⬇【痛】458ページ

いたむ【傷む】❶こわれる。きずがつく。▽「自転車のハンドルが傷む」❷くさる。▽「果物が傷む」⬇【傷】332ページ

いたむ【悼む】人の死をなげいて悲しむ。

いためる【痛める】❶いたくする。▽「足首を痛める」❷心配させる。苦しみを感じさせる。▽「心を痛める」⬇【痛】458ページ

いためる【傷める】❶きずをつける。こわす。▽「たてものを傷める」❷くさらせる。▽「リンゴを傷める」⬇【傷】332ページ

いためる 食べ物を油でいったり、やいたりする。▽「やさいをいためる」

イタリア ヨーロッパの南、地中海につき出た長ぐつ形の半島を主要部分とする国。首都はローマ。

いたる【至る】❶行きつく。▽「東京に至る」❷あるじょうたいになる。▽「大事に至らないうちに火をけし止める」⬇【至】284ページ

いたるところ【至る所】あちらにもこちらにも。どこにでも。▽「町の至る所に花がさいている」

いたれりつくせり【至れり尽くせり】すべてのことが、よくいきとどいているようす。▽「至れりつくせりのおもてなし」

いたわる 親切にする。やさしくしてやる。▽「病人をいたわる」

いち【一】1年 イチ・イツ ひと・ひとつ

一

❶ひとつ。▽「一字。一員」❷もっともすぐれたこと。▽「一流」❸はじめ。▽「一番」❹あるひとつの。▽「一夜」❺すべて。みな。▽「一門。一族」

●一員●一円●一応●一か八か●一群●一言居士●一合目●一時●一字一句●一時金●一日の長●一族●一存●一代●一大事●一度●一同●一日●一人前●一念●一年の計は元旦にあり●一番どり●一番乗り●一番星●一分●一部●一部始終●一部分●一望●一味●一命●一面●一毛作●一目りょう然●一文●一門●一文字●一夜●一躍●一様●一覧表●一理●一律●一里塚●一流●一両日●一輪●一を聞いて十を知る●第一●万一

いち【市】人がたくさん集まって、物の売り買いをすること。または、その場所。⬇【市】283ページ ●市場●市場町●朝市

いち【位置】❶物のある場所。❷人の位。立場。地位。

いち【壱】ひとつ。証書などを書くときに「一」のかわりにこの字を使う。

い

いちいち ❶一つ一つ。▽「いちいち説明する」❷全部。▽「ぼくのすることにいちいちもんくをいう」

いちいん【一員】 なかまのひとり。▽「わが家ではイヌも家族の一員だ」

いちえん【一円】 ❶あるかぎられた土地全部。▽「関東一円に青空が広がる」❷お金の単位。

いちおう【一応】 ひととおり。とにかく。▽「一応宿題はできあがった」

いちがつ【一月】 一年のいちばんはじめの月。

いちかばちか【一か▲八か】 運を天にまかせて思い切ってやってみること。のるかそるか。

いちぐん【一群】 ひとむれ。ひとかたまり。▽「カモの一群がとんで行く」

いちご おいしい赤い実のなる草。ふつうはオランダイチゴのこと。ほかに、野原にはえるキイチゴ・ヘビイチゴなどもある。

いちごうめ【一合目】 高い山ののぼり道を十に分けた最初の十分の一の高さの所。頂上は、十合目に当たる。

いちじ【一時】 ❶あるとき。▽「一時そんなことがあった」❷そのときだけ。▽「一時あずかり」❸時刻の一時。❹しばらく。▽「一時やめておこう」❺同時に。▽「波が一時におしよせてきた」

いちじいっく【一字一句】 一つの字、一つのことば。文章のほんの少しの部分。▽「一字一句考えて手紙を書く」

いちじきん【一時金】 その時だけまとまって一度にわたすお金。

いちじく 庭などにうえる木。あまい実を食べる。葉は手のひらの形ににている。

いちじつのちょう【一日の長】 ものごとのけいけんを少しよけいにつんで、すぐれていること。▽「水泳ではぼくよりきみのほうに一日の長がある」

いちじるしい【著しい】 とくに目立ってはっきりしている。▽「進歩のあとが著しい」➡【著】450ページ

いちず ただ一つのことを思いこむようす。ひたすら。▽「かれはいちずに研究にうちこんでいる」

いちぞく【一族】 同じ血筋の者。一門。同族。▽「平家の一族」

いちぞん【一存】 自分ひとりの考え。▽「わたしの一存ではきめられない」

いちだい【一代】 ❶ひとりの人の一生。❷家の主人が、その家をついでいる間。▽「一代で財産をきずく」❸その時代。

いちだいじ【一大事】 放っておけないたいへんな出来事。大事件。

いちど【一度】 ❶一回。いっぺん。▽「夏休みに一度海に行った」❷いちどきに。いっぺんに。▽「一度に客がおしよせて、店がこんざつする」

いちどう【一同】 みんな。全部の人。

いちにち【一日】 ❶ある時刻から二十四時間。▽「まる一日船にのっていた」❷朝からばんまで。▽「一日歩きつづけた」

いちにんまえ【一人前】 ❶一人分。▽「ラーメン一人前」❷大人なみ。人なみ。▽「一人前になる」

いちねん【一念】 心に深く思いこむこと。▽「勝ちたい一念で毎日練習した」

いちねんせい【一年生】 学校に入学したはじめの年の児童や生徒。

いちねんのけいはがんたんにあり【一年の計は元旦にあり】 その年の計画は、一月一日に立てるのがよいということ。最初にしっかりと計画することが大切だということ。

いちば【市場】 ❶きまった日に商人が集まって品物の売り買いをする所。❷ふだん使う品物や食べ物などを売る店が集まっている場所。マーケット。

なぞなぞ 空からふってきたり、おいしいおかしだったりするものなんだ？ 答えは次のページ。

いちばまち【市場町】むかし市がたった場所を中心にできた町。

いちはやく【いち早く】すぐ。すばやく。▽「いち早くたすけ出す」

いちばん【一番】❶まっさき。最初。❷もっともすぐれていること。❸碁や将棋や、すもうの一回の勝負。

いちばんどり【一番どり】明け方、いちばん早く鳴くニワトリ。

いちばんのり【一番乗り】❶先に敵のじんや城に馬を乗り入れること。❷まっさきにある場所に乗りこむこと。

いちばんぼし【一番星】日がくれて、いちばんはじめに見える星。

いちぶ【一分】❶一割の十分の一。一パーセント。▽「三割一分」❷ほんの少し。▽「一分のすきもない」❸日本の昔のお金の単位。

いちぶ【一部】❶全体の中の少しの部分。▽「一部の人の意見」⇔全部。❷新聞や本の一さつ。

いちぶしじゅう【一部始終】あることがらの最初からおわりまで。▽「見たことを一部始終話す」

いちぶぶん【一部分】全体の中のある一つの所。⇔大部分。

いちぼう【一望】一目に見わたすこと。▽「この山から町が一望できる」

いちみ【一味】同じなかま。

いちめい【一命】ひとりのいのち。いのち。▽「一命をとりとめる」

いちめん【一面】❶全体。どこもみな。▽「一面の雪の原」❷あるちがった一つの面。一方。▽「頭はいいが、一面わがままだ」❸新聞の一ページ目。

いちもうさく【一毛作】同じ田畑で、作物を一年に一回だけ作ること。

いちもくさん わき目もふらずに走るようす。▽「いちもくさんににげる」

いちもくりょうぜん【一目りょう然】一目見てよくわかるようす。▽「グラフをみれば一目りょう然だ」

いちもん【一文】❶日本の昔のお金の単位。❷わずかのお金。

いちもん【一門】❶同じ血筋の人々。同じ姓のなかま。一族。▽「平家の一門」❷同じ教えを学んでいるなかま。

いちもんじ【一文字】「一」の字のように横にまっすぐなこと。▽「口を一文字にむすぶ」

いちや【一夜】❶ひとばん。❷ある夜。▽「ある夏の一夜のことだった」

いちやく【一躍】❶ひととび。❷じゅんじょをふまないですすむこと。一足とび。▽「かれはいちやく有名になった」

いちよう【一様】どれもみな同じようす。▽「みな一様にまちがえた」

いちょう【胃腸】胃と腸。

いちょう 葉がおうぎ形で秋に黄色くなる落葉樹。たねをギンナンといい、食べられる。

いちらんひょう【一覧表】一目でわかるように、まとめて書いた表。

いちり【一理】いちおうはもっともな理由。▽「きみの言い分にも一理ある」

いちりつ【一律】みな同じようす。▽「物価が一律に上がる」

いちりづか【一里塚】江戸時代に、大切な道に、一里（やく四キロメートル）ごとに土をもりあげて、木を植え、道のりの目じるしとしたもの。

いちりゅう【一流】❶もっともすぐれていること。▽「一流のうでまえ」❷その人だけがとくべつに持っているもの。▽「かれ一流のやり方」

いちりょうじつ【一両日】一日または二日。▽「一両日中にうかがいます」

いちりん【一輪】❶一つの輪。▽「一輪車」❷一つの花。▽「一輪のバラ」

いちをきいてじゅうをしる【一を聞

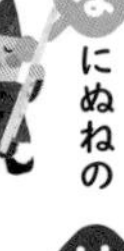

〔〕漢字を使った書き方　〔〕小学校で習う漢字（学習漢字）　▽使い方　⇔反対の言葉　↓さらにくわしく

い

かきくけこ さしすせそ たちつてと なにぬねの はひふへほ まみむめも やゆよ らりるれろ わをん

いて十を知る】一部分を聞いただけで全部がわかる。かしこくてりかいが早いことのたとえ。

いっ【一】40ページ いち。▽「一等。同一。一切」⬇
●一家●一喝●一騎打ち●一気に●一挙一動●一挙に●一句●一見●一行●一向●一刻●一切●一昨日●一昨年●一酸化炭素●一室●一首●一種●一周●一瞬●一緒●一生●一生涯●一生懸命●一色●一矢を報いる●一心●一身●一新●一進一退●一世一代●一斉に●一節●一説●一足飛び●一帯●一端●一致●一着●一昼夜●一朝一夕●一長一短●一直線●一対●一手●一定●一点●一転●一点張り●一等星●一派●一杯●一般●一筆●一服●一片●一変●一遍●一方●一本気●均一●単一●統一

いつ【五】いつつ。▽「五日」⬇【五】224ページ

いつ はっきりしない時をいうことば。▽「いつ来るかわかりません。いつでもどうぞ」

いつか ❶すぎさった日の、はっきりとはわからない時をあらわす。▽「この道は、いつか通ったことがある」❷これから先のある時。そのうちに。▽「いつか外国へ行きたい」

いつか【五日】❶月の五番めの日。▽「五月五日はこどもの日」❷五日間。▽「かぜは五日で治った」

いっか【一家】家族全体。▽「一家そろって、音楽が好きだ。源さんの一家」

いっかつ【一喝】大声でどなりつけること。▽「先生にいっかつされた」

いっかをささえる【一家を支える】家族の中心になってくらしを立てる。▽「父の死後、母が一家を支えている」

いっかをなす【一家を成す】学問や研究などで、とくにすぐれていると、世の中からみとめられる。▽「画家として一家を成す」

いっきうち【一騎打ち】敵と味方が、一人ずつで勝ち負けをあらそうこと。

いっきに【一気に】いっぺんに。一息に。▽「仕事を一気にかたづける」

いっきょいちどう【一挙一動】一つ一つのからだの動き。▽「一挙一動を見守る」

いっきょに【一挙に】一度に。一息に。▽「一挙に三点も入れる」

いっきょりょうとく【一挙両得】一つのことをして、二つの得をすること。一石二鳥。▽「おもしろくてためになるとは、一挙両得だ」

いっく【一句】❶ことばの区切り。▽「一字一句はっきり読む」❷俳句を数える単位。

いつくしむ【慈しむ】かわいがる。愛する。大切にする。▽「孫をいつくしむ」

いっけん【一見】❶一度見ること。❷ちょっと見たところ。▽「かれは一見わかく見える」

いっけんや【一軒家】❶近所に家がなく、一つだけぽつんとたっている家。▽「山おくの一けん家」❷マンションなどの共同住宅ではない、一つの家。

いっこう【一行】いっしょに旅などをするなかま。▽「一行はぶじ下山した」

いっこう【一向】少しも。まったく。▽「勉強が一向に終わらない」

いっこく【一刻】少しの時間。▽「一刻のゆとりもない」

いっさい【一切】❶のこらず。全部。❷ぜんぜん。まったく。▽「その後のことは一切わからない」

いっさくじつ【一昨日】昨日の前の日。おととい。⬍明後日。

いっさくねん【一昨年】去年の前の年。おととし。⬇再来年（図）

いっさんかたんそ【一酸化炭素】炭素が不完全にもえるときに出る気体。強いどくがある。

いつしか いつのまにか。▽「いつしか夜が明けた」

前のページの答え⇒「あめ」

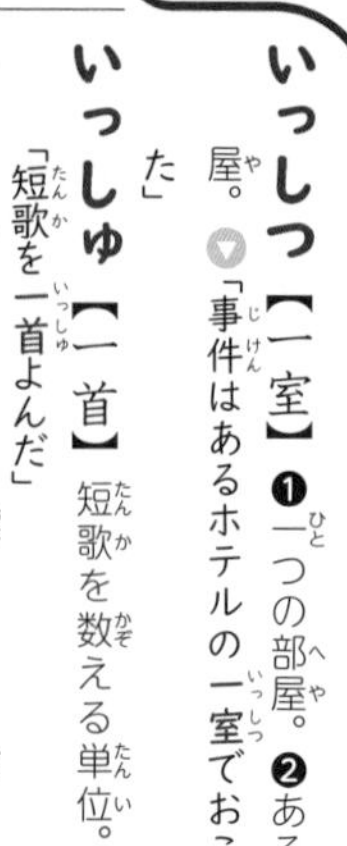

いっしつ【一室】 ❶一つの部屋。❷ある部屋。▼「事件はあるホテルの一室でおこった」

いっしゅ【一首】 短歌を数える単位。▼「短歌を一首よんだ」

いっしゅ【一種】 ❶同じなかまの一つ。▼「バラの一種」❷どことなくほかとちがっていること。▼「一種独特のふんいきがある」

いっしゅう【一周】 ひとまわり。

いっしゅうかん【一週間】 日曜日から土曜日までの七日間。

いっしゅん【一瞬】 ひじょうにみじかい時間。▼「いっしゅんのうちに見失う」

いっしょ【一緒】 ❶一つに集まること。▼「みんなでいっしょにあそぶ」❷つれだつこと。▼「ごいっしょする」❸同じこと。

いっしょう【一生】 生まれてから死ぬまでの間。生がい。▼「一生の思い出」

いっしょうがい【一生涯】 この世に生きている間。一生。

いっしょうけんめい【一生懸命】 ものごとをひじょうに熱心にするようす。▼「いっしょうけんめい勉強する」

いっしょうをささげる【一生をささげる】 一つの仕事に死ぬまでつくす。▼「芸術に一生をささげる」

いっしょく【一色】 ❶一つの色。❷ほかの色がまじらないで、その色だけのこと。▼「白一色の雪景色」

いっしょくそくはつ【一触即発】 ちいさなきっかけから、たいへんな事態になりそうなこと。

いっしをむくいる【一矢を報いる】 あいてからのこうげきにたいして、しかえしをする。はんげきする。

いっしん【一心】 ほかのことは考えないで、そのことだけを考えること。

いっしん【一身】 自分のからだ。自分ひとり。からだ全体。▼「愛情を一身にうける」

いっしん【一新】 すべてのことをすっかり新しくすること。▼「気分を一新する」

いっしんいったい【一進一退】 ❶進んだり、あともどりをしたりすること。▼「仕事が一進一退ではかどらない」❷よくなったり悪くなったりすること。▼「病気のぐあいは一進一退だ」

いっしんふらん【一心不乱】 一つのことに気持ちを集中し、ほかのことにとらわれないこと。▼「一心不乱にはたらく」

いっすんのむしにもごぶのたましい【一寸の虫にも五分の魂】 小さくて弱いものにも考えや根性があるので、ばかにできないことのたとえ。

いっせいちだい【一世一代】 一生のうちただ一度であること。▼「一世一代の晴れぶ台」

いっせいに【一斉に】 いっしょにそろって。みんないっしょに。▼「いっせいにスタートする」

いっせきにちょう【一石二鳥】 一つの石で二羽の鳥をうちおとすこと。ある一つのことをして二つの得をすること。一挙両得。

[一石二鳥]

いっせつ【一節】 文章や歌などの一区切り。

いっせつ【一説】 ❶一つの意見。❷あるべつの意見。

いっそ どうせなら、思い切って。▼「いっそのこと、やめようか」

いっそう ますます。さらに。▼「雨風がいっそう強くなってきた」

いっそくとび【一足飛び】 じゅんじょを飛びこえてすすむこと。一やく。▼「一足飛びに出世する」

い

いつぞや いつだったか。この間。▽「いつぞやは失礼しました」

いったい【一帯】 そのあたり全体。

いったい ほんとうに。いったいぜんたい。▽「これはいったいどうしたことだ」

いったん【一端】 ❶一方のはし。❷一部分。▽「その仕事のいったんをうけもつ」

いったん いっとき。一度。▽「いったん停止する」

いっち【一致】 二つ以上のものが同じであると認められること。また、二つ以上のものが一つになること。▽「みんなの意見がいっちする。指もんがいっちする」

いっちゃく【一着】 ❶いちばん先に着くこと。❷ひとそろいの洋服や着物。

いっちゅうや【一昼夜】 まる一日。▽「一昼夜走りつづけた」

いっちょういっせき【一朝一夕】 みじかい時間。▽「国語辞典は、一朝一夕にできるものではない」

いっちょういったん【一長一短】 よいところもあり、また悪いところもあること。▽「一長一短があって、どちらがよいとは言えない」

いっちょくせん【一直線】 ❶一本のまっすぐな線。❷まっすぐ。

いつつ【五つ】 ❶数の名。ご。五こ。❷五さい。❸昔の時刻。今の午前八時ごろと午後八時ごろ。⇨【五】224ページ

いっつい【一対】 二つで一組になること。また、そのもの。▽「一対の茶わん」

いって【一手】 ❶碁や将棋で、石やこまを一つおいたり、動かしたりすること。❷全部を一か所であつかうこと。▽「仕事を一手にひきうける」❸一つのわざや方法。▽「おしの一手」

いってい【一定】 しっかりときまっていてかわらないこと。▽「一定の長さにそろえる」

いってきます【行ってきます】 出かけるときに言うあいさつのことば。⇔ただいま。

いってらっしゃい【行ってらっしゃい】 人を送り出すときに言う、あいさつのことば。⇔お帰りなさい。

いってん【一点】 ❶一つの点。❷ほんの少し。▽「一点のくもりもない」

いってん【一転】 ❶一回りすること。❷ようすががらりとかわること。▽「試合は一転し、赤組の勝ちとなった」

いってんばり【一点張り】 一つのことだけでおしとおすこと。▽「勉強一点張り」

いっとう【一等】 順位などのだい一位。▽「マラソン大会で一等になる」

いっとうしょう【一等賞】 競走などで一番になったときにもらう賞。

いっとうせい【一等星】 星の中で一番明るく見えるこう星。

いつとはなしに いつのまにか。▽「かれとぼくとは、いつとはなしに親しくなった」

いつになく ふだんとちがって。

いつのまにか【いつの間にか】 気がつかないでいる間に。▽「いつの間にか、日がくれていた」

いっぱ【一派】 ❶学問や宗教などの一つのグループ。❷なかま。一味。

いっぱい【一杯】 一つの入れ物に入るだけの量。▽「コップ一ぱいの水」

いっぱい ❶あふれるほど、たくさんあるようす。▽「クリをいっぱいひろう」❷その間ずっと。▽「今週いっぱいいそがしい」❸ありったけ。▽「戸をいっぱいにひらく」

いっぱん【一般】 ❶全体。▽「世間いっぱん」❷ありふれていること。ふつう。▽「いっぱんの入場者」⇔特殊。

いっぴつ【一筆】 ❶一本の筆。❷みじかい文。❸切れ目なく、ひとふでで書くこと。❹

さかさことば 前から読んでもうしろから読んでも「イカと貝」。

手紙に使うことば。▽「一筆申し上げます」

いっぷく【一服】❶茶やたばこなどを一回のむこと。❷ひと休み。▽「一服する」❸一つつみのこな薬。

いっぺん【一片】ひときれ。▽「一片の白い雲」

いっぺん【一変】ようすが、すっかり変わること。▽「たいどが一変した」

いっぺん【一遍】❶一度。一回。▽「アメリカへいっぺんは行きたい」❷一度に。同時に。▽「春の花がいっぺんにさいた」

いっぽう【一方】❶一つの方向。❷片方。一面。▽「勉強する一方、よくあそぶ」❸そればかり。▽「車はふえる一方だ」

いっぽうつうこう【一方通行】❶道路の一方向だけに車を通すこと。❷片方の意見ばかりがあいてにつたわり、あいての意見はつたわらないこと。

いっぽうてき【一方的】❶一方にだけかたよるようす。▽「一方的な考えではだめだ」❷自分勝手なようす。▽「かれのたいどはあまりに一方的だ」

いっぽんぎ【一本気】一度思いこむとそのことだけを考えて、なかなかかえない性質。▽「一本気な性格」

いっぽんぢょうし【一本調子】やり方や調子がいつも同じようでかわりのないこと。▽「歌い方が一本調子だ」

いっぽんみち【一本道】とちゅうでわかれず、まっすぐにつづく道。

いつまでも あることが、長くつづくようす。かぎりなく。▽「いつまでも手をふって見送る」

いつも つねに。ふだん。▽「いつも朝七時におきます」

いつわ【逸話】世の中にあまり知られていない話。エピソード。

いつわり【偽り】うそ。

いつわる【偽る】❶うそを言う。▽「名前をいつわる」❷だます。▽「人をいつわる」

いでたち 身じたく。▽「いさましいいでたちで出かける」

いてもたってもいられない【居ても立っても居られない】心配ごとなどでじっとしていることができない。▽「母の病気のことを考えると、居ても立っても居られない」

いてん【移転】すまいや物のおき場所をかえること。

いでん【遺伝】親のからだの形や、性質などが子につたわること。

いでんし【遺伝子】細胞の中にあって、親の形や性質を子につたえるもとになる物質。

いと【糸】❶まゆ・ワタ・アサ・毛などのせんいを、より合わせてのばしたもの。❷細長いもの。▽「クモの糸」⇩【糸】284ページ
●糸切り歯●糸口●糸車●生糸●毛糸

いと【意図】何かをしようとする考え。計画。▽「作品の意図を理解する」

いど【井戸】地面をほって、地下水をくみ上げるようにしたもの。

いど【緯度】地球上の位置をあらわす目じるし。その位置のえん直線と赤道面との角度であらわす。赤道を〇度とし南北に九〇度ずつある。⇕経度。

90°
60°
45°
30°
15°
0°
緯度
赤道
経度
30°
60°
90°
135°

［緯度］

いどう【異動】つとめる所や地位がかわること。▽「人事異動」

いどう【移動】移り動くこと。場所をかえること。▽「つくえを移動する」

いときりば【糸切り歯】前歯の横にある、先のとがった歯。糸を切るのに使うのでこの

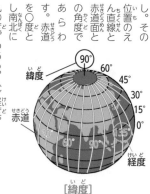

名がついた。犬歯。

いとぐち【糸口】❶糸のはし。❷ものごとのはじまり。▽「なぞをとく糸口」

いとぐるま【糸車】まゆやワタから糸をとるときなどに使う車。⬇昔話（図）

いとけない おさなくてかわいい。小さい。▽「いとけない子」

いとこ おじや、おばの子。

いどころ【居所】❶いる場所。❷すんでいる所。住所。

いとしい かわいくてしかたがない。▽「いとしいわが子」

いとでんわ【糸電話】長い糸の両方のはしにつつをつけ、一方のつつに口をあてて話すと、もう一方のつつに伝わるおもちゃ。

いとなみ【営み】❶仕事。くらし。❷会社・工場・商売などをやっていくこと。❸したく。▽「春の営み」

いとなむ【営む】❶仕事をする。▽「工場を営む」❷つくりととのえる。▽「家庭を営む」❸したくして行う。▽「そう式を営む」⬇【営】70ページ

いどばたかいぎ【井戸端会議】井戸ばたなどでうわさ話や雑談を、にぎやかにすること。また、家事のあいまのおしゃべり。

いとま ❶ひま。▽「本を読むいとまがない」❷休み。▽「しばらくいとまをもらう」❸わかれ。▽「いとまをつげる」

いどむ【挑む】❶たちむかう。❷たたかいをしかける。▽「試合をいどむ」

いとわず いやがらないで。▽「何事もいとわずはたらく」

いな【否】いや。いいえ。ちがう。また、そうではないこと。▽「真実か否かはわからない」⬇【否】577ページ

いない【以内】それをふくめて、それより内がわ。あるきめられたわくの中。▽「二十分以内」⇕以外。

いなおる【居直る】❶すわりなおす。❷にわかにたいどをかえる。

いなか【田舎】❶都会からはなれた所。❷生まれた所。ふるさと。

いながらにして【居ながらにして】すわったままで。家にいるままで。▽「テレビがあれば、オリンピックも居ながらにして見られる」

いなさく【稲作】❶イネを作ること。❷イネのできぐあい。

いなずま【稲妻】❶いなびかり。❷ひじょうにすばしこいことのたとえ。▽「稲妻のような速さ」

いななく 馬が高い声で鳴く。

いなば【因幡】むかしの国のなまえ。今の鳥取県の一部。

いなびかり【稲光】いなずま。かみなりがなったときに出る電光。

いなほ【稲穂】イネのほ。

いなや すぐに。▽「うちに帰るやいなやおいおいと泣き出す」

いにしえ 昔。▽「いにしえの都」

イニシャル 人の名前をローマ字で書くときの、はじめの文字。たとえば、しずかならSHIZUKAと書いてS。

いにん【委任】仕事などをまかせること。▽「司会を委任する」

いぬ【犬】❶人に飼われる動物で、家の番をしたり、猟などに使われる。⬇コラム48ページ ❷まわしもの。スパイ。⬇【犬】216ページ

いぬじに【犬死に】つまらないことで死ぬこと。むだに死ぬこと。
●犬死に●犬ぞり

いぬぞり【犬ぞり】犬に引かせるそり。アラスカなどの寒い地方で使う。

いぬもあるけばぼうにあたる【犬も歩けば棒に当たる】犬も出歩けば、棒でうたれることがある。同じように、人も出歩いていると、思いがけない悪い目にあったり、よいことにぶつかったりするというた

なぞなぞ 急いで行くと切れてしまうものは？ 答えは次のページ。

犬

しば犬

ダックスフント

チワワ

ウェルシュ・コーギー・ペンブローク

ゴールデン・レトリーバー
盲導犬
目の不自由な人をたすける

ジャーマン・シェパード・ドッグ
警察犬
においによって犯人やしょうこの品物をさがす

犬のしぐさ

だいすき！
うれしい！

こわいよ～

したがいます
まけました

犬の歴史

日本で、はじめて犬が記録に出てくるのは千三百年ほど前。「白い犬を、えらい人へのおくり物にした」とあります。むかし、白い生きものは「神さまのつかい」などとされていたため、白い犬もとてもねうちがあると考えられていたようです。

とえ。

いね【稲】 米をとる植物。たんぼに作るイネと、畑に作るイネがある。

いねかり【稲刈り】 みのったイネをかること。

いねこき【稲こき】 かりとったイネのほからもみをしごいて落とすこと。また、そのための道具。だっ穀。

いねむり【居眠り】 すわったり、こしかけたりしたままねむること。▽「居ねむり運転」

いのいちばん【いの一番】 いちばん先。まっさき。最初。▽「いの一番に現場にかけつける」

いのしし 森や山にすむぶたににた動物。きばが口の外につき出ている。

いのち【命】 ❶生き物が生きるもとになるもの。❷その人にとっていちばん大事なもの。▽「子は、親にとって命だ」❸たのみとするもの。▽「命のつな」 ➡【命】690ページ
●命がけ●命からがら●命ごい●命綱●命取り●命の恩人●命の洗濯●命拾い●命をかける

いのちがけ【命がけ】 死ぬかくごでものごとをすること。必死。

いのちからがら【命からがら】 やっと、命だけはたすかるようす。▽「クマにお

そわれて命からがらにげた」

いのちごい【命ごい】 命をたすけてくれるようにたのむこと。

いのちづな【命綱】 高い所や水の底などのようなあぶない所で仕事をするとき、用心のため、からだにつけるつな。

いのちとり【命取り】 ❶命をなくすもとになること。❷とりかえしがつかなくなること。▽「ちょっとした不注意が、命取りになった」

いのちのおんじん【命の恩人】 あぶなく死ぬところをたすけてくれた人。

いのちびろい【命拾い】 死にそうな目にあいながら運よくたすかること。

いのちをかける【命をかける】 命をすてる気持ちで、ものごとをする。

いのなかのかわず【井の中のかわず】 井戸の中のカエルは、外に大きな海のあることはわからない。同じように、人間もせまい所にいて、せまい考えをもっていては、広い世の中のことはわからないということのたとえ。「井の中のかわず大海を知らず」の略。

いのり【祈り】 ❶心からねがいのぞむこと。❷神や仏へのねがいごと。

いのる【祈る】 ❶神や仏におねがいする。❷心からねがう。▽「幸せをいのる」

いはい【位はい】 死んだ人のかい名やぞく名を書いて、ぶつだんなどにまつっておく木のふだ。

いばら【茨】 4年 いばら

❶バラ・カラタチなどのとげのある木。❷ノイバラなどのバラ科の植物。❸植物のとげ。

つき出る

●茨の道●茨城県

いばらきけん【茨城県】 関東地方にある県。米・果物・やさいなどの産地。県庁は水戸市にある。⬇都道府県（図）

いばらのみち【茨の道】 茨のはえている道のように、苦しみや困難の多い人生のたとえ。

いばる【威張る】 いきおいを見せつける。

いはん【違反】 やくそくやきまりなどにそむくこと。▽「選挙い反」

いびき ねむっているときに、鼻や口から出る音。▽「いびきをかく」

いびつ 形がゆがんでいること。形のゆがんだもの。▽「いびつな箱」

いひょう【意表】 思ってもみなかったこと。▽「あいての意表をつく」

いひん【遺品】 死んだ人が生きていた時に使い、あとにのこした品物。形見。遺物。

いぶかしい へんだと思うようす。あやしいとうたがっているようす。▽「目つきがいぶかしい」

いぶかる おかしいなと思う。あやしむ。▽「なんのことかといぶかる」

いぶき【息吹】 ❶息。❷気配。ようす。▽「春のいぶき」

いふく【衣服】 着るもの。洋服。⬇服（図）

いぶす ❶物をもやしてけむりをおこす。❷けむりで黒くする。❸い黄などをもやして金属のつやをけす。

いぶつ【遺物】 ❶死んだ人が生きていた時に使った品物。遺品。❷昔の物で今ものこっている物。

いへん【異変】 かわった出来事。

イベント ❶行事。もよおしもの。▽「イベントの計画をたてる」❷競技の種目。試合。▽「今日のメインイベントは四百メートルリレーだ」

いま【今】 ❶げんざい。▽「今をさかりとさきほこる」⬄昔。❷やがて。すぐ。▽「今行きますよ」❸少し前。▽「今行きました」⬇【今】257ページ

前のページの答え⇒「息」

いま【居間】家族がふだんいる部屋。
●今更●今し方●今しも●今にも

いまいましい ざんねんだ。くやしい。腹が立つ。▽「いまいましい雨だ」

いまさら【今更】今となって。今あらためて。▽「いまさらあやまってもおそい」

いましがた【今し方】ほんの少し前。たった今。▽「今し方帰りました」

いましめ【戒め】❶よくわかるように注意すること。▽「いましめをまもる」❷こらしめるためのばつ。▽「いましめをあたえる」

いましめる【戒める】❶教える。さとす。しかる。❷よく注意する。▽「気のゆるみをいましめる」

いましも【今しも】ちょうど今。▽「今しも音楽会がはじまろうとしている」

いまだ まだ。今もまだ。▽「父からの手紙はいまだにつかない」

いまにも【今にも】今すぐ。すぐに。▽「今にも雨がふりそうです」

いまわしい【忌まわしい】❶いやな感じの。▽「なんというまわしい事件だ」❷よくない。▽「いまわしいゆめ」

いみ【意味】❶ことばのわけ。意義。❷理由。わけ。❸ねうち。▽「努力することに意味がある」

いみん【移民】外国に移りすむこと。また、その人。海外移住者。

イメージ ❶目に見える形やようす。いんしょう。▽「かみの毛を切って、イメージをかえる」❷心の中にえがき出されるもの。▽「春のイメージがうかぶ」

いも【芋】植物の根や地下茎が大きくなったもの。サツマイモなど。

いもうと【妹】年下の女のきょうだい。⇕姉。⬇【妹】653ジペー⬇コラム

いもづるしき【芋づる式】つるをたぐると、たくさんのいもがつながって出てくるように、一つのことから多くのものが次々にあらわれること。▽「どろぼうの一味がいもづる式につかまった」

いもの【鋳物】金属をとかして、いがたにながしこんで作ったもの。なべ・鉄びんなど。

いもむし【芋虫】チョウやガなどの幼虫で、毛の少ないもの。

いもり 両生類の動物で池やぬまにすむ。腹が赤く、「あかはら」ともいう。⬇やもり（コラム）

いもをあらうよう【芋を洗うよう】たくさんのいもを洗うように、せまい所に大ぜいの人がこみあっているようす。▽「プールはいもを洗うようだった」

ことばのふしぎ

「いもーと」？「いもうと」？

「いもうと」は、声に出して言うときは、「いもーと」と言いますよね。「おとうと」も「おとーと」です。このように「もー」「とー」となるときは、「おー」とのばして言っていますが、「お」ではなく「う」と書きます。「おとうさん」「おはよう」「おうむ（鳥のオウム）」「あそぼう」「きょう（今日）」も同じです。

いもん【慰問】病人やこまっている人をなぐさめに行くこと。

いや【嫌】❶きらう。こころよく思わない。▽「いやなにおい」❷反対や打ち消しの気持ちをあらわす。▽「いや、ちがいます」

いやいや ❶いやだと思いながら。しかたなく。▽「いやいやそうじを手伝う」❷いやなので首を横にふること。▽「いやいやをしながら泣き出す」

いやおうなし【否応無し】いいとも、いやだとも言わせない。むりやり。▽「いやお

い

いやがうえにも【いやが上にも】なおその上にも。ますます。▽「運動会は、天気がよくていやが上にももりあがった」

いやがおうでも【否が応でも】どうしても。いやでも、いやでなくても。いやおうなしに。▽「この仕事はいやがおうでもやらなければならない」

いやがる【嫌がる】いやだと思う。また、そういうようすをする。▽「きびしい練習をいやがる」

いやく【医薬】❶病気をなおす薬。➡薬(図) ❷医術と薬。▽「医薬分業」

いやけがさす【嫌気がさす】いやな気分になる。

いやしい【卑しい】❶下品だ。▽「物をひろって食べることはいやしい行いだ」❷まずしい。みすぼらしい。❸身分がひくい。

いやす ❶病気をなおす。❷おなかのすいたのや、のどのかわいたのをなおす。❸心の苦しみをなおす。

いやというほど【嫌というほど】ひどく。もう、思い出したくないというほど。▽「いやというほどおこられた」

いやに へんに。みょうに。▽「鳥の声がいやにさわがしい」

いやはや おどろいてあきれたときに言うことば。おやおや。まことにどうも。▽「いやはやおそれいった」

イヤホーン 耳にさしこんで聞く受話器。ふつう自分だけで音楽などを聞くときに使う。イヤホン。

いやみ【嫌み】あいてにいやな感じをおこさせるようなことばやたいど。

イヤリング 耳たぶにつけるかざり。耳輪。耳かざり。

いよいよ ❶なおいっそう。ますます。▽「雨がいよいよはげしくなった」❷ほんとうに。たしかに。▽「いよいよ春らしくなってきた」❸とうとう。ついに。▽「いよいよおわかれです」

いよう【異様】ふつうとちがったようす。▽「異様な目つき。今日は異様に寒い」

いよく【意欲】何かをやろうと思う気持ち。▽「勉強の意欲にもえる」

いらい【以来】その時からあと。ある時から今まで。▽「花子さんには一か月前に会って以来、会わない」

いらい【依頼】❶たのむこと。▽「原こうをいらいする」❷たよること。

いらいらする 気があせって、じれったがる。▽「まっている人が来ないのでいらいらする」

いらか 屋根にのせるかわらの古い言い方。

イラストレーション 本・雑誌・広告などの中で、説明したり、見る人を楽しませたりするために使われる絵。イラスト。さし絵。

いらだつ いらいらする。心があせってじれったがる。

いらっしゃい ❶「いらっしゃる」の命令形。おいでなさい。▽「じっとしていらっしゃい」❷人をむかえるときのあいさつのことば。▽「いらっしゃい、お待ちしていました」

いらっしゃる 「来る」「行く」「いる」「ある」などを、うやまっていう言い方。▽「先生がうちへいらっしゃった」

いり【入り】❶映画館や劇場などに入った客の数。▽「入りがいい」❷お彼岸や土用などの最初の日。❸お金の入ってくること。❹日や月がしずむこと。▽「日の入り」

いりうみ【入り海】陸地に入りこんだ海。

いりえ【入り江】陸地に入りこんだ湖や海。

いりぐち【入り口】❶はいりぐち。⇕出口。❷ものごとのはじめ。▽「研究の入り口」

いりくむ【入り組む】入りまじる。こみ

さかさことば 前から読んでもうしろから読んでも「石の宝か？　楽しい！」。

いっている。▽「話が入り組む」

いりひ【入り日】西にかたむき、かくれようとする太陽。夕日。

いりまじる【入り交じる・入り混じる】いろいろなものがまじり合う。

いりみだれる【入り乱れる】べつべつのものがごちゃごちゃにまざり合う。▽「敵と味方が入り乱れる」

いりょう【衣料】❶着るもの。衣類。❷着るものを作る材料。

いりょう【医療】病気やけがをなおすこと。▽「医りょう器具。医りょう費」

いりょく【威力】人をおそれさせる強い力。▽「新兵器のい力」

いる【入る】❶あるじょうたいになる。▽「気に入る」❷ことばの下について調子を強める。▽「おそれ入る」⬇【入】530ページ

いる【居る】人や動物が存在している。▽「昼はいないが、夜はいつも家にいる。池にコイがいる」⬇【居】174ページ

いる【要る】ないとこまる。ほしい。必要だ。▽「本を買うのにお金が要る」⬇【要】725ページ

いる【射る】❶矢を目当ての物にむかってはなつ。❷強くてらす。▽「目を射る光」⬇【射】310ページ

いる【鋳る】金属をとかし、いがたにながしこんでいろいろな物を作る。

いるい【衣類】着るものすべてをまとめていうことば。衣料。

いるか 海にすむほにゅう動物。バンドウイルカは、人によくなれ、芸をおぼえる。

いるす【居留守】家にいるのに、留守のふりをすること。▽「居留守を使う」

いれかわりたちかわり【入れ代わり立ち代わり】たくさんの人が、次から次へと来るようす。▽「入れ代わり立ち代わり、おいわいに人が来た」

いれぢえ【入れ知恵】人に何かさせるためにちえをつけてやること。また、そのちえ。▽「だれかに入れぢえされたにちがいない」

いれちがい【入れ違い】❶まちがって入れること。❷一方が入るとべつの方が出るといったようになること。▽「友達と入れちがいになった」

[入れちがい❷]

イレブン ❶十一。❷サッカーの一チームをつくる十一人の選手。⬇サッカー（図）

いれもの【入れ物】何かを入れるもの。うつわ。

いれる【入れる】❶外のものを中にうつす。▽「バケツに水を入れる」⬍出す。❷いっしょにする。▽「なかまに入れる」❸うけいれる。▽「ねがいを入れる」❹はさむ。▽「さし絵を入れる」❺つなぐ。▽「スイッチを入れる」❻こめる。▽「力を入れる」❼飲み物を作る。▽「お茶を入れる」❽くわえる。▽「手を入れる」⬇【入】530ページ

いろ【色】❶光によって人の目が感じるもの。赤、青、黄など。▽「赤色の花。きれいな空の色」❷顔色。表情。▽「悲しみの色」❸種類。▽「七色の声」❹ようす。▽「秋の色」⬇【色】341ページ

わたしのすきな色
●色合い●色あせる●色々●色づく●色つや●色とりどり●色眼鏡●色めきたつ●色分け●顔色●毛色●声色●十人十色

いろあい【色合い】色のどあい。

いろあせる【色あせる】色がだんだんうすくなって、つやもなくなる。

いろいろ【色色・色々】種類が多いようす。さまざま。⬇「々」は同じ文字をくり返すという意味のおどり字という記号。▽「森には色々な鳥がいる」

いろえんぴつ【色鉛筆】しんがいろいろな色をしたえんぴつ。

いろがようし【色画用紙】赤色や黄色などの色がついた画用紙。切ったり絵をかいたりして使う。

いろづく【色づく】葉や実に、だんだん色がついてくる。

いろつや【色つや】❶色とつや。色合い。❷顔色。

いろどり【彩り】❶色のとり合わせ。配色。▽「いろどりのゆたかな料理」❷かざり。▽「部屋のいろどり」

いろとりどり【色とりどり】❶いろいろな色の。▽「かびんに色とりどりの花がさしてある」❷さまざまな。▽「色とりどりのもよおしがある」

いろどる【彩る】❶色をつける。着色する。❷さまざまの色をとり合わせてかざる。▽「花で部屋をいろどる」

いろは ❶「いろはにほへと…」など四十七文字のかなのこと。❷けいこごとのならいはじめ。▽「バレエのいろはから教わる」

いろはうた【いろは歌】いろは四十七文字をそれぞれ一回ずつつかってつくられた歌。「いろはにほへと　ちりぬるを　わかよたれそ　つねならむ　うゐのおくやま　けふこえて　あさきゆめみし　ゑひもせす」。

いろめがね【色眼鏡】❶レンズに色のついているめがね。サングラスなど。❷かたよった見方。▽「一度悪さをすると、いつも色眼鏡で見られる」

いろめきたつ【色めきたつ】生き生きとしてにぎやかになる。活気づく。▽「優勝の知らせに色めきたつ」

いろり 部屋の中のゆかを切って火をたくようにし、部屋をあたため、物をにたりするようにした所。⬇昔話（図）

いろわけ【色分け】❶地図などを色をかえて、ぬり分けること。❷ものを種類によってくべつすること。

いわ【岩】大きな石。鉱物の集まり。岩石。⬇【岩】149ページ ●岩手県●岩肌

いわう【祝う】❶めでたいことをよろこび、その気持ちをあらわす。▽「優勝を祝う。結こんを祝う」❷幸せをいのる。▽「前とを祝う」⬇【祝】323ページ

いわし 日本のあたたかい海にいる魚。小さいころの名を「しらす」という。

いわしぐも【いわし雲】魚のうろこや、イワシのむれのように見える雲。この雲が出ると、イワシがとれるといわれている。さば雲。うろこ雲。巻積雲。⬇雲（図）

いわてけん【岩手県】東北地方にある県。広さは北海道についで全国二位。林業やちく産がさかん。県庁は盛岡市にある。⬇都道府県（図）

いわば 言いかえると。たとえて言うと。▽「かれは、いわば、兄のようにたよりにしている人だ」

いわはだ【岩肌】岩の表面。

いわゆる 世の中でよくいわれている。▽「かれはいわゆる天才だ」

いわれ わけ。理由。▽「この寺の名には深いいわれがある」

いをけっする【意を決する】考えを決める。決心する。

いん【引】2年 イン ひく・ひける
❶ひくこと。▽「引力」
❷職をやめること。▽「引退」

ひとふでに書いて最後ははねる

なぞなぞ　かけてもかけても少しも進まないものはなに？　答えは次のページ。

●引率●引用●引力●強引

いん【印】4年 イン しるし
❶しるし。▽「収入印紙。印象」
❷はんこ。▽「実印」
❸おしつけて、しるしをつけること。▽「印刷」
❹インドのこと。
●印鑑●印刷●印紙●印象●印象的●消印●調印

印 印 印 印 印 印（はねる。卩としない）

いん【因】5年 イン（よる）
ものごとのもと。▽「まちがう原因はみなおしをしないからだよ」⇕果。
●因果●因習●因縁●原因●勝因

因 因 因 因 因 因
★「困」ににているので注意

いん【音】❶おと。▽「余音。母音」❷たより。▽「音信。福音」⬇【音】104ページ

いん【院】3年 イン
❶役所・学校・寺などにつけることば。▽「衆議院。寺院。医院」
❷昔、上皇・法皇などをうやまったよび名。または、そのすまい。
●退院●入院●病院

院 院 院 院 院 院 院（上にはねる）

いん【員】3年 イン
❶人や物の数。▽「人員。員数」
❷うけもつ人。▽「委員」
●社員●船員●満員

員 員 員 員 員 員 員
★口と貝の大きさに注意

いん【飲】3年 イン のむ
のみこむこと。のむこと。▽「飲料」
●飲食●飲用●飲料

飲 飲 飲 飲 飲 飲（とめる）（おる）

いん【陰】❶光の当たらないかげのこと。▽「いんにこもる」⇕陽。❷目立たないこと。

いんえい【陰影】❶かげ。❷光をうけない暗い部分。

いんが【因果】❶原因と結果。▽「因果関係」❷よい行いからおこるよい結果、悪い行いからおこる悪い結果。▽「因果応報」❸悪いめぐり合わせ。不運。▽「因果な人」

いんかん【印鑑】はんこ。印。

いんき【陰気】❶晴れ晴れとしないで、気持ちのふさぐこと。ゆううつ。⇕陽気。❷暗い感じ。▽「いん気な部屋」

いんきょ【隠居】年よりになって、仕事を持たないでのんびりくらすこと。また、そのようなくらしの人。▽「楽いん居」

いんきょく【陰極】電池などで、電流のながれこむマイナス極。⇕陽極。

インク ペンでものを書くときや、印刷のときに使う色のついた液。インキ。▽「赤インク」

いんけん【陰険】うわべはよいが、心の中は悪い考えを持っているようす。▽「やりかたがいんけんだ」

いんこ 熱帯地方にすむ鳥。羽の色がきれいで、くちばしが曲がっている。

［いんこ］

いんさつ【印刷】文字や絵を版にして紙などに刷りこん

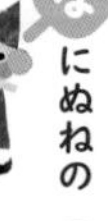
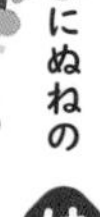
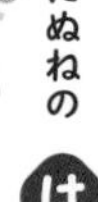

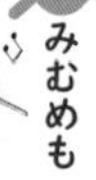

で、同じものをたくさん作ること。

いんし【印紙】税金や手数料などをおさめたしるしに、書類にはる切手のような紙。

いんしゅう【因習】昔からのよくない習慣。▽「因習にとらわれるな」

いんしょう【印象】心に強く感じてわすれられないこと。▽「旅行の印象」

いんしょうてき【印象的】心に強くのこるような。▽「印象的な場面」

いんしょく【飲食】飲むことと、食べること。▽「飲食店」

インスタント その場ですぐできること。そく席。▽「インスタントラーメン」

インスピレーション すばらしい思いつき。ひらめき。

いんせい【陰性】❶じめじめした暗い性質。ものごとをすすんでしようとしない性質。❷けんさをして、病気などのしるしが出ないこと。▽「インフルエンザけんさはいん性だ」⇔陽性。

いんせき【いん石】地球上におちてきた天体のかけら。

いんそつ【引率】引きつれること。▽「子供を引率して遠足に行く」

インターチェンジ 高速道路と、ふつうの道路とをつなぐ出入り口。インター。▽「次のインターチェンジで高速道路をおりる」

インターネット コンピューターをむすんで、いろいろなじょうほうをつたえ合うしくみ。

インターホン 家の外と中や、部屋と部屋などで話ができる装置。

いんたい【引退】役目や仕事をやめること。▽「横づなが引退した」

インタビュー 新聞や放送などの記者が、記事を作るために人をたずねて、話を聞きとること。

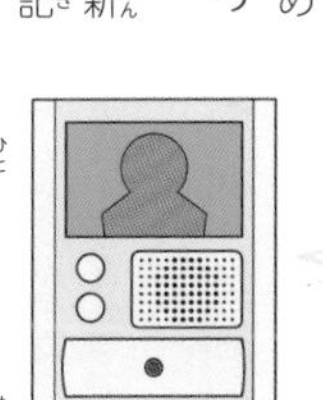

［インターホン］

インテリ 学問や、知識のある人々。インテリゲンチャ。

インド アジアの南にある、インド半島の大部分をしめる国。農業がさかん。首都はニューデリー。

イントネーション 話すときの、声の調子の上がり下がりのこと。

インドネシア 東南アジアにある国。スマトラ・ジャワ・ボルネオなどの島からなる。石油やゴムがとれる。首都はジャカルタ。

インドよう【インド洋】インドの南に広がる海。世界では三番目に広い。

いんねん【因縁】❶前からきまっている運命。▽「因ねんだとあきらめる」❷つながり。関係。▽「因ねんが深い」❸いわれ。わけ。▽「この絵には因ねんがある」❹言いがかり。▽「因ねんをつけられる」

インフルエンザ ウイルスによっておこる、はやりかぜ。流行性感ぼう。流感。

インフレーション お金のねうちが下がり、物のねだんが上がること。インフレ。⇔デフレーション。

いんぶん【韻文】❶七五調、五七調などのきまった調子を持っている詩や歌。❷詩の形を持った文。⇔散文。

いんぼう【陰謀】こっそり悪いことを計画すること。▽「いんぼうをめぐらす」

いんよう【引用】人の言ったことばや書いた文章を、自分の話や文章の中に使うこと。

いんよう【飲用】飲むために使うこと。

いんりょう【飲料】飲むためのもの。

いんりょく【引力】物と物とが、たがいに引き合う力。重力。

いんれき【陰暦】月が地球のまわりを一回りする時間をもとにして作ったこよみ。太いんれき。旧れき。⇔太陽暦。新暦。

かきくけこ さしすせそ たちつてと なにぬねの はひふへほ まみむめも やゆよ らりるれろ わをん

前のページの答え⇒「いす」「電話」

う

ウ

う【右】 1年 ユウ・ウ　みぎ

みぎ。みぎがわ。⇔左。

ノ ナ 右 右 右

やや短めに

●右往左往●右折

★「石」ににているので注意

う【宇】 6年 ウ　——

広い空。▽「宇宙」

宇 宇 宇 宇 宇 宇

長く　はねる

★「字」ににているので注意

う【有】 あること。●宇宙●宇宙船●宇宙飛行士　▽「有無」↓【有】718ページ

う【羽】 2年 (ウ)　は・はね

はね。▽「羽毛」

羽 羽 羽 羽 羽 羽

はねる

う【雨】 1年 ウ　あめ・あま

あめ。▽「雷雨」

●雨季●雨天●雨量●雨量計●降雨●酸性雨●梅雨●風雨●雷雨

雨 一 冂 帀 雨 雨 雨 雨

ういういしい【初初しい・初々しい】 わかわかしい。すなおな。↓「々」は同じ文字をくり返すという意味のおどり字という記号。▽「初々しい返事」

ウイルス インフルエンザなどの病原体。細菌より小さくて、ふつうのけんびきょうでは見えない。ビールス。

ウインナソーセージ 小さくて細長いソーセージ。

ウール ❶羊の毛。羊毛。❷羊毛から作った毛糸や毛織物。▽「ウールの服」

ウーロンちゃ【ウーロン茶】 中国で作られているお茶の一つ。葉を少しだけ発こうさせて作る。香りがいい。

うえ【上】 ❶あるものをもとにして、それより高いこと。または、その所。▽「たなの上」「うでまえが上だ」⇔下。❷ある年をもとにして、それより年が多いこと。▽「年上」❸あることをもとにして、それから先。▽「こうなった上は」❹その人に関係すること。▽「身の上」●真上●目上　↓【上】333ページ

うえ【飢え】 食べ物がたりなくて腹がすいていること。▽「うえに苦しむ」

うえき【植木】 植木ばちや庭に植えてある木。

うえきばち【植木鉢】 草花や木を植えるはち。

うえこみ【植え込み】 庭の中などで、木をたくさん植えてある所。▽「植えこみにネコがにげこむ」

うえじに【飢え死に】 食べ物や飲み物がなくなり、からだがおとろえて死んでしまうこと。餓死。

うえる【植える】 そだてるために、草や木の根やたねを土の中にうめる。▽「木を植える」↓【植】341ページ

うえる【飢える】 ❶食べ物がなくて、ひどく腹がへる。❷ほしいものをはげしくもとめる。▽「親の愛情にうえる」

うえをしたへのさわぎ【上を下への騒ぎ】 上にあるものが下に、下にあるものが上になるほどの大騒ぎ。

うお【魚】 さかな。↓【魚】174ページ

う

うおいちば【魚市場】魚を売り買いする市場。⇒コラム375ページ

うおうさおう【右往左往】右へ行ったり、左へ行ったりして、うろうろとまようこと。▽「火事で右往左往する」

ウオーミングアップ はげしい運動の前にする軽い運動。じゅんび運動。

うかい【う飼い】ウという鳥を飼いならして魚をとらせること。また、その人。

うがい 水を口に入れて動かし、口の中やのどをきれいにすること。

うかがう【伺う】❶「きく」「質問する」のへりくだった言い方。▽「先生にうかがう」❷「訪問する」のへりくだった言い方。▽「お宅にうかがう」

うかがう ❶そっとようすをさぐる。▽「顔色をうかがう」❷よい時が来るのをじっとねらう。▽「機会をうかがう」

うかす【浮かす】❶うくようにさせる。うかばせる。❷あまりが出るようにする。▽「歩いて、バス代をうかす」

うかつ 注意がたりないこと。うっかりすること。▽「うかつにも大事なことを聞きのがした」

うかぬかお【浮かぬ顔】心配そうなようすをした顔。しずんだ顔。▽「友だちとけんかをしてうかぬ顔になる」

うかぶ【浮かぶ】❶水の上にうく。❷あらわれる。▽「ようすが目にうかぶ」❸思いつく。▽「アイデアがうかぶ」

うかべる【浮かべる】❶うかぶようにする。うかす。⇔沈める。❷思い出す。▽「船をうかべる」▽「母のことばを心にうかべる」❸表にあらわす。▽「わらいをうかべる」

うかる【受かる】合格する。▽「試験に受かる」⇒【受】315ページ

うかれる【浮かれる】心がうきうきしておちつかなくなる。

うき【雨季・雨期】雨の多い季節。⇔乾季。乾期。

うきあしだつ【浮き足立つ】今にもにげだしそうになる。

うきうき 心がはずむようす。

うきしずみ【浮き沈み】❶ういたり、しずんだりすること。❷さかえたり、おとろえたりすること。▽「人生には、うきしずみがある」

うきぶくろ【浮き袋】❶魚のからだの中にある、中に空気が入っているふくろ。これで魚はういたりしずんだりする。❷ゴムやビニールの中に空気を入れたふくろ。海やプールで使う。

うきぼり【浮き彫り】外がわに、うきあがったように絵やもようをほること。またそのほり物。

うきよ【浮き世】❶世の中。世間。❷つらいことの多いこの世の中。

うきよえ【浮世絵】江戸時代に菱川師宣がはじめ、さかんにかかれた絵。風景や人物などを、ふでや版画でえがいた。作者では北斎や歌麿が有名。

うきわ【浮き輪】海やプールなどで使う、輪の形をしたうきぶくろ。中にからだを入れて、水の中でからだをうかせることができる。

うく【浮く】❶しずまないで、水の上にある。⇔沈む。❷おちつかないで、うわつく。▽「心がうく」❸あまりが出る。▽「予算がういた」❹うき上がるように感じる。▽「歯がうく」

うぐいす スズメぐらいの小鳥。背中はうす茶色がかった緑色。春にホーホケキョと美しい声で鳴く。⇒鳥（図）

うぐいすばり【うぐいす張り】ふむと、ウグイスの鳴き声ににた音がする、板張りのゆか。

うけ【受け】❶受けるうつわ。❷ひょうば

さかさことば 前から読んでもうしろから読んでも「一位」。

ん。▽「受けがいい」

うけあう【請け合う】❶まちがいないことを保証する。❷責任を持って引き受ける。

うけいれる【受け入れる】❶人の言うことを聞き入れる。▽「友達の注意を受け入れる」❷むかえ入れる。▽「外国からの留学生を受け入れる」

うけおう【請け負う】費用や、時期などをきめて、仕事を引き受ける。

うけたまわる【承る】❶「聞く」のへりくだった言い方。▽「お話を承る」❷「引き受ける」のへりくだった言い方。▽「注文を承る」⬇【承】331ページ

うけつぐ【受け継ぐ】あとを引き受ける。▽「父の仕事を受けつぐ」

うけつけ【受付】❶もうしこみを受け付けること。❷外から来た人の用事をとりつぐ場所や係の人。

うけとる【受け取る】❶自分の所に来たものをあずかる。▽「手紙を受け取る」❷なるほどと思う。理解する。▽「先生のことばをすなおに受け取る」

うけみ【受け身】❶ほかからはたらきかけられて、受けるがわにまわること。❷柔道で、けがをしないようにたおれるわざ。

うけもち【受け持ち】自分の仕事として引き受けること。また、その仕事をする人。▽「仕事の受け持ち」

うける【受ける】❶自分の方に来たものをとる。▽「ボールを受ける。電話を受ける」❷うけつぐ。▽「親の性質を受ける」❸自分からくわわる。▽「試験を受ける」❹もらう。▽「注文を受ける」❺こうむる。▽「損害を受ける」❻人気を集める。▽「子供に受ける話」⬇【受】315ページ

うごかす【動かす】❶動くようにさせる。▽「足を動かす」❷場所をかえる。▽「つくえを動かす」❸感動させる。▽「人の心を動かす」⬇【動】489ページ

うごきがとれない【動きが取れない】❶場所がせまくて、動けない。❷どうにかしようとしても、やりようがない。

うごく【動く】❶場所をかえる。▽「席を動く」❷じっとしていない。ゆれる。▽「葉が風で動く」❸そのほうに心がむく。▽「心が動く」❹はたらく。▽「機械が動く」❺変化する。▽「世の中が動く」⬇【動】489ページ

うごめく はうように少しずつ動く。

うさぎ 耳と後ろ足が長い動物。用心深く、足が速い。⬇羽（コラム）

うさばらし【憂さ晴らし】つらいことや、いやなことを、なくしたり、わすれたりすること。気晴らし。

うさんくさい ようすがなんとなくあやしい。どうもうたがわしい。

うし【牛】人に飼われている動物。頭に二本の角を持つ。肉や乳を食用にし、皮や角などから、いろいろな物を作る。⬇【牛】172ページ

うじ【氏】❶同じ血すじのなかま。❷家すじをあらわす名字。❸名字の下につける敬語。古い言い方。▽「源氏」⬇【氏】283ページ

うじがみ【氏神】❶その家の祖先をまつった神。❷その土地をまもる神として、そこにすむ人たちがまつる神。または、神社。うぶすな神。

うしなう【失う】❶なくする。▽「本を失う」❷とりにがす。▽「えものを失う」❸死なす。▽「わが子を失う」⬇【失】301ページ

うしみつどき【うしみつ時】❶昔の時刻で、今の午前二時ごろ。❷真夜中。▽「草木もねむるうしみつ時」

うじむし【うじ虫】ハエなどの幼虫。動物の死体や便に発生する。

うしろ【後ろ】❶あと。⬍前。❷せなか。▽「敵に後ろを見せるな」⬇【後】224ページ ●後ろ足●後ろ暗い●後ろ手●後ろ向き●後ろめたい

うしろあし【後ろ足】動物の、後ろのほう

の足。あとあし。⇔前足。

うしろがみをひかれる【後ろ髪を引かれる】頭の後ろの毛を引かれるように、あとのことが心配で、思い切れない。

[後ろ足]

うしろぐらい【後ろ暗い】人に知られてはこまるようなひみつがある。

うしろで【後ろ手】両手を後ろに回して組むこと。▽「後ろ手にしばる」

うしろむき【後ろ向き】❶人に背中を向けていること。▽「後ろ向きにすわる」⇔前向き。❷進歩がなく、消極的なこと。▽「後ろ向きな考え方」

うしろめたい【後ろめたい】何か悪いことをして気がとがめる。

うしろゆびをさされる【後ろ指を指される】かげで悪口を言われる。

うす【臼】木や石で作った、もちをついたり、こなをひいたりする道具。⬇昔話（図）

うず【渦】❶円をえがくようにながれる水。❷うずまきもよう。うずまき。❸ごたごたしたさわぎ。▽「人のうずにまきこまれる」

うすい【薄い】❶厚みが少ない。⇔厚い。❷色や味がこくない。❸少ない。▽「きょうみがうすい」

うすうす ぼんやりと。かすかに。▽「うすうす知っている」

うすぎ【薄着】衣服を何まいもかさねて着ていないこと。⇔厚着。

うすぎたない【薄汚い】なんとなくきたない。なんとなくよごれている。

うずく ずきずきといたむ。

うずくまる からだを小さくまるめて、しゃがむ。▽「地面にうずくまる」

うすぐらい【薄暗い】光が弱くて、少し暗い。▽「うす暗い部屋」

うずしお【渦潮】うずをまいてながれる海の水。

うずたかい もり上げて、高くつみかさねてあるようす。

うすで【薄手】布や紙などで、うすく作ってある物。⇔厚手。

うすばかげろう トンボににたこん虫。幼虫をアリジゴクという。

うすび【薄日】太陽の光の弱いこと。弱い日の光。

うずまき【渦巻き】❶中心から外にむかって、線がぐるぐるまいているようす。またその所。❷ながれる水がうずをまくこと。

うずまく【渦巻く】❶ぐるぐるとまわりながら流れる。❷ものごとや気持ちがはげしくゆれ動く。▽「不満がうず巻く」

うずまる ❶物の下にうめられてしまう。▽「落ち葉でうずまる」❷すきまがなくなる。▽「客席が観客でうずまる」

うすめる【薄める】うすくする。

うずめる ❶土やすなどの中に入れてしまう。▽「宝物をうずめる」❷すきまなくいっぱいにする。❸からだをしずみこませる。▽「ソファーに身をうずめる」

うずもれる ❶物の下や中にうずまってかくれてしまう。❷ねうちが、世の中の人々に知られずにいる。

うすらぐ【薄らぐ】❶うすくなる。❷よろこび・心配・悲しみなどが少なくなる。❸いたみや苦しさがだんだん弱くなる。▽「足のいたみがうすらぐ」

うすらさむい【薄ら寒い】少し寒い。

うすれる【薄れる】少なくなる。うすらぐ。

うすわらい【薄笑い】にやにや笑うこと。気のりがしないときや、人をばかにしたときの笑い方。

あいうえお かきくけこ さしすせそ たちつてと なにぬねの はひふへほ まみむめも やゆよ らりるれろ わをん

なぞなぞ 口の中にいる動物は？ 答えは次のページ。

うせつ【右折】 道路を右へまがってすすむこと。▽「右折禁止」⇔左折。

うそ ❶ほんとうでないこと。いつわり。▽「うそをついてはいけない」↓コラム ❷正しくないこと。▽「うそ字」

うそからでたまこと【うそから出たまこと】 うそのつもりで話したことが、ほんとうになること。

うそつき よくうそを言う人。

うそなき【うそ泣き】 本当は泣いていないのに、泣いているふりをすること。▽「うそ泣きがばれる」

うた【歌】 ❶ことばにふしをつけて声に出すもの。童ようや歌ようなど。❷和歌。短歌。↓【歌】110ページ ●子守歌●鼻歌●童歌

うたい【謡】 ↓謡曲

うたう【歌う】 ❶ことばにふしをつけて声に出す。❷詩や短歌を作る。▽「自然の美を歌う」❸鳥などが鳴く。↓【歌】110ページ

うたがい【疑い】 ❶なにかしら悪いと思うこと。▽「かぜの疑いがある」❷うそではないかと思うこと。▽「疑いの目で見る」

うたがう【疑う】 ❶あやしいと思う。あやぶむ。▽「あの人にそんな力があるのかと疑う」❷人の言うことをうそではないかと思う。▽「耳を疑う」↓【疑】158ページ

うたがわしい【疑わしい】 ❶あやしい。ほんとうと思えない。▽「あの人の説明は疑わしい」❷はっきりとわからない。▽「この空もようでは、明日の天気は疑わしい」

うたぐりぶかい【うたぐり深い】 人の言うことをなかなかしんじない。

うたたね【うたた寝】 ふとんに入らないで、うとうとねむること。

うだつがあがらない【うだつが上がらない】 上の人からおしつけられて思いどおりに活動できない。なかなか出世ができない。

うだる ❶熱い湯でゆであがる。ゆだる。❷暑さのために、からだがだるくなる。

うち【内】 なか。うちがわ。⇔外。↓【内】514ページ ●内側●内気●内弁慶●内輪●内訳●身内

うち ❶家。すまい。▽「新しいうち」❷自分の家庭。▽「うちの朝食は七時です」❸なかま。▽「うちのチーム」

うちあける【打ち明ける】 ひみつなどをかくさずにすっかり話す。

うちあげる【打ち上げる】 ❶物を空高く上げる。▽「花火を打ち上げる」❷波が物をおし上げる。▽「波が岸へ船を打ち上げる」

ことばのふしぎ

うそはつくもの?

うそを言うという意味で、「うそをつく」と言いますね。なんで「うそ」は「つく」といっしょに使われるのか、ふしぎに思いませんか。この「つく」は、「よくないことを口に出して言う」という意味です。わるくちのことをむずかしい言い方で「悪態」と言いますが、この「悪態」も「悪態をつく」と言います。「うそ」もよくないものだから、「つく」なんですね。

ただ、「うそをつく」の場合は、ほとんど同じ意味で、「うそを言う」と言っている人もいます。「うそをつく」と言う人の方が多いのですが、「うそを言う」も古くからある言い方で、まちがいではありません。この「うそ」と「つく」のように、ふたつのことばがなかよしで、いっしょに使われることばがあります。たとえば、「かぜをひく」もそうです。

❸しばいなどをおわりにする。▽「しばいを打ち上げる」

うちがわ【内側】 中のほう。⇔外側。

うちき【内気】 気が弱く、えんりょがちな性質。気おくれする性質。

うちくだく【打ち砕く】 たたいてくだく。強いいきおいでこわす。

うちけす【打ち消す】 そうではないと言う。否定する。

うちこむ【打ち込む】 ❶打って中に入れる。▽「くいを打ちこむ」❷バレーボールや卓球などで、あいてのコートに球を強く打ち入れる。❸むちゅうになる。▽「野球に打ちこむ」❹剣道で、あいてに打ってかかる。

うちとける【打ち解ける】 遠りょがなくなり、親しくなる。

うちのめす【打ちのめす】 たたいてたおす。さんざんにやっつける。

うちべんけい【内弁慶】 外では、いくじがなく、家の中では、弁慶（強い人）のようにいばっている人。

うちみ【打ち身】 ぶつけたりしてできた、ひふの内がわのけが。

うちみず【打ち水】 ほこりをおさえたり、すずしくするためにまく水。

うちゅう【宇宙】 すべての天体をふくんだ、はてしもなく広い世界。

うちゅうステーション【宇宙ステーション】 宇宙に作られた大きい人工衛星。宇宙活動の基地となる。

うちゅうせん【宇宙船】 宇宙をとび回る乗り物。

うちゅうひこうし【宇宙飛行士】 宇宙船の運転をしたり、宇宙で実験をしたりする人。

うちょうてん【有頂天】 すっかりよろこんでしまうこと。▽「けんしょうに当たって有頂天になる」

うちわ【内輪】 ❶家族。なかまどうし。▽「内輪もめ。内輪話」❷ひかえめ。▽「費用を内輪に見積もる」

うちわ 細い竹などを広げて紙をはったもの。あおいで風を起こす道具。

[うちわ]

うちわけ【内訳】 内容を細かに分けたもの。明細。▽「かかった費用の内訳」

うつ【打つ】 ❶たたく。ぶつ。▽「くぎを打つ」❷田畑をたがやす。▽「田を打つ」❸電報を出す。▽「電報を打つ」❹強い感じをあたえる。▽「心を打つ」➡【打】410ページ

うつ【討つ】 敵をせめほろぼす。▽「かたきを討つ」➡【討】488ページ

うつ【撃つ】 鉄ぽうや大ほうをうちだす。▽「ピストルをうつ」

うつ【鬱】 落ちこんで、明るい気持ちになれないこと。

うっかり ぼんやりしていて、つい。▽「電車をうっかり乗りすごす」

うつくしい【美しい】 ❶きれいである。▽「美しい景色」❷りっぱである。▽「心の美しい人」➡【美】578ページ

うつし【写し】 写しとったもの。コピー。▽「書類の写しをとる」

うつす【写す】 ❶もとのままにかきとる。▽「黒板の文字を写す」❷写真にとる。▽「紅葉を写す」➡【写】310ページ

うつす【映す】 ❶すがたや形をほかのものの上にあらわす。▽「湖に山かげを映す」❷映像をスクリーンの上にあらわす。▽「スライドを映す」➡【映】70ページ

うつす【移す】 ❶ほかの場所に動かす。▽「すまいを移す。本社を移す」❷時をすごす。▽「時を移す」❸病気などを感染させる。▽「かぜを移す」➡【移】30ページ

うっすら うすく、かすかに。▽「屋根にうっすらと雪がつもっている。うっすらと島が見えてきた」

前のページの答え⇒「犬（口の中には犬歯があるから）」

う

うったえる【訴える】❶自分の不満や苦しみなどを他人に言う。▽「歯のいたみをうったえる」❷よい悪いをきめてもらうために裁判所にもうし出る。❸ある方法を使う。▽「力にうったえる」❹心にはたらきかける。▽「平和をうったえる」

うってかわった【うって変わった】前とはまったく変わった。▽「うって変わったたいど」

うってつけ【打ってつけ】ちょうどぴったりと合うこと。もってこい。▽「きみに打ってつけの仕事だ」

うっとうしい ❶晴れ晴れしない。心がふさぐ。▽「毎日雨ばかりでうっとうしい」❷うるさい。わずらわしい。▽「まえがみがのびてうっとうしい」

うっとり 何かに気をとられてぼうっとしているようす。▽「うっとりとながめる。景色にうっとりする」

うつぶせ からだを下むきにふせること。⇕あお向け。

うっぷん 心の中におさえている、うらみやいかり。▽「うっぷんを晴らす」

うつむく 下をむく。顔をふせる。

うつらうつら ねむくて、ぼんやりしているようす。うとうと。

うつりかわり【移り変わり】だんだんに変わっていくこと。変化すること。▽「時代の移り変わり」

うつりぎ【移り気】気が変わりやすいこと。

うつる【写る】❶すきとおって見える。▽「ガラス戸ごしに人かげが写る」❷写真にあらわれる。▽「母と写真に写る」⬇【写】310ページ

うつる【映る】❶光やかげがあらわれる。❷色やがらがよくにあう。▽「赤いセーターはあなたによく映る」⬇【映】70ページ

うつる【移る】❶場所や位置がかわる。動く。❷ときがかわる。時間がすぎる。❸色やにおいがほかのものにつく。❹きょうみがかわる。▽「心が移る」❺病気などが感染する。⬇【移】30ページ

うつろ ❶中がからっぽのこと。❷ぼんやりとしている。▽「うつろな目」

うつわ【器】❶入れ物。❷人がら。人物。▽「大人物の器」⬇【器】157ページ

うで【腕】❶かたから手首のつけねまで。⬇体(図)❷仕事のうでまえ。▽「うでがいい」

うでがあがる【腕が上がる】うでまえがあがる。上手になる。

うでがなる【腕が鳴る】自分の力やわざを見せようとして、はりきっているようす。

うできき【腕利き】力やわざのすぐれたようす。またそのような人。

うでぐみ【腕組み】両うでを胸のあたりで組み合わせること。

うでずく【腕ずく】何かをするのに、うでの力にたよること。▽「うでずくでうばいとる」

うでずもう【腕相撲】二人が向かいあって、台の上に片方のひじをつけ、手をにぎりあってあいてのうでをたおす遊び。

うでだめし【腕試し】自分の力やわざを、ためしてみること。▽「うで試しに、コンクールにおうぼする」

うでっぷし【腕っ節】うでの力。わん力。▽「うでっぷしの強い男」

うでどけい【腕時計】手首にまいて使う、こがたの時計。

うでにおぼえがある【腕に覚えがある】自分の力に自信がある。

うでによりをかける【腕によりをかける】力やわざを十分あらわそうと、はりきるようす。

うでまえ【腕前】手なみ。能力。

うでをふるう【腕を振るう】力やわざを十分にあらわす。▽「料理のうでをふる

う」

うでをみがく【腕を磨く】しっかりけいこして、力をつける。

うてん【雨天】雨がふる天気。雨ふり。▽「雨天中止」⇔晴天。

うとい【疎い】❶つきあいがうすくて、親しくない。❷よく知らない。▽「世の中のことにうとい」

うとうとする ぼんやりしてねむりかけている。▽「こたつでうとうとする」

うどのたいぼく【うどの大木】ウドは大きいがやわらかくて役に立たない植物で、そのように、からだばかり大きくて役に立たない人のたとえ。

うどん 小麦粉をこねてうすくのばし、細長く切って、ゆでて食べる食べ物。

うとんじる【疎んじる】きらって遠ざける。

うながす【促す】いそがせる。さいそくする。▽「返事をうながす」

うなぎ 細長い魚で、海でたまごをうむ。川をのぼり、ぬま・川・湖などにすむ。かばやきにして食べる。

うなぎのぼり【うなぎ登り】ウナギをつかむと、上へ上へとのぼって行くことから、どんどん上へあがること。▽「うなぎ登りに気温が上がる」

うなされる こわいゆめを見たりして、苦しそうな声を出す。▽「ゆめにうなされる」

うなじ 首の後ろの部分。えり首。首すじ。⇩体（図）

うなずく ❶首をたてに動かす。❷しょうちする。

うなだれる しかられたり、がっかりしたりして頭をたれる。

うなばら【海原】広々とした海。▽「青い海原に船を出す」

うなり ❶うなること。▽「風のうなり」❷たこにつけて空にあげ、音を出させるもの。

うなる ❶苦しんで声を出す。❷けものがほえる。❸音が鳴りひびく。▽「風の音がうなる」❹なにわぶしなどをかたる。❺感心して思わず声を出す。

うに いそにすんでいるまるい形をした海の動物。とげのある、かたいからでつつまれ、下のまん中に口がある。

うぬぼれる 自分のことを自分ですぐれていると思いこんでとくいになる。

うね【畝】畑の中に、土を細長くもり上げて作物をうえつける所。

うねうねと ❶高くひくくつづいているようす。▽「おかがうねうねとつづく」❷右や左にまがりながらつづいているようす。▽「川がうねうねとながれる」

うねり 波などが、高くひくくゆれて、つづくこと。

うねる ❶高くひくくなりながらつづく。▽「波がはげしくうねる」❷右や左にまがりながらつづく。

うのみ ❶ウが魚をのむように、食べ物をかまないでのみこむこと。まるのみ。❷わけもわからないでそのままうけ入れること。

［うのみ❶］

うのめたかのめ【うの目たかの目】ウやタカが、えさをさがすときのように、熱心にものをさがすようす。

うば【乳母】母親にかわって乳をのませ、子をそだてる人。

うばう【奪う】❶人のものをむりにとる。とりあげる。⇔与える。❷目や心を引きつける。

うぶげ【産毛】❶うまれた時にはえている毛。❷うすいやわらかい毛。

うぶごえ【産声】うまれたばかりの子供が、

なぞなぞ えんぴつやペンがなくてもかけるのは？ 答えは次のページ。

はじめて出す泣き声。

うぶゆ【産湯】うまれたばかりの子供を、はじめて入れる湯。

うま【馬】人の飼いならした動物。からだが大きく、力もある。走るのが速い。人を乗せたり、荷車を引いたりする。⇩【馬】548ページ

●馬が合う●馬乗り●竹馬

うまい ❶おいしい。▽「うまいケーキ」⇔まずい。❷上手だ。▽「およぎがうまい」❸つごうがいい。のぞましい。▽「計画がうまくいく」

うまがあう【馬が合う】気が合う。▽「きみとぼくとは馬が合う」

うまのみみにねんぶつ【馬の耳に念仏】馬に念仏を聞かせてもむだなように、いくら注意してもききめのないことのたとえ。

うまのり【馬乗り】馬に乗るように、上にまたがって乗ること。

うまる【埋まる】❶物の下や中に入ってしまって見えなくなる。うずまる。▽「すなにうまる」❷いっぱいになる。▽「客席がうまる」❸おぎなわれる。▽「家計の赤字がうまる」

うまれ【生まれ】❶生まれること。❷生まれた土地。❸生まれた家がら。

うまれかわる【生まれ変わる】❶死んだものが、また生まれてくる。❷心を入れかえて、よい人になる。▽「まるで別人のように生まれ変わる」

うまれつき【生まれつき】生まれたときからの性質。

うまれながら【生まれながら】生まれた時から。▽「生まれながらの天才」

うまれる【生まれる】❶たんじょうする。▽「京都に生まれる」❷新しくできる。▽「町が合ぺいして、市が生まれる」⇩【生】371ページ

うまれる【産まれる】母の腹から子やたまごが出る。▽「子ネコが産まれる」⇩【産】279ページ

うみ【海】❶地球の表面の三分の二ぐらいあり、塩気をふくんだ水のたまっている部分。⇔陸。❷一面に広がったもの。▽「火の海」⇩【海】111ページ

●海千山千●海鳴り●海の幸●海の物とも山の物ともつかない●海辺

うみかぜ【海風】海の上でふく風。または海から陸にむかってふく風。

うみせんやません【海千山千】海に千年、山に千年もすんだヘビは、リュウになるというところから、長くけいけんをつみ、世の中の裏表をよく知っている人のこと。

うみなり【海鳴り】波のうねりが海岸や岩などにぶつかって、遠くでかみなりがなるようにひびいてくる音。

うみのおやよりそだてのおや【産みの親より育ての親】産んでくれた親より、育ててくれたやしない親のほうの恩が大きいという意味。「生みの親より育ての親」とも書く。

うみのさち【海の幸】海からとれる食べ物。魚・貝・海そうなど。海産物。⇔山の幸。

うみのひ【海の日】国民の祝日の一つ。七月の第三月曜日。海の恩けいに感謝する日。⇩国民の祝日（図）

うみのものともやまのものともつかない【海の物とも山の物ともつかない】どんな性質のものか、また、これから先どうなるのか、まったくわからないようす。

うみびらき【海開き】海水浴場が、その年はじめて海水浴をすることをゆるすこと。

うみべ【海辺】海のほとり。海岸。

うむ【生む】今までなかったものをつくり出す。▽「新記録を生む」⇩【生】371ページ

うむ【産む】母が子やたまごを腹から出す。

➡【産】279ページ

うむ【有無】❶あるかないか。❷しょうちかどうか。▽「有無を言わさない」

うめ【梅】二月ごろ、赤や白の花がさき、六月ごろに青い実をつける木。実は塩づけにしてうめぼしにする。➡【梅】550ページ

うめあわせる【埋め合わせる】たりない部分をおぎなったり、失敗したことのつぐないをする。

うめく 苦しくてうなる。

うめたてる【埋め立てる】川・池・ぬま・海などに、ほかから土や石などをはこび、そこをうめて陸地にする。

うめる【埋める】❶土の中に入れ、上から土をかぶせる。❷いっぱいにする。▽「席をうめる」❸湯に水を入れてぬるくする。❹損や不足をおぎなう。▽「赤字をうめる」

うもう【羽毛】鳥のからだをおおっているふわふわしたはね。▽「羽毛ふとん」

うもれる【埋もれる】❶物におおわれ、かくれて見えなくなる。❷世の中の人に知られないでいる。

うやうやしい【恭しい】つつしみ深く礼ぎ正しい。▽「うやうやしくおじぎする」

うやまう【敬う】あいての人をとうとぶ。尊敬する。▽「先生を敬う」➡【敬】206ページ

うやむや あいまいで、はっきりしないようす。▽「うやむやな返事をする」

うら【裏】❶表の反対の所。後ろ。⬌表。❷なか。うち。▽「裏話」❸衣服の内がわ。➡【裏】741ページ
●裏打ち●裏返し●裏書き●裏切る●裏口●裏付ける●裏手●裏庭●裏腹●裏をかく

うら【浦】❶海や湖などが陸に入りこんでいる所。入りえ。❷水のほとり。海辺。はまべ。

うらうらと よく晴れてのどかなようす。▽「うらうらとした春の日」

うらがえし【裏返し】ひっくり返して裏を表にすること。

うらがえす【裏返す】裏だったほうを表になるようにする。ひっくり返す。

うらがき【裏書き】❶紙の裏に文字を書くこと。❷たしかであるということを、証明すること。

うらぎる【裏切る】❶味方とのやくそくをやぶって敵になる。❷思っていたことの反対になる。▽「予想を裏切る」

うらぐち【裏口】❶裏にある出入り口。▽「裏口からこっそり入る」⬌表口。❷こっそりかくれてするやり方。▽「裏口入学」

うらづける【裏付ける】しっかりしていない考えや研究に、しょうこをつけて、たしかなものにする。

うらて【裏手】裏の方。▽「学校の裏手は山です」

うらなう【占う】人の運がよくなるか悪くなるか、前もって知ろうとする。

ウラニウム ➡ウラン

うらにわ【裏庭】たてものの裏がわにある庭。

うらはら【裏腹】裏と表。反対。▽「言うこととすることが、まるで裏腹だ」

うらぼん【うら盆】仏教でおぼんの祭りのこと。七月十五日ごろに行う行事。墓まいりをしたり、物をそなえたりして、祖先の霊をなぐさめる。おぼん。

うらみ【恨み】うらむこと。にくいと思う心。▽「うらみをいだく」

うらむ【恨む】❶あいてをにくらしく思う。▽「つめたいたいどをうらむ」❷ざんねんに思う。▽「失敗をうらむ」

うらめしい【恨めしい】❶にくいと思う。うらみに思う。❷くやしい。▽「運動会なのに、雨とはうらめしい」

うらやま【裏山】家や学校などの裏のほうにある山。

うらやましい ほかの人がめぐまれていたりすぐれていたりするのを見て、自分もそうな

前のページの答え⇒「いびき」

りたいと思うようす。▽「勉強ができる人がうらやましい」

うらやむ 人のすぐれているところやめぐまれているところを見て、自分もそのようになりたいと思う。

うららか ❶空がよく晴れて気持ちのいいようす。▽「うららかな春の日」❷心が晴れ晴れしてほがらかなようす。

うらわかい【うら若い】若々しい。とても若い。▽「うら若い女の人」

うらをかく【裏をかく】あいてが思ってもみないことをやる。

ウラン 放射能を持っている元素。原子ばくだんや、原子力発電に使われる。ウラニウム。

うり 植物。まるい実は食べられる。マクワウリ・シロウリなど。

うりあげ【売り上げ】品物を売って、得たお金。▽「売り上げを計算する」

うりきれる【売り切れる】ぜんぶ売れてしまう。▽「ひょうばんがよくてすぐに売り切れた」

うりことばにかいことば【売り言葉に買い言葉】あいての悪口にたいし、負けずに悪口を言うこと。

うりこむ【売り込む】❶名前や信用を広める。▽「顔を売りこむ」❷うまくすすめて品物を売る。

うりさばく【売りさばく】広く売る。品物を上手に多く売る。

うりね【売値】品物を売るときのねだん。

うりのつるになすびはならぬ ウリのつるにナスができないように、ふつうの親からは、ずばぬけてすばらしい子供はうまれない。

うりはらう【売り払う】全部売ってしまう。

うりふたつ【うり二つ】ウリを二つに切ると形がにていることから、顔かたちなどがそっくりにていること。

うりょう【雨量】ふった雨の量。

うりょうけい【雨量計】雨量をはかるもの。雨水を入れ物にうけて、ある時間にたまった深さであらわす。

うる【売る】❶お金をうけとって品物をわたす。⇕買う。❷世の中に名前を広める。▽「名を売る」❸うらぎる。だしぬく。▽「友を売る」❹しかける。▽「けんかを売る」⬇【売】549ページ

うる【得る】自分のものにする。手に入れる。▽「利益を得る」⬇【得】498ページ

うるうどし【うるう年】ふつうの年より一日多い年。二月が二九日あり、一年は三六六日になる。四年に一度来る。⇕平年。

うるおい【潤い】❶しめり。❷ゆとり。おもむき。▽「うるおいのある生活」❸あたたかみ。▽「うるおいのある人」

うるおう【潤う】❶しめる。ぬれる。▽「雨で草花がうるおう」❷ゆたかになる。▽「生活がうるおう」

うるおす【潤す】❶しめらせる。▽「のどをうるおす」❷めぐみをあたえる。▽「はたらいて家計をうるおす」

うるさい ❶さわがしい。やかましい。▽「ラジオがうるさい」❷しつこくてわずらわしい。▽「ハエがうるさい」❸やかましく言う。▽「時間にうるさい」

うるし【漆】野山にはえ、秋に紅葉する木。木の皮にきずをつけてとったしるは、ぬり物に使う。

うるむ【潤む】❶少しぬれたようになる。くもる。▽「目がうるむ」❷泣き声になる。▽「うるんだ声」

うるわしい【麗しい】❶美しい。❷よい。▽「うるわしい友情」❸心があたたまるようだ。▽「ごきげんがうるわしい」

うれい【愁い】さびしい感じがしてものがなしいこと。▽「うれいにしずむ」

うれい【憂い】心配。▽「あとのうれいはな

い」

うれしい 楽しくよろこばしい。▽「優勝できてうれしい」⇔悲しい。

うれしなみだ【うれし涙】 うれしくてたまらないときに出るなみだ。

うれっこ【売れっ子】 世の中でもてはやされている人。人気のある人。

うれゆき【売れ行き】 売れぐあい。

うれる【売れる】 ❶品物が買われる。▽「よく売れる本」❷広く知られる。▽「名が売れる」❸売ることができる。⇒【売】549ページ

うれる【熟れる】 実がじゅくする。▽「モモが熟れる」⇒【熟】323ページ

うろ 中がからになっている所。▽「大きな木のうろに入る」

うろうろ どちらへ行っていいか、まよいこまるようす。まごつくようす。

うろおぼえ【うろ覚え】 はっきりしないで、ぼんやりと覚えていること。

うろこ ヘビや魚のからだの表面をおおっている小さなもの。(図)

うろこぐも【うろこ雲】 魚のうろこのような雲。いわし雲。さば雲。巻積雲。⇒雲

うろたえる どうしていいか、わからなくてあわてる。

うろつく うろうろする。まよいながら歩く。

うわ【上】 ほかのことばの上につけて「うえ」の意味をあらわす。▽「上書き。上着」⇒【上】333ページ
●上書き●上着●上滑り●上手●上塗り●上の空●上回る●上目使い●上役

うわがき【上書き】 ❶手紙や本、箱などの表に字を書くこと。また、その字。❷情報を書きかえること。

うわき【浮気】 ❶心がうわついていて、かわりやすいこと。❷愛情がほかの人にうつりやすいこと。

うわぎ【上着】 ❶いちばん外がわに着る衣服。⇔下着。❷上下に分かれた洋服の、上半身に着るもの。

うわごと 熱の高いときなどに、自分でも知らずに言うことば。

うわさ ❶ひょうばん。世間でいろいろ言いふらす話。▽「うわさが広まる」❷そこにいない人について話すこと。

うわさをすればかげがさす【うわさをすれば影がさす】 ある人の話をしていると、ふしぎにその人がそこへやってくるものだということ。

うわずみ【上澄み】 水に混ざっていたものが下にしずんで、上のほうにできるすんだ部分。

うわつく【浮つく】 気持ちがうきうきしておちつかないようす。

うわて【上手】 ❶上の方。❷あいてよりもすぐれていること。またすぐれている人。▽「ぼくより上手だ」❸すもうで組んだとき、あいてのうでの上からまわしをつかむこと。⇔下手。

うわぬり【上塗り】 ❶ペンキやうるしなどをぬった上に、さらにぬって、しあげること。❷あることをした上に、また同じことをすること。▽「はじの上ぬりはしたくない」

うわのそら【上の空】 ほかのことが気になって、人のことばが耳に入らないようす。▽「注意を上の空で聞く」

うわばき【上ばき】 たてもののなかではく、はきもの。上ぐつ。⇒服(図)・学校(図)

うわべ 外から見える所。表面。見せかけ。▽「うわべをかざる」

うわまわる【上回る】 ある数や量をこえる。⇔下回る。

うわむき【上向き】 ❶上を向いていること。▽「ベッドに上向きにねる」⇔下向き。❷調子がしだいによくなっていくこと。▽「成績が上向きになる」⇔下向き。

さかさことば 前から読んでもうしろから読んでも「イルカは軽い」。

う

うわめづかい【上目使い】顔は下にむけ目だけを上へむけて見ること。

うわやく【上役】仕事などで自分より地位が上の人。

うわる【植わる】草や木が植えられている。▼「庭に植わっている木」⬇【植】341ページ

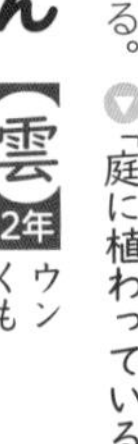

[上目使い]

うん【雲】2年 ウン くも

くも。▼「白雲」

雲 雲 雲 雲 雲 雲 雲（上のヨコ棒より長く）

●雲海●雲泥の差●高積雲

うん【運】3年 ウン はこぶ

❶はこぶこと。▼「運送」

❷幸、不幸のめぐりあわせ。▼「運命」

❸はたらかす。動かす。▼「運転」

運 運 運 運 運 運 運（ひとふでに書く）

●運営●運河●運が開ける●運休●運行●運勢●運送●運賃●運転●運動●運動会●運搬●運命●運輸●運用●運を天に任せる●幸運●不運

うんえい【運営】きまりや、しくみを使い、人々をうまくとりまとめて仕事をしていくこと。▼「会を運営する」

うんが【運河】船を通したり、水を引いたりするために、つくった水路。

うんかい【雲海】飛行機や高い山の上などから見下ろしたときに見える、海のように広々とした雲。

うんがひらける【運が開ける】めぐりあわせがよくなる。

うんきゅう【運休】列車やバスなどを走らせるのを休むこと。▼「大雪で列車が運休となる」

うんこ おしりの穴からからだの外に出される食べ物のかす。うんち。大便。

うんこう【運行】❶列車やバスがきめられた路線を回って行くこと。❷地球が太陽のまわりを回るように、天体がきまった道をすすむこと。

うんざり あきあきしているようす。▼「連日の暑さにうんざりした」

うんせい【運勢】めぐりあわせ。運。▼「おみくじで運勢をうらなう」

ことばのふしぎ

「うんこ」と「うんち」

はじめてこの辞典で引いたことばってなんですか? ひょっとして「うんこ」?「うんち」? ところで、「うんこ」はなぜそう言うのか知っていますか?「うんこ」をするときおなかに「うん」と力を入れるでしょ。「うん」てそのことなんです。じょうだんみたいですね。「こ」は後ろにつく語であまり意味はありません。では「うんち」はというと、これは小さい子が使うことばです。

うんそう【運送】品物を運び送ること。運ぱん。▼「荷物をトラックで運送する」

うんち うんこ。

うんちん【運賃】人や品物などを運んでもらったときにはらうお金。

うんてい はしごを横にかけわたしたような形のもの。それにぶらさがって運動する。

うんでいのさ【雲泥の差】雲とどろほどのちがい。とてもくらべものにならないほど

え

の大きなちがい。

うんてん【運転】 乗り物や機械を動かすこと。

うんてんしゅ【運転手】 乗り物を動かす人。▽「電車の運転手」

うんてんせき【運転席】 車を運転する人がすわる席。▽「運転席にお父さんがすわる」

うんと ❶たくさん。どっさり。▽「ごはんをうんとたべた」❷ずっと。はるかに。▽「こっちのほうがうんと便利だ」

うんどう【運動】 ❶物が動くこと。⇔静止。❷からだを動かすこと。スポーツ。▽「散歩もいい運動だ」❸ある目的をはたすために力をつくすこと。▽「平和運動」

うんどうかい【運動会】 人が集まって、運動競技やゆうぎを楽しむ会。

うんどうじょう【運動場】 運動をするための広場。グラウンド。

うんどうしんけい【運動神経】 手・足・からだなどを動かすはたらきをする神経。▽「運動神経がよい」

うんぱん【運搬】 品物を運ぶこと。運送。▽「荷物の運ぱん」

うんめい【運命】 幸せや、不幸せのめぐりあわせ。運。

うんゆ【運輸】 人や荷物などを運ぶこと。▽「海上運輸」

うんよう【運用】 ものをうまく役立てて使うこと。活用。▽「お金を上手に運用する」

うんをてんにまかせる【運を天に任せる】 しぜんのなりゆきにしたがう。なるようにさせる。

え
エ

え【絵】 物の形やようすをかいたもの。⬇【絵】かい 112ページ ●絵地図●絵の具●絵本●絵馬●絵巻物●絵文字

え【重】 かさなっている物を、数えるときに使うことば。▽「七重八重」⬇【重】じゅう 317ページ

え【柄】 うつわなどの、手で持つ部分。とって。▽「なべのえ。かさのえ」

エア ❶空気。▽「エアコン」❷空を飛ぶこと。航空。▽「アメリカの友だちにエアメールを出す」

エアコン 部屋の温度を変えたり、よごれた空気を取りのぞいたりして、空気のじょうたいをととのえるそうち。「エアコンディショナ」の略。

エアポート 空港。飛行場。▽「エアポート行きのバスに乗る」

えい【永】 5年 エイ ながい

時間がひじょうに長いこと。▽「永遠に」

永 はねる

●永久●永久歯●永久磁石●永住●永世中立●永続●永眠

★「氷」ににているので注意

えい【泳】 3年 エイ およぐ

およぐこと。▽「水泳。泳法」

●競泳●背泳

えい【英】 4年 エイ

❶すぐれていること。すぐれている人。▽「英才」❷イギリスのこと。▽「英国」

英 長めに つき出る

●英気●英語●英断●英文●英訳●英雄●英和

えい【栄】4年 エイ さかえる・(はえ)・(はえる)

❶いきおいがさかんになること。さかえること。▼「栄達」
❷ほまれ。めいよ。▼「栄よ。栄光」

栄 栄 栄 栄 栄 栄 栄 栄 栄（点の向きに注意。⺌としない）

●栄冠●栄光●栄枯盛衰●栄達●栄転●栄誉●栄養●栄養素●共存共栄

えい【映】6年 エイ うつす・うつる・(はえる)

❶光やかげがあらわれること。
❷色や光がよくうつりかがやくこと。

映 映 映 映 映 映 映 映 映（左右に出る）

●映画●映像●上映●反映

えい【営】5年 エイ いとなむ

仕事をすること。▼「営業」

営 営 営 営 営 営 営 営 営 営 営 営（点の向きに注意）

●営業●営利●運営●経営

えい【衛】5年 エイ ―

まもること。▼「自衛」

衛 衛 衛 衛 衛 衛 衛 衛 衛 衛 衛 衛 衛 衛 衛 衛（五ではない）

●衛生●衛星●衛星放送●衛兵●護衛●自衛●守衛●前衛●防衛

えい 海にすむ魚。平たくてひし形をしていて尾が長い。

えいえん【永遠】 いつまでも長くつづくこと。永久。▼「永遠の真理」

えいが【映画】 フィルムにとった人や景色の動きを、暗い所で大きくスクリーンにうつし出して見せるもの。

えいかく【鋭角】 直角（九〇度）よりも小さい角。⇕鈍角。

えいかん【栄冠】 ❶名よのかんむり。❷ほまれ。▼「勝利の栄かん」

えいき【英気】 あふれるような元気。▼「英気をやしなう」

えいきゅう【永久】 いつまでもつづくこと。永遠。▼「いつかえさなかった!? 永久にかりておくだけだぞ」

えいきゅうし【永久歯】 乳歯がぬけて六、七さいごろからはえる歯。一生ぬけかわらない。上下合わせて三二本ある。⇕乳歯。⬇歯（図）

えいきゅうじしゃく【永久磁石】 磁石の性質をいつまでもうしなわずに持っているもの。鋼鉄などで作る。

えいきょう【影響】 あるものごとや動きが、ほかのものごとにまで関係すること。▼「友達のえいきょうをうける」

えいぎょう【営業】 お金を得るために仕事や商売をすること。▼「深夜営業」

えいご【英語】 イギリスやアメリカなどで使われていることば。

えいこう【栄光】 かがやかしいほまれ。▼「金賞の栄光にかがやく」

えいこく【英国】 イギリス。

えいさい【英才】 すぐれた才能。また、その持ち主。しゅう才。

えいじゅう【永住】 同じ土地に長くいつまでも住みつくこと。▼「アメリカに永住する」

えいせい【衛生】 身のまわりをきれいにし、からだを強くして病気にかからないようにすること。▼「保健衛生」

えいせい【衛星】 わく星のまわりを回る小さな星。▼「月は地球の衛星である」

えいせいちゅうりつ【永世中立】 永

久に戦争に参加しないかわりに、どこの国からもせめこまれないと約束していること。

えいせいほうそう【衛星放送】 人工衛星を使って行うテレビなどの放送。

えいぞう【映像】 光によって映し出された物のすがた。▽「映像がぼやける」

えいぞく【永続】 長くつづくこと。

えいだん【英断】 思い切ってきめること。▽「英断をくだす」

えいてん【栄転】 今までよりも高い地位にうつること。

えいびん【鋭敏】 ❶感じ方がするどいこと。▽「えいびんな神経」❷頭がよいこと。

えいぶん【英文】 英語の文章。

えいへい【衛兵】 ふせぎまもる役目についている兵士。

えいみん【永眠】 死ぬこと。

えいやく【英訳】 英語でないことばを、英語になおすこと。

えいゆう【英雄】 才能や勇気がたいへんすぐれていて、りっぱな人。

えいよ【栄誉】 ほまれ。名よ。▽「受賞の栄よにかがやく」

えいよう【栄養】 生物が成長し、生きていくための養分。

えいようしっちょう【栄養失調】 栄養がたりなくなり、からだが弱ること。

えいようそ【栄養素】 からだの栄養として、とくに必要な物。たんぱく質・炭水化物・しぼう・ビタミンなど。

えいり【営利】 お金をもうけること。

えいり【鋭利】 はものが、するどくてよく切れること。▽「えい利な小刀」

えいわ【英和】 ❶イギリスと日本。❷英語と日本語。❸英語に日本語の意味をつけた辞典。英和辞典。⇕和英。

エーエム【AM】 音声におうじて、電波のゆれるはばをかえて音をおくる方式。ラジオの中波放送に使われる。

エープリルフール 四月ばか。四月一日は、うそをついてもよいことになっている西洋のならわし。

えがお【笑顔】 笑った顔。

えがく【描く】 ❶絵をかく。❷ものごとのようすを文章や音楽にあらわす。▽「旅行の思い出をえがいた作文」❸思いうかべる。▽「中学生になった自分のすがたを心にえがく」

えき【役】 ❶人を仕事に使うこと。▽「使役」❷戦争。▽「弘安の役」⬇【役】709ページ

えき【易】5年 イ・エキ やさしい
❶かえる。かわる。▽「交易。貿易」❷うらない。▽「易者」

★易と書かないように

えき【益】5年 エキ・(ヤク)
❶もうけ。▽「利益」❷ためになること。▽「益虫。益鳥」

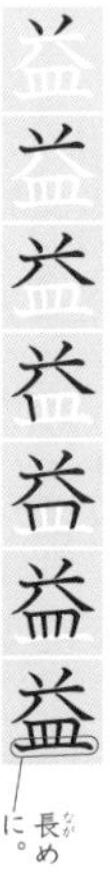

長めに。 罒や四ではない

●収益●損益●無益●有益

えき【液】5年 エキ
水のような状態のもの。えきたい。しる。▽「血液。液化。液体。樹液」

この形に注意

えき【駅】3年 エキ
❶電車や列車の発着する所。❷昔の宿場。

えきいん【駅員】駅ではたらく人。

えきか【液化】気体や固体が液体になること。⇔気化。凝固。

エキサイト こうふんすること。▽「すばらしい試合にエキサイトする」

えきしゃ【易者】易でうらないをする人。運命などをうらなう。

えきしょう【液晶】液体と結しょうの中間のじょうたいにある物質。パソコンやテレビの画面の表示につかう。

エキゾチック 外国ふうの感じがするようす。異国情ちょ。▽「エキゾチックなたてもの」

えきたい【液体】水や油のようにたい積はあるが、固体のようなきまった形を持たないもの。⇔固体。気体。

えきちゅう【益虫】トンボのように害虫を食べたり、カイコやミツバチのように、生糸やはちみつなどで、人間の役に立っている虫。⇔害虫。

えきちょう【益鳥】肉やたまごが食用になったり、害虫をとったりして、人間にとってためになる鳥。⇔害鳥。

えきでん【駅伝】長いきょりの道路を、何人かの選手がリレーして走る競技。駅伝競走。

えきびょう【疫病】悪性の感染性の病気。

えくぼ わらったとき、ほおにできる小さなくぼみ。

えぐる ❶つき入れて回してくりぬく。▽「リンゴのしんをえぐる」❷強いことばで、人に強い感じをあたえる。▽「心をえぐる話」❸かくれたものをあらわにする。▽「事件のかく心をえぐる」

えげつない 品がなくて、いやらしい。▽「やり方がえげつない」

エコ 名詞の前について、「地球のかんきょうを守ることに気をつけている」という意味を表すことば。「エコロジー」の略。▽「エコマーク。エコバッグ」

エゴイズム 自分さえよければ他人のことはかまわない考え方。利己主義。

エコノミー ❶経済。❷むだづかいをしないこと。節約。安上がり。▽「エコノミークラス」

えこひいき 一方ばかり、または、あるきまった人だけをかわいがること。

エコマーク フロンガスをつかわないスプレーや、資源を再生してつくられたものなど、地球のかんきょうを守ることに役立つとみとめられた商品につけるマーク。

えさ【餌】❶動物にあたえる食べ物。▽「金魚のえさ」❷動物・魚などをとらえるための食べ物。▽「つりばりにえさをつける」❸人をおびきよせるためのもの。▽「あまいえさに人がむらがる」

えじき ❶鳥・けもの・魚などのえさにされる生き物。❷ねらわれてぎせいになるもの。▽「悪者のえじきになる」

エジプト アフリカ大陸の東北部にある国。世界一長いナイル川の下流を中心に、古くから文化が開けた。首都はカイロ。

えしゃく【会釈】軽く頭を下げて、おじぎをすること。

エスエフ【SF】空想科学小説。科学的な空想をもとにした小説。

エスオーエス【SOS】❶無線電信などのそうなん信号。船などがそうなんしたとき、助けをもとめるためにうった。❷緊急の助けを求めること。

エスカレーター 人を自動的に上や下の階へ運ぶ、動く階段。↓図

えだ【枝】❶木の幹から分かれて出ている部分。❷もとから分かれ出たもの。▽「枝道」

↓【枝】285ページ
●枝葉

えだは【枝葉】❶木の枝や葉。❷それほど大切でないところ。

え

えだまめ【枝豆】 ダイズの実がまだ熟していないもの。ゆでて食べる。⬇大豆はへんしんがじょうず（コラム）

エチケット 礼ぎ。作法。

えちず【絵地図】 絵であらわした地図。

エックスせん【エックス線】 目に見えないが物を通る力の強い光。からだの中のようすを調べるのに使われる。ドイツのレントゲンが発見したので「レントゲン線」ともいう。

エッセー 心にうかぶことを自由に書いた文章。ずい筆。

えっとう【越冬】 冬をこすこと。▽「クマは冬みんしてえっ冬する。南極えっ冬隊」

えつねん【越年】 年をこして、新年をむかえること。年こし。

えつらん【閲覧】 本や新聞などをしらべ、読むこと。▽「えつ覧室」

えと【干支】 ❶昔、年月日や、時刻、方向をあらわすのに使われたことば。六十個でひとまわりする。❷とくに、年をあらわす十二支。▽「ことしの干支はとらだ」⬇十二支

えど【江戸】 東京の昔の名。江戸氏がすんでいたが、のちに太田道灌が城をきずいた。その後、徳川家康が幕府をひらいて城下町としてさかえ、一八六八（明治元）年に東京の名になった。

えとく【会得】 よくわかって自分のものにすること。▽「こつを会得する」

えどじだい【江戸時代】 一六〇三〜一八六七年。徳川家康が江戸に幕府をひらいてからの二六五年間。

えどっこ【江戸っ子】 ❶江戸で生まれて、江戸でそだった人。❷東京で生まれ、東京でそだった人。

エナメル 金属製品・家具などの上にぬって、

SOSのやりかた

とても大切なこと

- 出かける前に、人に行く場所を伝えておく
- きけんだと思ったらしんこきゅうしてあわてないむやみに動きまわらない

SOSの音や光の時間

10秒 ■■■■■■ □ ■■■■■■ くり返す
1分　1分休む　1分

SOSがわかったという返事

20秒 ■■■ □ ■■■ くり返す
1分　1分休む　1分

ふえをふく

ピー!!

光るものを反射させる

かがみ
フォークやナイフ
なべ
かんづめのふた

けむりや、はたをつかったやりかたなどもある

『冒険図鑑』にはくつのえらびかたから、地図のよみかた、星座のみかたまで、しぜんを楽しむための知恵がたくさん書いてあります。

なぞなぞ 帽子の中にかくれている動物は？ 答えは次のページ。

つやを出したりさびをふせいだりするもの。エナメルペイント。

えにっき【絵日記】絵とみじかい文章でかいた日記。▽「夏休みに絵日記をかく」

エネルギー ❶仕事をする力。▽「電気エネルギー」❷心や、からだのはたらく力。元気。▽「エネルギーがわく」

えのぐ【絵の具】絵をかくとき、色をあらわすために使うもの。

えび 海や川にすむ動物。からだはからでつつまれ胸に歩くための足が十本、腹におよぐための足が十本ある。⬇おせち料理（コラム）、すし（コラム）

えびす【恵比寿・恵比須】七福神の一人。タイとつりざおを持っている。商売や漁の神。⬇七福神（図）

エピソード 物語の本すじの間にはさみこまれた、みじかい話。

えびでたいをつる【えびでたいを釣る】そまつなえさで、ねうちのある魚をつりあげる。少しの物で大もうけをしたり、少しのほねおりで大きな利益を得ることのたとえ。

えひめけん【愛媛県】四国地方にある県。気候がよく、ミカンがとれる。県庁は松山市にある。⬇都道府県（図）

エフエム【FM】音声におうじて電波の周波数をかえて音をおくる方式。ラジオの超短波放送はこの方式による。

エプロン 服がよごれないようにからだの前にかけるひも付きのぬの。

エベレストさん【エベレスト山】ヒマラヤ山脈にある世界一高い山。高さ八八四八メートル。チョモランマ。

えほん【絵本】絵を中心にした、子供のための本。

えま【絵馬】ねがいごとやお礼のため、馬などの絵をかいて神社や寺におさめる小さな板。

えまきもの【絵巻物】物語などを絵にかいて、ことばをそえた巻物。

［絵馬］

えみ【笑み】笑い。にこにこすること。▽「笑みをうかべる」

えむ【笑む】にこにこする。⬇【笑】331ページ

エムブイピー【MVP】プロ野球などで、そのシーズン中に最も活やくした選手。また、その選手にあたえられる賞。

エメラルド 緑色の宝石。⬇誕生石（図）

えもじ【絵文字】かんたんな絵のような形で、文字やことばのかわりとするもの。

えもの【獲物】漁やかりなどでとった、魚・鳥・けものなど。

えら 水の中にすむ動物が呼吸をして、水中の酸素をとるところ。

エラー やりそこない。まちがい。

えらい【偉い】❶すぐれている。りっぱだ。▽「会社のえらい人」❷地位が高い。❸たいへん。ひどい。▽「えらいめにあった」

えらぶ【選ぶ】多くの中からよりぬく。▽「よい作品を選ぶ。役員を選ぶ」⬇【選】388ページ

えり【襟】❶衣服の首のまわりの部分。❷首の後ろの所。えりもと。⬇振り袖（図）

エリート えらばれた優しゅうな人。

えりくび【襟首】首の後ろの部分。首すじ。

えりごのみ【えり好み】好きなものだけをえらぶこと。▽「えり好みがはげしい」

えりぬき【えり抜き】たくさんの中からえらび出されたよいもの。▽「えりぬきの選手たち」

えりをただす【襟を正す】身なりやしせいを正して、きちんとする。▽「えりを正して話を聞く」

え

える【得る】
「得る」⬇【得】498ページ 自分のものにする。▼「知識を得る」

エレガント
上品なようす。品のいい美しさ。▼「エレガントなドレス」

エレベーター
人や荷物を上や下の階へ運ぶ、箱のかたちをした機械。

えん【円】1年 エン まるい
❶まるい形。まんまる。
❷中心からひとしいきょりにある点をむすんだ線でかこまれた図形。
❸かどがないこと。▼「円満」
❹日本のお金の単位。▼「百円」

円 円 円 円（はねる／つき出ない）

●円滑●円グラフ●円形●円周●円周率●円すい●円卓●円柱●円筒●円盤●円盤投げ●円満

えん【延】6年 エン のばす・のびる・のべる
❶長くなること。▼「延長」
❷のばすこと。▼「延期」

延 延 延 延 延 延 延（出る。Lとしない）

★「廷」ににているので注意

●延々●延期●延焼●延長●順延

えん【沿】6年 エン そう
よりしたがうこと。そうこと。ほかのものについていること。▼「沿道」

沿 沿 沿 沿 沿 沿 沿 沿

★「浴」ににているので注意

●沿革●沿岸●沿線

えん【媛】4年 (エン) —
❶美しい女の人。▼「才媛」
❷身分の高い人のむすめ。
⬇都道府県の「愛媛県」で使う。

媛 媛 媛 媛 媛 媛（続けて書く／線忘れない）

●才媛

えん【遠】2年 エン・(オン) とおい
❶とおいこと。▼「遠方」⇔近。
❷はなれること。▼「遠心力」
❸親しくないこと。▼「疎遠」

遠 遠 遠 遠 遠 遠（この形に注意／ひとふでに書く）

●遠泳●遠距離●遠近●遠近法●遠視●遠征●遠足●遠洋●遠慮●遠路●永遠●敬遠

えん【園】2年 エン (その)
❶はたけ。▼「菜園」
❷にわ。▼「庭園」
❸ある目的で区切られた場所。▼「学園。植物園。動物園」

園 園 園 園 園 園 園（この形に注意）

●園芸●園長●園遊会●公園

えん【塩】4年 エン しお
しお。しおけ。▼「塩分」

塩 塩 塩 塩 塩 塩 塩（両はしが出る／皿としない）

●塩田●塩分●食塩

えん【演】5年 エン —
❶行うこと。▼「演技。公演」
❷意見をのべること。▼「演説」

演 演 演 演 演 演（出て上のヨコ棒につく）

●演技●演芸●演劇●演習●演出●演じる●演説

前のページの答え⇒「うし（ぼうし）」

●演奏●演題●開演●講演●実演●主演●出演

えん【宴】酒もり。えん会。▽「月見のえん」

えん【縁】❶関係。▽「えんが深い」❷人と人のつながり。▽「親子のえん」❸えんがわ。▽「ぬれえん」

えんえい【遠泳】海などで長いきょりを泳ぐこと。▽「遠泳大会」

えんえん【延延・延々】長くつづくようす。⬇「々」は同じ文字をくり返すという意味のおどり字という記号。▽「しあいは延々五時間におよんだ」

えんか【演歌】日本ふうのメロディーの流行歌。

えんかい【宴会】酒もり。飲んだり食べたりして楽しむ集まり。

えんかく【沿革】うつりかわり。歴史。▽「学校の沿革を調べる」

えんかつ【円滑】ものごとが、すらすらとはこぶようす。▽「仕事は円かつにすすんだ」

えんがわ【縁側】ざしきの外側につくった細長い板じきの部分。

えんがん【沿岸】❶川・海・湖に沿った陸地。▽「地中海の沿岸」❷川・海・湖の陸に近い部分。▽「沿岸航路」

えんがんぎょぎょう【沿岸漁業】海岸の近くで魚や貝をとったり、そだてたりする仕事。

えんき【延期】予定の日をのばすこと。

えんぎ【演技】見物人の前で、いろいろな技をして見せること。また、その技。▽「りっぱな演技を見せる」

えんぎ【縁起】❶ものごとのおこり。由来。❷寺や神社のできたいわれ。❸前ぶれ。さいさき。▽「えんぎがいい」

えんぎもの【縁起物】いいことが起こるように願いをこめた品物。神社やお寺で売られるだるまや招き猫など。

えんきょり【遠距離】遠くはなれていること。⬍近距離。

えんぎをかつぐ【縁起を担ぐ】いつも、えんぎのよい・悪いを気にかける。

えんきん【遠近】遠い所と、近い所。

えんきんほう【遠近法】遠い・近いの感じを、絵の上にあらわす方法。

えんグラフ【円グラフ】中心をもとに、円を分けて、わりあいをあらわしたグラフ。⬇グラフ（図）200ページ

えんけい【円形】まるい形。円。

えんげい【園芸】果物・やさい・花などを作ること。

えんげい【演芸】見物人の前で、劇・落語・ぶようなどをすること。

えんげき【演劇】しばい。きゃく本をもとに、はいゆうがぶたいで見せる劇。

えんこ【縁故】関係。つながり。

えんご【援護】たすけまもること。

えんし【遠視】遠くはよく見えるが近くが見えにくい目。遠視眼。⬍近視。

えんじ【園児】幼ち園や保育園に通っている子ども。⬇入学（コラム）

エンジニア 機械を動かす技術を身につけた人。技術者。技師。

えんしゅう【円周】円のまわり。

えんしゅう【演習】けいこ。練習。

えんしゅうりつ【円周率】円周が直径の何倍になるかというわりあい。やく三・一四倍。

えんしゅつ【演出】きゃく本をもとにして、劇や映画に出る人々がうまくやれるように指図したり、全体をまとめたりすること。

えんじょ【援助】助けること。すくい。補助。▽「こまっている人にえん助の手をさしのべる」

えんしょう【延焼】火事の火がほかへもえ広がること。

えんじょう【炎上】大きなたてものなどが火事でもえあがること。

縁起物と魔よけ

お守りや招き猫を見たことやもらったことはありませんか？　そういう「いいことがおこるよう願いをこめた品物」を「縁起物」とよびます。

「だるま」はただの置物ではなく、商売や運がよくなる縁起物とされています。「シーサー」は「悪いことをよける」沖縄県の魔よけです。

縁起物や魔よけは世界中にあり、トルコでは目の形をした「ナザールボンジュウ」がいじわるな視線から守ってくれると言われています。

さかさことば　前から読んでもうしろから読んでも「うそ出そう」。

えんじる【演じる】❶動作をする。❷劇や映画などである役をつとめる。「えんずる」ともいう。

エンジン 飛行機・自動車・船などを、ガソリンやガスを使って動かすしくみ。発動機。

えんしんりょく【遠心力】回っている物が、円の中心から遠ざかろうとする力。⇕求心力。

えんすい【円すい】底面がまるく先がとがった立体。

円すい　円柱　円筒　角すい（四角すい）　角柱（五角柱）

[円すい・円柱・円筒・角すい・角柱]

えんせい【遠征】❶遠くにいる敵をせめに出かけること。❷遠くまで試合に出かけること。▽「日本代表チームのヨーロッパ遠征」

えんぜつ【演説】人々の前で自分の考えや意見をのべること。

えんせん【沿線】線路に沿った所。

えんそう【演奏】楽器をかなでること。▽「ピアノの演奏会」

えんそく【遠足】運動・見学・楽しみのため、遠くまで行くこと。

えんだい【縁台】夕すずみなどをするときに外で使う細長いこしかけ。

[遠足]

えんだん【縁談】結こんの相談。

えんちゅう【円柱】❶まるい柱。❷茶づつのような形をした立体。⬇円すい（図）

えんちょう【延長】❶長く延びること。▽「延長戦」❷延ばして長くすること。▽「放送時間を延長する」

えんちょう【園長】幼ち園・動物園など園とつくところのいちばん上の立場の人。▽「園長先生にあいさつをする」

えんてん【炎天】夏のやけつくような日のてりつける空。

えんとう【円筒】まるい形のつつ。⬇円すい（図）

えんどう【沿道】道に沿うこと。または、道に沿った所。道の両がわ。

えんどう 豆のなかまの植物。夏にでき、わかいさやと実を食べる。

えんとつ【煙突】けむりを外に出すつつ。▽「えんとつの修理をする」

えんにち【縁日】寺や神社で祭りが行われる日。お祭りの日。

えんのした【縁の下】えんがわの下。ゆか下。

えんのしたのちからもち【縁の下の力持ち】えんがわの下のような、人の目につかないところで、人のために力をつくすことのたとえ。

えんばん【円盤】❶まるくて平たいもの。❷円ばん投げに使う運動具。▽「空とぶ円ばん」

えんばんなげ【円盤投げ】円ばんを投げて、きょりをあらそうスポーツ。

えんぴつ【鉛筆】細い木のじくにしんが入った、字や絵などを書く用具。

えんぶん【塩分】しお。しおけ。

えんぽう【遠方】遠くはなれた所。

えんま 地ごくにおちた人間をさばくといわれる、地ごくの大王。えんま大王。

えんまん【円満】❶人がらや性質がおだやかなこと。▽「円満な人がら」❷人と人との関係がうまくいっていること。▽「事件は円満にかいけつした」

えんゆうかい【園遊会】庭園に客をまねいて、ごちそうを食べたり、演芸などを見て楽しむ会。

えんよう【遠洋】陸から遠くはなれた広い海。▽「遠洋航海」

えんようぎょぎょう【遠洋漁業】遠くはなれた海まで行って長い期間にわたって魚をとる仕事。

えんりょ【遠慮】❶ほかの人のことをかんがえて、したいことをしないで、ひかえめにすること。▽「まわりに遠りょして小さな声で話す」❷それとなくことわること。▽「出席は遠りょします」

えんろ【遠路】遠い道のり。▽「友達が遠路はるばるたずねてきた」

お
オ

お【悪】ほかのことばと組み合わせて「きもちよくない」「みにくい」の意味をあらわす。▽「悪寒。ぞう悪」⬇【悪】10ページ

お【小】ほかのことばの上につけて「ちいさい」「すこし」の意味をあらわす。▽「小川」⬇【小】330ページ

お【尾】❶しっぽ。❷ものごとのあとにのこるもの。▽「きのうのけんかがおをひく」

オアシス ❶さばくの中で、水がわき、草や木がしげっている所。❷からだや心の休まるところ。

おあつらえむき【おあつらえ向き】前から自分がねがっていたとおりのこと。ちょうどよいこと。

おい その人の兄弟姉妹を親とする男の子。⬍めい。

おいかえす【追い返す】来た人をむりやりもとの方へ帰らせる。▽「げんかんで追い返す」

おいかける【追い掛ける】❶追いつこうとする。▽「子犬がボールを追いかける」❷引きつづいておこる。▽「追いかけるように新しい問題がおこる」

おいかぜ【追い風】後ろからふく風。順風。⬍向かい風。⬇順風（図）

おいこす【追い越す】❶前を行くものをあとから追いぬく。❷おとっていたものが、あいてよりすぐれたものになる。▽「およぎでは、兄を追いこす」

おいこむ【追い込む】❶後ろから追いたてて中に入れる。▽「ニワトリを小屋に追いこむ」❷追いつめる。▽「敵を海辺に追いこむ」

おいしい 味がよい。うまい。▽「おいしい水。おいしい食事」⬇コラム81ページ

おいしげる【生い茂る】草木がどんどんのびて、えだや葉が広がる。

おいしゃさん【お医者さん】病気やけがをなおす仕事をしている人。医者。

おいだす【追い出す】❶追ってむりやり外へ出す。▽「犬を部屋から追い出す」❷仲間はずれにする。▽「チームから追い出す」

おいたち【生い立ち】そだってきたようす。そだち。▽「不幸な生い立ち」

おいつく【追い付く】追いかけて、あいてに行きつく。▽「先に出かけた兄に追いつく。アメリカに追いつく」

おいつめる【追い詰める】にげるところがなくなるまで追いかける。▽「ネコがネズミを追いつめる」

おいで【お出で】❶「行くこと」「来ること」「いること」のうやまった言い方。▽「今年は何度外国においでになりましたか。おいでをお待ちします。日曜はおたくにおいでですか」❷「おいでなさい」の略。いらっしゃい。▽「こっちへおいで」

おいてきぼり【置いてきぼり】人をそ

さかさことば　前から読んでもうしろから読んでも「歌うたう」。

こにのこしたまま行くこと。置いてけぼり。▼「置いてきぼりをくった」

おいはらう【追い払う】 じゃまなものを追ってその場所からどかせる。▼「やじうまを追いはらう」

おいる【老いる】 年をとる。年をとっておとろえる。⬇【老】755ページ

オイル ❶油。❷石油。▼「サラダオイル」「オイルタンカー」

おいわい【お祝い】 「おめでとう」とよろこぶ気持ちをあらわすこと。また、その気持ちをあらわすためのパーティーやおくり物。▼「小学校入学のお祝いをする。誕生日にお祝いをもらう」

おう【王】 1年 オウ
❶王様。国のかしら。❷いちばんすぐれている者。▼「ホームラン王」

一 T 干 王（つき出ない／いちばん長く）

●王国●王様●王子●王者●王女●王政●王妃●国王●女王

おう【央】 3年 オウ
なか。なかば。▼「中央」

央 央 央 央 央（出る）
★「史」ににているので注意

おう【応】 5年 オウ こたえる
❶こたえること。▼「応答」❷ちょうどよいようにすること。▼「対応」

亠 广 広 広 応 応（点をわすれて厂としない）

●応援●応急●応じる●応接●応戦●応対●応募●応用●適応

おう【往】 5年 オウ
❶前へすすむこと。行く。⇕復。❷すぎさること。昔。▼「往時」❸時々。▼「往々」

ノ 彳 彳 往 往 往（いちばん長く）
★「住」ににているので注意

●往生●往診●往復●往来

おう【皇】 天皇・天子・君主のこと。▼「皇子」⬇【皇】227ページ

おう【桜】 5年 （オウ） さくら
サクラのこと。▼「桜花。観桜会」

一 十 木 桜 桜 桜（形と向きに注意／おる）

おう【黄】 きいろ。▼「黄金」⬇【黄】228ページ
●黄金時代●黄土色

おう【横】 3年 オウ よこ
❶左右の方向。⇕縦。❷気ままなこと。▼「横暴」

一 十 木 横 横 横（つき出る。田ではない）

●横行●横断●横断歩道●横柄●横暴●横領●縦横

おう【負う】 ❶背中にかつぐ。担う。▼「背に負う」❷ひきうける。かぶる。担う。▼「罪を負う」⬇【負】600ページ

おう【追う】 ❶あとから追いかける。❷のける。追いはらう。▼「虫を追う」❸昔をたどる。▼「思い出を追う」⬇【追】457ページ

おうえん【応援】 ❶味方をたすけ、はげますこと。❷力をかしてたすけること。▼「ひっこしの応えんに行く」

おうかん【王冠】 ❶王のかぶるかんむり。❷びんにかぶせる金属のふた。

おうぎ【扇】せんす。

おうぎ【奥義】学問やわざのもっとも大事な深い意味。極意。「おくぎ」ともいう。▽「けん道のおう義をきわめる」

おうぎがた【扇形】円の一部分で、せんすの形。「せんけい」ともいう。

おうきゅう【応急】十分ではないが、とりあえずまにあわせること。

おうきゅうてあて【応急手当て】急なけが人などに、その場でする手当て。

おうこう【横行】わがまま勝手な行いがさかんなこと。▽「不正が横行する」

おうこく【王国】王様や女王様がおさめている国。

おうごん【黄金】きん。こがね。

おうさま【王様】❶王をうやまったよび方。❷いちばん上の位にあるもの。▽「花の王様」

おうじ【王子】王様のむすこ。⇔王女。

おうじ【皇子】天皇のむすこ。

おうじゃ【王者】❶国の王様。❷その道でとくにすぐれている者。

おうしゅう【欧州】ヨーロッパ。

おうじょ【王女】王様のむすめ。⇔王子。

おうじょう【往生】❶死ぬこと。❷こまること。▽「道がこんで往生した」

「おいしい」をいろいろなことばで言ってみよう

食べたものの味がよいことを、「おいしい」とか「うまい」とか言います。

「おいしい」も「うまい」もほとんど同じ意味ですが、「おいしい」と言ったほうがていねいに聞こえるはずです。

ただ、おいしいということを言いあらわしたいときは、「濃厚でおいしい」とか、「あっさりしていておいしい」などのように、味がはっきりわかるように言ったほうがよく伝わるでしょう。いろいろなことばを辞書の中からさがしてみてください ね。

ジューシー　歯応えがいい　美味　酸っぱい　淡泊　旬の素材　濃厚　あっさり　やわらかい　さっぱり　まろやか　香りがいい　はっきり　素材の味がする　甘い

さかさことば　前から読んでもうしろから読んでも「裏ねらう」。

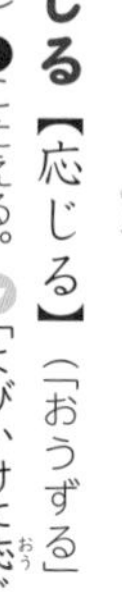

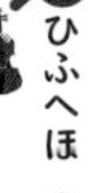
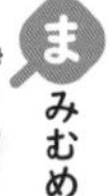

おうじる【応じる】（「おうずる」ともいう）❶こたえる。▽「よびかけに応じる」❷したがう。▽「先生の言いつけに応じる」❸当てはまる。▽「人数に応じたいすを用意する」

おうしん【往診】医者が病人の家に行って、病人のようすをみること。

おうせい【王政】王様が行う政治。

おうせい【おう盛】元気でいきおいのさかんなこと。▽「食欲はおう盛だ」

おうせつ【応接】人のあいてをして、もてなすこと。応対。▽「応接室」

おうせん【応戦】せめてくる敵のあいてになって戦うこと。

おうたい【応対】話のあいてをしたり、もてなしたりすること。応接。▽「お客さんの応対は、母がした」

おうだん【横断】❶道を横切ること。▽「横断歩道」❷物を横にたち切ること。▽「横断面」❸東西の方向に通ること。▽「大陸横断鉄道」⇕縦断。

おうだんほどう【横断歩道】交通のはげしい道を人が横切るために、とくにきめてある所。

おうち【お家】「うち」のていねいな言い方。▽「友だちのおうちで遊ぶ」

おうどいろ【黄土色】黄色がかった茶色。

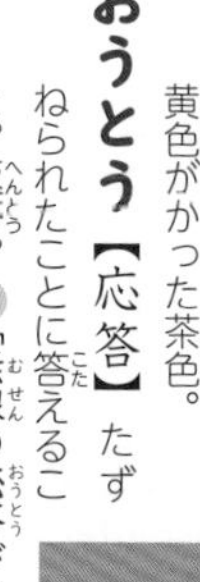
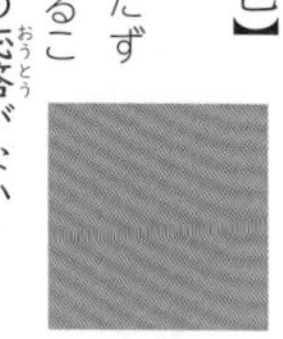

[黄土色]

おうとう【応答】たずねられたことに答えること。返答。▽「無線の応答がない」

おうとつ【凹凸】でこぼこ。出たり引っこんだりしていること。

おうな 年をとった女の人。おばあさん。古い言い方。⇕おきな。

おうひ【王妃】王様の妻。きさき。

おうふく【往復】行きと帰り。

おうふくはがき【往復はがき】返事用のはがきがついているはがき。

おうへい【横柄】いばってえらそうにするようす。▽「おうへいなたいど」

おうべい【欧米】ヨーロッパとアメリカ。▽「おう米文化」

おうぼ【応募】もとめているところに、応じること。▽「けん賞に応ぼする」

おうぼう【横暴】わがままでらんぼうなこと。▽「横暴なふるまい」

おうむ くちばしがまがり、人のことばをまねる鳥。

おうむがえし【おうむ返し】オウムが口まねをするように人のことばをそのまままくり返して言うこと。

おうめんきょう【凹面鏡】まん中がふちよりもへこんでいる鏡。反しゃ望遠鏡などに使う。⇕凸面鏡。

おうよう【応用】ある理くつを、じっさいの場合にあてはめて役立てること。▽「応用問題」

おうらい【往来】❶行ったり来たりすること。▽「往来がにぎやかだ」❷道。

おうレンズ【凹レンズ】まん中がうすく、ふちにいくほどあつくなっているレンズ。近視の人のめがねなどに使う。⇕凸レンズ。

おえる【終える】すませる。おわりにする。▽「勉強を終える」⇕始める。⬇【終】316ページ

おお【大】ほかのことばと組み合わせて「ひろい」「おおきい」「たくさんな」「ひじょうに」の意味をあらわす。▽「大声。大人数」⬇【大】411ページ
●大分県●大写し●大がかり●大型●大柄●大げさ●大阪府●大雑把●大潮●大勢●大空●大づかみ●大道具●大通り●大幅●大判●大広間●大風呂敷●大みそか●大昔●大文字●大物●大家●大わらわ

おおい【多い】たくさんある。⇕少ない。⬇【多】410ページ

おおい【覆い】ものがかくれるように、上か

らかぶせるもの。▽「おおいをかける」

おおいそぎ【大急ぎ】とても急ぐこと。また、そのようす。▽「**大急ぎ**で部屋をかたづける」

おおいたけん【大分県】九州地方にある県。別府の温泉は有名。県庁は大分市にある。↓都道府県（図）

おおいに【大いに】たいへんに。さかんに。しっかりと。▽「**大いに**意見を言う」↓【大】411ジー

おおう【覆う】❶上からかぶせる。▽「てぬぐいで頭をおおう」❷一面につつむ。▽「黒い雲が空をおおう」

おおうつし【大写し】映画や写真などで、ある場面や人物をとくに大きく写し出すこと。クローズアップ。

おおがかり【大がかり】人手や費用がたくさんかかること。大じかけ。▽「**大がかり**な工事が始まる」

おおかた ❶だいたい。ほとんど。▽「サクラの花は、おおかたちってしまった」❷おそらく。たぶん。▽「おおかた明日は雪だろう」

おおがた【大形】形が大きいこと。▽「ゾウは大形の動物だ」

おおがた【大型】なかまのうちで、大きいこと。▽「大型のバス」

おおかみ 犬のなかまの動物。山野にすみ、シカやウサギをおそって食べる。日本にもいたが、今はいない。

おおがら【大柄】❶からだつきの大きいこと。❷着物や洋服のもようが大きいこと。↕小柄。

おおかれすくなかれ【多かれ少なかれ】多かろうと少なかろうと。どちらにしても。▽「だれにでも**多かれ少なかれ**苦手なものがある」

おおきい【大きい】❶ものの長さや高さなどが、ふつう以上にある。↕小さい。❷広い。▽「**大きい**池」❸はなはだしい。▽「ひ害が**大きい**」❹年が上である。▽「**大きい**お兄さん」❺高い。▽「背が**大きい**」❻おおげさ。▽「言うことが**大きい**」↓コラム↓【大】411ジー

おおきな【大きな】大きいようす。▽「**大きな**音。**大きな**家」↕小さな。

おおきなかお【大きな顔】いばっていて、ずうずうしいようす。

オーケー【OK】❶「わかったよ」「いいよ」という気持ちをあらわすことば。❷願いをきくこと。よろしいと許すこと。▽「校長先生から**OK**が出た」

おおげさ【大げさ】じっさいよりも大きく言うようす。▽「**大げさ**な表現」

オーケストラ 管楽器、げん楽器、打楽器を組み合わせた大規模な合奏。また、その楽団。管げん楽。

おおさかふ【大阪府】近畿地方にある府。商業・工業ともさかんで、西日本経済の中心となっている。府庁は大阪市にある。↓都道府県（図）

おおさじ【大さじ】料理で、調味料をはかるさじ。一ぱい十五ミリリットル。↕小さじ。↓調味料（コラム）

ことばのふしぎ

「おおきい」か「おうきい」か？

「ガッコー」を「がっこう」と書くように、のばす音は、ふつう「う」と書きます。ところが、「お」と書くことばもいくつかあります。

下の文でおぼえましょう。「大きい」は「おおきい」と書きます。

とおくの
おおきな
こおりの上を
おおくの
オオカミが
とおる

早口ことば （五回続けていえるかな） うり売りがうり売りに来て　うり売り帰る。

おおざっぱ【大雑把】❶だいたい。おおよそ。▽「おおざっぱに数える」❷ぞんざいなようす。▽「おおざっぱな仕事」

おおしい【雄雄しい・雄々しい】力強くて、いさましい。⬇「々」は同じ文字をくり返すという意味のおどり字という記号。▽「おおしいすがた」

おおしお【大潮】潮のみちひきの差がいちばん大きい時。

オーストラリア ❶世界でいちばん小さい大陸。太平洋とインド洋の間にある。❷オーストラリア大陸を中心とする国。首都はキャンベラ。

おおせ【仰せ】❶身分の高い人や目上の人の言いつけ。▽「おおせにしたがう」❷おっしゃったこと。おことば。▽「おおせのとおりでございます」

おおぜい【大勢】人がたくさんいること。▽「祭りには人が大勢集まる」

おおぞら【大空】広くて大きな空。

おおて【大手】❶規模が大きい会社。▽「大手スーパー」❷城のおもて口。▽「大手門」

オーディション 歌手や俳優などを選ぶテスト。▽「主役をオーディションで決める」

おおどうぐ【大道具】劇のぶたいに使う、木・家などのような大きな道具。⇕小道具。

おおどおり【大通り】道はばの広い通り。町の中のにぎやかな広い通り。

オートバイ ガソリンエンジンで走る、車輪が二つある車。単車。バイク。⬇自動車(図)

オートメーション 主に機械のはたらきで、仕事をすすめていくしくみ。

オーナー 持ち主。▽「船のオーナー」

おおなわとび【大縄飛び】二人の人が長いなわのはしとはしを持ってまわし、そのなわの間をおおぜいの人がとぶ遊び。

オーバー ❶上をこえること。▽「予算をオーバーする」❷大げさなこと。▽「オーバーなほめことば」❸衣服の上に着るもの。

おおはば【大幅】❶はばが広いこと。❷はばの広い布。❸かわり方や動きのはげしいようす。▽「大はばな値下げ」

おおばん【大判】❶主に江戸時代に使われた、だ円形の金貨。⇕小判。⬇小判(図) ❷ふつうより形の大きいこと。▽「大判のハンカチ」

おおひろま【大広間】とくべつに大きく広くつくってある部屋。

おおぶろしき【大風呂敷】❶大きなふろしき。❷大げさな話。▽「大ぶろしきを広げる。あの人のいつもの大ぶろしきだ」

オーブン 料理を入れて、上と下からむしやきにする料理道具。天火。

オープン ❶あけっぴろげなたいど。▽「オープンに話し合う」❷ひらくこと。▽「本日オープン」

オーボエ 木管楽器の一つ。⬇楽器(図)

おおまか【大まか】❶細かなことまでは気をくばらないようす。おおざっぱ。▽「大まかな性格」❷だいたい。▽「大まかに計算する」

おおみそか【大みそか】一年のおわりの日。十二月三十一日。

おおむかし【大昔】長い長い年月がすぎた、ずっと前。

おおむね だいたい。あらまし。▽「おおむね用事はすんだ」

おおめにみる【大目に見る】うるさく言わない。小さなことは見のがす。

おおもじ【大文字】ローマ字などでA・B・Cなどの字体。文の書き出しや、地名・人名のはじめの文字などに使う。⇕小文字。⬇アルファベット(図)

おおもの【大物】❶大きいもの。❷すぐれている人や、大きな力を持っている人。▽「政界の大物」⇕小物。

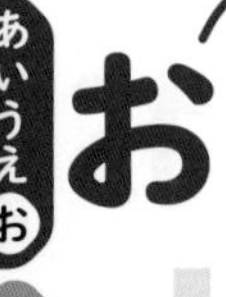

おおや【大家】家をかしている人。家主。

おおやけ【公】❶国家・政府・役所・都道府県・市町村に関係したこと。⇔私。❷世の中でみんなに関係したこと。❸かくさないで、みんなに知らせること。▼「結果を公にする」➡【公】226ページ

おおよそ だいたい。あらまし。

おおらか 気持ちが大きくてのびのびしたようす。ゆったりしたようす。▼「おおらかな人がらで、人にすかれる」

オール ボートをこぐ道具。かい。

オーロラ 南極や北極の空にあらわれる美しい光。極光。

おおわらわ【大わらわ】いっしょうけんめいに動きまわるようす。▼「会合のじゅんびに大わらわだ」

おか【丘】土地が少し高くもり上がっている所。▼「おかの上の町」

おか【岡】4年

おか ―

少し高くなった場所。低い山。

●静岡県●岡山県●福岡県

（筆順）岡 岡 岡 岡 岡 岡 岡 岡　くっつける

おかあさん【お母さん】母親をうやまい、親しんでよぶよび方。⇔お父さん。

おかえりなさい【お帰りなさい】人が帰ってきたときにむかえる、あいさつのことば。⇔行ってらっしゃい。

おがくず のこぎりで木を切ったときにでる木のくず。

おかげ ❶神仏や人からのたすけ。▼「お医者さんのおかげで命がたすかりました」❷何かを行ったその結果。▼「練習したおかげで、ピアノが上達した」

おかし【お菓子】「菓子」のていねいな言い方。食事のほかに食べるもの。ケーキ、ビスケットなど。

わたしのすきな **お菓子**

おかしい ❶おもしろい。こっけいだ。❷ふつうでない。へんだ。▼「朝からおなかのぐあいがおかしい」❸あやしい。▼「そぶりがおかしい」

おかす【犯す】❶きまりや道徳にそむいた行いをする。▼「罪を犯す」❷まちがえて行う。▼「ミスを犯す」➡【犯】572ページ

おかす【侵す】❶ほかの国にせめ入る。❷人の権利をそこなう。

おかす【冒す】❶おしきって行う。▼「きけんをおかす」❷からだに害をあたえる。▼「病気におかされる」

おかず ごはんやパンといっしょに食べるもの。副食。

おかどちがい【お門違い】見当ちがい。▼「ぼくをしかるのはお門ちがいだ」

おかね【お金】かね。十円玉やお札など。「金」のていねいな言い方。

おかみさん【女将さん】お店や旅館、すもう部屋などの女の主人。

ことばのふしぎ 「おかあさん」「ママ」「母」

「おかあさん」のことをなんと呼んでいますか？「おかあさん」？それとも「ママ」？「おかあさん」という呼び方は、明治時代に広まった言い方です。「ママ」と言うのは英語がもとになっています。ふだん使うときは「おかあさん」「ママ」でいいのですが、先生などに自分の「おかあさん」のことを話したり、手紙に書いたりするときは、「母」を使うといいですよ。これは「父」も同じです。

なぞなぞ　かけ声が得意な魚は？　答えは次のページ。

おがむ【拝む】神や仏などに両手を合わせ礼をする。⬇【拝】548ページ

おかめ ほおがふくれ、下がり目で、鼻がひくい女の顔。また、そういう顔のお面。おたふく。

［おかめ］

おかやまけん【岡山県】中国地方にある県。米・モモ・ブドウなどを産し、農業がさかん。県庁は岡山市にある。⬇都道府県（図）

おかゆ 米を、ふつうのごはんより水を多くしてにた食べ物。かゆ。

おがわ【小川】小さい川。

おかわり【お代わり】同じものを二はい以上食べたり飲んだりすること。▽「ごはんのお代わり」

おかん【悪寒】熱が出るときの、ぞくぞくするような寒け。▽「悪寒がする」

おき【沖】海や湖などの、岸から遠くはなれたところ。▽「船で沖に出る」⬇【沖】447ページ

おきあい【沖合】岸から遠くはなれた海の上。沖の方。

おきあがりこぼし【起き上がりこぼし】底におもりがついていて、ころがしてもすぐ起き上がる、だるまの形をした人形。

おきあがる【起き上がる】横になっているからだをじぶんで起こす。

おきざり【置き去り】その場所にのこしたままにして行ってしまうこと。

おきて とりきめ。きまり。さだめ。▽「おきてを守る。おきてを破る」

おきてがみ【置き手紙】人に会えなかったときに、用事を書いてのこしておく手紙。

おきな【翁】年をとった男の人。おじいさん。古い言い方。⬍おうな。

おぎなう【補う】❶たりないところをたす。⬍省く。❷損害をうめあわせる。⬇【補】633ページ

おきなわけん【沖縄県】九州地方にある県。南西諸島の島々からなる。サトウキビ・パイナップルなどができる。第二次世界大戦後アメリカのせん領のもとにあったが、一九七二（昭和四十七）年五月十五日、日本に復帰。県庁は那覇市にある。⬇都道府県（図）

おきにいり【お気に入り】とても気に入っていて、大事にしている人やもの。▽「このバッグは母のお気に入りです」

おきみやげ【置き土産】立ちさるとき、あとにのこしておくおくりもの。

おきもの【置物】とこの間などに置いてかざりもの。

おきる【起きる】❶立ち上がる。おきあがる。❷目がさめる。▽「夜中に起きる」❸生じる。▽「事故が起きる」⬇【起】156ページ

おく【屋】3年 オク や
❶家。▽「家屋」❷やね。▽「屋上」

屋 コ 尸 层 层 屖 屋（上のヨコ棒より長く）

●屋外●屋上●屋内●家屋

おく【億】4年 オク ―
❶数の単位。万の万倍。千万の十倍。❷数の多いこと。▽「億万長者」

億 億 億 億 億 億

おく【置く】❶物をある場所にすえる。▽「机を置く」❷間をへだてる。▽「二日置いて行く」❸やとう。▽「ガードマンを置く」❹いさせる。▽「下宿人を置く」❺のこす。▽「手紙を置いて外出する」⬇【置】441ページ

おく【奥】❶深く入りこんだ所。▽「山のお

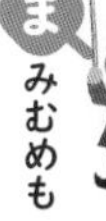

く」❷家の中で、入り口から遠い所。▽「おくの部屋」❸かんたんにはわからないことがら。おう義。▽「心のおく」

おくがい【屋外】家の外。たてものの外。室外。⇔屋内。

おくぎ【奥義】→奥義

おくさん【奥さん】よその人の妻をよぶときのことば。

おくじょう【屋上】❶屋根の上。❷ビルなどの上につくった、平らな所。

おくそく【憶測】はっきりわからないことを心の中であれやこれやと思ってみること。▽「おく測でいうのはよくない」

オクターブ 音階で、ある音から八度高いかひくい音。またはそのへだたり。たとえば、ドから次のドまで。→音符（図）

おくち【奥地】町や海岸から遠くはなれた土地。

おくて ❶おそくなってできる作物。❷そだちがおそいこと。

おくない【屋内】たてものの中。室内。▽「屋内運動場」⇔屋外。

おくにことば【お国言葉】生まれた土地で使っていることば。方言。

おくのて【奥の手】めったに使わないとっておきのやり方。最後の手段。▽「おくの手を出す」

おくば【奥歯】口のおくのほうにある歯。平たい形をしている。→歯（図）

おくびょう【おく病】気が弱くて、すぐにこわがること。小心。▽「おく病な大人」⇔勇敢。

おくぶかい【奥深い】❶深く入りこんでいる。❷意味が深い。

おくめんもなく しりごみしたり、はずかしがったりするようすもなく。

おくゆかしい【奥ゆかしい】上品でなんとなく心がひきつけられる。▽「おくゆかしい人がら」

おくゆき【奥行き】土地やたてものの表からおくまでの長さ。⇔間口。

おくらせる【遅らせる】おそくする。おくれるようにする。▽「出発の時間をおくらせる」⇔早める。進める。

おくりがな【送り仮名】漢字を訓読みするときに、下につける仮名。「美しい」「話す」「二つ」「後ろ」の「しい」「す」「つ」「ろ」のような仮名。

おくりもの【贈り物】人にあげる品物。プレゼント。進物。

おくる【送る】❶品物などをむこうへとどける。❷いっしょについて行く。▽「駅まで送る」❸月日をすごす。▽「日を送る」→【送】394ページ

おくる【贈る】人に物などをあげる。▽「記念品をおくる」

おくれる【後れる】❶とりのこされる。▽「流行に後れる」❷おそくなる。▽「イネの生長が後れる」→【後】224ページ

おくれる【遅れる】❶あとになる。▽「先頭からだいぶおくれる」❷おそくなる。▽「列車がおくれる」❸まにあわない。▽「出発時刻におくれる」

送る　贈る

[送る❶・贈る]

おくれをとる【後れをとる】人より後れたり負けたりする。▽「ゆだんして後れをとる」

おけ 木などで作った、円形の入れ物。▽「洗いおけ。ふろおけ」

おけら コオロギににたこん虫。穴をほって土の中に住む。オスは、春と秋にジーと鳴く。ケラ。

おこがましい でしゃばりでなまいきだ。▽「私が申し上げるのもおこがましいですが」

前のページの答え⇒「えい」

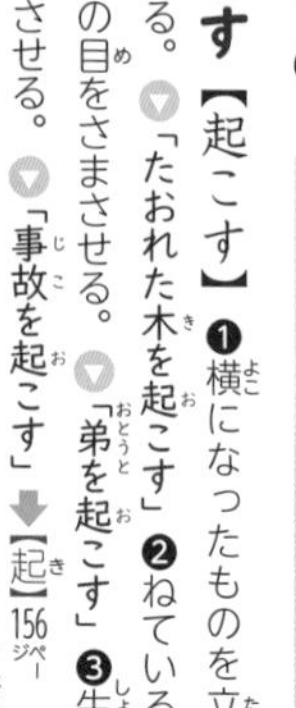

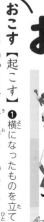

おこす【起こす】❶横になったものを立てる。▽「たおれた木を起こす」❷ねている人の目をさまさせる。▽「弟を起こす」❸生じさせる。▽「事故を起こす」⬇【起】156ページ

おこす【興す】❶さかんにする。▽「産業を興す」❷はじめる。▽「新しい会社を興す」⬇【興】229ページ

おごそか【厳か】重々しく心がひきしまるようす。▽「厳かに式が行われた」⬇【厳】218ページ

おこたる【怠る】❶なまける。▽「練習をおこたる」❷気をゆるし、ゆだんする。▽「注意をおこたる」

おこない【行い】行うこと。行動。行為。▽「日ごろの行い」

おこなう【行う】手じゅんにしたがってものごとをする。▽「式を行う」⬇【行】226ページ

おこのみやき【お好み焼き】水でといた小麦粉にやさい・肉・エビなどをまぜて、熱い鉄板の上で焼いた料理。

おこめ【お米】「米」のていねいな言い方。

おこり【起こり】ものごとのはじまり。▽「漢字の起こりをしらべる」

おこる【起こる】はじまる。▽「さわぎが起こる」⬇【起】156ページ

おこる【興る】さかんになる。▽「国が興る」⬇【興】229ページ

おこる【怒る】腹を立てる。いかる。▽「満点とったからといっておごるな」

おごる ❶いい気になる。▽「満点とったからといっておごるな」❷ぜいたくをする。❸人にごちそうする。

おこわ もち米に豆やきのこを入れてたいたご飯。赤飯など。

おさえつける【押さえ付ける】❶力をくわえて動けなくする。▽「犯人をおさえつける」❷むりやりしたがわせる。▽「反対意見をおさえつける」

おさえる【抑える】❶自由にさせない。▽「わがままをおさえる」❷食い止める。▽「出費をおさえる」❸がまんする。こらえる。▽「なみだをおさえる」

おさえる【押さえる】❶おしつける。しっかり持つ。❷だいじな点をつかむ。▽「話の要点をおさえる」

おさがり【お下がり】❶神仏にそなえていたものをとりさげたもの。❷人からもらった使い古した物。おふる。

おさない【幼い】❶年が少ない。▽「幼い子」❷子供っぽい。▽「考えが幼い」⬇【幼】725ページ

おさなご【幼子】小学校へ上がる前くらいまでの、年の少ない子供。

おさなごころ【幼心】子供の心。

おさななじみ【幼なじみ】小さい時になかのよかった人。幼友達。

おざなり その場かぎりのまにあわせ。▽「おざなりなそうじ」

おさまる【収まる】❶きちんと入る。▽「箱に本が収まる」❷かたづく。▽「さわぎが収まる」⬇【収】315ページ

おさまる【治まる】❶政治がよく行われて平和である。▽「世の中が治まる」❷おだやかになる。▽「風が治まる」⬇【治】287ページ

おさまる【修まる】行いが正しくなる。▽「行いが修まる」⬇【修】316ページ

おさまる【納まる】❶お金や品物がきちんと入る。▽「会費が納まる」❷なっとくする。▽「気持ちが納まる」❸役目や地位につく。▽「社長に納まる」⬇【納】542ページ

おさめる【収める】❶きちんと入れる。▽「果物を箱に収める」❷うけとる。得る。▽「勝利を収める」⬇【収】315ページ

おさめる【治める】❶しずめる。▽「けんかを治める」❷国民がおだやかに平和にくらせるようにする。▽「国を治める」⬇【治】287ページ

おさめる【修める】❶行いを正しくする。▽「身を修める」❷ならい学ぶ。▽「学問を

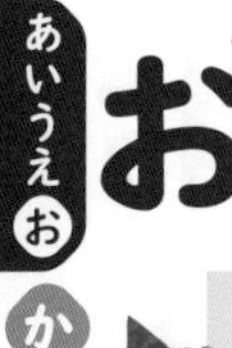

修める」⇒【修】316ページ

おさめる【納める】❶お金や品物をあいてにわたす。▽「税金を納める」❷しまいこむ。▽「くらに納める」⇒【納】542ページ

おさらい ❶習ったところを何度もくりかえして練習すること。復習。❷習っておぼえたことを先生などの前で見せること。▽「おさらい会」

おし【押し】❶おすこと。❷自分の考えを通すこと。▽「おしの強い人」

おじ【伯父・叔父】父母の兄弟。「伯父」は父母の兄。「叔父」は父母の弟。⇔伯母。叔母。

おしあげる【押し上げる】おしながら上へあげる。▽「シャッターをおし上げる」

おしい【惜しい】❶手ばなしにくい。▽「すてるのがおしい」❷ざんねんに思う。▽「おしいエラー」❸もったいない。▽「時間がおしい」

おじいさん ❶父や母のお父さん。祖父。⇔おばあさん。⇒家族（図）❷年をとった男の人を親しみをこめて言うことば。

おじいちゃん 「おじいさん」のことを、親しい気持ちで呼ぶことば。

おしいれ【押し入れ】ふすまでしきった、ふとんなどをしまっておく所。

おしうり【押し売り】むりに品物を売りつけること。また、その人。

おしえ【教え】❶教えること。❷言い聞かせること。いましめ。▽「親の教えをまもる」

おしえご【教え子】教えている子。教えた子。弟子。

おしえる【教える】❶学問や仕事をあいてによくわかるようにしてやる。▽「国語を教える」❷知らせる。▽「ひみつを教える」❸さとす。いましめる。⇒【教】175ページ

おしかける【押し掛ける】❶大ぜいでおしよせる。▽「見物人がおしかける」❷まねかれていないのに、勝手に行く。▽「友だちの家におしかける」

おじぎ 頭を下げてする礼。▽「先生におじぎをする。深々とおじぎする」

おしきる【押し切る】自分が言い出したことを通す。自分の考えどおりにしてしまう。おし通す。

おしくも【惜しくも】おしいことに。

おじけづく こわがって、どうしようかと迷う。▽「強気で、おじけづくようすもない」

おじさん ❶「伯父」「叔父」のこと。❷よそのおとなの男の人をよぶことば。▽「となりのおじさん」⇔おばさん。

おしつける【押し付ける】❶強くおす。❷むりやりにさせる。▽「いやな仕事をおしつける」

おしっこ ぼうこうを通ってからだの外に出される、からだの中のいらなくなった液体。小便。尿。

おしとおす【押し通す】むりにやり通す。しとげる。おし切る。

おしどり カモのなかまの水鳥。おすは美しい羽を持つ。仲のよい夫婦のたとえに用いられる。▽「おしどり夫婦」

おしはかる【推し量る・推し測る】たぶんこうではないかと考えてみる。

おしべ【雄しべ】たねのできる植物の花の中にあり、先から花粉を出すもの。花粉がめしべの先につくと、実ができる。⇔雌しべ。⇒雌しべ（図）

おしまい ❶おわり。▽「これでお話はおしまい」❷ものごとがだめになること。▽「なにもかもおしまいだ」

おしむ【惜しむ】❶大切にする。▽「時間をおしむ」❷ざんねんに思う。▽「別れをおしむ」❸けちけちする。▽「協力をおしむ」

おしもおされもしない【押しも押されもしない】実力をみとめられ、りっぱにやっていけるようす。

おしもんどう【押し問答】おたがいに言い

なぞなぞ こどものときからこしがまがっているものは？ 答えは次のページ。

い合ってゆずらないこと。

おしゃべり ❶よくしゃべること。また、そういう人。❷気楽にのんびりと話すこと。▽「おしゃべりを楽しむ」

おしゃれ 身なりをととのえ、かざること。▽「おしゃれな人」

おしょう【和尚】お寺のおぼうさん。

おじょうさん【お嬢さん】❶よその家のむすめや若い女の人をよぶことば。❷苦労を知らないで育った女の人。▽「おじょうさん育ち」

おしょく【汚職】自分の役目を利用して、悪いことをすること。

おしり【お尻】せなかとあしの間にある、肉がふっくらした部分。しり。⬇体（図）

おしろいばな 夏から秋に花がさく草花。実をわると、白いこなが出てくる。

おす【推す】❶心の中でこうだろうと考える。❷すいせんする。すすめる。▽「学級委員に推す」⬇【推】355ページ

おす【押す】❶力を入れてむこうへ動かす。⇕引く。❷おしつける。▽「ベルをおす」❸たしかめる。▽「念をおす」❹むりをする。▽「熱をおして登校する」

おす【雄】動物の男のほう。⇕雌。

おすい【汚水】よごれたきたない水。

おずおず びくびくしながら。こわごわ。▽「おずおずと答える」

おすすめ【お勧め】よいと思ったことを、人に教えたり知らせたりすること。▽「先生おすすめの本」

おすそわけ【お裾分け】もらった物を少し、ほかの人にわけてあげること。また、その物。▽「ミカンをとなりの家におすそ分けする」

オセアニア 六大州の一つ。「大洋州」ともいう。オーストラリア・ニュージーランド・パプアニューギニア・サモア・フィジー・トンガなどがある。⬇世界（図）

おせじ【お世辞】あいそのいいことば。人の気に入るようなことば。

おせちりょうり【お節料理】正月や節句などに作る、とくべつな料理。⬇図

おせっかい でしゃばって、あれこれとよけいな世話をやくこと。また、そういう人。▽「おせっかいな人」

おぜんだて【おぜん立て】❶食事の用意をすること。❷じゅんび。▽「会議のおぜん立て」

おそい【遅い】❶時間がかかる。動作がのろい。⇕速い。❷時間がおくれる。▽「帰りがおそい」⇕早い。❸まにあわない。▽「今ごろ来ても、もうおそい」

おそいかかる【襲い掛かる】あいてにとびかかって、害をあたえようとする。▽「ワシがウサギにおそいかかる」

おそう【襲う】❶ふいにせめる。▽「寒さがおそう」❷とつぜん人をたずねる。❸うけつぐ。▽「会長の地位をおそう」

おそうまれ【遅生まれ】四月二日から十二月三十一日までに生まれたこと。また、その人。⇕早生まれ。⬇早生まれ（図）

おそかれはやかれ【遅かれ早かれ】おそくても早くても。どうせそのうちに。▽「おそかれ早かれうそはばれる」

おそざき【遅咲き】時期におくれてさくこと。また、その花。⇕早咲き。

おそなえ【お供え】❶神仏にそなえること。また、その物。❷かがみもち。

おそまき【遅まき】❶時期におくれてたねをまくこと。❷おくれてはじめること。▽「おそまきながら、水泳をならう」

おそらく【恐らく】たぶん。ことによると。▽「おそらく明日は雨だろう」

おそるおそる【恐る恐る】びくびくしながら。▽「おそるおそる近づく」

おそれ【恐れ】こわがること。▽「大きな犬におそれをなしてにげた」

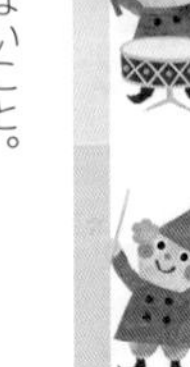

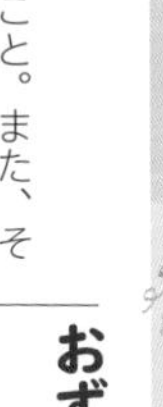

お

おせちりょうり

お節料理

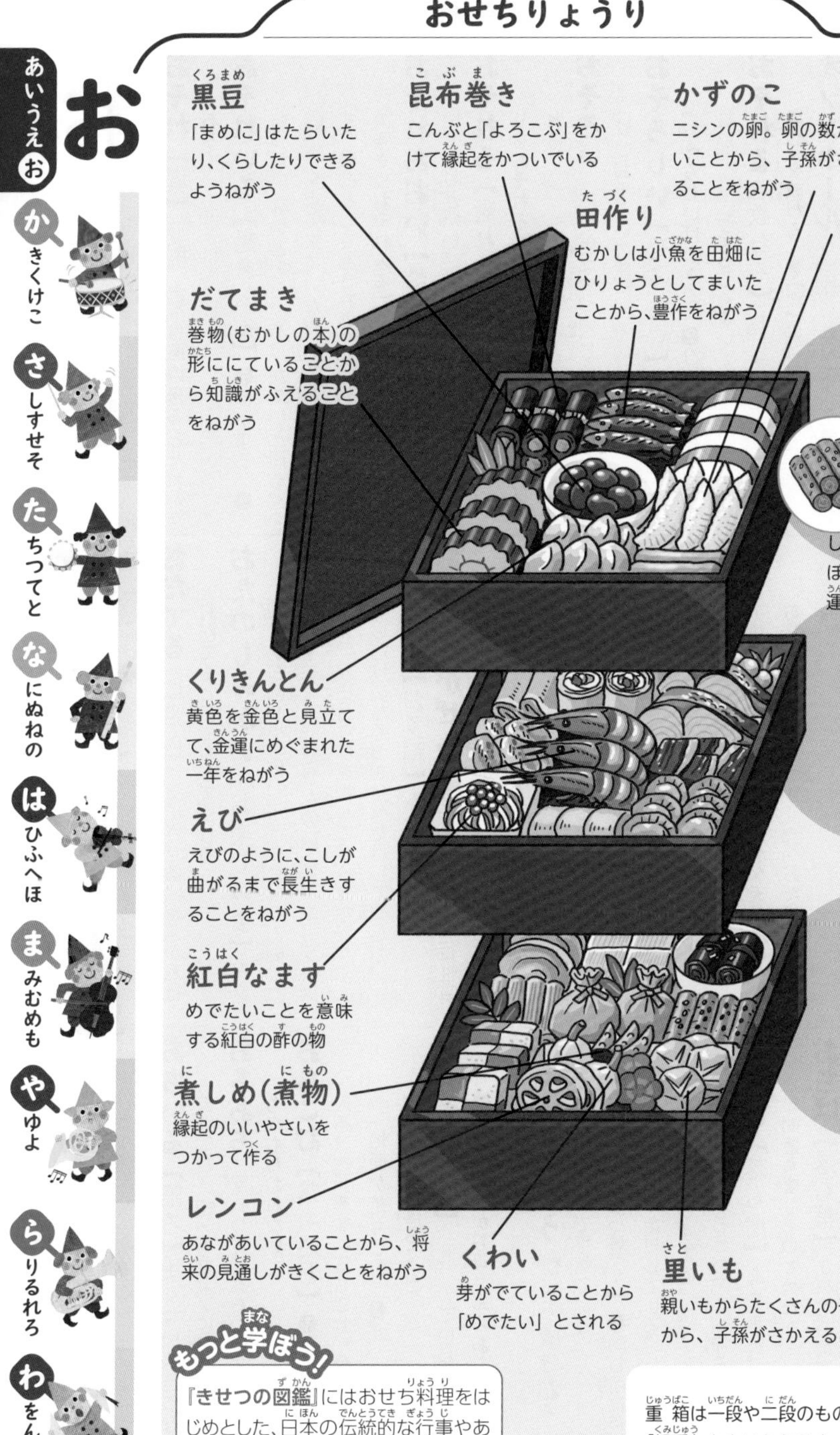

黒豆
「まめに」はたらいたり、くらしたりできるようねがう

昆布巻き
こんぶと「よろこぶ」をかけて縁起をかついでいる

かずのこ
ニシンの卵。卵の数がおおいことから、子孫がさかえることをねがう

田作り
むかしは小魚を田畑にひりょうとしてまいたことから、豊作をねがう

かまぼこ

だてまき
巻物(むかしの本)の形ににていることから知識がふえることをねがう

一の重

たたきごぼう
しっかり地中に根をはるごぼうをたたいて開くことで運も開けるようねがう

くりきんとん
黄色を金色と見立てて、金運にめぐまれた一年をねがう

二の重

えび
えびのように、こしが曲がるまで長生きすることをねがう

紅白なます
めでたいことを意味する紅白の酢の物

三の重

煮しめ(煮物)
縁起のいいやさいをつかって作る

レンコン
あながあいていることから、将来の見通しがきくことをねがう

くわい
芽がでていることから「めでたい」とされる

里いも
親いもからたくさんの子いもがなることから、子孫がさかえることをねがう

もっと学ぼう!
『きせつの図鑑』にはおせち料理をはじめとした、日本の伝統的な行事やあそびなどがたくさんのっています。

重箱は一段や二段のものもある。「組重」ともいわれるよ。

前のページの答え⇒「えび」

おそれ【虞】心配。▽「台風の来るおそれがある」

おそれいる【恐れ入る】❶あやまる。❷もったいないと思う。ありがたいと思う。▽「遠くまで来ていただいておそれ入ります」❸おどろきあきれる。▽「あいてチームの強さにおそれ入る」

おそれおおい【恐れ多い】もったいない。ありがたい。

おそれる【恐れる】❶こわがる。▽「暗がりをおそれる」❷心配する。▽「失敗をおそれる」

おそろい 形や色などが同じであること。▽「妹とおそろいの服」

おそろしい【恐ろしい】❶こわい。▽「おそろしいばいきん」❷ひどい。はなはだしい。▽「おそろしく暑い」

おそわる【教わる】おしえてもらう。▽「野球を教わる」⇩【教】175ページ

オゾンホール 地球をとりまく空気のそうで、生物に有害な紫外線をきゅうしゅうするはたらきのあるオゾンそうが、フロンガスなどによってこわされて、穴があいたようになっているげんしょう。

おたがい【お互い】むこうとこちら、両方とも。たがい。▽「おたがいに助け合う」

おだてる ほめていい気にさせる。▽「かれはおだてると何でもしてくれる」

おたのしみかい【お楽しみ会】保育園、幼ち園や小学校、子ども会などで開かれるパーティー。だれかの誕生日や、クリスマス、お正月などを祝って、みんなでゲームをしたりごちそうを食べたりして楽しむ。

おたふく【お多福】⇩おかめ

おたふくかぜ【お多福風邪】流行性耳下腺炎のこと。耳の下がはれて、ほおがふくれたお多福のようになるのでこう言われる。

おたま しるをすくうのに使う、長いえのついた道具。おたまじゃくし。

おたまじゃくし ❶たまごからかえったばかりのカエルの子。❷まるいしゃくし。おたま。❸音符。⇩音符（図）

おだやか【穏やか】❶のんびりとして、しずかなようす。▽「おだやかな天気」❷心がおちついているようす。▽「おだやかな人がら」

おち【落ち】❶落ちること。▽「落ちのよいせっけん」❷もれること。▽「記入に落ちがあった」❸落語などの、おわりをむすぶしゃれ。

おちあう【落ち合う】一つ所であう。▽「友達と駅で落ち合う」

おちいる【陥る】よくない状態になる。はまりこむ。▽「スランプにおちいる」

おちおち 安心して。おちついて。▽「おちおち夜もねむれない」

おちこむ【落ち込む】❶ひくい所に落ちて入る。▽「あなに落ちこむ」❷深くへこむ。▽「地面が落ちこむ」❸がっかりする。▽「どなられて落ちこむ」

おちち【お乳】「乳」のていねいな言い方。▽「赤ちゃんがお母さんのおちちを飲んでいる」

おちつきはらう【落ち着き払う】少しもあわてないで平気でいる。

おちつく【落ち着く】❶同じ所に長くとどまる。❷ゆったりしている。▽「落ち着いた話し方」❸しずまる。▽「さわぎが落ち着く」❹安心する。▽「家へ帰ると落ち着く」

おちど【落ち度】あやまち。失敗。▽「八年間落ち度なくつとめた」

おちば【落ち葉】かれ落ちた木の葉。

おちぶれる【落ちぶれる】身分や地位、暮らしぶりなどが、前より悪くなる。

おちめ【落ち目】だんだん運が悪くなっていくようす。▽「落ち目になる」

おちゃ【お茶】❶茶の木から若葉をつんで、作った飲み物。緑茶や紅茶など。「茶」ので

か きくけこ

さ しすせそ

た ちつてと

な にぬねの

は ひふへほ
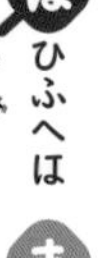

ま みむめも
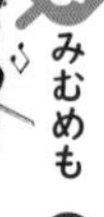

や ゆよ

ら りるれろ

わ をん

いねいな言い方。▽「お茶をのむ」❷休けい。▽「お茶にする」

おちゃめ かわいいいたずらをするようす。▽「おちゃめな女の子」

おちゃをにごす【お茶を濁す】 いいかげんなことを言って、ごまかす。

おちる【落ちる】 ❶高い所から急に下がる。▽「葉が落ちる」❷悪くなる。▽「品物の質が落ちる」❸おとろえる。▽「人気が落ちる」❹はかりごとなどにかかる。❺らくだいする。▽「試験に落ちる」❻ぬける。▽「一字落ちる」❼しずむ。▽「日が落ちる」❽なくなる。▽「よごれが落ちる」❾せめおとされる。▽「城が落ちる」⬇【落】737ページ

おつ【乙】 甲乙ではじまるじゅんの二番目。

おつかい【お使い】 人にたのまれて用事をしに行くこと。また、その人。つかい。▽「お使いに行く」

おつきみ【お月見】 秋のはじめごろの満月を見て楽しむこと。月見。⬇月（図）

おっくう めんどうくさいようす。▽「つかれて何をするのもおっくうだ」

おつげ【お告げ】 神や仏が、考えを人間に知らせること。また、そのことば。▽「夢の中で神さまのお告げを聞いた」

おっしゃる 「言う」のうやまった言い方。▽「おっしゃることはわかります」

おっちょこちょい 落ち着きがなく、あまり考えずに行動する人。

おっと【夫】 けっこんをしている男女のうちの男のほう。⇕妻。⬇【夫】599ページ

おっとせい 海にすむほにゅう動物でアシカのなかま。ひれのようになった足でおよぎ、魚をとって食べる。

おっとり ゆったりしているようす。▽「おっとりした性格」

おっぱい 乳から出る母乳やちぶさ。

おてあらい【お手洗い】 おしっこやうんこをするところ。てあらい。トイレ。

おでかけ【お出かけ】 「でかけること」をていねいに言うことば。▽「家族でおでかけする」

おでこ かみの毛とまゆげの間。ひたい。

おてだま【お手玉】 小さな布のふくろに、アズキなどを入れたもの。また、それを使ったあそび。

おてのもの【お手の物】 よくなれていて、得意なわざ。

おてん【汚点】 ❶よごれ。しみ。❷きず。▽「歴史にお点をのこす」

おでん ❶ちくわ、こんにゃく、大根、さつまあげなどを、たっぷりのしるでにこんだ料理。❷とうふやこんにゃくなどをくしにさし、みそをぬってあぶり焼きにした料理。

おてんば 活発に動き回る女の子。また、そのようす。

おと【音】 ❶物のしん動が空気をつたわって耳に聞こえるひびき。▽「足音。物音」❷たより。▽「音さた」❸ひょうばん。▽「音に聞こえた選手」⬇【音】104ページ

おとうさん【お父さん】 父親をうやまい、親しんでよぶよび方。⇕お母さん。⬇コラム94ページ

おとうと【弟】 年下の男のきょうだい。⇕兄。⬇【弟】470ページ

おどおど こわごわ。おびえておちつかないようす。▽「おどおどと話す」

おどかす【脅かす】 ❶こわがらせる。おどす。❷びっくりさせる。

おとぎばなし【おとぎ話】 子供に聞かせる昔話。

おどける ふざける。人をわらわせるようなことをする。

おとこ【男】 ❶男性。⇕女。❷一人前の男

［おでん❶］

早口ことば （五回続けていえるかな）王女の宮でんにはきょ大なシャンデリア。

おとこのこ【男の子】 男の子ども。男児。子。⬇【男】435ページ
●年男●山男

おとさた【音さた】 たより。音信。

おとしあな【落とし穴】 ❶動物などを落としてつかまえるためにほった穴。❷人をだますけいりゃく。

おとしいれる【陥れる】 ❶だましたり、罪をきせたりする。❷城などをせめとる。

おとしだま【お年玉】 新年のいわいに、子供におくるお金や品物。

おとしぬし【落とし主】 物やお金を落とした人。

おとしもの【落とし物】 気がつかないで落として、なくしてしまった物。

おとす【落とす】 ❶上から下へ急にさげる。▽「石を落とす」❷もらす。▽「名前を書き落とす」❸おちいらせる。▽「罪に落とす」❹せめとる。▽「城を落とす」❺とりのぞく。▽「よごれを落とす」❻下げる。▽「声の調子を落とす」❼なくす。▽「さいふを落とす」⬇【落】737ページ

おどす【脅す】 こわがらせる。

おとずれ【訪れ】 たずねてくること。やってくること。▽「秋の訪れ」

おとずれる【訪れる】 ❶人や所をたずねる。▽「寺を訪れる」❷やってくる。▽「久しぶりに平和が訪れる」⬇【訪】635ページ

おととい きのうの前の日。一昨日。おとつい。⇕あさって。

おととし 去年の前の年。一昨年。⬇再来年(図)

おとな【大人】 ❶一人前の人。日本の法律では二十さい以上の人のこと。⇕子供。❷ものの道理をよくわきまえた人。

おとなしい おだやかで、おちついている。

おとなびた【大人びた】 大人らしくなった。▽「大人びた子供」

おとめ【乙女】 年のわかいむすめ。

おとり ❶動物をさそいよせてつかまえるために使う鳥や魚・けものなど。❷人をさそいよせるために使うもの。▽「おとり商品で人を集める」

おどり【踊り】 音楽に合わせて、からだを動かすこと。▽「ぼんおどり」

おどりじ【踊り字】 同じ漢字やかなをくり返すときに、かわりに書く字。「元々」「さゝの葉」の「々」「ゝ」など。くりかえしふ号。⬇記号(図)

おどりでる【躍り出る】 とび出る。はね出る。とつぜん出てくる。

ことばのふしぎ

「おとうさん」と「おかあさん」

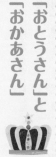

「おとうさん」のことを何と呼んでいますか?「おとうさん」?「パパ」? それとも「おやじ」? 江戸時代には、江戸(今の東京)では「おとっさん」「おとっつぁん」や「ちゃん」、京都や大阪では「おとっさん」「ととさん」と呼んでいました。では、「おかあさん」はどうかというと、やはり江戸時代に、江戸では、「おっかさん」「おっかあ」と呼んでいました。京都や大阪では「おかあさん」「かかさん」でした。「おかあさん」だけ古くから使われていたのですね。

明治時代に小学校の教科書に「おとうさん」「おかあさん」ということばがのってから、みんながそう呼ぶようになりました。昔の言い方で呼んだら、おとうさんもおかあさんもおどろくでしょうね。

おどりば【踊り場】❶おどる場所。❷かいだんのとちゅうの、少し広い所。

おとる【劣る】ほかにくらべてそこまでいかない。▽「平均点よりおとる」⇔勝る。

おどる【踊る】❶おどりをする。❷人にそそのかされて動く。

おどる【躍る】❶とび上がる。はね上がる。❷よろこびや期待などで、胸がどきどきする。▽「期待に胸がおどる」

踊る
躍る

[躍る❶と踊る❶]

おとろえる【衰える】❶いきおいが弱る。❷からだが弱る。▽「国がおとろえる」⇔栄える。▽「年をとっておとろえる」

おどろかす【驚かす】びっくりさせる。▽「世間をおどろかす大事件」

おどろき【驚き】びっくりすること。

おどろく【驚く】びっくりする。

おないどし【同い年】年れいが同じであること。「同じ年」が変化した言い方。

おなか 「腹」のていねいな言い方。

おなじ【同じ】一つのものである。ちがわない。↓【同】489ページ

おなら おしりの穴から出る空気。

おに【鬼】❶人間が考え出したおそろしいかい物。人のような形で、角がはえ、きばがある。❷なさけのない、心のつめたい人。▽「赤おに」❸何かに身も心もうちこんでいる人。▽「仕事のおに」

おにいさん【お兄さん】❶「兄さん」のていねいな言い方。❷わかい男の人をよぶことば。

おにがわら【鬼がわら】屋根のむねの両はしにかざりつける大きなかわら。

おにぎり ごはんをにぎってかためたもの。のりでまいたり、中にうめぼしを入れたりする。おむすび。

おにごっこ【鬼ごっこ】一人がおにになり、ほかの子を追いかけてつかまえる、子供のあそび。つかまった子は次のおにになる。

おににかなぼう【鬼に金棒】強いおにに金棒を持たせるということで、強い上にもいっそう強くなるということ。

金棒

[鬼に金棒]

おにのいぬまにせんたく【鬼の居ぬ間に洗濯】こわい人のいないうちに、思うぞんぶんやりたいことをすることのたとえ。

おにのくびをとったよう【鬼の首を取ったよう】大きなてがらをたてたように、得意になるようす。

おにのめにもなみだ【鬼の目にも涙】おにのようなひどい人でも、たまには、なさけ深い心を持つこともあるというたとえ。

おね【尾根】山の高い部分で、みねからみねにつづく、馬の背のような所。

おねえさん【お姉さん】❶「姉さん」のていねいな言い方。❷わかい女の人をよぶことば。

おねがい【お願い】❶こうなればいいなと心の中で思うこと。「願い」のていねいな言い方。▽「二つのお願いのうち、一つがかなった」❷人になにかをたのむときに使うことば。▽「お願い、いっしょに行って」

おねしょ ねているあいだにふとんの中でおしっこをしてしまうこと。ね小便。

おの 木を切ったり割ったりする道具。↓昔話

かきくけこ さしすせそ たちつてと なにぬねの はひふへほ まみむめも やゆよ らりるれろ わをん

早口ことば （五回続けていえるかな）大形のくわがたが多かった。

(図)

おのおの【各】 めいめい。それぞれ。「各々」とも書く。⬇[各]121ページ

オノマトペ 「わんわん」「どんどん」などのように、声や音をあらわしたことばや、「にこにこ」「つるつる」などのように物のようすをあらわしたことば。擬声語と擬態語。

おのれ【己】 ❶わたくし。自分。▽「己を反省する」❷あいてを悪く言うときに使うことば。こいつ。▽「おのれ、まて」⬇[己]223ページ

おば【伯母・叔母】 父母の姉妹。「伯母」は父母の姉。「叔母」は父母の妹。⇕伯父。叔父。

おばあさん ❶父や母のお母さん。祖母。⇕おじいさん。⬇家族(図) ❷年をとった女の人を親しみをこめて言うことば。⇕おじいさん。

おばあちゃん 「おばあさん」のことを親しい気持ちで呼ぶことば。

おはぎ もちもちしたごはんをかるくつぶしてまるめ、あんこやきなこでくるんだ食べ物。

おばけ【お化け】 おそろしい形をした、あやしくこわいもの。ばけもの。

おはこ 得意の芸。十八番。

おばさん ❶「伯母」「叔母」のこと。❷よそのおとなの女の人をよぶことば。▽「近所のおばさん」⇕おじさん。

おはじき まるくて、平らな、小さいガラス板。指ではじいてあそぶ。

おばな【雄花】 めしべがなく、おしべだけがある花。⇕雌花。

おはなし【お話】 「話」のていねいな言い方。▽「校長先生からお話がある」

おはなばたけ【お花畑】 高山植物がいっぱいさいている高原。または、花がたくさんさいているところ。

おはよう 朝、人に会ったときのあいさつのことば。

おはらい【お×祓い】 悪いものを神さまに追いはらってもらうこと。

おび【帯】 着物をきるとき、こしにまいてむすぶもの。⬇振り袖(図)⬇[帯]411ページ

おびえる こわがる。▽「音におびえる」

おびきだす【おびき出す】 だましてつれ出す。▽「敵をおびき出す」

おびグラフ【帯グラフ】 グラフの一つで、帯のような長四角を大きさのわりあいで分けたもの。⬇グラフ(図)

おひさま【お日様】 太陽をうやまい、親しんでよぶよび方。

おひたし【お浸し】 やさいをゆでて、しょうゆやかつおぶしなどをかけて食べる料理。

おびただしい ❶ひじょうに多い。▽「おびただしい人数」❷ひどい。▽「さわがしいことおびただしい」

おひとよし【お人よし】 なんでもいいほうに考えすぎて、人にだまされやすいこと。また、そういう人。

おひなさま【おひな様】 ひな人形のこと。ひな祭りにかざる、美しい着物を着た人形。⬇図97ページ

おびにみじかしたすきにながし【帯に短したすきに長し】 帯にするには短く、たすきにするには長すぎるように、どちらの役にも立たない、ちゅうとはんぱなことのたとえ。

おびやかす【脅かす】 こわがらせる。あやうくする。▽「人類の平和をおびやかす」

おひる【お昼】 (「昼」のていねいな言い方) ❶夜が明けて、日がしずむまで。❷まひる。正午。❸昼に食べるごはんのこと。▽「お昼は何がいい?」

おびる【帯びる】 ❶からだにつける。▽「刀を帯びる」❷持っている。▽「水気を帯びる」❸ひきうける。▽「任務を帯びる」⬇[帯]411ページ

おひれ【尾ひれ】 魚のおとひれ。

おひれをつける【尾ひれを付ける】

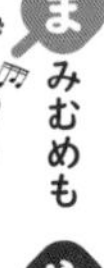

オフ 話によけいなことをくわえること。❶電気が入っていないこと。▽「テレビのスイッチをオフにする」⇔オン。❷スポーツの試合や行事などがない時期。▽「サッカーのシーズンオフ」

おぶう せなかにのせる。おんぶする。背負う。

おふくろ 親しみをこめて自分の母親を言うことば。⇔おやじ。⇩家族（図）

おふだ【お札】 神や仏に守ってもらうために神社や寺でもらうお守り。⇩縁起物（図）

オペラ 音楽に合わせ、歌いながら演じる劇。歌劇。

おべんとう【お弁当】 よそで食べるために、入れ物などに入れて持ちはこぶ食事。「弁当」のていねいな言い方。

おぼえ【覚え】 ❶見たり聞いたりしたことをわすれないこと。▽「覚えが早い」❷自信。▽「うでに覚えがある」

おぼえがき【覚え書き】 わすれないために書いておく書き物。メモ。

おぼえる【覚える】 ❶頭の中に入れてわすれない。記おくする。▽「漢字を覚える」❷感じる。▽「寒さを覚える」⇩【覚】122ジペー

オホーツクかい【オホーツク海】 北海道の北にある海。サケ・マス・カニなどがとれる。⇩海流（図）

［おひな様］

なぞなぞ かぶとむしが大好きなクズは？ 答えは次のページ。

おぼつかない ❶たよりない。▽「足もとがおぼつかない」❷うまくいきそうもない。▽「優勝はおぼつかない」

おぼれる ❶水の中におちて死にそうになる。また、死ぬこと。❷むちゅうになる。▽「酒におぼれる」

おぼれるものはわらをもつかむ【おぼれる者はわらをもつかむ】おぼれている者は、わらのようなたよりにならない物でも、つかもうとする。こまったときには、どんなものでも、たよりにするたとえ。

おぼろぐも【おぼろ雲】空いっぱいに広がる幕のような雲。雨の前ぶれになる。高層雲。

おぼろげ ぼんやりしているようす。うっすら。▽「おぼろげな記おく」

おぼろづきよ【おぼろ月夜】月がぼんやりとかすんでいる春の夜。⇩月（コラム）

おぼん【お盆】（「盆」のていねいな言い方）❶食品などをはこぶ、平たくてあさい入れ物。ぼん。❷仏教で、七月十五日ごろに先祖のたましいをまつる行事。うらぼん。

おまいり【お参り】寺や神社、お墓などに行っておがむこと。

おまえ 親しいなかまや目下の人をよぶことば。▽「おまえのものはおれのもの、おれのものもおれのもの」

おまけ ❶きめられたねだんより安くすること。ねびき。▽「百円おまけします」❷景品。▽「おまけつきのおかし」

おまちどおさま【お待ちどおさま】人をまたせたときに、おわびの気持ちをこめて言うことば。

おまつり【お祭り】（「祭り」のていねいな言い方）❶神をなぐさめるぎ式やもよおし。❷にぎやかに行われるもよおし。⇩祭り（図）

おまもり【お守り】神や仏に守ってもらうために、神社や寺でもらうふだ。⇩縁起物（図）

おまわりさん【お巡りさん】警察官を親しんでよぶよび方。⇩警察官（図）

おみき【お神酒】神様にそなえる酒。

おみくじ 寺や神社でひく、うらないのくじ。

おむすび おにぎりのこと。⇩昔話（図）

おむつ あかちゃんのおしりにあてて、おしっこやうんこをうけるもの。▽「紙おむつ」

オムライス 玉ねぎやケチャップを加えいためたごはんを、焼いたたまごで包んだ料理。

［オムライス］

おめい【汚名】はずかしい、悪いひょうばん。▽「お名を晴らす」

おめかし おしゃれ。▽「おめかしをして出かける」

おめだま【お目玉】しかられること。▽「いたずらをして、お目玉を食う」

おめでたい ❶おいわいしたい気分だ。よろこばしい。❷人がよすぎてちょっと考えがたりない。▽「おめでたい人」

おめでとう めでたいことをいわうときの、あいさつのことば。▽「ご入学おめでとう」

おも【主】❶大切なこと。▽「主な登場人物」❷ほとんど。だいたい。大部分。▽「会に集まったのは主に女性だった」⇩【主】314ページ

おもい【重い】❶目方がある。▽「重い石」⇕軽い。❷大切な。重要な。▽「重い責任」❸ひどい。▽「重い病」❹心が晴れ晴れしない。▽「気が重い」❺動きがにぶい。▽「重い足どり」⇩【重】317ページ

おもい【思い】❶思うこと。考え。▽「うれしい思いをする」❷心配。▽「思いにしずむ」❸ねがい。▽「思いがかなう」❹したう心。▽「思いをよせる」

おもいあがる【思い上がる】うぬぼれ

て、いい気になる。▽「ほめられると、すぐ思い上がる」

おもいあたる【思い当たる】なるほどそうかと気がつく。考えつく。

おもいうかべる【思い浮かべる】あれこれと思い出す。また、想像する。▽「一年生のころを思いうかべる」

おもいおこす【思い起こす】思い出す。▽「一年生のころを思い起こす」

おもいおもい【思い思い】めいめい自分の思うとおりに。自分勝手に。

おもいがけない【思いがけない】思ってもいない。予想もしない。▽「思いがけないできごと」

おもいきり【思い切り】❶出せる力を全部出すようす。思う存分。▽「思い切り走る」❷あきらめること。▽「思い切りがいい」

おもいきる【思い切る】❶あきらめる。❷決心する。▽「台風で、旅行を思い切る」

おもいこむ【思い込む】それにちがいないと深く心にしんじこむ。▽「明日だと思いこむ」

おもいしる【思い知る】なるほどと気がつく。▽「力のなさを思い知る」

おもいすごし【思い過ごし】考えすぎて、よけいなことまで心配すること。

おもいだす【思い出す】前のことや、わすれていたことを心にうかべる。

おもいたったがきちじつ【思い立ったが吉日】何かをしようときめたら、その日がいちばんいい日と思ってすぐその時からはじめるのがいい。「思い立つ日が吉日」ともいう。

おもいつき【思い付き】ふと心にうかんだ考え。▽「思いつきでやってもうまくいかないよ」

おもいつく【思い付く】考えが急にうかぶ。▽「いいプランを思いつく」

おもいつめる【思い詰める】そのことだけを考えつづける。▽「そんなに思いつめるとからだに悪い」

おもいで【思い出】すぎさったことを、思い出すこと。また、思い出すもの。回想。▽「旅の思い出」

おもいとどまる【思いとどまる】しようとしていたことを、考え直してやめる。▽「いたずらを思いとどまる」

おもいなおす【思い直す】考え直す。

おもいのほか【思いの外】思っていたのとちがって。案外。意外に。

おもいのまま【思いのまま】思うとおり。のぞむとおり。

おもいめぐらす【思い巡らす】あれこれと考える。いろいろに考える。

おもいもかけない【思いもかけない】思いがけない。

おもいやり【思いやり】人の気持ちになって考えること。同情。▽「あたたかな思いやりの心」

おもいやる【思いやる】❶人の気持ちになって考えてやる。▽「病気の友だちを思いやる」❷遠くにはなれているものに心をむける。▽「ふるさとを思いやる」

おもう【思う】❶考える。▽「正しいと思う」❷おしはかる。▽「明日は雨だと思う」❸ねがう。▽「勝ちたいと思う」❹感じる。▽「悲しいと思う」❺愛する。いつくしむ。▽「子を思う」⬇【思】285ジ

●思うつぼ

おもうつぼ【思うつぼ】こうなればいいと思っていたところ。▽「あいての思うつぼにはまった」

おもおもしい【重重しい・重々しい】どっしりとおちついたようす。⬇「々」は同じ文字をくり返すという意味のおどり字という記号。▽「重々しいたいど」

おもかげ【面影】❶顔つき。▽「お父さん

前のページの答え⇒「おがくず」

のおもかげがある」❷ようす。すがた。ありさま。▽「昔のおもかげをのこす町」

おもくるしい【重苦しい】おさえつけられるように苦しい。晴れ晴れしない。▽「重苦しいふんいき」

おもさ【重さ】❶重いこと。また、そのていど。▽「一人で持てない重さの荷物」❷目方。▽「箱の重さをはかる」

おもし ❶ものを上からおさえるために置く重いもの。▽「つけもののおもし」❷人をおさえる力。▽「おもしがきく」

おもしろい【面白い】❶おかしい。こっけいだ。▽「おもしろいかっこう」❷ゆかいで楽しい。▽「おもしろい一日をすごす」❸心をひかれる。▽「おもしろい考え方」

おもしろはんぶん【面白半分】半分はまじめに、半分はふざけて。▽「弟とおもしろ半分にすもうをとる」

おもたい【重たい】❶重い感じがする。▽「重たいかばん。足が重たい」❷はればれしない感じがする。▽「しかられて気分が重たい」

おもちゃ ❶子供が持ってあそぶもの。❷からかったりして、もてあそぶもの。▽「いきものをおもちゃにするな」

おもて【表】❶外がわ。外部。表面。⇔裏。❷外。屋外。▽「表であそぶ」❸ものごとの主となるほう。▽「表口」❹うわべ。みえ。▽「表をかざる」❺おおやけ。▽「表向き」
↓【表】592ページ
●表書き●表口●表玄関●表向き

おもて【面】❶顔。▽「面を上げる」❷めん。顔の上につけるもの。❸表面。▽「池の面」
↓【面】696ページ

おもてがき【表書き】ふうとう・つつみなどの表に字を書くこと。また、その字。上書き。

おもてぐち【表口】たてものの正面にある出入り口。客の出入りする所。▽「表口からお入りください」⇔裏口。

おもてげんかん【表玄関】客の出入りするげんかん。

おもてむき【表向き】❶おおやけ。❷うわべ。▽「表向きはにこやかだ」

おもなが【面長】顔が少し長めなこと。▽「面長の美人」

おもに【主に】主として。だいたい。

おもに【重荷】❶重い荷物。❷自分の力以上の仕事。責任の重い役目。

おもにをおろす【重荷をおろす】大きな仕事をかたづけて、ほっとする。

おもむき【趣】❶わけ。意味。▽「話のおもむき」❷ようす。▽「おもむきのある庭」❸おもしろみ。味わい。

おもむく【赴く】その方にむかって行く。出かける。▽「事件の現場におもむく」

おもむろに しずかにゆっくりと。▽「先生はおもむろに話しだした」

おもや【母屋・母家】すまいの中で中心になるたてもの。

おもゆ【重湯】水を多くしてごはんをたいて、米つぶをとったのこりのしる。赤ちゃんや病人が食べる。

おもり【お守り】小さな子供や、手のかかる人の世話をすること。▽「赤ちゃんのお守り」

おもり【重り】重さをくわえるためのもの。▽「つり糸に重りをつける」

おもわく【思わく】口に出さないが、心の中に持っている考え。気持ち。▽「他人の思わくを気にする」

おもわず【思わず】ついうっかり。われをわすれて。▽「思わずわらう」

おもんじる【重んじる】大切にする。大事に思う。⇔軽んじる。

おや 意外なことにであったときなどに発することば。▽「おや、まだ起きていたの」

おや【親】❶父と母。⇔子。❷子のある人。

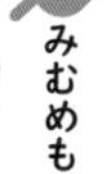

あいうえお
お
かきくけこ
さしすせそ
たちつてと
なにぬねの
はひふへほ
まみむめも
やゆよ
らりるれろ
わをん

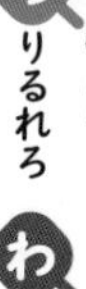

子を持つもの。❸もとになるもの。▽「親方。親会社」⬇【親】348ページ
●親方●親子●親孝行●親心●親潮●親の心子知らず●親ばか●親譲り●親指●里親●父親●母親

おやかた【親方】 職人などのかしら。

おやこ【親子】 親と子。親と子の関係。▽「親子づれ。親子電話」

おやこうこう【親孝行】 親を大切にすること。⇕親不孝。

おやごころ【親心】 親が子をかわいがる気持ち。また、そのようなあたたかい思いやり。▽「親心で子供たちを見まもる」

おやじ ❶親しみをこめて自分の父親を言うことば。⇕おふくろ。⬇家族（図）❷店などの主人。▽「そば屋のおやじ」❸わかくない男の人。▽「がんこおやじ」

おやしお【親潮】 千島列島にそって千葉県沖あたりまでながれてくる寒流。千島海流。⇕黒潮。⬇海流（図）

おやしらず【親知らず】 もっともおそくはえる、いちばんおくの上下四本の歯。はえないこともある。⬇歯（図）

おやすみなさい【お休みなさい】 ねる前に言うあいさつのことば。

おやつ 午後三時ごろにとる間食。「八つ」は昔の時刻で三時ごろ。

おやのこころこしらず【親の心子知らず】 親は子供のことを心にかけているのに、子供にはそれがわからず、勝手なことをするものだ。

おやばか【親ばか】 わが子がかわいいあまりに、人から見ると、おろかに見えることを言ったり、したりすること。また、そういう親。

[親ばか]

おやふこう【親不孝】 親を大切にしなかったり、心配をかけたりすること。⇕親孝行。

おやぶん【親分】 なかまの中で、いちばん上に立つ人。⇕子分。

おやゆずり【親譲り】 親からゆずりうけたこと。また、うけたもの。

おやゆび【親指】 手足の内がわにある、いちばん太い指。⬇指（図）

おゆ【お湯】（「湯」のていねいな言い方）❶水をわかしたもの。▽「コップにお湯を注ぐ」❷ふろのこと。▽「いいお湯だった」

およぐ【泳ぐ】 ❶手足で水をかきわけてすすむ。❷世の中をわたっていく。⬇【泳】69ページ

およそ ❶だいたい。おおかた。▽「歩くとおよそ十分かかります」❷まったく。ぜんぜん。▽「野球にはおよそ興味がない」❸そもそも。いっぱんに。▽「およそあそびのきらいな子はいない」

および【及び】 また。それともう一つ。▽「住所および電話番号を書く」

およぶ【及ぶ】 ❶とどく。▽「高さ三〇メートルにおよぶ大木」❷いきわたる。▽「世界じゅうにおよぶ人気」

およめさん【お嫁さん】 けっこんする女の人を呼ぶことば。▽「およめさんがウエディングドレスに着がえる」

オランウータン 人に近いサルのなかまの動物。ボルネオ島・スマトラ島にすむ。「ショウジョウ」ともいう。

おり【折】 ❶とき。場合。▽「折を見て話しかける」❷折りづめ。食べ物の入った入れ物。▽「すしを折にしてもちかえる」⬇【折】382ページ
●折から

おり 動物などを、にげないように入れておくためのかこいや、部屋。

おりあう【折り合う】 たがいにゆずり合っ

なぞなぞ はぎははぎでも食べられるはぎは？ 答えは次のページ。

て、なかよくする。

おりいって【折り入って】とくに。ぜひとも。▽「折り入って話がある」

オリオンざ【オリオン座】まん中に三つならんだ星のある星座。冬、南に見える。

おりかえし【折り返し】❶衣服のすそなどの折ってあるところ。❷電車の運行、マラソンや水泳などで、むきをかえてもどること。❸すぐに。▽「折り返し電話をください」

おりかさなる【折り重なる】人や物が上へ上へと重なる。

おりがみ【折り紙】❶紙を折っていろいろな物の形を作ること。また、それに使う紙。❷品物のねうちがたしかだという書きつけ。▽「折り紙付き」

オリジナル ❶ほかにはない特ちょうをもっているようす。▽「オリジナルな商品」❷コピーやまねして作られたものではない、もとの作品。原作。

おりたたむ【折り畳む】折って重ねて小さくする。▽「テーブルのあしを折りたたむ」

おりづめ【折り詰め】食べ物を折り箱につめること。また、その食べ物。折。

おりづる【折り鶴】折り紙などを折ってツルの形にしたもの。▽「病気がなおることをねがって折りづるを折る」

おりひめぼし【織り姫星】↓織女星

おりめ【折り目】❶折ったさかい目。❷ぎょうぎ。▽「折り目正しい人」❸ものごとの区切り。▽「仕事の折り目」

おりもの【織物】糸を織って作った布。▽「毛織物」

おりる【下りる】❶ひくい所へうつる。▽「二階から下りる。幕が下りる」❷ゆるしが出る。▽「許可が下りる」↓【下】108ジペー

おりる【降りる】❶高い所から、ひくい所へうつる。上から下へ行く。⇕昇る。登る。❷乗り物から外へ出る。▽「バスを降りる」⇕乗る。❸地位や役目からはなれる。▽「主役を降りる」❹つゆや、しもなどができる。↓【降】228ジペー

オリンピック ❶昔、ギリシャのオリンピアで四年ごとに行われたスポーツと芸術の祭り。古代オリンピック。❷フランスのクーベルタンのよびかけではじめられた国際運動競技大会。一八九六年にギリシャのアテネでひらかれてから四年ごとに行われている。

おる【折る】❶まげて切りはなす。▽「えだを折る」❷まげてかさねる。▽「紙を折る」❸まげていためる。▽「骨を折る」↓【折】382ジペー

おる【織る】❶たて糸と横糸を組み合わせて、布を作る。▽「じゅうたんを織る」❷竹・わらなどをあんで、すだれ・むしろなどを作る。↓【織】341ジペー

オルガン 空気をおくって音を出す、けんばん楽器。パイプオルガンなど。電子的にた音を出す電子オルガンもある。↓楽器（図）

オルゴール ぜんまいじかけで、音楽をくりかえし演奏する装置。

おれ 男の人が、親しいなかまや目下の人に、自分をさして言うことば。↓コラム104ジペー

おれい【お礼】❶ありがとうと思う気持ちを表すこと。また、その言葉。▽「なんどもお礼を言う」❷ありがとうと思う気持ちを表すための品物。▽「お礼におかしをあげる」

おれせんグラフ【折れ線グラフ】折れ線を使い、多い少ないなどのかわり方をあらわしたグラフ。↓グラフ（図）

おれる【折れる】❶まがる。まがって二つにはなれる。▽「えんぴつのしんが折れる」❷むきをかえてすすむ。▽「あの角を右に折れるとポストがある」❸あいての言うことにしたがう。ゆずる。▽「父の意見に折れる」↓【折】382ジペー

オレンジ ミカンのなかまの果物。

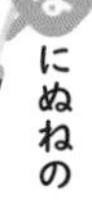

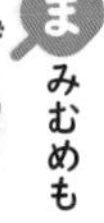

オリンピック・パラリンピックの競技
体操
陸上競技
スポーツクライミング
水泳
夏
ほかにも、卓球、サッカー、柔道やレスリングなどの種目がある。
テニス
スピードスケート
冬
ほかにも、モーグル、アイスホッケー、ボブスレーなどの種目がある。
フィギュアスケート
スノーボード
スキージャンプ
カーリング
アルペンスキー

前のページの答え⇒「おはぎ」

オレンジいろ【オレンジ色】赤みがかった黄色。だいだい色。

[オレンジ色]

おろおろ どうしていいかわからなくてうろうろするようす。

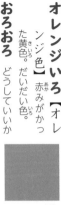

おろか【愚か】❶考えのたりないようす。▼「おろかな考え」❷ものわかりの悪いようす。かしこくないようす。

おろか 言うまでもなく。もちろん。▼「新聞はおろかテレビさえ見ない」

おろしうり【卸売り】作っている人から買い集めた商品を、小売りの商人に売りわたすこと。おろし。⇔小売り。

おろしがね【下ろし金】ダイコンやショウガなどをすって細かくする道具。

おろす【下ろす】❶上から下へうつす。▼「たなにのせた物を下ろす」❷物をはじめて使う。▼「くつを下ろす」❸切っておとす。▼「小えだを下ろす」❹あずけてあるものを引き出す。▼「貯金を下ろす」⬇[下]108ページ

おろす【降ろす】❶高い所から、ひくい所へうつす。❷乗り物から外へ出す。▼「乗客を降ろす」⇔乗せる。❸ある地位や役からはなす。▼「役を降ろす」⬇[降]228ページ

おろす【卸す】問屋などから小売商に品物を売りわたす。

おろそか 十分でない。いいかげん。▼「勉強をおろそかにするな」

おわび あやまること。わびること。▼「おわびのしるし」

おわり【終わり】ものごとがすんでしまうこと。おしまい。▼「終わりまで話を聞く」「夏の終わり」

おわる【終わる】❶ものごとがしまいになる。▼「映画が終わる」⇔始まる。❷死ぬ。▼「一生を終わる」⬇[終]316ページ

おをひく【尾を引く】ものごとがすんでもそのことが、あとまでのこる。▼「前の失敗がまだおを引く」

おん【音】1年 オン・(イン) おと・ね

❶おと。▼「音速」❷人の声。▼「発音」❸漢字の音読み。⇔訓。

音音音音音音

●音階●音楽●音感●音響●音訓●音信●音声●音節●音頭●音読●音波●音便●音符●音読み●音量●高音●長音●録音●和音

おん【恩】6年 オン —

ことばのふしぎ

おれ・ぼく・わたし

どれもあいてに対して、自分のことを言うときに使います。ふつうは男の子なら「おれ」「ぼく」を、女の子なら「わたし」を使います。男の子も先生など目上の人には、「わたし」を使うこともあります。

「おれ」はちょっと乱暴な言い方なので、使うのは仲のよい友だちだけにしましょう。自分のことを言うことばはいろいろあるので、どんなことばがあるのか調べてみましょう。

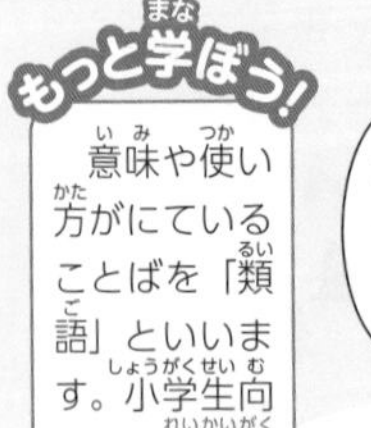

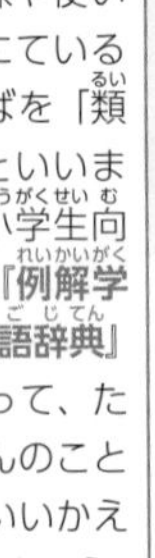

意味や使い方がにていることばを「類語」といいます。小学生向けの『例解学習類語辞典』を使って、たくさんのことばをいいかえてみましょう。

人からうけた親切な行いやなさけ。めぐみ。▼「先生の恩」

恩 恩 恩 恩 恩 恩 恩 恩 恩 恩
田や困ではない

●恩返し●恩師●恩人●恩に着せる●恩をあだで返す●謝恩

おん【温】3年

オン
あたたか・あたたかい・あたたまる・あたためる

❶あたたかいこと。あたたまること。▼「温泉」
❷すなお。おだやか。▼「温和」

温 温 温 温 温 温 温 温 温 温 温 温
左右に出る

●温室●温泉●温帯●温暖●温暖前線●温度●気温●高温●水温●体温●低温

オン 電気のスイッチが入っていること。▼「エアコンのスイッチをオンにする」⇔オフ。

おんかい【音階】 音楽で、音を高低のじゅんにならべたもの。▼「長音階」

おんがえし【恩返し】 親切にしてもらったことに対してするお礼。

おんがく【音楽】 音の長短・高低・強弱・音色などを組み合わせて、声や楽器であらわしたもの。

おんかん【音感】 音の高低・音色・調子などを聞き分ける力。▼「音感教育」

おんきょう【音響】 音。音のひびき。

おんくん【音訓】 漢字の音読みと訓読み。たとえば「上」の字を「上」と読むのは音、「上」と読むのは訓。

おんけい【恩恵】 めぐみ。なさけ。

おんけん【穏健】 おだやかでしっかりしていること。⇔過激。

おんさ【音さ】 U字形のはがねにえをつけたもの。たたいて音を出し、音の高さや性質をしらべるのに使う。

[音さ]

おんし【恩師】 教えをうけ、世話になった先生。

おんしつ【温室】 植物を季節に関係なくそだてるために、中をあたたかくしてあるビニールやガラスばりの部屋。

おんしらず【恩知らず】 恩をつけてもありがたいと思わないこと。また、そのような人。▼「恩知らずな人」

おんしん【音信】 たより。手紙。音さた。▼「音信がとだえる」

おんじん【恩人】 自分が恩をうけた人。せ話になった人。▼「命の恩人」

おんせい【音声】 人の声。ことばを作っている音。

おんせつ【音節】 ことばを作っている音の区切り。日本語ではふつう、かな一つが一音節となる。

おんせん【温泉】 地熱のために、温められて出てくる地下水。

おんそく【音速】 音のつたわる速さ。ふつう、セ氏一五度の空気中では秒速約三四〇メートル。

おんたい【温帯】 熱帯と寒帯の間にある気候帯。気候がおだやかで、春夏秋冬の四季がある。

おんだん【温暖】 あたたかな気候。

おんだんか【温暖化】 気温が上がること。とくに、森林のはかいなどによって、地球の気温が上がっていく現象。▼「地球温暖化」

おんだんぜんせん【温暖前線】 つめたい空気の上に、あたたかい空気がのり上げてできる空気のさかい目。これが通ると、雨がふる。⇔寒冷前線。

おんち【音痴】 ❶歌がうまくないこと。また、そのような人。▼「武君はおんちだ」❷

早口ことば (五回続けていえるかな) 親ガメ、子ガメ、孫ガメ、ひ孫ガメ。

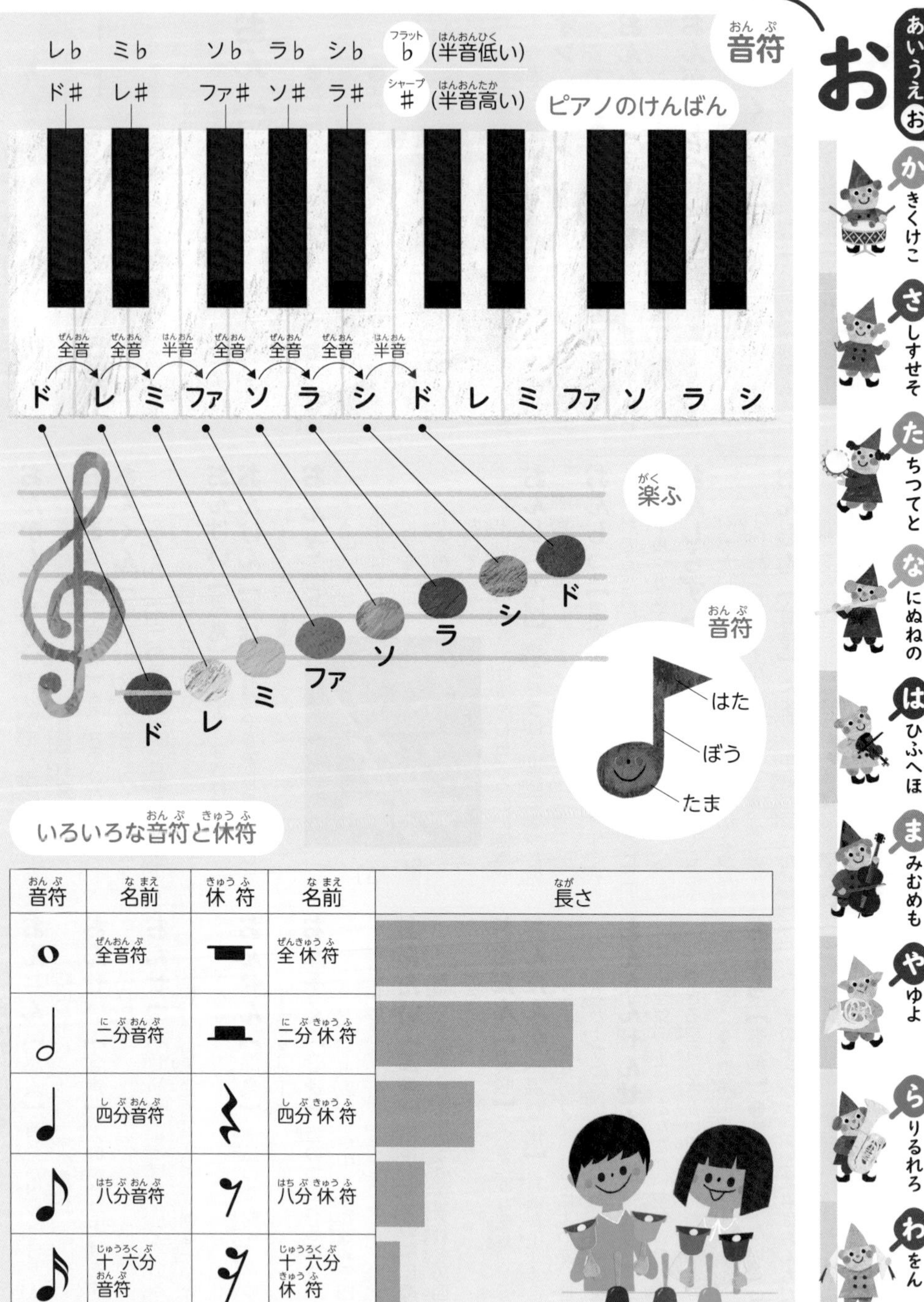

いろいろな音符と休符

音符	名前	休符	名前	長さ
𝅝	全音符	𝄻	全休符	
𝅗𝅥	二分音符	𝄼	二分休符	
♩	四分音符	𝄽	四分休符	
♪	八分音符	𝄾	八分休符	
𝅘𝅥𝅯	十六分音符	𝄿	十六分休符	

あることが苦手で、うまくできないこと。また、そのような人。▽「運動おんちなので、体育がきらいだ。方向おんちの人に道を教える」

おんちゅう【御中】学校・会社・店などにあてた手紙の、あて名の下につけることば。

おんど【音頭】❶大ぜいで歌うとき、先に歌って調子をとること。また、その人。❷多くの人がおどるときにうたう歌。▽「東京音頭」

おんど【温度】ものの熱さ・つめたさのていど。暑さ寒さのていど。

おんどく【音読】❶文章を声を出して読むこと。⇔黙読。❷漢字を音読みすること。

おんどけい【温度計】温度をはかる道具。

おんどり おすの鳥。とくに、ニワトリのおす。⇔めんどり。

おんどをとる【音頭を取る】❶大ぜいで歌うとき、先に歌って調子をそろえさせる。❷先に立ってものごとをする。▽「かんげい会の音頭を取る」

おんな【女】❶女性。⇔男。❷一人前の女子。⇩【女】330ページ

おんなのこ【女の子】女の子ども。女児。⇔男の子。

おんにきせる【恩に着せる】親切にしてやったことをありがたがらせる。

おんぱ【音波】音が空気中などをつたわっていくときにおこる波。これが耳のこまくにふれて音として聞こえる。

おんびん【音便】ことばとことばがつづくとき、発音をしやすくするために、もとの音をかえて発音すること。たとえば、「字を書きて…」は、「字を書いて…」（イ音便）、「走りて…」は、「走って…」（そく音便）、「飛びて…」は「飛んで…」（はつ音便）となる。

おんびん【穏便】おだやかで、かどが立たないこと。▽「おんびんにはからう」

おんぶ ❶せおうこと。また、せおわれること。▽「赤ちゃんをおんぶする」❷人にたよること。▽「しずかちゃんにおんぶして、宿題をすませる」

おんぷ【音符】音楽の楽ふに使う符号。音の高低、長短をあらわす。⇩図

おんよみ【音読み】漢字を音で読むこと。⇔訓読み。⇩訓読み（コラム）

おんりょう【音量】楽器の音や人の声の大きさ。

おんわ【温和】❶おだやかでやさしいこと。▽「温和な人がら」❷気候があたたかでおだやかなこと。

おんをあだでかえす【恩をあだで返す】親切にしてもらったことを、ありがたく思わないだけでなく、かえって、ひどいことをする。

なぞなぞ 都会のまんなかにいる虫は？ 答えは次のページ。

か
がガカ

か【下】1年
カ・ゲ　おりる・おろす・くださる・くだす・くだる・さがる・さげる・した・しも・(もと)

❶位置が、した。⇕上。
❷おとっていること。▽「下等」
❸おりること。▽「下降」
❹そば。そのあたり。▽「県下」

一 丅 下

●下位●下級●下弦の月●下層●下半身●下部●下流●以下●地下●直下●天下●落下

か【火】1年
カ　ひ・(ほ)

❶もえている火。▽「火勢」
❷火曜日のこと。

火 火 火 火

●火気●火口●火災●火山●火事●火星●火葬●火薬●火力●消火●戦火●大火●点火●防火

か【化】3年
カ・(ケ)　ばかす・ばける

すがたや性質が、べつのものにかわること。かえること。▽「温暖化」

ノ イ 亻 化

●化学●化学工業●化学繊維●化合●化合物●化石●化のう●気化●強化●消化●文化●変化

か【加】4年
カ　くわえる・くわわる

❶くわえること。たすこと。▽「加速。追加」⇕減。
❷なかまに入ること。▽「加盟」

フ カ 加 加 加（はねる）

●加害者●加減●加工●加速度●加入●加熱●加法●参加●増加●追加

か【可】5年
カ　—

❶よいとしてみとめること。▽「許可」
❷できる。▽「可能」

一 丅 丆 可 可（はねる／亅としない）

★「司」ににているので注意

●可決●可能性●認可

か【仮】5年
カ・(ケ)　かり

❶ほんとうでない。にせ。▽「顔に仮面をかぶる」
❷かり。まにあわせ。▽「仮定」

ノ イ 仃 仮 仮 仮（友ではない）

●仮装●仮定●仮名●仮名遣い●仮面

か【花】1年
カ　はな

❶草や木のはな。▽「花だん」
❷はなやかで美しいもの。

一 十 艹 艹 花 花 花（ヨコ棒をつきぬける）

●花壇●花瓶●花粉●花弁●開花●国花●造花●綿花

か【何】2年
(カ)　なに・なん

わからないことをたずねることば。「か」よりも「なに」で使う場合が多い。

ノ イ 仁 何 何 何 何（右に出る。亅としない／はねる）

あいうえお　かきくけこ　さしすせそ　たちつてと　なにぬねの　はひふへほ　まみむめも　やゆよ　らりるれろ　わをん

あいうえお
かきくけこ
か

さしすせそ

たちつてと

なにぬねの

はひふへほ
まみむめも
やゆよ
らりるれろ

わをん

か

【果】 4年 カ はたす・はて・はてる

❶くだもの。▽「果実」
❷できたもの。▽「結果」⇔因。
❸思い切りがいい。▽「果敢」

★「東」ににているので注意

●果実●果樹●果報●因果●効果●成果●青果

か

【価】 5年 カ（あたい）

❶もののねだん。▽「定価」
❷ねうち。▽「価値」

まっすぐ下に　西ではない

●価格●価値●原価●真価●単価●定価●物価

か

【河】 5年 カ かわ

大きな川。▽「河川」

はねる　右に出る。　つとしない

●河口●河岸●河川●河原●運河●銀河●氷河

か

【科】 2年 カ ―

❶動植物のにているなかまを集めて分けた名。▽「バラ科の植物」
❷くべつをあらわすことば。▽「科目」
❸罪。とが。▽「罪科」

点のうち方に注意

★「料」ににているので注意

●科学●科学技術●眼科●外科●歯科●内科●理科

か

【夏】 2年 カ・（ゲ） なつ

なつ。▽「春夏秋冬」⇔冬。

夂ではない

●夏季●夏期●初夏●盛夏●立夏

か

【家】 2年 カ・ケ いえ・や

❶人のすまい。いえ。▽「人家」
❷家族。▽「一家」
❸ある一つのことをする人。▽「画家」。「作家」

はねる

●家屋●家業●家具●家系●家計●家計簿●家財●家事●家政婦●家族●家畜●家庭●家庭科●家庭教師●家内●家宝●家老●国家●作家●生家●大家●民家

か

【荷】 3年 に（カ）

❶にもつ。▽「出荷」
❷せおうこと。になうこと。▽「負荷がかかる」

はねる　右に出る。　つとしない

●集荷●入荷

か

【貨】 4年 カ ―

❶ねうちのある品物。荷物。▽「雑貨」。「貨物」
❷お金。▽「銀貨」

★「貸」ににているので注意

●貨車●貨幣●外貨●金貨●雑貨●通貨●銅貨

か

【過】 5年 カ すぎる・すごす・（あやまつ）・（あやまち）

❶通っていくこと。▽「通過」
❷時間がすぎていくこと。▽「経過」

前のページの答え⇒「蚊（とかいのまんなか）」

❸ていどをこえること。▽「過度」
❹まちがい。失敗。▽「大過」
●過激●過去●過小●過剰●過信●過疎●過大●過程●過渡期●過熱●過半数●過密●過労●超過

（この形に注意。同としない）

か【歌】2年 カ うた・うたう

❶うた。うたうこと。▽「歌手。校歌」
❷和歌。短歌。▽「歌集」
●歌曲●歌詞●歌舞伎●校歌●国歌●詩歌●短歌●和歌

（クとしない）

か【課】4年 カ —

❶わりあてること。▽「課税」
❷仕事。つとめ。▽「毎日の日課」
❸事務のしくみの区分。▽「会社全体を見る総務課」
●課外●課す●課題

（ひとふでに書く）

か【日】

日数を数えることば。▽「三日」↓【日】528ページ

か【蚊】

こん虫の一種。めすは人間の血をすう。幼虫をボウフラという。

か【香】

かおり。におい。よいにおい。▽「花の香がただよう」↓【香】227ページ

か【鹿】

「鹿児島」と読むときなどのとくべつな読み方。↓【鹿】290ページ

が【我】6年 (ガ) われ・(わ)

❶わたし。自分。▽「自我」
❷自分勝手なこと。▽「我の強い人」
★筆順に注意
●我田引水●我慢●我を張る

（点を落とさないように）

が【画】2年 ガ・カク —

❶絵。▽「絵画」
❷絵をかくこと。えがく。▽「画布」
●画家●画材●画商●画像●画伯●画面●画用紙●映画●版画●名画●録画

（つき出ない）（おる）

が【芽】4年 ガ め

植物のめ。▽「発芽」

が【賀】4年 ガ —

よろこんで、いわうこと。▽「賀正」
●賀正●賀状●祝賀●年賀

（つき出る）

が【×蛾】

チョウににたこん虫。主に夜とび回り、羽をひらいたままでとまる。

かあさん【母さん】

お母さん。ママ。⇕父さん。

ガーゼ

目のあらい、やわらかな、もめんの布。きずの手当てに使う。

カーディガン

毛糸であんだ、前のあいたセーター。↓服（図）

カーテン

部屋のまどなどにつるす布。外からの光や音をさえぎったり、部屋をかざったり、区切ったりする。▽「朝おきてすぐにカーテンをあける」

カード

❶あつ紙を小さく四角に切って作った

ふだ。▽「箱から二枚カードを取ってください」❷カルタ。トランプ。▽「カードであそぶ」❸試合の組み合わせ。▽「今大会の好カード」

ガード 道路の上にかけてある鉄橋。

［ガード］

ガードマン 見はりをしたり、とくべつな人をまもる仕事をしたりする人。▽「入り口にガードマンのいる店」

ガードレール 交通事故をふせぐために、歩道と車道のさかいや道路のはしに作ってある、鉄のさく。

カーネーション 春から夏にかけて花がさく草花。「母の日」にこの花をプレゼントしたり、かざったりする。

カーブ ❶まがること。まがった所。▽「カーブの多い道」❷野球で、投手がなげる、打者の前でまがる球。

ガール 少女。女の子。▽「ガールフレンド」⇕ボーイ。

ガールスカウト 少女の心やからだをきたえ、りっぱな社会人にそだてようとする団体。⇕ボーイスカウト。

かい【会】 2年 カイ・(エ) あう

❶出会うこと。▽「面会」❷集まること。▽「会合」

ノ 𠆢 亼 会 会 会（上のヨコ棒より長く）

●会期●会議●会計●会見●会社●会場●会食●会心●会談●会話●開会●学芸会●議会●国会●社会●集会●

かい【回】 2年 カイ・(エ) まわす・まわる

❶度数を数えるときのことば。▽「第一回。二回目」❷まわること。めぐること。▽「回転」

丨 冂 冂 冋 回 回

●回教●回収●回想●回答●回復●回覧●回廊●次回●前回

かい【灰】 6年 (カイ) はい

はい。ものがもえたあとにのこる粉。

一 厂 𠂆 灰 灰 灰

かい【改】 4年 カイ あらたまる・あらためる

❶新しくとりかえること。▽「改正」❷あらためしらべること。▽「改札」

コ 己 己 改 改 改 改（つかない。巳ではない／又ではない）

●改革●改札●改修●改心●改正●改善●改装●改造●改築●改良

かい【快】 5年 カイ こころよい

❶気持ちがいいこと。▽「愉快」❷病気がよくなること。なおること。▽「全快」

丶 忄 忄 忄 快 快 快（右に出る）

●快活●快感●快勝●快晴●快走●快速●快諾●快調●快適●快方●快楽●軽快●全快●痛快●不快●明快

かい【海】 2年 カイ うみ

なぞなぞ がっきゅうかいに必ずある食べ物はなんだ？ 答えは次のページ。

海海海海海海

うみ。▽「航海」

●海王星●海外●海岸●海峡●海軍●海溝●海産物●海上●海図●海水●海水浴●海草●海藻●海賊●海底●海難●海抜●海浜●海面●海流●海路●雲海●公海●深海●領海

かい【界】3年 カイ ―

❶土地のさかい。▽「となりの家との境界にへいを作る」

❷あるはんいの中。社会。▽「世界」

界界界界界界（つき出ない）

●学界●境界●限界●視界

かい【械】4年 カイ ―

しかけ。▽「機械。器械」

械械械械械械（点を落とさないように）

かい【絵】2年 カイ・エ ―

え。▽「絵画」

絵絵絵絵絵絵（おる）

かい【開】3年 カイ あく・あける・ひらく・ひらける

ひらく。あける。▽「オリンピックの開会式」⇕閉。

開開開開開開（とめる）

●開演●開花●開眼●開業●開眼●開港●開国●開墾●開催●開始●開場●開設●開拓●開通●開店●開発●開票●開封●開閉●開放●開幕●公開●再開●打開●展開●満開

かい【階】3年 カイ ―

❶かいだん。▽「階上」

❷等級。くらい。▽「階級」

❸たてものの、かさなり。▽「二階」

階階階階階階（おる）

●階級●階層●階段●音階

かい【解】5年 カイ・(ゲ) とかす・とく・とける

❶ときほどくこと。▽「解放」

❷問題をとくこと。わかること。▽「解決。理解」

解解解解解解（つき出ない）（午ではない）

●解禁●解決●解散●解釈●解除●解消●解説●解体●解答●解剖●解明●解約●図解●正解●分解●和解

かい【貝】1年 かい ―

アサリやサザエのように、かたいからを持って水の中にすむ動物。

貝貝貝貝貝貝

★「具」「見」ににているので注意

●貝殻●貝塚●二枚貝

かい【下位】

じゅんじょが下の方にあること。▽「下位チーム」⇕上位。

かい

ききめ。しるし。▽「ここまでやって来たかいがあった」

がい【外】2年 ガイ・(ゲ) そと・はずす・はずれる・ほか

❶そと。▽「屋外」⇕内。

❷よそ。▽「外国。外務省」

ノ ク タ 外 外　つき出ない

●外貨●外角●外観●外気●外見●外交●外出●外部●外聞●外面●外野●外来●外来語●意外●海外●郊外●場外●例外

がい【害】4年 ガイ

❶いため、きずつけること。▽「損害」
❷わざわい。▽「風水害」
❸じゃますること。▽「交通ぼう害」

害 害 害 害 害 害　つなげて書かない

●害虫●害鳥●公害●災害●無害●有害●利害●冷害

がい【街】4年 ガイ・（カイ） まち

まち。大通り。▽「市街。街路」

街 街 街 街 街 街

●街灯●街頭●街路樹●商店街

かいえん【開演】 演劇・演芸などをはじめること。開幕。

かいおうせい【海王星】 太陽系で、太陽を回る八番目のわく星。⬇太陽系（図）

かいか【開花】 草木が花を開くこと。

かいが【絵画】 線や色で、ある形をえがいたもの。絵。

がいか【外貨】 ❶外国のお金。▽「外貨をかせぐ」❷外国の品物。▽「外貨を輸入する」

かいかい【開会】 会をはじめること。⬍閉会。

かいがい【海外】 外国。▽「海外放送」

かいがいしい きびきびと、ものごとをするようす。

かいかく【改革】 古いものや、悪いところを改めて直すこと。

がいかく【外角】 ❶三角形・四角形などの一辺をのばしたとき、その外がわにできる角。⬍内角。❷野球のホームベースでバッターに遠いがわ。アウトコース。

外角　内角

［外角❷・内角❷］

かいかつ【快活】 気持ちがさっぱりしていて明るいこと。

かいかぶる【買いかぶる】 ねうち以上に思いこむ。▽「実力を買いかぶる」

かいがら【貝殻】 貝の身をつつんでいる、外がわの、かたいから。

かいかん【快感】 気持ちのいい感じ。

かいがん【海岸】 海と陸とのさかい。海辺。▽「海岸であそぶ」

かいがん【開眼】 ものごとの本質やこつをつかむこと。開眼。

がいかん【外観】 外がわから見えるようす。外見。▽「たてものの外観」

かいがんせん【海岸線】 陸と海とのさかい目の線。

かいき【会期】 会がはじまってからおわるまでの間。

かいぎ【会議】 何人かが集まって、ある問題について話し合いをすること。

がいき【外気】 家の外の空気。

かいきげっしょく【皆既月食】 月がすっかり見えなくなること。太陽と月の間に地球がくる満月の日におこる。⬇月食（図）

かいきにっしょく【皆既日食】 太陽がすっかり見えなくなること。太陽と地球の間に月がくる日におこる。⬇日食（図）

かいきゅう【階級】 ❶位。❷地位や、財産・くらしなどが同じくらいの人々の集まり。階層。▽「中流階級」

かいきょう【海峡】 陸と陸にはさまれて、

前のページの答え⇒「貝（がっきゅうかい）」

海がせまくなっている所。

かいぎょう【開業】❶新しく店や事業をはじめること。❷営業していること。▽「開業医」

かいきん【皆勤】ある期間、休みの日以外には、一日も学校やつとめを休まないこと。▽「かい勤賞」

かいきん【解禁】禁止してあったことをゆるすこと。▽「アユつりの解禁」

かいけい【会計】❶お金の出し入れ。また、その計算。❷お金をはらうこと。

かいけつ【解決】ものごとをはっきりさせて、きまりをつけること。決着。▽「問題を解決する」

かいけん【会見】おおやけの場で話すこと。

がいけん【外見】外から見たようす。見かけ。外観。体裁。▽「外見を気にする」

かいこ【蚕】カイコガの幼虫。クワの葉を食べてそだつ。まゆを作って、さなぎになる。このまゆから絹糸をとる。⬇【蚕】278ページ

かいご【介護】病人やお年寄りなどの世話をすること。

かいこう【海溝】海の底にある細長いみぞ。深さ六千メートル以上のものが多い。

かいこう【開港】港を開いて、外国ととりひきをはじめること。

かいごう【会合】話し合いをするために集まること。また、その集まり。

がいこう【外交】❶外国とのつきあい。❷外に出かけて仕事のとりひきをすること。

がいこうかん【外交官】外国に出かけて、国と国とのつきあいのためにはたらく政府の役人。

かいこく【開国】外国とつきあいをはじめること。⬍鎖国。

がいこく【外国】よその国。

がいこくご【外国語】よその国のことば。英語やスペイン語、中国語など。

がいこつ 肉がなくなり、骨だけになった人のからだ。

かいこん【開墾】山や野を切り開いて田や畑を作ること。開たく。

かいさい【開催】会やもよおしものなどをすること。▽「博覧会を開さいする」

かいさつ【改札】駅で、お客のきっぷやICカードをしらべること。

かいさつぐち【改札口】駅の出入り口で、きっぷやICカードを使って、出たり入ったりするところ。▽「改札口を出るとバスが待っていた」

かいさん【解散】❶集まっていたものが散り散りにわかれること。⬍集合。❷団体などが活動をやめること。❸衆議院議員が任期ちゅうに議員としての身分をなくし、議会がとじられること。▽「野球部を解散する」

かいさんぶつ【海産物】海からとれる物。魚・貝・海そうなど。

かいし【開始】ものごとをはじめること。また、はじまること。

かいしゃ【会社】利益を得るために、お金を出し合って作るしくみ。

かいしゃく【解釈】ものごとの内容やことばの意味を考えて理解すること。

かいしゅう【回収】使ったり、配ったりしたものなどを、また集めること。

かいしゅう【改修】つくり直してよくすること。▽「道路の改修工事」

かいじゅう【怪獣】えたいの知れない、あやしい動物。▽「かいじゅう映画」

がいしゅつ【外出】外に出かけること。▽「朝早く外出する」

かいしょ【楷書】字の書き方の一つで、くずさない書き方。⬇字体（図）

かいじょ【介助】病人や、からだの不自由な人のそばで、動作の手助けをすること。▽「かい助犬」⬇犬（コラム）

かいじょ【解除】とりやめてもとどおりにすること。▽「警報が解除になる」

かいしょう【快勝】 気持ちよく勝つこと。▽「試合に快勝する」

かいしょう【解消】 関係や問題がすっかりなくなること。▽「ストレス解消」

かいじょう【会場】 会をひらくところ。▽「てんらん会の会場」

かいじょう【海上】 海の上。▽「海上交通。海上輸送」⇔陸上。

かいじょう【開場】 劇場など、もよおしものをする場所を開けて人々を中に入れること。

かいしょく【会食】 何人かで食事をすること。▽「先生をかこんで会食する」

がいしょく【外食】 自分の家ではなく、お店で食事をすること。▽「誕生日にみんなで外食する」

かいしん【会心】 期待通りになってまんぞくすること。▽「会心の作品」

かいしん【改心】 悪かったと気づいて心を入れかえること。

かいず【海図】 航海に使う地図。船の通る道や海の深さ、潮のながれなどが書きこんである。

かいすい【海水】 海の水。

かいすいよく【海水浴】 海辺であそんだり、およいだりすること。

かいせい【改正】 直してよくすること。▽「法律を改正する」

かいせい【快晴】 雲一つなく晴れていること。日本晴れ。

かいせつ【開設】 新しく仕事をする所を作って、仕事をはじめること。

かいせつ【解説】 わかりやすく、説明すること。▽「ニュース解説」

かいぜん【改善】 直してよくすること。改良。▽「生活を改善する」

がいせん【がい旋】 たたかいに勝って帰ること。▽「がいせんパレード」

かいそう【回想】 昔のことをあれこれと思い出すこと。思い出。

かいそう【快走】 速く走ること。▽「風を切って快走する」

かいそう【改装】 もようがえをすること。▽「店内を改装する」

かいそう【海草】 海中にはえて、花をつける植物。

かいそう【海藻】 海中の藻類。ワカメ・コンブなど。

かいそう【階層】 ❶くらしや、知識のていどなどで、世の中の人々を分けた区切り。階級。❷たてものの二階、三階などの区切り。

かいぞう【改造】 つくりかえること。

かいそく【快速】 ❶気持ちがよいほど速いこと。❷快速電車。▽「通勤快速」

かいぞく【海賊】 海の上で船をおそって、品物をうばいとる悪者。

かいたい【解体】 一つのものをばらばらにすること。▽「船の解体作業」

かいたく【開拓】 ❶山や野を切り開いて田や畑にすること。開こん。❷新しい場所やすむ道などを開くこと。

かいだん【会談】 会って話し合うこと。▽「日米首脳会談」

かいだん【怪談】 ばけものや、ゆうれいが出てくるこわい話。

かいだん【階段】 のぼりおりするための段。

かいちく【改築】 たてものをたて直すこと。▽「学校の改築」

がいちゅう【害虫】 人や作物に、害をあたえる虫。⇔益虫。

かいちゅうでんとう【懐中電灯】 持って歩くことのできる電気のあかり。

かいちょう【快調】 ❶ひじょうに調子がいいこと。❷ものごとが思うようにすすむこと。▽「仕事は快調にすすむ」

がいちょう【害鳥】 作物などをあらして人に害をあたえる鳥。⇔益鳥。

かいつう【開通】 鉄道や道路、電話などが

なぞなぞ 家の中でゆうれいやばけものが出るところは？ 答えは次のページ。

完成して通じること。

かいづか【貝塚】大昔の人の、食べてすてた貝がらが、たまりかさなっている所。石器や土器も発見される。

かいつまんで 大事な所をかんたんにまとめて。▽「会議のようすをかいつまんで話す」

かいてい【海底】海の底。▽「海底トンネル」

かいてき【快適】気持ちよく楽しいこと。▽「快適な旅を楽しむ」

かいてん【回転】くるくる回ること。くるくる回すこと。

かいてん【開店】❶新しく店をはじめること。▽「新しい本屋が、駅前に開店する」❷その日、店の仕事をはじめること。▽「開店は、朝十時です」⇕閉店。

ガイド ❶見物人を案内すること。また、その人。❷案内書。手引き。

かいとう【回答】質問に答えること。返答。返事。

かいとう【解答】問題を解いて答えを出すこと。また、その答え。

かいどう【街道】❶大通り。❷中央から地方につづく大切な道。

がいとう【街灯】通りにある明かり。

がいとう【街頭】まちの通り。まちの中。▽「街頭演説」

がいとう【該当】きまりなどにあてはまること。

かいどく【解読】暗号や、むずかしい文章などを読んで、どんなことが書いてあるか、はっきりさせること。▽「古代文字を解読する」↓暗号（コラム）

かいぬし【飼い主】動物をやしなっている人。

がいねん【概念】❶だいたいの意味。❷多くのものごとから、にたところをとり出して作られる考え。

かいば【飼い葉】牛や馬などに食べさせるほし草や、わら。

かいはつ【開発】❶じっさいに使えるように、くふうして作り出すこと。▽「新しい薬を開発する」❷自然の中のいろいろなものを、くらしに役立てること。▽「国土開発」

かいばつ【海抜】海面をもとにしてはかる陸地や山などの高さ。

かいひょう【開票】投票箱を開けて選挙の結果をしらべること。

かいひん【海浜】海のほとり。はま辺。

がいぶ【外部】❶外がわ。▽「たてものの外部が白にぬりかえられた」⇕内部。❷なかまではない人。▽「外部の意見をきく」

ことばのふしぎ

「回文」を作るこつ

上から読んでも下から読んでも同じに読める文を「回文」といいます。「わたしまけましたわ」「なつまでまつな」「いかたべたかい」などです。

こんなおもしろい文を作るこつは、まずあまり長くない好きなことばをきめて、そのことばをひっくり返してみることです。そしてその間にことばをたしていくのです。ことばとことばをつなぐことばをうまく使うのがこつです。

かいふう【開封】❶手紙のふうを開くこと。❷ふうが一部開いている手紙。

かいふく【回復】もとのよい状態にもどること。▽「天気が回復する」

かいぶつ【怪物】❶あやしいもの。ばけもの。❷なみはずれた能力を持つ人。

かいぶん【回文】上から読んでも下から読んでも同じになる文。「たけやぶやけた」など。

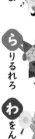

がいぶん【外聞】❶世の中のひょうばん。うわさ。▽「外聞を気にする」❷ていさい。体面。▽「外聞が悪い」

かいへい【開閉】開くことと、閉じること。あけしめ。▽「ドアの開閉」

かいほう【介抱】病人やけが人の世話をすること。▽「手あつくかいほうする」

かいほう【快方】病気やけがなどがよくなっていくこと。▽「快方にむかう」

かいほう【開放】❶開け放すこと。❷出入りなどを自由にさせること。▽「校庭を開放する」⇕閉鎖。

かいほう【解放】解き放して自由にさせること。▽「仕事から解放される」

かいぼう【解剖】動物や人のからだを切り開いて、中のようすをしらべること。

かいまく【開幕】❶幕を開けて劇や演芸などをはじめること。開演。❷ものごとがはじまること。▽「プロ野球が開幕する」

かいみょう【戒名】仏教で、死んだ人におくる名。⇕俗名。

かいむ【皆無】まったく無いこと。何も無いこと。

がいむしょう【外務省】外国とのつきあいや、やくそくのとりきめなどの仕事をする国の役所。

かいめい【解明】わからないことをしらべてはっきりさせること。

かいめん【海面】海の水の表面。

がいめん【外面】外がわ。うわべ。うわつら。⇕内面。

かいもの【買い物】物を買うこと。また、買った物。▽「買い物に出かける」

がいや【外野】野球で、内野の後方。また、そのあたりをまもる選手。⇕内野。⇩野球（図）

かいやく【解約】きめたやくそくをとりけすこと。▽「預金を解約する」

がいゆう【外遊】外国へ旅行すること。▽「ヨーロッパに外遊する」

がいらい【外来】❶よそから来ること。❷外国から来ること。▽「外来文化」

がいらいご【外来語】外国からつたわって、今では日本語として使われていることば。ケーキ・ハム・スプーンなど。ふつう、かたかなで書く。

かいらく【快楽】よい気持ちで楽しいこと。▽「快楽をもとめる」

かいらん【回覧】次々に回して見ること。▽「回覧板」

かいりゅう【海流】海の水が、あるきまった方向に流れているもの。暖流と寒流とがある。▽「対馬海流」

［日本のまわりの海流］

かいりょう【改良】つくりかえて、よくすること。改善。▽「機械を改良する」

かいろ【回路】電気が一まわり流れる通り道。

かいろ【海路】船の通る道すじ。航路。⇕陸路。空路。

がいろじゅ【街路樹】町の通りにそって、ならべてうえてある木。

かいわ【会話】二人、あるいは数人がたがいに話をすること。

かいわぶん【会話文】物語などで人が話したことばをそのまま書いた文。ふつう「　」をつけて示す。⇕地の文。

かう【交う】ほかのことばの下について「しあう」「たがいにおこなう」の意味をあらわ

前のページの答え⇒「階段（怪談）」

す。▽「チョウがとび交う」⬇[交]226ページ

かう【買う】❶お金をはらって、品物を自分のものにする。⬍売る。❷うける。▽「うらみを買う」❸ねうちをみとめる。▽「才能を買う」❹ひきうける。▽「けんかを買う」⬇[買]550ページ

かう【飼う】動物にえさをあたえて、やしなう。⬇[飼]286ページ

かえす【返す】❶もとの場所や持ち主にもどす。▽「かりた本を返す」❷表を裏にする。▽「手のひらを返す」❸うけた行いにたいして、それにふさわしいことをする。▽「恩を返す」⬇[返]631ページ

かえす【帰す】もといたところに行かせる。かえらせる。▽「子供を家へ帰す」⬇[帰]156ページ

かえって むしろ、ぎゃくに。▽「歩いたほうが、かえって早くついた」

かえで 秋に葉が赤くなる。カエルの手の形ににた葉を持つ木で、「もみじ」ともいう。

かえりがけ【帰りがけ】帰るとちゅう。帰るついで。▽「仕事の帰りがけに、買い物をする」

かえりざく【返り咲く】一度はなれた地位にまたつく。▽「社長に返り咲く」

かえりみる【省みる】自分の心や行いをふりかえって、よく考える。反省する。▽「自分自身を省みる」⬇[省]373ページ

かえりみる【顧みる】❶後ろをふりむいてみる。❷すぎさったことを思う。❸気にかける。心配をする。▽「家庭をかえりみるひまもない」

かえる【代える】あるものに、ほかのものの役目をさせる。▽「命には代えられない」⬇[代]412ページ

かえる【返る】❶もとのようになる。もどる。▽「正気に返る。昔に返る」❷もとの場所や持ち主にもどる。▽「おとした物が返る」⬇[返]631ページ

かえる【変える】前とちがったようすにする。▽「水のながれを変える。顔色を変える」⬇[変]631ページ

かえる【帰る】もとの所にもどる。▽「家に帰る」⬇[帰]156ページ

かえる【替える】あるものを、べつのものにする。新しいものにする。▽「夏服にかえる」

かえる【換える】あるものとほかのものを、とりかえる。▽「品物をお金にかえる」

かえる たまごが子になる。

かえる 両生類の動物。たまごからオタマジャクシになり、成長してカエルになる。こん虫などをとって食べる。

かえるのこはかえる【かえるの子はかえる】カエルの子のオタマジャクシが大きくなるとカエルになるように、子は親ににてしまうものだということ。

かえるのつらにみず【かえるの面に水】カエルに水をかけても平気なように、どんなことをされても平気でいるようす。

かお【顔】❶首から上の、目や口や鼻のある部分。❷めいよ。めんぼく。▽「顔を立てる」❸顔つき。表情。▽「なにくわぬ顔」❹そこに集まる人。▽「顔がそろう」❺つきあい。交わり。▽「顔が広い」⬇[顔]150ページ

●顔色●顔が広い●顔から火が出る●顔立ち●

[顔]

あいうえお　かきくけこ　さしすせそ　たちつてと　なにぬねの　はひふへほ　まみむめも　やゆよ　らりるれろ　わをん

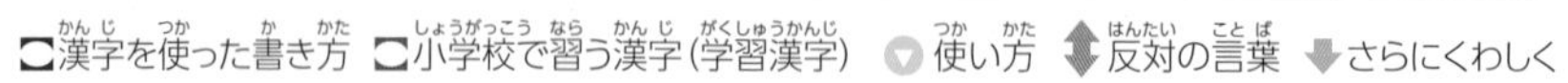

顔つき●顔なじみ●顔に泥を塗る●顔ぶれ●顔見知り●顔役●顔をしかめる●したり顔●知らん顔●新顔●素顔●何食わぬ顔●似顔●横顔●我が物顔

かおいろ【顔色】❶顔の色。▼「顔色が悪い」❷きげん。▼「顔色をうかがう」

かおがひろい【顔が広い】多くの人に知られている。▼「父は顔が広い」

かおからひがでる【顔から火が出る】はずかしくて、顔をまっかにするようす。

かおく【家屋】人のすむたてもの。すまい。家。

かおだち【顔立ち】顔全体のようす。顔つき。▼「ととのった顔立ち」

かおつき【顔つき】❶顔にあらわれたようす。表情。▼「心配そうな顔つき」❷顔かたち。▼「親ににた顔つき」

かおなじみ【顔なじみ】前からよく知り合っている人。知り合い。

かおにどろをぬる【顔に泥を塗る】はじをかかせる。

かおぶれ【顔ぶれ】会や仕事などにくわわっている人々。そろった人々。

かおみしり【顔見知り】あまり親しくはないが、おたがいに顔を知り合っている間がら。▼「町内の顔見知り」

かおり【香り・薫り】よいにおい。⬇【香】227ページ

かおる【香る・薫る】よいにおいがする。におう。▼「バラが香る」⬇【香】227ページ

かおをしかめる【顔をしかめる】いやなことやいたみなどのため顔にしわをよせる。▼「いたみで顔をしかめる」

がか【画家】絵をかくことを仕事にしている人。絵かき。

かがい【課外】きまった学習や授業時間以外のこと。▼「課外授業」

かがいしゃ【加害者】他人に害をあたえた人。⬍被害者。

かかえる【抱える】❶両うででにだいて持つ。▼「荷物をかかえる」❷責任を持ってあつかう。▼「何人もの子をかかえる」❸人をやとう。▼「運転手をかかえる」

カカオ 熱帯地方にはえる木。種からココアやチョコレートを作る。

かかく【価格】物のねだん。あたい。▼「価格が下がる」

かがく【化学】物質の組み立て・性質・変化などを研究する学問。▼「化学薬品」

かがく【科学】自然や社会の、いろいろな出来事をとらえて、その関係やきまりをじゅんじょ立てて研究し、生活に役立てるようにする学問。▼「科学者」

科学

化学

[科学]

ががく【雅楽】古くから宮中で行われ、今も宮中・神社などにつたわっている、ぎ式の音楽。

かがくぎじゅつ【科学技術】科学の研究の結果、考え出された技術。

かがくしゃ【科学者】科学を専門に研究している人。

かがくせんい【化学繊維】レーヨン・ビニール・ナイロンなどのように化学の力で作られたせんい。化せん。

かがくてき【科学的】すじみちを立て、理

早口ことば（五回続けていえるかな）カエルぴょこぴょこ三ぴょこぴょこ。

くつをつみかさねてしらべたり考えたりするようす。

かがくはくぶつかん【科学博物館】動植物のひょうほんや機械類など、科学の研究の参考になるものを集めて、多くの人に見せたり、実験をさせたりする所。

かかげる【掲げる】❶高い所にあげる。▽「国旗をかかげる」❷新聞などに書いてのせる。▽「記事をかかげる」

かかし 鳥などが作物を食べないように、たんぼや畑に立たせておく人形。

かかと ❶足のうらの後ろの部分。⬇体(図) ❷はきものの後ろの部分。▽「かかとの高いくつ」

かがみ【鏡】光の反射を利用して、ものの形や人のすがたをうつす道具。⬇【鏡】176ページ ●鏡開き ●鏡餅

かがみ【▲鑑】手本。▽「人のかがみ」

かがみびらき【鏡開き】正月にかざった鏡もちを食べる行事。

かがみもち【鏡餅】神にそなえる、まるくて平たいもち。おそなえ。

かがむ 足やこしをまげて、ひくくなる。しゃがむ。▽「道ばたにかがむ」

かがやかしい【輝かしい】❶光ってまぶしい。❷りっぱですばらしい。▽「かがやかしい栄よ」

かがやく【輝く】❶きらきらと光る。▽「夜空にかがやく星」❷はなばなしく見える。▽「優勝にかがやく」

かかり【係】仕事のうけもち。また、その人。▽「進行係をつとめる。係員」⬇【係】205ページ

かかりきり【掛かりきり】そのことだけをして、ほかのことはしないこと。▽「病人の世話にかかりきりです」

かかりつけ いつも同じ医者にみてもらっていること。▽「かかりつけのお医者さんに行く」

かがりび【かがり火】祭りのときや、夜に用心のためにたく火。

かかる【係る】関係がある。つながりがある。かかわる。▽「成功するかどうかは本人の努力に係っている」⬇【係】205ページ

かかる【架かる】こちらがわからむこうがわへまたがる。▽「橋がかかる」

かかる【掛かる】❶たれさがる。ぶらさがる。❷たよる。世話になる。▽「医者にかかる」❸くっつく。ふりかかる。▽「どろがかかる」❹うまくだまされる。▽「わなにかかる」❺およぶ。関係する。▽「めいわくがかかる」❻ものごとをしはじめる。▽「仕事にかかる」❼必要である。いる。▽「お金がかかる」❽かぎがしまる。▽「かぎがかかる」❾せめる。▽「敵がかかってくる」

かかる【懸かる】❶高い所にぶらさがる。▽「月が空にかかる」❷賞がついている。▽「優勝がかかった試合」

かかる 病気になる。▽「はしかにかかる」

かがわけん【香川県】四国地方にある県。県庁は高松市にある。ミカン・オリーブの産地。⬇都道府県(図)

かかわり【関わり】関係。つながり。▽「この事件にはなんの関わりもない」

かかわる【関わる】❶関係する。つながる。▽「命に関わる大けが」❷そのことを気にする。こだわる。▽「つまらないことに関わるな」⬇【関】149ページ

かき【火気】❶火の気。▽「火気厳禁」❷火のいきおい。

かき【夏季】夏。夏の季節。⬍冬季。

かき【夏期】夏の間。⬍冬期。

かき【柿】秋に果物のなる木。実は、アマガキとシブガキとがある。

かき 二枚貝のなかま。海の岩などにつく。

かぎ ❶物をひっかけるために、先がまがった金具。▽「手かぎ」❷文章で、会話や引用の部分に使う「 」の記号。かぎかっこ。

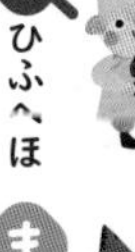

あいうえお　かきくけこ　さしすせそ　たちつてと　なにぬねの　はひふへほ　まみむめも　やゆよ　らりるれろ　わをん

か

かぎ ❶じょうまえをあけるための金具。❷ものごとをかいけつするときのいちばん大切な点。▼「解明のかぎをにぎる」

がき【餓鬼】❶仏教のことばで、死んでからも、のどのかわきや、空腹で苦しんでいる人。生前に悪いことをしたむくいとされている。❷子供をばかにして言うことば。▼「うるさいがきだ」

かきあつめる【かき集める】よせ集める。▼「おち葉をかき集める」

かきいれどき【書き入れ時】もうかる時。いそがしい時。帳ぼの書き入れにいそがしい時の意味から。

かきおき【書き置き】❶用事を書きのこすこと。またそのもの。❷死ぬ前に自分の気持ちなどを書いてのこしておく手紙。遺書。

かきごおり【かき氷】氷をけずって、あまいシロップなどをかけた食べ物。▼「かき氷を食べすぎて、おなかをこわす」

かきことば【書き言葉】文章を書くときに使うことば。⇕話し言葉。

かきじゅん【書き順】漢字やかなを書くときの、書き方の順序。筆順。▼「書き順がちがうよ」

かきぞめ【書き初め】新年になって、はじめてする習字。一月二日に行う。

がきだいしょう【餓鬼大将】子供の中で、親分になって、いちばんいばっている子。

かきだし【書き出し】文章の書きはじめのところ。▼「書き出しに苦心する」

かぎつける においをかぐようにしてさがしだす。▼「ひみつをかぎつける」

かきとめ【書留】書留郵便のこと。まちがいなくとどくように郵便局の帳ぼに書きとめておく郵便物。

かきとり【書き取り】❶書きうつすこと。❷国語の勉強で人が読むことばや、ひらがなのことばを漢字に直すこと。▼「漢字の書き取りのテスト」

かきなおす【書き直す】一度書いたものを消して、もう一度書く。▼「まちがいを見つけたので書き直した」

かきぬく【書き抜く】文の中の一部分をうつしとる。▼「たいせつな所をノートに書きぬく」

かきね【垣根】家や土地のまわりのかこい。かき。

かきまぜる【かき混ぜる】手やスプーンなどを入れてぐるぐる回して、なかみが混ざるようにする。▼「たまご三個をかき混ぜる」

かきまわす【かき回す】❶手や棒などで中のものを回す。かきまぜる。▼「スプーンでかき回す」❷かきみだす。ごたごたをおこす。▼「授業をかき回す」

かきゅう【下級】❶下の学年。▼「下級生」❷身分・地位・品物などの程度のひくいもの。

かぎょう【家業】その家にうけつがれている仕事。▼「家業をつぐ」

かぎり【限り】❶かぎること。さかい。❷これで最後。▼「今日限りでおわり」❸ありったけ。全部。▼「力の限り走る」❹しているあいだ。▼「努力している限り上達するだろう」

かぎる【限る】❶さかいをつける。区切りをつける。▼「小学生に限る」❷それがいちばんいい。▼「健康のためには運動するに限る」⬇【限】217ページ

かきわける【かき分ける】手の先で左右におし分ける。▼「人ごみをかき分ける」

かく【各】4年 カク（おのおの）
一つ一つ。めいめい。▼「各自」

各（筆順）
夂や久ではない
★「名」ににているので注意

なぞなぞ 話しかけても返事をしてくれないきょうだいはだあれ？ 答えは次のページ。

●各種●各人●各地●各国

かく【角】2年 カク かど・つの

❶つの。▽「触角」
❷かど。角度。
❸四角のもの。▽「角柱」

角（はねる）

●角度●角膜●外角●三角●直角●内角●方角

かく【画】

❶漢字を作っている線や点。▽「字画」 ❷しきり。▽「区画」 ❸はかりごとをする。▽「画策。計画」 ↓【画】110ページ

●画数●画期的

かく【拡】6年 カク —

広げること。広がること。▽「拡大」

拡（おる）

●拡大鏡●拡張

かく【革】6年 カク（かわ）

❶なめしがわ。かわ。▽「皮革」
❷あらためること。かわること。▽「革新。改革」

革（つき出て上につく）

●革命●沿革

かく【格】5年 カク・（コウ）

❶きまり。きそく。▽「格外。合格」
❷位。等級。ていど。▽「品格」

格（ヌや夂ではない）

●格言●格式●格式張る●格納庫●格別●格安●格好●価格●失格●人格●性格●体格

かく【覚】4年 カク おぼえる・さます・さめる

❶さとり。さとること。▽「自覚」
❷感じること。▽「知覚」
❸人が気づくこと。▽「発覚」
❹目がさめること。

覚（点の向きに注意。ツとしない）

●視覚●発覚●不覚●味覚

かく【閣】6年 カク —

❶高いたてもの。▽「天守閣」
❷内閣。▽「組閣」

閣（とめる／はねる）

●閣議●閣僚

かく【確】5年 カク たしか・たしかめる

❶しっかりしていること。▽「確立」
❷たしかなこと。▽「確証」

確（右からひとふでにはらう）

●確実●確信●確定●確認●確保●確率●的確

かく【欠く】

❶一部分をこわす。▽「茶わんを欠く」 ❷ぬかす。不足する。▽「注意を欠く」 ↓【欠】212ページ

かく【書く】

❶文字をしるす。▽「字を書く」 ❷文章を作る。▽「作文を書く」 ↓【書】329ページ

[描く・書く❶]

かく【核】 ❶中心となるもの。▼「中核」「核心」❷原子核。▼「核分れつ」❸核兵器。▼「核武装」

かく【描く】 絵などをえがく。▼「花の絵をかく」

かく ❶つめや指先などで強くこする。▼「背中をかく」❷物を動かす。▼「落ち葉をかく」❸出す。▼「あせをかく。いびきをかく」❹よくないようすがあらわれる。▼「はじをかく。べそをかく」

かぐ【家具】 家の道具。ふだんのくらしによく使う道具。つくえ・いす・たんすなど。調度。

かぐ においを感じとる。

がく【学】 1年 ガク まなぶ

❶勉強すること。▼「学習」❷学問。知識のあること。▼「博学だとほめられた」❸学校。▼「大学」

学（点の形に注意。⺍ではない）

●学業●学芸●学資●学者●学習●学術●学生●学説●学童●学費●学問●学用品●学力●学齢●学歴●学期●学級●学校●科学●見学●進学●通学●入学

がく【楽】 2年 ガク・ラク たのしい・たのしむ

音楽。▼「楽団。声楽」

楽

●楽隊●楽譜●楽屋●楽器●器楽●邦楽●洋楽

がく【額】 5年 ガク ひたい

❶ひたい。▼「前額部」❷お金や品物の数量。▼「金額」❸絵などを入れて、かべなどにかけておくもの。▼「額ぶち」

額

●月額●差額●半額

がく つぼみや花びらの外がわにあって、花をまもるもの。⬇雌しべ（図）

かくう【架空】 じっさいにはない、作りごと。▼「かくうの人物」⬍実在。

かくかぞく【核家族】 両親とその子供だけの家族。

かくぎ【閣議】 大臣が集まって国の政治を相談する会議。

がくぎょう【学業】 学校の勉強。

がくげい【学芸】 学問と芸術。

がくげいかい【学芸会】 小学校などで、音楽や劇などを発表する会。

かくげん【格言】 人をいましめ、さとす、みじかいことば。金言。

かくご【覚悟】 心がまえができること。▼「覚ごをきめる」

かくじ【各自】 めいめい。各人。

かくしき【格式】 身分・家がらなどによるきまり。▼「格式が高い」

かくしげい【隠し芸】 こっそりとおぼえた芸ごと。▼「かくし芸を見せる」

かくじつ【確実】 たしかで、まちがいがないこと。▼「当選は確実だ」

がくしゃ【学者】 ❶学問を専門に研究する人。❷学問のある人。

かくしゅ【各種】 いろいろな種類。

がくしゅう【学習】 勉強すること。

がくしゅうかんじ【学習漢字】 小学校の間に、学習することをきめられている一〇二六字の漢字。教育漢字。

かくしょう【確証】 確かなしょうこ。▼「確証をつかむ」

かくしん【革新】 古いならわしをあらため、新しくすること。▼「社会を革新する」⬍

前のページの答え⇒「鏡（鏡台）」

保守。

かくしん【確信】確かにそうだとかたく信じること。▽「無罪を確信する」

かくじん【各人】めいめい。各自。

かくす【隠す】❶外から見えなくする。▽「すがたをかくす」❷人に知られないようにする。▽「事実をかくさず話す」⇔表す。

かくすい【角すい】底面が多角形で、側面が三角形の、先のとがった立体。四角すいなど。⬇円すい（図）

かくすう【画数】漢字を組み立てている線や点の数。たとえば「上」は三画。

がくせい【学生】学校、とくに大学で勉強する人。▽「学生時代」

がくせつ【学説】学問上の考え方。

かくだい【拡大】広げて大きくすること。▽「写真を拡大する」⇔縮小。

がくたい【楽隊】西洋楽器で音楽を合奏する人たちの集まり。楽団。

かくだいきょう【拡大鏡】凸レンズを使い、ものを大きくして見る道具。虫めがね。ルーペ。

がくだん【楽団】いろいろな楽器で音楽を演奏する団体。楽隊。

かくち【各地】あちらこちらの土地。▽「全国各地のニュース」

かくちゅう【角柱】❶四角な柱。❷上下の面が多角形で側面が長方形の立体。⬇円すい（図）

かくちょう【拡張】広げて、大きくすること。▽「拡張工事」⇔縮小。

かくてい【確定】はっきりきまること。▽「試合の日が確定した」

かくど【角度】❶二つの直線が作る角の大きさ。❷ものを見る立場。▽「角度をかえて考えてみる」

がくどう【学童】小学校に通っている児童。▽「学童保育」

かくとく【獲得】苦心して手に入れること。▽「金メダルをかく得する」

かくにん【確認】はっきり認めること。▽「人数を確認しておく」

がくねん【学年】❶学校の生活が四月から始まって三月に終わるまでの一年間。▽「学年末」❷同じ年に入学した子供たちの集まり。▽「同じ学年の女の子」

かくのうこ【格納庫】飛行機などをしまっておくたてもの。

がくひ【学費】学校で勉強するためにかかるお金。

がくふ【楽譜】音楽の曲を、音符を使って五線紙の上に書きあらわしたもの。

がくぶち【額縁】絵や写真、書などを入れてかざるためのわく。

かくへいき【核兵器】核反応を利用した原子ばくだん・水素ばくだんなどの兵器。

かくべつ【格別】とくべつ。とくに。▽「今日の暑さは格別だ」

かくほ【確保】手にいれて、しっかりと持っておくこと。▽「食料を確保する」

かくまう 追われている人などを、こっそりかくす。

かくまく【角膜】目玉（眼球）の前の方にあるまくで、すき通っている部分。

かくめい【革命】国の政治や、世の中のしくみを、急に大きくかえること。

がくもん【学問】❶研究してまとめられた知識。❷勉強すること。

がくや【楽屋】劇場などにある、出演者が準備したり休んだりする部屋。

かくやす【格安】品物のいいわりに、ねだんが安いこと。割安。

がくようひん【学用品】学習のために使う道具。ノートやえんぴつなど。文ぼう具。

かぐら【神楽】神をまつるために神の前でする、おどりや音楽。

かくり【隔離】❶間をへだてて、はなすこと。❷感染しょうにかかった人などを、あるきまった所におくこと。

かくりつ【確立】しっかりしたものにすること。▽「方針を確立する」

かくりつ【確率】あることがおこりうるわりあい。▽「事故のおこる確率」

かくりょう【閣僚】内閣を作っている大臣たち。

がくりょく【学力】身についた学習や、学問の力。▽「学力をつける」

がくれい【学齢】❶小学校に入学する年れい。六さい。❷小学校・中学校で勉強しなければならない年れい。日本では六さいから十五さいまで。

がくれき【学歴】その人が、どんな学校で、どんな勉強をしてきたかということ。▽「学歴は問わない」

かくれる【隠れる】❶物のかげになって外から見えなくなる。❷世の中に名前が知られていない。▽「かくれた学者」

かくれんぼ【隠れんぼ】子供のあそびの一つ。おにがかくれたなかまをさがし、見つけられた者が、次のおにになる。かくれんぼう。

かげ【陰】❶日の当たらない所。▽「山のかげになる」❷人の目につかない所。▽「かげで悪いことをする」

かげ【影】❶日や月や火などの光。▽「月かげ」❷物が光をさえぎって、その形が黒くあらわれるもの。▽「かげふみ」❸かがみや水などにうつる物の形。▽「池にうつる木のかげ」❹すがた。▽「人かげ」

トリ
やかん
ウサギ
キツネ

[影❷]

がけ 山や岸などのけわしく切りたったところ。▽「がけくずれ」

かけあう【掛け合う】❶話をもちかける。こうしょうする。❷たがいにかける。▽「水を掛け合う」

かけあし【駆け足】速く走ること。▽「かけ足で校庭を一周する」

かけい【家系】先祖からつづく家の人のつながり。

かけい【家計】家のくらしの収入と支出のようす。生計。▽「家計が苦しい」

かけいぼ【家計簿】家のくらしで使うお金の出し入れを書きつける帳ぼ。

かげがうすい【影が薄い】元気がなくて目立たない。▽「かげがうすい存在だ」

かげき【過激】ていどをこえて、はげしいようす。▽「過激な発言」⇔穏健。

がけくずれ【崖崩れ】大雨や地しんで、がけがくずれること。▽「がけくずれで車が通れない」

かげぐち【陰口】その人のいない所で言う悪口。▽「かげ口をきく」

かけごえ【掛け声】人によびかける声。いきおいをつけるときに出す声。

かけごと【かけ事】お金や品物をかけてする勝負事。ばくち。

かけことば 一つの音に二つの意味をもたせること。たとえば「まつ」に「松」と「待つ」の意味をもたせるなど。

かけこむ【駆け込む】走ってきて中にはいりこむ。▽「にわか雨にあって、あわててのき先にかけこむ」

かけざん【掛け算】二つ以上の数をかけて、答えを出す計算。乗法。⇔割り算。

あいうえお かきくけこ か さしすせそ たちつてと なにぬねの はひふへほ まみむめも やゆよ らりるれろ わをん

なぞなぞ 海でも山でも取れる食べ物は？ 答えは次のページ。

かけつ【可決】議案をそれでよいと決めること。▽「会議で原案が可決された」⇔否決。

かけつける【駆け付ける】急いでやって来る。▽「知らせを聞いてかけつける」

かけっこ【駆けっこ】いっしょに走って、速さをあらそうこと。かけくらべ。競走。徒競走。

かけのぼる【駆け登る】走って高いところへのぼる。▽「山のちょうじょうまで一気にかけ登る」

かけはし【懸け橋・掛け橋】❶谷などにかけわたした橋。❷橋わたし。なかだち。▽「両国の親善のかけ橋となる」

かけひき【駆け引き】あいての出方やようすを見て、うまくその場に合わせて話をしたり、ものごとを行ったりすること。▽「かけ引きがうまい」

かげぼうし【影法師】光をうけてうつる、人などのかげ。

かげぼし【陰干し】日かげでかわかすこと。また、かわかしたもの。

かげむしゃ【影武者】❶敵をだますために、大将ににた身なりをした人。❷かげにいて、指図をする人。黒幕。

かけもち【掛け持ち】同時に、二つ以上の仕事などをうけ持つこと。

かけよる【駆け寄る】走って近寄る。▽「かけ寄って助け起こす」

かけら ❶こわれてできた小さな部分。▽「ガラスのかけら」❷ほんの少し。▽「良心のかけらもない」

かける【欠ける】❶物の一部分がこわれる。▽「茶わんが欠ける」❷たりない。▽「人員が欠ける」❸月の形が細くなる。⇔満ちる。⬇【欠】212ページ

かける【架ける】こちらがわから、むこうがわへまたがらせる。わたす。▽「川に橋をかける」

かける【掛ける】❶上から下にさげる。❷上からそそぐ。▽「水をかける」❸うまくだます。▽「わなにかける」❹しめる。▽「かぎをかける」❺つみたてる。▽「保険をかける」❻ついやす。▽「時間をかける」❼重さをはかる。▽「はかりにかける」❽かけ算をする。

かける【駆ける】速く走る。

かける【賭ける】ゲームなどで、お金やものをだしあって勝負をあらそう。

かける【懸ける】❶賞などをつける。▽「優勝をかけてたたかう」❷いっしょうけんめいになる。▽「命をかける」

かげる 日が当たらなくなる。▽「山あいなので、早く日がかげる」

かげろう 春や夏などに、地面近くの空気があたためられて上にのぼるとき、物がゆれて見えること。

かげん【加減】❶加えたり、減らしたりすること。❷いろいろくふうしてちょうどいいようにすること。▽「味を加減する」❸からだの調子。▽「加減が悪い」❹たし算とひき算。

かげんじょうじょ【加減乗除】計算のし方の、たし算・ひき算・かけ算・わり算のこと。四則ともいう。

かげんのつき【下弦の月】満月のあとに、左半分がかがやいて見える月。月がしずむとき、弓のつるを、下にした形になるので下げんという。⇔上弦の月。⬇月（コラム）

かこ【過去】すぎさった時。昔。⇔現在。未来。

かご 竹などであんだ入れ物。▽「虫かご。買い物かご」

かご 昔、人をのせて前と後ろからかついだ乗り物。▽「かごをかつぐ」

かこい【囲い】❶へいやかきねなど、囲うもの。❷囲ってある場所。

かこう【囲う】 ❶とりまく。▽「庭をかきねで囲う」❷しまっておく。▽「冬に備えてイモを囲う」⬇【囲】30ページ

かこう【下降】 下へ降りること。下がること。⬆⬇上昇。

かこう【火口】 火山の、よう岩などをふき出す大きなあな。

かこう【加工】 手を加えて、新しくべつな品物に作りかえること。

かこう【河口】 川の水が海にながれこんでいる所。かわぐち。

かごう【化合】 二種類以上の物質がむすび合って新しい物質になること。▽「酸素と水素が化合して水になる」

かごうぶつ【化合物】 二種類以上の元素からできている物質。

かごしまけん【鹿児島県】 九州地方にある県。サツマイモが多くとれ、ちく産もさかん。県庁は桜島火山のある鹿児島市にある。⬇都道府県（図）

かこむ【囲む】 まわりをとりまく。▽「食たくを囲む」⬇【囲】30ページ

かさ【傘】 雨や日光などをよけるためにかざすもの。▽「雨がさ。かさをさす」⬇服（図）

かさ ❶雨・雪・日光などをふせぐために頭にかぶるもの。▽「かさをかぶって田植えをする」❷かさの形をしたもの。▽「キノコのかさ。電灯のかさ」

［かさ❶］

かさ ものの量や大きさ。▽「水かさ」

かざ【風】 ことばの上につけて「かぜ」の意味をあらわす。▽「風上。風穴」⬇【風】601ページ
●風上●風車●風下●風見

かさい【火災】 火による災難。火事。

かざかみ【風上】 風のふいて来る方向。⬆⬇風下。

かさく【佳作】 ❶できのよい作品。❷入選の次によい作品。

かざぐるま【風車】 ❶風が当たると、くるくる回るおもちゃ。❷⬇風車

かざしも【風下】 風がふいて行く方向。⬆⬇風上。

かざす ❶目の上に持ち上げる。▽「サクラの花をかざす」❷さしかけてかげにする。▽「手をかざして見上げる」

かさなる【重なる】 ❶物の上にほかの物がのる。❷さらにくわわる。▽「仕事が重なる」⬇【重】317ページ

かさにきる【かさに着る】 強い人の力を利用していばる。▽「親の力をかさに着る」

かさねる【重ねる】 ❶物の上に物をおく。▽「本を重ねる」❷つけくわえる。▽「ことばを重ねる」❸くりかえす。▽「会議を重ねる」⬇【重】317ページ

かさばる 物の大きさや量がふえる。かさむ。▽「荷物がかさばる」

かさぶた きずがなおるとき、かわいてできる皮。▽「かさぶたがとれてきれいになおる」

かざみ【風見】 風のふく方向を知る道具。風のむきにしたがって動くようにしてある。風向計。▽「風見どり」

かさむ 物の数や量がふえる。▽「費用がかさむ」

かざり【飾り】 ❶かざること。かざるもの。❷うわべだけを、よく見せること。▽「かざりのない人」

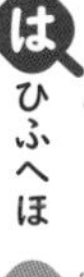

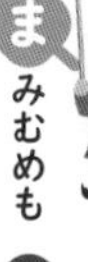

前のページの答え⇒「かき」

かざりけ【飾り気】 ❶おしゃれをしたい心。❷自分をよく見せたい心。▽「かざり気のない人」

かざる【飾る】 ❶美しく見えるようにする。▽「部屋を花でかざる」❷着るものや身なりを美しくする。❸見てくれだけをよくする。▽「うわべをかざる」

かざん【火山】 地下のマグマが、ガスといっしょにふき出して、それが高くつもってできた山。

かざんばい【火山灰】 火山からふき出てひえた、灰のような物。

かし【河岸】 ❶かわぎし。とくに、船から人や荷物をあげおろしする所。❷かわぎしに立つ魚市場。▽「魚河岸」

かし【菓子】 食事のほかに食べる物。ケーキ・せんべい・まんじゅうなど。

かし【歌詞】 歌よう曲・民よう・オペラなどの、歌のことば。

かし【貸し】 ❶貸すこと。❷貸したお金や物。▽「貸しがある」⇔借り。

かじ【火事】 たてもの・山林・船などがもえること。▽「火事を出す」

かじ【家事】 家の中の細かいいろいろな仕事。▽「家事を家族で分担する」

かじ 船のすすむ方向をかえるしかけ。

がし【餓死】 食べ物がとれないで、死ぬこと。うえ死に。

カシオペアざ【カシオペア座】 北の空に見えるWの形にならんだ星座。

かじかむ 寒さやつめたさのために、指先などが思うように動かない。▽「指がかじかむ」

かしかり【貸し借り】 お金や物を人に貸したり、人から借りたりすること。

かしきり【貸し切り】 乗り物や場所を、時間をきめて、もうしこんだ人だけに貸すこと。▽「貸し切りバス」

かしげる かたむける。▽「首をかしげて考える」

かしこい【賢い】 ちえがすぐれている。りこうである。▽「犬はかしこい」

かしこまる ❶おそれつつしむ。▽「先生の話をかしこまって聞く」❷きちんとすわる。▽「そんなにかしこまらないで、楽にして」❸しょうちする。▽「はい、かしこまりました」

かしだし【貸し出し】 お金や物を貸すこと。▽「本の貸し出しをする」

かじつ【果実】 植物の実。果物。

かしや【貸家】 お金をとって貸す家。▽「貸家にすむ」

かしゃ【貨車】 貨物をはこぶ、鉄道の車両。

かしゅ【歌手】 歌をうたうことを仕事とする人。歌い手。

かじゅ【果樹】 果物のなる木。

かしゅう【歌集】 ❶和歌を集めた本。❷歌の曲を集めた本。

かじゅう【果汁】 果物からしぼりとったしる。ジュース。

かしょう【過小】 小さすぎること。ひどく小さいこと。⇔過大。

かじょう【過剰】 ありあまること。▽「生産過じょう。自信過じょう」

がしょう【賀正】 正月をむかえたことをいわうこと。

かじょうがき【箇条書き】 ことがらを一つずつ分けて書きならべること。

かしら【頭】 ❶あたま。▽「尾頭つきの魚」❷上に立つ人。▽「大工の頭」❸いちばん上。▽「十さいを頭に三人の子がいる」➡【頭】489ページ

かしらもじ【頭文字】 英文などで、一つのことばや、文のはじめの文字。

かじる ❶かたいものを少しずつ歯でかみとる。▽「木の実をかじる」❷少しやってみる。▽「英語をかじる」

かしわで【かしわ手】 神をおがむときに、両手をうち合わせて鳴らすこと。

かしん【過信】 信用しすぎること。▽「自分の力を過信してしくじった」

かす【貸す】 ❶かえしてもらうやくそくで、自分の物を人にわたす。⇔借りる。❷手だすけをする。▽「力を貸す」⬇【貸】411ページ

かす【課す】 ❶仕事や税金などをわりあてる。❷問題をあたえて力をためしてみる。▽「宿題を課す」

かす ❶液体の、底にたまったもの。▽「びんの底に、かすがたまる」❷よいところをとったあとの、のこり。

かず【数】 ❶ものの多い少ないをあらわすもの。❷多いこと。いろいろ。▽「数ある中」❸なかま。▽「数に入れる」⬇【数】357ページ ●数々●口数●手数

ガス ❶気体。❷燃料用の気体。▽「ガスストーブ」❸こいきり。

かすか やっとわかるくらい。ほんの少し。▽「鳥の声がかすかに聞こえる。かすかに残るどら焼きのにおい」

かずかず【数数・数々】 いろいろ。多く。たくさん。⬇「々」は同じ文字をくり返すという意味のおどり字という記号。▽「数々の作品を発表する」

カスタネット 歌やおどりのひょうしをとる打楽器。⬇楽器（図）

カステラ 小麦粉・さとう・たまご・ミルクなどをまぜて、やきあげた、おかし。

かずのこ ニシンのたまごをほしたもの。正月によく食べる。

かすみ 主に春の朝や夕方に、水蒸気が、地上を雲のようにながれているもの。もや。▽「かすみがかかる」

かすむ ❶かすみがたちこめる。❷はっきり見えない。▽「目がかすむ」

かすめる ❶人のものをとる。ぬすむ。❷すれすれに通る。▽「のきをかすめてツバメがとぶ」

かすり ところどころ、かすれたようなもようの織物や染め物。

かすりきず【かすり傷】 ❶ひふをこすってできた傷。❷ほんの少し傷つけられたり、損をすること。▽『すり』のひがいは、かすり傷ですんだ」

矢がすり　いげたがすり

［かすり］

かすれる ❶声がよく出ないでかれる。❷インクなどがよくつかないで、きれぎれになる。

かぜ【風】 空気がながれ動くもの。▽「風がふく」⬇【風】601ページ ●風当たり●風通し●波風

かぜ【風邪】 呼吸器がおかされ、頭痛・発熱・せきなどの症状が出る病気。

かぜあたり【風当たり】 ❶風がふいて物に当たること。また、その強さ。❷まわりから悪く言われること。▽「世間の風当たりが強い」

かせい【火星】 太陽系で、太陽を回る四番目のわく星。地球のやく半分の大きさで、赤く見える。⬇太陽系（図）

かぜい【課税】 税金をわりあてること。また、わりあてられた税金。

かせいふ【家政婦】 よその家の手伝いをすることを仕事にしている女の人。

かせき【化石】 大昔の動植物が、長い間地中にうまり、石のようになったもの。

かせぐ【稼ぐ】 ❶いっしょうけんめいはたらく。❷お金をもうける。❸時間などを得る。▽「時間をかせぐ」

かせつ【仮設】 しばらくの間だけつくること。▽「仮設のテントにひなんする」

かぜとおし【風通し】 風がふき通ること。「かざとおし」ともいう。

なぞなぞ　さしてもさしても全然、痛くないものは？　答えは次のページ。

数え歌

いたちのたぬき

作詞：内野真澄・佐藤雅彦
作曲：栗原正己

いたち の たぬき
かに の かとり
さんま の まつり
おはし の おはなし
たまご とる たま
ふろく ふとる
バナナ の バトル
はちまき まきとる
きゅうり の リトル
ジュース の ストロー

ヒント

たぬきをよく見てみると【「た」ぬき】ということばにできるよ。ほかにも「か」とり、や「バ」トルもあるね。よく見ると、この歌のかくされたメッセージに気づくはず。そうすると、これが「数え歌」と言われているなぞがとけるはずだよ。

♩= 122
いたちの たぬき かにの かとり
さんまの まつり おはしのお はなし
たまごとる たま ふろく
ふとる バナナの バトル はちま きま きとる
きゅうりの リトル ジュースの ストロー

かせん【河川】 大きい川と小さい川。また、川のこと。▽「河川工事」

かせん【架線】 電線などをかけわたすこと。また、かけわたした電線。

かそ【過疎】 人口が少なくなりすぎること。▽「過その村」 ⇔過密。

かそう【下層】 ❶かさなったものの下のほう。❷身分やくらしのレベルがひくいこと。⇔上層。

かそう【火葬】 死体をやいて、その骨をほうむること。▽「火そう場」

かそう【仮装】 祭りなどのときに、ふだんとはちがった顔やすがたをすること。

がぞう【画像】 ❶絵にかいたすがた。❷テレビなどの画面にうつるもの。

かぞえうた【数え歌】 「一つとせ」「二つとせ」のように、歌い出しに数がおかれ、数のじゅんに歌う歌。↓数え歌（コラム）

かぞえどし【数え年】 生まれた時を一さいとして、正月ごとに一つずつ年をとる年れいの数え方。⇔満年齢。↓図131ページ

かぞえる【数える】 ❶数をたしかめる。▽「星を数える」❷いちいちあげて言う。▽「長所を数える」↓【数】357ページ

かそく【加速】 速さがましていくこと。▽「ゴール前で加速する」

かぞく【家族】 親子・兄弟・夫婦など。また、同じ家にすんでくらしている人。

ガソリン 石油から作る液体。もえやすく、自動車や飛行機の燃料などに使う。きはつ油。

ガソリンスタンド 自動車のガソリンを売る所。

かた【方】 ❶方角。むき。▽「南の方」❷方法。▽「読み方」❸人をていねいによぶときのことば。▽「あの方」⬇【方】634ページ

数え年	1さい	2さい	3さい	4さい
年	2017年	2018年	2019年	2020年
誕生日	9月25日	9月25日	9月25日	9月25日
満年れい	0さい	1さい	2さい	

[数え年]

あいうえお
かきくけこ
さしすせそ
たちつてと
なにぬねの
はひふへほ
まみむめも
やゆよ
らりるれろ
わをん

前のページの答え⇒「傘」「指」

あいうえお
か かきくけこ
さしすせそ
たちつてと
なにぬねの
はひふへほ
まみむめも
やゆよ
らりるれろ
わをん

●親方●上方●味方

かた【片】 ❶かたほう。▽「片側」❷ととのわないこと。▽「片言」❸ほんの少し。▽「片時」⬇【片】631ページ
●片腕●片仮名●片隅●片付ける●片手●片時●片方

かた【形】 ❶ものの形。すがた。▽「ひし形」❷あとかた。しるし。▽「形見」⬇【形】205ページ
●大形●小形●手形●花形

かた【型】 ❶手本。▽「けん道の型」❷もとになる形。▽「型紙。型をとる」❸ものの種類。▽「新型。A型」⬇【型】205ページ
●型どおり●型にはまる●大型●血液型●小型

かた【肩】 ❶うでのつけねと首の間の部分。▽「かたをいからす」❷物の上の角。▽「はがきの右かた」

かた【潟】 4年 かた
❶潮の満ち引きでかくれたり出てきたりする海の底の部分。▽「干潟」❷海のそばにあり、砂はまなどでへだてられている湖やぬま。

潟 潟 潟 潟 潟 潟 潟 潟（はなす）
●干潟●新潟県

かたい【固い】 ❶かたまったものがくずれない。▽「団結が固い」⇔柔らかい。❷がんこでゆうずうがきかない。▽「頭が固い」⬇【固】223ページ

かたい【難い】 むずかしい。⬇【難】523ページ

かたい【堅い】 ❶木材などのじょうぶなようす。▽「かたい木」❷まちがいがない。▽「かたいやくそく」

かたい【硬い】 ❶石や金属などがじょうぶなようす。⇔軟らかい。❷こわばっているようす。▽「表情がかたい」

かだい【過大】 大きすぎること。ひどく大きいこと。⇔過小。

かだい【課題】 しあげたり、解いたりするように、わりあてられた問題。

かたうで【片腕】 ❶片方のうで。❷自分をたすけてくれるたよりになる人。▽「社長の片うでとしてはたらく」

かたおもい【片思い】 自分のことをなんとも思っていない人のことを好きになること。▽「片思いの女の子と話すとドキドキする」⬇両思い（図）

かたがき【肩書き】 ❶名しなどで名前の近くに職業や地位を書くこと。❷職業や地位のこと。

がたがた ❶かたい物がふれ合って、さわがしい音をたてるようす。▽「戸ががたがたする」❷こわさや寒さで、からだがこきざみに動くようす。▽「寒さでがたがたふるえる」❸物やからだなどがこわれかけているようす。▽「がたがたのつくえ」

ことばのふしぎ

かたかなのことば

「アメリカのヘレンさんが、ニューヨークからジェット機で来ます。」
このように外国から入ってきたことばは、かたかなで書きます。また、動物の鳴き声や、「ドシン」など物音もかたかなで書くことがあります。

かたかな【片仮名】 主に漢字の一部をとって作った文字。「ア」「カ」など。

かたがみ【型紙】 ❶こしらえる洋服などの形を切りぬいた紙。それに合わせて布を切る。❷そめるもようの形を切りぬいた紙。

かたがわ【片側】 片方のがわ。

かたき【敵】❶あらそいのあいて。てき。❷うらみのあるあいて。▽「親の敵」⬇【敵】473ページ

かたくな がんこなようす。いじっぱり。へんくつ。▽「かたくななたいど」

かたくるしい【堅苦しい】四角ばっていてゆとりがない。▽「かた苦しい話」

かたぐるま【肩車】子供をかたにまたがらせてかつぐこと。

かたこと【片言】たよりなくととのわないことば。▽「片言の英語を話す」

かたすみ【片隅】片方のすみ。すみっこ。▽「片すみに木をうえる」

かたち【形】❶見たりさわったりしてわかる、もののありさま。▽「かげも形もない」❷すがた。ようす。▽「形がいい」⬇【形】205ページ

かたづける【片付ける】❶きちんと整える。▽「おもちゃをかたづける」⇕散らかす。❷しまつをつける。おわりにする。▽「宿題をかたづける」

かたつむり 陸にすむ、まき貝。デンデンムシ・マイマイなどともいう。

かたて【片手】片方の手。一方の手。

かたどおり【型どおり】きまったかたちのとおり。▽「型どおりのあいさつ」

かたとき【片時】しばらくの間。ちょっとの間。▽「片時もじっとしない」

かたどる ものの形をまねて作る。

かたな【刀】はもの。さむらいが使った武器。⬇【刀】487ページ⬇武器（図）

かたにはまる【型にはまる】きまりきっていて、いつもと同じになる。

かたばみ 庭や道ばたに、地上をはって生える草。黄色の花がさく。

［かたばみ］

かたほう【片方】二つのうちの一方。▽「くつしたの片方」⇕両方。

かたまり【固まり・塊】❶かたまること。かたまったもの。▽「土のかたまり」❷一か所に集まったもの。▽「アリのかたまり」

かたまる【固まる】❶かたくなる。▽「セメントが固まる。雨降って地固まる」❷たしかになる。▽「考えが固まる」❸集まる。▽「固まってあそぶ」⬇【固】223ページ

かたみ【形見】死んだ人がのこした品物。遺品。

かたみがせまい【肩身が狭い】世の中にたいしてはずかしい。

かたむく【傾く】❶ななめになる。▽「船がかたむく」❷かたよる。▽「意見が一方にかたむく」❸おとろえる。▽「家運がかたむく」❹日や月がしずもうとする。▽「日がかたむく」

かたむける【傾ける】❶ななめにする。❷あることに集中する。▽「力をかたむける」❸おとろえさせる。▽「家をかたむける」

かためる【固める】❶かたくする。▽「土を固める」❷たしかにする。▽「考えを固める」❸まもる。▽「じん地を固める」❹一つにする。▽「意見を固める」⬇【固】223ページ

かたよる【偏る】❶一方による。かたむく。❷不公平になる。

かたらう【語らう】❶語り合う。話し合う。▽「友を語らって旅に出る」❷さそう。

かたりぐさ【語りぐさ】話のたね。話の材料。▽「のちのちまでの語りぐさ」⬇【語】225ページ

かたりつたえる【語り伝える】口から口へ言い伝える。

かたりて【語り手】話をする人。

かたる【語る】❶話す。のべる。▽「思い出を語る」❷ふしをつけて、ろうどくする。⬇【語】225ページ

カタログ 商品の種類や、ねだん・とくちょうなどを書いた目録。

かたわら【傍ら】❶そば。わき。❷その間

あ いうえお　か きくけこ　さ しすせそ　た ちつてと　な にぬねの　は ひふへほ　ま みむめも　や ゆよ　ら りるれろ　わ をん

なぞなぞ 船にある、取っても取っても減らないものは？　答えは次のページ。

に。その一方。▽「勉強のかたわらアルバイトをする」

かたをならべる【肩を並べる】❶そばに並んで立つ。❷同じくらいの力を持ってはり合うようす。▽「勉強で、かれとかたを並べる」

かたをもつ【肩を持つ】ひいきをする。味方する。

かだん【花壇】庭や公園などで、区切って草花をうえてある所。花園。

かち【価値】ねうち。

かち【勝ち】勝つこと。⇔負け。

かちき【勝ち気】人に勝とうとする性質。負けることのきらいな性質。

かちく【家畜】牛や馬のように、人間に飼いならされ、役にたつ動物。

かちまけ【勝ち負け】勝つことと負けること。勝負。勝敗。▽「勝ち負けをあらそう」

かちめ【勝ち目】勝つ見こみ。▽「勝ち目がない試合」

かちゅう【渦中】❶うずの中。❷さわぎの中。▽「事件のか中にある人」

がちょう 鳥のガンを飼いならしてできた水鳥。肉やたまごは食用にする。

かつ【活】2年 カツ ―

活 活 活 活 活 活 活 活 活（右からはらう。千ではない）

❶生きること。▽「生活」
❷気をうしなった人をもとにもどすこと。▽「活を入れる」

●活火山●活気●活字●活動●活発●活躍●活用
●活力●活を入れる●快活●自活●復活

かつ【割】6年 （カツ） わり・わる・われる・（さく）

❶切りさくこと。▽「割腹」
❷分けること。わること。▽「分割」

割 割 割 割 割 割 割 割 割 割 割 割（つき出る・短く・はねる）

かつ【勝つ】❶まさる。強い。▽「気性が勝つ」❷あいてを負かす。⇔負ける。⬇【勝】332ページ

かっ【合】ことばの上につけて「あわせる」の意味をあらわす。▽「合戦」⬇【合】229ページ

がつ【月】一年を十二に分けた単位。▽「五月」⬇【月】213ページ

がっ【合】ことばの上につけて「あわせる」の意味をあらわす。▽「合唱。合奏」⬇【合】229ページ
●合作●合宿●合併

かつお 暖流にすむ海の魚。さしみにしたり、かつおぶしを作る。

かつおぶし【かつお節】味をつけずにむしたカツオをほして、かたくしたもの。けずって食べる。

かっかざん【活火山】ふん火したり、けむりを出したりして、活動している火山。浅間山など。

がっかり のぞんだようにならなくて、元気がなくなるようす。▽「遠足が中止になり、がっかりする」

かっき【活気】元気のあるようす。生き生きとしたようす。▽「活気がある」

がっき【学期】学年をいくつかに分けた期間。▽「新学期がはじまる」

がっき【楽器】音楽を演奏する道具。ピアノ・バイオリンなど。⬇図136ページ

かっきてき【画期的】今までになかったようなあたらしいことをはじめるようす。▽「画期的な発明」

がっきゅう【学級】学校で、生徒をいくつかの組に分けたもの。クラス。

がっきゅういいん【学級委員】学級をまとめる児童・生徒。

がっきゅうかい【学級会】クラスで、いろいろな問題について話し合う会。

がっきゅうへいさ【学級閉鎖】インフルエンザなど、人にうつる病気がはやった時に、病気の子どもがふえないように、そのクラスの子ども全員に学校を休ませること。

かつぐ【担ぐ】❶かたにのせる。▽「荷物を担ぐ」❷だます。あざむく。▽「人を担ぐ」❸気にする。▽「えんぎを担ぐ」⬇【担】434ページ

かっこ【括弧】文字などの前後をかこむ記号。（　）「　」など。

かっこいい 見た感じがすてきだ。▽「かっこいい車」

かっこう【格好】❶すがた。形。▽「よそゆきの格好」❷ちょうどよいようす。▽「静かで勉強には格好の部屋だ」

かっこう 夏、日本に来るわたり鳥。カッコーカッコーと鳴く。「かんこどり」ともいう。

がっこう【学校】児童・生徒・学生に、先生が、知識や技術を教える所。

かっこく【各国】それぞれの国。

かっこわるい 見た感じやすることがよくない。▽「いじめをするなんてかっこわるい」

かっさい【喝さい】大ぜいの人がいっぺんにほめること。▽「かっさいをあびる」

がっさく【合作】共同して作ること。▽「中国との合作の映画」

かつじ【活字】❶印刷に使うための金属で

学校

教室
理科室
図書室
音楽室
給食室
家庭科室
図工室
保健室
放送室
職員室
校長室
うわばき
体育館
昇降口
げた箱
プール
校門

前のページの答え⇒「かじ」

きた文字のはんこ。❷印刷された文字。

かっしゃ【滑車】 大きな物を楽に持ち上げるために使う道具。

[滑車]

がっしゅく【合宿】 からだをきたえたり、練習や研究のため、多くの人が同じ宿にとまりこむこと。

がっしょう【合唱】 大ぜいの人が声を合わせて歌うこと。▽「二部合唱」⇔独唱。

かっしょく【褐色】 黒っぽい茶色。

[褐色]

かっせん【合戦】 戦いをすること。いくさ。▽「関ケ原の合戦」

がっそう【合奏】 いろいろな楽器でいっしょに演奏すること。⇔独奏。

かっそうろ【滑走路】 飛行機が離陸・着陸するときにすすむ道。▽「もうすぐかっ走路におりる」

がったい【合体】 二つ以上のものが合わさって一つになること。▽「ロボットが合体する」

かつて ❶昔、ある時。▽「かつて歩いた道だ」❷今までに。一度も。▽「かつて負けたこと

がない」

かって【勝手】❶わがままなこと。▽「勝手な人」❷台所。❸ようす。つごう。▽「どうも勝手がちがう」

かってかぶとのおをしめよ【勝ってかぶとの緒を締めよ】敵に勝っても心をゆるめないで、ますます用心をして、次のじゅんびをしなさい。

かってぐち【勝手口】台所の出入り口。▽「勝手口から入る」

がってん【合点】しょうちして、うなずくこと。「がてん」ともいう。▽「合点がいく」

カット ❶切ること。▽「かみの毛をカットする」❷小さなさし絵。

かつどう【活動】生き生きと、元気よく動くこと。▽「活動的な人」

かっとなる ❶あがってしまい何もわからなくなる。❷急に腹を立てる。▽「悪口を言われ、思わずかっとなる」

かっぱ 雨のときに着る、からだをおおうもの。もとはポルトガル語。➡服（図）

かっぱ 水中にすむといわれるいきもの。人を水中に引きこんでおぼれさせる。

かっぱつ【活発】生き生きとして元気のあるようす。▽「活発な女の子」

かっぱのかわながれ【かっぱの川流

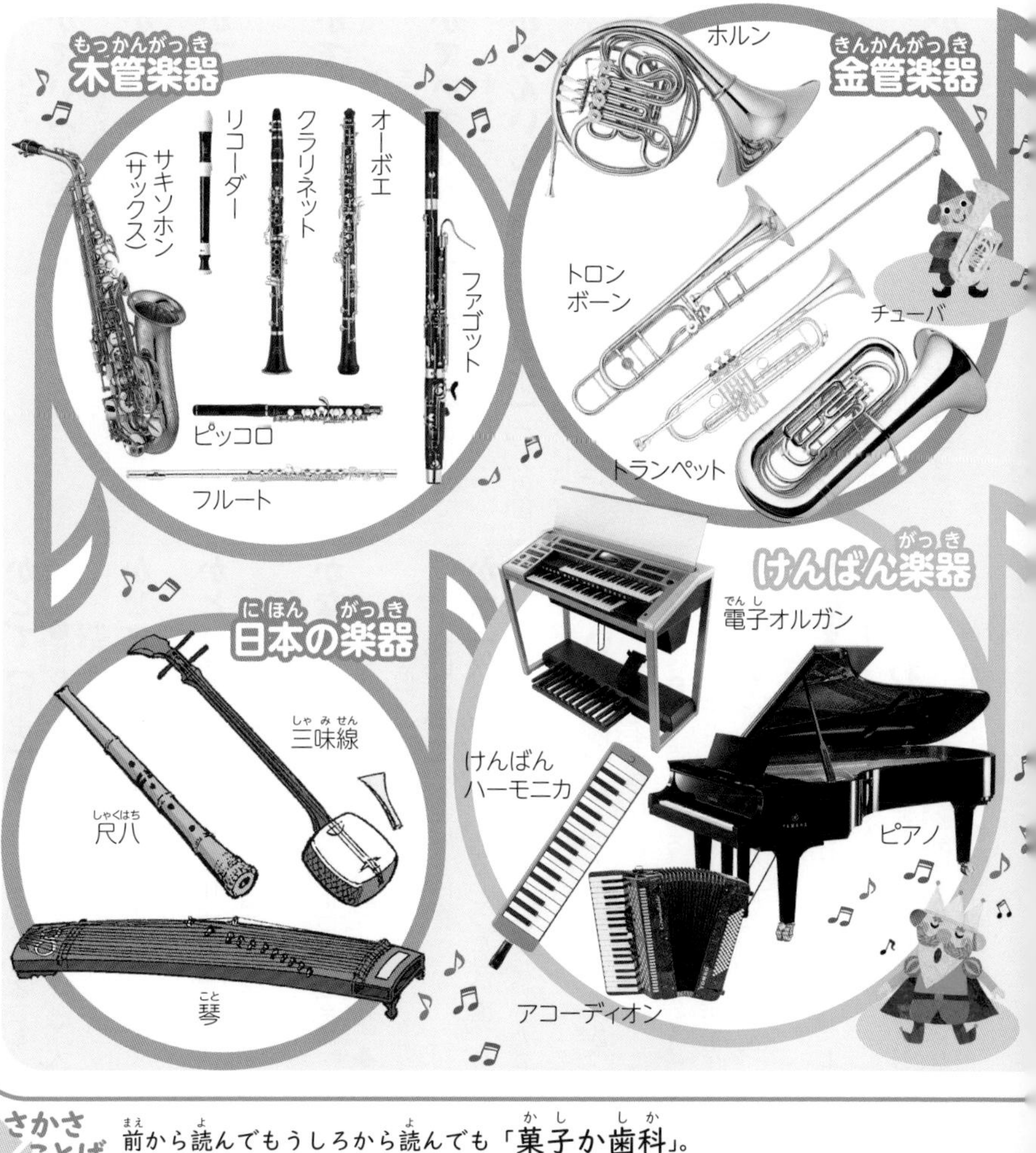

木管楽器

オーボエ
クラリネット
リコーダー
サキソホン（サックス）
ファゴット
ピッコロ
フルート

金管楽器

ホルン
トロンボーン
チューバ
トランペット

日本の楽器

三味線
尺八
琴

けんばん楽器

電子オルガン
けんばんハーモニカ
ピアノ
アコーディオン

さかさことば 前から読んでもうしろから読んでも「菓子か歯科」。

れ】 およぎの上手なかっぱでさえ、時には水に流されてしまうということから、得意なことでもたまには失敗することもあるということ。さるも木から落ちる。弘法にも筆の誤り。

カップ ❶競技で優勝したときなどにもらう、大きなさかずきの形をしたもの。❷とっての ついた茶わん。

がっぺい【合併】 二つ以上のものを合わせて一つにすること。▽「二つの会社が合ぺいした」

かつやく【活躍】 いきおいよく活動すること。▽「めざましい活やく」

かつよう【活用】 ❶役立つように使うこと。❷動詞・形容詞などの語のおわりの部分が、使い方によってかわること。

かつら 頭にかぶる、いろいろなかみ形をしたぼう子のようなもの。おしばいやおしゃれのために使う。

かつりょく【活力】 生き生きと活動する力。▽「活力にあふれている」

かつをいれる【活を入れる】 ❶気をうしなっている人をもとのようにする。❷気合いをかけて元気をとりもどさせる。

かて【糧】 ❶生きていくための食べ物。❷成長させる力となるもの。▽「本は心のかてになる」

かてい【仮定】 かりに考えてみること。▽「大きな地しんがおきたと仮定した訓練」

かてい【家庭】 親子、夫婦などの家族が生活している所。

かてい【過程】 通りすぎてきた道すじ。ものごとのすすんでいく道すじ。▽「研究の過程」

かていか【家庭科】 毎日の生活にかかせない知識や技能を学び、家庭生活をよりよくすることを勉強する科目。

かていきょうし【家庭教師】 家に来てもらって、勉強を教わる先生。

がでんいんすい【我田引水】 自分の田にだけ水を入れるという意味で、自分につごうのいいことを言ったり、したりすること。

かど【角】 ❶とがってつき出たところ。▽「つくえの角」❷道のまがり目。▽「角を右にまがる」❸とげとげしいようす。▽「角がたつ」↓【角】122ページ
●曲がり角●町角●四つ角

かど【門】 ❶もん。家の外の出入り口。❷家庭。▽「わらう門には福来たる」↓【門】705ページ
●門出●門松

かとう【下等】 ねうちや、性質がおとっていること。↕上等。高等。

かどで【門出】 ❶旅のために家を出ること。❷新しい生活や仕事をはじめること。▽「人生の門出」

かどまつ【門松】 正月に家の門口に立てるかざりの松。

かとりせんこう【蚊取り線香】 カを退治するためのせんこう。ジョチュウギクという草などからつくる。

かな【金】 ほかのことばの上につけて「金属」の意味をあらわす。▽「金づち。金物」↓【金】185ページ
●金切り声●金具●金床●金床雲

かな【仮名】 漢字の一部をとったり、漢字をくずしたりして、日本で作った文字。かたかなと、ひらがなとがある。

かない【家内】 ❶一家の中のこと。家族。▽「家内安全」❷自分の妻のこと。

かなう ❶よくあてはまる。▽「目的にかなう」❷思ったとおりになる。▽「のぞみがかなう」❸力が同じくらいだ。▽「かけっこで、かなう者はいない」

かなえる ねがったとおりにしてやる。▽「しずちゃんのねがいをかなえる」

かながわけん【神奈川県】 関東地方にある県。横浜市・川崎市は工業がさかん。県庁は横浜市にある。↓都道府県（図）

かなきりごえ【金切り声】 金物を切るような、キイキイしたかん高い声。

かなぐ【金具】 いろいろな道具にとりつけてある、金属で作った物。

かなしい【悲しい】 つらくなさけない。なきそうな気持ちになる。⇕うれしい。⬇【悲】578ページ

かなしむ【悲しむ】 悲しいと思う。▽「友との別れを悲しむ」⇕喜ぶ。⬇【悲】578ページ

かなた あちら。むこうの方。▽「海のかなたにある国」

カナダ 北アメリカの北部にある国。首都はオタワ。

かなづかい【仮名遣い】 ことばを、仮名文字で書きあらわすときのきまり。▽「現代仮名づかい」

かなづち【金づち】 ❶くぎなどをうつときに使う、鉄でできている道具。⬇工具（図）❷およげない人のこと。

かなでる【奏でる】 楽器を鳴らす。演奏する。▽「ギターを奏でる」⬇【奏】395ページ

かなとこ【金床】 金物をのせてたたくときの鉄の台。⬇雲（図）

かなとこぐも【金床雲】 入道雲が上に広がり、「金とこ」の形のようになった雲。⬇雲（図）

かなぶん カブトムシと同じなかまのこん虫。かたいからでおおわれている。

かなぼう【金棒】 鉄でできた棒。▽「おに に金棒」

かなめ【要】 ❶おうぎの骨のもとをとめてあるくぎ。❷大切な部分。▽「チームの要」⬇【要】725ページ

かなもの【金物】 はさみ・のこぎりなど、金属でこしらえた道具。

かならず【必ず】 きっと。たしかに。まちがいなく。▽「明日は必ず来てください」⬇【必】585ページ

かならずしも【必ずしも】 きっとそのようになるとはきまらない。いつも……とはかぎらない。▽「雨が降る確率がひくいからといって、必ずしも晴れるとはかぎらない」

かなり ていどをこえて。思った以上に。そうとう。ずいぶん。▽「今度の台風はかなり大きい」

カナリア 大西洋のカナリア諸島などにいたものを飼いならした鳥。声と羽が美しい。

かに 海や川にすむ、かたいこうらでからだをおおった動物。二本のはさみと八本の足があり、多くは横に歩く。

かにゅう【加入】 なかまに入ること。▽「子供会に加入する」

カヌー ❶木をくりぬいたりして作った小さなふね。❷カヌー競技に使う小さなふね。⬇船（図）

かね【金】 ❶金属。▽「金のものさし」❷おかね。こう貨やお札など。▽「金づかいがあらい」⬇【金】185ページ
●金目●金持ち●針金

かね【鐘】 ❶寺や教会にあるつりがね。❷火事などを知らせるようなときに鳴らした小型のつりがね。はんしょう。

かねつ【加熱】 熱を加えること。

かねつ【過熱】 熱くなりすぎること。

かねはてんかのまわりもの【金は天下の回り物】 お金は人から人へわたっていくものだから、今びんぼうでもいつかは金持ちになり、金持ちもいつかはびんぼうするめぐりあわせになるものだ。

かねめ【金目】 お金にかえると、ねだんの高いもの。

かねもち【金持ち】 お金をたくさん持っていること。また、そういう人。

かねる【兼ねる】 一つだけでなく、ほかのことも合わせ持つ。▽「二つの会社の社長をかねる」

かのう【化のう】 ばい菌のため、うみをもつこと。▽「きずが化のうする」

さかさことば 前から読んでもうしろから読んでも「かたきが来たか」。

かのう【可能】 やればできること。⇔不可能。不能。

かのうせい【可能性】 そういうことになる見こみ。▽「優勝する可能性」

かのじょ【彼女】 ❶あの女の人。❷こい人である女の人。

かのなくようなこえ【蚊のなくような声】 カの羽の音のような小さい声。はずかしいときや、悲しいときに出す、弱々しい小声。

かば アフリカにすむ大きな動物。昼は水中にいて、夜、陸に上がって草を食べる。足はみじかく口が大きい。

カバー ❶かぶせること。また、そのもの。▽「本のカバー」❷おぎなうこと。▽「欠点をカバーする」

かばう たすけまもる。いたわる。▽「小さな子供をかばう」

がはく【画伯】 画家をうやまって言うことば。

かばん 物を中に入れて持ち歩く、革や布などで作った入れ物。

かはんしん【下半身】 からだのこしから下の部分。⇔上半身。

かはんすう【過半数】 全体の半数をこえる数。▽「反対が過半数をしめる」

かび 食べ物や衣類などにつく小さな生物。食べ物をくさらせたりする。

かびん【花瓶】 花をいけるびんや、つぼ。▽「花びんしき」

かぶ【株】 6年 かぶ

❶木を切ったあとにのこった根もと。▽「株分け。バラ一株」❷植物の一本一本。または根もと。❸株式。株券。▽「株を買う」❹とくいなこと。▽「お株をうばう」

●株券●株式●株式会社●切り株

かぶ【下部】 下の部分。

かぶ アブラナのなかまのやさい。葉や、ふっくらした根を食べる。「スズナ」ともいい、春の七草の一つ。

かぶき【歌舞伎】 江戸時代におこり、今もつづいている日本の伝統的な劇。

かぶけん【株券】 株式会社で、もとでを出した人にわたしておくしるしの書きつけ。今はすべて電子化されている。

かぶさる ❶上からおおいかかる。▽「頭の毛がのびすぎて目にかぶさる」❷人のことが自分におよんでくる。▽「責任がかぶさる」

かぶしき【株式】 事業をはじめるとき、株券を買うことによって、もとでになるお金を出し合う方法。

かぶしきがいしゃ【株式会社】 株式によって仕事をしている会社。

かぶせる ❶上からおおう。▽「本にカバーをかぶせる」❷あびせかける。▽「水を頭からかぶせる」❸自分の罪などを、人に負わせる。なすりつける。▽「失敗の責任を他人にかぶせる」

カプセル ❶ゼラチンで作った小さな入れ物。薬などを入れてそのままのむ。❷ふたをかたくしめた入れ物。▽「タイムカプセル」

かぶと たたかいのとき、頭をまもるためにかぶるもの。鉄・革で作る。

かぶとむし かぶとをかぶったように見えるこん虫。おすはりっぱな角を持つ。

[カブトムシ]

かぶとをぬぐ【かぶとを脱ぐ】 こうさんする。あやまる。▽「勉強では、きみにかぶとをぬぐよ」

かぶる ❶上にのせておおう。▼「ふとんをかぶる」❷上からあびる。▼「大波をかぶる」❸ひきうける。しょいこむ。▼「責任を一人でかぶる」

かぶれ かぶれること。▼「ウルシかぶれにきく薬。おむつかぶれ」

かぶれる ❶ウルシや、ぬり薬などのために、ひふがいためられる。❷ものごとに引きこまれてむちゅうになる。▼「流行にかぶれる」

かぶわけ【株分け】 植物の根株を分けてうつしうえること。

かふん【花粉】 おしべの先から出る細かい粉。風や虫によって、めしべにつき、実がむすばれる。⇩雌しべ（図）

かふんしょう【花粉症】 スギなどの花粉によって起こるアレルギー症状。鼻水が出たりなみだが出たりする。

かべ【壁】 ❶家のまわり、または部屋のさかいの仕切り。❷じゃまになること。さまたげ。

かへい【貨幣】 お金。こう貨・お札など。

かべにみみありしょうじにめあり【壁に耳あり障子に目あり】 かべに耳を当てて聞く人や、障子のあなから見ている人がいるから、ひみつは、すぐ人にもれてしまうというたとえ。

かべん【花弁】 花びら。⇩雌しべ（図）

かほう【加法】 たし算。⇕減法。

かほう【家宝】 家につたわっている大切なたからもの。

かほうはねてまて【果報は寝て待て】 幸せは、いつかやってくるものだから、あせらずに待てという意味。

かぼそい【か細い】 細くて弱々しい。か弱い。▼「か細いうで」

かぼちゃ ウリのなかまの植物。大きな実がなり、食べられる。カンボジアから伝わったので、この名があるという。

かま【窯】 高い温度でとう器などをやいたりするための設備。

かま【鎌】 草などをかるための道具。

かま ごはんをたいたりするのに使う、金属でこしらえた道具。▼「電気がま」

がま ガマガエルのこと。

かまう【構う】 ❶気にかける。▼「服装に構わない人」❷あいてになる。▼「あの人に構うな」❸からかう。ふざける。▼「犬を構う」⇩【構】229ページ

かまえ【構え】 ❶つくり。ようす。▼「大きな構えの家」❷用意。❸からだのそなえ。▼「すきのない構え」

かまえる【構える】 ❶家などをつくる。▼「屋しきを構える」❷用意をする。▼「まち構える」❸あるしせいをとる。▼「身を構える」⇩【構】229ページ

がまがえる カエルのなかま。からだは大きく、せなかにいぼがあって白い毒液を出す。ガマ。

[ガマガエル]

かまきり かまのような前足で、虫をとって食べるこん虫。

かまくら 秋田県で行われる行事。子供たち

花粉症

症状

くしゃみや鼻水、目のかゆみがあり、熱がないなら花粉症かもしれません

→診察は内科、小児科、耳鼻科などに

ひどくならないために

- 外から帰ったら手洗いとうがいをする
- マスクをつける

★ウールの服は花粉がくっつきやすいので注意

なぞなぞ 二人いないと乗れない車は？ 答えは次のページ。

が、雪で部屋を作り、水神をまつり、火をかこんでもちを食べたり、あま酒をのんだりして楽しむ。

かまくらじだい【鎌倉時代】一一八五〜一三三三年。源頼朝が鎌倉に政権をおいてから、幕府がほろびるまでをいう。はじまった年はいろいろな説があり、定まっていない。

かまど 昔の台所で、火をたくところ。上になべやかまをのせて、ごはんをたいたりおかずをにたりする。

かまぼこ 魚の肉をすりくだいて、かためて、むした食べ物。

がまん【我慢】じっとこらえること。▽「寒さをがまんする。やせがまん」

がまんづよい【我慢強い】へこたれないで、がんばり続けることができる。▽「がまん強いから、なんども練習する」

かみ【上】❶うえ。高い所。⇕下。❷はじめ。▽「上半期」❸政府。▽「お上のおふれ」❹川の上流。▽「川上」⬇【上】333ページ ●上方●上座●上手●風上

かみ【神】❶人間にはないふしぎな力を持ち、人々から信こうされているもの。❷神社にまつられている、たましい。⬇【神】347ページ ●神頼み●神業●氏神●女神

かみ【紙】字や絵をかいたり、印刷したり、物をつつんだりするのに使うもの。主に植物のせんいから作る。⬇【紙】285ページ ●紙くず●紙一重●油紙●折り紙●型紙●千代紙●手紙

かみ【髪】❶頭にはえる毛。かみの毛。❷かみの毛をむすんだ形。▽「日本がみ」

かみがた【上方】京都や大阪地方のこと。関西。▽「上方ことば」

かみがた【髪形・髪型】かみの毛を切ったりむすんだりしたかっこう。▽「かみ形をかえる」

かみきりむし かみの毛を切るほどりするどいあごと長いしょっ角を持つこん虫。

かみくず【紙くず】いらなくなった紙切れ。▽「紙くずかご」

かみコップ【紙コップ】紙でできたコップ。▽「紙コップにジュースを入れて配る」

かみざ【上座】人の集まる席で、位の高い人が座る場所。とこの間の前など。⇕下座。

かみしばい【紙芝居】物語の絵をなんまいかの紙にかいて、順にめくり、説明しながら見せるもの。

かみしめる ❶力を入れてかむ。❷深く味わい考える。▽「先生の話を、よくかみしめる」

かみしも 江戸時代の武士の礼服。

ちょんまげ

[かみしも]

かみそり ❶ひげやかみの毛をそるのに使う、よく切れるうすい刃物。❷頭のはたらきがとてもいい人をたとえて言う。

かみだのみ【神頼み】神にいのって、たすけをたのむこと。

かみつ【過密】こみすぎていること。▽「人口過密」⇕過疎。

かみつく【かみ付く】❶歯でかじり付く。食い付く。▽「犬がかみつく」❷文句を言う。食ってかかる。▽「係員のなげやりなたいどにかみつく」

かみづつみ【紙包み】紙で包んだもの。紙の包み。▽「紙包みからクッキーを出す」

かみて【上手】❶劇場などで、客席からぶたいにむかって右手の方。⇕下手。❷川の上流。▽「上手にダムがある」

かみなり【雷】❶雲と雲、雲と地面との間に電気がながれ、強い光と音を出す現象。❷がみがみ人をしかること。▽「雷をおとす」

かみなりぐも【雷雲】雷をおこす雲。夏

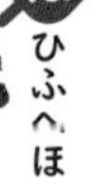

に多く出る。らいうん。入道雲。積乱雲。↓雲（図）

かみねんど【紙粘土】 にた紙にのりを加えてねん土のようにしたもの。工作に使う。

かみひとえ【紙一重】 ほんの紙一まいのあつさほどの、わずかのちがい。

かみわざ【神業】 人の力でできないようなことをする、すぐれたうでまえ。

かむ 鼻水を強い息といっしょに鼻の外に出してふきとる。▽「鼻をかむ」

かむ ❶上下の歯ではさんで、きずをつける。▽「つめをかむ」❷歯でかみくだく。▽「せんべいをかむ」❸はげしくぶつかる。▽「急流が岩をかむ」

ガム 飲みこまないで、かんで味をたのしむおかし。チューインガム。

ガムテープ 紙や布にねばりけのある液をぬった、はばの広いテープ。荷づくりなどに使う。

かめ【亀】 川・池・海などにすむ、はちゅう類の動物。かたいこうらを持ち、頭・手足をひっこめる。

かめい【加盟】 団体になかま入りすること。▽「国連に加盟する」

かめのこうよりとしのこう【亀の甲より年の功】 長い間のけいけんは、何よりもとうといというたとえ。

カメラ 写真機。また、テレビや映画・ビデオなどのさつえい機。

カメレオン トカゲのなかまで、はちゅう類の動物。木の上にすみ、長い舌で虫をとる。まわりの色によってからだの色をかえる。

かめん【仮面】 顔の形のお面。

がめん【画面】 ❶絵や写真の表面。❷映画やテレビで、うつし出された像。

かも アヒルににた水鳥。冬、日本に来るわたり鳥。

かもい 部屋のしきりの上にあって、しょうじやふすまなどをはめる、みぞのある横木。⇕敷居。↓床の間（図）

かもく【科目】 ❶社会科・理科などの学科のくべつ。教科。❷ものごとをいくつかに分けたくべつ。

かもしか 山おくにすみ、頭に角が二本ある動物。寒さに強く、けわしい岩場でもかけのぼる。特別天然記念物。

かもす【醸す】 ❶米や麦などを発こうさせて、酒・しょうゆ・みそなどをつくる。❷気分やふんいきをつくる。

かもつ【貨物】 車や船などではこぶ荷物。▽「貨物列車」

かものはし ほにゅう動物なのに、たまごをうむ、めずらしい動物。オーストラリアにすむ。

かもめ 海岸などにすむ海鳥。からだの色は白。とぶ力が強く、群れになって生活する。魚などを食べる。

かや【蚊帳】 夏、カをふせぐためにねどこの上につるす、あみのようなおおい。

かやく【火薬】 熱などをくわえると、ばくはつする薬品。ばくだんや花火などに使われる。ばく薬。

かやく ❶食べ物に香りなどを加えるためにいれるネギやゴマなど。薬味。もともとは目的の薬がより効くよう、さらに加えた別の薬のことを加薬と言った。❷うどんやご飯などに加える具。

かやぶき かやで屋根をおおうこと。また、その屋根。

かゆ 水を多く入れて、とてもやわらかくたいたごはん。

かゆい ひふがむずむずして、かきたい感じである。▽「背中がかゆい」

かよう【通う】 ❶行き来する。▽「船が通う」❷学校やつとめなどに毎日行く。▽「小学校に通う」↓【通】458ページ

がようし【画用紙】 絵をかくための少しあつい紙。

前のページの答え⇒「かた車」

かようび【火曜日】一週間のうち、日曜日からかぞえて三番目の日。

かよわい【か弱い】弱々しい。か細い。▽「か弱いからだ」

から【空】中に何もないこと。▽「空の箱」⬇【空】189ページ ●空っ風●空っぽ●空手●空回り

から【殻】外がわをつつんでいるもの。▽「貝がら。ぬけがら」

がら【柄】❶もよう。▽「着物のがら」❷からだつき。▽「大がらな人」❸性格。品格。▽「がらが悪い」

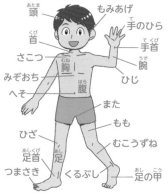

カラー ❶色。▽「カラーテレビ」❷ほかとちがって目立っているところ。特色。気風。▽「学校のカラーを出す」

からあげ【唐揚げ・空揚げ】肉や魚などに小麦粉や片くり粉をうすくつけて油であげること。また、そのようにして作った料理。▽「とりのからあげが食べたい」

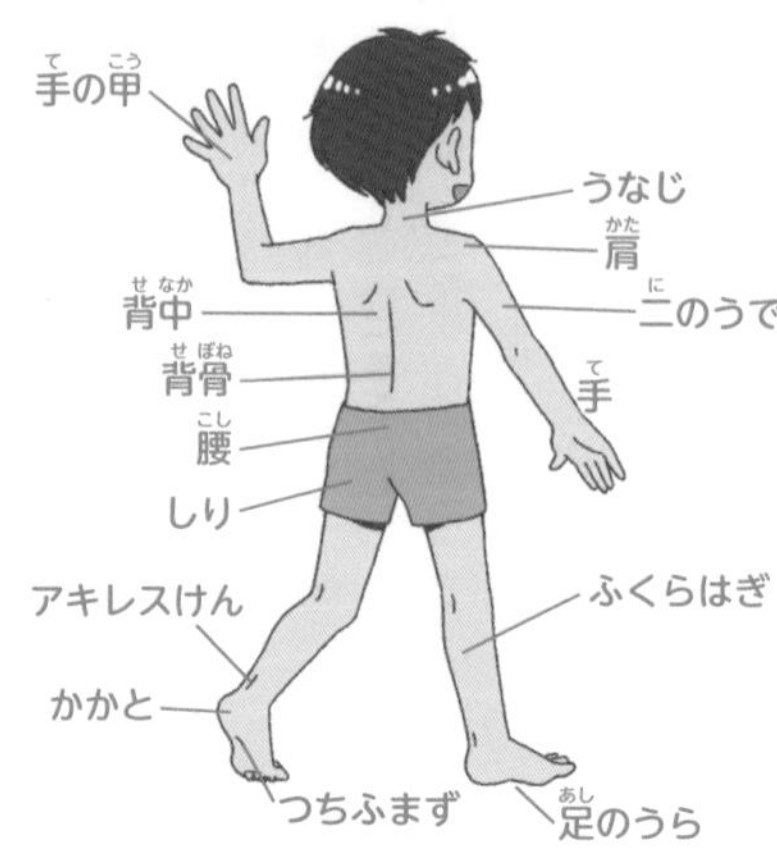

[体の名しょう]

カラーペン 赤、青、黄、緑などいろいろな色のペン。

からい【辛い】❶舌をさすような感じの味である。❷きびしい。▽「点が辛い」⬍甘い。

からかう いたずらをしたりして、こまらせて楽しむ。▽「ネコをからかう」

からかみ【唐紙】日本間のしきりとして使う戸。ふすま。⬇床の間（図）

からくさもよう【唐草模様】つる草がからみ合っているもよう。

[唐草模様]

がらくた 役に立たなくなって、いらなくなったもの。

からくり ❶しかけ。▽「からくり時計」❷うまくいくようにしくんだ計画。

からす 黒い、大きな鳥。くちばしが大きい。人家の近くや森などにすむ。

ガラス すき通っていて、かたく、こわれやすいもの。まどや食器に使う。

からすがい【からす貝】みずうみや池、

川などにいる、カラスのように黒い、大きな光る二枚の貝がらを持つ貝。貝がらはアクセサリーやボタンを作るのに使う。

ガラスばり【ガラス張り】❶ガラスの張ってあること。❷少しもうそやかくしごとのないこと。

からだ【体】頭からつま先までの全体。↓図144ページ ↓【体】410ページ

からっかぜ【空っ風】しめりけや雨・雪などをふくまない、冬の強い風。

からっぽ【空っぽ】中に何も入っていないこと。から。▽「空っぽの部屋」

からて【空手】❶手に何も持っていないこと。▽「空手で帰る」❷手に何も持たないであいてとたたかう武道。「唐手」とも書く。

からまる【絡まる】❶まきつく。▽「つたがからまる」❷もつれる。

からまわり【空回り】❶車輪などがすすまないで、むだに回ること。❷むだに動くだけで、すすまないこと。▽「話し合いは空回りにおわる」

からむ【絡む】❶まきつく。▽「つる草が木にからむ」❷いやなことを言って、人をこまらせる。言いがかりをつける。▽「腹が立ってからむ」

がらりと ❶急にかわるようす。▽「駅前にビルが建って、町はがらりと変わった」❷窓や戸をいきおいよく開けるようす。▽「雨戸をがらりと開ける」

がらんどう 中に何もなくて、広々としていること。▽「がらんどうの部屋」

かり【仮】❶まにあわせ。▽「仮のすまい」❷ほんとうのものでないこと。にせ。▽「仮の名」↓【仮】108ページ
●仮に ●仮縫い

かり【狩り】❶鳥やけものをとること。❷あちらこちらをさがして歩くこと。▽「キノコがり」

かり【借り】❶借りること。❷借りたお金。借りた物。↕貸し。

かりに【仮に】❶まにあわせに。❷もし。ちょっとそういうことにして。

かりぬい【仮縫い】洋服などを仕立てるとき、はじめおおまかにぬって形やぐあいをみること。

かりゅう【下流】川下。↕上流。中流。

かりゅうど 鳥やけものをとることを仕事にしている人。りょうし。

かりょく【火力】火のもえるいきおいや、強さ。

かりょくはつでん【火力発電】重油などをたき、発電機を動かして、電気をおこすこと。

かりる【借りる】❶かえすやくそくで、ほかの人の物やお金などを使う。↕貸す。❷たすけをうける。▽「力を借りる」↓【借】312ページ

かる【刈る】❶草や木を切りとる。❷かみの毛を切りとる。

かる【駆る】❶おいたてる。おいはらう。▽「羊のむれをかる」❷走らせる。▽「馬をかる」

かるい【軽い】❶目方が少ない。↕重い。❷あっさりしている。▽「軽い食事」❸動きがなめらかだ。▽「身が軽い」❹深く考えない。▽「口が軽い」↓【軽】206ページ

かるいし【軽石】火山からふき出した溶岩が急にひえてできたもので、小さいあながたくさんあって水にうく。

かるがる【軽軽・軽々】いかにも軽そうにするようす。↓「々」は同じ文字をくり返すという意味のおどり字という記号。▽「軽々と持ち上げる」

カルシウム 金属元素の一つ。貝がら・石灰・海そうにふくまれている。

カルタ あそびに使うカードで、絵や文字が書いてある。もとポルトガル語。▽「いろはガルタ」

さかさことば 前から読んでもうしろから読んでも「形見を見たか」。

カルテ 医者がかん者の病気の症状や、今までの病気を書いておく用紙。

かるはずみ【軽はずみ】 深く考えないで言ったり、したりすること。

かれ【彼】 ❶あの男の人。❷こい人である男の人。

かれい 海の底にすむひらたい魚。からだの右側に目がある。ヒラメとよく似ている。⬇カレイとヒラメ（コラム）

ガレージ 自動車の車庫。

カレーライス 肉ややさいなどをカレー粉で料理したものをごはんにかけた食べもの。ライスカレー。

かれき【枯れ木】 かれた木。

かれこれ ❶あれやこれや。いろいろ。▽「かれこれ言うな」❷だいたい。やがて。▽「もうかれこれ十年たつ」

かれる【枯れる】 ❶草木が死ぬ。草木の葉がおちる。❷元気やわかさがなくなる。❸深みをます。▽「かれた文章」

かれる 声がかすれて出なくなる。▽「大声を出しすぎて、声がかれる」

かれん あどけなく、かわいらしいようす。

カレンダー 日にち・曜日・行事などを日のじゅんにしるしたもの。こよみ。

かろう【家老】 昔の大名の家来の中で、いちばん上の人。

かろう【過労】 ひどいつかれ。つかれすぎ。▽「過労でたおれる」

かろやか【軽やか】 いかにもかるそうな感じ。▽「軽やかな足どり」⬇【軽】206ページ

カロリー 食べ物が消化されるときに出す熱量。

かわ【川】 自然の水のながれ。⬇【川】387ページ ●川風●川上●川下●川原●小川●谷川

かわ【皮】 動物や植物などの外がわをおおいつつむもの。▽「毛皮」⬇【皮】577ページ

かわ【河】 大きな川。▽「河口」⬇【河】109ページ

かわ【革】 動物の皮から毛をとり、なめしたもの。▽「革のかばん。革ぐつ」⬇【革】122ページ

がわ【側】 (「かわ」ともいう) ❶ものの一方の面。▽「右側」❷まわりをつつんでいるもの。▽「金側の時計」⬇【側】402ページ ●内側●縁側●片側●外側

かわいい ❶愛して大事に思うようす。▽「かわいい子」❷小さくて愛らしい。▽「かわいいくつ。かわいい花」

かわいいこにはたびをさせよ【かわいい子には旅をさせよ】 子供がほんとうにかわいければ、あまやかさないで、世の中に出して苦労させたほうがいい。そうすればしっかりした人間になるということ。

ことばのふしぎ

カレイとヒラメ

魚が二ひきならんでいます。両目のある場所がちがいますね。ちょっと見ただけでは区別がつかないですが、「左ヒラメに右カレイ」と言って、目の位置で区別しています。

ふつうは体の両側に目があるはずですが、目のない側を下にして海底に横たわるからこんなところに目があります。子どものときは体の両側に目があって、大きくなるにつれ、それぞれ右側か左側に移動していくんですって。不思議ですね。

カレイ(右に目がある)　ヒラメ(左に目がある)

もっと学ぼう!

750種類以上の魚をのせている『図鑑 NEO ポケット魚』は、小さいので川遊びや水族館、スーパーマーケットにも持っていけますよ。

漢字を使った書き方　小学校で習う漢字(学習漢字)　▽使い方　⇕反対の言葉　⬇さらにくわしく

かわいそう あわれで、同情したくなるようす。▽「かわいそうな身の上話」

かわうそ イタチのなかま。水辺にすみ、足に水かきがあって、魚・カエルなどを食べる。日本では絶めつした。

かわかす【乾かす】 ぬれたものを日光や火に当てて、水分をとる。ほす。

かわかぜ【川風】 川の上をふく風。

かわかみ【川上】 川の水のながれてくる方。上流。⇔川下。

かわぎし【川岸】 川の両側の陸地。

かわく【乾く】 ぬれていたものの水分がなくなる。▽「せんたく物がかわく」

かわく【渇く】 ❶水がのみたくなる。水分がほしくなる。❷強くほしがる。▽「音楽にかわく」

かわぐつ【革靴】 革で作ったくつ。⬇服(図)

かわしも【川下】 川の水のながれていく方。下流。⇔川上。

かわす【交わす】 ❶やりとりする。▽「ことばを交わす」❷まじわる。▽「木と木がえだを交わす」⬇【交】226ページ

かわす さけて、当たらないようにする。▽「身をかわす」

かわせ【為替】 遠くの人にお金をおくるときに、郵便局などで、お金のかわりになる書きつけをおくる方法。

かわせみ 水べにすむ鳥で、スズメよりやや大きく、尾は短い。せなかは美しい空色。くちばしは長く、魚を食べる。

［カワセミ］

かわら【河原・川原】 川のながれのそばにある、すなや小石のある所。

かわら ねんどやセメントで作った、屋根をおおうのに使うもの。

かわり【代わり】 ❶ある人がするはずだったことを、別の人がすること。▽「弟の代わりに行く」❷同じはたらきをする別のものでいいとすること。▽「ツナの代わりにハムをはさむ」

かわりばんこ【代わり番こ】 何人かで、順番にすること。かわるがわる。▽「代わり番こに望遠鏡をのぞく」

かわりもの【変わり者】 行いや性質が、ふつうとちがっている人。変人。

かわる【代わる】 あるものがほかのものの役目をする。▽「友だちに代わって試合に出る」⬇【代】412ページ
●代わる代わる

かわる【変わる】 ❶ちがってくる。▽「色が変わる」❷うつる。動く。▽「住所が変わる」⬇【変】631ページ

かわる【替わる】 あるものがほかのものになる。新しいものになる。

かわる【換わる】 ほかのものととりかえる。交換する。▽「席をかわる」

かわるがわる【代わる代わる】 代わりあって、じゅんばんに。かわりばんこ。▽「代わる代わるぶらんこにのる」

かん【干】 6年 カン ほす・(ひる)
❶かわかすこと。かわくこと。▽「干害」
❷てすり。▽「欄干」
❸かかわる。たちいる。▽「干渉」

一 二 干
上のヨコ棒より長く

●干害●干渉●干拓●干潮
★「千」ににているので注意

かん【刊】 5年 カン —
本などを出版すること。▽「発刊」

一 二 千 刊 刊
短く

●月刊●週刊●新刊●夕刊

あいうえお
かきくけこ
か
さしすせそ
たちつてと
なにぬねの
はひふへほ
まみむめも
やゆよ
らりるれろ
わをん

なぞなぞ 中庭にいる海の生き物は？ 答えは次のページ。

かん【完】4年 カン

❶何もかもそなわっている。▼「完全」
❷すっかりおわること。できあがること。▼「完成」

完完完完完完完

●完結●完走●完備●完璧●完了

かん【官】4年 カン

❶政治をするところ。おおやけ。
❷役人。▼「外交官」
❸はたらきをするところ。▼「器官」

官官官官官官官官

ひとふでに書く
★「宮」ににているので注意

●官職●官庁

かん【巻】6年 カン まき・まく

❶巻物。
❷書物。▼「巻頭」
❸本の数をかぞえることば。▼「七巻」

巻巻巻巻巻巻巻巻巻

つかない。巳ではない
★「券」ににているので注意

●巻頭●巻末

かん【看】6年 カン

みまもること。みつめること。

看看看看看看看看看

右からはらう

●看護●看守●看板●看病

かん【間】2年 カン・ケン あいだ・ま

あいだ。▼「間食」

間間間間間間間間間間間間

★「問」ににているので注意

●間一髪●間隔●間食●間接●期間●区間●時間●年間

かん【寒】3年 カン さむい

❶さむいこと。↕暖。
❷こよみの上でのことば。小寒から節分までの三十日間。▼「寒の入り」
❸さびしいこと。▼「寒村」

寒寒寒寒寒寒寒寒寒寒寒寒

長めに
点は二つ

●寒気●寒色●寒中●寒波●寒風●寒流●寒冷前線●悪寒●大寒●防寒

かん【感】3年 カン

❶心の動き。▼「感動」
❷気持ち。感じ。▼「感覚を大切にする。直感」

感感感感感感感感感感感感感

点を落とさないように

●感慨●感覚●感激●感謝●感傷●感情●感触●感じる●感心●感染●感想●感嘆●感電●感度●感動●感冒●感銘●共感●実感●正義感●責任感●同感●予感

かん【漢】3年 カン

❶中国の昔の国の名。
❷中国に関係したこと。▼「漢文」
❸男。人物。▼「悪漢」

漢漢漢漢漢漢漢漢漢漢漢漢漢

つき出ない
ヨコ棒は二本

●漢語●漢詩●漢字●漢数字●漢文●漢方●漢和辞典●門外漢

かん【幹】5年 カン みき

❶木のみき。

❷中心。大事なところ。▽「幹線」

一 十 古 卓 幹 幹 幹 （上につき出ない）

幹事・幹線・幹部・根幹

かん【関】4年 カン せき・かかわる

❶出入りをとりしまる門。▽「税関」
❷かかわること。▽「関係」

丨 ⺆ 門 門 閂 関 関 （とめる）（はねる）

関係・関西・関心・関する・関節・関東地方・関門・関連・機関・難関

かん【管】4年 カン くだ

❶くだ。つつ。▽「鉄管」
❷ふえ。▽「管楽器」
❸とりしまる。▽「管理」

⺈ ⺮ 管 管 管 管 管 （呂ではない）

管楽器・管弦楽・管理・気管

かん【慣】5年 カン ならす・なれる

ならわし。▽「慣習」

丶 忄 慣 慣 慣 慣 慣 （母ではない）

慣習・慣用句・慣例・習慣

かん【館】3年 カン やかた

大きなたてもの。▽「学校の体育館。駅前にある旅館」

𠆢 今 今 食 館 館 館 （おる）（宮ではない）

会館・公民館・水族館・図書館・博物館・美術館・旅館

かん【観】4年 カン —

❶見ること。▽「観光」
❷おもむき。ながめ。▽「美観」
❸ものの見方。考え方。▽「人生観」

⺈ 笔 雀 雚 観 観 観 （つき出ない）

★「歓」「勧」ににているので注意

観客・観劇・観察・観測・観念・観覧・客観・主観

かん【簡】6年 カン —

❶手軽なこと。▽「簡単」
❷手紙。▽「書簡」

⺈ 簡 簡 簡 簡 簡 簡 （はねる）（口ではない）

簡潔・簡素・簡略

かん【神】

かみさま。「神主」などと読むときのとくべつな読み方。⇒【神】347ページ

かん【缶】

はがねなどの金属で作った入れ物。▽「かんジュース」

かん【勘】

ぴんと感じとるはたらき。▽「かんがいい」

かん【棺】

死体をおさめる箱。かんおけ。▽「出棺の時間になる」

がん【丸】2年 ガン まる・まるい・まるめる

まるい形。▽「だん丸。丸薬」

ノ 九 丸

がん【元】

❶もと。おこり。▽「元祖」❷はじめ。年月のはじめ。▽「一月一日を元日といいます」⇒【元】217ページ

元日・元旦・元年

がん【岩】2年 ガン いわ

いわ。▽「岩石」

前のページの答え⇒「かに（なかにわ）」

がん【岸】3年 ガン きし
川・湖・海などのきし。▽「岸ぺき」
●沿岸●海岸●対岸●彼岸
(筆順) 岸岸岸岸岸岸岸岸 (長めに)

がん【岩】 (筆順) 岩岩岩岩岩岩岩岩 (つき出ない)

がん【眼】5年 ガン・(ゲン)(まなこ)
❶目。▽「眼前」
❷ものを見ぬく力。▽「眼識」
❸ものごとの大事な点。▽「眼目」
(筆順) 眼眼眼眼眼眼眼眼眼眼眼 (この形に注意 とめない)
●眼科●眼光●眼帯●眼中●近眼●千里眼●複眼●老眼
★「眠」にているので注意

がん【顔】2年 ガン かお
かお。▽「洗顔」
(筆順) 顔顔顔顔顔顔顔顔
●顔面●童顔

がん【願】4年 ガン ねがう
❶ねがうこと。ねがい。▽「願書」
❷神や仏にねがうこと。▽「願をかける」
(筆順) 願願願願願願願 (はねる)
●願望●志願●念願

がん ❶悪性のはれもの。▽「胃がん」❷とりのぞけないじゃまもの。▽「あいつがチームのがんになっている」

がん カモににた大形の水鳥。秋、北から日本に来るわたり鳥。

かんいっぱつ【間一髪】あぶないところで。あやうく。▽「間一ぱつでまにあう。間一ぱつで電話に出られた」

がんか【眼科】目をなおす医学。

かんがい【感慨】心にしみじみと感じること。▽「深い感がいをもよおす」

かんがい 田畑に水を引き入れて、うるおすこと。

かんがえ【考え】考えること。考えたことがら。▽「考えをのべる」

かんがえこむ【考え込む】深くいろいろと考える。▽「じっと考えこむ」

かんがえる【考える】すじみちをたてて、思いめぐらす。くふうをする。▽「新しい道具を考える」⬇【考】226ページ

かんかく【間隔】物と物との間のへだたり。▽「列の間かくをつめる」

かんかく【感覚】❶目・耳・鼻・舌・ひふなどで、見たり聞いたり、ふれたりしてうける感じ。❷ものごとを感じとる心のはたらき。▽「するどい感覚」

かんがっき【管楽器】ふいて、音を出す楽器。木管楽器と金管楽器とがある。⬇楽器(図)

カンガルー オーストラリアにすむほにゅう動物。めすは腹にふくろをもち、その中で子をそだてる。後ろ足が大きく、とびはねて走る。

かんき【乾季・乾期】一年のうちで、雨の少ない時期。⇕雨季。雨期。

かんき【寒気】寒いこと。寒さ。

かんき【換気】部屋の中のよごれた空気をきれいな空気と入れかえること。▽「朝おきて、部屋を換気する」

かんき【歓喜】ひじょうに喜ぶこと。▽「かん喜の表情をうかべる」

がんぎ【がん木】雪の多い地方で、雪がつもっても通れるように、のきからひさしを長

く道に出したもの。

かんきゃく【観客】 映画・しばいやスポーツなどを見る客。見物人。

［がん木］

かんきょう【環境】 自分のまわりの地域や場所。▼「勉強しやすいかん境」

かんきょうしょう【環境省】 公害をふせいだり、自然をほごしたりして、かんきょうを守る仕事をする、国の役所。

かんきん【監禁】 自由に行動ができないように、とじこめておくこと。

がんぐ【玩具】 おもちゃ。

かんけい【関係】 ❶かかわりあい。▼「関係者」❷あいだがら。つながり。▼「親子の関係」

かんげい【歓迎】 よろこんでむかえること。▼「かんげいのことばをのべる」

かんげき【感激】 心が激しく動かされること。感動。▼「感激のなみだ」

かんげき【観劇】 演劇を見ること。

かんけつ【完結】 すっかりおわること。

かんけつ【簡潔】 かんたんで、よくまとまっていること。▼「簡潔に話す」

かんげんがく【管弦楽】 管楽器・弦楽器などを使った大ぜいでする合奏。オーケストラ。

かんご【看護】 病人やけが人の世話をすること。看病。

かんご【漢語】 ❶漢字を組み合わせて、それを音読みしたことば。「先生」「学校」など。❷日本語になった中国語。

がんこ【頑固】 ❶自分の考えをおし通して、人の考えを聞き入れないこと。▼「父はがんこな人です」❷なかなかなおらないこと。▼「がんこな鼻かぜ」

かんこう【刊行】 本などを印刷して売り出すこと。出版。発行。

かんこう【観光】 美しい景色の土地などに行って、見物して歩くこと。▼「観光旅行」

かんこく【韓国】 大韓民国をみじかくしたよびかた。朝鮮半島の南にある国。首都はソウル。

かんごし【看護師】 病人やけが人の世話をしたり、医者の仕事をたすけたりする人。

かんこんそうさい【冠婚葬祭】 結こん式やおそう式などの式。⬇人生（コラム）

かんさい【関西】 京都・大阪を中心とした近畿地方。上方。⬍関東。

かんさつ【観察】 ものごとを注意深くくわしく見ること。▼「観察日記」

かんさん【換算】 ちがった単位の数にかえて、計算すること。▼「円をドルにかん算する」

かんし【漢詩】 中国の詩。また、中国の詩にならって日本人が作った漢字だけの詩。

かんし【監視】 気をつけて見はること。見はり。▼「プールをかん視する」

かんじ【感じ】 ❶目・耳・鼻・舌・ひふが、何かを見たり、聞いたりさわったりしたときにうけるもの。感覚。▼「冷たくて指先の感じがなくなる。ざらざらした感じ」❷何かに対して自然に心にうかぶ気持ち。印象。▼「明るい感じのへや。感じの悪い人」

かんじ【漢字】 おもに、中国で作られた文字。

かんじ【幹事】 ❶中心となって仕事をする人。❷会の世話役。

かんじき 雪の中に足がおちこまないように、くつの下につけるもの。

［かんじき］

がんじつ【元

さかさことば　前から読んでもうしろから読んでも「きさき」。

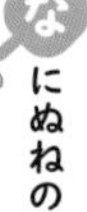

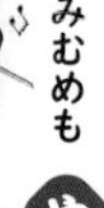

あいうえお
か かきくけこ
さしすせそ
たちつてと
なにぬねの
はひふへほ
まみむめも
やゆよ
らりるれろ
わをん

日】一年のはじめの日。一月一日。国民の祝日の一つ。↓国民の祝日（図）

かんしゃ【感謝】 ❶ありがたいと思うこと。❷礼を言うこと。

かんじゃ【患者】 病気やけがで医者の手当てをうけている人。

かんしゃく 腹を立てること。▼「かんしゃくをおこす」

かんしゅう【慣習】 ならわしとなっていること。しきたり。慣例。

がんしょ【願書】 願いごとを書いて役所や学校に出す書類。▼「入学願書」

かんしょう【干渉】 わきから口出しすること。▼「いちいち親が干しょうする」

かんしょう【感傷】 感じやすく、なみだもろくなること。

かんしょう【鑑賞】 芸術作品を見たり、聞いたりして、そのよしあしをみきわめ、味わうこと。▼「音楽かん賞」

かんじょう【勘定】 ❶数をかぞえること。❷はらわねばならないお金。▼「かん定をすます」

かんじょう【感情】 うれしい、悲しいなどと感じる心の動き。気持ち。心持ち。▼「感情が顔にあらわれる」

がんじょう【頑丈】 ひじょうにかたくじょうぶなようす。▼「がんじょうなかぎ」

かんじょうせん【環状線】 大都市の中やまわりを輪のようにとりまく、大きな道路や電車などの線路。

かんしょく【完食】 残さないで全部食べること。

かんしょく【寒色】 青などのように、見た目に寒いと感じる色。↕暖色。

かんしょく【間食】 食事と食事の間に、食べたりのんだりすること。またその食べ物。おやつ。

かんしょく【感触】 さわってみた感じ。手ざわり。▼「ざらざらした感しょく」

かんじる【感じる】 ❶あつい、かたいなどの感じをうける。▼「水がつめたく感じる」❷ある気持ちを持つ。▼「いたみを感じる」「美しいと感じる」

かんしん【感心】 りっぱだとか、えらいとか心に深く感じること。

かんしん【関心】 そのことに心をひきつけられること。また、その気持ち。きょうみ。▼「音楽に関心がある」

かんじん【肝心】 大事。大切なこと。肝要。▼「かんじんなことをわすれる」

かんすうじ【漢数字】 一・二・三・四…十・百・千・万のような数字をあらわす漢字。

かんする【関する】 関係する。あることにかかわりをもつ。▼「スポーツに関することならよく知っている」

かんせい【完成】 すっかりできあがること。

かんせい【歓声】 よろこびのために出す声。▼「かん声をあげる」

がんせき【岩石】 いわ。大きな石。

かんせつ【間接】 間に何か入っていること。↕直接。

かんせつ【関節】 骨と骨とのつなぎ目で、動くようになっている部分。

かんせん【感染】 ❶病気などがうつること。▼「コレラに感染する」❷ほかのものからえいきょうをうけること。

かんせん【幹線】 鉄道・道路などの主な線。

かんぜん【完全】 たりないところがないこと。悪いところがないこと。

かんせんしょう【感染症】 ばいきんやウイルスなどがからだの中にはいりこみ、増えることによって起こる病気。

かんそ【簡素】 かんたんでかざりけのないこと。▼「簡素な身なり」

がんそ【元祖】 ❶その家の先祖。❷ものごとをやりはじめた人。創始者。

かんそう【完走】 きめられたきょりやコースを最後まで走りぬくこと。▼「マラソンで

全員が完走した」

かんそう【乾燥】しめりけがなくなって、かわくこと。

かんそう【感想】あるものについて感じたり考えたりすること。

かんぞう【肝臓】食べ物の消化をたすける胆汁という液を作るところ。また、あまった栄養をたくわえたり、毒をとりのぞくはたらきをする。↓消化器（図）

かんそく【観測】天体や気象の動きを、よく観察してしらべること。

かんそん【寒村】活気のないさびしい村。人気のないまずしい村。

かんたい【歓待】客をよろこんでもてなすこと。▼「大ぜいのかん待をうけた」

かんだい【寛大】心が広くて思いやりのあること。▼「かん大なとりはからい」

がんたい【眼帯】目のけがや病気のときに、目にかぶせる布。

かんだかい【甲高い】声の調子が高い。▼「かん高い子供の声」

かんたく【干拓】湖や海の水を干してうめたて、陸地にすること。

かんたん【感嘆】たいへん感心してほめること。▼「感たんの声があがる」

かんたん【簡単】手軽なこと。ものごとがこみいっていないこと。

かんだん【歓談】楽しくうちとけて話し合うこと。▼「友達とかん談する」

がんたん【元旦】一月一日の朝。また、一月一日。元日。

かんちがい【勘違い】思いちがい。

かんちゅう【寒中】❶冬の寒さのきびしい時期。▼「寒中水泳」❷こよみの上で、小寒のはじめから大寒のおわりまで。

かんちょう【干潮】潮が引くこと。引き潮。⇔満潮。

かんちょう【官庁】国の仕事をするための役所。

かんつう【貫通】つらぬき通ること。▼「トンネルがかん通した」

かんづめ【缶詰】❶食品が長持ちするように加工してかんにつめた物。❷人をとじこめておくこと。▼「台風でホテルにかんづめにされる」

かんてい【鑑定】物のよしあし、本物かにせ物かなどを見分けること。

かんでふくめる【かんで含める】よくわかるように、くわしくていねいに言い聞かせる。

かんてん【寒天】❶冬の寒い空。❷みつまめなどに入っている、ゼリーのようにぷるぷるした食べ物。テングサという海そうからつくる。

かんでん【感電】電流がからだにながれ、びりびりと感じること。

かんでんち【乾電池】かいちゅう電灯・おもちゃなどに使う小型の電池。

かんど【感度】ものごとを感じる強さの度合い。▼「感度のよいラジオ」

かんとう【巻頭】本や巻物のいちばんはじめのところ。⇔巻末。

かんとう【関東】関東地方。⇔関西。

かんどう【感動】強く感じて心が動くこと。▼「感動をよぶ物語」

かんとうだいしんさい【関東大震災】一九二三（大正十二）年九月一日、東京・横浜を中心に、関東地方におこった大地しん。死者やく九万人。

かんとうちほう【関東地方】栃木・群馬・茨城・埼玉・千葉・神奈川の六県と東京都をふくむ地方。↓都道府県（図）

かんとく【監督】❶仕事を指図したり見はったりすること。またその役。❷映画などで演出をする人。❸スポーツで、選手を教え指図する人。

かんな 板をけずって表面をなめらかにする大工道具。↓工具（図）

さかさことば 前から読んでもうしろから読んでも「記者の屋敷」。

カンニング 試験のときに、答えをぬすみ見したりするずるい行い。

かんぬし【神主】 神社につかえ、神をまつる人。

かんねん【観念】 ❶ものごとにたいする考え。▽「時間の観念がない」❷あきらめること。▽「ついに観念した」

がんねん【元年】 年号があらたまったはじめの年。▽「令和元年」

かんぱ【寒波】 つめたい空気のかたまりがやって来て、ひどい寒さをおこすこと。

カンパ 多くの人々によびかけてお金を集めること。▽「資金カンパ」

かんぱい【乾杯】 さかずきをかかげ、よろこびや健康などをいわって、いっしょに酒をのみほすこと。

がんばる【頑張る】 ❶いっしょうけんめいに努力する。▽「運動会でがん張る」❷自分の考えを、強くおし通そうとする。▽「どうしても行きたいとがん張る」

かんばん【看板】 宣伝のために、店の名や売り物などを書いて、見えるようにかかげておくもの。▽「立て看板」

かんぱん【甲板】 船の上の方にある、平らなゆか。

かんび【完備】 十分にととのっていること。▽「冷ぼう完備」

かんびょう【看病】 病人の世話をすること。看護。

かんぴょう ユウガオの実の肉を、細く、長くむいてほした食品。

かんぶ【患部】 からだの病気、またはきずのある部分。▽「かん部をひやす」

かんぶ【幹部】 団体・会社などで中心となってはたらく人。

かんぷう【寒風】 冬にふく、つめたい風。

かんぶん【漢文】 漢字で書かれた中国の文。または、それにならって日本人が書いた文。

かんぺき【完璧】 まったく欠点のないこと。▽「完ぺきな答案」

がんぺき【岸壁】 港の岸につくった、船を横づけにする所。

かんべん【勘弁】 人のまちがいをゆるすこと。▽「どうかごかんべんください」

かんぽう【漢方】 中国ではじまった医術。草や木の根・葉・皮から作った薬や、はり・きゅうを使う。

がんぼう【願望】 願い望むこと。

かんぼつ【陥没】 おちこむこと。とくに、地面がおちこむこと。▽「地震のために道路がかんぼつした」

かんまつ【巻末】 本や巻物のおわりのところ。⇕巻頭。

かんまん【干満】 干潮と満潮。

かんむり【冠】 昔、身分の高い人があらたまったときに頭にかぶったもの。

かんめい【感銘】 深く感じてわすれないこと。「肝銘」とも書く。

がんめん【顔面】 顔の面。顔。

かんもん【関門】 ❶関所。❷むずかしいところ。大事なところ。

かんゆう【勧誘】 人にすすめてさそうこと。▽「保険のかんゆう」

かんよ【関与】 かかわりをもつこと。▽「他人のことには関よしないほうがよい」

かんよう【寛容】 心が広く人の言うことをよく聞き入れるようす。

かんようく【慣用句】 「油を売る」のように二つ以上のことばがいっしょになって、とくべつな意味を持つようになったことば。

がんらい【元来】 元から。元々。▽「しずちゃんは元来がんばりやです」

かんらく【陥落】 城や都市などがせめおとされること。

かんらん【観覧】 見物すること。ながめること。▽「観覧席」

かんり【管理】 ❶とりしまりをすること。❷事務を整理したり、処理したりすること。

かんりゃく【簡略】 かんたんで手軽なこと。▼「話は簡略にたのむ」

かんりゅう【寒流】 つめたい海水の流れ。寒帯地方から赤道の方にむかって流れる。日本では千島海流（親潮）。⇕暖流。⬇海流（図）

かんりょう【完了】 すっかりおわること。▼「午後には、運動会のじゅんびがすっかり完りょうした」

かんれい【慣例】 いつも決まって行われること。ならわし。しきたり。慣習。

かんれいぜんせん【寒冷前線】 あたたかい空気の下に、冷たい空気がもぐりこんでできる空気のさかい目。これが通ると、気温が急に下がる。⇕温暖前線。

かんれき【還暦】 数え年で六十一さいの年れいのこと。▼「かんれきの祝い」

かんれん【関連】 かかわりのあること。▼「火と人間とは関連が深い」

かんろく【貫ろく】 身にそなわった、りっぱでいかめしいようす。

かんわ【緩和】 ゆるめやわらげること。▼「列車のこんざつがかん和された」

かんわじてん【漢和辞典】 漢字の意味・読み方・使い方などをくわしく説明してある辞典。

き ぎ ギキ

き【気】1年 キ・ケ ―

❶空気。大気。▼「気温。気象」❷いきおい。精神の力。▼「気力」❸生まれつきの性質。▼「気がいい」❹心の動き。気持ち。▼「まわりのみんなに気をくばる」

●気合い●気圧●気負う●気後れ●気落ち●気温●気化●気掛かり●気が済まない●気が付く●気が遠くなる●気がとがめる●気がない●気がね●気が引ける●気構え●気軽●気管●気球●気位●気苦労●気候●気心●気さく●気質●気性●気象台●気色●気勢●気絶●気ぜわしい●気体●気立て●気遣う●気疲れ●気付く●気詰まり●気取る●気長●気に入る●気に掛ける●気に障る●気に留める●気に病む●気の毒●気乗り●気迫●気晴らし●気品●気分●気分転換●気泡●気前●気まぐれ●気まずい●気まま●気味が悪い●気難しい●気持ち●気休め●気楽●気流●気を失う●気を取られる●気を取り直す●気を回す●気をもむ●活気●空気●元気●根気●蒸気●短気●天気●電気●人気●病気●勇気●陽気

き【危】6年 キ あぶない・（あやうい）・（あやぶむ）

あぶないこと。▼「危機」

●危害●危機●危険●危篤

厂としない　㔾や巳ではない

き【机】6年 （キ） つくえ

つくえ。▼「机上」

●机上の空論

上にはねる

き【汽】2年 キ ―

蒸気。ゆげ。

●汽車●汽船●汽笛

★右がわは気ではない

早口ことば （五回続けていえるかな） 技術大会出場通知。

き

【岐】4年 （キ）

二つに分かれた所。

↓都道府県の「岐阜県」で使う。

書き順注意

●多岐●分岐

き

【希】4年 キ ―

❶少ないこと。まれなこと。▽「ダイヤモンドは希少な宝石です」

❷ねがい。もとめ。▽「希望」

つき出る　はねる

●希少●希少価値●希薄●希望

き

【季】4年 キ ―

一年を四つの季節に分けたその一つ一つ。とき。▽「季節。四季」

はねる

●季刊●季節●季節感●季節風●夏季●秋季●春季●冬季

★「委」ににているので注意

き

【紀】5年 キ ―

❶記録。書きしるすこと。▽「紀行」

❷とし。▽「紀元。世紀」

おる　つかない　已ではない

●紀元●紀行●世紀

き

【記】2年 キ しるす

❶しるすこと。書くこと。▽「記入」

❷書き物。書きつけたもの。▽「日記」

つかない。巳ではない　上にはねる

●記憶●記号●記載●記事●記者●記述●記帳●記念●記念切手●記念碑●記名●記録●暗記●伝記

き

【帰】2年 キ かえす・かえる

もとにもどること。▽「帰国」

短めに　はねる

●帰化●帰郷●帰港●帰国●帰省●帰宅●帰途●復帰

き

【起】3年 キ おきる・おこす・おこる

❶おきること。▽「起床」

❷おこすこと。▽「起工」

❸はじまり。おこり。▽「起点」

つかない。巳ではない

●起源●起草●起伏●起用●起立●縁起●決起●再起●奮起

き

【寄】5年 キ よせる・よる

❶あずける。おくる。▽「寄付」

❷たちよる。▽「寄港」

❸よりかかる。たよる。▽「寄生」

長く　はねる

●寄宿舎●寄贈●寄与

き

【規】5年 キ ―

おきて。さだめ。きまり。▽「規則」

上にはねる

●規格●規準●規制●規定●規模●規約●規律

正規

き【基】5年 キ (もと)・(もとい)

❶土台。いしずえ。▽「基礎」 ❷もと。おこり。▽「基本」

一 廾 甘 其 其 基 基 基（左右につき出ない）

●基金●基準●基礎●基地●基本●基本的人権

き【期】3年 キ・(ゴ) —

❶とき。▽「時期」 ❷ある時からある時まで。▽「一学期」 ❸当てにすること。▽「期待」

一 廾 甘 其 期 期 期

●期間●期限●期日●期末●延期●学期●初期●前期●長期●定期●任期●末期

き【喜】5年 キ よろこぶ

よろこぶこと。▽「歓喜」⇔悲。

十 吉 吉 壴 喜 喜

●喜劇●喜寿●喜色●喜怒哀楽●狂喜

き【貴】6年 キ (たっとい)・(とうとい)・(たっとぶ)・(とうとぶ)

❶とうといこと。▽「貴重」 ❷うやまいの意味をあらわすことば。▽「貴君」

口 中 中 貴 貴 貴 貴（つき出る。下は出ない）

●貴金属●貴族

き【揮】6年 キ —

❶ふりまわすこと。▽「発揮」 ❷指図すること。▽「指揮」 ❸とびちる。まきちる。▽「すぐに揮発してしまう液体」

一 扌 揮 揮 揮 揮

き【旗】4年 キ はた

はた。▽「国旗」

亠 方 方 旃 旃 旗 旗（はねる）

●校旗●半旗●万国旗

き【器】4年 キ (うつわ)

❶入れ物。道具。▽「容器」 ❷はたらき。才能。▽「器量」

口 口 吅 哭 器 器（つき出る）

●器械●器械体操●器楽●器官●器具●器物●器用●楽器●磁器●食器●石器●武器

き【機】4年 キ (はた)

❶しかけ。からくり。▽「機械」 ❷ちょうどよい、きっかけ。▽「機会」 ❸飛行機。▽「機影」 ❹飛行機などを数えることば。

一 十 木 桦 機 機 機（点を落とさないように）

●機会●機械●機械的●機関●機関車●機嫌●機首●機体●機知●機転●機能●機敏●機密●危機●動機●飛行機

き【木】

❶かたく強い幹を持った植物。❷材木。▽「木をけずる」 ❸たきぎ。▽「木をくべる」

⬇【木】643ページ

●木戸●植木●並木

き【生】

まじりけがないこと。▽「生一本」⬇

さかさことば 前から読んでもうしろから読んでも「キスは、多分ブタは好き」。

き

【生】371ページ
●生糸●生地●生まじめ

き
【黄】きいろ。たまごのきみやレモンの色。
⬇【黄】228ページ
●黄色い声●黄ばむ●黄身

ぎ
【技】5年 ギ（わざ）
わざ。うでまえ。▼「技術」
技技技技技技技
★「枝」ににているので注意
●技巧●技師●技術●技能●技量●演技●球技●競技●特技

ぎ
【義】5年 ギ
❶人がしなければならない、正しい道理にあったこと。▼「義務」
❷血のつながりのない親子・きょうだいの間がら。▼「義兄」
❸意味。わけ。▼「意義」
❹かわりの。▼「義歯」
義義義義義義義
点を落とさないように
●義援金●義父●義母●義務教育●義理●講義●主義●正義●定義

ぎ
【疑】6年 ギ うたがう
ふしぎに思うこと。▼「宿題はなんのためにするのか疑問に思う」
疑疑疑疑疑疑疑
つき出ない　クとしない
●疑問●疑惑●質疑●容疑

ぎ
【議】4年 ギ
相談。話し合い。▼「会議」
議議議議議議議
点を落とさないように
●議員●議会●議決●議事●議席●議題●議長●議論●異議●会議●協議●決議●抗議

きあい【気合い】はりきった気持ち。また、そのかけ声。▼「気合いが入る」

きあつ【気圧】大気の圧力。空気が地球の表面をおしつけている力。

キー ❶かぎ ❷ピアノやコンピューターなどの、指でおすところ。❸手がかり。

きいてごくらくみてじごく【聞いて極楽見て地獄】話で聞くのと、ほんとうに見るのとでは、たいへんなちがいがあるということのたとえ。

きいと【生糸】カイコのまゆからとったままの糸。

キーボード ❶ピアノ・オルガンなどのけんばん楽器。また、指でおして鳴らす部分。けんばん。▼「キーボード奏者」❷コンピューターなどの、キーのならんだところ。

キーホルダー いろいろなかぎを、一つにまとめておくための道具。▼「おみやげにキーホルダーをもらう」

きいろ【黄色】たまごのきみや、ヒマワリの花びらのような色。

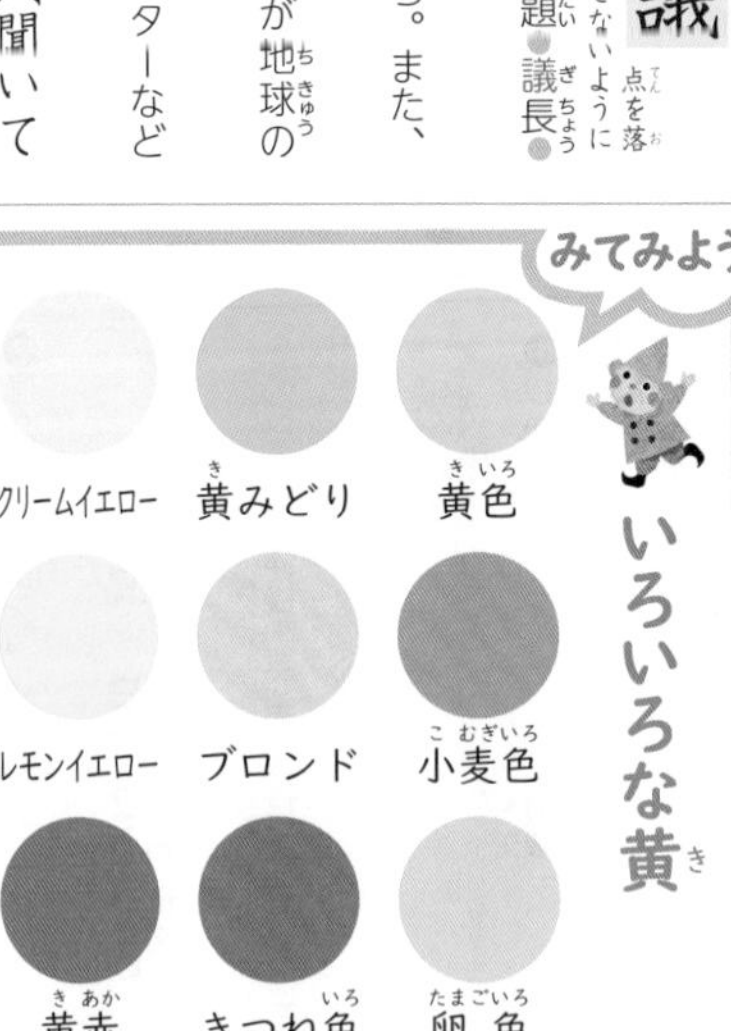

きいろいこえ【黄色い声】女の子などのかん高い声。▼「おうえん席から黄色い声が

とぶ」

キーワード 問題を考えたり、知りたいことをしらべたりするときなどに、手がかりとなることば。▽「この本のなぞをとくためのキーワードは『さ』です」

［黄色い声］

ぎいん【議員】 人々からえらばれて議会で仕事をする人。▽「国会議員」

キウイ 果物の一つ。皮は茶色でこまかい毛がはえていて、実はあまずっぱい。キウイフルーツ。

きえる【消える】 ❶光や火がなくなる。「火が消える。あかりが消える」❷形やすがたなどが見えなくなる。❸とける。▽「雪が消える」⇩【消】331ページ

ぎえんきん【義援金】 災害にあった人などをたすけるために、すすんで出すお金。▽「ひ災者への義えん金」

きおう【気負う】 はりきってしようと意気ごむ。

きおく【記憶】 ものをおぼえること。

きおくれ【気後れ】 おじけがついてしりごみをする。

きおち【気落ち】 がっかりして元気のなくなること。

きおん【気温】 空気の温度。ふつう地上一・五メートルの日かげになっている所の空気の温度をいう。

ぎおん【擬音】 放送や劇などで、本物の音のようにこしらえた音。

ぎおんご【擬音語】 ⇩擬声語

きか【気化】 液体や固体が熱のために気体にかわること。⇕液化。凝固。

きか【帰化】 外国人がある国の国せきをとって、その国民となること。

きが【飢餓】 食べ物がなく、ひどく腹がへること。うえること。

きかい【奇怪】 あやしいこと。ふしぎなこと。「きっかい」ともいう。

きかい【器械】 機械よりも、しかけがかんたんな道具。

きかい【機会】 何かをするのにちょうどよいおり。しお時。チャンス。▽「あせらないで機会をまつ」

きかい【機械】 熱や電力などの動力によって、同じ運動をくりかえして仕事をするしかけ。

きがい【危害】 きずつけたり、ころそうとすること。▽「危害をくわえる」

ぎかい【議会】 人々からえらばれた議員が、国や都道府県や市町村などの政治について、いろいろ相談してとりきめをするところ。▽「県議会」

きかいたいそう【器械体操】 鉄棒・とび箱・平均台などの、器械を使って行う運動。器械運動。

きかいてき【機械的】 ❶機械のようにてぎわよくすらすら動くようす。▽「機械的な手の動き」❷機械のはたらきのように、ただきまったことをくりかえして、くふうや努力をしないこと。▽「機械的におじぎをする」

きがえる【着替える】 着ている衣服をぬいでほかの衣服にかえる。

きがかり【気掛かり】 心配なこと。

きがきく【気が利く】 小さなことまでよく気がつく。

きかく【企画】 計画を立てること。

きかく【規格】 きまった形や大きさ。

きがく【器楽】 楽器を使って演奏する音楽。⇕声楽。

きかざる【着飾る】 美しい衣服を着る。▽「着かざってでかける」

きがすむ【気が済む】 気持ちがおちつく。▽「気がすむまで遊ばせておく」

さかさことば　前から読んでもうしろから読んでも「きせき」。

きがつく【気が付く】❶わかる。気づく。▼「わすれ物に気がつく」❷よく注意がいきとどく。▼「細かく気がつく人」❸気をうしなっていた人が、もとにもどる。

きがとおくなる【気が遠くなる】頭がぼんやりしてしまう。ぼうっとなる。▼「気が遠くなるような宇宙の話」

きがとがめる【気がとがめる】よくないことをして、後かいする。

きがない【気がない】何もしようとするつもりがない。気のりがしない。

きがながい【気が長い】気持ちが落ち着いていて、のんびりしている。

きがね【気がね】えんりょ。▼「気がねしないでめしあがってください」

きがひける【気が引ける】なんとなくえんりょするような気になる。▼「こんなかっこうで気が引ける」

きがまえ【気構え】心の用意。心構え。▼「しあいに対する気構え」

きがみじかい【気が短い】すぐにおこったり、ものごとにあきたりする。短気である。

きがる【気軽】考えすぎたり、めんどうくさがったり、もったいぶったりしないでなにかをするようす。▼「気軽に話しかける」

きかん【気管】呼吸器の一部で、呼吸するとき空気が通る管。⬇呼吸器（図）

きかん【季刊】雑誌などを一年に春夏秋冬の四回発行すること。

きかん【期間】ある時からある時までと、きめられた間。

きかん【器官】生物が生きていくために、からだの中のはたらきをうけもっているもの。▼「呼吸器官」

きかん【機関】❶蒸気や電気・熱などを、仕事をする力にかえるしかけ。▼「蒸気機関」❷ある仕事をするために作った人や物のしくみ。▼「研究機関」

きかんし【気管支】呼吸器の一部で、気管が二つに分かれている部分。⬇呼吸器（図）

きかんしゃ【機関車】機関をとりつけて貨車や客車を引いて走る車。

きかんぼう【利かん坊・聞かん坊】気が強くて、人の言いなりにならない子供。

きき【危機】あぶないじょうたい。ピンチ。▼「やっと危機をきりぬけた」

きき【機器】機械・器械・器具をまとめていうことば。▼「電子機器」

ききいっぱつ【危機一髪】ひじょうにあぶないこと。きけんとかみの毛一本ほどしかはなれていないということ。

ききいれる【聞き入れる】人の言うことを聞いて、そのとおりにする。

ききうで【利き腕】よく使う、力の入るほうのうで。

ききかえす【聞き返す】❶一度聞いたことをもう一度聞く。❷相手から聞かれたのに対して、逆にこちらから聞く。

ききかじる【聞きかじる】一部分だけ聞いて、少し知っている。

ききぐるしい【聞き苦しい】❶聞いていて、いやな気持ちになる。▼「聞き苦しいいいわけ」❷聞きとりにくい。▼「音声にお聞き苦しい点がありまして申しわけありません」

ききただす【聞きただす】よく聞いて、たしかめる。▼「あいての真意を聞きただす」

ききつける【聞きつける】❶ふと耳に入れる。聞いて知る。▼「うわさを聞きつけて人が集まる」❷聞きなれている。▼「聞きつけない声」

ききて【聞き手】話などを聞くがわの人。▼「話の聞き手」⇔話し手。

ききとどける【聞き届ける】聞いてそのとおりにする。聞き入れる。▼「ねがいご

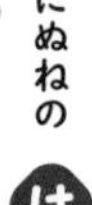

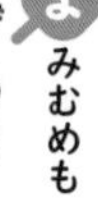

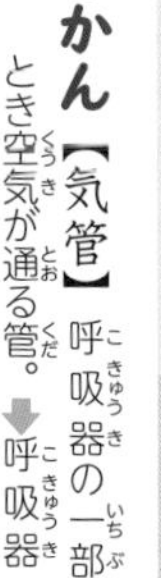

とを聞き届ける」

ききとる【聞き取る】❶はっきりと聞いてとらえる。▼「早口すぎて聞き取れない」❷くわしく話を聞く。▼「事故のようすを聞き取る」

ききながす【聞き流す】聞いても心にとめない。▼「悪口を聞き流す」

ききほれる【聞きほれる】一心に聞いてむちゅうになる。うっとりと聞く。▼「ウグイスの声に聞きほれる」

ききみみをたてる【聞き耳を立てる】注意して聞こうとするようす。

ききめ【効き目】よく効いたしるし。効く力。▼「薬の効き目」

ききもらす【聞き漏らす】だいじなことを聞かないでしまう。▼「話の大事な点を聞きもらす」

ききゅう【気球】空気より軽い気体を入れて空に上げるふくろ。➡飛行機（図）

ききょう【帰郷】自分の故郷に帰ること。帰省。

ききょう 夏から秋のころ、青むらさきなどの、つりがねの形をした花がさく草。秋の七草の一つ。

［ききょう］

きぎょう【企業】もうけることを目的として経営される会社。

ききわけ【聞き分け】聞いてなっとくすること。▼「聞き分けのよい子」

ききん【飢きん】❶こくもつがとれず食べ物がなくなること。❷物がたりなくなること。▼「水ききん」

ききん【基金】事業のもとになるお金。もとで。▼「基金をつのる」

ききんぞく【貴金属】金・銀などのように、たいへんねうちのある金属。

きく【利く】よくはたらく。よく動く。▼「気が利く」➡【利】741ページ

きく【効く】ききめがある。▼「よく効く薬」➡【効】227ページ

きく【聞く】❶音を耳に入れる。▼「さけび声を聞く」❷たずねる。▼「人に道をきく」❸人のことばにしたがう。▼「親の言うことをきく」➡【聞】622ページ

きく【菊】秋に、かおりの高い花をさかせる植物。

きく【聴く】音や声を注意して耳に入れる。▼「名曲をきく」

きぐ【器具】つくりのかんたんな道具。▼「電気器具」

ぎくしゃく ものごとがなめらかにすらすらといかないようす。▼「ぎくしゃくした関係。ぎくしゃくしたあいさつ」

きくはいっときのはじきかぬはいっしょうのはじ【聞くは一時の恥聞かぬは一生の恥】知らないことを他人にたずねるのは、その時ははずかしい。しかし聞かないでおくと、一生そのことを知らずにすごすことになるので、もっとはずかしい。だから、わからないことは、すぐその時にたずねなさいというたとえ。

きぐらい【気位】自分の品位や身分を人の前でたもとうとする気持ち。気がまえ。▼「気位が高い人」

きぐろう【気苦労】いろいろと気をもむこと。▼「気苦労がたえない」

きげき【喜劇】人をわらわせるようなこっけいな劇。⇔悲劇。

ぎけつ【議決】会議で決めること。または、決まったことがら。

きけん【危険】あぶないこと。▼「危険がせまる」

きけん【棄権】自分の権利をすてること。▼「投票をき権する」

きげん【紀元】歴史の上で、年数を数えるも

さかさことば　前から読んでもうしろから読んでも「きつつき」。

とになる年。「西れき」では、キリストの生まれたといわれる年を紀元元年としている。

きげん【起源・起原】ものごとのおこり。ものごとのはじまり。▽「漢字の起源をしらべる」

きげん【期限】前もってきめられた時間や日にち。▽「薬の有効期限」

きげん【機嫌】❶気持ち。気分。▽「きげんがいい。上きげん」❷気持ちのいいこと。▽「ほめられてごきげんだ」⬇御機嫌

きこう【気候】気温の高い・ひくいや、雨や晴れなどの天気のようす。

きこう【紀行】旅行中の出来事などを文に書くこと。また、その文。

きこう【帰港】船が航海をおえて出発した港に帰ってくること。⇕出港。

きごう【記号】ある意味をかんたんにあらわすためにきめたしるし。

ぎこう【技巧】上手なうでまえ。上手なやり方。▽「すぐれた技こうの絵」

きこえる【聞こえる】❶音が耳に感じられる。❷知れわたる。▽「世に聞こえた人」⬇【聞】622ジ

きこく【帰国】外国に旅をして自分の国に帰ってくること。

きごころ【気心】ありのままの性質。気立て。▽「気心の知れた人」

ぎこちない ごつごつしてふしぜんなようす。「ぎごちない」ともいう。▽「ぎこちないあいさつ。投球フォームがぎこちない」

きこなす【着こなす】衣服を上手に着る。よく合うように着る。▽「洋服をうまく着こなす」

きこり 山林で木を切ることを仕事にしている人。

きざ はでで、気どっていてわざとらしいよう

あなたのおなまえは？ 記号

見たことがあるけれどよく分からない記号や符号のなまえをまとめたよ

記号	なまえ	つかいかた
「」	かぎかっこ	会話などをしめすのにつかう
『』	二重かぎかっこ	会話などをしめすのにつかう
[ ]	かくかっこ	補足説明などでつかう
【】	すみつきかっこ	タイトルなどにつかう
〈〉	やまかっこ	語の強調などにつかう
{ }	中かっこ	補足説明などでつかう
( )	まるかっこ	補足説明などでつかう
〔〕	きっこうかっこ	補足説明などでつかう

記号	なまえ	記号	なまえ
＋	たす、プラス	。	句点
－	ひく、マイナス	、	読点
×	かける、ばつ	・	中点
÷	わる	…	３点リーダー
＝	イコール、等号	～	なみがた
%	パーセント	@	アットマーク
→	やじるし	々	おどり字
?	クエスチョンマーク 疑問符	!	びっくりマーク 感たん符

記号	なまえ	つかいかた
©	著作権表示記号	著作権者を明らかにするのにつかう
®	登録商標記号	登録された商標であることをしめす
TM	商標記号	商標であることをしめす

もっと学ぼう！

『句読点、記号・符号活用辞典。』にはたくさんの記号などがのっているよ！

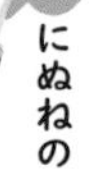
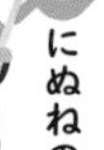
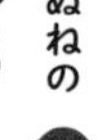

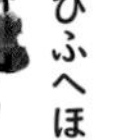
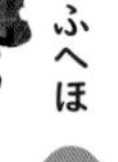

す。▽「きざな話しぶり」

きさい【記載】出来事やことがらを、本や書類などに書いてのせること。

きさき 天皇や王の妻。

ぎざぎざ のこぎりの歯のように、こまかくてするどいでこぼこが並んでいるようす。▽「ふちがぎざぎざしている」

きさく【気さく】気持ちがさっぱりしているようす。▽「気さくな人」

きざし【兆し】ものごとがおころうとするしるしやようす。▽「春の兆しが見える」➡【兆】450ページ

きざむ【刻む】❶ほる。ほりつける。▽「仏像を刻む」❷細かく切る。▽「ネギを刻む」❸心にのこる。▽「思い出を心に刻む」➡【刻】241ページ

きし【岸】陸が水とくっついているさかい目。➡【岸】150ページ

きし【騎士】❶馬にのっている兵士。き兵。❷西洋の武士。ナイト。

きじ【記事】いろいろの出来事を書きしるした文章。▽「新聞記事」

きじ【生地】❶織物・布。また、その質のこと。▽「あつでの生地で冬服を作る」❷生まれつきの性質。▽「こうふんして、つい生地が出る」❸パンやパイなどにするために粉をねったもの。▽「ピザの生地」

きじ 山や野の草原にすむ鳥。おすは尾が長い。日本の国鳥（その国を代表するとされる鳥）。

ぎし【技師】専門の知識や技術を持って、はたらいている人。▽「建築技師」

ぎしき【儀式】行事や神をまつるときなどの作法。また、その行事。

きしつ【気質】生まれつきの性質。気性。気立て。

きじつ【期日】きめられた日。

きしべ【岸辺】岸にそった所。岸。

きしむ 物がすれ合って音がする。

きしゃ【汽車】蒸気機関車に引かれ、レールの上を走る列車。

きしゃ【記者】新聞や雑誌などの記事を書く人。

きじゅ【喜寿】七十七さいになったいわい。「喜」の草書体が「七十七」に見えることからいう。▽「喜じゅをむかえる」➡人生（コラム）

［喜寿］

きしゅくしゃ【寄宿舎】学生などがいっしょに生活するためのたてもの。

きじゅつ【奇術】手品。

きじゅつ【記述】文章に書きあらわすこと。▽「くわしく記述する」

ぎじゅつ【技術】❶わざ。❷学問の理論をじっさいの仕事や、生活に役立たせるわざ。▽「科学技術」

きじゅん【基準】ものごとのもとになる目当て。▽「建築の基準をきめる」

きしょう【気性】生まれながらの性質。気質。気立て。

きしょう【気象】大気中におこるいろいろなようす。たとえば、晴れ・くもり・雨・気圧の高いひくい・風速の速いおそいなど。▽「気象観測」

きしょう【希少】まれにしかなく、少ないこと。▽「希少価値」

きしょう【起床】目をさまして、ねどこから起き上がること。⇕就寝。

きしょうえいせい【気象衛星】気象のようすをしらべるための人工衛星。

きしょうちょう【気象庁】気象の観測や研究をする国の役所。天気予報や警報も出す。▽「気象庁の予報を待つ」

きしょうだい【気象台】気象の観測や研究をする所。天気予報も出す。

きじょうのくうろん【机上の空論】じっさいの役に立たない考え。

ぎじんほう【擬人法】動物などをまるで人

なぞなぞ いつも半分になりたがっているものは？ 答えは次のページ。

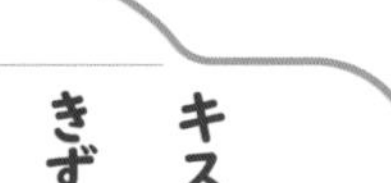

間みたいにあらわす方法。たとえば、「鳥が歌い、花がわらう。」のような表現。

キス あいてのくちびるや顔などに、くちびるをつけること。▽「ほっぺたにキスをする」

きず【傷】 ❶からだのけが。▽「傷の手当て」❷もののいたんだ部分。▽「車の傷」❸欠点。▽「短気なのが、たまに傷だ」⬇【傷】332ページ
●傷口●傷つく●生傷●無傷

きすう【奇数】 二でわって、わりきれない整数。一、三、五、七、九など。⇕偶数。

きずく【築く】 ❶土や石をもり上げてつくる。▽「城を築く」❷努力してつくる。▽「財産を築く」⬇【築】443ページ

きずぐち【傷口】 からだのいたんだところ。▽「傷口に薬をぬる」

きずつく【傷つく】 ❶けがをする。❷そこなわれる。▽「信用が傷つく」

きずな 切ることのできないつながり。▽「親子のきずな」

きせい【気勢】 はりきった勢い。意気ごみ。▽「選手たちが気勢をあげる」

きせい【帰省】 ふるさとに帰ること。帰郷。▽「正月に帰省する」

きせい【既製】 注文して作ったものでなく、すでに作られている品物。▽「きせい服」

きせい【寄生】 生物がほかの生物にとりついて養分をうばって生きること。▽「寄生虫」

きせい【規制】 きまりを作って、とりしまる。▽「交通を規制する」

ぎせい【犠牲】 あることのために自分の命や大切なものをなげだすこと。また、災難で死んだり不幸な目にあうこと。▽「大きなぎせいをはらう。戦争のぎせいになる」

ぎせいご【擬声語】 声や物の音をあらわすことば。擬音語。たとえば、「犬がわんわんとほえる」「たいこをどんどん鳴らす」の「わんわん」「どんどん」。

きせき【奇跡】 人のちえではとても考えられないふしぎな出来事。▽「きせきが起こる」

ぎせき【議席】 会議場にある議員の席。または議員としての資格。

きせつ【季節】 ❶一年の中の春・夏・秋・冬。❷何かをするのにちょうどよいころ。シーズン。▽「行楽の季節」

きぜつ【気絶】 気をうしなうこと。

きせつかん【季節感】 春・夏・秋・冬それぞれの季節が持っているとくべつな感じ。▽「季節感を生かした料理」

きせつふう【季節風】 季節によって、きまった方向からふく風。モンスーン。

きせる【着せる】 ❶衣服などをつけさせる。❷かぶせる。▽「人に罪を着せる」⬇【着】446ページ

きせん【汽船】 蒸気の力を利用してすすむ船。蒸気船。

ぎぜん【偽善】 うわべをつくろい、よい行いをしているように見せること。

きそ【基礎】 ❶たてものの土台。▽「きそ工事」❷ものごとの基本。▽「きそをかためる」

きそう【競う】 あらそう。せりあう。▽「先を競う。成績を競う」⬇【競】176ページ

きぞう【寄贈】 人に品物やお金をおくること。「きそう」ともいう。

ぎぞう【偽造】 本物ににるようにしてつくること。▽「ぎ造紙へい」

きそく【規則】 したがわなければならないきまり。規定。規約。

きぞく【貴族】 身分の高い家がら。また、その人。

きた【北】 太陽の出る方（東）にむかって、左手に当たる方角。⇕南。⬇【北】642ページ
●北アメリカ●北半球

ギター 六本の糸を持ち、指ではじいて鳴らす弦楽器。⬇楽器（図）

きたアメリカ【北アメリカ】 六大州の一つ。アメリカ合衆国や、カナダ・メキシ

コ・パナマ・キューバなどの国がある。⬇世界（図）380ページ

きたい【気体】空気やガスのように形がないもの。⇔液体。固体。

きたい【期待】あてにして心待ちにすること。▽「期待にこたえる」

きたい【機体】飛行機のつばさと胴体。

ぎたい【擬態】動物が身をまもるために、形・色などをほかのものににせること。

ぎだい【議題】会議で相談する題目。

ぎたいご【擬態語】ようす・かっこう・身ぶりなどの感じをあらわしたことば。たとえば「つるつるすべる」「にこにこわらう」の「つるつる」「にこにこ」。

きたえる【鍛える】❶金属を熱し、たたいて、かたく強くすること。▽「鉄をきたえる」❷心やからだをじょうぶにする。▽「からだをきたえる」

きたかぜ【北風】北のほうからふいてくる、冷たい風。

きたく【帰宅】自分の家へ帰ること。

きたす【来す】ひきおこす。まねく。▽「体に変調を来す。支障を来す」⬇【来】737ページ

きだて【気立て】心の持ち方。性質。気性。▽「気立てがいい」

きたない【汚い】❶よごれている。ごみなどがついていて、さわりたくない。▽「きたない手」⇔きれい。❷正しくない。ひきょうだ。▽「きたないやり方」❸けちだ。▽「お金にきたない」❹下品だ。▽「きたないことば」

きたはんきゅう【北半球】地球の赤道から北の半分。⇔南半球。

きたる【来る】近くやってくる。今度の。▽「来る十日」⬇【来】737ページ

きち【吉】よいこと。幸い。めでたいこと。▽「きち日」⇔凶。

きち【基地】行動のよりどころとなる大切な所。▽「南極基地」

きちじつ【吉日】えんぎがよい日。めでたい日。

きちょう【記帳】❶帳ぼに書き入れること。❷式や会に出た人が帳面に署名すること。

きちょう【貴重】ひじょうに大切なこと。▽「貴重な品をあずかる」

ぎちょう【議長】会議で議事をすすめたり、まとめたりする役目の人。

きちょうめん まじめできちんとしていること。▽「きちょうめんな人」

きちんと ❶かたづいているようす。▽「つくえの上をきちんと整理する」❷正しくて、まちがいのないようす。▽「きちんとやくそくをまもる」

きつい ❶強く、はげしい。▽「きつい夏の日ざし」❷きびしい。▽「きつくしかる」❸つらくて苦しい。▽「きつい練習」❹きゅうくつだ。▽「ぼうしがきつい」⇔緩い。

きつえん【喫煙】たばこをすうこと。

きづかう【気遣う】あれこれと心配する。▽「子供の将来を気づかう」

きっかけ ものごとのはじまるはずみ。動機。▽「父に教わったのがきっかけで、つりがすきになった」

きづかれ【気疲れ】心配したり、気をつかったための心のつかれ。

きづく【気付く】感じとる。気がつく。さとる。▽「まちがいに気づく」

きっさてん【喫茶店】コーヒーなどの飲み物や、軽い食事を出す店。

きっすい まじりけがないこと。▽「きっすいの江戸っ子」

きつつき 森や林にすむ鳥。くちばしがするどく、木の幹をつついて中の虫を食べる。

きって【切手】手紙などにはる小さな紙。ゆうびん料金をはらったことをしめす。ゆうびん切手。

きっと ❶かならず。たしかに。▽「きっとやくそくは、まもります」❷きびしく。▽

前のページの答え⇒「切手（切って！）」

「きっとにらみつける」

キット 何かを組み立てるための部品のセット。▽「プラモデルのキット」

きつね 犬のなかまの動物。尾が太くて長い。ネズミやウサギをとって食べる。

きつねにつままれる キツネにばかされたように、何が何だかわからず、ぼんやりすることのたとえ。

きっぱり ものごとをはっきりと決心するようす。▽「きっぱりことわる」

きっぷ【切符】乗車券・入場券など、お金をはらったことをあらわす小さい紙。▽「大阪までの新幹線の切符」

きっぽう【吉報】めでたいたより。よろこばしい知らせ。

きづまり【気詰まり】きゅうくつな気分や感じ。▽「えらい人の前ではどうも気づまりで、思うことも言えない」

きてい【規定】きまり。さだめ。規則。規約。

きてき【汽笛】汽車や汽船などについている、蒸気で鳴らす笛。信号や合図に使う。

きてん【起点】❶ものごとのはじまる所。出発点。❷鉄道路線のはじまる駅。⇔終点。

きてん【機転】よく気のきくこと。機知。とんち。判断がすばやくはたらくこと。▽「機転がきく」

きどあいらく【喜怒哀楽】喜びと、いかりと、かなしみと、楽しみ。人間の心のいろいろな感情。

きとう【祈とう】神や仏にいのること。また、そのいのり。

きどう【軌道】❶電車や列車などの通る道。線路。❷月や星が、めぐっているあるきまった道すじ。

きとく【危篤】病気がたいへん重くて、死にそうなこと。▽「危とくになる」

きどる【気取る】❶もったいぶる。よく見せようとする。❷ある人のようすをまねる。▽「音楽家を気取る」

きなが【気長】のんびりと、ゆっくりしているようす。▽「気長にまつ」

きなこ【黄な粉】ダイズを粉にした食べ物。

きにいる【気に入る】自分のこのみに合う。▽「気に入った洋服」

きにかける【気に掛ける】心配する。心にとめる。

きにさわる【気に障る】気に入らなくて、ふゆかいになる。しゃくにさわる。

きにとめる【気に留める】❶心にかける。注意する。❷心配する。気にする。▽「うわさを気に留める」

きにやむ【気に病む】思いなやむ。くよくよする。▽「失敗を気に病む」

きにゅう【記入】字を書きこむこと。

きぬ【絹】❶カイコのまゆからとった糸。❷絹糸でおった布。▽「絹のスカーフ」⬇【絹】217ページ

きぬおりもの【絹織物】絹糸でおった織物。

きね うすに入れたもち米をつく道具。

ギネスブック いろいろな世界一の記録をのせた本。イギリスのギネス社が毎年出版する。▽「ギネスブックにのった世界一大きな大根」

きねん【記念】のちの思い出にのこしておくこと。また、そのもの。▽「入学記念の写真」

きねんきって【記念切手】もよおしや出来事などを記念して、とくべつに作ったゆうびん切手。

きねんひ【記念碑】あることがらを記念して、のちの世まで長くつたえるために、そのわけをほった石の碑。

きのう【機能】そのものの持っているはたらき。▽「機能をよく生かす」

きのう【昨日】今日の一日前の日。「さくじつ」ともいう。⇔明日。

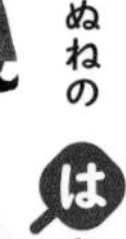
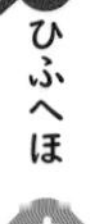
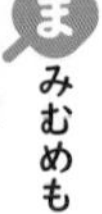

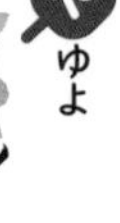

ぎのう【技能】うでまえ。わざ。

きのこ 山や野の木かげ、くさった木などにはえる。花や葉はなく、たねのかわりに胞子を作ってふえる。マツタケ・マイタケ・シイタケ・シメジなどは食べられる。どくのあるものもある。

きのどく【気の毒】❶すまないと思うこと。▽「るすをしていて、気の毒なことをした」❷かわいそうなこと。▽「気の毒な人」

きのぼり【木登り】木によじのぼること。

きのみ【木の実】木になる実。固い実のこと。とくに、クリやクルミなど。このみ。▽「リスが木の実を食べている」

きのみきのまま【着の身着のまま】今着ているもののほかに、何ひとつ物を持っていないこと。▽「着の身着のまま雪の中へにげだした」

[着の身着のまま]

きのり【気乗り】やる気がおこること。▽「気乗りがしない」

きば【牙】おもに肉を食べる動物にある、とくにするどく、大きくなった歯。▽「きばをむく」

きはく【気迫】意気ごみ。はげしい気持ち。▽「気はくのこもった試合」

きはく【希薄】少なくてうすいこと。▽「上空にいくと空気が希はくになる」

きはつ【揮発】ふつうの温度で液体が気体になること。▽「揮発油」

きばつ【奇抜】思いもよらないこと。▽「きばつなアイデア」

きばむ【黄ばむ】黄色がかる。黄色になる。▽「木の葉が黄ばむ」

きばらし【気晴らし】しずんでいる気持ちをはらって、元気を出すこと。

きび イネのなかまの草。秋にみのるうす黄色でこつぶの実を食べる。

きびき【忌引き】父母兄弟などが死んだとき、つとめや学校を休んで家にこもってつつしむこと。また、そのための休み。

きびきび 生き生きとして、すばやいようす。▽「きびきびした動作」

きびしい【厳しい】❶げんかくである。▽「厳しいきまり」⇕緩い。❷はげしい。▽「寒さが厳しい」❸けわしい。▽「厳しい山道」⬇【厳】218ページ

きひん【気品】上品なようす。

きびん【機敏】すばやいようす。ものごとをてきぱきとやっていくようす。▽「機びんな動作」

きふ【寄付】社会のための事業などに、お金や品物をさし出すこと。けん金。

ギブアップ あきらめること。負けたと認めること。

きふく【起伏】❶高くなったりひくくなったりすること。❷さかんになったり、おとろえたりすること。▽「人の一生には起ふくが多い」

ぎふけん【岐阜県】中部地方にある県。海がなく山国で林業がさかん。県庁のある岐阜市は、長良川の「ウ飼い」で名高い。⬇都道府県(図)

ギプス 骨をおったときなどに、そこを動かさないようにするため、せっこうのこなをガーゼにふくませてかためたほうたい。「ギブス」ともいう。

ギフト 人にさしあげるもの。おくりもの。▽「ギフトカード」

きぶん【気分】❶気持ち。心持ち。▽「外に出て気分をかえる」❷からだの調子。▽「休んだから気分がよくなった」❸性質。気性。

きぼ【規模】ものごとのしくみ。組み立て。

早口ことば （五回続けていえるかな）救急車と消防車が消防署から出動した。

▽「規模が大きい」

ぎぼ【義母】義理の母。夫から見て妻の母、妻から見て夫の母のこと。⇕実母。生母。

きほう【気泡】空気をふくんだあわ。

きぼう【希望】ねがい。望み。▽「希望を持つ」

きぼり【木彫り】木にほり物をすること。また、ほってできあがったもの。▽「木ぼりの人形」

きほん【基本】ものごとのもと。土台。基そ。▽「野球は基本が大切だ」

きほんてきじんけん【基本的人権】憲法できめられている、人間としてだれにでもみとめられているもっとも大切な権利。

きまえ【気前】❶気持ち。性質。❷お金をおしまないで使う性質。▽「気前がいい」

きまぐれ【気まぐれ】気持ちがその時その時でかわること。▽「気まぐれな人。一時の気まぐれ」

きまじめ【生まじめ】たいそうまじめなようす。▽「生まじめな人」

きまずい【気まずい】たがいにうちとけないで、いやな気分がのこるようす。▽「気まずいふんいき」

きまつ【期末】❶きめられた期日のおわり。❷学期のおわり。▽「期末試験」

きまま【気まま】思いのままにふるまうようす。▽「気ままなくらし」

きまり【決まり】❶決められたこと。きそく。▽「クラスの決まりをまもる」❷おわり。▽「仕事に決まりをつける」❸いつも決まってすること。▽「ねる前に歯をみがくのが決まりだ」

きまりもんく【決まり文句】いつも決まって言われることば。

きまる【決まる】さだまる。決定する。▽「日どりが決まる。優勝が決まる」⬇【決】212ページ

きみ【君】❶王。君主。▽「君が代」❷主人。▽「わが君」❸あいてをさしていうことば。⇕僕。⬇【君】203ページ

きみ【黄身】鳥のたまごのまん中にある丸く黄色いところ。

きみがよ【君が代】❶天皇のおさめている世。❷日本の国歌である歌。

きみがわるい【気味が悪い】なんとなく、いやな感じがする。▽「ヘビは気味が悪い」

きみつ【機密】政治や軍事上のひみつ。

きみどり【黄緑】黄色をおびた緑色。黄緑色。

きみょう【奇妙】ふつうとちがってふしぎなようす。▽「きみょうな出来事」

ぎむ【義務】❶しなければならない務め。❷国のきまりで、国民としてしなければならない務め。⇕権利。

ぎむきょういく【義務教育】国の法律によってきめられ、だれもがうけなければならない教育。日本では、小学校六年、中学校三年の九年間。

きむずかしい【気難しい】がんこで、きげんがとりにくい。

きめい【記名】名前を書くこと。

ぎめい【偽名】名前をいつわること。にせの名前。⇕本名。

きめる【決める】❶さだめる。はっきりさせる。▽「会議の場所を決める」❷決心する。▽「行くことに決める」❸勝負をつける。▽「上手投げで決める」⬇【決】212ページ

きも【肝】❶肝臓。また、内臓。❷たましい。気力。▽「きもが太い」

きもいり【肝いり】人と人との間をとりもつこと。また、その人。▽「会長の肝いりで広場をかりた」

きもがすわる【肝が据わる】心がどっしりおちついて、びくともしない。▽「きもがすわった人」

きもだめし【肝試し】夜のお墓など、こわ

い場所に、勇気があるかどうかをためすために行くこと。▼「夏の夜にきも試しをする」

きもち【気持ち】❶ものごとにたいして感じる心のようす。感情。▼「人の気持ちを考えてあげなさい」❷感じ。気分。▼「ゆかいな気持ち」❸からだのぐあい。▼「車によって気持ちが悪い」

きもの【着物】❶着るもの。衣服。❷和服。⇩服（図）

きもをつぶす【肝をつぶす】ひじょうにびっくりする。▼「山道でクマに出会ってきもをつぶした」

きもをひやす【肝を冷やす】ひじょうにおどろいて、ぞっとする。▼「車にひかれそうになってきもを冷やした」

ぎもん【疑問】ふしぎに思うこと。どうもよくわからないこと。

きやく【規約】みんなで相談してきめたやくそく。規定。規則。

きゃく【客】3年 キャク・(カク)

❶まねかれて来た人。▼「来客」
❷商店などに買い物に来る人。

客 客 客 客 客 客（又や久ではない）

●客船●客観●観客●乗客●先客

きゃく【脚】あしのある道具を数えることば。▼「いす二きゃく」

ぎゃく【逆】5年 ギャク さか・さからう

❶さかさま。▼「逆風」⇔順。
❷さからう。そむく。▼「反逆」

逆 逆 逆 逆 逆 逆（つき出る／ひとふでに書く）

●逆効果●逆光線●逆算●逆襲●逆転●逆流●逆境●逆行

ギャグ 見ている人を笑わせるための、おもしろい動作やことば。

ぎゃくこうか【逆効果】期待していたことと反対の結果になること。

ぎゃくさつ【虐殺】むごたらしいやり方で殺すこと。

ぎゃくさん【逆算】逆さに数えること。▼「年れいから逆算すれば、生まれた年がわかる」

きゃくしつ【客室】❶旅館などで、客がとまる部屋。また、飛行機などで客が乗るところ。❷家で、客を通して、お茶や料理を出したりする部屋。

きゃくしつじょうむいん【客室乗務員】旅客機などにのりこんで、客の世話をする係の人。キャビンアテンダント。フライトアテンダント。

ぎゃくしゅう【逆襲】今までせめられていたほうが反対にせめること。▼「逆しゅうに出る」

ぎゃくじょう【逆上】のぼせあがること。のぼせて、とりみだすこと。

きゃくしょく【脚色】❶物語などを劇や映画に書きなおすこと。❷話をおおげさにすること。

きゃくせん【客船】客をはこぶ船。

ぎゃくたい【虐待】ひどいとりあつかいをすること。いじめること。

ぎゃくてん【逆転】ひっくりかえること。▼「試合の形勢が逆転する。逆転ホームランで勝つ」

ぎゃくふう【逆風】すすんでいく方向からふいてくる風。むかい風。⇔順風。⇩順風（図）

きゃくほん【脚本】劇や映画のせりふ・動作・ぶたい装置などを書きしるしたもの。台本。シナリオ。

ぎゃくりゅう【逆流】反対の方向に流れること。▼「川の水が逆流する」

きゃしゃ 上品だが、ほっそりとしていて弱々

（五回続けていえるかな）牛車で名所旧せきをまわる。

しいようす。▽「きゃしゃな手」

きやすめ【気休め】 その時かぎりの安心。▽「気休めなど言うな」

きゃっかん【客観】 ❶自分の心や考えの外にあるもの。❷自分の考えを入れないで、ものをありのままにながめること。▽「客観的」⇕主観。

ぎゃっきょう【逆境】 苦労が多く、めぐまれないありさま。

ぎゃっこう【逆行】 ながれにさからって反対の方へすすむこと。

きゃっこうをあびる【脚光を浴びる】 ぶたいでフットライトをあびる意。世の中の人に注目される。

［脚光を浴びる］

キャッチフレーズ 人の注意をひくような、みじかくておぼえやすい宣伝文句。

キャッチボール 野球のボールを、かわるがわるなげたりとったりし合うこと。

キャッチャー 野球で、ピッチャーのなげるボールをうける人。捕手。⇕ピッチャー。⬇野球（図）

キャット ネコ。

キャプテン ❶船長。艦長。❷スポーツのチームなどの主将。

キャベツ アブラナのなかまのやさい。葉が大きくかさなって球になる。

キャラメル 口の中でとけるとやわらかくなってくるあめ。砂糖・牛乳などをまぜてつくる。

ギャング 強とうや殺人、密輸などの犯罪を組織的に行う悪者たちの集団。

キャンデー 洋風のあめ。

キャンプ 野原や山でテントをはって、一時的にそこでくらすこと。

キャンプファイア キャンプ場で夜にたく火。このたき火のまわりで、いろいろなもよおしをする。

きゅう【九】 1年 キュウ・ク　ここの・ここのつ

ここのつ。

ノ九

●九死に一生を得る●九州地方

きゅう【久】 5年 キュウ・（ク）　ひさしい

長くひさしいこと。▽「永久」

ノクク久（短めに）

●永久●永久歯●永久磁石

きゅう【弓】 2年 （キュウ）　ゆみ

ゆみ。▽「弓形」

コヨ弓（ひとふでに書く）

きゅう【旧】 5年 キュウ

❶古い。古びた。▽「旧習」⇕新。❷昔。▽「懐旧」❸陰暦のこと。▽「旧正月」

丨 ll 旧 旧 旧（あける／日と同じくらいの長さ）

●旧家●旧式●旧知●旧聞●旧友●旧暦●新旧●復旧

きゅう【休】 1年 キュウ　やすむ・やすまる・やすめる

❶やすむこと。▽「休暇。休息」❷一時やめること。▽「休刊」

★「体」ににているので注意

●休暇●休学●休業●休憩●休校●休息●休養●運休●週休●連休

きゅう【吸】6年 キュウ すう

すいこむこと。▽「呼吸」

久ではない

●吸収●吸入

きゅう【究】3年 キュウ （きわめる）

きわまり。ものごとを最後のところまでしらべつくすこと。▽「研究」

●究極●究明●探究●追究

きゅう【求】4年 キュウ もとめる

もとめること。▽「求職」

はねる

点を落とさないように

●求刑●求人●求心力●探求●追求●要求●欲求

きゅう【泣】4年 （キュウ） なく

なくこと。▽「号泣」

きゅう【急】3年 キュウ いそぐ

❶はやいようす。はげしいようす。にわかなようす。▽「急病。急な用事」
❷けわしいこと。▽「急な坂道」

々ではない

●急激●急死●急所●急進●急性●急増●急速●急に●急場●急病●急変●急用●急流●応急●救急●至急●特急

きゅう【級】3年 キュウ —

❶ものごとのだんかい。▽「一級」
❷学級。クラス。▽「級友」

おる

ひとふでに書く

●階級●高級●進級●等級

きゅう【宮】3年 キュウ・（グウ）・（ク） みや

王や天皇のすまい。▽「宮中」

★「官」ににているので注意

●宮中●宮廷●宮殿

きゅう【球】3年 キュウ たま

❶たまのようにまるい形。▽「球形」
❷まり。ボール。▽「球技」
❸野球。▽「球団。球界」

点を落とさないように

●球技●球形●球根●球場●球審●球団●気球●卓球●地球●直球●野球

きゅう【救】5年 キュウ すくう

たすけること。▽「救助」

又ではない

●救援●救急●救急箱●救護●救済●救出●救助●救世主●救難●救命具

あいうえお かきくけこ き さしすせそ たちつてと なにぬねの はひふへほ まみむめも やゆよ らりるれろ わをん

早口ことば （五回続けていえるかな） 業者のくせを見つける。

きゅう【給】4年 キュウ —

❶やること。あたえること。▽「給料」

❷たりるようにする。▽「配給」

給 く 幺 糸 糸 給 給 給 給 給（おる）

給仕・給食・給水・給油・給与・給料・供給・月給・支給・補給

きゅう ほしたヨモギの葉を背中や足などにおいて火をつけ、病気をなおす方法。

ぎゅう【牛】2年 ギュウ うし

うし。▽「闘牛。肉牛」

牛 ノ 𠂉 牛 牛（ヨコ棒より上からまっすぐ）

★「午」ににているので注意

牛車・牛舎・牛乳・乳牛

きゅうえん【救援】救いたすけること。▽「救えん物資」

きゅうか【旧家】昔から何代もつづいている家がら。

きゅうか【休暇】学校や会社などの休み。▽「夏期休か」

きゅうがく【休学】生徒や学生が病気などで、長く学校を休むこと。

きゅうぎ【球技】ボールを使ってする運動。テニス・バレー・サッカー・野球・卓球など。

きゅうきゅう【救急】急におきたきけんから、人を救うこと。

きゅうきゅうしゃ【救急車】急病人やけが人を病院にはこぶ自動車。▽「たおれた人を救急車がはこぶ」

きゅうきゅうたい【救急隊】けがや病気をした人を、手当てをしながら病院に運ぶ人たち。▽「救急隊が助けに来た」

きゅうきゅうばこ【救急箱】急な病気やきずの手当てのために、薬やほうたいなどを入れておく箱。

きゅうぎょう【休業】仕事や商売を休むこと。▽「本日休業」

きゅうきょく【究極】ものごとのおわり。つまるところ。▽「究極の目的」

きゅうくつ【窮屈】❶せまかったり小さかったりして、思うように動けないこと。❷自由のきかないこと。かた苦しいこと。

きゅうけい【休憩】仕事などを一時休んでからだを楽にすること。休息。▽「休けいをとる。休けい室」

きゅうけい【求刑】検事が裁判所に、被告にたいするばつを求めること。また、てのばつ。▽「ちょう役六年を求けいした」

きゅうけい【球形】ボールのようなまるい形。

きゅうげき【急激】とつぜんで、はげしいようす。▽「気温が急激に下がる。飛行機が急激に上しょうした」

きゅうご【救護】たすけまもること。とくに、病人やけが人を看護したり、手当てしたりすること。

きゅうこう【休校】学校が休みになること。▽「大雨で臨時休校になる」

きゅうこん【球根】植物の根や地下茎が、球のようになって養分をためているもの。ダリア・チューリップ・ユリなどにある。

[ヒヤシンスの球根]

きゅうさい【救済】苦しんでいる人や不幸な人を救いたすけること。

きゅうし【急死】元気だったものが、急に死ぬこと。

きゅうじ【給仕】食事の世話をすること。また、その人。

きゅうしき【旧式】❶昔のしきたりや、やり方。❷古い型。▽「旧式の車」

きゅうじつ【休日】学校や仕事などが休みの日。

きゅうしにいっしょうをえる【九死に一生を得る】ほとんど死にそうだったところを、やっとのことでたすかる。▽「重い病気だったが、九死に一生を得た」

ぎゅうしゃ【牛車】❶牛の引く車。❷昔、身分の高い人がのった、牛の引く車。御所車。「ぎっしゃ」ともいう。

ぎゅうしゃ【牛舎】牛小屋。

きゅうしゅう【吸収】❶すいこむこと。▽「熱を吸収する」❷とりいれて自分のものにすること。▽「新しい知識を吸収する」

きゅうしゅうちほう【九州地方】日本の南西にある地方。福岡・佐賀・長崎・熊本・大分・宮崎・鹿児島・沖縄の八県がある。⬇都道府県（図）

きゅうしゅつ【救出】たすけ出すこと。▽「そうなん者の救出」

きゅうしょ【急所】❶からだの中でとくに大切なところ。❷ものごとのかんじんなところ。▽「仕事の急所」

きゅうじょ【救助】救い助けること。▽「水におぼれた人を救助する」

きゅうじょう【球場】野球場。

きゅうしょく【休職】つとめをしている人が、病気などのために、ある期間、その仕事をはなれて休むこと。

きゅうしょく【給食】学校や工場などで、生徒やはたらいている人たちに食事を出すこと。また、その食事。

きゅうしん【休診】病院がしんりょうを休むこと。▽「日曜日と祝日は休診だ」

きゅうしん【急進】❶急いで進むこと。❷目当てとすることを、はやく実現しようとすること。⇕保守。

きゅうしん【球審】野球で、キャッチャーの後ろに立って、ストライクやボールなどをしん判する人。主しん。⬇野球（図）

きゅうじん【求人】はたらく人を求めること。▽「求人広告」⇕求職。

きゅうしんりょく【求心力】物が回る運動をするとき、物を円の中心に引きつけようとする力。⇕遠心力。

きゅうす【急須】お茶をつぐ道具。とってと、お茶をそそぐ口がついている。

きゅうすい【給水】水をあたえること。また、その水。▽「給水車」

きゅうせい【急性】病気で、急におこる性質のもの。▽「急性肺えん」⇕慢性。

きゅうせいしゅ【救世主】❶イエス・キリストのこと。❷人々を救う人。

きゅうせん【休戦】戦争している両軍が、やくそくし合って、しばらくの間、戦争をやめること。

きゅうぞう【急増】急にたくさん増えること。▽「人口が急増する」

きゅうそく【休息】休むこと。からだを休めること。休けい。骨休め。

きゅうそく【急速】たいへん速いこと。▽「急速に進歩する」

きゅうだい【及第】合格すること。試験にうかること。⇕落第。

きゅうだん【球団】プロ野球のチームを持つ会社。

きゅうち【旧知】昔からの知り合い。旧友。▽「旧知の間がら」

きゅうち【窮地】苦しい立場。苦境。

きゅうちゅう【宮中】皇居の中。

きゅうてい【宮廷】国王のすまい。

きゅうでん【宮殿】国王のすんでいるたてもの。

きゅうなん【救難】きけんな目に出あっている人をたすけること。

きゅうに【急に】だしぬけに。とつぜんに。▽「横から急に人がとび出した」

早口ことば（五回続けていえるかな）今日は教師が給食の牛乳を配るから協力して。

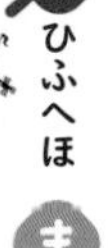

あいうえお かきくけこ さしすせそ たちつてと なにぬねの はひふへほ まみむめも やゆよ らりるれろ わをん

き

きゅうにゅう【吸入】 鼻や口から吸いこむこと。▼「酸素吸入」

ぎゅうにゅう【牛乳】 牛の乳。そのままのむほかに、バターやチーズなどの原料になる。ミルク。

きゅうば【急場】 さしせまったとき。▼「人手をかりて急場をしのぐ」

きゅうびょう【急病】 急におこる病気。▼「急病にかかる」

きゅうふ【休符】 音楽の楽ふで、そこで音を出さないことを表すしるし。⬇音符（コラム）

きゅうへん【急変】 ❶急に変わること。▼「空が急変した」❷急におこった出来事。

きゅうめい【究明】 ものごとを最後のところまでつきつめて、明らかにすること。▼「事故の原因を究明する」

きゅうめいぐ【救命具】 船や飛行機などが事故にあったとき、乗客の命を救うためにそなえる道具。

きゅうゆ【給油】 ❶自動車や飛行機などにガソリンなどの燃料を入れること。❷機械に油をさすこと。

きゅうゆう【旧友】 昔からの友達。旧知。

きゅうゆう【級友】 同じ組の友達。クラスメート。

きゅうよ【給与】 その人のはたらきにたいして、会社などがしはらうお金。給料。

きゅうよう【休養】 仕事を休んで心やからだを元気にすること。▼「ゆっくり休養をとる」

きゅうよう【急用】 急ぎの用事。

きゅうり ウリのなかまのやさい。細長い緑の実を食べる。

きゅうりゅう【急流】 水の流れが速いこと。また、速い流れ。激流。

きゅうりょう【給料】 つとめている人に、会社などがしはらうお金。給与。

きゅうれき【旧暦】 昔の中国や日本のこよみ。月のみちかけをもとに一年の月日をきめた。太陰暦。陰暦。⬍新暦。太陽暦。

きょ【去】 3年 キョ・コ さる

❶すぎさること。▼「去年」⬍来。❷すがたをけすこと。▼「退去」

一 十 土 去 去（おる）

●去年●死去●除去

きょ【居】 5年 キョ いる

❶すまい。▼「新居。入居」❷すむこと。▼「別居」

コ 尸 尸 居 居 居 居

●住居●転居●同居●別居

きょ【挙】 4年 キョ あがる・あげる

❶あげること。▼「挙手。列挙」❷ふるまい。▼「挙動」

、 ⺌ 兴 兴 兴 举 挙（点の向きに注意。⺍としない）

●挙行●挙手●挙動●選挙

きょ【許】 5年 キョ ゆるす

ゆるすこと。ゆるし。▼「許可」

言 言 言 許 許 許 許（つき出ない。牛ではない）

●許可●許容●特許

ぎょ【魚】 2年 ギョ うお・さかな

さかな。うお。▼「魚類」

⺈ 角 鱼 鱼 鱼 魚 魚

●魚群探知機●魚類●金魚●鮮魚●人魚●木魚

ぎょ

【漁】 4年　ギョ・リョウ　—

魚をとること。▼「漁業」

漁 漁 漁 漁 漁 漁 漁 漁

●漁業●漁港●漁場●漁船●漁村●漁夫の利●漁民

きよい

【清い】 けがれがない。きれいである。▼「清い心。清い水の流れ」➡【清】373ページ

きよう

【起用】 今までその役になかった人を引き上げて、その役につかせること。▼「映画の主役に起用する」

きよう

【器用】 ❶ものごとをうまくこなすこと。▼「器用にたちまわる」❷手先の細かな仕事が上手なこと。▼「手先の器用な人」⇕不器用。

きょう

【共】 4年　キョウ　とも

いっしょに。ともに。▼「共同」

一 十 廾 共 共 共

●共学●共感●共産主義●共生●共存●共通●共同●共犯●共謀●共鳴●共有●共用●共和国●公共

きょう

【京】 2年　キョウ・(ケイ)　—

❶みやこ。首都。皇居のある所。▼「東京。上京」❷京都のこと。▼「京人形」

亠 亠 亡 古 宁 亨 京 京

きょう

【協】 4年　キョウ　—

力を合わせること。▼「協力」

一 十 忄 协 協 協 協（すとしない）

●協会●協議●協奏曲●協調●協定●協同●協同組合●協力

きょう

【供】 6年　キョウ・(ク)　そなえる・とも

❶あたえる。さしだす。▼「供給。提供」❷話をする。▼「自供」

亻 仁 仕 供 供 供 供

きょう

【胸】 6年　キョウ　むね・(むな)

❶むね。▼「胸囲」❷心の中。思い。▼「胸中」

丿 月（はねる） 肑（はねる） 肑 胸 胸（おる） 胸

●胸囲●胸中●度胸

きょう

【教】 2年　キョウ　おしえる・おそわる

おしえること。▼「教育」

一 土 耂 孝（はねる） 孝 教 教（又ではない）

●教育●教員●教科●教会●教科書●教訓●教材●教師●教室●教授●教祖●教壇●教頭●教諭●教養●宗教●説教●布教

きょう

【強】 2年　キョウ・(ゴウ)　つよい・つよまる・つよめる・(しいる)

❶つよいこと。じょうぶなこと。▼「強大」⇕弱。❷むりにすること。▼「強行」❸それよりも少し多いことをあらわす。▼「十五メートル強」⇕弱。

フ コ 弓（ひとふでに書く） 弘 弘 強 強

早口ことば　（五回続けていえるかな）ぎょ者が馬車を走らせる。

●強化●強固●強行●強硬●強豪●強行軍●強国●強弱●強制●強大●強調●強敵●強度●強風●強要●強力●強烈●増強●勉強

きょう【郷】 6年 キョウ・(ゴウ) ―

❶ところ。土地。▽「理想郷」

❷ふるさと。▽「郷里」

郷 郷 郷 郷 郷 郷 （おる／良ではない／卩としない）

●郷土●郷里●帰郷●故郷

きょう【経】 仏の教えを書いた本。お経。▽「読経」⬇【経】205ジー

きょう【境】 5年 キョウ・(ケイ) さかい

❶さかい。区切り。▽「国境」

❷心のようす。じょうたい。▽「境地。心境」

❸めぐりあわせ。▽「境遇」

境 境 境 境 境 境 （右上に）

●境界●境遇●境地●国境

きょう【橋】 3年 キョウ はし

はし。▽「鉄橋。歩道橋」

橋 橋 橋 橋 橋 橋 橋

きょう【興】 おもしろみ。おもむき。▽「興味」⬇【興】229ジー

●興ざめ●興じる●興に乗る●興味●興味本位●即興●余興

きょう【鏡】 4年 キョウ かがみ

❶かがみ。▽「鏡台」

❷めがね。▽「望遠鏡。双眼鏡」

鏡 鏡 鏡 鏡 鏡 鏡

きょう【競】 4年 キョウ・ケイ (きそう)・(せる)

あらそいきそうこと。▽「競争」

競 競 競 競 競 競 （おる）

●競泳●競技●競争●競走●競売

きょう【凶】 えんぎの悪いこと。わざわい。▽「吉凶をうらなう」⇕吉。

きょう【今日】 今すごしている、この日。今日。

ぎょう【行】 ❶仏の道をおさめるためにするつとめ。▽「勤行。修行」❷いくこと。▽「行列」❸おこなうこと。▽「行事」❹文章の列。▽「行間」⬇【行】226ジー

●行儀●行司●行事●行書●行商●行水●行政●行列●興行

ぎょう【形】 ❶すがた。▽「形相」❷にせて作ったもの。▽「人形」⬇【形】205ジー

ぎょう【業】 3年 ギョウ・(ゴウ) (わざ)

❶仕事。つとめ。▽「事業」

❷学問。わざ。▽「授業」

業 業 業 業 業 業 （この形に注意／つき出ない）

●業者●業績●業務●開業●漁業●工業●作業●産業●商業●職業●卒業●農業●分業

きょうあく【凶悪】 ざんこくで、ひどく悪いこと。▽「きょう悪な事件」

きょうい【胸囲】 胸のまわりの長さ。

きょうい【脅威】 おどすこと。おびやかすこと。▽「戦争のきょうい」

きょうい【驚異】 おどろいてふしぎがること。▽「自然のきょういに目を見はる」

きょういく【教育】 教え育てること。教えて、りっぱな方向にみちびき育てること。▽「家庭教育」

きょういん【教員】学校の先生。教師。

きょうえい【競泳】水泳で、泳ぐ速さをくらべること。

きょうか【強化】強くすること。▽「チームの強化をはかる」

きょうか【教科】国語や算数のように学校で教える科目。

きょうかい【協会】一つの目的のために、会員が集まって作った会。

きょうかい【教会】その教えを説き広め、おがむためのたてもの。教会堂。キリスト教のものをさすことが多い。

きょうかい【境界】土地を区切る境。区切り。▽「国と国との境界」

きょうがく【共学】男女が学校でいっしょに勉強すること。▽「男女共学」

きょうかしょ【教科書】学校で勉強するために使う本。

きょうかつ【恐喝】人の弱みにつけこんで、金や物をとろうとおどすこと。

きょうかん【共感】人の意見や考えに、そのとおりだと思うこと。同感。

きょうき【狂喜】むちゅうになって大喜びすること。

きょうぎ【協議】人々が集まって、相談してものごとをきめること。

きょうぎ【競技】❶うでまえをくらべ、どちらがすぐれているかをあらそうこと。❷運動競技。スポーツ。

ぎょうぎ【行儀】ふだんの生活における礼ぎ。▽「ぎょうぎがいい」

きょうきゅう【供給】❶必要な品物をあたえること。❷売る品物を市場に出すこと。⇕需要。

ぎょうぎょうしい【仰仰しい・仰々しい】おおげさで目立つ。⬇「々」は同じ文字をくり返すという意味のおどり字という記号。▽「ぎょうぎょうしい泣き方」

きょうぐう【境遇】めぐりあわせ。身の上。▽「めぐまれた境ぐう」

きょうくん【教訓】教えて、わからせみちびくこと。いましめ。

きょうげん【狂言】❶能楽の合間に演じるこっけいな劇。❷歌舞伎の出しもの。❸人をだまそうとするたくらみ。▽「きょう言強とう」

きょうこ【強固】強くてしっかりしていること。▽「意志が強固だ」

ぎょうこ【凝固】固まること。▽「血液がぎょう固する」⇕液化。気化。

きょうこう【恐慌】❶おそれてあわてること。❷景気が悪くなり、経済がこんらんする、不安なじょうたい。

きょうこう【強行】むりに行うこと。

きょうこう【強硬】てごわいこと。強く言いはること。▽「強こうな意見」

きょうごう【強豪】強く、てごわいこと。また、その人。

きょうざい【教材】学校の授業に必要な品物や、参考になるもの。

きょうさく【凶作】作物のみのりがたいへん悪いこと。不作。⇕豊作。

きょうざめ【興ざめ】今までの楽しい気分がなくなること。▽「楽しい会がけんかで興ざめだ」

きょうし【教師】❶学問や技術を教える人。▽「ピアノ教師」❷学校の先生。教員。

ぎょうじ【行司】すもうで土俵に上がって、勝ち負けを見分けてきめる人。

ぎょうじ【行事】いつもきまって行うもよおし。▽「学校の行事」

きょうしつ【教室】❶学校で授業や学習を行う部屋。❷人を集めて教える所。また、その集まり。▽「絵画教室」

ぎょうしゃ【業者】商売をしている人。▽「運送業者」

きょうじゃく【強弱】強いことと弱いこと。▽「強弱をつけて歌う」

早口ことば（五回続けていえるかな）きょ人が漁村で挙手。

きょうじゅ【教授】❶学問や技術・芸ごとなどを教え授けること。▽「個人教授」❷大学の先生。

きょうしゅく【恐縮】おそれいること。もうしわけないと思うこと。

ぎょうしょ【行書】漢字を少しくずした書き方。↓字体（図）

ぎょうしょう【行商】品物を持って売り歩くこと。また、その人。

きょうじる【興じる】むちゅうになっておもしろがる。「きょうずる」ともいう。▽「水あそびに興じる」

ぎょうずい【行水】たらいに入れた湯や水をあびて、からだをあらうこと。

きょうせい【強制】おさえつけて、むりにさせること。

きょうせい【矯正】悪い形やくせを直すこと。▽「歯ならびのきょう正」

ぎょうせい【行政】法律などのきまりにしたがって、国や都道府県・市町村などが行う政治。

ぎょうせき【業績】仕事や研究などの結果。成績。▽「業績を上げる」

きょうそ【教祖】ある宗教をはじめた人。開祖。

きょうそう【競争】いろいろな力をくらべ合うこと。▽「競争相手」

きょうそう【競走】走って速さを競うこと。かけっこ。徒競走。

ぎょうそう【形相】顔つき。とくに、おそろしい顔かたち。▽「必死の形相」

きょうそうきょく【協奏曲】ひとりで演奏する楽器を中心にして、オーケストラが合奏する曲。コンチェルト。▽「ピアノ協奏曲」

きょうそん【共存】おたがいにたすけ合ってくらすこと。「きょうぞん」ともいう。▽「平和共存」

きょうだい【兄弟】❶兄と弟。❷同じ親から生まれた子供どうし。

きょうだい【強大】たいへん強く大きいようす。⇕弱小。

きょうだい【鏡台】けしょう道具を入れる引き出しなどがついている鏡。

きょうたん【驚嘆】ひじょうにおどろいて感心すること。

きょうだん【教壇】教室で先生が立つ台。

きょうち【境地】❶立場やありさま。▽「新しい境地をひらく」❷気持ち。心のようす。▽「さとりの境地」

きょうちゅう【胸中】胸のうちの思い。心の中。▽「胸中をうち明ける」

きょうちょう【協調】ものごとがうまくすすむように、たがいに力を合わせること。

きょうちょう【強調】❶調子を強めること。❷考えを強く言うこと。▽「命の大切さを強調する」

きょうつう【共通】どれにも当てはまること。二つ以上のものにたがいに通じること。

きょうつうご【共通語】どの地方でも通じることば。

きょうてい【協定】相談してとりきめること。▽「漁業協定」

きょうてき【強敵】強い敵。勝負ごとで、てごわいあいて。

ぎょうてん【仰天】ひじょうにおどろくこと。▽「びっくりぎょうてんする」

きょうと【教徒】ある宗教をしんじている人。▽「キリスト教徒」

きょうど【郷土】自分の生まれそだった土地。ふるさと。郷里。故郷。

きょうど【強度】❶強さのていど。❷度の強いこと。▽「強度のめがね」⇕軽度。

きょうとう【教頭】小学校・中学校・高等学校で校長を助け、学校をまとめていく先生。

きょうどう【共同】❶二人以上の人が力を合わせて一つの仕事をすること。▽「共同作

業」❷二人以上の人が同じ資格でかかわること。▽「共同責任」

きょうどう【協同】みんなが力を合わせて仕事をすること。

きょうどうくみあい【協同組合】同じ仕事をしている人、同じ所にすんでいる人などが、生活や事業をよくするために作っている組合。

きょうどうぼきん【共同募金】めぐまれない人々をたすけるため、また、おおやけの仕事のために、お金を集めること。「赤い羽根」運動など。

きょうとふ【京都府】近畿地方にある府。府庁のある京都市は、平安時代から江戸時代まで日本の都であったため、名所旧せきが多い。⬇都道府県（図）

きょうはく【脅迫】あいてをおどし、むりに何かをさせようとすること。▽「きょうはくして金をとる」

きょうはん【共犯】二人以上の人がいっしょになって罪を犯すこと。

きょうふ【恐怖】おそれること。こわがること。▽「きょうふ心」

きょうふう【強風】強い風。はげしくふく風。▽「強風注意報」

きょうぼう【共謀】何人かがいっしょになって、悪いたくらみをすること。

きょうぼう【狂暴】常識をこえて、ひどくあばれること。

きょうみ【興味】心がひきつけられ、おもしろいと思うこと。▽「宇宙に興味を持つ」

きょうみほんい【興味本位】ためになるということよりも、おもしろさが主であること。▽「興味本位の内容」

ぎょうむ【業務】ふだんつづけている仕事。会社や商売上の仕事。

きょうめい【共鳴】❶音を出す物がほかの音に動かされて音を出すこと。❷他人のことばや行いに心を動かされて賛成すること。▽「みんながかれの意見に共鳴した」

きょうもん【経文】仏の教えを書いた文章。お経の文句。

きょうゆ【教諭】小学校・中学校・高等学校などの先生。

きょうゆう【共有】二人以上の人が一つの物をいっしょに持っていること。▽「共有地」

きょうよう【共用】一つのものを共同で使うこと。▽「自転車を共用する」

きょうよう【強要】いやがることでも、むりにさせること。▽「寄付を強要された」

きょうよう【教養】身についた広い知識。それによって生まれるゆたかな心やものの考え方。▽「教養のある人」

きょうり【郷里】生まれそだった土地。ふるさと。郷土。故郷。

きょうりゅう【恐竜】人類が生まれる前の大昔にさかえたトカゲのなかま。⬇図180ページ

きょうりょく【協力】力を合わせて、ものごとに当たること。

きょうりょく【強力】強い力。

きょうれつ【強烈】強くてはげしいこと。▽「強れつな夏の日ざし」

ぎょうれつ【行列】大ぜいの人が列を作って行くこと。また、その列。

きょうわこく【共和国】国王ではなく、国民の中からえらばれた人が相談をし、政治をしている国。アメリカ・フランスなど。

きょえい【虚栄】みえをはること。うわべだけをかざること。▽「きょ栄心」

ギョーザ 三日月形をした食べ物。小麦粉で作ったうすい皮でひき肉や細かく切ったやさいなどをつつんである。

きょか【許可】よいとして許すこと。ききとどけること。▽「許可がおりる」

きょがく【巨額】ひじょうに大きな金額。▽「巨額な寄付」

ぎょぎょう【漁業】魚や貝などをとった

早口ことば （五回続けていえるかな）きょ大なきょうりゅうの徒競走。

恐竜
翼竜
プテラノドン
翼を広げたときの左右の長さ7～9m
ディプロドクス
とても長い首と尾を持つ。
体長30m
パラサウロロフス
とさかからオーボエのような音を出す。
体長10～13m
ステゴサウルス
背中にたくさんの骨の板を持つ。
体長6～9m
トリケラトプス
三つの角を持つ。
体長9m
ティラノサウルス
するどい歯を持つ肉食恐竜。
体長12m 50cm

り、やしないそだてたりする仕事。

きょく【曲】 3年 キョク まがる・まげる

❶まがること。まげること。▽「曲折」⇔直。
❷正しくないこと。▽「曲解」
❸音楽などのふし。▽「作曲」

曲 丨 冂 巾 冊 曲 曲

●曲芸●曲線●曲目●歌曲●行進曲●名曲●謡曲●湾曲

きょく【局】 3年 キョク ——

❶なりゆき。▽「時局。政局。局面」
❷仕事をうけもつくぎり。▽「交通局」
❸しきり。一部分。▽「局部」
❹碁・将棋などの勝負。▽「対局」

局 コ 尸 月 局 局 局 局

●局地●結局●薬局●郵便局

きょく【極】 4年 キョク・(ゴク) (きわまる)・(きわみ)・(きわめる)

❶きわめること。きわまること。▽「極力。極言」
❷はなはだしいこと。▽「極端」
❸はて。かぎり。▽「極東」
❹地球の南または北のはし。▽「南極」
❺電気のプラス・マイナスなどのはたらきのいちばん強い所。▽「陽極」

極 一 十 木 朾 柯 極 極 （形と筆順に注意）

●極端●極地●極度●極力●究極●電極●南極●北極

ぎょく【玉】 1年 ギョク たま

❶たま。宝石。▽「珠玉。玉石混交」
❷ことばの上について、「とうとい」「うつくしい」という意味をあらわす。▽「玉座」

玉 一 丅 干 王 玉

★「王」ににているので注意

きょくげい【曲芸】 つなわたり・玉乗りのようなかるわざ。はなれわざ。

ぎょくせきこんこう【玉石混交】 よいものと悪いものとがまじること。

きょくせん【曲線】 曲がった線。⇔直線。

きょくたん【極端】 ❶いちばんはし。❷考えや行いなどがひどくかたよっていること。▽「極たんな意見」

きょくち【極地】 ❶さいはての土地。❷南極や北極の地。▽「極地探検」

きょくど【極度】 はなはだしいこと。この上もないこと。▽「極度のひろう」

きょくぶ【局部】 ❶一部分。❷からだの一部。局所。▽「局部ますい」

きょくめん【局面】 ❶ものごとのなりゆき。ようす。▽「重大な局面」❷碁・将棋の勝負のなりゆき。

きょくもく【曲目】 音楽の曲の名。

きょくりょく【極力】 力のかぎりをつくして。できるかぎり。

きょこう【挙行】 式や行事をとり行うこと。▽「卒業式を挙行する」

ぎょこう【漁港】 魚などをとる船が出入りする港。

ぎょしゃ【御者】 馬をあつかって、馬車を走らせる人。

きょじゃく【虚弱】 からだが弱いようす。▽「きょ弱な体質」

きょしゅ【挙手】 手をあげること。▽「賛成の人は挙手をねがいます」

きょじゅうち【居住地】 住んでいる所。

ぎょじょう【漁場】 魚のとれる所。ぎょば。

さかさことば 前から読んでもうしろから読んでも「九九」。

きょじん【巨人】❶ひじょうにからだの大きい人。❷学問や行いのとくにすぐれた人。▼「物理学のきょ人、アインシュタイン」

きょせい【虚勢】うわべだけの強がり。からいばり。▼「きょ勢をはる」

きょぜつ【拒絶】こばむこと。ことわること。拒否。

ぎょせん【漁船】魚をとるための船。

ぎょそん【漁村】漁業をする人たちがすんでいる村。海辺の村。

きょたい【巨体】ひじょうに大きなからだ。▼「クジラのきょ体におどろく」

きょだい【巨大】ひじょうに大きいこと。▼「きょ大なタンカー」

きょてん【拠点】よりどころとなる所。

きょどう【挙動】そぶり。立ったり、すわったり、歩いたりする動作。

きょねん【去年】今年の前の年。昨年。

きょひ【拒否】いやだと言って、強くことわること。拒絶。

ぎょふのり【漁夫の利】シギとハマグリがあらそっているすきに、どちらもりょうしにとらえられたという話で、二人があらそっているすきに、ほかの人がもうけを横どりすること。

きよまる【清まる】きよらかになる。きれいになる。▼「心が清まる」⬇【清】373ページ

ぎょみん【漁民】魚をとることを仕事にしている人たち。りょうし。

きよめる【清める】心やからだのよごれをなくす。きれいにする。▼「からだを清める」⬇【清】373ページ

きょよう【許容】そこまでは大目に見て許すこと。

きよらか【清らか】きれいで、よごれのないようす。

きょり【距離】❶二つの物やことがらの間のはなれかた。へだたり。❷二つの点の間をむすぶ線の長さ。

ぎょるい【魚類】魚のなかま。

きらい【嫌い】❶いやだ。気に入らない。▼「きらいな色」⬍好き。❷そのようになりやすいようす。▼「わがままを通そうとするきらいがある」❸わけへだて。くべつ。▼「上下のきらいなく親切にする」

きらう【嫌う】❶いやに思う。⬍好く。❷くべつする。▼「ところきらわず紙くずをすてるのはよくない」

きらく【気楽】心配することもなく気持ちが楽なこと。▼「気楽にくらす」

きらびやか きらきらして、はでで美しい。▼「きらびやかなドレス」

きらめく きらきらと光りかがやく。▼「きらめく星座」

きらり 短い間に、強く光るようす。▼「白い歯がきらりと光る」

きり【切り】ものごとのおわり。切れ目。区切り。▼「切りのいいところでお使いに行く」

きり【霧】地面や水面に近い所で、水蒸気がひえて、細かい水玉になり、けむりのように見えるもの。

きり 両手でこすり合わせるようにして、あなをあける道具。⬇工具（図）

ぎり【義理】❶人とのつきあいで、まもらなくてはいけないすじみち。❷血のつながりのない親子・きょうだいの間がら。▼「義理の兄」

きりあげる【切り上げる】❶あるところまででおわりにする。▼「仕事を切り上げる」❷計算で、はんぱな数を上の位にくり上げる。⬍切り捨てる。

きりかぶ【切り株】木などを切ったあとの根もとの部分。

ぎりぎり 最後のところ。ものごとの限度。▼「時間ぎりぎりでまにあう」

きりぎりす バッタににているこん虫。夏の

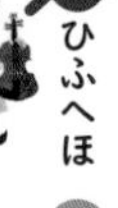
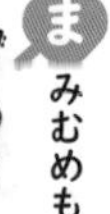

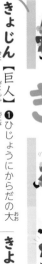

草原でチョンギースと鳴く。

キリギリスのなき声
チョンギース
ちょんぎいす
ギースチョン
ギーチョン
わたしには
と聞こえます
おなじ音でも、人によって聞こえ方がちがいますよ

きりこみ【切りこみ】はものなどで深く切ること。また、その切ったところ。▼「おので木に切りこみを入れる。包丁でこんにゃくに切りこみを入れる」

きりさめ【霧雨】きりのように細かい雨。ぬか雨。▼「きり雨がけむる」⬇雨（図）

きりすてる【切り捨てる】❶切りとって捨てる。❷計算で、ある位の数まで正しくとめ、次の位から下のはんぱな数を捨てる。⇕切り上げる。

キリストきょう【キリスト教】一世紀のはじめに、イエス・キリストがひらいた宗教。ヨーロッパなどの文化、道徳に大きなえいきょうをあたえている。

きりだす【切り出す】❶山から木などを切ってはこび出す。❷話をはじめる。▼「おもむろに話を切り出す」

きりたつ【切り立つ】切ったようにけわしく立っている山や岩のようす。▼「切り立ったがけ」

きりつ【起立】立ち上がること。

きりつ【規律】人の行いのもとになるきまり。▼「規律をまもる」

きりっと つよくひきしまっていて、ゆるみのないようす。▼「きりっとしたまゆげ」

きりつめる【切り詰める】お金などをできるだけ節約する。▼「生活費を切りつめる」

きりどおし【切り通し】山などを切りひらいてつくった道路。

きりぬき【切り抜き】切りぬくこと。また、切りぬいたもの。

[切り通し]

きりぬく【切り抜く】ほしいところだけ切ってとる。▼「新聞を切りぬく」

きりぬける【切り抜ける】❶敵のかこみなどをやぶってにげる。❷あぶないところや、こまったことからやっとのがれる。▼「ピンチを切りぬける」

きりひらく【切り開く】❶山やあれ地を、畑や道路などにする。▼「あれ地を切り開く」❷新しくすすむ道を見つけ出す。▼「独自の道を切り開く」

きりふだ【切り札】❶トランプで、ほかの札をおさえることのできる強い札。❷最後のとっておきの方法。▼「最後の切り札を出す」

きりみ【切り身】魚の肉をいくつかに切ったもの。▼「サケの切り身」

きりもり【切り盛り】ものごとをうまくとりはからうこと。▼「家計を切り盛りする」

きりゅう【気流】大気や空気の流れ。

きりょう【器量】❶ものごとをやりとげるはたらき。才能。▼「政治家としての器量が小さい」❷顔だち。▼「器量のいいむすめさん」

ぎりょう【技量】仕事などのうでまえ。▼「すぐれた技量」

きりょく【気力】ものごとをやりとげよう

早口ことば （五回続けていえるかな） くしゃくしゃな縮尺図。

とする心の力。精神力。▽「気力をふるいたたせる」

きりん【×麒×麟】むかし、中国で信じられていた想像上の動物。

きりん 世界一背が高い動物。アフリカの草原にすみ、木の葉などを食べる。

きりんじ【きりん児】将来りっぱになる見こみのある、子供。

きる【切る】❶はもので、べつべつにする。❷はものできずつける。▽「指を切る」❸つながりをなくす。▽「えんを切る」❹水分をとりさる。▽「水を切る」❺おわりをかぎる。▽「日を切る」❻やめる。おえる。▽「電話を切る」❼はじめる。▽「スタートを切る」❽下まわる。▽「一分を切る」⬇【切】382ページ

きる【着る】❶からだにつける。▽「上着を着る」❷ひきうける。▽「罪を着る」⬇【着】446ページ

きれ【切れ】切れた物。切れはし。

きれあじ【切れ味】切れぐあい。▽「切れ味のいいほうちょう」

きれい ❶美しい。▽「きれいな手」⬍汚い。❷よごれがなく、きよい。▽「きれいな選挙」❸正しく、りっぱだ。▽「字がきれいだ」❹上手できちんとしている。❺すっかり。▽「きれいにわすれた」

きれめ【切れ目】❶つづいているものの切れたところ。区切り。▽「雲の切れ目から太陽が出る」❷切れてできたあと。▽「ナイフで切れ目を入れる」

きれる【切れる】❶分かれる。▽「ひもが二つに切れる」❷関係がなくなる。▽「えんが切れる」❸なくなる。▽「店の品物が切れる」❹頭がいい。▽「あの人は頭が切れる」❺それる。▽「打球が右に切れる」❻たりない。▽「一〇〇グラム切れる」⬇【切】382ページ

きろ【岐路】わかれ道。二またの道。

キロ メートル法で、その単位の千倍に当たることをあらわす。記号は「k」。▽「キロメートル」

きろく【記録】❶したことや見たことなどを書きとめておくこと。また、書きとめた文。❷スポーツなどの成績。

キログラム 重さの単位。一キログラムは一〇〇〇グラム。記号は「kg」。

キロメートル 長さの単位。一キロメートルは一〇〇〇メートル。記号は「km」。

キロリットル 体積の単位。一キロリットルは一〇〇〇リットル。記号は「kL」。

ぎろん【議論】おたがいに意見をのべ合うこと。▽「議論をたたかわす」

きわ【際】❶はし。そば。ほとり。▽「川の際」❷とき。おり。▽「いまわの際」⬇【際】262ページ

ぎわく【疑惑】疑い、あやしいと思うこと。▽「疑わくが晴れる」

きわまる【極まる】これ以上はないところまで来る。▽「感極まる。失礼極まる言動」⬇【極】181ページ

きわみ【極み】はて。かぎり。▽「よろこびの極み」⬇【極】181ページ

きわめて【極めて】ひじょうに。このうえなく。▽「極めてむずかしい問題」

きわめる【究める】もっとも深いところまでさぐり知る。▽「学問を究める」⬇【究】171ページ

きわめる【極める】❶おわりまでいく。▽「頂上を極める」❷このうえなく……である。▽「工事は困難を極める」⬇【極】181ページ

きをうしなう【気を失う】意識がなくなってわからなくなる。気絶する。

きをくばる【気を配る】あちらこちらに注意をむける。目を配る。▽「八方に気を配る」

きをつけ【気を付け】からだをまっすぐにして立たせるときにかけることば。またそのときの姿勢。

きをつける【気を付ける】 あぶなくないか、悪いことが起こらないか、よく見たり、考えたりする。注意する。▼「車に気をつけてわたる。かぜをひかないように気をつける」

きをとられる【気を取られる】 あることに心をうばわれる。

きをとりなおす【気を取り直す】 元気をとりもどす。▼「母にはげまされて気を取り直す」

きをまわす【気を回す】 人の気持ちをあれこれと先回りしておしはかる。

きをもむ【気をもむ】 心配して気持ちがおちつかないで、いらいらする。▼「ちこくにならないかと気をもむ」

きん【今】 いま。現在。▼「今上天皇」 ⬇ [今]257ページ

きん【近】 2年 キン ちかい

❶ちかいこと。▼「近所」⇔遠。
❷親しいこと。▼「親近感」

ノ 厂 斤 斤 䜣 近 近（ひとふでに書く）

●近眼●近畿地方●近況●近距離●近郊●近視●近日●近所●近親●近世●近代●近辺●近隣●遠近●最近●接近●側近●付近

きん【均】 5年 キン ―

❶ひとしくすること。▼「平均」
❷つり合っていること。▼「均衡」

一 十 土 圴 均 均 均（右上に／この形に注意 勺ではない）

●均一●均衡●均整●均等

きん【金】 1年 キン・コン かね・かな

❶金色のつやのある貴金属。お金などをつくるのに使う。▼「金貨」
❷金のような色。▼「金髪」
❸おかね。▼「金銭」
❹金属。▼「金工。合金」
❺金曜日。

ノ 入 亼 仐 伞 余 金（つける）

●金貨●金額●金管楽器●金環食●金魚●金言●金庫●金星●金銭●金属●金ぱく●金髪●金粉●金融●金利●現金●資金●集金●賞金●税金●代金●貯金

きん【勤】 6年 キン・(ゴン) つとまる・つとめる

つとめること。つとめ。ほねをおること。▼「勤労」

一 廿 芇 茣 堇 勤 勤（つき出ない／ヨコ棒は三本）

●勤続●勤勉●勤務●勤労●欠勤●出勤●通勤●転勤●夜勤

きん【筋】 6年 キン すじ

❶動物のからだの中のすじ。▼「筋肉」
❷すじのようなもの。▼「鉄筋」

𠂉 ⺮ 竻 竻 笏 筋 筋（刀ではない）

●筋骨●筋肉

きん【禁】 5年 キン ―

❶とめること。▼「禁止」
❷してはならないこと。おきて。▼「禁をおかす」

一 十 才 木 林 埜 禁（つき出ない）

●禁煙●禁止●禁酒●禁じる●禁物●禁猟区●禁漁区●解禁

きん【菌】 キノコやかびなど。▼「殺菌」

さかさことば 前から読んでもうしろから読んでも「薬のリスク」。

あいうえお かきくけこ き さしすせそ たちつてと なにぬねの はひふへほ まみむめも やゆよ らりるれろ わをん

ぎん【銀】3年 ギン
白っぽいつやのある、灰色の貴金属。熱や電気をよくつたえる。かざり物やお金をつくるのに使う。

〈銀河系〉地球が属している星の大集団を「銀河系」といいます。地球から「銀河系」の中心を見たのが「天の川」です。
銀河系
「太陽系」のある所。
銀河
銀河
この宇宙には、「銀河系」と同じような星の大集団がたくさんあります。これを「銀河」といいます。

[銀河系]

（筆順）銀　つける　この形に注意

●銀河●銀行●銀世界●水銀

きんいつ【均一】ひとしいこと。みんな同じ。均等。▽「均一料金」

きんえん【禁煙】❶たばこをすうのをやめること。❷たばこをすってはいけないこと。▽「禁えん車」

きんか【金貨】金を主な材料としてつくったお金。

ぎんが【銀河】❶星や星雲の大集団。❷銀河系。天の川。⬇銀河系（図）

きんかい【近海】陸地に近い海。

きんがく【金額】お金の量。

ぎんがけい【銀河系】地球や太陽をふくむ星の大集団。太陽のような星が一千億以上も集まってできている。地球から銀河系の中心を見たのが「天の川」。⬇図

きんがしんねん【謹賀新年】つつしんで、新年をおいわいすること。新年のあいさつのことば。

きんがん【近眼】近視のこと。

きんかんがっき【金管楽器】トランペット・トロンボーンなどのような管楽器。⬇楽器（図）

きんかんしょく【金環食】日食で、月が太陽の手前を通り、太陽の光が輪のように見えるもの。⬇日食（図）

きんきちほう【近畿地方】京都・大阪の二府と、滋賀・兵庫・奈良・和歌山・三重の五つの県でできている地方。⬇都道府県（図）

きんきゅう【緊急】急いでしなければならないこと。▽「きん急の用事」

きんぎょ【金魚】フナから作り出された、赤い色をした魚。からだの色や形が美しく、池や金魚ばちなどで飼う。

きんきょう【近況】近ごろのようす。ありさま。▽「近きょうを知らせる」

きんきょり【近距離】近い道のり。⬍遠距離。

キング ❶王様。❷トランプで、王様の絵のカード。⬍クイーン。

きんげん【金言】昔から言われているいましめのことば。格言。たとえば「時は金なり」など。

きんこ【金庫】お金や大切な物を入れておく、鉄でつくった箱。

きんこう【近郊】都市からちょっとはずれた地域。

きんこう【均衡】力などがよくつり合っていること。バランス。

ぎんこう【銀行】多くの人からお金をあずかり、それを必要な会社や人などに貸すのを仕事にするところ。

きんこつ【筋骨】筋肉と骨。からだつき。▽「筋骨たくましい人」

きんし【近視】遠くをはっきり見ることのできない目。近眼。⇔遠視。

きんし【禁止】やめさせること。さし止めること。▽「通行を禁止する」

きんじつ【近日】近いうち。▽「近日中におうかがいします」

きんしゅ【禁酒】酒をのむことをやめること。また、やめさせること。

きんしゅく【緊縮】ひきしめること。▽「予算をきん縮する」

きんじょ【近所】近いところ。近く。付近。▽「家の近所を散歩する」

きんじる【禁じる】やめさせる。「きんずる」ともいう。▽「土足を禁じる」

きんしん【近親】血のつながりの近い人。▽「近親者」

きんしん【謹慎】行いに気をつけてつつしんでいること。▽「自宅きんしん」

きんせい【近世】歴史の時代の分け方のうち、中世のあとで、近代の前。日本では江戸時代。

きんせい【均整】つり合いがよくとれていること。▽「均整のとれたからだ」

きんせい【金星】太陽系で、太陽を回る二番目のわく星。「よいの明星」「明けの明星」といわれる。⬇太陽系（図）

ぎんせかい【銀世界】雪が一面につもった景色。▽「一面の銀世界」

きんせん【金銭】お金。ぜに。貨へい。

きんぞく【金属】金・銀・銅・鉄などのなかまのこと。

きんぞく【勤続】つづけて同じ役所や会社につとめること。▽「勤続十五年」

きんだい【近代】歴史の時代の分け方のうち、近世のあとで、現代の前。日本では明治から、昭和の第二次世界大戦の終わりまで。西洋では十九世紀からのち。

きんだいか【近代化】古いやり方をやめ、新しいやり方にすること。

きんちゃく【巾着】布のふくろで、ひもを引っ張ると口が閉じられるようにしたもの。

きんちょう【緊張】❶気持ちがひきしまること。▽「きん張した声」❷今にもあらそいがおこりそうなようす。▽「二国間のきん張が高まる」

きんとう【均等】等しいこと。均一。▽「利益を均等に分ける」

ぎんなん イチョウの実。食べられる。

きんにく【筋肉】動物のからだを作るものの一つで、からだを動かすはたらきをする肉。

きんねん【近年】近ごろ。このごろ。▽「近年にない大雪」

きんぱく【金ぱく】金をのばして紙のようにうすくしたもの。

きんぱつ【金髪】金色のかみの毛。ブロンド。

きんぷん【金粉】❶金の粉。❷金色をした金属の粉。

きんべん【勤勉】いっしょうけんめいつとめはげむこと。

きんぺん【近辺】近くの所。このあたり。▽「家の近辺を散歩する」

ぎんみ【吟味】ものごとをよくたしかめ、しらべること。

きんむ【勤務】勤め先で仕事をすること。▽「勤務時間」

きんメダル【金メダル】金または金めっきでできているメダル。オリンピックなどの一位の人にあたえられる。

ぎんメダル【銀メダル】銀または銀めっ

なぞなぞ　よくしゃべる人は、なにから先に生まれた？　答えは次のページ。

きでできているメダル。オリンピックなどの二位の人にあたえられる。

きんもつ【禁物】 してはいけないこと。しないほうがよいこと。▽「夜ふかしは禁物」

きんゆう【金融】 お金をかしたり、あずかったりすること。▽「金ゆう業」

きんようび【金曜日】 一週間のうち日曜日から数えて六番目の日。

きんり【金利】 かしたり、あずけたりしたお金につく利子。利息。

きんりょうく【禁猟区】 動物や鳥などをとってはいけない場所。

きんりょうく【禁漁区】 魚や貝などをとってはいけない場所。

きんりん【近隣】 となり近所。

きんろう【勤労】 勤めはたらくこと。

きんろうかんしゃのひ【勤労感謝の日】 国民の祝日で十一月二十三日。国民がたがいに、はたらくことを感謝し、祝う日。➡国民の祝日（図）

く

ぐ
グ ク

く【九】 きゅう。ここのつ。▽「九分九りん。十中八九」➡【九】170ページ
●九九

く【口】 ❶くち。❷ことば。▽「口調」➡【口】225ページ

く【工】 物をつくること。▽「細工」➡【工】225ページ
●工夫●工夫を凝らす●工面

く【区】 3年 ク ―
❶小さく分けること。▽「区分」
❷都や市などの一部分。▽「新宿区」

一 フ ヌ 区（おる）

●区域●区画●区間●区切り●区分●区別●区分け●地区

く【句】 5年 ク ―
❶詩や文のひと区切り。
❷短歌や俳句で区切りとなる五字、または、七字のひとまとまり。
❸俳句のこと。▽「句集」

ノ 句 句 句 句

★「旬」ににているので注意

●句点●句読点●語句●対句●俳句●名句●文句

く【苦】 3年 ク くるしい・くるしむ・くるしめる・にがい・にがる
❶くるしむこと。▽「苦行。苦痛」⇔楽。
❷ほねおり。▽「苦労」
❸心配。負担。▽「苦になる」
❹にがい味。▽「苦味」

一 艹 芏 苎 苦 苦

★「若」ににているので注意

●苦学●苦言●苦笑●苦情●苦心●苦戦●苦痛●苦難●苦になる●苦も無く●苦楽●苦労●四苦八苦

ぐ【具】 3年 グ ―
❶そなわる。そなえる。▽「具備」
❷入れ物。どうぐ。▽「道具」

丨 冂 月 目 目 具 具 具（下のヨコ棒につかない）

●具合●具体的●雨具●金具●器具●文具●用具

ぐあい【具合】 ❶つごう。▽「明日は具合が悪いので行けそうもない」❷あんばい。調子。▽「からだの具合がよくない」❸ていさい。▽「先生に見つかると具合が悪い」

くい【悔い】 こうかいすること。いけなかっ

あいうえお かきくけこ さしすせそ たちつてと なにぬねの はひふへほ まみむめも やゆよ らりるれろ わをん

たと思いかえすこと。

くい 土の中にうちこむ、長い棒。▽「くいが残る」▽「空き地のまわりにくいをうつ」

くいいじ【食い意地】もっと食べたいという気持ち。▽「食い意地がはる」

くいいる【食い入る】中に深く入る。深く心がとらわれる。▽「絵を食い入るように見つめる」

クイーン ❶女王。❷トランプで、女王の絵のカード。⇔キング。

くいき【区域】きめられたはんいの場所。▽「立ち入り禁止の区域」

ぐいぐい ❶強い力でなんども引いたりおしたりするようす。▽「つなをぐいぐい引っぱる」❷いきおいよくつづけてのむようす。▽「コップの水をぐいぐいのむ」

くいこむ【食い込む】❶深く中に入りこむ。▽「がんばって三位に食いこむ」❷ほかの所までおし入る。▽「授業がのびて、昼休みに食いこむ」

くいさがる【食い下がる】❶ねばり強くあいてにむかっていく。❷くっついてあいてからはなれない。

くいしばる【食いしばる】歯をかたくかみ合わせる。

くいしんぼう【食いしん坊】なんでもたくさん食べたがる人。

クイズ 質問を出して答えを当てさせるあそび。

くいちがう【食い違う】ものごとが行きちがいになる。▽「話が食いちがう」

くいつく【食い付く】❶かみつく。▽「魚がえさに食いつく」❷しがみつく。▽「テレビに食いついてはなれない」

くいとめる【食い止める】ふせぎ止める。さえぎり止める。

くいる【悔いる】くやむ。ざんねんに思う。▽「あやまちをくいる」

くう【空】1年 クウ あく・あける・から・そら

❶おおぞら。うちゅう。▽「空中」

❷から。何もないこと。▽「空虚。空想」

❸むだなこと。▽「空費」

●空間●空気●空軍●空港●空襲●空席●空前●空前絶後●空白●空腹●空輸●空路●航空●上空

くう【食う】❶たべる。▽「おかしを食う」❷くらしていく。生活をする。▽「食うにこまる」❸虫がかじったりさしたりする。▽「ダニに食われる」❹使う。▽「時間を食う」❺うける。▽「大目玉を食う」⇒【食】341ページ

ぐう じゃんけんの石をあらわすことば。手をにぎって出す。はさみ（ちょき）に勝ち、紙（ぱあ）に負ける。⇒じゃんけん（図）

くうかん【空間】❶おおぞら。❷何もない所。すきま。物と物との間。

くうき【空気】❶色もにおいもない、地球をつつんでいる気体。❷まわりの気分。ふんい気。▽「はりつめた空気」

くうきょ【空虚】❶中に何もないこと。❷なんのねうちもなく、むなしいこと。▽「空きょな内容」

くうこう【空港】飛行機がとびたったりおりたりする所。飛行場。エアポート。

くうしゅう【空襲】飛行機で、空から敵地をせめること。

ぐうすう【偶数】二でわりきれる整数。二、四、六…など。⇔奇数。

くうせき【空席】❶あいている席。人のいない席。❷あいている地位。

ぐうぜん【偶然】思いもよらないこと。▽「ぐう然の出会い」⇔必然。

くうぜんぜつご【空前絶後】前にも後にもまったくないこと。▽「空前絶後の大さん事となる」

くうそう【空想】じっさいにはないことを、

前のページの答え⇒「口」

頭の中だけで思うこと。

ぐうぞう【偶像】木・石・土・金属などで、つくった像。とくに、神や仏のすがたとして、つくった像。▽「ぐう像をすうはいする」

くうちゅう【空中】そら。空間。

クーデター 武力によって、政治をする権利をうばいとること。

くうはく【空白】❶何もないこと。からっぽなこと。▽「頭の中が空白だ」❷紙の、何も書いてない所。

くうふく【空腹】腹がすくこと。▽「空腹でなにも考えられない」

クーポン 切りとって使う券。

くうゆ【空輸】飛行機で人や物をはこぶこと。空中輸送。

[クーポン]

クーラー へやなどをひやす機械。

クール ❶冷たいようす。すずしいようす。❷落ち着いていてさわがないようす。▽「クールな人」

くうろ【空路】❶飛行機のとんでいく空の道すじ。❷飛行機で行くこと。▽「空路、九州へ行く」⇕陸路。海路。

くかく【区画】❶土地などに区切りをつけること。❷さかい。しきり。

くがく【苦学】はたらいて学費をかせぎながら勉強すること。

くがつ【九月】一年のうち九番目の月。

くかん【区間】ある場所とある場所の間。▽「乗車区間」

くき【茎】植物のじくで、葉や花などをつけるところ。水分や養分が通る。

くぎ 板などをつなぎとめるためにうちこむ、先のとがった細い棒。鉄や木などで作る。▽「板にくぎをうつ」

くぎづけ【くぎ付け】❶くぎをうって、動かないようにすること。❷身動きができないようにすること。▽「あまりの美しさにくぎ付けになる」

くきょう【苦境】おいつめられた、苦しい立場。きゅう地。

くぎょう【苦行】仏の道をさとるために行う、苦しい修行。▽「難行苦行」

くぎり【区切り】❶ものごとの切れ目。❷区切ること。区切ったところ。

くぎをさす【くぎを刺す】いいかげんなことをしないように、きつく念をおす。前もって強く言い聞かせる。

くく【九九】一から九までの数のかけ算を、おぼえやすくまとめたもの。⬇表

くくる ❶なわやひもなどでまいてしばる。❷ばらばらのものを一つにまとめる。▽「かっこでくくる」

くぐる ❶物の下を通りぬける。▽「門をくぐる」❷すきをねらって何かをする。▽「法のあみをくぐる」

くげん【苦言】言われた人にとっては、いい気持ちがしないが、ためになる注意のことば。

くさ【草】くき・葉などがやわらかくて、木ではない植物。⬇【草】394ページ ●草いきれ●草木も眠る●草花●草葉の陰●草原●草笛●草深い●草むら●草分け●水草

くさい【臭い】❶いやなにおいがする。❷あやしい。どうもそうらしい。▽「どうもあの男がくさい」

くさいきれ【草いきれ】暑い日に、草むらからおこる草のにおい。

くさいものにふたをする【臭い物にふたをする】悪いところや失敗などを人に知られないようにかくす。

くさとり【草取り】雑草をのぞくこと。草むしり。▽「庭の草取りをする」

くさばな【草花】草にさく花。また、花のさく草。▽「野原の草花をつむ」

かけ算（ざん）九九（くく）の表（ひょう）

1（いち）のだん

いん いち が いち	1×1＝1
いん に が に	1×2＝2
いん さん が さん	1×3＝3
いん し が し	1×4＝4
いん ご が ご	1×5＝5
いん ろく が ろく	1×6＝6
いん しち が しち	1×7＝7
いん はち が はち	1×8＝8
いん く が く	1×9＝9

2（に）のだん

に いち が に	2×1＝2
に に が し	2×2＝4
に さん が ろく	2×3＝6
に し が はち	2×4＝8
に ご じゅう	2×5＝10
に ろく じゅうに	2×6＝12
に しち じゅうし	2×7＝14
に は じゅうろく	2×8＝16
に く じゅうはち	2×9＝18

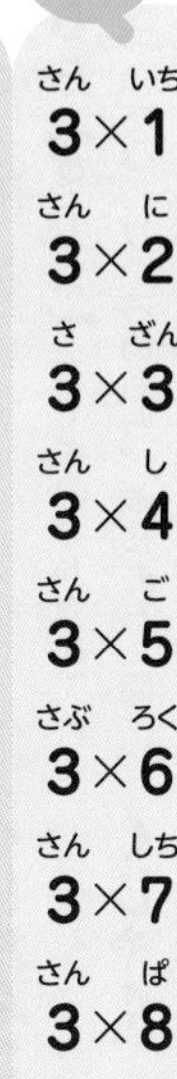

3（さん）のだん

さん いち が さん	3×1＝3
さん に が ろく	3×2＝6
さ ざん が く	3×3＝9
さん し じゅうに	3×4＝12
さん ご じゅうご	3×5＝15
さぶ ろく じゅうはち	3×6＝18
さん しち にじゅういち	3×7＝21
さん ぱ にじゅうし	3×8＝24
さん く にじゅうしち	3×9＝27

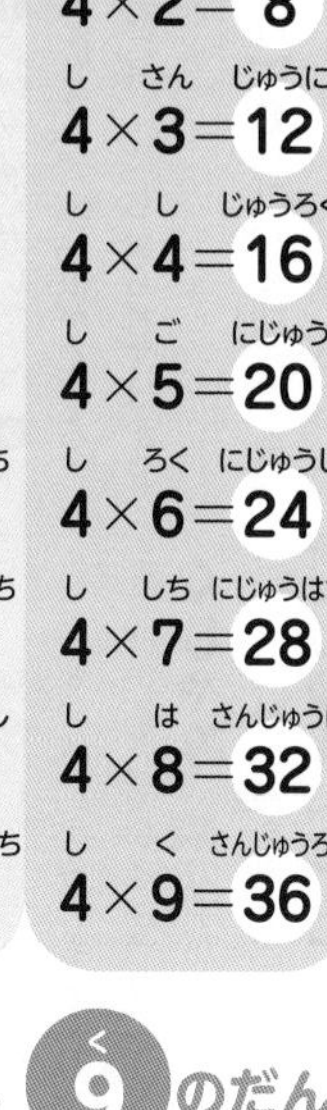

4（し）のだん

し いち が し	4×1＝4
し に が はち	4×2＝8
し さん じゅうに	4×3＝12
し し じゅうろく	4×4＝16
し ご にじゅう	4×5＝20
し ろく にじゅうし	4×6＝24
し しち にじゅうはち	4×7＝28
し は さんじゅうに	4×8＝32
し く さんじゅうろく	4×9＝36

5（ご）のだん

ご いち が ご	5×1＝5
ご に じゅう	5×2＝10
ご さん じゅうご	5×3＝15
ご し にじゅう	5×4＝20
ご ご にじゅうご	5×5＝25
ご ろく さんじゅう	5×6＝30
ご しち さんじゅうご	5×7＝35
ご は しじゅう	5×8＝40
ごっ く しじゅうご	5×9＝45

6（ろく）のだん

ろく いち が ろく	6×1＝6
ろく に じゅうに	6×2＝12
ろく さん じゅうはち	6×3＝18
ろく し にじゅうし	6×4＝24
ろく ご さんじゅう	6×5＝30
ろく ろく さんじゅうろく	6×6＝36
ろく しち しじゅうに	6×7＝42
ろく は しじゅうはち	6×8＝48
ろっ く ごじゅうし	6×9＝54

7（しち）のだん

しち いち が しち	7×1＝7
しち に じゅうし	7×2＝14
しち さん にじゅういち	7×3＝21
しち し にじゅうはち	7×4＝28
しち ご さんじゅうご	7×5＝35
しち ろく しじゅうに	7×6＝42
しち しち しじゅうく	7×7＝49
しち は ごじゅうろく	7×8＝56
しち く ろくじゅうさん	7×9＝63

8（はち）のだん

はち いち が はち	8×1＝8
はち に じゅうろく	8×2＝16
はち さん にじゅうし	8×3＝24
はち し さんじゅうに	8×4＝32
はち ご しじゅう	8×5＝40
はち ろく しじゅうはち	8×6＝48
はち しち ごじゅうろく	8×7＝56
はっ ぱ ろくじゅうし	8×8＝64
はっ く しちじゅうに	8×9＝72

9（く）のだん

く いち が く	9×1＝9
く に じゅうはち	9×2＝18
く さん にじゅうしち	9×3＝27
く し さんじゅうろく	9×4＝36
く ご しじゅうご	9×5＝45
く ろく ごじゅうし	9×6＝54
く しち ろくじゅうさん	9×7＝63
く は しちじゅうに	9×8＝72
く く はちじゅういち	9×9＝81

なぞなぞ　こぼしてもこぼしても減（へ）らないのは？　答（こた）えは次（つぎ）のページ。

くさはら【草原】草のはえた広い野原。そうげん。

くさび かたい木や鉄で作った、一方をあつく、一方をうすくしたもの。すき間にうちこんで木や石をわったり、物がぬけないようにする。

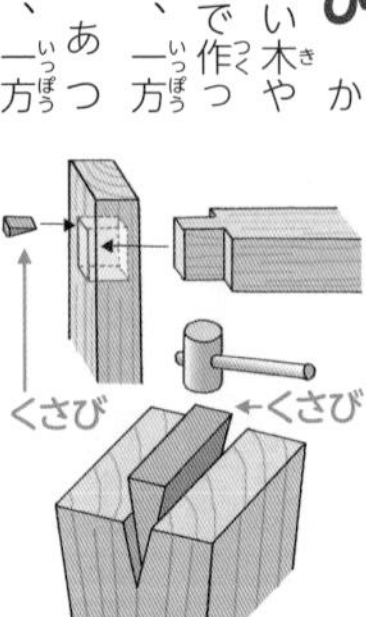

［くさび］

くさぶえ【草笛】草の葉で作った笛。

くさぶかい【草深い】❶草が深くしげっているようす。❷都会から遠くはなれているようす。▽「草深いいなか」

くさむら【草むら】草がいっぱいはえてしげっている所。

くさもち【草もち】ヨモギのわか葉を入れてついたみどりいろのもち。⬇桜もち（図）

くさり【鎖】金属の小さな輪をつなぎ合わせて、ひものようにしたもの。

くさる【腐る】❶食べ物などがいたむ。❷木材などがぼろぼろになる。▽「板がくさる」❸やる気がなくなる。▽「しかられてばかりいてくさる」

くさわけ【草分け】❶あれ地を切りひらくこと。また、切りひらいた人。❷ものごとをはじめて行った人。▽「日本サッカー界の草分けのひとり」

くし【串】食べ物をさし通すための先のとがった細い棒。▽「くしだんご」

くし かみの毛をととのえたり、すいたりする道具。▽「かみをくしでとく」

くじ たくさんの中から一つをえらんで、そこに書いてあるしるしであたりはずれや順番などを決めるもの。▽「あみだくじ。くじを引く」

くじく ❶手や足をねじって痛める。▽「足首をくじく」❷あいてのいきおいや気持ちを弱くする。▽「やる気をくじく」

くじける いきおいが弱くなる。▽「心がくじける。元気がくじける」

くしだんご【串団子】くしにさした団子。あんこやゴマ、しょうゆなどの味がある。

くじゃく キジのなかまの鳥。おすの尾の羽は美しく、おうぎ形に開く。

くしゃくしゃ ❶紙・布などがしわだらけになっているようす。❷形がみだれているようす。▽「かみの毛がくしゃくしゃだ」❸いらいらしているようす。

くしゃみ 鼻の中がくすぐったくなったとき、一度に息をふき出すこと。

くしゅう【句集】俳句を集めた本。

くじょ【駆除】とりのけること。おいはらうこと。▽「害虫の駆除」

くしょう【苦笑】にがわらい。▽「思わず苦笑する」

くじょう【苦情】不平・不満の気持ち。文句。▽「苦情を言う」

くじら【鯨】海にすむほにゅう動物。今いる動物の中でいちばん大きく、三〇メートルのものもある。

くしん【苦心】いろいろ考えて苦労すること。▽「苦心の作品。苦心談」

くず ❶よいところをえらびとったあとにのこったもの。また、よいところのない物や人。▽「人間のくず」❷役に立たなくなったもの。▽「紙くず」

くすぐったい ❶からだがむずむずしてわらいたくなるようす。❷ほめられたりして、ちょっとはずかしい。

くすぐる ひふにさわって、むずむずするような、わらいたいような気持ちにさせる。▽「わきの下をくすぐる」

くずす【崩す】❶くだいてこわす。▽「山をくずす」❷みだす。▽「列をくずす」❸同じ金額をいくつかの小額のお金にかえる。▽「一万円札をくずす」❹字の画数をはぶいたり、つづけたりして書く。

くすだま【くす玉】造花などでかざった玉。祝い事や運動会などで使う。割ると中から紙ふぶきが出るように作ったものもある。

ぐずつく ❶ぐずぐずしてのろい。❷はっきりしない。▽「天気がぐずつく」

くすぶる ❶もえないでけむりばかりがたつ。❷家にひきこもってくらす。▽「へやにくすぶっていないで、そとに出よう」

くすり【薬】❶病気やきずをなおすために、のんだり、ぬったり、注射したりするもの。▽「粉薬」⇒図 ❷ためになるもの。▽「今度の失敗はいい薬になった」⇒【薬】709ページ

くすり 小さな声で、こっそりと笑うようす。ほんの少し笑うようす。▽「くすりと笑う」

くすりゆび【薬指】親指から数えて、四番目の指。⇒指（図）

くずれる【崩れる】❶くだけてこわれる。▽「がけがくずれる」❷みだれる。▽「生活のリズムがくずれる」❸お金が細かくなる。❹天気が悪くなる。

くせ【癖】❶かたよったこのみや、習慣。❷あるじょうたいになってもどしにくいこと。▽「かみの毛のくせ」

くせもの【くせ者】❶あやしい人。❷ゆだんできない人やもの。

くせん【苦戦】かんたんに勝てない苦しい戦

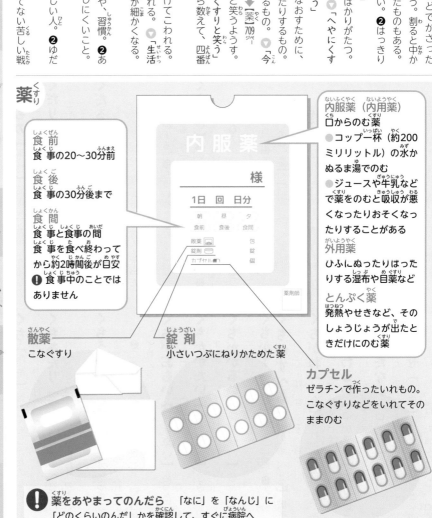

薬

食前
食事の20～30分前

食後
食事の30分後まで

食間
食事と食事の間
食事を食べ終わってから約2時間後が目安
❗食事中のことではありません

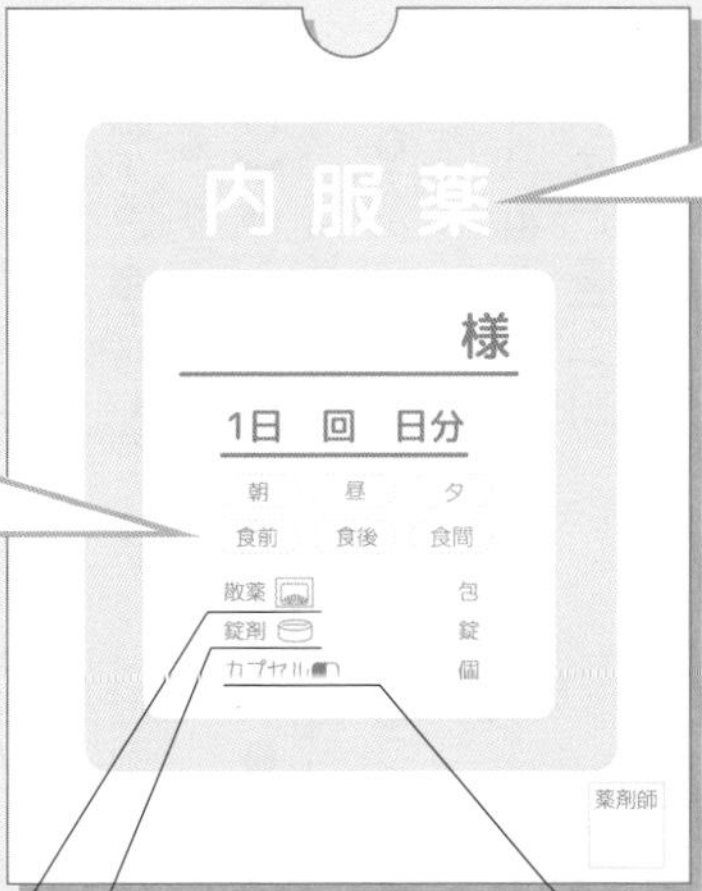

内服薬
様
1日　回　日分
朝　昼　夕
食前　食後　食間
散薬　包
錠剤　錠
カプセル　個
薬剤師

内服薬（内用薬）
口からのむ薬
●コップ一杯（約200ミリリットル）の水かぬるま湯でのむ
●ジュースや牛乳などで薬をのむと吸収が悪くなったりおそくなったりすることがある

外用薬
ひふにぬったりはったりする湿布や目薬など

とんぷく薬
発熱やせきなど、そのしょうじょうが出たときだけにのむ薬

散薬
こなぐすり

錠剤
小さいつぶにねりかためた薬

カプセル
ゼラチンで作ったいれもの。こなぐすりなどをいれてそのままのむ

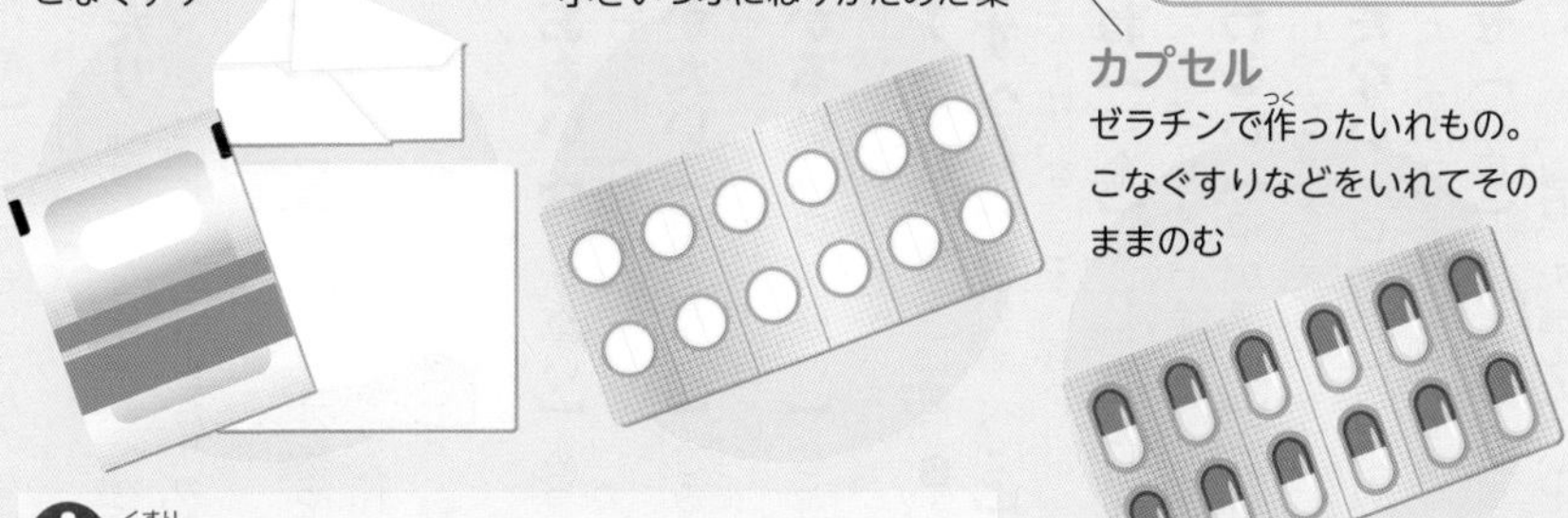

❗ **薬をあやまってのんだら**　「なに」を「なんじ」に「どのくらいのんだ」かを確認して、すぐに病院へ

前のページの答え⇒「愚痴」

い。

くそ【×糞】❶大便。うんこ。ふん。❷あか。かす。▽「耳くそ。鼻くそ」

くだ【管】まるくて細長く、中が空になっているもの。⬇【管】149ジペー

ぐたいてき【具体的】形をそなえているようす。じっさいのことがらやすがたがはっきりしているようす。▽「図で具体的に説明する」⬍抽象的。

くだく【砕く】❶うちこわしてこなごなにする。❷いろいろと考え苦しむ。▽「心をくだく」❸わかりやすくする。▽「くだいて説明する」

ください【下さい】❶「もらいたい」のていねいな言い方。▽「電話を下さい」❷あいてにおねがいするときのことば。▽「どうか教えて下さい」

くださる【下さる】「くれる」のていねいな言い方。▽「先生が本を下さる」⬇【下】108ジペー

くだす【下す】❶さげる。おろす。▽「地位を下す」❷げりをする。▽「腹を下す」❸もうしわたす。▽「命令を下す」❹じっさいにする。▽「手を下す」⬇【下】108ジペー

くたびれる ❶つかれる。❷使って古くなる。▽「くたびれた服」

くだもの【果物】あまくて食用になる草の実や木の実。リンゴ・ミカン・バナナなど。

くだり【下り】❶ひくくなること。❷下がること。❸中央から地方へむかって行くこと。▽「下り列車」⬍上り。

くだる【下る】❶高い所からひくい所へ行く。▽「川を下る」⬍上る。❷ある数量より少なくなる。▽「人口が一万人を下った」❸中央から地方へ行く。❹げりをする。▽「腹が下る」❺もうしわたされる。▽「判決が下る」⬇【下】108ジペー

くち【口】❶食べたり、話をするところ。❷ことば。▽「口数」❸出し入れする所。▽「窓口」❹人の数。▽「口数がふえる」❺うわさ。▽「人の口がうるさい」❻仕事。▽「つとめ口。働き口」❼ものごとのはじめ。▽「よいの口」⬇【口】225ジペー
●口当たり●口移し●口惜しい●口が重い●口が堅い●口が軽い●口がすべる●口金●口から先に生まれる●口が悪い●口汚い●口癖●口々に●口車●口答え●口ごもる●口先●口ずさむ●口添え●口出し●口伝え●口止め●口直し●口にする●口走る●口火●口笛●口ぶり●口下手●口紅●口元●口も八丁手も八丁●口やかましい●口約束●口を利く●口をつぐむ●入り口●傷口●手口●出口●早口●無口●悪口

ぐち【愚痴】言ってもしかたのないことを言って、なげくこと。

くちあたり【口当たり】食べ物を口に入れたときの感じ。▽「口当たりのよいゼリー」

くちうつし【口移し】❶食べ物や飲み物を自分の口からあいての口へ移し入れること。❷ことばでじかにつたえること。▽「口移しで教える」

くちがおもい【口が重い】めったにものを言わない。口数が少ない。

くちがかたい【口が堅い】ひみつをよくまもって、他人にしゃべらない。

くちがかるい【口が軽い】しゃべらなくてもいいことまで、しゃべる。

くちかず【口数】❶ことば数。❷人の数。

くちがすべる【口がすべる】調子にのってよけいなことまで言う。

くちがね【口金】入れ物の口につけてある金具。▽「さいふの口金」

くちがわるい【口が悪い】悪口を言う。人のいやがることを言う。

くちぎたない【口汚い】ものの言い方が下品だ。▽「口ぎたなくののしる」

くちぐせ【口癖】言いなれて習慣となったことば。▽「母は、勉強しなさいと、口ぐせ

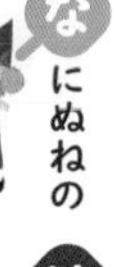
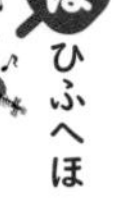

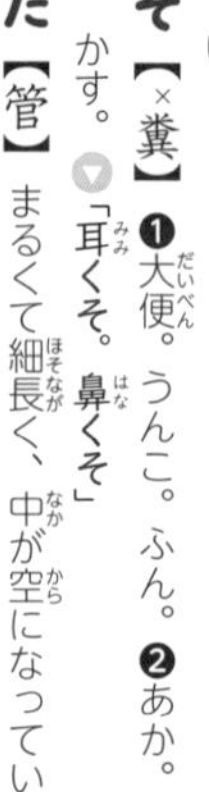

のように言う」

くちぐちに【口口に・口々に】 めいめいが思い思いにものを言うようす。⇩「々」は同じ文字をくり返すという意味のおどり字という記号。

くちぐるま【口車】 口先がうまくて、人をごまかすこと。▽「うっかり口車にのせられる」

くちごたえ【口答え】 目上の人にことばをかえしてさからうこと。また、そのことば。

くちごもる【口ごもる】 ことばが口の中にこもって、はっきりしない。ためらって、すらすら言えない。

くちさき【口先】 ❶口の先のほう。❷じっさいとはちがった、うわべばかりのことば。▽「口先だけでごまかす」

くちずさむ【口ずさむ】 心にうかんだ詩や歌などを小さな声で歌う。

くちだし【口出し】 人が話しているとき、横からわりこんで話をすること。▽「よけいな口出しをする」

くちどめ【口止め】 ❶ひみつにして、他人に言わせないようにすること。❷ひみつをまもらせるためにお金をはらうこと。▽「口止め料」

くちなおし【口直し】 前に口に入れたまずいものの味をけすために、べつのものを口に入れること。また、その食べ物や飲み物。

くちにする【口にする】 ❶食べる。❷言う。▽「昔のことを口にする」

くちばし 鳥などの長くつき出た口。

くちばしる【口走る】 ❶言ってはならないことまでつい言ってしまう。❷心にもないことをうっかり言う。

くちび【口火】 ❶花火やダイナマイトなどを、はれつさせるために使う火。❷ものごとのはじまりとなるもの。▽「話の口火を切る」

くちびる【唇】 口の上下のふちにある、うすく赤いところ。⇩顔（図）

くちびるをかむ【唇をかむ】 くやしがるようす。

くちぶえ【口笛】 くちびるをすぼめ、ふいて鳴らすこと。▽「口笛をふく」

くちぶり【口ぶり】 話のようす。話し方。▽「不満そうな口ぶり」

くちべた【口下手】 話のし方が下手なこと。

くちべに【口紅】 くちびるにぬるけしょう品。

くちもと【口元】 口のあたり。

くちもはっちょうてもはっちょう【口も八丁手も八丁】 話すことも、することもたいへんうまいこと。▽「口も八丁手も八丁のやり手」

［口も八丁手も八丁］

くちやかましい【口やかましい】 ちょっとしたことにも、小言や注意を言って、うるさい。

くちやくそく【口約束】 書き物にしない、ことばだけの約束。

ぐちゃぐちゃ ❶きちんとしていなくて、みだれているようす。▽「部屋がぐちゃぐちゃにちらかる」❷水にぬれてやわらかくなって、くずれているようす。▽「雨でぐちゃぐちゃの道」

くちょう【口調】 ことばの言い回し。ことばの調子。▽「あらっぽい口調」

くちる【朽ちる】 ❶くさる。❷おとろえて役に立たなくなる。

くちをきく【口を利く】 ❶話をする。▽「大きな口を利く」❷なかをとりもつ。

くちをそろえる【口をそろえる】 みん

なぞなぞ 乗らないように注意しなくてはいけない車は？ 答えは次のページ。

ながいっしょに同じことを言う。▽「みんなが口をそろえて反対する」

くちをつぐむ【口をつぐむ】口をとじてだまってしまう。

くつ【靴】布・革・ゴムなどで作ったはきもの。▽「運動ぐつ」➡服（図）

くつう【苦痛】心やからだが苦しみ痛むこと。▽「苦痛をこらえる」

くつがえす【覆す】❶ひっくりかえす。うらがえす。▽「判決がくつがえされた」❷たおす。ほろぼす。▽「政権をくつがえす」

くつがえる【覆る】❶ひっくりかえる。❷ほろびる。▽「政府がくつがえる」

クッキー 小麦粉・砂糖・バターなどを材料にして焼いた、小さくてさくさくしたおかし。

くっきり はっきりと目立つようす。▽「朝は富士山がくっきり見える」

クッキング 料理をつくること。

ぐつぐつ あぶくをたててよくにえる音や、そのようすをあらわすことば。▽「すき焼きのなべがぐつぐつにえる」

くっし【屈指】多くの中で指をおって数えられるほどにすぐれていること。指おり。▽「世界でもくっ指の登山家」

くつした【靴下】くつをはくときなどに、足にちょくせつはくもの。➡服（図）

クッション ❶いす用のやわらかいざぶとん。❷はずみぐあい。▽「クッションのきいたソファー」

くっしん【屈伸】かがむことと、のびること。のびちぢみ。▽「くっしん運動」

ぐっすり よくねむっているようす。▽「朝までぐっすりねむる」

くっする【屈する】❶かがむ。まがる。▽「身をくっする」❷気がくじけてしたがう。▽「敵にくっする」

くつずれ【靴擦れ】新しいくつや合わないくつをはいて歩いたとき、足がくつにあたり、こすれて、きずや水ぶくれができること。▽「くつずれができて痛い」

くっせつ【屈折】折れまがること。

ぐったり つかれや病気などで、力のぬけたようす。▽「つかれてぐったりしている」

くっつく ❶ぴったりとついて、とれない。▽「ペンキがくっつく」❷すぐ近くにある。▽「のきがくっつくように家がたっている」❸人のそばについていく。▽「父にくっついて歩く」

くっつける ぴったりとつけて、はなれないようにする。▽「のりでくっつける」

グッドデザインしょう【グッドデザイン賞】デザインがよく、すぐれた商品などにおくられる賞。受賞するとGマークをつけることができる。

［Gマーク］

くっぷく【屈服・屈伏】負けて、あいてにしたがうこと。屈従。

くつろぐ ゆったりする。のびのびする。

くつわ たづなをつけるために、馬の口につける金具。

くてん【句点】文の切れ目につける、まる。「。」のこと。

くどい ❶何回もくりかえして、しつこい。▽「話のくどい人」❷味や色がこすぎる。▽「くどい味の料理」

くとうてん【句読点】文の区切りにつける句点「。」と読点「、」。

くないちょう【宮内庁】皇室についての仕事をする国の役所。

くなん【苦難】苦しみ。なんぎ。▽「苦難をのりこえる」

くに【国】❶国家。▽「国をまもる」❷昔、日本の国をいくつかに分けた地域の古いよび名。▽「大和の国」❸大名の領土。❹ふるさと。▽「お国なまり」➡【国】241ページ ●国境●国元

くになる【苦になる】気になる。心にかか

る。心配になる。

くにもと【国元】自分の生まれた土地。ふるさと。

くねくね 何度も曲がりくねるようす。

くばる【配る】❶わりあててわたす。▼「新聞を配る」❷心をいきわたらせる。▼「気を配る」⇒【配】549ページ

くび【首】❶からだの、のどから上の方。頭。▼「おにの首をとったよう」❷頭とかたとの間の部分。⇒体（図）❸形が❷に似ているもの。▼「びんの首」⇒【首】315ページ
●首が回らない●首筋●首っ引き●首になる●首根っこ●首輪●首をかしげる●首を突っ込む●首を長くして待つ●首をひねる●足首●手首

くびかざり【首飾り】首にかけるかざり。ネックレス。

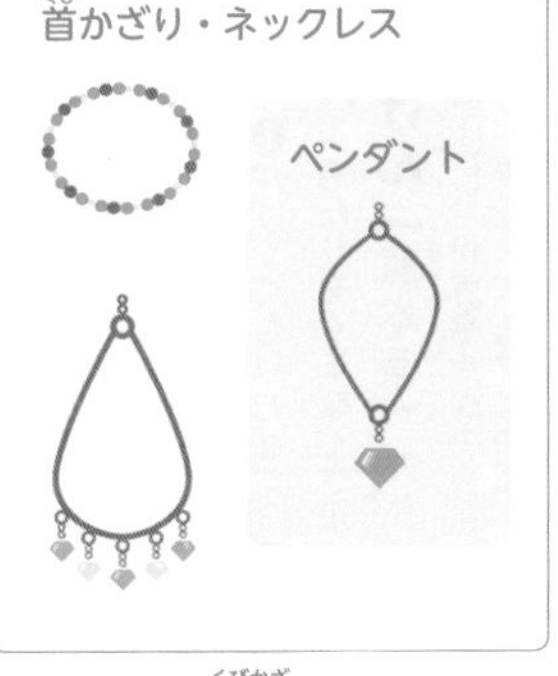

[首飾り]

くびがまわらない【首が回らない】かりたお金がかえせなくて、どうにもならない。

くびすじ【首筋】首の後ろの部分。えり首。

くびっぴき【首っ引き】辞書や本などをいつもはなさないで使うこと。▼「辞書と首っ引きで本を読む」

くびになる【首になる】つとめをやめさせられる。▼「会社を首になる」

くびねっこ【首根っこ】首の後ろ。首すじ。

くびわ【首輪】❶犬などの首にはめる輪。❷首かざりの輪。

くびをかしげる【首をかしげる】❶首をかたむけて、ふしぎがるようす。❷何か考えようとするようす。

くびをつっこむ【首を突っ込む】あることがらに自分から関係する。

くびをながくしてまつ【首を長くして待つ】今か今かと待つようす。▼「母の帰りを首を長くして待つ」

くびをひねる【首をひねる】❶ふしぎに思って考えるようす。❷どうもあやしいと、うたがうようす。

くふう【工夫】いろいろと、よい方法を考えること。また、その方法。

くふうをこらす【工夫を凝らす】いっしょうけんめい工夫する。

くぶくりん【九分九厘】全体を百としたとき九十九まで。ほとんど全部。▼「工事は九分九りん完成した」

くぶん【区分】いくつかに、区切って分けること。区分け。区別。

くべつ【区別】種類によって分けること。区分。区分け。

くべる 火の中に入れてもやす。▼「まきをくべる」

くぼち【くぼ地】へこんだ土地。まわりよりおちこんだ土地。

くぼみ まわりよりも、ひくくへこんだ所。へこみ。▼「道路のくぼみ」

くぼむ そこだけがまわりよりひくくなっている。へこむ。

くま【熊】4年 くま

山おくにすむ動物。つめがするどく、力も強い。日本には本州・四国にツキノワグマ、北海道にヒグマがいる。

熊 厶 肻 肻 能 能 熊（続けて書く／心にしない）

●熊が出る●熊本県

前のページの答え⇒「口車」「火の車」

くまで【熊手】❶長いえの先にクマのつめのようなものをつけたもの。落ち葉などをかきよせるのに使う。❷とりの市という祭りで売る、竹で作った❶のかざり。⇒縁起物（図）

くまなく ❶かげやくもりもなく。❷すみずみまで。▽「あたりをくまなくさがす」

くまもとけん【熊本県】九州地方にある県。阿蘇山は、世界最大級のカルデラを持つ火山として有名。県庁は熊本市にある。⇒都道府県（図）

くみ【組】❶ひとそろい。▽「習字用具一組」❷いっしょのなかま。▽「赤組。白組」❸学級。クラス。▽「同じ組の友達」❹組むこと。組み合わせること。「組み」とも書く。▽「三人ずつ組になる」⇒【組】394ページ

くみあい【組合】二人以上の人がおたがいの利益のために作った集まり。

くみあわせる【組み合わせる】❶いくつかのものを合わせて、ひとそろいとする。❷試合のあいてをきめる。

くみたて【組み立て】いくつかの部品を合わせて一つのものに作りあげること。▽「組み立て式本箱」

くみたてる【組み立てる】ばらばらになっていたものを合わせて、一つのものを作る。▽「プラモデルを組み立てる」

[雲のいろいろ]

くみとる【くみ取る】❶水などをすくいとる。❷人の気持ちを思いやる。

くむ【組む】❶くみたてる。▽「やぐらを組む」❷くみ合わせる。▽「うでを組む」❸なかまになる。▽「友達と組む」❹くみうちをする。▽「四つに組む」⇒【組】394ページ

くむ ❶水などをすくいとる。❷おしはかる。▽「人の気持ちをくむ」

くめん【工面】いろいろ頭をはたらかせてお金や物を集めること。

くも【雲】空気中の水分が細かい水のつぶになって空にうかんでいるもの。⇒【雲】68ページ
●雲隠れ●雲行き●雲をつかむ●雷雲●入道雲●綿雲

くも 虫のなかま。あみをはるものと、はらないものとがある。足は八本あり、虫をとって食べる。

くもがくれ【雲隠れ】❶月などが雲にかくれること。❷ゆくえがわからないように、にげること。

くもつ【供物】神や仏に供えるもの。おそなえ。

くものこをちらす【くもの子を散らす】たくさん集まっているものが、四方へぱっとにげるようす。

くもゆき【雲行き】❶雲の動くようす。▽「雲行きがあやしくなったから、雨かもしれない」❷ものごとのなりゆき。▽「事件の雲行きがおかしくなる」

くもり【曇り】❶雲が多くて太陽がかくれていること。▽「あしたの天気はくもりだ」❷よごれなどがついてぼんやりすること。▽「めがねのくもりをとる」

くもる【曇る】❶雲やきりで空がおおわれる。かげる。❷光や色などがぼんやりする。つやがなくなる。▽「まどガラスがくもる」❸心が晴れ晴れしない。▽「悲しみで心がくもる」

くもをつかむ【雲をつかむ】ものごとがはっきりせず、つかまえようのないようす。▽「雲をつかむような話」

くやしい【悔しい】思うとおりにならなくてざんねんである。くちおしい。▽「試合に負けてくやしい」

くやしなみだ【悔し涙】くやしくてたまらないときに出るなみだ。

くやしまぎれ【悔し紛れ】くやしさのあまり。あまりくやしいので。▽「くやしまぎれに石をけとばす」

くやむ【悔やむ】❶くやしがる。ざんねんに思う。❷人の死をおしんで、なぐさめる。

くよう【供養】仏や死んだ人のたましいに物を供えてまつること。

くよくよ 小さいことを気にかけるようす。いつまでも、心配して考えているようす。▽「くよくよしない性格」

くら【倉・蔵】こくもつや品物を入れておくたてもの。⬇【倉】395ページ・⬇【蔵】396ページ

くら 馬の背中において、その上に人や荷物をのせる道具。

くらい【位】❶身分。地位。▽「位が上がる」❷数をあらわすために十倍ごとにつける名。▽「一の位。十の位」⬇【位】30ページ
●位取り●気位

くらい【暗い】❶光がささない。⇔明るい。❷気持ちが晴れない。▽「暗い気分」❸よく知らない。▽「経済の動きに暗い」⬇【暗】27ページ

グライダー エンジンもプロペラもない飛行機。⬇飛行機（図）

くらいどり【位取り】算数などで数の位をそろえること。▽「位取りをまちがえる」

クライマックス もっとももり上がってきんちょうする場面。

くらう【食らう】❶「食う」のらんぼうな言い方。❷うける。▽「パンチを食らう」⬇【食】341ページ

グラウンド 運動場や競技場。

くらがり【暗がり】❶光の当たらない暗い所。❷人の目につかない所。

くらく【苦楽】苦しみと楽しみ。

くらげ 海中をただよう動物。からだはかさを広げたような形で、広げたり、すぼめたりしておよぐ。

くらし【暮らし】❶生活すること。▽「しっそな暮らし」❷生活していく手だて。生計。▽「暮らしが楽になる」

クラシック ❶昔風の。古めかしい。▽「クラシックカー」❷昔の、すぐれた芸術作品。古典。▽「クラシック音楽」

くらしむき【暮らし向き】生活のようす。生活のていど。

くらす【暮らす】❶一日をすごす。❷生活する。▽「幸せに暮らす」⬇【暮】634ページ

クラス ❶階級。等級。▽「トップクラス」❷学級。組。▽「クラス会」

グラス ガラスでできたコップ。

クラスメート 同じクラスにいるなかま。

なぞなぞ　しゃっくりすると出てくる食べ物は？　答えは次のページ。

クラブ ❶同じ目的を持った人々の集まり。また、集まる所。▽「クラブ活動」❷ゴルフのボールをうつ用具。

グラフ ❶図表。二つ以上の数や量の関係をわかりやすくあらわす図。⬇図 ❷写真中心の雑誌。画報。

くらべる【比べる】 ❶ならべて、そのちがいを見る。❷きょうそうする。▽「わざを比べる」⬇【比】577ページ

くらます 見つけられないようにすがたをかくす。▽「ゆくえをくらます」

くらむ ❶目まいがする。❷判断ができなくなる。▽「お金に目がくらむ」

グラム 重さの単位。記号は「g」。

くらやみ【暗闇】 光があたらなくて、暗いところ。▽「暗やみにホタルが光る」

クラリネット 木管楽器の一つ。⬇楽器(図)

グランプリ 最高の賞。大賞。▽「コンテストでグランプリになった」

くり【庫裏】 ❶寺の台所。❷寺のぼうさんや家族がすんでいる部屋。

くり 秋に実のなる高木。実は、いがにつつまれていて食べられる。木は、線路のまくら木などに使われる。

クリアー ❶くもっていなくて、はっきりしていて、明るい。▽「山のてっぺんまでクリアーに見える」❷棒高とびや走り高とびなどで、飛びこえるために置かれている棒を、さわらないできれいに飛ぶこと。❸むずかしいことに負けないで、のりこえること。▽「試験をクリアーする」

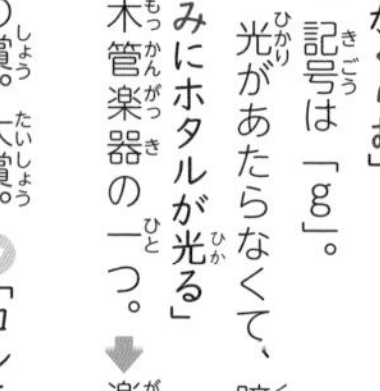

[くり]

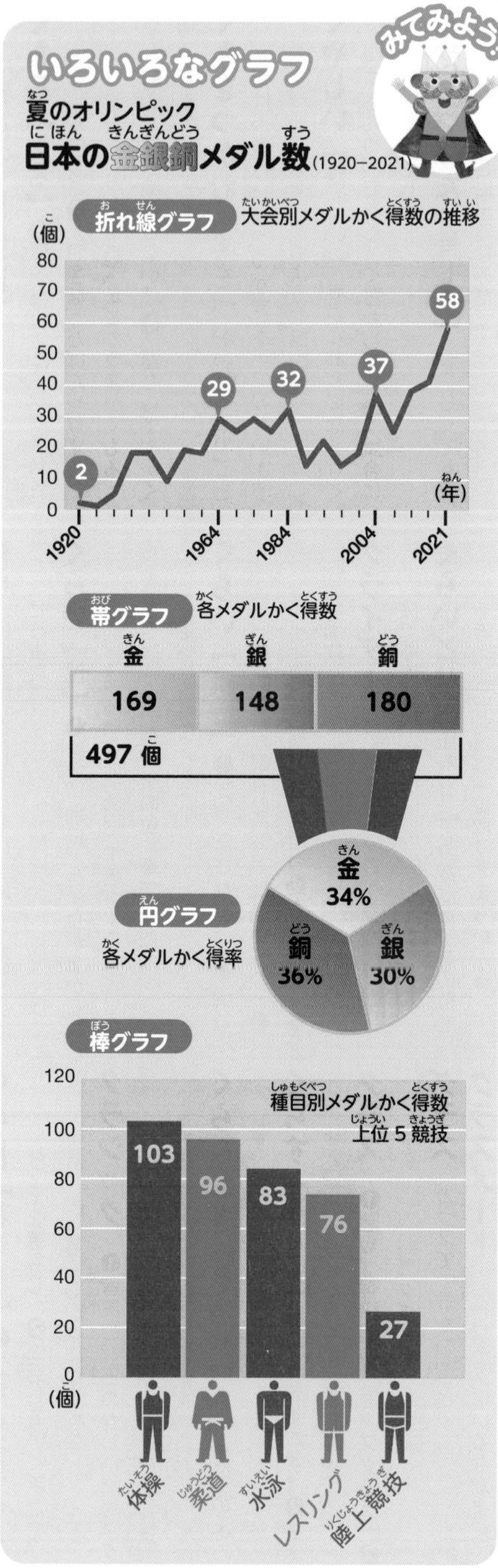

みてみよう!

いろいろなグラフ

夏のオリンピック 日本の金銀銅メダル数(1920−2021)

折れ線グラフ 大会別メダルかく得数の推移

(個) 80 70 60 50 40 30 20 10 0
2 29 32 37 58
1920 1964 1984 2004 2021 (年)

帯グラフ 各メダルかく得数

金	銀	銅
169	148	180

497 個

円グラフ 各メダルかく得率

金 34%
銀 30%
銅 36%

棒グラフ

種目別メダルかく得数 上位5競技

(個) 120 100 80 60 40 20 0

体操	柔道	水泳	レスリング	陸上競技
103	96	83	76	27

くりあげる【繰り上げる】❶じゅんに上にあげる。❷予定より早くする。▽「出発をくり上げる」⇕繰り下げる。

クリーニング せんたく。

クリーム ❶けしょうするとき、はだにぬるもの。❷牛乳からとり出したしぼう分。❸くつにつけるあぶら。くつずみ。❹うす黄色。

[クリーム❹]

グリーン ❶緑。緑色。❷草地。しばふ。

くりかえす【繰り返す】同じことを何回もする。▽「練習をくり返す」

くりくり ❶まん丸でかわいらしいようす。▽「子ネコのくりくりしたお目目」❷丸いものがよく動くようす。▽「目をくりくりさせる」

くりこす【繰り越す】じゅんに次へおくる。次へ回す。▽「のこったおこづかいを、来月分にくりこす」

くりさげる【繰り下げる】❶じゅんに下げる。❷予定よりもおそくする。⇕繰り上げる。

クリスマス キリストのたんじょうをいわう祭り。十二月二十五日。

クリスマスイブ クリスマスの前の日の夜。十二月二十四日の夜。

クリスマスツリー クリスマスのかざりとして置く木。モミの木などを使う。

[クリスマスツリー]

くりぬく えぐってあなをあける。

くりひろげる【繰り広げる】次から次へと見せる。▽「熱い戦いをくり広げる」

くる【来る】こちらへ近づく。⬇[来]737ページ

くる【繰る】❶たぐる。▽「糸をくる」❷じゅんにおくる。▽「ページをくる」❸じゅんに数える。▽「日をくる」

くるい【狂い】正しいようすとくらべて、ひどくちがっていること。また、その度合い。▽「時計のくるい」

くるいざき【狂い咲き】さく季節でない時に花がさくこと。

くるう【狂う】❶ふつうのようすや調子がかわる。▽「ピアノの調子がくるう」❷目当てがはずれる。▽「予定がくるう」

グループ 集まり。なかま。

くるくる ❶軽やかにつづいて回るようす。▽「風車がくるくると回る」❷何度も重ねて巻くようす。まるめるようす。▽「ポスターをくるくると巻く」❸考えなどがたびたび変わるようす。▽「目標がくるくると変わる」

くるしい【苦しい】❶病気やけがで、つらい。❷心配で心がいたむ。▽「苦しい思い」❸こまる。つらい。▽「苦しい生活」❹やりにくい。▽「苦しい言いわけ」⬇[苦]188ページ

くるしいときのかみだのみ【苦しい時の神頼み】こまったときにだけ神にいのって、助けをもとめること。

くるしまぎれ【苦し紛れ】苦しさのあまり。▽「苦しまぎれにうそをつく」

くるしむ【苦しむ】❶なやむ。▽「頭痛に苦しむ」❷こまる。▽「判断に苦しむ」⬇[苦]188ページ

くるしめる【苦しめる】❶くるしみを感じさせる。❷こまらせる。▽「人を苦しめる」⬇[苦]188ページ

ぐるっと まわったり、まわりを囲むようす。▽「自転車がぐるっと向きをかえる。先生を中心にぐるっと輪になってすわる」

くるぶし 足首の両がわにある骨のでっぱった所。⬇体（図）

くるま【車】❶じくにさしてぐるぐる回るようにした輪。車輪。▽「自転車の車」❷輪が回るしかけのある道具で、人や荷物をのせて

前のページの答え⇒「くり（しゃっくり）」

はこぶもの。▼「荷車」❸自動車のこと。▼「車は左、人は右」⬇【車】310ページ
●糸車●風車●荷車●歯車

くるまざ【車座】 大ぜいがまるく輪になって内がわをむいてすわること。

くるまる からだにまきつけて、すっぽりつつまれる。▼「毛布にくるまる」

くるみ 山や野にはえる高木。秋にかたいからにおおわれた実がなり、食べられる。木は家具などを作るのに使われる。

くるむ すっぽりとつつむ。

グルメ おいしいものを食べ歩いていて、食べ物の味や作り方にくわしい人。

くれ【暮れ】 ❶日が暮れること。❷季節や年のおわり。▼「秋の暮れ」

グレー 灰色。ねずみいろ。

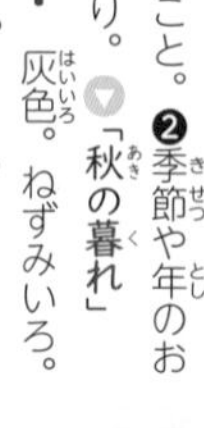
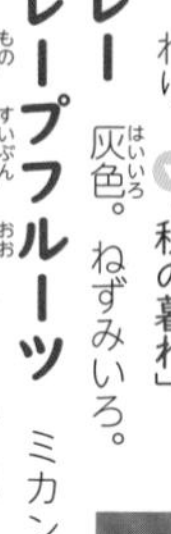
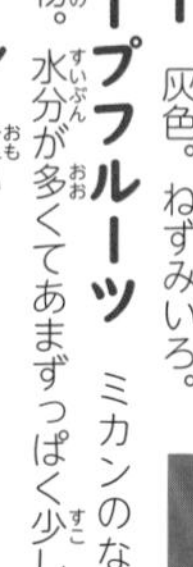
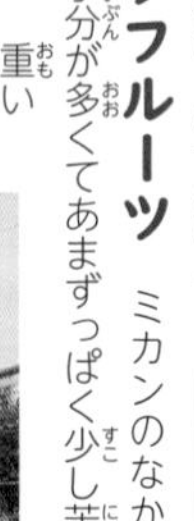

[グレー]

グレープフルーツ ミカンのなかまの果物。水分が多くてあまずっぱく少し苦い。

クレーン 重い物を持ち上げたり動かしたりする機械。

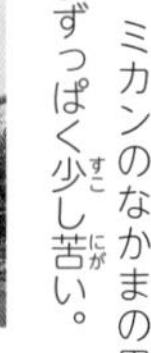

[クレーン]

くれぐれも くりかえし、くりかえし。念を入れて。▼「くれぐれもよろしくおつたえください」

くれない【紅】 こい赤い色。⬇【紅】227ページ

クレヨン いろいろな色を、ろう・しぼうにまぜて、えんぴつのような形にかためた、絵をかく用具。

くれる【暮れる】 ❶太陽がしずんで暗くなる。▼「日が暮れる」⇕明ける。❷季節や年がおわる。▼「年が暮れる」❸心がまよって、わからなくなる。▼「とほうに暮れる」⬇【暮】634ページ

くれる 人が自分に物をあたえる。▼「おかしをくれる」

くろ【黒】 ❶すみのような色。❷罪のうたがいがあること。⇕白。⬇【黒】241ページ
●黒々●黒字●黒潮●黒ずむ●黒星●黒幕●黒山●白黒

[黒❶]

くろい【黒い】 ❶すみの色をしている。⇕白い。❷悪い心を持っている。▼「腹が黒い」⬇【黒】241ページ

くろう【苦労】 苦しみ。ほねおり。

くろうと【玄人】 そのことにたいへんくわしい人。専門家。⇕素人。

クローバー 豆のなかまの草。三つの小さい葉が集まって一つの葉のようになっている。春から夏に白い花がさく。シロツメクサ。

グローブ 野球やボクシングなどで使う、革の手ぶくろ。グラブ。

クロール 泳ぎ方の一つ。うつぶせになって、両手でかわるがわる水をかき、足をばたばたさせてすすむ。

くろぐろ【黒黒・黒々】 とても黒いようす。⬇「々」は同じ文字をくり返すという意味のおどり字という記号。

くろじ【黒字】 入ったお金のほうが、使ったお金より多いこと。⇕赤字。

くろしお【黒潮】 日本列島の太平洋岸を南から北東へながれる暖流。日本海流。⇕親潮。⬇海流（図）

くろずむ【黒ずむ】 少し黒くなる。

クロスワード ごばんの目のように線をひいた中に字を入れて、たてからも横からも読めるように、ことばを作るあそび。クロスワードパズル。

コ	ア	ラ	■	ア	■
ス	■	イ	ノ	シ	シ
モ	■	オ	■	カ	■
ス	カ	ン	ク	■	パ
■	ラ	■	ジ	■	ン
リ	ス	■	ラ	ク	ダ

[クロスワード]

クロッカス 春のはじめに、むらさき・黄・白などの花がさく草。

くろぬり【黒塗り】 黒くぬること、また、

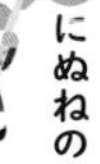

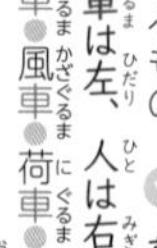

黒くぬったもの。▽「黒ぬりの車」

くろぼし【黒星】 ❶黒くてまるいしるし。❷負けや失敗のこと。⇕白星。

くろまく【黒幕】 ❶劇のぶたいなどで、場面のかわり目などに使う黒い幕。❷かげで計画したり、指図したりする人。▽「政界の黒幕」

くろまめ【黒豆】 黒い大豆。▽「おせち料理の黒豆を食べる」⬇お節料理（図）

くろやま【黒山】 人がたくさん集まっているようす。▽「黒山の人だかり」

くわ【桑】 カイコに葉を食べさせるため、畑にうえる木。実は食べられる。

くわ 田畑をたがやす道具。棒の先に、平たい鉄がついたもの。

くわい 地下にできた丸いくきの部分を食べる、田や池にできるやさい。⬇お節料理（図）

くわえる【加える】 ❶ふやす。▽「水を加える」❷たす。たし算をする。⇕引く。❸なかまに入れる。▽「チームに加える」⬇【加】108ジペー

くわえる 口に軽くはさんでささえる。▽「イヌがボールをくわえてきた」

くわがたむし カブトムシににたこん虫。おすはあごが、かぶとのくわがたの形をしている。

くわしい【詳しい】 細かいことまでよく知っている。▽「地理にくわしい」

くわずぎらい【食わず嫌い】 ❶食べてみたこともないのに、その食べ物をきらうこと。❷やってみもしないで、そのことをいやがること。

くわだてる【企てる】 計画を立てる。▽「悪事をくわだてる」

くわばら ❶かみなりがおちないようにとなえることば。クワの畑（クワ原）には、かみなりがおちないといわれた。❷悪いこと、いやなことをさけるための、まじないのことば。

くわわる【加わる】 ❶ふえる。ます。▽「寒さが加わる」❷なかまに入る。⬇【加】108ジペー

くん【君】3年 クン きみ

❶一国の王。天子。▽「君主」❷人の名の下につけて、親しみの気持ちをあらわすことば。▽「武君」

君 君 君 君 君 君 君（長めに。右はつき出る）

●君子●君主●主君●諸君●暴君

くん【訓】4年 クン ―

❶教え。教えること。▽「訓辞」❷漢字に日本語のことばを当てはめた読み方。また、その読み。⇕音。

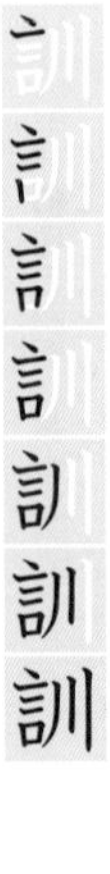

訓 訓 訓 訓 訓 訓 訓 訓 訓 訓

●訓読み●訓練●訓話●音訓●教訓

ぐん【軍】4年 グン ―

❶たたかい。いくさ。▽「軍備」❷ぐんぜい。ぐんたい。▽「大軍」

軍 軍 軍 軍 軍 軍 軍 軍 軍（冖としない）

●軍艦●軍縮●軍勢●軍隊●軍配●軍備●海軍●強行軍●将軍

ぐん【郡】4年 グン ―

都道府県をいくつかに分けた土地の区切り。この中に、町村がふくまれる。

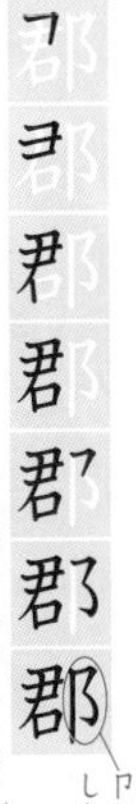

郡 郡 郡 郡 郡 郡 郡 郡 郡 郡（阝としない）

★「群」ににているので注意

ぐん【群】4年 グン むら・むれ・むれる

集まり。むれ。▽「魚群」

早口ことば（五回続けていえるかな）車からガスをはい出する。

群 「ヨ 尹 君 君 群 群 ★「郡」ににているので注意

ぐんかん【軍艦】海の上でたたかう力をそなえた船。
●群衆●群像●群馬県●群を抜く●大群●抜群

ぐんぐん ものごとがさかんにすすんだり、のびたりするようす。▼「草木がぐんぐんのびる」

くんし【君子】人がらや行いのりっぱな人。

くんしゅ【君主】国をおさめ、そのかしらとなる人。王。天子。

ぐんしゅう【群衆】群がり集まった大ぜいの人々。

ぐんしゅく【軍縮】軍人の数や兵器の量などを少なくすること。「軍備縮小」の略。

くんしょう【勲章】国のために力をつくした人にあたえられる記章。

くんせい【薫製】魚や肉を塩づけにして、けむりでいぶした食べ物。

ぐんぜい【軍勢】軍隊。軍隊の勢い。

ぐんぞう【群像】絵やちょう刻で、大ぜいの人のすがたをあらわした作品。

ぐんたい【軍隊】国のきまりのもとに作られた軍人の集まり。兵隊。

ぐんて【軍手】作業をするときに使うてぶくろ。白の太いもめんの糸であんである。

ぐんばい【軍配】❶昔、大将が軍隊を指図するのに使ったうちわ。軍配うちわ。❷すもうの行司が使ううちわ。

ぐんび【軍備】国をまもるためや、戦争をしかけるためのじゅんび。

ぐんまけん【群馬県】関東地方にある県。養蚕がさかんで絹織物の産地。県庁は前橋市にある。⬇都道府県（図）

くんよみ【訓読み】漢字を訓で読むこと。⬍音読み

ことばのふしぎ 「訓読み」と「音読み」

漢字に訓読みと音読みの読み方があるわけは、中国からつたわってきた字だからです。中国から入ってきた読み方が音読みで、あとから日本のことばにあてはめて使うことになった読み方が訓読みです。

くんれん【訓練】教えきたえること。▼「きびしい訓練にたえる。ひなん訓練」

け げ ゲケ

け【化】すがたをかえること。▼「化身」⬇【化】108ページ
●化粧●権化●変化

け【気】❶ようす。けはい。▼「人気がない」❷きぶん。▼「しゃれっ気がない」❸味わい。▼「塩気」⬇【気】155ページ
●気高い●気配●湿気●毒気●眠気●湯気

け【家】❶いえ。▼「分家」❷役がらや、みょうじなどの下につけて、その人や、その家をあらわすことば。▼「天皇家。源家の一家」⬇【家】109ページ
●家来●出家●宗家●本家

け【毛】❶体温をたもち、ひふをまもるために動物のからだにはえているもの。❷かみの毛。❸鳥の羽毛。⬇【毛】697ページ
●毛糸●毛色●毛織物●毛皮●毛並み●毛むくじゃら●毛虫●産毛

げ【下】❶した。しも。▼「下界」⬍上。❷おりること。▼「下山」❸おとっていること

と。品の悪いこと。▽「下品」⬇【下】108ページ
●下界●下戸●下校●下剤●下車●下宿●下手人●下旬●下水道●下船●下足●下痢●上下

げ【外】 ❶はずれること。▽「外科」⬇【外】112ページ ▽「外道」❷そと。

げ【解】 ときはなすこと。▽「解毒」⬇【解】112ページ
●解せない●解熱

けい【兄】 2年 （ケイ）・キョウ あに
あに。⬍弟。

丨 口 口 尸 兄

けい【形】 2年 ギョウ・ケイ かた・かたち
❶ありさま。ようす。▽「形勢」❷かたち。▽「長方形」
●形式●形式的●形成●形勢●形跡●形態●形容●三角形●四角形●図形●多角形

一 二 チ 开 开 形 形

けい【系】 6年 ケイ
❶つながり。▽「系図」「系統」❷一つにつらなったなかまをあらわすことば。▽「太陽系」

一 ㇀ 幺 至 系 系 系（おる）
★「糸」ににているので注意
●系図●系統●系統的●系列●家系●銀河系

けい【径】 4年 ケイ
❶さしわたし。▽「直径」「半径」❷小道。▽「小径」

ノ 彡 彳 彳 径 径 径 径（夂としない）
★「経」ににているので注意

けい【京】 ❶みやこ。天皇のすむ所。▽「京洛」❷東京のこと。▽「京浜」❸京都のこと。▽「京阪」⬇【京】175ページ
●京阪●京浜●京葉

けい【計】 2年 ケイ はかる・はからう
❶けいさん。合計。▽「百円と九百円を足して、計千円」❷けいかく。▽「一年の計」❸はかる道具。▽「体温計」

亠 亠 言 言 言 言 言 計 計

●計画●計画倒れ●計画的●計器●計算●計略●計量●会計●合計●集計●設計●時計

けい【係】 3年 ケイ かかり・かかる
❶かかりあいのあること。▽「関係」❷つながりのこと。▽「係累」

亻 亻 仫 俘 係 係 係 係 係（おる）

けい【型】 5年 ケイ かた
❶かた。もとになるかたち。▽「原型」❷手本。見本。▽「模型」

二 チ 开 刑 型 型 型（短めに）
●典型●模型●類型

けい【経】 5年 ケイ・（キョウ） へる
❶通りすぎること。▽「経過」❷自分でためすこと。▽「経験」❸たて糸。たて。▽「経緯」❹経線。または経度。▽「東経」

く 幺 糸 糸 経 経 経（おる）

●経緯●経営●経過●経験●経済●経済産業省●経済的●経線●経度●経費●経由●経理●経歴●経路●神経

けい【軽】3年 ケイ かるい・（かろやか）

❶かるいこと。▽「軽量」⇔重。
❷手がるなこと。▽「軽音楽」
❸見下げること。▽「軽べつ」

亘 車 軒 軽 軽 軽

●軽音楽●軽快●軽減●軽工業●軽視●軽症●軽傷●軽装●軽率●軽重●軽度●軽薄●軽べつ●軽油

けい【景】4年 ケイ ―

❶けしき。▽「風景」
❷ようす。▽「光景」

旦 景 昙 昙 昙 景（点を落とさないように）

●景観●景気●景勝●景品●光景●情景●背景●夜景

けい【敬】6年 ケイ うやまう

うやまう。とうとぶ。▽「尊敬」

一 艹 芍 苟 敬 敬 敬（はねる）（又ではない）

●敬愛●敬意●敬遠●敬語●敬称●敬服●敬礼●敬老●敬老の日

けい【警】6年 ケイ ―

注意すること。いましめ。▽「警報がなりひびく」

一 芍 苟 敬 警 警 警

●警戒●警護●警告●警察官●警察署●警笛●警備●警報●夜警

★「驚」ににているので注意

けい【競】

あらそうこと。きそうこと。⬇【競】176ページ
●競馬●競輪

けい【刑】

ばっすること。しおき。▽「けいに服する」

けい

文字のならびなどを正しくするために、目じるしとして引く線。▽「けい線のあるノートを買う」

げい【芸】4年 ケイ ―

❶人を楽しませるわざ。▽「芸人」
❷ならって身につけたわざ。▽「学芸」

一 十 艹 芸 芸 芸 芸（おる）

●芸術●芸能●園芸●演芸●曲芸●工芸●手芸●武芸●文芸

けいあい【敬愛】 敬い愛すること。そんけいし、大切にすること。

けいい【経緯】 ❶たてと横。❷入り組んだ事情。いきさつ。▽「じけんのけいいをせつめいする」

けいい【敬意】 敬いとうとぶ心。▽「あいてに敬意をあらわす」

けいえい【経営】 会社などをおこし、仕事をやっていくこと。▽「おもちゃ会社の経営者」

けいえん【敬遠】 ❶敬っているようにしながら、それとなく遠ざかること。▽「先ぱいを敬遠する」❷野球で、わざとフォアボールをあたえること。

けいか【経過】 ❶時間や月日のすぎていくこと。❷ことのなりゆき。▽「けがの経過がよい」

けいかい【軽快】 ❶身軽ですばやいこと。▽「軽快な足どり」❷明るくて気持ちのいいこと。▽「軽快なリズム」

けいかい【警戒】 悪いことがおこらないよ

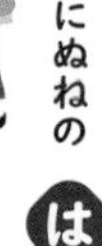
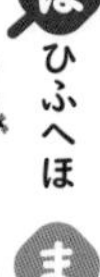

うに、用心すること。▽「警かい心」

けいかく【計画】ああしよう、こうしようなどと、前もって考えること。

けいかくだおれ【計画倒れ】計画どおりにいかないこと。▽「夏休みの予定は計画だおれにおわった」

けいかくてき【計画的】よく考え、細かに予定を立てるようす。

[計画倒れ]

けいかん【景観】景色。ながめ。

けいかん【警官】警察の仕事をしている人。おまわりさん。警察官。⇩コラム208ページ

けいき【計器】物の重さ・分量・速さなどをはかる道具。

けいき【景気】❶いせい。元気。▽「景気のよい声」❷経済の動き。▽「不景気」

けいけん【経験】じっさいに、見たり聞いたり、やってみたりすること。体験。

けいげん【軽減】減らして軽くすること。▽「費用を軽減する」

けいこ【稽古】じょうずになるようにくりかえし習うこと。▽「ピアノのけいこ」

けいご【敬語】あいてを敬う気持ちをあらわすことば。

けいご【警護・警固】人やたてものなどをまもること。守護。

けいこう【傾向】かたむき。性質やことがらが、ある方向にむかうこと。▽「読書量は、ふえるけい向にある」

けいこうぎょう【軽工業】食料品・織物・ゴム・紙などのように、ふだん使う物を作る工業。⇕重工業。

けいこうとう【蛍光灯】電灯の一つ。細長いガラスのくだの中に、光を当てると光る薬がぬってあり、光を出す。

けいこく【渓谷】山と山の間の谷。谷あい。▽「けい谷をさかのぼる」

けいこく【警告】用心をするように注意すること。▽「警告を発する」

けいさい【掲載】新聞や雑誌などに記事や広告をのせること。

けいざい【経済】❶人間が社会生活の中で、物やお金を手に入れたり、使ったりするはたらき。❷お金のかからないようにすること。

けいざいさんぎょうしょう【経済産業省】経済や産業をはってんさせるために、外国との取り引きや、資源の供給などの仕事をする、国の役所。

けいざいてき【経済的】❶経済に関係のあること。❷安上がりで、むだのないようす。▽「経済的なくらし方」

けいさつ【警察】❶国家や国民の安全をまもり、世の中のちつ序をたもつためのしくみ。❷警察署。

けいさつかん【警察官】警察の仕事をする人。おまわりさん。警官。⇩コラム208ページ

けいさつしょ【警察署】ある地域をうけもって警察の仕事をする役所。

けいさん【計算】❶数字を数えたりしらべたりすること。❷式をといて答えを出すこと。

けいし【軽視】たいしたことではないと、軽く見ること。⇕重視。

けいじ【刑事】犯人をさがしたり、つかまえたりする役目の警察官。⇩コラム208ページ

けいじ【掲示】書き物をはり出して見せること。また、その書き物。

けいしき【形式】❶一つのきまったかたち。し方。▽「手紙形式の文」⇕内容。❷外から見たようす。見かけ。▽「形式を重んじる」

けいしきてき【形式的】かたちや、ていさいがととのっているが内容がとぼしいよう

なぞなぞ 泥棒がだいっきらいなおさつは？ 答えは次のページ。

す。▼「形式的なあいさつ」

けいしゃ【傾斜】 ななめにかたむくこと。▼「柱がけいしゃする」

げいじゅつ【芸術】 心に感じたことを、いろいろなかたちであらわしたもの。文学・音楽・絵画・ちょう刻などの作品。

けいしょう【敬称】 敬う気持ちをあらわすよび方。「…さん」「…くん」「…先生」など。

けいしょう【景勝】 景色がよいこと。▼「景勝の地、松島」

けいしょう【軽症】 病気の程度がかるいこと。⇔重症。重体。

けいしょう【軽傷】 軽い傷。軽いけが。⇔重傷。

けいしょう【継承】 受けつぐこと。▼「王の位をけい承する」

けいず【系図】 先祖から代々つたわった血筋を書いたもの。

けいせい【形成】 かたちづくること。

けいせい【形勢】 なりゆき。ようす。

けいせき【形跡】 何かのあったあと。▼「だれかが入った形せきがある」

けいせつのこう【蛍雪の功】 苦労して勉強すること。昔、中国で、まずしいために、ホタルの光や雪明かりで勉強したという話から生まれたことば。

警察官と刑事さんとおまわりさん

「おまわりさん」と「刑事さん」のちがいってわかりますか。なまえはちがいますが、どちらもおなじ「警察官」です。交番に勤務し、制服をきて地域のみまわりをしている警察官が、親しみをこめて「おまわりさん」とよばれています。「刑事さん」は犯人をさがしたり、つかまえたりする役目の警察官です。事件や事故などのそうさをします。

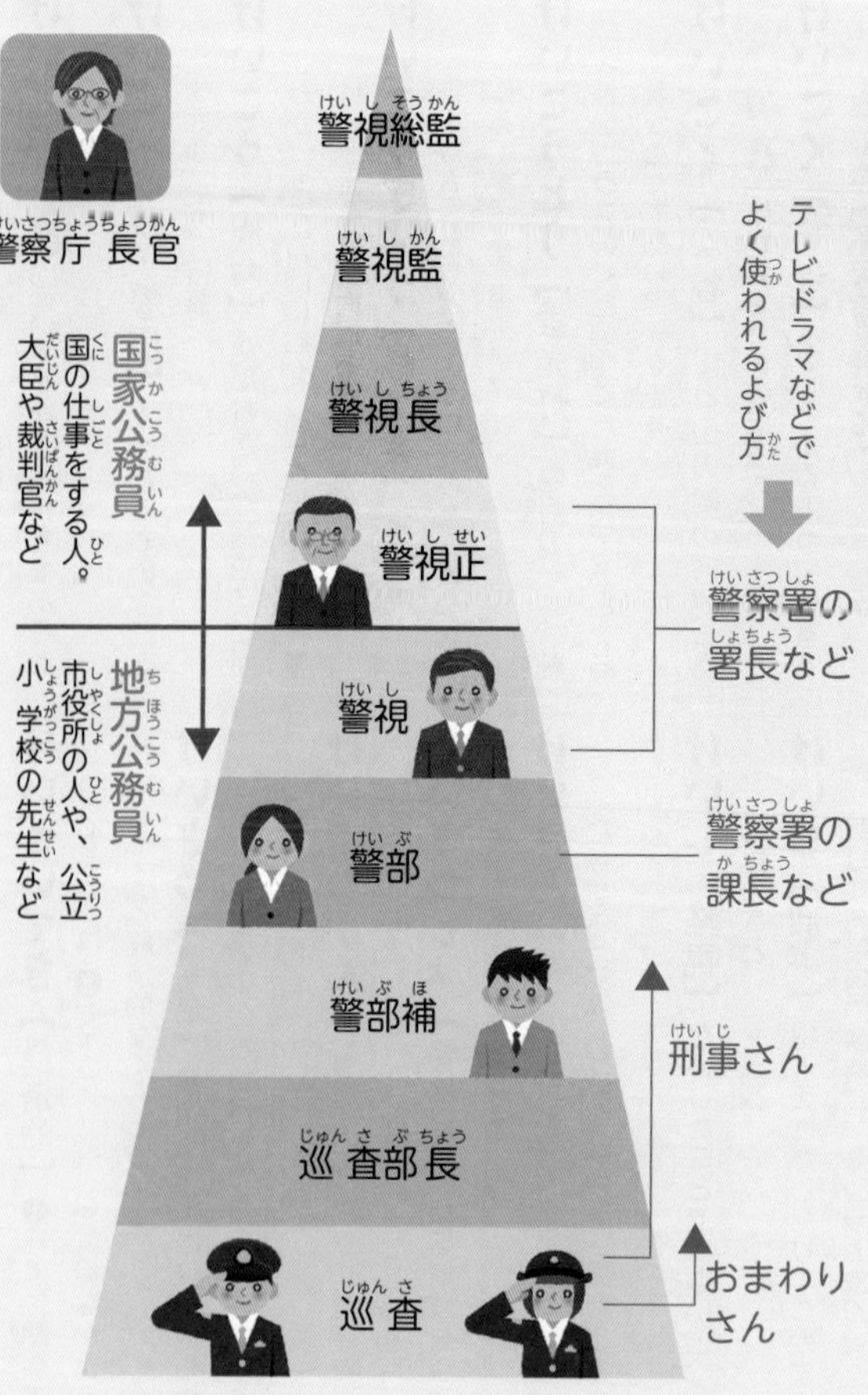

けいせん【経線】地球上の位置をあらわすために、北極と南極をたてにむすんだと考えた線。⇔緯線。↓緯線（図）

けいそう【軽装】身軽な服装。

けいぞく【継続】続くこと。ひき続き行うこと。▽「話し合いをけい続する」

けいそつ【軽率】そそっかしいこと。軽はずみなこと。▽「軽率な考え」

けいたい【形態】かたち。ありさま。

けいたい【携帯】手に持つこと。身につけること。▽「けい帯電話」

けいだい【境内】寺や神社のしき地の中。

けいたいでんわ【携帯電話】持ち歩くための、小さな無線の電話。

けいちょう【慶弔】めでたいことと、めでたくないこと。

けいてき【警笛】きけんを知らせ、注意をうながすための笛。

けいと【毛糸】毛で作った糸。

けいど【経度】地球上の位置の東西をあらわす目もり。イギリスのグリニッジ天文台を〇度として、東西に一八〇度ずつある。⇔緯度。↓緯度（図）

けいど【軽度】ものごとのていどの軽いこと。⇔強度。重度。

けいとう【系統】ものごとのすじみち。▽「系統だてて説明する」

げいにん【芸人】手品などの芸をしたり、おもしろい話をしたり、歌ったりおどったりすることを仕事にしている人。▽「お笑い芸人」

げいのう【芸能】映画・演劇・歌よう・音楽・ぶようなどをまとめていうことば。▽「古典芸能」

げいのうじん【芸能人】演じたり、歌ったり、おどったりすることが上手で、テレビや映画などに出ることを仕事にしている人。

けいば【競馬】人がのった馬を競走させ、速さをあらそうこと。また、そのじゅんばんを当てること。

けいはく【軽薄】考えがあさくて、ことばや行いがいいかげんなこと。▽「軽はくな人は信用できない」

けいばつ【刑罰】罪をおかした人にあたえるばつ。▽「けいばつを受ける」

けいはん【京阪】京都・大阪地方。

けいひ【経費】いりようなお金。

けいび【警備】事件がおこらないように、備えまもること。▽「警備員」

けいひん【京浜】東京・横浜地方。▽「京浜工業地帯。京浜東北線」

けいひん【景品】売る品物におまけとしてつけるもの。▽「景品をつける」

けいふく【敬服】心から敬ってしたがうこと。▽「だれからも敬服される人」

けいべつ【軽べつ】人を見下げること。ばかにすること。▽「軽べつにあたいする人」

けいほう【刑法】犯罪とそのばつについてとりきめた法律。

けいほう【警報】用心するように人々に知らせること。▽「暴風警報」

けいむしょ【刑務所】罪をおかした人を入れて、けいにしたがわせる所。

けいやく【契約】約束をかわすこと。

けいゆ【経由】ある所を通って次の所へ行くこと。▽「大阪経由で帰る」

けいゆ【軽油】石油から作られる油。エンジンの燃料などに使う。

けいよう【形容】ものごとの形・ようすなどをほかのものにたとえて言いあらわすこと。▽「形容できない美しさ」

けいよう【京葉】東京・千葉地方。▽「京葉工業地帯。京葉線」

けいり【経理】会社などで、お金の出し入れや給料などを、きちんと、ととのえる仕事。

けいりゃく【計略】こうしたらこうなるというように、考えておくこと。はかりごと。▽「うまく計略にかける」

前のページの答え⇒「警察（けいさつ）」

けいりゅう【渓流】谷川の流れ。

けいりょう【計量】重さや量をはかること。▽「計量カップ」

けいりん【競輪】職業選手による自転車の競走。

けいれい【敬礼】敬って、きちんとおじぎをすること。また、そのおじぎ。

けいれき【経歴】卒業した学校、これまでにやってきた仕事など、その人の今までしてきたことがら。履歴。

けいれつ【系列】すじみちを立てて、まとめならべたもの。▽「系列会社」

けいれん 筋肉が急にひきつること。病気や、むりな運動をしたときにおこる。

けいろ【経路】❶通る道すじ。❷すじみち。▽「事件の経路を話す」

けいろ【毛色】❶毛の色。❷ようす。種類。▽「毛色のかわった人」

けいろう【敬老】年をとった人を敬うこと。▽「敬老会」

けいろうのひ【敬老の日】国民の祝日の一つ。九月の第三月曜日。お年よりを敬い大切にする日。⬇国民の祝日（図）

ケーキ 小麦粉にさとう・たまごなどをまぜてやいた、やわらかいおかし。

ケース ❶箱。入れ物。❷場合。

ゲート 門。出入り口。

ケーブル ❶はりがねなどをよりあわせた太いつな。❷たくさんの電線をたばねて一本にしたもの。

ケーブルカー 太い鉄のつなに引かれて、山の急なしゃ面にしかれたレールの上を動いて、のぼりおりする電車。

ゲーム ❶あそび。❷試合。勝負ごと。

ゲームセット 試合がおわること。

けおとす【け落とす】❶足でけって下へ落とす。❷人をおしのけて位や役目からはなれさせる。▽「敵をけ落とす」

けおりもの【毛織物】毛糸を材料にしておった織物。

けが ❶きずを負うこと。きず。▽「ころんで足にけがをする」❷まちがい。あやまち。▽「なれない仕事に手を出して、けがをした」

げか【外科】主に手術で、きずや病気をなおす医学。⇕内科。

げかい【下界】❶天上から見た人間の世界。❷高い所から見た地上。

けがす【汚す】❶きたなくする。❷名よをきずつける。▽「名をけがす」

けがのこうみょう【けがの功名】何気なくしたことや失敗と思ったことが、思いがけずよい結果になること。

けがらわしい【汚らわしい】きたならしい。いやな感じがする。▽「聞くのもけがらわしい事件」

けがれる【汚れる】美しいものが、きたなくなる。よごれる。▽「こころがけがれる」

けがわ【毛皮】毛のついたままの動物の皮。

げき【劇】6年 ゲキ ―

❶はげしいこと。▽「劇薬」❷しばい。えんげき。▽「劇を見る」

劇（筆順）　はねる。广や卢ではない　豕としない

●劇場●劇団●劇的●劇薬●演劇●観劇●喜劇●悲劇●

げき【激】6年 ゲキ はげしい

❶いきおいがたいへんに強いこと。▽「激戦。急激」❷はげしく心を動かすこと。▽「感激」

激（筆順）　筆順に注意

●激減●激戦●激増●激痛●激動●激突●激変●激流●激励●激論●過激●急激●刺激●

げきげん【激減】ひじょうに減ること。

げきじょう【劇場】演劇や映画を客に見せるためのたてもの。

げきせん【激戦】激しい戦い。

げきぞう【激増】ひじょうに増えること。▼「人口が激増する」

げきたい【撃退】あいてを退け、おいかえすこと。▼「敵をげき退する」

げきだん【劇団】劇を作ったり、人に見せたりするために集まったなかま。

げきつう【激痛】激しい痛み。

げきてき【劇的】劇の一場面のように、人の心を強くゆり動かすようす。▼「劇的なさよならホームラン」

げきどう【激動】世の中などがひどくゆれ動くこと。▼「激動する社会」

げきとつ【激突】❶激しくぶつかること。❷激しくたたかうこと。▼「横づなどうしの激とつ」

げきへん【激変】急にひどく変わること。▼「天候が激変する」

げきやく【劇薬】使い方をまちがえると、命をなくしたりするような、激しいはたらきのある薬。

けぎらい【毛嫌い】どうというわけもないのに、きらうこと。

げきりゅう【激流】川などの、激しい水の流れ。急流。

げきれい【激励】強くはげまして、元気づけること。▼「友達を激れいする」

げきろん【激論】激しく意見を言い合うこと。またその議論。「劇論」とも書く。▼「激論をたたかわす」

けげん ふしぎがるようす。へんだと思うようす。▼「けげんな顔つき」

げこう【下校】学校から帰ること。⇕登校。

けさ【今朝】今日の朝。

けさ おぼうさんの着るもの。衣の上に左かたから右わきにかけておおうきれ。

けさ　衣

[け　さ]

げざい【下剤】大便がよく出るようにするための薬。くだし薬。

げざん【下山】山から下りること。⇕登山。

げし【夏至】一年じゅうで、いちばん昼が長い日。太陽がいちばん高くのぼる。六月二十二日ごろ。南半球では、ぎゃくに昼がいちばんみじかい日となる。⇕冬至。

けしいん【消印】郵便局で切手におす年月日をしるしたはんこ。スタンプ。

けしかける ❶いきおいをつけて、あいてにむかわせる。▼「犬をけしかける」❷おだてる。そそのかす。

けしき【景色】山や川・海など、自然のながめ。風景。

けしゴム【消しゴム】えんぴつで書いたあとをこすって消すのに使うゴム。ゴム消し。

けじめ 分け目。はっきりしたくべつ。▼「あそびと勉強のけじめをつける」

げしゃ【下車】車からおりること。⇕乗車。

げしゅく【下宿】部屋をかりて生活すること。▼「学校の近くに下宿する」

げしゅにん【下手人】人をころした犯人。

げじゅん【下旬】月のおわりのほうの十日間。⇕上旬。中旬。

けしょう【化粧】おしろいや、べにをつけて、顔を美しくすること。

けしん【化身】神や仏がすがたをかえてこの世にあらわれたもの。

けす【消す】❶もえている火をもえなくする。▼「ストーブの火を消す」❷見えなくする。▼「すがたを消す」❸なくする。のぞ

なぞなぞ　売られているからって買うと大変な目にあうものはなんだ？　答えは次のページ。

く。▼「毒を消す」❹電灯・ガス・テレビなどを止める。⬇【消】331ページ

げすい【下水】 ❶よごれた水。⇔上水。❷下水道。

げすいどう【下水道】 よごれた水をながす、みぞ。⇔上水道。

ゲスト ❶客のこと。❷放送番組などで、いつも出る人のほかに、とくべつにまねかれて出る人。

けずる【削る】 ❶はものなどで、そいでとる。▼「板をけずる」❷へらす。とりのぞく。▼「予算をけずる」

げせん【下船】 船からおりること。⇔乗船。

けた ❶家や橋をつくるとき、柱の上に横にわたすささえの材木。▼「橋げた」❷数の位。位どり。▼「三けた」

げた 板の台に二まいの歯をつけ、はなおをつけた、はきもの。

けだかい【気高い】 上品なようす。品がよい。▼「気高い感じがするおぼうさん」

[げた]

けたたましい 人をおどろかすような、するどく高い音のようす。うるさい。▼「けたたましいサイレンの音」

けたちがい【けた違い】 ❶数の位どりのまちがい。▼「この計算はけたちがいになっているよ」❷ねだんやていどなどがとてもちがっていること。けたはずれ。▼「けたちがいにねだんが高い」

げたばこ【げた箱】 ぬいだくつを入れておくとだな。くつばこ。

けたはずれ【けた外れ】 くらべものにならないほどちがうこと。けたちがい。▼「けた外れに高いビル」

けだもの ❶けもの。❷人間らしい心をもたない人をののしっていうことば。

けち ❶やたらと物をおしむこと。また、そういう人。❷そまつでいやしいこと。▼「けちな考え」❸えんぎの悪いこと。▼「けちがつく」

けつ【欠】 4年 ケツ かく・かける

かけること。たりないこと。▼「欠点」

ク としない

●欠員●欠陥●欠勤●欠航●欠席●欠乏●出欠●不可欠●補欠

けつ【穴】 6年 (ケツ) あな

へこみくぼんだ所。あな。▼「墓穴」

はねる。ワとしない

けつ【血】 3年 ケツ ち

ちしお。▼「血液」

ななめ左下に

両はしは出る

●血圧●血液型●血管●血気●血色●血相を変える●血族●血統●出血●熱血●貧血

けつ【決】 3年 ケツ きまる・きめる

❶きめること。▼「決定」❷やぶれること。▼「決壊」

つき出る

●決意●決起●決議●決行●決算●決死●決勝●決心●決戦●決断●決着●決別●決裂●解決●可決●採決●対決●多数決

けつ【結】 4年 ケツ むすぶ・(ゆう)・(ゆわえる)

❶むすぶこと。▼「団結」
❷おわりとすること。▼「結局」

結 結 結 結 結 結 結 結 結 結 結 結
（おる）（上のヨコ棒より短く）

●結果●結核●結構●結合●結婚●結集●結晶●結成●結束●結膜炎●結末●結論●完結●直結●凍結

けつ【潔】5年 ケツ（いさぎよい）

けがれがなく、きよいこと。▼「手をあらって清潔にする」

潔 潔 潔 潔 潔 潔 潔 潔 潔 潔 潔 潔 潔 潔 潔
（つき出ない）（カではない）

●潔白●潔癖●簡潔●清潔●不潔

げつ【月】1年 ガツ・ゲツ つき

❶つき。▼「月光」
❷一年を十二に分けた単位。▼「年月」
❸月曜日。

月 月 月 月

●月額●月刊●月給●月光●月謝●月収●月食●月賦●月末●今月●歳月●満月●名月

けつあつ【血圧】 心臓から出された血が、血管のかべをおす力。

けつい【決意】 心をしっかり決めること。決心。決断。▼「かたい決意」

けついん【欠員】 きまっている人数にたりないこと。欠けている人数。▼「欠員をおぎなう」

けつえき【血液】 人や動物の血管の中を通っている赤い色の液体。からだじゅうをめぐって養分をはこぶなど、大切な役目をはたす。

けつえきがた【血液型】 血液のかたまり方で分けた血液の性質の種類。ふつうA型・B型・O型・AB型の四つに分ける。

けっか【結果】 ❶起こったことがらのなりゆき。⇔原因。❷できばえ。しあげ。▼「よい結果が出る」

けっかい【決壊】 きれてくずれること。▼「大雨でていぼうが決かいする」

けっかく【結核】 結核菌でおこる感染症。とくに、肺結核。

げつがく【月額】 毎月のきまった金額。一か月当たりの金額。

けっかん【欠陥】 欠けているところ。たりないところ。欠点。▼「これは大変な欠かん商品だ」

けっかん【血管】 心臓から、からだのすみずみまで血液を通す管。

げっかん【月刊】 本などを毎月一回発行すること。▼「月刊雑誌」

けっき【血気】 はげしい気持ち。むこうみずの元気。▼「血気にはやる」

けっき【決起】 目的にむけて、決心して立ち上がること。

けつぎ【決議】 大ぜいの人の相談によって決めること。決まったことがら。▼「委員会で決議する」

げっきゅう【月給】 はたらいた仕事にたいして、毎月はらわれるお金。▼「月給日にはきまえがよくなる」

けっきょく【結局】 最後のところ。つまるところ。▼「まよったすえ、結局買った」

けっきん【欠勤】 勤めを休むこと。⇔出勤。

げっけいかん【げっけい冠】 ゲッケイジュのえだと葉で作ったかんむり。昔、ギリシャで競技の優勝者にあたえたことから、優勝のしるしとなっている。

［げっけい冠］

けっこう【欠航】悪天候などのため、出るはずの船や飛行機が出ないこと。▽「台風で飛行機が欠航した」

けっこう【決行】思い切って、決めたことを行うこと。

けっこう【結構】❶すぐれたこと。りっぱ。▽「けっこうなながめだ」❷よろしい。よい。▽「スポーツはおおいにけっこうだ」❸もう、たくさんということわりのことば。▽「ごはんはもうけっこうです」

けつごう【結合】二つのものを結び合わせること。結び合うこと。

げっこう【月光】月のひかり。

けっこん【結婚】男と女が夫婦になること。▽「結こん式」

けっさく【傑作】❶すぐれてよくできた作品。▽『ドラえもん』はけっ作だ」❷こっけいでおかしい。▽「けっ作な話」

けっさん【決算】ある一定期間の収入と支出をまとめる計算。⇕予算。

けっし【決死】死ぬつもりでものごとをすること。命がけ。▽「決死の覚ご」

けっして【決して】かならず。どんなことがあっても。▽「決して泣かない」

げっしゃ【月謝】教えをうけるお礼として毎月はらうお金。

けっしゅう【結集】❶一か所に集まること。❷力を一つに合わせること。▽「クラスの力を結集する」

げっしゅう【月収】毎月入るお金。

けっしょう【決勝】勝ちぬいてきたものどうしで、最後の勝ち負けを決めること。また、その試合。

けっしょう【結晶】❶鉱物や雪などを形づくっているきそく正しい形のもの。❷苦心のすえにできたもの。▽「努力の結しょう」

けっしょく【血色】ひふの色つや。顔色。▽「血色がいい」

げっしょく【月食】地球が太陽と月の間に来て、月に当たる太陽の光をさえぎるため、月の一部分、あるいは全部が欠けて見えること。

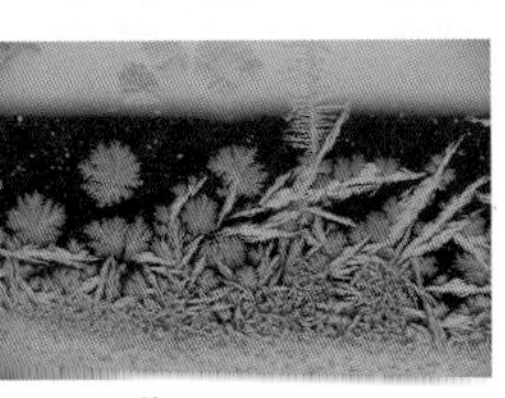
[結しょう❶]

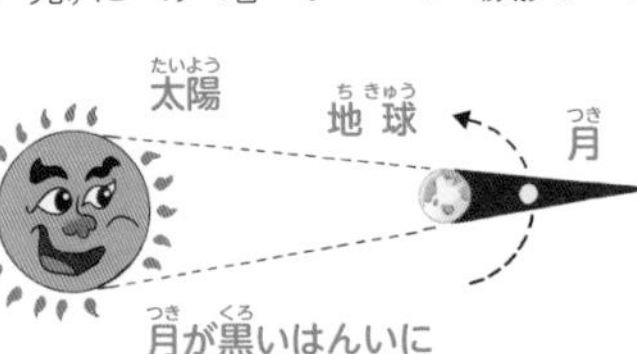
太陽
地球
月
月が黒いはんいに
入ると月食になる。
[月　食]

けっしん【決心】考えを決めること。決意。▽「かたく決心する」

けっせい【結成】会や団体をこしらえあげること。▽「チームを結成する」

けっせき【欠席】学校や会などに出ないで休むこと。▽「かぜで欠席する」⇕出席。

けっせん【決戦】最後の勝ち負けを決める戦い。

けっそう【血相】顔のようす。顔色。

けっそうをかえる【血相を変える】おこったり、こうふんしたときなどに、顔色や顔つきが変わるようす。▽「血相を変えてとび出して行った」

けっそく【結束】❶ひとまとめにゆわえること。❷人々が心を合わせてまとまること。▽「結束がかたい」

けつぞく【血族】同じ祖先から出ている、血筋のつながったなかま。

げっそり ❶急にやせおとろえたようす。▽「夏ばてでげっそりとやせた」❷急に気落ちしたようす。

けつだん【決断】きっぱりと考えを決めること。決意。▽「決断を下す」

けっちゃく【決着】ものごとに、決まりの

つくこと。解決。▽「どちらが正しいか、決着をつける」

けってい【決定】はっきり決めること。▽「運動会は十月十日に決定した」

けってん【欠点】たりないところや悪いところ。短所。

ゲット ❶スポーツで、点を取ること。▽「三点ゲットする」❷手に入れること。自分のものにすること。▽「ほしかったものをゲットする」

けっとう【血統】血筋。血のつながり。▽「血統が絶える」

けっとう【決闘】時間と場所、やり方を決め、命をかけてたたかうこと。はたしあい。

けっぱく【潔白】心がきれいで、良心にはじるところがないこと。

げっぷ おなかの中にたまったガスが、口から出てくること。また、口から出てきたガス。▽「ごはんを食べたあとに、よくげっぷが出る」

げっぷ【月賦】代金を一度にはらわずに、月々に分けてはらうこと。

けっぺき【潔癖】❶きれいなことがすきな性質。きれいずき。❷まがったことなどをひどくきらうこと。

けつべつ【決別】別れること。いとまごいをすること。▽「決別をつげる」

けつぼう【欠乏】物がたりなくてとぼしいこと。▽「ビタミンが欠ぼうする」

けつまくえん【結膜炎】目の病気の一つ。赤くはれて、目やにが出たりする。はやり目。

けつまつ【結末】ものごとのおわり。しめくくり。▽「話に結末をつける」

げつまつ【月末】月のおわり。月末。

げつようび【月曜日】一週間のうち日曜日から数えて二番目の日。

けつれつ【決裂】話し合い・会議などで意見が合わず、まとまらないこと。▽「交しょうはついに決れつした」

けつろん【結論】いろいろ話し合ったり、考えたりしたすえに出てきた意見。▽「結論がなかなか出ない」

けとばす【け飛ばす】❶強くけって飛ばす。▽「ボールをけ飛ばす」❷はねつける。▽「要求をけ飛ばす」

けなげ おさない者や、弱い者がりっぱで感心なようす。▽「親をたすけてけなげにはたらく」

けなす 悪く言う。そしる。▽「人をけなすのはよそう」

けなみ【毛並み】❶毛のはえそろったようす。▽「毛並みの美しい馬」❷血筋。種類。

げねつ【解熱】病気のために高くなっている熱を下げること。

けねん【懸念】気がかりで、心配になること。▽「忘れ物のけ念がある」

けはい【気配】なんとなく感じられるようす。▽「人の気配がする」

けばけばしい 目立ってはでなようす。▽「けばけばしい色の洋服」

けびょう【仮病】病気でないのに病気のふりをすること。▽「仮病を使う」

げひん【下品】品が悪くていやしいこと。▽「下品な色あい」⇔上品。

けむい【煙い】けむりにむせて苦しい。けむたい。▽「たきびのけむりがけむい」

けむくじゃら【毛むくじゃら】毛がいっぱいにはえているようす。▽「毛むくじゃらの足」

けむし【毛虫】チョウ・ガの幼虫のうち、からだに毛のはえている虫。

けむり【煙】❶物がもえるときに出る白や黒などの気体。❷けむりのように見えるもの。▽「水けむり」

けむる【煙る】❶けむりが出る。❷かすんで見える。▽「春雨にけむる山なみ」

けもの【獣】全身に毛のはえた四本足の動物。

なぞなぞ しないでするスポーツは？ 答えは次のページ。

けだもの。

けらい【家来】主人につかえている人。▽「家来になる」

けり しめくくり。▽「けんかにけりをつける。仕事にけりがつく」

げり【下痢】大便が水のようになって出ること。腹くだし。

ゲリラ 山などにかくれていて、不意にせめて出る兵隊。

ける ❶足でつきとばす。▽「石をける」❷強くはねつける。▽「申し出をける」

けれど ⇩けれども

けれども 二つの文をつなぐことば。しかし。だが。けれど。▽「冬が来た。けれども、まだ雪がふらない」

ゲレンデ スキーをおこなう場所。スキー場。

けわしい【険しい】❶坂が急でのぼるのがむずかしい。❷こわい。とげとげしい。▽「険しい顔」⇩【険】217ページ

けん【犬】1年 ケン いぬ

いぬ。▽「愛犬」

一 ナ 大 犬（点を落とさないように）

●犬猿の仲●犬歯●番犬

けん【件】5年 ケン ―

❶ことがら。じけん。▽「事件」❷じけんなどを数えることば。▽「今日は火事が三件もあった」

ノ イ 仁 仁 件 件（つき出る）

●条件●用件●要件

けん【見】1年 ケン みえる・みせる・みる

❶みること。▽「見物」❷見方。考え。▽「意見」❸会う。▽「会見」

丨 冂 日 月 目 見 見

●見解●見学●見当●見物●見聞●外見●発見

けん【券】6年 ケン ―

❶やくそくのしるしとして書いたもの。▽「証券。株券」❷きっぷ。▽「入場券」

丶 丷 兰 类 券 券（つき出ない）

★「巻」ににているので注意

けん【研】3年 ケン（とぐ）

❶とぐこと。みがくこと。▽「研磨」❷きわめる。しらべる。▽「研究」

一 厂 石 石 石 研 研 研

けん【県】3年 ケン ―

国をおさめるために全国を分けた区切り。郡市町村が集まって作られている。四十三県ある。⇩都道府県（図）

丨 口 目 目 県 県 県 県（おる）

●県庁●県立

けん【建】4年 ケン・（コン） たつ・たてる

たてること。▽「建築」

フ ヨ ヨ 聿 建 建 建（えではない）

●建国●建設●建造物●再建

けん【健】4年 ケン（すこやか）

じょうぶなこと。すこやか。▽「健康」

あいうえお
かきくけこ
け
さしすせそ
たちつてと
なにぬねの
はひふへほ
まみむめも
やゆよ
らりるれろ
わをん

あ いうえお
かきくけこ け
さ しすせそ
た ちつてと
な にぬねの
は ひふへほ
ま みむめも
や ゆよ
ら りるれろ
わ をん

健（書き順）　廴ではない

●健康●健在●健全●健闘●保健

けん【険】 5年 ケン けわしい

❶坂などが急でのぼりにくいこと。

❷あらあらしいこと。あぶないこと。

険（書き順）　つき出ない

●険悪●危険●保険

★「検」ににているので注意

けん【間】 長さの単位。一間は一尺の六倍、やく一・八二メートル。⇒【間】148ページ

けん【検】 5年 ケン ―

❶しらべること。▽「検査」

❷とりしまること。▽「検察」

検（書き順）　つき出ない

●検疫●検閲●検温●検挙●検査●検札●検察庁●検算●検事●検出●検診●検定●検討●検便●点検

★「険」ににているので注意

けん【絹】 6年 (ケン) きぬ

❶きぬ糸。▽「絹糸」

❷きぬ糸でおった織物。

絹（書き順）　おる

けん【権】 6年 ケン・(ゴン) ―

❶人がとうぜん持つ資格。▽「権利」

❷いきおい。▽「権力」

権（書き順）　つき出ない

●権威●権限●権利●権力●参政権●主権●人権●選挙権

けん【憲】 6年 ケン ―

したがわなければならない、きそく。▽「憲法」

憲（書き順）　つき出る。王ではない

●憲法●憲法記念日

けん【験】 4年 ケン・(ゲン) ―

❶ためすこと。ためし。▽「試験」

❷しるし。ききめ。▽「効験」

験（書き順）　つき出ない

●経験●実験●受験●体験

★「険」「検」ににているので注意

けん【剣】 ❶つるぎ。刀。❷刀をつかうわざ。剣術。剣道。

けん【兼】 あわせもつこと。▽「コーチ兼選手」

げん【元】 2年 ゲン・ガン もと

❶はじめ。おこり。▽「紀元」

❷中国に昔あった国の名。

元（書き順）

●元気●元号●元首●元素

げん【言】 2年 ゲン・ゴン いう・こと

のべること。話すこと。▽「言論」

言（書き順）

●言外●言語●言動●言論●証言●助言●宣言●断言●発言●方言●暴言●名言●予言

げん【限】 5年 ゲン かぎる

前のページの答え⇒「剣道（竹刀でするスポーツ）」

かぎること。さかい。▽「限度」

●限界●限定●権限●制限●無限●門限●有限

（阝としない）（艮ではない）

げん【原】2年 ゲン はら

❶もと。おこり。▽「火事の原因を調べる」

❷はら。はらっぱ。▽「平原」

（点を落とさないように）

●原案●原価●原形●原稿●原告●原作●原子●原始●原住民●原色●原子力●原生林●原則●原動力●原爆●原文●原油●原理●原料●高原●雪原●草原

げん【現】5年 ゲン あらわす・あらわれる

❶かくれていたものが、すがたをあらわすこと。▽「現象」

❷今。今あること。▽「現実。現在」

●現金●現在●現実●現住所●現象●現状●現職●現世●現像●現存●現代●現代語●現地●現場●現物●再現●実現●表現

げん【減】5年 ゲン へらす・へる

❶へること。▽「減税。減少」⇔増。

❷ある数からべつの数を引くこと。▽「減法」⇔加。

（落とさないように）

★「減」ににているので注意

●減額●減産●減収●減退●減点●減法●加減●軽減●増減●半減

げん【源】6年 ゲン みなもと

❶川のながれのもと。▽「源流」

❷ものごとのおこるもと。▽「起源」

（点を落とさないように）

●源氏●源流●財源●資源●水源●電源

げん【厳】6年 ゲン・(ゴン) (おごそか)・きびしい

❶おごそかなこと。▽「威厳」

❷きびしいこと。▽「厳重」

（点の形に注意）（又や夂ではない）

●厳格●厳禁●厳守●厳重●厳粛●厳選●厳密

げん【弦】 ❶弓のつる。❷楽器の糸。❸円周上の二つの点をつないだ直線。

けんあく【険悪】 ❶人の心が険しく、近づきにくいようす。▽「険悪な目つき」❷ふんいきや天気がひどく悪いようす。

げんあん【原案】 相談をするもとになる、最初の考え。

けんい【権威】 ❶おさえつけてしたがわせる力。❷その道でとくにすぐれている人。

げんいん【原因】 ものごとのおこるもと。⇔結果。▽「事故の原因」

けんうん【▲巻雲】 ほうきで、はいたように見える雲。「すじ雲」ともいう。⇩雲（図）

けんえき【検疫】 感染する病気が広がるのをふせぐためにする検査。

けんえつ【検閲】 ❶よく目を通してしらべること。❷基準にはずれていないかどうか、書物や映画などを国が強制的にしらべること。

けんえんのなか【犬猿の仲】 犬とさるは仲が悪

[犬えんの仲]

いということから、きらい合っている間がらのこと。

けんおん【検温】からだの温度をはかること。▽「検温の時間」

けんか はげしいあらそい。なぐり合いや言いあらそい。▽「口げんか」

げんか【原価】もとのねだん。売るために仕入れたねだん。

げんが【原画】もとの絵。じかにかいた絵。

けんかい【見解】ものの見方。考え方。▽「見解がことなる」

けんがい【圏外】区切りの外がわ。⇔圏内。▽「けい帯電話が電波のけん外にある」

げんかい【限界】これ以上できないというさかい目。▽「力の限界を感じる」

けんがく【見学】じっさいにその場所に行って、見たり、聞いたり、しらべたりすること。▽「工場見学をする。みんなで見学に行く」

げんかく【厳格】しつけなどがきびしいようす。▽「厳格なしつけ」

げんがく【減額】お金を減らすこと。⇔増額。▽「おこづかいを減額する」

げんがっき【弦楽器】弦をひきならして音を出す楽器。バイオリン・チェロ・ビオラ・ギターなど。⇒楽器（図）

けんかりょうせいばい【けんか両成敗】けんかした者の両方を、しかったり、ばっしたりすること。

けんかをうる【けんかを売る】けんかをしかける。

げんかん【玄関】たてものの正面の入り口。

げんき【元気】❶心やからだをてきぱきと動かす力。▽「元気がある」❷心やからだの調子がよく、じょうぶなこと。▽「家族全員、元気にくらしています」

けんきゅう【研究】ものごとを深く考え、しらべること。▽「研究所」

けんぎゅうせい【×牽牛星】七夕の伝説で名高い星。天の川をへだてて織女星とむかい合う。わし座のアルタイルの中国名。ひこ星。

けんきょ【検挙】罪をおかしたと思われる者をとりしらべのために、警察につれていくこと。

けんきょ【謙虚】いばらないこと。ひかえめでつつましいこと。謙そん。

けんぎょう【兼業】主にしている仕事のほかに、べつの仕事もすること。

けんきん【献金】すすんでお金をさし出すこと。寄付。

げんきん【現金】❶手もとにあるお金。▽「もう現金があまりのこっていない」❷その場所その場所でやりとりするお金。❸損得によって急にたいどをかえるようす。▽「きみは現金な人だ」

げんきん【厳禁】かたくとめること。きびしくとめること。▽「火気厳禁」

げんけい【原形】もとの形。はじめの形。▽「原形をとどめないほどこわれてしまった」

けんけつ【献血】輸血用の血液をさし出すこと。

けんげん【権限】ある人や役所にまかされた仕事のはんい。

げんご【言語】ことば。

けんこう【健康】❶からだのようす。❷からだがじょうぶなこと。▽「健康な子供」「健康がすぐれない」

げんこう【原稿】❶下書き。▽「演説の原こう」❷文章や詩や歌などを書いたもので、印刷物のもとになるもの。

げんごう【元号】年につけるよび名。「明治」「大正」「昭和」「平成」「令和」など。年号。

けんこうしんだん【健康診断】からだに悪いところがないかを病院などでしらべること。

なぞなぞ かこいの中にいる魚は？ 答えは次のページ。

けんこうほけん【健康保険】病気やけがをしたとき、安い費用でなおせるように、利用者がふだんから、少しずつきまったお金をおさめておくしくみの保険。

げんこうようし【原稿用紙】文章を書くための、ます目のある紙。

けんこく【建国】新しい国をつくること。

げんこく【原告】裁判をしてくれと、うったえ出た人。⇔被告。

けんこくきねんのひ【建国記念の日】国民の祝日の一つ。建国を記念して祝う日。二月十一日。↓国民の祝日（図）

げんこつ ゆびをかたくにぎった手。にぎりこぶし。げんこ。▽「げんこつでなぐる」

けんさ【検査】異常がないかどうかをしらべること。

けんざい【健在】じょうぶにくらしていること。▽「両親とも健在です」

げんざい【現在】❶今。ただ今。目の前。▽「現在、母はでかけています」⇔過去。未来。❷そのとき。▽「午前七時現在、気温は八度です」

けんさく【検索】しらべてさがすこと。とくに、インターネットで、知りたいことをしらべること。▽「近くにおいしいレストランがあるか、スマートフォンで検さくする」

げんさく【原作】外国語になおしたり、映画や劇に作りかえたりする前の、もとになる作品。

けんさつちょう【検察庁】犯罪をとりしらべ、裁判所にうったえる仕事をする役所。最高・高等・地方・区の区別がある。

けんざん【検算】計算して出た答えが正しいかどうかをしらべること。

げんさんち【原産地】その動物や植物がもとからそだっていた土地。

けんし【犬歯】門歯のおくにある、とがった歯。上下それぞれ左右に一本ずつある。糸切り歯。

けんし【絹糸】カイコのまゆからとった糸。きぬいと。

けんじ【検事】検察官の一つの地位。裁判をうける人のおかした罪を、とりしらべる役目の人。

げんし【原子】物をそれ以上分けられないところまで分けた、ごく小さいつぶ。原子核を中心に、まわりに電子がある。アトム。

げんし【原始】❶大もと。はじまり。▽「原始時代」❷人の手が入らないで、自然のままであること。▽「原始林」

げんじ【源氏】「源」の姓を持つ一族。

けんしき【見識】ものごとを見通したしっかりした考え。▽「高い見識」

げんしじん【原始人】大昔、すんでいた人間。

けんじつ【堅実】しっかりしてあぶなげがないこと。▽「けん実な仕事ぶり」

げんじつ【現実】じっさいに、今あるじょうたい。ありのままのすがた。▽「現実におこった事件」

げんしばくだん【原子爆弾】ウランやプルトニウムの原子核がこわれるときに出るエネルギーを利用したばくだん。一九四五年八月、広島と長崎におとされた。原爆。

けんじゃ【賢者】かしこい人。

げんしゅ【元首】国を代表する人。

げんしゅ【厳守】時間やきまりを、厳しく守ること。▽「しめきり厳守」

けんしゅう【研修】学問や仕事の内容についてもっと深く知るために、期間をきめてとくべつに勉強すること。▽「社員研修」

げんしゅう【減収】❶作物のとれ高が、前より少なくなること。❷収入が減ること。⇔増収。

げんじゅう【厳重】少しもゆるさず、厳しいこと。厳密。▽「厳重にとりしまる」

げんじゅうしょ【現住所】今住んでいる場所。

げんしゅく【厳粛】 おごそかでつつしみ深いこと。▽「厳しゅくなふんい気」

けんしゅつ【検出】 まじっていたり、かくれているものをしらべ出すこと。

けんしょう【懸賞】 賞金や賞品を出して、問題を当てさせたり、人をさがさせたりすること。

けんじょう【献上】 さしあげること。

けんじょう【謙譲】 へりくだって人にゆずること。▽「けんじょうの美徳」

げんしょう【現象】 ❶現れて見える形・ようす・すがた。❷目や耳や手などで感じとるすべてのものごと。

げんしょう【減少】 数や量が少なくなること。⇔増加。増大。

げんじょう【現状】 今のありさま。現在のようす。

げんしょく【原色】 ❶赤・黄・青の色。まぜると、いろいろな色ができる。絵の具の三原色。⇩三原色 ❷けばけばしく、きつい色。

げんしょく【現職】 今、じっさいについている仕事。▽「現職の市長」

げんしりょく【原子力】 原子核がこわれたり、むすびついたりするときにできる、大きなエネルギー。原子力発電などに使われる。

けんしん【検診】 病気かどうか、病気のようすはどうかをしらべること。

けんすい【懸垂】 鉄ぼうなどにぶらさがって、うでの力でからだを上げ下げする運動。

げんせ【現世】 この世。今、われわれの生きている世の中。

けんせい【けん制】 あいての注意をひきつけて、その自由な行動をさまたげること。▽「けん制球をなげる」

げんぜい【減税】 税金を減らすこと。⇔増税。

げんせいりん【原生林】 人がうえたり、手をくわえたりしたことのない、自然のままの森林。

けんせきうん【▲巻積雲】 小さな雲がまだらに集まったり、横に列を作っているもの。「さば雲」「いわし雲」「うろこ雲」ともいう。⇩雲（図）

けんせつ【建設】 たてものなどを新しくつくること。▽「ビルを建設する」

けんぜん【健全】 ❶からだが強いこと。すこやかであること。❷考えや行いが正しく、しっかりしていること。▽「健全な生活」

げんせん【厳選】 厳しくしらべて、選ぶこと。▽「選手を厳選する」

げんそ【元素】 すべての物質を成り立たせている最小単位の原子の種類を表すことば。酸素・水素・炭素・金・銀など。

げんぞう【現像】 カメラでうつしたフィルムを薬品に入れて、うつしたものが見えるようにすること。

けんぞうぶつ【建造物】 たてものや船などのような、大きなつくりもの。

げんそく【原則】 もとになるきまり。▽「原則として、全員参加する」

けんそん【謙そん】 へりくだり、ゆずること。謙虚。⇔ごう慢。

げんそん【現存】 今、じっさいにあること。▽「現存する最古の建造物」

げんたい【減退】 減ること。おとろえること。▽「食欲の減退」⇔増進。

げんだい【現代】 ❶今、この時代。❷歴史の時代の分け方の一つで、近代の次の時代。日本では、昭和の第二次世界大戦後から今までの時期。

げんだいご【現代語】 今の時代につかっていることば。⇔古語。

げんち【現地】 ものごとが、じっさいに行われているその場所。現場。

けんちく【建築】 たてものなどをつくること。▽「木造建築」

けんちくか【建築家】家やビルなどを建てるとき、どんなものにするか考えることを仕事にしている人。▼「駅をデザインした建築家」

けんちょう【県庁】県をおさめるための仕事をする役所。県の中心になる都市におかれている。

けんてい【検定】しらべてよい悪いをきめること。▼「検定試験」

げんてい【限定】ものごとの数や広さ・大きさなどに限度をきめること。▼「参加者を子供に限定する」

げんてん【減点】点数を減らすこと。

げんど【限度】限り。限られたていど。▼「いたずらにも限度がある」

けんとう【見当】❶ねらい。目当て。▼「見当がくるう」❷だいたいの見こみ。▼「会費は五百円見当だ」

けんとう【健闘】くじけないで元気いっぱいたたかうこと。▼「健とうをいのる」

けんとう【検討】よくしらべ研究すること。▼「本の内容を検討する」

けんどう【剣道】竹刀などを使って、うち合う武道。

げんどう【言動】ことばと行い。▼「言動をつつしむ」

げんどうりょく【原動力】❶ものごとの活動をおこす力。❷機械に運動をおこさせるもとの力。

けんない【圏内】かぎられた区切りの内がわ。▼「合格けん内」⇔圏外。

げんに【現に】目の前に。じっさいに。▼「現にこの目で見たことだ」

けんにん【兼任】一人で、二つの役目を持つこと。兼務。▼「二つの会社の社長をけん任する」

げんば【現場】❶ものごとの行われたじっさいの場所。▼「事故現場」❷事務所などにたいして、じっさいに仕事をしている所。▼「工事現場」

げんばく【原爆】↓原子爆弾

けんばんがっき【けんばん楽器】ピアノやオルガンなどのように、けんばんをたたいて鳴らす楽器。↓楽器（図）

けんばんハーモニカ【鍵盤ハーモニカ】ふき口から息をふきこみ、けんばんをたたいて音を出す楽器。↓楽器（図）

けんびきょう【顕微鏡】レンズのはたらきで、目に見えない小さい物を大きく見せる器械。

けんぶつ【見物】見せものや景色などを見て楽しむこと。また、その人。

げんぶつ【現物】❶今ある品物。❷じっさいの品物。▼「現物を手にとってみる」

けんぶん【見聞】見たり聞いたりすること。▼「旅行で見聞を広める」

げんぶん【原文】外国語にほんやくしたり書きなおしたりしたものの、もとになっている文章。

けんべん【検便】大便をしらべて、寄生虫のたまごや腸の出血などがないかを検査すること。

けんぽう【憲法】国のきまりの大もとになる法律。▼「日本国憲法」

げんぽう【減法】ひき算のこと。⇔加法。

けんぽうきねんび【憲法記念日】国民の祝日の一つ。日本国憲法の施行を記念する日。五月三日。↓国民の祝日（図）

けんま【研磨】はものやレンズなどをといでみがくこと。

げんまい【玄米】もみがらをとっただけの米。⇔精米。白米。

けんまく【剣幕】顔つきやたいどが、あらあらしいようす。▼「ものすごいけんまくでしかられる」

げんみつ【厳密】細かく厳しいこと。少しも見おとしがないようす。厳重。▼「厳密な検査をする」

けんめい【賢明】 かしこくて、もののすじみちがわかること。▽「けん明な人」

けんめい【懸命】 がんばるようす。命がけ。▽「けんめいの努力。一生けんめい」

げんめつ【幻滅】 心の中で思っていたことが、じっさいにはそうでないことを知って、がっかりすること。

けんやく【倹約】 むだづかいをしないで、きりつめること。節約。

げんゆ【原油】 地下からとったままの石油。これからガソリン・灯油・軽油・重油などをとりだす。

けんよう【兼用】 一つの物を、いくつかに役立てて使うこと。▽「晴雨けん用のかさ」

けんり【権利】 ❶きまりの中で、人々が自分の利益をもとめることのできる資格。▽「国民の権利」❷とうぜん持ってよい資格。⇔義務。

げんり【原理】 多くのことがらに共通するきまり。ものごとがなりたつ大もとのきそく。▽「てこの原理」

けんりつ【県立】 県の費用でつくられた、設備や施設。

げんりゅう【源流】 ❶水の流れ出るみなもと。❷ものごとのおこり。▽「ヨーロッパ文明の源流」

げんりょう【原料】 品物を作るもとになる材料。

けんりょく【権力】 人々を支配し、したがわせる力。▽「権力をふるう」

げんろん【言論】 考えをのべたり書いたりして発表すること。▽「言論の自由」

こ
ご
ゴ コ

こ【己】 6年 コ・(キ) (おのれ)
わたくし。われ。▽「自己」

フ コ 己
まげて最後は上にはねる
★「已」ににているので注意

こ【戸】 2年 コ と
❶家。▽「戸主。戸外」❷家の数を数えることば。▽「一戸だての家に住む」

一 ㇒ ㇒ 戸
●戸籍

こ【古】 2年 コ ふるい・ふるす
❶ふるいこと。▽「古今」⇔今。❷昔。▽「古書」⇔新。

一 十 十 古 古
長く
★「右」ににているので注意
●古語●古今東西●古式●古代●古典●古都●古風●古墳●古来●中古

こ【去】 すぎさること。▽「過去」⇒【去】174ページ

こ【固】 4年 コ かたい・かたまる・かためる
❶かたいこと。かためること。❷もともと。はじめから。▽「固有」

丨 冂 冂 円 冏 固 固 固
右ではない
●固執●固体●固定●強固●断固

こ【呼】 6年 コ よぶ
❶よぶこと。▽「点呼」❷息をはくこと。▽「呼吸」

丨 口 口 口' 口" 吖 呼 呼
右からはらう
●呼吸●呼吸器●点呼●連呼

さかさことば 前から読んでもうしろから読んでも「恋なんかわかんない子」。

こ【故】5年 コ（ゆえ）

❶古いこと。▽「故事」⇕新。
❷死んでしまった人。▽「故人」
❸わざと。ことさら。▽「故意」

故（又ではない）

●故郷●故国●故事●故障●故人●縁故●事故

こ【庫】3年 コ・（ク）

くら。物をしまうたてもの。▽「倉庫」

●金庫●車庫●文庫●宝庫

こ【個】5年 コ

❶一つ。ひとり。▽「個人」
❷物を数えることば。▽「三個」

個（ひとふでに書く）

●個々●個室●個人主義●個性

こ【湖】3年 コ みずうみ

みずうみ。▽「湖水」

●湖上●湖水●湖畔

こ【小】❶ちいさいこと。▽「小屋。小鳥」❷わずか。少し。▽「小才」❸それに近いこと。▽「小一時間」❹こばかにする。▽「小なまいき」⬇【小】330ページ

●小売り●小躍り●小形●小型●小刀●小柄●小刻み●小切手●小首をかしげる●小言●小さじ●小雨●小高い●小出し●小遣い●小包●小手調べ●小道具●小鳥●小走り●小話●小春日和●小判●小人●小降り●小麦●小文字●小屋●小指

こ【子】子供。親から生まれたもの。⇕親。
⬇【子】283ページ

●子供●子守歌●赤子●親子●年子●息子

こ【木】ことばの上につけて「木」の意味をあらわす。▽「木立」⬇【木】643ページ

●木陰●木立●木っ端みじん●木の葉●木漏れ日

こ【粉】こくもつなどのこな。▽「小麦粉」⬇【粉】621ページ

こ【黄】き色。「黄金」と読むときのとくべつな読み方。⬇【黄】228ページ

こ【弧】円周の一部分。弓なりの形。

ご【五】1年 ゴ いつ・いつつ

いつつ。▽「五本」

五（つき出ない）

●五色●五七調●五十歩百歩●五十音順●五線紙●五分五分●五里霧中●五輪●三三五五

ご【午】2年 ゴ

昔の時刻の名。今の午前十一時から午後一時まで。昼。▽「正午」

午（つき出ない）★「牛」ににているので注意

●午後●午前●正午

ご【後】2年 ゴ・コウ あと・うしろ・のち・（おくれる）

あと。のち。▽「放課後」⇕前。

後（おる）（又ではない）

●後日●後生●後手●以後●今後●最後●食後●前後

あいうえお　かきくけこ　さしすせそ　たちつてと　なにぬねの　はひふへほ　まみむめも　やゆよ　らりるれろ　わをん

ご【語】 2年 ゴ かたらう・かたる
ことば。▽「語学」
●語学●語感●語気●語句●語源●語尾●英語●外来語●敬語●国語●主語●新語●単語●標語●落語

ご【誤】 6年 ゴ あやまる
まちがい。▽「誤字」⇔正。
●誤解●誤差●誤算●誤読

ご【護】 5年 ゴ ―
まもること。▽「看護。保護」
●護衛●護送●援護●救護●守護●弁護●保護●養護
久ではない

ご【碁】 三百六十一の目を作った盤の上に、白と黒の石をかわるがわるにおいて、二人で勝負をするゲーム。

[碁]

コアラ オーストラリアだけにすむ、ほにゅう動物。木の上でくらし、動きがにぶく、ユーカリの葉を食べる。「コモリグマ」ともいう。

こい【故意】 わざとすること。▽「故意にぶつかる」

こい【恋】 愛情をよせること。したうこと。すきになること。

こい【濃い】 ❶色が深い。▽「こいむらさき」❷液体にふくまれているものの、どあいが強い。▽「塩分がこい」❸こってりしている。▽「味がこい」❹密度が高い。▽「きりがこい」

こい 川や池などにすむ魚。口に四本のひげがある。

こいしい【恋しい】 すきでわすれられない。なつかしい。

こいぬ【小犬・子犬】 小さなイヌや、イヌの子。⬇犬（コラム）

こいのぼり 端午の節句（五月五日）に立てる、紙や布でつくった、コイの形をした長い旗。▽「こいのぼりが元気に泳いでいる」

コイル 電線をまるく、または、うずまき形にまいたもの。電じしゃくや電気器具に使う。

[コイル]

コイン 金属でできているお金。硬貨。

こう【口】 1年 コウ・ク くち
❶くち。▽「火口。河口」❷人の数。▽「人口」❸話すこと。▽「口論」

●口外●口語●口実●口頭●口論●火口●河口●閉口●利口

こう【工】 2年 コウ・ク ―
❶物を作ること。細工。▽「工作」

あいうえお かきくけこ さしすせそ たちつてと なにぬねの はひふへほ まみむめも やゆよ らりるれろ わをん

なぞなぞ そうじすればするほど黒くなっていくものは？ 答えは次のページ。

❷物を作る人。▼「名工」

工 工 工
上のヨコ棒より長く
★「土」ににているので注意

●工学●工業●工業地帯●工具●工芸●工作●工事●工場●工賃●加工●人工●木工

こう【公】2年 コウ (おおやけ)

❶多くの人や世の中いっぱんのこと。おおやけ。▼「公共。公職」⇔私。

❷すべてにあてはまること。▼「公理」

❸かたよらないこと。▼「公平」

❹うやまってつけることば。▼「主人公。頼朝公」

公 公 公 公
あける　おる

●公営●公園●公演●公海●公開●公害●公共●公算●公私●公式●公衆●公職●公正●公然●公聴会●公的●公転●公道●公認●公倍数●公表●公布●公平●公募●公民館●公務員●公約●公約数●公用●公立

こう【広】2年 コウ ひろい・ひろげる・ひろがる・ひろまる・ひろめる

ひろいこと。▼「広大」

広 広 広 広

●広告●広大●広報●広葉樹

こう【功】4年 コウ・(ク)

てがら。▼「功績」

功 功 功 功
つき出る　刀ではない
★「巧」ににているので注意

●功名●功労●成功

こう【光】2年 コウ ひかり・ひかる

❶ひかり。▼「光線があたってまぶしい。光明」

❷すぐれてりっぱなこと。▼「優勝の栄光を手にする」

光 光 光 光 光
点のうち方に注意　上にはねる

●光陰矢のごとし●光栄●光化学スモッグ●光景●光線●光沢●光度●光熱費●光年●光明●観光●月光●日光

こう【行】2年 コウ・ギョウ・(アン) いく・ゆく・おこなう

❶いくこと。▼「同行」

❷旅をすること。▼「行をともにする」

❸おこない。▼「行為」

行 行 行 行 行
つき出ない　はねる

●行為●行進●行進曲●行程●行動●行楽●銀行●決行●実行●進行●通行●発行●飛行●平行

こう【考】2年 コウ かんがえる

かんがえること。思いはかること。▼「考案。思考」

考 考 考 考
左下にはらう
★「孝」ににているので注意

●考案●考古学●考察●考慮●再考●参考●選考●備考

こう【交】2年 コウ まざる・まじえる・まじる・まじわる・まぜる・(かう)・(かわす)

❶まじわり。つきあい。▼「交友関係」

❷行き来。▼「交通」

❸入れかわること。▼「交たい」

交 交 交 交 交

●交易●交換●交響曲●交互●交差●交際●交

●渉●交代●交通●交配●交番●交友●交流●外交●国交●社交●親交●絶交

こう【向】3年
コウ
むかう・むく・むける・むこう

むかう。むける。▽「向上。内向」

向 向 向 向 向 向（はねる）

●向学心●向上●意向●方向

こう【好】4年
コウ
このむ・すく

❶すぐれていること。▽「好成績」
❷すきなこと。▽「好物」
❸親しいこと。▽「友好」

好 好 好 好 好 好（おる・はねる）

●好意●好感●好機●好奇心●好況●好調●好都合●好転●好評●好物●愛好●格好●友好●良好

こう【后】6年
コウ
―

きさき。▽「皇后」

后 后 后 后 后 后（右からはらう・左につき出ない）

こう【孝】6年
コウ
―

父母を大切にすること。▽「親不孝」

孝 孝 孝 孝 孝 孝 孝

★「考」ににているので注意

●孝行●孝養

こう【幸】3年
コウ
さいわい・(さち)・しあわせ

❶しあわせ。さち。▽「幸福」
❷天皇がおでかけになること。▽「春の行幸」

幸 幸 幸 幸 幸 幸 幸 幸（羊ではない）

●幸運●幸福●不幸

こう【効】5年
コウ
きく

ききめ。▽「効果。効力」

効 効 効 効 効 効 効 効（文ではない・つき出る）

●効果●効能●効用●効力●時効●無効●有効

こう【後】
⬇【後】ご 224ページ

あと。うしろ。▽「後続」⇔前。

●後援●後悔●後継者●後者●後進●後世●後続●後退●後天的●後任●後輩●後半●後方

こう【香】4年
(コウ)・(キョウ)
か・かおり・かおる

かおり。におい。よいにおい。▽「花の香」

⬇都道府県の「香川県」で使う。

香 香 香 香 香 香 香 香 香

●香水●香料

こう【厚】5年
(コウ)
あつい

❶あついこと。
❷てあついこと。▽「厚意。厚情」

厚 厚 厚 厚 厚 厚 厚 厚 厚

●厚意●厚生労働省

こう【皇】6年
コウ・オウ
―

天皇。みかど。君主。▽「皇帝」

皇 皇 皇 皇 皇 皇 皇 皇 皇（つき出ない）

●皇居●皇后●皇室●皇族●皇太子

こう【紅】6年
コウ・(ク)
べに・(くれない)

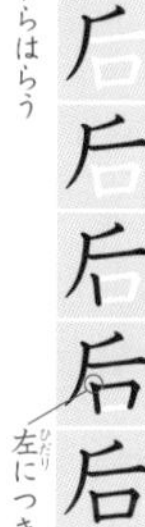

前のページの答え⇒「黒板」

べに色。赤。くれない。▽「紅茶」

紅（筆順）　おる／つき出ない

●紅一点●紅白●紅葉

こう【校】1年 コウ —

❶学校。▽「校医」
❷くらべ、しらべること。▽「校正」

校（筆順）　文ではない

●校歌●校外●校舎●校則●校長●校庭●校風●学校●下校●小学校●転校●林間学校

こう【高】2年 コウ たか・たかい・たかまる・たかめる

❶たかいこと。▽「高地」⇔低。
❷とうとい。けだかい。▽「高尚」
❸すぐれていること。▽「最高」

高（筆順）

●高圧●高圧線●高圧的●高音●高温●高価●高架●高額●高気圧●高級●高原●高校●高座●高山植物●高山病●高尚●高積雲●高層●高層雲●高速●高速道路●高知県●高低●高度●高等●高等学校●高熱●高慢●高齢●座高●最高●標高

こう【候】4年 コウ (そうろう)

❶ようすをさぐること。▽「敵がきそうなところに斥候を送る」
❷時候。気候。▽「春暖の候」
❸しるし。きざし。

候（筆順）　おる／エではない
★「侯」ににているので注意

●候補●気候

こう【航】5年 コウ —

❶船で水の上を行くこと。▽「長い航海に出る」
❷飛行機で空を行くこと。▽「航空」

航（筆順）　二つの点をつなげない

●航海●航空●航空機●航路●欠航●出航●渡航●難航●密航

こう【耕】5年 コウ たがやす

田畑をたがやすこと。▽「耕地。農耕」

耕（筆順）

●耕うん機●耕作●耕地

こう【降】6年 コウ おりる・おろす・ふる

❶おりること。▽「降車。下降」
❷ふること。▽「降雨」
❸負けること。▽「降伏。投降」

降（筆順）　条ではない

●降雨●降参●降水量●降服●以降●下降●投降

こう【康】4年 コウ —

やすらかなこと。▽「かぜもひかず健康である。小康」

康（筆順）　つき出る／この形に注意

こう【黄】2年 (コウ)・オウ き・(こ)

き色。こがね色。▽「黄葉」

黄（筆順）　長めに／つき出る

あいうえお かきくけこ さしすせそ たちつてと なにぬねの はひふへほ まみむめも やゆよ らりるれろ わをん

こ

こう【港】 3年 コウ みなと

みなと。▽「漁港。港湾」

●開港●帰港●空港●出港●入港

港 港 港 港 港 港（つけない。巳ではない）

こう【鉱】 5年 コウ —

ほり出したまま手をかけてない金属。

●鉱山●鉱石●鉱物●炭鉱

鉱 鉱 鉱 鉱 鉱 鉱（この形に注意／おる）

こう【構】 5年 コウ かまう・かまえる

❶かまえること。家などをつくること。▽「構造。構成」

❷組み立てること。▽「構想」

❸かこい。▽「構内」

●構図●構成●構想●構造●結構

構 構 構 構 構 構（つき出る／左右につき出る）

こう【興】 5年 コウ・キョウ (おこす)・(おこる)

おこること。さかんにすること。▽「再興。復興」

●興行●興奮●振興

興 興 興 興 興 興（長く）

こう【鋼】 6年 コウ (はがね)

鉄と炭素をまぜ合わせて作った、かたい鉄。はがね。▽「鉄鋼。鋼鉄」

鋼 鋼 鋼 鋼 鋼 鋼（この形に注意／おる）

こう【講】 5年 コウ —

❶説き聞かせること。▽「講義」

❷神仏におまいりする人たちの作った集まり。▽「伊勢講。富士講」

❸たがいにたすけ合う目的で、人々の作った集まり。▽「たのもし講」

●講演●講義●講師●講習●講談●講堂●講評●講話●講和条約

講 講 講 講 講 講（つき出る／左右につき出る）

こう【神】 かみさま。ふしぎな力。「神々しい」と読むときのとくべつな読み方。➡【神】347ジペー

こう【甲】 ❶カニやカメなどの外がわのから。❷手・足の表がわ。▽「手のこう」❸じゅんばんの第一番目。▽「甲・乙・丙・丁」

こう【香】 火にくべるとよいにおいのするもの。▽「香をたく」➡【香】227ジペー

こう【請う】 たのむ。ねがう。▽「たすけを請う」

ごう【号】 3年 ゴウ —

❶大声でよぶ。さけぶ。▽「号令」

❷じゅんじょをあらわす数のあとにつけることば。▽「台風十九号」

❸乗り物などの名のあとにつけることば。▽「のぞみ号」

❹作家や画家などが、本名のほかにつけている名前。

●号外●暗号●記号●信号●年号●番号

号 号 号 号 号（つき出ない）

ごう【合】 2年 ゴウ・ガッ・カッ あう・あわす・あわせる

❶あうこと。あわせること。▽「会合」

❷米や水などをはかる単位。升の十分の一。一合は、やく〇・一八リットル。

なぞなぞ すぐこわれてしまう調味料は？ 答えは次のページ。

❸山のぼりで、道のりの十分の一をいうことば。▽「八合目までのぼる」

合

★「会」ににているので注意
●合意●合格●合金●合計●合成●合同●合法●合理化●合理的●合流●集合●総合●都合●複合

ごう【強】つよいこと。つよいもの。⬇【強】175ページ
●強引●強情●強盗

こうあつ【高圧】❶強い圧力。おさえつける力が強いこと。❷高い電圧。

こうあつせん【高圧線】高い電圧の電気をおくる電線。

こうあん【考案】くふうして考え出すこと。▽「新しい方法を考案する」

こうい【行為】おこない。おこなうこと。行動。▽「美しい行い」

こうい【好意】❶親切な心。▽「好意をしめす」❷すきだと思う気持ち。よい感じ。好感。▽「好意をいだく」

こうい【厚意】まごころのこもった心。親切な心。▽「厚意に感謝する」

こうい【校医】学校で生徒のからだをしんさつする、きまった医者。

ごうい【合意】おたがいの考えが合うこと。▽「二人の合意の上で行う」

こういしつ【更衣室】着ているものを着がえるための部屋。

こういってん【紅一点】緑の葉の中にたった一つ赤い花がさいているように、多くの男性の中に、一人の女性がいること。

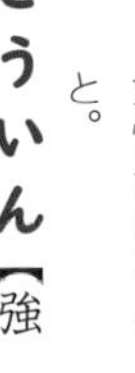

[紅一点]

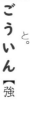

ごういん【強引】むりやりにするようす。▽「強引に意見を通す」

こういんやのごとし【光陰矢のごとし】月日のすぎさるのは、矢がとぶように速いということ。

こうう【降雨】雨が降ること。降る雨。▽「降雨量」

ごうう【豪雨】どしゃぶりの雨。大雨。▽「集中ごう雨」

こううん【幸運】幸せなめぐりあわせ。幸福な運命。⬍不運。

こううんき【耕うん機】田や畑の土を耕す機械。

こうえい【公営】役所、とくに地方公共団体などが事業をすること。▽「公営のプール」⬍民営。

こうえい【光栄】ほこらしく思うこと。ほまれ。名誉。

こうえき【交易】国と国との間で、品物をたがいにとりかえたり、売り買いをしたりすること。貿易。

こうえん【公園】人々が楽しくあそんだり、休んだりするための広い庭。⬇図

こうえん【公演】大ぜいの人の前で、劇や歌やおどりなどをすること。▽「明日、バレエの公演がある」

こうえん【後援】あとにひかえてたすけること。後ろだて。▽「後えん会」

こうえん【講演】多くの人たちの前で話をして聞かせること。

こうおん【高音】高い音や声。⬍低音。

こうおん【高温】高い温度。⬍低温。

こうか【効果】❶できばえ。よいできあがり。ききめ。▽「薬の効果があらわれる」❷放送や劇などで、その場にふさわしい音や光を出すこと。

こうか【高価】ねだんの高いこと。▽「高価な品物」⬍安価。

公園
公園にはいきものがいっぱい
どれだけ名前がわかるかな？
ハシブトガラス
アフガニスタンから東南アジアまで生息
夏
ミンミンゼミ
幼虫は土の中で六年過ごす。体長約六センチメートル
ツバキ
二月から四月にかけて赤や白の花をさかせる
冬
ハト（ドバト）
伝書バトなどが野生化したもの。羽色はいろいろ
マツボックリ
カサがひらいているものを水につけると閉じる
秋
スズメ
イネなど農作物を食べるが害虫も食べる
春 夏 秋
キアゲハ
幼虫はニンジン、パセリやセロリなども食べる
秋
アメリカセンダングサ
秋に、実のとがった二本のとげで服にくっつく
春 夏 秋
セイヨウタンポポ
春を中心にさく。もともとヨーロッパの植物
春
ツクシ
スギナとは地下でつながっている同じ植物。食用
春 夏 秋
クロオオアリ
働きアリの中で大きいものが兵アリになる
夏 秋
オオオナモミ
秋に、実のカギのようなとげで、服にくっつく
関東地方の季節で書いています。沖縄や北海道ではちがう季節や種類のものが見られるよ！

前のページの答え⇒「こしょう（故障）」

こうか【高架】橋や電線や鉄道などを高くかけわたすこと。▽「高か鉄道」

こうか【校歌】学校の歌。それぞれの学校の歴史、特ちょう、精神などをよみこんで作られる。

こうか【硬化】❶かたくなること。▽「動脈こう化」⇔軟化。❷考えや意見が、強くきびしいものにかわること。▽「たいどがこう化する」

こうか【硬貨】金属でできているお金。コイン。▽「百円こう貨」⇔紙幣。

ごうか【豪華】ぜいたくで、はでなこと。▽「ごうか客船」

こうかい【公開】広く世の人たちに見せたり、聞かせたり、使わせたりすること。▽「公開討論会」

こうかい【後悔】後で、くやむこと。▽「けんかしたことを後かいする」

こうかい【航海】船で海をわたること。▽「太平洋を航海する」

こうがい【口外】口に出して言うこと。人にしゃべること。

こうがい【公害】人々の生活や健康におよぼす害。ばいえん・排気ガス・騒音・汚水・光化学スモッグなど。

こうがい【郊外】町の中心からはなれた所。町はずれ。

こうがい【校外】学校の外。⇔校内。▽「校外活動」

ごうがい【号外】きまった時でなく、臨時に出して街頭で配られるとくべつな新聞。▽「道で号外をもらった」

こうかいさきにたたず【後悔先に立たず】失敗してからいくらざんねんがっても、とりかえしがつかない。

こうかがくスモッグ【光化学スモッグ】オキシダントなどによる大気汚染。息苦しくなったり、目やのどがいたんだりする。

こうがく【工学】機械・電気・建築など工業についての学問。

こうがく【高額】❶お金の額が大きいこと。▽「高額商品」⇔低額。❷お金の単位が大きいこと。▽「高額紙へい」⇔少額。

ごうかく【合格】❶試験にうかること。❷きまった資格にかなうこと。

こうかてき【効果的】ききめのあるようす。▽「効果的な勉強法」

こうかん【交換】とりかえること。▽「物々交かん。意見を交かんする」

こうかん【好感】いい感じのこと。好意。▽「なんとなく好感が持てる」

こうき【好機】ものごとをするのにちょうどいい時。チャンス。

こうき【校旗】その学校のしるしとなる旗。

こうき【後期】❶あとの時期。❷ある期間のあとのほうの時期。▽「江戸時代後期」⇔前期。

こうぎ【抗議】反対の意見をあいてに強く言いはること。

こうぎ【講義】文章や学問などについて、意味や内容をわかりやすく説明して聞かせること。

こうきあつ【高気圧】大気の圧力が、まわりにくらべて高くなっている所。また、その気圧。⇔低気圧。

こうきしん【好奇心】ふしぎなこと、めずらしいことなどを知りたいと思う心。▽「こうき心が強い」

こうきゅう【高級】ていどが高いこと。内容がすぐれてりっぱなこと。高等。▽「高級車」⇔低級。

こうきゅう【硬球】野球やテニスなどで使う、かたいボール。⇔軟球。

こうきょ【皇居】天皇のすまい。

こうきょう【公共】世の中いっぱん。世の中の人々みんな。▽「公共物」

こうぎょう【工業】原料に手をくわえて、人の生活に必要な物を作り出す産業。▽「工業が発展する。工業都市」

こうぎょう【興行】演劇・すもうなどを、入場料をとって客に見せること。

こうきょうきょく【交響曲】オーケストラのために作曲された音楽。シンフォニー。

こうぎょうちたい【工業地帯】工業がさかんで工場のたくさんある地域。▽「北九州工業地帯」

ごうきん【合金】二種類以上の金属をとかし合わせて作った金属。しんちゅう・はんだ・ニクロムなど。

こうぐ【工具】工作に使う道具。↓図

こうくう【航空】飛行機で空をとぶこと。▽「航空便」

こうくうき【航空機】空をとぶ乗り物。↓飛行機（図）

こうけい【光景】目の前に見えるようす。景色。▽「心あたたまる光景」

こうげい【工芸】ものを美しく作るわざ。また、そうして作られた物。とう磁器・織物など。

ごうけい【合計】全部の数を合わせること。また、その数。総計。

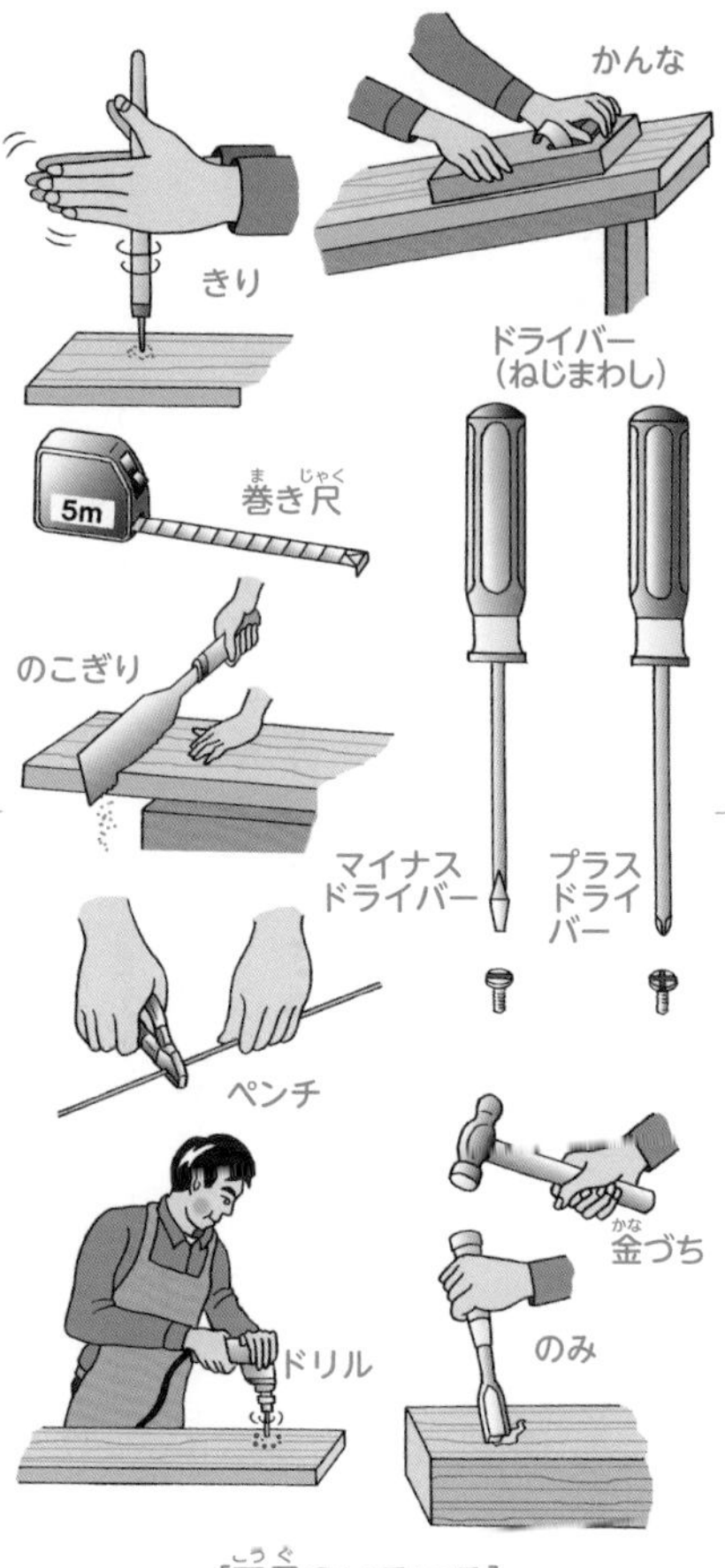

[工具のいろいろ]

こうけいしゃ【後継者】後をつぐ人。あとつぎ。▽「家業の後けい者」

こうげき【攻撃】❶敵をせめうつこと。▽「こうげきをかける」⇔防衛。防御。守備。❷欠点やあやまちを言いたてて人をせめること。

ごうけつ【豪傑】ちえや勇気があるすぐれた人。

こうけん【貢献】あることのために力をつくし、役に立つこと。

こうげん【高原】山地にある、広くて平らな土地。▽「志賀高原」

こうご【口語】ふだん話すことば。⇔文語。

こうご【交互】かわるがわる。かわりばんこ。▽「交ごに意見を発表する」

こうこう【孝行】父母を大切にすること。▽「親孝行」

こうこう【高校】中学校を卒業して次に入る学校。「高等学校」の略。

こうごう【皇后】天皇のきさき。

こうごうしい【神神しい・神々しい】おごそかでとうといようす。↓「々」は同じ文字をくり返すという意味のおどり字という記号。

こうごうせい【光合成】植物が栄養をつ

なぞなぞ　なんどあたっても、痛くないものは？　答えは次のページ。

くるはたらき。葉の中にある葉緑素というものが、太陽の光を利用して、根からすいあげた水と、空気の中の二酸化炭素からでんぷんをつくる。

こうこがく【考古学】大昔の人ののこした生活のあとや物をしらべて、くらしや文化のようすを研究する学問。

こうこく【広告】❶世の人々に広く知らせること。❷商品などを新聞・テレビ・看板などで宣伝すること。

こうさ【交差】道路や鉄道などが交わること。▽「交差点」

こうざ【口座】銀行などにはじめてお金をあずけたときに作るもの。そこに、個人のお金の出し入れを記録する。▽「預金口座。口座を開く」

こうざ【高座】落語や講談をする人などが話をする、少し高くこしらえた席。▽「高座に上がる」

こうざ【講座】❶大学で、先生が講義をうけもつ区分。❷いっぱんの人たちが勉強できるように、期間を決めておこなう講習会や放送番組。また、それを本にしたもの。

こうさい【交際】人と人がつきあうこと。つきあい。交わり。▽「交際の広い人」

こうさく【工作】❶道具を使って物を作ること。❷「図画工作科」にふくまれる工作。❸前もって計画的にはたらきかけること。▽「うらで工作する」

こうさく【耕作】田や畑を耕して米・麦・やさいなどを作ること。

こうさつ【考察】もののありかたを、よく考えしらべること。

こうさてん【交差点】道路と道路がであうところ。

こうさん【降参】❶たたかいに負けて、あいてにしたがうこと。❷どうしようもなくて、こまること。▽「この暑さにはまったく降参だ」

こうざん【鉱山】鉱物をほりだす山。▽「金のとれる鉱山」

こうざんしょくぶつ【高山植物】高い山にだけそだつ植物。クロユリ・ハイマツ・シナノキンバイ・コケモモ・コマクサ・チングルマなど。

こうし【公私】おおやけとわたくし。社会と個人。▽「公私のけじめをつける」

こうし【格子】細い木を、たて横に組んで作ったもの。まどや戸につける。

こうし【講師】❶講演や講義をする人。❷大学で教授や准教授をたすけて講義をうけもつ人。

こうじ 蒸したコメ・ムギ・ダイズなどにコウジカビというかびを生やしたもの。みそ・しょうゆ・酒などをつくるのに使う。

こうじ【工事】道路やたてものなどをつくる仕事。▽「道路工事」

こうしき【公式】❶おおやけのかたちや方式。▽「公式戦。公式訪問」⇔非公式。❷計算のきそくを記号を使ってあらわした式。

こうしつ【皇室】天皇の一族。

こうしつ【硬質】かたい性質。かたいこと。▽「こう質ガラス」

こうじつ【口実】言いわけ。言いのがれ。▽「かぜを口実にする」

こうしゃ【後者】二つあるもののうち、後のほうのもの。また、後からつづく者。⇔前者。

こうしゃ【校舎】学校のたてもの。

こうしゅ【攻守】せめることと、守ること。

こうしゅう【公衆】社会いっぱんの人々。世の中の人々。▽「公衆電話」

こうしゅう【講習】人を集めて、学問や技術を教えること。▽「料理の講習」

こうしょう【交渉】❶かかわり合うこと。❷談判すること。かけ合うこと。▽「水害対策について、役所と交しょうする」

こうしょう【高尚】気高くて、品のよいよ

こ

うす。上品。▼「高しょうなしゅ味」

こうしょう【校章】学校の記章。

こうじょう【工場】機械を使って、物を作り出す所。▼「自動車工場」

こうじょう【向上】よいほうへすすむこと。▼「学力が向上する」

ごうじょう【強情】自分の考えをかえないで、おし通そうとするようす。▼「いつまでも強情をはるな」

こうしん【行進】人が列を作って進んでいくこと。▼「行進曲」

こうしん【更新】新しくかわること。あらためてかえること。▼「世界記録をこう新する」

こうしんきょく【行進曲】行進用に作られた曲。マーチ。

こうず【構図】絵や写真などで、画面の組み立てや配置。

こうすい【香水】衣服やはだなどにつける、かおりのよい液体。

こうすい【硬水】カルシウムやマグネシウムの化合物が多い水。せっけんのあわだちが悪い。⇕軟水。

こうずい【洪水】大雨などのために、川の水があふれ出ること。大水。

こうすいりょう【降水量】雨や雪の降った量をいう。ふつう雨量計ではかり、ミリメートルであらわす。

こうせい【公正】どちらにもかたよらないで正しいこと。公平。

こうせい【更生】❶だめになったものに手をくわえて、もう一度使えるようにすること。❷心を入れかえて立ち直ること。

こうせい【後世】後の世。▼「後世に名をのこす」

こうせい【恒星】自分で光を出し、位置をかえない星。太陽はその一つ。⇕惑星。

こうせい【構成】組み立てて、つくること。▼「社会を構成する一員」

ごうせい【合成】二つ以上の物を合わせて一つの物を作ること。

ごうせいじゅし【合成樹脂】石炭・石油などから化学的に作り出したもの。プラスチックなど。

こうせいぶっしつ【抗生物質】かびや細菌が作り出す薬。病気の原因となるばい菌などをころす力が強い。ストレプトマイシン・ペニシリンなど。

こうせいろうどうしょう【厚生労働省】国民の健康と生活を守るための仕事や、はたらく人たちのための仕事をする、国の役所。

こうせき【功績】りっぱなはたらき。てがら。功労。実績。▼「すばらしい功績をのこす」

こうせき【鉱石】役に立つ金属などを多くふくんでいる鉱物や岩石。

こうせきうん【高積雲】大きいまだらの雲。「ひつじ雲」ともいう。➡雲（図）

こうせん【光線】ひかり。光のすじ。▼「太陽光線」

こうぜん【公然】かくさないで、おおっぴらであるようす。▼「公然と口にする」

こうそ【酵素】生き物のからだの中で作られ、消化のなかだちをするもの。でんぷんを糖分にかえるジアスターゼなど。

こうそう【高層】❶空の高い所。▼「高層の雲」❷高くまでつみあげられたようす。▼「高層建築」

こうそう【構想】全体の計画や方法について、考えを組み立ててまとめること。▼「劇の構想をねる」

こうぞう【構造】組み立て。つくり。しくみ。▼「機械の構造」

こうそく【校則】学校で生活するうえでのきまり。

こうそく【高速】速度が速いこと。

こうぞく【皇族】天皇の一族。

あいうえお かきくけこ さしすせそ たちつてと なにぬねの はひふへほ まみむめも やゆよ らりるれろ わをん

前のページの答え⇒「こたつ」

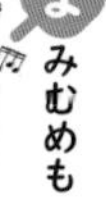

こうぞく【後続】後につづくこと。▽「後続の電車をまつ」

ごうぞく【豪族】昔、ある地方で財産や勢力を持っていた人たち。

こうそくどうろ【高速道路】自動車が高速で走るための専用道路。ハイウエー。▽「東名高速道路」

こうたい【交代・交替】入れかわること。▽「そうじの当番を交代する」

こうたい【後退】後に退くこと。後ろにさがること。▽「景気が後退する」⇕前進。

こうだい【広大】たいへん広くて、大きいこと。▽「広大な平原」

こうたいし【皇太子】天皇の位をつぐ皇子。

こうたく【光沢】物の表面の色つや。かがやき。

こうだん【講談】昔のいさましい話などを、調子をつけておもしろく聞かせる演芸の一つ。

こうち【耕地】作物をそだてるために耕した土地。

こうちけん【高知県】四国地方にある県。カツオ・マグロ漁がさかん。県庁は高知市にある。➡都道府県（図）

こうちゃ【紅茶】赤い色をしている、かおりのいいお茶。茶の若葉を発こうさせてつくる。➡緑茶

こうちょう【好調】うまくいっていること。ぐあいがよいこと。▽「好調なすべり出し」⇕不調。

こうちょう【校長】学校の中で先生のいちばん上に立つ責任者。学校長。

こうつう【交通】人や乗り物などが、行ったり来たりすること。行き来。

こうつうきかん【交通機関】人や物をはこんだりするための乗り物や設備。道路・鉄道・船・飛行機など。

こうつうもう【交通網】いろいろな交通機関が、あみのように広がっているようす。▽「大都市の交通もう」

こうつごう【好都合】都合のいいこと。▽「来る前に電話をくれると好都合だ」⇕不都合。

こうてい【工程】仕事や工事をすすめていくじゅんじょ。また、そのはかどりぐあい。

こうてい【行程】旅の道のり。▽「遠足の行程は、二〇キロメートルです」

こうてい【肯定】そうだとみとめたり、同意したりすること。⇕否定。

こうてい【皇帝】帝国の君主。

こうてい【高低】高さと低さ。上がり下がり。

こうてい【校庭】学校の運動場や庭。

こうてき【公的】おおやけのことに関係があるようす。⇕私的。

こうてつ【鋼鉄】はがね。機械・はもの・ばねなどに使うかたい鉄。

こうてん【公転】地球や火星などのわく星が太陽のまわりを回ること。また、月などの衛星がわく星のまわりを回ること。⇕自転。

こうてん【好転】ものごとが、よいほうにむくこと。

こうでん【香典】なくなった人にそなえるお金。

こうてんてき【後天的】生まれてから後に、身にそなわったようす。⇕先天的。

こうど【光度】光の強さの度合い。

こうど【高度】❶ていどや等級が高いこと。▽「高度な技術」❷海水面からの高さ。▽「高度一万メートルの上空」

こうとう【口頭】口でのべること。▽「口頭でつたえる」

こうとう【高等】ていどが高いこと。高級。▽「高等教育」⇕下等。

こうどう【公道】❶世の中でみとめられている正しい道理。❷国や県などがこしらえ

た、だれでも通ることのできる道。

こうどう【行動】何かを行うこと。行い。▽「自由行動」

こうどう【講堂】会社や学校などにある、大ぜいが集まって式をしたり話を聞いたりする広い部屋。

ごうとう【強盗】人から力ずくでお金や物をうばうこと。また、その人。

ごうどう【合同】❶いくつかの物が一つになること。また、一つにまとめること。❷算数で、二つの図形の形と大きさが同じでかさなり合うこと。

こうとうがっこう【高等学校】中学校を卒業して次に進学する学校。高校。

こうない【校内】学校の中。▽「校内放送」⇔校外。

こうない【構内】たてものやかこいの中。▽「駅の構内」

こうにゅう【購入】お金を出して買い入れること。▽「土地をこう入する」

こうにん【公認】国や世の中、団体などが、正式に認めてゆるすこと。

こうにん【後任】前の人にかわってその仕事につくこと。また、その人。⇔前任。

こうねつ【高熱】❶高い温度。❷病気のために出る高い熱。

こうねつひ【光熱費】明かりや熱をとるためにかかるお金。電気・石油・ガスの代金など。

こうねん【光年】光が一年間にすすむきょり。やく九兆四六〇〇億キロメートル。天文学で、星のきょりなどをあらわすのに使う単位。

こうのう【効能】ききめ。はたらきのあるしるし。効用。効力。▽「薬の効能書き」

こうのとり ツルににた鳥。からだが白く、羽が黒い。ドイツなど北ヨーロッパでは、赤ちゃんを運んでくると言われている。

こうはい【交配】おすとめすをかけ合わせること。▽「人工交配」

こうはい【後輩】同じ学校や会社などで、後から入った人。後進。⇔先輩。

こうばい かたむきのていど。かたむき。傾斜。▽「急なこうばい」

こうばいすう【公倍数】二つ以上の整数の、どの整数からでもわりきれる整数。たとえば、十二は二・三・四・六の公倍数。⇔公約数。

こうはく【紅白】赤と白。また、赤組と白組。▽「紅白のまんじゅう」

こうばしい こんがりやけたようなよいにおいがする。

こうはん【後半】二つに分けた、後の半分。⇔前半。

こうばん【交番】町の所々にあって、警察官がいる所。

こうひつ【硬筆】筆の先がかたい、えんぴつやペンのこと。⇔毛筆。

こうひょう【公表】世の中の人に広く発表して、知らせること。

こうひょう【好評】ひょうばんがよいこと。⇔悪評。

こうふ【公布】いっぱんの人に、法律などのきまりを知らせること。

こうふう【校風】それぞれの学校にあるとくべつの気風や習慣。

こうふく【幸福】運のよいこと。幸せ。幸い。

こうふく【降伏・降服】いくさに負けて敵にしたがうこと。

こうぶつ【好物】好きな食べ物。

わたしの好物

こうぶつ【鉱物】地中にしぜんにできるいろいろな成分のかたまり。金属や石などの固体や、石油のような液体や、天然ガスのような気体がある。

さかさことば 前から読んでもうしろから読んでも「子ねこ」。

こうふん【興奮】 ❶心がふるいたつこと。感情が高ぶること。❷しげきをうけて、からだのはたらきがかわってくること。▽「遠足の前の日は興奮してねむれない」

こうへい【公平】 えこひいきのないこと。かたよらないこと。公正。

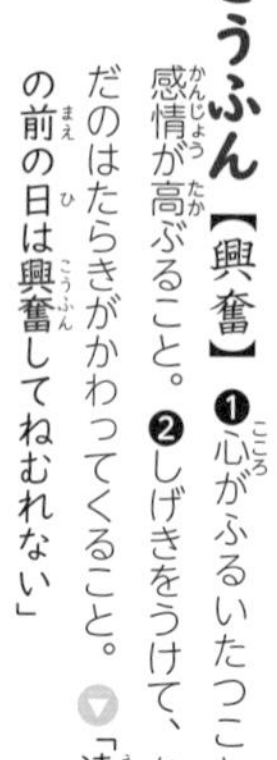
[公平]

こうほ【候補】 ある役や地位などにつく資格のあること。ある地位や身分を得ようとのぞむこと。また、その人。▽「立候補」

こうぼ【公募】 広くいっぱんからぼ集すること。▽「標語を公ぼする」

こうぼ【酵母】 カビの仲間のとても小さな生物。パンやビールをつくるのに使われる。酵母菌。

こうほう【広報】 役所や会社などが広くいっぱんの人に知らせること。また、その知らせ。

こうほう【後方】 後ろの方。⇔前方。

ごうほう【合法】 法律や、きまりに合っていること。

こうぼうにもふでのあやまり【弘法にも筆の誤り】 弘法大師のような字の上手な人でも、書きそこなうことがあるということから、すぐれた人でもまちがいがあるということ。さるも木から落ちる。河童の川流れ。

こうまん【高慢】 うぬぼれて、人を見下すこと。▽「高まんなたいど」

ごうまん【ごう慢】 えらぶって人をばかにすること。⇔謙そん。

こうみょう【功名】 てがらをたて、名をあげること。

こうみょう【巧妙】 ひじょうに手ぎわのよいこと。▽「こうみょうなやり方」

こうみょう【光明】 ❶光がさすこと。光るもの。❷のぞみ。▽「ひとすじの光明を見いだす」

こうみんかん【公民館】 人が集まって、もよおしがひらけるようにつくったたてもの。市・町・村にある。

こうむいん【公務員】 国・県・市町村など、おおやけの仕事をしている人。国家公務員と地方公務員がある。

こうめいせいだい【公明正大】 だれに見られても正しく、公平なこと。

こうもく【項目】 あることがらを話したり、文に書いたりするとき、内容を小さく分けたもの。

こうもり ❶ネズミににていて、鳥のように飛べる動物。夜になると飛びまわって虫などを食べる。❷西洋風のかさ。こうもりがさ。

こうもん【校門】 学校の門。

こうもん【×肛門】 腸のおわりのしりのあなの部分。↓消化器（図）

ごうもん【拷問】 からだに苦しみをあたえて、むりに罪を白状させること。

こうや【荒野】 あれはてた野原。

こうやく【公約】 世の中にたいして、かならず行うとやくそくすること。また、そのやくそく。

こうやくすう【公約数】 二つ以上の整数の、どちらをも、わることができる整数。たとえば、三は六と九の公約数。⇔公倍数。

こうゆう【交友】 友とつきあうこと。

こうよう【孝養】 親を大事にして世話をすること。▽「孝養をつくす」

こうよう【効用】 ❶使いみち。❷ききめ。効能。効力。

こうよう【紅葉】 秋になって木の葉が赤くなること。もみじ。

こうようじゅ【広葉樹】 平たくて広い葉をつける木。ツバキ・桜など。⇔針葉樹。

こうら ❶カメやカニなどのからだを包んでいるかたいから。甲。❷人のせなか。▽「こうらを干す」

こうらく【行楽】 野山などに出かけて楽しむこと。▽「行楽のシーズン」

こうり【小売り】 おろし商から買い入れた品物を、いっぱんの人に売ること。⇔卸売り。

こうり 竹・ヤナギなどをあんで作った、衣類などを入れる物。

[弁当こうり]

ごうりか【合理化】 むだをなくして仕事がはかどるようにすること。▽「仕事の合理化をはかる」

こうりつ【公立】 都道府県や、市町村がお金を出してたて、いっぱんに使われているもの。学校・病院・図書館など。⇔私立。

こうりつ【効率】 やった仕事の量と、そのために使った労力・時間・エネルギーなどの割合。▽「効率がいい」

ごうりてき【合理的】 理くつによく合っているようす。▽「合理的な生活」

こうりゅう【交流】 ❶ちがった文化や思想などが入りまじること。▽「東西文化の交流」❷きまった時間ごとに、ぎゃくの方に流れる電流。⇔直流。

ごうりゅう【合流】 ❶流れが集まって一つになること。▽「合流点」❷二つ以上のものがいっしょになること。

こうりょ【考慮】 よく、考えてみること。▽「十分に考りょする」

こうりょう【香料】 ❶香水の材料にしたり、食品に入れたりするよいかおりのする物。❷死んだ人にそなえるお金。

こうりょく【効力】 ききめ。はたらき。効用。効能。▽「薬の効力」

こうれい【恒例】 その時期になると、いつも決まっておこなわれること。▽「毎年こう例のお花見」

こうれい【高齢】 年をとっていること。▽「高れい化社会」

ごうれい【号令】 大ぜいに大声で指図をすること。▽「号令をかける」

こうろ【航路】 船や飛行機の通る道。

こうろう【功労】 てがらとほねおり。功績。

こうろん【口論】 口げんか。言い合い。▽「口論になる」

こえ【声】 人や動物の口から出す音。▽「虫の声」⬇【声】372ページ ●声を限りに ●声を潜める ●産声

こえ【肥】 こやし。ひりょう。▽「追い肥。元肥」⬇【肥】577ページ

ごえい【護衛】 つきそってまもること。また、まもる人。

こえる【肥える】 ❶からだが太る。⇔やせる。❷土地に養分が多い。▽「肥えた土地」❸見る力や味わう力が、ゆたかになる。▽「名画を見ると目が肥える」⬇【肥】577ページ

こえる【越える】 ❶物の上を通りすぎてむこうへ行く。▽「山をこえる」❷時間や年れいが、ある時期をすぎる。▽「七十の坂をこえる」❸じゅんばんを考えないでぬけ出る。▽「四級をこえて三級になる」

こえる【超える】 ❶あるていどをすぎてそれ以上になる。▽「一千万人をこえる人口」❷とびぬけてすぐれている。▽「人間の能力をこえる力」

こえをひそめる【声を潜める】 声を小さくして、ないしょ話をする。ひそひそと話す。

コース ❶道すじ。❷なりゆき。じゅんじょ。❸水上や陸上などの競技で、通るようにきまっている道。

さかさことば 前から読んでもうしろから読んでも「ゴマたまご」。

コーチ スポーツのやり方を教えること。また、その人。

コート テニス・バレーボールなどの競技場。

コート 洋服の上に着るもの。⬇服（図）

コード ゴム・ビニールなどをかぶせた電線。▽「電話のコード」

こおどり【小躍り】 おどりあがってよろこぶこと。▽「小おどりしてよろこぶ」

コーナー ❶かど。すみ。❷競技場などの、まがりかど。▽「第三コーナー」❸デパートなどの売り場の一区画。▽「食品コーナー」

コーヒー コーヒーノキという木のたねをいって作った、苦味のある飲み物。

コーラス 合唱のこと。

こおり【氷】 水が、セ氏0度か、それ以下になったときにかたまったもの。⬇【氷】592ページ

こおる【凍る】 水などがひえてかたまる。▽「池の水がこおる」

ゴール ❶競走の決勝線。❷目当て。目的。❸サッカーなどで、ボールを入れたら得点になる所。

ゴールイン ❶ゴールラインをこえること。❷目当てに行きつくこと。

ゴールデンウイーク 四月末から五月はじめにかけての、休日の多い週。

ゴールド 金。また、金のような色。

こおろぎ 夏から秋によく鳴くこん虫。草むらなどで、リッリッリッと鳴く。

ごかい【誤解】 まちがえてべつの意味にうけとること。▽「誤解をまねく」

ごかいどう【五街道】 江戸時代に、江戸を出発点とした五つの大きな道。東海道・中山道・日光街道・甲州街道・奥州街道。

ごかく【互角】 たがいの力が同じくらいで勝ち負けのないこと。五分五分。▽「ご角のたたかい」

[ご角]

ごがく【語学】 ❶ことばについて研究する学問。❷外国語の勉強。

こかげ【木陰】 木の下のかげになっている所。

こがす【焦がす】 ❶熱でやいて色をかえる。❷心を苦しめる。▽「胸をこがす」

こがた【小形】 形が小さいこと。

こがた【小型】 なかまのうちで、小さいこと。▽「小型カメラ」

こがたな【小刀】 小さいはもの。ナイフ。

ごがつ【五月】 一年のうち五番目の月。

こがね【黄金】 ❶金のこと。黄金。▽「黄金色」❷金貨。

こがねむし カブトムシのなかまで、緑色のつやがあるこん虫。

こがら【小柄】 ❶小さいからだつき。⬍大柄。❷もようが細かいこと。

こがらし 秋から冬のはじめにかけてふく、つめたい風。

ごかん【語感】 ことばが持っている感じ。▽「美しい語感」

ごき【語気】 話すときのことばのいきおい。▽「語気もあらくしかりつける」

ごきげん【御機嫌】 ❶「きげん」をていねいに言うことば。▽「ごきげんいかがですか」❷きげんのよいこと。上きげん。▽「大きな魚をつって父はごきげんです」

こきざみ【小刻み】 間を小さく速く刻むこと。▽「小刻みにふるえる」

こきつかう【こき使う】 人を、えんりょなく使う。あらっぽく使う。

こぎつける【こぎ着ける】 ❶船をこいで岸につける。❷苦労して目標にたどりつく。▽「やっと完成にこぎ着けた」

こぎって【小切手】 当座預金を銀行に持っている人が、預金からお金をはらうとき、現金のかわりにその金額を書いてわたす書きつけ。

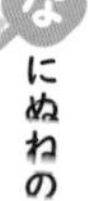

ごきぶり 台所などの暗いところに出るこん虫。つやのある黒茶色で平たい。ばいきんを運ぶ害虫。アブラムシ。

こきゅう【呼吸】 ❶生物が空気中の酸素をすい、二酸化炭素をはき出すはたらき。息をすること。❷はずみ。調子。▽「三人の呼吸を合わせる」❸びみょうなぐあい。かけひき。▽「すもうでは、立ち合いの呼吸がむずかしい」

こきゅうき【呼吸器】 生物が酸素をとり入れる器官。ほにゅう動物の肺、魚のえらなど。

空気
のど
気管
肺(右)
肺(左)
気管支

[呼吸器]

こきょう【故郷】 生まれそだった土地。ふるさと。郷里。郷土。

こぎれい さっぱりとしていて気持ちのいいようす。こざっぱり。

こく【石】 ❶量をはかる単位。一斗の十倍。一石は、やく一八〇リットル。❷昔の船のつみ荷の量をあらわす言い方。▽「千石船」

⇒【石】380ページ

こく【谷】 2年 (コク) たに

たに。▽「峡谷。渓谷」

(つける)

こく【告】 5年 コク つげる

つげ知らせること。▽「通告」

(つきぬけない)

●告訴●告白●告別●警告●広告●忠告●報告●予告

こく【国】 2年 コク くに

くに。▽「日本国。帰国」

(点を落とさないように)

●国営●国外●国技●国語●国際●国際連合●国産●国情●国政●国税●国勢調査●国籍●国定公園●国土●国道●国土交通省●国内●国費●国賓●国宝●国防●国民●国務大臣●国有林●国立●国連●国花●国家●国歌●国会●国家試験●国旗●国境●国交●王国●外国●全国●天国●母国

こく【刻】 6年 コク きざむ

❶ほること。きざむこと。▽「彫刻」❷時間。▽「時刻。定刻」

(おる)(短く)

●刻一刻●刻々●遅刻●夕刻

こく【黒】 2年 コク くろ・くろい

くろい色。▽「黒色。暗黒」⇔白。

●黒煙●黒点●黒板

こく【穀】 6年 コク ―

こくもつ。▽「米穀」

(几としない)

●穀倉●穀物●穀類●脱穀

なぞなぞ おやはよまなくて、こがよむものなんだ？ 答えは次のページ。

あいうえお かきくけこ さしすせそ たちつてと なにぬねの はひふへほ まみむめも やゆよ らりるれろ わをん

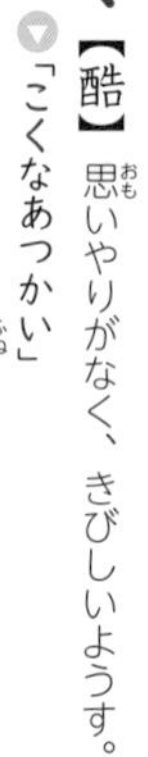

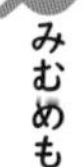

こく【酷】思いやりがなく、きびしいようす。▽「こくなあつかい」

こぐ ❶ろや、かいで船をすすめる。▽「ボートをこぐ」❷足などの力で動かす。▽「ぶらんこをこぐ」

ごく【極】もっとも。きわめて。▽「極楽」⬇【極】181ページ ●極意●極彩色

ごく【語句】話や文を作っている一つ一つのことばや、一区切りのことば。

ごくい【極意】いちばん深く大切なところ。おくのて。奥義。

こくいっこく【刻一刻】だんだん時間がすぎていくようす。▽「出発の時刻が刻一刻と近づいてきた」

こくえい【国営】国で事業をすること。▽「国営公園」⇔民営。

こくえん【黒煙】黒いけむり。

こくがい【国外】国の外。外国。⇔国内。

こくぎ【国技】国を代表するスポーツ。▽「すもうは日本の国技である」

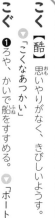

こくご【国語】❶それぞれの国で、昔から使われて、今も国民の大部分が使っていることば。❷日本の国のことば。日本語。▽「国語辞典」⇔外国語。

こくごじてん【国語辞典】日本のことばを集めて、五十音順にならべ、そのことばの書き方、意味・使い方などを細かく説明した本。

こくさい【国際】国と国との交わり。また、その関係。▽「国際平和」

こくさいくうこう【国際空港】外国と行き来するための大きな飛行場。

ごくさいしき【極彩色】いろいろな色で細かく色をぬること。けばけばしく、こいいろどり。▽「ごくさい色の絵」

こくさいてき【国際的】そのことが世界の国々に関係しているようす。▽「国際的に有名な学者」

こくさいれんごう【国際連合】世界の国々の平和と安全をまもるために作られたしくみ。一九四五年にでき、本部はアメリカのニューヨークにある。国連。

こくさん【国産】自分の国で作った物。▽「国産品」

こくじ【国字】❶その国の文字。❷日本の文字。❸日本で作られた漢字。「畑・峠」など。

こくじょう【国情】国の中のいろいろなようす。

こくせい【国政】国の政治。

こくぜい【国税】国が国民からとりたてる税金。所得税・消費税など。⇔地方税。

こくせいちょうさ【国勢調査】国のようすを明らかにするために、人口などを国全体にわたってしらべること。日本では五年ごとに行う。

こくせき【国籍】❶その国の国民であることの資格。❷どこの国のものであるかはっきりしめすもの。▽「国せき不明の飛行機」

こくそ【告訴】警察や検察庁にうったえ出ること。

こくそう【穀倉】❶こくもつを入れておく倉。❷こくもつの多くとれる地方。▽「穀倉地帯」

こくたい【国体】❶国のなりたち。国がら。❷⬇国民体育大会

こくていこうえん【国定公園】国立公園に次いで景色のいい所として、国がきめた公園。

こくてん【黒点】❶黒い点。❷太陽の表面にあらわれる黒い点。

こくど【国土】ある国がおさめている領地全体。

こくどう【国道】国の費用でつくり、管理している道路。▽「国道四号線」

こくどこうつうしょう【国土交通省】交通に関係のある仕事をしたり、たてものや道路などをつくったりして、土地の利

用や開発のための仕事をする、国の役所。

こくない【国内】その国の領地の中。⇕国外。

こくはく【告白】心の中をありのままに人にうち明けること。

こくばん【黒板】チョークで書くための黒や緑の板。

こくひ【国費】国が出す費用。

ごくひ【極秘】絶対に秘密にしなければいけないこと。

こくびをかしげる【小首をかしげる】へんだと思って首をちょっとかたむけて考える。

こくひん【国賓】国の正式な客としてもてなす、外国の人。

こくふく【克服】努力して、困難にうちかつこと。

こくぶん【国文】❶日本語で書かれている文章。❷「国文学」のこと。

こくぶんがく【国文学】❶日本の文学。❷日本の文学を研究する学問。

こくべつ【告別】別れをつげること。▽「告別式。告別の辞」

こくほう【国宝】❶国の宝。❷ねうちのあるものとして、国が法律で保護している絵・たてもの・ちょう刻など。

こくぼう【国防】外国のこうげきにたいして、自分の国をまもること。

こくみん【国民】その国の法律にしたがって生活し、その国の国せきを持っている人。

こくみんえいよしょう【国民栄誉賞】広く日本人に愛され、明るい希望をあたえるようなすぐれた仕事をした人におくられる賞。

こくみんせい【国民性】その国の国民の多くが持っている性質。

こくみんたいいくたいかい【国民体育大会】国民にスポーツを広め、健康を高めるために、毎年ひらかれる各都道府県たいこうのスポーツ大会。国体。

こくみんとうひょう【国民投票】憲法をあらためるなど、国にとって大切なことを国民が投票してきめること。

こくみんのしゅくじつ【国民の祝日】法律で決まっている、国民みんなが祝う休日。⬇コラム244ページ

こくむだいじん【国務大臣】内閣総理大臣やそのほかの大臣。この人たちで内閣が作られる。

こくめい【克明】細かく念を入れて、ていねいなようす。▽「克明な記録」

こくめい【国名】国のなまえ。

こくもつ【穀物】人間が主食として食べる作物で、米・麦・アワ・キビ・ヒエ・豆などをいう。

こくゆうりん【国有林】国が持っている山林。

ごくらく【極楽】❶仏教で、よいことをした人が、死んだのち行くという所。浄土。⇕地獄。❷このうえもなく楽しいこと。

こくりつ【国立】国がお金を出して作り、管理すること。▽「国立病院」⇕私立。

こくりつこうえん【国立公園】自然の美しさをまもり、景色を楽しめるように国が法律できめた景色のいい大きな公園。

こくるい【穀類】穀物のなかま。

こくれん【国連】⬇国際連合

こぐんふんとう【孤軍奮闘】だれの助けもかりないで、ひとりでがんばること。

こけ しめった土地や木、石などにはえる小さな植物。

こける やせて肉がおちる。▽「ほおがこける」

こげる【焦げる】熱でやけて色がかわる。▽「パンがこげる」

ごげん【語源・語原】ことばのもとの古い形や意味。ことばのおこり。

ここ【個個・個々】一つ一つ。おのおの。⬇「々」は同じ文字をくり返すという意味の

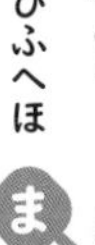
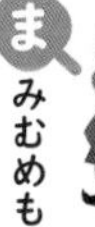

前のページの答え⇒「こよみ」

国民の祝日

元日
1月1日

成人の日
1月の第2月曜日
成人になった人を祝いはげます日。

建国記念の日
2月11日
建国を記念して祝う日。

天皇誕生日
2月23日
天皇の生まれた日。

春分の日
3月21日ごろ
春の彼岸にあたる日。

憲法記念日
5月3日
日本国憲法のし行を記念する日。

昭和の日
4月29日
昭和天皇の誕生日にあたる日。

みどりの日
5月4日
自然に親しむ心をそだてる日。

こどもの日
5月5日
子供の幸せと、りっぱにそだつことをいのる日。

1月(睦月)　2月(如月)　3月(弥生)　4月(卯月)
5月(皐月)　6月(水無月)　7月(文月)　8月(葉月)
9月(長月)　10月(神無月)　11月(霜月)　12月(師走)

山の日
8月11日
山のめぐみに感謝する日。

海の日
7月の第3月曜日
海のめぐみに感謝する日。

敬老の日
9月の第3月曜日
お年よりを敬い大切にする日。

スポーツの日
10月の第2月曜日
国民がスポーツを楽しみ、人を尊重する心をそだてる日。
以前は10月10日で、1964年に行われた東京オリンピック大会開会の日。

文化の日
11月3日
自由と平和を愛し、文化をすすめる日。
日本国憲法公布の日、また、明治天皇の誕生日。

勤労感謝の日
11月23日
国民がたがいに、はたらくことを感謝し祝う日。

秋分の日
9月23日ごろ
祖先をまつる日。

国民の祝日の豆知識
「春分の日」と「秋分の日」は、日にちが決まっていません。前の年の二月に国立天文台が日にちを公表します。

おどり字という記号。▼「個々の意見をそんちょうする」

ここ ❶自分に近いところをさすことば。この場所。❷このところ。▼「ここが大事なところです」❸今。現在。▼「ここ一か月、雨がふらない」↓コラム248ページ

こご【古語】 昔、使われていたが、今は使わないことば。⇔現代語。

ごご【午後】 正午から夜中の十二時まで。⇔午前。

ココア 茶色い飲み物。いったカカオのたねを粉にしてつくる。

こごえる【凍える】 寒さでからだが思うように動かなくなる。▼「外はふぶきで、こごえるようにさむい」

ここく【故国】 自分の生まれた国。母国。

ここち【心地】 気持ち。気分。

ここちよい【心地よい】 気持ちがよい。▼「心地よい風」

こごと【小言】 いけないところをいましめることば。また、ぶつぶつ文句を言うこと。▼「いつも小言を言われる」

ここの【九】 ここのつ。▼「九日」↓【九】170ページ

ここのか【九日】 ❶月の九番目の日。▼「二月九日はお母さんの誕生日だ」❷九日間。▼「あと九日で正月だ」

ここのつ【九つ】 ❶数の名。きゅう。く。九個。❷九さい。↓【九】170ページ

こころ【心】 ❶うれしさや悲しさを感じたり、よい悪いを決めたりするはたらき。精神。気持ち。▼「心がやさしい」❷思い。考え。▼「心をきめる」❸意味。わけ。▼「歌の心」↓【心】347ページ
●心温まる●心当たり●心意気●心得●心得る●心置きなく●心掛け●心構え●心苦しい●心遣い●心尽くし●心無い●心ならずも●心に描く●心憎い●心に留める●心根●心残り●心ばかり●心細い●心待ち●心持ち●心もとない●心安い●心行くまで●心を痛める●心を打つ●心を奪われる●心を鬼にする●心を砕く●心を配る●心を込める●里心●出来心

こころあたたまる【心温まる】 なんとなくいい気持ちになる。うれしい気持ちになる。▼「心温まる話」

こころあたり【心当たり】 心に思い当たること。▼「心当たりをさがす」

こころいき【心意気】 ものごとをすすんでしようという意気ごみ。

こころえ【心得】 ❶あることについてよく知っていること。▼「生け花の心得がある」❷注意しなければならないこと。▼「夏休みの心得」

こころえる【心得る】 ❶のみこんで、よくわかる。▼「パソコンの使い方を心得る」❷ようすがわかったうえでひきうける。▼「万事心得ています」

こころおきなく【心置きなく】 心配や気がねをしないで。▼「心置きなく休んでください」

こころがけ【心掛け】 いつも心に用意していること。▼「心がけがよい」

こころがける【心掛ける】 いつもそのことを心にとめている。

こころがまえ【心構え】 前もって心に用意していること。かくご。

こころぐるしい【心苦しい】 すまない感じがする。もうしわけない。

こころざし【志】 ❶心にきめた目的。▼「志を立てる」❷親切な心。▼「人の志をうける」❸感謝の気持ちをあらわすためのおくり物。香典返しや法事の引き出物など。↓【志】284ページ
●志を立てる●志を遂げる

こころざす【志す】 あることをしようと心にきめる。▼「サッカー選手を志す」↓【志】284ページ

こころづかい【心遣い】 あいてを思って

さかさことば　前から読んでもうしろから読んでも「さあ、朝！」。

あれこれと気をつけること。

こころない【心無い】深い考えがない。思いやりがない。▽「心無い行い」

こころにえがく【心に描く】心の中で、想像してみる。

こころにとめる【心に留める】わすれないでおぼえておく。気にかける。

こころね【心根】心の底。気立て。根性。▽「心根のやさしい子」

こころのこり【心残り】あとまで心に残る思い。残念なこと。

こころばかり【心ばかり】ほんの少し。ほんの気持ちだけ。▽「心ばかりの品をおくりました」

こころぼそい【心細い】たよるものがなくて、心配だ。▽「ひとりでかけるのは心細い」

こころまち【心待ち】期待して、待っていること。▽「手紙の来るのを心待ちにしている」

こころみる【試みる】じっさいにためしてみる。⬇【試】286ページ

こころもとない【心もとない】なんとなく心配である。たよりない。

こころゆくまで【心行くまで】気がすむまで。まんぞくするまで。

こころよい【快い】気持ちがいい。楽しい。▽「快い音楽」⬇【快】111ページ

こころをいためる【心を痛める】心配する。なやまされる。

こころをいれかえる【心を入れかえる】今までの考えや行動がまちがいであったことに気がつき、あらためる。▽「心を入れかえて勉強にはげむ」

こころをうつ【心を打つ】強く心に感じる。感心させられる。

こころをうばわれる【心を奪われる】心がひきつけられる。むちゅうになる。▽「心をうばわれる名画」

こころをおににする【心を鬼にする】なさけを持たない心になる。かわいそうだと思う心をふりきって、きびしくする。

こころをくだく【心を砕く】いろいろと心配をし、苦心する。

こころをくばる【心を配る】心づかいをする。あれこれと気をつける。

こころをこめる【心を込める】あいてを思いやって、いっしょうけんめいにする。▽「心をこめて花をそだてる」

こころをゆるす【心を許す】すっかり安心する。ゆだんする。気を許す。

ここんとうざい【古今東西】昔から今までと、世界じゅうの国々。▽「古今東西の学問に通じる」

ごさ【誤差】くいちがい。じっさいのものと計算とのくいちがいのていど。▽「誤差が大きい」

ございます ❶「ある」をていねいに言うことば。▽「家はこの先にございます」❷ていねいに言うときにつかうことば。▽「入学おめでとうございます」

こさじ【小さじ】料理で、調味料をはかるさじ。一ぱい五ミリリットル。⬍大さじ。

こさめ【小雨】少しふる雨。細かくふる雨。▽「小雨がぱらつく」

ごさん【誤算】❶計算をまちがえること。❷考えちがい。見こみちがい。

こし【腰】❶人間のどうと足の間にある部分。⬇体（図）❷ねったこなや、もちなどのねばり。▽「こしのあるそば」

こじ【孤児】両親のいない、身よりのない子供。

ごじ【誤字】書き誤りの字。まちがった字。▽「この文章には誤字が多い」

こじあける【こじ開ける】むりに力を入れて開ける。▽「戸をこじ開ける」

こしかけ【腰掛け】❶こしをかける台。いす。❷かりに身をおくこと。

こしかける【腰掛ける】いすや台などの上にこしをおろす。

こしがぬける【腰が抜ける】ひじょうにびっくりして、立てなくなる。

こしがひくい【腰が低い】人にたいし、ていねいでいばらない。愛想がいい。▽「だれにたいしてもこしが低い」

ごしき【五色】青・黄・赤・白・黒の五つの色。また、さまざまな色。▽「五色のテープ」

ごしちちょう【五七調】音が五・七・五・七ときそく正しくくりかえされる歌や詩・文章の形。

こしつ【固執】自分の考えにこだわってかえないこと。「こしゅう」ともいう。

こしつ【個室】一人で使う部屋。

ごじつ【後日】何日か後の日。またの日。▽「後日またお会いしましょう」

こじつける すじみちのたたないことに、むりに理くつをつける。

ごじっぽひゃっぽ【五十歩百歩】五十歩にげるのも、百歩にげるのも、にげることにはかわりがないように、大きなちがいがあるようでも、じっさいには、あまりちがいのないこと。

ごじゅうおん【五十音】かなで書く「あかさたなはまやらわ」の各行五つずつの五十の音。新しいかなづかいでは「わ」行の「ゐ」と「ゑ」は、「あ」行の「い」と「え」にあらためられて、音は四十四音、字は四十五字である。

ごじゅうおんじゅん【五十音順】「あいうえおかき…」の、五十音の順番にならべること。あいうえお順。

こしょう【故障】❶さしつかえ。さわり。▽「なんの故障もない」❷機械などのぐあいが悪くなること。

こしょう 料理にぴりぴりとしたからいあじをつける粉。熱帯にはえるコショウという木の実を粉にしてつくる。

こしらえる ❶物を作りあげる。▽「人形をこしらえる」❷作りごとをする。▽「話をこしらえる」❸用意する。そろえる。▽「夕飯をこしらえる」

こじれる ❶ものごとや話がうまくすすまないでもつれる。▽「話し合いがこじれる」❷病気がなおりそこなってぐずつく。▽「かぜがこじれる」

こしをおる【腰を折る】❶こしをかがめる。❷とちゅうで、じゃまをする。いきおいをくじく。▽「話のこしを折る」

こしをすえる【腰を据える】どっしりとおちつく。▽「こしをすえて話す」

こしをぬかす【腰を抜かす】おどろいたりこわかったりして、立ち上がれなくなる。▽「事件を知ってこしをぬかす」

こじん【故人】死んだ人。▽「故人をしのぶ」

五十音

あ	い	う	え	お
か	き	く	け	こ
さ	し	す	せ	そ
た	ち	つ	て	と
な	に	ぬ	ね	の
は	ひ	ふ	へ	ほ
ま	み	む	め	も
や		ゆ		よ
ら	り	る	れ	ろ
わ				を
ん				

もっと学ぼう!
「おなまえどりる」というインターネットのサイトでは、じぶんの名まえの練習用プリントを作ってくれますよ
mydrill.v3v.jp
おなまえれんしゅう
みなもとしずか

なぞなぞ 消防署にいる動物は? 答えは次のページ。

こじん【個人】国家や社会の中の一人一人の人のこと。

こす【越す】❶ものの上を通ってむこうへいく。▽「川をこす」❷ある時期がすぎる。▽「冬をこす」❸よそへうつる。ひっこす。▽「となり町にこす」

こす【超す】あるていど以上になる。▽「三十度をこす暑さ」

こす 細かいすきまを通して、かすなどをとりのぞく。▽「スープをこす」

こすい【湖水】みずうみ。また、みずうみの水。

こずえ 木のえだの先の方。

コスト お店で売る品物を作るためにかかるお金。▽「コストがかかるともうけが少なくなる」

コスモス キクのなかまの草花。夏から秋に白・赤・ピンクなどの花がさく。

こすりつける 物につよくおし付けてこする。また、つよくこすってくっつける。▽「ネコがあまえてからだをこすりつける」

［コスモス］

こする おしつけるようにして動かす。▽「目をこする」

こせい【個性】個人にそなわっている性質や才能。▽「個性をのばす」

こせき【戸籍】夫婦を中心に、その家のあり場所・本籍・家族関係・氏名・生年月日などを書いた公の帳簿。

ごぜん【午前】夜中の〇時から正午まで。⇕午後。

ごせんし【五線紙】楽ふを書くための、五本の平行線を引いた紙。

こせんじょう【古戦場】昔いくさのあった所。

こそあどことば【こそあど言葉】「これ・それ・あれ・どれ」や「この・その・あの・どの」などのように、ものごとや方向、場所、ようすなどをさししめすことば。頭だけを読んで、「こそあど」という。

ごそう【護送】❶罪人や容疑者を見はりながら、送ること。❷大事なものをまもって送りとどけること。

こぞう【小僧】❶こどものおぼうさん。❷小さな男の子をののしったり、親しみをこめて呼んだりすることば。▽「この小ぞうはやんちゃだな！」

ことばのふしぎ

こそあどことば

こそあどことばはどこをさすかによって使い分けます。「こ」で始まる言葉は自分の近く、「そ」で始まる言葉はあいての近く、「あ」で始まる言葉は遠く、「ど」で始まる言葉はどれかはっきりしないものをさします。

この本
その本
あの本
どの本

こそこそ かすかな音や声がするようす。人の目につかないように、かくれて何かをするようす。▽「こそこそと悪口を言う」

こそこそばなし【こそこそ話】ほかの人に聞こえないように小さな声でする話。ないしょ話。▽「教室のすみっこでこそこそ話をする」

こぞって 一人のこらず。みんな。▽「一家こぞって海水浴に行った」

こたい【固体】きまった形と大きさを持ち、

あいうえお
かきくけこ
さしすせそ
たちつてと
なにぬねの
はひふへほ
まみむめも
やゆよ
らりるれろ
わをん

形のかわりにくい物。木・石など。⇕液体。気体。

こだい【古代】 ❶古い昔の世。❷歴史の時代分けの中で、いちばん古い時代。日本では、奈良・平安時代。

こたえ【答え】 ❶返事。▼「よんでも答えがない」❷問題を解いた結果。▼「全部正しい答えであった」⇕問い。⇒【答】488ページ

こたえる【答える】 ❶返事をする。❷問題を解く。⇕問う。⇒【答】488ページ

こたえる【応える】 ❶ひびく。さわる。▼「夏の暑さが、体にこたえる」❷むくいる。▼「期待に応える」⇒【応】80ページ

こだかい【小高い】 あたりより、少し高い。▼「小高いおかにのぼる」

こだし【小出し】 少しずつ出すこと。▼「お金を小出しにして使う」

こだち【木立】 たくさん立っている木。▼「木立の間から湖が見える」

こたつ 電熱器などの上にやぐらをおき、ふとんでおおった、からだをあたためるもの。

こだま 音が山や谷にぶつかってもどり、聞こえるもの。山びこ。

こだわる ちょっとしたことを気にする。とらわれる。▼「勝負にこだわる」

ごちそう ❶人に食べ物や飲み物を出し、もてなすこと。❷おいしい料理。▼「友達の家でごちそうになる」

ごちそうさま ごちそうになったときや食事のあとの、あいさつのことば。

こちょう【誇張】 じっさいより大げさに言ったりしたりすること。▼「事件のようすをこ張して話す」

こちら ❶自分に近いところをあらわすことば。▼「こちらに来なさい」⇕向こう。❷これ。この物。▼「こちらをください」❸自分のことを言うことば。▼「こちらから電話します」❹自分のそばにいる人。▼「こちらが父です」

こぢんまり 小さいがきちんとまとまっていること。▼「こぢんまりした店」

こつ【骨】 6年 コツ ほね

❶ほね。▼「筋骨。鎖骨」❷火そうしたあとにのこる死者のほね。❸ほねのように、ささえになっているもの。▼「気骨。鉄骨」

骨 骨 骨 骨 骨 骨 骨 骨 骨 骨

この形に注意。同としない

●骨格●骨折●骨とう品●遺骨

こつ ものごとをするのに、大切なかんどころ。▼「商売のこつをつかむ」

こっか【国花】 その国でみんなに愛され、その国のしるしとされている花。▼「日本の国花はサクラとキクです」

[国花]

こっか【国家】 国のこと。国土と、そこにすむ人々からなりたち、一つの政治によっておさめられているもの。

こっか【国歌】 その国を代表して式などでうたわれる歌。

こっかい【国会】 国民の選挙によってえらばれた代表が集まり、政治について話し合う所。日本では、衆議院と参議院の二つに分かれている。

こづかい【小遣い】 ふだん、ちょっとした買い物などに使うお金。▼「小づかいでおもちゃを買う。小づかい帳」

こっかいぎいん【国会議員】 国民から

前のページの答え⇒「サイ（サイレン）」

えらばれて国会で意見をのべる代表者。日本では、衆議院議員と参議院議員とがある。

こっかいぎじどう【国会議事堂】国会のひらかれるたてもの。日本では東京の千代田区永田町にある。

こっかく【骨格】人や動物の、からだをささえている骨。骨組み。

こっかしけん【国家試験】いろいろな資格をみとめるため、国が行う試験。たとえば、医師になる試験など。

こっき【国旗】国のしるしとしてきめられた旗。

こっきょう【国境】国と国との境目。

コック　料理をする役目の人。

こっけい　おもしろく、おかしいこと。▽「こっけいなしぐさ」

ごっこ　みんなでなにかのまねをする遊び。▽「おにごっこ。お医者さんごっこ」

こっこう【国交】国と国とのつきあい。▽「国交をむすぶ」

こっせつ【骨折】からだの骨が折れること。

こっそり　人に知られないように。ひそかに。▽「こっそり会場をぬけ出す」

ごっそり　たくさんの物を、のこらず全部。▽「ごっそりぬすまれる」

ごったがえす【ごった返す】ひどく、ごたごたする。こんざつする。

こづち【小づち】物をたたくための、持ち手がついた小さな道具。▽「打ち出の小づち」

こづつみ【小包】❶小さな包みもの。❷郵便などでおくる小さな包み。

こっとうひん【骨とう品】ねうちのある古道具や美術品。

こっぱみじん【木っ端みじん】こなごなにくだけて、とびちること。こなみじん。

コップ　ガラスなどで作った水飲み。グラス。

ごて【後手】❶あいてに先をこされて、受け身になること。▽「後手に回る」❷碁や将棋で、後からうつほう。⇕先手。

こてい【固定】一つの場所から動かないこと。また、変化しないこと。

こてしらべ【小手調べ】本式にする前にちょっとやってみること。

こてん【古典】❶古い昔の書物。❷学問や芸術などで、その道のよりどころとなる昔の作品。クラシック。

ごてん【御殿】❶身分の高い人のすまい。❷大きくりっぱなすまい。

こと【言】ことば。▽「一言話す」⬇【言】217ページ ●言付け●言づて●言葉●言葉遣い●言葉を返す●言葉を濁す●片言

こと【事】❶ことがら。❷かわった出来事。▽「事を起こす」⬇【事】287ページ ●事欠く●事柄●事も無げ●仕事●見事●物事●私事

こと【異】ちがっていること。べつであること。⬇【異】30ページ ●異なる●異にする

こと【琴】弦をはじいて鳴らす日本の楽器の一つ。細長い箱のようなものの上に糸がはってある。⬇楽器（図）

こと【古都】昔の都。昔、都であった所。旧都。▽「古都鎌倉」

ごと　ほかのことばの下について、「…もいっしょに」の意味をあらわす。▽「リンゴを皮ごと食べる」

ことう【孤島】海の中に一つだけあるはなれ島。▽「絶海のこ島」

こどう【鼓動】心臓の動き。

こどうぐ【小道具】劇のぶたいで使うこまごました道具。⇕大道具。

ことがら【事柄】ものごと。ものごとのようす。▽「大事な事がらを書きとめる」

こどく【孤独】ひとりぼっちでさみしいこと。

ごどく【誤読】まちがえて読むこと。読み誤り。

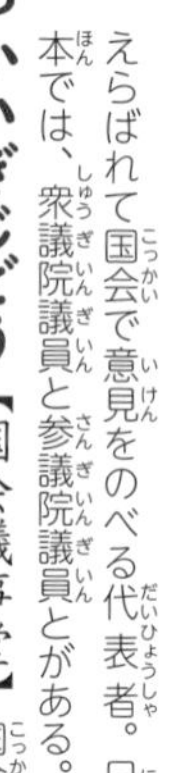

あいうえお　かきくけこ　こ　さしすせそ　たちつてと　なにぬねの　はひふへほ　まみむめも　やゆよ　らりるれろ　わをん

こ

ことごとく のこらず。みんな。▽「火事でことごとく灰になった」

ことさら【殊更】❶わざわざ。▽「ことさら話すことはない」❷とりわけ。とくに。▽「今年はことさら寒い」

ことし【今年】この年。

ことなる【異なる】同じでない。ちがっている。▽「意見が異なる」

ことのは【言の葉】ことば。

ことのほか【殊の外】❶思っていたよりも。あんがい。▽「仕事がことのほか早くかたづいた」❷かくべつに。▽「きょうはことのほか暑い」

ことば【言葉】❶声や文字などで人の考えをつたえるもの。❷言葉づかい。▽「言葉に気をつける」

ことばあそび【言葉遊び】ことばを使った遊び。しりとり・早口言葉・回文など。

ことばじり【言葉じり】❶ことばのおしまいのところ。❷言いそこない。▽「言葉じりをとらえる」

ことばづかい【言葉遣い】話すときのことばのつかい方。▽「ていねいな言葉づかい」

ことばをかえす【言葉を返す】あいての言うことに反対して、言い返す。

ことばをにごす【言葉を濁す】はっきりものを言わない。▽「はっきり返事ができないので言葉をにごす」

ことぶき【寿】おいわいやよろこびのこと。

こども【子供】❶おさない子。児童。⇔大人。❷親にたいして、その子。

こともなげ【事も無げ】平気で。何事もないように。▽「事も無げに言う」

こどものひ【こどもの日】国民の祝日の一つ。五月五日。子供の幸せと、りっぱにそだつことをいのる日。⬇国民の祝日（図）

こどもべや【子供部屋】その家の子供がつかうための部屋。

ことり【小鳥】スズメやウグイスなどのような小さい鳥。

ことわざ 昔から言いならわされたことばが、かんたんな教えやいましめなどの意味を持ったもの。たとえば「時は金なり」など。

ことわる【断る】❶人のたのみなどをひきうけない。❷前もって知らせておく。▽「断ってから出かける」⬇【断】435ページ

こな【粉】❶米や麦を細かくくだいたもの。❷細かく、くだけたもの。⬇【粉】621ページ
●粉薬●粉々●粉みじん●粉雪

こなぐすり【粉薬】粉になった薬。

こなごな【粉粉・粉々】物が細かくくだけること。⬇「々」は同じ文字をくり返すという意味のおどり字という記号。▽「ガラスが粉々にわれる」

こなす ❶細かくくだく。❷食べた物を消化する。❸自由に使う。▽「乗りこなす」

こなゆき【粉雪】粉のように、さらさらして細かい雪。

こなれる ❶くだけて、粉になる。❷食べ物が消化される。❸いろいろなことになれる。▽「こなれた文章」

こねこ【小猫・子猫】小さなネコや、ネコの子。⬇猫（コラム）

こねる ❶粉や土などに水を入れて、よくねる。▽「土をこねる」❷むりなことをしつこく言う。▽「だだをこねる」

この ❶自分に近いものごとを言うことば。▽「この絵本をください」❷最近の。今度の。▽「この冬はとくに寒い」

このあいだ【この間】先日。先ごろ。▽「この間は、ありがとう」

このかた【この方】❶「この人」のていねいな言い方。❷その時からのち。▽「入学この方休んだことはない」

このごろ【この頃】最近。近ごろ。▽「このごろ、早おきするようになった」

このは【木の葉】木のはっぱ。木のは。▽

なぞなぞ さいせんたんにいる生き物はなんだ？ 答えは次のページ。

「木の葉がちる」

このましい【好ましい】 気に入るようす。よいと思われるようす。▽「好ましいことばづかい」

このみ【木の実】 木になる実。とくに、クリやクルミなど、固い実のこと。きのみ。▽「リスが木の実を食べている」

このみ【好み】 ❶好きなこと。好きなもの。▽「好みのデザインの服」❷ものを選ぶときの希望や注文。▽「客の好みのとおりに作る」

このむ【好む】 ❶すく。心をひかれる。▽「絵を好む」❷ほしいと思う。⬇好 227ページ

このよ【この世】 今生きている世の中。▽「この世を去る」⇕あの世。

こばしり【小走り】 小またで、いそぎ足に行くこと。

こばなし【小話】 みじかくまとめたおもしろい話。

こばむ【拒む】 聞き入れない。ことわる。▽「ねがいをこばむ」

こはるびより【小春日和】 冬のはじめの、春のようにぽかぽかとあたたかく晴れた天気。

こはん【湖畔】 湖のほとり。

こばん【小判】 江戸時代に使われた、だ円形のお金。一まいが一両に当たる。⇕大判。

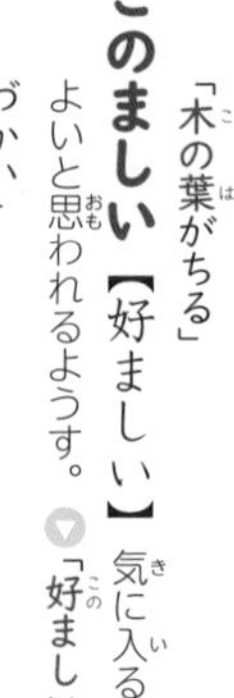

［大判・小判］

ごはん【ご飯】 「めし」「食事」のていねいな言い方。▽「ご飯をもる。朝ご飯」

ごばん【碁盤】 碁をうつのに使う、たて・横十九本ずつの線を引いた盤。⬇碁（図）

ごび【語尾】 ❶ことばの終わり。▽「語尾をはっきりと話す」❷ことばの終わりが変わる語で、その変わる部分のこと。「書き」「書く」の「き」、「く」にあたるところ。

コピー うつし。複写。

こびと【小人】 おとぎ話などに出てくる、とてもからだの小さい人。

こびる きげんをとって、気に入ってもらうようにする。へつらう。

こぶ ❶病気や、ぶつけたりしたためにできる、ひふのもり上がったもの。❷高くもり上がっているもの。▽「ラクダのこぶ」❸ひもなどの、かたいむすび目。▽「くつひものこぶをほどく」

こふう【古風】 古めかしいようす。

ごふく【呉服】 和服用の織物。反物。

ごぶごぶ【五分五分】 たがいに力が同じくらいのようす。互角。

ごぶさた しばらくたよりもしないし、たずねても行かないこと。▽「たいへんごぶさたいたしました」

こぶし 手の指をおりまげて、にぎりかためたもの。げんこつ。

こぶた【小豚・子豚】 小さなブタや、ブタの子。

こぶまき 魚などをコンブで巻いてにた食べ物。⬇お節料理（図）

コブラ インドなどにいるどくヘビ。おこると首をうちわのように広げる。

こぶり【小降り】 雨や雪の降り方がはげしくないこと。⇕本降り。

こふん【古墳】 古代の身分の高い人の墓で、土を高くもり上げて、おかのように大きくつくってあるもの。

こぶん【子分】 人の下ではたらく人。部下。⇕親分。

こべつ【個別】 一人一人、また一つ一つを別々にあつかうこと。▽「個別に指導する」

ごぼう キクのなかまのやさい。茶色の細くて長い根を食べる。

こぼす ❶もらし、おとす。▽「水をこぼす」❷不平を言う。▽「ぐちをこぼす」

こぼれる ❶水などが、あふれ出る。▽「バケツから水がこぼれる。なみだがこぼれる」❷すきまから、もれておちる。▽「指の間から、すながこぼれる」

こま じくを中心にして回すまるい形のおもちゃ。手やひもで回す。

ごま 黒・白・茶色の細かいつぶの食べ物。夏にうすむらさきの花がさくゴマという草の種で、油の原料にもなる。

コマーシャル ラジオやテレビなどで行う、広告放送。CM。

こまい【古米】 前の年にとれた米。⇕新米。

こまか【細か】 小さい。くわしい。▽「細かな字」⬇【細】261ページ

こまかい【細かい】 ❶小さい。▽「細かいすな」⇕粗い。❷くわしい。▽「きそくが細かい」❸いきとどく。▽「細かい心くばり」❹けちくさい。▽「お金に細かい」⬇【細】261ページ

ごまかす ❶うそを言って、だます。▽「わらってごまかす」❷悪いことをする。▽「おつりをごまかす」

こまく【鼓膜】 耳のあなのおくにあるうすいまくで、音が入ってくるとふるえて、音を中につたえるもの。

こまごま くわしく。ていねいに。▽「こまごまと注意する」

こまやか ❶細かで、くわしいようす。❷思いやりの気持ちのこもっているようす。

こまりはてる【困り果てる】 どうにもならなくて、すっかりこまってしまう。▽「道にまよって困り果てる」

こまる【困る】 ❶どうしてよいかわからないでいる。❷苦しむ。▽「生活に困る」⬇【困】257ページ

ごみ 役に立たなくなったきたないもの。▽「ごみの山。ごみ箱」

こみあげる【こみ上げる】 ❶食べた物が、また口の方へ出てくる。❷なみだやわらいなどが、おさえようとしても出てくる。▽「よろこびがこみ上げる」

こみいる【込み入る】 入りくむ。ごたごたしていて、めんどうである。

こみち【小道】 せまい小さな道。

コミック まんが。また、まんがを一冊の本にしたもの。まんが本。

コミュニケーション 人と人とが、ことば、文字、身ぶりなどで、おたがいの考えや気持ちを伝えあうこと。▽「英語ができると、外国の人とコミュニケーションがとれる」

こむ【混む】 人やものがぎっしりとつまる。▽「大安売りでお店が混む」⬇【混】257ページ

こむ【込む】 ❶ぎっしりつまる。❷仕事が細かい。▽「手がこんだ細工もの」

ゴム ゴムノキからとったしるをもとに作った、はずむ性質のもの。タイヤ・ボールなどを作るのに使う。今では化学的に作るものが多い。

こむぎ【小麦】 ムギのなかま。実はみそ・しょうゆなどの原料にする。また実を粉にした物を小麦粉といい、パン・うどん・かしなどの原料として広く使われる。

こむぎこ【小麦粉】 小麦の実を粉にしたもの。白くさらさらしていて、パン、うどん、かしなどを作るのに使われる。

こめ【米】 イネの実から、もみがらをとりさったもの。ご飯にする、こくもつ。⬇【米】626ページ

こめかみ 耳と目の間にあって、物をかむとき動く所。⬇顔（図）

コメディー 喜劇。

こめびつ【米びつ】 米を入れておく入れ物。

こめる【込める】 ❶入れておく。▽「たまをこめる」❷集めつぎこむ。▽「力をこめる」❸持たせる。▽「二つの意味をこめる」

前のページの答え⇒「サイ（さいせんたん）」

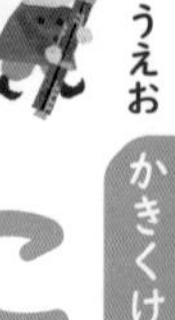

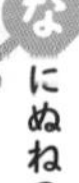

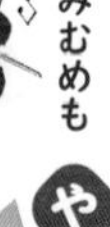

あいうえお　かきくけこ　さしすせそ　たちつてと　なにぬねの　はひふへほ　まみむめも　やゆよ　らりるれろ　わをん

ごめん ❶あやまるときに使うことば。▽「おそくなってごめん」❷人をたずねたときや帰るときのあいさつ。▽「ごめんください」

コメント どう思うか、考えを言うこと。▽「クラス全員のコメントを集める。質問について大臣がコメントする」

ごめんなさい あやまるときや、ことわるときに言うことば。▽「おくれて、ごめんなさい」

こもじ【小文字】❶小さな字。⇔大文字。❷ローマ字でa・b・c……の字体。⬇アルファベット（図）

こもの【小物】❶小さな道具など、こまごまとした物。▽「小物入れ」❷力やさいのうがたいしてない人物。つまらない人物。⇔大物。

こもり【子守】小さい子供のそばにいて、遊ばせたり世話をしたりすること。また、それをする人。

こもりうた【子守歌】子供をねむらせたりするときにうたう歌。

こもる ❶中にいっぱいになって外へ出ない。▽「けむりがこもる」❷家の中にいて外に出ない。❸寺などに、いく日もいておいのりをする。❹ふくまれる。▽「心がこもる」

こもれび【木漏れ日】木の葉の間からもれてくる日の光。

こもん【顧問】相談をうけて、考えや意見をのべる役目の人。

こや【小屋】❶小さくてそまつな家。❷しばいなどをするためのたてもの。

こやし【肥やし】作物の生長をたすけるために、土の中に入れる養分。肥料。⬇【肥】577ページ

こやす【肥やす】❶太らせる。▽「ブタを肥やす」❷こやしをあたえて作物がよくできる土地にする。▽「土地を肥やす」⬇【肥】577ページ

こゆう【固有】❶はじめからあること。もとから持っていること。❷そのものにかぎってあること。▽「国にはそれぞれ固有の文化がある」

こゆび【小指】手足の指の中で、外がわのはしにあるいちばん細く小さい指。⬇指（図）

こよい【今宵】こんばん。今夕。

ごよう【御用】❶「用事」のていねいな言い方。▽「何かご用ですか」❷朝廷や政府の用事。❸昔、役所の命令で人をつかまえたこと。

こよみ【暦】一年じゅうの日にち・曜日・行事などを日のじゅんにしるしたもの。カレンダー。⬇コラム

こより 細長い紙を強くねじって、ひものようにかたくしたもの。

ごらいこう【御来光】高い山の上でおがむ日の出。▽「夏休みに富士山でご来光をおがむ」

[ご来光]

こらえる 気持ちを出さないようにする。がまんする。▽「悲しみをこらえる」

ごらく【娯楽】なぐさみ。楽しみ。

こらしめる【懲らしめる】二度としないように、こりさせ、いましめる。

こらす【凝らす】心を一つのことに集中させる。▽「くふうをこらす」

コラム 新聞や雑誌などで、線でかこんだ中に、みじかくまとめたよみもの記事。

ごらん【御覧】❶あいてが見ることをそんけいしていうことば。▽「この絵をごらんください」❷見なさい。▽「空をごらん、今夜は満月だ」

こりごり【懲り懲り】すっかりこりて、い

こよみの上で

テレビなどで「こよみの上では、今日から春です」などと言っているのを聞いたことはありませんか。

こよみの上で春のはじまりは「立春」という日で、二月四日ごろにあたります。一年でもっとも寒く、このあとしだいにあたたかくなっていくことから「春が立つ」日として、立春といいます。ほかにも、もっとも暑く、その後しだいにすずしくなっていく日を「秋が立つ」ことから立秋といいます。

立春や立夏、立秋、立冬は二千年以上むかしの中国で考えられた季節の区分で、太陽の位置をもとにつくられました。また三月から五月を春というのは、気候上の季節の区分で、気象庁でもこのわけかたを使っています。四季はふたつのわけかたがあるのです。

まだまだ寒いのに、もう春だなんてへんだなと思ったら、こんな理由があったのですね。

やになるようす。▼「あんないたずらは、もうこりごりだ」

こりつ【孤立】 なかまやたすけがなく、ひとりだけになること。▼「災害でこりつした村」

ごりむちゅう【五里霧中】 深いきりの中にいるように、どうしていいのか、さっぱりわからないことのたとえ。

ごりやく【御利益】 神や仏からあたえられるおめぐみ。

ごりょう【御陵】 天皇・皇后・皇太后のお墓。みささぎ。

ゴリラ 人に近いサルのなかまの動物。アフリカにすみ、サルの中で、もっとも大きい。

こりる【懲りる】 失敗して、もうこんなことはやるまいと思う。

ごりん【五輪】 ❶五つの輪。❷オリンピックのしるしの、五つの輪。左から、青・黄・黒・緑・赤のじゅんで、五大陸をあらわしている。❸オリンピックのこと。

こる【凝る】 ❶いっしょうけんめいになる。▼「仕事にこる」❷からだの筋肉がかたくなる。▼「かたがこる」❸くふうされている。▼「こったデザイン」

コルク コルクガシという木の皮からとったもので、軽くて水や空気を通しにくい性質があ

なぞなぞ 顔が6つ、目が21もあるものなに？ 答えは次のページ。

る。びんのせんや防音材などに使われる。キルク。

ゴルフ 小さいボールをクラブでうって、十八個のあなに、じゅんばんに入れていく競技。最後まで回り、うった回数の少ない人が勝ちになる。

これ ❶自分に近い物や人を言うことば。▽「これはぼくの本です」❷すぐ前に話したことをあらわすことば。▽「これが言いたいことの全部です」❸今。ただ今。▽「これから練習をはじめる」

これから ❶今から。▽「これから行く」❷ここから。▽「これからが勝負だよ」

コレクション 物を集めること。また、集めたもの。

コレラ コレラ菌が腸に入っておこる感染症。熱が高くなり、はいたり、げりをしたりし、死ぬこともある。

ころ【頃】 ❶だいたいの時をあらわす。▽「赤ちゃんだったころ」❷ちょうどよい時。▽「食べごろのメロン。ころを見はからって、話しはじめる」

ごろ【語呂】 ことばを、耳にしたときの感じ。▽「ごろがいいことわざ」

ごろあわせ【語呂合わせ】 ❶ならんだ数字を、ことばのようにして読むこと。「五九六三」を「ごくろうさん」と読むなど。❷あることばの音をまねて、別のおもしろいことばを作ること。

ころがす【転がす】 ❶ごろごろ回してすすませる。❷たおす。ころばす。▽「びんを転がす」⬇【転】481ページ

ころがる【転がる】 ❶ごろごろ回ってすすむ。▽「ボールが転がる」❷ころぶ。ひっくりかえる。▽「自転車にぶつかって転がる」⬇【転】481ページ

ころげる【転げる】 ころがる。▽「石につまずいて転げる」⬇【転】481ページ

ころす【殺す】 ❶命をうばう。⇕生かす。❷おさえつける。▽「声を殺す」❸役に立たないようにする。▽「せっかくの才能を殺す」⬇【殺】272ページ

コロッケ ゆでてつぶしたじゃがいもや、クリームソースなどをまるめて油であげた食べ物。

コロナ 太陽のまわりの高温の大気。皆既日食のときに見える。

ころばぬさきのつえ【転ばぬ先のつえ】 転んでから、つえをついても役に立たない。失敗する前に気をつけることが大切だということわざ。

ころぶ【転ぶ】 ❶ころがる。▽「転ぶようにして走る」❷たおれる。ひっくりかえる。⬇【転】481ページ

ころも【衣】 ❶からだに着るもの。衣服。❷おぼうさんがきる着物。⬇けさ(図)⬇【衣】30ページ

ころもがえ【衣替え】 季節のかわり目に、その季節に合った衣服に着がえること。

こわ【声】 ほかのことばと組み合わせて「こえ」の意味をあらわす。▽「声色。声高」⬇【声】372ページ

こわい【怖い】 不安なかんじがして近づきたくない。おそろしい。

こわいろ【声色】 ❶声の調子。あるいは、そのようす。❷役者・芸人などの声をまねること。

こわがる【怖がる】 不安でおそろしく、いやだと思う。▽「高いところをこわがる」

こわごわ おそるおそる。おっかなびっくり。▽「こわごわつり橋をわたる」

こわす【壊す】 ❶物をくだいたり、きずつけて使えなくする。▽「おもちゃをこわす」❷やくそくや計画をだめにする。▽「ゆめをこわす」❸はたらきなどを悪くする。▽「おなかをこわす」

こわだか【声高】 話す声が大きく高いこと。

こわばる やわらかなものが、かたくなる。

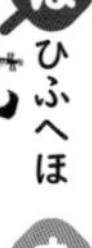

こわれる【壊れる】❶物がくだけたり、きずついたりしてだめになる。▼「かびんがこわれる」❷計画や話がだめになる。❸はたらきなどが悪くなる。

▼「失敗して顔がこわばる」

こん【今】2年 コン・(キン) いま

いま。▼「今後」⇔古。

ノ 今 今 今（つける）

★「令」ににているので注意

●今月●今後●今度●今日●今晩●今夜●昨今

こん【困】6年 コン こまる

苦しむこと。なやんだりこまったりすること。▼「貧困」

丨 冂 冂 円 用 困 困

★「因」ににているので注意

●困窮●困難

こん【金】きん。▼「黄金」⬇【金】185ページ

●金色

こん【根】3年 コン ね

❶草や木のね。▼「球根」

❷ものごとのもと。▼「根本」

一 十 木 村 杞 根 根 根（この形に注意）

●根幹●根気●根拠●根比べ●根性●根絶●根負け●精根●大根

こん【混】5年 コン まざる・まじる・まぜる・こむ

まじること。まぜること。▼「混合」

丶 氵 汨 混 混 混（おる）

●混合●混雑●混線●混同●混乱

こん【紺】青とむらさきをまぜ合わせた色。

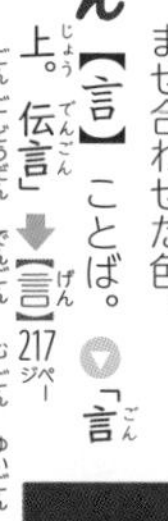

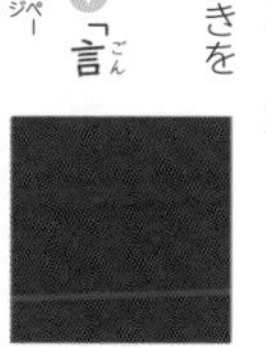

[紺]

ごん【言】ことば。▼「言上。伝言」⬇【言】217ページ

●言語道断●伝言●無言●遺言

こんい【懇意】親しい間がら。なかのよいこと。▼「懇意にしている友人」

こんかい【今回】なん回か行われる中で、いま行われていること。このたび。

こんがらかる どうなっているのかわからないくらい、もつれる。ややこしくなる。「こんがらがる」ともいう。▼「糸がこんがらかる。いろんな人がいて話がこんがらかる」

こんかん【根幹】❶根と幹。❷ものごとの大もとになる大事なところ。

こんき【根気】ねばり強い力。たえる力。▼「根気がいる作業」

こんきゅう【困窮】ひじょうに困ること。びんぼうで、生活に困ること。

こんきょ【根拠】よりどころとなるもの。▼「根きょのないうわさ。根きょ地」

コンクール 音楽・図画・作文・劇などのできばえをきそう競技会。

こんくらべ【根比べ】根気やしんぼう強さの比べ合い。

コンクリート セメント・すな・じゃり・水を、きまったわりあいでまぜて練り、かたまらせたもの。建築や土木工事などに使う。

ごんげ【権化】❶仏が人々をすくうため、すがたをかえてこの世にあらわれること。❷そのものになりきっている、すがた。▼「悪の権化」

こんげつ【今月】この月。当月。

こんご【今後】これから後。

こんごう【混合】いろいろなものが、まじり合うこと。まぜ合わせること。

ごんごどうだん【言語道断】ことばでは言いあらわせないほど、ひどいこと。もってのほか。

あいうえお

かきくけこ
こ
さしすせそ

たちつてと

なにぬねの

はひふへほ

まみむめも

やゆよ

らりるれろ
わをん

前のページの答え⇒「さいころ」

コンサート 音楽会。演奏会。

こんざつ【混雑】 ❶ごたごたと入りまじっていて分けにくいこと。❷人が大ぜい集まって、こみ合うこと。

こんじき【金色】 きん色。こがね色。

こんしゅう【今週】 こよみで、今日をふくむ週。

こんじょう【根性】 ❶性質。性根。▽「根性がひねくれている」❷ものごとをやろうとする強い心。▽「根性がある」

こんすい【こん睡】 病気などで、意識をなくして目ざめないようす。

コンセント 電気のコードをさしこんで電気を引く所。さしこみ口。

こんだて【献立】 料理の品々の取り合わせ。またそれを書いたもの。

こんだん【懇談】 うちとけてよく話し合うこと。▽「先生とこん談する」

コンチェルト ⬇協奏曲

こんちゅう【昆虫】 チョウ・トンボ・セミなどのなかま。からだは、頭・胸・腹の部分に分かれている。胸にはふつう四まいの羽と、六本の足がある。成長のとちゅうで、すがたがかわる。

コンディション 気分・場所・天気などのようす、ありさま。▽「今日は、しばのコンディションが悪くてボールをけりづらい」

コンテスト 作品のできばえや、人や物のすがたかたちの良さなどをきそう会。▽「写真コンテスト」

コンテナー 荷物を荷づくりしないで入れ、船や列車や車にのせてはこべるようにした大きな箱。コンテナ。

コント おもしろく、皮肉って書いた、みじかい物語。

こんど【今度】 ❶この次。▽「今度は、ぼくの番だ」❷このたび。今回。▽「今度のテストはやさしかった」

こんどう【混同】 まざり合って、くべつがつかないこと。▽「自由とわがままを混同してはならない」

コントラバス バイオリンのなかま。弦楽器の中ではいちばん大きく、もっともひくい音を出す。「ダブルベース」「ベース」ともいう。⬇楽器（図）

コントロール ❶つりあいがとれるようにすること。調節。❷球技で、思う所にボールをなげたりけったりできる能力。▽「コントロールがいい」

こんな このような。こういう。▽「こんなきれいな花は、はじめて見た」

こんなん【困難】 苦しんだり、なやんだりするような、むずかしいこと。

こんにち【今日】 ❶きょう。❷このごろ。今の時代。▽「今日の日本のありさま」

こんにちは 昼間、人に会ったときのあいさつのことば。

こんにゃく おでんやにものなどにするだん力のある食べ物。サトイモのなかまのコンニャクという草の、地下にできる玉のようなくきを粉にしてつくる。

コンバイン 作物をかりとったり、もみがらをとったりする機械。

[コンバイン]

コンパクトディスク 音をデジタル信号にかえて記録した小型の円盤。CD。

コンパス ❶円を書くときや長さをはかるときに使う道具。❷⬇らしんばん ❸歩くときの、両足のひらきはば。

こんばん【今晩】 今日の夜。今夜。▽「今晩、旅出ちます」

こんばんは 夜、人に会ったときのあいさつのことば。

あいうえお
かきくけこ
こ
さしすせそ
たちつてと
なにぬねの
はひふへほ
まみむめも
やゆよ
らりるれろ
わをん

コンビ 組み合わせ。コンビネーション。二人組み。▼「まんざいのコンビ」

コンビナート 関係があるいくつかの産業や工場をひとつの地域に集めたもの。▼「石油化学コンビナート」

コンビニ 「コンビニエンスストア」の略。▼「コンビニで買った弁当」

コンビニエンスストア 朝はやくから夜おそくまでひらいている小さなスーパーマーケット。コンビニ。

コンピューター 電子計算機。電子のはたらきで、むずかしい計算をすばやく行ったり、多くのことを記おくさせたりするのに使う。

こんぶ【昆布】 黒茶色の海そう。火を通すと緑色になる。食用。

コンプレックス 自分が他人よりもおとっていると思う気持ち。劣等感。

こんぺいとう【金平糖】 砂糖でできた小さなおかし。

こんぽん【根本】 ものごとの大もとになる大事なこと。▼「根本から正す」

[金平糖]

こんぽんてき【根本的】 ものごとの大もとになるようす。▼「根本的な原因をさぐる」

コンマ ❶横書きにした文の切れめにつける「，」。❷大きな数の位どりのためにつける「，」。❸小数点の「.」のこと。「カンマ」ともいう。

こんまけ【根負け】 根気がつづかないこと。根くらべをして負けること。

こんや【今夜】 今日の夜。今晩。

こんやく【婚約】 正式に、結こんの約束をすること。また、その約束。

こんらん【混乱】 入りみだれて、まとまりがつかないこと。▼「列車のダイヤが混乱する」

こんりゅう【建立】 寺や塔などをたてること。▼「法隆寺が建立されたのは、飛鳥時代である」

こんれい【婚礼】 結こん式。

こんろ 持って運べるくらいの大きさの、食べ物をにたきする道具。▼「ガスこんろ。電気こんろ」

さかさことば 前から読んでもうしろから読んでも「逆さ」。

さ
ざ
ザサ

さ【左】 1年 サ ひだり
ひだり。⇕右。右。
一ナ左左左（やや長めにして、はらう）
●左折●左右

さ【再】 ほかのことばの上につけて「ふたたび」「さらに」の意味をあらわす。▽「再来月」⬇【再】261ページ
●再来週●再来年

さ【作】 ❶仕事。はたらき。▽「作業」❷行い。▽「動作」⬇【作】268ページ
●作法●作用●作用点●操作●発作●無造作

さ【佐】 4年 サ ―
❶助ける。▽「補佐」❷軍隊の階級。▽「大佐。空佐」
ノ亻仁什佐佐佐（くっつける／つき出ない）
●補佐●佐賀県

さ【査】 5年 サ ―
しらべること。▽「査定。検査。調査」
一十木木杏杳査（旦や且としない／長めに）

さ【砂】 6年 サ・（シャ） すな
すな。▽「砂丘」
一厂石石矿砂砂
●砂丘●砂金●砂鉄●砂糖●砂漠

さ【茶】 チャの木。チャの葉。▽「茶道」⬇【茶】445ページ
●茶道●茶話会●喫茶店

さ【差】 4年 サ さす
❶ある数から、ある数を引いたのこり。⇕和。❷ちがい。▽「差異」
丷差差差差差
●差異●差額●差別●交差●誤差●時差●大差●落差

ざ【座】 6年 ザ （すわる）
❶すわる場所。▽「座席」❷集まりの席。▽「座がにぎわう」❸星の集まり。▽「星座」❹江戸時代にお金やはかりなどをつくった場所。▽「金座。銀座」❺劇場名などの下につけることば。
广庂座座座座（タテ棒は長く）
●座高●座敷●座礁●座席●座談会●座布団●座右の銘●上座●正座●即座●当座

さあ ❶人をさそってよびかける時にいうことば。▽「さあ、いっしょに行こう」❷大事なことの前に、やる気を出すためにいうことば。▽「さあ、がんばるぞ。さあ、今日から新学期だ」❸困ったりおどろいたりしたときにいうことば。▽「さあ、たいへんだ。さあ、どうしよう」

サーカス 空中ぶらんこなど、ふつうの人にはできない芸や、動物の芸を見せるもの。▽「サーカスを見に行く」

サークル ❶なかま。集まり。▽「歌のサークル」❷まるい形。

サーチライト 強いあかりにレンズなどをあわせて、遠くまで照らすことができる機械。

［サーチライト］

サービス ❶人のためにつくすこと。❷客をもてなすこと。▽「サービスのいいレストラン」❸➡サーブ

サーブ テニス・バレーボール・卓球などで、せめるがわが、ボールをうち出すこと。サービス。⇕レシーブ。

サーフィン 木やプラスチックでできた板に乗って、大きな波の上をすべるスポーツ。波乗り。

さい【才】 2年 サイ ―

❶ちえのはたらき。▽「天才。文才」
❷年れいをあらわすことば。正しくは「歳」だが、小学校ではならわないので、かわりに「才」の字を使う。

才（つき方に注意 ★才としないように注意）

●才気●才能●英才●秀才●文才

さい【切】 みんな。すべて。「一切」と読むときのとくべつな読み方。➡【切】382ページ

さい【西】 にし。▽「関西。東西」⇕東。➡【西】372ページ

さい【再】 5年 サイ・サ ふたたび

二度くりかえすこと。また。

再（はねる／左右につき出る）

●再会●再開●再起●再建●再現●再三●再生●再選●再度●再任●再発

さい【災】 5年 サイ （わざわい）

不幸せな出来事。▽「災難」

災（この形に注意 ★「炎」ににているので注意）

●災害●災難●火災●戦災●天災

さい【妻】 5年 サイ つま

夫を持つ女。つま。▽「妻子」⇕夫。

妻（右につき出る／長めに）

●夫妻

さい【財】 たから。ざいさん。「財布」と読むときのとくべつな読み方。➡【財】263ページ

さい【細】 2年 サイ こまか・こまかい・ほそい・ほそる

❶ほそいこと。▽「毛細血管」
❷こまかいこと。▽「細大。零細」
❸くわしいこと。▽「詳細」

細（おる）

●細菌●細工●細心●細部●細胞●委細●詳細●繊細

さい【祭】 3年 サイ まつり・まつる

神をまつること。まつり。

祭（癶としない）

●祭日●祭典●祭礼●例祭

さい【埼】 4年 さい ―

山や陸からつき出た所。みさきや山のはし。

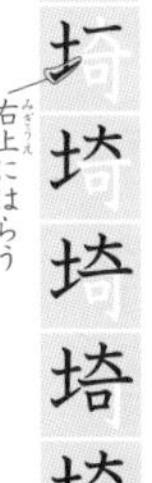

埼（右上にはらう）

あいうえお かきくけこ さしすせそ たちつてと なにぬねの はひふへほ まみむめも やゆよ らりるれろ わをん

早口ことば （五回続けていえるかな） ささくれがいささか痛いとささやく。

●埼玉県

さい【菜】4年 サイ な

❶やさい。あおもの。▼「野菜」
❷おかず。そえもの。▼「総菜」

一 艹 芊 苹 萃 菜（この形に注意 采としない）

●菜園●菜食●野菜

さい【採】5年 サイ とる

❶手でとること。▼「採集」
❷えらぶこと。▼「採決」

扌 扌 扌 採 採 採（采としない）

●採掘●採決●採算●採取●採集●採択●採点●採用

さい【済】6年 サイ すます・すむ

❶おわること。すむこと。▼「完済」
❷たすけ、すくうこと。▼「救済」

氵 浐 浐 済 済 済（月ではない）

●救済●経済●返済

さい【最】4年 サイ もっとも

いちばんの。もっとも。▼「最大」

旦 早 最 最 最 最（長く／右上に）

●最愛●最悪●最下位●最近●最古●最後●最期●最高●最高潮●最高峰●最後を飾る●最終●最初●最小●最少●最上●最小公倍数●最新●最前●最善●最多●最大●最大公約数●最短●最中●最長●最低●最適●最年少●最年長●最果て●最良

さい【裁】6年 サイ さばく・(たつ)

❶布をたちきること。▼「裁断」
❷さばくこと。▼「裁判」

土 圭 表 裁 裁 裁（この形に注意）

★「栽」ににているので注意

●裁断●裁判●裁判所●裁縫●制裁●仲裁●体裁●独裁

さい【際】5年 サイ (きわ)

❶まぎわ。はて。▼「際限」
❷身分。▼「学生の分際」
❸そのとき。そのおり。▼「今度お目にかかった際お話しします」

阝 阝 際 際 際 際（癶ではない）

●交際●国際●実際

さい【歳】

年れいをあらわすことば。▼「いま何さい？ 九さい」

さい【差異・差違】

ちがい。相違。

さい

熱帯地方にすむ動物。陸上の動物ではゾウの次に大きい。「インドサイ」は一本、「シロサイ」「クロサイ」は二本の角を鼻の上に持つ。草食動物。

ざい【在】5年 ザイ ある

❶ものがあること。▼「存在」
❷人がいること。▼「在宅」
❸いなか。▼「近在」

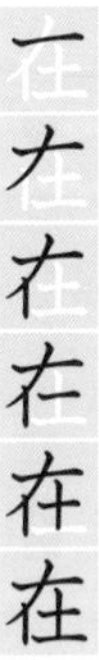

一 ナ 九 存 在 在

●在学●在庫●在校生●在住●在職●在籍●在宅●在中●健在●現在●実在●自由自在●所在●存在●滞在

ざい【材】4年 ザイ ―

❶ざいもく。▼「木材」

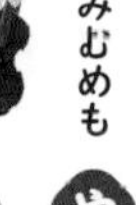

❷ざいりょう。▽「資材」
❸役に立つ人。▽「人材」

一 十 才 木 朩 村 材 材

★「村」ににているので注意。

●材質●材木●材料●画材●教材●取材●石材●題材●木材

ざい【財】 5年 ザイ・（サイ）

たからもの。お金。▽「財産。財政」

丨 冂 目 貝 貝 財 財 財

戈ではない

●財界●財源●財産●財政●財団●財閥●財宝●財務省●財力●家財●文化財

ざい【罪】 5年 ザイ つみ

よくない行い。▽「犯罪」

罒 罒 罒 罒 罒 罪 罪 罪

四ではない

●罪悪●罪人●罪名●謝罪●無罪●有罪

さいあい【最愛】 いちばん愛していること。いちばんかわいがること。

さいあく【最悪】 いちばん悪いこと。⇔最良。最善。

ざいあく【罪悪】 道徳にそむく悪い行い。

さいえん【菜園】 やさいを作る畑。

サイエンス 科学。

さいかい【再会】 わかれた人とまた会うこと。▽「十年ぶりの再会」

さいかい【再開】 一度やめたものを、再びはじめること。▽「会議は午後から再開された」

さいかい【最下位】 ❶いちばん下の位。❷いちばん悪い成績。

さいがい【災害】 台風・地しん・火事などでうけるわざわい。

ざいかい【財界】 大きな資本で品物の生産・売買・貿易などの事業をしている人々の集まり。

ざいがく【在学】 学校に学生・生徒・児童として学んでいること。在校。

さいき【才気】 すぐれた頭のはたらき。▽「才気あふれる作品」

さいき【再起】 再び立ち直ること。▽「病気がなおって再起する」

さいきん【細菌】 目に見えないほど小さい生物。バクテリア。

さいきん【最近】 つい近ごろ。このごろ。▽「最近、テニスをはじめた」

さいく【細工】 細かい物を作ること。

さいくつ【採掘】 鉱物などを地下からほり出すこと。▽「金を採掘する」

サイクリング 自転車にのって遠出をすること。自転車旅行。

さいけつ【採血】 けがや病気で血がたりなくなった人にあげるため、また、自分が病気かどうか調べるために、体から血をとること。▽「看護師が採血をする」

さいけつ【採決】 会議に出された案を通すか通さないか、みんなの意見を聞いて決めること。

さいけつ【裁決】 よい・悪いを、裁判でさばいて決めること。

さいげつ【歳月】 年月。

さいげつひとをまたず【歳月人を待たず】 年月は、人のつごうなどにかまわないで、すぎさってしまう。

さいけん【再建】 たて直すこと。

さいけん【債権】 貸し主が、貸してあるお金や品物などのしはらいを要求できる権利。

さいげん【再現】 再び現れること。再び現すこと。▽「事件を再現する」

ざいげん【財源】 お金を得るもと。お金の出どころ。

さいこ【最古】 いちばん古いこと。▽「日本最古のたてもの」⇔最新。

なぞなぞ 呼べば呼ぶほど遠くに行ってしまう動物は？ 答えは次のページ。

さいご【最後】 ❶いちばん後。⇕最初。最前。❷もし……したらぜったいに。▼「言い出したら最後、人の意見はきかない」

さいご【最期】 死ぬまぎわ。死ぬこと。▼「祖父の最期に立ち会う」

ざいこ【在庫】 品物のたくわえがあること。また、その品物。

さいこう【再考】 もう一度考え直すこと。▼「再考をうながす」

さいこう【最高】 いちばん高いこと。また、いちばんすぐれていること。▼「世界最高記録」⇕最低。

さいこうさいばんしょ【最高裁判所】 国でいちばん上の裁判所。

ざいこうせい【在校生】 学校で学んでいる生徒・児童。

さいこうちょう【最高潮】 気持ちがいちばん高まったとき。クライマックス。▼「クラス対こうのリレーで運動会は最高潮にたっした」

さいこうほう【最高峰】 ❶いちばん高い山。❷最もすぐれていること。また、その人。▼「医学界の最高ほう」

さいころ 小さい立方体の六つの面に、一から六までの数がしるしてあるもの。すごろくあそびなどで使う。

さいさき【▲幸先】 よいことがあるように思える、出来事や前ぶれ。また、よいことにかぎらず、物ごとの前ぶれ。▼「さい先がよい。さい先がわるい」

さいさん【採算】 入るお金と出るお金とのつりあい。▼「採算が合う」

ざいさん【財産】 たくわえたお金や、土地や、ねうちのある品物。

さいし【妻子】 妻と子。

さいじき【歳時記】 ❶年間の行事、自然のようす、世の中の出来事などを季節に分けてのせてある本。❷俳句で、季節をあらわすことばを説明した本。

さいじつ【祭日】 ❶祭りを行う日。❷「国民の祝日」のこと。

ざいしつ【材質】 ❶材木の性質。▼「かるい材質の木」❷材料の性質。

さいしゅ【採取】 えらびとること。

さいしゅう【採集】 とって集めること。▼「こん虫採集。民話を採集する」

さいしゅう【最終】 いちばん終わり。

ざいじゅう【在住】 今、住んでいること。▼「東京在住」

さいしょ【最初】 いちばん初め。▼「最初の問題」⇕最後。

さいしょう【宰相】 国をおさめることをまかされた人。総理大臣。首相。

さいしょう【最小】 いちばん小さいこと。⇕最大。

さいしょう【最少】 いちばん少ないこと。⇕最多。

さいじょう【最上】 いちばんうえ。また、いちばんすぐれていること。▼「最上階。最上の品物」

さいしょうげん【最小限】 限られた中で、いちばん小さいこと。▼「最小限の要求をする」⇕最大限。

さいしょうこうばいすう【最小公倍数】 公倍数の中でいちばん小さい数。

さいしん【細心】 小さなところにまで心をくばること。▼「細心の注意」

さいしん【最新】 いちばん新しいこと。▼「最新ニュース」⇕最古。

サイズ 大きさ。すんぽう。

さいせい【再生】 ❶生きかえること。❷生まれかわること。❸使えなくなったものを、使えるように作り直すこと。❹生物が、うしなったからだの一部を、また作り出すこと。❺記録した映像や音を見たり聞いたりすること。

ざいせい【財政】 ❶国や県などをおさめていくためのお金のやりくり。❷個人のお金のやりくり。金まわり。

ざいせき【在籍】 学校や団体などに入っていること。

さいせん【さい銭】 神社や寺におまいりしたときに、そなえるお金。

さいぜん【最前】 いちばん前。⇔最後。

さいぜん【最善】 ❶いちばんよいこと。⇔最悪。❷できるだけのこと。全力。最良。▼「最善をつくす」

さいぜんせん【最前線】 戦争やスポーツで、敵にいちばん近いところ。また、仕事などでいちばんはげしい競争をしているところ。▼「サッカーで、最前線にいる選手にパスを送る。ロボット研究の最前線」

さいせんたん【最先端】 いちばん新しく、進んでいるところ。▼「最先たんの薬を使ってなおった」

さいそく【催促】 せきたてること。

さいた【最多】 いちばん多いこと。▼「最多勝利投手」⇔最少。

サイダー しゅわしゅわとあわがでるあまい飲み物。炭酸ガスを水にとかし、砂糖や香りをくわえてつくる。

さいだい【最大】 いちばん大きいこと。▼「世界で最大の大陸」⇔最小。

さいだいげん【最大限】 これ以上できないというところ。▼「最大限の努力」⇔最小限。

さいだいこうやくすう【最大公約数】 公約数の中でいちばん大きい数。

さいたく【採択】 えらびとること。▼「教科書を採たくする」

ざいたく【在宅】 自分の家にいること。⇔外出。

さいたまけん【埼玉県】 関東地方にある県。狭山の茶・秩父のセメントが有名。県庁はさいたま市にある。➡都道府県（図）

さいたん【最短】 いちばん短いこと。▼「最短コース」⇔最長。

さいだん【裁断】 ❶型に合わせて、紙や布などを切りはなすこと。❷よい・悪いをはんだんしてきめること。

さいちゅう【最中】 まっさかり。▼「勉強の最中」

ざいちゅう【在中】 中に入っていること。▼「写真在中」

さいちょう【最長】 いちばん長いこと。▼「世界最長の川」⇔最短。

さいてい【最低】 いちばん低いこと。また、たいへん悪いこと。⇔最高。

さいてき【最適】 いちばんよくあてはまること。ふさわしいこと。▼「自分に最適の仕事をさがす」

さいてん【祭典】 祭り。また、祭りの儀式。祭礼。

さいてん【採点】 答案や成績のよしあしをしらべて、点をつけること。

サイト ❶ある目的のために使う土地。しき地。用地。▼「キャンプサイト」❷インターネットで、それぞれの情報を発信しているコンピューターのある場所。ウェブサイト。

さいど【再度】 再び。二度。

さいなん【災難】 思いがけないときにおこるわざわい。▼「災難にあう」

ざいにん【罪人】 罪をおかした人。

さいねんしょう【最年少】 いちばん年下。⇔最年長。

さいねんちょう【最年長】 いちばん年上。⇔最年少。

さいのう【才能】 ものごとをうまくやることのできる、すぐれた頭のはたらき。

さいはい【采配】 ❶昔、大将が部下を指図するときに使った道具。❷指図。▼「さい配をふる」

［采配❶］

さいばい【栽培】 草や木を

前のページの答え⇒「さる（去る）」

うえてそだてること。▽「温室栽ばい」

さいばし【菜箸】 料理をするときや、皿に取るときに使う、長いはし。

さいはつ【再発】 もう一度おこること。▽「病気が再発する」

ざいばつ【財閥】 大きな資本を持って、仕事をしている人たちの、なかまや一族。

さいはて【最果て】 いちばんはずれ。▽「最果ての地」

さいばん【裁判】 よいか悪いかの裁きを、法律によってつけること。

[裁判]

さいばんかん【裁判官】 裁判所で裁きをする役人。

さいばんしょ【裁判所】 裁判を行う役所。日本には、最高裁判所・高等裁判所・地方裁判所・簡易裁判所・家庭裁判所がある。

さいふ【財布】 布や革などでできたお金入れ。▽「財布からお金をとり出す」

さいぶ【細部】 細かいところ。▽「細部にわたって点検する」

さいほう【裁縫】 布を切って服や着物を作ること。針仕事。ぬい物。

さいぼう【細胞】 生物のからだを作っているいちばん小さい単位。

ざいほう【財宝】 財産。たからもの。

さいまつ【歳末】 一年のおわりのこと。年末。▽「さい末大売り出し」

さいみん【催眠】 ねむ気をもよおすこと。▽「さいみん術」

ざいむしょう【財務省】 お金に関係のある仕事をする、国の役所。ぜいきんを集めたり、予算を組んだり、お金や切手を発行したりする。

ざいもく【材木】 家や家具を作る木。

さいよう【採用】 人や品物をとりあげ用いること。▽「意見を採用する」

さいりょう【最良】 いちばんよいこと。最善。▽「最良のできばえ」⇔最悪。

ざいりょう【材料】 品物を作るもとになるもの。▽「建築材料」

さいれい【祭礼】 祭り。祭りの儀式。祭典。

サイレン 危険や時刻などを知らせるために鳴らす、するどく高い音。またその音をだす装置。▽「パトカーのサイレン」

サイロ 家ちくの冬のえさにする草などをためておく倉庫。れんがやコンクリートでつくり、つつの形をしている。

さいわい【幸い】 しあわせ。⬇【幸】227ページ

サイン ❶自分の名前を書くこと。署名。▽「書類にサインする」❷合図。しるし。▽「ピッチャーにサインをおくる」

サウンド 音のひびき。音楽。

さえぎる【遮る】 じゃまをする。とちゅうでやめさせる。▽「人の話をさえぎる」

さえずる 小鳥がひっきりなしに鳴く。▽「春にはウグイスがさえずる」

さえる ❶すんで見える。▽「月がさえる」❷はっきりする。▽「頭がさえる」❸うでまえがすぐれている。▽「りょうりのうでがさえる」

さお ❶竹のえだや葉をとりさった、細長い棒。▽「せんたく物をさおにほす。つりざお」❷水底をついて船をすすませる長い棒。

さおばかり さおのはしに物をつるし、反対がわに重りをつるしてはかるはかり。⬇はかり（図）

さか【坂】 片方が高く、もう片方がひくくなっている道。さかみち。▽「急な坂」⬇【坂】572ページ

さか【逆】 さかさま。反対。▽「逆手」⬇【逆】169ページ
●逆上がり●逆さま●逆立ち●逆手●逆巻く●逆夢

さか【酒】さけ。▽「酒屋。酒場」⬇【酒】315ページ
●酒場●酒盛り

さかあがり【逆上がり】鉄棒で、足で地面をけってからだを逆さのまま持ち上げ、上に身をおこす運動。

[逆上がり]

さかい【境】❶物と物とのしきり。▽「国の境」❷分かれ目。▽「生死の境をさまよう」⬇【境】176ページ

さかいめ【境目】分かれるところ。

さかえる【栄える】いきおいがさかんになる。はんじょうする。▽「国が栄える」⇕衰える。⬇【栄】70ページ

さがけん【佐賀県】九州地方にある県。漁業や農業がさかん。磁器の有田焼が名高い。県庁は佐賀市にある。⬇都道府県（図）

さかさ【逆さ】さかさま。

さかさま【逆さま】じゅんじょや位置などが、反対になっているようす。さかさ。▽「本を逆さまに立てる」

さがす【探す】ほしいものをたずねもとめる。さぐる。▽「本を探す。あらを探す」⬇【探】435ページ

さがす【捜す】見つけようとたずねしらべる。▽「犯人をさがす」

さかずき【杯】酒をのむための小さいうつわ。

さかだち【逆立ち】両足を上にし、両手でからだをささえて立つこと。

さかだてる【逆立てる】下に向いているものを、さかさまに立てる。▽「かみのけを逆立てる」

さかて【逆手】❶ふつうとは逆に持つこと。▽「刀を逆手に持つ」❷鉄棒などで、てのひらを上にむけてにぎること。⇕順手。⬇順手（図）

さかな【魚】水の中にすみ、えらで呼吸する動物。うお。▽「魚屋。魚つり」⬇【魚】174ページ

さかなつり【魚釣り】魚をつること。つり。▽「お父さんと魚つりに行く」

さかなや【魚屋】食べるための魚や貝などを売っている店。

さかのぼる ❶川下から川上の方へすすむ。ながれと反対の方向にすすむ。▽「川をふねでさかのぼる」❷昔にもどる。▽「話は十年前にさかのぼる」

さかみち【坂道】坂になっている道。

さかもり【酒盛り】人が集まって、酒をのみ、楽しむこと。

さかゆめ【逆夢】夢で見たことが、じっさいのことと反対になったとき、その夢をさしていう。⇕正夢。

さからう【逆らう】反対する。▽「武君の意見に逆らう」⬇【逆】169ページ

さかり【盛り】ものごとのいちばんさかえている時。▽「そだち盛り。夏の盛り」

さがる【下がる】❶上から下へ行く。おりる。▽「温度が下がる」⇕上がる。❷ねだんが安くなる。❸悪くなる。▽「成績が下がる」❹しりぞく。▽「一歩下がって歩く」❺ぶらさがる。▽「ひもが下がる」⬇【下】108ページ

さかん【盛ん】❶いきおいがよい。❷広くおこなわれるようす。▽「農業が盛んだ」⬇【盛】373ページ

さき【先】❶いちばん前。⇕後。後。❷すぎさったこと。▽「先ほど」❸これからあと。▽「先の見通し」❹はし。すえ。▽「えだの先」⬇【先】387ページ
●先駆け●先立つ●先走る●先払い●先回り●先を争う●口先●旅先●庭先●店先

さき【崎】4年 さき ―
海や湖につき出た所。みさき。

早口ことば（五回続けていえるかな）山脈でこんにゃくを食べる。

崎 崎 崎 崎 崎 崎（書き順注意）
●長崎県●宮崎県

さぎ【詐欺】 他人をだましてお金や物をとること。また、その人。

さぎ ツルににた鳥。シラサギ・ゴイサギなどの種類がある。木の上に巣を作り、魚をとって食べる。

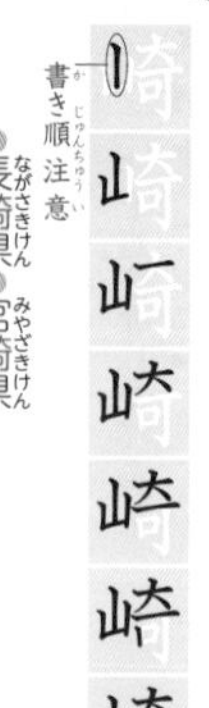
［さぎ］

さきがけ【先駆け】 ❶ほかの者よりはやく敵の中にせめ入ること。❷ほかの者より、はやくものごとをすること。▽「流行の先がけ」

サキソホン やわらかい音色を出す、木管楽器。サックス。⬇楽器（図）

さきだつ【先立つ】 ❶先に死ぬ。❷いちばん先に必要となる。▽「**先立つものはまずお金だ**」❸先になる。❹先頭に立つ。すすんで何かをする。

さきばしる【先走る】 ほかの人より先に出て行動する。でしゃばる。

さきばらい【先払い】 先にお金を払うこと。前払い。⇔後払い。

さきまわり【先回り】 ❶ほかの人より先に目的地に行っていること。❷ほかの人より先に考えたり、ものごとをしたりすること。▽「**話の先回りをする**」

さきみだれる【咲き乱れる】 多くの花が、一面にさく。▽「**野原一面に花がさき乱れる**」

さきゅう【砂丘】 風がはこんだ砂が、もり上がってできたおか。砂山。

さぎょう【作業】 仕事。頭やからだを使って、仕事をすること。▽「**農作業**」

さきをあらそう【先を争う】 一番になろうと、たがいに競争する。▽「**先を争って電車に乗る**」

さきん【砂金】 川底の砂の中からとれる細かい金。

さきんずればひとをせいす【先んずれば人を制す】 人より先にものごとを行えば、有利な立場に立つことができる。

さく【作】2年 サク・サ つくる
❶つくること。▽「**製作**」
❷つくった物。▽「**作品。名作**」

作 作 作 作 作 作 作

●作為●作詞●作詩●作者●作成●作製●作戦●作品●作風●作文●作物●作家●作曲●原作●工作●二毛作●豊作

さく【昨】4年 サク —
いまより一つ前の。先日。前日。▽「**昨日**」

昨 昨 昨 昨 昨 昨 昨 昨 昨（タテ棒の位置に注意）

●昨日●昨年●昨晩●昨夜●昨今

さく【割く】 ❶切り分ける。▽「**ニシンの腹を割く**」❷一部分を分けて、ほかのことに使う。▽「**時間を割く**」⬇【割】134ページ

さく【策】6年 サク —
はかりごと。▽「**策略。対策**」

策 策 策 策 策 策 策 策 策 策 策 策（束ではない）

さく【咲く】 つぼみがひらいて花になる。▽「**サクラの花がさく**」

さく【柵】 木や竹をならべて作った囲い。▽「**さくをとびこえる**」

さく【裂く】 ひきやぶる。▽「**ぼろきれをさく**」

さくい【作為】 わざと手をくわえること。

▽「作為のあとが見える」

さくいん【索引】 辞典などでことばをさがしやすくするために表にしてページなどをしめしたもの。▽「総画さくいん」

さくし【作詞】 歌のことばを作ること。▽「作詞家」

さくし【作詩】 詩を作ること。

さくじつ【昨日】 きのう。⇕明日。

さくしゃ【作者】 詩・歌・小説・絵画などを作った人。作家。

さくしゅ【搾取】 利益などを、しぼりとること。

さくじょ【削除】 けずりとること。とりのぞくこと。▽「一部をさくじょする」

さくせい【作成】 計画や書類などを作ること。▽「夏休み計画表の作成」

さくせい【作製】 道具などを使って原料に手をくわえ、一つの品物につくりあげること。製作。

さくせん【作戦】 戦いをすすめるための、はかりごと。▽「作戦をねる」

さくねん【昨年】 今年の前の年。去年。▽「昨年の春」

さくばん【昨晩】 昨日の晩。ゆうべ。

さくひん【作品】 詩・小説・絵・音楽などの、作られたもの。

さくぶん【作文】 文章を作ること。また、その文章。▽「母を作文に書く」

さくもつ【作物】 田や畑で作るイネややさいなど。農作物。

さくや【昨夜】 昨日の夜。ゆうべ。

さくら【桜】 日本人に昔から親しまれ、日本の国花とされている木。ヤエザクラ・ソメイヨシノ・ヒガンザクラなどの種類がある。⬇【桜】80ページ

[桜]

さくらもち【桜もち】 小麦粉またはもち米で作った皮であんをまき、塩づけの桜の葉で包んだ和がし。

草もち
桜もち

[桜もち]

さくらんぼ 夏 のはじめにみのるくだもの。サクラのなかまの桜桃の実。まるくて小さくてあまずっぱい。さくらんぼう。

さくりゃく【策略】 はかりごと。計略。ぼう略。▽「策略を用いる」

さぐりをいれる【探りを入れる】 それとなく、あいてのようすをしらべる。

さぐる【探る】 さがしてたずねる。おしはかる。▽「ようすを探る」⬇【探】435ページ

ざくろ 六月ごろ赤い花がさく木。実は球形でじゅくすとさけてたくさんの種子があらわれる。

花
実

[ざくろ]

さけ【酒】 ❶アルコール分の入った飲み物。❷日本酒。米とこうじと水でつくる。⬇【酒】315ページ

さけ【×鮭】 北の地方にすむ魚。川で生まれて海にくだり、大きくなってから、生まれた川をさかのぼってたまごをうむ。しゃけ。

さげすむ 見下げて、ばかにする。

さけぶ【叫ぶ】 ❶大きな声を出す。わめく。❷強く考えをうったえる。

さける【裂ける】 切れたりやぶれたりして、分かれる。▽「服がさける」

さける【避ける】 ❶よける。▽「ラッシュをさける」❷のがれる。▽「難をさける」❸きらう。▽「会うのをさける」

さかさことば 前から読んでもうしろから読んでも「しかし菓子」。

さげる【下げる】❶ひくくする。▽「地位を下げる」⇔上げる。❷ねだんを安くする。▽「値を下げる」❸かたづける。▽「おぜんを下げる」❹つるす。▽「上から下げる」↓[下]108ページ

さげる【提げる】手に持ってぶらさげる。▽「かばんを提げる」↓[提]470ページ

ざこ【雑魚】❶いろいろまじった小魚。❷たいした人物でない人。下っぱ。

ざこう【座高】こしかけたとき、こしかけの表面から、頭の先までの高さ。

さこく【鎖国】外国とのつきあいや、とりひきをやめること。⇔開国。

さこつ【鎖骨】かたと胸をつなぐ骨。↓体(図)

ざこね【雑魚寝】たくさんの人が、同じ部屋に入りまじってねること。

ささい わずかな。ちょっとの。▽「ささいなことで、けんかになる」

ささえる【支える】❶物がたおれないように、何かをあてがう。▽「柱で屋根を支える」❷持ちこたえる。たもつ。▽「父が一家の生活を支える」❸ふせぐ。くいとめる。↓[支]283ページ

ささくれ へりや先が細かくさけて、むしれたようになったもの。

ささげる ❶両手で物を高く上げる。❷さしあげる。❸すべてをつぎこむ。つくす。▽「学問に一生をささげる」

さざなみ【さざ波】水面にたつ、小さい波。

さざめく にぎやかに、ざわざわとさわぐ。▽「人々がわらいさざめく」

ささやか こぢんまりしていて、つつましい。▽「ささやかなごちそう」

ささやく 小さい声でひそひそ話す。▽「ないしょの話を耳元でささやく」

ささる【刺さる】先のとがったものが、ほかのものにつき立つ。▽「とげがささる」

さざんか ツバキににた高さ三～八メートルの木。秋から冬にかけて、白やうすもも色の花がさく。あたたかい地方に生え、たねから油をとる。

[さざんか]

さじ 少量の食べ物をすくいとる、えのついた道具。スプーン。

さしあげる【差し上げる】❶上にあげる。▽「手を高く差し上げる」❷「人に物をやる」「してやる」という意味のていねいなことば。▽「先生に本を差し上げる」

さしあたり とうぶん。今のところ。▽「お金はさしあたり必要ない」

さしいれる【差し入れる】❶すきまから、中に入れる。▽「新聞を差し入れる」❷とじこもって仕事をしている人などに、食料品などをとどける。

さしえ【挿絵】新聞や本などの文章の間に入れてある絵。カット。

さしおさえる【差し押さえる】お金をかりてかえさない人や、税金をおさめない人の財産などを自由に使えないようにする。

さしかかる【差し掛かる】ちょうどその場に来かかる。

さじかげん【さじ加減】❶薬をもり合わせる手かげん。❷手ごころをくわえて、いいぐあいにすること。

さしがね【差し金】かげで人を指図して、はたらかせること。▽「きみはだれの差し金でそんなことをするのだ」

さしき【挿し木】木のえだや草のくきを切って土の中にさしこみ、根を出させて、なかまをふやすこと。

ざしき【座敷】たたみをしいた部屋。とく

に、客を通す部屋。

さしこむ【差し込む】❶中に入りこむ。▽「光が差しこむ」❷中に入れる。▽「かぎを差しこむ」

さしさわり【差し障り】ぐあいの悪いこと。さしつかえ。▽「差し障りがあって行けない」

さししめす【指し示す】その物を指して人に見せる。▽「図を指し示す」

さしず【指図】言いつけ。▽「父の指図をうけて、はたらく」

さしせまる【差し迫る】おしつまる。間近になる。▽「試合の日が差しせまってきた」

さしだす【差し出す】❶前へつき出す。❷おくり出す。▽「手紙を差し出す」❸書類などを出す。

さしつかえる【差し支える】さしさわりがある。つごうの悪いことになる。▽「明日の仕事に差し支える」

さしでがましい【差し出がましい】よけいな口出しをするようす。でしゃばりな感じがする。▽「差し出がましい口をきく」

さしとめる【差し止める】おさえ止める。禁止する。▽「通行を差し止める」

さしのべる【差し伸べる】手を差し出す。▽「すくいの手を差しのべる」

さしはさむ【差し挟む】間に入れる。▽「口を差しはさむ」

さしひき【差し引き】引いたのこりの金額。▽「差し引き千円です」

さしみ【刺身】新しい魚や肉などをうすく切って生のまま食べる料理。

さしむける【差し向ける】❶その方に向ける。❷そこに行かせる。使いに出す。▽「むかえの人を差し向ける」

さしもどす【差し戻す】やり直しをさせるために、もとへかえす。

ざしょう【座礁】船が、海の中にかくれている岩にのり上げること。

さじをなげる【さじを投げる】医者が、病気のなおる見こみがないと、薬の調合のさじを投げることから、あきらめること。▽「宿題がむずかしくてさじを投げる」

さす【指す】❶ゆびでしめす。▽「地図を指す」❷めざす。▽「北を指して行く」❸将棋をする。▽「将棋を指す」➡【指】285ページ

さす【差す】❶光が入る。▽「日が差す」❷潮がみちてくる。▽「潮が差す」❸あらわれる。▽「顔に赤みが差す」❹さしはさむ。▽「刀を差す」❺水などをそそぐ。▽「水を差す」➡【差】260ページ

さす【刺す】❶はものなどをつき通す。❷虫などが針でつく。▽「ハチがさす」❸野球でランナーをアウトにする。

さす【挿す】❶はさむ。▽「かんざしをさす」❷さし木をする。

さすが ❶予想どおりにすぐれているようす。▽「この問題が解けるとは、さすがだ」❷それはそうだが、でも。▽「昼間はにぎやかな通りも、夜になるとさすがにさびしくなる」

さずかる【授かる】いただく。もらう。▽「名前を授かる」➡【授】315ページ

さずける【授ける】あたえる。教える。▽「学問を授ける」➡【授】315ページ

さすらう あてもなくさまよう。

さする 手のひらで、軽くこする。なでる。▽「しびれた足首をさする」

ざせき【座席】すわる場所。

させつ【左折】左の方にまがること。▽「左折禁止」⬍右折。

させる ❶やらせる。▽「犬に芸をさせる」❷あいてのするにまかせる。することをゆるす。▽「すきなようにさせる」

さぞ きっと。さぞかし。▽「北極はさぞ寒いだろう」

さそう【誘う】❶何かをするようにすすめる。▽「映画にさそう」❷引き出す。うなが

なぞなぞ 座っててもたつものは？ 答えは次のページ。

す。▽「なみだをさそう」

さぞかし きっと。「さぞ」を強めたことば。▽「さぞかしいたかったでしょう」

さそり 熱帯にすむクモのなかまの動物。大きなはさみと八本の足があり、どくばりを持つ。

[さそり]

さだか【定か】 たしか。はっきりしているようす。▽「ゆうべの記おくは定かでない」⬇【定】470ページ

さだまる【定まる】 ❶きまる。▽「場所が定まる」 ❷しずかになる。▽「天候が定まる」⬇【定】470ページ

さだめ【定め】 ❶きまり。きそく。▽「法の定めにしたがう」 ❷運命。運。▽「悲しい定め」

さだめる【定める】 ❶きめる。▽「法律を定める」 ❷ゆれ動かないようにする。▽「ねらいを定める」⬇【定】470ページ

ざだんかい【座談会】 あることがらについて、みんなで話し合う会。

さち【幸】 ❶山や海からとれるおいしいもの。▽「海の幸」 ❷さいわい。幸福。▽「幸多き人生」⬇【幸】227ページ

さつ【札】 4年 サツ ふだ
❶ふだ。▽「表札」 ❷紙のお金。おさつ。▽「千円札」

札 札 札 札 札

●改札●検札

さつ【冊】 6年 サツ・(サク) ——
書物を数えるよび方。▽「三冊。冊数」

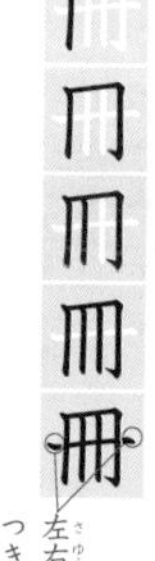

冊 冊 冊 冊 冊（左右につき出る）

●別冊

さつ【刷】 4年 サツ する
❶いんさつすること。▽「印刷」 ❷ぬぐいとること。きれいにすること。▽「刷新」

刷 刷 刷 刷 刷 刷 刷 刷（短く）

さつ【殺】 5年 サツ・(サイ)・(セツ) ころす
ころすこと。命をうばうこと。

殺 殺 殺 殺 殺 殺（几としない）

●殺害●殺気●殺菌●殺人●殺虫剤●殺到●殺風景●暗殺●他殺

さつ【察】 4年 サツ ——
おしはかり考えること。▽「推察」

察 察 察 察 察 察（癶ではない）

●察し●察する●察知●観察●警察●診察

さっ【早】 ほかのことばの上につけて「よりはやい」の意味をあらわす。▽「早速」⬇【早】394ページ

●早急●早速

ざつ【雑】 5年 ザツ・ゾウ ——
いろいろなものがまじること。

雑 雑 雑 雑 雑 雑（生ではない）

●雑音●雑貨●雑誌●雑事●雑種●雑然●雑草●雑多●雑談●雑踏●雑念●雑費●雑用●混雑●複雑●乱雑

さつえい【撮影】 写真や映画をとること。

ざつおん【雑音】いやな感じの、さわがしい音。

さっか【作家】小説などを書く人。作者。

ざっか【雑貨】いろいろな日用品。

サッカー 十一人ずつ二組に分かれ、おもに足を使って、ボールをあいてのゴールに入れ、得点をあらそう競技。⇒図

さつがい【殺害】人を殺すこと。

さっかく【錯覚】思いちがい。⇒図

くらべてみよう! 錯覚

青い部分と赤い部分はそれぞれ同じ大きさです。

さつき【五月・皐月】昔のこよみで、五月のべつの名。⇒国民の祝日（図）

さっき【殺気】今にも人を殺しそうな、はりつめたふんいき。

さっき 今よりも少し前。先ほど。

さつきばれ【五月晴れ】❶五月の空の晴れわたること。❷梅雨の晴れ間。

さっきゅう【早急】とても急ぐこと。「そうきゅう」とも言う。「さっきゅう」がもともとの言いかた。

さっきょく【作曲】音楽の曲を作ること。▼「テーマソングを作曲する」

さっきん【殺菌】薬や熱などで、ばい菌を殺すこと。

ざっくばらん さっぱりして、あけっぴろげなようす。▼「ざっくばらんに話し合う」

さっこん【昨今】このごろ。近ごろ。

さっさと ぐずぐずしないで、すばやく。▼「さっさと宿題をおえる」

サッシ 窓や戸の金属でできたわく。サッシュ。▼「アルミサッシ」

さっし【察し】おしはかること。▼「察しがいい」

ざっし【雑誌】いろいろな記事がのせてある本。月に一回というようにきめて出す。

ざっしゅ【雑種】種類のちがうものの間に生まれたもの。▼「雑種の犬」

アシスタントレフェリー（副審）
コーナーエリア
ペナルティエリア
ゴールエリア
レフェリー（主審）
ミッドフィルダー
フォワード
ゴールキーパー
ディフェンダー
ペナルティアーク
センターサークル
ハーフウェーライン
ゴールライン
タッチライン
アシスタントレフェリー（副審）

［サッカー］

前のページの答え⇒「時間」

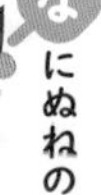

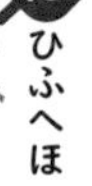

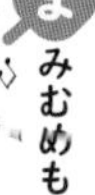
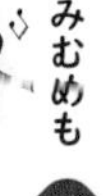

さつじん【殺人】人を殺すこと。

さっする【察する】おしはかって考える。思いやる。▼「気持ちを察する」

ざつぜん【雑然】入りまじって、ととのっていないようす。⇔整然。

さっそう さわやかで、元気がよいようす。▼「さっそうと歩く」

ざっそう【雑草】道ばたなどに、しぜんにはえているいろいろな草。

さっそく【早速】すぐさま。すぐに。▼「広告を見て早速買いに行く」

ざった【雑多】いろいろのものが入りまじっているようす。

ざつだん【雑談】気軽にとりとめのない話をすること。また、その話。

さっち【察知】おしはかって知ること。▼「敵の動きをすばやく察知する」

さっちゅうざい【殺虫剤】害虫などを殺すために使う薬。

さっと ❶すばやく動くようす。▼「さっと手を出す」❷雨や風などが急にやってくるようす。▼「さっと風がふく」

さっとう【殺到】はげしいいきおいで、おしよせること。▼「注文が殺とうする」

ざっとう【雑踏】人ごみ。▼「お祭りの雑とうにまぎれる」

ざつねん【雑念】気がちるようないろいろな考えごと。▼「雑念をはらって勉強にうちこむ」

さっぱり ❶気分がよく、晴れやかなようす。▼「ふろに入って身も心もさっぱりした」❷少しも。ちっとも。▼「いくら考えてもさっぱりわからない」

さっぷうけい【殺風景】うるおいや、おもむきのないこと。▼「何もない殺風景な部屋」

さつまいも やさいの一つ。根が大きくなってできたいもを食べる。

ざつよう【雑用】こまごまとしたいろいろの用事。

さて 文章のつづきぐあいや、気持ちをかえるときのことば。そして。それでは。▼「さて、今度はどこに行こう」

さてつ【砂鉄】砂の中にまじっている、鉄をふくんだつぶ。

さと【里】❶村。▼「小さな里。山里」❷妻や養子の生まれた家。実家。▼「里に帰る」❸ふるさと。▼「里心」⬇【里】741ページ ●里親●里帰り●人里●村里

さといも【里芋】やさいの一つ。くきもいもも食べられる。いもは地下けいがふくれたもの。

さとう【砂糖】サトウキビやサトウダイコンからとったあまいもの。あまい味をつけるときに使う。

さどう【茶道】人にお茶を出す作法を通して、心をみがく芸道。茶の湯。

[茶道]

さとおや【里親】よその子供をあずかってそだてる人。⇔里子。

さとがえり【里帰り】けっこんした女の人などが、実家に帰ること。

さとご【里子】ほかの家にあずけ、育ててもらう子ども。⇔里親。

さとす【諭す】よくわかるように、言い聞かせる。▼「勉強するようにさとす」

さとやま【里山】里に近く、人の生活とかかわりが深い山。

さとり【悟り】❶気がつくこと。感づくこと。❷心のまよいからさめて、正しい道がすっきりとわかること。▼「さとりをひらく」

さとる【悟る】❶人間のほんとうの生き方がわかる。❷はっきりと知る。感づく。▼「真

サドル 理をさとる」自転車で、こしをかけるところ。

[自転車の部分の名前]

さなか さいちゅう。▽「遠足でおべんとうのさなかに雨がふりだした」

さなぎ こん虫が、幼虫から成虫になる前のようす。皮につつまれてじっとしている。

さば 日本のまわりのあたたかい海を、むれになっておよぐ魚。背は青緑色で、黒いもようがある。

さばく【裁く】 よい悪いをきめる。裁判する。▽「けんかを裁く」⇨【裁】262ページ

さばく【砂漠】 雨の少ない大陸の中などにあって、岩石や砂だけの土地。植物はほとんどそだたない。

さばく ❶しまつする。▽「いやな仕事をさばく」❷売る。▽「商品をさばく」

さばぐも【さば雲】 サバの背のもようのような雲。いわし雲。うろこ雲。巻積雲。⇨雲(図)

さばをよむ【さばを読む】 数をごまかして利益を得ること。サバを数えるとき、いそいで数えてごまかすことからできたといわれることば。

さび ❶きんぞくが、空気や水にふれて変化したもの。鉄にできる赤さびや、銅にできる緑青など。❷悪いけっか。▽「身から出たさび」

さびしい【寂しい】 (「さみしい」ともいう) ❶心細い。ものたりない。▽「ひとりでさびしい」❷ひっそりとしている。▽「さびしい村」

さびる 金属の表面が空気や水にふれてさびが出る。▽「くぎがさびる」

さびれる【寂れる】 おとろえて、さびしくなっていく。▽「村がさびれる」

サファイア すきとおった、青い色の宝石。⇨誕生石(図)438ページ

「さみしい」と「さびしい」

だれもいなくてひとりぼっちのとき、「さみしい」と言いますか、「さびしい」と言いますか。この二語は同じ意味なのに、どうして「び」と「み」という違いがあるのでしょう。

日本語の歴史を見ると、先に生まれたのは「さびしい」です。両方使われるようになったのは、江戸時代のころからなんで「び」が「み」になったかというと、日本語ではバビブベボの音とマミムメモの音が入れかわることがあるからです。「けむり」を「けぶり」という人もいますね。

日本語にはこのように音が変わって、言い方が二つ以上あることばがけっこうあります。どんな語があるか辞典の中で調べてみてください。

早口ことば (五回続けていえるかな) 始業式、終業式、入学式、卒業式。

あいうえお　かきくけこ　さしすせそ　たちつてと　なにぬねの　はひふへほ　まみむめも　やゆよ　らりるれろ　わをん

ざぶとん【座布団】座るときにしく布団。

ざぶん 水の中に飛びこんだり、水の中に大きな物を投げこんだりしたときの音をあらわすことば。▽「プールにざぶんと飛びこむ」

さべつ【差別】差をつけて、あつかうこと。▽「母は、兄とぼくを差別する」

さほう【作法】れいぎ。ぎょうぎ。

サポート 力を貸して助けること。

サボテン 暑い地方のすな地にはえている植物。くきの肉があつく、水をたくわえていて、葉は針のように細い。赤・黄・白などの花をつける。

サボる なまける。▽「練習をサボる」

さま【様】❶人の名の下につけて、うやまう気持ちをあらわすことば。▽「源様」❷ありさま。▽「この様はなんだ」⬇【様】726ページ ●王様

サマー 夏。▽「サマーセーター。サマースクール」

さまざま【様様・様々】いろいろな種類のあるようす。⬇「々」は同じ文字をくり返すという意味のおどり字という記号。▽「花には様々な色がある」

さます【冷ます】❶つめたくする。ひやす。▽「あついスープを冷ます」❷気持ちなどをしずめる。▽「意欲を冷ます」⬇【冷】751ページ

さます【覚ます】❶目がさめるようにする。▽「おこされて目を覚ます」❷正気にかえらせる。▽「よいを覚ます」❸まよいをとく。▽「まよいを覚ます」⬇【覚】122ページ

さまたげる【妨げる】じゃまをする。

さまよう あてもなくあちこち歩く。

さみしい【▲寂しい】（「さびしい」ともいう）❶心細く思う。ものたりない。▽「おかずが少なくてさみしい」❷ひっそりとしている。▽「冬の海辺はさみしい」⬇コラム275ページ

さみだれ【五月雨】六月（昔のこよみでは五月）ごろにふりつづく雨。梅雨。つゆ。

さむい【寒い】❶温度のひくいのが、からだで感じられる。▽「寒い朝」⇕暑い。❷とぼしい。まずしい。▽「ふところが寒い」⬇【寒】148ページ

さむざむ【寒寒・寒々】いかにも寒くてさびしいようす。⬇「々」は同じ文字をくり返すという意味のおどり字という記号。▽「寒々とした部屋」

さむぞら【寒空】冬の寒い空。

さむらい【侍】⬇武士

さめ 海にすむ魚。歯がするどく、性質があらい。肉はかまぼこの材料になる。

さめざめ なみだをながして、しずかに泣くようす。▽「さめざめと泣く」

さめる【冷める】❶ひえる。つめたくなる。▽「湯が冷める」❷興味がうすらぐ。▽「熱意が冷める」⬇【冷】751ページ

さめる【覚める】❶ねむりからおきる。▽「目が覚める」❷酒のよいがなくなる。❸気持ちのまよいがなくなる。▽「まよいから覚める」⬇【覚】122ページ

さもしい 心がいやしい。あさましい。▽「さもしい根性」

さや ダイズやエンドウなどの豆を包んでいる、から。

さや 刀のはの部分を入れる、つつのようなもの。▽「刀のさや」⬇武器（図）

さゆ【▲白湯】水をわかしただけの湯。

さゆう【左右】左と右。

ざゆうのめい【座右の銘】いつもそばにおいて、いましめとすることば。

わたしの**座右の銘**

さよう【作用】❶はたらき。▽「薬の作用」❷ほかのものに力をあたえること。▽「てこの作用点」

さようてん【作用点】てこで、動かそうとする物に、力がはたらく所。⇕力点。⬇て

こ（図）

さようなら 人とわかれるときのあいさつ。

さら【皿】 3年 さら ——

食べ物などを入れる、あさいうつわ。▽「取り皿。灰皿」

皿 皿 皿 皿 皿

両はしは出る

★「血」ににているので注意

ざら ありふれて、めずらしくないようす。▽「そんなことは、ざらにある」

さらいしゅう【再来週】 来週の次の週。今の次の次の週。

日	月	火	水	木	金	土	
1	2	3	4	5	6	7	先週
8	9	昨日 10	今日 11	明日 12	明後日 13	14	今週
15	16	17	18	19	20	21	来週
22	23	24	25	26	27	28	再来週
29	30						

4月

［再来週］

さらいねん【再来年】 来年の次の年。今年の次の次の年。

［再来年］

さらう ❶すきをみて、うばう。❷すっかり持ちさる。▽「人気をさらう」

さらけだす【さらけ出す】 かくすことなく、ものごとを表に出す。▽「はじをさらけ出す」

さらす ❶雨や風や日光に当てる。❷水であらって白くする。❸多くの人に見せる。▽「人前ではじをさらす」

サラダ 生のやさいに肉・魚・たまご・果物などをまぜ、マヨネーズなどをかけた食べ物。

さらに【更に】 ❶その上に。▽「会員はさらに五人ふえた」❷ますます。▽「雨はさらにはげしくなった」❸少しも。▽「反省の気持ちはさらにない」

サラリーマン 給料をもらって生活している人。月給とり。

ざりがに 川や池にすむエビのなかま。カニのように二本の大きなはさみがある。なかでもアメリカザリガニとよばれるものは、からだが大きく、赤茶色をしている。

［アメリカザリガニ］

さりげない なにげない。そんなようすがない。▽「さりげない親切」

さる【去る】 ❶はなれる。▽「家を去る」❷すぎていく。▽「冬が去る」❸死んでいく。▽「この世を去る」❹なくなる。▽「いたみが去る」❺すぎさった。▽「去る三月三日の夜」➡【去】174ページ

さる【猿】 人に近い動物で、むれをなして生活している。ゴリラ、チンパンジーなどはちえ

早口ことば （五回続けていえるかな）始終、支出のし過ぎ。

が発達している。

ざる 竹・針金・プラスチックなどで作った、目の細かい入れ物。

さるぐつわ【猿ぐつわ】 声をたてさせないように布を口の中におしこみ、頭の後ろでしばったもの。

さるぢえ【猿知恵】 ちょっといい考えのようでも、じっさいにはうまくいかない、あさはかな考え。

さるまね【猿まね】 よく考えもしないで、むやみに人のまねをすること。

さるもきからおちる【猿も木から落ちる】 サルのように木のぼりが上手でも、ときには、落ちることもあるということから、名人でも失敗することがあるというたとえ。弘法にも筆の誤り。河童の川流れ。

さわ【沢】 山と山のあいだのあさい谷。また、そこにある川。

さわかい【茶話会】 お茶などをのみながら話し合う会。

さわがしい【騒がしい】 ❶大きな音や声がしてうるさい。▼「家のそとがなんだかさわがしい」 ❷事件や問題がおこったりして、おだやかでない。▼「世の中がみょうにさわがしい」

さわぐ【騒ぐ】 ❶やかましくする。▼「子供が大きな声でさわぐ」 ❷おちつかない。▼「心がさわぐ」

ざわつく さわがしくなる。おちつかなくなる。

ざわめく さわがしくなる。▼「教室がざわめく」

さわやか さっぱりして気持ちのいいようす。▼「さわやかな初夏の朝」

さわらぬかみにたたりなし【触らぬ神にたたりなし】 めんどうなことに、よけいな手出しをしなければ、害をうける心配もない。

さわる【障る】 ❶さしつかえる。じゃまになる。▼「しゃくに障る」 ❷害になる。からだによくない。▼「夜ふかしは、からだに障る」 ⬇【障】332ページ

さわる【触る】 軽くふれる。▼「さわるとペンキがつくよ」

さん【三】1年 サン み・みっ・みっつ
みっつ。▼「三角」

一 二 三

●三角形●三角定規●三角州●三脚●三原色●三権分立●三三五五●三段跳び●三面記事●再三●七五三

さん【山】1年 サン やま
土地の高い所。やま。▼「高山」

丨 山 山 （おる）

●山海の珍味●山岳●山間●山賊●山村●山地●山頂●山脈●山門●山野●山林●山ろく●火山●鉱山●登山●氷山

さん【参】4年 サン まいる
❶「三」と同じ。証書などを書くときにこの字を使う。▼「金参千円」 ❷「行く」のていねいなことば。まいること。▼「お寺に参けいする。参上」

厶 厸 参 参 参 参 参 参 （おる）（向きに注意）

●参加●参観●参議院●参詣●参考●参照●参上●参政権●参道●参拝●参列●降参●持参

さん【蚕】6年 サン かいこ
カイコガの幼虫。カイコ。▼「養蚕」

一 天 天 吞 吞 奉 蚕 蚕 （つき出ない）

さん【産】 4年 サン うまれる・うむ・(うぶ)
❶人や動物がうまれる。子をうむ。▽「産卵。出産」
❷物を作り出すこと。▽「産業」
産 産 産 産 産 産 産
●産業●産地●産物●産卵●国産●財産●資産●生産●特産●文化遺産●名産●

さん【散】 4年 サン ちらかす・ちらかる・ちらす・ちる
❶ちらすこと。ちること。▽「分散」
❷気まま。▽「散歩」
散 散 散 散 散 散（又ではない）
●散財●散々●散髪●散布●散文●散歩●散乱●解散●退散●発散●分散

さん【算】 2年 サン ―
数えること。はかること。▽「計算」
算 算 算 算 算 算 算（ヨコ棒でよりつき出る）
●算用数字●暗算●決算●誤算●打算●筆算●予算

さん【酸】 5年 サン (すい)
すっぱみがあって、青いリトマス試験紙を赤くかえる性質があるもの。▽「酸性」⇔アルカリ。
酸 酸 酸 酸 酸 酸 酸（西ではない）（又や久ではない）
●酸化●酸性●酸素●酸味

さん【賛】 5年 サン ―
❶ほめたたえること。▽「賞賛。絶賛」
❷たすけること。▽「協賛」
賛 賛 賛 賛 賛 賛 賛
●賛成●賛同●賛美●賛否

さん 人の名の下につけて、ていねいによぶときのことば。▽「しずかさん」

さん【桟】 戸やしょうじの細い横木。▽「さんにたまったよごれをふく」

ざん【残】 4年 ザン のこす・のこる
あまり。のこり。▽「残金」
残 残 残 残 残 残（点を落とさないように）
●残額●残業●残金●残酷●残暑●残雪●残高●残念●残留

さんか【参加】 なかまに入ること。▽「マラソン大会に参加する」

さんか【酸化】 物質が酸素と化合して性質がかわること。

ざんがい【残がい】 ❶残っている死がい。❷こわれて、残っているあと。

さんかいのちんみ【山海の珍味】 山や海でとれる、めずらしくおいしい食べ物。

さんかく【三角】 三つの直線でかこまれた形。角が三つ、辺が三つの図形。

さんがく【山岳】 高い山のつらなった所。

ざんがく【残額】 残りの金額。残高。

さんかくけい【三角形】 三つの直線でかこまれた図形。三つの角を持つ。「さんかっけい」ともいう。

さんかくじょうぎ【三角定規】 線を引いたり、図形をかいたりするのに用いる、三角形の道具。

さんかくす【三角州】 川上からながれてきた土や、すなが、川口にたまってできた三角形の土地。デルタ。

早口ことば（五回続けていえるかな）事情をきゃく色する。

さんがつ【三月】一年のうち三番目の月。

さんがにち【三が日】一月一日から三日までの三日間。

さんかん【山間】山と山との間。

さんかん【参観】その場に行って見ること。

さんぎいん【参議院】国会の一つ。法律や、国の予算を相談したりきめたりする所。衆議院できめたことをよく見直す役をする。⇕衆議院。

さんきゃく【三脚】❶三本の足。▽「二人三きゃく」❷カメラや望遠鏡などをのせる三本足の台。

さんきゅう【産休】はたらいている女の人が子供を産むためにとる休み。出産休暇。

サンキュー「ありがとう」という気持ちをあらわすことば。▽「サンキュー、おかげで助かった」

さんぎょう【産業】人々が生活するのに必要な、いろいろな仕事。農業・林業・漁業・工業などをまとめていうことば。

ざんぎょう【残業】きめられた時間のあともまだ残って仕事をすること。

ざんきん【残金】残りのお金。残高。

サングラス 太陽の光から目を守るための、色のついためがね。

ざんげ 自分の罪を後かいして神や仏にうち明け、ゆるしをねがうこと。

さんけい【参詣】神や仏におまいりすること。▽「お寺に参けいする」

さんげんしょく【三原色】すべての色のもとになる三つの色。絵の具では赤・青・黄、光では赤・青・緑。

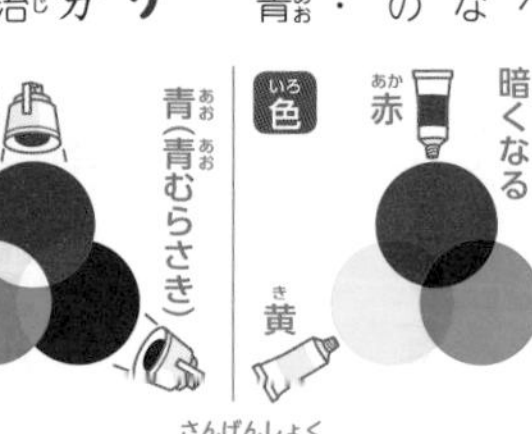

［三原色］

さんけんぶんりつ【三権分立】国の政治を、立法（国のきまりを作る）・行政（政治を行う）・司法（国のきまりが正しく行われるようにまもる）の三つに分け、まちがいのおこらないようにするやり方。

さんご 小さな個体がたくさん集まって、木のえだのような形を作っている海の動物。

［さんご］

さんこう【参考】ひきくらべて考えること。▽「友達の意見を参考にする」

ざんこく【残酷】むごたらしいこと。

さんごしょう【さんご礁】死んだサンゴの骨が集まってできた岩や島。

さんさい【山菜】山に自然にはえている、食べられる植物。ワラビ、ゼンマイ、フキなど。

さんざい【散財】お金をたくさん使うこと。▽「思わぬ散財をした」

さんさん きらきら光りかがやくようす。

さんざん【散散・散々】❶ひどい目にあうようす。▽「さんざんな目にあう」❷ずいぶん。▽「さんざん探しまわる」⬇「々」は同じ文字をくり返すという意味のおどり字という記号。

さんさんごご【三三五五】あちらに三人こちらに五人というように、ちらばっているようす。▽「三三五五集まる」

ざんしょ【残暑】立秋をすぎてもまだ残る夏の暑さ。▽「残暑がきびしい」

さんしょう【参照】ほかのものと照らし合わせること。▽「図を参照する」

さんじょう【参上】うかがうこと。

さんじょう【惨状】むごたらしいありさま。▽「目をおおうさん状」

さんしょううお イモリに近い両生類の動物で、谷川やしめった所にいる。

あいうえお かきくけこ さしすせそ たちつてと なにぬねの はひふへほ まみむめも やゆよ らりるれろ わをん

さ

さんすう【算数】小学校で学ぶ科目の一つ。数・計算・図形などを学び、すじみちを立てて考える力をやしなう。

さんずのかわ【三▲途の川】仏教で、死んだ人が、あの世に行くとちゅうで、わたるという川。

さんせい【酸性】酸をおびている性質。青いリトマス試験紙を赤にかえる。⇕アルカリ性。

さんせい【賛成】人の意見と同じであること。▽「議案に賛成する」⇕反対。

さんせいう【酸性雨】森林をからす強い酸性の雨。車のはい気ガスなどによって発生するといわれる。

さんせいけん【参政権】政治にくわわることのできる資格。議員を選挙し、また選挙される資格。

ざんせつ【残雪】きえ残っている雪。

さんそ【酸素】空気中の成分の一つで、動植物の呼吸になくてはならないもの。色もにおいもない気体。

さんぞく【山賊】山の中にすみ、通る人をおそうどろぼう。

さんそん【山村】山の中にある村。山里。

ざんだか【残高】残りの金額。残金。

サンタクロース クリスマスの前夜、ねて

サンタクロースの5つのなぞ

1 世界じゅうにいるの

サンタクロースは
フランス語ではPère Noël
イタリア語ではBabbo Natale
スペイン語ではPapá Noel
ドイツ語ではWeihnachtsmann
中国語では圣诞老人
韓国語では산타클로스
と言われています。
世界じゅうの国でなまえがあるということは、サンタクロースがいるか、きたということでしょう

2 白ひげのおじいさんなの

サンタクロースはこびとやよう精など、国や地域、時代によってすがたがちがうようです

3 冬しかこないの

南半球のオーストラリアでは、クリスマスのある12月は真夏になります。どうやら、季節は関係ないようです

4 ねないとこないの

「ねている子供たちに」おくりものを持ってきてくれると言われているので、いつまでも起きていたらきてくれないかもしれませんよ

5 どのくらいむかしからいるの

日本では、100年ほどむかしの本にはじめてサンタクロースのことが書かれたようです。『いたづら小僧日記』という外国の本を訳したものです。ただし、それまでは本に書かれていないだけで、もっとむかしからいたかもしれません

早口ことば（五回続けていえるかな）次女と師しょうが事情を聞く。

いる子供たちに、おくりものを持ってきてくれるというおじいさん。

サンダル ❶足先にひっかけてはく、はきもの。❷ひもで足をとめる、夏むきのくつ。

[サンダル❷]

さんだんとび【三段跳び】陸上競技の一つ。つづけて三つとんで、きょりをきそう。

さんち【山地】山の多い土地。

さんち【産地】その物がとれる土地。▽「ブドウの産地」

さんちょう【山頂】山のいただき。頂上。

サンドイッチ パンの間に、ハム・サラダ・たまごなどをはさんだ食べ物。

さんどう【参道】神社や寺などにおまいりする人が通る道。

さんどう【賛同】同じ意見だという気持ちをあらわすこと。▽「みんなの賛同をえる」

さんにんよればもんじゅのちえ【三人寄れば文殊の知恵】何事でも、三人も集まって考えれば、文殊ぼさつのようないい知えがわいてくるものだ。▽「三人で考えれば難問がすぐにとけたので、三人寄れば文殊の知恵だなと思った」

[三人寄れば文殊の知恵]

ざんねん【残念】まんぞくできなくて、くやしいようす。▽「残念無念」

さんぱい【参拝】神社や寺などにおまいりすること。

さんばし【桟橋】港で、船のつく所。

さんぱつ【散髪】かみの毛を切ってととのえること。理髪。

さんび【賛美】ほめたたえること。

さんぴ【賛否】賛成と反対。

さんびか【賛美歌】キリスト教で、神やキリストをほめたたえる歌。

さんぷ【散布】まき散らすこと。▽「農薬を散布する」

さんぶつ【産物】その土地で作られる物や、とれる物。

サンプル 見本。標本。▽「化しょう品のサンプル」

さんぶん【散文】ふつうの文章のこと。ことばの数や調子にとらわれないで、自由に書く文。⇔韻文。

さんぽ【散歩】気晴らしのために、ぶらぶらと歩くこと。そぞろ歩き。

さんま 秋から冬にかけて海でとれる細長い魚。⬇四季（図）

さんみ【酸味】すっぱい味。

さんみゃく【山脈】たくさんの山がつづいているもの。山並み。

さんめんきじ【三面記事】新聞で、世間の出来事が書いてある記事。昔、新聞が四ページだったころ、三ページ目にのせられたのでこういわれる。社会面記事。

さんもん【山門】寺の門。また、寺。

さんや【山野】山や野原。野山。

さんようすうじ【算用数字】「算数」で使う数字。0、1、2、3、…など。アラビア数字。

さんらん【産卵】卵を産むこと。

さんらん【散乱】ばらばらに散らばること。▽「われたガラスが散乱する」

ざんりゅう【残留】あとまで残ること。▽「残留者。残留物」

さんりん【山林】❶山と林。❷山にある林。

さんれつ【参列】式や会合にくわわってならぶこと。

さんろく【山ろく】山のふもと。山すそ。

↓中腹（図）

し
じ
ジシ

し 【子】1年 シ・ス こ

❶こども。▽「子孫。女子。男子」
❷小さいもの。▽「種子。原子」

了 子（やや長めに）

●子音●子息●子孫●子弟●子房●調子●電子●父子●母子●利子

し 【士】5年 シ ―

❶さむらい。兵隊。▽「武士。兵士」
❷りっぱな男の人。▽「名士」

一 十 士（上のヨコ棒より短く）

★「土」ににているので注意

●力士

し 【止】2年 シ とまる・とめる

とまること。とめること。▽「中止」

丨 ト 止 止（左に少し出る。Lとはしない）

●禁止●停止●防止

し 【氏】4年 シ（うじ）

❶みょう字。▽「氏名」
❷みょう字や名前の下につけてよぶ、うやまいのことば。▽「徳田氏。松中氏」

氏 氏（左下にはらう）（おる）

●氏族●氏名

し 【支】5年 シ ささえる

❶分かれたもの。▽「支社。支線」
❷ささえること。▽「支点」
❸しはらうこと。▽「支給」

一 十 支 支（夂ではない）

●支援●支持●支出●支障●支度●支柱●支店●支点●支配●支配人●支払い●支部●支離滅裂●支流●気管支●収支

し 【四】1年 シ よ・よっ・よっつ・よん

よっつ。▽「四季」

丨 冂 四 四 四（まるみをもたせてまげる）

●四角●四角形●四角張る●四苦八苦●四国地方●四捨五入●四則●四辺形●四方

し 【市】2年 シ いち

❶まち。▽「市街」
❷都道府県の下にある自治団体。▽「市町村」
❸いちば。▽「市場」

市 市 市 市（十ではない）

●市街●市場●市長●市販●市民●市役所●市立●都市

し 【矢】2年 や（シ）

矢のこと。「一矢」などと読むときのとくべつな読み方。▽「一矢を報いる」

矢 矢 矢 矢 矢（つき出ない）

★「失」ににているので注意

し 【仕】3年 シ・（ジ） つかえる

早口ことば（五回続けていえるかな）社会主義・民主主義・資本主義。

❶ある役につくこと。▼「仕官」
❷すること。▼「仕事」
●仕上げ●仕入れ●仕送り●仕掛け●仕掛け花火●仕方●仕切り●仕組み●仕事●仕込む●仕損じる●仕立てる●仕向ける●仕業

仕 仕 仕 仕

し【司】4年 シ ―

とりあつかうこと。▼「司書。行司」

司 司 司 司 司
おる
★「可」ににているので注意

●司会●司書●司法●司令

し【史】5年 シ ―

れきし。▼「日本史」

史 口 中 史
つき出る
★「央」ににているので注意

●史実●史上●史跡●歴史●歴史的

し【示】

人に見せること。▼「示唆。図示」↓
【示】286ページ

し【糸】1年 シ いと

いと。▼「絹糸」

糸 糸 糸 糸 糸 糸
おる

し【自】

ひとりでに。しぜんに。▼「自然」↓
【自】286ページ
●自然●自然界●自然科学

し【死】3年 シ しぬ

❶命がなくなること。死ぬこと。▼「死をいたむ」⇔生。
❷命がけ。▼「死守」

死 死 死 死 死 死
ヨコ棒につく

●死因●死期●死去●死刑●死後●死罪●死者●死傷●死体●死に目●死物狂い●死別●死亡●死亡率●死滅●死力を尽くす●決死●生死●戦死●必死●病死

し【至】6年 シ いたる

❶とどくこと。▼「夏至」
❷この上ないこと。▼「至極」

至 至 至 至 至 至
おる

●至急●至難●冬至

し【次】

あとにすぐつづくこと。じゅんじょ。▼「次第」↓
【次】287ページ
●次第●次第に

し【志】5年 シ こころざし・こころざす

こころざし。▼「志望。大志」

志 志 志 志 志 志 志
上のヨコ棒より短く

●志願●志望●意志●同志

し【私】6年 シ わたくし・わたし

❶おおやけでないこと。わたくしのこと。▼「私学。私道」⇔公。
❷自分だけに関係したこと。▼「私心。私信」

私 私 私 私 私 私 私
右からはらう
おる

●私語●私財●私情●私書箱●私製●私設●私的●私道●私服●私腹●私有●私用●私欲●私立●公私

し【使】3年 シ つかう

❶はたらかせること。▼「使役」

❷お金などをつかうこと。▼「使途」

使 使 使 使 使 使 使 使（つき出る・つき出る）

●使役●使者●使節●使命●使用●大使●天使

し【始】3年 シ はじまる・はじめる

はじめること。はじまること。▼「開始」⇕終。

始 始 始 始 始 始 始 始

●始業●始終●始発●始末●原始●終始●開始●年始

し【姉】2年 （シ） あね

あね。▼「姉妹」⇕妹。

姉 姉 姉 姉 姉 姉 姉 姉（つなげて書かない）

し【枝】5年 （シ） えだ

木のえだ。▼「枝葉末節。楊枝」

枝 枝 枝 枝 枝 枝 枝 枝（夂ではない）

★「技」ににているので注意

し【思】2年 シ おもう

考えること。おもうこと。▼「思案」

思 思 思 思 思 思 思 思 思

●思案●思考●思春期●思想●思慮●意思●不思議

し【指】3年 シ さす・ゆび

❶ゆび。▼「指紋」
❷ゆびでさすこと。▼「指名」

指 指 指 指 指 指 指 指 指（まげる。上ではない）

●指揮●指示●指針●指数●指定●指摘●指導●指名●指紋●指令●屈指●十指

し【姿】6年 シ すがた

からだのかっこう。▼「姿勢」

姿 姿 姿 姿 姿 姿 姿 姿 姿（シにしない・長く）

し【紙】2年 シ かみ

かみ。▼「表紙。画用紙」

紙 紙 紙 紙 紙 紙 紙 紙 紙 紙（おる）

●紙幣●紙面●印紙●色紙●白紙●方眼紙●用紙●和紙

し【師】5年 シ —

❶人を教えみちびく人。先生。▼「師範。教師」
❷専門の仕事をする人。▼「医師」

師 師 師 師 師 師 師 師 師 師

★「帥」ににているので注意

●師匠●師弟●師範●医師●恩師●技師●猟師●漁師

し【視】6年 シ —

よく見ること。▼「注視」

視 視 視 視 視 視 視 視 視 視 視（ネとしない）

●視界●視覚●視察●視線●視聴率●視野●視力●近視●軽視●重視●無視

し【歯】3年 シ は

は。▼「歯科。乳歯。永久歯」

あいうえお
かきくけこ
さしすせそ
し
たちつてと
なにぬねの
はひふへほ
まみむめも
やゆよ
らりるれろ
わをん

早口ことば（五回続けていえるかな）しゃくし定規な芸術の授業。

（歯）歯歯歯歯歯歯
「としない

し【詞】6年 シ ―

ことば。▼「名詞。歌詞。作詞。品詞」

詞詞詞詞詞詞詞
おる。丁としない

し【詩】3年 シ ―

心に深く感じたことを、ある調子や形式であらわした文学。▼「詩人。作詩」

詩詩詩詩詩詩詩

●詩歌●詩集●詩人

し【試】4年 シ こころみる・(ためす)

❶ためしてみること。▼「試験」
❷「試験」のこと。▼「入試」

試試試試試試試
点を落とさないように

●試合●試運転●試験管●試作●試食●試用●試練

し【資】5年 シ ―

❶いろいろなことをするのに、もとになるもの。もとで。▼「資金。物資」
❷生まれつき。▼「資質」

資資資資資資資
勹としない

●資格●資金●資源●資産●資質●資本●資本主義●資料●出資●投資

し【飼】5年 シ かう

食べ物をあたえて、生き物をそだてること。▼「飼育」

飼飼飼飼飼飼飼
良とはしない

●飼育●飼料

し【誌】6年 シ ―

書きしるしておくこと。書きしるしたもの。▼「日誌」

誌誌誌誌誌誌誌

●雑誌

じ【示】5年 ジ・(シ) しめす

しめすこと。教えること。▼「指示」

示示示示示

●示談●暗示●展示

じ【字】1年 ジ (あざ)

もじ。漢字。▼「活字」

字字字字字字
長めに

●字句●字形●字体●字典●字引●赤字●漢字●黒字●習字●数字●点字●文字

じ【自】2年 ジ・シ みずから

❶自分。わたくし。▼「自己」⇕他。❷ひとりでに。▼「自動。自動車」

自自自自自自
左下にはらう
★「白」ににているので注意

●自衛●自我●自覚●自画像●自家中毒●自活●自家用●自給●自給自足●自供●自己●自業自得●自己紹介●自在●自作●自殺●自首●自粛●自主的●自称●自叙伝●自身●自信

漢字を使った書き方　小学校で習う漢字(学習漢字)　▼使い方　⇕反対の言葉　⬇さらにくわしく

●自炊●自生●自制●自責●自説●自尊心●自体●自宅●自治●自重●自転●自転車●自動●自動車●自白●自発的●自筆●自負●自分●自暴自棄●自慢●自滅●自由●自由自在●自力●自立●各自●独自

じ
【寺】 2年 ジ てら

てら。▽「寺院。東大寺。法隆寺」

じ
【地】 ❶土地。所。▽「地面」❷持ちまえの性質。▽「地金」❸きめ。はだ。▽「地をみがく」❹物語などの、会話でないところの文。▽「会話と地の文」❺じっさい。▽「物語を地でいく」➡【地】440ページ

●地色●地声●地獄●地震●地滑り●地蔵●地だんだを踏む●地ならし●地鳴り●地主●地熱●地肌●地盤●地響き●地元●意地●生地●下地

じ
【次】 3年 ジ・(シ) つぎ・つぐ

❶あとにつづくこと。▽「順次」❷二番目のもの。▽「次点」

「冫」とにているので注意　勹としない

●次回●次女●次男●目次

じ
【耳】 1年 (ジ) みみ

みみ。▽「中耳えん。耳鼻科」

タテ棒より左に出る

じ
【児】 4年 ジ・(ニ) —

❶子。子供。▽「幼児。愛児」❷わかい人。▽「健児」

●児童●児童憲章●児童相談所●児童福祉●児童文学●育児●遺児●園児●きりん児●孤児●乳児

じ
【似】 5年 (ジ) にる

にること。▽「類似。相似」

二画で書く　人ではない

じ
【事】 3年 ジ・(ズ) こと

こと。ことがら。▽「用事。工事」

長く。右につき出る

●事業●事件●事故●事項●事実●事情●事前●事態●事典●事変●事務●火事●記事●行事●食事●大事●知事●無事●返事

じ
【治】 4年 ジ・チ おさまる・おさめる・なおす・なおる

❶おさめる。おさまる。▽「政治。退治」❷病気をなおすこと。なおること。▽「療治。不治」

おる

じ
【持】 3年 ジ もつ

❶もつこと。▽「持参」❷たもつ。もちこたえる。▽「持続」

★「特」ににているので注意

●持久●持参●持続●持病●維持●支持●所持●保持

じ
【時】 2年 ジ とき

早口ことば （五回続けていえるかな）車しょうを写生する。

❶とき。じかん。▽「一時間」
❷そのころ。おり。▽「時代」

丨 П 日 日一 日十 時 時 時 時 時

●時価●時間●時間割り●時期●時限●時効●時刻●時差●時事●時節●時速●時代●時報●一時●定時●同時●日時●臨時

じ【滋】4年 (ジ) ——

❶草や木がたくさん生える。しげる。増える。
❷うるおう。栄養になる。▽「滋養」
⬇都道府県の「滋賀県」で使う。

滋 滋 滋 滋 滋 滋 滋（続けて書く）

●滋養●滋味

じ【除】

おしのける。とりのぞく。「掃除」と読むときのとくべつな読み方。⬇【除】330ページ

じ【路】

人の通る所。道。▽「家路」⬇【路】755ページ

じ【辞】4年 ジ (やめる)

❶ことば。文章。▽「辞書。式辞。答辞」
❷ことわること。▽「辞退。辞職」

二 千 舌 舌 辞 辞 辞（右からはらう）

●辞書●辞職●辞する●辞世の句●辞退●辞典●辞任●辞表●辞令

じ【磁】6年 ジ ——

❶鉄を引きつける性質。▽「磁気」
❷やきもの。じき。▽「磁器」

一 厂 石 石 磁 磁 磁（⺌にしない）

★「滋」にているので注意

●磁気●磁器●磁石●磁力

しあい【試合】 おたがいに勝ち負けをあらそうこと。勝負。▽「たっ球の試合」

じあい【慈愛】 心からかわいがって大切に思う心。

しあげ【仕上げ】 ❶仕事のできあがり。❷いちばん最後に手をくわえるところ。▽「仕上げをきちんとする」

しあわせ【幸せ】 幸福。運がいいこと。▽「幸せな生活」⬇【幸】227ページ

しあん【思案】 ❶どうしたらよいかと考えること。▽「思案顔」❷心配すること。▽「思案の種」

しいか【詩歌】 詩や歌。詩・短歌・俳句をまとめたよび方。

しいく【飼育】 動物を育てやしなうこと。▽「乳牛を飼育する」

しいくがかり【飼育係】 動物にえさをやったり、世話をしたりする係。

シーサー 沖縄で、屋根の上や集落の入り口に置かれる置き物。しし（ライオンに似た想像上の動物）の形で、家や集落を守るものと考えられている。

シーズン ❶季節。気候。❷あることがさかんに行われる時期。▽「スキーのシーズン」

シーソー まん中を台でささえた長い板の両はしに人がまたがり、上がったり下がったりする遊び道具。

シーソーゲーム 上がったり、下がったりのシーソーのように、たがいに点数のとり方がはげしい試合。接戦。

[シーソー]

しいたけ 食べられるキノコの一つ。表側（かさ）は黒茶色で、裏側は白っぽい。

しいたげる【虐げる】 ひどい目にあわせ

る。いじめて苦しめる。

シーツ しきぶとんにかぶせる布。しきふ。

[シーツ]

しいて【強いて】 むりに。むりやりに。▽「雨の中を強いて出かける」

シーディー【CD】 音をデジタル方式で録音した円ばん。コンパクトディスク。

シート ❶座席。❷野球などで、選手がまもる位置。

シート ❶切りはなしていない一枚の紙。▽「切手シート」❷雨から守るためにかける大きな布。▽「シートをかける」

シートベルト 安全のために、乗り物の座席にからだをしっかり固定するベルト。

ジーパン デニムというじょうぶなもめんの布で作ったズボン。⬇服（図）

ジープ 小型で強力なエンジンを持った車。急な坂道やあれ地を走ることができる。商標名。⬇自動車（図）

しいる【強いる】 むりにさせる。おしつける。▽「つらい仕事を強いる」⬇【強】175ページ

シール 絵や字が書いてあり、うらにのりがついている、小さな紙。▽「シールをはる」

しいれ【仕入れ】 小売店が問屋から品物を買い入れること。

じいろ【地色】 布や紙などの、もとの色。生地の色。

しいん【子音】 母音にくっついて、ことばの音を作っている音。たとえばka・toのa・oは母音、k・tは子音。アイウエオ以外の音。⇕母音。

しいん【死因】 死んだ原因。

じいん【寺院】 てら。

ジーンズ 厚いもめんで作った、じょうぶな服。ズボンは「ジーパン」、上着は「ジージャン」ともいう。⬇服（図）

しいんと ものおと一つ聞こえず、しずまりかえっているようす。▽「しいんとした教室」

しうち【仕打ち】 人のあつかい方。たいど。▽「ひどい仕打ち」

しうんてん【試運転】 列車・電車・自動車などができあがったとき、試しに運転してみること。

じえいたい【自衛隊】 日本の国をまもるためにもうけられた組織。

しえき【使役】 人を使うこと。人に仕事をさせること。

ジェスチャー ❶あいてに伝えたいことを、自分のからだや手足を動かして動作で見せること。身ぶり。手ぶり。▽「ジェスチャーたっぷりに話す」❷うわべだけそう見えるようにすること。▽「あのおわびはただのジェスチャーだよ」

ジェットき【ジェット機】 ジェットエンジンを使ってとぶ飛行機。

ジェットコースター 遊園地で、急なのぼりおりのあるレールの上を、スピードを出して走る乗り物。

シェフ レストランなどで、料理をする人のいちばん上に立つ人。コック長。⬇コラム290ページ

しえん【支援】 力をかしてたすけること。▽「友達の活動を支えんする」

しお【塩】 食べ物にからい味をつける、白いつぶ。海水や岩塩からとる。工業や薬品の原料にも使う。⬇【塩】75ページ

なぞなぞ とられてお礼をいうものはなに？ 答えは次のページ。

しお【潮】❶海水。うしお。▽「親潮。黒潮」❷海の水のみちひき。▽「みち潮」❸ちょうど、よいとき。▽「潮時」⬇【潮】452ページ
●潮風●潮時●潮干狩り●赤潮

しおかぜ【潮風】海からふく風。

しおからい【塩辛い】塩の味がつよい。しょっぱい。▽「塩からいみそしる」

しおくり【仕送り】生活をたすけるために、お金や物を送ること。▽「親から仕送りをうけて大学に通う」

しおどき【潮時】❶潮のみちひきの時。❷ちょうどよいころあい。▽「潮時を見て帰る」

しおひがり【潮干狩り】潮の引いたすなはまで、貝などをとること。

しおみず【塩水】塩分をふくんだ水。また、食塩をとかした水。「えんすい」ともいう。⇔真水。

しおらしい ひかえめで、おとなしい。▽「しおらしいたいど」

しおり ❶山道で木のえだをおって帰り道の目じるしとすること。❷案内書。▽「旅のしおり」❸読みかけた本の間にはさんで、しるしとする物。

しおれる ❶草木などが、水分がなくなって弱る。❷元気がなくなる。

しか【鹿】4年 しか・か
森林にすみ、草木の葉や芽を食べる動物。おすには角がある。
⬇都道府県の「鹿児島県」で使う。

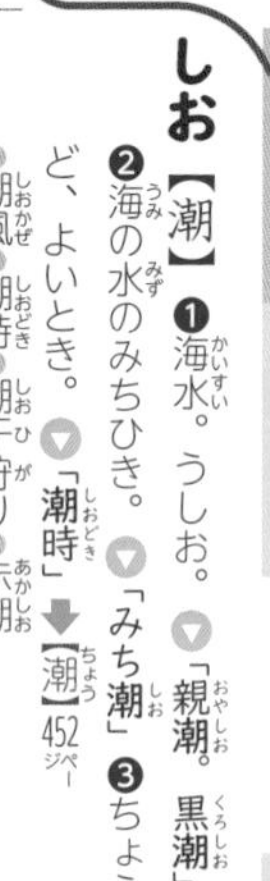

●鹿の耳●子鹿

しか【歯科】歯の病気をなおす医者の仕事。また歯についての医学。

じが【自我】他人とはちがう、自分自身。▽「自我に目ざめる」

しかい【司会】会などをすすめていくこと。また、すすめていく人。

しかい【視界】目で見えるはんい。視野。

しがい【市外】市の外。▽「市外電話」⇔市内。

しがい【市街】家や商店がたくさんあってにぎやかな所。▽「市街地」

じかい【次回】次の回。⇔前回。

しかいしゃ【司会者】会や番組などを進めていく役目の人。⬇テレビ（コラム）

しがいせん【紫外線】太陽光線の中にふくまれている目に見えない光線。ばい菌をころす力が強く、日やけのもとになる。

ことばのふしぎ

コックとシェフ

コックとシェフは、どちらも料理を仕事にしている人のことです。どうして二つのなまえがあるのでしょう。「コック」というのは外国から来たことばで「料理人」のことです。「シェフ」も外国から来たことばで、「料理人の中でいちばんえらい人」のことです。お店の中にコックさんはたくさんいても、シェフは一人だけ。また、ケーキなどようがしを作る人はパティシエとよばれます。日本の料理では料理人のことを「板前」、料理長のことを「板長」といいます。みんな料理をする人ですが、国や料理のしゅるいが変われば、なまえも変わるのですね。

しかえし【仕返し】ひどいことをされた人が、こんどは反対にあいてを同じような目にあわせること。復しゅう。報復。

しかく【四角】❶四つのかどがある形。▽「四角な顔」❷角ばった形。

しかく【視覚】目で物を見て形や色を感じる

はたらき。⇕聴覚。

しかく【資格】 ❶身分。地位。❷身分や地位を得るのに必要なじょうけん。

じかく【字画】 漢字を組み立てている点や線。また、その数。

じかく【自覚】 自分で自分の立場などを知ること。▽「学生としての自覚」

しかくい【四角い】 四つの角があるようす。▽「四角い皿」

しかくけい【四角形】 四つの直線でかこまれた形。四辺形。

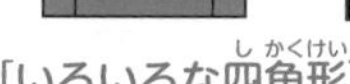
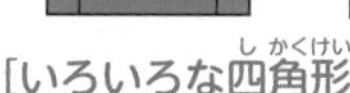

[いろいろな四角形]

しかくばる【四角張る】 ❶四角にた形をしている。❷きちんとして、まじめすぎる。▽「四角張ったあいさつ」

しかけ【仕掛け】 くふうをして仕組んでおくこと。また、仕組んだもの。

しかけはなび【仕掛け花火】 いろんな形が出るように仕組んだ花火。

しかける【仕掛ける】 ❶こちらから、あいてにはたらきかける。▽「けんかを仕かける」❷装置を取り付けたり、しかけを用意したりする。▽「わなを仕かける」❸と中までする。▽「宿題を仕かけて遊びに行ってしまった」

しがけん【滋賀県】 近畿地方にある県。日本一大きい湖の琵琶湖がある。県庁は大津市にある。⬇都道府県(図)

しかし 二つの文をつなぐことば。前の文と反対のことを言うときに使う。けれども。だが。

じがぞう【自画像】 自分の顔やすがたを自分でかいた絵。

しかた【仕方】 ものごとのやり方。する方法。▽「あいさつの仕方をならう」

しかたがない【仕方がない】 ❶どうにもならない。❷どうしようもない。▽「おこられても仕方がない」

しがつ【四月】 一年のうち四番目の月。

じかに ちょくせつに。じきじき。▽「先生にじかにたずねる」

しかめる ふゆかいな気持ちや、苦しみなどをあらわして、顔にしわをよせる。▽「いたみのために顔をしかめる」

しかも そのうえ。そればかりでなく。▽「勉強ができ、しかも野球もうまい」

じかよう【自家用】 自分の家のために使うもの。▽「自家用車」

しかる よくないところを、きつい声でたしなめる。▽「きそくをまもらないのでしかる」

しがん【志願】 自分からすすんで、願い出ること。

じかん【時間】 ❶時刻と時刻の間。❷時の単位。一日を二十四に分けて、その一つが一時間。❸一区切りの間。▽「休み時間」「食事の時間」❹時刻。

じかんわり【時間割り】 学校の授業などを、曜日べつの時間に割り当てて書いた表。

しき【色】 いろ。▽「色調。金色」⬇【色】341ページ ●色彩●色紙●色素●景色●五色

しき【式】 3年 シキ ❶し方。やり方。▽「新式。正式」❷かたどおりにおこなう行事。

あいうえお かきくけこ さしすせそ し たちつてと なにぬねの はひふへほ まみむめも やゆよ らりるれろ わをん

前のページの答え⇒「写真」

❸計算のじゅんじょ・し方などを数字と記号であらわしたもの。▽「式を立てる」

式（点を落とさないように）

●式辞●式場●式典●形式●公式

しき【織】 341ページ 組み立てること。▽「組織」⇓【織】

しき

【識】5年 シキ

❶ものごとを知っている。▽「知識」

❷ものごとを見分ける力。▽「見識」

❸知り合うこと。近づき。▽「面識」

識（右を長く出す）

★「織」「職」ににているので注意

●識別●意識●常識

しき【士気】❶兵隊の気がまえ。❷みんなの意気ごみ。▽「士気があがる」

しき【四季】春・夏・秋・冬のこと。⇓図 294ページ

しき【指揮】指図して人を動かすこと。▽「指揮者」

じき【直】じかに。間に何もないこと。▽「直筆」⇓【直】454ページ

●正直

タクト

［指揮者］

じき【時期】とき。ころあい。

じき【磁気】磁石が鉄などの金属をひきつけたり、南北をさしたりするはたらき。磁性。

じき【磁器】やきものの一種。高温でやかれ、白くてつやがあり、たたくとすんだ音がする。

しきい【敷居】戸やふすまをあけたてするために、下におく横木。みぞをほったり、レールをつけたりしてある。⇔かもい。⇓床の間（図）

しきさい【色彩】いろどり。色つや。

しきし【色紙】和歌や俳句や絵などをかく、四角なあつ紙。

しきじ【式辞】式のときにのべる、あいさつのことば。

しきじょう【式場】式を行う場所。

しきそ【色素】いろいろな色のもとになっているもの。

しきたり 昔からのならわし。

しきち【敷地】家などをたてるために使う土地。

しきてん【式典】おいわいなどのぎ式。

じきに もうすぐ。▽「父はじきに帰ります」

しきふ【敷布】しきぶとんの上にしく布。シーツ。

しきべつ【識別】はっきりと見分けること。判別。▽「色を識別する」

しきもの【敷物】地面の上や部屋にしく物。ござ・じゅうたんなど。

しきゅう【支給】しはらいあたえること。▽「ボーナスを支給する」

しきゅう【至急】たいへん急ぐこと。大急ぎ。▽「至急の用事」

じきゅうじそく【自給自足】生活に必要な物を自分で作り出し、間に合わせること。▽「自給自足の生活」

じきゅうせん【持久戦】長くつづき、なかなか勝ち負けがつかない戦い。

しきょ【死去】人が死ぬこと。

しぎょう【始業】仕事や授業を始めること。⇔終業。

じきょう【自供】自分の罪を、自分でもうしのべること。白状。

じぎょう【事業】❶世の中のためになる仕事。❷利益を得るために、物を作ったり、売り買いしたりすること。▽「事業をおこす」

しぎょうしき【始業式】仕事や授業の始めの式。⇔終業式。

しきり【仕切り】❶さかいをつけて、区切ること。区切るもの。❷すもうで力士がむか

い合ってかまえること。

しきりに ❶何度も。▽「犬がしきりにほえる」❷ものごとを強くのぞむ。▽「しきりに家へ帰りたがる」

しきん【資金】もとでになるお金。

しく【敷く】❶平らにのべ広げる。❷広くおよぼす。▽「法律をしく」

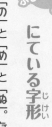

ことばのふしぎ

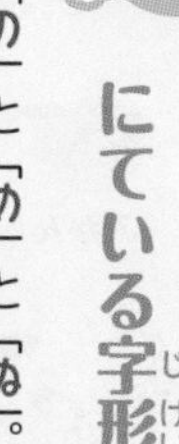

にている字形

「の」と「め」と「ぬ」。なんだかとてもよくにていますね。

ひらがなはどれも、日本で平安時代ころに漢字から作られた文字です。「の」は「乃」、「め」は「女」、「ぬ」は「奴」から生まれました。これらの漢字を曲線を多くしてくずして書くと、だんだん「の」「め」「ぬ」のような形になり、にた文字になってしまったのです。

ぬ？の め？

じく【軸】❶輪の中心となる棒。▽「じくうけ」❷活動の中心。▽「チームのじくとなってかつやくする」❸グラフで、もとにする直線。▽「たてじく。横じく」❹かけるもの。かけじく。

しぐさ ❶し方。しうち。▽「おどけたしぐさ」❷劇などの動作。

ジグザグ 右に左にぎざぎざにまがること。▽「山をジグザグにのぼる」

シグナル ❶信号。合図。❷交通などの信号機。

しくはっく【四苦八苦】ひどい苦しみ。▽「問題を解くのに四苦八苦する」

しくみ【仕組み】❶組み立て。▽「会社の仕組み」❷計画。

しぐれ【時雨】秋から冬にかけて、ふったりやんだりする雨。

しけ ❶風や雨がはげしく、海があれること。▽「しけで船を出せない」❷海があれて、魚がとれないこと。

しけい【死刑】命をうばう重いばつ。

じけい【字形】文字の形。⬇コラム

しげき【刺激】❶生物のからだに外からあたえられるはたらき。▽「しげきの強い食べ物」❷心をこうふんさせるはたらき。▽「しげきをあたえる」

しげしげ ❶何度も何度も。▽「図書館にしげしげと通う」❷よくよく。▽「しげしげと顔を見つめる」

しげみ【茂み】草や木がたくさんはえている所。

しける しっ気をおびる。しめる。

しける ❶風や雨が強く、海があれる。❷海があれて魚がとれなくなる。❸元気がなくなる。▽「しけた顔」

しげる【茂る】草や木のえだ・葉などがさかんにのびる。▽「葉がしげる」

しけん【試験】❶問題を出して、答えを言わせたり書かせたりして、学力を試してみること。▽「入学試験」❷試してみること。

しげん【資源】石油・木材などのような、物をつくるもとになるもの。▽「地下資源」

じけん【事件】ことがら。出来事。

じげん【時限】❶ある長さの時間を限ったり、きめたりすること。▽「時限ばくだん」❷授業時間の単位。▽「第一時限は社会科」

しけんかん【試験管】細長くて、底のまる

ビーカー
試験管
アルコールランプ
［試験管］

早口ことば（五回続けていえるかな）社説に輸出が取り上げられる。

四季

冬
正月
みかん
はくさい
ウグイス
梅
節分
卒業式
雪だるま
ひな祭り
菜の花
入学式
チューリップ
つくし
遠足
ツバメ
さくら
花見
カエル
すずらん
いちご
たけのこ
こどもの日
あやめ
梅雨
さくらんぼ
春

秋（あき）

りんご

かき

ぶどう

さつまいも

さんま

くり

まつたけ

ひがんばな

あさがお

ひまわり

夏（なつ）

すいか

とまと

きゅうり

めろん

紅葉（もみじ）がり

クリスマス

ポインセチア

ハロウィン

運動会（うんどうかい）

宿題（しゅくだい）

赤（あか）トンボ

お月見（つきみ）

クワガタムシ

カブトムシ

祭

夏祭り（なつまつり）

七夕（たなばた）

なぞなぞ？ もじはもじでもご飯（はん）のときに使（つか）うもじは？ 答（こた）えは次（つぎ）のページ。

あ あいうえお
か きくけこ
さ さしすせそ
た たちつてと
な にぬねの
は ひふへほ
ま みむめも
や ゆよ
ら りるれろ
ん
わ をん

し

いガラスの管。理科の実験などに使う。

しご【死後】死んだ後。⇔生前。

しご【私語】ひそひそ話。▼「**私語をつつしむ**」

じこ【自己】自分。自身。

じこ【事故】思いがけない、悪い出来事。▼「**交通事故**」

しこう【施工】工事を行うこと。「せこう」ともいう。

しこう【施行】じっさいに行うこと。▼「**入学式を四月にし行する**」

しこう【思考】考えること。考え。

じこう【事項】一つ一つのことがら。

じこう【時効】ある期間がすぎて権利がなくなったり、生じたりすること。

じごうじとく【自業自得】自分のした悪いことのむくいを自分がうけること。▼「**なまけたから成績がおちるのも自業自得だ**」

じごえ【地声】生まれつきの声。

しごく ❶細長いものを手ににぎりしめ、もう一方の手で強く引っぱる。▼「**ひもをしごく**」❷きびしく教えきたえる。▼「**新入部員をしごく**」

じこく【時刻】何時何分というきまった時間。▼「**出発の時刻は八時です**」

じごく【地獄】この世で悪いことをした人が、死んでからおちて苦しむといわれる所。⇔極楽。天国。

しこくちほう【四国地方】瀬戸内海をはさんで本州とむかい合っている島で、香川・愛媛・徳島・高知の四つの県がある。⬇都道府県（図）

じこしょうかい【自己紹介】自分の名前や職業などを人に知らせること。

しごせん【子午線】地球の表面の、北極と南極をむすぶと考えた線。「子」は北、「午」は南を意味している。経線。

しごと【仕事】❶はたらくこと。❷くらしのための職業。つとめ。

しこむ【仕込む】❶芸やわざを教えこむ。▼「**おどりを仕こむ**」❷物や材料を買いこむ。仕入れる。

しこり ❶つかれたときなど、筋肉の一部分がこってかたくなること。❷けんかなどをして、あとまでのこるいやな気持ち。▼「**心にしこりがのこる**」

しさ【示唆】それとなく知らせ教えること。

じさ【時差】❶国や地方によってちがう時刻の差。❷時刻をずらすこと。▼「**時差出勤**」

しさい ものごとの、くわしいわけ。▼「**あらそいのしさいを話す**」

じざい【自在】ほかのものからじゃまされたり、しばられたりしないで、自分の思うままなこと。▼「**自由自在**」

しさく【試作】よい作品を作るためのじゅんびとして、試しに作ってみること。▼「**試作品**」

じさく【自作】自分で作ること。▼「**自作の詩**」

しさつ【視察】じっさいに行って、ようすをしらべること。▼「**海外視察**」

じさつ【自殺】自分で自分の命をたつこと。自害。⇔他殺。

しさん【資産】財産。

じさん【持参】持っていくこと。

しじ【支持】賛成し、たすけること。▼「**全員の支持をうける**」

しじ【指示】指し示すこと。

じじつ【事実】ほんとうのことがら。じっさいにあったこと。

ししまい【×獅子舞】しし（ライオン）に似た想像上の動物の頭の形をしたものをかぶってするおどり。正月やお祭りのときに、作物がよくできるようにいのったり、まものを追いはらったりする。

しじみ どろの中にすんでいる黒くて小さい二枚貝。みそしるなどに入れて食べる。

ししゃ【支社】本社から分かれて仕事をする

所。支局。⇔本社。

ししゃ【死者】死んだ人。死人。

ししゃ【使者】使いの者。使い。

じしゃく【磁石】❶鉄をひきつける性質を持つもの。❷方位を知るための道具。いつも南北をさしている。

ししゃごにゅう【四捨五入】数をもとめるとき、四以下は切り捨て、五以上は切り上げて一つ上の位に一をくわえる計算方法。

30人
31
32
33
34人 → 30人

35人
36
37
38
39
40人 → 40人

[四捨五入]

ししゃも 海にすむ、細長い銀色の小形の魚。

ししゅ【死守】命がけで守ること。死ぬかくごで守ること。

じしゅ【自首】罪をおかした人が自分から警察に名のって出ること。

ししゅう【刺しゅう】布に糸でもようをぬいとること。

ししゅう【詩集】詩を集めた本。

しじゅう【始終】❶始めから終わりまで。何から何まで。❷いつも。たえず。▽「始終車が通る」

じしゅう【自習】自分で勉強すること。

じしゅく【自粛】自分からすすんでつつしむこと。

ししゅつ【支出】お金をしはらうこと。また、出ていくお金。⇔収入。

じしゅてき【自主的】人のたすけや指図をうけないで、自分でものごとをやっていくようす。▽「自主的に学ぶ」

ししゅんき【思春期】十五さい前後の、からだが成長して、異性に心をひかれるようになる時期。

ししょ【司書】図書館で、本のかし出しや整理をする仕事の人。

じしょ【辞書】⇩辞典

じじょ【次女】女のきょうだいの中で、二番目に生まれた子。

ししょう【支障】さしさわり。さしつかえ。▽「勉強に支障をきたす」

ししょう【死傷】死んだり、けがをしたりすること。▽「死傷者」

ししょう【師匠】学問や芸ごとなどの先生。⇔弟子。

しじょう【史上】歴史にあらわれたこと。昔から通して見て。▽「史上最高の記録」

しじょう【市場】❶いちば。❷品物の売り買いや、とりひきをする所。

じしょう【自称】自分でそのように言うこと。▽「クラス一だと自しょうする」

じじょう【事情】ことのわけ。ようす。▽「事情を聞けばもっともだ」

ししょく【試食】味をみるために、試しに食べてみること。▽「試食会」

じしょく【辞職】自分から職をやめること。辞任。▽「辞職ねがい」

ししょばこ【私書箱】郵便局にそなえる、

ことばのふしぎ

辞書であそぶ

辞書がきらいな人もすぐにすきになる、とっておきのあそびかたを教えましょう。「ことばあてクイズ」です。やりかたはかんたん。だれかが辞書に書かれた意味の部分を読み上げて、みんなでそれがなんということばかあてるのです。では問題。「人に飼われて、かわいがられる動物。ネズミをとる。」答えは「ねこ」です。みんなでやると、もりあがりますよ。

前のページの答え⇒「しゃもじ」

ある個人や会社だけのために使われる郵便うけ。

ししん【指針】❶じしゃくや時計の針のように、方向や時間を指ししめす針。❷目当て。手引き。方針。目標。▽「人生の指針」

しじん【詩人】詩を作る人。

じしん【自身】自分みずから。自分。

じしん【自信】自分の力やねうちを信じること。▽「料理には自信がある。自信満々で試合にのぞむ」

じしん【地震】火山のばくはつや、地球の内部や外がわに変化がおきて、地面がゆれ動くこと。

しず【静】じっとして動かない。おだやかなようす。▽「静心」⬇【静】374ページ

じすい【自炊】自分で食事を作って食べること。▽「自すい生活」

しずおかけん【静岡県】中部地方にある県。富士山や伊豆半島がある。気候がよく、茶やミカンの産地。製紙や漁業もさかん。県庁は静岡市にある。⬇都道府県（図）

しずか【静か】❶物音が聞こえないようす。❷おちついて動かないようす。❸おだやかなようす。▽「波が静かだ」⬇【静】374ページ

しずく【滴】水のしたたり。

しずけさ【静けさ】静かさ。▽「静けさを

やぶるサイレンの音」

しずしず【静静・静々】静かに。ゆっくりと。⬇「々」は同じ文字をくり返すという意味のおどり字という記号。▽「静々と歩く」

じすべり【地滑り】山などの土地の表面の一部が、すべっておちること。

ジスマーク【JISマーク】商品が、きめられた基準でつくられていることをしめすしるし。JISは日本産業規格のこと。

[JISマーク]

しずまる【静まる】しずかになる。▽「あらしが静まる」⬇【静】374ページ

しずむ【沈む】❶水の中に深く入る。⇕浮く。❷なやみごとで、元気がなくなる。▽「気がしずむ」❸日や月が西にかくれる。▽「日がしずむ」

しずめる【静める】しずかにさせる。▽「心を静める」⬇【静】374ページ

しずめる【沈める】水の中に深く入れる。しずませる。⇕浮かべる。

しずめる【鎮める】❶さわぎやみだれをおさえる。▽「内乱をしずめる」❷おだやかにする。▽「いたみをしずめる」

しせい【姿勢】からだのかまえ。

じせい【自生】植物がしぜんに生えること。

じせい【自制】自分で自分の感情などをおさえること。▽「自制心」

しせき【史跡】歴史の上で名高い出来事があったたてものや場所。

しせつ【使節】ある役目を持ち、国の代表として使いに行く人。

しせつ【施設】ある目的のためにこしらえ設けること。また、そのもの。

しせん【視線】目で見ている方向。

しぜん【自然】❶山・川・草・木など、人が作ったものでないもの。⇕人工。❷ありのままのようす。▽「自然なポーズ」

じぜん【事前】ものごとのおこる前。

じぜん【慈善】こまっている人を、かわいそうに思ってたすけること。▽「じ善事業」

しぜんいさん【自然遺産】世界遺産の一つ。けしきや、そこに住む動物や植物がすぐれた価値をもつとみとめられたちいき。日本では屋久島や白神山地などが登録されている。

しぜんかがく【自然科学】自然のありさまを深くしらべて、人間のくらしに役立てる学問。生物・物理・化学・天文などの学問。▽「自然科学を研究する」

しぜんげんしょう【自然現象】地しん

・雨・風など、自然の力によっておこるいろいろな出来事。

しぜんに【自然に】わざとしたり、ほかから力を加えたりしなくてもそうなるようす。ひとりでに。▽「**病気が自然になおる**」

しそ 葉や実を食べる、かおりのいいやさい。葉はむらさき色のものと緑色のものがある。

しそう【思想】社会や人の生き方にたいする、まとまりのある考え。

じぞう【地蔵】地蔵ぼさつのこと。なさけがあつく、子供をすくいまもる仏といわれる。石にほった像が道ばたにまつられている。

しそく【子息】よその男の子をうやまっていうことば。

じそく【時速】一時間に進むきょり。

じぞく【持続】持ちこたえること。いつまでも続くこと。

しそん【子孫】子や孫。その人の血をひいている人々。⇔祖先。先祖。

しそんじる【仕損じる】やりそこなう。▽「**せいては事をしそんじる**」

じそんしん【自尊心】自分で自分をすぐれていると思う心。プライド。

した【下】❶位置が低いこと。また、その所。⇔上。❷物のかげになっているところ。▽「**下を見る**」▽「**橋の下**」❸目下。手下。▽「**下の者**」❹年が少ないこと。わかいこと。❺あらかじめすること。▽「**下書き**」⬇【下】108ページ

●下絵●下書き●下着●下心●下ごしらえ●下地●下敷き●下調べ●下積み●下手●下働き●下火●下町●下回る●下見●目下

した【舌】❶口の中にあって、ものを味わったり発音を調節したりするもの。❷ことば。▽「**舌がまわる**」⬇【舌】383ページ

●舌打ち●舌足らず●舌鼓を打つ●舌なめずり●舌を巻く

しだ ウラジロ・ゼンマイのように、日の当たらない土地にはえる植物。花はさかず、葉のうらの胞子でふえる。

したい【死体】死んだからだ。

しだい【次第】❶わけ。▽「**ことの次第**」❷順序。▽「**式の次第**」

じたい【字体】❶文字の形。❷文字のいろいろな書き方。楷書・行書・草書など。書体。❸活字の形。

●楷書……東西南北
●行書……東西南北
●草書……東西南北

［字体❷］

じたい【自体】それ自身。▽「**考え自体はよいのだが、方法がよくない**」

じたい【事態】ことのなりゆき。

じたい【辞退】へりくだってことわること。▽「**出場を辞退する**」

じだい【時代】❶歴史の上で区切られた期間。▽「**江戸時代**」❷その当時。▽「**学生時代**」❸古めかしい感じ。▽「**時代ものの時計**」

しだいに【次第に】少しずつかわっていくさま。▽「**次第に空が暗くなる**」

したう【慕う】❶会いたくてあとをおっていく。❷なつかしがる。▽「**ふるさとをしたう**」❸そんけいし、そのようになりたいとねがう。▽「**先生をしたう**」

したうち【舌打ち】「チェッ」と、舌で上あごをはじいて鳴らすこと。ことが思うようにならないときなどにする。

したえ【下絵】下がきの絵。

したがう【従う】❶あとについていく。❷人の言いつけどおりにする。⬇【従】317ページ

したがえる【従える】❶つれていく。▽「**家来を従える**」❷言うことをきかせる。▽「**敵を従える**」⬇【従】317ページ

したがき【下書き】清書する前にためしに書くこと。また、書いたもの。

したがって【従って】それだから。それゆえに。▽「**かれはよく本を読む。従っていろ**

あいうえお かきくけこ さしすせそ し たちつてと なにぬねの はひふへほ まみむめも やゆよ らりるれろ わをん

早口ことば（五回続けていえるかな）ジャングルで上手にじゃんけんした。

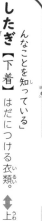

んなことを知っている」

したぎ【下着】はだにつける衣類。⇕上着。

したく【支度・仕度】❶前もって用意をすること。▼「夕食の支度」❷身なりをととのえること。▼「外出の支度」

じたく【自宅】自分のすんでいる家。

したごころ【下心】心の中でたくらむこと。心の底。

したごしらえ【下ごしらえ】前からじゅんびしておくこと。

したしい【親しい】なかがよい。こころやすい。⬇【親】348ページ

したじき【下敷き】❶物の下にしかれること。▼「こわれた家の下じきになる」❷書くときに紙の下にしく物。❸手本。参考にしたもの。

したしみ【親しみ】親しむこと。

したしむ【親しむ】❶なかよくする。こころやすくする。❷なじむ。▼「長年親しんだ家」⬇【親】348ページ

したしらべ【下調べ】前もって調べておくこと。▼「遠足の下調べ」

したたか ❶ひじょうに強く。▼「ころんで、したたかこしをうった」❷手ごわいようす。▼「彼はしたたかなやつだ」

したたらず【舌足らず】❶舌がよく回らず、ことばがはっきり言えない。❷ことばがたりなくて、はっきりしない。▼「舌足らずの説明でわからない」

したたる【滴る】しずくとなっておちる。▼「あせがしたたる」

したつづみをうつ【舌鼓を打つ】おいしい物を食べたとき思わず舌を鳴らすこと。▼「料理に舌つづみを打つ」

したづみ【下積み】❶積まれた荷物の下になること。❷上の役になれないで、ずっと下の役でいること。

したて【下手】❶へりくだったたいど。▼「下手に出る」❷すもうで組み合ったとき、あいてのうでの内がわから、まわしをつかむこと。▼「下手投げ」⇕上手。

したてる【仕立てる】❶こしらえる。作り上げる。❷布地を切って衣服をぬいあげる。❸一人前にする。

したなめずり【舌なめずり】❶おいしい物を目の前にして、舌で、くちびるをなめること。❷えものなどをまちかまえているようす。

したのねのかわかないうち【舌の根のかわかないうち】言ったすぐあとに。▼「もうしないと言った舌の根のかわかないうちに、またいたずらをする」

じたばた ❶手足をばたばたと、はげしく動かすようす。❷あわてたり、あせったりしているようす。▼「今さらじたばたしても、まにあわない」

したばたらき【下働き】❶人に使われて働くこと。❷こまごました仕事をすること。

したび【下火】❶火のいきおいが弱くなること。❷いきおいがおとろえること。▼「流行が下火になる」

したまち【下町】都会で、土地のひくいほうにある町。⇕山の手。山手。

したまわる【下回る】あるていどの数より下になる。▼「予想をはるかに下回る」⇕上回る。

したみ【下見】どこかへ行くときに、前もって見てしらべておくこと。

したむき【下向き】❶下のほうを向いていること。⇕上向き。❷景気などがだんだん悪くなっていくこと。⇕上向き。

したりがお【したり顔】してやったというような、とくいな顔つき。

したをまく【舌を巻く】ことばも出ないほど、感心するようす。

じだんだをふむ【地だんだを踏む】ひどくくやしがって、足をふみならすこと。

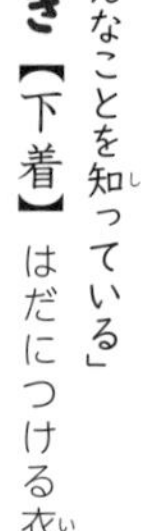

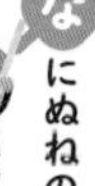

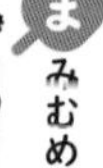
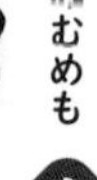

あいうえお かきくけこ さしすせそ し たちつてと なにぬねの はひふへほ まみむめも やゆよ らりるれろ わをん

しち【七】 1年 シチ なな・ななつ・なの

ななつ。▽「七人」

七 まるみをもたせてまげる

七神。

しち【質】 ❶やくそくをまもるしるしとして、あずけておく物。▽「人質」❷借金の保証としてあずけておくこと。また、その物。▽

●七五三●七五調●七福神

じち【自治】 自分たちのことを自分たちできめて治めること。▽「校内自治」

「質屋」⬇【質】302ページ

じちかい【自治会】 自分たちのことを自分たちできめて行っていくしくみ。

しちがつ【七月】 一年のうち七番目の月。

しちごさん【七五三】 子供の成長をいのるおいわい。男は三さいと五さい、女は三さいと七さいの十一月十五日に神社におまいりをする。⬇人生（コラム）

しちごちょう【七五調】 上に七音、下に五音をくりかえすことばの調子。日本の詩や歌でよく使われる。

しちふくじん【七福神】 福の神としてしんじられている七人の神。大黒天・恵比寿・毘沙門天・弁財天・福禄寿・寿老人・布袋の七神。

［七福神と宝船］

しちめんちょう【七面鳥】 北アメリカ原産の鳥。あごの前にたれたひふは赤・青などに色がかわる。肉はクリスマスの料理に使う。

しちや【質屋】 きまった利子をとって品物をあずかり、お金をかす店。

しちゃく【試着】 服がからだやこのみに合うかどうかためしに着てみること。

しちゅう【支柱】 支える柱。つっかい棒。

しちょう【市長】 市をおさめている代表者。市民によってえらばれる。

じちょう【自重】 ❶行いをつつしんで、軽はずみなことをしないこと。▽「試合の前なので自重して生活する」❷自分の体を大事にすること。

しちょうりつ【視聴率】 テレビで、ある番組がどれだけの人たちに見られたかをしめすわりあい。

しつ【失】 4年 シツ うしなう

❶うしなうこと。なくなること。▽「失望。消失」⇔得。❷あやまち。しくじり。▽「失敗。過失」

失 長くつき出る

★「矢」にていているので注意

●失意●失格●失業●失敬●失言●失神●失敗●失望●失明●失礼●失恋 失敗は成功のもと 損失

しつ【室】 2年 シツ（むろ）

❶部屋。ざしき。▽「室内。教室」❷妻。▽「令室」

室

●室外●室内●暗室●温室●地下室●洋室●和室●別室

早口ことば（五回続けていえるかな）シューマイにしょうゆを順番につけなさい。

しつ【質】5年 シツ・(シチ)・(チ)

❶なかみ。じっさいの内容。▽「量より質。水質。本質」
❷聞き出すこと。問い。▽「質問」
❸生まれつき。持ちまえ。▽「性質」
❹かざりけがないこと。▽「質素」

質 質 質 質 質（この形に注意。同じものを二つ書く）

●質疑●質素●質問●材質●素質●体質●地質●品質●物質

じつ【日】❶ひ。太陽。▽「日月」❷こよみの上の一日。▽「祭日」⬇【日】528ページ
●元日●期日●祝日●先日●平日

じつ【実】3年 ジツ み・みのる

❶まこと。まごころ。▽「誠実」
❷ほんとうのこと。▽「事実。真実」
❸果物などの、み。▽「果実」
❹なかみ。▽「有名無実」

実 実 実 実 実（つなげて書かない）

●実印●実演●実家●実感●実況●実業●実業家●実権●実験●実現●実行●実際●実在●実子●実施●実質●実社会●実収●実習●実績●実践●実体●実態●実地●実直●実費●実父●実物●実母●実務●実用●実利●実力●実例●実話●確実●現実●切実●着実

じっ【十】じゅう。「十本」「十回」などのように、「じゅっ」ということもある。▽「十進法」⬇【十】317ページ
●十指●十進法

しつい【失意】のぞみがかなわなくてがっかりすること。▽「失意の日々」⇕得意。

じつえん【実演】じっさいにやってみせること。▽「作り方を実演する」

じっか【実家】生まれた家。里。

しつがい【室外】部屋の外。屋外。⇕室内。

しっかく【失格】資格をなくすこと。

しっかり ❶かたく、ゆるみのないようす。▽「針金をしっかりまきつける」❷まちがいなく。たしかに。▽「しっかりおぼえる」❸気持ちをひきしめるようす。▽「しっかりがんばれ」❹たしかなようす。▽「しっかりした子」

じっかん【実感】ほんとうに味わう感じ。▽「実感のこもった説明」

しっき【漆器】うるしでぬった器。

じつぎ【実技】実際にからだを動かして、じぶんの持っているわざをやって見せること。▽「実技の試験」

しつぎょう【失業】くらしのための仕事を失うこと。失職。

じっきょう【実況】じっさいのようす。ありのまま。▽「実きょう放送」

じつぎょう【実業】農業・工業・商業などのように、物を作り出したり、売り買いしたりする仕事。

じつぎょうか【実業家】会社・工場などを持ち、事業をやっている人。

しっくり よく合うようす。ぴったり。▽「ぼうしが服にしっくりしない」

じっくり 深く考えてものごとをするようす。▽「じっくり考える」

しつけ ❶衣服を作るとき、ぬい目をととのえるため、また、新しい衣服がくずれないように、糸であらくぬうこと。❷行儀作法を教えること。

しっけ【湿気】しめりけ。しっき。

しっけい【失敬】❶敬いつつしむ心をなくすこと。失礼。▽「失敬なやつだ」❷ぬすむこと。❸「さようなら」「すみません」という意味のあいさつのことば。▽「では、失敬」

しつげん【失言】言いそこない。言いす

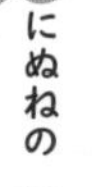

ぎ。▼「うっかり失言する」

じっけん【実権】うわべだけではなく、じっさいに人をおさえてやっていく力。▼「政治の実権をにぎる」

じっけん【実験】正しいかどうか、じっさいにためしてみること。

じつげん【実現】ほんとうにそうなること。▼「ゆめが実現した」

しつこい ❶いつまでもそばにくっついていて、あきらめない。▼「しつこくさそう」❷味や色などがきつすぎる。

しっこう【執行】じっさいに行うこと。▼「刑をしっこうする」

じっこう【実行】ほんとうに行うこと。▼「計画どおり実行する」

じっさい【実際】❶ほんとうのこと。▼「実際とちがう」❷まったく。

じつざい【実在】ほんとうに、この世の中にあること。▼「実在の人物」⇔架空。

じっし【実子】自分のほんとうの子供。産みの子。⇔養子。

じっし【実施】ほんとうに行うこと。

じっしつ【実質】ほんとうのなかみ。▼「見かけはよいが、実質はどうか」

じっしゃかい【実社会】じっさいの社会。この世の中。▼「実社会のきびしさを知る」

じっしゅう【実習】じっさいに自分でやって、習うこと。▼「料理の実習」

しっしん【失神】気を失うこと。「神」は心のこと。

しっしん【湿×疹】ひふの表面が赤く、かゆくなる病気。

じっしんほう【十進法】もとの数の十倍ごとに、新しい位をつけて数えるやり方。整数・小数やメートル法などがある。

じっせき【実績】じっさいになしとげた成績。功績。▼「水泳で団体一位の実績のある学校」

じっせん【実践】じっさいに自分で行うこと。▼「考えたとおり実せんする」

しっそ【質素】かざらないで、じみなこと。▼「質素な身なり」

じったい【実体】そのもののほんとうのすがた。実質。▼「実体をつかむ」

じったい【実態】ほんとうのようす。▼「実態調査」

しっち【湿地】じめじめした土地。しめりけの多い所。

じっちょく【実直】まじめで正直なこと。▼「実直な人」

しっと うらやむこと。ねたみ。

しつど【湿度】空気の中にふくまれているしめりけのわりあい。

じっと からだや目を動かさないでいるようす。しずかにしているようす。▼「じっと待っている。じっとがまんする」

しつどけい【湿度計】しつ度をはかる器械。

しっとり ❶しずかでおちついているようす。❷しめりけをふくんだようす。▼「しっとりとぬれた土」

しつない【室内】部屋の中。屋内。⇔室外。

じつに【実に】ほんとうに。まことに。▼「実にいいながめだ」

じつは【実は】ほんとうは。じっさいは。▼「実は急用ができて行けない」

しっぱい【失敗】しくじり。やりそこない。▼「実験に失敗した」⇔成功。

しっぱいはせいこうのもと【失敗は成功のもと】失敗してもあきらめず、よくそのわけを考え、またそれをしないようにすれば、次は成功するということわざ。

しっぴつ【執筆】文章を書くこと。▼「童話をしっぴつする」

しっぷ【湿布】湯や薬にひたした布をからだの悪い所に当て、いたみ・はれなどをなおすやり方。また、その布。

早口ことば (五回続けていえるかな) 熟字訓調べ。

じっぷ【実父】血のつながった父。⇔養父。義父。

じつぶつ【実物】本物。そのもの。

じつぶつだい【実物大】本物と同じ大きさ。

しっぺがえし【しっぺ返し】すぐにし返しをすること。▽「友達をぶったら、しっぺ返しをくわされた」

しっぽ ❶動物の尾。▽「牛がしっぽでハエを追う」❷細長い物の先。▽「大根のしっぽ」

じつぼ【実母】自分を産んでくれた母。⇔養母。義母。

しつぼう【失望】のぞみや期待をなくして、がっかりすること。

しっぽをだす【しっぽを出す】かくしていたことがあらわれる。ごまかしがばれる。

しっぽをつかむ ごまかしていたことの、しょうこをにぎる。▽「不正のしっぽをつかまれる」

しつめい【失明】目が見えなくなること。▽「病気のため失明する」

しつもん【質問】わからないことをたずねること。▽「先生に質問する」

じつよう【実用】じっさいに役に立つこと。生活にすぐ役立つこと。

じつようか【実用化】じっさいに役に立つようにすること。

じつりょく【実力】ほんとうに持っている力。ほんとうのうでまえ。

しつれい【失礼】❶礼儀にはずれること。無礼。失敬。▽「失礼な人だ」❷「さようなら」「すみません」という意味のあいさつのことば。

しつれん【失恋】好きなあいてに、気持ちが通じなかったり、きらわれたりして、恋が思い通りにならずに終わること。

じつわ【実話】ほんとうにあった話。

してい【子弟】❶子供や弟。❷年のわかい人。若者。

してい【指定】それときめること。▽「まちあわせの場所を指定する」

してい【師弟】先生と生徒。師しょうと弟子。▽「師弟の関係」

シティー 都会。都市。

してき【私的】自分ひとりに関係した。おおやけでない。▽「私的な発言をつつしむ」⇔公的。

してき【指摘】問題となるところを、とくにとりあげてしめすこと。▽「あやまりを指てきする」

してやられる うまくやられてしまう。まんまとだまされる。

ことばのふしぎ

字典・事典・辞典

「字典」は漢字の読み方と意味を、「事典」は、地名や人名などいろいろな事がらを、「辞典」はことばの意味を、それぞれ説明したものです。ちがいがわかるように、「もじ典」「こと典」「ことば典」とよんで、くべつすることがあります。

してん【支店】本店から分かれた店。分店。⇔本店。

してん【支点】てこの、支えとなる点。↓てこ（図）

じてん【字典】漢字をきまったじゅんにならべて、その読み方や意味を説明した本。字引。

じてん【次点】選挙などで当選した人の次の人。

じてん【自転】地球などの天体が自分の直径

し

をじくに回ること。⇔公転。

じてん【事典】いろいろな事がらを集めて、くわしく説明してある本。▼「百科事典」

じてん【辞典】いろいろなことばを集めて、それをきまったじゅんじょにならべ、読み方や意味を説明した本。辞書。字引。▼「国語辞典をプレゼントでもらう」

じてんしゃ【自転車】両足でペダルをふみ、二つの車輪を回してすすむ乗り物。➡サドル（図）

しどう【私道】個人の土地にある道路。⇔公道。

しどう【指導】教え導くこと。

じどう【自動】自分の力で動くこと。

じどう【児童】子供。ふつう、小学生をいう。

じどうけんしょう【児童憲章】子供の人権と幸福をまもるために一九五一年五月五日に作られたきまり。

じどうしゃ【自動車】エンジンの力で走る乗り物。車。➡図

じどうそうだんじょ【児童相談所】子供の幸福をまもるため、いろいろと相談にのってくれる所。

じどうはんばいき【自動販売機】お金を入れると、自動的に品物が出てくるしかけ

早口ことば（五回続けていえるかな）宿舎で装束をきる。

あいうえお かきくけこ さしすせそ し たちつてと なにぬねの はひふへほ まみむめも やゆよ らりるれろ わをん

の機械。

じどうふくし【児童福祉】子供たちの幸せをまもること。

じどうぶんがく【児童文学】子供のために作られた文学。童話・童ようなど。

しとめる ねらったものを、ころしたり、手に入れたりする。▽「イノシシをしとめる」

しとやか おちついて上品なようす。

しどろもどろ 自信がなくて、話し方などがととのわないようす。▽「しどろもどろの説明をする」

しな【品】❶形のある物。品物。▽「品切れ。記念の品」❷人がら。ひん。▽「品定め」❸ものの質。▽「よい品。見た目は悪いが品はいい」⬇【品】598ページ

しない【市内】市の中。▽「市内の小学校」⇕市外。

しない【竹刀】剣道のけいこに使う、竹で作った刀。

しなう やわらかにまがる。▽「雪をかぶって竹がしなう」

しなぎれ【品切れ】品物が売り切れてなくなること。

しなびる 中にふくまれる水がなくなって、しわしわになったりしぼんだりする。▽「やさいがしなびる」

しなもの【品物】形のあるもの。しな。物品。▽「おみまいの品物」

しなやか やわらかくて、よくしなうようす。▽「しなやかなからだ」

じならし【地ならし】地面の高いひくいを平らにすること。

じなり【地鳴り】地しんなどで地面がひどくゆれるために、おこる音。

シナリオ 映画などのきゃく本。

しなん【至難】この上もなくむずかしいこと。▽「至難のわざ」

じなん【次男】男のきょうだいのうち二番目に生まれた子。

シニア 年が上の人。また、学年や段階が上の人。▽「シニアコース」⇕ジュニア。

しにせ 昔からある名高い店。

しにめ【死に目】死にぎわ。▽「親の死に目に会えない」

しにものぐるい【死に物狂い】死んでもかまわないという気でがんばること。▽「死に物ぐるいではたらく」

じにん【辞任】仕事や、役目をやめること。辞職。⇕就任。

しぬ【死ぬ】❶息がたえる。⇕生きる。❷かれる。▽「植木が死ぬ」❸役に立たない。▽「才能が死ぬ」❹野球で、アウトになる。⬇【死】284ページ

じぬし【地主】土地の持ち主。

じねつ【地熱】⬇ちねつ

しのぎをけずる【しのぎを削る】はげしく競争する。

しのぐ ❶ほかのものよりまさる。▽「父をしのぐうでまえ」❷がまんする。たえしのぶ。▽「暑さをしのぐ」

しのつくあめ【しの突く雨】シノダケのような細いものが空からふってくるように、はげしくふる雨。どしゃぶり。⬇雨(図)

[しの突く雨]

しのばせる【忍ばせる】❶こっそりかくす。▽「ポケットにカエルをしのばせる」❷気づかれないようにする。▽「足音をしのばせる」

しのびあし【忍び足】人に知られないように、こっそり歩くこと。

しのびこむ【忍び込む】気づかれないように、こっそりと入りこむ。

しのびなき【忍び泣き】声をたてないよ

うに、こらえながら泣くこと。

しのびよる【忍び寄る】気づかれないように、こっそりと近づく。

しのぶ【忍ぶ】❶がまんする。▽「はじをしのぶ」❷かくす。かくれる。▽「人目をしのぶ」

しのぶ したわしく思う。昔のことをなつかしく思う。▽「遠い昔をしのぶ」

じのぶん【地の文】物語などの文章で、会話ではない部分。

しば【芝】地面をはう緑色の草。庭や土手などにうえる。

しはい【支配】力でおさえつけて自分の自由にすること。▽「国を支配する」

しばい【芝居】ぶたいの上で、劇をすること。

しはいにん【支配人】会社や店などで、主人にかわって仕事を指図したり、とりしまる人。

しばかり【×柴刈り】たきぎにする小枝をかり取ること。▽「おじいさんが山でしばかりをする」⇨昔話（図）

じはく【自白】自分のした悪いことを自分で言うこと。白状。

しばしば たびたび。何度も。

じはだ【地肌】❶けしょうしていないはだ。すはだ。❷土地の表面。

しばたたく 何度もまばたきをする。「しばたく」ともいう。

しはつ【始発】❶ある所を起点として、そこから出発すること。▽「東京駅始発」⇔終着。❷列車・電車・バスなどで、その日のいちばんはじめに出発すること。

じはつてき【自発的】自分からすすんでやるようす。▽「自発的に行う」

しばふ【芝生】しばのはえている所。

しはらう【支払う】料金や代金をわたす。お金をはらう。

しばらく ❶ひさしぶり。▽「しばらくでした」❷少しの間。▽「しばらくおまちください」

しばる【縛る】❶なわやひもでゆわえる。❷自由に動けないようにする。▽「きそくにしばられる」

しはん【市販】まちで売っていること。▽「市はんの品」

じばん【地盤】❶地面。土地。❷土台。きそ。❸勢力のいきわたるはんい。▽「選挙の地ばん」

じひ【慈悲】なさけ。あわれみ。いつくしみ。▽「じ悲深い人」

じびか【耳鼻科】耳や鼻の病気をなおす医者の仕事。耳や鼻についての医学。

じびき【字引】ことばや漢字をじゅんにならべて、読み方や意味を説明した本。辞典。字典。辞書。

じひつ【自筆】自分で書くこと。自分の手で書いたもの。▽「自筆の手紙」

じひびき【地響き】地面がゆれ動いてひびくこと。

じひょう【辞表】職をやめるときに、そのことを書いて出す書きつけ。

じびょう【持病】なかなかなおらなくて、いつも苦しめられている病気。

しびれる ❶からだの一部や全体の感じがなくなる。▽「足がしびれる」❷電気などに感じて、びりびりとする。❸うっとりする。▽「演奏にしびれる」

しびれをきらす ❶長くすわっていて足がしびれる。❷まちくたびれる。まちきれなくなる。

しぶ【支部】本部から分かれて、ある地区の仕事をうけもっている所。▽「新しい支部をつくる」⇔本部。

じふ【自負】自信を持ってほこること。▽「頭がいいと自負する」

しぶい【渋い】❶しびれるような味や、にがい味がする。❷はでではないが、味わいがあ

早口ことば （五回続けていえるかな）主治医が手術室で始終手術中。

る。▽「しぶい色」❸けちである。❹気むずかしい。▽「しぶい顔」

しぶき とびちる水玉。

しふく【私服】 ❶制服でない服。⇕制服。❷制服を着ないでつとめる刑事。

しふく【私腹】 自分の利益。▽「私腹をこやす」

しぶしぶ いやいやするようす。

しぶとい しつこくて、強情である。

しぶる【渋る】 ❶すらすらとはかどらない。▽「筆がしぶる」❷いやがる。▽「返事をしぶる」

じぶん【自分】 わたし。自身。

じぶんかって【自分勝手】 自分のつごうだけを考えて、ほかの人のことなど考えないこと。わがまま。

じぶんじしん【自分自身】 「自分」を強めたことば。▽「自分自身で考える」

しへい【紙幣】 おさつ。紙のお金。⇕硬貨。

じへん【事変】 ❶ふつうの事ではない出来事。❷警察でしずめることのできないさわぎ。❸戦争をするという知らせをしないままの、国と国との戦い。

しへんけい【四辺形】 四つの直線でかこまれた形。四角形。

しほう【四方】 ❶東西南北の四方向。❷まわり。ぐるり。▽「四方を見る」

しほう【司法】 国家が、法律によってものごとを正しくさばき、また、罪をおかした者をばっすること。

しぼう【子房】 めしべのもとのふくれた部分。めしべに花粉がつくと、この部分が実になる。⬇雌しべ（図）

しぼう【死亡】 死ぬこと。死去。

しぼう【志望】 望むこと。ねがい。

しぼう【脂肪】 動物や植物にふくまれているあぶら。

じほう【時報】 時刻を知らせること。▽「十二時の時報」

じぼうじき【自暴自棄】 自分で自分をそまつにあつかうこと。やけくそ。

しほうはっぽう【四方八方】 すべての方角。あっちもこっちも。

しぼむ いきおいがなくなってちぢまる。しおれる。▽「花がしぼむ」

しぼる【絞る】 ❶ねじったりおしたりして水分を出す。▽「ぞうきんをしぼる」❷きびしくきたえる。▽「部員をしぼる」❸しめる。まとめる。▽「問題点をしぼる」❹むりに出す。▽「ちえをしぼる」

しぼる【搾る】 ❶強くおさえつけたりして油や乳などをとり出す。❷むりやりとりたてる。▽「税金をしぼる」

しほん【資本】 仕事のもとでになるお金。▽「資本金。資本家」

しほんしゅぎ【資本主義】 資本を持っている人が、労働者を使ってたくさんの物を作り、利益を得ようとする社会のしくみ。

しま【島】 まわりを水でかこまれた陸地。⬇【島】488ページ ●島国

しま たてやよこにたくさんの線がならんでいる模様。▽「しまのシャツ。たてじま」

しまい【姉妹】 ❶姉と妹。女のきょうだい。❷にているもの。

しまう ❶おわりにする。▽「はやばやと仕事をしまう」❷かたづける。▽「本をしまう」❸やめる。▽「店をしまう」

しまうま アフリカの草原にすむ馬のなかま。からだにしまがある。

しまぐに【島国】 まわりを海にかこまれた国。▽「日本は島国である」

しましま たてや横に線がならんだもようがたくさんあるようす。▽「しましまのセーター」

しまつ【始末】 ❶ものごとの始めとおわり。いきさつ。❷あとをかたづけること。▽「ご

みを始末する」

しまつにおえない【始末に負えない】どうしようもない。手がつけられない。▽「始末に負えないいたずら」

しまねけん【島根県】中国地方にある県。神社の出雲大社が名高い。県庁は松江市にある。⬇都道府県（図）

しまもよう【しま模様】たてや横の線がたくさんならんだもよう。▽「シマウマは、からだに黒と白のしまもようがある」

しまる【閉まる】ひらかれていたものがとざされる。▽「戸が閉まる」⇕開く。⬇【閉】626ペ

しまる【締まる】❶ゆるんだところがなくなる。▽「気分がしまる」❷むだなお金を使わなくなる。

じまん【自慢】自分のことを自分でほめること。▽「力の強さをじまんする」

しみ【染み】よごれ。▽「洋服についた染み」⬇【染】387ペ

じみ【地味】はでではなく、おちついた感じのするようす。⇕はで。

しみじみ 深く心に感じるようす。▽「親の恩をしみじみと語る」

しみず【清水】地中からわき出ている、すんだきれいな水。

しみる【染みる】❶そまる。色がつく。▽「インクが紙に染みる」❷深く感じる。▽「心に染みる親切」❸いたみを感じる。▽「薬が染みる」⬇【染】387ペ

しみん【市民】市にすんでいる人。

じむ【事務】つとめの仕事。主につくえの上でする仕事をいう。

しむける【仕向ける】そうするようにさそいかける。その気をおこさせる。▽「読書をするように仕向ける」

しめい【氏名】みょう字と名前。

しめい【使命】自分がはたさなければならない役目。

しめい【指名】名を指してよぶこと。▽「先生に指名される」

しめかざり【しめ飾り】正月に、家の入り口や神をまつったたななどにしめなわをかざること。また、そのかざり。

［しめかざり］

しめきり【締め切り】期限が来たので、うけつけなどをやめること。

しめくくり【締めくくり】おわりのまとめをつけること。▽「しめくくりをつける」

しめしあわせる【示し合わせる】❶前もってやくそくしてきめておく。❷合図して知らせ合う。

じめじめ しめりけが多くていやな感じがするようす。▽「梅雨時はじめじめする」

しめす【示す】❶出して人に見せる。▽「見本を示す」❷教える。つげる。▽「道を示す」❸あらわす。▽「誠意を示す」⬇【示】286ペ

じめつ【自滅】❶ひとりでにほろびること。❷自分で自分をほろぼすこと。▽「味方のミスで自めつにおいこまれる」

しめなわ【しめ縄】神社や神だなの前などにはりわたす縄。

しめやか ❶ひっそりとしてしずかなようす。▽「しめやかに雨がふる」❷しみじみとして悲しそうなようす。▽「葬式がしめやかに行われた」

しめりけ【湿り気】水分をふくんでいること。水気。しっ気。

しめる【閉める】とじる。▽「店を閉める」⇕開ける。⬇【閉】626ペ

しめる【占める】❶自分のものにする。▽「まん中をしめる」❷あるわりあいをとる。▽「大部分をしめる」

しめる【湿る】❶水気がある。ぬれる。▽

早口ことば （五回続けていえるかな）首相の主治医が手術した。

「紙がしめる」❷しずむ。▼「気分がしめる」

しめる【絞める】首に手やひもをまわして、強く力を入れる。

しめる【締める】❶かたくむすぶ。▼「おびをしめる」⇔緩める。❷ゆるまないようにする。▼「気持ちをしめる」❸むだに使わない。▼「家計をしめる」

しめん【紙面】❶紙の表面。❷新聞や雑誌の記事のあるところ。紙上。

じめん【地面】❶土地。地所。❷土地の表面。土の上。

しも【下】❶したの方。⇔上。❷目下の人。身分のひくい人。
●下座●下手●風下●川下 ⬇【下】108ページ

しも【霜】空気中の水蒸気がひえて地上の物にこおりついたもの。▼「しもが下りる」

しもざ【下座】位のひくい人が座る席。⇔上座。

しもて【下手】劇で、客席から見て、ぶたいの左手。⇔上手。

じもと【地元】そのことがらにちょくせつ関係のある土地。

しもばしら【霜柱】土の中の水分がこおってできた氷の柱。

しもやけ【霜焼け】寒さで、手足などの血のめぐりが悪くなり、赤くはれてかゆくなること。

しもん【指紋】指先についている、うずまきや波のようなすじ。

しや【視野】❶見えるはんい。視界。❷ものごとを考えたり見たりするはんい。視界。▼「視野が広い」

しゃ【写】3年 シャ うつす・うつる
うつすこと。うつること。▼「写真」
写写写写写
●写実●写生●書写●模写

しゃ【車】1年 シャ くるま
❶じくを中心にまわる輪。くるま。❷くるまのついた乗り物。▼「電車」
車車車車車車車
●車庫●車掌●車窓●車体●車道●車両●車輪●下車●自動車●水車●電車●風車

しゃ【社】2年 シャ やしろ
❶神をまつる所。▼「神社」❷会社のことを略していうことば。▼「わが社の歴史」
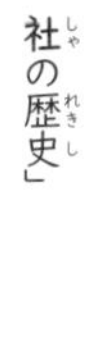
社ネネ社社社 （ネとしない）
●社員●社会●社会主義●社会人●社会福祉●社会保障●社交●社交的●社説●社宅●社用●会社●入社●本社

しゃ【者】3年 シャ もの
人をさすことば。人。▼「学者。記者」
者者者者者者者者
●作者●使者●打者●読者●筆者●役者●有権者●業者

しゃ【舎】5年 シャ —
たてもの。家。▼「校舎。宿舎」
舎舎舎舎舎舎舎舎 （吉や古ではない）

しゃ【砂】すな。▼「土砂」⬇【砂】260ページ

しゃ【射】6年 シャ いる
❶矢や、たまをはなつこと。▼「射撃」❷光などが当たること。▼「直射」

●注射●発射●反射●放射

しゃ【捨】6年 シャ すてる

❶すてる。▽「取捨」⬍取。

❷ささげ、あたえること。▽「喜捨」

★「拾」ににているので注意

しゃ【謝】5年 シャ (あやまる)

❶あやまること。おわびを言うこと。▽「謝罪」

❷お礼をすること。▽「謝礼。感謝」

❸ことわること。▽「謝絶」

●謝恩●謝罪●謝絶●謝礼

じゃあく【邪悪】正しくないこと。

ジャージ 目がこまかく、やわらかくてのびちぢみする布。また、それで作った服。とくに、運動用の服をいうことが多い。

ジャーナリスト 新聞・雑誌・放送などの記者や編集者。

シャープ ❶音楽で、ある音を半音高くすること。記号は「♯」。⬍フラット。⬇音符(コラム) ❷するどいようす。

シャープペンシル しんを少しずつおし出して書ける、けずらなくていいえんぴつ。

シャーベット 果物のしるに砂糖などを入れてこおらせた食べ物。

しゃいん【社員】会社づとめの人。

しゃおん【謝恩】うけた恩をありがたく思ってお礼をすること。▽「謝恩会」

しゃか【釈迦】仏教をひらいたインドの人。カピラ城の王子として生まれたが、二十九さいの時、城をすてる。苦しい修行ののち、さとりをひらき、八十さいで死んだといわれている。

しゃかい【社会】❶世の中。世間。❷人々が集まってくらしている所。▽「社会の一員」

しゃかいしゅぎ【社会主義】社会全体で生産を管理して、だれもが同じ利益をうけられる世の中にしようという考え方。

しゃかいじん【社会人】世の中に出て、はたらいている人。

しゃかいふくし【社会福祉】社会の人々の幸福をまもること。とくに、まずしい人や病人をたすけること。

しゃかいほしょう【社会保障】失業したり病気にかかったりしてはたらけなくなった人々を、国や地方の公共団体がめんどうをみること。

じゃがいも ナスのなかまのやさい。地下にのびている、くきのかたまり(イモ)を食べる。ばれいしょ。

しゃがむ ひざをまげてこしをおとし、からだをひくくする。うずくまる。かがむ。▽「歩きつかれてしゃがむ」

しゃがれる 声がのどにひっかかって、がさがさしたかんじになる。▽「かぜをひいて、声がしゃがれる」

しゃきしゃき 少し固くて水を多くふくんだやさいなどを気持ちよくかむときの音。また、細かくきざむときの音。▽「リンゴをしゃきしゃきかむ」

しゃく【尺】6年 シャク ―

❶尺貫法の長さの単位で、やく三〇・三センチメートル。一寸の十倍。

❷ものさし。▽「尺をとる。巻き尺」

つき出ない

●尺度●尺八●尺貫法●縮尺

早口ことば (五回続けていえるかな) 手裏剣をしゅっと投げる。

しゃく【借】 4年 シャク かりる
かりること。▽「借用。拝借」⬍貸。
借借借借借借
●借地●借家●借用●借金

じゃく【若】 6年 (ジャク)・(ニャク) わかい・(もしくは)
❶いくらか。▽「若干」
❷わかいこと。▽「若輩」⬍老。
若若若若若 ★筆順に注意
●若輩●若干●傍若無人

じゃく【弱】 2年 ジャク よわい・よわる・よわまる・よわめる
❶よわいこと。▽「貧弱」⬍強。
❷年のわかい者。▽「弱輩」
❸ある数よりすこし少ないこと。▽「二百人弱」
弱弱弱弱弱弱
●弱小●弱点●弱肉強食●弱輩●強弱●病

弱

しゃくしじょうぎ【しゃくし定規】 何ごとでも、一つのきまりにあてはめようとすること。ゆうずうのきかないこと。▽「しゃくし定規な考え」

しやくしょ【市役所】 市をおさめる仕事をする役所。市庁。

じゃくしょう【弱小】 ❶弱く小さいこと。⬍強大。❷年がわかいこと。

しゃくち【借地】 土地を借りること。また、借りた土地。

じゃくてん【弱点】 ❶欠点。❷後ろ暗いところ。弱み。

しゃくど【尺度】 ❶ものさし。❷長さ。❸物をはかる目当て。

じゃくにくきょうしょく【弱肉強食】 強いものが弱いものをおさえつけてさかえること。▽「弱肉強食の社会」

[弱肉強食]

しゃくねつ【しゃく熱】 ❶やけて熱くなること。❷やけつくように暑いこと。▽「しゃく熱の太陽」

じゃくはい【若輩】 ❶年がわかい人。❷まだ世の中のことがわかっていない人。「弱輩」とも書く。

しゃくはち【尺八】 竹で作った日本のたて笛。長さがふつう一尺八寸なのでこうよばれる。⬇楽器(図)

しゃくほう【釈放】 とらえられていた人をゆるし、自由にしてやること。

しゃくめい【釈明】 自分の立場をあいてにわからせるためによく話すこと。▽「今さらしゃく明してもむだだ」

しゃくや【借家】 借りてすむ家。▽「借家にすんでいる」

しゃくよう【借用】 人から物を借りて使うこと。▽「借用証」

しゃげき【射撃】 ピストルやてっぽうなどで、たまをうつこと。

ジャケット ❶洋服の、こしくらいまでの長さの上着。着ると、少しきちんとした服装になる。❷CD・本などのカバー。

じゃけん 意地悪く、にくにくしげにあつかうこと。▽「じゃけんなたいど」

しゃこ【車庫】 電車や自動車などを入れておくたてもの。

しゃこう【社交】 世の中の人々とのつきあ

い。▽「社交ずき」

しゃこうてき【社交的】人とのつきあいが上手なこと。▽「社交的な性格」

しゃざい【謝罪】罪やあやまちを、わびること。▽「心から謝罪する」

しゃじつ【写実】じっさいの姿をありのままに絵や文章にあらわすこと。

しゃじつてき【写実的】ありのままにあらわすようす。▽「写実的な絵」

しゃしょう【車掌】列車・電車などで、車内の事務や客の世話などの仕事をする人。

しゃしん【写真】カメラで物のすがたをうつしたもの。▽「写真機」

ジャズ アメリカ南部の黒人音楽をもとに発達した音楽。

ジャスマーク【JASマーク】国の決めた基準に合っている食べ物につけられるしるし。JASは日本農林規格のことで、食べ物の品質について基準をつくっている。

JAS

[JASマーク]

しゃせい【写生】じっさいのようすを、ありのままに絵や文にかくこと。

しゃせつ【社説】新聞社や雑誌社を代表する意見をのべたもの。

しゃぜつ【謝絶】ことわること。

しゃせん【斜線】ななめに引いた線。

しゃそう【車窓】乗り物のまど。

しゃたい【車体】❶車で、人や荷物をのせる所。❷車の骨組みの部分。

しゃたく【社宅】会社が、社員をすまわせるためにたてたりかりたりした家。

しゃだんき【遮断機】ふみきりなどで、きけんをふせぐために、人や車の通りを止めるもの。

しゃちほこ 城の屋根の両はしをかざる物。人間が想像した魚で、火をふせぐききめがあるという。

しゃちほこ→

[しゃちほこ]

しゃちほこばる しゃちほこのようにいかめしくなる。心がひきしまってかたくなる。しゃっちょこばる。

しゃちょう【社長】会社でいちばん上の役。また、その役の人。

シャツ ❶からだの上半身に着るはだ着。❷ワイシャツ。

じゃっかん【若干】いくらか。

しゃっかんほう【尺貫法】日本で昔から使われてきた長さ・量・重さなどをはかる単位。尺・寸・升・貫など。

しゃっきん【借金】お金を借りること。また、借りたお金。

しゃっくり ひっくひっくとくりかえして口から出る音。からだの中の、胸と腹の間にあるまくがひきつっておこる。

シャッター ❶カメラで、フィルムに光の当たる時間を調節するしかけ。❷⬇よろい戸

しゃどう【車道】道路で、車が通る所としてくべつされている部分。⬍人道。歩道。

しゃにむに がむしゃらに。めちゃくちゃに。▽「しゃにむにはたらく」

ジャパン 日本。

しゃぶる 口の中に入れて、なめる。▽「あめをしゃぶる」

しゃべる ❶言う。話す。▽「英語でしゃべる」❷口数が多く、さかんに話す。▽「ぺらぺらしゃべるな」

シャベル 土や砂などをほったりすくったりする、さじの形の道具。

シャボンだま【シャボン玉】せっけん水をくだの先につけ、一方の口から息をふきこんで空中にとばす、あわの玉。

じゃま【邪魔】❶さまたげになること。▽「じゃまな音」❷たずねること。▽「先生の

早口ことば（五回続けていえるかな）乗客が車両の火事を消火器で消した。

おたくにおじゃました」

しゃみせん【三味線】日本の弦楽器で、三本の糸をはって、ばちで、はじいて音を出す。⬇楽器（図）

ジャム 果物などにさとうをくわえてやわらかくにつめた食べ物。

しゃめん【斜面】かたむいている面。坂になっている所。▽「山のしゃ面」

しゃもじ ごはんをちゃわんにもるのに使う道具。

じゃり【砂利】小石。小さい石。

しゃりょう【車両】人や物をはこぶ車。列車・電車・自動車など。

しゃりん【車輪】車の輪。

しゃれ 同じ音や、にていることばを使った、こっけいな言いまわし。「ふとんがふっとんだ」など。

しゃれい【謝礼】お礼を言うこと。また、お礼におくるお金や物。報しゅう。

シャワー 水をあびるしかけ。じょうろのように水が出る。また、その水。

ジャングル 熱帯地方などで、木がたくさんしげっている林。密林。

ジャングルジム 鉄のぼうをくみ上げて作った、遊び道具。

じゃんけん 片手で石（ぐう）・紙（ぱあ）・はさみ（ちょき）の形を同時に出し合って、勝ち負けをきめるあそび。

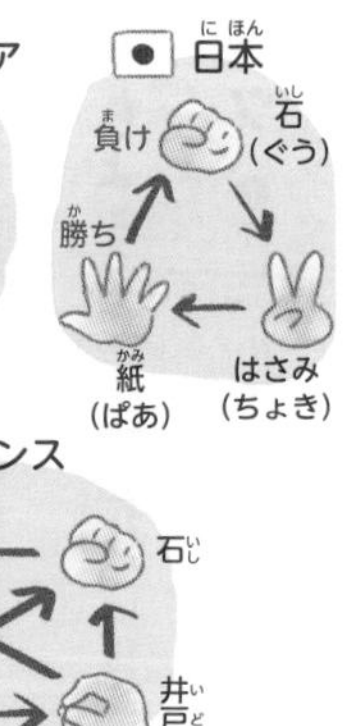

［世界のじゃんけん］

シャンソン フランスの歌よう曲。

ジャンパー ❶運動や仕事をするときに着る、長そでのゆったりとした上着。❷スキーや陸上競技で、ジャンプをする選手。

ジャンプ ❶とび上がること。❷スキーで、ジャンプ台からとぶ競技。

シャンプー かみの毛を洗うための洗ざい。また、それでかみの毛を洗うこと。

ジャンボ ❶ひじょうに大きなもの。❷超大型のジェット旅客機。⬇飛行機（図）

ジャンル 芸術や文芸などで、同じ性質を持ったなかま。種類。▽「ジャンル別に分ける」

しゅ【手】1年 シュ て・（た）

手 手 手 手

❶人間のて。▽「拍手」❷方法。てだて。▽「手段」❸仕事をうけもつ人。▽「運転手」

●手記●手芸●手術●手段●手法●手話●手腕●歌手●助手●選手●入手●名手

しゅ【主】3年 シュ・（ス） おも・ぬし

❶あるじ。▽「主人」❷ものごとの中心。▽「主となる人」

主 主 主 主 主

●主演●主観●主眼●主義●主君●主権●主権在民●主語●主催●主旨●主治医●主将●主食●主人公●主題●主張●主任●主婦●主役●主要●主翼●主流●主力●店主

しゅ【守】3年 シュ・ス まもる・（もり）

まもること。▽「守備」

守 守 守 守 守 守

●守衛●守護●守備●保守

しゅ【取】 3年 シュ とる

とる。手に入れる。▽「取材」⇕捨。

取 取 取 取 取 取 取 取（又としない）

●取捨●取捨選択●取得●採取

しゅ【首】 2年 シュ くび

❶あたま。くび。▽「首尾」⇕尾。
❷はじめ。第一。▽「元首。首席」
❸和歌を数えることば。▽「一首」

首 首 首 首 首 首 首 首 首（点のうち方に注意）（長めに）

●首位●首相●首席●首都●首脳●首尾●首領●機首●元首●自首●部首

しゅ【酒】 3年 シュ さけ・さか

さけ。▽「洋酒。酒宴」

酒 酒 酒 酒 酒 酒 酒 酒 酒 酒（西ではない）

しゅ【修】 学ぶ。ならう。「修行」「修業」「修験者」などと読むときのとくべつな読み方。

⇒【修】316ジペー

しゅ【衆】 大ぜいの人。「衆生」などと読むときのとくべつな読み方。

⇒【衆】317ジペー

しゅ【種】 4年 シュ たね

❶草や木のたね。▽「種子」
❷なかま。▽「品種」
❸しな。品目。▽「五種。種々」

種 種 種 種 種 種 種 種 種 種 種 種 種 種（右からはらう）

●種子●種痘●種目●種類●各種●雑種●人種●多種

しゅ【朱】 ❶少し黄色のはいった赤い色。❷赤のすみ、または絵の具。

[朱❶]

じゅ【受】 3年 ジュ うかる・うける

うけること。▽「受領。受信」

受 受 受 受 受 受 受 受（この形に注意）

●受験●受賞●受信●受診●受動的●受理●受話器

じゅ【授】 5年 ジュ（さずかる）・（さずける）

あたえること。教えること。▽「教授」

授 授 授 授 授 授 授 授 授 授 授（この形に注意）

●授業●授賞●授与

じゅ【就】 できあがること。「成就」と読むときのとくべつな読み方。

⇒【就】317ジペー

じゅ【樹】 6年 ジュ ―

立っている木のこと。▽「樹木。果樹」

樹 樹 樹 樹 樹 樹 樹 樹 樹 樹 樹 樹 樹 樹 樹 樹

●樹液●樹海●樹氷●樹木●樹立●樹齢●街路樹●落葉樹

しゅい【首位】 第一位。首席。▽「首位を守る」

しゅいろ【朱色】 少し黄色のはいった赤い色。

しゅう【私有】 自分の物として持っていること。⇕公有。

しゅう【雌雄】 ❶めすとおす。❷勝ち負け。▽「しゅうを決する」

しゅう【収】 6年 シュウ おさまる・おさめる

❶おさめること。▽「収拾」
❷とりいれること。▽「収穫。回収」

（五回続けていえるかな）乗馬に習熟する。

収 収 収 収（おる／夂や攵としない）

●収益●収穫●収支●収拾●収集●収縮●収入●収納●収録●収賄●吸収●月収●年収

しゅう【州】3年 シュウ (す)

❶昔の国のよび名。▽「長州」
❷外国で国内の政治をするつごうから分けたくぎり。▽「フロリダ州」
❸大陸のこと。▽「アジア州」

州 州 州 州 州 州（点の位置に注意）

●本州●六大州

しゅう【周】4年 シュウ まわり

❶まわること。▽「世界一周」
❷まわり。▽「円周。周辺」
❸ゆきとどく。▽「周到」

周 周 周 周 周 周 周 周

●周囲●周期●周期的●周知●周年●周波数

しゅう【宗】6年 シュウ・(ソウ) ―

❶大もとの教え。考え。▽「宗旨」
❷神や仏の教え。▽「宗教」

宗 宗 宗 宗 宗 宗 宗 宗

●宗教●宗派

しゅう【秋】2年 シュウ あき

夏と冬の間の季節。▽「初秋」

秋 秋 秋 秋 秋 秋 秋 秋 秋

●秋分●秋分の日●立秋

しゅう【拾】3年 (シュウ)・(ジュウ) ひろう

ひろうこと。▽「拾得」

拾 拾 拾 拾 拾 拾 拾 拾 拾

★「捨」ににているので注意

しゅう【修】5年 シュウ・(シュ) おさまる・おさめる

❶学問などを身につける。▽「修業式」
❷正しくする。直す。▽「修理」

修 修 修 修 修 修 修 修 修 修（夂や又ではない）

●修学旅行●修飾●修飾語●修正●修繕●修道院●修復●修理●修了●改修●研修●必修●補修

しゅう【週】2年 シュウ ―

こよみで、日月火水木金土の七日の単位。▽「先週。今週」

週 週 週 週 週 週 週 週 週 週 週（ひとふでに書く）

●週刊●週間●週休●週末

しゅう【終】3年 シュウ おえる・おわる

❶おしまいになること。▽「終局。臨終」
❷おわりまで。ずっと。▽「終生」
⇕始。

終 終 終 終 終 終 終 終 終 終 終（おる／点のうち方に注意）

●終業●終局●終結●終始●終日●終止符●終身●終戦●終着●終点●終電車●終末●終了●最終

しゅう【習】3年 シュウ ならう

❶ならうこと。▽「習字。練習」
❷ならわし。▽「習慣」

習（日ではない）

●習慣●習作●習字●習熟●習性●習得●学習●慣習●自習●実習●復習●予習●練習

しゅう【集】 3年 シュウ あつまる・あつめる・（つどう）

❶あつまること。▽「集合」

❷文章や詩・歌などをあつめたもの。

集

●集荷●集会●集魚灯●集金●集計●集結●集団●集中●集配●集落●集録●歌集●採集●詩集●全集●特集●文集

しゅう【衆】 6年 シュウ・（シュ）——

大ぜいの人。▽「大衆。民衆。群衆」

衆（豕としない）

●衆議院●公衆

しゅう【就】 6年 シュウ・（ジュ）（つく）・（つける）

役目や仕事につくこと。

就（この形に注意 犬ではない）

●就学●就職●就寝●就任

じゆう【自由】 ほかからしばられないで、思ったままにふるまうこと。

じゅう【十】 1年 ジュウ・ジッ とお・と

❶とお。▽「十年」

❷完全であること。▽「十分」

十

●十五夜●十字架●十字路●十二支●十二指腸●十二進法●十二ひとえ●十二分●十人十色●十人並み●十八番●十分

じゅう【中】 ずっと。すべて。全部。▽「一日中ゲームをして、しかられる」⇒【中】447ページ

じゅう【住】 3年 ジュウ すまう・すむ

❶すむこと。▽「住人」

❷すまい。▽「衣食住」

住

●住居●住所●住職●住所録●住宅●住民●移住●永住●定住

じゅう【重】 3年 ジュウ・チョウ おもい・かさなる・かさねる・え

❶おもさ。おもいこと。▽「重量。重罪。重労働」⇔軽。

❷大事なこと。▽「重大」

❸かさなること。▽「二重」

❹ていどが、ひどいこと。▽「重病」

重（右からはらう）

●重圧●重工業●重罪●重視●重傷●重心●重税●重責●重体●重点●重箱●重役●重油●重要●重要文化財●重量●重力●重労働●体重

じゅう【拾】 十。証書などを書くときに「十」のかわりにこの字を使う。▽「金拾万円」⇒【拾】316ページ

じゅう【従】 6年 ジュウ・（ショウ）・（ジュ） したがう・したがえる

❶したがう。たずさわる。▽「従事」

❷とも。家来。▽「主従」

従

早口ことば （五回続けていえるかな）織女星とけん牛星。

●従業員●従順●従来●服従

じゅう【縦】6年 ジュウ たて
たて。▼「縦断」⇕横。

縦 縦 縦 縦 縦 縦 縦 縦 縦
おる　などとしない

●縦横●縦断●操縦

じゅう【銃】ピストルや、鉄砲。⬇武器（図）

じゅうあつ【重圧】強くおしつけること。また、その力。▼「試合前の重圧をはねかえす」

しゅうい【周囲】❶もののまわり。❷まわりをとりまく人や物。環境。▼「周囲の目を気にする」

じゅうい【獣医】犬・ネコ・牛・馬などの動物の病気やけがをなおす医者。

しゅうえき【収益】利益を手に入れること。また、もうけ。

じゅうおう【縦横】❶縦と横。▼「道路が縦横に走る」❷思うまま。自由自在。▼「縦横にとび回る」

しゅうか【集荷】荷物や産物が集まること。また、集めること。

しゅうかい【集会】人がより集まって話し合いをすること。▼「公園で集会を開く。集会所」

しゅうかく【収穫】❶農作物をとりいれること。▼「収かく高」❷あることから得た、よい結果。▼「旅行での収かく」

しゅうがくりょこう【修学旅行】じっさいに見学して学ぶために、生徒が先生につれられてする旅行。

しゅうかん【週刊】新聞や雑誌などを一週間ごとに出すこと。▼「週刊誌」

しゅうかん【週間】❶日曜日から土曜日までの七日間。▼「一週間」❷とくべつの行事のある一週間。▼「愛鳥週間」

しゅうかん【習慣】❶同じことをくりかえしているうちに、一つのならわし、または、しきたりになること。風習。▼「日本では、お正月にはお節料理を食べる習慣がある」❷いつもすること。くせ。▼「早ね早起きの習慣をつけよう」

しゅうき【周期】あるきまったひとまわりの時間。

しゅうぎ【祝儀】❶お祝いの式。❷お祝いのときに人にあげるおくりもの。❸こころづけ。チップ。

しゅうぎいん【衆議院】国会のしくみの一つ。法律や国の予算をきめ決算をみとめる、大事な仕事をする所。⇕参議院。

しゅうきゅう【週休】一週間ごとにきまってある休みのこと。

じゅうきょ【住居】❶住む所。❷住む家。住宅。

しゅうきょう【宗教】神や仏をしんじることによって、安心したくらしを得ようとする教え。

しゅうぎょう【修業】⬇修業

しゅうぎょう【終業】❶仕事を終えること。⇕始業。❷学校などできめられた勉強を終えること。

じゆうぎょう【自由業】決められた時間どおりに働くのではなく、自分で働き方を決められる職業。作家・医者・弁護士など。

じゅうぎょういん【従業員】会社や工場につとめて仕事をしている人。

しゅうぎょうしき【終業式】学校などで、学期や学年の終わりに行う式。⇕始業式。

しゅうきん【集金】お金を集めること。▼「会費を集金する」

シュークリーム まるく、ふっくらと焼いたうすい皮の中にクリームをつめたおかし。

しゅうけい【集計】いろいろな数を集めて合計すること。

しゅうげき【襲撃】急に、敵におそいか

あいうえお かきくけこ さしすせそ たちつてと なにぬねの はひふへほ まみむめも やゆよ らりるれろ わをん

かってせめること。

しゅうけつ【終結】 すっかり終わること。▼「戦争が終結する」

しゅうけつ【集結】 一つの所に集まること。また、集めること。

じゅうけつ【充血】 血が、からだのある部分に集まってしまうこと。▼「目がじゅう血している」

じゆうけんきゅう【自由研究】 学校の夏休みなどの宿題の一つ。気になることについて調べてまとめる。

しゅうごう【集合】 集まること。また集めること。▼「八時に集合する」

じゅうこうぎょう【重工業】 金属を原料として、電車・船・大きな機械などをつくる大じかけの工業。⇔軽工業。

じゅうごや【十五夜】 ❶満月の夜。また、その夜の月。❷昔のこよみの八月十五日の夜。この夜の満月をながめて楽しむ。

しゅうさい【秀才】 とくにすぐれたりっぱな才能。また、それを持った人。英才。

じゅうざい【重罪】 たいへん重い罪。

しゅうし【収支】 収入と支出。入るお金としはらうお金。

しゅうし【終始】 始めから終わりまで。▼「終始かわらないたいど」

しゅうじ【習字】 文字の書き方を習うこと。書道。

じゅうし【重視】 重くみること。重大に考えること。重要視。⇔軽視。

じゅうじ【従事】 ある仕事をすること。▼「教育の仕事に従事する」

ジューシー くだものなどに水分がたっぷりあるようす。

しゅうしいっかん【終始一貫】 始めから終わりまで少しもかわらないこと。首尾一貫。

じゅうじか【十字架】 ❶罪人をはりつけにするときに使う柱。❷キリスト教の信者が信こうのしるしとするもの。

じゆうじざい【自由自在】 思いのまま。思うとおり。

しゅうじつ【終日】 一日じゅう。

じゅうじつ【充実】 なかみがいっぱいみちていること。▼「じゅう実したくらし」

しゅうしふ【終止符】 ❶曲や、西洋の文の終わりのしるし。ピリオド。❷ものごとの終わり。▼「終止ふをうつ」

しゅうしゅう【収拾】 ものごとのしまつをつけること。とりまとめること。▼「事態を収拾する」

しゅうしゅう【収集】 集めること。

しゅうしゅく【収縮】 ちぢむこと。

しゅうじゅく【習熟】 なれて上手になること。熟練。

じゅうじゅん【従順】 おとなしくてすなおなようす。「柔順」とも書く。

じゅうしょ【住所】 住んでいる場所。

じゅうしょう【重症】 病気のていどが重いこと。⇔軽症。⇒コラム320ページ

じゅうしょう【重傷】 けがのていどが重いこと。深手。⇔軽傷。⇒コラム320ページ

しゅうしょく【修飾】 うつくしく、かざること。

しゅうしょく【就職】 職業につくこと。⇔退職。▼「学校を出て就職する」

じゅうしょく【住職】 寺の主人であるおぼうさん。住持。

しゅうしょくご【修飾語】 あることばの前について、ことばのようすをくわしくあらわす語。「青い山が見える」「花がはらはらと散った」では、「青い」「はらはらと」が修しょく語。「山」「散った」が修しょくされる語。

じゅうしょろく【住所録】 友達や知っている人の住所を書いておくもの。

じゅうじろ【十字路】 道路が十の字の形に交わっている所。四つ角。

早口ことば （五回続けていえるかな）じょじょに奇術を覚える。

しゅうしん【就寝】ねむりにつくこと。▽「九時に就しんする」⇔起床。

しゅうじん【囚人】罪をおかしてとらえられている人。

じゅうしん【重心】重さの中心。物のいろいろな部分にはたらく重さの力がつりあっている点。

ジュース テニスや卓球、バレーボールなどで、ゲームの勝ち負けが、つぎの得点で決まるというところで、同点になること。

ジュース 果物や、やさいをしぼったしる。また、その飲み物。

しゅうせい【修正】正しく直すこと。訂正。▽「あやまりを修正する」

しゅうせい【習性】習慣となった性質。くせ。▽「ニワトリの習性」

しゅうせん【終戦】戦争が終わること。▽「終戦記念日」

しゅうぜん【修繕】こわれた所をつくろい直すこと。修理。▽「自転車を修ぜんに出す」

じゅうたい【重体・重態】けがや病気が重く、命にかかわるようす。▽「重体におちいる」⬇コラム

じゅうたい【渋滞】ものごとがはかどらないこと。▽「交通がじゅうたいする」

じゅうだい【重大】❶ものごとがふつうでなく、たいへんなようす。▽「重大事件が発生する」❷ひじょうに大事なようす。▽「重大なとりきめ」

じゅうたく【住宅】人の住んでいる家。▽「住宅地」

しゅうだん【集団】多くの人の集まり。▽「集団登校」

じゅうたん ゆかにしく毛織物。

じゅうだん【縦断】❶たてに物をたちきること。❷南北の方向にたちきるように通ること。▽「アフリカ大陸を縦断する」⇔横断。

しゅうち【周知】みんなが知っていること。広く知れわたっていること。▽「世間で周知の事実」

しゅうちゃく【終着】列車・電車などが、最後の駅につくこと。▽「終着駅」⇔始発。

しゅうちゃく【執着】深く思ってわすれられないこと。「しゅうじゃく」ともいう。

しゅうちゅう【集中】一つの所に集まること。また、集めること。▽「集中ごう雨」「集中力」

しゅうてん【終点】❶ものごとの終わりの所。❷終わりの駅。⇔起点。

ことばのふしぎ

「重症」と「重体」

「重症」と「重体」は、どちらも病気が重いことをいう、意味がとても似ていることばです。ただ、「重症」は「病気」の症状が重いことだけをいうのに対して、「重体」は病気だけでなくけがのていどがひどいときにも使います。とくに「重体」は生命に危険があるときにいいます。

また、生命の危険はないけれど、ひどいけがのときには「重傷」ともいいます。

重体（命にかかわる）

けが	ていど	病気
重傷	重い	重症
軽傷	軽い	軽症

じゅうてん【重点】 とくに大事な点。

じゅうでん【充電】 蓄電池や蓄電器に電気をたくわえること。⇔放電。

しゅうと 夫または妻の父。⇔しゅうとめ。

シュート ❶サッカーやバスケットボールなどで、ゴールをめがけてボールをけったり投げたりすること。❷野球で、ピッチャーが投げる変化球。右投げのときは右方向に曲がる。

じゅうどう【柔道】 日本にはじまった武道。道具を使わず、なげたり、おさえこんだりしてたたかう。

しゅうどういん【修道院】 キリスト教の修行をする人が集まってくらす所。

しゅうとく【拾得】 拾いとること。

しゅうとく【習得】 習いおぼえること。▽「そろばんの技術を習得する」

しゅうとめ 夫または妻の母。⇔しゅうと。

じゅうにし【十二支】 昔、時刻と方角をあらわすのに使われたことば。ね（ネズミ）・うし・とら・う（ウサギ）・たつ・み（ヘビ）・うま・ひつじ・さる・とり（ニワトリ）・いぬ・い（イノシシ）の十二の名で数える。↓十二支（図）

じゅうにしちょう【十二指腸】 胃につづく小腸のはじめの部分にある消化器。十二本の指を横にならべたぐらいの長さがある。↓消化器（図）

［十二支］

じゅうにしんほう【十二進法】 十二をひとまとまりにして、上に進む数のかぞえ方。一ダースなど。

じゅうにひとえ【十二ひとえ】 平安時代、宮中につかえていた女の人がきた着物。たくさんの着物をかさねてきて、その色とりどりの着物を、えりや、そでぐちから、のぞかせていた。

じゅうにぶん【十二分】 「十分」を強めたことば。たっぷり。▽「ごちそうは、十二分にいただきました」

しゅうにゅう【収入】 お金を自分のものとすること。所得。⇔支出。

しゅうにん【就任】 新しく地位や役目につくこと。⇔辞任。

じゅうにん【住人】 そこに住んでいる人。住民。

じゅうにんといろ【十人十色】 人が十人いれば、ちがいが十あるように、顔かたちや考えたりすることは、それぞれちがうということ。

じゅうにんなみ【十人並み】 すぐれてもおとってもいなくて、人並みであること。▽「十人並みの仕事ぶり」

早口ことば（五回続けていえるかな）所属は経済産業省。

しゅうねん【周年】「何回目の年」という意味をあらわすことば。▽「創立五十周年」

しゅうねん【執念】深く思いつめ、こだわる心。▽「しゅう念をもやす」

しゅうねんぶかい【執念深い】深く思いつめて、なかなかわすれない。

しゅうのう【収納】物をおさめること。▽「収納場所。収納家具」

しゅうはい【集配】郵便物などを集めたり、配達したりすること。

じゅうばこ【重箱】食べ物を入れる四角い箱。つみかさねができ、いちばん上にふたをする。

じゅうばこよみ【重箱読み】「重箱」のように、**上の字は音で読み**、下の字を訓で読む読み方。⇕湯桶読み。

重箱読みのことば	湯桶読みのことば
客間　味方　王様	雨具　場所　身分
台所　本箱　番組	夕刊　手帳　手数

しゅうはすう【周波数】一秒間に電波がしん動する数。単位はヘルツ。

じゅうはちばん【十八番】その人がいちばんとくいとするもの。歌舞伎の市川家が得意とした十八種の演目を「歌舞伎十八番」と呼んで大事にしたところからいう。おはこ。

じゅうびょう【重病】たいへん重い病気。大病。

じゆうびょうどう【自由平等】人はだれでも同じように自由であり、同じような権利を持っているということ。

しゅうふく【修復】もとどおりに直して、つくろうこと。

じゅうふく【重複】↓ちょうふく

しゅうぶん【秋分】昼と夜の長さが同じになる日。秋の彼岸の中日で、九月二十三日ごろ。⇕春分。↓こよみ（コラム）

じゅうぶん【十分】みちたりて、不足のないようす。▽「十分食べた」

しゅうぶんのひ【秋分の日】国民の祝日の一つ。九月二十三日ごろで、秋の彼岸に当たり、祖先をまつる日。↓国民の祝日（図）

しゅうへん【周辺】まわり。あたり。

シューマイ 小麦粉で作ったうすい皮でひき肉ややさいなどをつつんで蒸した食べ物。

しゅうまつ【週末】一週間のおわり。金曜日から日曜日にかけてをいう。

しゅうまつ【終末】ものごとの終わり。▽「事件の終末」

じゅうまん【充満】ある場所に、気体などがいっぱいになること。▽「部屋にけむりがじゅう満する」

じゅうみん【住民】その土地に住んでいる人たち。住人。

じゅうやく【重役】❶大切な役目。また、その人。❷銀行・会社などで、責任の重い、高い地位の人。

じゅうゆ【重油】石油から作られる油。ディーゼルエンジンなどの燃料などに使う。

しゅうよう【収容】収め入れること。

じゅうよう【重要】主なこと。大切なこと。▽「重要な仕事」

じゅうようぶんかざい【重要文化財】たてもの・絵画・文書などで、たいへんねうちがあるものとして、国が法律で保護するようにきめた物。

しゅうらい【襲来】ふいにせめよせて来ること。▽「寒波しゅう来」

じゅうらい【従来】もとから。これまで。

しゅうらく【集落】家の集まっている所。

しゅうり【修理】こわれたところを、直すこと。▽「とけいを修理する」

しゅうりょう【修了】学問や仕事をすっかりおさめおわること。

しゅうりょう【終了】終わること。

じゅうりょう【重量】❶物の重さ。❷重

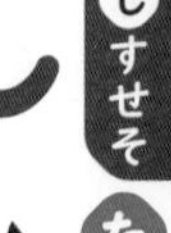
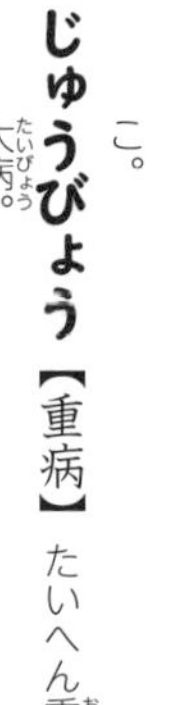

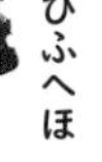

あいうえお　かきくけこ　さしすせそ　たちつてと　なにぬねの　はひふへほ　まみむめも　やゆよ　らりるれろ　わをん

いこと。▽「重量級」

じゅうりょく【重力】地球が物を引きつける力。引力。

じゅうろうどう【重労働】体力をはげしく使う仕事。

しゅうろく【収録】本などに記録としてとどめること。

しゅえい【守衛】学校・工場・会社・役所などの警備をする仕事。また、その人。

じゅえき【樹液】樹木の中にあって、養分になるしる。また、木の皮などからにじみ出るしる。

しゅえん【主演】えいがや劇の主役となること。また、その人。

シュガー 砂糖。

じゅかい【樹海】よく木がしげって、海のように広がって見える森林。

しゅかん【主観】自分中心の見方や考え方。⬍客観。

しゅき【手記】自分で書き記すこと。また、書いたもの。

しゅぎ【主義】正しいとしんじている一つのきまった考えや意見。

しゅぎょう【修行】❶学問や技術を身につけること。❷仏の教えをおさめ、りっぱなそうになろうとつとめること。

しゅぎょう【修業】学問やいろいろの芸をならいおさめること。

じゅきょう【儒教】中国の孔子によってとなえられた、人として行わなければならない教え。日本人の心に大きなえいきょうをあたえた。

じゅぎょう【授業】学校などで勉強を教えること。▽「授業時間」

じゅぎょうさんかん【授業参観】子供の保護者が学校に行って授業を見ること。

しゅく【祝】4年 シュク・（シュウ） いわう

いわうこと。いわい。▽「祝電」

祝 祝 祝 祝 祝 祝 祝 祝 祝（ネとしない）

●祝賀●祝辞●祝日●祝典●祝電●祝福

しゅく【宿】3年 シュク やど・やどす・やどる

❶とまること。やどること。やどや。❷宿場のこと。▽「吉田の宿」❸前からあること。▽「宿望。宿命」

宿 宿 宿 宿 宿 宿 宿 宿 宿 宿 宿（百ではない）

●宿願●宿舎●宿題●宿直●宿敵●宿泊●合宿●民宿

しゅく【縮】6年 シュク ちぢまる・ちぢむ・ちぢめる・ちぢらす・ちぢれる

小さくなること。ちぢむこと。

縮 縮 縮 縮 縮 縮 縮（おる）

●縮尺●縮小●縮図●圧縮●短縮

じゅく【熟】6年 ジュク （うれる）

❶果物が十分にみのること。▽「完熟」❷十分に。よく。▽「熟睡」❸にる。にえる。▽「半熟」

熟 熟 熟 熟 熟 熟 熟 熟 熟 熟（落とさないように）（心ではない）

●熟語●熟する●熟読●熟慮●熟練●習熟●成熟

じゅく【塾】生徒を集めて、とくべつに勉強を教える所。

しゅくが【祝賀】祝い。よろこび。

しゅくがん【宿願】前々から持っていた願い。宿望。▽「宿願をはたす」

じゅくご【熟語】二つ以上のことばが合わさって、一つのことばになったもの。「山道」

なぞなぞ おしまいから始まるものは？ 答えは次のページ。

「流れ星」「地下鉄」など。

しゅくじ【祝辞】式などで、お祝いの気持ちをのべることば。

じゅくじくん【熟字訓】二つ以上の漢字をくみあわせてあらわす語のうち、漢字の読み方とちがう、とくべつな読み方をさせるもの。田舎・梅雨・五月雨など。

しゅくじつ【祝日】国できめた、めでたい祝いの日。「こどもの日」など。

しゅくしゃ【宿舎】とまるところ。やど。▽「国民宿舎」

しゅくしゃく【縮尺】地図や設計図などで、本物の大きさを、縮めてかくとき、その縮めたわりあいのこと。

しゅくじょ【淑女】しとやかな女の人。品のある女の人。⇕紳士。

しゅくしょう【縮小】❶縮まって小さくなること。⇕拡大。❷縮めて小さくすること。▽「軍備を縮小する」⇕拡張。

しゅくず【縮図】❶もとの形を、きまったわりあいで縮めてかきあらわした図。❷社会のものごとを縮めたようなことがら。▽「学校は社会の縮図だ」

じゅくすい【熟睡】ぐっすりとよくねむること。▽「朝まで熟すいした」

じゅくする【熟する】❶果物がよくうれる。▽「かきが熟する」❷ちょうどよいころあいとなる。▽「機が熟する」

しゅくだい【宿題】❶学校から、家庭でやるように出される問題。❷解決しようと長い間心がけていることがら。▽「長年の宿題を解決する」

しゅくちょく【宿直】役所や会社などで、こうたいでとまって、夜の番をすること。また、その人。

しゅくてき【宿敵】長年の敵。ずっと前からの敵。▽「ついに宿敵をたおした」

しゅくてん【祝典】祝いの儀式。

しゅくでん【祝電】祝いの心をつたえる電報。▽「けっこん式の祝電をうつ」

じゅくどく【熟読】文章の意味や内容を、よく考えて読むこと。

しゅくば【宿場】昔、街道で宿屋が多くあった所。▽「宿場町」

しゅくはく【宿泊】とまること。

しゅくふく【祝福】人の幸せをいのること。▽「前途を祝福する」

しゅくめい【宿命】人が生まれてくる前から、きまっている運命。

じゅくりょ【熟慮】よくよくしっかりと考えること。

じゅくれん【熟練】よくなれて上手になること。熟達。習熟。

しゅくん【主君】自分のつかえているとのさま。主人。

しゅげい【手芸】あみもの・ししゅうなどの、手先でする細工。

しゅけん【主権】国家をおさめる大もとの力。▽「主権在民」

じゅけん【受験】試験を受けること。▽「高校受験」

しゅけんざいみん【主権在民】主権が国民にあるという考え方。

しゅご【主語】「雨がふる」の「雨が」のように、文のはじめにあって、説明のもとになることば。ときには文の中ほどにあったり、はぶかれたりすることもある。⇕述語。

しゅご【守護】まもること。警護。

しゅこう【趣向】おもむき。くふう。▽「かわったしゅ向のたてもの」

しゅさい【主催】中心となって会をひらくこと。また、その人や団体。

しゅざい【取材】あるものごとを記事の材料としてとりあげること。▽「事件を取材する」

しゅざん【珠算】そろばんを使ってする計算。

しゅし【主旨】文章や意見などの、いちばん大事な部分。

しゅし【種子】植物のたね。

しゅし【趣旨】言おうとしている中心点。また、ものごとをするわけ。趣意。▼「会のしゅしを説明する」

じゅし【樹脂】❶木の幹をきずつけたときに出るねばねばした液。また、それが固まったもの。❷合成樹脂のこと。❶の樹脂に似せて化学的につくったもの。プラスチックなど。

しゅじい【主治医】その人の病気について主となってなおしてくれる医者。また、かかりつけの医者。

しゅしゃせんたく【取捨選択】えらんで、よいものを取り、悪いものを捨てること。

しゅじゅつ【手術】医者が、病気のところを切りひらいたり、切りとったりしてなおすやり方。

しゅしょう【主将】チームの頭。キャプテン。

しゅしょう【首相】内閣総理大臣。

じゅしょう【受賞】ほうびや、賞を受けること。⇔授賞。

じゅしょう【授賞】ほうびや賞をわたすこと。▼「授賞式」⇔受賞。

しゅしょく【主食】食事のときの、主な食べ物。日本では米。⇔副食。

しゅじん【主人】❶一家の中心となっている人。❷自分のつかえている人。

じゅしん【受信】あいてから通信を受けること。⇔発信。送信。

じゅしん【受診】医者にみてもらうこと。

しゅじんこう【主人公】小説や映画などで、中心となって出てくる人。

じゅず【数珠】たくさんの玉を糸に通し、仏をおがむときに手にかけるもの。「ずず」ともいう。

じゅずつなぎ【数珠つなぎ】数珠の玉をつなぐように、多くの人やものを一つなぎにすること。⬇数珠（図）

数珠

[数珠と数珠つなぎ]

しゅせき【首席】地位・成績などのいちばん上。▼「首席で卒業する」

しゅだい【主題】❶研究や作品の中心となる考え。テーマ。❷音楽で曲の中心となるメロディー。

しゅだん【手段】やり方。方法。

しゅちょう【主張】自分の意見を言いはること。▼「強く主張する」

しゅつ【出】1年 シュツ・（スイ） だす・でる

❶でること。だすこと。▼「出入」❷生まれ。▼「出身」

丨 屮 屮 出 出（ひとふでに書く／山を二つ書くのではない）

★筆順に注意

●出演●出火●出荷●出勤●出家●出欠●出血●出現●出航●出港●出産●出資●出生●出場●出世●出席●出題●出張●出動●出馬●出発●出発点●出版●出費●出品●出没●外出●支出●進出●選出●提出●輸出

じゅつ【述】5年 ジュツ のべる

のべること。▼「口述」

●述語●記述

一 十 才 木 术 述 述（点を落とさないように／ひとふでに書く）

じゅつ【術】5年 ジュツ ——

❶方法。はかりごと。▼「戦術」❷わざ。▼「芸術」

前のページの答え⇒「しりとり」

しゅつえん【出演】ぶたいや放送、えいがなどに出ること。

●技術●手術●美術

術 この形に注意。朮や求ではない

しゅっか【出火】火事を出すこと。

しゅっか【出荷】❶荷物をおくり出すこと。❷売る品物を市場に出すこと。⇕入荷。

しゅっきん【出金】お金が出ること。お金を預け先から受け取ること。⇕入金。

しゅっきん【出勤】勤めに出ること。⇕欠勤。

しゅっけ【出家】❶おぼうさんになること。❷おぼうさんのこと。

しゅっけつ【出欠】出席と欠席。▽「生徒の出欠をとる」

しゅっけつ【出血】❶血が出ること。❷大きなぎせいをはらうこと。損をすること。▽「出血大サービス」

しゅつげん【出現】現れ出ること。

じゅつご【述語】主語の動作や、ありさまをのべることば。たとえば、「花がさく」「空は青い」の「さく」「青い」など。⇕主語。

しゅっこう【出航】船が航海に出ること。出帆。

しゅっこう【出港】船が港を出ること。⇕帰港。入港。

しゅっこく【出国】ある国から出ること。⇕入国。

しゅっさん【出産】子供を産むこと。子供が生まれること。▽「出産いわい」

しゅっし【出資】事業などのもとでになるお金を出すこと。▽「出資金」

しゅっしょう【出生】生まれ出ること。「しゅっせい」ともいう。

しゅつじょう【出場】❶その場所に出ること。❷運動競技などに出ること。▽「テニスの試合に出場する」

しゅっしょうりつ【出生率】一年間に生まれた人の数と、その年の人口とのわりあいをあらわしたもの。⇕死亡率。

しゅっしん【出身】その土地で生まれ、その学校を卒業したりすること。▽「出身地。出身校」

しゅっせ【出世】❶世に出て、りっぱな身分になること。❷地位が上がること。▽「立身出世」

しゅっせき【出席】授業や会に出ること。⇕欠席。

しゅつだい【出題】問題を出すこと。

しゅっちょう【出張】用事で、ほかの所へ出かけること。

しゅつど【出土】長い間土の中にうまっていた昔のものが、土の中から出てくること。▽「土器が出土する」

しゅつどう【出動】出ていって仕事をすること。▽「救急車が出動する」

しゅつば【出馬】ある目的のために、また、ある地位につくために、自分からのり出すこと。▽「選挙に出馬する」

しゅっぱつ【出発】出かけること。

しゅっぱん【出版】本や雑誌などを編集し、印刷して売り出すこと。刊行。▽「出版社」

しゅっぴ【出費】費用を出すこと。また、かかった費用。▽「出費がかさむ」

しゅっぴん【出品】作品を、展覧会やコンクールなどに出すこと。

しゅつぼつ【出没】あらわれたり、かくれたりすること。▽「このあたりにはクマが出没する」

しゅと【首都】その国をおさめる議会や役所のある都市。首府。

しゅとう【種痘】天然痘にかからないように弱めた病原菌をうえつけ、めんえきを作る方法。

じゅどうてき【受動的】あいてからはた

らきかけられるまで待つようす。▼「かれは、勉強に対して受動的だ」⇔能動的。

しゅとく【取得】 手に入れること。▼「運転免許を取得する」

ジュニア ❶年が下の人。また、学年や段階が下の人。▼「ジュニアクラス」⇔シニア。❷むすこ。

しゅにまじわればあかくなる【朱に交われば赤くなる】 人はつきあう友達のよい悪いで、よくもなり、悪くもなるということわざ。

しゅにん【主任】 中心になってその仕事をうけもつ役目。また、その人。

しゅのう【首脳】 政府や会社などの主だった人々。

しゅび【守備】 守りふせぐこと。そなえ。⇔攻撃。

しゅび【首尾】 ❶はじめとおわり。▼「言うことがしゅびいっかんしている」❷ぐあい。つごう。▼「しゅびよく合格した」

じゅひょう【樹氷】 きりがこおって木のえだについて花のようになったもの。

しゅふ【主夫】 その家の家事を中心になってする男の人。

しゅふ【主婦】 その家の家事を中心になってする女の人。

しゅほう【手法】 ❶絵をかいたり、ちょう刻するときなどのやり方。▼「日本画の手法」❷文章の書きあらわし方。

しゅみ【趣味】 ❶日ごろからすきでやっていること。道楽。▼「ぼくのしゅ味はあやとりです」❷美しさ、おもしろみを味わう力。▼「しゅ味がよい」

じゅみょう【寿命】 ❶命の長さ。❷物の使える長さ。▼「テレビのじゅ命」

しゅもく【種目】 種類で分けた名。

じゅもく【樹木】 立っている木。

じゅもん まじないや、のろいの文句。▼「じゅもんをとなえる」

しゅやく【主役】 ❶劇などの中心になる大事な役。また、その人。⇔端役。わき役。❷仕事などの、中心になってはたらく人。

じゅよ【授与】 授けあたえること。

しゅよう【主要】 主なもの。大事なもの。▼「主要な点。主要都市」

じゅよう【需要】 商品をもとめること。⇔供給。

しゅよく【主翼】 飛行機で、機体をうき上がらせるはたらきをするつばさ。⇩飛行機(図)

じゅり【受理】 受けつけること。

しゅりけん【手裏剣】 にん者などが手に持って敵になげつける、ちいさな武器。⇩武器(図)

じゅりつ【樹立】 うち立てること。▼「新記録を樹立する」

しゅりゅう【主流】 ❶川のもとになる大きな流れ。本流。⇔支流。❷中心になる考え方。❸なかまの間で中心になる人々。

しゅりょう【狩猟】 かり。

じゅりょう【受領】 お金や物を受けとること。▼「受領印」

しゅりょく【主力】 主な力や勢力。

しゅるい【種類】 なかま。性質・形などの同じなかま。

じゅれい【樹齢】 木の年れい。

じゅろうじん【寿老人】 七福神の一人。巻物をつけたつえを持っている。長生きをさずける神。⇩七福神(図)

しゅわ【手話】 耳や口の不自由な人の使うことば。手の動きの組み合わせで気持ちを伝える。

じゅわき【受話器】 電話などについていて、あいてからの話を聞きとる器具。

しゅわん【手腕】 うでまえ。

しゅん【旬】 魚ややさい、果物などが、たくさんとれていちばん味がいいとき。▼「いまがしゅんの果物」

なぞなぞ もちはもちでも、食べられないもちは？ 答えは次のページ。

しゅん【春】 2年 シュン はる

❶はる。▼「早春」

❷わかさ。▼「青春」

春 春 春 春 春 春 春 春 春（長く）

●春夏秋冬●春季●春分●春分の日●初春●立春

じゅん【純】 6年 ジュン ―

まじりけのないこと。▼「清純」

純 純 純 純 純 純 純 純 純 純（おる／右からはらう／もとしない）

●純金●純潔●純情●純真●純粋●純白●単純●不純

じゅん【順】 4年 ジュン ―

❶したがう。すなおな。▼「従順」

❷ならびぐあい。▼「順序。順路」

順 順 順 順 順 順 順 順 順 順 順 順

●順位●順延●順次●順々●順調●順番●順風●手順●筆順●道順

じゅん【準】 5年 ジュン ―

❶手本とすること。手本。▼「標準」

❷目当てとしてしたがう。▼「準用」

❸そのものの次のもの。▼「準急」

❹そなえる。▼「準備」

準 準 準 準 準 準 準 準 準 準 準 準 準

●準決勝●準備●基準●水準

じゅんい【順位】 きめられた順番。▼「かけっこの順位は一位だった」

じゅんえん【順延】 順々にのばすこと。▼「雨天順延」

じゅんかい【巡回】 ❶次々と回って行くこと。▼「じゅん回図書館」❷見回ること。▼「町内をじゅん回する」

しゅんかしゅうとう【春夏秋冬】 はる・なつ・あき・ふゆ。四季。

じゅんかつゆ【潤滑油】 ❶機械や車などが、すらすらと動くようにさす油。❷人と人とがうまくいくようにするもの。▼「かれがクラスのじゅんかつ油になってくれた」

しゅんかん【瞬間】 まばたきする間。ひじょうにわずかな時間。

じゅんかん【循環】 ぐるぐる回ること。

しゅんき【春季】 春の季節。

じゅんきゅう【準急】 急行に次いで速い電車や列車。準急行。

じゅんぎょう【巡業】 地方をまわって、劇や、すもうなどを見せること。

じゅんきん【純金】 まじりもののない金。

じゅんけっしょう【準決勝】 決勝にすすむ資格をあらそう試合。

じゅんさ【巡査】 警察官の階級の一つ。おまわりさん。⬇警察官(図)

じゅんじ【順次】 順々にすること。次々にすること。順ぐり。

じゅんじゅん【順順・順々】 次から次へと順番にするようす。⬇「々」は同じ文字をくり返すという意味のおどり字という記号。▼「順々に問題を解いていく」

じゅんじょ【順序】 順番。ものごとをするだんどり。▼「順序よくならべる」

じゅんじょう【純情】 けがれのないすなおな心。▼「純情な人」

じゅんしん【純真】 まじりけのないこと。すなおでけがれのないこと。純情。素ぼく。▼「純真な心」

じゅんすい【純粋】 ❶まじりけがないこと。▼「純すいなアルコール」❷まがった気持ちがないこと。▽「純すいな心」

じゅんちょう【順調】ものごとが、すらすらと調子よくはこぶこと。

じゅんて【順手】鉄棒などで、てのひらを下にむけてにぎること。⇕逆手。

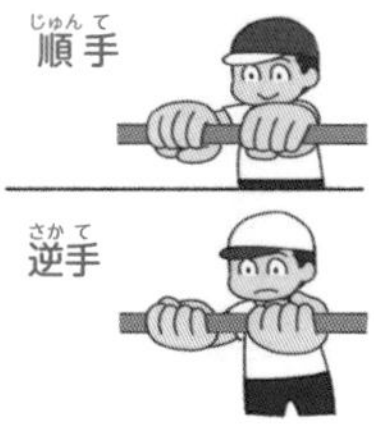

順手
逆手
[順手・逆手]

じゅんぱく【純白】ぜんぜんよごれがなく白いこと。まっ白。

じゅんばん【順番】順々に何かをすること。またその順序。

じゅんび【準備】用意すること。したく。

じゅんびうんどう【準備運動】運動の前にからだをならすためにする軽い運動。

じゅんぷう【順風】すすむ方向にむかって後ろからふく風。追い風。⇕逆風。

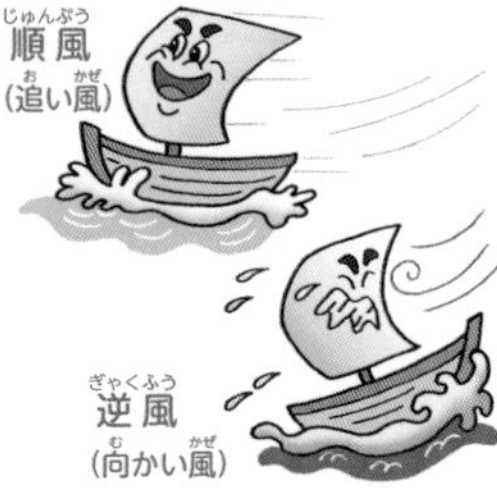

順風(追い風)
逆風(向かい風)
[順風・逆風]

しゅんぶん【春分】昼と夜の長さが同じになる日。春の彼岸の中日で、三月二十一日ごろ。⇕秋分。⇓こよみ(コラム)(図)

しゅんぶんのひ【春分の日】国民の祝日の一つ。三月二十一日ごろで、春の彼岸に当たり、祖先をまつる日。⇓国民の祝日

じゅんれい【巡礼】神社や寺などをめぐって歩き、おまいりをすること。

じゅんろ【順路】じゅんじょよく進めるようにきめられた道すじ。▽「見学の順路」

しょ【処】6年 ショ —

❶ところ。▽「居処」
❷しまつすること。▽「処理。善処」

処 ノ ク 夂 処 処（又ではない・儿としない）

●処刑●処置●処罰●処分●処理●善処

しょ【初】4年 ショ はじめ・はじめて・はつ・(うい)・(そめる)

❶はじめ。▽「初夏」
❷はじめての。▽「初対面」

初 ネ ネ ネ ネ 初 初（つき出ない。カではない）

●初夏●初期●初秋●初春●初旬●初心●初代●初対面●初冬●初七日●初日●初歩●最初●当初

しょ【所】3年 ショ ところ

❶ところ。▽「場所」
❷すること。するもの。▽「所有」

所 一 ヨ 戸 所 所 所

●所感●所在●所持●所信●所属●所帯●所得●所有●所用●住所●短所●長所●保育所●役所

しょ【書】2年 ショ かく

❶文字。▽「書画」
❷書いた物。本。▽「書物」
❸書道。▽「書をならう」
❹手紙。▽「書面。投書」

書 ⺕ 聿 書 書 書 書

●書記●書庫●書斎●書籍●書体●書道●書評●書物●書類●教科書●辞書●読書●図書

しょ【暑】3年 ショ あつい

気候があついこと。▽「避暑」

前のページの答え⇒「しりもち」

暑暑暑暑暑暑暑暑暑（書きはじめる位置に注意）

●暑気●暑中見舞い●残暑

しょ【署】6年 ショ ―

❶役わり。▽「部署」
❷役所。▽「警察署」
❸書きしるすこと。▽「署名」

署署署署署署署署署署署署署（四ではない）

●署長●署名●消防署

しょ【諸】6年 ショ ―

ことばの上につけて「たくさんの」「いろいろな」の意味をあらわす。▽「諸国」。諸外国」

諸諸諸諸諸諸諸諸諸諸諸諸諸諸諸

★「緒」ににているので注意
●諸君●諸島

じょ【女】1年 ジョ・(ニョ)・(ニョウ) おんな・(め)

❶おんな。⬍男。
❷むすめ。▽「長女」

女女女（おる）

●女王●女子●女性●女優●王女●少女●男女●長女

じょ【助】3年 ジョ たすかる・たすける・(すけ)

たすけること。てつだい。▽「助力」

助助助助助助助（右上にはらう）

●助言●助産師●助手●助走●助命●助力●援助●救助●補助

じょ【序】5年 ジョ ―

❶はじめの部分。はしがき。▽「序文」
❷じゅんじょ。ものごとのじゅんばん。▽「序列」。順序」

序序序序序序序（点を落とさないように）

●序の口●序文●序幕●序列

じょ【除】6年 ジョ・(ジ) のぞく

❶のぞくこと。▽「除去」
❷わり算。▽「除法」⬍乗。

除除除除除除除除除除（つき出ない）（未ではない）

●除外●除雪●除草●除名●除夜の鐘●解除

しょいんづくり【書院造り】

玄関・床の間・ふすま・雨戸などがある家のたて方で、今の日本のすまいのもとになった。室町時代にはじまり、桃山時代に完成した。

しょう【私用】

❶自分だけの用事。▽「父は私用で出かけております」⬍公用。❷自分だけが使うこと。

しょう【使用】

使うこと。

しょう【試用】

試しに使うこと。

しょう【小】1年 ショウ お・こ・ちいさい

❶ちいさいこと。▽「最小」⬍大。
❷子供。▽「小児」
❸つまらないこと。▽「小事」

小小小

●小額●小学生●小学校●小康●小食●小心●小数●小数点●小説●小節●小腸●小児科●小の月●小便

しょう【少】2年 ショウ すくない・すこし

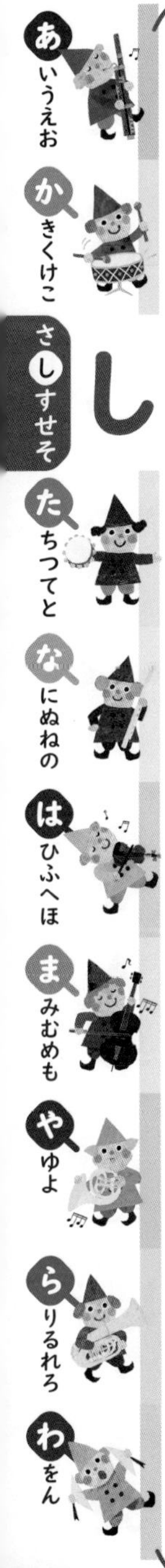

❶すくないこと。▽「少量」⇔多。
❷わかいこと。▽「少年。幼少」

亅 小 小 少

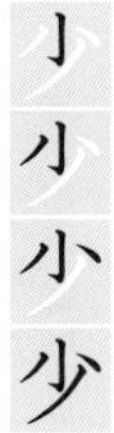

●少額●少女●少々●少数●少年●少量●減少●多少

しょう【正】 ❶ただしい。ほんとうの。▽「正直」❷ちょうどかっきり。▽「正六時」❸同じ位を上下に分けた上のほう。▽「正三位」⇔従。⬇【正】372ジペー
●正月●正気●正午●正直●正真正銘●正体●正味●正面

しょう【生】 ❶命。生命。▽「一生」❷うまれること。はえること。▽「出生」⬇【生】371ジペー
●生涯●生じる

しょう【松】 4年 ショウ まつ
マツの木。▽「松竹梅」

一 十 木 木 松 松 松 松
はなす おる

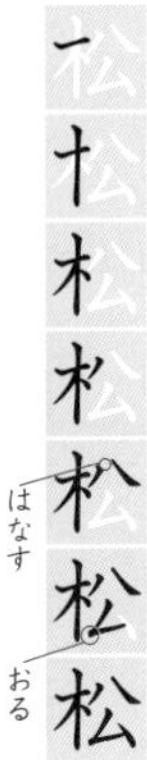

しょう【招】 5年 ショウ まねく
まねくこと。▽「招待」

一 扌 扌 扌 招 招 招 招
力ではない

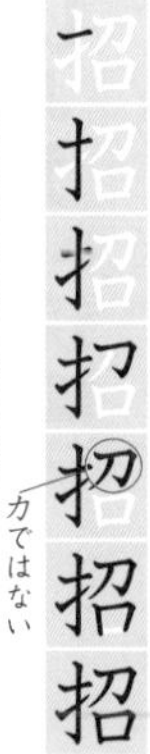

●招集●招待●招待状

しょう【性】 生まれつき。▽「根性。性分」⬇【性】377ジペー

しょう【承】 6年 ショウ (うけたまわる)
❶ききいれること。▽「承知」
❷うけつぐこと。▽「継承」

了 子 子 手 承 承 承 承
はねる

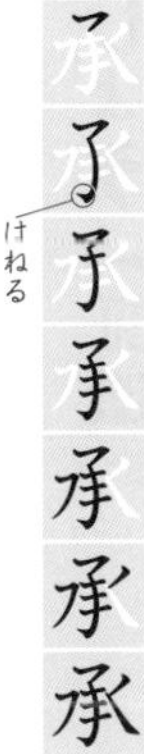

●承諾●承認●伝承●了承

しょう【昭】 3年 ショウ —
てりかがやいていること。明らか。

丨 日 日 日 昭 昭 昭 昭
はねる つき出ない

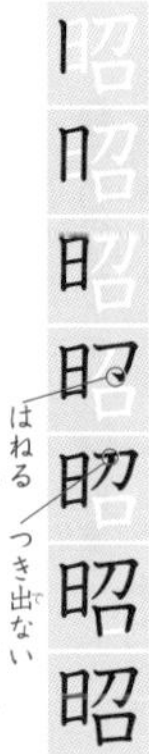

しょう【省】 ❶国の仕事をする役所。▽「法務省」❷中国で地方を分けるよび名。▽「山東省」❸はぶくこと。▽「省略」⬇【省】373ジペー

しょう【相】 大臣。▽「首相」⬇【相】395ジペー

しょう【消】 3年 ショウ きえる・けす
きえること。けすこと。▽「消火」

氵 氵 氵 消 消 消 消 消
ツとしない はねる

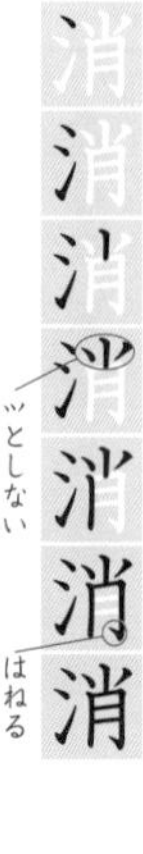

●消火●消化●消化器●消火栓●消極的●消失●消息●消灯●消毒●消費●消費者●消防●消滅●消耗

しょう【将】 6年 ショウ —
❶大将。軍やチームなどをしきする人。▽「主将」
❷これから先。まさに。▽「将来」

丨 丬 丬 将 将 将 将 将
この形に注意

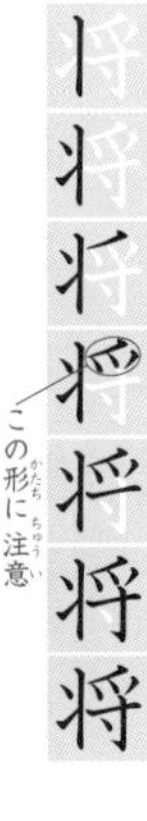

●将棋●将棋倒し●将軍●将来

しょう【笑】 4年 (ショウ) わらう・(えむ)
わらい。わらうこと。▽「微笑」

⺮ ⺮ 笑 笑 笑 笑 笑
右からはらう 天ではない

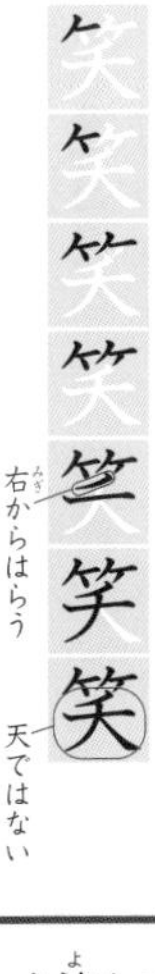

しょう【商】 3年 ショウ (あきなう)
❶物を売ったり買ったりすること。あきない。▽「商売」

さかさことば 前から読んでもうしろから読んでも「印」。

❷商人。▼「士農工商。貿易商」
❸わり算の答え。⇕積。

●商家●商業●商店●商店街●商人●商売●商標●商品●行商

古ではない

しょう【章】3年 ショウ ―

❶文章のひとくぎり。▼「第一章」
❷しるし。▼「えり章」

●校章●文章

しょう【唱】4年 ショウ となえる

❶となえること。▼「暗唱」
❷歌うこと。▼「唱歌」

●合唱●斉唱

しょう【勝】3年 ショウ かつ・(まさる)

❶かつこと。かち。⇕敗。負。
❷景色がすぐれていること。▼「名勝」

●勝因●勝敗●勝負●勝利●景勝●決勝●優勝

はねる　力ではない

しょう【象】5年 ショウ・ゾウ

❶もののかたち。▼「形象」
❷形でしめす。かたどる。▼「象形」
❸目に見えるすがた。ようす。▼「気象」

●象形文字●象徴●印象●現象●対象

しょう【証】5年 ショウ ―

しょうこ。しょうめいした書類。▼「学生証」

●証言●証拠●証書●証人●証明●証文●保証●立証

左に出る。しとしない

しょう【焼】4年 (ショウ) やく・やける

やくこと。やけること。▼「全焼」

●焼香●焼失

この形に注意

しょう【装】

よそおうこと。▼「装束。衣装」

↓【装】395ページ

しょう【照】4年 ショウ てらす・てる・てれる

❶てる。光を当てる。▼「照明」
❷てらし合わせる。▼「照会」

●照会●照明●参照●対照

しょう【傷】6年 ショウ きず・(いたむ)・(いためる)

❶きず。▼「外傷。軽傷」
❷きずつけること。▼「傷害」
❸悲しむ。心をいためる。▼「傷心」

●傷害●傷心●重傷●負傷

ヨコ棒をわすれて易としない

しょう【障】6年 ショウ (さわる)

あいうえお　かきくけこ　さしすせそ　し　たちつてと　なにぬねの　はひふへほ　まみむめも　やゆよ　らりるれろ　わをん

じゃまなこと。さまたげ。▼「障害」

●障害●障害物●障子●故障

しょう【賞】 5年 ショウ ―

ほうび。ほめる。▼「金賞」⇔罰。

この形に注意。ツとしない

●賞金●賞状●賞品●一等賞●受賞●授賞●入賞

しょう【升】 尺貫法で容積の単位。一升は十合で、約一・八リットル。

しょう ❶せなかにのせる。背負う。▼「ランドセルをしょう」❷つらいことやたいへんなことを引き受ける。背負う。▼「苦労をしょう」❸自分のことをすぐれていると思いこむ。うぬぼれる。

じょう【上】 1年 ジョウ・(ショウ) あがる・あげる・うえ・うわ・かみ・(のぼす)・(のぼせる)・のぼる

❶うえ。▼「机上」⇔下。下。

❷あがる。あげる。▼「上陸」

❸高い所。▼「上空」

❹時間や順序が先。▼「上旬」

❺おもて。表面。▼「水上」

❻すぐれていること。▼「上等」

●上位●上映●上演●上気●上機嫌●上級生●上京●上下●上弦の月●上戸●上質●上旬●上昇●上手●上水●上水道●上席●上層●上体●上達●上半身●上品●上陸●上流●以上●屋上●海上●向上●地上●頂上●返上●陸上●路上

じょう【状】 5年 ジョウ ―

❶ありさま。ようす。▼「状態。異状」

❷書きつけ。手紙。▼「年賀状。賞状」

点のうち方に注意　落とさないように

●状況●現状●招待状●年賀状●白状●病状●礼状

じょう【条】 5年 ジョウ ―

❶すじ。すじみち。▼「一条の道。信条」

❷かじょう書きにしたもの。▼「第一条」

又や久ではない

●条件●条文●条約●条例

じょう【定】 ❶きまっていること。▼「必定」❷そのとおり。▼「案の定」

●定規●定石

⬇【定】470ページ

じょう【乗】 3年 ジョウ のせる・のる

❶のること。▼「乗車」

❷かけ算。▼「乗法」⇔除。

ヨコ棒をつきぬける

●乗客●乗車●乗じる●乗船●乗馬●乗法●乗務員●乗用車●搭乗●同乗●便乗

じょう【城】 4年 ジョウ しろ ―

しろ。▼「城門。城主」

右上に　戌や或ではない

●城下町●落城

じょう【常】 5年 ジョウ つね・(とこ)

❶いつも。ふだん。▼「常設」

さかさことば　前から読んでもうしろから読んでも「紳士」。

❷ふつう。▽「常識。正常」

常（点の形に注意。ツとしない）

●常識●常習犯●常備●常用漢字●常緑樹●異常●通常●日常●非常

じょう【情】 5年 ジョウ・（セイ） なさけ

❶ものに感じて心が動くこと。▽「感情」❷考え。思い。▽「心情」❸思いやり。なさけ。▽「情愛」❹ありさま。ようす。▽「事情」

情

●情感●情景●情勢●情操●情緒●情熱●情報●同情●人情●表情●友情

じょう【場】 2年 ジョウ ば

ところ。ばしょ。▽「野球場。場外」

場（易ではない）

★「揚」ににているので注意

●場外●場内●運動場●会場●球場●漁場●劇場●工場●式場●出場●浄水場●戦場●退場●入場●登場

じょう【蒸】 6年 ジョウ （むす）・（むらす）・（むれる）

むすこと。水が気体になること。

蒸（わすれないように）（点のうち方に注意）

●蒸気●蒸気機関車●蒸発●蒸留

じょう【縄】 4年 （ジョウ） なわ

わらや布などを合わせて作った太いひも。なわ。

⬇都道府県の「沖縄県」で使う。

縄（続けて書く）

●縄文時代●縄文土器

じょうあい【情愛】 ❶なさけ。いつくしみ。❷愛し合う気持ち。愛情。

じょうい【上位】 上のほうの位。上のほうの位置。⇔下位。

しょういん【勝因】 勝った原因。⇔敗因。

じょうえい【上映】 映画を映して人々に見せること。

しょうエネ【省エネ】 石油やガス、電気などのエネルギーを使う量をへらして、節約すること。省エネルギー。

じょうえん【上演】 ぶたいで、劇やおどりなどを演じること。

しょうか【昇華】 ナフタリンやドライアイスのように、固体が、液体にならないで気体になること。また、気体が、液体にならないで固体になること。

しょうか【消火】 火を消すこと。火事を消すこと。▽「消火器」

しょうか【消化】 ❶食べ物をこなして、栄養分をすいとりやすいかたちにすること。❷よく理解して自分のものとすること。▽「内容を消化する」

しょうか【商家】 商売をしている家。商人の家。

しょうか【唱歌】 歌をうたうこと。また、その歌。

しょうが 細長い葉をした植物。地下茎はからく、生のまま食べたり、すりおろして豆腐といっしょに食べたりする。

じょうか【浄化】 きれいにすること。きよめること。▽「下水をじょう化する」

しょうかい【紹介】 ❶ある人をほかの人にひき合わせること。なかだち。❷人にものごとを知らせること。▽「いい店をしょうかいする」

しょうかい【照会】 問い合わせてたしかめること。▼「照会の手紙」

しょうがい【生涯】 生きている間。一生の間。▼「幸せな生涯」

しょうがい【傷害】 けがをさせること。▼「傷害罪」

しょうがい【障害】 ❶さまたげ。じゃま。▼「思わぬ障害がおこる」❷からだがうまくはたらかないこと。▼「胃腸障害」

じょうがい【場外】 その場所の外。⇔場内。

しょうがいぶつ【障害物】 じゃまになる物。さまたげとなる物。▼「障害物競走」

しょうかき【消火器】 小さな火事を消すための器具。

しょうかき【消化器】 消化のはたらきをするところ。口・食道・胃・腸など。

肝臓
胆のう
十二指腸
小腸
盲腸
虫垂
食道
腎臓
胃
すい臓
大腸
直腸
肛門

[消化器]

しょうがく【小額】 小さい金額。⇔高額。

しょうがく【少額】 わずかなお金。⇔多額。

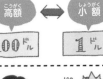

高額
小額
100ドル
1ドル
100円
100万円
どちらも少額

[少額と小額]

しょうがくきん【奨学金】 学校で勉強をしたり、学問や研究をする人に、貸したりあたえたりするお金。

しょうがくせい【小学生】 小学校に通っている子供。

しょうかせん【消火栓】 火事を消すために使われる水道のせん。

しょうがつ【正月】 ❶一年のいちばんはじめの月。一月。❷新年をいわう期間。▼「正月休み」

しょうがっこう【小学校】 義務教育で六さいから十二さいまでの子供が通う学校。

しょうがない ❶ほかにやり方がない。どうしたらいいかわからない。▼「じっと待つよりほかしょうがない。しょうがないなまけもの」❷どうにもがまんできない。たまらない。▼「うれしくてしょうがない」

じょうかまち【城下町】 大名のすんでいた城を中心としてできた町。名古屋市・金沢市・仙台市など。

じょうかん【情感】 心におこる感じ。うれしさ・悲しさ・楽しさなどの感じ。感情。▼「情感のゆたかな人」

しょうき【正気】 ふつうの心。気がたしかなこと。▼「正気にかえる」

しょうぎ【将棋】 あいての王将をとり合うあそび。二十まいずつのこまを、たて横九つずつのます目の中でかわるがわる動かし、あいての王将をとる。

じょうき【上気】 のぼせること。

じょうき【蒸気】 ❶液体があたためられて気体となったもの。❷ゆげ。水蒸気。▼「蒸気機関車」

じょうぎ【定規】 線を引くのに使う道具。▼「三角定規」

じょうききかんしゃ【蒸気機関車】 蒸気の力で動く機関車。

じょうきげん【上機嫌】 たいへんきげんのよいこと。▼「上きげんで話す」

しょうぎだおし【将棋倒し】 将棋のこ

早口ことば（五回続けていえるかな）新春歌手シャンソンショー。

まを一列にならべて立て、はしの一つをたおすと、次々とたおれていくように、一つがたおれると、全体がたおれることのたとえ。

じょうきゃく【乗客】列車・船・飛行機などにお金をはらって乗る客。

しょうきゅうし【小臼歯】犬歯のおくにある、うすの形をした二本の歯。人間には上下・左右で合計八本ある。⬇歯（図）

じょうきゅうせい【上級生】学年が上の生徒。⇕下級生。

しょうきょ【消去】消してなくすこと。また、消えてなくなること。

しょうぎょう【商業】品物を売ったり買ったりして、利益を得る仕事。

じょうきょう【上京】地方から東京へ行くこと。

じょうきょう【状況】じっさいのありさま。ようす。「情況」とも書く。

しょうきょくてき【消極的】ひかえめな考え方やようす。ひっこみがちな考え方やようす。⇕積極的。

しょうきん【賞金】ほうびのお金。

じょうくう【上空】空。空の高い所。▽「東京の上空をとぶ」

しょうぐん【将軍】❶軍をひきいる大将。❷幕府のかしら。征夷大将軍。

じょうげ【上下】❶上と下。❷鉄道などの上りと下り。▽「事故のため上下線ともとまっている」❸上がり下がり。▽「エレベーターで上下する」

じょうけい【情景】ようす。景色。

しょうけいもじ【象形文字】物の形をかたどって作った文字。漢字の古い形の「日」「月」「木」や、古代エジプト文字など。

木　月　日

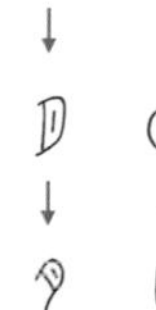
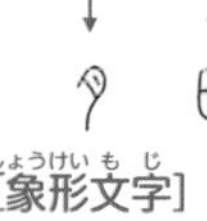

[象形文字]

しょうげん【証言】❶しょうことなることば。❷証人がのべることば。

じょうけん【条件】❶ものごとがなりたつための大事なことがら。❷はじめにことわって、やくそくしておくことがら。▽「条件をつける」

じょうげんのつき【上弦の月】新月後の右半分の月。月がしずむとき、弓形のつるのほうが上になるので、上弦という。⇕下弦の月。⬇月（図）

しょうこ【証拠】ものごとのよりどころとなるもの。あかし。しるし。

しょうご【正午】昼の十二時。

じょうご【上戸】❶酒がたくさんのめること。酒のみ。⇕下戸。❷酒をのんだときのくせ。▽「泣き上戸」

じょうご 口のせまいものに液体を入れるために使うアサガオの花の形をした道具。ろうと。

[じょうご]

しょうこう【焼香】香をたいて、なくなった人をとむらうこと。

しょうごう【称号】よび名。▽「博士のしょう号をあたえる」

しょうこうぐち【昇降口】上がり下りするところ。出入り口。

しょうさい【詳細】くわしく細かいこと。▽「事件のしょう細を発表する」

じょうざい【錠剤】玉の形などにかためた薬。⬇薬（図）

しょうさん【称賛・賞賛】ほめたたえること。▽「しょう賛にあたいする、りっぱな行い」

しょうじ【障子】部屋のしきりに立てる、

紙をはった戸。

しょうじき【正直】 正しくうそのないこと。▼「正直な人」

じょうしき【常識】 ふつうの人が持っている正しい知識や判断の力。

しょうしつ【消失】 消えてなくなってしまうこと。消めつ。

しょうしつ【焼失】 焼けてなくなってしまうこと。▼「国宝が焼失する」

じょうしつ【上質】 質のよいこと。良質。▼「上質の紙」

じょうしゃ【乗車】 電車・自動車などに乗ること。▼「乗車券」⇕下車。

じょうじゅ【成就】 ❶成しとげること。できあがること。❷ねがったとおりに思いがかなうこと。

しょうしゅう【召集】 国などの命令でよび出して集めること。▼「国会をしょう集する」

しょうしゅう【招集】 よび集めること。▼「全校生徒に招集をかける」

じょうしゅうはん【常習犯】 同じような罪をくりかえして犯すこと。また、その人。▼「すりの常習犯」

じょうじゅん【上旬】 月のはじめの十日間。⇕中旬。下旬。

しょうしょ【証書】 証明となる書き物。▼「卒業証書」

しょうじょ【少女】 年のわかい女の子。▼「少女時代」⇕少年。

じょうしょ【浄書】 文章の下書きなどを、きれいに書きなおすこと。清書。

しょうしょう【少少・少々】 少し。ちょっと。⬇「々」は同じ文字をくり返すという意味のおどり字という記号。▼「少々気になります」

しょうじょう【症状】 病気やきずのようす。▼「病気のしょう状が重い」

しょうじょう【賞状】 ほめることばを書いた書き物。

じょうしょう【上昇】 のぼっていくこと。上がること。▼「上しょう気流。ひこうきが上しょうする」⇕下降。

しょうしょく【小食】 少ししか食べないこと。「少食」とも書く。▼「小食の人」⇕大食。

しょうじる【生じる】 ❶はえる。▼「カビが生じる」❷おこる。▼「光を生じる」

じょうじる【乗じる】 ❶あいての弱いところや、不利なところなどにつけこむ。▼「すきに乗じる」❷かけあわせる。▼「二に五を乗じると十になる」

しょうしん【小心】 気の小さいこと。おく病なこと。おく病。▼「小心な人」⇕大胆。

しょうしん【昇進】 位や役目が上がること。▼「部長にしょう進する」

しょうじん【精進】 ❶いっしょうけんめいにつとめはげむこと。▼「学問に精進する」❷身をきよめて、心をつつしむこと。❸肉や魚を食べないで、やさいやこくもつだけを食べること。

しょうしんしょうめい【正真正銘】 うそいつわりのないこと。ほんとう。

じょうず【上手】 ❶うまくできること。また、そういう人。⇕下手。❷おせじ。▼「お上手を言う」

じょうすい【上水】 ❶飲み水。きれいな水。❷飲み水や、工業用・消火用などのために水を引いてくるしかけ。上水道。⇕下水。

じょうすいじょう【浄水場】 貯水池からおくられてきた水をこしたり、消毒したりして飲めるようにする所。

じょうすいどう【上水道】 飲み水を通すみち。⇕下水道。

しょうすう【小数】 一より小さな数。一の十分の一を0.1、一の百分の一を0.01などとあ

なぞなぞ さかさまに読んでも大丈夫なものは？ 答えは次のページ。

らわす。⇕整数。

しょうすう【少数】数が少ないこと。⇕多数。

しょうすうてん【小数点】小数の部分と整数の部分を分けるために、一の位の右下につける点。たとえば1.5の「.」。

じょうせい【情勢】ようす。ありさま。なりゆき。「状勢」とも書く。▼「**世界の情勢**を見まもる」

じょうせき【定石】❶碁で、もっともよいとされる、きまったうち方。❷ものごとを行うときのきまったやり方。

しょうせつ【小説】作者の想像で、世の中のいろいろな出来事や人間の心をえがきだして文章に書いたもの。

じょうせん【乗船】船に乗りこむこと。⇕下船。

しょうぞう【肖像】人の顔やすがたににせて、かいたり作ったりした物。

じょうそう【上層】❶上の方の部分。⇕下層。❷上の階級。

じょうそう【情操】正しいこと、美しいことなどを、すなおに感じる心。ゆたかな気持ち。▼「**情操教育**」

じょうぞう【醸造】酒・しょうゆ・みそなどをつくること。

しょうそく【消息】❶たより。手紙。▼「父からの**消息**があった」❷ようす。事情。▼「その後の**消息**がわからない」

しょうぞく【装束】いでたち。身じたく。身なり。▼「**旅装束**」

しょうたい【正体】❶ほんとうのすがた。▼「**正体**をつかむ」❷たしかな心。正気。▼「**正体**なくねむる」

しょうたい【招待】客を招いてもてなすこと。▼「**招待席**」

じょうたい【状態】ありさま。ようす。▼「不安な**状態**」

しょうたいじょう【招待状】客を招くために出す手紙や知らせ。

しょうだく【承諾】ひきうけること。聞き入れること。▼「すぐ**承だく**する」

じょうたつ【上達】学問やわざがすすむこと。▼「そろばんが**上達**する」

じょうだん【冗談】❶ふざけた話。❷ふざけること。からかうこと。

しょうち【承知】❶ねがいを、聞き入れること。▼「はい、**承知**しました」❷知っていること。▼「夜ふかしがいけないことは**承知**しています」

しょうちくばい【松竹梅】マツとタケとウメのこと。冬でも、マツ・タケは緑をたもち、ウメは花をさかせるので、めでたいものとされている。

じょうちょ【情緒】その時どきにおこるなごやかな思いや感情。「じょうしょ」ともいう。

しょうちょう【小腸】胃につづく細長い消化器。食べ物をこなしたり、栄養分をすいとったりする。大人で、長さやく七メートル。⬇消化器（図）

しょうちょう【象徴】形のないものを、色や音や形にたとえてあらわすこと。また、あらわされたもの。シンボル。▼「ハトは平和の**象ちょう**である」

しょうてん【商店】商品を売る店。

しょうてん【焦点】❶光がレンズに当たって、反射、またはくっ折して一か所に集まる点。ピント。▼「**しょう点**が合わない」❷注意などの集まる中心になる所。▼「話の**しょう点**」

しょうてんがい【商店街】商店がたくさんならんでいる通り。

しょうとう【消灯】明かりを消すこと。▼「午後十時に**消灯**する」

じょうとう【上等】❶上の等級。▼「**上等**な服」❷ひじょうにすぐれていること。⇕下等。

しょうどく【消毒】病気のもととなるばい菌をころすこと。

しょうとつ【衝突】つきあたること。ぶつかること。▽「意見のしょうとつ」

じょうない【場内】その場所の中。▽「野球場の場内」⇕場外。

しょうにか【小児科】子供の病気をなおす医学。

しょうにゅうどう【×鍾乳洞】石灰岩が、雨水や地下水によってとけてできたほらあな。

[鍾乳洞]

しょうにん【承認】もっともだと認めてゆるすこと。▽「承認を得る」

しょうにん【商人】商売をしている人。あきんど。

しょうにん【証人】しょうことなる物を出したり、話をしたりする人。

じょうねつ【情熱】心の中にはげしくもえあがる感情。

しょうねん【少年】年のわかい男の子。▽「少年合唱団」⇕少女。

しょうのつき【小の月】一か月の日数が三十日か、それ以下の月。⇕大の月。⇓コラム417ページ

じょうば【乗馬】馬に乗ること。

しょうはい【勝敗】勝ち負け。勝負。

しょうばい【商売】❶物を売ったり買ったりすること。あきない。❷職業。仕事。▽「家の商売はおもちゃ屋だ」

じょうはつ【蒸発】液体が気体となって、空気中にちっていくこと。消えること。

じょうはんしん【上半身】こしから上の方の部分。上体。⇕下半身。

しょうひ【消費】お金や物を使い、なくすること。⇕生産。

じょうび【常備】いつも備えておくこと。▽「常備薬」

しょうひしゃ【消費者】商品を買って使う人。⇕生産者。

しょうひぜい【消費税】物を買ったりサービスを受けたりしたときにかかる税金。

しょうひょう【商標】自分のところで作った品物であることをしめすために、商品につけるしるし。特許庁に登録されると、ほかのものはその商標を無断で使うことができない。

しょうひん【商品】売ったり買ったりするための品物。

しょうひん【賞品】ほうびとしてあたえる品物。

じょうひん【上品】品がよいこと。人がらがすぐれていること。高尚。⇕下品。

しょうぶ【×菖×蒲】池や川のそばに生える、葉のとがった草。端午の節句の日、ふろに入れる。

[菖蒲]

しょうぶ【勝負】❶勝つことと負けること。勝敗。▽「勝負がつかない」❷勝ち負けをきめるためにあらそうこと。

じょうぶ【丈夫】❶健康なようす。▽「じょうぶな人」❷強くてこわれにくいようす。▽「たいへんじょうぶなひも」

じょうぶつ【成仏】死んで仏となること。死ぬこと。▽「安らかに成仏する」

しょうぶん【性分】生まれつきの性質。▽「おだやかな性分」

じょうぶん【条文】かじょう書きにした

あいうえお
かきくけこ
さしすせそ
し
たちつてと
なにぬねの

はひふへほ

まみむめも

やゆよ
らりるれろ
わをん

前のページの答え⇒「新聞紙」

文。▼「法律の条文」

しょうべん【小便】からだの中の、いらなくなった水分が、ぼうこうにたまり、体外に出されるもの。尿。

じょうほ【譲歩】自分の考えていることや意見をおさえて、人にゆずること。妥協。

しょうぼう【消防】火事を消したり、おこらないようにすること。また、その仕事をする人。▼「消防士」

じょうほう【乗法】数と数をかけ合わせる計算。かけ算。⇔除法。

じょうほう【情報】ものごとのようすを知らせること。また、その知らせ。▼「情報を集める。海外の情報」

しょうぼうし【消防士】火事を消したり、地しんや災害の時に人を助けたりする仕事をする人。

しょうぼうしゃ【消防車】火事の火を消したり、けがをした人を助けたりするための赤い自動車。

しょうぼうしょ【消防署】消防の仕事をする役所。

しょうぼうてい【消防艇】船やみなとなどの火事を消す船。

じょうみゃく【静脈】からだの各部分に行った血を、心臓におくりかえす管。⇔動脈。

じょうむいん【乗務員】列車・電車・バスなどの運転手や車しょうのように、乗り物にのって仕事をする人。

しょうめい【証明】あるものごとが正しいということをはっきりさせること。▼「身分証明書。無実を証明する」

しょうめい【照明】❶電灯などで、明るく照らすこと。❷効果をあげるために劇のぶたいなどを照らす明かり。

しょうめつ【消滅】消えてなくなること。消失。▼「ききめが消めつする」

しょうめん【正面】まむかい。まっすぐ前。▼「正面げん関」⇔背面。

しょうもう【消耗】❶使ってへらすこと。▼「消もう品」❷体力や気力をすりへらすこと。▼「神経を消もうする」

じょうもんじだい【縄文時代】やく一万二千年前からやく二千四百年前にかけての時代。なわのもようのある縄文土器をつかっていた。

しょうや【×庄屋】江戸時代、村の代表として税をとりたてる役などをつとめた農民のかしら。名主。

じょうやく【条約】❶かじょう書きにした約束の文。❷国と国できめた約束。▼「講和条約」

しょうゆ ダイズ・コムギ・塩などでつくる、塩からい液体の調味料。

しょうゆさし【しょうゆ差し】しょうゆをいれて、つかういれもの。

じょうようかんじ【常用漢字】毎日の生活にこれだけあれば用がたりる目やすとして、政府がきめた二一三六字の漢字。

じょうようしゃ【乗用車】人が乗るための自動車。▼「小型乗用車」

しょうらい【将来】これから先。こんご。前途。未来。▼「日本の将来」

しょうり【勝利】争いや試合などに勝つこと。⇔敗北。

じょうりく【上陸】船をおりて陸に上がること。

しょうりゃく【省略】省いてみじかくすること。▼「説明を省略する」

じょうりゅう【上流】❶川の流れの上の方。川上。⇔下流。中流。❷地位や生活のていどが上にある人々。

じょうりゅう【蒸留】液体を熱して出た蒸気をひやして、まじりけのない液体を作ること。▼「蒸留水」

しょうりょう【少量】少しの量。わずかな量。⇔多量。大量。

じょうりょくじゅ【常緑樹】 松などのように、一年じゅう、葉が緑色をしている木。ときわぎ。⇔落葉樹。

じょうるり【浄瑠璃】 日本の音楽の一つ。しゃみせんに合わせてふしをつけて物語をかたるもの。

しょうれい【奨励】 力をつけてはげますこと。すすめること。▽「しょうれい金」

じょうれい【条例】 ❶きそくをかじょう書きにしたもの。❷都道府県や市町村などできめたきまり。

じょうろ 草花などに水をかける道具。

しょうわ【昭和】 昭和天皇時代の元号。一九二六年十二月から一九八九年一月（昭和六十四年）まで。

しょうわのひ【昭和の日】 国民の祝日の一つ。四月二十九日。昭和天皇の誕生日。⇩国民の祝日（図）

ショー ❶もよおしもの。見せ物。▽「イルカショー」❷物をならべて人々に見せること。展覧会。

じょおう【女王】 ❶女の国王。❷第一人者の女性。▽「スケートの女王」

ショーウインドー 品物をかざるために店先に作ってある出窓。

ジョーカー トランプでいちばん強い切り札。

ばば。

ショート ❶長さや時間が短いこと。▽「かみの毛をショートにする」⇔ロング。❷とつぜん大きな電流が、ほんらいとはちがう回路をながれること。電線に火花がちるなどする。❸野球で、二塁と三塁の間を守る選手。遊撃手。

しょか【初夏】 夏のはじめ。五、六月ごろ。

じょがい【除外】 とり除くこと。

しょき【初期】 ものごとの初めのころ。⇔末期。

しょき【書記】 文書を記録したり、あつかったりする役目。また、その人。

じょきょ【除去】 とり去ること。▽「障害物を除去する」

ジョギング 健康や運動の練習などのために、ゆっくり走ること。

しょく【色】 2年 ショク・シキ いろ

いろ。▽「青一色。血色。原色」

●異色●三原色●着色●特色

しょく【食】 2年 ショク・(ジキ) くう・たべる・(くらう)

❶たべること。たべる物。▽「食後」❷日や月が欠けること。▽「日食」

●食塩●食事●食卓●食中毒●食堂●食道●食費●食品●食物●食用●食欲●食料●食糧●食器●給食●主食●朝食●肉食

しょく【植】 3年 ショク うえる・うわる

うえること。▽「移植」

●植物●植民地●植林

しょく【職】 5年 ショク

❶役目。つとめ。▽「大臣の職」❷仕事。▽「職業」

★「織」「識」ににているので注意

●職員●職業●職人●職場●求職●就職●住職●転職

しょく【織】 5年 (ショク)・シキ おる

なぞなぞ 「これ、いいよ」とみんなにすすめる植物は？ 答えは次のページ。

布をおること。▼「織機」

織
★「識」「職」ににているので注意
右を長く出す
●織女星●織機

しょくいん【職員】役所・学校・団体につとめている人。

しょくえん【食塩】食用にする塩。

しょくぎょう【職業】くらしをたてていくためにする仕事。

しょくご【食後】食事のすんだ後。

しょくじ【食事】ごはんを食べること。また、食べ物。

しょくじょせい【織女星】七夕の伝説により名高い星。七夕の夜に天の川をわたって、牽牛星に会うという。こと座のベガを中国でよんだ名。おりひめ星。⇔牽牛星。

しょくたく【食卓】食事をするための台。▼「食たくをかこむ」

しょくちゅうどく【食中毒】くさった物や悪い物を食べて、おなかをこわしたり、熱が出たりすること。

しょくどう【食堂】❶食事をする部屋。❷食事をさせる店。

しょくどう【食道】のみこんだ食べ物が、胃に行くときに通るところ。↓消化器（図）

しょくにん【職人】手で物を作る仕事をしている人。大工・左官など。

しょくば【職場】仕事をする場所。

しょくパン【食パン】箱の形に焼いた、とくに味のついていないパン。うすく切って食べる。

しょくひ【食費】食べ物に使うお金。

しょくひん【食品】食料品。食べ物。

しょくぶつ【植物】草や木やコケなどのこと。

しょくぶつえん【植物園】人々に見せたり研究したりするために、いろいろな植物をうえてある所。

しょくみんち【植民地】ほかの国から来た人が力を持ち、その人たちの国によって支配されている土地。

しょくもつ【食物】食べ物。

しょくよう【食用】食べられること。また、その物。▼「食用の花」

しょくよく【食欲】食べたいと思う気持ち。▼「病気で食欲がない」

しょくりょう【食料】食べ物。

しょくりょう【食糧】食べ物。主に米・麦などの主食をさす。

しょくりょうひん【食料品】食べ物。肉・果物・やさいなど。食品。

しょくりん【植林】山に木のなえを植えて林をつくること。

しょくん【諸君】きみたち。みなさん。▼「諸君のご健とうをいのる」

しょけい【処刑】けいばつをくわえること。とくに死刑にすること。

しょげる がっかりして元気がなくなる。▼「お皿を割ってしまい、すっかりしょげる」

じょげん【助言】口ぞえすること。また、そのことば。▼「先生の助言」

しょこ【書庫】本を入れておく、たてものや、部屋。

じょこう【徐行】ゆっくり行くこと。

しょさい【書斎】本を読んだり、書き物をするのに使う部屋。

しょざい【所在】ありか。人のいる所。▼「所在をはっきりさせる」

じょさんし【助産師】子供が産まれるときに手伝うことを仕事とする人。

しょじ【所持】物を持っていること。

じょし【女子】❶女の子。❷女の人。⇔男子。

じょし【女史】女の人をうやまって、名前の下につけることば。

しょしゃ【書写】❶書かれているものと

そっくり同じように別のものに書くこと。❷国語の授業で、字をきれいに正しく書く勉強。習字。

じょしゅ【助手】 ❶人の仕事の手助けをする人。❷大学で、先生の手伝いをしながら研究をしている人。

しょしゅう【初秋】 秋のはじめ。九月ごろ。⇔晩秋。

しょしゅん【初春】 春のはじめ。三月ごろ。早春。

しょじゅん【初旬】 月のはじめの十日間。

じょじょに【徐徐に】 少しずつ。ゆっくりと。▽「じょじょに思いだす」

しょしん【初心】 ❶初めて何かをしようとするときの気持ち。❷まだ、なれていないこと。▽「初心者」

じょせい【女性】 女の人。⇔男性。

しょせき【書籍】 本。書物。図書。

じょせつ【除雪】 ふりつもった雪をとり除くこと。▽「除雪車」

じょそう【助走】 走りはばとびなどをするとき、いきおいをつけるために、ふみきる所まで走ること。

じょそう【除草】 田や畑の雑草を除くこと。草とり。

しょぞく【所属】 なかまや団体などに入っていること。

しょたい【所帯】 どくりつして生活すること。ふつうは夫婦とその家族からなる。世帯。▽「所帯をもつ」

しょたい【書体】 文字のかたち。字の書きぶり。楷書・行書・草書などのこと。字体。⬇字体（図）

しょだい【初代】 さいしょの人やもの。

しょたいめん【初対面】 人と人が、初めて会うこと。▽「初対面のあいさつ」

しょち【処置】 ❶とりはからうこと。しまつすること。❷手当てをすること。▽「けがの処置をする」

しょちゅうみまい【暑中見舞い】 夏の暑いさかりに、元気かどうかをたずねること。また、そのたより。

しょちょう【署長】 警察署・税務署などの、いちばん上の役の人。

しょっかく【触角】 物にさわって食べ物をさがしたり、敵をけいかいしたりするひげのような形のもの。こん虫・エビ・カニ・カタツムリなどにある。

しょっき【食器】 食べ物を入れる器。食事のときに使う道具。

しょっき【織機】 糸を組み合わせて、織物をおる機械。

ショック 急に受ける強い力。また、急に、強く、はっと思うこと。

しょっちゅう いつも。たえず。▽「しょっちゅうあそびに行っている」

しょっぱい 塩の味がつよい。しおからい。

ショッピング 買い物をすること。

ショップ 店。▽「ペットショップ」

しょてん【書店】 本やざっしを売る店。本屋。

しょとう【初冬】 冬のはじめ。

しょとう【諸島】 いくつか集まった島。多くの島々。群島。

しょどう【書道】 ❶ふでで文字を書く芸術。❷文字の書き方を学ぶこと。習字。

しょとく【所得】 自分のものになること。また、そのもの。収入。利益。

しょなのか【初七日】 人が死んでから七日目の日。「しょなぬか」ともいう。

しょにち【初日】 ものごとのはじめの日。▽「すもうの初日」

じょのくち【序の口】 ❶すもうで、いちばん下の位。❷ものごとのはじまり。▽「こんな寒さはまだ序の口だ」

しょばつ【処罰】 ばつをあたえること。

しょぶん【処分】 ❶ばっすること。▽「きびしい処分」❷しまつをすること。▽「不用

あいうえお

かきくけこ

さしすせそ し

たちつてと

なにぬねの

はひふへほ

まみむめも

やゆよ

らりるれろ
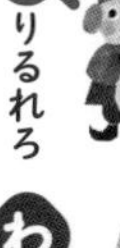
わをん

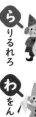

前のページの答え⇒「すいせん（推薦）」

品を処分する」

しょほ【初歩】ものごとのはじめ。

じょほう【除法】わり算。⇔乗法。

しょみん【庶民】とくべつの地位や財産などのない、ごくふつうの人。

しょめい【署名】自分の名前を書きしるすこと。▽「文書に署名する」

じょめい【助命】命を助けること。

じょめい【除名】❶名簿から名前を除くこと。❷なかまから、除くこと。

しょめん【書面】手紙。書き物。

しょもつ【書物】本。書籍。

じょやのかね【除夜の鐘】おおみそかの夜に、寺でつくかね。百八のまよいをうちはらうためにつく。

しょゆう【所有】持っていること。自分の持ち物。▽「所有の財産。所有物」

じょゆう【女優】女の役者。女の俳優。⇔男優。

しょり【処理】しまつをつけること。

じょりょく【助力】力をそえて助けること。▽「助力をおしまない」

しょるい【書類】文字を書いたもの。仕事の上での書き物。文書。

じょれつ【序列】ならぶ順序。

しょんぼり 元気がなく、しおれているようす。▽「しかられて、しょんぼりとしている」

しら【白】❶色のしろいこと。▽「白雪。白魚」❷色をつけず、もとの色のままであること。▽「白木」⬇【白】554ページ ●白髪●白玉●白ける●白々しい●白々と●白羽の矢が立つ●白む

しらが【白髪】白くなったかみの毛。白はつ。

しらき【白木】皮をはいだままで、何もぬっていない木。▽「白木の家具」

しらける【白ける】❶白くなる。❷気まずくなる。おもしろくなくなる。▽「自分勝手な人がいて座が白ける」

しらじらしい【白白しい・白々しい】いかにもうそをついているとわかるようである。⬇「々」は同じ文字をくり返すという意味のおどり字という記号。▽「白々しいいいわけ」

じらす からかって、いらいらさせる。▽「じらさないではやく教えてくれ」

しらせる【知らせる】つたえて知るようにする。通知する。▽「合格を電話で知らせる」

しらたま【白玉】米の粉でつくっただんご。しるこなどに入れる。

しらぬがほとけ【知らぬが仏】何も知らないでいるのが幸いだということ。

しらばくれる 知っているのに、知らないふりをする。▽「そっぽをむいて、しらばくれる」

[知らぬが仏]

しらはのやがたつ【白羽の矢が立つ】たくさんの中から、とくに、えらびだされる。▽「クラスの代表として、白羽の矢が立つ」

しらべ【調べ】❶問いただすこと。❷研究。調査。❸音楽の調子。ふし。❹詩や歌などの調子。▽「笛の調べ」

しらべる【調べる】❶問いただす。▽「罪人を調べる」❷研究する。▽「動物を調べる」❸さがす。▽「地図で地名を調べる」⬇【調】452ページ

しらむ【白む】❶白くなる。❷明るくなる。▽「東の空が白む」

しられる【知られる】❶ほかの人が知るよ

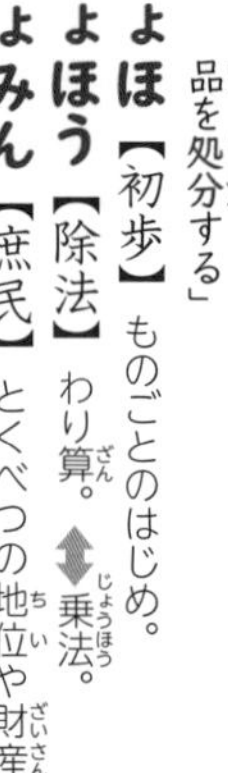

うになる。▽「ひみつを知られる」❷みんなが知っている。有名だ。▽「東京スカイツリーは日本一高い塔として知られている」

しらんかお【知らん顔】知っていながら、知らないふりをする顔つき。知らぬ顔。▽「よばれても、知らん顔だ」

しらんぷり【知らんぷり】知っているのに、知らないようなようすをすること。▽「知らんぷりして通りすぎる」

しり【尻】からだのこしの後ろの下の部分。⬇体（図）

しりあい【知り合い】つきあって知っていること。また、その人。

しりあがり【尻上がり】ものごとのようすがおわりにいくにしたがって、だんだん高まってくること。▽「成績が、しり上がりによくなる」

シリーズ ❶テレビ番組や本などのつづきもの。▽「世界名作シリーズ」❷野球など、ある期間つづけて行われる試合。▽「日本シリーズ」

しりうまにのる【尻馬に乗る】人のあとについて、行動をする。▽「人のしり馬に乗るくせがある」

じりき【自力】自分だけの力。▽「自力であなからはい出る」⇔他力。

しりきれとんぼ【尻切れとんぼ】尾が切れたトンボのように、ものごとがとちゅうでおわること。▽「夏休みの絵日記がしり切れとんぼでおわる」

しりごみ【尻ごみ】あとずさりすること。ためらうこと。▽「口では強そうなことを言ってもいざとなるとしりごみをする」

しりぞく【退く】❶後ろにさがる。⇔進む。❷職をさる。▽「社長の座を退く」⬇【退】411ページ

しりつ【市立】市のお金でつくったもの。「私立」と区別するため「いちりつ」とも読む。▽「市立病院」

しりつ【私立】個人のお金でつくったもの。「市立」と区別するため「わたくしりつ」とも読む。▽「私立高校」⇔公立。国立。

じりつ【自立】自分の力でくらしていくこと。独立すること。一本立ち。

しりとり【尻取り】ことばのおわりの音をとって、それではじまることばをじゅんにつなげていくあそび。たとえば、「ネコ→コブタ→タコ」。

しりぬぐい【尻ぬぐい】人の失敗の、あとしまつをすること。

しりめつれつ【支離滅裂】ばらばらで、まとまりのないこと。めちゃくちゃ。▽「話がしりめつれつになる」

しりもち【尻餅】ころんでおしりを地面にどすんとぶつけること。▽「しりもちをつく」

しりゅう【支流】本流に流れこむ川。本流から流れ出る川。⇔本流。主流。

しりょ【思慮】注意深く考えること。分別。▽「思りょ深い人」

しりょう【資料】ものごとをしらべるために使う材料。▽「資料を集める」

ことばのふしぎ

「しりとり」で負けない技

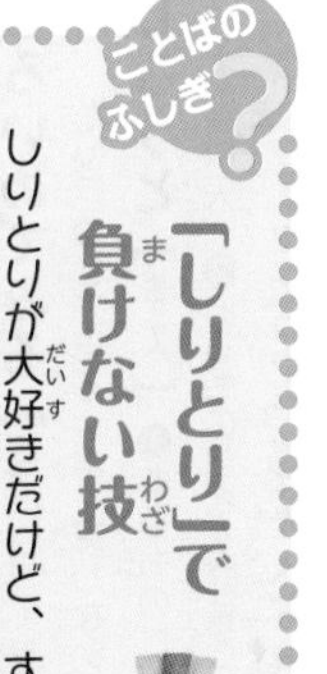

しりとりが大好きだけど、すぐに負けちゃうという人、かならず勝つ技を教えちゃいますね。

もちろん「ん」で終わることばを言わせたら勝ちですが、ほかにもあります。「り」「る」で始まることばを言わせるのです。これらで始まることばは少ないので、あいてはすぐにこうさんするはず。国語辞典を研究すれば、しりとり名人になれますよ。

なぞなぞ かけても割ってもこわれないものは？ 答えは次のページ。

しりょう【飼料】牛や馬など、人が飼いそだてる動物のえさ。

しりょく【視力】物を見る目の力。

じりょく【磁力】磁石が持っている鉄などを引きつける力。

しる【知る】❶わかる。理解する。▽「新しい用語を知る」❷みとめる。▽「値うちを知る」❸おぼえる。記おくしている。▽「昔の出来事を知っている」❹かかわる。▽「ぼくの知ったことではない」⬇【知】441ページ

しる【汁】❶植物や動物からしみ出た液。しぼりとった液。▽「ミカンのしる」❷すいもの。つゆ。みそしる。❸もうけ。▽「うまいしるをすう」

シルエット ❶物が光をさえぎってできる黒っぽい形。かげ。❷からだや洋服などの外側の形をつくっている線。輪かく。▽「うつくしいシルエット」❸人の横顔などの形を黒くぬりつぶした絵。かげ絵。

シルクハット 男の人が礼装にかぶる黒くて高いぼうし。

［シルクハット］

しるこ【汁粉】アズキをあまくにてしるにした食べ物。中にもちや白玉を入れて食べる。

しるし【印】❶めじるしとなる記号や物。❷しょうことなるもの。▽「記念の印」❸気持ちをあらわすもの。▽「これは、お礼の印です」⬇【印】54ページ

しるしばんてん【印ばんてん】えりや背中に、商店の印などの入ったはんてん。⬇はんてん（図）

しるす【記す】❶書きつける。▽「名を記す」❷おぼえておく。▽「思い出をしっかり心に記す」⬇【記】156ページ

シルバー ❶銀。銀の色。❷年をとっている人。高れい者。▽「シルバーシート」

しれい【司令】❶指図。❷軍隊を指図すること。▽「司令官」

しれい【指令】指図。命令。

じれい【辞令】❶あらたまった、あいさつのことば。▽「外交辞令」❷役所や会社などで、役についたり、やめたりするときに、わたされる書きつけ。

じれったい 思うようにならなくて、いらいらするようす。▽「じれったい話だ」

じれる 思うとおりにならないで、いらいらする。いらだつ。

しれん【試練】心やからだを試しきたえること。▽「試練にうちかつ」

しろ【白】❶雪のように白い色。❷碁石の色の白いほう。❸罪のないこと。無罪。⬍黒。⬇【白】554ページ ●白黒●白星●白身

しろ【代】❶代金。▽「飲み代。身の代金」❷田。▽「苗代。代かき」⬇【代】412ページ

しろ【城】昔、領主が、身をまもるためにつくった大きなたてもの。石がき・天守閣など、敵をふせぐそなえがしてある。⬇【城】333ページ ⬇昔話（図）

しろい【白い】雪のような色。▽「白い雲」⬍黒い。⬇【白】554ページ

しろいめでみる【白い目で見る】つめたい目つきで見る。よく思わない。

しろうと【素人】❶あるものごとに経験のない人。❷あるものごとを職業としていない人。アマチュア。▽「素人写真家」⬍玄人。

しろくろ【白黒】❶白と黒。❷ものごとのよしあし。❸罪があることとないこと。▽「白黒をはっきりさせる」❹色のついていないテレビや映画。

シロップ 果物のしるに砂糖などを入れた液。また、こい砂糖の液。

しろつめくさ【白詰草】⬇クローバー

しろぼし【白星】❶すもうで勝ったときにつける、中の白い丸じるし。▽「白星がなら

ぶ」⬍黒星。❷勝つこと。▼「一回戦で白星をあげる」

しろみ【白身】❶たまごの中のとうめいな部分。熱をくわえると白くなる。❷魚の白い肉。

じろり 目を動かして、強くにらむように見るようす。▼「横目でじろりとにらむ」

しわ ❶ひふがたるんでできたすじ。▼「ひたいのしわ」❷紙や布などを、もんだりしたときにできる細いすじ。

しわがれごえ【しわがれ声】かすれてがらがらした声。

しわざ【仕業】したこと。やったこと。

しわす【師走】十二月の別のよび名。⬇国民の祝日（図）

しわよせ【しわ寄せ】ものごとがうまくいかないとき、それをほかのところにおしつけて、まにあわせること。

しん【心】2年 シン こころ

❶まん中。ものごとのたいせつなところ。▼「中心」

❷こころ。▼「心中を見ぬく。良心」

心心心心

●心外●心機一転●心境●心血を注ぐ●心中●心情●心身●心臓●心中●心配●心棒●心理●安心●感心●苦心●重心●初心●都心●熱心●本心

しん【申】3年 (シン) もうす

もうすこと。▼「上申。申告」

申申申申申 （つきぬける）

★「甲」「由」ににているので注意

しん【身】3年 シン み

からだ。▼「全身。病身」

●身体●身長●身辺●自身●出身

身身身身身身身 （出る）（出る）

しん【臣】4年 シン・ジン —

けらい。▼「家臣」

臣臣臣臣臣臣臣

★筆順に注意　落とさないように。巨ではない

しん【神】3年 シン・ジン かみ・(かん)・(こう)

❶かみさま。▼「神仏」

❷心。▼「精神」

神ネネ神神神神神神 （ネではない）

●神経●神経質●神髄●神聖●神殿●神道●神童●神秘●神秘的●神父●神仏●神妙●神話

しん【信】4年 シン —

❶まこと。しんじつ。▼「信義」

❷しんじてうたがわない。▼「信仰」

❸たより。おとずれ。▼「音信」

●信号●信者●信条●信じる●信心●信任●信念●信望●信用●信頼●確信●自信●受信●送信●通信

信信信信信信信信信

しん【真】3年 シン ま

まこと。ほんとう。▼「真実」

●真意●真価●真紅●真空●真剣●真実●真珠●真相●真理●写真●純真

真真真真真真真 （下のヨコ棒につかない）

しん【針】6年 シン はり

前のページの答え⇒「数字」

はり。▽「短針。長針。分針」

針 針 針 針 針 針 針 針 針 針（この形に注意）

●針葉樹●針路●指針●方針

しん【進】 3年 シン すすむ・すすめる

❶すすむこと。▽「前進。直進」⇔退。
❷さしあげること。▽「進呈」

進 進 進 進 進 進 進 進 進 進 進（ひとふでに書く）

●進化●進学●進級●進行●進出●進水式●進退窮まる●進展●進度●進入●進歩●進路●行進●前進

しん【深】 3年 シン ふかい・ふかまる・ふかめる

ふかいこと。おくぶかいこと。▽「深山。水深」⇔浅。

深 深 深 深 深 深 深 深 深 深 深（穴としない）

●深海●深呼吸●深刻●深夜

しん【森】 1年 シン もり

❶もり。▽「森林」
❷しずか。▽「森閑」

森 森 森 森 森 森 森 森 森 森 森 森
★三つの木のつりあいに注意

しん【新】 2年 シン あたらしい・あらた・にい

あたらしいもの。あたらしいこと。▽「新人」⇔旧。古。故。

新 新 新 新 新 新 新 新 新 新 新 新 新
★「親」ににているので注意

●新刊●新幹線●新旧●新記録●新月●新語●新春●新人●新設●新鮮●新体操●新築●新調●新天地●新任●新年●新聞●新米●新芽●新緑●新暦●最新

しん【親】 2年 シン おや・したしい・したしむ

❶したしいこと。▽「親友」
❷父母。おや。▽「両親」
❸しんせき。身内。▽「親類」

親 親 親 親 親 親 親 親 親 親 親 親 親 親 親 親
★「新」ににているので注意

●親愛●親近感●親交●親せき●親切●親善●親族●親展●親ぼく●親身●親密●肉親

しん

❶物の中心にある、かたい部分。▽「えんぴつのしん」❷中に入れるかたい物。▽「帯のしん」❸からだの中のおく深いところ。▽「からだのしんまでひえる」

じん【人】 1年 ジン・ニン ひと

ひと。▽「隣人。成人」

人 人
★「入」ににているので注意

●人員●人格●人格者●人権●人口●人工●人災●人材●人事●人事不省●人種●人身事故●人生●人選●人造●人体●人道●人徳●人物●人望●人命●人力●人類●恩人●原始人●個人●詩人●社会人●主人●新人●達人●知人●名人●友人●老人

じん【仁】 6年 ジン・(二) ——

思いやり。いつくしみ。▽「仁徳」

仁 仁 仁 仁

じん【臣】 けらい。▽「大臣」➡【臣】347ページ

じん【神】 かみさま。▽「神社」➡【神】347ページ
●神宮●神社●神通力●七福神

じん【陣】 ❶いくさのために兵隊をならべること。▽「じんをはる」❷いくさ。▽「大坂夏

のじん」

しんあい【親愛】 親しみ、愛すること。▼「親愛なる友。親愛の情」

しんい【真意】 ほんとうの心。

じんいん【人員】 人の数。人数。

しんか【真価】 そのもののほんとうのねうち。▼「真価をはっきりする」

しんか【進化】 長い年月に、生物が、かんたんなものから、だんだんふくざつになり、いちだんと進んだじょうたいに少しずつかわっていくこと。⇔退化。

[人類の進化]

しんかい【深海】 深い海。海の深い所。▼「深海を調査する」

しんがい【心外】 思いがけないこと。ざんねんだ。▼「きみが反対とは心外だ」

しんかいぎょ【深海魚】 深い海の底にすんでいる魚。

しんがく【進学】 上の学校へ進むこと。▼「中学校へ進学する」

じんかく【人格】 人としてのねうち。人がら。性格。▼「りっぱな人格」

しんがっき【新学期】 新しくはじまる学期。また、学期のはじめ。▼「新学期がスタートする」

シンガポール マレー半島の先にある小さな島の国。首都はシンガポール。

しんがり 列やじゅんばんのいちばんあと。▼「行進のしんがりをつとめる」

しんかん【新刊】 新しく本を発行すること。また、その本。

しんかんせん【新幹線】 主な都市をむすんでつくられた超特急の鉄道。一九六四年東海道新幹線がまず開通。その後に、山陽新幹線・東北新幹線・上越新幹線・北陸新幹線・九州新幹線などが開通。

[新幹線]

しんぎ【審議】 くわしく調べて、よい悪いをきめること。

しんきいってん【心機一転】 あるきっかけによって、気分をすっかりかえること。▼「心機一転勉強をはじめた」

しんきゅう【進級】 上の学年や、上の等級に進むこと。▼「六年に進級する」

しんきゅう【新旧】 新しいことと古いこと。▼「新旧の製品をくらべる」

しんきょう【心境】 気持ち。心のようす。▼「先生に今の心境を話す」

しんきろう【しん気楼】 さばくや海などにあらわれる現象。光がまがり、遠くの物が、近くに見える。

しんきろく【新記録】 今までの記録をやぶる、最高の成績。

しんきんかん【親近感】 身近で、親しみの持てる感じ。▼「えがおのおばさんに親近感をおぼえる」

しんく【真紅】 こい紅色。まっか。「深紅」とも書く。▼「真紅のバラ」

しんぐ【寝具】 ふとん・シーツ・まくらなど、ねるときに使うもの。夜具。

しんくう【真空】 空気などの気体がまったくないこと。

じんぐう【神宮】 位の高い神社。▼「伊勢神宮」

シングル ❶一つ。一人。❷前がかさなってい

なぞなぞ みんなが好むスポーツは？ 答えは次のページ。

ない、ボタンが一列の上着。⇕ダブル。❸野球で一塁まで行けるヒット。シングルヒット。

しんけい【神経】❶動物のからだじゅうに広がっている糸のようなもので、いろいろの感じを脳やせきずいに知らせたり、脳からの命令をからだにつたえる役目をしている。❷ものごとを感じとるはたらき。▽「神経のにぶい人」

しんけいしつ【神経質】ものごとに感じやすくて、気にする性質。

しんげつ【新月】月が、地球と太陽の間に来て、太陽の光を反射しないために、見えなくなった月。⇕満月。⬇月（図）

しんけつをそそぐ【心血を注ぐ】ありったけの力をこめて、ものごとをする。全力をつくす。

しんけん【真剣】❶本物の刀。▽「真けん勝負」❷本気。まじめ。▽「真けんな顔」

じんけん【人権】すべての人が生まれた時から持っている、自由と平等の権利。▽「人権をまもる。基本的人権」

しんげんち【震源地】地しんのおこったもとの所。

しんご【新語】新しくできたことば。新しく使われはじめたことば。

しんこう【信仰】神や仏を心から信じてうやまうこと。▽「信こう心」

しんこう【振興】ふるいおこすこと。さかんにすること。▽「科学のしん興」

しんこう【進行】❶進んで行くこと。▽「列車の進行方向」❷ものごとがはかどっていくこと。▽「式の進行係」

しんこう【親交】親しい交わり。

しんごう【信号】❶光・音・電波などを使って、はなれている者に、合図すること。また、その合図。❷信号機。

じんこう【人口】ある国やある場所にすんでいる人の数。

じんこう【人工】人の力で作り出すこと。⇕自然。天然。

じんこうえいせい【人工衛星】人間がうち上げた人工の衛星。気象のようすをしらべたり、通信・放送に役立てたりする。

じんこうこきゅう【人工呼吸】いきができなくなった人を助けるために、胸を手でおしたり、口や鼻から空気をふきこんで、呼吸させること。

じんこうみつど【人口密度】人口のこみぐあい。面積一平方キロメートルの中にすんでいる人の数のわりあいであらわす。

しんこきゅう【深呼吸】息を深く吸ったり、はいたりすること。

しんこく【申告】役所に申し出ること。とどけること。▽「税金の申告」

しんこく【深刻】深く心に刻みつけられるようす。重大なようす。

しんさ【審査】くわしくしらべて、よい悪いなどをきめること。

しんさい【震災】地しんによって、その地域やそこに住む多くの人々がひどいめにあうこと。

じんさい【人災】自然のせいではなく、人の不注意でおこる災害。▽「このがけくずれは人災だ」⇕天災。

じんざい【人材】役に立つ人。はたらきのある人。

しんさつ【診察】医者が、病気のようすをしらべること。診断。

しんし【紳士】❶人がらがりっぱで礼儀正しい男の人。⇕淑女。❷大人の男の人。▽「しん士服」

じんじ【人事】❶人の力でできること。▽「人事をつくす」❷会社や役所の中で、人の地位や役目に関係することがら。▽「人事課」

しんしつ【寝室】ねるための部屋。

しんじつ【真実】うそやかざりけのない、

ありのままのこと。まこと。

しんじゃ【信者】 ある宗教を心から信じる人。▽「イスラム教信者」

じんじゃ【神社】 神をまつってあるお宮。

しんじゅ【真珠】 アコヤガイなどの体内に作られる玉。白・銀色・もも色などで美しいつやがあり、首かざりや、ゆびわに使われる。➡誕生石（図）

じんしゅ【人種】 からだつき・かみの毛やひふの色などによって分けた、人間の種類。

しんじゅう【心中】 二人以上の人がいっしょに自殺をすること。

しんしゅつ【進出】 進み出ること。先に出ること。▽「海外に進出する」

しんしゅん【新春】 年のはじめ。新年。正月。

しんじょう【心情】 気持ち。思い。

しんじょう【信条】 ふだんからかたく信じて、まもっていることがら。

しんしょく【浸食】 ながれる水が、岩や川の底をけずったり、海の水が海岸をくずすなど、水や風の力で、土地がけずりくずされて変化すること。

しんじる【信じる】 ❶ほんとうと思ってうたがわない。❷信こうする。

じんじをつくしててんめいをまつ【人事を尽くして天命を待つ】 自分の力で、できるだけのことをして、あとはなりゆきにまかせる。

しんしん【心身】 心とからだ。「身心」とも書く。▽「心身ともに元気だ」

しんしん ❶夜がしずかにふけていくようす。❷雪がしずかにふっているようす。▽「しんしんとふる雪」

しんじん【信心】 神や仏を信じていのること。また、その心。

しんじん【新人】 ❶新しく入ってきた人。❷新しく世の中にみとめられた人。▽「文学界の新人。新人歌手」

じんしんじこ【人身事故】 自動車や鉄道などで、人がけがをしたり、死んだりする事故。

しんすい【浸水】 水にひたること。水びたし。▽「ゆか上までしん水する」

しんずい【神髄・真髄】 ものごとのもっとも中心となることがら。▽「学問の神ずいをきわめる」

しんせい【神聖】 きよらかでけがれのないこと。▽「神聖な裁判」

じんせい【人生】 ❶人の一生。人がこの世の中に生きている間。▽「波乱の人生」❷人間の生活。人間の生き方。▽「人生経験をつむ」➡コラム353ページ

しんせき【親せき】 血筋のつながる人。身内。親族。親類。

しんせつ【新設】 新しく施設・設備をつくること。▽「プールを新設する」

しんせつ【親切】 思いやりのあついこと。まごころのこもっていること。

しんせん【新鮮】 新しくて生き生きしていること。▽「新せんなやさい」

しんぜん【親善】 親しくなかよくすること。▽「国際親善につくす」

しんそう【真相】 ものごとのほんとうのすがた。▽「事件の真相」

しんぞう【心臓】 胸にあって血液をからだじゅうにおくり出すはたらきをしている器官。

じんぞう【腎臓】 血液の中から尿をとりだすはたらきをする器官。おなかの右と左に一つずつある。➡消化器（図）

じんぞう【人造】 人の力でつくりだすこと。また、つくりだした物。

しんぞく【親族】 血筋や結こんでつながっている人たち。身内。親せき。親類。

じんそく【迅速】 速いこと。すばやいこと。▽「じん速な行動」

しんたい【身体】 人のからだ。

あいうえお
かきくけこ
さしすせそ
し
たちつてと

なにぬねの

はひふへほ

まみむめも

やゆよ
らりるれろ
わをん

前のページの答え⇒「スキー（好きー）」

しんだい【寝台】ねるときにからだを横にする台。ベッド。

じんたい【人体】人間のからだ。

しんたいけんさ【身体検査】❶学校などで、からだの育ちぐあいや健康かどうかを調べること。❷危ないものを持っていないかどうか、持ち物や服装などを調べること。

しんだいしゃ【寝台車】車両の中にしん台をつけた客車。

しんたいしょうがいしゃ【身体障害者】からだの一部がうまくはたらかない人。

しんたいそう【新体操】体操競技の一つ。音楽に合わせて、ボール・リボン・輪などを使って競技を行う。

しんだん【診断】医者が人のからだをみて、病気のあるなしや、ようすを判断すること。診察。

じんち【陣地】兵隊が大ぜい集まってたたかうじゅんびのしてある場所。

しんちく【新築】新しくたてること。新たに築くこと。▽「新築の家」

しんちょう【身長】背の高さ。

しんちょう【慎重】注意深くて、軽々しくないこと。▽「しんちょうな行動」

しんちょう【新調】新しく作ること。

じんつうりき【神通力】思うとおりになんでもできる、ふしぎな力。「じんずうりき」ともいう。

しんてん【進展】進み広がること。

しんでん【神殿】神をまつってあるたてもの。神社のたてもの。

しんと ものおと一つ聞こえず、しずまりかえっているようす。▽「しんとした教室」

しんど【進度】進む度合い。進んでいくていど。▽「授業の進度が速い」

しんど【震度】地しんの、強さのていど。十段階に分けられる。

しんとう【神道】日本に昔からある宗教。天照大御神などの神をまつる。

しんどう【神童】ふしぎなほど、ちえや才能がすぐれている子供。

しんどう【振動】❶上下や左右にふれ動くこと。また、ふり動かすこと。❷さまったきょりを行ったり来たりする運動。▽「ふり子のしん動」

しんどう【震動】大地やたてものがふるえ動くこと。

じんどる【陣取る】❶じん地をかまえる。❷ある場所をとる。▽「いちばん前にじん取る」

しんにゅう【侵入】むりに入りこむこと。▽「敵がしん入してきた」

しんにゅう【進入】進んで、入っていくこと。▽「車の進入を禁止する」

しんにゅうせい【新入生】新しく入学した人。

しんにん【信任】その人を信用して仕事をまかせること。▽「信任があつい」

しんにん【新任】新しく役につくこと。また、その人。▽「新任の先生」

しんねん【信念】信じてうたがわない心。▽「信念がかたい」

しんねん【新年】新しい年。年のはじめ。▽「新年おめでとう」

しんぱい【心配】気がかり。不安。▽「あしたのテストが心配だ」

シンバル まるい金属板をうち合わせて鳴らす打楽器。⬇楽器（図）

しんぱん【審判】❶勝ち負けをきめること。また、その人。▽「野球のしん判」❷ものごとをよくしらべて、さばきをつけること。▽「しん判をくだす」

しんぴ【神秘】考えられないようなふしぎなこと。▽「宇宙の神秘」

しんぴてき【神秘的】神秘なようす。▽「神秘的な湖の夜明け」

しんぷ【神父】キリスト教のカトリックで、

人生の行事

日本ではうまれてから、たくさんの行事があります。はじめて神さまに参拝する「お宮参り」や、はじめて食事をさせるお祝いのぎしきである「お食い初め」などがあります。地域によって、どの日にするかはかわってきます。

よくないことが起こりやすいと信じられている年れいを厄年といい、特別なおはらいをする厄払いという風習もあります。

誕生

お宮参り

お食い初め

生後100日から120日くらい

七五三

男子	女子
3・5さい	3・7さい

成人式

結婚式

厄年

男	女
25さい	19さい
42さい	33さい
61さい	61さい

還暦

61さい

新婚旅行など

銀婚式など

長寿の祝い

古稀	喜寿	傘寿	米寿	卒寿	白寿	上寿
70さい	77さい	80さい	88さい	90さい	99さい	100さい

死去

早口ことば （五回続けていえるかな）すごい科学技術。

神の教えをとく僧。プロテスタントでは「牧師」という。

シンフォニー ↓交響曲

しんぶつ【神仏】 神や仏。

じんぶつ【人物】 ❶人。❷人がら。▼「人物ができている」

シンプル かざりやむだなところがなくてすっきりしているようす。単純。▼「シンプルなデザイン」

しんぶん【新聞】 世の中の出来事などを、はやく多くの人に知らせるための印刷物。新聞紙。

しんぺん【身辺】 身の回り。

しんぽ【進歩】 ❶ものごとがだんだんとよくなること。▼「科学が進歩する」❷上手になること。

しんぼう【心棒】 ❶車やこまなど回転するものの中心のじく。❷いろいろなはたらきの中心となるもの。

しんぼう【辛抱】 がまんすること。▼「つかれても、しんぼうして歩きつづける」

じんぼう【人望】 人々から親しまれ、そんけいされること。

しんぼく【親ぼく】 親しみ合い、なかよくすること。▼「親ぼくを深める」

シンボル 象ちょう。国旗や記号、模様やマークなどがある。

しんまい【新米】 ❶その年にできた新しい米。⇔古米。❷新しくなかま入りした人。▼「新米の野球部員」❸まだ仕事になれていない人。

じんましん 食べ物や薬のせいで、ひふに赤いぶつぶつができる病気。

しんみ【親身】 身内の者に対するようになさけ深く親切に対すること。▼「親身になって人の世話をする」

しんみつ【親密】 ひじょうに親しいようす。▼「親密な間がら」

しんみょう【神妙】 すなおにしたがうようす。▼「神みょうな顔で話を聞く」

しんみり しみじみ。しめやかなようす。▼「しんみりと思い出を語る」

しんめ【新芽】 新しく出た芽。

じんめい【人名】 人の名前。

じんめい【人命】 人の命。

しんや【深夜】 十二時すぎの真夜中。

しんゆう【親友】 たいへん親しく、なかのよい友達。

しんよう【信用】 ❶人がたしかだと思って使うこと。▼「信用のある店」❷たしかだと信じてうたがわないこと。

しんようじゅ【針葉樹】 針のように細長く、先のとがった葉を持つ木。マツ・スギなど。⇔広葉樹。

しんらい【信頼】 信じてこれにたよること。▼「人を信らいしてまかせる」

しんらつ【辛らつ】 言うことや、することが、てきびしいようす。

しんり【心理】 人の心のはたらき方。

しんり【真理】 ❶まことの道理。❷だれにでも、どこでも、いつでも正しいとみとめられる知識や考え方。

じんりきしゃ【人力車】 人をのせて人が引いて走る二輪車。

しんりゃく【侵略】 外国へせめ入って土地をうばいとること。

しんりょう【診療】 病人のしんさつをしたり、病気をなおしたりすること。▼「しんりょう所」

しんりょく【新緑】 四、五月ごろ新しく出た若葉。

じんりょく【人力】 人の力。人のするはたらき。▼「人力飛行機」

じんりょく【尽力】 力をつくすこと。▼「ごじん力に、感謝します」

しんりん【森林】 木がたくさんおいしげっている、広いところ。もり。

しんるい【親類】 血筋のつながる人。身内。

親族。親せき。

じんるい【人類】 人間をほかの動物とくべつしていうことば。

しんれき【新暦】 現在使われている、太陽の動きをもとにしたこよみ。太陽暦。日本では、明治六年から使われはじめた。⇔旧暦。陰暦。太陰暦。

しんろ【針路】 船や飛行機のすすむ方向。▼「船は針路を北にとる」

しんろ【進路】 これから先、すすんで行く道。▼「卒業後の進路をきめる」

しんわ【神話】 昔からつたえられてきた神々の話。

す
ず ズス

す【子】 ほかのことばの下につけて調子をととのえる、とくに意味のないことば。▼「様子。金子」⇒【子】283ページ

す【素】 ほかのことばについて、「もと」「もとのまま」の意味をあらわす。▼「素顔」⇒【素】394ページ ●素足●素顔●素性●素手●素通り●素肌●素焼き

す【州】 川や海で、土やすながつもって、水の上にあらわれた所。▼「三角州」⇒【州】316ページ

す【巣】 ❶鳥・虫・魚などが、たまごをうんだり、かえしたり、ひなをそだてたりする所。❷クモのあみ。❸悪い人たちの、かくれている場所。▼「どろぼうの巣」⇒【巣】395ページ ●巣くう●巣立つ●巣箱

す【酢】 すっぱい液体の調味料。

ず【図】 2年 ズ・ト（はかる）

❶ものの形や、ようすを絵にかいたもの。▼「図画。図面」
❷平地・山・川などの位置やようすを形であらわしたもの。▼「地図」
❸はかりごと。思ったこと。▼「うまく図に当たる」
❹その場の調子。▼「図に乗る」

●図案●図解●図柄●図鑑●図形●図に乗る●図表●図星●図面●相図●構図

ず【頭】 あたま。首から上。▼「頭上。頭脳」⇒【頭】489ページ ●頭がい骨●頭痛●頭脳

すあし【素足】 くつや、くつ下をはかない足。はだし。▼「素足で庭に出る」

すあな【巣穴】 虫や動物がくらしている穴。▼「キツネが巣穴から出てくる」

ずあん【図案】 形や色を美しく組み合わせるくふう。デザイン。

すい【水】 1年 スイ みず

❶みず。▼「水中。防水」
❷水曜日。

★「木」ににているので注意

●水圧●水位●水泳●水温●水害●水銀●水源●水彩画●水産業●水質●水車●水準●水晶●水蒸気●水上競技●水深●水星●水素●水槽●水族館●水中●水滴●水田●水筒●水道●水爆●水分●水平●水面●水門●水溶液●水流●水量●水力●水路●湖水●断水

すい【垂】 6年 スイ たらす・たれる

上から下にさがること。▼「垂直」

右からはらう

★「乗」ににているので注意

すい【推】 6年 スイ（おす）

なぞなぞ ほめられてばかりいる料理は？ 答えは次のページ。

推
推移・推こう・推察・推測・推定
❶前へおすこと。▽「推薦」
❷おしはかること。▽「推理」

すいあつ【水圧】 水の重みで、おしつける力。▽「水道の水圧が下がる」

すいい【水位】 川・海・湖などの水面の高さ。▽「水位が上がる」

すいい【推移】 移りかわること。

ずいいち【随一】 数の多い中で、いちばんすぐれていること。また、そのもの。▽「県内随一の学校」

すいえい【水泳】 泳ぐこと。

すいおん【水温】 水の温度。

すいか ウリのなかまの果物。くきが地面をはってのび、大きい実がなる。

すいがい【水害】 大水のためにうける家や田畑の損害。

すいぎん【水銀】 銀色をした液体の金属。体温計などに使う。有毒。

すいげん【水源】 水のながれ出るもと。▽「水源地。水源池」

すいこう【推こう】 文章に手をくわえて、もっといいものにすること。

すいこう【遂行】 うまくなしとげること。はたすこと。▽「任務のすい行」

すいさいが【水彩画】 水にとける絵の具を使ってかいた絵。

すいさつ【推察】 たぶんこうだろうとおしはかること。推測。

すいさんぎょう【水産業】 魚・貝・海そうをとったり、そだてたり、手をくわえて食料品にしたりする仕事。

すいじ【炊事】 にたり、やいたりして食事の用意をすること。

すいしつ【水質】 水の性質や成分。

すいしゃ【水車】 ながれおちる水の力を利用して回す車。米をついたり、こなをひくのに使う。

すいじゃく【衰弱】 からだがおとろえ弱ること。▽「病気で、すい弱する」

すいじゅん【水準】 くらべるときの、もとになる程度。▽「学力の水準を高める」

すいしょう【水晶】 石英という石がかたまって、六角の柱のようになったもの。はんこや、かざり物などにする。

すいじょうき【水蒸気】 水が蒸発して、気体になったもの。

すいしん【水深】 海などの水の深さ。▽「日本海の水深をそく定する」

すいすい 気持ちよく順調に進むようす。▽「プールをすいすい泳ぐ」

すいせい【水星】 太陽系で、太陽のいちばん近くを回っているわく星。↓太陽系（図）

すいせい【すい星】 太陽のまわりを回る、太陽系のなかま。ガスでできていて、ほうきのように尾をひくものと、そうでないものとがある。ハレーすい星は有名。ほうき星。

すいせん【推薦】 よいものとして広く人にすすめること。▽「参考書として推せんする」

すいせん 球根でふえる植物。冬から春に、白や黄色の花をさかせる。

すいそ【水素】 色も、においも、味もない、いちばん軽い気体。もえるときに高い温度を出す。

すいそう【水槽】 水をためておく大きな入れ物。

すいぞう【すい臓】 胃の後ろにある内臓。食べ物をこなす、すい液を作り出すところ。↓消化器（図）

すいそうがく【吹奏楽】 トランペットなどの管楽器を中心に、打楽器をくわえて演奏する音楽。

すいそく【推測】 人の心の中やものごとのなりゆきをおしはかること。推察。

すいぞくかん【水族館】水の中にすむ生物を集め、飼っておいて、研究したり人々に見せたりする所。

すいそばくだん【水素爆弾】水素の原子核がむすびつくときに出るエネルギーを使ったばくだん。「水爆」ともいう。

すいちゅう【水中】水の中。▽「水中めがね。水中でさつえいする」

すいちゅうめがね【水中眼鏡】水の中で目をあけていられるようにしためがね。ゴーグル。

すいちゅうよくせん【水中翼船】船体の下につばさをつけた船。スピードがあり、ゆれが少ない。⇩船（図）

すいちょく【垂直】線と線、線と面、面と面などが直角（九〇度）にまじわること。鉛直。

スイッチ 電気のながれを切ったり、通したりするしかけ。

すいてい【推定】おしはかってきめること。▽「総人口を推定する」

すいてき【水滴】❶水のしずく。❷すずりにそそぐ水を入れておく物。

すいでん【水田】イネを作るために、水を引いた田。みずた。たんぼ。

すいとう【水筒】遠足・旅行などのとき、飲み水を入れていく入れ物。

すいどう【水道】❶飲み水をそれぞれの家にくばるための設備。❷両がわの陸地が近よって海がせまくなっている所。海峡。▽「豊後水道」

すいばく【水爆】⇩水素爆弾

すいはんき【炊飯器】ごはんをたく器具。▽「電気すい飯器」

ずいひつ【随筆】心に思いうかぶままを、自由に書いた文章。

すいぶん【水分】ものにふくまれる水の量。水気。

ずいぶん ❶たいへん。ひじょうに。▽「ずいぶん寒くなった」❷ひどいようす。▽「ずいぶんな言い方だね」

すいへい【水平】しずかな水面のように平らなこと。右へも左へもかたむいていないこと。▽「皿を水平におく」

すいへいせん【水平線】海のおきで水と空とのさかいめが、一本の線に見える所。

すいみん【睡眠】ねむること。ねむり。

スイミング 泳ぐこと。水泳。▽「スイミングスクール」

すいめん【水面】水の表面。

すいもん【水門】水をながしたり、止めたりするために、つくってある門。

すいようえき【水溶液】ある物質を水にとかした液。▽「食塩の水よう液」

すいようび【水曜日】一週間のうち日曜日から数えて四番目の日。

すいり【推理】あることがらをもとにして、ほかのことのなりゆきをおしはかること。▽「推理をはたらかせる」

すいりゅう【水流】水の流れ。

すいりょう【水量】水かさ。水の量。▽「大雨で川の水量がました」

すいりょく【水力】水のいきおい。水の力。▽「水力発電」

すいりょくはつでん【水力発電】水を高い所からおとし、その力を利用して発電機を回し電気をおこすこと。

すいれん 池にはえ、花や葉は水面にうかぶ水草。花は白または赤で、四月ごろから九月ごろまでさく。

すいろ【水路】❶水のながれる道。❷船の通り道。

すう【数】2年 スウ・（ス） かず・かぞえる

❶かず。▽「点数」

❷かぞえること。▽「算数」

❸ほかのことばの上について「いくつか」の意味をそえることば。三〜六ぐらいのか

前のページの答え⇒「ステーキ（すてき）」

ず。▽「数人」

数 数 数 数 数 数（おる／又ではない）

●数学●数字●数量●小数●少数●多数●点数●分数●無数

すう【吸う】❶鼻や口から息を入れる。⇕吐く。❷飲み物などを口の中へ引き入れる。▽「ストローでジュースを吸う」❸しみこます。▽「土が雨を吸う」⬇【吸】171ページ

すうがく【数学】数や図形などについて研究する学問。代数・き何などがある。

すうじ【数字】数をあらわす文字。漢数字（一・二・三）、アラビア数字（1・2・3）、ローマ数字（Ⅰ・Ⅱ・Ⅲ）がある。⬇ローマ数字（表）

ずうずうしい あつかましい。ふてぶてしい。▽「行列に横からわりこむとは、ずうずうしい」

スーツ 上下ひとそろいの洋服。

スーパーマーケット 客が店内で自分のすきな商品をえらび、出口でまとめてお金をはらうしくみになっている大きな小売店。スーパー。

スーパーマン ふつうの人にはない力や、とくべつの才能を持った人。

すうはい【崇拝】あがめうやまうこと。▽「神をすう拝する」

スープ 肉ややさいなどをにだして作ったしる。▽「かぼちゃのスープ」

すうりょう【数量】数と量。

すえ【末】❶しまい。おわり。▽「世も末だ」❷根もとからいちばん遠い所。先。てっぺん。▽「末広がり」⇕本。❸これから先。将来。▽「ゆく末」⬇【末】660ページ
●末恐ろしい●末っ子●末永く

すえおそろしい【末恐ろしい】これから先が、どうなることかと心配だ。▽「末おそろしい子だ」

すえっこ【末っ子】きょうだいのうち、いちばんあとに生まれた子。

すえながく【末永く】これから先いつまでも。▽「末永くお元気で」

すえひろがり【末広がり】❶先の方が広がっていること。❷だんだんさかえること。❸せんすのこと。

すえる【据える】❶ある所におく。▽「へやにつくえをすえる」❷ある地位につける。▽「会長にすえる」❸動かないようにする。▽「腹をすえる」

スカート 女の人の洋服で、こしから下をおおうもの。▽「フレアスカート」

スカーフ 首にまいたり頭にかぶったりする、うすい布。

ずかい【図解】絵や図を使って、説明すること。絵解き。

ずがいこつ【頭がい骨】人間や動物の脳をつつむ骨。

スカウト 芸能界やスポーツなどで、見こみのある人をさがして、入るようにさそうこと。またさそう人。

すがお【素顔】❶けしょうをしないそのままの顔。❷ありのままのすがた。▽「外国の素顔を見てきた」

ずがこうさくか【図画工作科】絵をかいたり物を作ったり、よい作品にふれたりして、情操をやしなう科目。

すかさず すぐに。間をおかないで。▽「質問にすかさず答える」

すかし【透かし】❶すかすこと。すきまを作った部分。▽「すかしあみ。すかしぼり」❷明るい方にむけて見るとすけて見える紙の絵や文字。▽「すかしの入ったお札」

すかす【透かす】❶すきまを作る。▽「列の間をすかす」❷物を通してむこうを見る。▽「ガラスをすかす」

すかす なだめてきげんをとる。▽「泣く子をすかす。なだめすかす」

すがすがしい さっぱりして気持ちがよい。▽「すがすがしい朝」

すがた【姿】 ❶からだの形。▽「りっぱな姿。姿見」❷身なり。▽「はでな姿」❸ようす。ありさま。▽「一心に勉強している姿」⬇【姿】285ページ

ずがら【図柄】 絵や図案のもよう。

すがる ❶しがみつく。▽「父のうでにすがる」❷たすけをもとめて、たよる。▽「なさけにすがる」

ずかん【図鑑】 鳥・魚・こん虫などを図や写真でわかりやすくしめした本。

スカンク イタチのなかま。ネコぐらいの大きさで、黒い長い毛が生えている。敵にあうと、くさいにおいの液を出してにげる。

すき【好き】 心がひかれてよいと思うようす。気に入るようす。▽「好きな色」⬍嫌い。

すき ❶間。すきま。❷ひま。❸ゆだん。▽「すきをねらう」

すぎ【杉】 日本特産の幹のまっすぐな針葉樹。材木は広く利用される。

スキー くつにつけて、雪の上をすべる細長い道具。また、それをはいて行うスポーツ。

すききらい【好き嫌い】 好きなことと、きらいなこと。または、えりごのみ。よりごのみ。▽「好ききらいがはげしい」

すきこそもののじょうずなれ【好きこそ物の上手なれ】 何ごとも好きなことは、しぜんに上手になるものだという意味のことわざ。

スキップ 左右かわるがわる片足で、二歩ずつ軽くとびながら行くこと。

すきとおる【透き通る】 ❶物の中やむこうがわがよく見える。とう明である。▽「すき通ったきれいな海」❷声や音などがすんでいて、よく聞こえる。▽「すき通った美しい声」

すぎな シダのなかまで、花はさかず、ほう子でふえる植物。春のはじめ、地下けいから「ツクシ」が出てくる。

すきま【透き間】 物と物とのあいている間。あき。▽「戸のすき間」

スキャンダル よくないうわさ。

スキューバダイビング 水中呼吸器などの用具をつけて水にもぐること。

すぎる【過ぎる】 ❶こえる。通る。▽「とうげを過ぎる」❷時間がたつ。▽「年月が過ぎる」❸ていどをこえる。▽「度が過ぎる」⬇【過】109ページ

ずきん 布で作った頭にかぶるもの。

すく【好く】 心がひかれる。このむ。⬍嫌う。⬇【好】227ページ

すく【▲空く】 中が空になる。▽「腹がすく。バスがすく」

すく かみの毛をくしできれいにととのえる。

すぐ ❶急なこと。ただちに。▽「すぐ行きます」❷近いところ。▽「すぐそこ」

すくう【救う】 力をかして、きけんやまずしさなどからたすけだす。▽「命を救う」⬇【救】171ページ

すくう【巣くう】 ❶巣を作ってすむ。▽「シロアリが巣くう」❷悪い人たちが集まっている。▽「暴力団が巣くう町」

すくう ❶水や細かいものなどを、手や入れ物でとりあげる。▽「さじで塩をすくう。金魚をすくう」❷横にはらう。▽「足をすくってたおす」

スクールゾーン 交通事故から子どもたちを守るために、ようちえんじ・小学生の通学路として指定されたくいき。

スクールバス 学校の児童・生徒などをおくりむかえするバス。

すぐさま すぐに。じきに。ただちに。▽「質問にすぐさま答える」

すくすく どんどん成長していくようす。ずんずん。▽「すくすくとそだつ」

すくない【少ない】 すこしだ。わずかだ。▽「にんずうが少ない」⬍多い。⬇【少】

さかさことば 前から読んでもうしろから読んでも「住まいに居ます」。

すしはどこにいる

湾の内側

のり

スサビノリ

浅い岩場などで育つ海藻。板状にかんそうさせる。

台地や丘

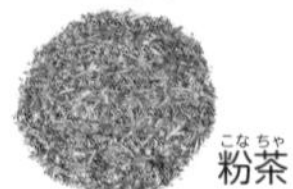

茶

粉茶

煎茶の加工過程にでる粉（茶葉のきれはしなど）を集めたもの。

沿岸から河川

イクラ

サケ

サケ(シロザケ)などのたまごを一つぶずつほぐし、塩やしょうゆにつけたもの。イクラはロシア語。サケのなかまの多くは産卵時には海から川へもどる。

渓流

わさび

わさび

山間渓流に生えているやさい。すしに使われはじめたのは200年ほどむかしから。

陸地

ネギトロ巻き

あさつき

1300年以上むかしからたべられているネギのなかま。

かっぱ巻き

きゅうり

インド原産のやさい。夏が旬だが、ハウス栽培などで一年中食べられる。

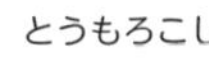

コーン

とうもろこし

夏が旬のやさい。伝統的なすしのネタではないが、近年、人気がある。

たまご

トリのたまご

江戸時代から伝わる、すしの伝統的なものは、エビのすりみなどを入れる。

納豆巻き

大豆

よくむした大豆に納豆菌をくわえて作る。

ガリ

しょうが

殺菌成分がある。1700年以上むかし、日本に渡来したもっとも古いやさいのひとつ。甘酢につけたしょうがは、食べるときの音からガリと名がついたと言われている。

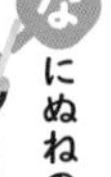

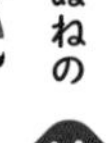

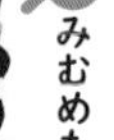

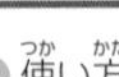

すしはどこにいる

沿岸から沖

サーモン

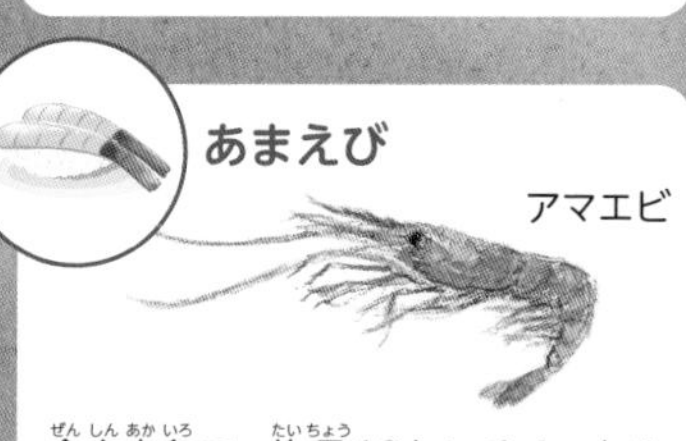

タイセイヨウサケ

生で食べられるサーモンは、養殖で育ったタイセイヨウサケなど。寄生虫がつかないように管理されている。

あまえび

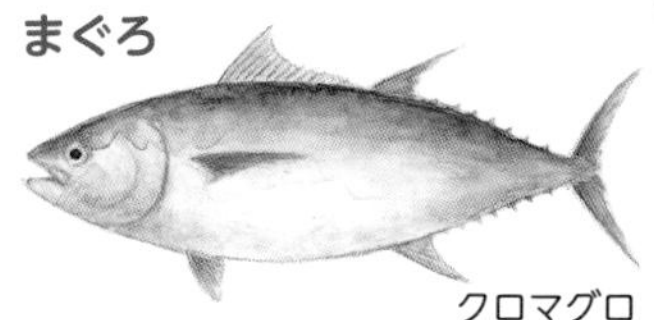

アマエビ

全身赤色で、体長12センチメートルほど。深い海にすむ。

まぐろ

クロマグロ

日本近海から遠洋を回遊する。体長約3メートル。体重は400キログラム。体がくろいことからクロマグロとよばれる。

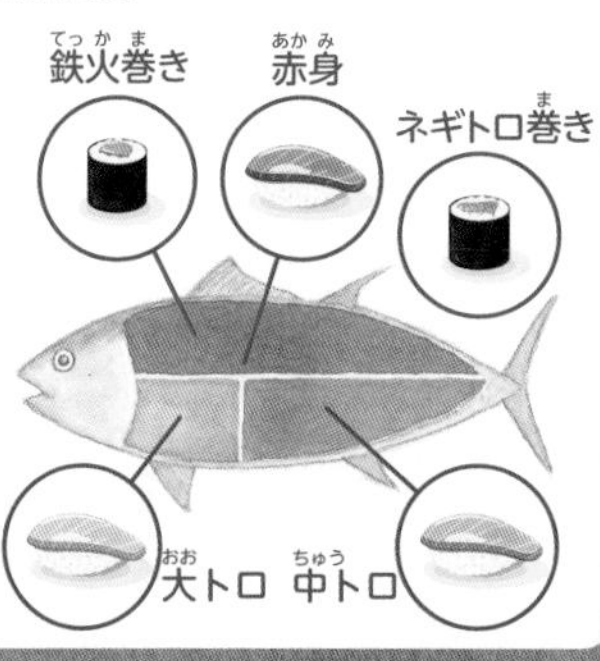

湾の内側

あなご

マアナゴ

体長約90センチメートル。湾の内側の砂や泥にすむ。夜、かつどうする。

沿岸

えび

クルマエビ

うすい茶色でよこじまがある。体長約20センチメートル。日本各地の浅い海底にすむ。

いか

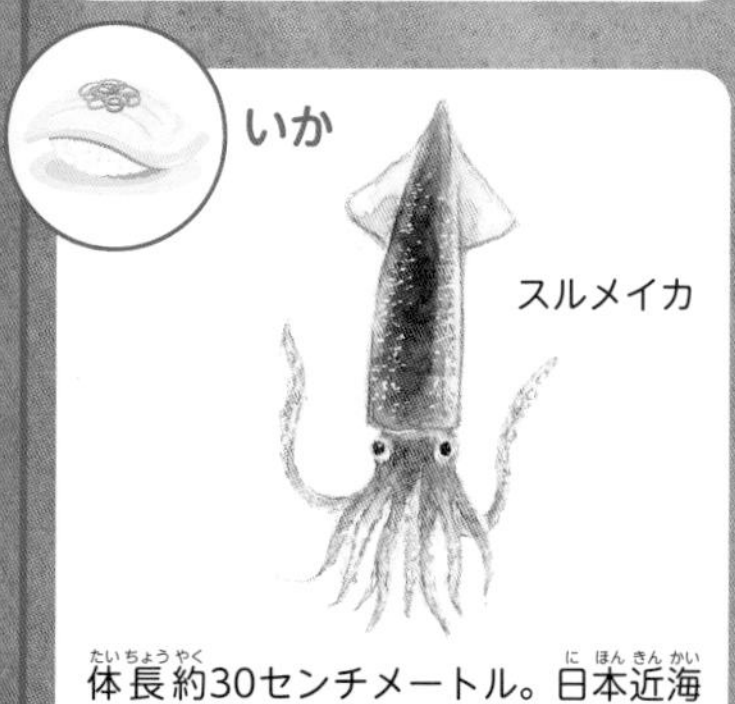

スルメイカ

体長約30センチメートル。日本近海の海面から海中を回遊する。日本ではもっとも多く出回っている。

なぞなぞ おすしやさんでたのむと金額を言われるのは？ 答えは次のページ。

すくなくとも【少なくとも】330ページ ❶少なく見ても。▽「少なくとも五万円はかかる」❷せめて。▽「少なくとも一時間は勉強をしよう」

すくむ ちぢんで動けない。▽「おそろしさに身がすくむ。足がすくむ」

すくめる ちぢませる。小さくする。▽「首をすくめる」

スクラップ ❶新聞・雑誌などの切りぬき。❷くず鉄。

スクリーン ❶映画をうつす白い幕。❷映画。

スクリュー 船の後ろについていて、船をすすめるプロペラ。

すぐれる【優れる】❶ほかのものよりまさる。りっぱである。▽「技術が優れる。運動能力が優れる」❷調子がいい。▽「気分が優れる。顔色が優れない」↓【優】718ページ

ずけい【図形】❶図の形。❷算数で線・面などが集まって作られる形。

スケート ❶金具をとりつけたくつをはいて、氷の上をすべるスポーツ。アイススケート。❷四つの車をとりつけたくつをはいて、平らな地面をすべるあそび。ローラースケート。

[スケート❶]

スケール ❶ものさし。❷ものの大きさ。ていど。▽「スケールが大きい人」

スケジュール 予定。計画の日程。また、予定表。▽「旅行のスケジュールをたてる」

ずけずけ 思ったことを、えんりょなしに言うようす。▽「ずけずけ言う」

すけだち【助太刀】❶かたきうちや、決とうなどに力をかすこと。また、その人。❷力をかすこと。また、その人。

スケッチ 見たままをかんたんにかいた絵。写生画。▽「スケッチブック」

すける【透ける】物を通して、むこうのものが見える。すき通って見える。

スコア 競技の記録。▽「三対一のスコアで勝つ」

すごい ❶ぞっとするほどおそろしい。▽「おばけのすごい顔」❷すばらしい。▽「すごい記録」❸ひどい。▽「すごい雨」

ずこう【図工】図画工作の略。小学校の教科の一つで、絵をかいたり物をつくったり、よい作品をかん賞したりする。

すこし【少し】わずかに。ちょっと。▽「少し休む」↓【少】330ページ

すこしも【少しも】ちっとも。ぜんぜん。まったく。▽「少しもこわくない」

すごす【過ごす】❶時間を使う。▽「本を読んで過ごす」❷くらす。▽「元気で過ごす」❸ていどをこす。▽「酒を過ごす」↓【過】109ページ

すごすご がっかりして、元気をなくしたようす。▽「すごすご引きさがる」

スコップ 土やすなをほったりすくったりする道具。

すこやか【健やか】からだのじょうぶなようす。健康。▽「健やかに育つ」↓【健】216ページ

すごろく 室内でするあそびの一つ。さいころをふって出た数だけコマをすすめる。早く「上がり」についた人が勝ち。

すさまじい ❶おそろしい。▽「すさまじい顔つき」❷たいへんいきおいが強い。▽「すさまじい台風」

すさむ ❶あれくるう。「すさぶ」ともいう。▽「風がふきすさむ」❷心などがとげとげしくなる。▽「クラスのふんいきがすさむ」

ずさん いいかげんなこと。でたらめ。▽「ずさんな計画」

すし 酢の味をつけたごはんをにぎり、魚などをのせた食べ物。また、酢の味のごはんに魚、やさいなどをまぜたもの。にぎりずしや五目

みてみよう!

道の行き方

ぼくの家から道なり（道にそって行くこと）に進み、つき当たりを右へ曲がります。すぐのY字路（Yの形をした道）を右に曲がります。また道なりに進みます。右手にパン屋さん、パン屋さんから見て筋向かいにくすり屋さんがある交差点（四つ角、十字路）を曲がらずに、こえます。交差点を左に曲がると行き止まりです。その先、角にラーメン屋さんがあるT字路（Tの形をした道）につき当たります。左に曲がり、郵便局があるところを右に曲がると左側二けん目がおばあちゃんの家です。

おばあちゃんの家から見ると、真向かいが魚屋さん、筋向かいに花屋さんと郵便局があります。

☆行き方の答えは766ページに。

ずしなど。⇒コラム360ページ

すじ【筋】❶筋肉の中に通っているせんい。❷生まれつき持っているもの。素質。▽「おどりの筋がいい」❸細長いもの。線。▽「紙に筋をひく」❹物語などのあらまし。▽「小説の筋」❺わけ。道理。▽「筋の通った話」❻方面。▽「政府筋」⇒【筋】185ページ
●筋書き●筋金入り●筋違い●筋道●筋向かい●首筋●血筋●道筋

すじがき【筋書き】❶劇・物語・映画などのあらまし。❷計画。▽「なかなか筋書きどおりにはいかない」

すじがねいり【筋金入り】金属の筋が中に入っているように、からだや心がけ、うでまえなどがしっかりしていること。

すじぐも【すじ雲】ひっかいてできたすじのような雲。巻雲。⇒雲（図）

すじちがい【筋違い】❶筋肉の筋がねじれていたむこと。❷道理にはずれること。❸けんとうちがい。

すしづめ【すし詰め】「すし」を箱にぎっしり入れたように、多くの人や物が、すきまなくつまっているようす。

すじみち【筋道】ものごとの正しい道理。▽「筋道の通らない話」

すじむかい【筋向かい】道などをはさん

で、ななめに向かい合うこと。▼「筋向かいの家」↓コラム363ページ

すじょう【素性・素姓】❶血筋。家がら。❷ゆいしょ。▼「素性のたしかな品」

すす けむりにふくまれた黒いこな。

すず【鈴】中が空になっているまるい金属などに、小つぶのかたい物を入れ、ふると鳴るようにしたもの。

すすき 秋の七草の一つ。葉は細く、秋にほを出して花をさかせる。「オバナ」ともいう。

すすぐ ❶水でよごれをあらいおとす。❷口に水を入れてあらいきよめる。▼「口をすすぐ」❸悪い評判をのぞく。そそぐ。▼「はじをすすぐ」

すずしい【涼しい】❶ひんやりして気持ちがいい。▼「風がすずしい」❷すんでさわやかだ。▼「すずの音がすずしい」

すずしいかお【涼しい顔】自分もそのことに関係があるのに、なんの関係もないようにすましているようす。知らん顔。

すずなり【鈴なり】果物がえだいっぱいにみのっているようす。

すすはらい【すす払い】すすやほこりをはらって、家の中をきれいにそうじすること。すすはき。

すすむ【進む】❶前に行く。▼「車が進む」↕退く。❷あがる。のぼる。▼「六年生に進む」❸進歩する。上達する。▼「うでが進む」❹はかどる。▼「仕事が進む」↓【進】348ページ

すずむ【涼む】暑さをさけて、すずしい風に当たる。▼「木かげですずむ」

すずむし 夏から秋に鳴くこん虫。コオロギのなかまで、羽を立ててすり合わせ、リーンリーンと鳴く。

すずめ 人の家の近くに、むれてすむ小鳥。背中は茶色で、よくさえずる。イネや草の実を食べる。

すずめばち 黒と黄色のしまもようのある、大きなハチ。強い毒のあるはりをもっている。

すすめる【進める】❶前へ出す。▼「車を進める」❷上げる。よくする。▼「位を進める」❸はかどらせる。▼「話を進める」↓【進】348ページ

すすめる【勧める】❶さそう。▼「会に入ることをすすめる。おいしいお店をすすめる」❷はげましてそうさせようとする。▼「病院に行くようにすすめる」

すすめる【薦める】ある人・物・ことをほめて、それを用いるように話す。すいせんする。▼「先生がすすめる辞書」

スズメバチのこと

さされないために

●かみの毛や服など、黒い部分をかくす

●香水など強いにおいのするものをつけない

見つけたら

●あわてず静かにからだを低くして一〇〜二〇メートルはなれる

さされたときは

●静かにからだを低くしてスズメバチのいないところまで一〇〜二〇メートルはなれる

●水であらう

●指でつまんで毒をだす

★発熱や頭痛は危険なサインです。すぐに病院へれんらくして行きましょう。★おしっこやアンモニアをかけても効果はありません。

もっともさされやすいのは、巣作りをしている七〜九月

すずり 習字のとき、水を入れてすみをする道具。石やかわらなどでつくる。

すみ
すずり

[すずり・すみ]

すすりなき【すすり泣き】 鼻をすするようにして泣くこと。

すする ❶少しずつすってのむ。▽「あついミルクをすする」❷鼻水をすいこむ。▽「鼻をすすりながら泣く」

すそ ❶着るものの下の方のはし。➡振り袖（図）❷山のふもと。▽「山すその村」➡中腹（図）❸物のはし。また、すえ。▽「カーテンのすそ」

すその【すそ野】 山のふもとにある野原。➡中腹（図）

スター ❶星。❷人気のある役者や歌手や選手など。人気者。花形。

スタート ❶出発。▽「スタートをきる」❷出発する所。出発点。

スタイル ❶すがた。かっこう。❷形。身なり。▽「ヘアスタイル」❸文章のていさいや、絵のかき方。

スタジアム 運動競技場。

スタジオ ❶ラジオ・テレビの放送室。❷写真・映画をとる所。❸写真家の仕事部屋。

すだつ【巣立つ】 ❶ひなが大きくなって巣からとび立つ。❷親からはなれて、ひとり立ちをする。❸学校を卒業して世の中に出る。▽「学校を巣立つ」

スタッフ ある仕事を共同して行う人々。部員。顔ぶれ。

スタミナ 心や、からだの元気な力。精力。▽「スタミナがある」

すだれ 細くけずった竹などを糸であんだもの。夏の暑い日の光をさえぎったり、室内のしきりなどに使う。

すたれる【廃れる】 ❶行われなくなる。使われなくなる。▽「祭りがすたれる」❷おとろえる。▽「名がすたれる」

スタンド ❶競技場で、かいだんのようになっている客席。❷電灯の台。▽「電気スタンド」❸売り場。▽「ガソリンスタンド」

スタンプ ❶切手などにおすはんこ。消印。❷記念におすはんこ。❸切手。

スチーム 蒸気。湯気。▽「スチームアイロン」

スチール 鋼鉄。はがね。

ずつ ❶同じ数や量をそれぞれに分けるときに使うことば。▽「ひとり三こずつもらう」❷同じ数量や程度をくりかえすときに使うことば。▽「少しずつよくなる」

ずつう【頭痛】 ❶頭が痛むこと。▽「頭痛がする」❷心配。なやみ。▽「病身なのが頭痛のたねだ」

すっかり ❶みんな。全部。▽「宿題はすっかりおわった」❷まったく。完全に。▽「やくそくをすっかりわすれる」

すっきり じゃまなものやむだなものがなくなって、気持ちがいいようす。▽「部屋がすっきりかたづいた」

ずっしり 重くて手ごたえのあるようす。▽「ずっしりと重いかばん」

すっと ❶静かに、なめらかに動くようす。▽「タクシーが道ばたにすっと止まる。すっと立ち上がる」❷気分がすっきりして明るいようす。▽「大きな声で歌ったらすっとした」

ずっと ❶はるかに。ずいぶん。▽「ずっと前」❷長い間つづいているようす。▽「ずっとまっている」❸ためらわずに。▽「ずっと前へすすみ出る」

すっぱい【酸っぱい】 酢のような味がする。▽「酸っぱいレモン」

すっぱぬく【すっぱ抜く】 他人のひみつ

なぞなぞ 取っても取っても減らないものなんだ？ 答えは次のページ。

などをあばきだす。

すっぽり 大きさがちょうどよくて、入ったり、かぶさったり、ぬけたりするようす。▽「すっぽりと入る」

すで【素手】 手に何も持っていないこと。▽「素手でたたかう」

ステーキ あつく切った肉を焼いた料理。とくに、牛の肉を焼いたビーフステーキをいう。

ステージ ぶたい。

すてき たいそうすばらしいようす。▽「すてきな服」

ステップ ❶足どり。歩き方。❷ダンスの足のはこび方。❸列車・バスなどの乗りおり口のだんだん。❹だんかい。▽「次のステップにすすむ」

すでに ❶前に。先に。▽「かれはすでに来ていた」❷もはや。もう。▽「すでに手おくれだ」

すてばち どうでもいいというなげやりな気持ち。やけくそ。▽「すてばちな態度をとる」

すてる【捨てる】 ❶いらないものとして、なげだす。▽「ごみを捨てる」⇔拾う。❷見はなす。ほうっておく。▽「ふるさとを捨てる」❸なげだす。なくす。▽「命を捨てる」↓【捨】311ページ

ステレオ ❶立体。❷じっさいの演奏と同じように、音を立体的に録音したもの。また、それを聞く装置。

ステンドグラス いろいろな色ガラスをはめ合わせて、美しいもようをあらわした板ガラス。かざりに使う。

ステンレス 鉄にニッケルなどをまぜてさびないようにした金属。

スト ↓ストライキ

ストア 店。いろいろな種類の商品をあつかっている店をいうことが多い。▽「チェーンストア」

ストーブ 部屋の中をあたためる器具。石油・ガス・電気・まきなどを使う。

すどおり【素通り】 よらないで通りすぎること。▽「家の前を素通りする」

ストーリー ❶小説・映画・きゃく本などのすじ書き。❷物語。

ストップ 止まること。止めること。▽「車がストップする。連勝がストップする」

ストップウオッチ みじかい時間をはかる時計。運動競技などで使う。

ストライキ はたらいている人が、そろって仕事を休むこと。賃金のね上げなどをもとめて、やとい主にたいして行う。スト。

ストレート ❶一直線。まっすぐ。❷テニスなどで負けなしで勝つこと。または、勝ちなしで負けること。▽「ストレート負け」❸野球で、直球のこと。

ストレス 外からのしげきや、きんちょう感が強すぎて、心やからだの中におこるひずみ。▽「ストレスがたまる」

ストロー 飲み物をすうときに使う細長いくだ。もとはムギのわらでつくったが、今では紙やビニールでつくられる。

ストロボ 暗い所で写真をとるときに使うしゅん間的に光を出すしかけ。

すな【砂】 岩や石などがくだけた細かいつぶ。↓【砂】260ページ ●砂煙●砂時計●砂場●砂浜●砂ぼこり●砂山

すなお【素直】 ❶おだやかで、ひねくれていないこと。▽「素直な子」❷まっすぐでくせのないこと。▽「素直な字」

すなけむり【砂煙】 砂がまい上がりけむりのように見えるもの。砂ぼこり。

スナック ❶ポテトチップスやせんべいなど、気軽に食べられるかし。スナックがし。❷サンドイッチなど、軽い食事。また、軽い食事を出す店。

スナップ ❶パチンとはめてとめる金具。ホック。❷スナップショット。すばやくうつす写真。❸野球などで手首の力をきかせる動作。▽「スナップをきかせる」

すなどけい【砂時計】 時計の一つ。砂のおちた量で時間をはかる。

[砂時計]

すなば【砂場】 子供をあそばせるために、砂を集めておく場所。

すなはま【砂浜】 砂が一面にある海岸。▽「白い砂はま」

すなぼこり【砂ぼこり】 風にふかれて立つ、ほこりのように細かい砂。砂けむり。

すなやま【砂山】 砂が風にふきよせられて、おかになった所。砂丘。

すなわち 言いかえれば。つまり。

スニーカー 底がゴムでできた運動用のくつ。

ずにのる【図に乗る】 調子にのる。▽「おだてると、すぐに図に乗る」

すね ひざから、足首までの部分。

すねかじり 親のやっかいになって生活していること。また、その人。

すねる 不平に思って、したがわない。ふくれる。▽「おもちゃを買ってくれないと言ってすねる」

ずのう【頭脳】 ちえ。考える力。▽「すぐれた頭脳。頭脳的なプレー」

スノー 雪のこと。▽「パウダースノー」

すのこ ❶竹やアシをならべてあんだもの。日よけなどに使う。❷細長い板を少し間をあけてならべてうちつけたもの。ふろ場などで使う。

スパイ こっそりとあいてや敵のようすをさぐること。また、その人。

スパイク 底にすべり止めのくぎをうちつけた、運動用のくつ。

スパゲッティ 小麦粉でつくる、西洋風の細長い食べ物。トマトソースなどをからめて食べる。

すばこ【巣箱】 鳥の巣になるように作った箱。

すばしっこい 手足やからだの動きがとてもはやいようす。「すばしこい」ともいう。▽「すばしっこい男の子」

ずばずば 思ったことを、えんりょなしに言うようす。▽「ずばずば言う」

すはだ【素肌】 ❶シャツなどを着ないはだ。▽「すはだを日にさらす」❷けしょうなどをしない、もとのままのはだ。▽「あつげしょうはすはだをいためる」

スパナ ボルトや、ナットをしめるのに使う道具。⬇ボルト（図）

ずばぬける とくべつによくできる。とびぬける。▽「ずばぬけて速い」

すばやい たいへん速い。▽「すばやくかくれる」

すばらしい たいへんりっぱである。▽「すばらしいできばえの絵」

スピーカー 音や声を大きくし遠くまで聞こえるようにする装置。

スピーチ 会や式などで、おおぜいの前でする短い話やあいさつ。▽「スピーチをたのまれる」

スピード 速さ。速力。

ずひょう【図表】 数や量をグラフや表にして見やすくしたもの。⬇グラフ（図）200ページ

スフィンクス ❶昔、エジプトなどで、ピラミッドとならんでつくられた石像。頭は人間で、からだはライオン。❷ギリシャ

スフィンクス❶
スフィンクス❷
[スフィンクス]

あいうえお かきくけこ さしすせそ す たちつてと なにぬねの はひふへほ まみむめも やゆよ らりるれろ わをん

前のページの答え⇒「すもう」

を持ったかい物。神話に出てくる、女の顔とライオンのからだ

スプーン 食事などに使う、さじ。

ずぶとい 少しぐらいのことではおどろかない。▽「ずぶといやつ」

ずぶぬれ 服を着たまま上から下までびっしょりぬれること。

スプリング ばね。

スプリンクラー ❶畑や庭などに水をまく装置。❷火事のとき、てんじょうなどから自動的に水が出る装置。

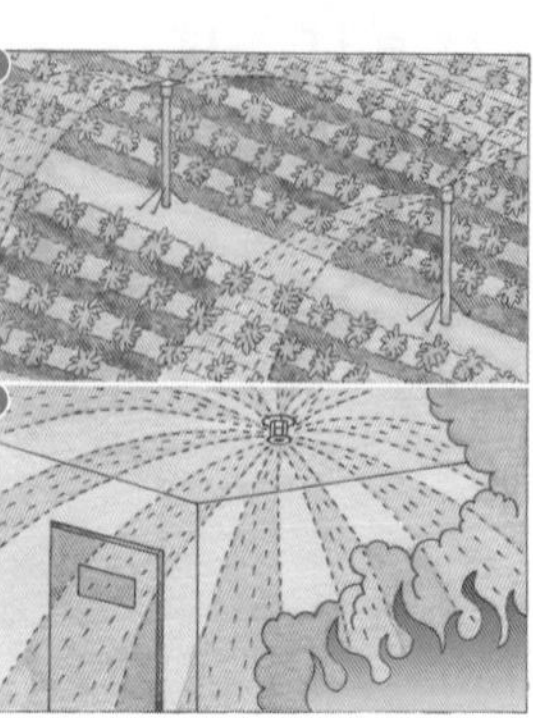

［スプリンクラー］

スプレー 液体をきりのようにしてふきかけること。また、その道具。▽「ヘアスプレー」

スペース ❶あいているところ。▽「物をおくスペースがない」❷宇宙。

スペースシャトル 人や物をのせて地球と宇宙を行き来できるアメリカの宇宙船。

スペシャル とくべつであるようす。▽「スペシャルメニュー」

すべすべ さわった感じがなめらかで、気持ちがいいようす。▽「すべすべのはだ」

すべて【全て】みんな。全部。すっかり。▽「宿題は、すべてやりおえた」⬇【全】388ページ

すべりだい【滑り台】公園などにある遊び道具。高いところからすべりおりて遊ぶ台。

すべる【滑る】❶なめらかにすすむ。▽「スケートですべる」❷つるっとして、ころびそうになる。▽「足がすべる」❸落第する。おちる。▽「試験にすべる」❹うっかりしゃべる。▽「口がすべる」

スポイト インクや薬などをすい入れて、ほかの物に入れかえる道具。

スポーク 自転車や三輪車などの車輪の中心から輪まで、たくさんはってある細い鉄の棒。⬇サドル（図）

スポーツ 運動競技。

スポーツのひ【スポーツの日】国民の祝日の一つ。十月の第二月曜日。国民がスポーツを楽しみ、人を尊重する心をそだてる日。⬇国民の祝日（図）

スポーツマンシップ 運動する者が、いつも持っていなければならない心がまえ。ほがらかで正しく、最後までがんばる気持ち。

ずぼし【図星】目当てのところ。急所。▽「図星をさされてあわてる」

スポットライト 一つの所を、とくに明るくてらし出す光線。

すぼむ つぼむ。

すぼめる だんだんと細くする。だんだんせまくする。▽「かさをすぼめる」

ズボン こしから下につける、二またになった洋服。▽「半ズボン」

スポンサー ❶宣伝のために、テレビ番組を作る費用を出す会社。❷お金を出してくれる人や会社。

スポンジ ❶海の岩などについているカイメンという動物の、骨をかわかしたもの。よく水をすう。海綿。❷ゴムなどで、❶ににせて作ったもの。

スマート ❶すがたがすらりとしている。▽「スマートなからだつき」❷身なりなどが小ざっぱりとし、しゃれている。▽「スマートなふるまい」

すまい【住まい】住む家。すみか。

すます【済ます】❶おわらせる。▽「用事を済ます」❷かりたものをかえす。▽「借金を全部済ます」❸まにあわせる。▽「軽い食事で済ます」⬇【済】262ページ

すます【澄ます】❶にごりをとる。❷注意

を集中する。▼「耳をすます」

スマホ 「スマートホン（スマートフォン）」の略。けい帯電話の一つ。電話をかける以外にも、音楽がきけたり、カメラやパソコンの役目をしたりする。画面にふれて操作する。

すみ【炭】木をむし焼きにして作った燃料。木炭。▼「炭焼き」➡【炭】434ページ

すみ【隅】かこまれたところのはし。かど。▼「庭のすみ」

すみ【墨】❶すすを、棒のようにかためたもの。また、それをすった黒い液体。習字のときに使う。➡すずり（図）❷イカ・タコのはき出す黒い液体。

すみか【住みか】住む所。住まい。

すみごこち【住み心地】住んでみた心持ち。▼「住み心地がよい家」

すみこみ【住み込み】やとわれて会社や店などにねとまりしてはたらくこと。▼「住みこみの店員」

すみずみ【隅隅・隅々】あちこちのすみ。いたるところ。➡「々」は同じ文字をくり返すという意味のおどり字という記号。

すみつく【住み着く】長くそこに住みつづける。おちついてずっと住む。

すみなれる【住み慣れる】長く住んでその土地に慣れる。

すみにおけない【隅に置けない】思っていたよりすぐれていて、ばかにできない。

すみません 「すまない」のていねいな言い方。おねがいやおわび、お礼のことばとして使う。

すみやか【速やか】速いようす。▼「すみやかにひなんする。すみやかな回答を求める」➡【速】402ページ

すみやき【炭焼き】❶木をむし焼きにして炭にすること。また、炭を作る人。❷炭火で焼くこと。▼「炭焼きピザ」

すみれ 野山にさく草花の一つ。春、むらさき色の小さな花がさく。

すむ【住む】いどころをきめてくらす。➡【住】317ページ

すむ【済む】❶おわる。かたづく。▼「仕事が済む」❷ものごとが解決する。▼「あやまれば済む問題ではない」❸ことたりる。▼「費用は千円で済む」➡【済】262ページ

すむ【澄む】❶にごりがとれて、きれいになる。▼「どろ水がすむ」⇔濁る。❷おちついてくる。▼「心がすむ」❸くもりがなく明るい。▼「月の光がすむ」❹音がさえる。▼「音色がすむ」

ずめん【図面】たてものや機械のしくみなどを、図であらわしたもの。

すもう【相撲】土俵の上で二人が組み合って、力やわざで勝ち負けをあらそう競技。日本の国技となっている。

スモッグ 工場のけむりや車のはい気ガスなどが空中にたちこめ、きりのようになったもの。

すもも 夏のはじめごろにみのる、丸くてあまずっぱいくだもの。

すやき【素焼き】上薬をかけないでやいたとう器。▼「素焼きのつぼ」

スライス うすく切ること。また、うすく切ったもの。▼「ベーコンスライス」

スライドガラス けんび鏡で見るものをのせるガラスの板。

ずらす 物の位置や予定していた時間などを少し動かす。▼「いすをうしろにずらす」

すらすら ものごとがなめらかにすすむようす。▼「本をすらすら読む」

すらり ほっそりとして、すがたや形がととのっているようす。▼「すらりとしたバレリーナ」➡ずんぐり（図）

ずらり たくさんならんでいるようす。▼「ごちそうがずらりとならぶ」

スランプ 気持ちがのらず、調子が悪くなること。▼「スランプにおちこむ」

すり 人ごみなどで、人のお金や品物をこっそり

早口ことば（五回続けていえるかな）スモモもモモも桃のうち。

とぬすみとる人。

スリーディー【３Ｄ】 ゲームや映画などで、高さ、はば、おく行きをもった映像。まるで、本当にそこにいるように見える。

すりガラス 表面にこまかいきずをつけて、すきとおらないようにしたガラス。

すりきず【擦り傷】 こすって、皮がむけてできた傷。

すりきれる【擦り切れる】 こすれて切れる。▽「ひもがすり切れる」

スリッパ つまさきにひっかけるようにしてはくうわばき。

スリップ ❶すべること。▽「雨で、車がスリップする」❷女の人が洋服の下に着る下着。⬇服（図）

すりぬける【すり抜ける】 ❶人ごみの間を通りぬける。❷ごまかして、にげる。▽「うまく敵の目をすりぬける」

すりむく【擦りむく】 こすってひふをきずつける。▽「ひざをすりむく」

スリル ぞっとしたり、はっとしたり、ひやひやするような感じ。

する【刷る】 いんさつする。▽「学級新聞を刷る」⬇【刷】272ページ

する【擦る】 こする。物と物を強くふれ合わせる。▽「マッチをする」

する ❶ものごとを行う。▽「野球をする」❷何かが感じられる。▽「いいにおいがする」❸あるものに、ならせる。▽「リレーの選手にする」❹ねうちがある。▽「一万円もする本」❺時間がたつ。▽「三日すると、お正月だ」❻身につける。▽「指輪をする」❼そうすることにきめる。▽「出かけることにする」

ずるい 自分の得になるように、ごまかしたりするようす。悪がしこい。▽「ひとりじめするなんてずるい」

するする すべるようにどんどんすすむようす。▽「旗がするするとあがる」

ずるずる ❶引きずったり、すべったりするようす。▽「すそをずるずると引きずる」❷けじめがなく長びくようす。▽「約束をずるずると引きのばす」

すると ❶そうすると。それに続いて。そこで。その時。▽「ベルを鳴らした。すると、中からドアがあいた」❷前のことがらから判断すると。それでは。▽「すると、きみは行きたくないんだね」

するどい【鋭い】 ❶先がとがって細い。▽「するどいくちばし」❷よく切れる。▽「するどい刀」❸ちえなどがすぐれている。▽「頭のはたらきがするどい」⬍鈍い。❹いきおいがはげしい。▽「するどい声」❺きつい。▽「するどい目つき」

すれすれ ❶もう少しでぶつかるほどに近いようす。▽「バーすれすれにとぶ」❷もう少しで基準や限度をこえそうなようす。きわどいようす。▽「すれすれで列車に間に合う」

すれちがう【擦れ違う】 たがいに近よって行きちがう。▽「列車がすれちがう」

すれる【擦れる】 ❶物と物とがすれ合う。こすれる。❷こすれて物の形をいためる。すりきれる。▽「ズボンがすれる」❸世の中にもまれて悪がしこくなる。▽「苦労しすぎて、すれてしまう」

ずれる ❶動いて位置がかわる。▽「順番がずれる」❷くいちがう。▽「意見がずれる」

スローガン 世の中にうったえたいことを、みじかい文句で言いあらわしたもの。標語。うたい文句。

スローモーション ビデオや映画などで動きをゆっくりと見せる方法。

すわりごこち【座り心地】 座ったり、こしかけたりしたときの気持ち。

すわりこむ【座り込む】 その場所にすわったまま動かないでいる。▽「道ばたに座りこむ」

すわる【座る】 ❶ひざをまげてこしをおろ

す。▽「ざぶとんに座る」②地位につく。▽「社長のいすに座る」⬇【座】260ページ

すん【寸】 6年 スン
①尺かん法の長さの単位で、やく三センチメートル。一尺の十分の一。
②わずかなこと。みじかいこと。▽「寸時」
③長さ。たけ。▽「寸がたりない」

一 寸 寸
★「才」ににているので注意
●寸暇●寸劇●寸志●寸前●寸分●寸法

ずんぐり 太くて背がひくいようす。▽「ずんぐりしたからだつき」

すんげき【寸劇】 ぶたいなどでする、みじかい劇。

[すらり・ずんぐり]

すんし【寸志】 自分のおくりものの、けんそんした言い方。のし紙の上書きなどに使うことば。

ずんずん いきおいよく進むようす。どんどん。▽「まっすぐにずんずん歩く」

すんぜん【寸前】 少し前。ほんのちょっと前。▽「ゴール寸前でころぶ」

すんなり ①すらりとしてやさしいようす。▽「すんなりとのびた竹」②かんたんに。あっさり。▽「すんなりきまる」

すんぽう【寸法】 長さ。▽「洋服の寸法をはかる」

せ
ぜ
ゼ セ

せ【世】 ①せけん。世の中。▽「世界」②生きている間。▽「一世代」⬇【世】372ページ
●世界●世界記録●世界的●世間●世襲●世相●世帯●世代●世論●世話●世話が焼ける●現世●出世●来世

せ【背】 ①せなか。▽「背骨」②後ろ。▽「背をむける」③せい。身長。▽「背がのびる」▽「背が高い」④山のみねからみねにつづくところ。尾根。▽「山の背」⬇【背】549ページ
●背負い投げ●背負う●背泳ぎ●背筋が寒くなる●背丈●背中●背に腹は代えられない●背伸び●背骨●背を向ける

せい【井】 4年 い（セイ）・（ショウ）
①地面にほった穴から地下の水をくみ上げる所。井戸。
②いげた（井）のような形のもの。
③まちなか。▽「市井」
⬇都道府県の「福井県」で使う。

一 二 チ 井
●市井

せい【生】 1年 セイ・ショウ いかす・いきる・いける・うまれる・うむ・はえる・はやす・なま・（おう）・（き）
①うまれること。うむこと。▽「生誕」
②いきていること。▽「生長」⇔死。
③くらすこと。くらし。▽「生活」
④命。▽「生をうける」
⑤なま。新しい。▽「生鮮」
⑥はえる。▽「野生」
⑦ことがおこる。おこす。▽「発生」

ノ 𠂉 牛 牛 生
●生花●生家●生活●生気●生計●生後●生産●生死●生前●生鮮食品●生息●生存●生態●生徒●生年月日●生物●生母●生命●生命力●生理●学生●再生●写生●小学生●人生●先生

なぞなぞ ばいきんがいないけんは？ 答えは次のページ。

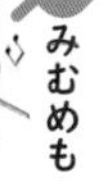

せい【正】1年 セイ・ショウ ただしい・ただす・まさ

❶ただしいこと。ただしくすること。▼「正義」⇔誤。
❷ものごとの主となっているもの。▼「正副議長」⇔副。
❸まさに。▼「正反対」

一 丅 下 正 正（長く。乚としない）

●正解●正確●正規●正義●正座●正三角形●正式●正常●正々堂々●正装●正多角形●正当●正反対●正方形●正門●正論

せい【世】3年 セイ・セ よ

❶よの中。社会。▼「後世。処世術。救世主」
❷歴史の百年の間。▼「十八世紀」
❸西洋の国王の代。▼「ルイ十四世」
❹人の一代。▼「日系三世」
❺地質で時代を分けるときに使うことば。▼「更新世」

一 十 廾 廿 世（おる）

●近世●中世

せい【西】2年 セイ・サイ にし

にし。▼「西洋」⇔東。

一 冂 丙 丙 西 西（丸みをもたせてまげる）

●西欧●西南西●西北西●西暦●南西●北西

せい【成】4年 セイ・(ジョウ) なす・なる

❶できあがること。▼「達成」
❷そだつこと。▼「成長」

★筆順に注意
丿 厂 万 成 成 成（点を落とさないように）

●成果●成功●成熟●成人●成人の日●成績●成虫●成長●成年●成否●成分●成立●完成●合成●賛成

せい【声】2年 セイ・(ショウ) こえ・(こわ)

❶こえ。▼「音声」
❷音。ひびき。▼「銃声」
❸のべること。▼「声明」
❹ひょうばん。▼「名声」

一 十 士 声 声 声 声

●声援●声楽●声帯●音声●歓声●肉声●発声

せい【青】1年 セイ・(ショウ) あお・あおい

❶あおい色。▼「青天」
❷年がわかいこと。▼「青年」

一 十 青 青 青 青

●青果●青果市場●青春●青少年●青銅●青年

せい【性】5年 セイ・(ショウ) —

❶たち。生まれつき。▼「性格」
❷男と女のくべつ。▼「男性。女性」
❸物のせいしつ。▼「酸性」

丶 忄 忄 性 性 性（★「姓」にているので注意）

●性格●性急●性質●性能●性別●異性●可能性●個性●陽性

せい【制】5年 セイ —

❶きそく。きまり。▼「制度」
❷おさえること。▼「制限。規制。強制」

丿 与 与 与 制 制（つき出る／短く）

あいうえお　かきくけこ　さしす**せ**そ　たちつてと　なにぬねの　はひふへほ　まみむめも　やゆよ　らりるれろ　わをん

●制限●制裁●制作●制止●制する●制定●制度●制覇●制服●制約

せい【星】2年

セイ・(ショウ)
ほし

ほし。▽「星座。流星」

●星雲●星座●一等星●火星●放送衛星●北極星●流星

せい【省】4年

セイ・ショウ
はぶく・(かえりみる)

自分をふりかえること。▽「反省」

●帰省●人事不省

日ではない

せい【政】5年

セイ・(ショウ)
(まつりごと)

❶国をおさめること。▽「政治。王政」
❷ととのえ、おさめること。▽「家政」

●政局●政見●政権●政策●政治●政党●政府●悪政●行政●財政

レとしない
又ではない

せい【清】4年

セイ・(ショウ)
きよい・きよまる・きよめる

❶すんでいること。にごりのないこと。▽「清音」
❷きよらかなこと。▽「清潔」
❸きれいにする。▽「清掃」

●清音●清潔●清算●清純●清書●清掃●清流

せい【情】

ものごとの感じ。ようす。「風情」と読むときのとくべつな読み方。↓【情】334ページ

せい【盛】6年

(セイ)・(ジョウ)
もる・(さかる)・(さかん)

いきおいがあってさかんなこと。▽「盛大。全盛」

●盛夏●盛況●盛衰●盛大

長く

せい【晴】2年

セイ
はらす・はれる

空がはれていること。▽「快晴」

●晴雨●晴天

せい【勢】5年

セイ
いきおい

❶いきおい。▽「勢力」
❷たくさんの人の集まり。▽「軍勢」
❸ありさま。▽「形勢」

●勢ぞろい●勢力●運勢●姿勢

せい【聖】6年

セイ
—

❶ちえや行いがすぐれていること。また、そのような人。▽「聖人」
❷きよらかなこと。▽「聖火」

●聖火●聖書●聖夜●神聖

上につき出ない

せい【誠】6年

セイ
(まこと)

まこと。まごころ。▽「誠意。忠誠」

●誠意●誠実

成や或ではない

前のページの答え⇒「せっけん」

せい【静】4年
セイ・(ジョウ)
しず・しずか・しずまる・しずめる

❶じっとして動かないこと。⇕動。
❷しずか。物音が聞こえないこと。

静 静 静 静 静 静 静 静 静 静 静 静 静 静
〻・マ・カなどとしない

●静止●静寂●静粛●静養●安静●動静●冷静

せい【精】5年
セイ・(ショウ)

❶くわしいこと。▼「精密」
❷たましいのこと。心の力。▼「精神」
❸えりすぐったもの。▼「精兵」
❹よぶんなものをのぞく。▼「精米」
❺気力。元気。はげむ。▼「精を出す」

精 精 精 精 精 精 精 精 精 精 精 精 精 精

●精いっぱい●精巧●精算●精製●精密●精力

せい【製】5年
セイ

作ること。作った物。▼「製作」

製 製 製 製 製 製 製 製 製 製 製 製 製 製
この形に注意

●製材●製作●製紙●製図●製造●製鉄●製品●製法●製本●製薬●作製●手製●特製

せい【整】3年
セイ
ととのう・ととのえる

きちんとしている。▼「整然。調整」

整 整 整 整 整 整 整 整 整 整 整 整 整 整 整 整
攵ではない

●整数●整然●整地●整とん●整備●整理●整列●均整

せい【背】 身長。せたけ。▼「背が高い。上背」⇓【背】549ページ

せい【姓】 みょうじ。

せい よくないことが起こった原因やわけ。▼「失敗をひとのせいにする。雪のせいで道がすべる」

ぜい【税】5年
ゼイ

ぜいきん。▼「税金。国税。納税」

税 税 税 税 税 税 税 税 税 税 税 税

●税関●税金●税務署●課税

せいい【誠意】 まごころ。心をこめてつくす気持ち。▼「誠意をこめて作る」

せいいっぱい【精いっぱい】 できるかぎり。▼「精いっぱいはたらく。精いっぱいのおもてなし」

せいう【晴雨】 晴れと雨。▼「晴雨兼用のかさ」

せいうん【星雲】 たくさんの星の集まりで、雲のように見えるもの。オリオン星雲などがある。

せいえん【声援】 声をはりあげてはげますこと。▼「声えんをおくる」

せいおう【西欧】 ❶イギリス・フランス・ドイツなど、ヨーロッパの西にある国々。❷ヨーロッパ。

せいおん【清音】 ❶すんだ音。❷あいうえおの表のあ・か・さ・た・な・は・ま・や・ら・わの行の音。濁点や半濁点がつかない。⇕濁音。半濁音。

せいか【生花】 ❶草や木にさく、生きた花。⇕造花。❷生け花。▼「お墓に生花をそなえる」

せいか【生家】 生まれた家。

せいか【成果】 できばえ。できあがった結果。▼「研究の成果があがる」

せいか【青果】 やさいと果物。

せいか【盛夏】 夏の盛り。真夏。

せいか【聖火】 神にささげる、きよらかな火。▼「オリンピックの聖火」

もっと学ぼう!

世の中の仕組みを知るには百科事典が向いています。小学生向け百科事典『きっずジャポニカ』は「漁業」や「農業」をくわしく説明しています。

せいかい【正解】正しい答え。正しい解しゃく。▽「問題の正解を出す」

せいかいいちば【青果市場】やさいや果物を売り買いする市場。青物市場。➡市場のしくみ

せいかく【正確】正しくてまちがいのないこと。▽「正確な時刻」

せいかく【性格】人がら。たち。人の行動にあらわれる性質。▽「明るい性格」

わたしの性格

せいがく【声楽】人の声で歌う音楽。⇔器楽。

せいかつ【生活】❶生きて活動すること。▽「海で生活する動物」❷くらしをたてること。▽「生活のかて」

せいかつか【生活科】小学校の一、二年生で、社会科と理科を一つにまとめて学習する教科。

せいかつひ【生活費】くらしていくためにかかる費用。生計費。

ぜいかん【税関】輸入品や輸出品について、とりしらべたり税金をとりたてる役所。外国と行き来する港・飛行場などにある。

せいき【生気】生き生きとした気分。

せいき【世紀】❶百年ずつを一区切りとした年代の数え方。▽「二十一世紀」❷一世紀に一度しかないような、めずらしいこと。▽「世紀の祭典」

せいき【正規】正しくきめられている規則。▽「正規の手つづきをする」

せいぎ【正義】人としてしなければならない正しい行い。

せいぎかん【正義感】正しい行いをつらぬこうとする強い気持ち。

せいきゅう【性急】気みじか。せっかち。短気。▽「性急に事を進める」

せいきゅう【請求】とうぜんうけとれるはずのものをねがって求めること。さいそく。▽「料金をせい求する」

せいきょ【逝去】人が死んだことを、うやまって言うことば。

せいきょう【盛況】にぎやかで盛んなようす。▽「大会は盛きょうに終わった」

ぜいきん【税金】国や都道府県・市区町村が、国民にわりあててとりたてるお金。

せいけい【生計】くらしをたてていく方法。くらし方。家計。

せいけつ【清潔】❶よごれがなく、清らかなこと。❷行いがきれいでりっぱなこと。▽「清潔な政治」

早口ことば　(五回続けていえるかな) 先生の戦術ぜんぜんだめ。

せいけん【政権】 政治を行う権力。

せいげん【制限】 ここまでときめて区切りをつけること。▽「入場を制限する」

せいご【生後】 生まれてから後。

せいこう【成功】 ❶りっぱに仕事などができあがること。しとげること。▽「実験は成功した」⇕失敗。❷世の中で、名声や地位や財産を得ること。▽「成功者」

せいこう【精巧】 細かなところまでゆきとどいて、うまくできていること。

せいざ【正座】 足をくずさないで、きちんと座ること。⬇あぐら（図）

せいざ【星座】 恒星の位置をむすんで、その形によって名前をつけたもの。また、それをふくむ区域。白鳥座・オリオン座・カシオペア座など、全部で八十八ある。

せいさい【制裁】 ならわしやきまりにそむいた人をこらしめること。▽「社会の制裁をうける」

せいさく【制作】 芸術作品などをつくること。また、その作品。▽「映画を制作する」

せいさく【政策】 政治をしていくうえの目当て。政治のやり方。

せいさく【製作】 物をこしらえること。▽「機械を製作する」

せいさん【生産】 物をつくりだすこと。▽製「生産高」⇕消費。

せいさん【清算】 ❶あとしまつのために、貸し借りのお金を整理すること。❷お金の貸し借りを計算して、きまりをつけること。❸今までのつながりをやめること。▽「つきあいを清算する」

せいさん【精算】 くわしく計算し、お金の出入りの関係をはっきりさせること。▽「乗りこし料金を精算する」

せいさんかくけい【正三角形】 三つの辺の長さがひとしい三角形。三つの角もそれぞれ六〇度でひとしい。

せいさんしゃ【生産者】 ものをつくる仕事をしている人。農業やメーカーなど。⇕消費者。

せいし【生死】 ❶生きることと死ぬこと。▽「生死にかかわる問題」❷生きているか、死んでいるか。▽「生死不明」

せいし【制止】 おさえとどめること。▽「あばれる人を制止する」

せいし【静止】 じっとして動かないこと。⇕運動。

せいし【製紙】 紙を作ること。

せいじ【政治】 国を治めること。

せいしき【正式】 正しいやり方。本式。⇕略式。

せいしつ【性質】 ❶生まれつきのもの。性格。▽「おとなしい性質」❷それぞれの物がもとから持っている特色。▽「水にとけやすい性質の物質」

せいじつ【誠実】 まごころがこもっていて、まじめなこと。▽「誠実な人」

せいじゃく【静寂】 静かでさびしいようす。▽「夜の静じゃくをやぶるサイレン」

せいしゅく【静粛】 静かでしんとしていること。▽「静しゅくにしてください」

せいじゅく【成熟】 ❶果物・やさいなどがよくみのること。❷からだがすっかり成長しきること。

せいしゅん【青春】 年がわかくて元気のいいころ。▽「青春時代」

せいじゅん【清純】 清くてまじりけのないこと。▽「清純な少女」

せいしょ【清書】 きれいに書き直すこと。また、書き直したもの。浄書。

せいしょ【聖書】 キリスト教の教えのもとになる本。旧約聖書と新約聖書の二つがある。バイブル。

せいしょう【斉唱】 ❶いっしょに声を出してとなえること。❷同じふしを二人以上で歌うこと。▽「校歌せい唱」

せいじょう【正常】 あたりまえでかわって

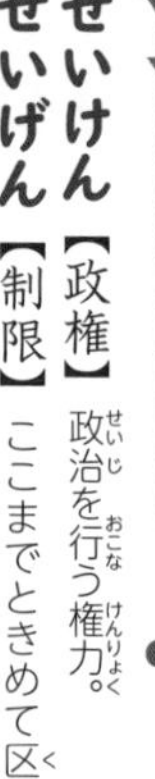

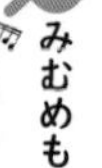

いないこと。ふつう。▽「電車のダイヤが正常にもどる」↕異常。

せいしょうねん【青少年】 青年と少年少女。わかい人たち。

せいしん【精神】 ❶心。たましい。↕肉体。❷ものごとのもっとも大切なことがら。▽「オリンピック精神」

せいじん【成人】 心やからだがそだって、一人前の大人になること。日本では十八さい以上の人のこと。成年。▽「成人式」

せいじん【聖人】 知識がすぐれ、行いがりっぱで、人の手本とうやまわれる人。

せいじんのひ【成人の日】 国民の祝日で、一月の第二月曜日。成人になった人を祝いはげます日。⬇国民の祝日（図）

せいず【製図】 じょうぎ・コンパスなどを使い、図面をかくこと。

せいすう【整数】 0、1、2、3……などのように、小数をもたない数。

せいぜい ❶せいいっぱい。できるだけ。▽「せいぜいがんばりなさい」❷多く見ても。▽「せいぜい百人の集まり」

せいせいどうどう【正正堂堂・正々堂々】 たいどが正しくてりっぱなようす。⬇「々」は同じ文字をくり返すという意味のおどり字という記号。▽「正々堂々とたたかう」

せいせき【成績】 ❶あることをしおわったあとの結果。できばえ。▽「しあいの成績」❷学校での勉強のできばえ。

せいぜん【生前】 この世に生きているうち。▽「生前の写真」↕死後。

せいぜん【整然】 きちんとしたようす。▽「整然とならぶ」↕雑然。

せいせんしょくひん【生鮮食品】 やさい・肉・魚など新しいうちに食べる食べ物。

せいそう【正装】 正しいきまりどおりの服装。礼装。

せいそう【清掃】 きれいにそうじをすること。▽「町の清そうをする」

せいぞう【製造】 材料に手をくわえて、物をつくること。製作。

せいそく【生息】 動物がすんでいること。▽「パンダは中国おく地に生息する」

せいぞろい【勢ぞろい】 大ぜいの人が集まりそろうこと。

せいぞん【生存】 生きながらえること。▽「生存者」

せいたい【生態】 動物や植物の生活するありさま。▽「チョウの生態」

せいたい【声帯】 のどにある、声を出す部分。肺から出る空気が声帯をふるわせると声になる。

せいだい【盛大】 りっぱで、盛んなようす。▽「盛大な送別会」

せいたかくけい【正多角形】 それぞれの辺の長さと角の大きさが、みな同じである多角形。正三角形や正方形など。

ぜいたく お金や物を必要以上に使うようす。▽「ぜいたくなくらし」

せいちゅう【成虫】 そだって親になったこん虫のこと。↕幼虫。

せいちょう【生長】 主に草木などがはえそだつこと。

せいちょう【成長】 ❶主に動物がそだって大きくなること。▽「子供の成長を楽しみにする」❷規模が大きくなること。▽「経済が成長する」

せいてい【制定】 法律やきそくなどを作りきめること。▽「憲法を制定する」

せいてつ【製鉄】 鉄をふくんでいる鉱石から鉄をとり出すこと。

せいてん【晴天】 よく晴れている空。↕雨天。

せいでんき【静電気】 物と物をこすりあわせたときにでき、その場所を動かない電気。

せいと【生徒】 学校で先生から教えをうけて

なぞなぞ 食べられないけど、きれいになるめんは？ 答えは次のページ。

いる者。ふつう高校生と中学生をいう。

せいど【制度】きめられたきまり。さだめ。▽「選挙制度」

せいとう【正当】正しくて、理くつに当てはまっているようす。▽「正当な権利。正当防衛」⇔不当。

せいとう【政党】政治のやり方について、同じ考えを持つ人々の集まり。

せいどう【青銅】銅とすずとをまぜ合わせて作った金属。銅像などをつくるときに使う。ブロンズ。

せいとん【整頓】きちんとかたづけること。▽「整理整とん」

せいなんせい【西南西】西と南西との間の方角。⇔東北東。

せいねん【成年】心やからだが一人前になる年れい。日本では二十さい以上。成人。⇔未成年。

せいねん【青年】二十さいから二十四、五さいくらいの人。

せいねんがっぴ【生年月日】生まれた年と月と日。

せいのう【性能】機械などの性質と、はたらき。▽「性能のいいカメラ」

せいは【制覇】❶あいてをおさえて、かしらとなること。❷優勝すること。▽「サッカーで全国制はをなしとげる」

せいばつ【征伐】悪者をせめほろぼすこと。▽「悪者をせいばつする」

せいはんたい【正反対】まったく反対のこと。▽「正反対の方角」

せいび【整備】よく整えてじゅんびすること。▽「自動車の整備」

せいひん【製品】作りあげた品物。

せいふ【政府】国の政治をおこなうところ。

せいふく【制服】学校などで着るように、形や色などをきめられた服。ユニフォーム。⇔私服。

せいふく【征服】うち負かしてしたがわせること。▽「敵をせい服する」

せいぶつ【生物】生き物。動物と植物。

せいぶん【成分】物を作っているそのもとになる一つ一つのもの。

せいべつ【性別】男と女の区別。

せいぼ【生母】その子をうんだ母。うみの母。実母。⇔義母。

せいぼ【歳暮】❶年の暮れ。❷年の暮れのおくりもの。おせいぼ。

せいほう【製法】物のこしらえ方。

せいほうけい【正方形】ま四角。四辺形で、四つの角も、四つの辺の長さも、みなひとしい形。⬇四角形（図）

せいほくせい【西北西】西と北西との間の方角。⇔東南東。

せいまい【精米】米をついて白くすること。また、ついて白くなった米。白米。⇔玄米。

せいみつ【精密】くわしく細かいこと。▽「精密検査。精密画」

ぜいむしょ【税務署】税金のことについての仕事をする役所。

せいめい【生命】❶命。また、じゅ命。▽「生命の危険」❷もっとも大切なところ。▽「時計の生命は正確さにある」

せいめい【姓名】人のみょうじと、名前。▽「せい名をなのる」

せいめいりょく【生命力】生きようとする力。▽「強い生命力を持つ」

せいもん【正門】表の門。

せいや【聖夜】クリスマスの前の夜。十二月二十四日の夜。

せいやく【制約】じょうけんをつけて自由にさせないこと。▽「時間の制約をうける」

せいやく【製薬】薬を作ること。

せいよう【西洋】ヨーロッパの国々やアメリカ。▽「西洋人」⇔東洋。

せいよう【静養】心とからだをやすらかにして病気やつかれをなおすこと。

せいり【生理】生き物が生活していくためのからだのはたらき。▽「生理現象」

せいり【整理】❶まとめてきちんとしておくこと。▽「ノートを整理する」❷不用なものを除くこと。▽「人員を整理する」

せいりつ【成立】❶成り立つこと。▽「新しく会社が成立した」❷話がまとまること。▽「相談が成立する」

せいりゅう【清流】清らかな流れ。

せいりょういんりょうすい【清涼飲料水】飲むとさわやかな感じがする飲み物。サイダーなど。

せいりょく【勢力】勢い。ちから。

せいりょく【精力】心やからだをはたらかせる、もとになる力。根気。

せいれいしていとし【政令指定都市】人口五十万人以上で、とくべつの権限をあたえられた市。政令（法律を実行するために内閣が出す命令）で指定されている。

せいれき【西暦】西洋のこよみ。キリストの生まれたといわれる年を元年として、年数を数える。

せいれつ【整列】そろってきちんとならぶこと。▽「校庭に整列する」

せいろん【正論】正しい意見。

せいをだす【精を出す】いっしょうけんめいにはげむ。

セーター 毛糸であんだ上着。⬇服（図）

セーフ 野球で、打者や走者がアウトにならないこと。⇕アウト。

セーラーふく【セーラー服】水兵が着ている服。また、それににせて作った、えりの大きな女子生徒用の服。

ことばのふしぎ

セーラー服のはじまり

百五十年ほどむかし、イギリスの水兵（セーラー）の制服がセーラー服のはじまりです。

イギリスの王子がこの服を着たことから、子ども服や女の子用の服として世界じゅうで人気になり、日本にもひろがりました。

セールス 品物を売ること。とくに、店の外に出ていって売ること。

せおう【背負う】背中にのせる。しょう。▽「ランドセルを背負う」

せおよぎ【背泳ぎ】あおむけで泳ぐこと。背泳。バック。

せかい【世界】❶地球全体。地球上のすべての国々。▽「世界には陸と海がある」⬇世界（図）380ページ ❷世の中。▽「貧富の差のない世界」❸ある区切られたはんい。▽「動物の世界」

せかいいさん【世界遺産】世界遺産じょうやくによって、ほごすることがさだめられた、世界の重要な文化財や自然。自然遺産と文化遺産とがある。日本では法隆寺、屋久島など。

せかいきろく【世界記録】世界じゅうでいちばんすぐれた成績。

せかす いそがせる。▽「はやく出かけるようにせかす」

せかせか おちつかないで、いそがしいようす。▽「せかせかと歩く」

せがむ ねだる。むりにたのむこと。

せき【夕】1年（セキ）ゆう 日ぐれ。夕方。▽「一朝一夕」

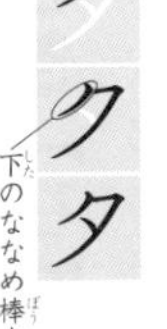

下のななめ棒より短く

前のページの答え⇒「洗面」

くらべてみよう！

国によって世界地図はかわる

▲日本の世界地図

▲カナダの世界地図

▲イギリスの世界地図

上の世界地図は、みなれているものですが、国によって地図はちがいます。アジアでは日本と同じ地図を使っている国が多いです。世界では、イギリスの地図のように、ヨーロッパ大陸とアフリカ大陸がまんなかの地図を使っている国も多いです。イギリスのロンドンにあった旧グリニッジ天文台が、経度〇度となっているからです。

カナダの地図のようにアメリカ大陸がまんなかのものもあります。これはカナダをはじめとしたアメリカ、南アメリカ大陸で使われています。

もっと学ぼう！

道路、テレビゲーム、宇宙、たくさんの地図を、『ドラえもん地図大探検』でしょうかいしているよ！

せき【石】1年 セキ・シャク・（コク） いし

いし。▽「岩石。大理石。宝石」

一 ア 不 石 石（つき出ない）

●石材●石像●石炭●石碑●石仏●石油●石器●化石●鉱石●定石

★「右」ににているので注意

せき【赤】1年 セキ・（シャク） あか・あかい・あからむ・あからめる

❶あかい色。▽「赤飯」

❷まこと。▽「赤心」

一 十 土 赤 赤 赤 赤

●赤外線●赤十字●赤道●赤飯●赤面●赤裸々●赤痢●赤血球

せき【昔】3年 （セキ）・（シャク） むかし

むかし。▽「昔日。昔年」

一 廾 廾 昔 昔 昔 昔 昔

せき【席】4年 セキ ―

席席席席席席席席席席 （廿としない）

❶じゅんじょ。▽「首席」
❷すわる場所。▽「座席」
●議席●欠席●出席●着席

せき【責】 5年 セキ せめる

❶せめる。とがめる。▽「自責」
❷しなければならないつとめ。▽「責をはたす」

責責責責責責責責責責責

●責任●責任感●責務●重責

せき【積】 4年 セキ つむ・つもる

❶つみかさねること。▽「山積。蓄積」
❷広さ。量。▽「体積。面積。容積」
❸かけ算の答え。⇔商。

積積積積積積積積積積積積積積積積

●積雲●積雪●積乱雲●積極的
★「績」ににているので注意

せき【績】 5年 セキ

❶糸をとり出すこと。▽「紡績」
❷ほねおり。手がら。▽「成績」

績績績績績績績績績績績績績績績績績 （おる）

●業績●功績●実績
★「積」ににているので注意

せき【関】 ❶関所。▽「関取」▽「箱根の関」❷すもうとりのこと。●関所●関取●関の山 ⇩【関】149ページ

せき【籍】 ❶人や家などの記録。戸籍。❷あるなかまに入ること。▽「バレー部にせきをおく」

せき のどや気管がしげきされると出る、はげしくはき出す息。

せき 水のながれを調節するために、川や、湖の出口につくるしきり。

せきうん【積雲】 綿のように見える雲のかたまり。主に夏に出る。「わた雲」ともいう。⇩雲（図）

せきがいせん【赤外線】 太陽光線にふくまれている、目に見えない光線。写真や、病気の治りょうに使われる。

せきがえ【席替え】 席をいれかえること。とくに学校で、クラス内の席をいれかえること。

せきざい【石材】 家や橋などをつくるときに、材料として使う石。

せきじゅうじ【赤十字】 白地に赤い十字の形をしるしとする「赤十字社」のこと。戦争できずついた人をすくい、病気や大水などのさいなんにあった人をたすけるしくみ。世界じゅうにあり、本部はスイスのジュネーブ。

せきじゅん【席順】 すわる場所の順序。

せきしょ【関所】 昔、国ざかいや大事な道で、旅人や荷物をしらべた役所。

せきずい【脊髄】 背骨の中を通って脳につながる器官。ここから、たくさんの神経が出ている。

せきせつ【積雪】 ふり積もった雪。

せきぞう【石像】 石でつくった人や動物のすがた。▽「スフィンクスの石像」

せきたん【石炭】 大昔の植物が地中にうまって、長い間に黒い石のようになったもの。燃料になる。

せきどう【赤道】 地球の北極と南極から同じきょりにある地点をむすんだ線。緯度のもとになる所で、ここを〇度とする。⇩図

せきとめる【せき止める】 水のながれなどを、ふせぎ止める。

せきとり【関取】 すもうとりの中で、位が「十両」以上の人。

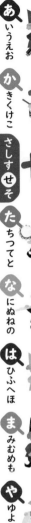

あいうえお かきくけこ さしすせそ せ たちつてと なにぬねの はひふへほ まみむめも やゆよ らりるれろ わをん

なぞなぞ「れいぞうこ」の中にいる動物は？ 答えは次のページ。

せきにん【責任】 自分がひきうけてしなければならないつとめ。▽「責任者」

せきのやま【関の山】 これ以上はできない、ぎりぎりのさかい目。せいぜい。▽「値引きしても千円が関の山だ」

せきばらい【せき払い】 人の注意をひいたり、何かを知らせたりするために、わざとせきをすること。

せきはん【赤飯】 モチゴメにアズキを入れたご飯。おいわいなどにたく。

せきひ【石碑】 ❶記念のために石に文字をほってたてたもの。❷墓石。

せきぶつ【石仏】 石でつくった仏の像。いしぼとけ。

せきめん【赤面】 はずかしくて顔を赤くすること。

[赤面]

せきゆ【石油】 大昔の生物が地中にうまってできた油。とったままのものを原油といい、それからガソリン・軽油・灯油・重油などをとりだす。

せきらんうん【積乱雲】 上の方にぐんぐんもり上がって、雨や、かみなりをおこす雲。入道雲。⬇雲（図）

せけん【世間】 ❶世の中。▽「世間の広い人」▽「世間話」❷つきあい。❸世の中の人々。▽「世間なみ」

セし【セ氏】 水がこおる温度を〇度、ふっとうする温度を百度として、その間を百等分した温度計のめもり。「せっし」ともいう。

せしゅう【世襲】 家の仕事や財産などを、親から子へ代々うけつぐこと。

せせこましい ❶こみあって、きゅうくつなようす。▽「せせこましい家」❷こせこせしていて、ゆとりがない。

せせらぎ 水がながれているあさい所。また、ながれる音。

せせらわらう【せせら笑う】 ばかにしてわらう。

せそう【世相】 世の中のありさま。

せたい【世帯】 同じ家にすみ、くらしをいっしょにしている人の集まり。所帯。▽「一つ世帯。世帯主」

せだい【世代】 ❶同じ時代に生まれた人たち。▽「わかい世代」❷親の代、子の代という区切り。▽「二世代同居」❸機械などの型。▽「第四世代のけい帯電話」

せたけ【背丈】 身長。背の高さ。▽「家族みんなで背丈をくらべる」

せちがらい こせこせしてくらしにくい。▽「せちがらい世の中」

せつ【切】 2年 セツ・(サイ) きる・きれる

❶きること。▽「切断」
❷さしせまるようす。▽「切迫」
❸ぜひ。▽「切におねがいする」

一 七 切 切
まげる。まとしない　つき出ない

●切開●切実●切断●切ない●切に●切迫●切望●親切●大切

せつ【折】 4年 セツ おり・おる・おれる

❶おること。おれること。▽「屈折」
❷分けること。▽「折半」

一 十 扌 扌 扩 折 折
★「析」ににているので注意

●折衷●右折●骨折●左折

せつ【雪】 2年 セツ ゆき

ゆき。▽「積雪」

点のうち方に注意　つき出ない

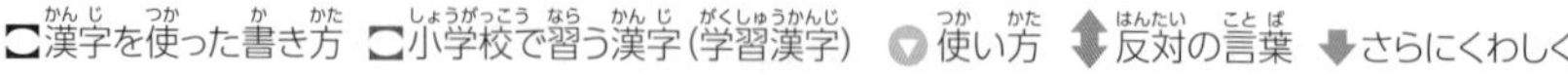

●雪原●雪上車●雪辱●残雪●除雪●風雪

せつ【接】5年 セツ（つぐ）

❶ものがふれあうこと。▽「接触」
❷近づくこと。▽「接近」
❸人に会うこと。▽「応接」

接接接接接接接（おる）

●接眼レンズ●接近●接種●接する●接戦●接続●接待●接着剤●間接●直接●面接

せつ【設】5年 セツ もうける

❶つくること。▽「建設」
❷そなえつけること。▽「設置」

設設設設設設設設設設設（儿としない）（夂ではない）

●設計●設備●設立●開設●私設●施設●新設●増設●特設

せつ【節】4年 セツ・（セチ） ふし

❶きせつ。▽「節分。季節」
❷とき。▽「時節」
❸ひかえめにすること。▽「節約」
❹文や曲の小さな区切り。▽「文節」

節節節節節節節節節節節節節（良や艮としない）（卩としない）

●節句●節水●節操●節電●節約●音節●関節●使節●調節

せつ【説】4年 セツ・（ゼイ） とく

❶よくわかるように話して聞かせること。▽「説明。演説」
❷意見。▽「二つの説。学説。社説」

説説説説説説説説説説説説説説

●説教●説得●説明●説話●解説●小説●伝説●力説

ぜつ【舌】6年 （ゼツ） した

❶口の中にある、した。
❷ことば。▽「弁舌。毒舌」

舌舌舌舌舌舌（右からはらう。千ではない）

ぜつ【絶】5年 ゼツ たえる・たつ・たやす

❶たちきること。▽「絶食。断絶」
❷この上ないこと。▽「絶頂」
❸ことわること。▽「きょ絶。謝絶」

絶絶絶絶絶絶絶絶絶絶絶絶（おる）

●絶縁●絶縁体●絶叫●絶景●絶交●絶好●絶賛●絶する●絶対●絶大●絶体絶命●絶頂●絶壁●絶望●絶命●絶滅●気絶●根絶

せつえい【設営】 会場や施設のじゅんびをすること。▽「会場を設営する」

ぜつえん【絶縁】 ❶縁を切ること。❷電気を通じないようにすること。

せっかい【石灰】 ❶石灰岩という岩を焼いてできる白いかたまり。生石灰。❷❶に水をかけてできる白い粉。ガラスやセメントの原料にしたり、地面に白い線を書くのに使う。消石灰。

せっかい【切開】 病気をなおすため、からだの一部分を切り開くこと。▽「手術で腹部を切開する」

せっかく ❶ほねおって。わざわざ。▽「せっかくの苦労」❷きちょうな。大事な。▽「せっかくの日曜日」

せっかち 気みじかで、おちつきのないようす。また、そのような人。

せっき【石器】 大昔の人が使った、石でつくった道具。やじり・おのなど。▽「たくさ

あいうえお かきくけこ さしすせそ せ たちつてと なにぬねの はひふへほ まみむめも やゆよ らりるれろ わをん

前のページの答え⇒「象（れいぞうこ）」

んの石器がみつかる」

せっきょう【説教】❶神や仏の教えを話すこと。❷意見や小言を言うこと。

ぜっきょう【絶叫】ありったけの声でさけぶこと。▽「きょうふのため絶きょうする」

せっきょくてき【積極的】自分からすすんでものごとをしていくようす。前向きであること。▽「積極的に勉強する」⇕消極的。

せっきん【接近】近づくこと。▽「台風が四国に接近している」

せっく【節句・節供】一年に五回ある季節のかわり目をいわう日。一月七日の七草、三月三日の桃の節句、五月五日の端午の節句、七月七日の七夕、九月九日の菊の節句。ふつうは三月三日と五月五日を節句という。

せっけい【設計】たてものや機械などを作るときの計画。▽「ビルの設計図」

ぜっけい【絶景】すばらしい景色。▽「絶景を写真にとる」

せっけっきゅう【赤血球】人間などの血の中にある赤い小さな球体。この中のヘモグロビンは肺で酸素をとり入れて、からだじゅうにはこび、二酸化炭素を外へはこび出す役をする。

せっけん せんたくや、からだをあらうのに使うもの。

せつげん【雪原】❶雪の原。❷いつも雪がきえない平地。高い山や、南極・北極にある。

ゼッケン 運動選手が胸や背中につける、番号を書いた布。また、その番号。

[ゼッケン]

せっこう 白くてやわらかい鉱物。はくぼくやちょう刻の材料にする。

ぜっこう【絶交】つきあいをやめること。▽「けんかがもとで絶交する」

ぜっこう【絶好】この上なくよいこと。▽「運動会には絶好の日よりだ」

ぜっこうちょう【絶好調】からだの調子やものごとの具合がひじょうによいこと。

ぜっさん【絶賛】この上なくほめること。▽「コンクールで絶賛される」

せつじつ【切実】身に強く感じるようす。▽「切実なねがい」

せっしゅ【接種】病原菌の力を弱めてからだにうえつけ、病気にかからないようにすること。▽「予防接種」

せっしゅ【摂取】❶外のものをとり入れること。▽「外国文化をせっ取する」❷栄養をからだの中にとり入れること。

せつじょ【切除】からだの悪くなっている部分などを切って取りのぞくこと。▽「胃の一部を切除する」

せつじょうしゃ【雪上車】雪や氷の上を走らせるための車。

せっしょく【接触】❶さわること。近づいてふれること。❷かかわりを持つこと。▽「外国と接しょくする」

せつじょく【雪辱】前に負けたあいてに勝つこと。▽「雪じょくをはたす」

ぜっしょく【絶食】ある間、何も食べないでいること。断食。

せっすい【節水】水をむだにしないで、使う量をへらすこと。

せっする【接する】❶物がふれあう。❷人に会う。人とつきあう。▽「えらい人に接する」❸ものごとに出会う。▽「名曲に接する」

せっせと 休まずに熱心に行うようす。▽「せっせとはたらく」

せっせん【接戦】力が同じくらいでなかなか勝負がつかない戦い。

せっそう【節操】自分の考えや、立場をまもってかえないこと。みさお。

せつぞく【接続】つなぐこと。つながること。▼「貨車を接続する」

せったい【接待】客をもてなすこと。

ぜったい【絶対】❶くらべるものがないこと。▼「先生の命令は絶対だ」❷かならず。どんなことがあっても。▼「絶対だいじょうぶ」❸けっして。どうしても。▼「ぼくは絶対に行かない」

ぜつだい【絶大】たいへん大きいこと。▼「絶大な力を持つ」

ぜったいぜつめい【絶体絶命】おいつめられてどうにもならないこと。

せつだん【切断】たち切ること。切りはなすこと。

せっち【設置】そなえつけること。新しく作ること。▼「研究所を設置する」

せっちゃくざい【接着剤】物と物とをくっつけるもの。

ぜっちょう【絶頂】❶山のてっぺん。頂上。❷ものごとの最高のところ。▼「とくいの絶頂」

せつでん【節電】電気を使う量をなるべく少なくすること。

セット ❶道具などのひとそろい。❷劇や映画の舞台装置。❸かみの形をととのえること。

せっとく【説得】よく話してわからせること。▼「あいてを説得する」

せつない【切ない】つらい。苦しい。▼「切ない思いでわが子をおくりだす」

せっぱつまる【せっぱ詰まる】どたんばになり、どうしようもなくなる。▼「せっぱつまるまで勉強しない」

せつび【設備】備えつけること。また、備えつけたもの。▼「冷ぼう設備」

せつぶん【節分】季節のかわり目で、立春・立夏・立秋・立冬の前の日。ふつうは立春の前の日をさし、二月三日か四日。この日には、豆まきをするならわしがある。

ぜっぺき【絶壁】きりたったけわしいがけ。▼「絶ぺきをよじのぼる」

ぜつぼう【絶望】望みが、まったくなくなること。▼「将来に絶望する」

せつめい【説明】よくわかるように、話したり図でしめしたりすること。▼「自転車のしくみを説明する」

せつめいぶん【説明文】あることについて、みんなが正しくわかるように説明した文章。

ぜつめつ【絶滅】すっかりほろぼしてしまうこと。また、すっかりなくなること。▼「交通事故の絶めつをねがう。きょうりゅうの絶めつ」

せつやく【節約】むだづかいをしないようにきりつめること。倹約。

せつりつ【設立】新しくつくること。▼「会社を設立する」

せつわ【説話】昔から語りつたえられてきた話。神話・伝説・民話など。

せとぎわ【瀬戸際】ものごとがうまくいくか失敗するかの大切な分かれ目。▼「生きるか死ぬかのせとぎわ」

せとないかい【瀬戸内海】本州・四国・九州の間にある海。たくさんの島があり、国立公園になっている。

せともの【瀬戸物】陶磁器のこと。愛知県の瀬戸市が産地として名高いので、こうよばれるようになった。

せなか【背中】からだの胸や腹の後ろがわ。▼「背中をのばす」⇒体（図）

ぜに【銭】銀貨や銅貨などのお金。▼「小銭」⇒【銭】388ページ

せにはらはかえられない【背に腹は代えられない】大切なことのためには、ほかのことなどかまっていられない、ということのたとえ。

せのび【背伸び】❶背をのばすこと。つま

なぞなぞ 部屋やろうかをきれいにするきんは？ 答えは次のページ。

先立つこと。❷自分の能力以上のことをしようとすること。▽「背のびしてがんばる」

せばまる【狭まる】せまく細くなる。少なくなる。▽「道がせばまる」

ぜひ【是非】❶よしあし。正しいことと正しくないこと。▽「ぜ非をあらそう」❷どうにかして。▽「ぜひ遊びにきてください」

せびる うるさくほしがる。ねだる。▽「父にこづかいをせびる」

せびろ【背広】男の人が着る洋服の一つ。同じ生地でつくった上着とズボンのひとそろい。スーツ。

せぼね【背骨】動物の背中の中心でからだをささえている骨。⬇体（図）

せまい【狭い】❶はばや広さが少ない。▽「へやがせまい」⬍広い。❷考え方にゆとりがない。▽「心がせまい」

せまくるしい【狭苦しい】せまくてきゅうくつである。▽「せま苦しい家」

せまる【迫る】❶近づく。▽「しめきりがせまる」❷せまくなる。▽「道はばがせまる」❸強くもとめる。▽「返事をせまる」

せみ 夏、木にとまって大きな声で鳴くこん虫。おすが鳴く。幼虫は地中で数年くらし、成虫になって地上に出る。

せめて これだけでも。少なくとも。▽「せめてもう一つめしあがれ」

せめる【責める】❶しかる。とがめる。▽「罪を責める」❷苦しめる。▽「むちで責める」⬇【責】381ページ

せめる【攻める】すすんで敵をうつ。こうげきする。▽「城をせめる。ゴールをせめる」⬍防ぐ。

セメント 石灰石などから作った、こな。水でねると、よくかたまる。たてもの・道路をつくるのに使う。

ゼラチン 動物の骨や皮などをにつめてさらしたもの。湯にとけ、冷えるとゼリーになり、おかしの材料などになる。

せりあう【競り合う】たがいに競争する。▽「一位を競り合う」

ゼリー 果物のしるなどにゼラチンやかんてんをくわえてひやしてかためたおかし。

せりふ ❶劇の中で役者が言うことば。❷文句。言い方。▽「すてぜりふ」

せる【競る】❶あらそう。▽「優勝を競る」❷手に入れようとあらそって高いねだんをつける。▽「市場で魚を競る」⬇【競】176ページ

セルフサービス 客が自分で食器や料理などをはこんだり、商品をえらびとり、代金をうけとることだけを店員がすること。▽「セルフサービスのうどん屋」

セレクト えらぶこと。

ゼロ ❶数字の0。零。❷何もないこと。▽「絵の才能はゼロだ」

セロハン 品物をつつむ時などに使う、うすくて透明な紙のようなもの。セロファン。

セロハンテープ セロハンでつくられた、物と物をくっつけるテープ。

せろん【世論】世の中の多くの人の意見。「よろん」ともいう。▽「世論に耳をかたむける」

せわ【世話】❶めんどうをみること。❷やっかいなこと。▽「世話になる」❸人と人との間をとりもつこと。▽「就職を世話する」

せわがやける【世話が焼ける】手がかかる。▽「世話が焼ける人だ」

せわしない せわしい。あわただしい。▽「年末はせわしない」

せん【千】1年 セン ち
❶百の十倍。❷数の多いこと。▽「千人力」

千 （左下にはらう）
★「干」にているので注意
●千差万別●千秋楽●千羽鶴●千変万化●千里眼●海千山千

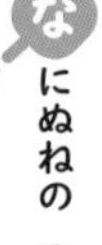

せん【川】1年 (セン) かわ

かわ。水のながれ。▼「河川」

川川川

せん【先】1年 セン さき

さき。前のほう。▼「先手」

先先先先先先

●先客●先駆●先決●先見の明●先刻●先日●先週●先進国●先生●先祖●先代●先端●先着●先天的●先頭●先入観●先輩●先発●先方●先約●祖先●優先

せん【専】6年 セン (もっぱら)

❶そのことだけをすること。▼「専門」
❷ひとりじめすること。▼「専用」

専専専専専専専専専

ここに点をうつのはあやまり

●専攻●専属●専念●専売

せん【宣】6年 セン ―

❶のべること。▼「宣言」
❷広く知らせること。▼「宣伝」

宣宣宣宣宣宣宣宣宣

●宣教師●宣告●宣誓●宣戦

★「宜」ににているので注意

せん【洗】6年 セン あらう

あらうこと。▼「洗顔」

洗洗洗洗洗洗洗洗洗

●洗剤●洗濯●洗面●洗礼●洗練

せん【泉】6年 セン いずみ

いずみ。地中から自然に出る水。▼「泉水」「温泉」

泉泉泉泉泉泉泉泉泉

せん【浅】4年 (セン) あさい

あさいこと。▼「浅学」⇔深。

浅浅浅浅浅浅浅浅浅

点を落とさないように

せん【染】6年 (セン) そまる・そめる・(しみる)・(しみ)

❶そめること。▼「染色」
❷うつる。つたわる。▼「伝染」

染染染染染染染染染

丸ではない

●染色●染料●感染

せん【船】2年 セン ふね・ふな

ふね。▼「客船」「乗船」

船船船船船船船船船船船

二つの点をつなげない

●船室●船頭●船舶●船腹●汽船●漁船●造船●風船

せん【戦】4年 セン たたかう・(いくさ)

たたかうこと。たたかい。▼「決戦」

戦戦戦戦戦戦戦戦戦戦戦戦戦

点の向きに注意

●戦火●戦況●戦後●戦災●戦死●戦車●戦術●戦場●戦前●戦争●戦闘●戦乱●戦略●合戦●休戦●作戦●終戦●対戦●雪合戦

前のページの答え⇒「ぞうきん」

せん【銭】 6年 セン (ぜに)

❶金属でつくったお金。ぜに。

❷「円」の百分の一の単位。▼「十銭」

●銭湯●金銭

銭 （この形に注意）（点を落とさないように）

せん【線】 2年 セン —

❶細長くのびたもの。▼「電線。光線」

❷算数で、位置と長さはあるが、はばのないもの。▼「直線」

❸道すじ。▼「線路。本線」

●線香●線香花火●線路●曲線●視線●新幹線●水平線●赤外線●対角線●地平線●点線●等高線●無線

線 （おる）

せん【選】 4年 セン えらぶ

えらぶこと。▼「予選。選挙」

●選外●選挙●選考●選者●選手●選出●選択●選定●選抜●当選●特選●入選

選 （巳ではない）

せん【栓】 ❶びんの口やあなをふさぐためのもの。❷水道やガスなどの出口で、出したり止めたりするしかけ。▼「消火せん」

ぜん【全】 3年 ゼン まったく・すべて

❶すべて。すっかり。▼「全世界」

❷欠点や悪いところがない。▼「完全」

●全員●全快●全壊●全額●全権●全校●全国●全集●全勝●全焼●全身●全盛●全然●全速力●全体●全治●全長●全土●全敗●全廃●全般●全部●全滅●全面●全力●安全●健全●万全

全

ぜん【前】 2年 ゼン まえ

❶まえ。▼「前方。目前」⇔後。後。

❷昔。今よりまえ。▼「以前」

●前衛●前回●前期●前後●前者●前進●前世●前線●前奏●前兆●前途●前途洋々●前任●前半●前夜●前例●空前●午前●寸前

前 （点のうち方に注意）（はねる）（短く）

ぜん【然】 4年 ゼン・ネン —

ほかのことばの下について、そのようすをあらわすことば。▼「偶然」

●自然●全然●当然●突然●平然

然 （タではない）（点を落とさないように）

ぜん【善】 6年 ゼン よい

よいこと。性質や行いがすぐれていること。▼「善人」⇔悪。

●善悪●善意●善処●善戦●善は急げ●善良●改善●親善

善 （下は4本めのヨコ棒までのばす）

ぜん【禅】 ❶仏教のうち禅宗のこと。❷禅宗で、心を静める修行をすること。

ぜんあく【善悪】 よいことと悪いこと。▼「善悪を見分ける」

せんい【繊維】 ❶生物のからだを組み立てている細い糸のようなもの。すじ。❷糸のようなもの。▼「化学せんい」

ぜんい【善意】 よい心。親切な心。▼「人の善意にすがる」⇔悪意。

ぜんいん【全員】 全部の人。

ぜんえい【前衛】 ❶敵にいちばん近い所をまもること。❷バレーボールなどで、前の方をまもること。❸芸術や社会運動などで、先立って新しいことをすること。また、その人。

せんか【戦火】 ❶戦争のためにおきた火事。❷戦争。いくさ。▼「戦火をのがれる」

せんかい【旋回】 ぐるぐる回ること。

ぜんかい【全快】 病気がすっかりなおること。全治。▼「全快祝い」

［全快］

ぜんかい【全開】 ❶いっぱいに開けること。▼「窓を全開にする」❷力をすべて出し切ること。▼「エンジン全開」

ぜんかい【全壊】 たてものなどが全部こわれること。▼「地しんで全かいした家」

ぜんかい【前回】 この前の時。⇔今回。次回。

ぜんかく【全角】 コンピューターで字をうつ時に、一文字分の字の大きさでうつこと。半分のはばでうつものを半角と言う。▼「3は全角の大きさで、30の3と0は半角の大きさです」

ぜんがく【全額】 全部の金額。総額。▼「一度に全額をはらう」

せんがん【洗顔】 顔を洗うこと。洗面。▼「洗顔クリーム」

ぜんき【前期】 ❶前の時期。❷ある期間の前のほうの時期。▼「江戸時代前期」⇔後期。

せんきゃく【先客】 先に来ていた客。

せんきょ【選挙】 大ぜいの人の中から、投票などで、ある役につく人を選ぶこと。

せんぎょ【鮮魚】 新しい、生きのいい魚。

せんきょうんどう【選挙運動】 選挙に立候補した人が、当選するように、選挙で投票する人たちにはたらきかけること。

せんきょけん【選挙権】 選挙に投票する権利。日本では十八さいから持つ。

せんけつ【先決】 ほかのことより、先に決めること。▼「宿題をすませるのが先決だ」

せんげつ【先月】 今月のすぐ前の月。⇔来月。

せんげん【宣言】 意見やたいどなどを大ぜいの人や社会にたいして発表すること。

せんけんのめい【先見の明】 ことがおこる前に、前もってそれを見ぬくかしこさ。▼「先見の明がある」

せんご【戦後】 戦争がおわった後。⇔戦前。

ぜんご【前後】 ❶前と後ろ。❷じゅんばんがぎゃくになること。▼「話が前後する」❸だいたいそのくらい。▼「三十さい前後の人」

せんこう【専攻】 ある一つの学問をとくべつに深く研究すること。▼「医学を専こうする」

せんこう【選考】 人がらやその人の力などをくわしくしらべて選ぶこと。▼「代表選手を選考する」

せんこう【線香】 香料をねりかためて細長くしたもの。仏前にともす。

ぜんこう【全校】 ❶一つの学校の全部。▼「全校生徒」❷すべての学校。▼「都内全校」

せんこうはなび【線香花火】 こよりの中に火薬をつつんだ小さな花火。

せんこく【宣告】 ❶はっきり知らせること。▼「退場を宣告する」❷裁判長が判決を言いわたすこと。▼「無罪を宣告する」

ぜんこく【全国】 国じゅう。▼「全国大会」

せんさい【戦災】 戦争のためにうけた災害。▼「戦災をこうむる」

せんさい【繊細】 ❶見た目がほっそりしていてうつくしいようす。▼「せんさいな指」❷心がこまやかで、感じやすいようす。デリ

早口ことば（五回続けていえるかな）そう査進まず警察署不満いっぱい。

ケート。▼「せんさいな神経」

せんざい【洗剤】せっけんなどのように、物を洗うときに使ってよごれをおとすもの。▼「中性洗ざい」

せんさばんべつ【千差万別】いろいろさまざまにちがっていること。▼「人の顔は千差万別である」

せんし【戦死】戦争で死ぬこと。

せんじつ【先日】このあいだ。過日。▼「先日は、ありがとう」

せんしゃ【戦車】じょうぶな鉄の車体と大ほうを持った戦争用の車。

ぜんしゃ【前者】二つならべたときの、はじめのほう。⇔後者。

せんしゅ【選手】スポーツ競技などに出るために選ばれた人。

せんしゅう【先週】この前の週。▼「先週の日曜日」

ぜんしゅう【全集】❶ある人の全作品を集めたひとそろいのもの。❷あることに関係のある、すべての作品などを集めてまとめたもの。▼「文学全集」

せんしゅうらく【千秋楽】何日も続く演劇や、すもうなどの、いちばんおしまいの日。

せんしゅけん【選手権】運動や競技などで優勝した人に、次の会まで与えられる名よ。また、その試合や大会。▼「選手権試合」

せんしゅつ【選出】選び出すこと。▼「委員を選出する」

せんじゅつ【戦術】戦いに勝つためのやり方。戦略。

せんじょう【戦場】戦争をしている場所。戦地。

ぜんしょう【全勝】全部勝つこと。▼「十五戦全勝」⇔全敗。

ぜんしょう【全焼】火事で、全部焼けること。まる焼け。

せんじょうち【扇状地】扇子のような形をした土地。川の流れが山地から平地に出たとき、はこんできた土やすながたまってできる。

[扇状地]

ぜんしん【全身】からだじゅう。

ぜんしん【前進】前の方へ進むこと。▼「一歩前進する」⇔後退。

せんしんこく【先進国】文化や経済などが、ほかの国より進んでいる国。

せんす【扇子】あおいで、風をおこす道具。小さくおりたためる。おうぎ。

[扇子]

センス 細かいようすを感じとる力。感覚。▼「服装のセンスがいい」

せんすい【潜水】水にもぐること。

せんすいかん【潜水艦】水の中にもぐり、しらべたり、敵とたたかったりする軍かん。

ぜんせ【前世】仏教のことばで、この世に生まれてくる前の世。

せんせい【先生】❶学校で生徒や児童にものを教える人。教師。❷医者や議員などの名前につけてよぶことば。

せんせい【宣誓】ちかいをのべること。ちかい。▼「選手代表が宣せいする」

ぜんせい【全盛】いきおいがいちばん盛んなこと。▼「全盛時代」

センセーション 強く人々の注意をひきつけること。▼「世界じゅうにセンセーションをまきおこす」

せんせん【宣戦】戦争することをあいての国に言いわたすこと。

せんぜん【戦前】 戦争をはじめる前。⇕戦後。

ぜんせん【前線】 ❶戦争やスポーツなどで敵にいちばん近い所。第一線。❷温度のちがう二つの空気のかたまりが合うさかい目。天気がくずれやすい。▽「温暖前線」

ぜんせん【善戦】 ありったけの力を出してよく戦うこと。

ぜんぜん【全然】 まったく。少しも。▽「人のすがたが全然見えない。全然だめではない」

せんぞ【先祖】 ❶血筋のいちばんはじめの人。❷その血筋で、今より前の人たち。祖先。⇕子孫。

せんそう【戦争】 戦い。いくさ。⇕平和。

ぜんそう【前奏】 ❶オペラの幕が上がる前に演奏される部分。❷歌のはじまる前に演奏される部分。

せんぞく【専属】 ある一つの所にだけ関係して、ほかに関係を持たないこと。▽「専属歌手」

ぜんそく 気管支などの内がわがはれて、息苦しくなる病気。

ぜんそくりょく【全速力】 ありったけの速さ。▽「全速力で走る」

センター ❶中心となるところ。▽「スポーツセンター」❷野球で、外野のまん中をまもる人。⬇野球（図）

せんたい【船体】 船の全体。

ぜんたい【全体】 ❶全部。すべて。▽「全体の人数」⇕部分。❷もともと。いったい。▽「全体むりな話だ」

ぜんだいみもん【前代未聞】 いままで一度も聞いたことがないような、めずらしいことやかわったこと。

せんたく【洗濯】 衣類などを洗って、よごれをとり、きれいにすること。⬇昔話（図）

せんたく【選択】 多くの中から選び出すこと。▽「すきな本を選択する」

せんたん【先端】 いちばんはしの所。先頭。▽「さおの先たん。時代の先たん」

センチ ❶メートル法で百分の一をあらわすことば。記号は「c」。❷「センチメートル」のこと。

ぜんち【全治】 病気やけががすっかり治ること。全快。▽「全治二週間」

センチメートル 長さの単位。一センチメートルは一メートルの百分の一。センチ。記号は「cm」。

せんちゃ【煎茶】 緑色をしたお茶。お茶の中で、いちばんふつうにのむお茶。ほかに、高級な玉露や苦みが少ない番茶がある。

せんちゃく【先着】 先に着くこと。▽「先着百人にこの本をさしあげます」

せんちょう【船長】 ❶船ではたらく人の中でいちばん上の役の人。❷船の、いちばん前からいちばん後ろまでの長さ。

ぜんちょう【全長】 全体の長さ。

ぜんちょう【前兆】 何かがおこる前の知らせ。きざし。▽「地しんの前兆」

せんて【先手】 ❶人より先に、ものごとをすること。▽「先手をうつ」❷碁や将棋で、はじめにうつ人。⇕後手。

せんてい【選定】 選んできめること。▽「選定図書」

せんでん【宣伝】 大ぜいの人にわからせるように知らせ広めること。▽「テレビで宣伝する」

ぜんてん【前転】 手を地面につけて、から

【前転】

あいうえお　かきくけこ　さしすせそ　せ　たちつてと　なにぬねの　はひふへほ　まみむめも　やゆよ　らりるれろ　わをん

なぞなぞ 遠くでも、近くにあるといわれる食べ物は？ 答えは次のページ。

だが前の方に一回まわること。

せんてんてき【先天的】生まれた時から、その人の身にそなわっているようす。生まれつき。⇔後天的。

せんど【鮮度】食べ物の新しさのていど。▽「さかなのせん度が落ちる」

ぜんと【前途】❶ゆく先。❷これから先の人生。将来。

ぜんど【全土】❶土地全体。❷全国。▽「日本全土」

せんとう【先頭】いちばん前。

せんとう【戦闘】たたかい。戦争。

せんとう【銭湯】おふろ屋。

せんどう【船頭】❶船乗りのかしら。❷船をこぐ人。

ぜんとようよう【前途洋洋・前途洋々】行く手がきぼうにみちあふれているようす。⬇「々」は同じ文字をくり返すという意味のおどり字という記号。▽「きみの将来は前途洋々としている」

せんにゅう【潜入】こっそりもぐりこむこと。▽「敵じんにせん入する」

せんにゅうかん【先入観】あるものごとについて、はじめからきめてかかる考え。▽「先入観にとらわれる」

せんにん【仙人】中国の物語などに出てくる老人。山にすみ、年をとらない方法や死なない方法を知っている。また、ふしぎな術を使う。

ぜんにん【前任】前にその役目をうけもっていたこと。また、その人。▽「前任者」⇔後任。

ぜんにん【善人】心や行いのりっぱな人。⇔悪人。

せんにんりき【千人力】すばらしく力が強いこと。

せんねん【専念】ある一つのことだけにうちこむこと。

せんばい【専売】ほかの人には売らせないで、ある人だけが売ること。▽「新製品を専売する」

せんぱい【先輩】❶同じ学校に先に入った人。❷年や学問・地位などが上の人。❸会社や仕事で先につとめている人。⇔後輩。

ぜんぱい【全敗】全部の試合に負けること。⇔全勝。

ぜんぱい【全廃】すっかりやめること。▽「かく兵器の全ぱいをめざす」

ぜんはいそげ【善は急げ】よいことは、思いついたら急いで行え。

せんぱく【船舶】船。

せんばつ【選抜】多くの中から選び出すこと。▽「選ばつ試験」

せんぱつ【先発】❶先に出発すること。また、その人。❷野球などで、はじめから出場すること。▽「先発投手」

せんばづる【千羽鶴】❶おり紙のツルをたくさんつないだもの。心のこもったおくりものにする。❷たくさんのツルをかいたもよう。

ぜんはん【前半】前の半分。「ぜんぱん」ともいう。⇔後半。

ぜんぱん【全般】みんな。すべて。総じて。▽「今の子は全ぱんに背が高い」

ぜんぶ【全部】すべて。ひとつのこらず。▽「お金を全部使う」⇔一部。

せんぷうき【扇風機】電気でプロペラを回し、風をおこす機械。

せんぷく【潜伏】❶こっそりかくれること。▽「犯人は山にせんぷくした」❷ばい菌がからだに入ってまだ発病していないこと。▽「赤りのせんぷく期間は二日～四日です」

せんべい【煎餅】うすくてぱりっとしたおかし。米や小麦の粉を水でこねてのばし、焼いたもの。

せんべつ【選別】多くのものを、ある基準にしたがって分けていくこと。▽「大きさで

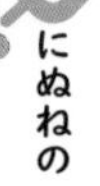

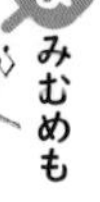

せんべつ【選別する】旅に出る人や、わかれる人におくるお金や品物。はなむけ。▼「転校する友に、せんべつをおくる」

せんぺんばんか【千変万化】いろいろに変わること。▼「雲の形は、千変万化しておもしろい」

せんぽう【先方】❶むこうの方角。▼「先方に犬がいる」❷あいての人。▼「先方と相談する」

ぜんぽう【前方】前の方。▼「前方をよく見よ」⇕後方。

ぜんまい はがねをうずまきのようにまいたばね。もとにもどろうとする力を利用して機械などを動かす。オルゴールなどに使う。

せんめい【鮮明】あざやかで、はっきりしていること。▼「せん明な画像」

ぜんめつ【全滅】ひとつのこらずほろびること。▼「作物は全めつした」

せんめん【洗面】顔を洗うこと。洗顔。▼「洗面用具」

ぜんめん【全面】すべての面。全体。

せんめんじょ【洗面所】❶顔や手をあらうための場所。❷トイレ。便所。

せんもん【専門】ある一つのことがらに心をそそぐこと。また、そのことがら。▼「おもちゃ専門のお店」

ぜんや【前夜】前の日の夜。

せんやく【先約】先にきめた約束。前からの約束。▼「先約があるので、今日はだめです」

せんよう【専用】あるきまった人だけが使うこと。▼「社長専用の車」

せんらん【戦乱】戦いのために世の中が乱れること。▼「戦乱の世」

せんりつ【旋律】音楽のふし。いろいろな高さの音が組み合わさり、つづいていく音のながれ。メロディー。

せんりのみちもいっぽから【千里の道も一歩から】遠い道のりを歩くのも、まず一歩目からはじまるということ。大きな計画も、身近なことの実行からはじめようということ。

せんりゃく【戦略】戦いに勝つためのはかりごと。戦術。

せんりゅう【川柳】五・七・五の十七文字のみじかい詩。こっけいで、おどけた句が多く、季語（季節をあらわすことば）はいらない。江戸時代、柄井川柳が作者として名高かったから、この名になった。

せんりょう 冬に赤い小さな実がなる低い木。葉はだ円形でふちがぎざぎざしている。正月にかざる。

せんりょう【占領】❶場所をとって自分のものにすること。▼「入り口近くの席をせん領する」❷軍隊の力でよその国の土地や物などをうばいとること。▼「敵のじん地をせん領する」

[せんりょう]

せんりょう【染料】色を染める材料。

ぜんりょう【善良】性質が正直でおだやかなようす。▼「善良な人」

ぜんりょく【全力】ありったけの力。

せんれい【洗礼】❶キリスト教で信者になるときにうける儀式。❷経験すること。▼「先ぱいから厳しい訓練の洗礼をうける」

ぜんれい【前例】前にもあったこと。

せんれん【洗練】考え・人がら・わざ・文章などを練りきたえて、りっぱなものにすること。▼「洗練された文章。洗練された服装」

せんろ【線路】列車や電車の走る道。レー

前のページの答え⇒「そば」

ル。

そ【祖】5年 ソ

❶その家の、今より前の人たち。▽「祖先」
❷親の親。▽「祖父」
❸ものごとをはじめた人。▽「開祖」

祖 ネ ネ ネ 祖 祖 祖 祖 祖
（ネとしない）（目や且ではない）

●祖国●祖先●祖父●祖母●元祖●教祖●先祖

そ【素】5年 ソ・（ス）

❶かざりけのないこと。▽「質素」
❷もととなる物。▽「素材。栄養素。色素。葉緑素」
❸ふだん。▽「平素」

素 一 十 丰 丰 圭 圭 素 素 素 素
（おる）

●素行●素質●素朴●素養●酸素●色素●水素●炭素●要素

そ【組】2年 ソ くみ・くむ

作ること。くみたてること。▽「組織」

組 く 幺 糸 糸 糸 糸 糸 組 組 組 組
（おる）（長く。目ではない）

●組閣●組織

そあく【粗悪】

そまつで質が悪いこと。▽「粗悪品」

そう【早】1年 ソウ・（サッ） はやい・はやまる・はやめる

❶はやいこと。はじめ。▽「早春」
❷時間がかからない。▽「早急」

早 丨 口 日 日 旦 早

●早期●早急●早計●早熟●早春●早々●早退●早朝●早晩

そう【争】4年 ソウ あらそう

あらそうこと。たたかい。もめごと。▽「戦争。論争」

争 ノ ク 𠂊 刍 刍 争
（ク・マ・刀などとしない）

●争奪●競争●戦争

そう【走】2年 ソウ はしる

はしること。▽「競走。独走。力走」

走 一 十 土 キ 丰 走 走

●走者●走馬灯●助走

そう【宗】

❶大もと。本家。▽「宗家」❷いちばん上にいる人。⬇【宗】316ページ

そう【草】1年 ソウ くさ

❶くさ。くきのやわらかい植物。▽「草原。野草」
❷下書き。げんこう。▽「草案」

草 一 艹 艹 艹 苎 草 草 草 草
（ヨコ棒をつきぬける）

●草案●草原●草稿●草書●海草●雑草●牧草●薬草

そう【送】3年 ソウ おくる

❶人をおくること。▽「送別」
❷物をおくること。▽「送金」

送 ㇒ 丷 兰 关 关 送 送 送
（ツとしない）（ひと筆に書く）

あいうえお かきくけこ さしすせそ たちつてと なにぬねの はひふへほ まみむめも やゆよ らりるれろ わをん

●送迎●送信●送電●送料●運送●直送●放送●輸送

そう【相】3年 ソウ・(ショウ) あい

❶すがた。形。▼「人相。手相」
❷ともに。たがいに。▼「相談」

●相違●相応●相関●相互●相好を崩す●相似形●相続●相談●相当●相場●形相●真相●世相●貧相

そう【奏】6年 ソウ (かなでる)

❶もうしあげること。▼「奏上」
❷楽器を鳴らすこと。▼「演奏。奏楽」

夫ではない

●合奏●前奏●独奏●伴奏

そう【倉】4年 ソウ くら

くら。▼「穀倉。倉庫」

つける　つき出ない

そう【窓】6年 ソウ まど

まど。▼「学窓」

おる

●車窓●同窓

そう【巣】4年 (ソウ) す

鳥や虫などのすみか。▼「営巣」

点の形・向きに注意。⺍ではない

そう【創】6年 ソウ つくる

はじめて作ること。▼「創立」

短く

●創意●創刊●創業●創作●創始者●創設●創造●創立

そう【装】6年 ソウ・(ショウ) (よそおう)

❶よそおうこと。▼「服装。変装」
❷とりつけること。かざりつけること。▼「装置。装備」

この形に注意　土ではない

●装飾●装身具●装置●装丁●改装●仮装●軽装●服装●包装

そう【想】3年 ソウ・(ソ) —

思うこと。思い。考え。▼「思想。感想。想をねる」

●想像●想定●予想●理想

そう【総】5年 ソウ —

❶一つにまとめること。しめくくること。▼「総代」
❷すべて。みんな。▼「総人口」

つかない　はねる

●総意●総会●総掛かり●総画●総額●総括●総計●総決算●総合●総攻撃●総裁●総仕上げ●総称●総数●総勢●総選挙●総立ち●総長●総出●総動員●総務●総務省●総理大臣●総量●総力

あいうえお　かきくけこ　さしすせそ　そ　たちつてと　なにぬねの　はひふへほ　まみむめも　やゆよ　らりるれろ　わをん

なぞなぞ　おじいちゃんとする球技は？　答えは次のページ。

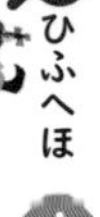

あいうえお かきくけこ さしすせそ たちつてと なにぬねの はひふへほ まみむめも やゆよ らりるれろ わをん

そう【層】6年 ソウ ―

かさなっていること。▽「地層」

●層積雲●高層●上層

そう【操】6年 ソウ（あやつる）・（みさお）

❶あやつること。思うとおりに動かすこと。▽「操作」

❷こころざしをかたくまもってかえないこと。みさお。▽「節操」

●操業●操作●操縦●情操●節操●体操

そう【沿う】あるもののそばをつたっていく。▽「川に沿う道」⬇【沿】75ページ

そう【僧】おぼうさん。

そう【添う】❶そばにはなれずにいる。▽「母にそって歩く」❷かなえる。▽「きぼうにそう」

ぞう【造】5年 ゾウ つくる

つくること。▽「造船。改造」

●造営●造花●造形●造作●造作●造船●構造●製造●木造

ひと筆で書く

ぞう【象】長い鼻を持つ、陸上でいちばん大きい動物。アフリカゾウとインドゾウがあり、むれを作ってくらす。▽「象げはとても高価だ」⬇【象】332ページ

ぞう【像】5年 ゾウ ―

❶形。すがた。▽「映像」

❷にせて作ったすがたや形。▽「仏像」

この形に注意

●画像●現像●想像●銅像

ぞう【増】5年 ゾウ ふえる・ふやす・ます

ふえること。ふやすこと。⬍減。

●増員●増加●増額●増強●増結●増減●増産●増収●増進●増水●増税●増設●増大●増長●急増

ぞう【雑】いろいろなものがまじっていること。⬇【雑】272ページ

●雑木林●雑炊●雑煮

ぞう【蔵】6年 ゾウ（くら）

❶くら。▽「土蔵」

❷しまっておくこと。▽「貯蔵。蔵書」

つき出る　点を落とさないように

●地蔵●貯蔵●冷蔵

ぞう【臓】6年 ゾウ ―

動物のからだの中にあるもの。▽「心臓。内臓。肺臓。臓物」

点を落とさないように

そうあん【草案】下書き。草こう。▽「草案を検討する。憲法の草案」

そうい【相違】ちがうこと。ちがい。▽「見解の相違。意見が相いする」

そうい【創意】新しく考え出すこと。新しいくふう。新しい思いつき。創案。新案。▽「創意を生かす。創意工夫」

そうい【総意】全体の人の考え。

そういん【総員】 すべての人。全体の人数。全員。▼「総員十名」

ぞういん【増員】 人数を増やすこと。

ぞうえい【造営】 神社・寺・宮でんなどをたてること。

そうおう【相応】 つりあうこと。よく合っていること。相当。▼「年相応の身なり」

そうおん【騒音】 さわがしくうるさい音。▼「そう音防止」

ぞうか【造花】 紙や布、ビニールなどでつくった花。⇕生花。

ぞうか【増加】 数や量が増えること。多くなること。▼「人数が増加する」⇕減少。

そうかい【爽快】 さわやかで気持ちがいいようす。▼「気分そう快」

そうがかり【総掛かり】 みんなが力を合わせて一つのことに当たること。▼「総がかりで祭りのじゅんびをする」

そうかく【総画】 漢字の一字一字を組み立てている点や線の全体の数。▼「『花』の字の総画は七画」

そうがく【総額】 全部を合わせた金額。全額。

ぞうがく【増額】 お金の額を増やすこと。▼「予算の増額を申せいする」⇕減額。

そうかつ【総括】 全体をひとまとめにすること。▼「意見を総かつする」

そうかん【創刊】 本や雑誌をはじめて出すこと。▼「創刊号」

そうがんきょう【双眼鏡】 両目に当てて見る望遠鏡。

そうき【早期】 はじめのころ。早い時期。▼「病気を早期に発見した」

そうぎ【葬儀】 死んだ人をとむらうための儀式。葬式。▼「そうぎをとり行う」

ぞうきばやし【雑木林】 いろいろな種類の木がいっしょにはえている林。

そうきゅう【早急】 ⬇さっきゅう

そうぎょう【創業】 店や会社などが仕事をはじめること。▼「創業百年」

そうぎょう【操業】 機械などを動かして仕事をすること。▼「操業開始」

ぞうきょう【増強】 力をいっそう強くすること。▼「体力の増強をはかる」

そうきん【送金】 お金を送ること。また、そのお金。▼「父からの送金」

ぞうきん【雑巾】 よごれているところをふくための布。

そうぐう【遭遇】 不意に出あうこと。めぐりあうこと。▼「事故にそうぐうする」

ぞうげ【象牙】 ゾウのきば。

そうけい【早計】 早まること。早まった考え。▼「すぐにだめと決めつけるのは早計だ」

そうけい【総計】 全部を合わせたもの。全部の合計。

そうげい【送迎】 送りむかえ。行く人を送り、来る人をむかえること。

ぞうけい【造形・造型】 物の形をつくること。

ぞうけつ【増結】 列車に車両を増やしてつなぐこと。▼「車両を増結する」

そうけっさん【総決算】 ❶お金の出し入れの計算の全部のまとめ。❷ものごとのしめくくり。▼「一年の総決算」

そうげん【草原】 くさはら。

ぞうげん【増減】 増えたり、減ったりすること。増やしたり、減らしたりすること。▼「人口の増減をしらべる」

そうこ【倉庫】 品物を入れておくたてもの。くら。

そうご【相互】 ❶おたがい。▼「相ごにたすけ合う」❷かわるがわる。▼「地下鉄が相ごに乗り入れる」

そうこう【草稿】 下書きの文章。草案。▼「作文の草こう」

そうごう【総合】 ばらばらな多くのものを一つにまとめ合わせること。▼「意見を総合

前のページの答え⇒「ソフトボール（祖父とボール）」

する」⇕分析。

そうこうげき【総攻撃】全軍がいっせいにこうげきすること。

そうごうをくずす【相好を崩す】顔つきをかえて、うれしそうににこにこする。▼「孫の声をきいて相好を崩す」

そうごん【荘厳】重々しくてりっぱなようす。いかめしいようす。

そうさ【捜査】警察などがさがしてとりしらべること。たずねさがすこと。▼「犯人をそう査する」

そうさ【操作】❶機械などを動かすこと。▼「機械を操作する」❷やりくりしてつごうをつけること。▼「価格を操作する」

そうさい【総裁】全体の仕事をしめくくり、はたらく人をとりしまる役。また、その人。▼「日銀総裁」

そうざい【総菜】ごはんにそえていっしょに食べるもの。おかず。副食。

そうさく【捜索】さがしもとめること。わからなくなった人や物などをさがしたずねること。▼「行方不明者をそうさくする」

そうさく【創作】❶はじめて作り出すこと。❷詩や小説などを作ること。また、作られたもの。▼「短歌を創作する」

そうじ【掃除】ごみ・よごれなどをとりのぞいて、きれいにすること。

そうしあげ【総仕上げ】やってきたことの最後の仕上げをすること。

そうしき【葬式】死んだ人をほうむる儀式。とむらい。葬儀。

そうじき【掃除機】ごみやほこりをすって、ゆかやたたみをきれいにする機械。

そうじけい【相似形】大きさはちがうが、形は同じ図形。

そうししゃ【創始者】はじめて作った人。やりはじめた人。

そうしつ【喪失】なくすこと。失うこと。▼「記おくをそう失する」

[相似形]

そうしゃ【走者】❶野球で、塁へ出ている人。⬇野球（図）❷走る人。

そうじゅう【操縦】❶乗り物や機械をあやつり動かすこと。❷人を思いどおりに使うこと。

ぞうしゅう【増収】❶作物のとれる量が増えること。❷お金を前より多く得ること。⇕減収。

そうじゅく【早熟】❶果物などが早く熟すこと。❷年のわりに、大人びていること。ませていること。

そうしゅん【早春】春のはじめ。

そうしょ【草書】漢字を速く書けるようにくずした字。つづけ字。⬇字体（図）

ぞうしょ【蔵書】本を持っていること。また、その本。▼「祖父の蔵書」

そうしょう【総称】まとめて名前をつけること。また、その名前。▼「小説・詩・俳句などを総しょうして文学という」

そうしょく【草食】草をおもに食べること。▼「ゾウは草食です」⇕肉食。

そうしょく【装飾】かざり。

そうしん【送信】通信を送ること。▼「電子メールを送信する」⇕受信。

そうしんぐ【装身具】アクセサリー。からだや衣服につけるかざり。

ぞうすい【増水】水の量が増すこと。▼「大雨のため、川が増水する」

ぞうすい【雑炊】やさいなどをきざんで、たきこんだかゆ。おじや。

そうすう【総数】全体の数。

そうぜい【総勢】全体の人の数。

ぞうぜい【増税】税金の金額を増やすこと。⇕減税。

そうせいじ【双生児】ふたご。

そうせつ【創設】はじめてつくること。はじめて設けること。創立。

ぞうせつ【増設】たてものなどを、増やしつくること。▽「校舎を増設する」

ぞうせん【造船】船をつくること。

そうせんきょ【総選挙】議員などを全員一度に選挙すること。とくに衆議院議員の選挙をいう。

そうそう【早早・早々】❶いそぐようす。はやばや。▽「早々にひきあげる」❷……になるとすぐ。▽「新年早々病気をした」➡「々」は同じ文字をくり返すという意味のおどり字という記号。

そうぞう【創造】はじめてつくりだすこと。⬍模倣。

そうぞう【想像】心の中に思いうかべること。▽「頭のこぶからおもちを想像する。花がさく日を想像する」

[想像]

そうぞうしい【騒騒しい・騒々しい】さわがしい。やかましい。➡「々」は同じ文字をくり返すという意味のおどり字という記号。

そうぞく【相続】うけつぐこと。とくに、家や財産などをうけつぐこと。

そうたい【早退】学校やつとめ先からきまった時刻より早く帰ること。早びけ。▽「頭がいたいので早退する」

そうだい【壮大】大きくてりっぱなようす。雄大。▽「そう大ながめ」

ぞうだい【増大】増えて大きくなること。また、増やして大きくすること。▽「国の予算が増大する」⬍減少。

そうだち【総立ち】全員が立つこと。いっせいに立ち上がること。

そうだつ【争奪】争ってうばい合うこと。▽「優勝カップの争だつ戦」

そうだん【相談】話し合うこと。

そうち【装置】そなえつけておくこと。しかけ。▽「ロケットの発射装置。ぶ台の装置」

ぞうちく【増築】家などをつぎたしてたてること。たて増し。

そうちょう【早朝】朝早く。

そうっと「そっと」をつよめた言い方。

そうで【総出】一人のこらず出ること。▽「一家総出ではたらく」

そうてい【装丁】本に表紙をつけ、形をととのえること。

そうてい【想定】心の中で、だいたいこうだろうと考えてきめること。

ぞうてい【贈呈】さしあげること。▽「記念品をぞうていする」

そうでん【送電】発電所でおこした電気を送ること。▽「送電線」

そうとう【相当】❶あてはまること。相応。▽「魚のえらは人間の肺に相当する」❷かなり。だいぶ。▽「風が相当強い」

そうどう【騒動】大ぜいでさわぎたてること。もめごと。

そうどういん【総動員】全部の人を集めて仕事にかかること。▽「生徒総動員で校庭をそうじする」

そうなん【遭難】思いがけなく、災難にあうこと。▽「山でそう難する」

ぞうに【雑煮】やさいや肉などのしるに、もちを入れてにた食べ物。正月に食べる。➡コラム401ページ

そうば【相場】品物のその時その時のねだん。▽「米の相場が上がる」

ぞうはつ【増発】乗り物の運転回数を増やすこと。▽「バスを増発する」

そうび【装備】❶いろいろ必要な物を用意すること。▽「登山隊の装備。重装備」❷軍隊や軍かん・飛行機などに武器を備えつけること。▽「レーダーを装備した船」

そうべつ【送別】別れていく人を送るこ

さかさことば 前から読んでもうしろから読んでも「タイが居た」。

と。▼「送別会」

そうほう【双方】こちらとあちらの両方。▼「そう方の言い分を聞く」

そうまとう【走馬灯】➡回り灯ろう

そうむ【総務】全体の事務をしめくくる役目。また、その人。▼「総務部」

そうむしょう【総務省】地方自治に関係のある仕事をしたり、放送・通信・ゆうびんに関係のある仕事をしたりする、国の役所。

そうめん【▲素麺】とても細いうどんのような食べ物。ゆでたあと、ひやして食べる。

ぞうり【草履】ビニール・ゴム・わらなどで作った、鼻おがついたはき物。

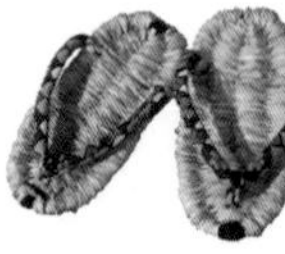

[草履]

そうりだいじん【総理大臣】政府のいちばん上にいる人。国会でえらんだのち、天皇が任命する。ほかの大臣をきめ、内閣を作って、政治を行う。内閣総理大臣。首相。

そうりつ【創立】会社や学校などをはじめてつくること。創設。▼「創立記念日」

そうりょ【僧侶】おぼうさん。

そうりょう【送料】物を送るのにかかるお金。▼「本の送料」

そうりょう【総量】全体の量や、重さ。▼「総量は五〇キログラムになる」

そうりょく【総力】すべての力。全部の力。▼「総力をあげてたたかう」

そうろう【候】「ある」「いる」のていねい語。昔、「……であります」「……でございます」というときに使ったことば。▼「おかげさまで元気にて候」➡【候】228ページ

そえる【添える】くわえる。つけたす。▼「手紙に写真をそえる。文末に一言そえる」

ソース 西洋料理で使う調味料。

ソーセージ ウシやブタなどの腸にひき肉をつめ、ゆでたり、いぶしたりした食べ物。腸づめ。

ソーダ しゅわしゅわとあわがでる飲み物。炭酸ガスを水にとかしたもの。ソーダ水。

ソーラー 太陽の光や熱をエネルギーとして利用すること。▼「ソーラーカー」

そかい【疎開】戦争などのとき、人口の多い都会から安全な地方にひっこすこと。▼「集団疎開」

そく【足】1年 ソク あし・たす・たりる・たる

❶あし。▼「土足。足跡」
❷歩くこと。行くこと。▼「遠足」
❸たりること。▼「満足」
❹はきもの。▼「下足」
❺くつや、げたなどを数えることば。

●不足●補足

そく【束】4年 ソク たば

❶たばねること。▼「結束」
❷しばりつけること。▼「束縛。約束」

★「東」ににているので注意

そく【則】5年 ソク —

きそく。きまり。▼「法則。規則」

短く

●原則●反則

そく【息】3年 ソク いき

❶いき。▼「嘆息」
❷休むこと。▼「休息」
❸むすこ。▼「子息」
❹お金などの利子。▼「利息」

雑煮

正月にたべる雑煮は、住んでいる地域などによってちがいます。自分がたべている雑煮を、ともだちと比べてみると発見があるかもしれませんよ。

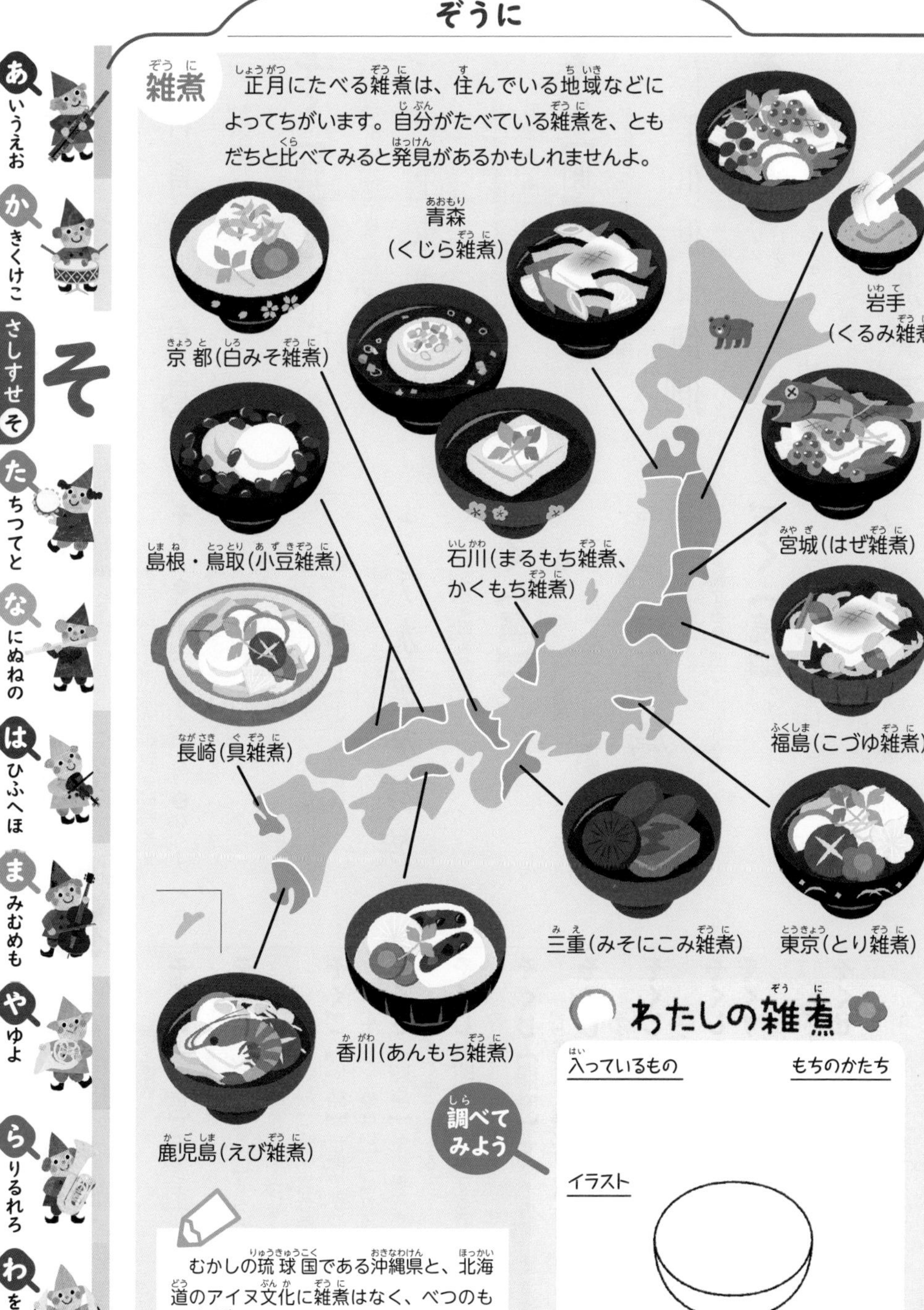

むかしの琉球国である沖縄県と、北海道のアイヌ文化に雑煮はなく、べつのものが正月のたべものとなっています。

わたしの雑煮

調べてみよう

入っているもの

もちのかたち

イラスト

早口ことば（五回続けていえるかな）第三者からみてきゃしゃなぎょ者。

（息の書き順）上の自よりはばを広く

●消息（しょうそく）●生息（せいそく）

そく【速】3年
ソク　はやい・はやめる・はやまる・（すみやか）

はやい。はやさ。▼「速力（そくりょく）」⇔遅（ち）。

（書き順）ひとふでに書く

●速達（そくたつ）●速度（そくど）●速報（そくほう）●速記（そっき）●音速（おんそく）●急速（きゅうそく）●高速（こうそく）●時速（じそく）●風速（ふうそく）

そく【側】4年
ソク　がわ

かたわら。そば。▼「側近（そっきん）。側面（そくめん）」

（書き順）短く　★「測」ににているので注意（ちゅうい）

そく【測】5年
ソク　はかる

❶長（なが）さなどをはかること。▼「測量（そくりょう）」
❷おしはかること。▼「推測（すいそく）」

（書き順）短く

●測定（そくてい）●測量（そくりょう）●測候所（そっこうじょ）●観測（かんそく）●目測（もくそく）●予測（よそく）

そぐ
❶けずる。うすく切（き）る。❷なくす。へらす。▼「気勢（きせい）をそぐ」

ぞく【族】3年
ゾク　—

❶同（おな）じ血筋（ちすじ）のなかま。▼「一族（いちぞく）」
❷同（おな）じ種類（しゅるい）のなかま。▼「民族（みんぞく）」

（書き順）つき出ない

●家族（かぞく）●貴族（きぞく）●民族（みんぞく）

ぞく【属】5年
ゾク　—

❶なかま。▼「金属（きんぞく）」
❷したがうこと。▼「付属品（ふぞくひん）。配属（はいぞく）」

●属（ぞく）する●属国（ぞっこく）●所属（しょぞく）●専属（せんぞく）

ぞく【続】4年
ゾク　つづく・つづける

つづくこと。つながること。▼「連続（れんぞく）」

（書き順）おる　上（うえ）のヨコ棒（ぼう）より短（みじか）く

●続出（ぞくしゅつ）●続々（ぞくぞく）●続編（ぞくへん）●続行（ぞっこう）●永続（えいぞく）●勤続（きんぞく）●継続（けいぞく）●持続（じぞく）●接続（せつぞく）

そくい【即位】 天皇（てんのう）や王（おう）などが、位（くらい）につくこと。⇔退位（たいい）。

そくおん【促音】 「そっと」「きっぷ」などの「っ」のように、つまる感（かん）じをあたえる音（おん）。小（ちい）さい「っ」で書（か）きあらわす。

ぞくご【俗語】 世間（せけん）で使（つか）われているくだけたことば。「やばい」「ばれる」「サボる」など。

そくざ【即座】 その場（ば）ですぐに。ただちに。▼「そく座（ざ）に答（こた）える」

そくし【即死】 事故（じこ）などで、その場（ば）ですぐ死（し）ぬこと。

そくじ【即時】 すぐその時（とき）。すぐさま。▼「お金（かね）はそく時（じ）にはらう」

そくじつ【即日】 すぐ、その日（ひ）。▼「前売（まえうり）券（けん）はそく日（じつ）、売（う）り切（き）れた」

ぞくしゅつ【続出】 引（ひ）き続（つづ）いて出（で）ること。▼「病人（びょうにん）が続出（ぞくしゅつ）する」

そくしん【促進】 せきたてて進（すす）ませること。

ぞくする【属する】 その中（なか）に入（はい）っている。ふくまれている。▼「伊豆大島（いずおおしま）は東京都（とうきょうと）に属（ぞく）する。テニス部（ぶ）に属（ぞく）する」

そくせいさいばい【促成栽培】 温室（おんしつ）やビニールハウスなどで、やさいや果物（くだもの）をふつうよりはやくそだてること。

そくせき【即席】 ❶その場（ば）ですぐ作（つく）るこ

あいうえお　かきくけこ　さしすせそ　たちつてと　なにぬねの　はひふへほ　まみむめも　やゆよ　らりるれろ　わをん

と。▽「そく席で作曲する」❷まにあわせ。インスタント。▽「そく席料理」

ぞくせつ【俗説】世間につたえられているが、たしかなしょうこのない説。

ぞくぞく【続続・続々】次々につづくようす。⬇「々」は同じ文字をくり返すという意味のおどり字という記号。▽「人が続々つめかける」

ぞくぞく ❶寒けを感じるようす。▽「かぜで、からだがぞくぞくする」❷うれしさやおそろしさで、からだがふるえるようす。▽「感動のあまりぞくぞくする」

そくたつ【速達】料金を多くはらって速くとどけてもらう手紙。

そくてい【測定】器械をつかって、数や量をはかること。▽「体重測定」

そくてん【側転】両手両足を開いた形のまま、横に一回まわること。

［側転］

そくど【速度】速さのどあい。速力。▽「列車の速度」

そくとう【即答】すぐその場で答えること。▽「そく答をせまる」

ぞくに【俗に】ふつうに。いっぱんに。▽「積乱雲をぞくに入道雲という」

そくばい【即売】その場で売ること。

そくばく【束縛】制限をして自由にさせないこと。▽「行動を束ばくする」

ぞくへん【続編】読み物・映画などの続き。

そくほう【速報】速く知らせること。速い知らせ。▽「ニュースの速報」

そくめん【側面】物体の左右の面。わき。▽「側面から手わたす。側面へのこうげき」

そくりょう【測量】土地の形や面積、海の深さや潮の流れなどをはかってしらべること。▽「プールを測量する」

そくりょく【速力】物のすすむ速さ。スピード。速度。

ソケット 電球をはめこむ器具。

←電球　←ソケット

［ソケット］

そこ【底】❶物のいちばん下。▽「海の底」❷くぼんだ物のいちばん下。▽「おけの底」❸いちばんおくにあるもの。▽「心の底」❹いちばんひくいこと。▽「底値」❺きわまる所。はて。▽「底をつく」⬇【底】470ページ
●底力●底抜け●底冷え●底光り●底をつく●谷底●どん底

そこ ❶あいての近くをさすことば。その場所。▽「そこの本をとってください」❷そのこと。その場合。その点。▽「かれのよさは、そこにある」

そこく【祖国】自分の生まれた国。先祖からすんできた国。母国。

そこそこ ❶およそそれくらい。……に少したりない。▽「千円そこそこの時計」❷いそぐようす。▽「あいさつもそこそこに出かけた」

そこぢから【底力】ふだんは出さないが、いざというときに出す強い力。

そこつ そそっかしいこと。▽「とんだそこつ者」

そこで そういうわけで。だから。▽「試合に負けた。そこで、練習にはげんだ」

そこなう【損なう】こわす。きずつける。▽「健康を損なう」⬇【損】409ページ

そこぬけ【底抜け】❶入れ物などの底がぬ

さかさことば　前から読んでもうしろから読んでも「タイツに付いた」。

けていること。❷きりがないようす。ていどがはげしいようす。▽「底ぬけの大さわぎ」

そこねる【損ねる】こわす。きずつける。▽「きげんを損ねる」➡【損】409ページ

そこびえ【底冷え】からだのしんまでひえること。▽「底冷えのする夜」

そこら ❶そのへん。その点。▽「そこらであそびなさい」❷そのぐらい。▽「百円かそこらで売っている」

そこをつく【底をつく】すっかりなくなる。▽「池の水が底をつく」

そざい【素材】❶もとになる材料。原料。❷文学や絵のもとになる材料。

そざつ【粗雑】大ざっぱで、いいかげんなようす。▽「仕事がそ雑だ」

そし【阻止】おさえ止めること。▽「入場を実力でそ止する」

そしき【組織】集まって、まとまりのあるしくみになったもの。組み立て。

そしつ【素質】生まれつき持っている性質。▽「スポーツ選手の素質がある」

そして 文と文をつなぐことば。そうして。それから。▽「学校から帰った。そして、あそびに出かけた」

そしな【粗品】そまつな品物。品物を人におくるときに、へりくだって言うことば。

そしょう【訴訟】よいか悪いかをはっきりきめてもらうため、裁判所にうったえること。

そしょく【粗食】そまつな食べ物。

そしらぬかお【そ知らぬ顔】知っていながら、知らないふりをした顔。▽「そ知らぬ顔で通りすぎる」

そしる 人のことを悪く言う。けなす。

そせん【祖先】❶その家のいちばんはじめに当たる人。⇕子孫。❷その家で、今生きている人たちより前の人たち。先祖。▽「祖先のはかにまいる」

そそぐ【注ぐ】❶水がながれこむ。▽「川が海に注ぐ」❷水をかける。▽「花に水を注ぐ」❸一つに集める。▽「力を注ぐ」➡【注】447ページ

そそくさと おちつかないで、いそがしそうに。せかせかと。▽「そそくさと家をとび出していった」

そそっかしい おちつきがない。注意がたりない。▽「そそっかしい性格をあらためたい」

そそのかす おだてて悪いことをさせる。▽「弟をそそのかしてカキをとらせる」

［そそっかしい］

そそりたつ【そそり立つ】高くそびえ立つ。▽「そそり立つ山」

そそる 心を動かす。おこさせる。▽「すきやきのにおいが食欲をそそる」

そだち【育ち】❶育つこと。❷そだてられ方。▽「育ちがいい人」

そだちざかり【育ち盛り】育っているさいちゅう。▽「育ち盛りの子供」

そだつ【育つ】人や動物や草木などが大きくなる。成長する。▽「すくすくと育つ」➡【育】35ページ

そだてる【育てる】❶子供をやしなって大きくする。❷動物や植物の世話をして大きくする。▽「花を育てる」❸教えみちびく。しこむ。▽「音楽家を育てる」➡【育】35ページ

そち【措置】ものごとのとりあつかい。とりはからい。▽「応急そ置」

そちら ❶あいてに近い場所をさすことば。▽「わたしの席はそちらです」❷あいてがわの人をさすことば。▽「そちら様のご用は何ですか」

そつ【卒】4年 ソツ ―
❶身分のひくい兵隊。▽「兵卒」❷おわること。おわり。▽「卒業」

③とつぜん。にわか。▽「卒倒」

★「率」ににているので注意　つき出る

●卒園●卒業●卒倒

そつ【率】5年（ソツ）・リツ　ひきいる

❶ひきいること。▽「引率」

❷ありのまま。▽「率直」

●率先●率直

★「卒」ににているので注意　つき出る

そつえん【卒園】幼稚園や保育園を卒業すること。⇔入園。

そつがない　ておちや、むだがない。

そっき【速記】❶速く書くこと。❷符号を使って、話を速く書きとる方法。

そっきょう【即興】前もって準備をしないで、その場でなにかをすること。▽「そっきょう演奏。そっきょうでスピーチをする」

そつぎょう【卒業】❶学校での勉強をおわって学校を出ること。⇔入学。❷十分にやって、やめる。▽「まんがを卒業する」

そつぎょうしょうしょ【卒業証書】卒業したしるしの書き物。

そっきん【側近】身分のある人のそばにつかえていること。また、その人。

ソックス　くつをはくときや寒いときなどに足にはく、ふくろの形をした衣類。くつした。

そっくり　❶よくにているようす。▽「この絵は本物そっくりだ」❷のこらず。みな。全部。▽「本をそっくりきみにあげる」

そっけつ【即決】ものごとをすぐその場で決めること。

そっけない　あいそがない。すげない。▽「そっけない返事」

ぞっこう【続行】続けてやること。

そっこうじょ【測候所】気象・地しん・火山のようすをしらべて天気予報や警報を出すところ。

そっこく【即刻】すぐ。ただちに。▽「そっ刻おとどけします」

そっせん【率先】先に立って行うこと。▽「率先して教室のそうじをする」

そっちのけ　ほうり出すこと。▽「勉強をそっちのけにしてあそぶ」

そっちょく【率直】ありのままで、正直なこと。▽「考えを率直に言う」

そっと　❶しずかに。▽「ろうかをそっと歩く」❷ひそかに。こっそりと。▽「そっと部屋を出る」❸そのままに。▽「泣きやむまでそっとしておく」

ぞっと　❶おそろしいようす。▽「戦争の話を聞いてぞっとした」❷ひじょうに寒いようす。▽「ぞっとする寒さ」

そっとう【卒倒】急に気を失ってたおれること。

そっぽをむく【そっぽを向く】❶横の方を向く。❷あいての意見に賛成や協力をしない。

そで【袖】❶服や着物などのうでを通す部分。▽「半そで。ふりそで」⬇振り袖（図）❷つくえ・門・ぶたいなどの両わき。▽「つくえの右そでの引き出し」

そと【外】❶おもて。▽「家の外」❷そとがわ。▽「ラインの外」⇔内。⬇【外】112ページ

そとがわ【外側】外のほう。表のほう。⇔内側。●外側

そなえ【備え】いざというときの用意。じゅんび。▽「台風の備えをする」

そなえつける【備え付ける】❶用意をしておく。▽「辞書を備え付ける」❷道具などをとりつける。▽「テレビを備え付ける」

そなえもの【供え物】神や仏にさしあげる物。おそなえ。くもつ。

そなえる【供える】神や仏に物をさしあげ

なぞなぞ　たいはたいでもいろんな国をおそうたいは？　答えは次のページ。

る。⬇【供】175ページ

そなえる【備える】❶用意する。ととのえておく。▽「水をくんで火事に備える」❷生まれつき持っている。▽「音楽の才能を備える」⬇【備】578ページ

そなわる【備わる】❶用意ができている。ととのう。▽「学校にビデオが備わる」❷しぜんに身についている。▽「気品が備わる」⬇【備】578ページ

そねむ うらやんでにくむ。ねたむ。

その【園】草花などのうえてある、一区切りの土地。▽「花園」⬇【園】75ページ

その ❶あいての近くの物をさすことば。▽「その本をとってください」❷すぐ前に言ったことをさすことば。▽「そのことなら知っています」

そのうえ【その上】それにくわえて。さらに。▽「ピアノがひけて、その上、歌もうまい」

そのうち 近いうちに。やがて。ほどなく。▽「そのうちお知らせします」

そのばかぎり【その場限り】その時だけで、あとはかまわないこと。▽「その場限りの口約束」

そのひぐらし【その日暮らし】❶その日だけをやっと暮らす、ひじょうに貧ぼうなこと。❷その日だけで先まで考えずに暮らすこと。

そば ❶すぐ近く。わき。かたわら。▽「学校のそばに本屋がある」❷なにかをした、すぐあと。……するとすぐ。▽「聞くそばからわすれてしまう」

そば【×蕎麦】❶夏や秋に、白い花がさく植物。実からそば粉をとる。❷そば粉をねって、細く切った食べ物。ゆでて食べる。

そばだてる 耳をかたむけて、物音などをじっと聞こうとする。▽「話し声に耳をそばだてる」

そびえたつ【そびえ立つ】空高くつき立っている。高く立つ。

そびえる 高く立つ。そびえ立つ。

そびやかす そびえさせる。高く上げる。▽「いばってかたをそびやかす」

そふ【祖父】父母の父。おじいさん。⇕祖母。

ソファー よりかかるようになっていて両はしにひじかけのある長いす。

ソフト ❶やわらかい。▽「ソフトなはだざわり」⇕ハード。❷「ソフトクリーム」の略。やわらかいアイスクリーム。❸「ソフトウェア」の略。コンピューターを動かすための技術。▽「ゲームソフト」⇕ハード。❹「ソフトボール」の略。❺「ソフト帽」の略。フェルトという厚い布でつくった男の人用のやわらかいぼうし。

ソフトボール 大形のやわらかいボール。また、これを使ってする野球にたスポーツ。

ソプラノ 女の歌手が出す声でもっとも高い声。また、その声の歌手。

［ソプラノ］

そぶり 顔色や行いにあらわれたようす。けはい。▽「へんなそぶり」

そぼ【祖母】父母の母。おばあさん。⇕祖父。

そぼう【粗暴】することが、あらあらしくら

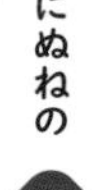

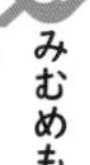

んぼうなようす。▽「そ暴な男」

そぼく【素朴】しぜんのままで手をくわえてないようす。かざりけがないようす。純真。▽「そぼくな人」

そまつ【粗末】❶作り方がていねいでないようす。▽「そまつな品」❷大切にしないようす。▽「そまつにあつかう」

そまる【染まる】❶色がつく。▽「空が赤く染まる」❷うつる。えいきょうを受ける。▽「悪に染まる」➡【染】387ページ

そむく【背く】したがわない。てむかいする。反対する。▽「法律に背く。命令に背く」➡【背】549ページ

そむける【背ける】顔や目をよそのほうにむける。▽「顔を背ける」➡【背】549ページ

そめる【初める】ほかのことばの下につけて「はじめてする」「はじまる」の意味をあらわす。▽「花がさき初める」➡【初】329ページ

そめる【染める】❶ひたして色をつける。▽「もようを染める」❷はじめる。▽「油絵に手を染める」➡【染】387ページ

そもそも ❶話のはじめにつけることば。いったい。▽「そもそも自由とは何か」❷最初。はじまり。▽「どら焼きがなくなったそもそもの原因をさぐる」

そよかぜ【そよ風】そよそよとふく、やわらかい風。▽「春のそよ風」

そよぐ 風がふいて、しずかにゆれ動く。▽「ヤナギの葉が風にそよぐ」

そよそよ 風がしずかにふくようす。▽「春風がそよそよとふく」

そら【空】大ぞら。天。▽「青空。空模様」➡【空】189ページ

そらおそろしい【そら恐ろしい】なんとなくおそろしい。▽「子供が、こんなすばらしい文を書くとは、そら恐ろしい」

そらす【反らす】❶からだを後ろへまげる。▽「胸を反らす」❷弓のようにまげる。▽「竹を反らす」➡【反】571ページ

そらす ねらいをはずす。べつの方へもっていく。▽「黒板から目をそらす」

そらぞらしい 知っていて、知らないふりをするようす。▽「そらぞらしい顔」

そらまめ 豆の部分を食べるやさい。さやが空をむくのでソラマメという。

[そらまめ]

そらみみ【空耳】聞こえないのに聞いたように感じること。聞きちがい。

そらもよう【空模様】天気のようす。

そらんじる 暗記する。▽「かけ算九九をそらんじる」

そり【反り】反ること。反っていること。▽「刀の反り」

そり 雪や氷の上をすべらせて、人や物などをはこぶもの。

そりかえる【反り返る】❶そって後ろへまがる。そっくりかえる。▽「板が反り返る」❷からだを後ろへそらして胸をはり、えらそうにする。▽「えらそうにいすに反り返る」

そる【反る】❶後ろへまがる。▽「からだが反る」❷弓のようにまがる。▽「板が反る」➡【反】571ページ

そる ひげなどを、根もとから切りとる。▽「ひげをそる」

それ ❶あいての近くの物をさすことば。▽「それをください」❷あいての言ったことや、前に言ったことをさすことば。▽「それは、いい考えだ」

それから 文をつなぐことば。そして。その次に。▽「ごはんを食べた。それから、テレビを見た」

前のページの答え⇒「台風（たいふう）」

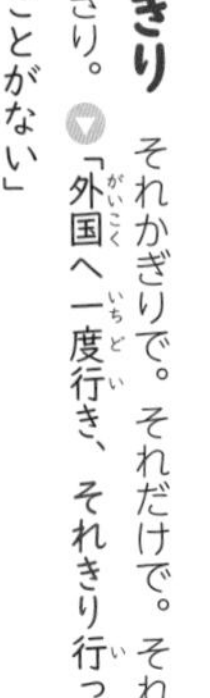

それきり　それかぎりで。それだけで。それっきり。▽「外国へ一度行き、それきり行ったことがない」

それぞれ　めいめい。おのおの。一人一人。▽「それぞれ、席にすわった」

それで　❶だから。そのために。▽「バスがおくれ、それでちこくした」❷話をうながすことば。そして。それから。▽「そう、それでどうしたの」

それでは　はじめるときや、おわるときに、使うことば。では。▽「それでは、会議をはじめましょう」

それでも　そうであっても。だが。▽「風は強かったが、それでも出かけた」

それどころか　それだけではなく。▽「雨がふってきた。それどころか、かみなりまで鳴りだした」

それとなく　はっきりとしないで。遠まわしに。▽「それとなく注意する」

それとも　それでだめならば。または。▽「りんご、それとも、みかん」

それなり　❶そのまま。それきり。▽「計画はとうとうそれなりになってしまった」❷それにふさわしい。▽「それなりに努力する」

それに　その上に。さらに。▽「おなかがいたい。それに熱もある」

それほど　❶そんなに。それくらい。▽「きみがそれほど映画好きだとは知らなかった」❷思ったほど。予想したほど。▽「それほどおもしろい本ではなかった」

それる　ちがった方へ行く。はずれる。▽「ボールがそれる」

ソロ　❶一人で歌うこと。独唱。❷一人で楽器を演奏すること。独奏。

そろう　❶形やていどが同じようになる。▽「音の調子がそろう」❷全部集まる。▽「全員がそろう」

そろえる　❶同じにする。▽「紙の大きさをそろえる」❷たりない物を集める。▽「入学用品をそろえる」

そろそろ　❶ゆっくり。しずかに。▽「雪道をそろそろと歩く」❷だんだん。まもなく。▽「そろそろ夜が明ける」

ぞろぞろ　多くのものが、つづいて動いているようす。▽「門から人がぞろぞろと出る」

そろばん　❶計算に使う道具。もとは中国からつたわった。❷計算。損得。▽「そろばんが合わない」

そわそわ　気持ちや態度がおちつかないようす。▽「遠足の前の日は、うれしくてそわそわしている」

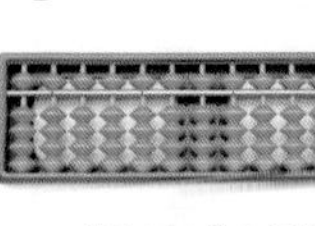

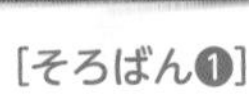
[そろばん❶]

そん【存】 6年　ソン・ゾン　——

❶あること。今あること。▽「存在」
❷たもつこと。▽「存続」

一 ナ 存 存 存 存

●存在●存続●共存●現存

そん【村】 1年　ソン　むら

むら。▽「農村」

一 十 才 木 村 村 村

●村長●村立

そん【孫】 4年　ソン　まご

❶子の子。まご。
❷血筋のつながり。▽「子孫」

了 孑 孖 孫 孫 孫

おる
★「係」ににているので注意

そん【尊】 6年　ソン　たっとい・たっとぶ・とうとい・とうとぶ

とうとい。うやまう。▼「尊敬」

尊 尊 尊 尊 尊 尊 尊 尊 尊 尊 尊 尊

ヨコ棒をわすれないように

●尊敬●尊厳●尊重●本尊

そん【損】5年 ソン（そこなう）・（そこねる）

❶うしなうこと。▼「損をする。損害」⇕得。

❷こわすこと。▼「破損」

損 損 損 損 損 損 損 損 損 損 損 損 損

月ではない

●損益●損失●損じる●損得

ぞん【存】❶今あること。▼「生存」❷思うこと。▼「一存」➡【存】408ページ

●存じます●存分●存命●保存

そんがい【損害】こわされたり、きずついたりして、受けた損。▼「大雨で大きな損害をこうむる」

ソング 歌。▼「ヒットソング」

そんけい【尊敬】人がらや才能、能力などを、すぐれたものと認めてうやまうこと。▼「両親を尊敬する。尊敬する先生」

そんげん【尊厳】尊くおごそかなこと。▼「法の尊厳。人間の尊厳」

そんざい【存在】あること。今もあること。▼「神様の存在を信じる」

ぞんざい いいかげんなようす。ていねいでない。▼「ぞんざいな返事」

そんしつ【損失】損をすること。また、失ったもの。▼「損失を出す」⇕利益。

ぞんじます【存じます】❶「思う」「考える」をていねいに言うことば。▼「ありがとう存じます」❷「知っている」をていねいに言うことば。▼「その人をわたくしは存じません」

そんぞく【存続】いつまでも続くこと。▼「昔からの祭りを存続させる」

そんちょう【村長】村をおさめている代表者。村民によってえらばれる。

そんちょう【尊重】ものごとの価値や他人の考えなどを大切にし、うやまうこと。▼「現場の意見を尊重する。人権の尊重」

そんとく【損得】損をすることと、得をすること。利害。▼「損得ぬき」

そんな そのような。そういう。▼「そんな動物は見たことがない」

ぞんぶん【存分】思いどおり。十分に。▼「存分に食べる」

ぞんめい【存命】生きながらえていること。命があること。

そんりつ【村立】村の費用でつくっているもの。▼「村立公民館」

あいうえお かきくけこ さしすせそ たちつてと なにぬねの はひふへほ まみむめも やゆよ らりるれろ わをん

さかさことば 前から読んでもうしろから読んでも「台風びうびう吹いた」。

た
だ
ダタ

た【太】 まわりが大きいこと。ふといこと。▽「丸太」⬇【太】410ページ
●太刀●太刀打ち

た【他】 3年 タ ほか
べつ。ほか。▽「他人」⇕自。
●他意●他界●他国●他殺●他山の石●他人●他人行儀●他力
丿 亻 仂 仲 他（上にはねる）
★「池」「地」ににているので注意

た【多】 2年 タ おおい
おおいこと。▽「多数」⇕少。
●多額●多角形●多彩●多種●多種多様●多少●多数●多数決●多勢に無勢●多分●多忙●多量●最多●雑多
丿 ク 夕 多 多 多

た【田】 イネをうえてそだてる土地。⬇【田】481ページ
●田植え●田畑

だ【打】 3年 ダ うつ
❶たたくこと。うつこと。▽「強打」❷下につくことばを強めることば。▽「打算」
●打楽器●打球●打撃●打算●打者●打診●打倒●本塁打
一 十 扌 打 打

たあいない ⬇たわいない

ダース 十二こを一つとしてものを数える単位。▽「えんぴつ一ダース」

ターミナル ❶鉄道やバスなどの発着点。終点。▽「バスターミナル」❷空港で、飛行機に乗降するときに利用する建物。待合室、店などがある。

たい【大】 ❶おおきいこと。▽「大木」❷広いこと。多いこと。▽「大海」❸はなはだしいこと。▽「大変」❹重要であること。▽「大任」⬇【大】411ページ
●大意●大火●大家●大会●大気●大気汚染●大器晩成●大群●大言壮語●大国●大差●大作●大志●大使●大した●大衆●大正●大将●大勝●大食●大成●大勢●大西洋●大切●大破●大敗●大半●大病●大砲●大役●大洋州●大陸●大略●大量●大漁●大量生産

たい【太】 2年 タイ・タ ふとい・ふとる
大きいこと。ふといこと。▽「太鼓」
●太陰暦●太鼓●太鼓判を押す●太平●太平洋●太平洋戦争●太陽●太陽系●太陽暦
一 ナ 大 太（点を落とさないように）
★「犬」ににているので注意

たい【台】 高く平らな所。▽「舞台」⬇【台】412ページ
●台風●屋台

たい【代】 ほかのものとかわること。▽「交代」⬇【代】412ページ

たい【体】 2年 タイ・（テイ） からだ
❶からだ。▽「身体。上体。人体」❷形。▽「固体。液体。気体」❸ようす。ありさま。▽「容体」
●体当たり●体位●体育●体育の日●体温●体格●体験●体質●体臭●体重●体制●体積●体操
丿 亻 仁 什 休 体 体
★「休」ににているので注意

●体罰●体面●体力●国体●正体●書体●全体●団体●天体●物体●立体

たい【対】3年 タイ・（ツイ） —

❶むかい合うこと。▼「対面」
❷答えること。▼「応対。反対」

●対応●対外●対角線●対岸●対岸の火事●対局●対決●対語●対抗●対向車●対策●対称●対象●対照●対人●対する●対戦●対談●対等●対比●対物レンズ●対面●対面交通●対立●対流●対話●絶対

たい【待】3年 タイ まつ

❶まつこと。▼「待望」
❷もてなしをすること。▼「接待。招待」

●待機●待遇●待望●期待

たい【退】6年 タイ しりぞく・しりぞける

❶後ろへ身をひくこと。⇔進。
❷さがること。▼「退出。早退」

おる
この形に注意。艮としない

●退位●退院●退化●退学●退却●退屈●退散●退治●退社●退場●退職●退陣●引退●後退●敗退

たい【帯】4年 タイ おび・おびる

❶おびのように細長いもの。▼「包帯」
❷身につける。持つ。▼「携帯」
❸区切られた地域。▼「熱帯」

左右のはしは出ない
フとしない

●安全地帯●温帯●熱帯●包帯●緑地帯

たい【隊】4年 タイ —

たくさんの人の集まり。組。▼「軍隊」

ソとしない

●隊員●隊長●隊列●楽隊●軍隊●自衛隊●部隊●兵隊

たい【貸】5年 かす （タイ）

かすこと。▼「貸借。賃貸」⇔借。

点を落とさないように
★「貸」ににているので注意

たい【態】5年 タイ —

ようす。かたち。▼「態度。変態」

灬ではない

●態勢●態度●形態●状態●生態

たい

海にすむ魚。多くは赤く美しい。味がよく、めでたい魚とされ、おいわいのごちそうに使われる。

タイ

❶ネクタイ。▼「タイピン」❷得点や記録が同じであること。▼「タイ記録」

タイ

インドシナ半島にある国。むかしはシャムといった。農業や林業がさかんで、おおくの国民は仏教を信じている。首都はバンコク。

だい【大】1年 ダイ・タイ おお・おおいに・おおきい

❶おおきいこと。広いこと。▼「大地。大は小をかねる」⇔小。
❷りっぱなこと。すぐれていること。▼「大人物。大作曲家」
❸はなはだしい。ひじょうに。▼「大きらい」

さかさことば 前から読んでもうしろから読んでも「タイム！ 桃むいた」。

大 大 大

★「丈」ににているので注意

●大往生●大音声●大学●大寒●大吉●大規模●大臼歯●大工●大黒天●大黒柱●大根●大事●大自然●大蛇●大小●大丈夫●大臣●大人物●大豆●大それた●大々的●大多数●大胆●大地●大腸●大同小異●大統領●大の月●大分●大仏●大部分●大便●大名●大理石●偉大●拡大●強大●最大●実物大●重大

だい【台】2年 ダイ・タイ

❶高いたてもの。▽「時計台」
❷物をのせるもの。▽「縁台」
❸平らな高い土地。▽「台地」
❹もとになるもの。▽「台本」
❺車や機械などを数えることば。

台 台 台 台 台

おる

●台形●台地●台帳●台所●台ばかり●台本●天文台●灯台●平均台

だい【代】3年 ダイ・タイ かえる・かわる・よ・(しろ)

❶かわること。▽「代表。代理。代打」
❷ものを売ったねだん。▽「代価」
❸世。時世。▽「祖父の代。時代」
❹年れいのはんい。▽「二十代の人」

代 代 代 代 代

点を落とさないように

●代案●代議士●代金●代々●代筆●代表●代理●一代●現代●初代●世代●年代

だい【第】3年 ダイ

❶数の上につけてじゅんじょをあらわすことば。▽「第一回。第二位」
❷試験。▽「及第。落第」

第 第 第 第 第 第

つき出ない

●第一●第一印象●第一次世界大戦●第一人者●第一線●第一歩●第三者●第二次世界大戦

だい【題】3年 ダイ

❶本の名や文章などの内容をみじかくあらわしたことば。▽「題目」
❷試験などの問題。▽「出題」

題 早 早 是 題 題

長く

●題材●題字●題名●題目●議題●宿題●問題●例題●話題

たいあたり【体当たり】 ❶自分のからだでぶつかっていくこと。▽「敵に体当たりする」❷思い切ってものごとをすること。▽「体当たりの演技」

だいあん【代案】 代わりの案。

たいい【大意】 だいたいの意味。あらまし。▽「文の大意をつかむ」

たいい【体位】 ❶からだの位置。しせい。❷からだの強さなどのどあい。

たいい【退位】 天皇や国王が位から退くこと。⇕即位。

たいいく【体育】 からだを健康にするための運動と教育。

だいいち【第一】 ❶いちばんはじめ。❷もっともすぐれていること。▽「この世界では第一の学者」❸いちばん大事なこと。▽「健康が第一だ」

だいいちいんしょう【第一印象】 いちばんはじめにうけた感じ。

だいいちじせかいたいせん【第一次世界大戦】 一九一四年にオーストリアとセルビアの間にはじまり、ドイツがオーストリアをたすけて、イギリスはじめ世界の国々と戦った大戦争。一九一八年に、ドイツがやぶれておわった。

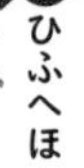

だいいちにんしゃ【第一人者】 あることについて、いちばんすぐれている人。第一流。▽「バイオリンの第一人者」

だいいっせん【第一線】 ものごとのいちばん前。まっ先。前線。▽「スポーツ界の第一線でかつやくする」

だいいっぽ【第一歩】 ものごとのいちばんはじまり。▽「人生の第一歩」

たいいん【退院】 病気がなおって病院を出ること。⇔入院。

たいいん【隊員】 隊を作っている人。

たいいんれき【太陰暦】 月のみちかけをもとにしたこよみ。一か月を二十九日か三十日にし、一年を十二か月としたもの。陰暦。旧暦。⇔太陽暦。新暦。

たいおう【対応】 ❶おたがいにむき合うこと。▽「対応する二つの辺」❷つり合うこと。▽「物語のはじまりと終わりを対応させる」❸あいてに合わせて、何かをすること。▽「きん急事態に対応する」

だいおうじょう【大往生】 安らかに死ぬこと。りっぱな死に方。▽「大往生をとげる」

たいおん【体温】 からだの温度。人間は、ふつう三十六度～三十七度。

たいおんけい【体温計】 からだの温度をはかる器具。

たいか【大火】 大きな火事。大火事。

たいか【大家】 学問や、わざがとくべつにすぐれている人。▽「絵の大家」

たいか【退化】 ❶すすんだものがもとのようにぎゃくもどりすること。❷からだのある部分が、使わないために、はたらきがおとろえたり、形がなくなったりすること。⇔進化。

たいか【耐火】 火にあっても、もえたりとけたりしないこと。▽「たい火金庫」

たいかい【大会】 たくさんの人たちの集まり。▽「花火大会」

たいかく【体格】 からだの組み立て。からだつき。▽「りっぱな体格」

たいがく【退学】 卒業しないで、とちゅうで学校をやめること。また、やめさせられること。▽「中と退学」

だいがく【大学】 高等学校を卒業した人などが入る、上の学校。

たいかくせん【対角線】 多角形のとなり合っていない二つの頂点をむすんだ直線。⬇四角形（図）

たいがん【対岸】 むこう岸。

だいかん【大寒】 一年のうちでいちばん寒いときで、一月二十日ごろから十五日間。

たいかんしき【たい冠式】 国王が位につくとき、王冠をかぶって、国王になったことを知らせる式。即位式。

たいがんのかじ【対岸の火事】 むこう岸の火事。自分には少しも関係のない不幸のたとえ。

たいき【大気】 地球をとりまく空気のこと。▽「大気お染」

たいき【待機】 よい時が来るのや、命令が出るのを待ちかまえること。

たいきおせん【大気汚染】 空気が自動車の排気ガスや工場のばいえんなどで、よごれること。

だいぎし【代議士】 国民から選挙によってえらばれた人で、国の政治を相談する人。ふつう衆議院議員をいう。

だいきち【大吉】 この上なくえんぎや運がいいこと。

たいきばんせい【大器晩成】 大人物は、わかいころは目立たなくても、のちには大成功するということ。

だいきぼ【大規模】 大きなしくみ。大きなかまえ。▽「大規模な工場」

たいきゃく【退却】 後ろに退くこと。あとへひくこと。

だいきゅうし【大臼歯】 臼の形をした大

さかさことば　前から読んでもうしろから読んでも「たいやき焼いた」。

きなおく歯。

たいきゅうりょく【耐久力】じょうぶで、長持ちする性質。

たいきょく【対局】二人が碁や将棋をすること。

だいきん【代金】買った品物の代わりにはらうお金。代価。

だいく【大工】たてものをたてたり直したりする人。また、その仕事。

たいぐう【待遇】❶人をもてなすこと。人のとりあつかい方。❷はたらく先の条件や給料など。▽「待ぐうが悪い」

たいくつ【退屈】何もすることがなくて、ひまなこと。おもしろみがなく、つまらないこと。▽「雨で退くつだ。退くつなドラマ」

たいくつしのぎ【退屈しのぎ】退くつを、まぎらすこと。▽「退くつしのぎに、トランプでもしよう」

たいぐん【大群】たくさんの集まり。▽「イナゴの大群」

だいけい【台形】一組のむかい合っている辺が平行になっている四角形。⬇四角形（図）

たいけつ【対決】両方がむかい合って、よいか悪いかなどをきめること。

たいけん【体験】自分で、じっさいにやってみること。また、やってみたもの。経験。▽「事故を体験する」

たいこ【太鼓】木や金属などのつつにかわをはり、ばちでたたいて鳴らす打楽器。⬇楽器（図）

たいご【対語】上・下、右・左のように、意味がたがいにむかい合うことば。

たいこう【対抗】おたがいにきょうそうし合うこと。▽「クラス対こうリレー」

たいこうしゃ【対向車】むかいがわから走ってくる車。▽「対向車に注意」

たいこく【大国】❶土地の広い国。❷国力が強くてほかの国々に大きなえいきょうをあたえる国。

だいこくてん【大黒天】七福神の一人。うちでのこづちと大きなふくろを持つ、福をさずける神。⬇七福神（図）

だいこくばしら【大黒柱】❶家の中心にたっている太い柱。❷家や国の中心になってはたらく大切な人。▽「父はわが家の大黒柱である」

［大黒柱❶］

たいこばんをおす【太鼓判を押す】大きな判をおしてみとめるように、たしかにまちがいないと、保証する。

だいごみ【だいご味】ものごとのほんとうのおもしろさ。▽「だいご味をあじわう。スポーツのだいご味を満きつする」

だいこん【大根】やさいの一つ。根は白くて太い。根も葉も食べられる。「スズシロ」ともいい、春の七草の一つ。

たいさ【大差】大きなちがい。

たいざい【滞在】よその場所や土地に行って、しばらくとどまっていること。とう留。▽「一か月のたい在」

だいざい【題材】芸術作品や、学問・研究などの内容になる材料。▽「小説の題材」

たいさく【大作】❶すぐれたりっぱな作品。❷大がかりな作品。▽「さつえい三年の大作」

たいさく【対策】ある出来事やことがらに対するやり方。▽「水害の対策」

たいさん【退散】❶集まっていた人が、その場からさってしまうこと。❷いられなくなって、にげさること。

だいさんしゃ【第三者】そのことに関係のない人。⇔当事者。

たいし【大志】大きなのぞみ。大望。▽「少年よ大志をいだけ。〈クラークのことば〉」

たいし【大使】 国の代表として外国に行き、そこにとどまって仕事をする、いちばん上の役人。

たいじ【退治】 人に害をあたえるものや悪者などをほろぼすこと。▼「ダニを退治する」

だいじ【大事】 ❶大切。ていねい。▼「からだを大事にする」❷大きなこと。重要なようす。▼「大事な仕事」

だいじ【題字】 絵や文や本の題名として書かれた文字。▼「味のある題字」

ダイジェスト 内容をみじかくまとめたもの。▼「ニュースのダイジェスト」

だいしぜん【大自然】 大きな自然。「自然」を強めていったことば。

たいした【大した】 ❶たいへんな。すばらしい。▼「入賞するとは、大したものだ」❷とくに言うほどの。それほどの。▼「大した料理ではなかった」

たいしつ【体質】 生まれつきのからだのぐあい。また、組織などの性質。▼「アレルギー体質。古い体質の会社」

たいしゃ【退社】 ❶つとめがおわって会社から帰ること。❷会社をやめること。退職。⇔入社。

だいじゃ【大蛇】 大きなヘビ。

たいしゅう【大衆】 たくさんの人。とくに、ふつうていどのくらしをしている、いっぱんの人々。民衆。

たいしゅう【体臭】 からだのにおい。

たいじゅう【体重】 からだの重さ。

たいしょう【大正】 大正天皇時代の元号。一九一二年七月から一九二六（大正十五）年十二月まで。

たいしょう【大将】 ❶軍人のいちばん上の位。❷上に立つ人。❸人を親しんでよぶことば。▼「よう、大将」

たいしょう【大勝】 あいてに大きな差をつけて勝つこと。⇔大敗。

たいしょう【対称】 ❶つり合うこと。❷図形などが、ある点や線に対してむかい合う関係にあること。

たいしょう【対象】 目当てとなるもの。あいて。▼「四年生を対象とした本」

たいしょう【対照】 二つのものを見くらべること。照らし合わせること。対比。▼「二つを対照する」

たいじょう【退場】 会場・式場などから出ていくこと。⇔入場。登場。

だいしょう【大小】 ❶大きいことと小さいこと。❷大小のふたつの刀。▼「さむらいがこしに大小をさす」

だいじょうぶ【大丈夫】 強くてしっかりとしているようす。▼「このくつなら、山にのぼってもだいじょうぶです。おなかはもうだいじょうぶです」

たいしょく【大食】 たくさん食べること。大食い。▼「大食漢」⇔小食。

たいしょく【退職】 つとめをやめること。退社。⇔就職。

たいしん【耐震】 地しんにあっても、たおれたり、こわれたりしないこと。▼「たいしん建築」

だいじん【大臣】 国の政治をするいちばん上の役目。また、役を持つ人。

だいず【大豆】 豆のなかまの植物。とうふ・みそ・しょうゆ・なっとうなどをつくるもとになる豆。⬇コラム416ジペー

だいすき【大好き】 とても好きなこと。▼「大好きなおかし」

たいする【対する】 ❶むかう。▼「友だちに対して、手をふる」❷こたえる。▼「声えんに対する思いやり」❸くらべる。▼「人数に対して席の数がたりない」

たいせい【大成】 ❶ものごとをりっぱにしあげること。❷りっぱな人になること。成功すること。▼「画家として大成する」

たいせい【大勢】 ❶だいたいのようす。な

さかさことば 前から読んでもうしろから読んでも「田植え歌」。

大豆はへんしんがじょうず

いつも食べているとうふや納豆、みそ、しょうゆには共通点があります。味も見た目もちがうけれど、元は同じ大豆という食べものからできています。

また、大豆に光をあてず、暗いところでめが出たものがもやし。枝豆にもなります。そのまま二か月くらいたつと枝豆は茶色い大豆になります。お節料理に入っている黒豆も大豆のなかまです。節分にまく豆も大豆です。大豆はいろいろな姿にへんしんするのがじょうずなんですね。ほかにもどんなものになっているか、さがしてみるとよいでしょう。

大豆

枝豆

もやし

りゆき。▽「選挙の大勢はまもなく判明する」❷世の中のなりゆき。

たいせい【体制】世の中のしくみ。▽「新体制」

たいせい【体勢】体のかまえ。姿勢。

たいせい【態勢】ものごとにたいするたいど。▽「態勢がととのう」

たいせいよう【大西洋】ヨーロッパ・アフリカ・南北アメリカの間にあり、世界で二番目に大きい海。⬇世界（図）

たいせき【体積】たて・横・高さを持った物の大きさ。

たいせき【たい積】高く積みかさなること。▽「火山灰がたい積する」

たいせつ【大切】❶大事にするようす。「メダルを大切にしまっておく」❷大事なこと。重要なこと。▽「勝ち負けより努力が大切です」

たいせん【対戦】むかい合って戦うこと。また、その戦い。▽「対戦あいて」

たいそう【体操】からだの発達をたすけたり、きたえたりするための運動。

たいそう たいへん。ひじょうに。▽「電車は、たいそうこんでいた」

だいそれた【大それた】人としての道からひじょうにはずれた。とんでもない。▽「大それた考え」

だいたい くわしいことをのぞいて全体的に。おおよそ。あらまし。▽「きみの話はだいたいわかった」

だいだい【代代・代々】次の代も、その次の代も。よよ。⬇「々」は同じ文字をくり返すという意味のおどり字という記号。▽「先祖代々の墓」

だいだいいろ【だいだい色】赤っぽい黄色。オレンジ色。

だいだいてき【大大的・大々的】おおがかりであるようす。⬇「々」は同じ文字をくり返すという意味のおどり字という記号。▽「大々的に宣伝する」

[だいだい色]

だいたすう【大多数】ひじょうに数が多いこと。おおかた。ほとんど。大部分。▽「大多数の人が賛成した」

たいだん【対談】むかい合って話し合うこと。また、その話。対話。

だいたん【大胆】気持ちが大きく、ものにおそれないこと。▽「大たん不敵」⬍小心。

だいち【大地】広くて大きな土地。大空とか天にたいしていうことば。

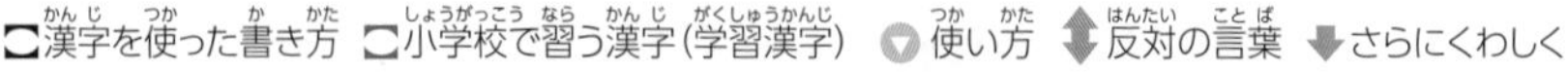

だいち【台地】高く平らな土地。

たいちょう【体調】からだの調子。▽「体調がわるい。体調をととのえる」

だいちょう【大腸】小腸につづいていて肛門でおわる消化器。腹の中を一回りし、主に水分をすいとる。⇩消化器（図）

タイツ　こしから足の先までをおおう、からだにぴったりとした衣服。よくのびちぢみする布でできていて、動きやすい。⇩服（図）

たいてい ❶おおよそ。おおかた。▽「夜はたいてい十時にねます」❷ひととおり。ふつうのこと。▽「たいていのことでは、おどろかない」

たいど【態度】❶身ぶり。ようす。ふるまい。▽「おちついた態度」❷人の考えや心がまえ。▽「態度をきめる」

たいとう【対等】二つのものに、力の差やくべつがなく、同じくらいであること。▽「対等のつきあい」

だいどうしょうい【大同小異】だいたいは同じで、あまりちがいのないこと。▽「二つの意見は、大同小異だ」

だいとうりょう【大統領】アメリカなどの共和国で、選挙によってきめた、国をおさめるいちばん上の人。

だいどころ【台所】食事の用意をする所。勝手。炊事場。

タイトル ❶本や文章や映画などの題名。❷スポーツで、第一位の人にあたえられる資格。選手権。

タイトルマッチ ボクシングなどで、タイトルをあらそう試合。

たいない【体内】からだの中。

だいなし ものごとがすっかりだめになってしまうこと。▽「大水で、作物がだいなしになった」

ダイナマイト 一八六六年に、ノーベルが発明したばく薬。

ダイナミック 力強く、いきいきしたようす。▽「ダイナミックな歌声」

だいにじせかいたいせん【第二次世界大戦】一九三九年から一九四五年までつづいた世界の大戦争。ドイツ・イタリア・日本などがイギリス・アメリカ・ソ連などと戦った。一九四五年五月にドイツがやぶれ、八月に日本がやぶれておわった。

だいのつき【大の月】三十一日まである月。⇕小の月。⇩コラム

たいはい【大敗】大負け。⇕大勝。

だいばかり【台ばかり】物を台の上にのせて重さをはかるはかり。⇩はかり（図）

だいはしょうをかねる【大は小をかねる】大きいものは小さいもののかわりとしてもつかうことができる。

たいばつ【体罰】体にあたえるばつ。▽「体ばつをくわえる」

たいはん【大半】大部分。半分より多いこと。過半。▽「大半の生徒がまちがえる問題」

たいひ【対比】二つのものをつき合わせて比べること。対照。▽「にせ物と本物を対比して見る」

ことばのふしぎ

大の月・小の月

ひと月が三十一日まである月が**大の月**で、それ以外の月を**小の月**といいます。**小の月**は、「十一」を「士」と見て、「**二四六九士 小の月**」とおぼえます。二月、四月、六月、九月、十一月です。「士」の字には、「さむらい」の意味があります。

あいうえお かきくけこ さしすせそ たちつてと なにぬねの はひふへほ まみむめも やゆよ らりるれろ わをん

た

さかさことば　前から読んでもうしろから読んでも「滝に来た」。

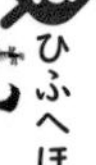

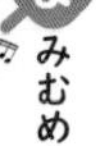

あいうえお かきくけこ さしすせそ た たちつてと なにぬねの はひふへほ まみむめも やゆよ らりるれろ わをん

たいひ【たい肥】わら・草・落ち葉などをつみかさね、くさらせた肥料。

だいひつ【代筆】他人に代わって手紙などを書くこと。また、書いたもの。

たいびょう【大病】死ぬかもしれないほどの重い病気。重病。

だいひょう【代表】❶大ぜいの人にかわって考えをのべたり、行ったりすること。また、その人。▽「日本の代表として競技に参加する」❷全体を一つのものであらわすこと。▽「日本を代表する花」

タイプ 型。ものの種類。▽「ほがらかなタイプの人」

だいぶ【大分】かなり。そうとう。だいぶん。▽「駅と学校とは、大分はなれている」

たいふう【台風】南の海で発生する強い熱帯低気圧。夏から秋のはじめに日本などをおそい、風水害をおこす。

だいぶつ【大仏】大きな仏像。奈良の大仏や、鎌倉の大仏などが名高い。

だいぶぶん【大部分】おおかた。たいてい。大半。大多数。▽「大部分の人が賛成した」⇕一部分。

たいへいよう【太平洋】アジア・南北アメリカ・オーストラリア大陸の間にある海で、世界一広い。➡世界（図）

たいへいようせんそう【太平洋戦争】第二次世界大戦のうち、太平洋を中心に行われた戦争のこと。一九四一（昭和十六）年十二月八日から、日本と、アメリカをはじめ、世界の多くの国との間にはじまった。一九四五（昭和二十）年八月十五日に日本がやぶれておわった。

たいへん【大変】❶ふつうでないようす。▽「大変な事件がおこった」❷たいそう。とても。▽「ほめられて、大変うれしい」

だいべん【大便】吸収されないで体外に出される食べ物のかす。くそ。うんこ。

たいほ【逮捕】警察が、罪をおかした人をつかまえること。

たいほう【大砲】火薬の力で大きなたまを遠くまでとばす武器。➡武器（図）

たいぼう【待望】待ち望むこと。▽「待望の知らせが届く」

たいぼく【大木】大きな木。

だいほん【台本】劇や映画などの動作・せりふなどを書いた本。シナリオ。脚本。▽「ドラマの台本」

たいまつ 松・竹などをたばねて火をつけ、明かりとしたもの。

たいまん【怠慢】なまけて勉強や仕事をしないこと。

だいみょう【大名】昔、大きな土地や城と多くの家来を持っていた武士。

タイミング なにかをするのに、ちょうどよい時。

タイム ❶とき。時間。▽「タイムをはかる」❷一時休むこと。しんぱんが試合を一時やめさせること。

タイムカプセル 未来の人につたえるために、今の記念となる品を入れて、土の中にうめるための容器。▽「卒業記念の文集を、タイムカプセルに入れる」

タイムマシン 過去や未来へ自由に行き来できる機械。

だいめい【題名】本・詩・歌・映画などの名。題目。

たいめん【体面】世の中の人にたいするていさい。みえ。名誉。外聞。めんぼく。▽「体面をたもつ。体面を気にする」

たいめん【対面】顔を合わせること。むき合うこと。▽「対面で説明する」

タイヤ 自動車や自転車などの、車輪にはめてあるゴムの輪。➡サドル（図）

ダイヤ ❶宝石のダイヤモンドのこと。❷列車などの運行を表にしたもの。❸トランプのもようの一つ。赤いひし形。

たいやく【大役】責任の重い大事な役目。

大任。▽「生徒代表の大役」

ダイヤモンド ❶かたくて美しい、ねうちのある宝石。こんごう石。❷野球場で本塁と三つの塁にかこまれた正方形の所。内野。↓野球（図）

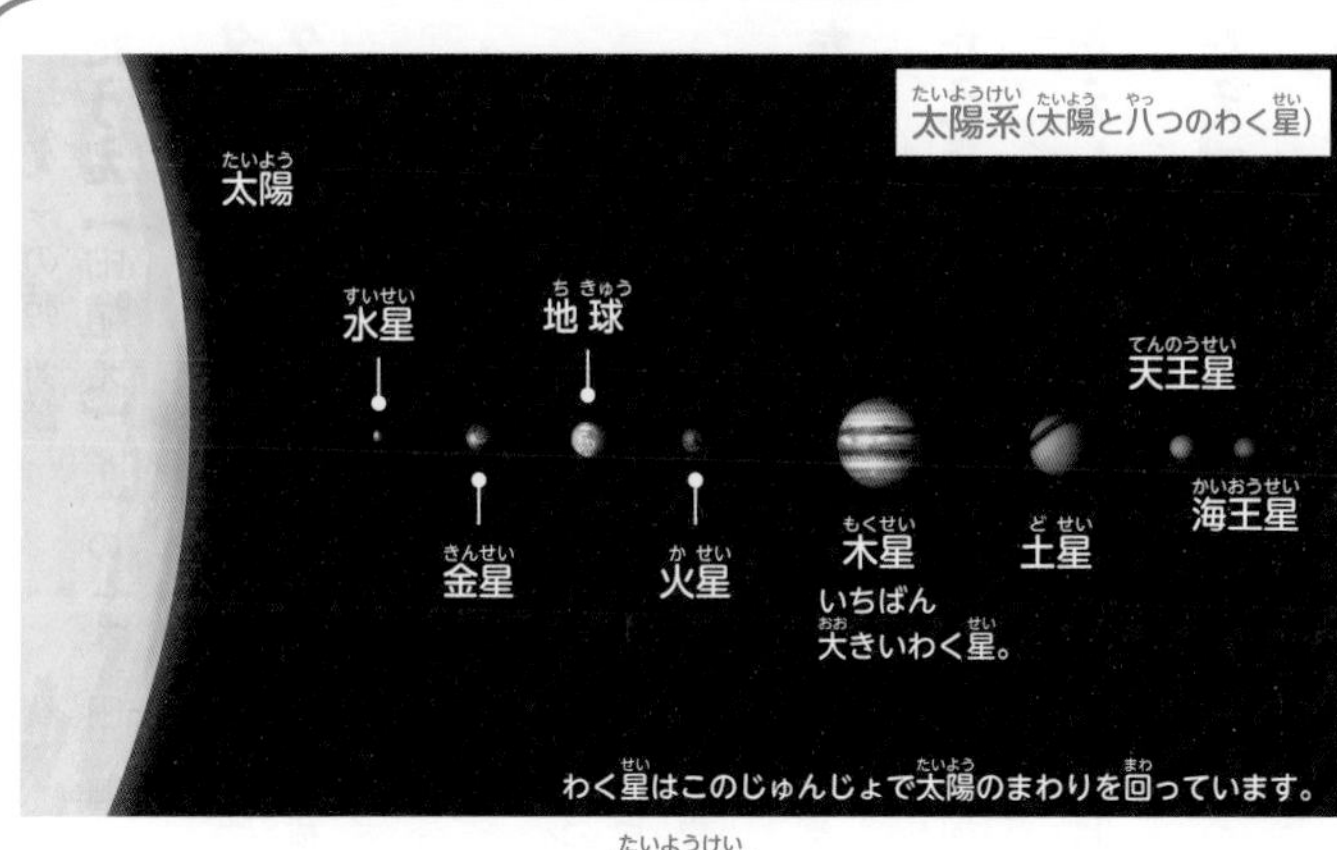

［太陽系］

ダイヤル 回して合わせる目もりばん。古い型のラジオなどにある。ダイアル。

たいよう【太陽】 太陽系の中心で、地球にいちばん近いこう星。地球に光と熱をあたえ生物をそだてる。直径は地球の一〇九倍。↓太陽系（図）

たいようけい【太陽系】 太陽を中心とした八つのわく星と、その衛星・多くの小わく星・すい星などをふくむ星の集まり。銀河系の中にある。↓図・銀河系（図）

たいようしゅう【大洋州】 ↓オセアニア

たいようれき【太陽暦】 地球が太陽のまわりを一回りする時間を一年として作ったこよみ。三六五日を一年として、四年目ごとにうるう年をもうけて、一日ふやす。陽暦。新暦。⇕太陰暦。旧暦。

たいら【平ら】 でこぼこしていないこと。↓【平】625ページ

たいらげる【平らげる】 ❶悪者などをすっかりたいじする。❷すっかり食べてしまう。▽「ごちそうを平らげる」

だいり【代理】 ほかの人に代わってすること。また、その人。

たいりく【大陸】 広く大きな土地。

だいりせき【大理石】 石灰岩が変化してできた岩石。みがくと美しいつやが出る。ちょう刻・建築などに使われる。

たいりつ【対立】 二つのものがむかい合っていること。反対し合うこと。▽「意見が対立する」

だいりびな【内裏びな】 三月三日の節句にかざるひな人形の一つ。男女がならんでいるもの。↓おひなさま（図）

たいりゅう【対流】 熱のつたわり方の一つ。熱であたためられた水や空気が、上にのぼり、上にあったつめたい部分が下に下がる。このくりかえしで、全体に熱がつたわる。

たいりょう【大量】 量の多いこと。多量。▽「大量の出血」

たいりょう【大漁】 魚や貝などがたくさんとれること。

たいりょうせいさん【大量生産】 機械の力で同じ品物を大量に作ること。

たいりょく【体力】 運動や仕事や病気などにたえられるからだの力。▽「体力をつける。体力がない」

たいりん【大輪】 花がふつうより大きなもの。▽「大輪のバラ」

タイル 台所やふろ場のかべ・ゆかなどにはったりする、やきものの板。

たいわ【対話】 むかい合って話すこと。ま

早口ことば （五回続けていえるかな）たくさん奥さんが参加する。

あいうえお かきくけこ さしすせそ たちつてと なにぬねの はひふへほ まみむめも やゆよ らりるれろ わをん

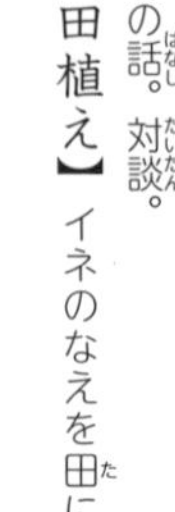

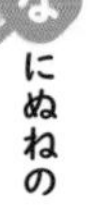

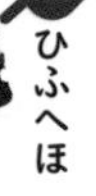

あいうえお かきくけこ さしすせそ た ちつてと なにぬねの はひふへほ まみむめも やゆよ らりるれろ わをん

た、その話。対談。

たうえ【田植え】イネのなえを田に植えること。

タウン まち。▼「ベッドタウン。タウン誌」

ダウン ❶下がること。下げること。▼「成績がダウンする」❷ボクシングで、パンチをあびてたおれること。またいっぱんに、からだがすっかりまいってしまうこと。動けなくなること。▼「ノックダウン。かぜでダウンする」❸野球で、アウトの数。ダン。▼「ワンダウン」❹鳥のやわらかい毛。▼「ダウンジャケット」

たえがたい【堪え難い】がまんができない。しんぼうができない。

だえき【だ液】口の中に出て、食べ物の消化をたすける液。つば。

たえしのぶ【堪え忍ぶ】苦しいのをじっとこらえる。しんぼうする。

たえず【絶えず】たえることなく。ひっきりなしに。いつも。▼「絶えず目を配る」

たえだえ【絶え絶え】❶今にも息がとまりそうなようす。▼「息も絶え絶えに話す」❷とぎれとぎれ。▼「絶え絶えに車の音が聞こえる」

たえまなく【絶え間なく】絶えることなく。ひっきりなしに。いつも。

たえる【絶える】❶つづかなくなる。とぎれる。▼「通信が絶える。もうすぐ食料が絶える」❷ほろびてしまう。▼「家が絶える」⬇【絶】383ページ

たえる【耐える】がまんする。もちこたえる。▼「寒さにたえる」

たえる【堪える】それをすることができる。▼「重い役目にたえる」

だえんけい【だ円形】長めの円。長円形。

たおす【倒す】❶立っているものを横にする。▼「いすをたおす」❷ころばす。❸ころす。死なす。▼「トラをたおす」❹負かす。▼「横づなをたおす」

タオル 表面に小さな糸の輪が出るようにおった、もめんの布。▼「タオル地のねまき」

たおれる【倒れる】❶立っていた物が横になる。▼「木がたおれる」❷死ぬ。▼「じゅうだんにたおれる」❸ほろびる。▼「江戸幕府がたおれる」❹病気になる。▼「過労でたおれる」

たか【高】❶お金や品物の量。ほかのことばのあとについて「だか」と読むことが多い。▼「売上高」❷ものごとのていど。▼「高が知れる」❸ねだんが高いこと。▼「五円高」❹位置が高いこと。▼「高台」⬇【高】228ページ ●高潮●高台●高々●高飛び●高鳴る●高値●高飛車●高ぶる●高みの見物●高らかに

たか ワシのなかまで、ワシより小さい鳥をいう。くちばしや、つめは強くするどく、小鳥やネズミなどをとらえて食べる。

たが 木のおけのまわりにはめてある、竹や金属の輪。

だが けれども。しかし。▼「テレビを見たい。だが宿題がある」

たかい【高い】❶上へ長い。▼「高い木」⬍低い。❷上にある。▼「高いまど」❸音や声が大きい。また、高音である。▼「声が高い」❹すぐれている。▼「目が高い。身分が高い」❺買うのにお金が多くいる。▼「ねだんが高い」⬍安い。⬇【高】228ページ

たかい【他界】死ぬこと。▼「祖父は二年前に他界した」

たがい【互い】それぞれ。両方。

たがいちがい【互い違い】かわるがわる。▼「男女がたがいちがいにならぶ」

たかが せいぜい。▼「たかがかすりきずくらいで、泣くな」

たがく【多額】金額の多いこと。▼「多額の貯金」⬍少額。

たかくけい【多角形】三つ以上の直線でかこまれてできた平面の図形。五角形や六角形など。

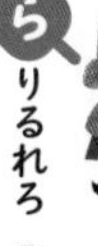

たかさ【高さ】どれくらい高いかということ。▽「背の高さをくらべる」

だがし【駄菓子】安い材料で作った安いおかし。▽「だがし屋」

たかしお【高潮】海の波が高く大きくもり上がって、陸にせまるもの。

たかだい【高台】土地が高くて平らになっている所。

たかだか【高高・高々】❶せいぜい。多めにみても。▽「歩いても、**高々**二分のきょり」❷ひじょうに高いようす。▽「ボールを**高々とうち上げる**」⬇「々」は同じ文字をくり返すという意味のおどり字という記号。

だがっき【打楽器】たたいて音を出す楽器のこと。たいこ・木きん・トライアングル・シンバルなど。⬇楽器（図）

たかとび【高飛び】❶高い位置に横向きにしたぼうをとびこえる競技。走り高飛びと棒高飛びがある。❷つかまらないように、遠くへ逃げること。

たかなる【高鳴る】❶高く鳴りひびく。▽「**高鳴る**たいこの音」❷どきどきする。▽「胸が**高鳴る**」

たかね【高値】ねだんの高いこと。▽「やさいは**高値**がつづく」⇔安値。

たかびしゃ【高飛車】あいての気持ちもかまわず、いきなりおしつけること。▽「**高飛車**にしかりつける」

たかぶる【高ぶる】❶こうふんする。▽「気持ちが**高ぶる**」❷じまんする。おごる。▽「おごりたかぶる」

たかまる【高まる】高くなる。だんだんあがっていく。▽「こうふんが**高まる**」⇔低まる。⬇【高】228ページ

たかみのけんぶつ【高みの見物】見ているだけで、そのことにかかわりを持たないこと。▽「友達のけんかに、**高みの見物**をきめこむ」

たかめる【高める】高くする。だんだんあがっていくようにする。▽「**声を高める**。ていどを**高める**。**教養を高める**」⇔低める。⬇【高】228ページ

たがやす【耕す】作物を作るために田や畑をほりかえして、土をやわらかくする。⬇【耕】228ページ

たから【宝】❶大切なもの。とうといもの。▽「子供は家の**宝**だ」❷金銀や宝石など、ねうちの高いもの。⬇【宝】635ページ ●宝くじ ●宝の持ち腐れ ●宝船

だから 二つの文をつなぐことば。前の文が理由になっておこることを言うときに使う。それで。そのために。▽「あそびつかれた。**だから**早くねた」

たからかに【高らかに】声や音の高く大きいようす。▽「**声高らかに歌う**」

たからくじ【宝くじ】都道府県などで売り出すくじ。

たからのもちぐされ【宝の持ち腐れ】せっかく役に立つものを持ちながら、うまく使えないでいること。

たからばこ【宝箱】大切な物や、宝石などねうちのある物が入っている箱。▽「**宝箱**をさがす」

たからぶね【宝船】七福神と宝をのせたえんぎのいい船。⬇七福神（図）

たからもの【宝物】大切にしている物。▽「**切手はぼくの宝物だ**」⬇「ほうもつ」と読むと、国やお寺などがもっている重要な文化財をいうことが多い。

わたしの**宝物**

たかる ❶一か所に集まる。▽「さとうにアリがたかる」❷人にお金や品物を出させる。

たき【滝】川などで、高い所から水がながれおちている所。

だきかかえる【抱きかかえる】両方のうでをまわして、落ちないようにかかえて持つ。

なぞなぞ　手をあげないと拾えないものは？　答えは次のページ。

つ。▽「大きな人形をだきかかえる」

たきぎ【薪】 熱や光を得るためにもやす木。まき。

だきこむ【抱き込む】 ❶かかえて入れる。▽「ふところにだきこむ」 ❷なかまにひきこむ。▽「敵をだきこむ」

だきしめる【抱き締める】 うでで、しっかりとだく。▽「わが子をだきしめる」

だきすくめる【抱きすくめる】 強くだいて動けなくする。▽「子供をだきすくめる」

だきつく【抱きつく】 うででだくようにして、はなれないようにしっかりつかまる。▽「お母さんにだきつく」

たきつける ❶火をつけてもやす。 ❷人をおだてて、何かをさせる。そそのかす。けしかける。

たきつぼ【滝つぼ】 たきの水がおちこんで、深くなっている所。

たきび【たき火】 家の外でたく火。▽「落ち葉を集めて、たき火をする」

だきゅう【打球】 野球などで、打った球。また、球を打つこと。

だきょう【妥協】 ゆずり合って、意見などをまとめること。譲歩。▽「だ協案」

たぎる ❶ぐらぐらにえたつ。▽「なべの湯がたぎる」 ❷水があわだっていきおいよくながれる。

たく【宅】6年 タク
すまい。すみか。▽「宅地。自宅」

●帰宅●在宅●住宅

たく【炊く】 火で食べ物をにる。

たく まきなどの燃料に火をつけてもやす。▽「ストーブをたく」

だく【抱く】 手でかかえこむ。

たぐい【類い】 同じ種類のもの。なかま。▽「カエルの類い」⬇【類】749ページ

だくおん【濁音】 ガ・ザ・ダ・バなどのようににごる音。⇕清音。

たくさん ❶数や量が多いこと。▽「本がたくさんある」 ❷これ以上いらない。▽「ごちそうは、もうたくさんだ」

タクシー 客をたのまれた所までのせてはこび、料金をとる自動車。

たくち【宅地】 ❶家のたっている所。 ❷家をたてるための土地。やしき。

だくてん【濁点】 「ダ」「バ」の「゛」のように、だく音をあらわすしるし。

タクト 音楽をしきする棒。しき棒。▽「タクトをふる」⬇指揮（図）

たくはいびん【宅配便】 荷物を、トラックで手早く送り先の家まで届ける配達。

たくましい ❶からだが強くてじょうぶである。がっしりしている。▽「たくましいうで」 ❷いきおいがさかんで、くじけない。▽「たくましく生きる」

たくみ【巧み】 手ぎわがよく、やり方がうまいようす。▽「たくみなわざ」

たくらむ くわだてる。とくに悪いことを計画する。▽「悪事をたくらむ」

だくりゅう【濁流】 にごった水の流れ。▽「はんらんするだく流」

たぐる【手繰る】 ❶長い物を手もとへ引きよせる。▽「糸を手ぐる」 ❷もとへさかのぼる。▽「思い出を手ぐる」

たくわえる【蓄える】 ❶お金や物をためておく。 ❷ひげをはやす。

たけ【竹】 くきの中が、空で、節がある植物。アジアに多い。くきを竹細工に使う。若芽はタケノコといい、食べられる。⬇【竹】443ページ
●竹馬●竹を割ったような

たけ【丈】 ❶高さ。▽「背たけ」 ❷長さ。▽「スカートのたけ」

たけうま【竹馬】 二本の竹ざおに足をのせ

あいうえお かきくけこ さしすせそ たちつてと なにぬねの はひふへほ まみむめも やゆよ らりるれろ わをん

あいうえお かきくけこ さしすせそ たちつてと なにぬねの はひふへほ まみむめも やゆよ らりるれろ わをん
た

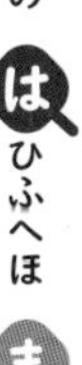
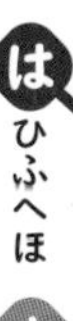

るところをとりつけて、そこにのって歩くあそび道具。

だげき【打撃】❶たたくこと。❷損害。❸野球で打者がボールを打つこと。▽「台風で大きな打げきをうけた」

たけとんぼ【竹とんぼ】竹で作ったおもちゃ。プロペラを作り、まん中のじくを両手で回してとばす。

たけのこ 春に土からはえてくる竹の新しい芽。茶色の皮につつまれていて、中のやわらかいところを食べる。

たけひご【竹ひご】竹を細くけずったもの。かご、ちょうちんの骨などに使う。ひご。

たけやぶ【竹やぶ】竹がたくさん生えている所。竹の林。

たけをわったような【竹を割ったような】竹がまっすぐ割れるように、すなおでさっぱりとした心のたとえ。▽「竹を割ったような性格の人」

たこ 竹などの骨組みに紙やビニールをはり、糸をつけ、風にのせて空高くあげるもの。▽「たこあげをしに行こう」

[たこ（たこあげ）]

たこ 海にすむ動物で、背骨はない。足が八本で、すいつくいぼがあって、エビ・カニなどを食べる。敵にあうとすみをはいてにげる。

[た　こ（海のたこ）]

たこ 手足などのいつもこすれているところのひふが、かたくなってもり上がったもの。▽「ペンだこ」

たこいと【たこ糸】たこあげなどに使う、太いもめんの糸。

たこく【他国】❶よその国。⇔自国。❷自分の生まれた土地でない所。

たこやき【たこ焼き】水でといた小麦粉にタコを入れて玉の形に焼いた食べ物。大阪の名物。

たさい【多彩】❶さまざまな色があって美しいこと。❷種類が多く、はなやかなこと。▽「多彩なもよおし」

たさつ【他殺】ほかの人に殺されること。⇔自殺。

ださん【打算】損するか得するか、心の中で考えること。▽「打算的な考え」

たざんのいし【他山の石】ほかの山のねうちのない石でも、自分の宝石をみがくのには役に立つ。どんな人のことばや行いでも、自分をみがくためのたすけになるということわざ。

だし【山車】お祭りのとき、かざりをつけて引く車。屋台。だんじり。

[山　車]

だし【出し】❶かつおぶし・にぼし・コンブなどをにるとできる、おいしい味のしる。❷何かをするためのいいわけ。▽「勉強をだしにして、おつかいを断る」

たしか【確か】だいじょうぶ。まちがいのないこと。▽「確かな情報」⬇【確】122ページ

たしかめる【確かめる】しらべて、正しいかどうかをはっきりさせる。▽「問題の答えを確かめる」⬇【確】122ページ

たしざん【足し算】二つ以上の数をくわえ

前のページの答え⇒「タクシー」

る計算。よせ算。加法。⇔引き算。

だしじる【だし汁】かつおぶしやコンブなどから出したうまみのあるしる。みそしるなどに使う。

たしなみ ❶このみ。▽「上品なたしなみ」❷心がけ。とくに芸ごとの心得。▽「生け花のたしなみがある」❸つつしみ。▽「たしなみを知らない人だ」

たしなむ ❶すく。このむ。▽「酒をたしなむ」❷けいこをして身につける。▽「生け花をたしなむ」

たしなめる 悪いところをあげて注意する。いましめる。▽「いたずらをたしなめる」

だしにつかう【だしに使う】ある目的をとげるために人を利用する。▽「弟をだしに使っておかしをもらう」

だしぬく【出し抜く】人のすきをみたり、だましたりして自分だけがいい目にあう。▽「まんまと兄を出しぬく」

だしぬけ いきなり。とつぜん。▽「だしぬけに大声を出す」

だしもの【出し物】劇や、学芸会などで演じる作品。▽「出し物をきめる」

だしゃ【打者】野球で、ピッチャーのなげるボールを打つ人。バッター。⇒野球（図）

だじゃれ【駄じゃれ】すこしもおもしろくない、つまらないしゃれ。▽「だじゃれをいうのは、だれじゃ」

たしゅ【多種】たくさんの種類。

たしゅたよう【多種多様】いろいろさまざまなこと。▽「地球には多種多様の生物がすんでいる」

たしょう【多少】❶多いことと少ないこと。▽「多少のちがいなら問題ない」❷いくらか。少し。わずか。

たじろぐ こわがって、しりごみする。▽「あいてのいきおいに思わずたじろぐ」

だしん【打診】❶医者が指先でたたいて病気のぐあいをしらべること。❷あいてのようすをそれとなくさぐること。▽「あいての考えを打しんする」

たす【足す】❶もっと多くする。つけくわえる。▽「三に七を足す」⇔引く。❷すます。▽「用を足す」⇒【足】400ページ

だす【出す】❶中から外へやる。▽「なかみを出す」⇔入れる。❷おくる。▽「手紙を出す」❸あらわす。▽「よろこびを顔に出す」❹新しくはじめる。▽「店を出す」❺ものごとをおこす。▽「火事を出す」❻出版する。▽「本を出す」❼くわえる。▽「スピードを出す」⇒【出】325ページ

たすう【多数】数の多いこと。▽「多数の人がけがをした」⇔少数。

たすうけつ【多数決】多いほうの意見によってものごとを決めること。

たすかる【助かる】❶あぶないことや、いやなことからのがれる。▽「命が助かる」❷手間やお金が少なくすんでありがたい。▽「手伝ってくれて助かるよ」⇒【助】330ページ

たすき ❶仕事がしやすいように、着物のそでをとめるひも。⇒コラム425ページ ❷片ほうのかたからななめにかける細長い布。▽「走者から走者へたすきをわたす」

たすけ【助け】助けること。助けるもの。手助け。▽「助けを呼ぶ。助け出す」

たすけあう【助け合う】おたがいに力をかし合う。手伝い合う。▽「苦しいときは、友達同士で助け合う」

たすけぶね【助け船】❶しずもうとする船やおぼれている人をすくう船。❷こまっているときに力をかすこと。▽「返事をしないので、助け船を出す」

たすける【助ける】❶力をかす。手伝う。▽「仕事を助ける」❷あぶないことからすくってやる。▽「けが人を助ける」⇒【助】330ページ

たずさえる【携える】❶手に持つ。▽「みやげをたずさえる」❷ひきつれていく。▽

「手をたずさえて歩く」

たずさわる【携わる】❶あることに関係する。かかり合う。▽「研究にたずさわる」❷ある仕事についてはたらく。▽「教育にたずさわる」

たずねる【訪ねる】人のうちやよその場所に行く。▽「おじさんのうちを訪ねる」⬇【訪】635ページ

たずねる【尋ねる】❶さがす。もとめる。❷聞き出す。質問する。▽「答えが正しいかどうかたずねる」

たぜいにぶぜい【多勢に無勢】大ぜいにむかって、少しの人数ではとてもかなわないということ。

たそがれ 日がくれて暗くなりかけたころ。夕ぐれ。

ただ ❶お金がいらないこと。無料。▽「赤ちゃんのバス代はただです」❷ふつうのこと。▽「ただのかぜだから、すぐなおる」❸わずか。たった。▽「ただ一人たすかる」❹そのことだけ。▽「テレビも見ないで、ただ本を読む」

ただいま うちへ帰ったときの、あいさつのことば。⬍行ってきます。

たたえる 水などがいっぱいになる。▽「池に水をたたえる」

たたえる ほめる。ほめあげる。▽「研究の成果をたたえる」

たたかい【戦い】戦うこと。

たたかう【戦う】❶戦争をする。▽「敵と戦う」❷競技などでわざをあらそう。❸あらそう。▽「言論で戦う」⬇【戦】387ページ

たたかう【闘う】困難にうち勝とうと、立ちむかう。▽「病気とたたかう」

たたきのめす あいてを立てなくなるくらい、ひどくやっつける。

たすきがけのやりかた

おもなやりかたは二つあります。はじめにひもをむすび、輪にしてかけるやりかた。もうひとつは、ひもをうでのまわりに通し、最後にむすぶやりかた。どちらもやってみると、意外とかんたんですよ。

早口ことば （五回続けていえるかな）竹屋の竹がきに、だれ竹立てかけた。

た

たたく ❶ぶつ。なぐる。▽「かたをたたく」❷うって音を出す。▽「たいこをたたく」❸とがめる。非難する。▽「新聞でたたかれる」

ただごと【ただ事】 ありふれたふつうのこと。あたりまえのこと。▽「かれのようすはただ事ではなかった」

ただし 例外などをつけくわえることば。けれども。しかし。▽「入場無料。ただし、先着百名まで」

ただしい【正しい】 ❶まっすぐで、まがっていない。▽「しせいが正しい」❷理くつに合ってまちがっていない。▽「正しいこたえ」❸きちんとしている。▽「れいぎ正しい」↓【正】372ページ

ただす【正す】 ❶まちがいを直す。▽「誤りを正す」❷きちんとする。▽「しせいを正す」↓【正】372ページ

たたずまい ようすや、すがた。▽「おちついた家のたたずまい」

たたずむ しばらくの間立ち止まる。

ただちに【直ちに】 すぐさま。▽「直ちに出発しよう」↓【直】454ページ

たたみ【畳】 ワラを固めて台にして、イグサであんだ「ござ」をぬいつけた、しき物。和室にしく。

たたむ【畳む】 ❶おりかえしてかさねる。▽「ふとんをたたむ」❷広がっているものをすぼめる。▽「かさをたたむ」❸店や仕事などをやめる。▽「やおやをたたむ」

ただよう【漂う】 ❶空や水にうかびながらゆれ動く。❷あたりにたちこめる。▽「けむりがただよう」

たたり ❶神や仏や死んだ人のたましいなどからうけるわざわい。▽「神のたたり」❷悪いことをしたためにうけるわざわい。

だだをこねる 子供がわがままを言う。▽「おんぶしてと、だだをこねる」

たち【太刀】 長い刀。↓武器（図）

たち 気だて。性質。▽「お腹をこわしやすいたち」

たちあう【立ち会う】 証人・かんとくなどとして、その場に出る。▽「手術に立ち会う」

たちあがる【立ち上がる】 ❶すわったり、ねたりしていたしせいから立つ。▽「いすから立ち上がる」❷何かをはじめる。▽「反対運動に立ち上がる」❸元気をとりもどす。立ち直る。▽「悲しみから立ち上がる」

たちいふるまい【立ち居ふるまい】 立ったりすわったりする動作。ふだんの身のこなし。

たちうち【太刀打ち】 ❶刀でたたかうこと。❷たがいにきそってあらそうこと。▽「かけっこでは、山田さんにはとても太刀打ちできない」

たちおうじょう【立ち往生】 とちゅうで動きがとれなくなること。▽「大雪のために列車が立ち往生する」

たちぎえ【立ち消え】 ❶火がとちゅうで消えること。❷ものごとがとちゅうでやんでしまうこと。▽「クラス会の話はいつのまにか立ち消えになった」

たちぎき【立ち聞き】 ぬすみ聞き。人の話を、こっそり聞くこと。

たちきる【断ち切る】 ❶切りはなす。❷今までの関係をなくす。

たちこめる【立ちこめる】 けむりやきりなどが、あたり一面に広がる。

たちさる【立ち去る】 その場所からほかへ行ってしまう。立ち退く。

たちすくむ【立ちすくむ】 こわくなって立ったまま動けなくなる。

たちどころに その場ですぐ。ただちに。▽「品物はたちどころに売れた」

たちどまる【立ち止まる】 歩くのをやめてその場所に止まる。▽「立ち止まってけしきをながめる」

たちなおる【立ち直る】よくないようすから、ふたたびよいほうにもどる。▽「景気が立ち直る。ショックから立ち直る」

たちのく【立ち退く】そこからはなれてよそへ行く。立ち去る。

たちば【立場】その人がおかれている地位やじょうたい。▽「子供の立場になって考える。クラスでの立場が悪くなる」

たちはだかる【立ちはだかる】立って、さえぎる。立ちふさがる。▽「いきなり目の前に立ちはだかる」

たちふさがる【立ちふさがる】前に立ってじゃまをする。立ちはだかる。

たちまち 急に。すぐに。

だちょう アフリカの草原にすむ、世界一大きい鳥。とべないが、足が強くて走るのが速い。

たちよみ【立ち読み】店で、本や雑誌を買わないで立ったまま読むこと。▽「まんがを立ち読みする」

たちよる【立ち寄る】よそへ行くとちゅうで、ついでに寄る。▽「本屋に立ち寄る」

だちん【駄賃】お使いやお手伝いなどで、ごほうびにもらうお金。

たつ【達】4年 タツ ―

❶とどくこと。▽「到達」❷芸ごとなどにくわしく、すぐれていること。▽「達人」

一 十 幸 幸 達 達 達
幸ではない
ひとふでに書く

●達者●達人●達する●達成●達筆●上達●速達●配達●発達

たつ【立つ】❶まっすぐたてになる。おき上がる。▽「かた足で立つ」❷広がる。▽「うわさが立つ」❸きまる。はっきりとしたものになる。▽「見通しが立つ」❹やっていける。▽「くらしが立つ」❺うまい。▽「ふでが立つ」❻ある地位につく。▽「人の上に立つ」❼はなれる。出発する。▽「旅に立つ」❽はげしくなる。いきおいづく。▽「気が立つ。腹が立つ」❾使える。▽「役に立つ」❿上の方へのぼる。▽「けむりが立つ」⓫ひらかれる。▽「市場が立つ」⬇【立】743ページ

たつ【建つ】家やビルディングなどができる。⬇【建】216ページ

たつ【断つ】❶切りはなす。切り分ける。❷やめる。▽「おかしを断つ」⬇【断】435ページ

たつ【絶つ】❶つながりをなくしてしまう。ほろぼす。▽「消息を絶つ」❷おわらせる。▽「命を絶つ。病根を絶つ」⬇【絶】383ページ

たつ【裁つ】布や紙を切る。⬇【裁】262ページ

たつ【竜】⬇竜・十二支（図）

たつ 時間がすぎる。▽「月日がたつ」

だつい【脱衣】衣服をぬぐこと。

たっきゅう【卓球】中央にあみをはった台の上で、球をラケットで打ち合う室内競技。ピンポン。

だっきゅう【脱臼】骨のかんせつが、はずれること。

だっこく【脱穀】穀物のつぶを穂からとること。いねこき。

だっしめん【脱脂綿】あぶら分をとりのぞいて消毒した綿。

たっしゃ【達者】❶からだがじょうぶなこと。▽「達者に暮らす」❷わざがすぐれていること。▽「うでの達者な大工」

ダッシュ ❶いきおいよく走ること。突進。❷数学などで使う「A'」などの「'」の記号。

だっしゅつ【脱出】ぬけ出すこと。▽「危険な所からだっ出する」

たつじん【達人】すぐれたうでまえの人。▽「剣の達人」

たっする【達する】❶つく。とどく。▽「頂上に達する」❷つらぬく。通す。▽「のぞみを達する」

たっせい【達成】ものごとをなしとげるこ

さかさことば 前から読んでもうしろから読んでも「竹やぶ焼けた」。

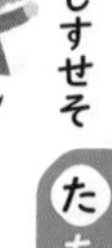

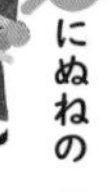

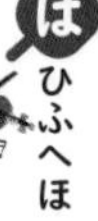

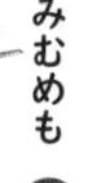

あいうえお かきくけこ さしすせそ たちつてと なにぬねの はひふへほ まみむめも やゆよ らりるれろ わをん
た

と。▼「目的を達成する」

だつぜい【脱税】税金を、ごまかしておさめないこと。

だっせん【脱線】❶列車や電車などの車輪が線路からはずれること。❷話が横道にそれること。▼「話がすぐに、だっ線する」

[脱線❶]

だっそう【脱走】ぬけだしてにげること。▼「トラがおりからだっ走する」

たった わずか。ただ。ほんの。▼「たった三びきしか魚がつれなかった」

タッチ ❶さわること。ふれること。▼「タッチアウト」❷関係すること。▼「その計画にはタッチしていない」❸絵画などのふでの使い方。▼「細かいタッチの絵」❹パソコンなどのキーや楽器のけんばんをおすこと。▼「せんさいなタッチのピアニスト」

だって ❶前に言ったことに理由をつけくわえるときに使うことば。▼「注射はきらいだ。だって痛いもの」❷あいての言ったことに反対するときにつかうことば。▼「だってそれはむりだよ」❸一つ例をあげて、ほかの場合とおなじであることをあらわすときに使うことば。▼「ぼくだってできる。一日だって休まない」❹だれかから聞いたことをほかの人に伝えるときにつかうことば。▼「あした帰ってくるんだって」

たっとい【尊い】とうとい。▼「尊い神」⬇【尊】408ページ

たっとい【貴い】❶身分が高い。▼「貴い身分」❷ねうちがある。▼「貴い体験」⬇【貴】157ページ

たっとぶ【尊ぶ】うやまい、大切にする。▼「神を尊ぶ」⬇【尊】408ページ

たっとぶ【貴ぶ】大切にする。▼「人の意見を貴ぶ」⬇【貴】157ページ

[尊ぶ]

たつとりあとをにごさず【立つ鳥あとを濁さず】とびさったあとがきれいな水鳥のように、あとが見苦しくないようにきちんとしまつして立ちさされというたとえ。

たづな【手綱】馬のくつわにゆわえて馬をあやつる役目をするつな。

たつのおとしご 竜のような形をした、海にいる魚。立っておよぎ、尾で海そうにまきつく。たまごは、おすが腹のふくろの中に入れてそだてる。

だっぴ【脱皮】❶ヘビやこん虫などがそだつにつれて古い皮やからをぬぐこと。❷古い考えをすててすすむこと。

セミ
から
[セミの脱皮]

たっぴつ【達筆】すばらしく上手に字を書くこと。また、そのような字。⇕悪筆。

たっぷり ❶十分。たくさん。▼「栄養をたっぷりとる」❷ゆったりしたさま。▼「たっぷりした服」❸すくなくとも。▼「たっぷり三時間は歩いた」

たつまき【竜巻】すごいいきおいで地上にある物や海水などをまきあげる、空気のうずまき。

だつらく【脱落】❶ぬけ落ちること。❷なかまについて行けないこと。

たて【縦】上と下、北と南、前と後ろの方向。▼「縦じく」⇕横。⬇【縦】318ページ

たて【盾】 ❶いくさのとき、矢などをふせぐ道具。❷自分をまもる手だてとなるもの。

だて 目立つように、はでなようすをすること。おしゃれをすること。はでなようすをすること。また、見せかけだけのようす。▼「だてめがね」

たていたにみず【立て板に水】 立てかけてある板に水をかけたように、つかえないで、すらすら話すようす。

たてがき【縦書き】 文字を上から下へ、たての方向に書くこと。また、そう書いたもの。⇔横書き。

たてかける【立てかける】 ほかの物によせて立てる。▼「はしごをへいに立てかける」

たてがみ 馬やライオンなどの首にはえている長い毛。

←たてがみ

［たてがみ］

たてごと【たて琴】 ⇒ハープ

たてこむ【立て込む】 ❶こみ合う。▼「店内が立てこむ」❷用事や仕事がかさなっていそがしくなる。▼「仕事が立てこむ」

たてこもる【立てこもる】 ❶部屋に入って、外に出ない。❷城にとじこもって、せめてくる敵をふせぐ。

たてつく【たて突く】 さからう。

たてつけ【立て付け】 戸やふすまなどの、あけしめのぐあい。▼「立て付けの悪い家」

たてつづけ【立て続け】 続けてするようす。▼「立て続けに点を入れる」

たてなおす【立て直す】 ❶あらためてもう一度かんがえなおす。▼「計画を立て直す」❷おとろえたいきおいを、もりかえす。▼「体勢を立て直す」

たてぶえ【縦笛】 たてに持ってふく笛。リコーダー。⇒楽器（図）

たてふだ【立て札】 人に知らせたいことを書いて、道ばたなどに立てた板。

たてまえ 表むきの考えや意見、やり方。▼「本音とたてまえ」

だてまき【だて巻き】 うずまきの形にしたたまご焼き。すりつぶした魚を入れたたまごを厚く焼いて巻いたもの。

［だて巻き］

たてまつる【奉る】 ❶神や身分の高い人にさしあげる。❷形だけの高い地位につけてうやまう。

たてもの【建物】 人がすんだり、物をおいたりするために、つくったもの。家・ビルディングなど。

たてやくしゃ【立て役者】 ❶中心になる役者。❷何かの中心となる人。▼「かれは、今日の試合の立て役者だ」

たてる【立てる】 ❶おこして、まっすぐにする。▼「棒を立てる」❷出す。おこす。▼「声を立てる」❸人々に知られるようにする。▼「うわさを立てる。名を立てる」❹定める。きめる。▼「計画を立てる」❺なしとげる。▼「手がらを立てる」❻なりたたせる。▼「生計を立てる」❼つきさす。▼「つめを立てる」❽しめる。▼「戸を立てる」❾ある地位につかせる。▼「候補者を立てる」❿はげしくする。▼「腹を立てる」⓫使えるようにする。▼「役に立てる」⓬上へのぼらせる。▼「湯気を立てる」⇒【立】743ページ

たてる【建てる】 家などをつくる。▼「ビルを建てる」⇒【建】216ページ

だとう【打倒】 打ちたおすこと。

だとう【妥当】 むりのないように当てはまること。どちらにもかたよらないこと。▼「妥当な結果」

たとえ【例え】 説明するために、それににたものを持ち出して言うこと。また、その

なぞなぞ 空や海や人間の手足にいるものは？ 答えは次のページ。

話。▽「例え話。例えに出す」

たとえ かりに。もしも。万が一にも。▽「たとえ失敗してもくじけない」

たとえば【例えば】 ❶例をあげて言えば。❷もしそうだとすると。▽「例えば、モモのようなにおい」▽「例えば、かれが女の子だとしたら……」

たとえる【例える】 わかりやすくするために、よくにた、べつのものごとを利用して説明する。▽「星のきらめきを宝石に例える」⬇【例】751ページ

たどたどしい あぶなっかしい。おぼつかない。▽「たどたどしい歩き方」

たどりつく【たどり着く】 やっと、目当ての所に行きつく。

たどる ❶道にそってすすむ。▽「山道をたどる。運命をたどる」❷さがしもとめながらすすむ。▽「記おくをたどる」

たな【棚】 板を横にわたして、物をのせるところ。▽「たなを作る」

たなからぼたもち【棚からぼた餅】 たなからぼたもち（おはぎ）がおちてくるように、思いがけない、よい運がむいてくることのたとえ。

たなごころ 手のひら。

たなざらし 品物が売れないで、長く店においてあること。またその品物。

たなばた【七夕】 一年に一度、七月七日の夜に、ひこ星とおりひめ星が、天の川をわたって会うという言いつたえをもとにして行う星祭り。この日は、ササの葉に、ねがいごとを書いたたんざくをかざりつける。

[七夕]

たなびく【棚引く】 雲やけむりなどが、長く横にながれる。

たに【谷】 山と山の間のくぼんだ所。⬇【谷】241ページ
●谷あい●谷川●谷底●谷間

だに 八本の足をもつ小さな虫。種類が多く、人や動物にくっついて血を吸ったり、病気を運んだりする。

たにあい【谷あい】 谷間。

たにおり【谷折り】 紙を折るとき、折る線が中にはいるように折ること。⇕山折り。

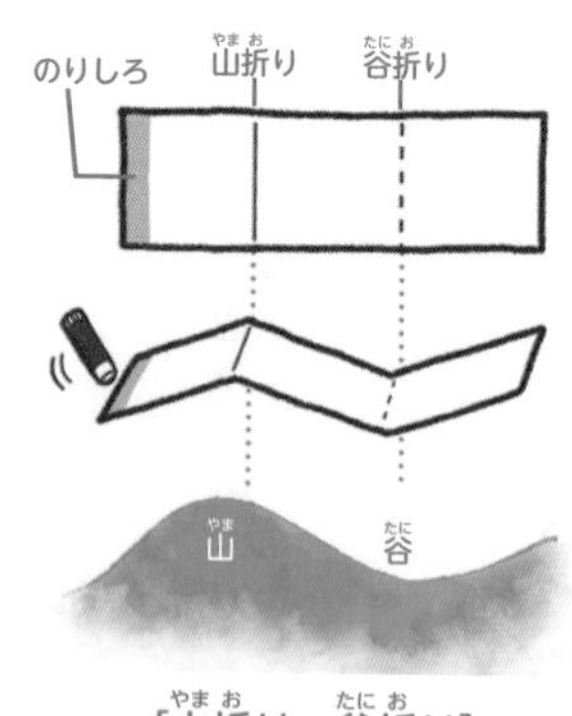

[山折り・谷折り]

たにがわ【谷川】 谷間をながれる川。

たにし 田んぼや池、ぬまなどにすむまき貝。色は黒茶色。食べられる。

たにぞこ【谷底】 谷のいちばん深い所。▽「谷底から風がふき上がる」

たにま【谷間】 谷の間。谷の中。

たにん【他人】 ❶血筋のつながっていない人。❷関係のない人。▽「赤の他人」▽「他人のことに口をはさむな」

たにんぎょうぎ【他人行儀】 親しい関係なのに、知らない人にたいするように、えんりょしたりすること。

たにんのそらに【他人のそら似】 血のつながりがない他人同士の顔かたちが、ぐう

ぜんよく似ていること。

たぬき 犬のなかまの動物。野山のあなにすみ、夜に出歩く。昔、人をだまし、腹つづみをうつといわれていた。

［たぬき］

たぬきねいり【たぬき寝入り】タヌキは、あぶなくなると気をうしなってねたようになることから、ごまかしてねたふりをすること。

たね【種】❶草や木が、芽を出すもと。種子。❷ものごとのはじまるもと。▽「うわさの種」❸手品などのしかけ。❹文や詩を書くときの材料。⬇【種】315ページ

たねあかし【種明かし】手品などのしかけを見せ、やり方を教えること。●種明かし

たのしい【楽しい】苦しいことがなくて、よろこばしい。うれしい。うきうきする。⬇【楽】123ページ

たのしみ【楽しみ】❶うれしくてうきうきすること。楽しいと感じること。▽「犬とあそぶのが毎日の楽しみだ」❷うれしくてうきうきするだろうな、と期待すること。▽「明日の遠足を楽しみにしている」

たのしむ【楽しむ】楽しくすごす。楽しく思う。また、すきなことをして楽しくすごす。▽「ゲームを楽しむ」⬇【楽】123ページ

たのむ【頼む】❶おねがいする。▽「お使いをたのむ」❷たよりにする。

たのもしい【頼もしい】❶たよりになるようす。❷将来の見こみがある。

たば【束】ひとまとめにしたもの。▽「まきの束」⬇【束】400ページ ●束になる●束ねる

たばこ タバコという植物の葉をかわかしてきざんだもの。火をつけてけむりをすう。もとはポルトガル語。

たはた【田畑】田と畑。

たばになる【束になる】大ぜいが、いっしょになる。▽「束になってかかる」

たばねる【束ねる】ひとまとめにする。

たび【度】❶そのときはいつも。▽「道を横切る度に左右を見る」❷回。回数。▽「いく度も練習をする」⬇【度】487ページ

たび【旅】自分の家からはなれて、よその土地へ行くこと。旅行。▽「旅に出る」⬇【旅】746ページ ●旅先●旅支度●旅鳥●旅の恥はかき捨て●旅は道連れ世は情け●旅人

たび【足袋】和服を着るときに足先にはくもの。ふくろ形で、つま先が二つに分かれている。⬇振り袖（図）

たびさき【旅先】旅行に出かけている場所。▽「旅先から手紙を出す」

たびたび【度度・度々】何度も。いく度も。⬇「々」は同じ文字をくり返すという意味のおどり字という記号。▽「近くの神社を度々おとずれる」

たびどり【旅鳥】わたり鳥のうち、わたりのとちゅうである地方を通る鳥。日本ではシギ・チドリなど。⬇鳥（コラム）510ページ ⇕留鳥

たびのはじはかきすて【旅の恥はかき捨て】旅先では知っている人もいないし、はずかしいことをしてもそれっきりだ、という意味のことわざ。

たびはみちづれよはなさけ【旅は道連れ世は情け】旅では、いっしょになった者がたすけ合い、世の中では、たがいになかよくするのがよい、という意味のことわざ。

たびびと【旅人】旅行をする人。

タフ たくましいようす。ねばり強いようす。▽「タフな人。タフな交しょう」

前のページの答え⇒「たこ」

たぶらかす あいてをごまかし、だますこと。▽「人をたぶらかす」

ダブル ❶二重。二倍。❷ふたり用。▽「ダブルベッド」❸洋服の前の合わせが深く、ボタンが二列についている上着。⇕シングル。

タブレット ❶小さな板の形をしたパソコンで、画面にペンや指でふれてそうさするもの。❷小さくかためた薬。錠剤。

たぶん【多分】 ❶数や量が多いこと。たくさん。▽「多分のおいわい」❷たいてい。おそらく。▽「多分来ないだろう」

たべもの【食べ物】 食べるためのもの。食物。▽「食べ物を買いに行く」

たべる【食べる】 ❶食べ物を口に入れてのみこむ。❷生きる。生活する。くらす。▽「とても食べていけない」⬇【食】341ページ

たぼう【多忙】 ひじょうにいそがしいようす。▽「多ぼうで手紙も書けない」

たま【玉】 ❶美しい宝石。❷まるい形のもの。▽「そろばんの玉」❸大切なもの。❹めがねなどのレンズ。❺ことばの上につけて美しいものをあらわす。▽「玉あられ」⬇【玉】181ページ ●玉砂利●玉にきず●玉の汗

たま【球】 ❶まり。ボール。まるい形のもの。❷電球。▽「球が切れる」⬇【球】171ページ

たま【弾】 鉄ぽうや大ほうなどでうち出すもの。だんがん。

たまいれ【玉入れ】 いくつかの組に分かれ、高くかかげられたかごの中に玉を投げ入れて、入った数をきそう競技。

たまご【卵】 ❶鳥・魚・虫などが産む、まるいもの。❷ニワトリのたまご。❸ある仕事で、まだ一人前でない人。勉強中の人。▽「学者の卵」⬇【卵】739ページ

たましい【魂】 心のはたらきのもとになるとされているもの。精神。霊魂。

だます ❶うそをついて、ほんとうと思わせる。あざむく。▽「おばけを見たと、友達をだます」❷なだめる。▽「泣く子をだまして、薬をのませる」

たまたま ちょうどおりよく。ぐうぜんに。▽「たまたま自動車が来た」

たまに 回数が少ないこと。ときたま。まれに。▽「たまにかぜをひくことがある」

たまにきず【玉にきず】 美しい玉にきずが一つあるように、りっぱなものの中にある少しの欠点。▽「りっぱな人だが、からだが弱いのが玉にきずだ」

[玉にきず]

たまねぎ【玉ねぎ】 ユリのなかまのやさい。地下の丸いくきを食べる。つよいにおいがあって、切るとなみだがでる。

たまのり【玉乗り】 大きな玉の上に乗り、その玉を足でまわしながらいろいろな芸をすること。また、その芸をする人。▽「サーカスで玉乗りを見る」

たまらない ❶がまんできない。たえられない。▽「いたくてたまらない」❷とてもよい。▽「勝った人の笑顔はたまらないね」

だまりこむ【黙り込む】 何も言わなくなってしまう。▽「めをとじてだまりこむ」

たまる ❶一つの所に集まって多くなる。▽「ごみがたまる」❷お金などがふえる。▽「おこづかいがたまる」❸ものごとがかたづかないでのこる。▽「宿題がたまる」

だまる【黙る】 口をむすんでしゃべらない。▽「ふきげんにだまる」

たまわる【賜る】 目上の人から、ものをあたえられる。くださる。▽「おことばをたまわる」

たみ【民】 国や社会を作っている人々。人民。⬇【民】680ページ

ダム 発電・かんがいなどのために、川をせきとめ、水をたくわえた所。

たむろする 人が集まる。▼「広場に人がたむろする」

ため ❶役に立つこと。▼「人のためにつくす」❷原因。理由。▼「けがのため試合に出られない」❸目的。▼「勝つために練習をする」

だめ【駄目】 ❶役に立たないこと。▼「時計を水におとしてだめにした」❷してはいけないこと。▼「しばふに入ってはだめです」❸とてもできないこと。▼「もうだめだ、これ以上走れない」

ためいき【ため息】 こまったり、心配したときに出る大きな息。

ためいけ【ため池】 田に引く水や防火用水などをためておく池。

ためし【試し】 試すこと。試み。▼「試しに少しやってみる。力試し」

ためす【試す】 じっさいにやってみて、たしかめる。▼「実力を試す」⬇【試】286ページ

ためらう どうしようかとまよう。

ためる 集めてふやす。▼「お金をためる」

たもつ【保つ】 ❶長くつづく。▼「健康を保つ」❷長く持つ。持ちこたえる。⬇【保】633ページ

たもと ❶着物のそで口の下に、ふくろのようにさがっているところ。⬇振り袖（図）❷すぐそば。▼「橋のたもと」❸ふもと。▼「山のたもとのダム」

たやす【絶やす】 すっかりなくしてしまう。▼「雑草を絶やす」⬇【絶】383ページ

たやすい やさしい。かんたんだ。

たより【便り】 手紙。知らせ。▼「便りをまつ。合格の便り」⬇【便】631ページ

たより【頼り】 たよること。また、たのみにする人。▼「母をたよりにする」

たよりない【頼りない】 たのみにならない。あてにならない。

たよる【頼る】 あてにする。たのみにする。▼「上級生をたよる」

たら 北の深い海にいる魚。下あごにひげが一本ある。

たらい まるくて平たい大きな入れ物。水や湯を入れて、ものを洗うときなどに使う。

だらく【堕落】 行いや人がらが悪くなること。▼「だ落した生活」

だらける ゆるむ。きちんとしなくなる。なまける。▼「仕事をしないでだらけてばかりいる」

だらしない しまりがない。しっかりしていない。▼「だらしない身なり」

たらす【垂らす】 ❶さがるようにする。▼「ひもを垂らす」❷水などを少しずつおとす。▼「よだれを垂らす」⬇【垂】355ページ

タラップ 船や飛行機に、のりおりするときにかけわたすかいだん。▼「タラップをのぼって飛行機にのる」

たらふく おなかいっぱい食べるようす。

ダリア キクのなかまの草花。夏・秋に、大きい花がさく。

たりない【足りない】 ❶必要な分だけそろっていない。▼「メンバーが一人足りない」❷まにあわない。役に立たない。▼「用が足りない」❸それほどのねうちがない。▼「おそれるに足りない」❹頭のはたらきが少しよわい。

たりょう【多量】 量の多いこと。大量。▼「出血多量」⇔少量。

たりる【足りる】 ❶十分である。▼「お金が足りない」❷役に立つ。▼「用が足りる」❸十分ねうちがある。足る。▼「ほめるに足りる作品だ」⬇【足】400ページ

たる【足る】 ⬇足りる⬇【足】400ページ

たる ふたのある、木でできたまるい入れ物。▼「たるにみそを入れる」

だるい からだが重い感じで、力がはいらないようす。▼「熱があってからだがだるい」

だるま【達磨】 インドの僧で、禅宗をひらいた達磨大師が座禅をしているすがたをまねて作った置物。

たるむ ❶だらんとしてゆるむ。❷心がゆる

さかさことば 前から読んでもうしろから読んでも「確かに貸した」。

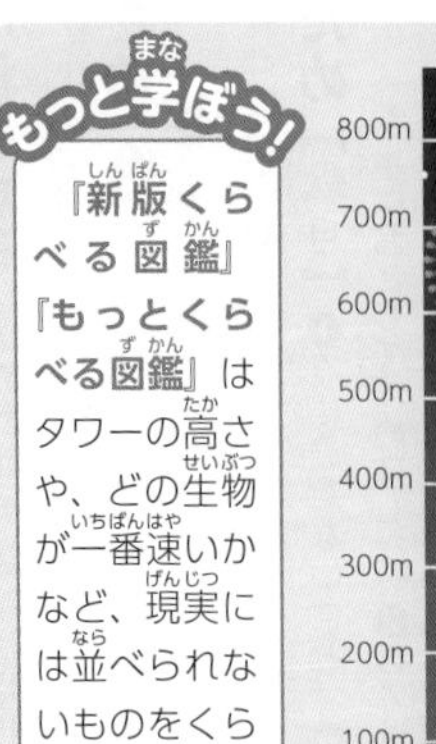

もっと学ぼう!
『新版くらべる図鑑』『もっとくらべる図鑑』は タワーの高さや、どの生物が一番速いかなど、現実には並べられないものをくらべているよ。

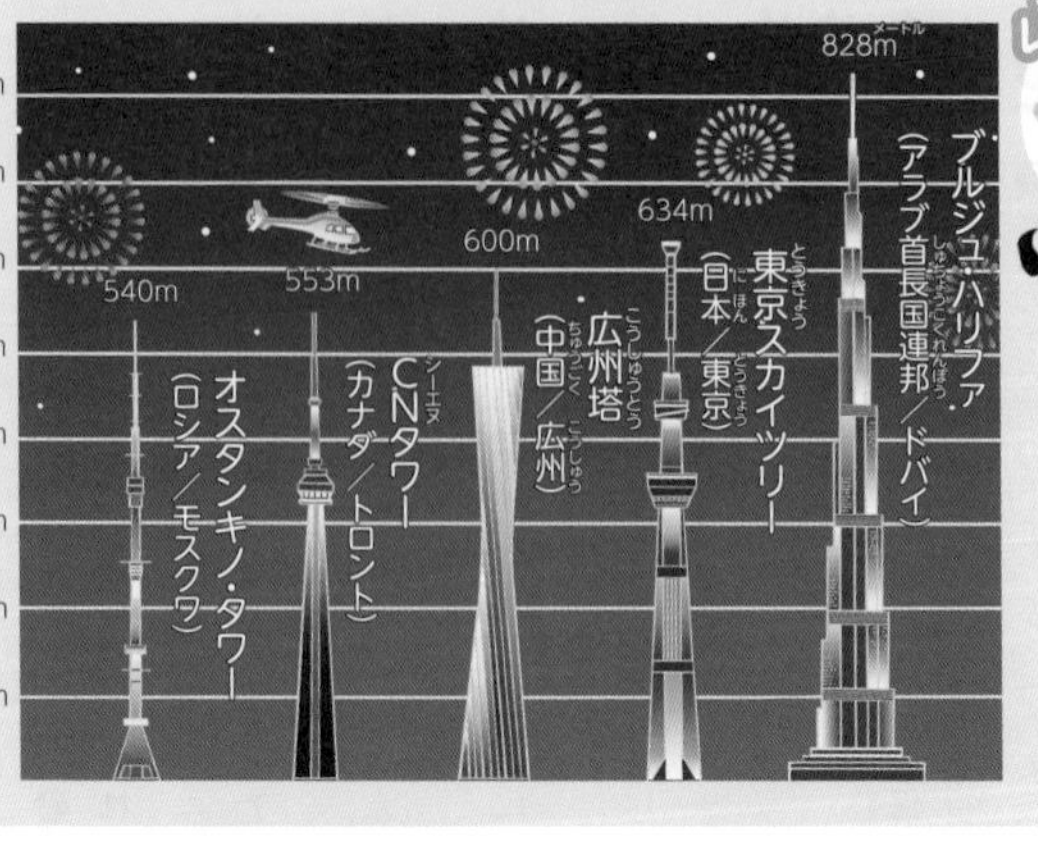

くらべてみよう! 世界のタワー

む。▽「気持ちがたるむ」

だれ ❶とくにきめていない人をさすことば。▽「だれか知っている人はいませんか」❷名前をたずねるときのことば。▽「あなたはだれですか」

だれひとり だれも。ひとりも。▽「だれひとり手をあげなかった」

たれる【垂れる】 ❶さがる。▽「まくが垂れる」❷水などがつぶになっておちる。▽「雨水が木の葉から垂れる」❸よくわかるようにしめす。▽「教えを垂れる」⬇【垂】355ページ

タレント ラジオやテレビ放送にたびたび出る俳優や歌手など。

タワー 細くて高いたてもの。塔。▽「東京タワー」⬇図

たわいない ❶考えがあさい。まとまりがない。▽「たわいない話」❷正体がない。▽「たわいなくねむる」❸てごたえがない。わけない。▽「たわいなくあいてをねじふせる」

たわごと ばかげたことば。くだらない話。

たわし なべや茶わんなどをこすって洗う道具。わらやナイロンなどをたばねてつくる。

たわむ 木のえだなどが弓のようにまがる。▽「雪の重みで、えだがたわむ」

たわむれる【戯れる】 ❶あそぶ。▽「犬とたわむれる」❷ふざける。

たわら【俵】 米やイモなどを入れるために、わらなどをあんで作ったふくろ。⬇【俵】593ページ

たわわ 重さなどのために、おれまがりそうになるようす。▽「カキが、えだもたわわにみのっている」

たん【反】 ❶昔使われた面積をあらわす単位。一反は、やく九・九アール。❷布の長さをはかる単位。一反は、やく一〇メートル。▽「反物」⬇【反】571ページ

たん【担】 6年 タン (かつぐ)・(になう)
❶かつぐこと。▽「負担」
❷うけもつこと。▽「担任」

担 担 担 担 担 担 担 担（且ではない）

●担架●担当●担任●分担

たん【炭】 3年 タン すみ
❶木をむしやきにした燃料。すみ。
❷石炭。▽「炭鉱」

炭 炭 炭 炭 炭 炭 炭 炭 炭（大ではない）

●炭鉱●炭酸ガス●炭水化物●炭素●木炭

たん【単】4年 タン ―

❶一つ。一人。▼「単身」
❷ふくざつでない。▼「単純」⇔複。

単 単 単 単 単 単 単 単 単（⺍としない）

●単位●単一●単価●単眼●単語●単行本●単数●単線●単調●単刀直入●単独●単に

たん【探】6年 タン さがす・（さぐる）

さぐること。▼「探検」

探 探 探 探 探 探 探 探 探 探 探（几としない）

●探究●探求●探検●探偵

★「深」ににているので注意

たん【短】3年 タン みじかい

❶みじかいこと。▼「短文」⇔長。
❷たりないこと。▼「短所」

短 短 短 短 短 短 短 短 短 短 短 短（つき出ない）

●短歌●短気●短期●短気は損気●短距離●短冊●短縮●短所●短針●短文●短編●短命●最短●長短

たん【誕】6年 タン ―

生まれること。▼「誕生。生誕」

誕 誕 誕 誕 誕 誕 誕 誕 誕 誕 誕 誕 誕 誕 誕（左がわにはらう）（正ではない）（廴ではない）

●誕生●誕生石●誕生日

だん【団】5年 ダン・（トン）

❶まるい形。まるい物。▼「団子」
❷集まり。集まる。▼「団体。団結」

団 団 団 団 団 団（はねる）

●団結●団子●団体●団地●団らん●楽団●球団●劇団●集団

だん【男】1年 ダン・ナン おとこ

おとこ。▼「男性」⇔女。

男 男 男 男 男 男 男（はねる）（つき出る。）（力ではない）

●男子●男女●男性●男優

だん【段】6年 ダン ―

❶かいだん。だんだん。▼「石段」
❷区切り。切れ目。▼「文の段落」
❸手立て。やり方。▼「手段」
❹うでまえの等級。▼「柔道の初段」

段 段 段 段 段 段 段 段 段（左に出る）（几としない）

●段階●段だら●段々畑●段違い●段取り●段ボール●段落●値段

だん【断】5年 ダン ことわる・（たつ）

❶切ること。たち切ること。▼「裁断」
❷きっぱりときめること。▼「断を下す」
❸ことわること。▼「無断」

断 断 断 断 断 断 断 断 断 断 断（おる）

●断がい●断言●断固●断食●断じて●断水●断絶●断然●断続●断定●断念●断片●断末魔●断面●横断●決断●診断●切断●中断●判断●油断

だん【暖】6年 ダン あたたか・あたたかい・あたたまる・あたためる

あたたかいこと。▼「温暖」⇔寒。

暖 暖 暖 暖 暖 暖 暖 暖 暖 暖 暖 暖 暖（この形に注意）

あいうえお かきくけこ さしすせそ たちつてと なにぬねの はひふへほ まみむめも やゆよ らりるれろ わをん

さかさことば 前から読んでもうしろから読んでも「田畑」。

●暖色●暖冬●暖房●暖流●暖炉

だん【談】3年 ダン —

話すこと。話。▽「談話」

談 談 談 談 談 談 談 談 談 談 談 談 談 談 談

●談判●会談●相談●対談

だん【壇】いちだん高い所。

だんあつ【弾圧】力でおさえつけること。▽「言論のだん圧」

たんい【単位】長さ・量・重さなどの、数量をあらわすもとになるもの。メートル・リットル・グラム・円・秒など。

たんいつ【単一】❶一人のこと。▽「単一で行動する」❷一つだけで、ほかのものがないこと。▽「単一メニュー」

たんか【担架】病人などをのせて、前後から、かついではこぶ道具。

たんか【単価】品物などの一つ当たりのねだん。

たんか【短歌】和歌のこと。五・七・五・七・七の三十一文字からできている歌。日本のみじかい詩の一つで、奈良時代からさかんになった。

タンカー 石油などをはこぶ船。⬇船（図）

だんかい【段階】❶じゅんじょ。▽「ものごとには段階がある」❷上下のくべつ。▽「五段階に分ける」

だんがい【断がい】けわしいがけ。

たんかをきる【たんかを切る】はぎれのよいことばで、するどく言いたてる。▽「いせいのいい、たんかを切る」

だんがん【弾丸】鉄ぽうや大ほうなどの、たま。

たんき【短気】せっかちで、おこりっぽい性格。気が短いこと。▽「短気な人」

たんき【短期】短い間。↕長期。

たんきはそんき【短気は損気】短気は、けっきょくは、損をするということ。▽「短気は損気だ。早まるな」

たんきゅう【探究】最後までしらべつくすこと。▽「真理を探究する」

たんきゅう【探求】探し求めること。▽「幸せを探求する。長年探求していた書物」

たんきょり【短距離】❶道のりが短いこと。❷陸上競技などで四〇〇メートル以下の競走。

タンク ❶水・石油・ガスなどを入れる物。❷戦車。

タンクローリー ガソリンなどをタンクに入れてはこぶ、大きな自動車。⬇自動車（図）

だんけつ【団結】みんなが心を合わせて一つにまとまること。▽「前の日にあつまって団結心をたかめる」

たんけん【探検・探険】危険をおかして、じっさいにさぐりしらべること。▽「どうくつ探検。南極探検隊」

だんげん【断言】はっきり言い切ること。▽「かならず勝つと断言した」

たんご【単語】文を組み立てている一つ一つのことば。たとえば、「花がさく」は、「花」「が」「さく」の三つの単語でできている。

だんこ【断固】きっぱりおしきってするようす。断然。▽「断固反対する」

だんご【団子】米などのこなをまるめて、むしたりゆでたりした食べ物。

たんこう【炭鉱】石炭をほりだす所。

たんこうぼん【単行本】一さつとしてまとまっている本。

たんごのせっく【端午の節句】五月五日の男の子の節句。もとは節の日に供えものをするという意味の節供と書かれていた。⬇図

たんこぶ ぶつけたときや病気などのためにできる、ある部分のひふがふくらんだもの。こぶ。▽「頭にたんこぶができる」

だんごむし【団子虫】体長十五ミリメートルくらいの虫。灰色で、さわると丸くなる。かれ葉や石の下にいることが多い。

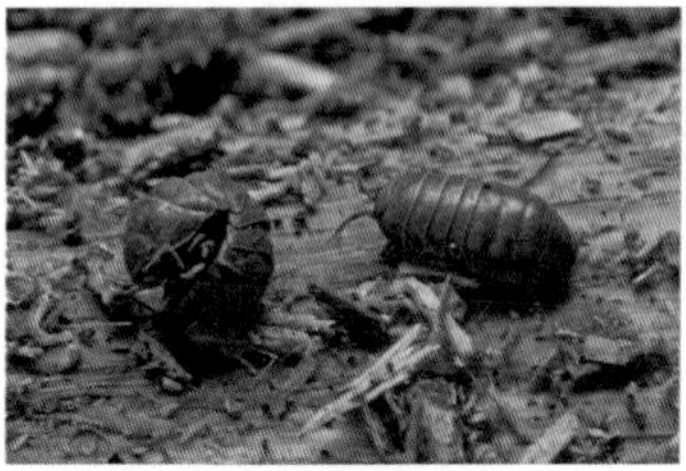

［団子虫］

ダンサー ダンスをすることを仕事にしている人。

たんざく【短冊】短歌や俳句などを書きつけるための、細長い紙。

たんさんガス【炭酸ガス】物がもえたり、動植物が呼吸をするときなどにできるガス。二酸化炭素。

だんし【男子】❶男の子。❷男の人。▼「男子用トイレ」⇔女子。

だんじき【断食】修行などのために、何も食べないこと。絶食。

だんじて【断じて】ぜったいに。どんなことがあっても。▼「断じてゆるさない」

たんしゅく【短縮】時間やきょりなどの長さを短く縮めること。▼「授業時間を短縮する」

たんじゅん【単純】こみいっていないで、かんたんなようす。▼「単純な計算。単純な性格の人」⇔複雑。

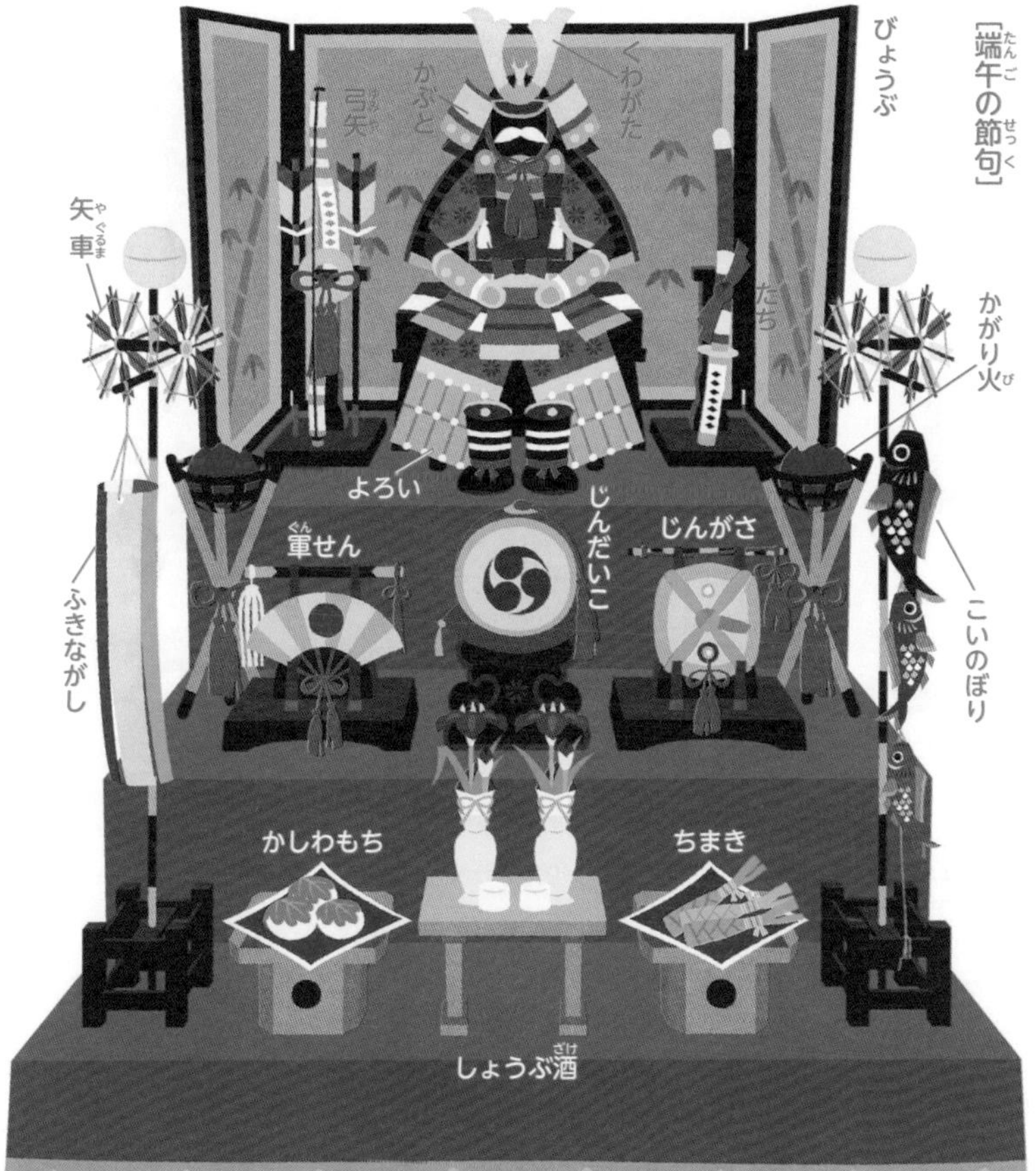

［端午の節句］ びょうぶ くわがた かぶと 弓矢 たち 矢車 かがり火 よろい じんだいこ 軍せん じんがさ こいのぼり ふきながし かしわもち ちまき しょうぶ酒

さかさことば 前から読んでもうしろから読んでも「旅の予定聞いてよ、のび太」。

たんしょ【短所】 おとっているところ。悪い点。欠点。⇕長所。

だんじょ【男女】 男と女。▽「男女共学」

たんじょう【誕生】 ❶人が生まれること。❷ものが新しくできること。⬇人生（コラム）▽「新しい市が誕生した」

たんじょうせき【誕生石】 生まれた月に関係づけてきめた宝石。身につけると幸運をよぶといわれる。

たんじょうび【誕生日】 生まれた日。

わたしの誕生日

だんしょく【暖色】 暖かい感じの色。赤・だいだい・黄など。⇕寒色。

たんしん【単身】 ただひとり。

たんしん【短針】 時計の短いほうの針。「時」をあらわす。⇕長針。

たんしんふにん【単身ふ任】 仕事などのために、家族とはなれ、ひとりで任地に行き生活すること。

たんす 引き出しや戸がある、木で作った箱形の家具。衣服などを入れる。

ダンス 西洋式のおどり。

たんすい【淡水】 塩分のない水。まみず。▽「たん水魚」

誕生石

1月●ガーネット

2月●アメジスト

3月●アクアマリン

4月●ダイヤモンド

5月●エメラルド

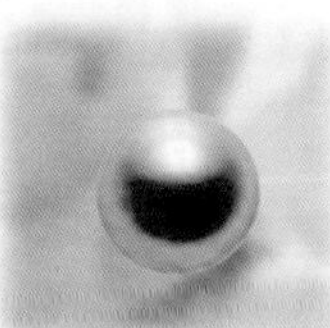
6月●真じゅ

7月●ルビー

8月●ペリドット

9月●サファイア

10月●オパール

11月●トパーズ

12月●トルコ石

宝石や、石に興味があるなら『図鑑NEO 岩石・鉱石・化石』を見てみよう。石のちがいがわかるスーパー拡大写真や、化石や鉱物など、さまざまな石がきれいな写真でたくさんのっているよ。

だんすい【断水】 水道などの水が出なくなること。▽「三日間、断水する」

たんすいかぶつ【炭水化物】 炭素と水素と酸素がむすびついてできている栄養素。でんぷんや砂糖など。

たんすう【単数】 人や物の数が一つであること。⇕複数。

たんせい【丹精】 心をこめて、すること。▽「たん精こめてそだてたバラ」

だんせい【男性】 男。⇕女性。

だんぜつ【断絶】 ❶つづいていたものごとが絶えること。▽「家が断絶する」❷関係やつながりが切れてしまうこと。▽「国交を断絶する」

だんぜん【断然】 ❶きっぱりと心をきめるようす。断固。▽「なんと言われようと断然行く」❷ほかのものとかけはなれているようす。▽「断然速い」

たんそ【炭素】 石炭・ダイヤモンドなどを作っている元素。また、水素・酸素・ちっ素などと合わさって、多くの動植物のからだを作る。

だんぞく【断続】 切れたり続いたりすること。▽「断続的に雨がふる」

だんたい【団体】 同じ目的を持った人たちの集まり。▽「団体旅行」

たんたん【淡淡・淡々】 あっさりしたようす。⬇「々」は同じ文字をくり返すという意味のおどり字という記号。▽「たんたんと事件を語る」

だんだん【段段・段々】 ❶かいだん。❷しだいに。▽「音がだんだん大きくなる」⬇「々」は同じ文字をくり返すという意味のおどり字という記号。

だんだんばたけ【段段畑・段々畑】 かいだんのようになった畑。山のしゃめんなどに作られる。⬇「々」は同じ文字をくり返すという意味のおどり字という記号。

だんち【団地】 たくさんの住宅が、まとめてたてられた地域。

だんちがい【段違い】 ❶くらべものにならないほどかけはなれていること。▽「段ちがいに高いビル」❷段の高さがちがうこと。▽「段ちがい平行棒」

たんちょう【単調】 一本調子。変化がないようす。▽「単調なくらし」

たんてい【探偵】 ひみつなどを人にわからないように、そっとさぐること。また、その仕事をする人。

だんてい【断定】 はっきりときめること。▽「犯人を断定する」

たんとう【担当】 仕事の役をうけもつこと。担任。▽「受付を担当する」

だんとう【暖冬】 いつもの年にくらべて暖かい冬。

たんとうちょくにゅう【単刀直入】 前おきなしで、いきなりいちばんかんじんなところに入ること。▽「単刀直入に用件をのべる」

たんどく【単独】 ただ一つ。ただひとり。単一。▽「単独で行動する。単独首位」

だんどり【段取り】 仕事のじゅんじょや計画。▽「会議の段取りをきめる」

だんな ❶使われている人が主人をよぶことば。❷一家の主人。夫。❸店の人が、男の客をよぶことば。

たんなる【単なる】 一つの。ただそれだけの。▽「単なるあそびごと」

たんに【単に】 ただ。▽「単に聞いてみただけだ。ただ単に君だけの問題ではない」

たんにん【担任】 ❶役目をひきうけてうけもつこと。また、その人。担当。❷学校で一学級をうけもつこと。また、その先生。▽「学級担任」

たんねん【丹念】 ものごとをていねいにすること。▽「たん念にしらべる」

だんねん【断念】 思いきること。あきらめること。▽「進学を断念する」

さかさことば 前から読んでもうしろから読んでも「たまねぎね、また」。

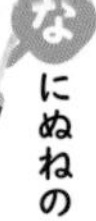

あいうえお かきくけこ さしすせそ たちつてと なにぬねの はひふへほ まみむめも やゆよ らりるれろ わをん

たんのう【胆のう】肝臓から出た胆汁という消化液をたくわえるところ。⬇消化器(図)

たんぱく【淡泊】❶色や味があっさりしていること。❷性質がさっぱりしていること。▽「たんぱくな人がら」

たんぱくしつ【たんぱく質】肉・豆・たまごなどに、ふくまれていて、筋肉などを作る大切な栄養素。

タンバリン 楽器。丸いわくの片方の面に皮をはり、まわりに小さなすずをつけたもの。「タンブリン」ともいう。⬇楽器(図)

ダンプカー 荷台をかたむけて、つんでいる土やすなをすべりおろすことができるトラック。⬇自動車(図)

タンブリン タンバリンのこと。⬇楽器(図)

たんぶん【短文】短い文。

たんぺん【短編】小説や映画などの短いもの。⇕長編。

だんぺん【断片】❶切れはし。❷切れ切れ。▽「断片的に思い出す」

たんぼ 田になっている土地。水田。

だんぼう【暖房】部屋の中を暖かくするしかけ。⇕冷房。

だんボール【段ボール】平らな厚紙と、波の形をした紙をはり合わせたじょうぶな厚紙。箱などに使われる。

たんぽぽ 春に野原で白や黄色の花をさかせる草花。白いわた毛のついた実が風にはこばれてちる。

たんまつ【端末】おおもとのコンピュータを利用するために、はなれたところから人が操作する装置。

たんめい【短命】❶短い命。❷わかくて死ぬこと。

だんめん【断面】❶たちきった面。▽「断面図」❷ものごとの一部分。

たんもの【反物】着物にする布。

だんゆう【男優】男の俳優。⇕女優。

だんらく【段落】❶文章の切れ目。▽「段落に区切る」❷仕事など、ものごとの区切り。▽「仕事の段落」

だんらん【団らん】集まって、なかよく楽しく話し合うこと。また、その集まり。▽「一家団らん」

だんりゅう【暖流】暖かい海水の流れ。主に赤道ふきんから、温帯の方にむかって流れる。日本では日本海流と対馬海流。⇕寒流。⬇海流(図)

だんりょく【弾力】❶引っぱったりしたとき、もとにもどろうとする力。❷その場におうじて、ものごとをしまつできる力。▽「だん力のあるたいど」

たんれん【鍛練・鍛錬】❶金属を打ってきたえること。❷からだや心をきたえること。▽「心身をたん練する」

だんろ【暖炉】火をたいて、部屋を暖めるしかけ。

ち
ぢ
チ ヂ

ち【地】2年 チ・ジ

❶土。じめん。▽「足が地につかない」⇕天。
❷この世界。
❸所。場所。▽「外地」
❹おか。りく。▽「地峡」
❺立場。身分。▽「地位」

一 十 土 圠 地 地

上にはねる

★「池」ににているので注意

●地位●地域●地下●地価●地下茎●地下資源●地下室●地下水●地下鉄●地球●地球儀●地区●地形●地軸●地質●地上●地図●地層●地帯

地中海●地底●地点●地動説●地熱●地の利●地表●地平線●地方●地方公共団体●地方自治体●地方税●地理●基地●山地●大地●台地●団地●天地●土地●盆地

ち【池】 2年 チ いけ

いけ。▼「貯水池」

上にはねる

★「地」ににているので注意

ち【知】 2年 チ しる

❶心に感じとる。しる。▼「知識」
❷ちえ。さとる心。▼「英知」
❸しりあい。▼「知人」
❹おさめる。つかさどる。▼「知事」

つき出ない

●知恵●知恵を絞る●知覚●知事●知識●知人●知性●知的●知能●通知●未知●予知

ち【治】 ❶おさめること。▼「自治」❷病気をなおすこと。▼「治りょう」⬇【治】287ページ
●治安●治水●治療●全治

ち【値】 6年 チ ね・(あたい)

❶ねうち。▼「価値」
❷数の大きさ。▼「数値」

おる

ち【置】 4年 チ おく

おくこと。▼「位置。設置。配置」

四や皿としない　おる

ち【千】 数の多いこと。▼「千代。千草」⬇【千】386ページ
●千島海流●千島列島●千葉県●千代紙

ち【血】 ❶からだの中のくだをながれめぐる液。各部に養分をおくり、いらなくなったものをはこび出す。生物が生きるために大事なはたらきをする。❷ちすじ。▼「血のつながった兄弟」⬇【血】212ページ
●血潮●血筋●血生臭い●血の気●血のつながり●血のにじむような●血のめぐり●血走る●血眼●血まみれ●血迷う●血みどろ●血わき肉躍る●血を分ける

ち【乳】 ❶ちぶさ。▼「乳首」❷ちぶさから出る、しる。⬇【乳】530ページ
●乳飲み子●乳離れ●乳房

ちあん【治安】 世の中が平和でおだやかなこと。▼「治安を守る」

ちい【地位】 ❶位。身分。▼「高い地位につく」❷役わり。立場。▼「女性の地位を高める」

ちいき【地域】 ある区切られた土地。地方。▼「雪の多い地域。地域社会」

ちいさい【小さい】 ❶こまかくて細い。▼「やさいを小さく切る」⇔大きい。❷少ない。▼「数が小さい」❸せまい。▼「小さいにわ」❹年が下である。▼「小さい子」❺低い。▼「背が小さい」⬇【小】330ページ

ちいさな【小さな】 小さいようす。▼「小さなからだ。小さな子供」⇔大きな。

チーズ 牛乳の中のたんぱく質から作った食べ物。

チーム 運動や競技などをするときのひと組。▼「野球のチーム。新プロジェクトのチーム」

チームワーク チームの人たちが、心を一つにしてする動作。

ちえ【知恵】 考えたり思ったりする頭のはたらき。知能。知性。▼「生活のちえ」

チェア いす。こしかけ。

チェーン ❶くさり。▼「自転車のチェーン」❷一つのなかまになっている商店。▼「チェ

あいうえお かきくけこ さしすせそ たちつてと なにぬねの はひふへほ まみむめも やゆよ らりるれろ わをん ち

さかさことば 前から読んでもうしろから読んでも「ダムはむだ」。

ーン店」

チェロ バイオリンを大きくしたような形の弦楽器。セロ。⬇楽器（図）

ちえをしぼる【知恵を絞る】 ありったけのちえを出して考える。

チェンジ ❶かわること。かえること。▽「席をチェンジする」❷野球でせめるがわとまもるがわとが入れかわること。

ちか【地下】 ❶地面の下。▽「地下室。地下街」⇕地上。❷死者のいる所。あの世。めいど。

ちか【地価】 土地のねだん。

ちかい【近い】 ❶時間やきょりが少ない。すぐそば。▽「家は駅に近い」⇕遠い。❷関係が遠くない。親しい。▽「近い間がら」⬇【近】185ページ

ちかう【誓う】 ❶かたくやくそくする。❷かたく決心する。▽「しっかり勉強するとちかう」

ちがう【違う】 ❶合わない。同じものでない。▽「考えがちがう」❷まちがう。▽「答えがちがう」

ちがえる【違える】 ❶合わないようにする。同じでなくする。▽「服の色をちがえる」❷まちがえる。▽「数をちがえる」❸きまった位置からはずす。▽「首のすじをちがえる」

ちかく【知覚】 ものを感じとるはたらき。見る・聞く・においをかぐ・ふれるなどのはたらき。

ちかく【近く】 ❶近い所。すぐそば。▽「家の近くを散歩する」⇕遠く。❷だいたい、そのくらい。▽「百メートル近く歩く」❸そのうち。もうじき。▽「近くテストがある予定だ」

ちかけい【地下茎】 ジャガイモ・スイセン・ハスなどのように、地中に根のようにのびている茎。

ちかごろ【近頃】 このごろ。最近。▽「近ごろ、ちっとも雨がふらない」

ちかしい【近しい】 なかがいい。親しい。▽「近しい友だち」

ちかしげん【地下資源】 地下にあって人間の生活に必要なものを作るもとになるもの。石炭・石油・鉄・金・天然ガスなど。

ちかしつ【地下室】 地下にある部屋。

ちかすい【地下水】 地下にたまったり、ながれたりしている水。

ちかづく【近づく】 ❶近くなる。近くによる。▽「船が岸に近づく」⇕遠ざかる。遠のく。❷さだめられた日に近くなる。▽「夏休みが近づく」❸親しくなる。▽「悪いなかまに近づく」

ちかてつ【地下鉄】 地下を走る鉄道。

ちかみち【近道】 ❶はやく行ける道。❷はやくできる方法。▽「合格の近道はない」

ちかよる【近寄る】 ❶すぐそばへ行く。▽「近寄ってよく見る」❷仲良くなろうとする。▽「悪い仲間に近寄るな」

ちから【力】 ❶動物が動いたり、はたらいたりするもとになるもの。▽「力を入れる」❷物を動かすもとになるもの。❸はりきった気持ち。元気。▽「試合に負けて力をおとす」❹学問やわざをすることができる心やからだのはたらき。▽「頭の力」❺ききめ。▽「薬の力」❻たのみ。たすけ。▽「力になる。力をかりる」❼おかげ。ほねおり。▽「鉄道が開通したのは、住民の力による」●力こぶ●力仕事●力ずく●力試し●力強い●力任せ●力を入れる●力を落とす⬇【力】748ページ

ちからこぶ【力こぶ】 うでに力を入れたときにできる、筋肉のこぶ。

ちからしごと【力仕事】 力のいるはげしい仕事。

ちからずく【力ずく】 力を使って、目的をはたすこと。▽「力ずくでやめさせる」

ちからだめし【力試し】 どれくらい力があるか試してみること。▽「試験の前に問題

集で力試しをしてみる」

ちからづよい【力強い】❶力が強い。❷たのもしい。▽「力強い仲間」

ちからまかせ【力任せ】ありったけの力を出すこと。▽「力任せにおす」

ちからもち【力持ち】力が強いこと。また、力が強い人。

ちからをいれる【力を入れる】❶力をこめる。❷熱心になる。▽「勉強に力を入れる」

ちからをおとす【力を落とす】元気がなくがっかりする。▽「試験に落ちて力を落とす」

ちかん【痴漢】女の人や子供に悪いいたずらをする男。

ちきゅう【地球】太陽系で、太陽を回る三番目のわく星。人間や生物がすんでいる。太陽系（図）

ちきゅうぎ【地球儀】地球のもけい。球体で回るように作ってある。

ちぎる ❶手で細かく切りはなす。▽「紙をちぎる」❷むりやり切りはなす。もぎとる。▽「枝から実をちぎる」

ちぎれる ❶ばらばらに切りはなされる。❷力を加えてむりやり切りはなされる。▽「ひもがちぎれる」

チキン ニワトリの肉。▽「フライドチキン」

ちく【竹】1年 チク たけ 植物のタケ。▽「松竹梅」

●竹馬の友

竹 竹 竹 竹 竹 竹（つかないように）

ちく【築】5年 チク きずく 土や石や木などをつんでつくること。

●改築●建築●新築

築 築 築 築 築 築 築 築

ちく【地区】区切られた土地。

ちくさん【畜産】牛・馬・ブタなどの家ちくを飼って、人間の生活に役に立つものを作る仕事。

ちくせき【蓄積】ためること。たまったもの。▽「つかれがちく積する」

ちくちく はりなど、先のとがったものでさされたようないたみがつづくようす。▽「とげがささって指がちくちくする。首のあたりがちくちくするセーター」

ちくでんち【蓄電池】電気をたくわえておく電池。電気がなくなったら、電気をおぎなってくりかえし使える。

ちぐはぐ ものがくいちがいになるようす。▽「話がちぐはぐになる」

ちくばのとも【竹馬の友】竹馬でいっしょにあそんだ小さいころの友達。おさな友達。

[竹馬の友]

ちくわ【竹輪】おでんなどに入れる、つつの形をした食べ物。すりつぶした魚の肉を竹などのくしにぬりつけて焼いたり蒸したりしてつくる。

ちけい【地形】土地や、川や海のようす。地勢。▽「地形図」

チケット 乗車券・入場券・食券などのきっぷ。

ちこく【遅刻】きめられた時刻におくれること。▽「学校にちこくする」

ちじ【知事】都道府県をおさめている役所のいちばん上の人。四年ごとにその地方にすむ人たちで選挙する。

ちしお【血潮】血。ながれ出る血。

ちしき【知識】ものごとについて正しく知る

さかさことば 前から読んでもうしろから読んでも「ダルマは丸だ」。

こと。知っていることがら。

ちじく【地軸】地球の北極と南極とをむすぶ直線。地球はこれをじくにして西から東へ回っている。

ちしつ【地質】土地・地層の性質やようす。▽「南極の地質をしらべる」

ちしまかいりゅう【千島海流】北の海から千島列島にそって南に下り、千葉県沖まで来るつめたい海流。「親潮」ともいう。⬇海流（図）

ちじょう【地上】地面の上。土地の表面。▽「地上六〇〇メートル」⇕地下。

ちじん【知人】知り合い。知っている人。知己。▽「知人をたずねる」

ちず【地図】じっさいの地形をあるわりあいにちぢめて、あらわしたもの。

ちすい【治水】ていぼうをきずいて、水害をふせいだり、水の便をよくしたりすること。

ちすじ【血筋】同じ祖先を持ち、血のつながった人たち。血のつながり。親類。

ちせい【知性】ものごとを考えたり判断したりする力。知能。知恵。

ちそう【地層】土や岩が長い間につみかさなって、できたもの。

ちたい【地帯】広がりをもったひとつづきの場所。▽「工業地帯。火山地帯」

ちち【父】男親。おとうさん。▽「父親」⇕母。⬇【父】599ページ

ちち【乳】❶ちぶさ。ちくび。❷ちぶさから出る白い液。⬇【乳】530ページ

ちちおや【父親】男親。お父さん。⇕母親。

ちちのひ【父の日】六月の第三日曜日。父に感謝の気持ちをあらわす日。

ちぢまる【縮まる】小さくなる。みじかくなる。▽「差が縮まる」⬇【縮】323ページ

ちぢむ【縮む】❶小さくなる。▽「セーターが縮む」❷しわがよる。▽「紙が縮む」❸おそれいる。▽「寒さで身が縮む」⬇【縮】323ページ

ちぢめる【縮める】ちぢむようにする。小さくしたり、みじかくしたりする。▽「首を縮める」⬇【縮】323ページ

ちちゅうかい【地中海】ヨーロッパ・アフリカ・アジアにはさまれた海。

ちぢらす【縮らす】ちぢれるようにする。⬇【縮】323ページ

ちぢれる【縮れる】しわがよったり、まるまったりして、小さくなる。▽「毛が縮れる」⬇【縮】323ページ

ちつじょ【秩序】ものごとの正しい順序。正しいすじ道。きまり。

ちっそ【窒素】色もにおいもない気体。空気中のおよそ五分の四をしめている。

ちっそく【窒息】息ができなくなること。▽「おぼれてちっ息するかと思った」

ちっちゃい「小さい」のくだけた言い方。

ちっちゃな「小さな」のくだけた言い方。

ちっとも 少しも。さっぱり。▽「ちっとも知らなかった」

ちてい【地底】大地の底。地面のずっと下。▽「地底から資源を得る」

ちてき【知的】知識があってものごとを見分ける力のあるようす。▽「知的な顔だち。知的好き心」

ちてん【地点】ある場所。所。

ちどうせつ【地動説】天動説にたいし、地球が太陽のまわりを回っているという説。紀元前、アリスタルコスがとなえはじめ、十六世紀にコペルニクスが観測によってたしかめ発表した。⇕天動説。

ちとせあめ 七五三の祝いのときに売られる、赤と白の棒の形をしたあめ。

ちどり 海岸や川の岸などの、水辺にむらがってすむ鳥。

ちなまぐさい【血生臭い】血がにおっているような気持ちの悪いようす。▽「血生ぐさい事件」

ちなみに それに関係して言うと。ついでに言

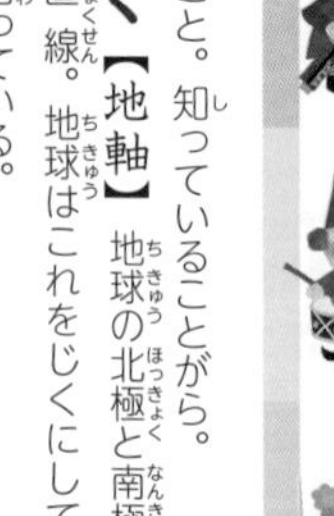

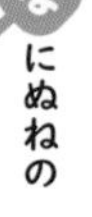

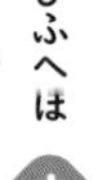

うと。▽「ちなみに、この話に出てくる女の人は、わたしの母です」

ちなむ あることに関係を持つ。

ちねつ【地熱】地球の内部の熱。「じねつ」ともいう。▽「地熱発電」

ちのう【知能】ものごとを理解し、考えるはたらき。頭のはたらき。

ちのけ【血の気】❶血の通っているようす。▽「血の気のない顔」❷むこうみずな元気。▽「血の気が多い」

ちのつながり【血のつながり】親子・きょうだい・親類など、同じ血筋をひいていること。

ちのにじむような【血のにじむような】たいへん苦労するようす。▽「血のにじむような努力」

ちのみご【乳飲み子】まだ、乳を飲んでいる赤んぼう。乳児。

ちのり【地の利】土地のようすが、何かをするのにつごうよくできていること。▽「地の利を生かす」

ちばけん【千葉県】関東地方にある県。農業・漁業・工業がさかん。県庁は千葉市にある。➡都道府県（図）

ちばしる【血走る】目に血が集まって赤くなる。▽「こうふんして目が血走る」

ちばなれ【乳離れ】❶赤んぼうがそだって、母親の乳をのまなくなること。❷子供が親からわかれること。

ちひょう【地表】地球の表面。▽「根が地表に出る」

ちぶさ【乳房】乳が出るところのふくらみ。ちち。

ちへいせん【地平線】広く平らな土地の遠くのほうで、地面と空とがくっついたように見える線。

ちほう【地方】❶国内の中の一部分。地域。▽「東北地方」❷日本で、東京からはなれた土地。いなか。▽「地方文化。地方に荷物を送る」⇔中央。

ちほうこうきょうだんたい【地方公共団体】都道府県や市町村など、それぞれ住民たちの手で責任を持って、その地方をおさめる団体。地方自治体。

ちほうじちたい【地方自治体】➡地方公共団体

ちまき 米などをササの葉に包んで蒸した食べ物。五月五日の端午の節句のときに食べる。

ちまなこ【血眼】❶血走った目。❷むちゅうでするようす。▽「血眼になって、なくした物をさがす」

ちまみれ【血まみれ】血ですっかりよごれるようす。血だらけ。

ちまよう【血迷う】のぼせる。おちつきをなくして、わけがわからなくなる。▽「血迷ってわめきちらす」

ちみつ ❶きめの細かいこと。❷細かくてくわしいこと。▽「ちみつな計画」

ちゃ【茶】2年 チャ・（サ）

❶ツバキのなかまの木。茶の木。❷茶の木から若葉をつんで、作った飲み物。▽「緑茶。紅茶」❸茶色。黒みがかった赤黄色。

茶（示や木ではない）

●茶室●茶たく●茶漬け●茶の間●茶の湯●茶柱●茶わん

チャーハン 中国風の焼き飯。細かく切ったやさいや肉、たまごなどをごはんといっしょに油でいためて味をつけたもの。

チャイム ❶金属のまるいくだを、音階じゅんにならべ

［チャイム❶］

あいうえお かきくけこ さしすせそ たちつてと なにぬねの はひふへほ まみむめも やゆよ らりるれろ わをん ち

さかさことば 前から読んでもうしろから読んでも「だれだ？」。

た楽器。❷げんかんなどにある、よび出し用のベル。

チャイルド 子供。▽「チャイルドシート」

ちゃいろ【茶色】 大きな木の幹のような色。

ちゃかす ひやかす。からかう。▽「話をちゃかす」

[茶色]

ちゃく【着】3年 チャク・(ジャク) きせる・きる・つく・つける

❶つくこと。▽「到着」⇔発。❷きること。▽「着用」❸衣服を数えることば。▽「背広一着」❹競走などで、じゅんばんを数えることば。▽「リレーの一着は赤組だ」

●着眼●着実●着順●着色●着席●着想●着地●着々●着任●着目●着陸●着工●愛着●決着●終着●先着●定着●発着

ちゃくがん【着眼】 目のつけどころ。着目。▽「着眼点」

ちゃくじつ【着実】 おちついて、まじめなこと。まじめでたしかなこと。▽「着実に仕事をすすめる」

ちゃくじゅん【着順】 目的地点に着いた順序。▽「着順にならぶ」

ちゃくしょく【着色】 ものに、色をつけること。▽「着色した食品」

ちゃくしん【着信】 電話がかかってきたり、メールや電報などが届いたりすること。▽「メールの着信音」

ちゃくせき【着席】 席に着くこと。席にすわること。

ちゃくそう【着想】 思いつき。考え。

ちゃくち【着地】 ❶地面に着くこと。着陸。❷スポーツで、ゆかや地面におりたつこと。▽「着地がきまる」

ちゃくちゃく【着着・着々】 ものごとがじゅんじょよくすすむようす。⬇「々」は同じ文字をくり返すという意味のおどり字という記号。▽「計画が着々とすすむ」

ちゃくふく【着服】 人のものをだまってとって自分のものにすること。

ちゃくもく【着目】 目をつけ、注意して見ること。着眼。▽「形に着目する」

ちゃくよう【着用】 衣服などを着ること。▽「制服を着用する」

ちゃくりく【着陸】 飛行機などが陸に着くこと。おりること。着地。⇔離陸。

ちゃたく【茶たく】 お客にお茶を出すときに、茶わんをのせる小さな平たい台。

チャック 洋服やかばんの口などを開けたり閉めたりするための器具。ファスナー。商標名。

[茶たく]

ちゃづけ【茶漬け】 お茶をかけて食べるごはん。お茶づけ。

ちゃっこう【着工】 工事などにとりかかること。▽「春に着工する」

ちゃのま【茶の間】 家族が、ごはんを食べたり、くつろいだりする部屋。

ちゃのゆ【茶の湯】 ⬇茶道

ちゃばしら【茶柱】 お茶を茶わんについだときにうかぶ茶のくき。これが立つと、えんぎがよいといわれる。

ちゃぷん 水に何か小さな物が落ちた時の音。▽「池にカエルがちゃぷんと飛びこむ」

ちやほや あいてをおだてたり、あまやかしたりするようす。

ちゃめっけ かわいいいたずらをして人を楽しませるのが好きな性格。▽「ちゃめっけたっぷり」

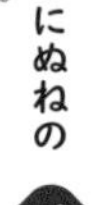

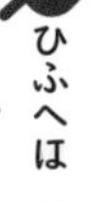

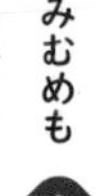

チャリティー お金のない人や困っている人を助けること。慈善。

ちゃわん【茶わん】 お茶やごはんを入れるのに使う食器。

ちゃん 人の名の下につけて、親しみの気持ちをあらわすことば。▼「しずかちゃん」

チャンス ちょうどよいおり。よい時期。好機。▼「チャンスをつかむ」

ちゃんと ❶きちんと。▼「ちゃんとした服装」❷すっかり。▼「ドアをちゃんと閉めた?」

チャンネル ❶テレビ・ラジオなどの、放送局にわりあてられた電波の周波数。❷テレビ放送局を切りかえるボタン。▼「チャンネルをかえる」

チャンピオン 優勝した人。第一人者。

ちゅう【中】 1年 チュウ・ジュウ なか

❶まんなか。なかほど。▼「中心」
❷かたよらないこと。▼「中立」
❸中国のこと。▼「日中」

中 中 中 中（ま下にまっすぐ）

●中央●中学生●中学校●中間●中距離●中継●中継放送●中堅●中元●中古●中国地方●中腰●中止●中耳炎●中秋の名月●中旬●中傷●中心●中世●中性●中退●中断●中毒●中途半端●中日●中年●中腹●中部地方●中立●中流●中和●寒中●空中●集中●的中●熱中●夢中●命中

ちゅう【虫】 1年 チュウ むし

むし。▼「幼虫。成虫。害虫」

虫 虫 虫 虫 虫 虫

ちゅう【仲】 4年 (チュウ) なか

間がら。仲立ち。▼「仲裁に入る」

仲 仲 仲 仲 仲 仲（ま下にまっすぐ）

ちゅう【沖】 4年 (チュウ) おき

海や湖などの、岸から遠くはなれたところ。
↓都道府県の「沖縄県」で使う。

沖 沖 沖 沖 沖 沖 沖

ちゅう【注】 3年 チュウ そそぐ

❶水がながれそそぐこと。▼「注水」❷一点に集めること。▼「注意」❸書きしるすこと。▼「注文」❹文章の中のことばなどを説明した、文句。▼「注釈」

注 注 注 注 注 注 注 注

●注意●注射●注釈●注目

ちゅう【忠】 6年 チュウ —

❶まごころ。まごころをつくすこと。▼「忠実」❷国家や主君にたいして、心からつくすこと。▼「忠義」

忠 忠 忠 忠 忠 忠 忠 忠

●忠義●忠告●忠実●忠誠

ちゅう【宙】 6年 チュウ —

空中。空間。大空。▼「宇宙」

宙 宙 宙 宙 宙 宙 宙 宙（つき出る）

●宙返り●宙ぶらりん

さかさことば 前から読んでもうしろから読んでも「ダンスがすんだ」。

ちゅう【昼】 2年 チュウ ひる
ひる。日の出ている時。▽「白昼」⇕夜。
●昼食●昼夜

ちゅう【柱】 3年 チュウ はしら
はしら。▽「電柱。支柱」
●円柱●角柱

ちゅうい【注意】 ❶気をつけること。よく気をくばること。▽「注意をはらう」❷あいてをいましめること。▽「授業中にさわいで注意される」

チューインガム 飲みこまないでかんで味を楽しむおかし。ガム。

ちゅうおう【中央】 ❶まん中。❷いちばん大切な所。中心となる所。

ちゅうがえり【宙返り】 ❶空中でからだを回転させること。とんぼ返り。❷飛行機が空中で回転すること。

ちゅうがくせい【中学生】 中学校に通っている生徒。

ちゅうがっこう【中学校】 小学校を卒業してからすすむ、三年間の義務教育の学校。

ちゅうかん【中間】 ❶二つのものの間。❷中ほど。まん中。

ちゅうぎ【忠義】 国や主君に、まごころをつくしてつかえること。

ちゅうきょり【中距離】 ❶中ぐらいの距離。❷陸上競技で、八〇〇メートル・一五〇〇メートルの競走。水上競技では四〇〇メートル・八〇〇メートルの競泳。▽「中距離走の選手になる」

ちゅうくらい【中くらい】 いろいろある中でくらべたとき、ちょうどまん中の程度であるようす。中ぐらい。▽「中くらいのからさ」

ちゅうけい【中継】 なかつぎ。とちゅうでうけつぐこと。

ちゅうけいほうそう【中継放送】 その場所のようすを、放送局がなかつぎして放送すること。

ちゅうけん【中堅】 ❶地位・役目などが中ぐらいで、はたらきざかりの人たち。❷野球のセンター。中堅手。⬇野球（図）

ちゅうげん【中元】 ❶昔のこよみで七月十五日のこと。先祖のたましいをまつる日。うらぼん。❷中元のころお世話になった人にするおくり物。お中元。

ちゅうこ【中古】 少し古くなっていること。▽「中古車」

ちゅうこく【忠告】 まごころを持って人に注意してやること。また、そのことば。

ちゅうごく【中国】 ❶「中華人民共和国」の略。アジア大陸の東部にある国。首都はペキン（北京）。❷日本の中国地方。

ちゅうごくちほう【中国地方】 本州の西部にある地方。岡山・広島・山口・島根・鳥取の五県がある。⬇都道府県（図）

ちゅうごし【中腰】 こしを半分あげて立ちかけたすがた。▽「中ごしになる」

ちゅうさい【仲裁】 あらそいの中に入って、なかなおりさせること。

ちゅうざい【駐在】 命令で一定の場所にとどまっていること。▽「日本ちゅう在のフランス大使」

ちゅうざいしょ【駐在所】 警官が住んで、警察の仕事をしている所。

ちゅうし【中止】 とりやめること。▽「遠足は雨のため中止となった」

ちゅうじえん【中耳炎】 耳のこまくのおくがはれる病気。

ちゅうじつ【忠実】❶かげひなたなくまじめなこと。❷ありのままにしめすようす。▽「事実を忠実につたえる」

ちゅうしゃ【注射】針をさしてからだの中に薬を入れること。

ちゅうしゃ【駐車】自動車などを長い間とめておくこと。▽「ちゅう車場」

ちゅうしゃく【注釈】むずかしいことばなどを、くわしく説明すること。

ちゅうしゃじょう【駐車場】自動車をとめておくための場所。▽「地下ちゅう車場」

ちゅうしゅうのめいげつ【中秋の名月】昔のこよみで、八月十五日の夜の満月。

ちゅうじゅん【中旬】一か月のうちの、中間の十日間。十一日から二十日まで。⇕上旬。下旬。

ちゅうしょう【中傷】わざと悪く言ったり、ないことをあるように言ったりして、人をきずつけること。

ちゅうしょう【抽象】いくつかのことがらからそれぞれに共通する性質をぬき出して一つの考えをつくること。▽「ちゅう象画」

ちゅうしょうてき【抽象的】❶共通な点がぬき出されて、一つの考えにまとめられているようす。❷じっさいのことにふれないため、意味がはっきりとつかみにくいようす。▽「ちゅう象的なことを言われても、よくわからない」⇕具体的。

ちゅうしょく【昼食】昼の食事。▽「みんなで昼食にする」

ちゅうしん【中心】❶まん中。▽「リンゴの中心にタネがある」❷いちばん大事なところ。▽「中心人物」

ちゅうすいえん【虫垂炎】盲腸の下の方にある虫垂という細い部分がただれる病気。盲腸炎。⬇消化器（図）

ちゅうすう【中枢】ものごとの中心となる、もっともたいせつなところ。▽「中すう神経。日本の中すう」

ちゅうせい【中世】歴史の時代の分け方のうち、古代と近世の間。日本では鎌倉・室町時代。

ちゅうせい【中性】❶中間の性質。❷酸性でもアルカリ性でもない性質。▽「中性洗ざい」

ちゅうせい【忠誠】まごころ。まこと。▽「忠誠をちかう」

ちゅうせん【抽選】くじをひくこと。くじびき。▽「ちゅう選会」

ちゅうぞう【鋳造】金属を高い熱でとかし、型にながしこんで、いろいろな物を作ること。

ちゅうたい【中退】学校を卒業しないで、とちゅうでやめること。中途退学。▽「大学を中退する」

ちゅうだん【中断】とちゅうで切ること。また、切れること。中絶。

ちゅうちょ どうしようかとまよって、ぐずぐずすること。ためらうこと。▽「雨で出発をちゅうちょする」

ちゅうどく【中毒】毒にあてられること。また、ある行動がやめられないこと。▽「ガス中毒。ゲーム中毒」

ちゅうとはんぱ【中途半端】❶ものごとがやりかけであるようす。▽「工事がちゅうとはんぱだ」❷どっちつかずであいまいなようす。▽「ちゅうとはんぱなたいど」

ちゅうにち【中日】彼岸の七日間のまん中の日。つまり、春分の日・秋分の日に当たる。▽「彼岸の中日」

ちゅうにゅう【注入】つぎこむこと。▽「薬を注入する」

ちゅうねん【中年】四十さい代から五十さい代までの年ごろ。壮年。

チューバ 大きな金管楽器。もっともひくい音が出せる。⬇楽器（図）

さかさことば　前から読んでもうしろから読んでも「だんな、八百屋なんだ」。

チューブ ❶くだや、つつ。❷タイヤの中のゴムのくだ。❸歯みがき・絵の具などを入れ、おし出して使う入れ物。

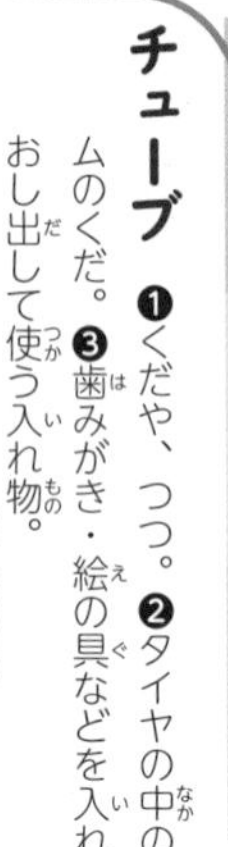

ちゅうふく【中腹】山の頂上と、ふもととの間のあたり。山腹。

［中　腹］

ちゅうぶちほう【中部地方】本州のまん中にある地方。新潟・富山・石川・福井・長野・山梨・静岡・岐阜・愛知の九県がある。⬇都道府県（図）

ちゅうぶらりん【宙ぶらりん】❶空中にぶら下がること。❷どちらにもきまらないで、そのままであるようす。

ちゅうもく【注目】気をつけてよく見ること。注視。▽「鳥に注目する。注目の的」

ちゅうもん【注文】❶物を作ったり、おくったりするようにたのむこと。❷こうしてほしいとのぞむこと。

ちゅうや【昼夜】昼と夜。

ちゅうりつ【中立】どちらにもかたよらないこと。

チューリップ 球根でふえる草花。春に赤・黄・白などの花がさく。

ちゅうりゅう【中流】❶川の流れの中ほど。⇕上流。下流。❷世の中で、中くらいのくらしをしている人々。▽「中流家庭」

ちゅうわ【中和】酸とアルカリをまぜ合わせたとき、どちらの性質もあらわさなくなること。また、毒などがうすまること。

ちょ【著】6年 チョ（あらわす）・（いちじるしい）

❶本を書きあらわすこと。▽「著者」❷書いた本のこと。▽「名著」❸目立つこと。▽「顕著。著名」

一 著 著 著 著 著 著

●著名

ちょ【貯】5年 チョ ―

たくわえること。▽「貯蓄。貯金」

丨 П 目 貝 貝 貯 貯 貯（はねる）

●貯金●貯水池●貯蔵●貯蓄

ちょう【丁】3年 チョウ・（テイ） ―

❶町の区分に使うことば。▽「一丁目」❷とうふなどを数えることば。▽「とうふ一丁」

一 丁（はねる）

●包丁

ちょう【庁】6年 チョウ ―

役所。▽「官庁。県庁」

庁 庁 庁 庁 庁

ちょう【兆】4年 チョウ（きざし）・（きざす）

❶きざし。前ぶれ。▽「前兆」❷数の単位で、億の一万倍。

兆 兆 兆 兆 兆 兆

点の形に注意

ちょう【町】1年 チョウ まち

❶まち。都道府県のもとにある自治団体の一つ。▼「市町村」

❷昔のきょりの単位。一町は、やく一〇九メートル。

❸昔の土地の面積の単位。一町は、やく九九アール。

●町長●町人●町立

町 町 町 町 町 町 町

★田と丁の位置に注意

ちょう【長】2年 チョウ ながい

❶ながいこと。ながいもの。⇕短。

❷ながさ。たけ。▼「身長」

❸目上。年上。▼「長老。年長者」

❹かしら。▼「町長。校長。園長」

❺すぐれたところ。▼「長所」

●長音●長期●長距離●長者●長寿●長所●長女●長針●長短●長男●長編●長方形●長老●延長●市長●生長●成長●波長

長 長 長 長 長 長 長 長

長く　おる

ちょう【重】

❶大切にすること。▼「尊重。貴重」❷かさなること。▼「重複」❸おちついていること。▼「自重」➡【重】317ページ

●重複●重宝●慎重

ちょう【鳥】2年 チョウ とり

とり。▼「野鳥。益鳥。鳥類」

鳥 鳥 鳥 鳥 鳥 鳥 鳥 鳥 鳥 鳥 鳥

ちょう【帳】3年 チョウ —

❶まく。▼「開帳」

❷ちょうめん。ちょうぼ。▼「手帳」

●帳消し●帳場●帳簿●帳面●記帳●通帳

帳 帳 帳 帳 帳 帳 帳 帳 帳 帳 帳

おる　この形に注意

ちょう【張】5年 チョウ はる

はること。▼「拡張。緊張。主張」

張 張 張 張 張 張 張 張 張 張 張

はねる　この形に注意

ちょう【頂】6年 チョウ いただき・いただく

いただき。山のてっぺん。▼「山頂」

●頂上●頂点●絶頂●登頂

頂 頂 頂 頂 頂 頂 頂 頂 頂 頂 頂

★「項」ににているので注意

ちょう【朝】2年 チョウ あさ

❶あさ。夜明け。▼「朝食」

❷天子が政治をとる所。▼「朝廷」

●朝刊●朝食●朝礼●早朝

朝 朝 朝 朝 朝 朝 朝 朝 朝 朝 朝 朝

はねる

ちょう【超】

ふつうを大きくこえていること。▼「ちょう特急」

ちょう【腸】6年 チョウ —

からだの中で、食べ物をこなして、栄養分をすいとり、いらないものを体外に出すところ。小腸と大腸とがある。▼「胃腸」

●小腸●大腸

腸 腸 腸 腸 腸 腸 腸 腸 腸 腸 腸 腸 腸

はねる　ヨコ棒をわすれて易としない

早口ことば（五回続けていえるかな）中学生がチューインガムをかみながら宙返り。

ちょう【調】3年 チョウ しらべる・(ととのう)・(ととのえる)

❶しらべること。▽「調査」
❷ととのえること。▽「調整。調和」
❸しらべ。歌のふし。▽「ハ調。哀調」

調 調 訂 訒 訶 訶 調 調 調（はねる）

●調印●調合●調査●調子●調整●調節●調度●調味料●調理●調和●口調●好調●順調●単調●歩調

ちょう【潮】6年 チョウ しお

しお。うしお。海水。▽「満潮。潮流」

潮 潮 潮 潮 淖 潮 潮 潮（車ではない）（はねる）

ちょう こん虫のなかま。大きな四まいの羽でとぶ。口は長いくだになっていて、花のみつをすう。ちょうちょう。

ちょうえき【懲役】罪をおかした人を刑務所へ入れて、つぐないのためにきまった仕事をさせること。

ちょうえつ【超越】❶考え方や行いなどが、世間の人とどびはなれてまさっていること。▽「世の中をちょうえつする」❷ものごとにとらわれないようす。

ちょうおん【長音】長くのばす音。「おとうさん」の「とう」や、「セーター」の「セー」「ター」など。

ちょうおんぱ【超音波】振動数が、毎秒二万回以上の音波。人間の耳には聞こえない。魚のむれをさがす魚群探知機などに使われる。

ちょうか【超過】あるきまったていどをこえること。▽「時間のちょう過」

ちょうかく【聴覚】音を聞きわけるはたらき。耳のはたらき。⇔視覚。

ちょうかん【朝刊】毎朝発行される新聞。⇔夕刊。

ちょうかんず【鳥かん図】鳥が高い所から地上を見おろしたようにかいた地図や図面。ふかん図。

ちょうき【長期】長い間。⇔短期。

ちょうきょう【調教】動物を目的にあわせて訓練すること。競走用の馬や、目の不自由な人を助けるもう導犬などを訓練する。

ちょうきょうし【調教師】動物の調教を仕事にしている人。

ちょうきょり【長距離】❶きょりの長いこと。長い道のり。❷陸上競技では三〇〇〇メートル以上の競走。

ちょうけし【帳消し】❶お金などの借りがなくなること。❷さし引いて、損得がなくなること。▽「このホームランでさっきのエラーは帳消しだ」

ちょうごう【調合】いくつかの薬をまぜ合わせること。

ちょうこく【彫刻】木や石や金属に、字や絵や人物などをほりきざむこと。また、ほりきざんだもの。

ちょうさ【調査】調べること。

ちょうし【調子】❶音楽や歌の音の高低。❷からだや機械などのようす。ぐあい。▽「からだの調子がいい」❸ことばの言い回しやふし。❹いきおい。はずみ。▽「調子に乗る」

ちょうしづく【調子づく】❶だんだんぐあいがよくなる。はずみがつく。▽「試合がすすむにつれて調子づいてきた」❷とくいになってうわつく。▽「調子づいて何曲も歌った」

ちょうじゃ【長者】大金持ちの人。

ちょうじゅ【長寿】長生き。長命。

ちょうしゅう【聴衆】話や音楽などを聞きに集まった人たち。

ちょうしょ【長所】よい点。すぐれている

点。▼「長所をのばす」⇔短所。

ちょうじょ【長女】むすめの中でいちばん年上の子。⇔長男。

ちょうじょう【頂上】❶山のいちばん高い所。いただき。山頂。▼「富士山の頂上」⬇中腹（図）❷ものごとのいちばん上の所。▼「ボクシングの頂上決戦」

ちょうしょく【朝食】朝の食事。

ちょうしん【長針】時計の長いほうの針。「分」をあらわす。⇔短針。

ちょうじん【超人】人間とは思えないほどすぐれた能力を持つ人。

ちょうしんき【聴診器】医者がかん者のからだの中におこる音を聞き、病気かどうかをしらべる器具。

ちょうせい【調整】調子をととのえること。▼「テレビの色調を調整する」

ちょうせつ【調節】ぐあいよくととのえること。▼「温度を調節する」

ちょうせん【挑戦】戦いをしかけること。難しいものごとにいどむこと。▼「チャンピオンにちょう戦する」

ちょうだい ❶ください。▼「お母さん、おやつちょうだい」❷「もらう」「食べる」の、へりくだった言い方。▼「おとなりからミカンをちょうだいした」

ちょうたん【長短】❶長いと短い。❷すぐれている点とおとっている点。長所と短所。

ちょうちょう【町長】町をおさめている代表者。選挙でえらばれる。

ちょうちょう こん虫のチョウのこと。

ちょうちん 明かりにする紙ばりの道具。中にろうそくを立てて、ともす。おりたたみができる。

[ちょうちん]

ちょうつがい とびらなどが、あけしめできるようにつける金具。

[ちょうつがい]

ちょうてい【朝廷】昔、天皇が政治をとった所。▼「大和朝廷」

ちょうてん【頂点】❶いただき。もっとも高い所。❷算数の図形で、二つの直線が交わって角をなしている点。❸いちばんさかんな時。▼「こうふんが頂点にたっする」

ちょうど【調度】ふだん使う道具。身のまわりにおく道具。たんす・鏡台・つくえなど。家具。▼「調度品」

ちょうど ❶ぴったり。▼「ちょうど、十二時です」❷都合よく。▼「駅に着くと、ちょうど電車が来た」❸まるで。▼「夕焼けが、ちょうど火事みたいだ」

ちょうとっきゅう【超特急】❶特急よりも速い列車。❷ひじょうに速いこと。▼「ちょう特急で作りあげる」

ちょうない【町内】その町の中。

ちょうなん【長男】むすこの中で、いちばん年上の子。⇔長女。

ちょうにん【町人】江戸時代に商人や職人をよんだことば。

ちょうのうりょく【超能力】ふつうではできないようなことを、なしとげる力。▼「ちょう能力者」

ちょうはつ【挑発】あいてをこうふんさせて、ことをおこすようにしむけること。▼「敵のちょう発にのるな」

ちょうふく【重複】同じことが重なること。「じゅうふく」ともいう。

ちょうへん【長編】詩・小説・映画などの長いもの。⇔短編。

ちょうぼ【帳簿】仕事のことや、お金のことを書き入れる帳面。

なぞなぞ　お店にはなくて、病院でうっているものは？　答えは次のページ。

ちょうほう【重宝】役に立って、べんりなこと。▽「使いやすくて重宝する辞典」

ちょうぼう【眺望】見晴らし。ながめ。▽「山の上からのちょう望がよい」

ちょうほうけい【長方形】長四角。四つの角が直角で、となり合う辺の長さがちがう四辺形。⬇四角形（図）

ちょうほんにん【張本人】悪いことをおこすいちばんもとになった人。▽「けんかの張本人を調べる」

ちょうみりょう【調味料】食べ物の味つけのために使う材料。みそ・しょうゆ・さとう・塩など。

調味料の量

少々	約0.5グラム（塩） 人差し指と親指でつまんだ量
一つまみ	約1グラム（塩） 人差し指と親指と中指でつまんだ量
一たらし	約5ミリリットル 容器を1秒くらいかたむけた量
一にぎり	40～50グラム（塩）
一ふり	1～2てき
一さじ	5ミリリットル
小さじ1	5ミリリットル
大さじ1	15ミリリットル
1カップ	200ミリリットル

ちょうめん【帳面】ノートの古い言い方。

ちょうやく【跳躍】とび上がること。おどり上がること。▽「ちょうやく運動」

ちょうり【調理】食べ物を料理すること。▽「調理台。調理実習。調理師」

ちょうりつ【町立】町の費用でたてているもの。▽「町立図書館」

ちょうるい【鳥類】鳥のなかま。

ちょうれい【朝礼】学校や会社などで、朝の授業や仕事の前にみんなが集まってするあいさつ。朝会。

ちょうろう【長老】年をとって、経験がゆたかな人。▽「長老の意見をきく」

ちょうわ【調和】❶ものごとがよくととのい、おさまっていること。❷つりあいがよくとれていること。▽「ごはんと具の調和がとれている」

チョーク 黒板に字を書く、石灰のこなをかためたもの。白ぼく。

ちよがみ【千代紙】おり紙や紙人形などに使う、もようのついたきれいな紙。▽「千代紙人形」

ちょき じゃんけんのはさみをあらわすことば。紙（ぱあ）に勝ち、石（ぐう）に負ける。⬇じゃんけん（図）

ちょきん【貯金】お金をためること。また、ためたお金。

ちょく【直】2年 チョク・ジキ ただちに・なおす・なおる

❶まっすぐなこと。▽「直線」⇔曲。❷正しいこと。心がすなおなこと。▽「実直。率直」❸じかに。すぐに。▽「直接。直送」

直後●直射日光●直進●直接●直線●直前●直送●直通●直売●直方体●直面●直立●直流●直列●直下●直角●直角三角形●直感●直球●直径●直結●直行●宿直●当直●日直

ちょくご【直後】あることのおこった、すぐあと。⇔直前。

ちょくしゃにっこう【直射日光】じかにてりつける日の光。

ちょくしん【直進】まがらずに、まっすぐつき進むこと。▽「光の直進」

ちょくせつ【直接】間に何も入らないこと。じかに。じきじき。▽「直接に話を聞く」⇔間接。

ちょくせん【直線】まっすぐな線。▽「地面に直線を引く」⇕曲線。

ちょくぜん【直前】あることのおこるすぐ前。▼「出発直前」⇕直後。

ちょくそう【直送】あいてにじかに送ること。▼「産地直送」

ちょくつう【直通】じかに通じること。▼「直通電話」

ちょくばい【直売】品物を作った人が使う人にじかに売ること。▼「農家直売のやさい」

ちょくほうたい【直方体】六つの長方形の面にかこまれた立体。とうふ・レンガなどの形。

ちょくめん【直面】じかにものごとに出会うこと。▼「困難に直面する」

ちょくりつ【直立】まっすぐに立つこと。▼「直立不動のしせい」

ちょくりゅう【直流】いつもきまった方向に流れている電流。直流電流。⇕交流。

ちょくれつ【直列】電池のつなぎ方の一つ。電池をつなぐとき、＋・－・＋・－のじゅんにつなぐこと。⇕並列。↓並列（図）

チョコレート カカオの実から作ったおかし。

ちょこんと 小さくかしこまっているようす。少しだけ。▼「ベンチにちょこんと座っている。バットにちょこんと当てる」

ちょすいち【貯水池】飲み水や田畑に引く水や、発電のための水などをためておく池。

ちょぞう【貯蔵】しまっておくこと。たくわえておくこと。

ちょぞうこ【貯蔵庫】物をためておくための倉庫。▼「米や麦を貯蔵庫に運ぶ」

ちょちく【貯蓄】お金などをためること。また、ためたお金や物。

ちょっか【直下】❶物のすぐ下。真下。▼「赤道直下」❷ものごとがはやくすすむこと。▼「急転直下」

ちょっかい 横からよけいな手出しをすること。▼「ちょっかいを出す」

ちょっかく【直角】二つの直線が九〇度に交わってできた角。

ちょっかくさんかくけい【直角三角形】三角形で、一つの角が直角になっているもの。

ちょっかん【直感】すぐにぴんと感じとる心のはたらき。第六感。▼「これはきけんだと直感する」

ちょっきゅう【直球】野球などで、まっすぐになげた球。ストレート。

ちょっけい【直径】円や球のはばの、いちばん長いところ。

半径
直径
中心
[直径]

ちょっけつ【直結】間に何もなく、じかに結びつくこと。▼「産地と直結した店」

ちょっこう【直行】まっすぐ行くこと。より道をしないで行くこと。▼「会場に直行する」

ちょっと ❶少しの間。▼「出発時刻まで、ちょっとしかありません」❷ためしに。▼「ちょっと走ってみてごらん」❸少しばかり。▼「さとうをちょっと入れる」

ちょっぴり ほんの少し。わずか。▼「ほめられてちょっぴりはずかしい」

ちょめい【著名】名がよく知れていること。名高いこと。▼「著名な人」

ちょろまかす ❶人の目をかすめてぬすむ。❷ごまかす。▼「うまいことを言ってちょろまかす」

ちょんまげ 昔、男の人のゆったまげ。↓かみしも（図）

ちらかす【散らかす】たくさん出してそのままにする。▼「おもちゃを散らかす」⇕片付ける。↓【散】279ページ

ちらかる【散らかる】 物がせいとんされずにばらばらになる。▽「部屋が散らかる」⬇【散】279ページ

ちらし【散らし】 広告のびら。▽「散らしをくばる」

ちらしずし【ちらし▲寿司】 酢の味のごはんに、さしみやたまごやき、やさいなどをまぜたりのせたりした食べ物。

ちらす【散らす】 ばらばらにする。▽「風が桜を散らす」⬇【散】279ページ

ちらちら ❶細かいものがちってまうようす。▽「雪がちらちらしてきた」❷小さな光が、かすかにくり返して光るようす。▽「星がちらちらとまたたく」❸なにかが見えたり消えたりするようす。▽「窓の外を人かげがちらちらする」

ちらつく ❶まばらにふる。▽「雪がちらつく」❷きえたり、あらわれたりする。▽「母の顔が目の前にちらつく」

ちらっと ほんのちょっと。

ちらばる【散らばる】 あちこちに点々とある。▽「紙くずが散らばる」

ちらほら あちらこちらに少しずつあるようす。まばらにあるようす。▽「花がちらほら、さきはじめる」

ちり【地理】 ❶土地のようす。▽「このへんの地理に明るい」❷地形・気候・産業・交通などのようす。

ちり ❶ごみ。❷わずかのものごと。▽「ちりほどのことをやかましく言う」

ちりがみ【ちり紙】 鼻をかんだりする、そまつな紙。ちりし。

ちりぢり【散り散り】 まとまっていたものが、はなればなれになるようす。▽「戦争で一家が散り散りになる」

ちりとり【ちり取り】 そうじのとき、はいて集めたごみやほこりをすくい取る道具。

ちりばめる ほって美しい宝石などをはめこむ。▽「宝石をちりばめる」

ちりもつもればやまとなる【ちりも積もれば山となる】 ちりのようなごく小さなものでも、積もり重なると山のような大きなものになるということ。

ちりょう【治療】 病気やきずの手当てをして治すこと。▽「虫歯を治りょうする」

ちる【散る】 ❶ばらばらになる。▽「群衆が散る」❷おちる。▽「花が散る」❸にじむ。▽「赤インクが散る」❹おちつかない。▽「気が散る」⬇【散】279ページ

ちわきにくおどる【血わき肉躍る】 心がいさみ、胸がどきどきする。▽「血わき肉おどる映画」

ちん【賃】 6年 チン ― お金をはらって人や物を使うこと。

賃 賃 賃 賃 賃 賃 賃

●賃金●賃貸●運賃●工賃●家賃

ちんか【沈下】 しずむこと。しずめること。▽「地ばんちん下」

ちんぎん【賃金・賃銀】 はたらいた人が、はたらきにたいしてもらうお金。

ちんじゅ【鎮守】 その土地をしずめ守る神。また、その神をまつった神社。▽「ちん守の森」

ちんたい【賃貸】 お金をとって物を貸すこと。賃貸し。▽「賃貸住宅」

ちんでん【沈殿】 液体の中のまじりものが、下の方にしずんでつもること。

チンパンジー アフリカのジャングルにすむ、いちばんりこうなサル。よく人になれる。

ちんぷんかんぷん わけのわからないこと。▽「何を言っているのか、ちんぷんかんぷんだ」

ちんぼつ【沈没】 水の底にしずむこと。▽「船がちんぼつした」

ちんもく【沈黙】だまって口をきかないこと。▽「ちんもくをまもる」

ちんれつ【陳列】人に見せるために、物をならべること。▽「ちん列だな」

つ

づ

ツ ヅ

つい【対】❶二つそろってひと組になっているもの。▽「対になったことわざ」❷二つそろってひと組のものを数えることば。▽「一対の茶わん」⬇【対】411ページ

●対句

つい【追】3年 ツイ おう

❶あとをおうこと。▽「追跡」

❷さかのぼること。▽「追憶」

❸あとからする。▽「追加」

丿 户 户 自 自 追 追 追（右上からはらう）

★「追」にているので注意

●追憶●追加●追及●追究●追求●追伸●追跡●追突●追放

つい ❶思わず。うっかり。▽「急いだために、ついわすれた」❷ちょっと。▽「ついさっき会ったばかりだ」

ついおく【追憶】すぎさったことを思い出すこと。▽「追おくにふける」

ついか【追加】あとからつけ加えてふやすこと。▽「人数を追加する。追加の注文」

ついきゅう【追及】問いつめること。▽「責任を追きゅうする」

ついきゅう【追究】どこまでも、ものごとの正しい道理などをつきとめること。▽「病気の原因を追究する」

ついきゅう【追求】手に入れようと追い求めること。▽「利益の追求」

ついく【対句】意味や、組み立てがにている句をたがいにならべた言いあらわし方。たとえば、「聞いてごくらく見てじごく」の「聞いて」と「見て」、「ごくらく」と「じごく」。

ついしん【追伸】手紙を書きおえたあとに、さらに文章をつけたすときにまず書くことば。また、つけたした文章。

ついせき【追跡】あとを追うこと。

ついたち【一日】月のいちばんはじめの日。▽「三月一日」⬇コラム

ついたて 部屋をしきったり目かくししたりするときに使う家具。

ついで【次いで】ひきつづいて。その次に。▽「大阪に次いで京都に行く」

ついで ほかのことといっしょにできる、よい機会。▽「出かけたついでに友達の家による」

ついとつ【追突】車などが、後ろからぶつかること。▽「追とつ事故」

ついに とうとう。あげくのはてに。▽「がんばって、ついに合格した」

ついばむ 鳥がくちばしでつついて食べる。▽「えさをついばむ」

ついほう【追放】その土地や団体から追い出すこと。▽「国外に追放する」

日にちの読み方

一日から十日まで、日にちを正しく読めますか。「ついたち」とか、「ようか」とか、むずかしいので注意しましょう。

一日（ついたち）	二日（ふつか）	三日（みっか）
四日（よっか）	五日（いつか）	六日（むいか）
七日（なのか）	八日（ようか）	九日（ここのか）
十日（とおか）		

早口ことば（五回続けていえるかな）超音速旅客機の速さはしょうげき的。

ついやす【費やす】 ❶お金や物を使う。「たくさんのお金を費やした工事」❷時間を使う。▽「長い年月を費やす」⬇【費】578ページ

ついらく【墜落】 高い所から落ちること。▽「ジェット機がつい落する」

つう【通】 2年 ツウ・(ツ) かよう・とおす・とおる

❶とおすこと。とおること。▽「細い通路を歩く」
❷かようこと。▽「通学」
❸ものごとをよく知っていること。▽「食べ物の通だ。情報通」
❹手紙などを数えることば。▽「一通」
❺広くいっぱんに知られている。▽「通称。通例」

通 通 通 通 通 通 通 通 通 通（ひとふでに書く）

●通貨●通過●通学●通勤●通行●通算●通常●通じる●通信●通信衛星●通信教育●通信社●通達●通知●通知表●通帳●通訳●通用●通例●通路●通話●開通●共通●交通●直通●普通●文通●流通

つう【痛】 6年 ツウ いたい・いたむ・いためる

❶いたむこと。▽「苦痛。頭痛。腹痛」
❷ひじょうに。ひどく。▽「痛烈」

痛 痛 痛 痛 痛 痛 痛 痛 痛 痛 痛 痛（とめない）（はねる）

●痛快●痛感●痛切●痛烈

つうか【通貨】 その国で使われているお金。

つうか【通過】 ❶通り過ぎること。▽「急行が通過する」❷試験などに合格すること。❸会議にかけてきまること。▽「法案が国会を通過した」

つうかい【痛快】 ひじょうにゆかいなこと。ひじょうに気持ちがよいこと。

つうがく【通学】 学校に通うこと。

つうかん【痛感】 強く心に感じること。▽「練習不足を痛感する」

つうきん【通勤】 役所や会社などの勤め先に通うこと。▽「通勤電車」

つうこう【通行】 人や車が行ったり来たりすること。道を通ること。

つうさん【通算】 全体をひっくるめて計算すること。▽「通算で十日休んだ」

つうじょう【通常】 ふだん。ふつう。あたりまえ。平常。▽「通常は十時まで営業します」

つうじる【通じる】 ❶通う。❷とおる。❸くわしく知っている。▽「文学に通じる」❹話がわかる。▽「話が通じる」❺れんらくがつく。▽「電話が通じる」

つうしん【通信】 ❶たより。▽「学級通信」❷ゆうびん・電信・電話などで知らせること。また、その知らせ。

つうしんきょういく【通信教育】 学校に行かないで家で勉強する人のために、ゆうびん・放送などの通信を使って行う教育。

つうせつ【痛切】 身を切られるほど、心に強く感じるようす。▽「ともだちのことばが痛切に身にしみた」

つうたつ【通達】 ❶ものごとや気持ちをあいてに知らせること。❷上の役所からの知らせ。役所からいっぱんの人へ知らせること。

つうち【通知】 あいてに知らせること。また、その知らせ。

つうちひょう【通知表】 学校から家庭に、子供の成績や学校でのようすなどを知らせる書類。通信簿。

つうちょう【通帳】 品物の売り買いや銀行などでのお金の出し入れに使う帳面。▽「預金通帳」

つうほう【通報】 情報を知らせること。▽「警察に通報する」

つうやく【通訳】 ことばのちがう国の人の間に入って、ことばを訳し、おたがいの話を

わからせること。また、それを仕事とする人。

つうよう【通用】❶広くいっぱんに使われていること。▽「日本の円は日本で通用する」❷価値が認められること。▽「そんなあまい考えでは通用しない」

つうれい【通例】❶いっぱんのならわし。❷ふつうであること。

つうれつ【痛烈】ひどくはげしいこと。▽「痛れつなひはん」

つうろ【通路】人の行き来する道。

つうわ【通話】電話で話をすること。▽「市外通話」

つえ 歩くのをたすけるための、木や竹でできた細い棒。ステッキ。

つか【塚】❶土を高くもってつくった墓。❷土を高くもった所。▽「一里づか」

つかい【使い】人にたのまれて用事をしに行くこと。また、それをする人。

つがい 組むこと。組。とくに、おす・めすの一組。▽「鳥のつがい」

つかいこなす【使いこなす】上手に使う。▽「辞典を使いこなす」

つかいばしり【使い走り】用事を言いつけられて、あちこち歩き回ること。また、その人。

つかいはたす【使い果たす】使い切ってしまう。▽「力を使い果たす」

つかいみち【使い道】物やお金をどのように使うかということ。▽「お年玉の使い道を考える」

つかいわける【使い分ける】あいてや目的に合ったようにくべつして使う。▽「ことばを使い分ける」

つかう【使う】❶はたらかせる。▽「人を使う」❷用に役立てる。▽「道具を使う」❸ついやす。▽「お金を使う」❹あやつる。▽「手品を使う」❺行う。よそおう。▽「居留守を使う」⬇【使】284ページ

つかう【遣う】心をはたらかせる。▽「気をつかう」

つかえる【仕える】目上の人のそばにいて、その言いつけをまもってはたらく。⬇【仕】283ページ

つかえる ❶物がふさがって通らない。▽「ごはんがのどにつかえる」❷いっぱいになる。▽「心配で胸がつかえる」

つかさどる ❶仕事としてうけもつ。❷管理する。支配する。

つかつか えんりょなくすすみ出るようす。▽「つかつかと前へ出る」

つかのま【つかの間】ちょっとの間。

つかまえる【捕まえる】にげた人や動物をとりおさえる。とらえる。

つかまる【捕まる】とらえられる。

つかむ ❶物をにぎって持つ。▽「うでをつかむ」❷大切なところをとらえる。▽「文の大意をつかむ」❸手に入れる。▽「幸せをつかむ」

つかる【漬かる】❶水などの中に入る。❷つけ物が食べごろになる。

つかれる【疲れる】体力や気力が弱る。元気がなくなる。くたびれる。

つかわす【遣わす】❶使いにやる。行かせる。❷目上のものが目下のものにあたえる。▽「ほうびをつかわす」

つき【月】❶地球にいちばん近い天体で、地球のまわりを回っている衛星。お月様。❷一年を十二に分けた単位。⬇コラム460ページ ⬇【月】213ページ ●月明かり●月とすっぽん●月並み●月日●半月

つぎ【次】そのあと。つづいて。▽「次の日」⬇【次】287ページ

つぎ【継ぎ】❶つぐこと。▽「あとつぎ」❷衣服のやぶれた所にべつの布を当ててぬうこと。また、その布。▽「つぎを当てる」

つきあう【付き合う】❶人と行ったり来た

なぞなぞ いつまでも飛ばないちょうちょうはどんなちょうちょう？ 答えは次のページ。

月 つき

夕月夜

月の出ている夕方

おぼろ月夜

月がぼんやりとかすんでいる春の夜

星月夜

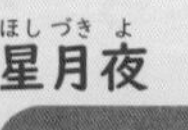

星の光が月のように明るい夜

中秋の名月

昔のこよみで、八月十五日の夜の満月

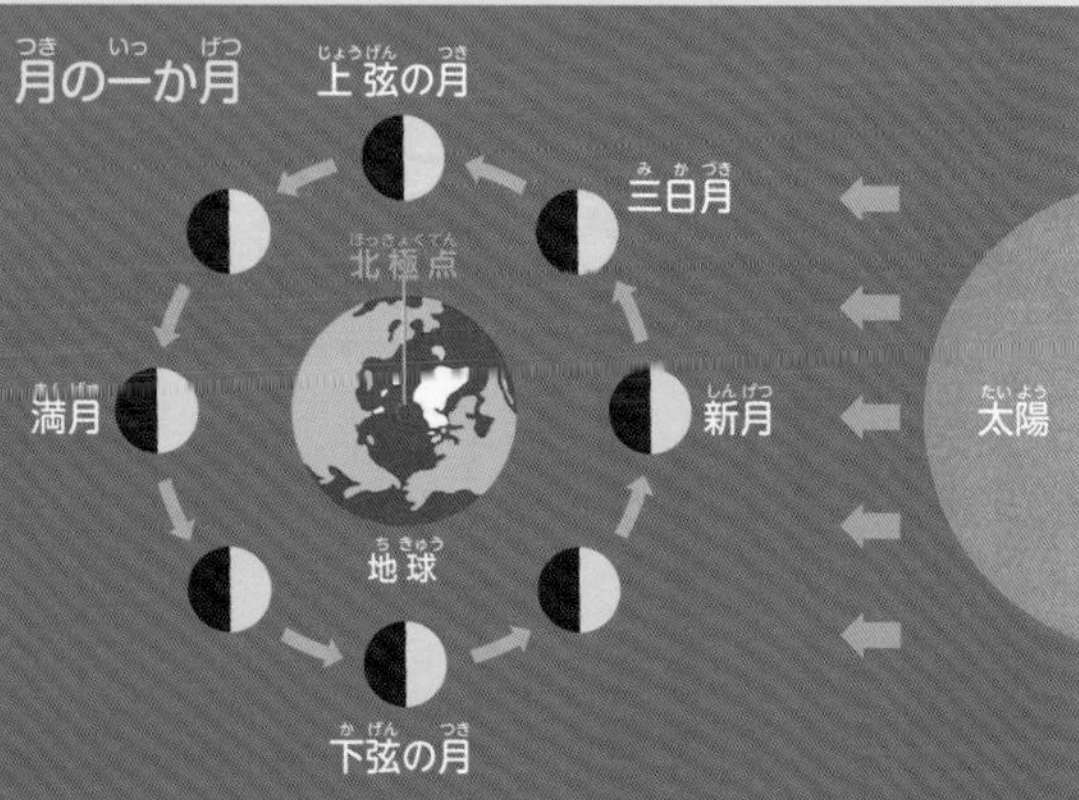

りして仲良くする。▽「友だちと親しくつきあう」❷いっしょに行動する。▽「買い物につきあう」

つきあかり【月明かり】月の光で明るいこと。▽「月明かりの道」

つきあたり【突き当たり】道などがなくなって、先へ行けなくなった所。▽「つき当たりを右にまがる」

つきかえす【突き返す】❶うけとらないで返す。▽「手紙をつき返す」❷おしてもどす。▽「あいてをつき返す」

つぎき【接ぎ木】木のえだや芽を切って、べつの木に接ぐこと。

つぎこむ【つぎ込む】❶水などをそそぎ入れる。❷あることのために、たくさんのお金や時間を使う。▽「ゲームソフトに貯金をつぎこむ」

つきささる【突き刺さる】物の先がなにかにつき立って中に入る。▽「バラのとげがつきささる」

つきそう【付き添う】病人や子供の世話をするために、そばにつき従う。▽「病人に付きそう」

つきだす【突き出す】❶つくようにして、外へ出す。▽「ふとんから足をつき出す」❷いきおいよく前に出す。▽「本をかえして」

と手をつき出す」❸どろぼうなどを警察にわたす。▽「すりを交番につき出す」

つぎつぎ【次次・次々】つづいて。じゅんじゅんに。⬇「々」は同じ文字をくり返すという意味のおどり字という記号。▽「次々と事件がおこる」

つきっきり【付きっ切り】ずっとそばにいて、はなれないこと。「つききり」ともいう。▽「付きっ切りで看病する」

つきつめる【突き詰める】❶そのことばかり思いこむ。❷最後まで考えたり、しらべたりする。

つきとすっぽん【月とすっぽん】月とスッポンは丸いところはにているが、実は大きなちがいがあることから、二つのものが、ひじょうにかけはなれていることのたとえ。

[月とすっぽん]

つきとばす【突き飛ばす】強くついてとばす。▽「土俵の外につき飛ばす」

つきとめる【突き止める】よくしらべて、はっきりさせる。▽「かくれ家をつき止める」

つきなみ【月並み】ありふれていて、おもしろみのないこと。▽「月並みな話で、つまらない」

つきぬける【突き抜ける】❶中を通って向こうがわに出る。▽「鉄ぽうのたまがかべをつきぬけた」❷まっすぐに通りぬける。▽「大通りをつきぬける」

つぎはぎ【継ぎはぎ】衣服などに、たくさんのつぎがしてあること。

つきひ【月日】時間。年月。▽「五年の月日がながれた」

つきまとう【付きまとう】どこまでもそばにくっついてはなれない。

つきみ【月見】❶満月を見て楽しむこと。とくに、中秋の名月を楽しむこと。⬇四季(図)❷生卵を入れた料理。▽「月見うどん」

つきゆび【突き指】指の先を強くついたために指の関節をいためること。

つきよ【月夜】月の光が明るい夜。▽「月夜のはまべ」

つきる【尽きる】おわる。なくなる。▽「食料がつきる」

つく【付く】❶はなれないようになる。くっつく。❷つきそう。▽「妹に付いて行く」❸味方をする。▽「弱いほうに付く」❹根をはる。▽「植えたバラが付く」❺くわわる。▽「おまけが付く」❻きまる。まとまる。▽「決心が付く」⬇【付】599ページ

つく【着く】とどく。目当てのところに行きつく。▽「手紙が着く」。▽「東京駅に着く」⬇【着】446ページ

つく【就く】❶仕事や役目をするようになる。▽「職業に就く」❷ある人のもとで学ぶ。▽「先生に就く」⬇【就】317ページ

つく【突く】❶するどいもので強くさす。つきさす。❷強くつき当てる。❸せめたてる。▽「弱点をつく」

つく【▲点く】❶明かりがともる。▽「電灯がつく」❷火が燃えはじめる。▽「紙に火がつく」

つく きねなどの先でうつ。▽「もちをつく」

つぐ【次ぐ】二番目になる。▽「東京に次ぐ大都市」⬇【次】287ページ

つぐ【▲注ぐ】水などを入れ物に入れる。▽「お茶をつぐ」

つぐ【接ぐ】つなぎ合わせる。▽「おれた骨を接ぐ」⬇【接】383ページ

つぐ【継ぐ】❶あとをうける。つづける。▽「やぶれをつぐ」❷つくろう。▽「ことばをつぐ」❸財産などをうけつぐ。▽「家をつぐ」

つくえ【机】本を読んだり、字を書いたりす

前のページの答え⇒「町長（町いちばんのえらい人）」

るのに使う台。▽「勉強机」⇩【机】155ページ

つくし 春、スギナの地下のくきから出てくるもので、ふでのような形をしている。食べられる。

つくす【尽くす】❶あるだけのものを出す。▽「力をつくす」❷きわめる。▽「ぜいたくをつくす」❸人のためにはたらく。▽「社会につくす」

つくだに【つくだ煮】魚・貝・海そうなどをしょうゆや砂糖などでにつめた食べ物。

つくづく よくよく。しみじみ。心から。▽「つくづくいやになる」

つくつくほうし こん虫のセミの一種。

つぐなう【償う】お金や物で、損害や罪をおぎなう。▽「罪をつぐなう」

つぐむ 口をかたくとじてものを言わない。

つくり【作り】❶作ること。また、作ったもの。❷作ったようす。できばえ。▽「見事な作りの家具」

つくり【造り】❶造ること。また、造ったもの。❷家などの造り方。▽「造りの見事な庭」

つくりつけ【作り付け】家具などが、とりはずしができないようにとりつけられたもの。▽「作り付けの本だな」

つくる【作る】❶こしらえる。▽「竹とんぼを作る」❷そだてる。▽「バラを作る」❸歌や文などを考え出す。⇩【作】268ページ

つくる【造る】❶たてものや船などをこしらえる。❷じょう造する。▽「酒を造る」❸創造する。▽「神が天地を造る」⇩【造】396ページ

つくる【創る】いままでになかった、新しいなにかを作り出す。▽「物語を創る」⇩【創】395ページ

つくろう【繕う】❶やぶれたり、こわれたりしたところをなおす。❷ととのえる。▽「身なりをつくろう」❸ていさいをよくする。▽「世間体をつくろう」

つけ【付け】かんじょうを帳面につけておいて、あとでまとめてお金をはらうこと。また、その書き付け。

つけあがる あいてがおとなしいのをいいことに、勝手なことを言う。増長する。▽「おだてるとつけあがる」

つげぐち【告げ口】人のひみつなどをそっとほかの人に知らせること。

つけこむ【付け込む】あいてのすきをねらって何かをする。▽「あいてのゆだんに付けこむ」

つけね【付け根】物がついている根もとのところ。▽「うでの付け根」

つけもの【漬物】やさいを、塩・ぬか・みそ・酒かすなどにつけた食べ物。

つけやきば【付け焼き刃】その場しのぎの知識やわざ。▽「付け焼きばの勉強では実力がつかない」

つける【付ける】❶くっつける。とりつける。▽「たなを付ける」❷つきそわせる。▽「案内を付ける」❸書き入れる。▽「日記を付ける」❹くわえる。▽「利息を付ける」❺きめる。まとめる。▽「話を付ける」❻あとをおう。▽「あとを付ける」⇩【付】599ページ

つける【▲点ける】❶明かりをともす。▽「電気をつける」❷火が燃えるようにする。▽「ろうそくに火をつける」

つける【着ける】❶ある場所に近づけて、とめる。▽「船を岸に着ける」❷からだにまとう。▽「衣服を着ける」❸ものごとにとりかかる。▽「仕事に手を着ける」⇩【着】446ページ

つける【就ける】❶仕事や役目につかせる。❷ある人のもとで、学ばせる。▽「先生に就けて習字を習わせる」⇩【就】317ページ

つける【漬ける】❶水などに入れてぬらす。❷つけ物にする。

つげる【告げる】言う。知らせる。▽「わかれを告げる」⇩【告】241ページ

つごう【都合】❶ようす。ぐあい。▽「都合が悪い」❷事情。▽「家の都合で休む」❸や

あいうえお

かきくけこ

さしすせそ
たち**つ**てと

なにぬねの
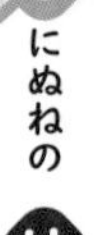

はひふへほ

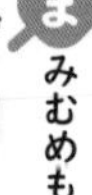
まみむめも

やゆよ

らりるれろ

わをん

りくり。いろいろとくふうすること。▽「都合をつけて出席する」

つじ ❶道が十字の形に交わっている所。四つ角。❷道ばた。

つしまかいりゅう【対馬海流】 対馬海峡を通り、日本海を北上するあたたかい海流。➡海流（図）

つた【×蔦】 ブドウのなかまの草。木や岩などにくきをまきつけてはいのぼる。秋になると葉がまっかに色づく。

［蔦］

つたう【伝う】 あるものにそってうつり動く。▽「ネコがへいを伝ってにげる」➡【伝】481ページ

つたえる【伝える】 ❶知らせる。▽「ようすを伝える」❷あるものにそってうつらせる。▽「熱を伝える」❸さずける。ひきついで、ゆずる。▽「家宝を子孫に伝える」❹外から持ってくる。▽「キリスト教は、ザビエルが日本に伝えた」➡【伝】481ページ

つたない まずい。下手な。うまくない。▽「つたない絵」

つたわる【伝わる】 ❶あるものにそってうつっていく。▽「列車のしん動が伝わる」❷知れわたる。▽「うわさが伝わる」❸つけつがれる。▽「家に伝わる宝」❹外からとどく。▽「仏教が伝わる」➡【伝】481ページ

つち【土】 ❶岩石がくだけてつぶになったもの。どろや、すな。❷地面。▽「ツタが土をはう」➡【土】486ページ ●土が付く ●土踏まず

つちあそび【土遊び】 土をこねて、いろいろなものをつくって遊ぶこと。どろあそび。▽「土遊びでどろだんごをつくる」

つちかう【培う】 ❶草や木の根に土をよせ、よくそだつようにする。❷やしないそだてる。▽「読解力をつちかう」

つちがつく【土が付く】 すもうで、負ける。▽「十日目に土が付いた」

つちけむり【土煙】 土や砂が、けむりのようにまい上がったもの。

つちふまず【土踏まず】 足のうらのへこんだ部分。➡体（図）

つつ【筒】 まるく細長くて、中が空になっている物。▽「茶づつ」

つつがない ❶健康である。❷かわったことがない。ぶじである。▽「毎日つつがなくすごしております」

つづき【続き】 ❶あとにつながる部分。▽「ドラマの続き」❷つながり方。❸ずっと続いていること。▽「雨続き」

つつく ❶かるく何度もつく。▽「せなかを指でつつく」❷はしなどで取って食べる。▽「料理をつつく」❸欠点をとがめる。▽「あいてのミスをつつく」❹するようにしむける。▽「親につつかれて勉強する」

つづく【続く】 ❶つながる。▽「話が続く」❷長くつらなる。▽「列が続く」❸あとについていく。▽「先生に続く」➡【続】402ページ

つづける【続ける】 ひとまとまりのことをとちゅうで切らずにつなげる。▽「話を続ける」➡【続】402ページ

つっけんどん 不親切でやさしさがないようす。▽「つっけんどんな返事」

つっこみ【突っ込み】 ❶いきおいよく入ること。❷するどく追求すること。❸まん才で、中心になってしゃべる役。▽「つっこみを入れる」⇔ぼけ。

つっこむ【突っ込む】 ❶いきおいよく入る。▽「家に車がつっこむ」❷むぞうさに入れる。▽「ポケットに手をつっこむ」❸ふかくかかわる。▽「つっこんだ話をする」

つつじ 野山にはえている、ひくい木。春から夏にかけ、赤・白・むらさき・黄などの花を

なぞなぞ そうじで使うとりは？ 答えは次のページ。

ひらく。庭木にもする。

[つつじ]

つつしむ【慎む】❶ことばや行いに気をつける。▽「ことばをつつしむ」❷ひかえめにする。▽「酒をつつしむ」

つつしむ【謹む】ていねいで礼儀正しくする。かしこまる。▽「つつしんで話をうかがう」

つつぬけ【筒抜け】ないしょの話が全部ほかにつたわること。▽「話がつつぬけになる」

つっぱる【突っ張る】❶棒や手足などをぴんと張って強く支える。▽「足をつっ張る」❷筋肉などが張ってかたくなる。▽「首筋がつっ張る」❸自分の意見をおし通してさからったり、強がったりする。▽「ひとりでつっ張っている」❹すもうで、てのひらであいてを強くついておす。

つつましい えんりょがちでつつしみ深い。▽「つつましいふるまい」

つつみ【包み】紙や布などでくるんであるもの。▽「ふろしき包み。包みを開く」

つつみ【堤】❶川の水があふれ出ないように、土や石やコンクリートできずいた土手。❷水をためた池。ため池。

つづみ【鼓】つつの両がわに皮をはって、手でうって鳴らす日本の楽器。

つつむ【包む】❶物を入れて外からおおう。くるむ。▽「プレゼントを紙で包む」❷とりかこむ。かこう。❸かくす。▽「思いを胸に包む」⇒【包】634ページ

つづら 着るものを入れるふたのついたかご。ツヅラフジというつるや、ヒノキのうすい板、竹などをあんで作る。

[つづら]

つづり ❶つなぎ合わせること。また、つなぎ合わせて作ったもの。❷外国語などで、一つ一つのことばを作っている、一つ一つの文字のならべ方。

つづる ❶つなぎ合わす。つぎ合わせる。❷文や詩を作る。▽「思いをつづる」

つて 手がかり。知り合い。手づる。▽「おじのつてで会社に入る。つてをたよる」

つど【都度】そのたびごとに。▽「道をわたる都度、信号をよく見る」

つどい【集い】集まり。もよおしもの。▽「楽しい音楽の集い」

つどう【集う】集まる。集合する。▽「なかまが集う」⇒【集】317ページ

つとまる【務まる】その役目をやりきることができる。▽「あの子になら劇の主役が務まる」⇒【務】681ページ

つとまる【勤まる】その仕事をすることができる。▽「かれならりっぱに学級委員が勤まる」⇒【勤】185ページ

つとめ【務め】しなければならないこと。責任ある仕事。▽「子供をそだてるのは親の務めです」

つとめ【勤め】❶会社や役所などにやとわれてする仕事。▽「勤めに出る」❷仏にお経をあげること。▽「朝夕のお勤め」

つとめる【努める】いっしょうけんめいにやる。▽「事故防止に努める」⇒【努】486ページ

つとめる【務める】役目をうけもつ。▽「司会を務める」⇒【務】681ページ

つとめる【勤める】❶役所や会社などに出てはたらく。❷仏につかえる仕事をする。⇒【勤】185ページ

つな【綱】❶動物・植物のせんいや、針金などを、長くより合わせた物。❷たよりにしてすがるもの。▽「命のつな」

ツナ かんづめなどに加工されたマグロの肉。▽「ツナサラダ」

つながり ❶つながること。▽「英語は音のつながりが大切だ」❷関係があること。▽「二つの事件には何のつながりもない」

つながる ❶はなれているものがひと続きになる。▽「町と町とが道路でつながる」❷関係がある。▽「事件につながる話」

つなぐ ❶物をむすび、はなれないようにする。▽「切れた糸をつなぐ。手をつなぐ」❷糸やひもなどでしばりつける。▽「くさりで犬をつなぐ」❸長くつづくようにする。▽「のぞみをつなぐ」

つなひき【綱引き】 二つに分かれ、一本のつなを引き合う競技。つなを引き寄せたほうが勝つ。

つなみ【津波】 地しんなどによって、とつぜん海岸におしよせる大波。

つなわたり【綱渡り】 ❶サーカスなどで、空中に張ったつなの上を、芸をしながらわたること。❷きけんをおかしてなにかをすることのたとえ。▽「無事にたすけ出すまでつなわたりの連続だった」

つね【常】 ❶ふだん。日ごろ。▽「常に努力を続ける」❷ならい。くせ。▽「毎朝五時に起きるのが常だ」⇒【常】333ページ

つねに【常に】 いつも。たえず。

つねる つめや指先で、ひふを強くつまんでねじる。▽「うでをつねる」

つの【角】 動物の頭などにあって、つき出ているかたい物。▽「牛の角。角笛」⇒【角】122ページ

つのる【募る】 ❶広くいっぱんによびかけて集める。▽「作品をつのる」❷ますますひどくなる。はげしくなる。▽「なつかしさがつのる」

つば 口の中に出る液。つばき。だえき。▽「つばをはく」

つば ❶刀のつかとはの間にある、まるい金具。❷ぼうしのまわりのふち。

つばき ⇒つば

つばき 春先に赤や白の大きな花をさかせる木。葉はつやがあってかたい。たねから油をとる。

つばさ【翼】 鳥や飛行機のはね。

つばめ 春、日本に来て、秋、南方にさるわたり鳥。とびながら虫をとらえる。のき下などに巣を作る。

つぶ【粒】 ❶まるくて細かいもの。❷米や丸薬などを数えることば。▽「一つぶ、二つぶ……」

つぶす ❶力をくわえて形をくずす。▽「ぺしゃんこにつぶす。箱をつぶす」❷役に立たなくする。だめにする。▽「声をつぶす」❸ほろぼす。▽「借金で店をつぶす」❹あいている部分を何かでうめる。▽「時間をつぶす」❺そこなう。きずつける。▽「悪いことをして、親の顔をつぶす」

つぶぞろい【粒ぞろい】 すぐれたものが集まっていること。

つぶつぶ 小さくて丸いものがたくさんあるようす。

つぶやく 口の中で小さな声でひとり言を言う。▽「ぶつぶつとつぶやく」

つぶより【粒より】 すぐれたものをえらび出すこと。また、えらび出されたもの。▽「つぶよりの選手を集める」

つぶら まるくてかわいいようす。▽「つぶらなひとみ」

つぶる 目をとじる。つむる。

つぶれる ❶おされたり、おちたりして、形がくずれる。▽「箱がつぶれる」❷役に立たなくなる。▽「声がつぶれる」❸やっていけなくなる。▽「店がつぶれる」❹だめになる。むだになる。▽「さがしもので一日つぶれる」❺きずつけられる。▽「面目がつぶれる」

つべこべいう【つべこべ言う】 いろいろ、不平や理くつをのべたてる。

前のページの答え⇒「ちりとり」

つぼ ❶口が小さくて、中ごろがふくらんでいるうつわ。❷ものごとの急所。要点。▽「つぼをおさえる」

つぼみ 花のまだひらかないもの。

つぼむ ❶さいていた花がとじる。❷ほかの部分よりせまく、小さくなる。▽「口のつぼんだ花びん」

つぼめる ❶とじる。▽「かさをつぼめる」❷ちぢめる。すぼめる。

つま【妻】 けっこんをしている男女のうちの女のほう。⇔夫。⇒【妻】261ページ

つまさき【つま先】 足の指の先。⇒体(図)

つまずく ❶つっかかってころびそうになる。❷失敗する。うまくいかない。▽「一回戦でつまずく」

つまはじき きらって、のけものにすること。▽「なかまからつまはじきにされる」

つまみ ❶つまむこと。つまんだ量。❷つまんで持つ所。▽「ふたのつまみ」❸酒をのむときの手軽なおかず。

つまみぐい【つまみ食い】 ❶指先でつまんで食べること。❷人目につかないようにこっそり食べること。❸おおやけのお金などを使いこむこと。

つまむ ❶指先ではさむ。▽「おかしをつまむ」❷大切なところをとり出す。▽「大事な点をつまんで話す」

つまようじ 食べ物をさして取ったり、歯の間にはさまったものを取ったりする、先のとがった細くて小さな棒。

つまらない ❶おもしろくない。▽「この本はつまらない」❷ねうちがない。▽「つまらないものを大切にする」❸ばからしい。▽「つまらない失敗をした」

つまり ほかのことばに言いかえると。結局。

つまる【詰まる】 ❶ふさがる。つかえて通らない。▽「息がつまる」❷ちぢんでみじかくなる。❸苦しくなる。こまる。▽「ことばにつまる」

つみ【罪】 ❶人の道にそむいた行い。❷法律にそむいた行い。❸宗教でいましめられていることをやぶる行い。⇒【罪】263ページ

つみあげる【積み上げる】 物の上に物をのせて、高く重ねる。▽「レンガを積み上げる」

つみかさねる【積み重ねる】 ❶物を次々と高く積み上げる。▽「本を積み重ねる」❷同じことを何回もくりかえす。▽「努力を積み重ねる」

つみき【積み木】 いろいろな形をした小さな木をつみかさねて遊ぶおもちゃ。

つみたてる【積み立てる】 だんだんとお金などをためて多くする。

つみほろぼし【罪滅ぼし】 おかした罪のつぐないに、よいことをすること。▽「罪ほろぼしに人だすけをする」

つむ【積む】 ❶上にかさねる。▽「荷物を積む」❷ふやす。ためる。▽「お金を積む」⇒【積】381ページ

つむ【詰む】 ❶細かく入りくんでいてすきまがない。▽「目のつんだ布」❷将棋で王将のにげ道がなくなる。

つむ【摘む】 ❶指先などでつまんでとる。ちぎりとる。▽「花をつむ」❷はさみなどで先を切る。▽「小えだをつむ」

つむぐ【紡ぐ】 ワタ・まゆ・ヒツジの毛などからせんいをとり出し、より合わせて糸にする。▽「糸をつむぐ」

つむじ 頭の毛が、うずまいて生えている部分。

つむじかぜ【つむじ風】 うずまきをおこしながらふく風。旋風。

つむじまがり【つむじ曲がり】 心がねじけて、すなおでないこと。

つむる ⇒つぶる

つめ【爪】 手や足の指先にはえているかたいもの。▽「つめを切る」

つめかける【詰め掛ける】 大ぜいの人が一度におしよせる。

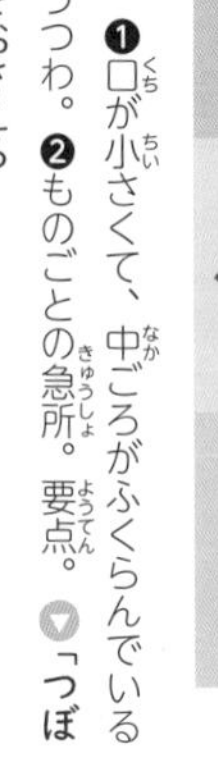

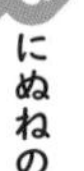

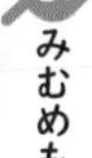
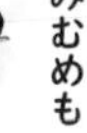
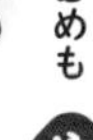

つめこむ【詰め込む】入れられるだけおしこむ。▽「箱に本をつめこむ」

つめたい【冷たい】❶温度がひくい。▽「冷たい水」⇔熱い。温かい。❷思いやりがない。▽「冷たいたいどをとる」⬇【冷】751ジペー

つめよる【詰め寄る】❶近くまでせまってくる。❷はげしいいきおいであいての返事をもとめてせまる。▽「あいてに『あやまれ』と、つめ寄る」

つめる【詰める】❶入れていっぱいにする。▽「すいとうに水をつめる」❷ひかえている。出勤してそこにいる。▽「役所につめる」❸みじかくちぢめる。▽「そでの長さをつめる」

つもり 予定。前もって考えていること。▽「休みには家に帰るつもりだ」

つもる【積もる】かさなって量が多くなる。▽「雪が積もる」⬇【積】381ジペー

つや【通夜】そう式の前夜、家族や友達などが集まり、死者のたましいをなぐさめること。お通夜。

つや なめらかに美しく光ること。光沢。▽「みがいてつやを出す」

つゆ【梅雨】六月から七月ごろにかけて、ふりつづく雨。梅雨。さみだれ。

つゆ【露】夜、空気がひえて、空気中の水分が細かい水のつぶとなって物の表面についたもの。▽「つゆがおりる」

[露]

つゆ ❶ごはんにそえて食べる、しるを中心とした料理。おつゆ。❷天ぷらやめんなどをひたすしる。▽「天つゆ。ラーメンのつゆ」

つゆくさ【露草】道ばたなどに生える草で、夏、青むらさき色の美しい花がさく。

[露草]

つゆばれ【梅雨晴れ】❶梅雨の時期がすぎて、空がからっと晴れわたること。❷梅雨の期間中の晴れ間。

つよい【強い】❶力がすぐれている。⇔弱い。❷じょうぶである。▽「強いからだ」❸気持ちがしっかりしている。❹はげしい。▽「強い風」❺とくいである。くわしい。▽「漢字に強い」⬇【強】175ジペー

つよがり【強がり】強くないのに強そうに見せかけること。▽「強がりを言う」

つよき【強気】気の強いこと。▽「強気にあいてをせめる」⇔弱気。

つよまる【強まる】強くなる。▽「風が強まる。批判の声が強まる」⇔弱まる。⬇【強】175ジペー

つよみ【強み】❶強さ。❷心だのみになること。▽「お金があるのが強みだ」⇔弱み。

つよめる【強める】強くする。▽「ことばを強める」⇔弱める。⬇【強】175ジペー

つらい ❶がまんできないほど苦しい。▽「寒くてつらい」❷思いやりがない。▽「つらいしうちをうける」

つらがまえ【面構え】顔つき。とくに、強そうな顔や悪そうな顔をいう。

つらなる【連なる】❶ならびつづく。▽「連なる山々」❷つながる。▽「空が水面に連なる」❸出席する。▽「式典に連なる」⬇【連】753ジペー

つらぬく【貫く】❶つき通す。はしからはしへ通る。▽「たまがかべをつらぬく。川が町をつらぬく」❷仕事や考えなどをなしとげる。▽「初志をつらぬく」

つらねる【連ねる】一列にならべる。また、つなぐ。▽「大きな店がのきを連ねる」⬇【連】753ジペー

つらのかわがあつい【面の皮が厚い】ずうずうしい。あつかましい。

なぞなぞ 前にいけばいくほど、負けるものなに？ 答えは次のページ。

つらら のきなどからおちる水のしずくがこおり、たれ下がったもの。

つり【釣り】❶つること。物をひっかけること。❷魚をつること。❸買い物などをしたときのつり銭。おつり。

つりあう【釣り合う】❶二つ以上のものが同じ数や量である。▼「左右の重さがつり合う」❷二つ以上のものの組み合わせ方がよい。▼「ドレスにつり合うくつ」

つりあげる【釣り上げる・×吊り上げる】物をつって高く上げる。▼「マグロをつり上げる。クレーンが荷物をつり上げる」

つりいと【釣り糸】魚をつる時に使う、ナイロンなどでつくった糸。▼「つり糸をたらすと、すぐ魚がかかった」

つりがね【釣り鐘】寺のかねつき堂につるしてある大きなかね。

[釣り鐘]

つりかわ【つり革】乗り物などで、立っている人がつかまるために、輪をつけてつるしてあるもの。

つりざお【釣りざお】魚つりに使う、糸をつけたさお。

つりせん【釣り銭】買い物のとき、ねだんより多くはらった分をもどしてもらうお金。おつり。

つりばし【つり橋】下からささえるものがなくて、つななどを両岸へわたしてつくられた橋。

つりぼり【釣り堀】魚を飼っておいて、お金をとってつらせる池やほり。

つる【弦】弓にはる糸。

つる【釣る・×吊る】❶つりばりで魚をひっかけて引き上げる。▼「タイをつる」❷だます。さそい出す。▼「あまいことばでつる」❸ぶら下げる。▼「たなをつる」❹筋肉がかたくなって動かなくなる。▼「水泳中に足がつる」❺すもうで、あいてのからだを持ち上げる。

つる【鶴】からだの大きなわたり鳥で、冬に日本に来る。首・くちばし・足などは細長い。多くは白色で、昔からめでたい鳥とされている。

つる ❶物にまきついたり、はいのぼったりする植物のくき。❷エンドウや、キュウリなどのまきひげ。

つるぎ【剣】けん。とくに、両がわにはのついた刀。⬇武器（図）

つるす 物をひもなどでつって下げる。▼「まどに、ふうりんをつるす」

つるつる ❶物の表面がなめらかで、すべりやすいようす。▼「こおってつるつるになった道」❷めんなどを勢いよく食べるようす。▼「そばをつるつると食べる」

つれ【連れ】いっしょにものごとをする人。なかま。▼「旅の連れができる」

つれだつ【連れ立つ】いっしょに行く。▼「祭りに連れ立って行く」

つれもどす【連れ戻す】よそに行っていた人を、むかえに行ってもとのところに帰らせる。▼「家出した子を連れもどす」

つれる【連れる】連れて行く。いっしょに行く。▼「子供を連れてデパートに行く」⬇【連】753ページ

つわもの ❶さむらい。❷いさましくすぐれた人。▼「その道のつわもの」

つんざく つきやぶる。▼「耳をつんざくような大きな音」

つんどく 本を買っても読まずに、つんだままにしておくこと。「積ん読」とも書く。

[つんどく]

て
で
デテ

て【手】❶うでのこと。▼「両手をあげる」⇕足。❷手首から指先まで。❸道具の、手で持つところ。▼「取っ手」❹そのことをする人。▼「はたらき手」❺方法。やり方。▼「あの手この手」❻うでまえ。▼「料理の手があがる」❼方向。▼「行く手は山道である」❽はかりごと。▼「その手はくわない」❾いきおい。▼「火の手があがる」❿種類。▼「この手は品切れです」⓫細工。▼「手のこんだ品」⬇【手】314ページ

［手❷］

●手足●手厚い●手当て●手荒●手洗い●手痛い●手入れ●手薄●手負い●手遅れ●手が掛かる●手がかり●手書き●手加減●手が込む●手数●手形●手堅い●手が足りない●手が出ない●手紙●手柄●手軽●手厳しい●手際●手口●手首●手心●手応え●手頃●手ごわい●手先●手探り●手触り●手下●手品●手順●手数●手すき●手すり●手製●手相●手出し●手助け●手だて●手近●手違い●手帳●手つき●手作り●手伝い●手伝う●手続き●手っ取り早い●手づる●手なずける●手並み●手に汗を握る●手に余る●手に入れる●手に負えない●手に付かない●手に取るように●手荷物●手抜かり●手ぬぐい●手ぬるい●手の甲●手のひら●手配●手始め●手はず●手八丁口八丁●手放し●手早い●手引き●手拍子●手袋●手ぶら●手振り●手ほどき●手本●手間●手前●手招き●手回し●手短●手土産●手向かう●手も足も出ない●手持ちぶさた●手元●手料理●手分け●手渡す●手を入れる●手を打つ●手を貸す●手を切る●手を下す●手をこまねく●手を尽くす●手を抜く●手を引く●手を焼く●相手●合いの手●裏手●大手●奥の手●勝手●空手●聞き手●切手●軍手●逆手●順手●土手●苦手●話し手●左手●右手

であいがしら【出合いがしら・出会いがしら】両方が行きあったとたん。▼「出合いがしらにぶつかった」

であう【出合う・出会う】たまたま行きあう。▼「事件に出合う。駅で友達に出会う」

てあし【手足】❶手と足。❷もっともたよりになる人やもの。▼「父の手足となってはたらく」

であし【出足】❶人がいろいろな場所に出ていくこと。また、人の数のていど。▼「客の出足がよい」❷出発の時の速さ。▼「出足のいい車」

てあつい【手厚い】とりあつかいが親切で、ていねいである。▼「手厚いもてなしをうける」

てあて【手当て・手当】❶けがや病気のちりょう。▼「きずの手当てをする」❷はたらいた仕事にたいしてはらうお金。▼「勤務手当」

てあら【手荒】とりあつかいかたがらんぼうなようす。▼「手あらなあつかい」

てあらい【手洗い】❶手を洗うこと。また、そのための水やうつわ。❷べんじょ。トイレ。▼「手洗いに立つ」

てい【低】 4年 テイ ひくい・ひくまる・ひくめる
❶ひくいこと。▼「低木」⇕高。❷おとること。▼「低調。最低」

低低低低低低低 おる

●低音●低温●低下●低気圧●低級●低調●最低

てい【体】ようす。すがた。ありさま。▼「体裁」⬇【体】410ページ

あいうえお かきくけこ さしすせそ たちつてと なにぬねの はひふへほ まみむめも やゆよ らりるれろ わをん

前のページの答え⇒「つな引き」

てい【弟】 2年 (テイ)・ダイ・(デ) おとうと

❶おとうと。▽「弟妹」⇕兄。
❷でし。

弟弟弟弟弟弟弟（つき出ない）

てい【定】 3年 テイ・ジョウ さだまる・さだめる・(さだか)

きめる。きまっている。▽「決定。判定」

定定定定定定定定（この形に注意）

●定員●定価●定期●定義●定期便●定休日●定刻●定時●定住●定職●定着●定年●定評●安定●仮定●規定●固定●指定●選定●測定●断定●未定●予定

てい【底】 4年 テイ そこ

物のそこ。▽「湖底。船底」

底底底底底底底底（おる）

●底辺●底面●海底●地底

てい【庭】 3年 テイ にわ

にわ。▽「庭園。家庭。校庭」

庭庭庭庭庭庭庭庭庭庭（廴ではない）

てい【停】 5年 テイ —

❶とまること。▽「停車」
❷やめること。一時やめること。▽「停戦」

停停停停停停停停停停停（亠としない）

●停学●停止●停車●停滞●停電●停年●停泊●停留所

てい【提】 5年 テイ (さげる)

❶物を手に持つこと。さげること。
❷持ち出すこと。▽「提出」

提提提提提提提提提提提提

●提案●提供●提携●提示●提唱

★「堤」にているので注意

てい【程】 5年 テイ (ほど)

❶ものごとのどあい。▽「程度」
❷道のり。へだたり。▽「日程」
❸きまり。きそく。▽「規程」

程程程程程程程程程程程程（右からはらう）（土ではない）

●過程●工程●行程

ていあん【提案】 ❶自分の考えや意見を出すこと。▽「会議延期を提案する」❷持ち出された議案や考え。▽「提案理由をのべる」

ティーシャツ【Tシャツ】 首の部分が丸い形の、半そでのシャツ。そでを広げた形がTの字ににていることから。

ディーゼルカー 軽油を燃料とする、ディーゼルエンジンをそなえて走る鉄道車両。ジーゼルカー。

ていいん【定員】 きまった人数。乗り物や部屋などに入れる、きまった数。

ていえん【庭園】 草や木をうえたり、小山や池をつくったりしてある庭。

ていおう【帝王】 国をおさめる王・皇ていなど。

ていおん【低音】 低い声。低い音。⇕高音。

ていおん【低温】 低い温度。▽「低温殺菌」⇕高温。

ていか【低下】 低くなること。下がること。▽「気温の低下。学力が低下する」

ていか【定価】 品物につけてあるきまったね

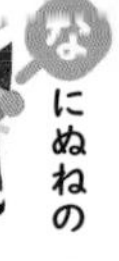

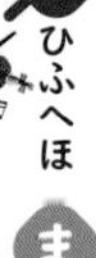
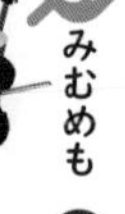

だん。

ていがく【低額】お金の額や単位が小さいこと。▼「低額の商品」⇕高額。

ていがく【定額】料金などの額が決まっていて変わらないこと。一定の額。

ていき【定期】❶何日から何日までと一定の期間がきまっていること。▼「定期券」❷日時がきまっていること。▼「定期演奏会」

ていぎ【定義】あるものごとについて、それがどんなものであるかを、はっきりときめて説明したことば。

ていきあつ【低気圧】❶まわりの気圧にくらべて気圧が低いこと。また気圧が低くなっている所。⇕高気圧。❷きげんが悪いことのたとえ。▼「かれは今日は低気圧だ」

ていきびん【定期便】❶きまった日に、きまった土地へ客や荷物をはこぶ乗り物。❷きまった日にはこんでくるたより。

ていきゅう【低級】考えや行いや質のていどが低くておとっていること。▼「低級な本」⇕高級。

ていきゅうび【定休日】会社や店で毎月または毎週きめられた休みの日。

ていきょう【提供】さし出してあたえること。▼「場所を提供する」

ていけい【提携】たがいに手をとり合って、いっしょに仕事をすること。▼「A社とB社が提けいする」

ていこう【抵抗】❶はり合うこと。てむかうこと。▼「改革にていこうする勢力」❷あるものと反対の方向にはたらく力。❸なにかをするのをためらう気持ち。▼「そういう言い方にはていこうがある」❹電流のながれをじゃましようとする力。

ていこうりょく【抵抗力】はり合う力。さからう力。病気などに負けない力。▼「ていこう力をつける」

ていこく【定刻】きまっている時刻。定時。▼「定刻に集まる」

ていこく【帝国】皇てい・てい王がおさめる国。▼「ローマてい国」

ていさい【体裁】❶かたち。ありさま。❷見たようす。見た目。外見。▼「体裁をととのえる」❸人目にうつる感じ。体面。▼「体裁が悪い」

ていさつ【偵察】こっそり、あいてかたのようすをさぐること。

ていし【停止】❶とちゅうで止まること。▼「停止信号。心臓が停止する」❷さしとめること。▼「出場停止」

ていじ【定時】きめられた時刻。定刻。▼「定時に帰宅する」

ていじ【提示】さし出して見せること。▼「入場券を提示する。大量はん売の条件を提示する」

ていしゃ【停車】❶車を止めること。▼「一時停車」❷車が止まること。⇕発車。

ていじゅう【定住】同じ場所に長く住むこと。永住。▼「外国に定住する」

ていしゅつ【提出】さし出すこと。

ていしょく【定食】レストランなどの、なん皿かをセットにした料理。▼「ハンバーグ定食」

ディスカッション 話し合い。討論。

ディスク 円ばん。コンパクトディスク（CD）など、円ばんの形をしたもの。

ていせい【訂正】あやまりやまちがいを正しく直すこと。修正。

ていたい【停滞】ものごとがうまくはかどらないこと。▼「仕事が停たいする」

ていたい【手痛い】きびしい。はげしい。ひどい。▼「手痛い失敗」

ていたく【邸宅】大きくてりっぱなすまい。やしき。▼「てい宅をかまえる」

ていちゃく【定着】一か所におちつくこと。▼「四番打者として定着する」

ていちょう【丁重】礼ぎ正しくていねいなようす。▼「丁重にもてなす」

なぞなぞ 上から下に向かって育つものは？ 答えは次のページ。

ていちょう【低調】❶調子が上がらないこと。▽「売れ行きが低調になった」❷意気があがらないこと。

ティッシュペーパー 鼻をかむときなどに使う、うすくてやわらかい紙。ティッシュ。

ていでん【停電】電気のながれが止まり、電灯がきえること。

ていど【程度】ものごとのどあい。高いひくい、強い弱いなどのどあい。▽「千円程度の品物」

ていねい【丁寧】❶心がこもって、礼ぎ正しいようす。▽「ていねいにあいさつする」❷注意深く、大切にあつかうようす。▽「字をていねいに書く」

ていねん【定年・停年】つとめている人が、やめなければならないときめられている年れい。

ていひょう【定評】だれもがみとめている評判。▽「あの店の味のよさには定評がある」

ていへん【底辺】❶三角形などで、高さと直角になっている辺。❷いちばん下の部分。▽「底辺の成績」

ていぼう【堤防】川岸や海岸などに、土・石・コンクリートなどで高くつみ上げた土手。▽「てい防をきずく」

ティラノサウルス きょうりゅうの一つ。肉食で、大きな頭とするどい歯をもっていた。前あしは小さく、後ろの二本の足で歩いた。⬇恐竜（図）

ていりゅうじょ【停留所】電車やバスがとまって、客がのりおりする所。

ていれ【手入れ】❶つくろったり直したりすること。▽「庭の手入れ」❷犯人をさがしたり、しらべたりすること。▽「警察の手入れ」

ティンパニー 打楽器の一つ。球を半分にしたような形の、大きなたいこ。⬇楽器（図）

てうす【手薄】人手や物が少なく、不十分なようす。▽「まもりが手うすだ」

デー ❶とくべつなことをする日。▽「バレンタインデー」❷ひるま。

データ 判断のよりどころとなる事実。また、その資料。▽「データによると世界の人口はふえている」

デート ❶日付け。年月日。❷日にちや場所を決めて、男の人と女の人が会うこと。

テープ はばがあって、うすくて長いひも。▽「紙テープ」

テーブル 足の高い洋風のつくえ。

テーマ ある一つの作品の中心になっている考えや内容。▽「きょうりゅうをテーマにした映画」

ておくれ【手遅れ】手当てやしまつがおくれて、どうにもならなくなること。

でかい 「大きい」のくだけた言い方。

てがかかる【手が掛かる】世話がやける。手数がかかる。▽「きみは手がかかるなあ」

てがかり【手掛かり】❶のぼるときに手をひっかけるところ。❷問題を解くために最初に考えること。ヒント。

てがき【手書き】印刷などによらずに手で書くこと。▽「手書きの書類」

でがけ【出がけ】家から外へ出ようとする時。▽「出がけにころぶ」

でかける【出掛ける】外へ出る。出て行く。▽「買い物に出かける」

てかげん【手加減】❶手でやるぐあい。こつ。▽「手加減がむずかしい」❷てきとうにあつかうこと。手心。▽「子供だからといって手加減しない」

てがこむ【手が込む】作り方が、細かい。▽「手がこんだ細工」

てがた【手形】❶手のひらにすみをぬって、紙などにおした形。❷あるきまったお金を、きまった日にはらうことをやくそくした書き

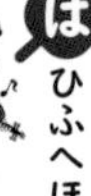

つけ。

てがたい【手堅い】することが、しっかりしていて、少しもあぶなげがない。▼「手堅い商売をする」

てがたりない【手が足りない】はたらく人数がたりない。▼「注文がたくさんふえて、手が足りない」

てがでない【手が出ない】❶むずかしくて、やりようがない。❷ねだんがあまりに高くて買えない。

[手が出ない❷]

てがみ【手紙】用事などを書いて、あいてにおくる文。▼「お見まいの手紙」

てがら【手柄】人にほめられるようなりっぱな行いや仕事。功績。

てがる【手軽】かんたんなようす。たやすいようす。▼「手軽にできる仕事」

てき【的】4年 テキ まと

❶目当て。もくひょう。▼「目的」

❷あることばにそえて、そのようすや性質をあらわすことば。「……のような」。▼「知的。科学的」

的

●的確●的中●科学的●計画的●自動的●世界的●目的●立体的

てき【笛】3年 テキ ふえ

ふえ。▼「汽笛。警笛」

笛 (上に出す)

★「苗」ににているので注意

てき【適】5年 テキ ―

かなうこと。ちょうど当てはまること。▼「快適。適切」

適 (ひとふでに書く／商ではない)

●適応●適材適所●適する●適性●適切●適度●適当●適任●適役●適用●適量●快適●最適

てき【敵】6年 テキ (かたき)

❶自分とあらそう者。たたかいのあいて。▼「無敵の強さをほこる戦車。匹敵」⇔味方。

❷かたき。▼「天敵」

敵 (商ではない／又ではない)

●敵意●敵がい心●敵国●強敵●不敵

てきい【敵意】あいてをきらい、にくむ気持ち。▼「敵意をいだく」

てきおう【適応】❶ちょうどよく当てはまること。また、当てはめること。▼「時代に適応したドラマ」❷動植物の色・形・性質などが、まわりのようすに合わせて、生活しやすいようにかわっていくこと。

てきかく【的確】正確なこと。ぴったりと当てはまっていること。「てっかく」ともいう。▼「的確な判断。的確に表現する」

できごころ【出来心】ふとおこった悪い心。▼「つい出来心でぬすんだ」

できごと【出来事】世の中でおこるいろいろなこと。事件や事故。▼「今年の出来事をふりかえる」

てきざいてきしょ【適材適所】その人の性質や力にぴったりと合うような、仕事・役目をわりあてること。

できし【溺死】水におぼれて死ぬこと。水死。

テキスト 教科書。教材。

てきする【適する】うまく当てはまる。よ

あいうえお かきくけこ さしすせそ たちつてと な にぬねの は ひふへほ ま みむめも や ゆよ ら りるれろ わ をん

前のページの答え⇒「つらら」

く合う。▽「自分に適する仕事をさがす」

てきせい【適性】性質や能力がそのことによく合っていること。またその性質や能力。▽「その係に適性がない」

てきせつ【適切】ぴったりとよく当てはまっているようす。適当。▽「適切な言葉をえらんで語る」

できだか【出来高】❶出来あがった全部の量。▽「出来高ばらい」❷収かくした農産物の量。▽「米の出来高」

できたて【出来立て】できたばかりであること。また、できたばかりのもの。

てきちゅう【的中】❶矢やたまがねらったものに当たること。命中。❷予想などが当たること。

てきど【適度】ほどよいこと。適当。▽「適度な運動」

てきとう【適当】❶ちょうどよいようす。適度。適切。▽「しばるのに、適当な長さのひもをさがす」❷不まじめで、いいかげんなようす。▽「適当に答える」

てきにん【適任】ちょうどうまくその仕事に合っていること。はまり役。

できばえ【出来ばえ】できあがったもののようす。▽「見事な出来ばえ」

てきぱき ものごとを次から次へと、すばやくかたづけていくようす。▽「てきぱきと仕事をすすめる」

てきびしい【手厳しい】ひじょうに厳しい。▽「手厳しくしかる」

てきめん すぐにあらわれること。▽「薬のききめがてきめんにあらわれた」

てきりょう【適量】ちょうどよい量。▽「塩を適量、なべに入れる」

できる【出来る】❶仕上がる。出来上がる。❷つくられる。▽「米ができる」❸物ごとが起こる。生ずる。▽「用事ができる」❹能力や性格がすぐれている。▽「よくできた人だ」❺する能力がある。▽「スポーツなら何でもできる」

てぎわ【手際】❶できあがり。できばえ。❷うでまえ。手なみ。また、手順。▽「手際が悪い」

てぐすねひく 十分に用意をして、あいての来るのをまちかまえる。▽「てぐすねひいてライバルをまつ」

てぐち【手口】悪いことをするときのやり方。▽「ぬすみの手口」

でぐち【出口】外へ出る口。▽「非常用の出口をたしかめる。出口と入り口は同じところです」⇔入り口。

てくてく 長い道のりを、同じくらいの速さで、休まないで歩くようす。▽「駅までてくてく歩く」

テクニック わざ。やり方。方法。▽「勉強にもテクニックがいる」

でくのぼう【でくの坊】❶木で作った人形。❷役に立たない人のこと。

テクノロジー 科学の研究でわかったことを生活に役立つようにする技術。▽「車はテクノロジーでどんどん進化する」⬇科学技術

てくび【手首】うでと手のひらとをつなぐ部分。⇔足首。⬇体(図)

でくわす【出くわす】思いがけなく行き会う。とつぜん出会う。

てこ 棒を使って、小さな力で重い物を動かすしかけ。

てこずる もてあます。どうしてよいかあつかいにこまる。▽「泣きやまない赤んぼうにてこずる」

てごたえ【手応

[てこ]

え】❶たたいたり、ついたりしたときに、手にうける感じ。❷こちらのすることにたいして、あいてがあらわす気持ちやようす。反応。▽「注意しても手応えがない」

てこでもうごかない【てこでも動かない】❶「てこ」を使ってもだめなほど、ぜったいに動かない。❷どう言っても言うことを聞かない。

でこぼこ【凸凹】 出たり、ひっこんだりしていること。おうとつ。

てごろ【手頃】❶大きさや重さなどがちょうどよいこと。❷自分によくつり合っていること。▽「手ごろな運動」

てごわい【手ごわい】 なかなか強い。

デザート 食後に出るコーヒーや果物・おかしなど。

デザイナー デザインを考え出すことを仕事とする人。▽「車のデザイナー」

デザイン 物を作るときに、形・色・もようなどを考えること。

てさき【手先】❶手の先。指先。▽「手先が器用だ」❷人の手下になって使われる人。

てさぐり【手探り】 暗い所などで、手でさがすようす。▽「暗やみを手探りで歩く」

てざわり【手触り】 手でさわった感じ。

でし【弟子】 先生について教えをうける人。門人。門弟。⬍師匠。

デシ メートル法で、十分の一をあらわすことば。記号は「d」。▽「デシリットル」

てしおにかける【手塩にかける】 自分で世話をする。自分でほねおってそだてる。▽「手塩にかけてそだてたアサガオの花」

てした【手下】 家来。子分。

デジタル 時間や重さなどを、針を使わないで数字で表すこと。▽「デジタル時計」

てじな【手品】 人の目をうまくそらし、ふしぎなことをして見せるわざ。奇術。マジック。

①えんぴつを持つ。

②手首をもう一方の手でにぎって念をこめると……

③手をひらいてもえんぴつが落ちない。

ウラはこうなっている。

［かんたんな手品］

でしゃばる【出しゃばる】 よけいなことにまで、いろいろと口や手を出す。▽「あまり出しゃばるな」

てじゅん【手順】 仕事をする順序。

デシリットル 容積の単位。一リットルの十分の一。記号は「dL」。

てすう【手数】 ものごとをするのにかかる、時間や仕事の量。▽「手数料」

てすうりょう【手数料】 何かを代わりにやってもらったり、間に入って話をまとめてもらったりしたときにはらうお金。

デスク 机。

テスト 試験。検査。▽「学力テスト」

てすり【手すり】 橋やかいだんなどでつかまってからだをささえる横木。

てせい【手製】 自分で作ること。また、自分で作ったもの。手作り。

てそう【手相】 手のひらのすじや肉づきなどのようす。その人の性格や運命をあらわすといわれている。

でぞめしき【出初め式】 新年に消防署などの人たちが、消防の練習や、はしごのりなどをして見せる行事。

てだし【手出し】❶世話をやくこと。かまうこと。❷けんかをしかけること。▽「先に手出しをしたほうが悪い」

でだし【出だし】 ものごとのしはじめ。出

なぞなぞ どこにも巻き付かないつるはどんなつる？ 答えは次のページ。

はじめ。▽「歌の出だし」

てだすけ【手助け】人が仕事をしているのを助けること。手伝い。

てだて【手だて】やり方。方法。▽「何かよい手だてをさがそう」

でたらめ 思いついたままにうそを言ったり、したりすること。

てぢか【手近】❶すぐそばの。手もとの。❷身のまわりの。▽「手近な話」❸かんたんな。わかりやすい。▽「手近な方法」

てちがい【手違い】ものごとがうまくいかないこと。まちがい。▽「とんだ手ちがいがおきてしまった」

てちょう【手帳】わすれないように書いておく小さい帳面。

てつ【鉄】3年 テツ ―

❶広く使われている、かたい金属。
❷鉄のようにかたいこと。強いこと。

鉄 (この形に注意 / つき出る / 矢ではない)

●鉄橋●鉄琴●鉄筋コンクリート●鉄骨●鉄塔●鉄道●鉄板●鉄壁●鉄棒●鉄砲●鋼鉄●砂鉄●製鉄

でっかい とても大きい。▽「水族館ででっかいクジラを見た」

てつがく【哲学】人生や世の中のいろいろなものごとの大もととなる真理を研究する学問。▽「哲学者」

てづかみ【手づかみ】じかに手でつかむこと。▽「魚を手づかみする」

てつき【手つき】何かをするときの、手のかっこうやようす。手ぶり。

デッキ ❶船のかん板。❷列車のはしにある、のりおりする所。

てっきょう【鉄橋】鉄でつくった橋。

てっきり きっと。かならず。▽「てっきりうまくいくと思っていたのに」

てっきん【鉄琴】長さのちがう鉄の板をならべた打楽器。先がまるい棒でたたいて音を出す。

てっきんコンクリート【鉄筋コンクリート】鉄の棒をしんにして、かためたコンクリート。

てづくり【手作り】自分の手で作ったもの。▽「手作りのプレゼント」

てっこつ【鉄骨】船やたてものの骨組みに使う鉄の材料。▽「鉄骨を組む」

デッサン かんたんにかいた絵。下絵。

てつだい【手伝い】人の仕事をたすけること。手だすけ。▽「手伝いをする」

てつだう【手伝う】ほかの人の仕事をたすける。手だすけする。

でっちあげる【でっち上げる】ないことをあったように作り上げる。

てつづき【手続き】❶ものごとをするじゅんじょ。手じゅん。❷役所などにとどけ出るときの、きまったやり方。▽「入学の手続きをする」

てってい【徹底】❶どこまでもやり通すこと。▽「てっていした野球ファン」❷十分にゆきとどくこと。▽「命令をてっていさせる」

てっていてき【徹底的】どこまでもやり通すようす。▽「算数をてってい的に勉強する」

てっとう【鉄塔】鉄でつくった高い塔。▽「テレビの鉄とう」

てつどう【鉄道】線路をしき、車両を走らせて、人や荷物をはこぶもの。

てっとりばやい【手っ取り早い】❶ぐずぐずしていないで、すばやい。❷時間がかからないでかんたんである。▽「手っ取り早い計算方法」

でっぱり【出っ張り】平らではなく、あるところが外の方につき出ていること。▽「かべの出っ張りにハンガーをかける」

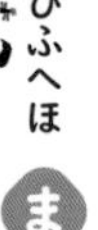

でっぱる【出っ張る】あるところだけ大きく外のほうにつき出る。

てっぱん【鉄板】鉄の板。

てつびし【鉄びし】武器のしゅるい。地上にまいて、馬などのあしをいためつけ進路をぼうがいするために用いた。⬇武器（図）

てっぺき【鉄壁】❶鉄で作ったかべ。❷鉄のようにかたいまもり。

てっぺん いちばん高い所。頂上。

てつぼう【鉄棒】❶鉄で作った棒。❷器械体操の用具。▽「鉄棒競技」

てっぽう【鉄砲】火薬を使ってたまをうち出す武器。小銃。

てつや【徹夜】夜ずっと、ねないでおきていること。夜明かし。▽「てつやで話し合う」

てなずける【手なずける】❶よくなつかせる。▽「犬を手なずける」❷味方に引き入れる。

てにあせをにぎる【手に汗を握る】あぶなっかしくて、はらはらしながら、見たり聞いたりするようす。

てにあまる【手に余る】自分の力では、やりとげられない。もてあます。手に負えない。▽「手に余る仕事」

てにいれる【手に入れる】自分のものにする。▽「どら焼きを手に入れる」

てにおえない【手に負えない】自分の力ではどうすることもできない。手に余る。▽「手に負えない宿題」

テニス コートの中央にネットをはり、二人、または四人でする球技。ボールをラケットでうち合う。庭球。

［テニス］

てにつかない【手に付かない】ほかのことに気をとられ、おちついてできない。▽「勉強が手に付かない」

てにとるように【手に取るように】手に取って見るように、よくわかる。▽「くやしさが手に取るようにわかる」

てにもつ【手荷物】手で持ち歩く荷物。▽「手荷物をあずける」

てにをは ことばとことばをつなぐはたらきをする四つのことば。「白くてかわいい鳥」の「て」、「家に帰る」の「に」、「字を書く」の「を」、「空は青い」の「は」。

てぬかり【手抜かり】まちがいをひきおこすような、不注意。手おち。

てぬぐい【手ぬぐい】手、顔、からだなどをふくために使う、もめんの布。⬇昔話（図）

てぬるい【手ぬるい】やり方がきびしくない。なまぬるい。▽「練習のし方が手ぬるい」

テノール 男の歌う声で、もっとも高い声。また、その声で歌う人。

てのこう【手の甲】手のひらの反対がわの部分。⇕手のひら。⬇体・指（図）

てのひら【手のひら】手首から先の、物をにぎるとき内がわになる部分。⇕手の甲。⬇体（図）

では それでは。▽「では、次の仕事をはじめよう」

デパート いろいろな品物を売っている大きな店。百貨店。

てはい【手配】❶じゅんび。したく。用意。▽「車の手配」❷犯人をつかまえるように、れんらくをとること。▽「指名手配」

てはじめ【手始め】ものごとにとりかかる始め。何か仕事をする始め。

てはず【手はず】前もって用意すること。▽「旅行の手はずをととのえる」

でばな【出鼻】❶出たとたん。▽「出鼻をくじく」❷山のはしや、みさきのつき出た部分。

てばなし【手放し】❶手を放すこと。❷えんりょしないこと。▽「人前もかまわず手放

前のページの答え⇒「鳥のつる」

しでよろこぶ」

でばぼうちょう【出刃包丁】生の魚や肉を切るための包丁。はのはばが広く、先がとがっていて、他の包丁とくらべて少し重い。

さし身包丁
出ば包丁
パン切り包丁

［いろいろな包丁］

てばやい【手早い】動作がすばやい。

ではらう【出払う】全部出てしまう。のこらず出る。

でばん【出番】❶ぶたいに出る順番。❷その人が自分の仕事をしたり、活やくしたりする場面。

てびき【手引き】❶よくできない人をみちびくこと。▽「先ぱいの手引きで上達する」❷てづる。つて。えんこ。❸案内すること。また、案内書。▽「海外旅行の手引き」

デビュー 初登場。新人がはじめて人々の前に出てくること。

てびょうし【手拍子】手をうち鳴らして、歌・音楽などのひょうしをとること。▽「友の歌に手びょうしをする」

てぶくろ【手袋】手にはめる、ふくろににたもの。⬇服（図）

［手拍子］

てぶら【手ぶら】手に何も持っていないこと。

てぶり【手振り】手を動かして、いろいろなかっこうをすること。手つき。▽「身ぶり手ぶりをまじえて話す」

デフレーション 国で発行するお金を少なくすること。お金が少なくなると、お金のねうちが上がって物のねだんが下がる。⇕インフレーション。

てほどき【手ほどき】何かを勉強する人に、はじめからやさしく教えること。▽「英会話の手ほどきをうける」

てほん【手本】❶もはんとする文字や絵。また、その本。▽「手本を見て書く」❷もはんとなるようなりっぱな人。また、その行い。▽「下級生に手本をしめす」

てま【手間】ものごとをするのにかかる時間や、仕事量。ほねおり。

デマ うその宣伝。でたらめのうわさ。▽「デマにまどわされてはいけない」

てまえ【手前】❶自分の前。こちら。❷自分をけんそんした言い方。わたし。❸他人にたいしてのていさい。ひとめ。▽「みんなの手前それはできない」

でまえ【出前】店のそとに注文した料理を届けてもらうこと。仕出し。

てまえみそ【手前みそ】自分のしたことを自分でほめること。

でまかせ【出任せ】口から出るのにまかせて、でたらめに話すこと。

でまど【出窓】たてものから外へつき出ている窓。⬇軒（図）

てまねき【手招き】手で、こちらに来るように、合図をすること。

てまわし【手回し】❶手で回すこと。❷前もって用意すること。手配。▽「手回しがいい」

でまわる【出回る】生産地から商品が店先にたくさん出る。▽「夏の果物が出回る」

てみじか【手短】てっとりばやい。かんたん。▽「用件を手短に話す」

てみやげ【手土産】人をたずねるときに持っていく、かんたんな土産。

てむかう【手向かう】あいてに向かっていく。さからう。

でむく【出向く】出かけていく。

でも 前の文と反対のことを言うときに使うことば。だが。それなのに。▽「ねむい。でも、おきなければならない」

デモ 大ぜいの人が集まって、自分たちの考えや力をしめすこと。また、その集まりや行進。デモンストレーション。

てもあしもでない【手も足も出ない】どうにもしようがない。どうにもしようがなくて、たいへんこまる。

てもちぶさた【手持ちぶさた】何もすることがなくて、たいくつなこと。

てもと【手元】❶手近な所。❷手の動きぐあい。▽「手元がくるう」

デュエット 二人がいっしょに歌うこと。二重唱。または、二つの楽器でいっしょに演奏すること。二重奏。

てら【寺】仏像をまつり、おぼうさんが仏事をするためにすんでいるたてもの。⇒【寺】287ページ

てらこや【寺子屋】江戸時代に、町人の子どもに、読み・書き・そろばんを教えた所。

てらしあわせる【照らし合わせる】見くらべる。▽「本と照らし合わせる」

てらす【照らす】❶光を当てて明るくする。❷くらべる。▽「学校のきまりに照らして考える」⇒【照】332ページ

テラス たてものからゆかつづきで、庭にはり出した、台のような所。

デラックス ぜいたくで、ごうかなようす。▽「デラックスなホテル」

デリケート ❶感情が細かく、感じやすいようす。▽「デリケートな神経」❷とりあつかいがむずかしいようす。

てりつける【照りつける】はげしく照らす。▽「真夏の太陽が照りつける」

てりょうり【手料理】自分で作った料理。家庭料理。

てる【照る】❶太陽や月が光を発する。光る。▽「日が照る」❷天気が晴れる。▽「照る日、くもる日」⇒【照】332ページ

でる【出る】❶内から外へ行く。⇔入る。❷あらわれる。▽「雲が出る」❸出発する。▽「船が出る」❹起こる。生ずる。▽「風が出る」❺出版される。▽「本が出る」❻くわわる。▽「スピードが出る」❼売れる。▽「安い品がよく出る」⇒【出】325ページ

でるくいはうたれる【出るくいは打たれる】❶さいのうがあってほかよりすぐれている人は、ねたまれていろいろじゃまをされる。❷でしゃばる人は、ほかの人から非難される。

てるてるぼうず【照る照る坊主】晴れるようにねがってつるす、うすい紙などで作った人形。

てれかくし【照れ隠し】はずかしさをかくそうとすること。▽「照れかくしにわらう」

てれくさい【照れくさい】なんとなくきまりが悪い。

テレパシー あいてが考えていることや思っていることを、直接に頭の中で感じとること。

テレビ 映像を電波にかえて遠くはなれた所におくり、うつし出す機械。テレビジョン。⇒コラム480ページ

テレビゲーム テレビの画面を使った、コンピューターゲーム。

テレホン 電話。

てれる【照れる】はずかしがる。▽「人前では照れる」⇒【照】332ページ

テロ 自分たちの望みをかなえようとして、あいてをこわがらせたり力ずくでおこなったりしようとする考え。また、その行い。

テロップ テレビ画面にうつしだされた文字や絵。▽「画面にテロップが流れる」⇒コラム480ページ

なぞなぞ 世界地図にのっていない国は？ 答えは次のページ。

テレビ

テレビにはいろんな番組ジャンルがあるよ！

音楽

ニュース

アニメ

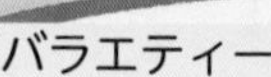

バラエティー

ドラマ

スポーツ

てわけ【手分け】一つの仕事を分けてうけもつこと。▽「手分けして数える」

てわたす【手渡す】あいての人にじかにわたす。▽「おみやげを手わたす」

てをいれる【手を入れる】手をくわえて直す。▽「作文に手を入れる」

てをうつ【手を打つ】❶両方の手を打ち合わせて音を出す。❷相談をまとめる。❸前もってじゅんびをする。▽「こまらないように手を打つ」

てをかす【手を貸す】手助けをする。▽「困っているおとしよりに、手を貸す」

てをきる【手を切る】えんを切る。▽「悪いなかまと手を切る」

てをくだす【手を下す】❶自分でじかにやる。❷手をつける。

てをこまねく【手をこまねく】うでを組んで見ているだけで、手出しをしない。「手をこまぬく」ともいう。

てをつくす【手を尽くす】自分のできるありったけのことをする。▽「手をつくしてさがしまわる」

てをぬく【手を抜く】かんたんにいいかげんにやる。▽「工事の手をぬく」

てをひく【手を引く】つながりをなくす。▽「仕事から手を引く」

てをやく【手を焼く】しまつにこまる。▽「いたずらに手を焼く」

てん【天】1年 テン （あめ）・あま

❶空。▽「晴天。満天」⇕地。
❷神。▽「天帝。天罰」
❸神のすむといわれる所。▽「天国」
❹自然のさだめ。▽「天災」
❺生まれつきの。▽「天才。天性」
❻天子、天皇についてのものごとにつけることば。▽「天覧相撲」
❼天気。▽「雨天」

一 二 天 天

★「夫」ににているので注意

●天下●天気●天気図●天候●天国●天才●天災●天子●天使●天守閣●天井●天職●天真らん漫●天性●天体●天地●天敵●天動説●天にも昇る思い●天女●天然●天然記念物●天皇●天王星●天罰●天変地異●天文台●雨天●有頂天

てん【店】2年 テン みせ

みせ。品物を売る所。▽「店舗。売店」

店 店 店 店 店 店 店 店

左につき出ない

●店員●店主●店頭●商店

てん【典】4年 テン

❶きまり。みち。▼「法典」
❷ぎしき。▼「式典。祭典」
❸手本。▼「典型」
❹本。書物。▼「辞典。原典」

典（左右のはしは出る）

●典型●典型的●事典●辞典

てん【点】2年 テン

❶小さなまるいしるし。▼「点線」
❷文の区切りにつけるしるし「、」。読点。▼「句読点」
❸漢字の字画の「、」。「犬」の「、」など。
❹答案などの成績をあらわす数字。▼「百点満点のテスト答案用紙」
❺あるきまった場所・時。▼「地点」
❻品物を数えることば。▼「衣類十点」
❼一つ一つしらべること。▼「しっかり点検をする」
❽火をつける。ともす。▼「点火」
❾こと。ことがら。▼「重点。問題点」
❿位置だけあって大きさのない図形。

点

●点火●点検●点呼●点字●点数●点線●点取り虫●点滅●句点●欠点●支点●終点●小数点●同点●得点●満点

てん【展】6年 テン

❶広がる。広げる。▼「進展。展開」
❷ならべること。▼「展覧」
❸展覧会。▼「作品展」

展（おる／この形に注意）

●展開●展示●展望●展覧会●親展●発展

てん【転】3年 テン ころがす・ころがる・ころげる・ころぶ

❶ころげる。ころがる。▼「転落。転倒」
❷回ること。回すこと。▼「転回」
❸かわること。うつること。▼「転居」

転（おる）

●転換●転居●転勤●転校●転職●転任●転覆●転落●移転●運転●回転●逆転●自転

でん【田】1年 デン た

❶た。たんぼ。イネをつくる土地。
❷田や畑の形をした土地。▼「塩田」

田（つき出ない）

★「由」「甲」「申」ににているので注意

●水田●油田

でん【伝】4年 デン つたう・つたえる・つたわる

❶つたえる。つたわる。▼「伝言」
❷人の一生を書いた本。▼「伝記」
❸やり方。▼「その伝でいく」

伝（おる）

●伝承●伝説●伝染●伝統●伝導●伝票●伝来●駅伝●宣伝

でん【電】2年 デン

❶いなずま。▼「電光」
❷電気。電流。▼「感電。送電」

電（はねる／つき出ない）

●電圧●電化●電気●電球●電極●電源●電光石火

前のページの答え⇒「天国」

火●電子●電磁石●電車●電子レンジ●電線●電卓●電池●電柱●電灯●電熱器●電波●電報●電流●電力●電話●充電●節電●停電●発電●放電

でんあつ【電圧】 水がながれるのと同じように、電流が高いほうからひくいほうへながれるときの差。単位はボルト。記号は「V」。

てんいん【店員】 商店につとめる人。

でんえん【田園】 ❶田や畑。❷田畑のたくさんある郊外。▼「田園都市」

てんか【天下】 ❶空の下。❷全国。国じゅう。❸広い世の中。▼「金は天下のまわりもの」❹思うままにふるまうこと。▼「わが家は子供の天下だ」

てんか【点火】 火をつけること。火をともすこと。▼「ガスに点火する」

でんか【殿下】 皇族の名前の下につけるそんけいのことば。

でんか【電化】 明かり・熱・動力などに電気を利用すること。▼「電化製品」

てんかい【展開】 ❶くり広げること。❷ひろびろと広がること。

てんかとういつ【天下統一】 国じゅうを一つにまとめて治めること。

てんかん【転換】 むきややり方などをかえること。▼「方向転かん。気分転かん」

てんき【天気】 ❶雲や風、気温などのようす。空もよう。天候。▼「天気がよくなる」❷晴れ。▼「一週間、天気がつづく」❸人のきげん。▼「お天気屋（気分のよくかわる人）」

でんき【伝記】 ある人の生まれてから死ぬまでのことを書いた本。

でんき【電気】 ❶明かりをともしたり、熱を出したり、モーターを回したりする力のもととなるもの。❷電灯。

てんきず【天気図】 各地の同じ時刻の天気のようすをあらわした地図。

でんきゅう【電球】 電灯の球。⬇ソケット（図）

てんきょ【転居】 すまいをかえること。ひっこし。転宅。

でんきょく【電極】 電池の両はしなどの電気の出入りするところ。出るほうがプラス、入るほうがマイナス。

てんきよほう【天気予報】 これからの天気がどうなるか前もって考え、知らせること。

てんきん【転勤】 同じ勤め先で、勤める場所がかわること。転任。

てんぐ ❶昔、山おくなどにすみ、赤い顔で鼻が高く、羽うちわを持って空をとぶことができるといわれた、人のすがたをしたかい物。❷じまんすること。うぬぼれること。

でんぐりがえし【でんぐり返し】 手を地面につけて、からだが前やうしろの方に一回まわること。またはひっくりかえること。

［でんぐり返し］

てんけい【典型】 あるもののとくちょうをいちばんよくあらわしているもの。▼「茶道は日本文化の典型である」

てんけいてき【典型的】 いかにもそのもののとくちょうをよくあらわしているようす。▼「典型的な日本人」

てんけん【点検】 一つ一つ検査すること。▼「ガス器具を点検する」

でんげん【電源】 ❶電気を作り出す所。水力発電所や火力発電所。❷電気のとり出し口。▼「電源を切る」

てんこ【点呼】 一人一人の名前をよんで、人数をしらべること。

てんこう【天候】 空もよう。天気のぐあい。

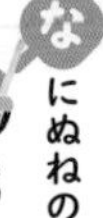
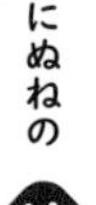

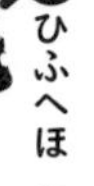

あいうえお かきくけこ さしすせそ たちつてと なにぬねの はひふへほ まみむめも やゆよ らりるれろ わをん

てんこう【転校】 ほかの学校にうつること。▽「転校生」

でんこうせっか【電光石火】 電光（いなびかり）のように、ひじょうにみじかい時間や、すばやい動作。▽「電光石火の早わざ」

てんごく【天国】 キリスト教で、神や天使がいるきよらかな天上の世界のこと。人間が死んだのち、行くことができるとされている。⇔地獄。

でんごん【伝言】 人にたのんで、こちらのことばを伝えてもらうこと。ことづて。ことづけ。

てんさい【天才】 生まれつき、ずばぬけた才能を持っている人。また、その才能。▽「ピアノの天才。この本のなぞをといたきみは天才だ!!」

てんさい【天災】 地しん・台風などの自然による災害。⇔人災。

てんさく【添削】 詩や文章などを書きくわえたり、けずったりして直すこと。▽「作文をてんさくする」

てんし【天子】 天皇のこと。

てんし【天使】 キリスト教でいわれている天国の神の使い。エンゼル。

てんじ【点字】 目の不自由な人が指先でふれて読む文字。紙の表面にとびだした小さな点を組み合わせてできている。

［点　字］

てんじ【展示】 品物をならべて、たくさんの人に見せること。展覧。

でんし【電子】 原子を作っている、マイナスの電気を持った細かいつぶ。エレクトロン。

でんじしゃく【電磁石】 鉄の棒にエナメル線をまきつけたもの。エナメル線に電流をながすと、鉄の棒が磁石になる。モーターなどに使う。

てんじブロック【点字ブロック】 歩道や駅のホームなどの地面にあり、表面にでこぼこがあって、目の不自由な人が歩くときに足の裏やつえの感覚で位置や方向がわかるようになっているブロック。

［点字ブロック］

でんしゃ【電車】 線路の上を電気の力で走る乗り物。▽「終電車」

てんしゅ【店主】 店の主人。

てんしゅかく【天守閣】 日本の城の中心に高くきずいた物見やぐら。

てんじょう【天井】 ❶部屋の上部の、板などをはった面。❷いちばん高いところ。▽「天井知らずの値上がり」

でんしょう【伝承】 古くからあった習慣や、ものの考え方などを、うけ伝えていくこと。また、そのもの。▽「民間に伝承された昔話」

てんしょく【天職】 ❶天からさずかった職業。❷しぜんに身についたつとめ。その人に合った仕事。

てんしょく【転職】 仕事や会社などをかえること。転業。

てんじる【転じる】 うつる。うつす。かわる。かえる。「転ずる」ともいう。▽「東から南へと目を転じる」

でんしレンジ【電子レンジ】 電磁波を使って、短時間で食品をあたためたり、料理したりする器具。

てんしんらんまん【天真らん漫】 むじゃきで、かざりけのないこと。

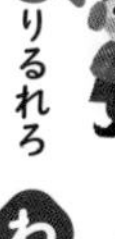

なぞなぞ　ころんでばかりいる虫は？　答えは次のページ。

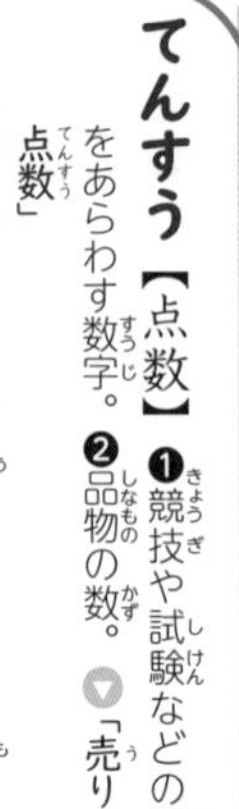

てんすう【点数】❶競技や試験などの成績をあらわす数字。❷品物の数。▼「売り上げ点数」

てんせい【天性】生まれながらに持っている性質。▼「天性の音楽家」

でんせつ【伝説】昔から人々に語り伝えられてきた物語。言い伝え。

てんせん【点線】点でできた線。

でんせん【伝染】❶病気がうつること。❷だんだんほかにも広まっていくこと。▼「あくびが伝染する」

でんせん【電線】電気を通す金属の線。ふつうは銅を使う。導線。

てんたい【天体】宇宙にある太陽や星などすべてをいう。▼「天体望遠鏡」

てんたかくうまこゆるあき【天高く馬肥ゆる秋】秋のよい気候のたとえ。空は高く晴れわたり、馬も肥え太る、気持ちのよいすばらしい気候。

でんたく【電卓】「電子式卓上計算機」の略。簡単な計算をおこなう小型の機械。

てんち【天地】❶天と地。❷宇宙。世界。❸世の中。❹上と下。▼「天地無用（上下をさかさにしないこと）」

でんち【電池】物質の化学変化を利用して電流をおこすしかけ。

でんちゅう【電柱】電線や電話線をささえる柱。電信柱。

てんてき【天敵】生物が自然界の中で持つ、天然の敵。ある動物をころすほかの種類の動物。▼「ヘビはカエルの天敵である」

てんてこまい いそがしくてあわてるようす。▼「朝からてんてこまいだ」

てんでに 「手に手に」がつまったことば。めいめいに。それぞれに。▼「てんでに勝手なことをする」

てんてん【点点・点々】❶点をうったようにあちこちにちらばっているようす。❷ぽつりぽつりと水がおちるようす。⬇「々」は同じ文字をくり返すという意味のおどり字という記号。

てんてん【転転・転々】次々とかわるようす。⬇「々」は同じ文字をくり返すという意味のおどり字という記号。▼「仕事を転々とかえる」

でんでんむし カタツムリの別の呼びかた。

テント 雨・日光・寒さなどをふせぐために、小屋のようにはる幕。天幕。

てんとう【店頭】店先。店のまえ。

てんとう【転倒】❶ひっくりかえること。▼「雪道で転とうした」❷心がさわぎ、あわてること。▼「気が転とうする」

でんとう【伝統】古くからうけつがれてきた考え・習慣など。▼「伝統芸能」

でんとう【電灯】電気で光る明かり。

でんどう【伝導】熱の伝わり方の一つ。熱が物体の中を伝わっていくこと。▼「伝導熱」

でんどう【殿堂】❶大きくて、りっぱなたてもの。▼「音楽のでん堂」❷すばらしい結果を残したことを表しょうし、永久にたたえ続けること。▼「この人気メニューはでん堂入りした」❸神や仏をまつってある大きなたてもの。

てんどうせつ【天動説】すべての天体は、地球を中心にして回っているという考え。十六世紀ごろまでしんじられていた。⇕地動説。

でんとうてき【伝統的】物ごとが、むかしから受けつがれてきたようす。▼「みそしるは日本の伝統的な料理です」

てんとうむし 小さいまるい形のこん虫で、羽に黒や赤の点がある。成虫も幼虫も植物につくアブラムシ（アリマキ）を食べる。

てんどん【天丼】どんぶりにもったごはんにてんぷらをのせ、あまからいたれをかけたもの。

てんない【店内】店の中。

てんにものぼるおもい【天にも昇る思い】❶ひじょうにとくいなようす。❷この上もなくうれしいこと。

てんにょ【天女】天にすむという美しい女の人。羽衣を着て空を自由にとびまわり、よい音楽を演奏する。

てんねん【天然】人の手をくわえないありのままのようす。自然。▽「天然記念物」⇔人工。

てんねんガス【天然ガス】石油の出る地方やぬま地などの地中から自然に出てくる、もえるガス。

てんねんきねんぶつ【天然記念物】めずらしい動物や植物、鉱物などで、いつまでものこしておくために法律により大切にまもられているもの。中部地方の高山にすむライチョウなど。

てんのう【天皇】憲法によって日本の国の象ちょうとされている人。天子。

てんのうせい【天王星】太陽系で太陽を回る七番目のわく星。⬇太陽系（図）

てんのうたんじょうび【天皇誕生日】天皇の生まれた日。国民の祝日の一つ。二月二十三日。⬇国民の祝日（図）

でんぱ【電波】電気のしん動でおこる電磁気の波。テレビ・ラジオなどに使う。

てんばつ【天罰】悪いことをしたために、しぜんにやってくるばつ。

てんぴ【天日】太陽の光や熱。

でんぴょう【伝票】銀行・会社などで、お金の出し入れ、品物の動きなどを書き入れる紙。

てんびん ❶さおのまん中をささえ、両はしに皿をつけ、一方にはかる物をのせ、一方に重りをのせてはかるはかり。てんびんばかり。⬇はかり（図）❷両はしに物をつるし、かたにかついではこぶ棒。てんびん棒。

てんぷく【転覆】ひっくりかえること。▽「列車が転ぷくする」

てんぷら 魚ややさいを、水でといた小麦粉でくるんで、油であげた食べ物。▽「エビのてんぷら」

でんぷん 植物の実・根・くきなどにふくまれ、人のからだの養分になる、炭水化物の一つ。

てんぺんちい【天変地異】自然界におこるたいへんな出来事。地しんや台風、日でりなど。

てんぽ【店舗】店。商店。▽「貸店ぽ」

テンポ ❶音楽の曲の速さ。❷ものごとのすむ速さ。▽「テンポがのろい」

てんぼう【展望】遠くを見わたすこと。見晴らし。▽「展望台」

でんぽう【電報】電信でおくる知らせ。▽「結こんいわいの電報をうつ」

てんめつ【点滅】明かりがついたりきえたりすること。また、つけたりけしたりすること。▽「点めつするライト」

てんもんだい【天文台】太陽・月・星など、天体のようすを、いろいろな機械をそなえて、しらべる所。

てんやわんや わいわいと、まとまりもなくさわぐようす。

でんらい【伝来】❶外国から伝わって来ること。▽「仏教は中国から伝来した」❷先祖から伝わっていること。▽「先祖伝来のたからもの」

てんらく【転落】❶ころげ落ちること。▽「屋根から転落する」❷おちぶれること。▽「一位から転落する」❸だらくすること。▽「不良に転落する」

てんらんかい【展覧会】作品や品物などをならべて、人に見せるもよおし。▽「絵の展覧会」

でんりゅう【電流】電気の流れ。単位はアンペア。記号は「A」。

でんりょく【電力】電気の流れが出す、仕事をする力。単位はワット。記号は「W」。

でんわ【電話】 電気のはたらきで、遠くはなれた人と話ができるしかけ。電話機。一八七六年、アメリカのベルが発明した。▽「けいたい電話」⇩コラム

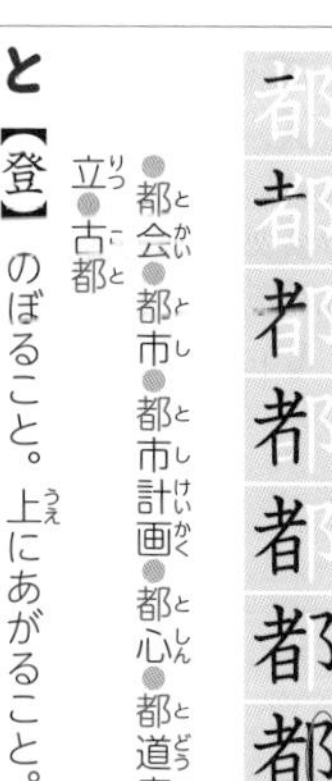

と
ど
ドト

と【土】 つち。▽「土地」⇩【土】486ジ

と【図】 ❶くわだてること。はかること。計画すること。▽「意図」❷本。▽「図書。図書館」⇩【図】355ジ

と【徒】4年 ト

❶歩くこと。▽「徒歩」
❷むだなこと。▽「徒労」
❸なかま。▽「生徒」
❹何も持たないこと。▽「徒手」

●徒競走●徒党●徒歩●徒労●教徒

と【都】3年 ト・ツ みやこ

❶国の中心になっているまち。みやこ。▽「首都」
❷にぎやかな大きな町。▽「世界中の大都市を旅する」
❸道府県と同じ資格の自治団体。今は「東京都」だけ。▽「都民」

都（阝は卩としない）

●都会●都市●都市計画●都心●都道府県●都立●古都

と【登】 のぼること。上にあがること。▽「登山」⇩【登】488ジ

と【十】 とお。じゅう。▽「十人十色」⇩【十】317ジ

●十重二十重

と【戸】 出入り口や、まど・とだななどをとじておくもの。▽「雨戸。木戸」⇩【戸】223ジ

●戸口●戸締まり●戸棚

と【斗】 尺貫法で量の単位。一斗は一〇升で、約一八リットル。米や酒などをはかる。▽「四斗だる」

ど【土】1年 ド・ト つち

❶つち。▽「粘土」
❷とち。▽「全土。国土」
❸土曜日のこと。

★「士」にているので注意（上のヨコ棒より長く）

●土器●土下座●土砂●土砂崩れ●土砂降り●土壌●土星●土葬●土蔵●土足●土台●土壇場●土着●土手●土のう●土俵●土塀●土木●土間●黄土色●郷土●国土●全土●粘土●領土

困ったときにかける電話番号

110…警察（犯罪や交通事故を見たとき）
119…消防（火事を見たとき、けがをしている人や病気の人がいるとき）
118…海の事故（海で犯罪や事故を見たとき）
189…児童相談所（家族や身近な大人にたたかれたり、いやなことをされたり、ごはんを食べさせてもらえなかったりしたとき）
0120-0-78310…24時間子供SOSダイヤル（だれかにいじめられたとき、困ったことがあるとき）

❗犯罪を見たときは急いではなれて、大人の人に伝えたり、安全な場所から電話したりしましょう。

ど【努】4年 ド つとめる

いっしょうけんめいやること。力のかぎりつとめること。▽「努力」

努 努 努 努 努 努 努
つき出る。刀ではない

ど【度】3年 ド・(タク)・(ト) (たび)

❶ものごとのていど。▽「進行の度合いを確認する」
❷ものごとの回数。▽「三度。毎度」
❸角度・温度などをあらわす単位。▽「今日の最高気温は二〇度」

度 度 度 度 度 度 度 度 度
廿ではない

●度外視●度胸●度を失う●度を越す●温度●角度●限度●今度●速度●態度●程度●密度

ドア ひらき戸。とびら。▽「自動ドア」

どあい【度合い】 ものごとのていど。ほどあい。▽「強弱の度合い」

とある ことばの上について「ある」という意味をあらわすことば。▽「とある家の庭で、めずらしい花を見つけた」

とい【問い】 ❶たずねること。▽「するどい問いを発する」❷問題。▽「問いに答える」⇔答え。⇒【問】706ページ

とい ❶屋根からながれおちる雨水をうけて、地面にながすしかけ。❷わき水などをながすために、かけわたした、くだ。かけひ。⇒軒(図)

といあわせる【問い合わせる】 わからないことをたずねて、たしかめる。▽「友達の住所を問い合わせる」

といかける【問い掛ける】 あいてにたずねる。▽「『なぜ』と問いかける」

といき【吐息】 ほっとつく息。ため息。▽「青息といき」

といし はものをとぐための石。▽「ほうちょうを、といしでといて切れ味をよくする」

といただす【問いただす】 ❶わからないことをたずねて、明らかにする。❷きびしく、たずねる。▽「真意を問いただす」

ドイツ ヨーロッパにある国。第二次世界大戦後、東ドイツと西ドイツに分かれたが、一九九〇年にふたたび一つの国となった。首都はベルリン。

といつめる【問い詰める】 どこまでも、きびしくせめてたずねる。▽「きびしく問いつめて白状させる」

トイレ 「トイレット」の略。

トイレット 大便や小便をする所。便所。手洗い。

とう【刀】2年 トウ かたな

かたな。▽「名刀。刀剣」

刀 刀
つき出ない
★「力」にているので注意

とう【冬】2年 トウ ふゆ

ふゆ。▽「暖冬。越冬」⇔夏。

冬 冬 冬 冬 冬
点のうち方に注意

●冬季●冬期●冬至●冬眠●初冬

とう【当】2年 トウ あたる・あてる

❶あたること。うけもつこと。▽「当番。担当」
❷目当ての。今問題になっている。その。▽「当の本人が来ない」
❸すじみちがとおっていること。あたりまえ。▽「当然。当をえる」
❹ほかのことばの上につけて「この」という意味をあらわす。▽「当店」

当 当 当 当 当 当
ツとしない

早口ことば (五回続けていえるかな) 東京、特許許可局長。

●当局●当座●当時●当事者●当日●当初●当選●当然●当地●当直●当人●当番●当分●当面●当惑●見当●適当●弁当●本当

とう【灯】4年 トウ (ひ)

ともしび。明かり。▽「街灯」

●灯火親しむ頃●灯台●灯台もと暗し●灯明●灯油●消灯

点のうち方に注意

とう【投】3年 トウ なげる

❶なげる。▽「好投」

❷さし出す。入れる。▽「投資。投票」

●投降●投稿●投資●投手●投書●投じる●投票

ルとしない

とう【豆】3年 トウ・ズ まめ

まめ。▽「豆腐。豆乳。納豆」

とう【東】2年 トウ ひがし

ひがし。日がのぼる方角。⇕西。西。⬇東(図)

★「東」ににているので注意

●東海地方●東海道●東京スカイツリー●東京タワー●東京都●東西●東西南北●東照宮●東大寺●東南東●東北地方●東北東●東奔西走●東洋●関東地方●南東●北東

とう【島】3年 トウ しま

しま。▽「無人島」

●諸島●列島●半島

★「鳥」ににているので注意

落とさないように注意

とう【討】6年 トウ (うつ)

❶敵をせめること。▽「討伐」

❷くわしくしらべること。▽「検討」

●討論

とう【党】6年 トウ —

❶なかま。くみ。▽「徒党。悪党」

❷政治について同じ考えや意見を持った人々の団体。▽「政党。野党」

●党首●党派

点の形に注意。ツとしない

とう【答】2年 トウ こたえ・こたえる

こたえること。こたえ。▽「返答。応答」

●答案●答辞●答弁●回答●解答

この形に注意

とう【湯】3年 トウ ゆ

❶水を熱したもの。ゆ。▽「熱湯。銭湯」

❷温泉。▽「湯治」

ヨコ棒をわすれて易としない

とう【登】3年 トウ・ト のぼる

❶あがること。のぼること。▽「登頂」

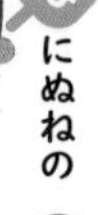

❷ある場所へ行くこと。▼「登校」
❸帳面にのせること。▼「登録」
❹地位につくこと。また、つけること。▼「登用」

登 登 登 登 登 登 登 登 登 登 登 登
形と筆順に注意

●登校●登場●登頂●登用●登録

とう【等】3年 トウ ひとしい

❶ひとしいこと。おなじこと。▼「等分。対等。平等」
❷あることばの下につけて、じゅんじょをあらわすことば。▼「一等。優等」
❸あることばの下につけて、あとを、はぶく意味をあらわすことば。など。▼「牛・馬等の動物」

等 等 等 等 等 等 等 等 等 等 等 等

●等圧線●等級●等号●等高線●等身大●等分●高等●上等●対等

とう【統】5年 トウ （すべる）

❶いくつかのものを一つにすること。しめくくること。▼「統一」
❷つづき。すじ。血すじ。▼「伝統」

統 統 統 統 統 統 統 統 統 統 統 統
おる

●統一●統計●統合●統制●統率●統治●血統

とう【頭】2年 トウ・ズ・（ト） あたま・（かしら）

❶あたま。▼「頭部。出頭」
❷ものごとのはじめ。▼「先頭。年頭」
❸上に立つ人。かしら。▼「頭領。番頭」
❹動物を数えるときに使うことば。

頭 頭 頭 頭 頭 頭 頭 頭 頭 頭 頭 頭 頭 頭 頭 頭

●頭髪●頭部●頭領●口頭●店頭

とう【糖】6年 トウ ―

❶あまみを持っている物。▼「糖分。糖度（あまさのていど）の高いミカン」
❷さとう。▼「製糖」

糖 糖 糖 糖 糖 糖 糖 糖 糖 糖 糖 糖 糖 糖 糖 糖
右に出る
つき出ない

とう【問う】

きく。たずねる。ききだす。▼「真意を問う」⇔答える。⬇【問】706ページ

とう【塔】

❶仏をまつるために、寺などにそえてつくった高いたてもの。▼「五重のとう」
❷細く高くそびえているたてもの。タワー。▼「テレビとう」

どう【同】2年 ドウ おなじ

❶おなじ。▼「同一」⇔異。
❷いっしょにことをすること。また、ことをするなかま。▼「同盟。共同」
❸ことばの上につけて「その」の意味をあらわすことば。▼「同年。同校」

同 同 同 同 同 同

●同意●同意語●同一●同音●同化●同感●同期●同義語●同級●同居●同業●同権●同行●同好●同士●同志●同時●同士討ち●同乗●同情●同性●同姓●同姓同名●同然●同窓●同調●同点●同等●同伴●同封●同胞●同盟●同様●同僚●同類●一同●協同●合同

どう【動】3年 ドウ うごかす・うごく

うごくこと。かわること。かえること。▼「動揺。運動。移動」⇔静。

動 動 動 動 動 動 動 動 動 動 動
はねる

なぞなぞ 小さな赤いさかはなんというさか？ 答えは次のページ。

●動員●動画●動機●動き●動向●動作●動産●動静●動物●動物園●動脈●動揺●動乱●動力●活動●感動●行動●自動

どう【堂】5年 ドウ —

❶神や仏をまつってあるたてもの。▼「公会堂」
❷人が集まるたてもの。
❸重々しくりっぱなこと。▼「堂々」

ッとしない　上のヨコ棒より長く

●堂々●堂々巡り●食堂●本堂

どう【道】2年 ドウ・(トウ) みち

❶人や車、自転車などの通る所。みち。▼「歩道」
❷人としてまもるべき教え。▼「道徳」
❸わざや心をみがく方法。▼「剣道。茶道。柔道。書道」
❹北海道のこと。▼「道民」

ひとふでに書く

●道具●道化師●道場●道中●道楽●道理●道立●道路●街道●剣道●国道●茶道●参道●車道●水道●赤道●鉄道●東海道

どう【童】3年 ドウ (わらべ)

子供。わらべ。▼「学童。児童」

長めに

●童顔●童心●童謡●童話

どう【働】4年 ドウ はたらく

はたらき。▼「労働」

どう【銅】5年 ドウ —

金属の一つ。電気や熱をつたえやすいので、電線などを作る。▼「青銅」

この形に注意　はねる

●銅貨●銅像●赤銅

どう【導】5年 ドウ みちびく

❶みちびくこと。手引き。▼「指導」
❷つたえること。とおすこと。▼「導線。伝導」

●導火線●導線●導体●導入

どう【胴】 ❶頭と手足のほかのからだの部分。❷物の中心となる太い部分。

とうあん【答案】 テストなどの答えを書いて出す紙。▼「答案用紙」

どうい【同意】 ❶同じ意味。▼「同意語」❷賛成すること。▼「同意を得る」

とういつ【統一】 いくつかのものを一つにまとめること。▼「統一がとれる」

どういつ【同一】 同じであること。かわらないこと。▼「同一にあつかう」

どういん【動員】 ある仕事のために、大ぜいの人や物を集めること。▼「生徒を動員する。一家総動員」

どうおん【同音】 ❶同じ読み方。▼「『紙』と『神』とは同音である」❷同じ高さの音。❸声をそろえて言うこと。▼「異口同音」

どうか【銅貨】 銅で作ったお金。

どうか ❶ていねいにたのむときに言うことば。どうぞ。▼「どうかおねがいします」❷なんとか。▼「あの大声は、どうかなりませんか」❸いつもとはちがうようす。▼「顔色が悪いが、どうかしたの」

どうが【動画】➡アニメーション

とうかいちほう【東海地方】中部地方の太平洋がわの地方で、静岡・愛知・三重の三県と岐阜県の南部がふくまれる。

とうかいどう【東海道】江戸時代の五街道の一つ。京都から江戸までの太平洋にそってつづく道で、その間に五十三の宿場があった。

どうかせん【導火線】❶ばく薬などに火をつける線。❷何かことをおこさせるもとになるもの。▽「さわぎの導火線となる」

とうがらし【唐辛子】ピーマンを小さくしたようなやさい。赤くなった実を、食べ物にからい味をつけるのに使う。

どうかん【同感】同じ考えや気持ちになること。▽「わたしも同感です」

どうがん【童顔】子供っぽい顔だち。

とうき【冬季】冬の季節。⇔夏季。

とうき【冬期】冬の間。⇔夏期。

とうき【陶器】ねん土や石のこなをねって形を作り、かまでやいたもの。茶わん・皿など。

どうき【同期】❶同じ時期。❷学校の入学・卒業や入社が同じ年度であること。▽「同期生」

どうき【動機】ことのおこるきっかけ。ある考えをおこさせるもとになるもの。▽「犯行の動機をしらべる」

どうき【動き】心臓がはげしく脈をうちどきどきすること。▽「動きがする」

とうきゅう【等級】上下をくべつする段階。よい悪いの区分。

とうぎゅう【闘牛】牛と牛、また、牛と人とがたたかう競技。

どうきゅうせい【同級生】同じ学級の人。クラスメート。

どうきょ【同居】一つの家でいっしょにくらすこと。⇔別居。

どうぎょう【同業】同じ職業。

とうきょうスカイツリー【東京スカイツリー】東京都墨田区にある、テレビの電波を送るための塔。高さ六三四メートル。二〇一二年にできた。

とうきょうタワー【東京タワー】東京都の芝公園にある電波塔。高さ三三三メートル。一九五八年にできた。

とうきょうと【東京都】日本の首都。政治・文化・経済・交通などの中心地。もとは江戸といったが、一八六八（明治元）年に東京とあらためた。江戸時代に幕府があった。➡都道府県（図）

とうきょく【当局】その仕事に当たる役所。また、人。▽「当局の発表」

どうぐ【道具】❶仕事をするときや生活のために使う器具。用具。❷ほかの目的のために利用されるもの。▽「人気者を宣伝の道具にする」

どうくつ【洞くつ】大きなほらあな。

とうげ【峠】❶山などの坂道をのぼりつめた所。▽「とうげを下る」➡中腹（図）❷もっともさかんな時。また、きけんな時。▽「病気はとうげをこした」

とうけい【統計】同じことがらをまとめて計算し、出た数字によってそのことがらのようすを知ろうとするもの。

どうけし【道化師】おかしなしぐさなどをして人をわらわせる役。ピエロ。

とうけつ【凍結】❶こおりつくこと。氷結。▽「道路がとう結する」❷お金や財産を動かしたり、使ったりできなくすること。▽「予算をとう結する」

とうけん【刀剣】刀とつるぎ。

どうけん【同権】同じ権利。権利が同じこと。▽「男女同権」

とうこう【投稿】新聞や雑誌などに、自分からすすんで原こうをおくること。また、その原こう。▽「詩を投こうする」

とうこう【登校】学校へ行くこと。▽「集

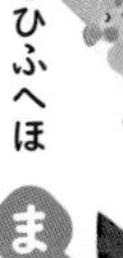

前のページの答え⇒「とさか」

団登校」⇔下校。

とうごう【等号】算数で、二つの数や式が等しいというしるし。イコール。記号は「＝」。

とうごう【統合】いくつかのものを一つにまとめること。▽「二つの村を町に統合する」

どうこう【同行】いっしょに行くこと。また、いっしょに行く人。道づれ。▽「試合を見に父と同行した」

どうこう【同好】好みが同じであること。また、その人。▽「同好会」

どうこう【動向】人の心や社会の動き。なりゆき。動静。▽「世界の動向を知る」

とうこうきょひ【登校拒否】学校がいやだと言って、行かなくなること。

どうさ【動作】からだの動き。ふるまい。▽「のろのろした動作」

とうざい【東西】❶東と西。⇔南北。❷東洋と西洋。▽「東西の文化」

とうざいなんぼく【東西南北】ひがし・にし・みなみ・きた。四方。▽「東西南北どちらをむいても海ばかりだ」

どうさつ【洞察】ものごとを見ぬくこと。見とおすこと。▽「どう察力」

とうさん【父さん】お父さん。パパ。⇔母さん。

とうさん【倒産】会社などが財産をうしなってつぶれること。

とうし【投資】利益を期待して、土地や株券などにお金を出すこと。出資。▽「新しい事業に投資する。投資家」

とうし【凍死】こごえ死ぬこと。

とうし【闘志】いさましくたたかおうとする気持ち。▽「とう志満々」

とうじ【冬至】一年じゅうでいちばん夜が長く、昼がみじかい日。太陽がいちばんひくくのぼる。十二月二十二、三日ごろ。南半球ではぎゃくに夜がもっともみじかい日となる。⇔夏至。⬇こよみ（コラム）

とうじ【当時】その時。そのころ。

とうじ【湯治】病気を治すために、温泉に入ること。▽「湯治場」

とうじ【答辞】式で、いわいやあいさつのことばにたいして答えることば。

どうし【同士】同じなかま。▽「男同士。女同士」

どうし【同志】考えが同じであること。また、その人たち。

どうじ【同時】同じ時。いっしょ。

とうじき【陶磁器】陶器と磁器。

とうじしゃ【当事者】その事件やことがらに、ちょくせつ関係のある人。▽「事件の当事者で話し合う」⇔第三者。

とうじつ【当日】その日。▽「当日券」

どうして ❶どのようにして。▽「この道具はどうして使うのですか」❷なぜ。▽「どうして来ないの」❸それどころか。▽「からだは小さいが、どうしてすもうは強い」

どうしても ❶かならず。ぜひとも。▽「どうしても勝ちたい」❷どのようにしても。▽「どうしても手に入れたい」

とうしゅ【投手】野球で、バッターにボールを投げる人。ピッチャー。⇔捕手。⬇野球（図）

とうしゅ【党首】政党の代表者。

とうしょ【当初】はじめのころ。ものごとのはじめ。▽「当初の予定が、大きくくるった」

とうしょ【投書】新聞や雑誌などに意見や作品などを書いておくること。また、その書いたもの。▽「投書らん」

とうしょう【凍傷】ひどい寒さのために、ひふなどに傷がつくこと。しもやけは、これの軽いもの。

とうじょう【搭乗】船や飛行機などに乗りこむこと。▽「とう乗券」

とうじょう【登場】❶その場に出てくるこ

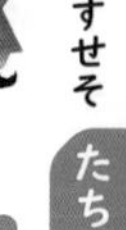

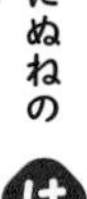
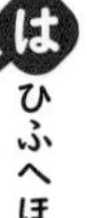

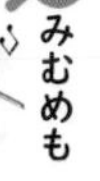

と。❷劇などで役者がぶたいに出てくること。▼「登場人物」⇔退場。

どうじょう【同乗】同じ乗り物にいっしょに乗ること。▼「車に同乗する」

どうじょう【同情】思いやり。人のことを気のどくに思い、いたわること。▼「人々の同情をよぶ」

どうじょう【道場】剣道・柔道などを学び練習する所。▼「道場に通う」

とうしんだい【等身大】人のからだと同じ大きさ。▼「等身大の人形」

どうせ 何をしても。いずれにしても。▼「走ってもどうせまにあわない」

とうせい【統制】❶きそくを作ってとりしまること。▼「思想を統制する」❷いろいろなものごとを、一つのちつ序によってまとめ、おさめること。▼「統制のとれた演技」

どうせい【同性】性が同じこと。男と男、女と女とのこと。⇔異性。

どうせい【同姓】同じみょうじ。

どうせいどうめい【同姓同名】みょうじも名前も同じであること。

とうせん【当選】選挙でみんなから選び出されること。⇔落選。

とうせん【当せん】くじびきや雑誌のけん賞などに当たること。

とうぜん【当然】あたりまえのこと。

どうせん【導線】電流を通すための針金。

どうぜん【同然】同じようす。▼「ただ同然で、手に入れる」

どうぞ あいてにものをたのんだり、すすめたりするときに使うことば。▼「どうぞめしあがれ。どうぞよろしく」

とうそう【逃走】にげ出すこと。にげさること。逃亡。

とうそう【闘争】争いたたかうこと。▼「とう争心」

どうそう【同窓】同じ学校を卒業した人。同じ先生に学んだ人。同門。▼「同窓会」

どうぞう【銅像】銅になまり・すずなどをまぜ合わせた合金で、人などの形を作ったもの。▼「銅像をたてる」

とうぞく【盗賊】どろぼう。

とうそつ【統率】たくさんの人をまとめて率いること。▼「統率力」

とうだい【灯台】❶ともしびをおく台。⬇灯台もと暗し（図）❷みさきや港などにつくられ、明かりをつけて、船にその位置やあぶない場所を知らせる設備。▼「灯台守」

どうたい【胴体】❶からだのまん中の部分。❷物のまん中の部分。▼「飛行機のどう体」

とうだいもとくらし【灯台もと暗し】灯台のすぐ下は暗くてよく見えないように、自分のことや身近のことは、かえってわかりにくいということのたとえ。

［灯台もと暗し］

とうたつ【到達】目的地や目標に行きつくこと。到着。▼「とう達点」

とうち【統治】国や国民を治めること。▼「国王が統治する」

とうちゃく【到着】目的の所に着くこと。到達。

どうちゅう【道中】旅のとちゅう。旅。▼「長道中」

とうちょう【登頂】山の頂上に登ること。▼「登頂に成功する」

どうちょう【同調】ほかの人の考えやたいどに調子を合わせること。

とうちょく【当直】役所や会社などで日直や宿直の役目をすること。また、その人。

とうてい とても。どうしても。

なぞなぞ とればとるほどふえるもの、なあに？ 答えは次のページ。

とうてん【読点】文章の中で、区切りにうつ点。「、」。⬇コラム

どうてん【同点】同じ点数。▽「試合は、同点で引き分けだった」

とうとい【尊い】そんけいできる。▽「尊いお方」⬇【尊】408ページ

とうとい【貴い】❶ねうちがある。▽「貴い命」❷身分が高い。▽「貴い身分」⬇【貴】157ページ

とうとう 最後には。ついに。つまり。けっきょく。▽「とうとうぼくの番がきた」

どうとう【同等】同じていどのこと。

どうどう【堂堂・堂々】❶すぐれてりっぱなようす。❷かくさずあからさまであるようす。おおっぴら。▽「正々堂々」⬇「々」は同じ文字をくり返すという意味のおどり字という記号。

どうどうめぐり【堂堂巡り・堂々巡り】議論などが、同じことをくりかえして少しも先にすすまないこと。⬇「々」は同じ文字をくり返すという意味のおどり字という記号。

どうとく【道徳】人としてまもらなければならない正しい行い。倫理。

とうとつ【唐突】だしぬけでとつ然のようす。▽「とうとつな話におどろく」

とうとぶ【尊ぶ】うやまい、大切にする。たっとぶ。▽「神を尊ぶ」⬇【尊】408ページ

とうとぶ【貴ぶ】大切にする。たっとぶ。▽「命を貴ぶ」⬇【貴】157ページ

とうなん【盗難】お金や品物をぬすまれること。▽「とう難事件。とう難にあう」

とうなんとう【東南東】東と南東の間にあたる方角。⇕西北西。

とうにゅう【豆乳】大豆を水でにてこした液。白くて、かためると豆ふになる。

どうにゅう【導入】導き入れること。▽「新しい技術を導入する」

とうにん【当人】今、問題にしている人。その人。本人。▽「当人の話を聞く」

とうはつ【頭髪】かみの毛。

とうばん【当番】❶順番で仕事をすること。また、その人。❷仕事の番に当たること。▽「そうじ当番」

どうはん【同伴】いっしょにつれだっていくこと。▽「家族同はんの旅行」

とうひょう【投票】選挙や会議などのとき、えらびたい人や、賛成・反対などを紙に書いて、出すこと。

とうびょう【闘病】病気とたたかうこと。▽「とう病生活」

とうふ【豆腐】大豆から作った、白くてやわらかい食べ物。

とうぶ【頭部】頭の部分。

どうふう【同封】ふうとうの中にいっしょに入れること。▽「写真同ふうの手紙」

どうぶつ【動物】虫・魚・鳥・けものなどの生き物。

どうぶつえん【動物園】世界中の動物を集め、飼っておいて、増やして保護し、研究したり、人々に見せたりする所。

とうぶん【当分】しばらくの間。▽「ここ当分お休みします」

とうぶん【等分】同じ大きさや量に分けること。▽「三等分」

とうぶん【糖分】ある物にふくまれている

ことばのふしぎ

読点「、」をつけよう

「ここではきものをぬいでください」という文章は、読点「、」をつけると「ここで、履物を…」か「ここでは、着物を…」かわかるようになります。目立たないけれど、読点「、」には、とても大きな役割があります。

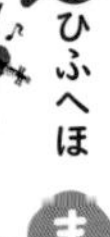

砂糖分。

とうぼう【逃亡】にげて身をかくすこと。とう走。▽「国外にとう亡する」

とうほくちほう【東北地方】本州の東北部にある地方。青森・秋田・岩手・山形・宮城・福島の六県がある。⇒都道府県（図）

とうほくとう【東北東】東と北東の間の方角。⇔西南西。

とうほんせいそう【東奔西走】あちこちといそがしくかけ回ること。▽「用事が多くて東ほん西走する」

どうみゃく【動脈】❶心臓からおくり出される血をはこぶくだ。⇔静脈。❷大事な道。▽「交通の大動脈」

とうみん【冬眠】冬、クマ、ヤマネ、カエル、ヘビなどの動物が土の中などでねむったようにじっとすごすこと。

とうめい【透明】すきとおっていること。▽「とう明なガラス。無色とう明」

どうめい【同盟】同じ目的のために力を合わせることをちかい合うこと。連盟。▽「同盟をむすぶ。同盟国」

とうめん【当面】目の前にさしせまっていること。▽「当面の問題」

どうも ❶どうしても。▽「どうもうまくいかない」❷なんだか。▽「どうもぐあいがよくない」❸まったく。▽「毎日雨ばかりで、どうもこまったものだ」❹あいさつに使うことば。▽「どうも、ありがとう」

とうもろこし イネのなかまの植物。高さ二メートルぐらいになる。実は食用にしたり、動物のえさにしたりする。

どうやら ❶なんとか。やっと。▽「どうやらあらしもおさまったようだ」❷どことなく。▽「どうやら、夏らしくなってきた」

とうゆ【灯油】石油から作る油。明かりや石油ストーブなどに使われる。

とうよう【東洋】アジア大陸の東の方にある地方。日本・中国・インドなどは東洋にある。⇔西洋。

どうよう【同様】同じ。同じようす。

どうよう【動揺】❶ゆれ動くこと。❷おちつかないこと。

どうよう【童謡】❶子供がうたう歌。童歌。❷大人が子供のために作った歌。

とうらい【到来】❶時が来ること。▽「チャンスとう来」❷よそからおくり物がとどくこと。▽「とう来物」

どうらく【道楽】❶自分の仕事以外のことをして楽しむこと。しゅみ。▽「つり道楽」❷よくないあそびにふけること。▽「道楽息子」

どうり【道理】ものごとの正しいすじみち。人としてまもらなければならない正しい行い。

とうりつ【倒立】さかだち。

どうりつ【道立】「県立」と同じ意味。北海道の費用でたてているたてものや設備。

とうりょう【頭領】たくさんの人のかしら。親分。

どうりょう【同僚】同じ役目や、同じつとめの人。同じ仕事場の人。

どうりょく【動力】機械を動かすもとになる力。水力・電力・原子力など。

どうるい【同類】同じ種類。同じなかま。

どうろ【道路】人や車が通る道。

とうろう【灯ろう】木・石・竹・金属などで作った、明かりをともす道具。

←つり灯ろう
石灯ろう
[灯ろう]

とうろく【登録】名前や住所などの情報を

前のページの答え⇒「年」

役所などの帳ぼにのせること。▽「住民登録。ファンクラブに名前を登録する」

どうろひょうしき【道路標識】道を通る人や車のために、道のようすや通行のきまりを書いた目じるし。

とうろん【討論】意見を出し合って議論をすること。

どうわ【童話】子供のために作られた物語。

とうわく【当惑】どうしていいかわからないでこまること。▽「当わくした顔」

とえはたえ【十重二十重】多く重なってとりまいているようす。

とお【十】❶数の名。じゅう。▽「十日」❷十さい。⬇【十】317ページ

とおあさ【遠浅】海岸や湖岸からずっと遠くまで水が浅くなっていること。

とおい【遠い】❶きょりがはなれている。⇔近い。❷時間がはなれている。▽「遠い昔」❸関係がうすい。▽「遠い親類」❹聞こえない。▽「耳が遠い」⬇【遠】75ページ

とおか【十日】❶月の十番めの日。▽「一九九九年までは、体育の日は十月十日だった」❷十日間。▽「さかあがりができるようになるまで十日かかった」

とおく【遠く】遠い所。遠方。▽「望遠鏡で遠くを見る」⇔近く。

とおざかる【遠ざかる】❶遠くにはなれる。▽「音が遠ざかる」⇔近づく。❷関係がうすくなる。▽「サークル活動から遠ざかる」

とおす【通す】❶むこうへとどかせる。▽「トンネルを通す。針に糸を通す」❷あんないする。▽「客を部屋へ通す」❸なかだちとする。▽「親を通してつたえる」❹理くつに合わせる。▽「すじを通す」⬇【通】458ページ

トースト うすく切った食パンをやいたもの。

とおせんぼ【通せんぼ】❶両手を広げて、人が通れないようにする子供の遊び。とおせんぼう。❷道をふさいで、通れなくすること。

ドーナツ 小麦粉にたまご・牛乳、さとうなどを加え、輪や玉の形にして油であげたおかし。

トーナメント 勝ちのこったものが、試合をしていって、最後にのこった二組で優勝をきめるやり方。

とおのく【遠のく】❶遠くはなれる。▽「足音が遠のく」⇔近づく。❷つきあいをしなくなる。

とおまき【遠巻き】近よらないで、遠くからまわりをとりまくこと。▽「やじ馬が現場を遠まきにする」

ドーム まるい形をした屋根。▽「ドーム球場」

とおり【通り】❶通ること。▽「通りのよい声。人の通り」❷道路。▽「大きな通り」❸それと同じこと。▽「言われた通り」❹ことばの下につけて回数・種類をあらわす。▽「三通りのやり方」

とおりあめ【通り雨】さっとふってすぐにやむ雨。

とおりかかる【通りかかる】さしかかる。▽「店の前を通りかかる」

とおりすがり【通りすがり】ある場所をちょうど通っていること。

とおりすぎる【通り過ぎる】通ってむこうへ行く。▽「夕立が通り過ぎた」

とおりぬける【通り抜ける】その所を通ってむこうへ行く。

とおる【通る】❶むこうへとどく。▽「よく通る声」❷通りぬける。前をすぎる。❸合格する。▽「試験に通る」❹理くつに合う。▽「すじが通る」❺広く知れわたる。▽「名が通る」⬇【通】458ページ

トおんきごう【ト音記号】音楽で、楽ふのはじめにある記号。五線の下から二番目は音名のトの音だということをしめす記号。記号は「𝄞」。⬇音符（コラム）

とかい【都会】人口が多く文化がさかんでに

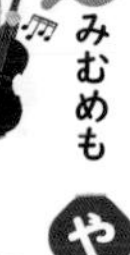

ぎやかな大きな町。都市。

どがいし【度外視】 考えに入れないこと。問題にしないこと。▽「もうけを度外視した大売り出し」

とがき【ト書き】 きゃく本の中で、「……トさけんで走る。」のように、登場人物のしぐさなどを説明してあることば。

とかげ は虫類の動物。尾が長く、敵につかまると尾を切ってにげる。

とかす【解かす】 雪や氷などを水にする。
⬇【解】112ページ

とかす【溶かす】 ❶かたまっているものを液体にする。▽「鉄をとかす」❷液体の中にほかの物を入れてまぜ合わせる。▽「さとうを水にとかす」

[溶かす❷と解かす]

とかす 毛をくしなどでなでてきれいにする。▽「かみをブラシでとかす」

とがめる ❶あやまちなどをせめる。❷あやしく思ってたずねる。▽「お金の出どころをとがめる」

とがる 先が細くするどくなる。▽「えんぴつの先はとがっている。とがったあご」

どかん【土管】 下水を流すために使う、ねんどを焼いてつくったくだ。

[土管]

とき【時】 ❶時間。時刻のこと。▽「時をきざむ」❷時代。そのころ。▽「時は令和」❸季節。▽「時は春」⬇【時】287ページ
●時おり●時たま●時々●時には●時は金なり●時めく●潮時

とき ツルに似た鳥。体は白いが、はねがうすも色（とき色）をしている。日本では野生のものは絶めつした。

どき【土器】 土のやき物で、上薬をぬってないかんたんなうつわ。かわらけ。▽「縄文土器。弥生土器」

ときおり【時おり】 時々。たまに。時たま。▽「時おり雨がふる」

とぎすます【研ぎ澄ます】 ❶はものをよく研いで、切れるようにする。❷感覚をするどくする。

ときたま【時たま】 時々。時おり。たま。▽「時たま、テストで百点をとる」

どぎつい いやな感じがするほど、たいへんきつい。▽「どぎつい色」

ときどき【時時・時々】 ❶少し時間をあけてくりかえされること。時おり。たまに。▽「おなかが時々いたくなる」❷その時その時。▽「その時々の果物を食べる」⬇「々」は同じ文字をくり返すという意味のおどり字という記号。

どきどきする 気持ちが高ぶったときや、運動のあとなどに心臓がはげしくうつ。▽「胸がどきどきした」

ときには【時には】 たまには。まれには。▽「時にはまちがいもある」

ときはかねなり【時は金なり】 時間はお金と同じように大切だから、むだにしてはいけないということわざ。

どぎまぎする あわててうろうろする。▽「道をきかれて、どぎまぎする」

ときめく【時めく】 よいおりにめぐりあって、さかえる。▽「今を時めく人」

ときめく よろこびや不安で胸がどきどきする。▽「心がときめく」

（五回続けていえるかな） となりの客はよくカキ食う客だ。

どぎもをぬく【ど肝を抜く】 ひじょうにおどろかせる。▼「ふいにせめて、敵のどぎもをぬく」

どきょう【度胸】 ものをおそれない心。▼「度胸がすわっている」

どきょう【読経】 声を出して、ふしをつけてお経を読むこと。

ときょうそう【徒競走】 走る速さをくらべる競技。かけっこ。

とぎれとぎれ ブツブツと切れながら、つづくこと。▼「とぎれとぎれに話す」

とぎれる つづいていたものが、とちゅうで切れる。▼「会話がとぎれる」

とく【特】 4年 トク ―

そのものだけ。▼「特別。特技」

特 特 特 特 特 特（はねる）

★「持」ににているので注意

●特異●特産●特殊●特集●特色●特性●特製●特設●特選●特大●特種●特長●特徴●特定●特典●特等●特に●特売●特派員●特筆●特別●特報●特有●特例●特価●特急●特許●特権●特効薬●独特

とく【得】 5年 トク える・(うる)

❶えること。もとめて手に入れること。▼「得点。取得。所得」⇕失。❷利益。もうけ。▼「得失」⇕損。❸理解して自分のものにする。▼「納得。習得」

得 得 得 得 得 得（はねる）

●得意●得失●得点●得票●一挙両得●自業自得●説得●損得

とく【徳】 4年 トク ―

❶人としての正しい行い。▼「道徳」❷利益。▼「徳用」

徳 徳 徳 徳 徳 徳

●徳島県●徳用●悪徳●美徳

とく【解く】 ❶もつれているものをほどく。ほぐす。▼「むすびめを解く」⇕結ぶ。結う。❷答えを出す。▼「問題を解く」❸職をやめさせる。▼「職を解く」❹気持ちをすっきりさせる。▼「きんちょうを解く。怒りを解く」⬇【解】112ページ

とく【説く】 ❶よくわかるように説明する。❷道理を言いさとす。⬇【説】383ページ

とく【溶く】 ❶液体の中にまぜてうすめる。▼「絵の具をとく」❷かたまっているものを水のようにする。

とぐ【研ぐ】 ❶ナイフやはさみなどのはものを、切れるように、こすりみがく。❷米などを水の中でこすってあらう。⬇【研】216ページ

どく いるところから動いて場所をあける。▼「テレビの前からどく」

どく【毒】 5年 ドク ―

❶健康や命に害のあるもの。▼「毒素」❷わざわい。よくないもの。▼「世の中の毒になる」

毒 毒 毒 毒 毒 毒（長く。母ではない）

●毒気●毒性●毒舌●毒素●毒々しい●毒物●毒味●毒薬●気の毒●鉱毒●消毒●食中毒●中毒●有毒

どく【独】 5年 ドク ひとり

❶ひとり。ひとつ。▼「独力。単独」❷ドイツのこと。▼「日独」

独 独 独 独 独 独（つき出る）

どく
●独学●独裁●独自●独唱●独身●独占●独走●独奏●独創的●独断●独特●独立●独力

どく【読】 2年 ドク・トク・トウ よむ
よむこと。▼「読書。音読」
●読者●読書●読書感想文●読破●読解●愛読●音読●朗読

読 読 読 読 読 読 読
上のヨコ棒より短く
几と しない

とくい【特異】 ❶とくべつに、ほかとちがうこと。▼「特異な存在」❷とくにすぐれていること。▼「特異な才能」

とくい【得意】 ❶のぞみどおりで、まんぞくすること。▼「得意顔」⇔失意。❷自信のあること。▼「算数が得意だ」❸いつも買う客。▼「お得意さん」

どくがく【独学】 学校や先生につかないで、自分ひとりで勉強すること。

とくぎ【特技】 とくべつによくできるわざ。▼「ぼくの特技はあやとりだ」

わたしの特技

どくさい【独裁】 国の政治を、ひとりの権力で行うこと。▼「独裁者」

とくさつ【特撮】 「特殊撮影」の略。テレビや映画で、主人公が空を飛んだりかいじゅうが町をこわしたりする、ふつうではできないような映像をつくること。▼「ウルトラマンはとくさつヒーローだ」

とくさん【特産】 その地方にだけしかできない物。特産物。▼「特産品」

どくじ【独自】 ❶人にまねのできない自分だけが持っているもの。独特。▼「独自の研究をする」❷人にたよらず、自分ですること。▼「独自の判断」

とくしつ【得失】 得することと、損することと。損得。

とくしまけん【徳島県】 四国地方にある県。夏の阿波おどり・鳴門海峡のうず潮が有名。県庁は徳島市にある。⬇都道府県（図）

どくしゃ【読者】 新聞・雑誌・本などを読む人。読み手。

とくしゅ【特殊】 ふつうとちがうこと。特別。⇔一般。

とくしゅう【特集】 新聞や雑誌などで、とくに一つの問題をとりあげて、記事や写真などを集めてまとめること。また、まとめたもの。▼「特集記事」

どくしょ【読書】 本を読むこと。

どくしょう【独唱】 ひとりで歌うこと。ソロ。⇔合唱。

どくしょかんそうぶん【読書感想文】 読んだ本についての、感じたことや意見などを書いたもの。

とくしょく【特色】 ほかとちがってすぐれているところ。特徴。

どくしん【独身】 けっこんしていないこと。また、その人。

とくせい【特性】 とくべつな性質。特質。▼「ナイロンの特性」

とくせい【特製】 とくべつに作ること。また、作った物。▼「特製の手作りぬいぐるみ」

どくせい【毒性】 毒になる性質。

とくせつ【特設】 とくべつに設けること。▼「特設会場」

どくぜつ【毒舌】 ひどいひにくや、悪口を言うこと。▼「毒舌をはく」

とくせん【特選】 てんらん会などで、とくべつにすぐれたものを選ぶこと。また、選ばれたもの。▼「特選に入る」

どくせん【独占】 ひとりじめにすること。▼「ぶらんこを独占する」

どくそ【毒素】 毒のもとになるもの。

どくそう【独走】 ❶自分ひとりで走ること。❷二位以下を大きくひきはなして走ること。

さかさことば 前から読んでもうしろから読んでも「トマト」。

❸一部分の人たちだけで勝手に行うこと。

どくそう【独奏】ひとりで楽器を演奏すること。ソロ。▼「ピアノ独奏」⇕合奏。

どくそうてき【独創的】自分だけの考えで、新しいものをつくりだす力があるようす。▼「独創的な作品」

ドクター ❶医者。❷博士。

とくだい【特大】とくべつに大きいこと。とくべつに大きい物。▼「特大のシャツ」

とくだね【特種】記事で、その会社だけが手に入れた材料。スクープ。▼「特種記事」

どくだみ しめった土地に生える草で、夏のはじめにみられる。白い四まいの花びらのようなものは、葉。においが強く、薬になる。

どくだん【独断】自分ひとりの考えでものごとをきめること。

とぐち【戸口】たてものの出入り口。

とくちゅう【特注】「特別注文」の略。材料や作り方などをとくべつに決めて注文したもの。

とくちょう【特長】ほかのものとくらべて、とくにすぐれていること。長所。

とくちょう【特徴】ほかのものとくらべて、とくに目立つ点。特色。

とくてい【特定】とくべつにきめること。▼「特定の店で買い物をする」

とくてん【特典】とくべつのあつかい。▼「わりびきの特典がある」

とくてん【得点】運動競技や試験などでとった点数。▼「得点をかさねる」

とくとう【特等】とくべつすぐれた等級。一等の上。▼「特等席」

どくとく【独特】そのものだけが持っているようす。独自。特有。

どくどくしい【毒毒しい・毒々しい】❶いかにも毒がありそうだ。❷にくにくしい。❸色がしつこい。▼「毒々しい色の花」

⬇「々」は同じ文字をくり返すという意味のおどり字という記号。

とくに【特に】たくさんの中からえらぶと。ことに。とりわけ。▼「動物の中では、とくにネコが好きです」

どくにもくすりにもならない【毒にも薬にもならない】害にもならなければ、ためにもならない。

どくは【読破】おわりまで読み通すこと。▼「百さつの本を読破した」

とくばい【特売】とくべつに品物を安く売ること。▼「デパートの特売場」

とくひょう【得票】選挙などで、入れられた票の数。▼「得票数」

どくぶつ【毒物】毒のあるもの。

とくべつ【特別】ふつうとちがっていること。特殊。▼「特別料金。特別あつかい」

どくへび【毒蛇】毒をもったヘビ。毒じゃ。

とくほん【読本】❶昔、学校で読み方を習うために使った本。❷やさしく書かれた手引きの本。入門書。「どくほん」ともいう。▼「文章読本」

[毒蛇]

どくみ【毒味・毒見】食べ物や飲み物を人にすすめる前に、ちょっと食べてみて、毒のあるなしをしらべること。▼「子供が食べる前に毒味をする」

とくめい【匿名】名前をかくしておくこと。▼「とく名で文を書く」

どくやく【毒薬】少しの量で命にかかわるような薬。劇薬。

とくゆう【特有】そのものだけがとくべつに持っていること。独特。▼「日本特有の文化」

とくよう【徳用】値段にくらべて中身がじゅうじつしていること。▼「徳用品」

どくりつ【独立】ひとり立ち。ほかのたすけをかりないで、自分の力でくらしをたてること。▽「親から独立する」

どくりょく【独力】 自分だけの力。▽「つらくても、独力で解決しなさい。独力で会場までたどりつく」

とぐろ ヘビなどがうずまきのようにまるくなって、動かないでいるようす。▽「とぐろをまく」

どくろ 死んだ人の頭の骨が、風や雨にさらされて、むきだしになったもの。しゃれこうべ。

とげ ❶植物の幹・えだ・葉などに針のように細くつき出ているもの。▽「バラのとげ。とげが指にささる」❷指などにつきささる、木などのかけら。❸意地の悪さ。▽「とげのあることば」

とけい【時計】 時刻をあらわし、時間をはかる機械。

とけこむ【溶け込む】 ❶とけて、まざってしまう。▽「コーヒーにさとうがとけこむ」❷うちとける。▽「新しいなかまにとけこむ」

どげざ【土下座】 地面にすわって手をついておじぎをすること。

とげとげしい ことばや動作があらくて、とげでさすようないやな感じがするようす。▽「とげとげしい声」

とける【解ける】 ❶ほどける。ゆるむ。▽「帯が解ける」❷わかる。▽「なぞが解ける。長い間の疑問が解ける」❸雪や氷などが水になる。⬇【解】112ページ

とける【溶ける】 ❶かたまっているものが、液体になる。▽「バターがとける」❷液体にまざって、もとの形がなくなる。▽「薬が水にとける」

とげる【遂げる】 すっかりやりとおす。はたす。▽「思いをとげる」

どける いらないものを別の場所にうつすこと。のける。▽「おもちゃをどける」

とこ【常】 いつも同じで、かわりがないようす。▽「常夏」⬇【常】333ページ

とこ【床】 ❶ねどこ。▽「とこにつく」❷川の底。▽「川どこ」❸とこの間。❹なえをそだてる所。▽「なえどこ」

どこ 場所をたずねるときのことば。どの場所。▽「どこへ行くの。ここはどこですか」

とこう【渡航】 船や飛行機に乗って、海外へ行くこと。▽「と航の費用」

とことん どこまでも。ぎりぎりまで。▽「とことん調べあげる」

とこなつ【常夏】 一年じゅう、いつも夏のように暑いこと。▽「常夏の島ハワイ。常夏の国へ旅行する」

とこにつく【床に就く】 ❶ねどこに入る。ねる。❷病気になってねつく。

とこのま【床の間】 日本間で、ゆかが一だん高くなった所。かけじくをかけたり、花をかざったりする。⬇図

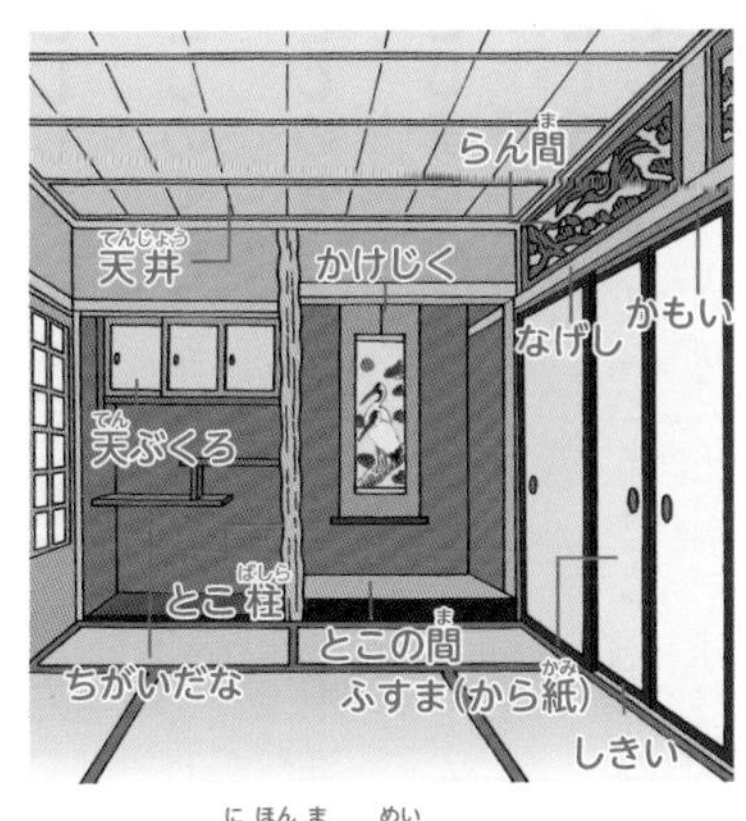

[日本間の名しょう]

とこや【床屋】 かみの毛を切って、ととのえてくれる店。理はつ店とも言う。

ところ【所】 ❶場所。▽「明るい所。べんりな所」❷土地。▽「所によっては雨」❸部分。▽「はじめの所だけ読む」❹住所。▽「所番地」❺場面。場合。▽「いま来たところだ」⬇【所】329ページ

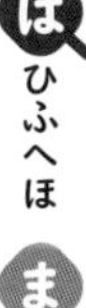

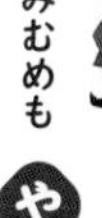

なぞなぞ 虎も食べてしまう大きな車は？ 答えは次のページ。

●所変われば品変わる●所々●居所●台所●見所●目のつけ所

ところが　それなのに。けれども。▽「店に行った。ところが休みだった」

ところかわればしなかわる【所変われば品変わる】土地がちがうと、ことばも習慣もみなちがってくる。

ところで　話をうち切って、べつの話をはじめるときに使うことば。▽「ところで、宿題はおわったの」

ところてん　海そうのテングサをにてとかし、冷やしてかためた食べ物。色はすきとおっている。うどんのように細くして、酢やしょうゆなどをかけて食べる。

ところどころ【所所・所々】あちらこちら。↓「々」は同じ文字をくり返すという意味のおどり字という記号。▽「雪が所々にのこっている」

とさか　ニワトリの頭の上にある、かんむりのような形をした赤い肉のかたまり。

どさくさ　こんざつ。ごたごたしているようす。▽「どさくさにまぎれて、さいふをすられる」

とざす【閉ざす】しめる。とじこめて通れなくする。▽「門を閉ざす。道を閉ざす」↓【閉】626ページ

とざん【登山】山に登ること。山登り。▽「富士登山」⇔下山。

とし【年】❶時の単位。一年。十二か月。❷年れい。▽「年をとる」❸年れいをかさねたこと。▽「もう年だからすぐにつかれる」❹時代。多くのさい月。▽「年をへる」↓【年】540ページ
●年男●年がいもない●年かさ●年子●年越し●年頃●年の暮れ●年の瀬●年寄り●今年

とし【都市】大きなまち。都会。

どじ　まぬけな失敗をすること。▽「どじをふむ。どじなやつ」

としおとこ【年男】その年の干支と同じ干支に生まれた男の人。節分の日に、豆まきをする。女の人は「年女」という。

としうえ【年上】年れいが上の人。年かさ。⇔年下。

としガス【都市ガス】地面の中にある管を通して、それぞれの家に送られるガス。料理やおふろをわかすときに使われる。

としご【年子】同じ母親から生まれた、一さいちがいのきょうだい。

としこし【年越し】その年をおくり、新しい年をむかえること。また、大みそかの夜。

としこしそば【年越し×蕎麦】細く長くすごせるようにと願って大みそかに食べるそば。

とじこめる【閉じ込める】中に入れて、外へ出られないようにする。

とじこもる【閉じこもる】家の中などに入ったきりで、外に出ない。

としごろ【年頃】❶年のていど。年のころ。およその年。❷一人前の年れい。▽「年ごろのむすめ」

としした【年下】年れいが下の人。⇔年上。

としのくれ【年の暮れ】一年のおわりのころ。年末。年のせ。

としのせ【年の瀬】一年のおわり。年の暮れ。▽「年のせがせまる」

とじまり【戸締まり】戸や門をきちんとしめて、かぎをかけること。

どしゃ【土砂】土や砂。

どしゃくずれ【土砂崩れ】大雨や地しんなどで、山やがけの土や砂がくずれおちること。

どしゃぶり【土砂降り】大つぶの雨が、はげしく降ること。

としょ【図書】本。書物。

どじょう【土壌】土。また、作物をそだてる田や畑の土。▽「栄養たっぷりの土じょう」

どじょう 池や川のどろの中にすむ、細長い魚。口にひげがある。

としょかん【図書館】人々に読ませるため、多くの本をそなえた施設。

としより【年寄り】年をとった人。老人。▽「年寄りをいたわる」

とじる【閉じる】❶しめる。ふさぐ。▽「店を閉じる」▽「目を閉じる」❷やめる。⇕開く。➡【閉】626ページ

とじる 紙などを重ねて、糸やひもなどでつづり合わせる。▽「書類をひもでとじる」

としん【都心】大都市の中心の部分。

どせい【土星】太陽系で、太陽を回る六番目のわく星。輪と衛星を持ち、わく星の中で二番目に大きい。➡太陽系(図)

とそ サンショウ・キキョウ・ニッケイなど七種類の薬草をまぜたもの。これを酒や、みりんにひたして正月にのむ。おとそ。

とそう【塗装】かべ・柱・家具などに、ペンキやニスなどをぬること。

どそう【土葬】死体をそのまま土の中にうめて、ほうむること。

どぞう【土蔵】火事でももえないように、土でぬりかためてつくった蔵。

どそく【土足】❶はきものをはいたままの足。❷どろのついた足。

どだい【土台】❶たてものや橋などをささえている所。❷ものごとのもと。▽「体験を土台にした小説」

とだえる 今までつづいていたものがなくなる。▽「れんらくがとだえる」

とだな【戸棚】前に戸をつけ、中にたなのある、物を入れる家具。

とたん ちょうどそのときに。▽「家を出たとたん、よびとめられた」

トタン うすい鉄板に、さびないように亜鉛をめっきしたもの。▽「トタン屋根」

どたんば【土壇場】どうにもしようがなくなった、ぎりぎりのところ。▽「九回うらのどたん場で試合はぎゃくてんされた」

とち【栃】4年 とち ―

トチの木。山に生える高い木。

栃 栃 栃 栃 栃 栃（書き順）
二回にわけて書く
書き順注意

●栃の実●栃木県

とち【土地】❶つち。大地。❷地面。地所。❸地質。▽「米のよくできる土地」❹その地方。▽「土地の人」

とちぎけん【栃木県】関東地方にある県。かんぴょうの産地。日光の東照宮が有名。県庁は宇都宮市にある。➡都道府県(図)

どちゃく【土着】生まれた土地に、長くすみついていること。▽「土着の人」

とちゅう【途中】❶目的地につかないうち。▽「とちゅうで引きかえす」❷ものごとがおわらないうち。▽「宿題をとちゅうで投げ出す」

どちら ❶どこ。▽「どちらへお出かけですか」❷どれ。▽「どちらがすきですか」❸どなた。▽「どちらさまですか」

とっか【特価】ふつうのねだんよりとくべつに安いねだん。

どっかい【読解】文章を読んで、なかみについて、よく理解すること。

とっき【突起】つき出ること。また、つき出たもの。でっぱり。

とっきゅう【特急】「特別急行列車」の略。とくべつに速く走る列車。

とっきょ【特許】新しい発明やくふうをしたその人だけに、それらを使ったり売ったりする権利を政府があたえること。

とっく ずっと前。▽「とっくの昔に終わった」

とつぐ【嫁ぐ】よめにいく。女の人がけっこんする。

ドッグ 犬のこと。

とっくん【特訓】とくべつにきびしい練習

前のページの答え⇒「トラック(虎食う)」

をすること。▼「鉄ぼうの特訓」

とつげき【突撃】 敵陣にせめいること。▼「とつげき開始」

とっけん【特権】 ある身分や地位を持つ人だけにあたえられたとくべつの権利。

とっこうやく【特効薬】 その病気やきずにとくべつによくきく薬。

とっさに 急に。ちょっとの間に。▼「とっさに、いい考えがうかばない」

どっさり たくさん。▼「どっさりおみやげをもらった」

ドッジボール 二組に分かれてボールをなげ合い、あいてチームのからだに当てて勝ち負けをあらそう球技。

とつじょ【突如】 とつぜん。急に。

とっしん【突進】 まっすぐにつき進むこと。▼「ゴールにとっ進する」

とつぜん【突然】 急に。だしぬけに。とつじょ。▼「とつ然サイレンが鳴る」

どっち どこ。どれ。きちんとした言い方は、「どちら」。▼「どっちに行く?」

どっちつかず どちらともきまらないで、あいまいなこと。▼「どっちつかずの返事ではこまる」

どっちみち いずれにしても。けっきょくは。▼「どっちみち同じことだ」

とって【取っ手】 ドアやつくえの引き出しなどの手に持つところ。

とっておき【取って置き】 いざという時のために、大事にしまっておくこと。また、そのもの。

とっても 「とても」をつよめた言い方。

とっとりけん【鳥取県】 中国地方にある県。鳥取砂丘が有名。ナシの産地。県庁は鳥取市にある。⬇都道府県(図)

とつにゅう【突入】 つきすすんで、中に入ること。▼「敵じんにとつ入する」

とっぱ【突破】 つきやぶること。▼「予選をとっ破する」

とっぱつ【突発】 急におこること。

とっぴ 思いもよらないようす。ひじょうにかわっているようす。▼「とっぴな服装でみんなをおどろかせる」

とっぴょうしもない【とっ拍子もない】 思いもよらない。とんでもない。▼「とっぴょうしもないことを言い出す」

トップ ❶先頭。まっ先。▼「トップを走る」❷いちばん。最高。▼「トップの成績」❸代表者。▼「会社のトップ」

とっぷう【突風】 急におこる強い風。

とっぷり 日がくれるようす。

とつめんきょう【凸面鏡】 まん中の部分が高くなっている鏡。広いはんいがうつるので、自動車のバックミラーなどに使われている。⇕凹面鏡。

とつレンズ【凸レンズ】 虫めがねのように、まん中があつくなっているレンズ。⇕凹レンズ。

どて【土手】 川や池の水があふれないように、土を高くもり上げてある所。ていぼう。つつみ。

とてつもない とんでもない。とほうもない。▼「とてつもない考えを持つ」

とても ❶どうしても。とうてい。▼「とても、そんなには食べられない」❷ひじょうに。たいへん。▼「あの店のケーキはとてもおいしい」

どとう【怒とう】 あれくるう大波。

とどうふけん【都道府県】 東京都・北海道・京都府・大阪府と四十三県のこと。⬇図

とどく【届く】 ❶ものがむこうにつく。いたる。▼「手紙が届く。たなに手が届く」❷世話や注意が十分にゆきわたる。▼「手入れが届く。目が届く」⬇【届ける】504ページ

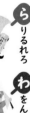

とどける【届ける】 6年 とどける・とどく

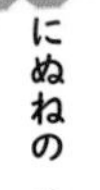

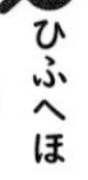

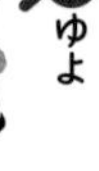

❶おくる。持っていく。▽「荷を届ける」❷目上の人や役所などにもうし出る。▽「警察に届ける」

届（はらう・つき出る）

とどこおる【滞る】❶ものごとが、つかえてうまくすすまなくなる。▽「交通がとどこおる」❷お金を出さないで、はらいがたまる。▽「会費がとどこおる」

ととのう【調う】❶したくができる。▽「食事のじゅんびが調う」❷まとまる。▽「えんだんが調う」⬇【調】452ページ

ととのう【整う】❶きちんとせいりができる。▽「つくえの上が整う」❷調子がよくなる。▽「体調が整う」⬇【整】374ページ

ととのえる【調える】❶たりないところがないようにしたくする。▽「野球の道具を調える」❷話し合いをまとめる。⬇【調】452ページ

ととのえる【整える】❶そろえる。せいりする。▽「持ち物を整える」❷形や調子を正しくする。▽「呼吸を整える」⬇【整】374ページ

とどのつまり 「ボラ」という魚は大きくなるにつれて名がかわり、最後に「トド」とよばれる。そのことから、けっきょくのところ

なぞなぞ きってもきってもきれないものは？ 答えは次のページ。

という意味。

とどまる ❶同じ所から動かない。▼「天気がよくなるまで、山小屋にとどまる」❷あとにのこる。▼「一人だけ家にとどまる」❸そのはんいでおさまる。▼「値上げは、十円にとどまる」

とどめる ❶動いているもの、何かをしているものをおさえとめる。▼「足をとどめる」❷あとにのこす。▼「母のおもかげをとどめる。文学の歴史に名をとどめる大作家」

とどろく ❶ひびきわたる。▼「かみなりの音がとどろく」❷世の中に広く知られる。▼「天下にとどろく名」

となえる【唱える】 ❶先に言いはじめる。▼「きそくの改正を唱える」❷ふしをつけてものを言う。▼「ねんぶつを唱える」❸さけぶ。▼「ばんざいを唱える」❹言いはる。▼「反対を唱える」⬇【唱】332ページ

トナカイ 寒い地方にすむ、シカのなかまの動物。おすにも、めすにも、えだのような形の角がある。飼いならして、そりを引かせる。

どなた 「だれ」のていねいな言い方。▼「どなたをおよびしましょうか」

となり【隣】 ❶ならび合った家どうし。▼「となり近所」❷右または左にならんでいること。▼「となりの席」

どなる【怒鳴る】 ❶大声でさけぶ。▼「『あぶない』とどなる」❷大声でしかる。▼「『うるさい』とどなる」

とにかく いずれにしても。▼「むずかしそうだが、とにかくやってみよう」

どの どれだかわからない物や人を指すことば。▼「どの本を読もうかな」

どのう【土のう】 土を入れたふくろ。つみかさねて、水害などをふせぐ。▼「てい防に土のうを積む」

とのさま【殿様】 昔の大名などをうやまってよんだことば。

とばす【飛ばす】 ❶飛ぶようにする。▼「竹とんぼを飛ばす」❷速く走らせる。▼「車を飛ばす」❸間をはぶく。▼「飛ばして読む」❹言いふらす。▼「デマを飛ばす」⬇【飛】577ページ

とばっちり まきぞえになること。▼「とんだとばっちりをくった」

とびいし【飛び石】 庭などに、歩きやすくするために少しずつはなして、しきならべた石。

とびいり【飛び入り】 予定していなかった人が、とつぜんくわわること。▼「飛び入りで歌をうたう」

とびうお 海にすむ魚。むなびれが大きく、これで海面上を飛ぶ。

とびうつる【飛び移る】 飛んでほかの場所へ移る。▼「サルが枝から枝へ飛び移る」

とびおりる【飛び降りる】 飛んでおりる。▼「いすから飛び降りる。ぶらんこから飛び降りてはいけない」

とびかう【飛び交う】 あちらこちらに入りまじって飛ぶ。▼「花から花へチョウが飛び交う」

とびかかる【飛びかかる】 飛びつく。おどりかかる。▼「トラがえものに飛びかかった」

とびきり【飛び切り】 とくべつにすぐれているようす。▼「飛び切り上等な品物」

とびこす【飛び越す】 飛んでその上をこす。▼「かきねを飛びこす」

とびこみ【飛び込み】 ❶水泳で、高いところから水に飛びこむこと。▼「飛びこみ台」❷約束したり、知らせたりしないで、いきなり訪ねること。▼「飛びこみの客」

とびこむ【飛び込む】 ❶いきおいよく中へ入る。▼「プールに飛びこむ」❷かけこむ。▼「発車まぎわの電車に飛びこむのはやめましょう」

とびだす【飛び出す】 ❶飛び出る。▼「小鳥がかごから飛び出す」❷急にあらわれ

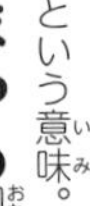

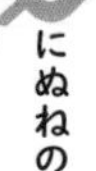

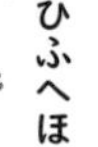

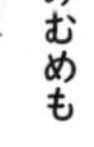

る。▽「路地から子供が飛び出す」❸急いでそこから出る。▽「家を飛び出す」❹つき出る。▽「くつしたがやぶれて、指が飛び出す」

とびたつ【飛び立つ】❶飛んでそこをさる。▽「小鳥が巣から飛び立つ」❷心がうきうきする。▽「飛び立つ思いで旅行に出かける」

とびつく【飛び付く】❶とびかかる。▽「子犬がよろこんで飛び付く」❷急いで手を出す。▽「おもしろそうな計画に、みんなで飛び付く」

とびどうぐ【飛び道具】遠くから敵をうつ武器。弓矢、鉄ぽうなど。

とびのる【飛び乗る】勢いよく、飛ぶように乗る。▽「馬に飛び乗る。ブランコに飛び乗る」

とびばこ【跳び箱】何段かにつみかさねた、箱形の体操用具。走ってきて、手をかけてとびこす。

とびひ【飛び火】❶火事のとき、火の粉が飛んで、はなれた場所にうつること。❷遠くはなれた人や場所にまで広がること。▽「うわさが飛び火した」❸小さい子にできやすい、おでき。

どひょう【土俵】土を入れた俵で、まるくかこって、すもうをとるようにした所。

とびら【扉】❶ひらき戸。❷本の表紙の次にある、本の名を書いたページ。

とぶ【飛ぶ】❶つばさなどを使って空中を動く。❷空中にちる。▽「波しぶきが飛ぶ」❸じゅんじょや間をぬかしてすすむ。❹すばやくつたわる。▽「デマが飛ぶ」➡【飛】577ページ

とぶ【跳ぶ】❶はね上がる。はねる。▽「カエルがとぶ」❷はねてむこうへこえる。▽「みぞをとぶ」

どぶ きたない水を流すための、細長くくぼんだ所。

とほ【徒歩】歩くこと。

とほうにくれる【途方に暮れる】どうしてよいかわからなくなる。思案に暮れる。

とほうもない【途方もない】くらべるものもない。とんでもない。▽「とほうもない大事件」

どぼく【土木】木・鉄・石・土砂などを使って、橋・ていぼう・道路・港などをつくること。

とぼける 知らないふりをする。

とぼしい【乏しい】少ない。たりない。▽「とぼしい知識。収入がとぼしい」

とぼとぼ つかれて元気なく歩くようす。▽「とぼとぼ帰る」

どま【土間】古い家の中の、ゆかのない地面のままの所。▽「土間に荷物をおく」

トマト ナスのなかまのやさい。生で食べたり、ジュースにしたりする。

とまどう どうしてよいかわからなくなる。▽「方角がわからず、とまどう」

とまり【泊まり】❶船がとまること。❷宿にとまること。▽「とまりの客」❸宿直すること。

とまりぎ【止まり木】鳥かごや鳥小屋に鳥が止まれるようにわたした木。

とまる【止まる】❶動かなくなる。▽「時計が止まる」❷つづいていたものがやむ。▽「いたみが止まる」❸鳥などが木に休む。▽「ウグイスがえだに止まる」➡【止】283ページ

とまる【留まる】❶ついてはなれなくなる。❷見たり聞いたりしたことがあとまでのこる。▽「目に留まる」➡【留】745ページ

とまる【泊まる】❶港に船がおちつく。❷宿屋などで夜をすごす。

とみ【富】財産。たくさん持っているお金や物。▽「きょ万の富」➡【富】600ページ

とむ【富む】❶財産がふえる。▽「家が富む」❷持っているお金や物が多い。❸十分ある。ゆたかである。▽「才能に富む」➡【富】600ページ

とむらう【弔う】❶死んだ人をほうむる。

あいうえお かきくけこ さしすせそ たちつてと と なにぬねの はひふへほ まみむめも やゆよ らりるれろ わをん

前のページの答え⇒「トランプ」

❷人の死を悲しみ、そのたましいがしずかにねむるようにいのる。

とめる【止める】 ❶動かなくする。▽「車を止める」❷つづいていることをやめさせる。▽「けんかを止める」❸しようとすることをおさえてやめさせる。▽「試合に出るのを止める」❹通じているものを通じないようにする。▽「電気を止める」⬇【止】283ページ

とめる【留める】 ❶くっついてはなれないようにする。▽「画びょうで留める」❷心にのこす。▽「気に留める」⬇【留】745ページ

とめる【泊める】 ❶人を家にとまらせる。▽「友達をとめる」❷船を港に入れる。

とも【友】 ともだち。いつもなかよくしている人。▽「竹馬の友。」「おお、心の友よ!」⬇【友】717ページ

とも【共】 ❶いっしょに。▽「共だおれ」❷⬇共に⬇【共】175ページ ●共食い●共々●共に●共働き

とも【供】 主人や目上の人についていく人。従者。おとも。▽「供をつれていく」⬇【供】175ページ

ともかく どうあろうとも。とにかく。▽「ともかく行ってみよう」

ともぐい【共食い】 ❶同じなかまどうしが食い合うこと。❷同じなかまのものが利益をうばい合うこと。

ともしび【ともし火】 明かりとしてつける火。

ともす 明かりをつける。

ともだち【友達】 ふだんから親しくつきあっている人。友人。

ともなう【伴う】 ❶つれていく。つれそう。▽「妹をともなってデパートへ行く」❷つきまとう。▽「きけんがともなう」

ともに【共に】 ❶いっしょに。おたがいに。▽「共に山にのぼる」❷同時に。▽「かみなりと共に雨がふって来た」

ともばたらき【共働き】 夫婦がどちらも仕事を持ってはたらいていること。ともかせぎ。

どもる ことばがつかえて、よく言えない。

とやかく なんのかのと。あれやこれやと。▽「とやかく口うるさい」

とやまけん【富山県】 中部地方にある県。チューリップの産地。水・電力にめぐまれ、工業もさかん。県庁は富山市にある。⬇都道府県(図)

どようび【土曜日】 一週間のうち日曜日からかぞえて七日目の日。金曜日の次の日。

どよめく ❶鳴りひびく。❷どっと声をあげる。▽「満るいホームランに観衆がどよめく」

とら【虎】 ネコのなかまの肉食動物。アジア地方のジャングルにすむ。黄色に黒の横じまがある。

どら 青銅でできた、おぼんの形のかね。船出の合図や楽器として使われる。

ドライ かわいていること。▽「ドライカレー」「ドライフルーツ」

ドライアイス 炭酸ガスをひやし、圧力をくわえてかためたもの。物をひやすのに使う。

トライアングル 鉄の棒を三角形にまげた打楽器。たたいて鳴らす。⬇楽器(図)

ドライバー ❶ねじまわし。⬇工具(図)❷自動車の運転手。

ドライブ 自動車を走らせて、遠出すること。

ドラえもん 藤子・F・不二雄のまんが。また、その主人公で、二十二世紀からきたネコ型ロボット。勉強も運動もにがてな小学生のび太を未来の道具でたすける。好物はどら焼き。ネズミが苦手。

[ドラえもん]

とらえる【捕らえる】 ❶しっかりとつかまえる。❷罪人をとりおさえる。

トラクター ❶重い物や大きい物を引っぱってはこぶ自動車。❷農業で、田や畑の仕事をする自動車。⬇自動車（図）

ドラゴン りゅうのこと。

トラック 運動場で、競走するとき走るところ。▽「トラック競技」⇕フィールド。

トラック 荷物をはこぶ自動車。

ドラッグストアー 薬のほかに、シャンプーや石けんなど、ふだん使っているものを売っている店。

とらぬたぬきのかわざんよう【捕らぬたぬきの皮算用】 まだタヌキをとらえていないうちから、皮を売ったらいくらになると頭の中で計算しているように、どうなるかわからないことを、はやくからあてにすること。

とらのいをかるきつね【虎の威を借るきつね】 キツネがトラの力を借りていばることから、強い者の力を借りていばる者のたとえ。

とらのまき【虎の巻】 ❶ひみつにつたえることなどを書いた巻物のこと。もともとは中国の兵法書の名前。❷教科書の自習書。あんちょこ。

トラブル ❶あらそいごと。❷機械などのぐあいが悪くなること。

ドラマ 劇。しばい。

ドラム 打楽器のたいこのこと。

どらやき【どら焼き】 小麦粉・たまご・牛乳をまぜて丸く平らに焼いた二枚の生地の間に、あんこをはさんだおかし。▽「ぼくの好物はどら焼きだよ」

［どら焼き］

とらわれる【捕らわれる】 ❶つかまる。❷あるやり方からぬけ切れない。▽「古い習慣にとらわれる」

トランク ❶旅行用の四角いかばん。❷自動車の後ろの荷物入れ。

トランプ 西洋からつたわった、五十三まいのカードであそぶゲーム。

トランペット 金管楽器の一つで、形の小さいらっぱ。⬇楽器（図）

トランポリン 金属のわくに、ばねのついたマットを取りつけた、体操の道具。その上でとんだり、空中で回転したりする。

とり【鳥】 二本足で、つばさと、くちばしを持ち、たまごをうむ動物。ニワトリ・スズメ・ワシ・カモなど。⬇図510ページ⬇【鳥】451ページ
●鳥居●鳥肌●鳥目

とりあえず さしあたって。ひとまず。まにあわせに。▽「とりあえずできるところからはじめよう」

とりあげる【取り上げる】 ❶手に持って上にあげる。▽「道の小石を取り上げる」❷うばい取る。▽「まんがの本を取り上げる」❸意見や申し出を聞き入れる。▽「新しい考えを取り上げる」

とりあつかう【取り扱う】 あつかう。

とりい【鳥居】 神社の入り口の門。

とりいれる【取り入れる】 ❶取って中へ入れる。▽「せんたく物を取り入れる」❷うけ入れる。▽「みんなの意見を取り入れる」❸しゅうかくする。▽「実ったイネを取り入れる」

とりえ よいところ。▽「まじめなのがとりえだ」「おとなしいだけがとりえだ」

トリオ 三人でできた一組。三人組。

とりおさえる【取り押さえる】 ❶おさえてやめさせる。▽「あばれる武君を取りおさえる」❷つかまえる。▽「どろぼうを取りおさえる」

とりかえす【取り返す】 ❶一度、自分の手もとからはなれたものを、取りもどす。▽「長く貸していたお金を取り返す」❷もとにもどす。▽「勉強のおくれを取り返す」

なぞなぞ だれもとらないペットは？ 答えは次のページ。

とりかえる【取り替える】❶べつの物にかえる。▽「下着を取りかえる」❷おたがいに、かえる。こうかんする。▽「友達と読んでいる本を取りかえる」

とりかご【鳥かご】小鳥を入れて飼うかご。

とりきめ【取り決め】決めること。やくそく。▽「取り決めを交わす」

とりくむ【取り組む】❶熱心にものごとに当たる。▽「研究に取り組む」❷すもうでたがいに組みつく。▽「がっぷり四つに取り組む」

とりこ ❶敵につかまった人。ほりょ。❷何かに心をうばわれた人。

とりこむ【取り込む】❶取って中に入れる。▽「せんたく物を取りこむ」❷とつぜんの出来事でごたごたする。

とりしまる【取り締まる】きびしく見まもる。かんとくする。

とりたてる【取り立てる】❶お金などをさいそくして集める。▽「借金を取り立てる」❷目をかけて重く用いる。

とりつ【都立】東京都の費用でせつびや仕組みをつくり、運営すること。

トリック 人の目をだますからくり。じっさいにできないことを、ほんとうのように見せかけるしかけ。

とりつぐ【取り次ぐ】 ❶人と人の間に入って話などをつたえる。❷商品を一方からよそへおくる。

とりつくしまもない【取りつく島もない】 すがりついてたよるところがない。▼「不親切で取りつく島もない」

とりつくろう【取りつくろう】 あやまちなどをごまかしてかくす。▼「人前を取りつくろう」

とりで 昔、本城をまもるためにつくった小さな城。▼「とりでをきずく」

とりどり さまざま。▼「色とりどりの花がさきみだれる」

とりなす【取りなす】 その場をうまくおさめる。▼「友だちのなかを取りなす」

とりはからう【取り計らう】 うまくかたづける。取りあつかう。▼「あとはわたしがいいように取り計らう」

とりはだ【鳥肌】 寒さのため、はだが、毛をとりさったあとの鳥のはだのようになること。▼「寒さで鳥はだが立つ」

とりひき【取り引き】 品物を売ったり買ったりすること。売買。

ドリブル ❶サッカーで、ボールを小さくけりながら進むこと。❷バスケットボールやハンドボールで、ボールをかた手でつきながら進むこと。

とりまく【取り巻く】 ❶かこむ。❷人にくっついていてきげんをとる。

とりみだす【取り乱す】 ❶ちらかす。❷心のおちつきをなくして、自分のことがわからなくなる。▼「気を取り乱す」

とりめ【鳥目】 昼は物が見えるが、夜になると鳥のように見えなくなる目の病気。ビタミンＡの不足でおこる。

とりもつ【取り持つ】 ❶人をもてなす。❷両方の間に入って世話をする。▼「二人のなかを取り持つ」

とりもどす【取り戻す】 ❶もう一度自分のものにする。取り返す。▼「とられたおもちゃを取りもどす」❷もとのようにもどす。よかった時にもどす。▼「元気を取りもどす」

とりょう【塗料】 美しくしたり、さびるのや、くさるのをふせいだりするために物の表面にぬるもの。ペンキやニス・エナメルなど。

どりょく【努力】 力のかぎりつくすこと。せいいっぱいつくすこと。

とりよせる【取り寄せる】 こちらにおくらせる。持って来させる。▼「港からしゅんの魚を取り寄せる」

ドリル ❶木や金属にあなをあける道具。➡工具（図）❷練習をくりかえすこと。▼「国語のドリル」

とりわけ【取り分け】 とくに。とくべつに。▼「今年は取り分け暑い」

ドリンク 飲み物のこと。

とる【取る】 ❶手に持つ。つかむ。にぎる。❷ぬすむ。うばう。▼「お金を取る」❸とりはずす。のぞく。▼「上着を取る。よごれを取る」❹書きとる。うつす。▼「メモを取る」❺自分のものにする。▼「資格を取る」❻つむ。かさねる。▼「年を取る」❼行う。する。▼「すもうを取る」❽ついやす。必要とする。▼「てまを取らせる」➡【取】315ページ
●取るに足りない●取る物も取りあえず

とる【採る】 ❶人をやとう。▼「社員を採る」❷とって集める。▼「血を採る」❸手でつかまえる。▼「虫を採る」❹みちびき入れる。▼「光線を採る」➡【採】262ページ

とる【捕る】 つかまえる。いけどりにする。▼「ネズミをとる」

とる【執る】 ❶手にとって使う。▼「筆をとる」❷仕事をする。

とる【撮る】 写真や映画にうつす。

ドル アメリカ・カナダなどのお金の単位。一ド

前のページの答え⇒「トランペット（取らんペット）」

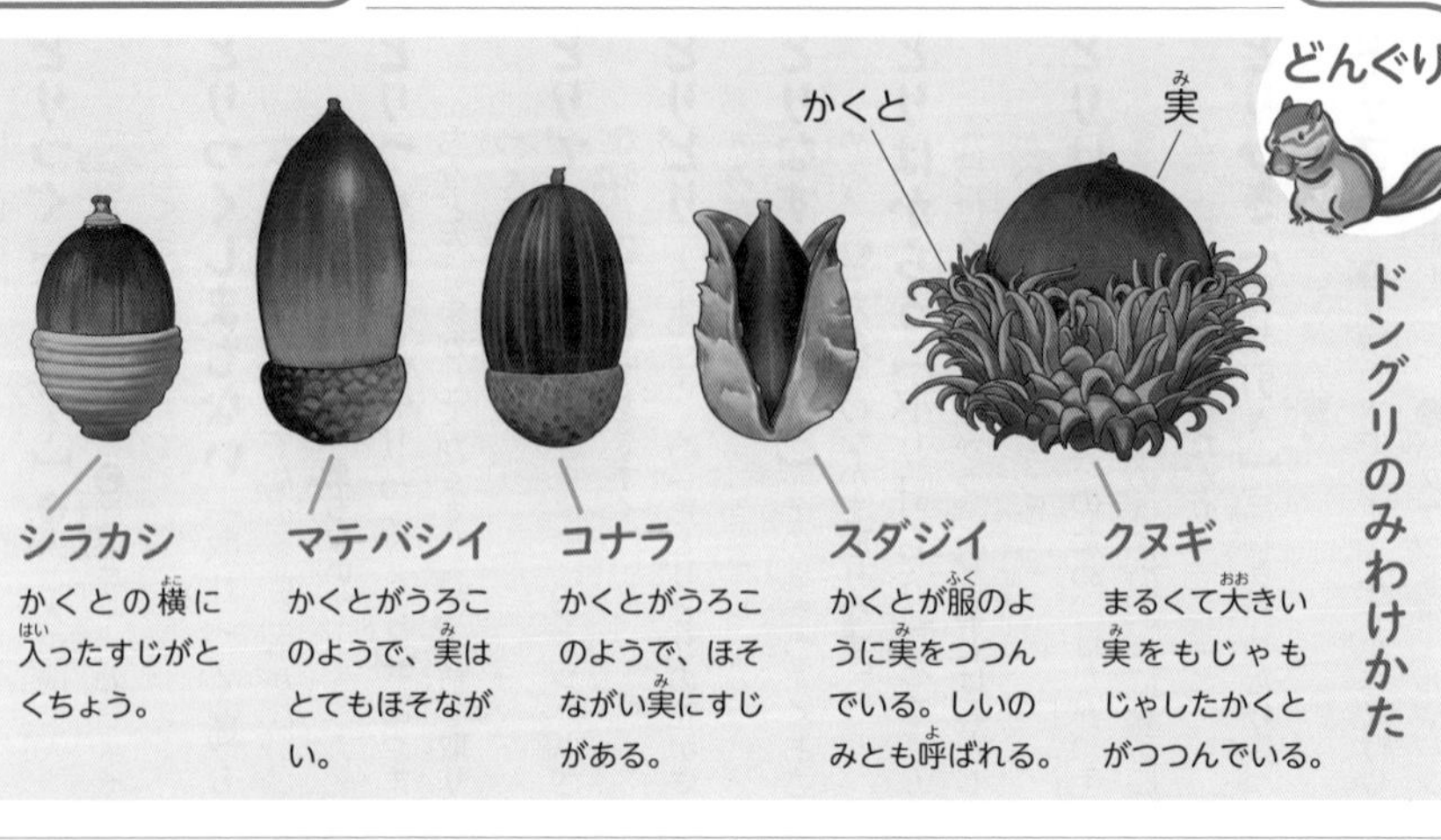
どんぐり
かくと
実
ドングリのみわけかた
シラカシ
かくとの横に入ったすじがとくちょう。
マテバシイ
かくとがうろこのようで、実はとてもほそながい。
コナラ
かくとがうろこのようで、ほそながい実にすじがある。
スダジイ
かくとが服のように実をつつんでいる。しいのみとも呼ばれる。
クヌギ
まるくて大きい実をもじゃもじゃしたかくとがつつんでいる。

ルは百セント。

とるにたりない【取るに足りない】とりたてて言うほどのねうちがない。たいしたことはない。▽「取るに足りないうわさ」

どれ 多くのものの中から、一つをえらび出すことば。▽「どれがほしいの」

トレイ 物を置いておくのに使う、おぼんのような形の入れ物。▽「文ぼう具をトレイに並べる」

どれい【奴隷】昔、お金で売り買いされて、はたらかされた人。

トレーナー ❶スポーツで、選手のからだの調子をみたり、練習のやり方を教える人。❷動物を訓練する人。調教師。▽「イルカのトレーナー」❸スポーツで、練習するときに着る、厚いもめんの布でつくった長そでのシャツ。⬇服（図）

トレーニング スポーツなどの練習。▽「トレーニングパンツ」

ドレス 女の人が着る洋服。⬇服（図）

とれる【取れる】❶取ることができる。▽「よく勉強すれば百点が取れる」❷ついていたものが、はなれておちる。▽「ボタンが取れる」❸理解できる。▽「悪い意味にも取れる」❹しゅうかくがある。▽「米がたくさん取れた」

どろ【泥】❶水がまじったやわらかい土。❷かくしている悪いこと。▽「どろをはく」❸どろぼう。▽「こそどろ」

ドロップ ❶さとうに香料などを入れて作ったあめ。❷スポーツで、ボールが急に下に落ちる動き。▽「ボールがドロップして、ラインすれすれに入る」

どろどろ ❶かたまっていたものがとけて、ゆっくり流れ出すようす。▽「チョコレートが暑さでどろどろになる」❷どろなどがたくさんついて、よごれているようす。▽「どろどろの運動ぐつ」

どろぬま【泥沼】❶どろ水のぬま。❷なかなかぬけられない悪いじょうたい。▽「どろぬまにはまる」

とろび【とろ火】いきおいの、ごく弱い火。▽「とろ火で豆をにる」

トロフィー 優勝した人におくるカップなどの記念品。

どろぼう【泥棒】物をぬすむこと。また、ぬすむ人。

どろんこ【泥んこ】どろだらけになるようす。

トロンボーン 管をのびちぢみさせて音の高さをかえる金管楽器。⬇楽器（図）

どわすれ【ど忘れ】ふと忘れて、どうしても思い出せないこと。▼「友達の名前をど忘れしてこまった」

トン ❶重さの単位。一トンは一〇〇〇キログラム。記号は「t」。❷船などの大きさをあらわす単位。

どんかく【鈍角】九〇度から一八〇度の間の角。⇔鋭角。

とんカツ 厚く切ったぶた肉に小麦粉とパン粉をつけて油であげた料理。

どんかん【鈍感】ものごとの感じ方がにぶいこと。▼「どん感な人」⇔敏感。

どんぐり カシ・クヌギ・ナラなどの実をまとめていうことば。⇩コラム

どんぐりのせいくらべ【どんぐりの背比べ】どれも同じくらいで、とくにすぐれたもののないこと。

どんぞこ【どん底】いちばん下の底。最低。▼「どん底の成績」

とんち その場ですぐ出るちえ。機知。機転。

とんちんかん することや言うことのまとがはずれていること。

とんでひにいるなつのむし【飛んで火に入る夏の虫】明かりをもとめて、火に飛びこむ虫のように、あぶないことに自分から飛びこむこと。

とんでもない ❶思いもかけない。▼「とんでもない所で人に会う」❷あってはならない。▼「とんでもないことをしでかす」❸強くうちけすことば。▼「お礼なんて、とんでもない」

どんでんがえし【どんでん返し】❶ものごとや話のすじがまったくひっくり返ること。❷劇などで、たてものや背景をひっくり返していっぺんに場面をかえること。

とんとん ❶物を何回か軽くたたく音をあらわすことば。▼「ドアをとんとんたたく音が聞こえた」❷すらすらとうまくいくようす。▼「宿題がとんとんと進む。とんとんびょうし」

とんとんびょうし【とんとん拍子】思いどおりにつごうよくはかどること。▼「とんとんびょうしに話がすすむ」

どんな どのような。▼「どんな物がほしいの」

トンネル ❶人や車、水などを通すために、山や海底、川底などをほりぬいてつくった通路。❷野球で、ゴロのボールをとりそこね、またの間から後ろにそらすこと。

どんぶり【丼】大型の茶わんのようなうつわ。また、それに盛った料理。▼「たまごどんぶり」

とんぼ 大きな目を持ち、すきとおった四まいの羽を持つこん虫。幼虫はヤゴといい、水中にすむ。

とんぼがえり【とんぼ返り】❶トンボのように空中でからだを回転させること。宙返り。❷用事をすませてすぐ引き返すこと。

［とんぼ返り❶］

とんや【問屋】品物を作っている人から買い集めて、小売店に売る店。卸商。

どんより ❶空のくもったようす。❷目つきなどがぼんやりとしているようす。▼「どんよりとした目」

あいうえお かきくけこ さしすせそ たちつてと と なにぬねの はひふへほ まみむめも やゆよ らりるれろ わをん

なぞなぞ けんび鏡でのぞいても見えない結しょうってなんだ？ 答えは次のページ。

な

ナ

な【名】 ❶人や物につけた、よびな。名前。❷ひょうばん。名よ。▽「名をあげる」❸うわべ。▽「名をすてて実をとる」⬇【名】689ページ
●名残●名残惜しい●名高い●名だたる●名のる●名前●名もない●名を成す●仮名●平仮名

な【奈】 4年 ナ ―

県名の「神奈川」「奈良」や「奈落」(地ごく。どんぞこ)ということばに用いる。
●神奈川県●奈良県●奈落

奈（禾にしない）

な【菜】 ❶葉やくきが食用になるやさい。❷アブラナ。▽「菜の花」⬇【菜】262ページ

ない【内】 2年 ナイ・(ダイ) うち

うち。なか。▽「校内。車内」⬌外。
●内科●内外●内角●内閣●内閣総理大臣●内向●内出血●内緒●内助●内職●内心●内申書●内蔵●内臓●内通●内定●内部●内服薬●内聞●内密●内面●内野●内容●内乱●内陸●案内●室内●場内

内（はねる）

ない【亡い】 ❶ほろびて、形がのこっていない。❷死んでしまって、いない。⬇【亡】635ページ

ない【無い】 人や物が存在しない。▽「お金が無い。すがたが無い」⬌有る。⬇【無】681ページ

ないか【内科】 医者の仕事の中で内臓の病気をみて、手術をしないでなおす仕事。⬌外科。

ないがい【内外】 ❶内と外。❷国内と国外。❸数や量をあらわすことばの下につけて、「およそ」の意味をあらわす。▽「一メートル内外はある。百人内外の参加者」

ないかく【内角】 ❶三角形・四角形などの内がわの角。⬌外角。❷野球のホームベースで、バッターに近いほうのがわ。インコース。⬇外角(図)

頂点 辺 頂角 頂点 底辺 内角 外角

[内角❶]

ないかく【内閣】 総理大臣と国務大臣によって作られる、国の政治を行うところ。政府。

ないかくそうりだいじん【内閣総理大臣】 内閣の最高責任者で、国会でえらばれる。大臣をきめたり、政治全体の指図をしたりする。首相。

ないしゅっけつ【内出血】 からだの中で血管がやぶれて血が出ること。

ないしょ【内緒】 人に知らせないでおくこと。ひみつ。▽「ないしょ話」

ないしょく【内職】 ❶本職のほかにする仕事。アルバイト。❷主婦がくらしをたすけるためにする仕事。

ないしん【内心】 心の中。ほんとうの気持ち。本心。

ないしんしょ【内申書】 入学をきぼうしている生徒の成績を、きぼう先の学校の校長に知らせるための書類。

ナイス うまい。上手だ。

ないぞう【内蔵】 中にもっていること。▽「モーターを内蔵するおもちゃ」

ないぞう【内臓】 胸や腹の中にある、肺・胃・腸などをひとまとめにしてよぶときのよび名。

ナイター 野球などのスポーツで、夜に行われ

る試合。▽「ナイター中けい」

ないてい【内定】正式に発表する前になかまうちだけできめること。

ナイフ ❶小刀。❷洋食用の小刀。

ないぶ【内部】❶内がわ。❷なかま。うちわ。▽「内部の集まり」⇕外部。

ないふくやく【内服薬】のみ薬。内用薬。▽「内服薬をのむ」

ないみつ【内密】人に知らせないこと。ないしょ。ひみつ。▽「内密の話」

ないめん【内面】❶内がわ。内部。⇕外面。❷人間の心の中。▽「内面の美しさ」

ないや【内野】野球で一塁・二塁・三塁と本塁をむすぶ線の内がわ。また、そのあたりをまもる選手。⇕外野。↓野球（図）

ないよう【内容】❶なかみ。⇕形式。❷文や本に書いてあることがら。

ないらん【内乱】政治の権力を、力でうばいとろうとするためにおこる、国の中でのあらそい。▽「内乱がおこる」

ないりく【内陸】海岸から遠くはなれた、陸地のおくのほう。▽「内陸部」

ナイロン 石炭、石油などから作られる合成せんい。絹よりも軽く強い。

ナイン ❶数の九。ここのつ。❷野球の試合をするチームの九人。

なえ【苗】たねから芽を出したばかりの植物。植えかえるまでのものをいう。

なえぎ【苗木】芽が出てすぐの、まだ小さな木。▽「ミカンのなえ木」

なえどこ【苗床】なえをそだてる所。

なお ❶やはり。まだ。▽「いくらねても、なおねむい」❷いっそう。ますます。▽「雨は、なおはげしくふりつづいている」❸さらに。つけくわえて言うと。▽「なお、くわしくは明日の朝お知らせします」

なおさら ますます。いっそう。▽「くたびれているのに走ったので、なおさらつかれた」

なおす【直す】❶もとのようにする。▽「服装を直す」❷まちがいを正す。▽「あやまりを直す」❸おきかえる。▽「グラムをキロに直す」↓【直】454ジペー

なおす【治す】病人をもとの健康なからだにする。↓【治】287ジペー

なおる【直る】❶もとのようになる。▽「テレビが直る。きげんが直る」❷まちがいが、あらたまる。▽「欠点が直る」↓【直】454ジペー

なおる【治る】病気から健康なからだにもどる。↓【治】287ジペー

なか【中】❶うち。うちがわ。▽「中庭」❷まん中。中心。▽「川の中ほど」❸中間。▽「中の兄」❹たくさんあるそのうち。↓【中】447ジペー ●中庭●中身●中指●背中●夜中

なか【仲】人と人とのまじわり。間がら。↓【仲】447ジペー ●仲たがい●仲直り●仲間●仲むつまじい●仲良し

ながい【永い】時間のへだたりがひじょうに大きい。久しい。▽「永い年月」↓【永】69ジペー

ながい【長い】❶きょりのへだたりが大きい。▽「長い橋」⇕短い。❷時間のへだたりが大きい。▽「長いこと祖母と会わない」⇕短い。↓【長】451ジペー

ながいき【長生き】長く生きること。▽「長生きの家系」

ながぐつ【長靴】革やゴムなどで作った、ひざ近くまである長いくつ。

ながさ【長さ】はしからはしまでのきょり。

ながさきけん【長崎県】九州地方にある県。県庁のある長崎市は、江戸時代に外国ととりひきをした、ただ一つの港。一九四五（昭和二十）年八月九日には、広島につづいて原ばくがおとされた。↓都道府県（図）

ながし【流し】❶台所で、物をあらう所。❷ふろ場で、からだをあらう所。❸タクシーが、お客をさがして走ること。▽「流しのタクシーをひろう」

前のページの答え⇒「努力の結しょう（苦労した上でできたものという意味）」

ながす【流す】❶水などをひくいほうへうつらせる。❷水などの動きによって、物をはこばせる。▽「いかだを流す」❸広める。▽「うわさを流す」❹あらいおとす。▽「背中を流す」❺罪をおかした人を遠くへおいやる。▽「罪人を島に流す」❻わすれさる。気にしない。▽「過ぎたことは水に流す」❼タクシーが、客をもとめて走る。⬇【流】745ページ

ながそで【長袖】手首のところまであるそで。また、そのような洋服。

なかたがい【仲たがい】仲が悪くなること。けんか。

なかなおり【仲直り】仲が悪くなっていた者同士が、もとのように仲よくなること。▽「友達と仲直りする」

なかなか ❶そうとう。ずいぶん。▽「なかなかよくできた作品」❷そうたやすくは。▽「なかなか解けない問題」

なかにわ【中庭】たてものにかこまれた庭。内庭。

ながねん【長年・永年】ながい年月。

ながのけん【長野県】中部地方にある県。高い山・温泉にめぐまれ、おとずれる観光客が多い。県庁は長野市にある。⬇都道府県(図)

なかば【半ば】❶およそ半分。▽「半ばあきらめる」❷まん中ごろ。▽「四月半ば」❸さいちゅう。▽「食事の半ば」⬇【半】571ページ

なかま【仲間】❶あることをいっしょにする人。▽「サッカーの仲間」❷同じ種類。▽「ヒョウはネコの仲間です」

なかまはずれ【仲間外れ】仲間に入れないこと。

なかみ【中身】中に入っているもの。中にふくまれているもの。内容。

なかむつまじい【仲むつまじい】仲がいい。▽「仲むつまじい兄と弟」

ながめ【眺め】見わたすこと。また、見わたした景色。▽「ながめがいい」

ながめる【眺める】❶物を見つめる。❷景色を見る。景色を見わたす。

ながもち【長持ち】❶長い間、使えること。▽「長持ちする品」❷衣類や品物を入れておく、ふたのある長方形の箱。

なかゆび【中指】五本の指の、まん中にある指。⬇指(図)

なかよし【仲良し】仲の良いこと。また、仲の良い人。▽「仲良しになる」

ながれ【流れ】❶流れること。流れるもの。❷川。❸血筋。▽「源氏の流れ」❹流派。▽「流れをくむ」❺うつりかわっていくこと。▽「時の流れ」

ながれさぎょう【流れ作業】工場などで、物を作るのに、材料をベルトコンベアなどにのせて動かしながら、仕事をしていくやり方。

[流れ作業]

ながれでる【流れ出る】流れて外へ出る。

ながれぼし【流れ星】夜空を急に流れてきえる星。小さな星のかけらが、地球の大気にとびこんで、もえるためにおこる。流星。

ながれる【流れる】❶水などがひくいほうへうつる。❷水などによって、物がはこばれる。▽「小川を木の葉が流れる」❸広まる。▽「うわさが流れる」❹うつっていく。▽「時が流れる」❺やめになる。▽「雨で遠足が流れる」⬇【流】745ページ

なきがら 死んだ人のからだ。しかばね。▽「なきがらに、すがりつく」

なきくずれる【泣き崩れる】しせいをくずして、はげしく泣く。

なきごえ【泣き声】なみだといっしょに出る声。

なきごえ【鳴き声】動物が出す声。

なきごと【泣き言】泣きながらうったえることば。言ってもしかたのないことを、くどくどと言うこと。ぐち。

なぎさ 波がうちよせる所。水際。

なきさけぶ【泣き叫ぶ】泣いてわめく。大声で泣く。

なきじゃくる【泣きじゃくる】泣いてしゃくりあげる。すすりあげて泣く。▽「いつまでも泣きじゃくる」

なぎたおす【なぎ倒す】❶立っているものを、横にはらってたおす。❷敵を次々とうちはらい、負かす。

なきつらにはち【泣き面に蜂】泣き顔を、ハチがさすということで、こまっているうえに、こまったことがかさなること。弱り目にたたり目。

なきねいり【泣き寝入り】❶泣きながらねてしまうこと。❷ひどい目にあわされても、しかたなしにあきらめてだまってしまうこと。▽「だまされても泣きね入りしない」

なきむし【泣き虫】少しのことですぐに泣いてしまう人。▽「泣き虫な子」

なく【泣く】悲しいこと、つらいことのために、なみだをながす。▽「大きな声で泣く」⇩【泣】171ページ

なく【鳴く】鳥や虫やけだものが声を出す。⇩【鳴】690ページ

泣く

鳴く

[泣く・鳴く]

なぐさめる【慰める】❶心を楽しませる。❷人の苦しみやさびしさをやわらげる。▽「心をなぐさめる」▽「悲しい目にあった友達をなぐさめる」

なくす【無くす】うしなう。▽「ハンカチを無くす」

なくなる【亡くなる】死ぬ。

なくなる【無くなる】❶だんだんへって、のこりが消える。❷ものが見当たらなくなる。

なぐる【殴る】強くうつ。ぶつ。

なげうり【投げ売り】もうけを考えないで売ること。すて売り。

なげかける【投げ掛ける】❶投げつける。❷投げて引っかける。▽「上着をかたに投げかける」❸人に、ある気持ちやものごとを示す。▽「ぎもんを投げかける」

なげく【嘆く】❶深く悲しがる。▽「祖父の死をなげく」❷悲しいこと、苦しいことを口に出して言う。▽「不運をなげく」

なげし 日本の家で、かもいの上などに横につけた板。⇩床の間（図）

なげだす【投げ出す】❶ほうり出す。❷ものごとを、とちゅうであきらめてやめてしまう。▽「仕事を投げ出す」

なげやり【投げやり】ものごとをいいかげんにすること。▽「投げやりなたいど」

なげる【投げる】❶手で遠くへほうる。▽「石を投げる」❷すてる。▽「身を投げる」❸あきらめる。手を引く。▽「試合を投げるのはまだ早い」⇩【投】488ページ

なこうど【仲人】けっこんのなかだちをする人。ばいしゃく人。▽「仲人をたのむ」

なごむ【和む】ゆったりした気持ちになる。▽「名曲を聞き心が和む」⇩【和】759ページ

なごやか【和やか】ゆったりとしておちついたようす。▽「和やかなふんいき」⇩【和】759ページ

なごり【名残】❶ものごとがすんだあとに残っていて、それを思い出させるもの。▽「ゆうべの雨の名残」❷わかれをおしむ気持ち。心残り。

なぞなぞ 学校でも工事現場でも使うものは？ 答えは次のページ。

なごりおしい【名残惜しい】心がひかれて、わかれるのがつらい。▼「友だちとわかれるのが名残おしい」

なさけ【情け】❶思いやる心。気のどくに思う心。▼「情けをかける」❷人情。人間らしい心。⬇【情】334ページ
●情け知らず●情けない●情けは人のためならず●情け深い

なさけない【情けない】❶思いやりがない。❷あまりにみじめだ。だらしがない。▼「情けないすがた」

なさけはひとのためならず【情けは人のためならず】情けをかけることは、人のためではなく、自分のためにするものので、人に親切にすれば、いつかは自分にいいことがかえってくる、ということわざ。

なさけぶかい【情け深い】人をあわれむ心が深い。▼「情け深い人」

なざし【名指し】名をさししめすこと。指名。▼「当番を名指しできめる」

なさる「する」のうやまった言い方。▼「先生はどうなさるのですか」

なし【梨】4年 なし ―― 果物の木の一つ。花は白く、実はリンゴぐらいの大きさで、あまい。

梨 一 二 千 禾 利 梨 梨 (少し短く)

●梨の木●山梨県

なしとげる【成し遂げる】ものごとをしまいまでやりとおす。完成する。▼「大事業を成しとげる」

なしのつぶて たよりのないこと。おとさたのないこと。▼「いくら手紙を出してもなしのつぶてだ」

なじみ ❶人となれ親しむこと。▼「なじみの客」❷親しい間がら。また、その人。▼「幼なじみ」

なじむ ❶なれ親しむ。▼「新しい土地になじむ」❷調和する。▼「新しいくつが足になじむ」

なじる 人の悪いところをとがめたり、せめたりする。▼「失敗をなじる」

なす【成す】つくる。まとまったかたちにする。▼「一家を成す」⬇【成】372ページ

なす やさいの一つ。夏から秋にかけてなる、皮がむらさき色の実を食べる。

なずな 春、白い小さな花が開く草。道ばたなどにたくさん生える。春の七草の一つ。ペンペングサ。⬇春の七草（図）

なすりつける ❶こすってつける。▼「どろ

ことばのふしぎ 情けはだれのため？

ことばって長い間使われていると、いつの間にか意味が変わってしまうことがあります。たとえば「情けは人のためならず」ということば。人に親切にすると自分にもいいことがかえってくるという意味で使います。でもこれを人に親切にすることはその人のためにならないという、これまでとはちがう意味で使っている人がいます。文化庁では、国民がこうしたことばをどういう意味で使っているのか、毎年調査をしています。

「情けは人のためならず」

2010年度「国語に関する世論調査」より

んこをなすりつける」❷自分の責任や罪を、ほかの人にかぶせる。

なぜ どういうわけで。どうして。▼「なぜ学校を休んだのですか」

なぞ【謎】❶はっきりわからない、ふしぎなことがら。▼「宇宙のなぞ。なぞの人物」❷なぞなぞ。

なぞなぞ【謎謎】ことばの中に、あることばをかくした問題を出して、そのことばを当てさせるあそび。なぞかけ。

ことばのふしぎ

なぞなぞの作り方

だれでもかんたんにできる、なぞなその作り方のこつを、教えますね。まず、あることばから、そのことばの中にかくれている別のことばをさがします。たとえば、「フライパン」には「パン」ということばがありますね。そうしたら、「パンはパンでも食べられないパンはなに?」という問題にするのです。では「カメラの中にいる動物はなに?」。答えはカメですね。

なぞる 文字や絵の線の上を、そのとおりにたどってかく。▼「習字の手本をなぞる」

なた えが短く、はばが広くあついはもの。まきをわったりするのにつかう。⬇昔話（図）

なだかい【名高い】広く名前が知られている。有名だ。▼「名高い科学者」

なだたる【名だたる】名高い。有名な。▼「世界に名だたる山」

なだめる 気分をやわらげ、しずめる。▼「おこっている兄をなだめる」

なだらか かたむきのゆるいようす。▼「なだらかな坂道」

なだれ【雪崩】つもった雪が、山の坂を急にくずれおちること。

なだれこむ【雪崩込む】なだれのようにどっと一度に入りこむ。▼「開場と同時に人々がなだれこむ」

ナチュラル 自然であるようす。かざりけのないようす。

なつ【夏】四季の一つ。六月・七月・八月ごろ。⬇四季（コラム）⬇【夏】109ページ
●夏場●夏ばて●夏休み●常夏●真夏

なつかしい【懐かしい】昔の思い出などに、しみじみと気持ちがひきつけられる。▼「なつかしい旅の思い出」

なつかしむ【懐かしむ】なつかしく思う。▼「昔をなつかしむ」

なつく【懐く】なれて親しくなる。▼「子犬がなつく」

ナッツ クルミ・アーモンドなどの食べられる木の実。

ナット ボルトにはめて物をしめつけるのに使う、留め金。⬇ボルト（図）

なっとう【納豆】むした大豆に、納豆菌をはたらかせて作った食べ物。ぬるぬるしてねばりけがある。

なっとく【納得】しょうちすること。よくわかること。▼「やっと納得する」

なつば【夏場】夏のころ。▼「夏場は観光客でにぎわう高原」

なつばて【夏ばて】夏の暑さで体が弱ること。▼「夏ばてで何も食べたくない」

なつび【夏日】一日の最高気温が二十五度以上の日。⬍冬日。

なつまつり【夏祭り】夏にある祭り。

なつやすみ【夏休み】夏の暑い時期に、学校などが休みになること。

なでる そっとさする。▼「ネコの頭をなでる」

など たくさんあるものの中からたとえをいくつか出して、ほかにもまだあることを表すことば。▼「スーパーでナスやキュウリなどのやさいを買う」

前のページの答え⇒「ドリル」

なな【七】ななつ。▽「七色のにじ」↓【七】301ジペー

なないろ【七色】七つの色。七つの種類。▽「七色とうがらし」

ななくさがゆ【七草がゆ】一月七日に春の七草を入れて作るかゆ。↓春の七草

[七草がゆ]

ななころびやおき【七転び八起き】七回転んでも八回起き上がるということから、何回失敗しても、心がくじけないでやり直すこと。

[七転び八起き]

ななつ【七つ】❶数の名。しち。七個。▽「七つ道具」❷七さい。▽「ことし七つになる」↓【七】301ジペー

ななつどうぐ【七つ道具】一組にして、いつも使ったり持って歩いたりする道具。▽「手品の七つ道具」

ななめ【斜め】❶かたむいていること。はすかい。▽「棒をななめに立てかける」❷正面から少しずれていること。▽「ななめむこうの家」❸きげんが悪いこと。▽「ごきげんななめ」

なに【何】❶はっきりときまらないものを指すこと。▽「何か飲み物をください」❷まったく。▽「何ひとつ食べない」↓【何】108ジペー
●何かにつけて●何食わぬ顔●何気なく●何事●何しろ●何やら●何より

なにか【何か】はっきりしないものを言うことば。▽「何か食べたい」

なにがし ❶人の名などがはっきりしないときに使うことば。▽「木村なにがし」❷いくらかの数。▽「なにがしかのお金」

なにくわぬかお【何食わぬ顔】とぼけて知らんふりをしている顔。▽「いたずらをして、何食わぬ顔をしている」

なにげなく【何気なく】なんの考えもなく。ふと。▽「何気なくのぞいた」

なにごと【何事】❶どんなこと。▽「今日は何事もなくおわった」❷すべてのこと。▽「何事も、最後までやりとげなさい」❸なんということ。▽「練習を休むとは何事だ」

なにしろ【何しろ】とにかく。なんといっても。▽「何しろ暑くてたまらない」

なにやら【何やら】なんだかわからないが。▽「何やら話し合っている」

なにより【何より】ほかのどんなものよりもいい。▽「健康が何よりです」

なぬし【名主】昔、町や村をおさめていた人。庄屋。

なの【七】ななつ。「七日」と読むときのとくべつな読み方。↓【七】301ジペー

なのか【七日】❶月の七番目の日。▽「七月七日のたなばた祭り」❷七日間。「なぬか」ともいう。

なのはな【菜の花】アブラナの黄色い花。春にさく。

なのる【名のる】自分の名を言う。▽「名を名のる」

なびく ❶風や水などの力におされて横になる。▽「はたが風になびく」❷ほかの人の考えにしたがう。▽「兄の考えになびく」

ナプキン 洋食で食事のとき、胸やひざにかける、布や紙。

なふだ【名札】名前を書いたカード。

ナフタリン 衣服の虫よけや、トイレのにおいをけすために使う薬。

なぶる ❶からかっていじめる。❷おもちゃにする。もてあそぶ。▽「ネコがネズミをなぶる」

なべ【鍋】食べ物をにるのに使う道具。

なま【生】❶自然のままのようす。▽「生のや

あいうえお

かきくけこ

さしすせそ

たちつてと
な
なにぬねの
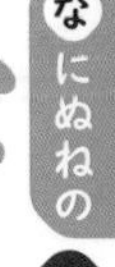

はひふへほ

まみむめも

やゆよ

らりるれろ

わをん

さい」❷新しいもの。▼「生傷」❸ほかのことばについて、「なんとなく」「少し」の意味をあらわす。▼「生ぬるい」⬇【生】371ページ

●生あくび●生暖かい●生意気●生菓子●生かじり●生木●生傷●生臭い●生殺し●生々しい●生易しい

なまあたたかい【生暖かい】少し暖かい。▼「生暖かい風」

なまいき【生意気】えらそうにして、ですぎたことをしたり、しゃくにさわるようなたいどをとること。

なまえ【名前】❶人や物につけたよび名。▼「花の名前」❷せい名のうちの名字でないほう。▼「子供の名前を考える」

わたしの名前

なまがし【生菓子】❶主にあんこを使って作るやわらかい和がし。ようかん・まんじゅうなど。❷クリームや果物を使って作る洋がし。ケーキなど。

なまきず【生傷】新しい、できたばかりの傷。▼「手足に生傷がたえない」⬍古傷。

なまぐさい【生臭い】❶魚やけものの肉のにおいがする。❷血のにおいがする。▼「生ぐさい風がふいてくる」

なまくら ❶よく切れないこと。またそういうはもの。❷いくじのないこと。いくじのない人。▼「なまくらな男」

なまけもの【怠け者】いつもなまけていて、いっしょうけんめいにやらない人。

なまける【怠ける】まじめに仕事をしない。せいを出してしない。

なまごみ【生ごみ】台所から出る、魚ややさいのくずや食べ残したおかずなどの、しめったごみ。

なまじっか ❶いいかげんな。▼「なまじっかな練習では、勝てない」❷よせばいいのに。▼「なまじっか口を出すから、けんかになる」

なまず 池や川などの底のどろにすんでいる魚。口に四本のひげがある。うろこはない。

なまなましい【生生しい・生々しい】❶たいへん新しい。▼「生々しいきずあと」❷生き生きとしている。真にせまっている。▼「生々しいびょう写」⬇「々」は同じ文字をくり返すという意味のおどり字という記号。

なまぬるい【生ぬるい】❶少しあたたかい。▼「生ぬるい風がふく」❷きびしくない。てぬるい。▼「しかり方が生ぬるい」

なまはげ 秋田県の男鹿地方で毎年、おおみそかころに行われる行事。おにが家に来て、悪い子などをいましめて帰る。

[なまはげ]

なまめかしい あでやかだ。美しく色っぽい。▼「なまめかしいすがた」

なまもの【生物】にたり、やいたり、ほしたりしていない食べ物。多く、魚についていう。「せいぶつ」と読むと、ちがう意味になる。

なまやさしい【生易しい】たやすい。ふつうにできる。▼「優勝するのは生易しいことではない」

なまり【鉛】やわらかくて重い金属。

なまり ある地方だけで使われている発音。▼「その土地のなまり」

なまる ❶はものの切れ味が悪くなる。▼「かみそりがなまる」❷力が弱くなる。▼「運動しないと、からだがなまる」

なみ【波】❶水面にできる高い動きとひくい動

さかさことば 前から読んでもうしろから読んでも「どれがレド？(ドレミ♪のレとド)」。

き。❷ものごとの高低。▽「仕事の波」❸波の形ににたもの。▽「人の波」↓【波】547ページ
●波打ち際●波打つ●波頭●波風●波立つ●波乗り●波間●荒波●人波

なみ【並】625ページ ふつうのようす。▽「並の人」↓
●並木●並たいてい

なみうちぎわ【波打ち際】波が打ちよせる所。水際。なぎさ。

なみうつ【波打つ】❶波が岸によせてくる。❷波のようにうねる。▽「イネのほが波打っている」

なみかぜ【波風】❶波と風。❷もめごと。さわぎ。▽「波風をたてる」

なみき【並木】道にそって一列に並べてうえてある木。▽「並木道」

なみだ【涙】❶悲しいとき、またうれしいときに目から出る液体。❷思いやり。▽「血もなみだもない人」

なみたいてい【並たいてい】ひととおり。ふつう。▽「日記を毎日つけるのは、並たいていではない」

なみだぐむ【涙ぐむ】今にも泣きそうになって目になみだをためる。

なみだながら【涙ながら】なみだを出し、泣きながら。▽「なみだながらに話す」

なみだもろい【涙もろい】なみだをながしやすい。泣きやすい。

なみだをのむ【涙をのむ】つらいことをぐっとがまんする。くやしさをこらえる。▽「一回戦でなみだをのむ（負ける）」

なみま【波間】波と波の間。

なめくじ カタツムリのなかまで、貝がらを持たない動物。しめった所にすみ、やさいなどを食べる。

なめしがわ【なめし革】くつ・かばんなどを作るために、毛皮から毛とあぶらをとりのぞき、やわらかくして、くさらないようにした革。

なめらか【滑らか】❶すべすべしているようす。❷すらすらすすむようす。▽「話し合いがなめらかにすすむ」

なめる ❶舌の先でなでる。味をみる。▽「砂糖をなめる」❷経験する。▽「苦しみをなめる」❸ばかにする。あまくみる。▽「あいてをなめる」

なもない【名もない】世の中に知られていない。▽「名もない絵かき」

なや【納屋】物おき小屋。

なやましい【悩ましい】気持ちがしげきされて、おちつかない。

なやむ【悩む】❶心配して苦しむ。▽「思いなやむ」❷病気で苦しむ。▽「持病になやむ」

なよなよ やわらかで弱々しいようす。▽「なよなよした若竹」

ならう【習う】勉強したり、練習したりする。↓【習】316ページ

ならう【倣う】まねる。あることを見本にして、そのとおりにする。▽「先頭の人にならう」

ならうよりなれろ【習うより慣れろ】教えられておぼえるよりも、自分で何回もやって慣れたほうが、よくおぼえられる。

ならけん【奈良県】近畿地方にある県。昔、都があった土地で、東大寺や法隆寺などの有名な寺がある。県庁は奈良市にある。↓都道府県（図）

ならじだい【奈良時代】七一〇年～七八四年の七十四年間で、奈良に都があった時代。

ならす【鳴らす】❶音や声を出す。▽「ベルを鳴らす」❷広く知られる。▽「天下にその名を鳴らす」❸わいわい言い立ててせめる。▽「不平を鳴らす」↓【鳴】690ページ

ならす【慣らす】❶そだててなつかせる。▽「犬を慣らす」❷慣れるようにする。▽「くつを足に慣らす」↓【慣】149ページ

ならす ❶平らにする。▼「土地をならす」❷平均する。▼「点数をならす」

ならぶ【並ぶ】 ❶列を作る。▼「車が並ぶ」❷くらべる。▼「並ぶものがない強さ」⬇【並】625ページ

ならべる【並べる】 ❶ならばせる。列を作らせる。❷つづける。▼「小言を並べる」⬇【並】625ページ

ならわし【習わし】 しきたり。古くからあるきまり。習慣。

なりきん【成金】 急に金持ちになること。また、そうなった人。▼「土地成金」

［成金］

なりたち【成り立ち】 ❶でき方。できあがるまでのじゅんじょ。▼「町の成り立ちについてしらべる」❷組み立て。▼「文の成り立ち」

なりたつ【成り立つ】 ❶できあがる。▼「やくそくが成り立つ」❷できている。▼「水は酸素と水素から成り立つ」❸考えられる。▼「そういう計算方法も成り立つ」

なりひびく【鳴り響く】 ❶鳴る音が四方にひびく。❷名が広く知れわたる。▼「名が天下に鳴りひびく」

なりふり 身なりや、ふるまい。かっこう。▼「なりふりかまわずはたらく」

なりものいり【鳴り物入り】 ❶楽器を鳴らしてにぎやかにすること。❷大げさに宣伝すること。

なりゆき【成り行き】 ものごとがうつりかわっていくようす。これから先のすすみぐあい。▼「事の成り行き」

なりをひそめる【鳴りをひそめる】 音をたてずにしずかにする。また、めだたないようにしずかにしている。

なる【成る】 ❶できあがる。しあがる。▼「事が成る」❷ようすがかわる。▼「病気になる。チャンピオンになる」❸なりたつ。できている。▼「国会は、衆議院と参議院とから成る」⬇【成】372ページ

なる【鳴る】 ❶音がする。▼「電話が鳴る」❷名が広く知れわたる。⬇【鳴】690ページ

なる 植物が実をむすぶ。みのる。

なるべく できるだけ。なるたけ。

なるほど ほんとうに。まことに。いかにも。

ナレーター 映画やテレビなどで、登場人物の気持ちやどんな場面かを説明する人。

なれなれしい ❶親しそうなようす。❷えんりょのないようす。

なれる【慣れる】 ❶くりかえして上手になる。❷たびたびけいけんして、めずらしくなくなる。▼「外国生活に慣れる」❸習慣になる。▼「早おきに慣れる」⬇【慣】149ページ

なれる なつく。▼「犬が人になれる」

なわ【縄】 糸やわらなどをより合わせた、太いじょうぶなひも。⬇【縄】334ページ

なわしろ【苗代】 イネのなえをそだてる所。

なわとび【縄跳び】 手で縄を回してとんだり、はった縄をとびこしたりするあそび。

なわばり【縄張り】 ❶縄を張って、土地のさかいをきめること。❷ある人や、グループの力がいきわたるはんい。▼「縄張りをあらそう」

なん【男】 ❶おとこ。▼「美男」⇔女。❷むすこ。▼「長男。次男」⬇【男】435ページ

なん【南】 2年 ナン・(ナ) みなみ

みなみ。▼「東南」⇔北。

南 南 南 南 南 南（はねる／つき出ない）

●南極●南国●南西●南東●南南西●南南東●南米

なん【難】 6年 ナン むずかしい・(かたい)

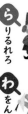

なぞなぞ 棒は棒でも見つかるとたいほされる棒は？ 答えは次のページ。

❶むずかしいこと。▽「難事」⇔易。❷わざわい。▽「難にあう」❸きず。欠点。▽「難がない。非難」

難（つき出ない・堇としない）

●難易●難解●難関●難儀●難局●難航●難所●難題●難点●難無く●難破●難病●難民●難問●苦難●困難●災難●無難

なん【何】わからないものをさすことば。「なに」と同じ意味だが、何日、何人などと、ことばの上につけて使う。⇩【何】108ページ ●何という●何となく

なんい【難易】むずかしいことと、やさしいこと。▽「難易度」

なんかい【難解】わかりにくいこと。解きにくいこと。▽「難解な話」

なんかん【難関】❶けわしく通りにくい所。❷むずかしいことがら。

なんきゅう【軟球】なん式野球やなん式テニスなどで使う、やわらかい球。⇔硬球。

なんきょく【南極】❶地球の南のはし。❷南極大陸のこと。⇔北極。

なんこう【難航】❶船が、波や風のためにたやすくすすまないこと。❷話がうまくはかどらないこと。▽「会議は難航している」

なんごく【南国】南の方の、あたたかい国。

なんこつ【軟骨】耳や鼻の骨のように、やわらかい骨。

なんじゃく【軟弱】弱々しくて強さがないこと。⇔強硬。

なんしょ【難所】けわしく、きけんな場所。通るのにあぶない所。

なんせい【南西】南と西とのまん中に当たる方角。西南。⇔北東。

なんだい【難題】❶むずかしい問題。難問。❷むりな言いがかり。やっかいなことがら。▽「無理難題」

なんてん【難点】❶むずかしいところ。❷よくないところ。欠点。

なんど【納戸】家の中で使う道具や、衣服などをしまっておく部屋。

なんという【何という】どう言ったらよいか、わからない。

なんとう【南東】南と東のまん中の方角。東南。⇔北西。

なんとか【何とか】❶十分ではないが、どうにか。▽「何とか時間にまにあうだろう」❷はっきりしないものをさすことば。▽「あの何とかいう本」

なんとなく【何となく】べつにわけはないが。なにげなく。

なんなく【難無く】たやすく。わけなく。▽「問題が難無く解けた」

なんなんせい【南南西】南と南西との間の方角。⇔北北東。

なんなんとう【南南東】南と南東との間の方角。⇔北北西。

なんぱ【難破】はげしい風や波のために船がこわれたりしずんだりすること。

ナンバー 数。番号。順番。

ナンバープレート 自動車につけてある、番号をしるした金属の板。

ナンバーワン 一番。一番の人。第一人者。▽「人気ナンバーワン」

なんびょう【難病】なおりにくい病気。▽「難病に苦しむ」

なんべい【南米】南アメリカ。

なんみん【難民】戦争や災害によって、自分の国をにげだしたり、生活にこまったりしている人々。

なんもん【難問】むずかしい問題。難題。▽「難問にとり組む」

に

ニ

に【二】 1年 ふた・ふたつ

❶ふたつ。▽「二倍」

❷つぎ。▽「二の句がつげない」

一 二

上のヨコ棒より長く

●二院制●二階から目薬●二期作●二酸化炭素●二重●二重人格●二世●二束三文●二等辺三角形●二兎を追う者一兎をも得ず●二の足を踏む●二の腕●二百十日●二枚貝●二枚舌●二毛作●無二

に【荷】 ❶にもつ。▽「荷車」❷やっかいもの。めんどうなもの。❸責任。▽「この仕事は荷が重い」⬇【荷】109ページ

●荷車●荷物●重荷

に【弐】 ふたつ。二。証書などを書くときに、この字を使う。▽「弐万円」

にあう【似合う】 よくつりあう。▽「グリーンのセーターがよく似合う」

にい【新】 ほかのことばの上について、「新しい」という意味をあらわす。▽「新盆」⬇【新】348ページ

にいがたけん【新潟県】 中部地方にある県。冬は雪が多い。米作りがさかん。石油・天然ガスもとれる。県庁は新潟市にある。⬇都道府県（図）

にいさん【兄さん】 ❶兄をそんけいしてよぶよび方。❷わかい男の人をよぶことば。

にえくりかえる【煮えくり返る】 ❶湯がぐらぐらにえて、わきたつ。❷たいへん腹が立つ。▽「だまされたくやしさで、はらわたがにえくり返る」

にえたぎる【煮えたぎる】 湯などがよくにえて、わきかえる。▽「なべの湯がにえたぎる」

にえる【煮える】 ❶にているものに熱がよく通り、食べられるようになる。❷水がわいて湯になる。

におい ❶鼻に感じるもの。かおりやくさみ。▽「いいにおいのする花」❷あるものの、ふんいきやようす。▽「文化のにおいがただよう町。犯罪のにおいがする」

におう【匂う・臭う】 においがする。いいにおいは「匂う」、くさいにおいは「臭う」と書く。▽「バラの花がにおう。生ごみがにおう」

におう【仁王】 仏教をまもる二人の金剛力士。ふつうは寺の門の左右においてある。

[仁王]

におうだち【仁王立ち】 仁王のようにいかめしく立つこと。▽「仁王立ちになって道をふさぐ」

におわせる それとなくわかるようにする。▽「自転車がほしいことをにおわせる」

にがい【苦い】 ❶こいお茶をのんだときに、舌に感じるような、いやな感じ。▽「苦い薬」❷くるしい。つらい。▽「苦い経験」❸ふゆかいな。▽「苦い顔」⬇【苦】188ページ

にかいからめぐすり【二階から目薬】 二階から下にいる人に目薬をさすように、思うようにいかなくて、ききめもあてにならないことのたとえ。

にがしたさかなはおおきい【逃がした魚は大きい】 つりそこなって、にがした魚は大きく思われるように、手に入れそこなったものは、じっさいのねうち以上に思われる。

[逃がした魚は大きい]

にがす【逃がす】 ❶つかまえていたものをはなして、自由にしてやる。▽「小鳥をにが

前のページの答え⇒「泥棒」

す」❷つかまえようとして失敗する。▽「チャンスをにがす」

にがつ【二月】一年を十二にわけた月のうち、正月（一月）の次の月。

にがて【苦手】❶自信がなく、不得意なこと。▽「絵は苦手だ」❷自分にとっていやなあいて。▽「おせっかいな人はどうも苦手だ」

にがにがしい【苦苦しい・苦々しい】たいへんふゆかいで、おもしろくない。↓「々」は同じ文字をくり返すという意味のおどり字という記号。▽「苦々しい気持ち」

にがむしをかみつぶしたよう【苦虫をかみつぶしたよう】まるで苦い虫をかみつぶしでもしたような、ひじょうにきげんの悪い顔つき。

にかよう【似通う】よく似ている。▽「似通った話を続けて聞く」

にがりきる【苦りきる】顔をしかめて、とてもふゆかいなようすをする。▽「苦りきった顔」

にがる【苦る】ふゆかいな気持ちになる。↓【苦】188ページ

にかわ 動物の皮や骨を水でにつめて作ったもの。竹や板などをくっつけるのに使う。

にがわらい【苦笑い】きげんの悪いのをかくして、むりに笑うこと。またその笑い。▽「失敗して、苦笑いする」

にきさく【二期作】イネや麦などを、同じ田や畑に、一年に二回作ること。

にきび 若い人の顔にできる小さなできもの。皮ふにはえている毛の穴にあぶらがつまってできる。

にぎやか ❶人出が多く、活気のあるようす。▽「にぎやかな駅前」❷陽気で、さわがしいようす。▽「にぎやかなパーティー」

にぎり【握り】❶にぎること。❷手で持つ所。▽「バットのにぎり」❸にぎりずし。

にぎりこぶし【握りこぶし】かたくにぎった手。げんこつ。

にぎりしめる【握り締める】手に力を入れてにぎる。また、しっかり持ってはなさない。▽「百円玉をにぎりしめてお使いに行く」

にぎりつぶす【握りつぶす】❶手でにぎって、物をつぶす。▽「ジュースのかんをにぎりつぶす」❷意見やうったえなどを、きちんと処理しないでうやむやにする。▽「要求をにぎりつぶす」

にぎる【握る】❶手の五本の指をかたくまげる。❷五本の指でつつむように物を持つ。▽「ハンドルをにぎる」❸自分のものにする。▽「ひみつをにぎる」

にぎわう 人がたくさん出てこみあう。▽「たくさんの人でにぎわう」

にく【肉】2年 ニク

❶動物の骨と皮の間にあるやわらかい部分。▽「肉食。筋肉」❷果物の皮とたねの間の部分。❸からだ。▽「肉体」❹物の厚みや太さ。▽「肉太」❺ひじょうに近い。▽「肉薄」

肉 はねる

●肉眼●肉親●肉声●肉体●肉付き●肉筆●皮肉

にくい【憎い】❶にくらしい。▽「うらぎったあいつがにくい」❷感心するほどみごとだ。▽「にくいことを言うね」

にくがん【肉眼】めがねなどをかけないときの、ものを見る目。

にくしみ【憎しみ】にくらしく思う心。▽「にくしみをいだく」

にくしょく【肉食】❶人が動物の肉を食べること。⇕菜食。❷動物がほかの動物を食べること。⇕草食。▽「肉食動物」

にくしん【肉親】親子・きょうだいなど、

血のつながっている人。

にくせい【肉声】マイクなどを通さない、人の口からじかに出る声。

にくたい【肉体】人間のからだ。⇕精神。霊魂。

にくづき【肉付き】からだの肉の付きぐあい。▼「ゆたかな肉付きの若者」

にくひつ【肉筆】印刷などではなく、じかに書いた字や絵。▼「肉筆画」

にくまれぐち【憎まれ口】人に、にくらしいと思わせることば。人の気を悪くさせるようなことば。

にくまれっこよにはばかる【憎まれっ子世にはばかる】人ににくまれるような人が、かえって世の中で、いばったり、はばをきかせたりする。

にくむ【憎む】にくらしいと思う。きらう。▼「悪をにくむ」

にくらしい【憎らしい】かわいらしくない。かわいげがない。気にくわない。腹が立つ。▼「にくらしいやり方」

にぐるま【荷車】荷物をはこぶ車。

にげごし【逃げ腰】にげようと身がまえること。うまくいかないときは、いつでもにげようというたいど。

にげのびる【逃げ延びる】つかまらないように遠くにのがれる。▼「どうにかにげ延びることができた」

にげば【逃げ場】にげたりかくれたりするのによい場所。▼「にげ場を失う」

にげまどう【逃げ惑う】どこへにげてよいかわからないで、まごつく。

にげみち【逃げ道】❶のがれるための道。❷責任をのがれるための方法。▼「うまくにげ道を作る」

にげる【逃げる】❶つかまらないように、走りさる。また、危険な場所やとらえられている所からはなれる。▼「鳥がかごからにげる」❷ものごとをさける。▼「責任のある地位からにげる」

にごす【濁す】❶にごらせる。きれいなものをよごす。❷あいまいにしてぼかす。▼「ことばをにごす」

にこにこ うれしそうにわらうようす。▼「お客様をにこにこしてむかえる」

にこやか にこにこして、きげんのいいようす。▼「にこやかに話す」

にごる【濁る】❶水などがすき通らなくなって、よごれる。▼「池がにごる」⇕澄む。❷けがれる。▼「心がにごる」❸だく音で発音する。▼「にごって読む」

にさんかたんそ【二酸化炭素】物がもえたり、動物が呼吸したりするときにできる、色もにおいもない気体。炭酸ガス。

にし【西】日のしずむ方向。⇕東。⬇東（図）
⬇【西】372ページ
●西半球●西日

にじ【虹】雨がやんだあとなどに、太陽と反対がわの空に見える、弓形の七色の帯。細かい水のつぶに光があたることによっておこる。

にじいろ【虹色】にじの色。にじのように並んでいる、赤、オレンジ、黄、緑などの七つの色。▼「貝がらがにじ色にかがやく」

にしき ❶絹糸でおって、金や銀の糸で美しいもようをおりこんだもの。❷いろどり・もようの美しいもののたとえ。▼「もみじのにしき」にしき絵

にしはんきゅう【西半球】地球を東西に分けたときの西半分。西経0度から一八〇度までの地いき。南北アメリカ大陸がふくまれる。⇕東半球。

にしび【西日】西からさしてくる太陽の光。夕日の光。

にじむ ❶色・すみ・油などが、しみて広がる。▼「インクが紙ににじむ」❷しみ出る。▼「あせがにじむ」

にじゅう【二重】❶二つのものが重なっていること。▼「二重丸」❷同じことが二度

さかさことば 前から読んでもうしろから読んでも「なえ植えな」。

重なること。▽「まちがって二重に支はらう」

にじゅうじんかく【二重人格】同じ人が、時と場合によって、まるでべつの人のようにふるまうこと。

にじゅうとび【二重跳び】なわとびで、一回とぶ間になわを二回まわすとび方。

にじりよる【にじり寄る】すわったままで少しずつそばへつめ寄る。

にしん 北の海をむれておよぎ回る魚。たまごは「かずのこ」という。

ニス 木の「やに」を油やアルコールでとかしたと料。工作した物にぬってつやを出し、しっ気をふせぐために使われる。

にせ【偽】本物そっくりに作ったり見せかけたりすること。▽「にせ物。にせ医者」

にせい【二世】❶同じ名を持ち、二番目にその位についた人。▽「チャールズ二世」❷移民した人の子で、その国の市民になっている人。❸むすこ。あとつぎ。▽「二世が産まれる」

にせもの【偽者】ある人そっくりに見える別の人。また、その人ではないのにうそをついてその人のふりをする人。▽「アイドルのにせ者」

にせもの【偽物】本物そっくりに作ったもの。▽「ダイヤのにせ物」⇕本物。

にそくさんもん【二束三文】少しのねうちもないこと。たいへん安いこと。▽「二束三文で売りとばす」

にだい【荷台】トラックや自転車の、荷物をのせるための台になったところ。▽「かばんを自転車の荷台にのせる」⬇サドル（図）

にたき【煮炊き】食べ物をにたり、やいたりすること。

にち【日】1年 ニチ・ジツ　か・ひ

❶太陽。▽「日光」
❷昼。▽「日夜」
❸日にちをあらわすことば。▽「十二日」
❹日本。▽「日米。来日」

★全体をややタテ長に

●日時●日常●日没●日用品●日課●日刊●日記●日給●日光浴●日誌●日射病●日食●日進月歩●日数●日中●日直●日程●日当●日本●初日●毎日

にちじ【日時】日にちと時刻。

にちじょう【日常】ふだん。平常。

にちぼつ【日没】太陽が西の空にしずむこと。日の入り。

にちや【日夜】昼も夜も。いつもいつも。▽「工事は日夜すすめられた」

にちようび【日曜日】週のいちばんはじめの日。土曜日の次の日。⬇週

にちようひん【日用品】ふだん使っている品物。タオル・茶わんなど。

にっか【日課】毎日するようにきめてあることがら。▽「日課表」

にっかん【日刊】新聞などを毎日印刷して出すこと。▽「日刊紙」

にっき【日記】毎日、その日の出来事や感じたことを書くこと。日誌。

ニックネーム あだ名。愛しょう。

にっこう【日光】太陽のひかり。▽「日光消毒。直射日光」

にっこうよく【日光浴】からだに太陽の光をあびること。

にっこり 声を出さずに、うれしそうにわらうようす。▽「にっこりとほほえむ」

にっし【日誌】日々の出来事を記録したもの。日記。▽「学級日誌」

にっしゃびょう【日射病】夏、強い日光に長い時間てらされるとおこる病気。頭がいたみ、めまいがし、息苦しくなってたおれる。

にっしょく【日食】月が太陽と地球の間に

入って、太陽が欠けたように見えること。

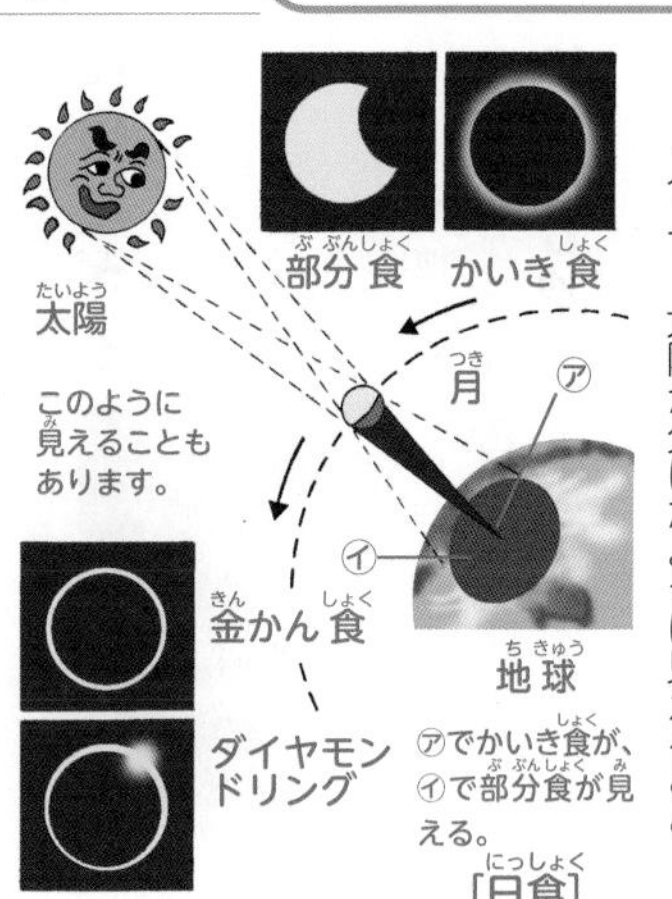

[日食]

にっしんげっぽ【日進月歩】ものごとが、たえず進歩していくこと。

にっすう【日数】日にちの数。ひかず。▽「出席日数」

にっちもさっちも どうにもやりようがないようす。▽「お金がなくて、にっちもさっちもいかない」

にっちゅう【日中】❶昼の間。昼間。▽「日中は家にいない」❷日本と中国。

にっちょく【日直】学校や会社などで、その日の昼間の当番をする役目。

にってい【日程】❶一日にする仕事の予定。❷仕事や行事などの、その日その日の予定。▽「旅行の日程を組む」

ニット 毛糸などの糸であんだもの。▽「ニットのセーター。ニットのぼうし」

にっぽん【日本】↓にほん

につめる【煮詰める】❶水分がなくなるほどよくにる。▽「イチゴをにつめてジャムを作る」❷意見や考えなどを十分にしらべ話し合ってまとめる。

にてもにつかない【似ても似つかない】少しも似ていない。

にとうへんさんかくけい【二等辺三角形】三辺のうちの、二辺の長さが等しい三角形。

にとをおうものいっとをもえず【二×兎を追う者一×兎をも得ず】二ひきのウサギを一度につかまえようとしてもむりであることから、二つのことを一度にやろうとすると、かえってどちらもうまくいかないということ。

になう【担う】❶かたにかつぐ。負う。▽「荷物を担う」❷責任を持ってひきうける。負う。▽「大事な役目を担う」↓【担】434ページ

にのあしをふむ【二の足を踏む】まよって、ぐずぐずしていること。

にのうで【二の腕】うでの、かたとひじの間の部分。↓体（図）

にのくがつげない【二の句が継げない】あきれはてて、次になんと言ってよいかわからない。

にひゃくとおか【二百十日】立春から数えて二百十日目をいう。このころよく台風が来る。

にぶい【鈍い】❶はものなどがよく切れない。▽「切れ味がにぶい」❷頭のはたらきがするどくない。また、動作などがおそい。のろい。▽「かんがにぶい。動きがにぶい」↕鋭い。❸光や音などの感覚がはっきりしない。▽「にぶい光。にぶい痛み」

にぶる【鈍る】❶するどくなくなる。▽「切れ味がにぶる」❷いきおいがおとろえる。▽「決心がにぶる」

にぼし【煮干し】小さいイワシをにて、ほしたもの。水に入れてにるとだしじるができる。▽「に干しを使ってみそしるを作る」

にほん【日本】わが国の名。アジアの東のはしにあり、温帯気候で四季がある。首都は東京。「にっぽん」ともいう。

にほんアルプス【日本アルプス】中部地方にある飛驒山脈・木曽山脈・赤石山脈をまとめていうよび名。ヨーロッパのアルプスをまねてつけたもので、それぞれを北アルプス・中央アルプス・南アルプスともいう。

にほんが【日本画】日本で発達した絵で、主に紙や絹にふでかく。

さかさことば 前から読んでもうしろから読んでも「泣くな」。

にほんかい【日本海】 朝鮮半島と日本の間にある海。↓海流（図）

にほんかいりゅう【日本海流】 北太平洋を、時計の針の方向に回っているあたたかい海流。黒潮。↓海流（図）

にほんきろく【日本記録】 日本人が出した、今まででいちばんよい成績。

にほんご【日本語】 日本の国語。日本でおおやけに使われていることば。共通語と各地の方言がある。

にほんこくけんぽう【日本国憲法】 一九四六（昭和二十一）年十一月三日に発表し、よく年五月三日から行われた憲法。政治にくわわる権利が国民にあることや、戦争をしないこと、一人一人の権利を重んじることなどがきめられている。

にほんざる【日本猿】 日本特産のサルで、北海道をのぞく日本の各地にすむ。からだは茶色で、顔としりが赤い。

［日本猿］

にほんしゅ【日本酒】 米などを原料にして作る日本特有のお酒。⇔洋酒。

にほんばれ【日本晴れ】 雲一つない晴れわたった青空。

にほんま【日本間】 たたみをしき、しょうじ・ふすまなどでしきった部屋。和室。⇔洋間。↓床の間（図）

にまいがい【二枚貝】 貝がらが二枚ある貝。ハマグリ・アサリなど。

にまいじた【二枚舌】 うそを言うこと。▼「二枚舌をつかう」

にまいめ【二枚目】 顔がきれいでかっこいい男の人。

にもうさく【二毛作】 同じ田や畑に、ちがう作物を一年に二回作ること。

にもつ【荷物】 持ちはこんだり、おくったりする品物。▼「荷物をはこぶ」

にゅう【入】 1年 ニュウ いる・いれる・はいる
❶はいる。いれる。▼「入学。輸入」
❷必要である。かかる。

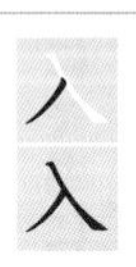

★「人」ににているので注意

●入院●入荷●入会●入金●入港●入国●入試●入社●入手●入賞●入場●入選●入道雲●入梅●入門●入浴●加入●記入●収入

にゅう【乳】 6年 ニュウ ちち・（ち）

ちち。ちちのしる。▼「牛乳」

この形に注意　はねる　はねる

●乳牛●乳酸菌●乳歯●乳児

ことばのふしぎ　二枚目のひみつ

顔かたちの美しい男子のことを「二枚目」っていいますね。これは、江戸時代の歌舞伎の劇場で、美男役の役者は、表の看板の右から二番目に名前が書かれたからです。これから、美男子のことを「二枚目」というようになりました。

みんなのことを笑わせるのがうまい人のことを「三枚目」といいますが、これも劇場の表の看板に、おどけた役の役者の名前が三番目に書かれていたからです。

に

ニュー 新しいこと。▽「ニューヒーロー」

にゅういん【入院】 病気をなおすために病院に入ること。⇕退院。

にゅうえん【入園】 幼稚園や保育園に入ること。⇕卒園。

にゅうか【入荷】 品物が店や市場などに入ること。⇕出荷。

にゅうかい【入会】 会員になって会に入ること。⇕脱会。

にゅうがく【入学】 一年生としてはじめて学校に入ること。⇕卒業。

にゅうぎゅう【乳牛】 乳をとるための牛。ホルスタイン、ジャージーなどの種類がある。

にゅうこう【入港】 船が港に入ること。▽「ヨットが入港する」⇕出港。

にゅうこく【入国】 外国からある国へ入ること。▽「密入国」⇕出国。

にゅうさんきん【乳酸菌】 あまみのあるものを、すっぱくするはたらきのある菌。チーズ、ヨーグルトなどを作るのに使う。

にゅうし【入試】 「入学試験」の略。学校へ入るための試験。

にゅうし【乳歯】 生まれてから六か月くらいたつとはえて、十さいくらいでぬける歯。⇕永久歯。

にゅうじ【乳児】 生まれてから一年くらいの間の、乳をのんでいる赤んぼう。ちのみご。赤ちゃん。▽「乳児健しん」

にゅうしゃ【入社】 会社に入って社員になること。⇕退社。

にゅうしゅ【入手】 手に入れること。自分のものにすること。▽「めずらしい切手を入手した」

にゅうしょう【入賞】 展覧会・競技会などで賞をうけること。

にゅうじょう【入場】 会場や劇場などに入ること。▽「入場料」⇕退場。

ニュース 新しい出来事や、めずらしいことがら。また、その知らせ。

にゅうせいひん【乳製品】 牛乳を材料にした食品。バター・チーズなど。

にゅうせん【入選】 選ばれて賞に入ること。▽「入選作品」⇕落選。選外。

にゅうどうぐも【入道雲】 よく晴れた夏の空に、高くもり上がって、ぼうず頭の入道（ばけもの）のように見える雲。夕立をふらせる。かみなり雲。積乱雲。⬇雲（図）

にゅうばい【入梅】 六月から七月ごろにかけて、雨がふりつづく梅雨がはじまること。梅雨に入る日。

にゅうもん【入門】 ❶弟子入りをするこ

なぞなぞ あるのに見つけてもらえない果物は？ 答えは次のページ。

と。▽「有名な落語家に入門する」❷はじめてならうための手ほどき。▽「英語入門」

にゅうよく【入浴】 ふろに入ること。

にゅうりょく【入力】 コンピューターに情報を入れること。インプット。▽「データを入力する」⇔出力。

にょ【女】 おんな。▽「天女」⇔男。⬇【女】330ページ

にょう【尿】 からだの中のいらなくなった水分がぼうこうにたまり、体外に出されるもの。小便。おしっこ。

にょうぼう【女房】 ❶昔、宮中につかえた女の人。❷自分のおくさんを親しみをこめていうことば。妻。にょうぼ。▽「女ぼうに頭があがらない」

にらむ ❶するどい目でじっと見つめる。❷けんとうをつける。▽「犯人はあの男だとにらんでいる」❸悪いやつだと思う。▽「先生ににらまれている」

にる【似る】 おたがいに同じようである。⬇【似】287ページ

にる【煮る】 物を水などに入れ、火にかけて、熱を通す。▽「イモをにる」

にわ【庭】 ❶家ややしきの中に木や草花などをうえたり、池などをつくってある所。❷ものごとを行う場所。▽「学びの庭」⬇【庭】470ページ

●庭先●裏庭●中庭

にわか 急におこるようす。とつぜん。▽「にわかに空が暗くなる。にわか雪」

にわかあめ【にわか雨】 急にふりだして、まもなくやんでしまう雨。

にわさき【庭先】 庭の一部で、家に近いほうをいう。▽「庭先で立ち話する」

にわとり【鶏】 大昔から肉やたまごをとるために、人に飼いならされてきた鳥。つばさが小さく、とぶのは下手。

にん【人】 ❶ひと。▽「人間。病人。住人。商人」❷ひとを数えるときに使うことば。⬇【人】348ページ

●人気●人魚●人形●人間ドック●人間味●人情●人数●人相●悪人●職人●町人●犯人●本人●役人

にん【任】 5年 ニン まかす・まかせる

❶つとめ。役目。▽「任期」❷まかせること。▽「委任」❸役につけること。▽「任命」

任 任 任 任 任 任（短く 王ではない）

●任意●任期●任じる●任地●任務●任命●主任●責任●担任

にん【認】 6年 (ニン) みとめる

❶みとめる。ゆるす。▽「認可」❷はっきりとみきわめる。▽「認識」

認 認 認 認 認 認 認 認（落とさないように）

●認可●認識●認定●確認●公認

にんか【認可】 役所などが、よいと認めて、ゆるすこと。▽「国の認可がおりる」

にんき【人気】 世の中のひょうばん。よいと思われていること。▽「人気のある歌手」

にんき【任期】 役についている期間。

にんぎょ【人魚】 からだの上半分が人間で、下半分が魚であるという伝説の生き物。

にんぎょう【人形】 人の形をまねて作ったおもちゃ。▽「指人形」

にんげん【人間】 ❶ひと。人類。❷人物。人がら。▽「人間ができている」

にんげんみ【人間味】 人間らしいあたたかい心持ち。▽「人間味がある」

にんしき【認識】 ものごとのほんとうのことをよく知り、見分けること。

にんじゃ【忍者】 城などにしのびこみ敵のようすをさぐる人。▽「にん者屋しき」

にんじょう【人情】 人が生まれながらに

あいうえお

かきくけこ

さしすせそ

たちつてと
なにぬねの

はひふへほ

まみむめも

やゆよ

らりるれろ

わをん

あいうえお

かきくけこ

さしすせそ

たちつてと

なにぬねの

はひふへほ

まみむめも

やゆよ

らりるれろ

わをん

持っている思いやりの心。なさけ。

にんしん【妊娠】子どもがおなかにできること。

にんじん【人参】赤い根を食べる、やさい。

にんずう【人数】人の数。

にんそう【人相】人の顔かたち。

にんたい【忍耐】がまんすること。

にんてい【認定】政府や役所などが、内容やていどをしらべて認めること。

にんにく ユリのなかまのやさい。強いにおいがあり、料理などに使われる。

にんむ【任務】責任を持ってしなければならない役目。▼「任務を果たす」

にんめい【任命】ある地位や役目を命じること。▼「裁判官に任命される」

ぬ

ヌ

ぬいぐるみ【縫いぐるみ】❶綿などを中につめてぬった、動物の形をしたおもちゃ。▼「クマのぬいぐるみ」❷役者が着る動物などの形のいしょう。

ぬいもの【縫い物】着物などをぬうこと。また、ぬったもの。裁ほう。

ぬう【縫う】❶糸を通した針で、布などをさしてつなぐ。▼「着物をぬう」❷物と物との間を、右に左におれまがって通る。▼「人ごみをぬって進む」

ヌードル 小麦粉とたまごでつくっためん。

ぬか 玄米をついたときに出るこな。

ぬかあめ【ぬか雨】しずかにふる、ぬかのように細かい雨。きりさめ。⬇雨（コラム）

ぬかにくぎ ぬかにくぎをうちつけてもききめがないように、手ごたえがないこと。▼「いくら注意しても、ぬかにくぎだ」

ぬかみそ ぬかに、塩と水をまぜてねったもの。ナスやキュウリなどのやさいをつけるとつけ物ができる。

ぬかよろこび【ぬか喜び】あてがはずれて喜びがむだになること。▼「一時は勝ったと思ったのに、ぬか喜びにおわった」

ぬかるみ 雨や雪などがふってどろんこになった所。

ぬきあしさしあし【抜き足差し足】音のしないようにそっと歩くこと。

ぬきうち【抜き打ち】❶刀をぬくと同時にすばやく切りつけること。❷なんの知らせもなく急に行うこと。▼「ぬき打ちの試験」

ぬきさしならない【抜き差しならない】どうにも動きがとれない。▼「ぬき差しならない立場に立つ」

ぬきだす【抜き出す】多くのものの中から、えらんで取り出す。▼「トランプを一枚ぬき出す」

ぬきんでる【抜きん出る】ほかにくらべて、とくにすぐれている。ひいでる。▼「成績がぬきん出る」

ぬく【抜く】❶中からひっぱり出す。▼「刀をぬく」❷とりさる。▼「シャツのしみをぬく」❸選んでとり出す。▼「たなから商品をぬく」❹おいこす。▼「前の人をぬく」❺必要なものをはぶく。▼「手をぬく。朝ごはんをぬく」

ぬぐ【脱ぐ】からだにつけている物をとりさる。▼「くつをぬぐ」

ぬぐう ❶ふきとる。きよめる。▼「あせをぬぐう」❷すすぐ。悪いものを消す。▼「はじをぬぐう」

ぬくぬく ❶あたたかいようす。▼「ぬくぬくとしたへや」❷不自由ないようす。▼「両親のもとでぬくぬくとそだつ」❸ずうずうしいようす。

ぬくもり あたたかい感じ。あたたかみ。▼「ふとんにぬくもりがある」

ぬけあな【抜け穴】❶通りぬけのできる穴。❷人に知られずにぬけられるように作っ

前のページの答え⇒「梨（無し）」

た穴。にげ道。

ぬけがけ【抜け駆け】❶自分だけこっそり敵の中へ先にとび出して、てがらをたてること。▼「ぬけがけの功名」❷ほかの者を出しぬいてものごとをすること。

ぬけがら【抜け殻】❶ヘビやセミの幼虫などがぬけ出たあとのから。❷心をほかのものにとられて、ぼんやりしているようす。▼「たましいのぬけがら」

ぬけみち【抜け道】❶近道。うら道。❷ものごとをうまくにげる方法。▼「法のぬけ道を利用する」

ぬけめがない【抜け目がない】ぬけたところがない。手おちがない。▼「すべてにぬけ目がない」

ぬける【抜ける】❶もとの場所からはなれて外に出る。▼「毛がぬける」❷もれる。▼「名ぼから名前がぬける」❸なくなる。きえる。▼「力がぬける」❹やめる。にげる。▼「なかまからぬける」❺むこうまで通る。▼「林をぬける」❻ちえが足りない。▼「することがぬけている」

ぬげる【脱げる】くつ・ぼうしなど身につけている物が、しぜんにとれる。

ぬし【主】❶主人。あるじ。▼「この家の主」❷もちぬし。▼「この本の主はだれか」❸山・池・ぬまなどに古くからすんでいるといわれる動物。また、同じ所に長くいる人。▼「湖の主」⬇【主】314ページ ●神主●地主●家主

ぬすむ【盗む】❶人の物をこっそりとる。❷こっそりものごとをする。ごまかす。▼「人目をぬすむ」❸やりくりする。▼「ひまをぬすんで本を読む」

ぬの【布】いろいろな織物。糸を組み合わせてつくった、やわらかく平らなもの。▼「布をおる。布地」⬇【布】599ページ

ぬま【沼】湖ににていて、どろが深く、水草が多くはえている所。

ぬまち【沼地】じめじめして、どろの深い土地。

ぬらす ぬれるようにする。▼「にわか雨にあって服をぬらす」

ぬりえ【塗り絵】線だけの絵。色をぬってあそぶ。

ぬりもの【塗り物】うるしをぬって作った道具。おわん・重箱など。漆器。

ぬる【塗る】物の表面にほかの物をなすりつける。▼「かべを白くぬる」

ぬるい ❶ちょうどいい温度よりも少しひくい。▼「ふろがぬるい。ぬるいお茶」❷きびしくない。▼「手ぬるい」

ぬるまゆ【ぬるま湯】温度のひくい湯。▼「ぬるま湯につかる」

ぬれえん【ぬれ縁】雨戸の外の屋根のないえんがわ。⬇軒（図）

ぬれぎぬ 悪いことをしていないのに、罪をおかしたとみられること。無実の罪。▼「ぬれぎぬをきせられる」

ぬれてであわ【ぬれ手であわ】ぬれた手で穀物のアワをつかむと、アワがたくさんくっつくように、ほねをおらずにたくさんもうけること。

ぬれねずみ 水にぬれたネズミのように全身びしょぬれになったようす。▼「雨でぬれねずみになる」

ぬれる 水などがかかる。しめる。▼「せんたくものが雨でぬれる」

[ぬれねずみ]

ね
ネ

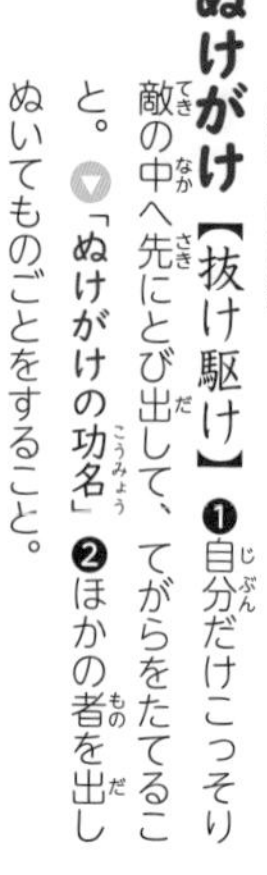

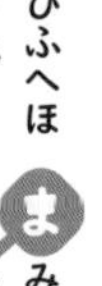
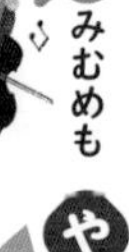

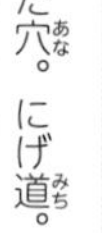

ね【音】❶おと。▼「笛の音」❷声。▼「虫の音」➡【音】104ページ
●音色●音を上げる●本音

ね【根】❶地中にあって、水や養分をすったり、幹をささえる植物の部分。❷もとの部分。▼「手のつけ根」❸生まれつき持っている性質。▼「根はやさしい人だ」➡【根】257ページ
●根こそぎ●根ざす●根絶やし●根強い●根に持つ●根掘り葉掘り●根元●根も葉もない●根雪●心根●屋根

ね【値】❶ねうち。▼「値が上がる」❷物を売り買いするねだん。あたい。➡【値】441ページ
●値打ち●値切る●値段●売値●高値●元値●安値

ね【▲子】十二支の一番めで、ねずみ。➡十二支（図）

ねあげ【値上げ】ねだんを上げること。▼「入場料を値上げする」

ねいろ【音色】音のとくべつなひびき。楽器によって、それぞれちがう音の性質。

ねうち【値打ち】❶金額でしめす品物のねだん。❷そのものが持っているとうとさ。価値。▼「人間の値打ち」

ねえさん【姉さん】❶姉をそんけいしてよぶことば。❷わかい女の人をよぶことば。

ネーム 名前。

ねおき【寝起き】❶目がさめて起き出ること。▼「ね起きがいい」❷ねることと、起きること。ふだんの生活。▼「ね起きをともにする」

ネオンサイン ガラス管の中にネオンやヘリウムなどのガスを入れ、電流を通して光らせ、夜の広告や、かざりなどに使うもの。

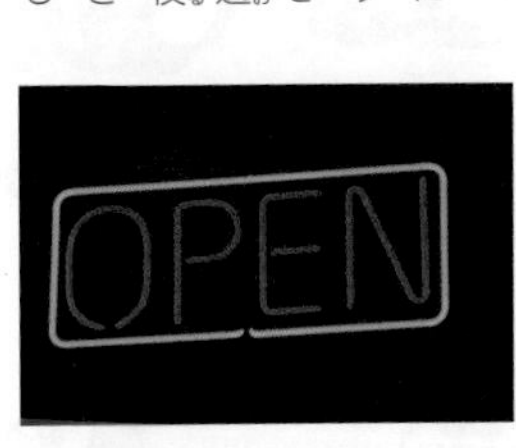

［ネオンサイン］

ねがい【願い】❶ねがうこと。願書。▼「願いをかなえる」❷希望を書いたもの。▼「退職願い」

ねがう【願う】❶こうありたいと心の中に思う。▼「早く病気が治るように願う」❷神や仏にいのる。❸たのむ。▼「よろしく願います」➡【願】150ページ

ねがえり【寝返り】❶ねているときに、からだの向きやしせいをかえること。❷味方にそむいて敵につくこと。

ねがお【寝顔】ねているときの顔。▼「赤ちゃんのね顔」

ねかす【寝かす】❶ねむらせる。「ねかせる」ともいう。❷ものを横にする。▼「材木をねかす」❸使わないでおいておく。▼「お金をねかす」

ねがったりかなったり【願ったりかなったり】自分の願いや望みどおりになること。

ねがってもないこと【願っても無いこと】自分から願ってもかなわないことが、願いどおりになること。

ねぎ ユリのなかまの、かおりの強いやさい。

ねぎらう ほねおりに対して、お礼をする。▼「労をねぎらう」

ねぎる【値切る】ねだんを安くさせる。▼「商品を値切る」

ネクタイ ワイシャツのえりもとにまいて首のかざりにする、細長い布。

ねこ【猫】人に飼われて、かわいがられる動物。ネズミをとる。➡コラム536ページ

ねごこち【寝心地】ねたときの感じ。

ねこじた【猫舌】ネコのように、熱いものを飲んだり、食べたりするのが苦手なこと。また、その人。

ねこじゃらし【猫じゃらし】イネのなかまの草。夏から秋にかけて、くきの先に、子イヌのしっぽのようなふさふさした緑色のほをつける。ネコをくすぐると、じゃれるこ

さかさことば 前から読んでもうしろから読んでも「梨にしな」。

とからついた名。ほの形から、「エノコログサ」（エノコロは、子イヌのこと）ともいう。

［ねこじゃらし］

ねこぜ【猫背】ネコのようにまるくまがっている背中。

ねこそぎ【根こそぎ】❶根まですっかりぬくこと。▼「畑の草を根こそぎにする」❷少しものこさず。そっくり。▼「計画が根こそぎだめになる」

ねごと【寝言】❶ねむっている間に、自分では気づかずに言うことば。▼「寝言を言う」❷理くつが通らない、つまらないことば。▼「寝言はねて言え」

ねこなでごえ【猫なで声】ネコがなでられて出す声のように、あいてのきげんをとるために出す、やさしい声。▼「ねこなで声で話しかける」

ねこにこばん【猫に小判】ネコにお金をやるように、そのねうちを知らないものには、なんの役にも立たないことのたとえ。

ねこのてもかりたい【猫の手も借りたい】ネコにさえ手伝ってもらいたいほ

猫（ねこ）

アメリカン・ショートヘアー
毛がみじかく、きんにくしつなからだつき

シャム
みじかい毛のしゅるいでもっとも有名なネコ

マンチカン
大きな目と、みじかい足がとくちょう

ペルシャ
がっしりとしていて、長い毛が生えている

ヒマラヤン
ペルシャとシャムをかけあわせてつくられた

スコティッシュ・フォールド
毛がみじかく折れまがった耳がとくちょう

ロシアン・ブルー
みじかい灰色の毛で、ほっそりとしている

スフィンクス
子どものときはうすい毛があるが減っていく

ネコのしぐさ

大好き！うれしい♡

こわいよ～

やめて！いやだよ！

ネコと日本

ネコは千三百年ほど前に日本にやってきたと言われています。むかし、仏教の大切な教えを書いた経典（本）を、中国から船に乗せて日本へ運びました。そのとき本をかじってしまうネズミをつかまえてくれるネコがいっしょに乗せられたんですって。

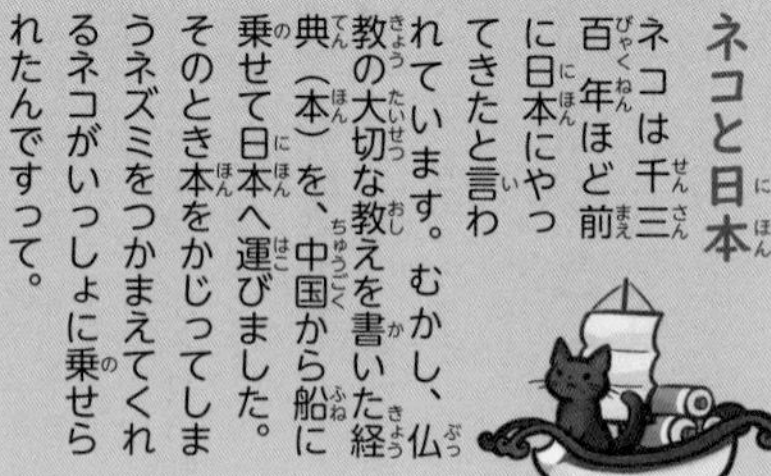

ど、いそがしい。▽「誕生会の準備でねこの手も借りたい」

ねこのひたい【猫の額】場所がせまいことのたとえ。▽「ねこの額ほどの庭」

ねこのめのようにかわる【猫の目のように変わる】ネコのひとみの大きさのように、たいへん変わりやすいこと。▽「流行がねこの目のように変わる」

ねこばば【猫ばば】ひろった物をだまって自分のものにすること。

ねこむ【寝込む】❶よくねる。じゅくすいする。▽「電車の中でねこんでしまった」❷病気になってとこにつく。

ねこもしゃくしも【猫もしゃくしも】だれもかれも。どんな人も。▽「ねこもしゃくしも見物に出かける」

ねころがる【寝転がる】ねころぶ。▽「しばふの上にねころがる」

ねころぶ【寝転ぶ】ごろりと、からだを横にする。▽「ねころんでテレビを見る」

ねこをかぶる【猫をかぶる】ほんとうの性質をかくして、ネコのようにおとなしそうに見せかける。

ねざす【根ざす】❶根がつく。❷ものごとのもととなる。原因になる。▽「生活に根ざした考え」

ねじ ❶物をとめるときに使う、うずまき形のみぞのある金具。ボルトやねじくぎなど。❷ぜんまいをまくもの。▽「オルゴールのねじをまく」

ねじこむ【ねじ込む】❶ねじってはめこむ。❷文句を言いに、おしかける。▽「工事の音がうるさいとねじこむ」❸むりに入れる。▽「ポケットにねじこむ」

ねしずまる【寝静まる】人々がねてしまって静かになる。

ねしな【寝しな】これから寝るというとき。▽「ねしなに歯をみがく」

ねじりはちまき【ねじり鉢巻き】❶手ぬぐいをねじって頭にまいてむすんだはちまき。⬇向こう鉢巻き（図）❷ものごとに熱心にとり組むようす。▽「ねじりはち巻きで勉強している」

ねじる 両方のはしを持って、たがいに反対の方に回す。ひねる。

ねじれる ❶細長いものがひねられて曲がる。▽「リボンがねじれる」❷すなおでなくなる。▽「心がねじれる」

ねすごす【寝過ごす】おきる時刻を過ぎても、まだねている。ねぼうする。▽「ね過ごしてちこくする」

ねずみ するどい歯を持つ小さな動物。家やそのまわりにすみ、食べ物を食いあらす。▽「かれはねずみが苦手だよ」

ねぞう【寝相】ねているかっこう。

ねそべる【寝そべる】腹ばいになって、からだをのばしてねる。▽「牛が草原にねそべる」

ねたきり【寝たきり】病気などのために、ずっとねていて起きられないこと。▽「ねたきりの病人」

ねたむ 他人が自分よりすぐれているのをうらやみ、にくむ。▽「友人の出世をねたむ」

ねだやし【根絶やし】❶根までとりさってしまうこと。❷すっかりなくしてしまう。▽「悪者を根絶やしにする」

ねだる あまえてしつこくほしがる。せがむ。▽「おこづかいをねだる」

ねだん【値段】品物のあたい。価格。

ねつ【熱】4年 ネツ あつい

❶物の温度をかえるもとになるもの。❷からだの温度。体温。▽「熱が出る」❸ねっしんさ。▽「話に熱が入る」❹あつい。温度が高い。▽「熱湯」

さかさことば 前から読んでもうしろから読んでも「なずな」。

●熱意●熱演●熱気●熱狂●熱血●熱しやすく冷めやすい●熱心●熱する●熱帯●熱中●熱弁●熱望●熱烈●加熱●高熱●情熱

ねつい【熱意】 たいへん強い意気ごみ。▼「熱意を感じる」

ねつえん【熱演】 いっしょうけんめいに、劇や演説をすること。

ねっき【熱気】 ❶熱い空気。❷意気ごむ気持ち。▼「会場に熱気が立ちこめる」

ねっきょう【熱狂】 ひじょうにむちゅうになること。▼「アイドルに熱きょうする」

ネックレス 首かざり。

ねっけつ【熱血】 血のわきかえるように熱心なこと。▼「熱血漢」

ねっこ【根っこ】 草や木の根。また、木の切りかぶ。▼「雑草を根っこからぬく。木の根っこにつまずく」

ねっしやすくさめやすい【熱しやすく冷めやすい】 すぐむちゅうになるが、あきるのもはやい。

ねっしん【熱心】 一つのことに心を集め、しんけんになること。▼「熱心に練習する」

ねっする【熱する】 ❶熱をくわえて熱くする。▼「なべをとろ火で熱する」❷熱心になる。むちゅうになる。▼「熱しやすい性格」

ねったい【熱帯】 赤道を中心とした、ひじょうに暑い地方。

ねっちゅう【熱中】 一つのことに心をうちこむこと。むちゅうになること。

ねっちゅうしょう【熱中症】 気温の高いところにいつづけておこる病気。⬇図

ネット ❶あみ。とくに、テニス、バレーボールやバドミントンなどでコートのまん中にはるあみ。❷「インターネット」の略。▼「ネットで調べる」

ねっとう【熱湯】 にえたっている湯。

ネットワーク テレビやラジオで、いくつかの放送局が、たがいにれんらくして同じ番組を放送するしくみ。

ねつべん【熱弁】 熱心な話し方。

ねつぼう【熱望】 熱心にねがい望むこと。▼「平和を熱望する」

ねづよい【根強い】 ❶根もとがしっかりしてかんたんに動かない。❷ものごとの大もとがしっかりしていてぐらつかない。▼「根強い支持者」

ねつれつ【熱烈】 心がふるいたって、いきおいのはげしいようす。▼「熱れつにおうえんする」

ねてもさめても【寝ても覚めても】 ねているときも、目覚めているときも。いつでも。▼「なくした本のことがねても覚めても気になる」

ねどこ【寝床】 ふとんをしいて、ねられるようにした所。とこ。

ねにもつ【根に持つ】 うらんで、いつまでもわすれない。▼「注意を根に持つ」

ねばり【粘り】 ❶ねばること。❷がまんすること。根気。

ねばりづよい【粘り強い】 ❶ねばりけが多い。❷しなやかで強い。❸根気がある。▼「ねばり強い仕事ぶり」

ねばる【粘る】 ❶やわらかくなめらかで、くっつきやすい。❷あきらめないでがんばる。長い時間続ける。▼「土俵ぎわでねばる。コーヒー一ぱいで何時間もねばる」

ねびえ【寝冷え】 ねむっているうちにからだを冷やして、かぜをひいたりおなかをこわしたりすること。▼「ね冷えしないように毛布をかける」

ねぶくろ【寝袋】 山のぼりやキャンプの道具で、ふとんがわりに、顔だけ出してすっぽり入ってねるふくろ。

ねぼう【寝坊】 朝おそくまでねていること。▼「ねぼうして学校にちこくする」

ねぼける【寝ぼける】 目があいても、まだぼんやりとしている。▼「ねぼけて時間をまちがえる」

あいうえお
かきくけこ
さしすせそ
たちつてと
なにぬねの
ね
はひふへほ
まみむめも
やゆよ
らりるれろ
わをん

熱中症の応急処置

環境省「熱中症環境保健マニュアル2018」より図2-7を編集

チェック1 めまいや頭痛など熱中しょうをうたがうしょうじょうがありますか

↓ はい

チェック2 よびかけにこたえますか

→ いいえ：救急車をよぶ

↓ はい

すずしい場所で服をゆるめからだを冷やす

↓

チェック3 水分をじぶんでのめますか

→ いいえ：病院など医りょう機関へ

↓ はい

水分・塩分をとる

↓

チェック4 しょうじょうがよくなりましたか

→ いいえ：病院など医りょう機関へ

↓ はい

そのまま安静にしてじゅうぶんにきゅうそくをとり、回復したら帰宅する

救急車をよぶ

↓ 救急車がとう着するまでのあいだに応急処置をはじめる。よびかけへの反応が悪い場合は無理に水をのませない。

すずしい場所で服をゆるめからだを冷やす

↓ くび、わきのした、ふとものつけねを集中的に冷やす。

病院など医りょう機関へ

たおれたときのようすを知っている人がつきそい、そのときのことを伝える。

ねほりはほり【根掘り葉掘り】 細かいことまでのこらず。▼「根ほり葉ほり聞く」

ねまき【寝巻き】 ねるときに着る衣服。

ねみみにみず【寝耳に水】 ねているとき耳に水が入るように、ふいの出来事におどろくこと。▼「とつ然、大声でせめられて、ね耳に水だった」

[寝耳に水]

ねむい【眠い】 ねむりたい。ねむたい。

ねむけ【眠気】 ねむくなる気分。

ねむる【眠る】 ❶心やからだの活動がある間止まり、無意識のじょうたいになる。❷死ぬ。▼「この土の下にねむる」❸使われないままになっている。▼「地下に財宝がねむっている」

ねもと【根元】 ❶植物の根に近い部分。▼「花の根元に水をかける」❷ものごとのいちばんもと。こんぽん。

ねもはもない【根も葉もない】 何のこんきょもない。でたらめな。▼「根も葉もないうわさ」

さかさことば　前から読んでもうしろから読んでも「雪崩だな」。

ねゆき【根雪】ふりつもったままとけないで、春までのこっている雪。

ねらい ❶目当てのものに当てようとかまえること。▽「ねらいをつける」❷目当てとする目標。▽「学年トップがねらいだ」

ねらう ❶ある物にねらいをつけ、ようすをうかがう。▽「ネコが魚をねらう」❷目標をきめ、当てようとかまえる。▽「弓でまとをねらう」❸目ざす。▽「優勝をねらう」

ねる【練る】❶粉などに水を入れてまぜ合わせる。▽「あんこを練る」❷文章や計画などをあれこれ考える。▽「プランを練る」❸うでまえをみがきあげる。▽「わざを練る」❹町の通りをゆっくりと歩き回る。▽「練り歩く」⬇【練】754ページ

ねる【寝る】❶とこをしいて、横になり、ねむる。▽「毎日早くねる」❷からだを横たえる。また、ものが横になる。▽「ねながらテレビを見る。びんが横にねる」❸病気になってとこにつく。❹品物や資本が動かない。

ねるこはそだつ【寝る子は育つ】よくねむる子は、すくすくと元気に成長する。

ねをあげる【音を上げる】苦しさにたえられないで大声を出す。弱音をはく。▽「あまりの暑さに音を上げる」

ねをおろす【根をおろす】❶草や木のたねが、芽を出して根をはる。根がつく。❷その土地にすみつく。▽「うつりすんだ町に根をおろす」

ねん【年】 1年 ネン とし

❶とし。一月一日から十二月三十一日までの三百六十五日。▽「年頭」
❷とき。期間。時代。▽「年代」
❸とし。ねんれい。▽「年少。老年」

年 年 年 年 年 年（長く）

●年賀●年間●年季●年金●年月●年号●年始●年収●年中●年中行事●年長●年度●年配●年表●年譜●年俸●年末●年輪●年齢●去年●少年●新年●青年●豊年●来年●例年

ねん【念】 4年 ネン

❶思い。考え。心。▽「感謝の念」
❷気をつけること。▽「念を入れる」

念 念 念 念 念 念 念 念（つける）

●念入り●念願●念じる●念頭●念には念を入れよ●念のため●念仏●念を押す●観念●記念●残念●信念

ねん【然】ようす。ありさま。▽「天然」⬇【然】388ページ

ねん【燃】 5年 ネン もえる・もす・もやす

もえること。▽「燃料」

燃 燃 燃 燃 燃 燃 燃 燃（点を落とさないように）（心ではない）

●燃焼●燃料

ねんいり【念入り】十分に注意して、ていねいにすること。

ねんえき【粘液】ねばねばした液。

ねんが【年賀】新年のおいわい。

ねんがじょう【年賀状】新年のあいさつのため、「あけましておめでとう」などと書いたはがき。

ねんかん【年間】❶一年の間。▽「年間目標」❷ある年代の間。▽「昭和年間」

ねんがん【念願】願い。のぞみ。▽「長年の念願がかなう。念願の初優勝」

ねんきん【年金】死ぬまで、また、あるきまった間、毎年あたえられるお金。▽「国民年金。終身年金」

ねんげつ【年月】❶年と月。❷とても長い時間。としつき。▽「年月がたつ」

ねんごう【年号】年につけるよび名。「昭

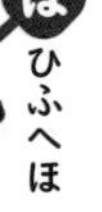

和」「平成」「令和」など。元号。

ねんざ 手や足などの関節をねじったり、くじいたりすること。

ねんし【年始】❶年のはじめ。年頭。⇔年末。❷新年のあいさつ。

ねんしゅう【年収】一年間に得るお金の合計。

ねんじゅう【年中】いつも。あけくれ。▽「年中文句ばかり言っている」

ねんしょう【年少】❶年れいが少ないこと。わかいこと。⇔年長。❷幼稚園や保育園で、三さい（四月一日に満三さい）のクラスのこと。

ねんしょう【燃焼】もえること。

ねんじる【念じる】❶心の中でいのる。❷心の中でとなえる。▽「おまじないを念じる」

ねんだい【年代】❶時代。▽「年代記。年代じゅん」❷同じくらいの年れい。世代。▽「父の年代の人」

ねんちゃくりょく【粘着力】ねばり着く力。▽「ねん着力の強いのり」

ねんちゅう【年中】幼稚園や保育園で四さい（四月一日に満四さい）のクラス。

ねんちゅうぎょうじ【年中行事】毎年きまったときに行われる、きまったもよおし。「ねんじゅうぎょうじ」ともいう。

ねんちょう【年長】❶年れいが上のこと。年上。▽「年長者」⇔年少。❷幼稚園や保育園でいちばん年上の組のこと。

ねんど【年度】事務・会計などのつごうによってきめた一年の期間。学校では四月から次の年の三月まで。

ねんど【粘土】ねばりのある土。かわら・れんが・とう器の原料となる。

ねんとう【年頭】年のはじめ。年始。▽「年頭のあいさつ」⇔年末。

ねんにはねんをいれよ【念には念を入れよ】注意したうえにも、なお注意をしてものごとをしなさい。

ねんのため【念のため】いまいっそうの注意のため。

ねんぱい【年配・年輩】❶だいたいの年れい。❷そうとうの年をとった人。❸年が上の人。年上。

ねんぴょう【年表】年月のじゅんに、出来事を書きしるした表。

ねんぶつ【念仏】仏にいのりながら、仏の名をとなえること。

ねんぽう【年俸】一年につきいくらときめた給料。

ねんまく【粘膜】からだの中のすきまや、胃・肺などの器官の内がわをおおうまく。

ねんまつ【年末】年のくれ。一年のおわり。歳末。⇔年頭。年始。

ねんりょう【燃料】まき・石油・石炭・ガスなど、火を燃やすための材料。

ねんりん【年輪】木を横に切ると切り口に見えるまるい円。毎年一つずつふえるので、木の年れいがわかる。

ねんれい【年齢】とし。

ねんをおす【念を押す】あやまりのないように、あいてにたしかめる。

の
ノ

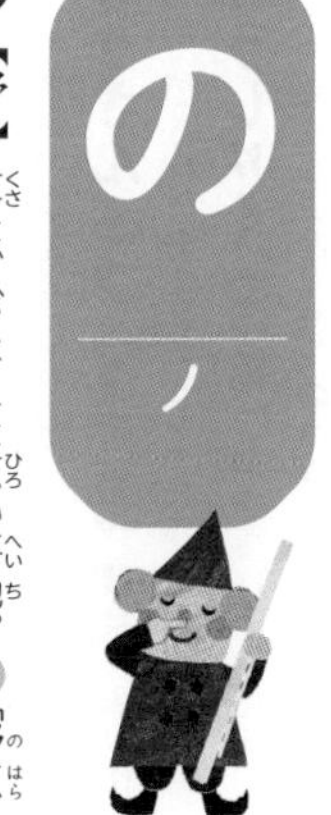

の【野】草などがはえた広い平地。▽「野原」
⬇【野】707ページ
●野宿●野放し●野焼き●野良

ノイローゼ いらいらしたりするためにおこる、神経の病気。

のう【能】5年 ノウ
❶はたらき。▽「能力。才能」
❷ききめ。▽「効能」
❸能楽。▽「能面」

能 能 能 能 能 能 能 能 能 能（おる）

●能書き●能楽●能動的●能無し●能率●能率的●可能●機能●芸能●知能●万能●本能●有能

のう【納】 6年 ノウ・(ナッ)・(ナ)・(ナン)・(トウ) おさめる・おさまる

❶入れること。▽「収納。格納」
❷おさめること。▽「納税」

納 納 納 納 納 納 納 納 納 納（おる）

●納入●納品●納涼●未納

のう【脳】 6年 ノウ

心やからだのはたらきを命令するところで、頭の中にある。大脳・小脳などがあるが、ふつうは、ものを感じたり考えたりする大脳のこと。▽「頭脳」

脳 脳 脳 脳 脳 脳 脳 脳 脳 脳 脳（⺍や⺌としない）（おる）

●脳いっ血●脳出血●脳貧血

のう【農】 3年 ノウ

❶田や畑で作物を作ること。▽「農業」
❷農業を仕事とする人。

農 農 農 農 農 農 農 農 農 農 農 農 農（おる）（この形に注意）

●農園●農機具●農協●農具●農作物●農産物●農場●農村●農地●農薬●農林水産省

のうえん【農園】 やさい・草花・果物などを作るところ。農場。

のうか【農家】 農業でくらしをたてている家。

のうがき【能書き】 ❶薬などのききめを書きならべたもの。❷人に知らせるため、長所をならべたてること。▽「能書きばかりならべる」

のうがく【能楽】 面をつけ、うたいとはやしに合わせて演じる、おどりを主にした劇。室町時代にできあがった。

のうきぐ【農機具】 農業に使う機械や器具。

のうきょう【農協】 ⬇農業協同組合

のうぎょう【農業】 田や畑をたがやして作物を作ったり、家ちくを飼ったりする仕事。▽「農業をいとなむ」

のうぎょうきょうどうくみあい【農業協同組合】 農民がたがいに必要な物を買ったり、作った物を売ったりする、農家の生活をよくするための組合。農協。JA。

のうぐ【農具】 農業に使う道具。

のうこう【濃厚】 ❶味やにおいなどがこいようす。こってりしているようす。▽「のうこうなスープ」⬍淡泊。❷そうなる見こみがかなり強いようす。▽「かれが犯人であるうたがいがのうこうだ」

のうさくぶつ【農作物】 田や畑で作られる物。「のうさくもつ」ともいう。

のうさんぶつ【農産物】 農業により作りだされた物。米・やさいなど。

のうしゅく【濃縮】 液を長い時間にて、こくすること。▽「のう縮ジュース」

のうじょう【農場】 広い土地で、農機具などを使って、大じかけに農業を行う所。

のうぜい【納税】 税金を納めること。

のうそん【農村】 農家の多い村。

のうたん【濃淡】 こいところと、うすいところ。▽「墨ののうたん」

のうち【農地】 田や畑など、作物を作るために使う土地。

のうど【濃度】 こいうすいのていど。

のうにゅう【納入】 品物やお金を納めること。▽「品物を納入する。会費を納入する」

のうひん【納品】 ❶品物を納めること。▼「納品書」❷納めた品物。

のうみん【農民】 農業でくらしをたてている人。

のうむ【濃霧】 深くたちこめたきり。

のうやく【農薬】 作物につく虫をころしたり、草とりに使う薬。

のうりつ【能率】 きまった時間にできる仕事の量、わりあい。▼「勉強の能率があがる。能率が悪い」

のうりょう【納涼】 夏の夜などに、外へ出てすずむこと。▼「納りょう花火大会」

のうりょく【能力】 ものごとをなしとげることのできる力。▼「能力をのばす」

のうりんすいさんしょう【農林水産省】 農業・林業・水産業などに関係のある仕事をする、国の役所。

ノー いいえ。⇔イエス。

ノート ❶ものを書くために紙を重ねてとじたもの。帳面。❷書きとめること。▼「ノートをとる」

ノーベルしょう【ノーベル賞】 ノーベル（スウェーデンの化学者で、ダイナマイトを発明した）の遺言と遺産をもとにつくられた賞。物理学・化学・医学および生理学・文学・平和・経済学の六つの賞がある。

のがす【逃す】 にがす。うしなう。はずす。▼「せっかくの機会をのがす」

のがれる【逃れる】 ❶にげる。❷あぶないところをまぬがれる。▼「難をのがれる」❸やるべきことをさけてすます。▼「責任をのがれる」

のき【軒】 屋根のはしで、たてものの外にはみ出た所。

［軒］

のきさき【軒先】 のきのはしのほう。また、のきの前のあたり。

のきなみ【軒並み】 ❶のきを並べてつづいている家々。❷どれもこれも。どこもかしこも。▼「のき並み値上げする」

のけぞる あおむけにそる。

のけもの【のけ者】 なかまはずれ。

のける ❶ほかの所へうつす。▼「つくえをのける」❷とりさってべつにする。▼「大きさをそろえるためにじゃまな石をのける」

のこぎり 木材や金属などをひき切る道具。⬇工具（図）

のこす【残す】 ❶残るようにする。あましておく。▼「ごはんを残す」❷のちの世につたえる。▼「名を残す」❸ためる。▼「財産を残す」⬇【残】279ページ

のこり【残り】 あまったもの。▼「きのうのおかずの残り。残り時間」

のこる【残る】 ❶あとにとどまる。▼「学校に残る」❷のちの世につたわる。▼「名が残る」❸なくならないで、あまる。▼「お金が残る」❹あとまで続く。▼「つかれが残る」⬇【残】279ページ

のさばる いばって勝手なことをする。▼「わがもの顔にのさばる」

のし お祝いのおくりものにつけるかざり。

［のし］

のしかかる ❶おおいかぶさる。▼「責任がのしかかる」❷からだをのばしてあいての上におおいかぶさる。

のじゅく【野宿】 野や山などにねること。

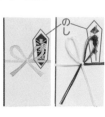

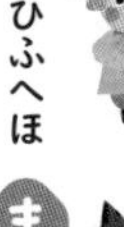
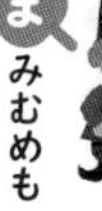

さかさことば 前から読んでもうしろから読んでも「なにかとカニな」。

野営。▽「川のそばで野宿する」

のせる【乗せる】❶乗り物にのるようにする。▽「子供をタクシーに乗せる」⇕降ろす。❷調子に合わせる。▽「リズムに乗せておどる」❸だます。▽「口車に乗せる」❹電波や風などではこばせる。▽「音楽を電波に乗せる」↓【乗】333ページ

のせる【載せる】❶上におく。▽「たなの上にのせる」❷車などにつむ。❸新聞などに文章や絵などを書く。▽「作品をのせる」

のぞく【除く】❶とりのける。▽「石を除く」❷なかまに入れない。はずす。▽「子供を除く。日曜日を除く毎日」↓【除】330ページ

のぞく ❶あなやすきまから見る。▽「となりをのぞく」❷ちょっと見る。▽「書店をのぞく」❸ひくい所を見おろす。▽「谷底をのぞく」

のぞましい【望ましい】そのほうがよいと思われる。そうしてほしい。

のぞみ【望み】❶よくなる見こみ。❷ねがい。希望。▽「望みをすてない」

のぞむ【望む】❶遠くをながめる。▽「富士山を望む」❷希望する。ねがう。▽「幸せを望む」↓【望】636ページ

のぞむ【臨む】❶目の前にする。▽「海に臨む部屋」❷であう。▽「危機に臨む」❸その場に出る。▽「式場に臨む」↓【臨】749ページ

のたうつ 苦しみもがく。

のち【後】❶あることがおこったあと。▽「晴れ後くもり」⇕前。先。❷これから先。▽「十年後が楽しみだ」❸死んだあと。▽「後の世」↓【後】224ページ

のちほど【後ほど】あとで。後刻。

ノック ❶部屋に入るときに、ドアを軽くたたくこと。❷野球で、守備の練習のためにボールをうつこと。

ノックアウト ❶ボクシングで、あいてをたおし、一〇秒以内に立ちあがれなくすること。❷野球でピッチャーをうちこんで、かわらせること。❸あいてを完全に負かすこと。

のっそり 動作がのろいようす。▽「のっそりと立ち上がる」

ノット 船の速度の単位。一時間に一海里（一八五二メートル）走る速さが一ノット。

のっとる【乗っ取る】❶城をせめとる。❷ほかの人の土地や会社をうばいとる。❸飛行機などで、乗員をおどして自分の行きたい方へすすませる。

のっとる 手本としてそれにならう。▽「法律にのっとる」

のっぴきならない どうにもならない。さけることができない。▽「のっぴきならない用事ができる」

のっぺらぼう ❶ずっと平らで、変化がないようす。▽「のっぺらぼうな顔」❷目・鼻・口のないばけもの。

のど ❶口のおくの、食道と気管につながる部分。↓呼吸器（図）❷歌う声。▽「のどじまん」

のどか ❶やすらかでのんびりしているようす。❷空が晴れてうららかだ。

のどからてがでる【のどから手が出る】ほしくてたまらない。

[のどから手が出る]

のどぼとけ あごの下、首の前につき出ている骨。大人の男性に目立つが、女性や子供は目立たない。

のどもとすぎればあつさをわすれる【のど元過ぎれば熱さを忘れる】熱いものも、のんでしまうとすぐ忘れてしまうように、つらかったことも過ぎてしまえば忘れてしまう。

ののしる 口ぎたなく人をけなす。人の悪口を言う。▽「大声でののしる」

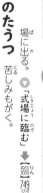

あいうえお かきくけこ さしすせそ たちつてと なにぬねの はひふへほ まみむめも やゆよ らりるれろ わをん

の

のばす【延ばす】 ❶ものを先の方までのび広げる。❷時間を長びかせる。▽「出発を延ばす」⇩【延】75ページ

のばす【伸ばす】 ❶長くしたり、大きくしたりする。▽「かみの毛をのばす。手足をのばす」❷力をつける。さかんにする。▽「学力をのばす」❸まがったものをまっすぐにする。▽「手足をのばす」

のばな【野花】 野原にしぜんにさいている花。▽「野花をスケッチする」

のばなし【野放し】 ❶鳥やけものを放し飼いにすること。▽「犬を野放しにする」❷勝手気ままにさせること。

のはら【野原】 草などがはえた、広くて平らな所。▽「野原をかけ回る」

のびのび【延び延び】 長びくようす。時期がおくれるようす。▽「返事が延び延びになる」

のびのび【伸び伸び】 からだや心がのんびりするようす。

のびる【延びる】 ❶ものが先の方へとのび広がる。▽「地下鉄がとなりの町まで延びる」❷時間が長びく。▽「日が延びる」⇩【延】75ページ

のびる【伸びる】 ❶大きくなる。長くなる。▽「草がのびる。すこやかに大きく、どこまでも、のびてほしいというねがいをこめた名まえだよ」❷力がつく。さかんになる。▽「学力がのびる。生産がのびる」❸ぐったりする。

のべ【延べ】 全部をひとまとめにして、数えること。総計。▽「延べ日数」

のべつ ひっきりなしに。たえず。▽「のべつ何かを食べている」

のべにんずう【延べ人数】 あることを、かりに一日で行ったとして計算した総人数。▽「五人で二日かかったから、延べ人数は十人だ」

のべる【述べる】 ❶話す。言う。▽「考えを述べる」❷思いを文に書きしるす。⇩【述】325ページ

のべる【延べる】 ❶広げてしく。▽「ふとんを延べる」❷時間を長びかせる。延期する。▽「日を延べる」⇩【延】75ページ

のぼせる ❶頭に血がのぼって、ぼうっとなる。▽「ふろでのぼせる」❷ものごとにむちゅうになる。

のぼり【上り】 ❶上にあがること。❷のぼり坂。❸地方から中央へ行くこと。▽「上り列車」⇕下り。

のぼりつめる【上り詰める】 いちばん上まで上る。上れるだけ上る。▽「坂を上りつめたところに、家がある」

のぼる【上る】 ❶上の方へすすむ。▽「川を上る」❷地方から都へ行く。▽「京へ上る」⇕下る。❸役目・位などが上がる。❹とりあげられる。▽「話題に上る」❺あるていどの数量になる。▽「参加者が千人にも上る」⇩【上】333ページ

のぼる【登る】 高い所へあがる。▽「山へ登る。木に登る」⇕降りる。⇩【登】488ページ

のぼる【昇る】 高く空へあがる。▽「日が昇る。天に昇る」⇕降りる。

のみ 小さなこん虫。人・犬・ネコなどの血をすう。

のみ 木材や石材などにあなをあけたり、けずったりする道具。⇩工具（図）

のみくだす【飲み下す】 飲みこむ。▽「にがい薬をひといきに飲み下す」

のみこみ【飲み込み】 ❶飲みこむこと。❷ものわかり。理解すること。▽「のみこみがはやい人」

のみこむ【飲み込む】 ❶飲んで腹の中に入れる。❷ものごとのわけがわかる。▽「仕事のこつをのみこむ」

のみほす【飲み干す】 全部飲む。

のみもの【飲み物】 飲むためのもの。ジュース・お茶・コーヒー・酒など。

さかさことば　前から読んでもうしろから読んでも「なべ、食べな」。

のむ【飲む】 ❶のどを通して水や飲み物を胃へおくる。▽「ジュースを飲む」❷たばこをすう。❸みくびる。▽「敵をのむ」❹あいての考えなどを、そのとおりにうけ入れる。▽「かれの意見をのむ」⬇【飲】54ページ

のやき【野焼き】 春に草がよくはえるように、野原のかれ草を焼くこと。

のら【野良】 ❶田や畑。❷野原。

のらいぬ【野良犬】 人にかわれていないイヌ。

のらねこ【野良猫】 人にかわれていないネコ。

のり ❶海の中の岩などについている海そう。アサクサノリ・アオノリなど。❷海そうをほして作った食品。

のり 物をはりつけたり、せんたくした布をかたくするために使うもの。

のりかかったふね【乗りかかった船】 ものごとをやりはじめたからには、とちゅうでやめるわけにはいかないという意味のたとえ。

のりき【乗り気】 ものごとをやる気になること。▽「その話に乗り気だ」

のりきる【乗り切る】 苦しさに負けないで、ものごとをやりとげる。

のりくみいん【乗組員】 船や飛行機などの乗り物にのって仕事をする人。

のりこなす【乗りこなす】 馬や乗り物などを自分の思うままに動かす。▽「新しい自転車を乗りこなす」

のりしろ 紙をのりではってつなげるときに、のりをつけるところ。⬇谷折り（図）

のりだす【乗り出す】 ❶乗り物にのって出発する。❷すすんでものごとに関係する。▽「実業界に乗り出す」❸からだを前へのばす。▽「身を乗り出す」

のりて【乗り手】 ❶乗る人。乗客。▽「タクシーが乗り手をまつ」❷馬などに上手に乗る人。▽「村一番の乗り手」

のりまわす【乗り回す】 馬や乗り物にのってあちらこちらへ行く。

のりもの【乗り物】 人を乗せてはこぶもの。自動車・電車・船・飛行機など。

のる【乗る】 ❶乗り物の中に入る。▽「バスに乗る」⇕降りる。❷物の上にあがる。▽「ふみ台に乗る」❸調子が合う。▽「リズムに乗る」❹だまされる。▽「計略に乗る」❺くわわる。▽「相談に乗る」⬇【乗】333ページ

のる【載る】 ❶物が上におかれる。▽「いすにかばんがのっている」❷新聞・雑誌に書かれる。▽「記事がのる」

のれん ❶商店で店の名前などをかいて、のき先にかける布。❷店の信用。▽「店ののれんをまもる」

のれんにうでおし【のれんに腕押し】 のれんをうでおしても少しも手ごたえがないように、はりあいがないことのたとえ。ぬかにくぎ。

のろい ❶動きや、すすみぐあいがおそい。▽「走るのがのろい」❷ぐずぐずしていて、にぶい。▽「計算がのろい」

のろう【呪う】 うらみのある人に、わざわいがおこるようにいのる。

のろし 昔、戦争のときや急ぎの用事のとき、合図に火をもやしてあげたけむり。▽「合図ののろしがあがる」

のろま 動きなどがおそいこと。

のんき のんびりして、気楽なようす。▽「のんきなくらし」

のんびり 心やからだが、ゆったりとしているようす。のびのび。

ノンフィクション ほんとうにあったことにもとづいて書かれた作品。記録・伝記など。⇕フィクション。

あいうえお かきくけこ さしすせそ たちつてと なにぬねの の はひふへほ まみむめも やゆよ らりるれろ わをん

は
ぱば
パバハ

は
【波】 3年 ハ なみ

❶なみ。▼「波頭。余波」
❷なみのような形や動きになるもの。▼「音波。電波」

波波波波波波波波 「つとしない」

●波及●波長●波止場●波紋●波乱●寒波●超音波

は
【派】 6年 ハ —

❶わかれ。えだ。▼「流派」
❷なかま。▼「一派」
❸つかわす。行かせる。▼「派遣」

派派派派派派派派派 「この形に注意」
★「脈」ににているので注意

●派遣●党派●立派

は
【破】 5年 ハ やぶる・やぶれる

やぶること。こわすこと。▼「撃破」

破破破破破破破破破破 「つとしない」

●破壊●破産●破損●破竹の勢い●破片●破滅●破裂●破廉恥●爆破

は
【羽】 ❶はね。▼「羽音」❷鳥を数えるときに使うことば。このときは「わ」「ば」「ぱ」とよむ。▼「一羽。三羽。六羽」⬇【羽】56ページ

●羽音●羽織●羽織る●羽交い締め●羽衣●羽ばたく

は
【葉】 植物のえだや、くきからはえているもの。呼吸作用や、でんぷんを作るはたらきをする。▼「若葉」⬇【葉】726ページ

は
【歯】 ❶口の中にあって、物をかむ役目をするもの。▼「虫歯」⬇図 ❷歯の形をしているもの。▼「歯車。げたの歯」⬇【歯】285ページ

●歯が立たない●歯が抜けたよう●歯がゆい●歯ぎしり●歯切れがよい●歯茎●歯車●歯ごたえ●八重歯

は
【刃】 物を切る道具の、切るための部分。やいば。▼「かみそりのは」

歯は はえはじめは虫歯になりやすい。

赤いところは虫歯になりやすいぞ！

犬歯(糸切り歯)
切歯
小きゅう歯
大きゅう歯
ち歯(親しらず)
おく歯
前歯
永久歯

乳犬歯
乳きゅう歯
乳切歯
乳歯

は
ことばの後ろについて、何についての話であるかをあらわすことば。「は」と書いて、「わ」と発音する。▼「わたしは小学校の一年生です」

あいうえお
かきくけこ
さしすせそ
たちつてと
なにぬねの
はひふへほ
まみむめも
やゆよ
らりるれろ
わをん

なぞなぞ 自分のものなのに他人がよく使うものはなに？ 答えは次のページ。

ば【馬】2年 バ うま・ま

うま。▽「馬車。落馬。竹馬の友」

●馬具●馬車●馬術●馬力●競馬●出馬●乗馬●落馬

★筆順に注意

馬 馬 馬 馬 馬 馬

ば【場】❶何かが行われるところ。▽「場所」❷何かが行われるとき。▽「場合」❸何かが行われるようす。▽「場面」⬇【場】334ページ

●場合●場数を踏む●場所●場慣れ●場面●足場●市場●現場●職場●砂場●立場●広場

ぱあ じゃんけんの紙をあらわすことば。石(ぐう)に勝ち、はさみ(ちょき)に負ける。⬇じゃんけん(図)

ばあい【場合】❶あることに出あったとき。❷事情。その時のようす。

はあく【把握】❶しっかりとつかむこと。▽「気持ちをはあくする」❷しっかり理解すること。▽「問題点をはあくする」

バーゲンセール 大安売り。大特売。

バーコード 商品の品名などを、黒と白のしまもようにあらわしたもの。レーザーの光で読みとるので、計算が速い。

9784095018232

[バーコード]

バースデー 誕生日。

パーセント 全体を百としたとき、いくつになるかをしめすことば。記号は「%」。

パーティー ❶なかま。とくに、登山のグループ。▽「パーティーを組む」❷大ぜいの人が集まって楽しむ会。

ハート ❶心。気持ち。❷トランプの♥のもよう。

ハード ❶固いようす。⬍ソフト。▽「ハードコンタクトレンズ」❷練習などがきびしいようす。▽「ハードなとっくんをうける」❸「ハードウェア」の略。コンピューターの機械部分。⬍ソフト。

パート ❶全体をいくつかに分けたものの一つ。部分。❷役割。受け持ちの部分。また、音楽で、声や楽器の受け持ち部分。▽「重要なパートをまかされる」❸「パートタイム」「パートタイマー」の略。一日のうち、短い時間だけ働くこと。また、そういう働き方をする人。▽「パートにでる」

バードウオッチング 野山にすむ鳥を観察すること。

ハードル ❶障害物競争で、とびこえるために置かれるわく。左右二本の足の上に横むきに棒がついている。❷乗りこえるのが大変なものごと。▽「テストで満点を取るというハードルをこえてみせるぞ」

ハーフ ❶半分。▽「ハーフサイズのラーメン」❷父と母の人種や国せきが異なる子ども。

ハープ 四十七本の弦を持つ弦楽器。たてごと。

パーフェクト 完全なこと。悪いところがないこと。▽「パーフェクトなこたえ」

バーベキュー 外で、肉や魚ややさいを、火でやいて食べる料理。

パーマ 美よう院で電気やくすりを使ってかみの毛をちぢれさせること。

ハーモニー ❶いくつものちがう音がひびき合って、美しくよくつりあうこと。▽「ハーモニーがとれる」❷調和。▽「色のハーモニー」

ハーモニカ 細長い箱の形をした小さな楽器。口に当て、息をすったりはいたりして鳴らす。

はい【拝】6年 ハイ おがむ

❶おがむこと。▽「礼拝。参拝」❷へりくだった気持ちをあらわすことば。▽「拝見」

拝（ヨコ棒は4本）

●拝観●拝見●拝借

はい【肺】6年 ハイ ―

人やけものの呼吸をする器官。胸の右と左にあり、空気をすいこんで血をきれいにし、よごれた空気をはき出すはたらきをする。肺臓。⇩呼吸器（図）

肺（はねる・つなげて書かない）

●肺炎

はい【背】6年 ハイ せ・せい・（そむく）・（そむける）

❶せなか。▽「背泳」
❷後ろ。▽「背景」
❸そむく。うらぎる。▽「背任」

背（比ではない・はねる）

●背泳●背景●背後●背面

はい【配】3年 ハイ くばる

❶物をくばること。▽「配達」
❷わりあてること。▽「配役。分配」

配（落とさないように・つかない・巳ではない）

●配給●配偶者●配合●配色●配線●配達●配置●配布●配分●配役●配慮●配列●気配●支配●心配

はい【俳】6年 ハイ ―

❶人前で芸をする人。役者。▽「俳優」
❷俳句のこと。▽「俳人」

俳（兆としない）

●俳句●俳人●俳優

はい【敗】4年 ハイ やぶれる

まけること。▽「勝敗。連敗」⇔勝。

敗（又ではない）

●敗因●敗戦●敗退●敗北●失敗

はい【灰】

木などがもえてあとにのこる、白い粉。▽「たばこの灰。かまどの灰をそうじする」⇩【灰】111ページ

●灰色●灰皿●火山灰

はい【杯】

❶お酒を飲むための小さいうつわ。さかずき。❷うつわに入ったものを数えることば。▽「ごはんを二はい食べる。一ぱいの水をください」

はい

❶返事をするときのことば。❷あいてが言ったことを、そうであると答えるときのことば。▽「『犬はすきですか。』『はい。』」⇔いいえ。❸注目させるときのことば。▽「はい、クラス全員ここに集まってください」

ばい【売】2年 バイ うる・うれる

うること。▽「販売。商売」⇔買。

売（上のヨコ棒より短く）

●売却●売買●売名●競売●即売●直売●特売●発売

ばい【倍】3年 バイ ―

❶もとの数の二倍になること。
❷同じ数を何回かくわえること。

倍

●倍数●倍率

前のページの答え⇒「名前」

ばい【梅】4年 バイ うめ
ウメ。ウメの木。▽「梅園。紅梅」

梅 梅 梅 梅 梅 梅 梅 梅 梅 梅（この部分に注意）

●梅雨●入梅

ばい【買】2年 バイ かう
かうこと。▽「売買。買収」⇕売。

買 買 買 買 買 買 買 買 買 買 買 買（ヨコ長に。四としない）

パイ 小麦粉にバターを加えてつくったうすい皮をかさねてやく料理。▽「アップルパイ。ミートパイ」

はいあがる【はい上がる】❶はって上がる。はうようにして上がる。▽「泳いで川をわたり、陸にはい上がる」❷悪い状態からがんばってぬけ出す。▽「どん底からはい上がる」

はいいろ【灰色】❶黒と白の間の灰のような色。ねずみ色。グレー。❷ゆとりも、おもしろみもないこと。▽「毎日が灰色だ」

はいいん【敗因】負けた原因。▽「敗因について考える」⇕勝因。

ばいう【梅雨】六月から七月ごろにふりつづく雨。つゆ。

ハイウエー 自動車専用の高速道路。

ばいうぜんせん【梅雨前線】六月ごろに日本のあたりにとどまって長雨を降らせる前線。

はいえい【背泳】あおむけになっておよぐ泳ぎ方。バックストローク。

はいえん【肺炎】ばい菌によって肺がおかされ、高い熱が出る病気。

バイオリン 四本の弦を弓でこすって演奏する弦楽器。⬇楽器（図）

はいかん【拝観】寺や神社などを見ること。▽「拝観料」

はいかん【廃刊】新聞や雑誌を出すのをやめること。⇕創刊。

はいき【排気】中に入っている空気やガスを外におし出すこと。▽「はい気口」

ばいきゃく【売却】売りはらうこと。▽「土地を売きゃくする」

はいきゅう【配給】わりあてて、配ること。▽「難民に食料を配給する」

はいぎょう【廃業】それまでつづけていた、仕事や商売をやめること。

ばいきん【ばい菌】細菌（目にみえないほど小さい生物）のうち、物をくさらせたり、病気のもととなったりするもの。

ハイキング からだをきたえたり、楽しむために、野や山へ出かけること。

バイキング いろいろな料理をテーブルにならべ、自分が食べたいものを好きなだけ皿にとって食べる料理。スウェーデンの料理の並べ方から日本でつけた名前。バイキングというのは昔、スウェーデンなどにいた人たちの名前。バイキング料理。ビュッフェ。

はいく【俳句】五・七・五の十七字であらわす短い詩。

バイク 小さいガソリンエンジンをつけた、自転車型の乗り物。オートバイ。⬇自動車（図）

はいぐうしゃ【配偶者】つれあい。夫からは妻、妻からは夫のことをいうことば。

はいけい【背景】❶写真や絵で中心となるものの後ろにある物。❷ぶたいの人物の後ろの景色。❸人や事件の背後にあるもの。▽「事件の背景をさぐる」

はいけん【拝見】「見ること」のへりくだった言い方。▽「手紙を拝見する」

はいご【背後】❶後ろ。▽「敵の背後にまわる」❷ものごとのかげにかくれた部分。▽「事件の背後関係をしらべる」

はいごう【配合】二つ以上のものを、組み合わせること。▽「色の配合」

はいざら【灰皿】 たばこの灰や、すいがらをすてる入れ物。

はいし【廃止】 今までつづけていたことをやめること。

はいしゃく【拝借】「借りること」のへりくだった言い方。▽「本を拝借する」

ハイジャック 航空機をのっとること。

ばいしゅう【買収】 ❶お金を出して土地や会社などを自分のものにすること。▽「建設用地を買収する」❷人にこっそりとお金や品物などをやって、自分の味方に引き入れること。▽「有権者を買収するのはい反だ」

はいしゅつ【排出】 中にたまったいらない物を外へおし出すこと。

ばいしょう【賠償】 あいてにあたえた損害をつぐなうこと。▽「ばいしょう金」

はいしょく【配色】 色のとり合わせ。

はいじん【俳人】 俳句を作る人。

はいすい【排水】 いらない水をおし流すこと。▽「はい水工事。はい水ポンプ」

はいすいのじん【背水の陣】 川などを後ろに、これ以上あとにひけない場所でたたかうじんがまえのことから、ぜったいにしりぞいたり失敗できないかくごで、ものごとに当たること。

ばいすう【倍数】 ある数の何倍かになっている数。たとえば六、九、十二は三の倍数である。⇔約数。

はいせつ【排せつ】 大便や小便を、からだの外に出すこと。

はいせん【配線】 電流をながすために、電線を引くこと。また、電気機械の部分と部分を電線でつなぐこと。

はいせん【敗戦】 戦いに敗れること。負けいくさ。

はいぜん【配ぜん】 料理をのせたおぜんを、めいめいにくばること。できた料理をならべること。

はいたい【敗退】 たたかいや試合に敗れて退くこと。▽「一回戦で敗退する」

はいたつ【配達】 配りとどけること。▽「荷物を配達する」

はいち【配置】 人や物を、きめられた場所に置くこと。▽「つくえの配置」

ハイテク いちばん進んでいる科学の技術。「ハイテクノロジー（先たん的科学技術）」の略。

バイト 主な仕事以外にする仕事。「アルバイト」の略。▽「新聞配達のバイトをする」

パイナップル 熱帯地方にそだつ植物。実はまつかさの形をし、中は黄色でかおりが強く、食べられる。

ばいばい【売買】 品物を売ることと買うこと。売り買い。取り引き。

バイバイ ❶親しい人同士や、子どもなどが別れるときにいうことば。さようなら。▽「バイバイ、またあした」❷別れること。▽「このくらしともうすぐバイバイだ」

バイパス 車がこみ合わないように作られた、自動車用の回り道。

はいひん【廃品】 こわれたりして、役に立たなくなった物。▽「はい品回収」

はいふ【配布】 配ること。

パイプ ❶鉄やなまりなどでできている、水やガスをおくるくだ。❷たばこをすう道具。

パイプオルガン オルガンの一つ。大小たくさんのパイプ（くだ）をならべ、それに風をおくって鳴らすけんばん楽器。

［パイプオルガン］

バイブル ⇒聖書

はいぶん【配分】 分けて配ること。分配。▽「利益の配分」

はいぼく【敗北】 たたかいに負けて、にげること。負けること。⇔勝利。

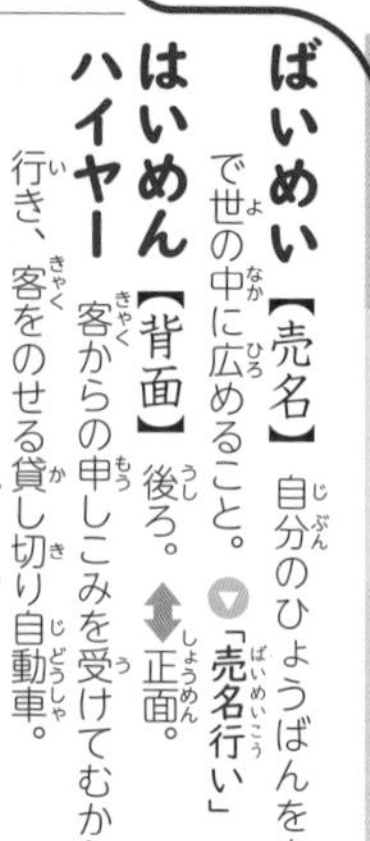

ばいめい【売名】自分のひょうばんを自分で世の中に広めること。▽「売名行い」

はいめん【背面】後ろ。⬍正面。

ハイヤー 客からの申しこみを受けてむかえに行き、客をのせる貸し切り自動車。

はいやく【配役】劇で役をわりあてること。▽「配役がきまる」

ばいやく【売約】売ることの約束。

はいゆう【俳優】ぶたい・映画・テレビなどで劇をする人。役者。

ばいよう【培養】草や木や細菌などを、養いそだてること。

ばいりつ【倍率】❶レンズによって見える像と、実物との大きさのわりあい。❷ぼ集する人数と、応ぼする人数のわりあい。▽「倍率が高い」

はいりょ【配慮】心を配ること。心づかい。▽「配りょがいきとどく」

はいる【入る】❶外から中にうつりすすむ。▽「部屋に入る」⬍出る。❷ある時期になる。▽「梅雨に入る」❸新しくくわわる。▽「野球部に入る」❹自分のものになる。▽「手に入る」❺見えたり聞こえたりする。▽「うわさが耳に入る」❻とりつけられる。▽「電話が入る」❼くわえられる。▽「手が入る」⬇【入】530ページ

はいれつ【配列】じゅんじょよくならべること。▽「色の配列をきめる」

パイロット ❶港などで船のすすみ方を案内する人。水先案内人。❷飛行機を操縦する人。操縦士。

はう ❶腹ばいですすむ。▽「赤ちゃんがゆかをはう」❷地面や物につたわってのびる。▽「アサガオのつるが、かきねにはう」

ハウス ❶家。❷「ビニールハウス」の略。▽「ハウスさいばい」

バウンド ボールなどがはずむこと。▽「ワンバウンドでキャッチャーにとどく」

はえ 家の中や外をとび回り、食べ物などにとまって、ばい菌をまきちらすこん虫。幼虫は「うじ」という。

はえぬき【生え抜き】❶その土地で生まれ、その土地でそだつこと。❷一つの所にずっとつとめていること。また、その人。▽「生えぬきの社員」

はえる【生える】❶草木が芽を出す。▽「草が生える」❷歯や毛がのびて出る。▽「歯が生える」⬇【生】371ページ

はえる【映える】❶光にてらされてかがやく。▽「もみじが夕日に映える」❷りっぱに見える。とても、よく見える。▽「着物が映える」⬇【映】70ページ

はおと【羽音】鳥や虫のとぶ羽の音。

はおり【羽織】着物の上に着る、たけのみじかい上着。⬇はんてん（図）

はおる【羽織る】服をかたに軽くかけるように着る。▽「ジャージを羽織る」

はか【墓】死んだ人をほうむる所。▽「墓参り」⬇【墓】634ページ

ばか ❶おろかなこと。❷つまらないこと。▽「ばかな目にあう」❸役に立たなくなるようす。▽「ねじがばかになる」❹ていどがはなはだしいようす。▽「ばかに安い」

はかい【破壊】こわして使いものにならないようにすること。▽「戦争でたてものが破かいされる」

はがいじめ【羽交い締め】人の後ろからだきついて、動けないようにしめつけること。

［羽交い締め］

はがき きまった大きさの、手紙を書く紙。「郵便はがき」の略。

はがす くっついているものをはなしてとる。▽「シールをはがす」

ばかす【化かす】人の目や心をだます。▽「タヌキが人を化かす」⬇【化】108ページ

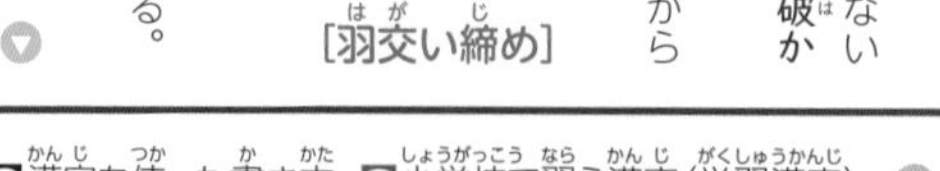

はかせ【博士】 ❶その道についてくわしい人。▽「ものしり博士」❷⇩博士（はくし）

はがたたない【歯が立たない】 ❶あまりかたくてかめない。❷力がおよばない。かなわない。▽「問題がむずかしすぎて、歯が立たない」

はかどる 仕事がどんどんすすむ。▽「宿題がはかどる」

はかない ❶長くつづかない。▽「はかない命」❷たよりない。たしかでない。▽「はかない希望」

はがね【鋼】 はものなどに使われる、かたい鉄。鋼鉄。⇩【鋼】229ページ

ばかばかしい ひどくくだらない。▽「ばかばかしい話」

はかま 着物の上からはいて、こしでとめて下半身をおおう、ひだのある衣服。⇩はんてん（図）

はかまいり【墓参り】 墓に行って、死んだ人をとむらうこと。墓参。

はがゆい【歯がゆい】 思うようにならないでもどかしい。いらいらする。▽「あまりにのろくて歯がゆい」

はからう【計らう】 ❶相談する。❷考えて、上手に行う。▽「そうじがはやくおわるように計らう」⇩【計】205ページ

ばからしい【馬鹿らしい】 ばかげている。くだらない。▽「ばからしくて話にならない」

はかり 物の重さをはかる器具。⇩図553ページ

ばねばかり
さおばかり
分銅
上皿自動ばかり（ばね式）
上皿てんびん（てんびんばかり）
自動台ばかり（ばね式）

［はかりのいろいろ］

はかりうり【量り売り】 必要なだけを、量って売ること。

はかりごと けいりゃく。

はかる【図る】 ❶くわだてる。▽「事を図る」❷うまくとりあつかう。▽「解決を図る」⇩【図】355ページ

はかる【計る】 ❶時間・数などをしらべて知る。❷考える。▽「実力を計る」⇩【計】205ページ

はかる【量る】 ❶量・重さなどをしらべて知る。❷おしはかる。想像する。▽「あいての気持ちを量る」⇩【量】746ページ

はかる【測る】 長さ・広さ・高さ・深さなどをしらべて知る。▽「木の高さを測る」⇩【測】402ページ

はかる【謀る】 ❶だます。あざむく。❷よくないことを考える。たくらむ。▽「悪事をはかる」

はぎ【×萩】 野や山に生える低い木。秋にこん虫のチョウに似た形をした赤むらさきや白の花をたくさんつける。

［萩］

はきけ【吐き気】 食べた物をはきたい感じ。▽「はき気をもよおす」

はぎしり【歯ぎしり】 ❶歯と歯がすれあって、ギリギリ音をたてること。❷ひじょうにくやしがること。▽「歯ぎしりしてざんねんがる」

はきちがえる【履き違える】 ❶まち

なぞなぞ　2時になると空に出るものは？　答えは次のページ。

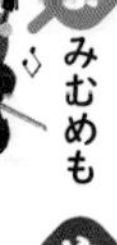

がってべつのはきものをはく。❷意味をとりちがえる。思いちがいをする。▼「自由をはきちがえて、好き勝手なことをする」

はきはき ことばや動作がはっきりとしているようす。▼「はきはきと答える」

はきもの【履物】足にはくもの。くつ・ぞうり・げた・スリッパなど。

はきゅう【波及】だんだん広がりつたわっていくこと。▼「事故のえいきょうが、全線に波きゅうする」

はぎれがよい【歯切れがよい】はきはきと気持ちよくものを言うようす。

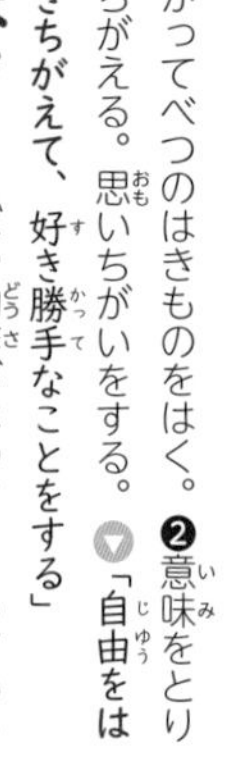

はく【白】1年 ハク・(ビャク) しろ・しら・しろい

❶しろ。▼「紅白。純白」❷きよいこと。▼「潔白」❸はっきりしていること。❹もうし上げること。▼「敬白」❺何もない。▼「白紙。空白」❻明るい。かがやく。▼「白日」

白 白 白 白 白（左下にはらう）★「自」ににているので注意

●白衣●白眼視●白銀●白紙●白書●白状●白昼●白鳥座●白熱●白髪●白米●白血球●白骨●告白●自白●余白●卵白

はく【博】4年 ハク・(バク) ―

広いこと。広めること。▼「博愛」

博 博 博 博 博 博 博（この点を落とさないように）

●博愛●博学●博士●博識●博する●博物館●博覧会

はく【吐く】❶口からものを出す。▼「息をはく」⇕吸う。❷言う。▼「弱音をはく」❸中から外へ出す。▼「けむりをはく」

はく【掃く】ほうきでそうじする。

はく【履く】くつ・サンダルなどを足先につける。▼「くつをはく」

はく ズボンや下着などを、下半身につける。▼「ズボンをはく」

はぐ ❶表面にあるものを、はなしてとる。▼「魚の皮をはぐ」❷ぬがせる。▼「ふとんをはぐ」

ばく【麦】2年 (バク) むぎ

ムギ。▼「麦秋」

一 十 キ 主 丰 麦 麦（又や丰ではない）

ばく【幕】❶きれを長くつないだまく。❷幕府のこと。▼「幕臣。幕末」⬇【幕】656ページ

ばく ❶東南アジアや南アメリカにいる動物。鼻が長く、草や木の葉を食べる。❷中国で考えられた想像上の動物で、悪いゆめを食べるといわれる。

ばぐ【馬具】馬につける道具。くら・あぶみ・たづななど。

はくあい【博愛】さべつなく、多くの人を愛すること。▼「博愛の精神」

はくい【白衣】医者・かんご師などが着る白い着物。

ばくおん【爆音】❶火山や、火薬がばく発する音。❷ガソリンがエンジンの中でばく発する音。▼「オートバイのばく音」

はくがい【迫害】害をくわえ、苦しめたりいじめたりすること。

はくがく【博学】いろいろな学問をして、知識の広いこと。

はくがんし【白眼視】つめたい目で人や世の中を見ること。▼「なかまをうらぎって、みんなから白眼視される」

はぐき【歯茎】歯の根もとをつつんでいる肉。

はくぎん【白銀】❶しろがね。銀。❷雪の白さをたとえていうことば。

はぐくむ【育む】かわいがってそだてる。

▼「小鳥がひなを育む」➡【育】35ページ

はくさい【白菜】アブラナのなかまのやさい。大きなだ円形のうすい緑色の葉が何枚も重なっている。冬になべに入れて食べたり、つけものにしたりする。

はくし【白紙】❶白い紙。何も書いてない紙。▼「白紙の答案」❷そのことについて、前もって知ったりしらべたりしない立場のこと。▼「会議に白紙でのぞむ」❸もとのままのようす。▼「この計画は、白紙にもどして検討する」

はくし【博士】一つの学問を深く研究した人におくる学位。はかせ。

はくしき【博識】いろいろなことを、広く知っていること。また、その人。

はくしゅ【拍手】手をたたくこと。

はくしゅかっさい【拍手喝さい】手をたたいて、やんやとほめたたえる。▼「はくしゅかっさいをうける」

はくじょう【白状】自分の罪やかくしごとを、ありのままに話すこと。

はくじょう【薄情】思いやりのうすいこと。心のつめたいこと。

ばくしょう【爆笑】大きな声で笑うこと。▼「おもしろいギャグにみんなでばく笑した」

はくせい【はく製】鳥やけものの皮をはいで内臓をとり、わたなどをつめて生きていたときと同じすがたに作った物。

ばくぜん【漠然】はっきりとしないようす。▼「ばく然と考える」

ばくだい【ばく大】ひじょうに大きいようす。▼「ばく大な費用」

ばくだん【爆弾】中に火薬をつめてばく発させる物。▼「ばくだんを発射する」

ばくち お金や品物を出し、勝った人がそれを取る約束でする勝負事。かけ事。

はくちゅう【白昼】昼間。まひる。

はくちょう【白鳥】白い大きな水鳥。秋、北国から日本に来るわたり鳥。

はくちょうざ【白鳥座】天の川にまたがる十字形の星座。ハクチョウが羽を広げてとぶすがたになぞらえたもの。

[白鳥座]

はくねつ【白熱】❶白い光を出すほど、ひじょうに強く物が熱せられること。❷たいへんはげしくなること。▼「白熱した試合」

ばくは【爆破】火薬をばく発させて、物をこわすこと。

はくはつ【白髪】白いかみの毛。白くなったかみの毛。しらが。

ばくはつ【爆発】❶急にすごいいきおいでたくさんのガスや熱が出て、はれつすること。▼「ガスばく発」❷こらえていた気持ちが高ぶり、一度にふき出すこと。▼「いかりがばく発する」

ばくふ【幕府】武士が国をおさめていた時代に、将軍が政治を行った所。また、そのしくみ。鎌倉幕府・室町幕府・江戸幕府があった。

はくぶつかん【博物館】自然に出た物、また、とれた物、歴史の上で名高い物、大昔の人の使った物、芸術品、そのほか学問に関係のある物などを集めて、大ぜいの人に見せる所。

はくまい【白米】もみがらをとった米をついて、白くしたもの。精米。⇔玄米。

ばくやく【爆薬】ばく発をおこすための薬。火薬。

はくらい【舶来】外国でできたものをはこんでくること。また、その品物。

はぐらかす ❶いっしょにいた人からうまく

前のページの答え⇒「虹」

はなれる。▼「質問をはぐらかす」❷問題点をかわしてごまかす。

はくらんかい【博覧会】学問や産業に関係した物をならべ、多くの人に見せること。▼「万国博覧会」

はくりょく【迫力】人の心にせまってくる力。▼「はく力のある映画」

はぐるま【歯車】まわりに歯のようなぎざぎざのある車。物の運動をほかにつたえたり、速さをかえたりするのに使う。ギア。

はぐれる いっしょにいた人と、はなれてしまう。▼「人ごみではぐれる」

ばくろ【暴露】人のひみつやかくしていることを、さらけ出させること。

はけ 動物の毛を束にしてとってをつけたもの。のりやペンキをぬったり、ほこりをはらったりするのに使う。

はけぐち【はけ口】❶水などをながし出す口。❷気持ちをまぎらすもの。▼「不満のはけ口」❸商品が売れていく先。売れ口。▼「商品のはけ口が広い」

はげしい【激しい】❶いきおいが強い。▼「激しい風」❷あらあらしい。▼「激しい声」
⬇【激】210ページ

バケツ 水などを入れる、おけの形をした入れ物。

バゲット 棒の形をした、外がわがパリパリしたフランスのパン。

[バゲット]

ばけのかわ【化けの皮】ほんとうのことをかくして、うわべをうまく見せていること。▼「化けの皮をはぐ」

はげます【励ます】元気をつけてやる。▼「選手をはげます」

はげむ【励む】元気を出して、いっしょうけんめいにやる。▼「仕事にはげむ」

ばけもの【化け物】❶化けて、あやしくおそろしいすがたをしたもの。❷はかりしれない力を持った人のこと。

はげる ❶はがれておちる。▼「ペンキがはげる」❷色がうすくなる。❸かみの毛がぬけおちてなくなる。

ばける【化ける】ほんとうのすがたをかくして、ほかのものになる。▼「タヌキが人に化ける」
⬇【化】108ページ

はけん【派遣】ある役目を持たせて、人をさしむけること。▼「派けん使節」

はこ【箱】3年 はこ ― 物を入れてしまっておく入れ物。

箱 箱 箱 箱 箱 箱 箱（この形に注意）
●救急箱●重箱●巣箱●百葉箱●筆箱

はごたえ【歯応え】❶物をかんだときの、かたい感じ。❷反応。手ごたえ。▼「歯応えを感じる仕事」

はこぶ【運ぶ】❶物を、よその場所へうつす。❷歩く。行く。▼「足を運ぶ」❸ものごとがはかどる。▼「仕事がすらすらと運ぶ」
⬇【運】68ページ

はごろも【羽衣】天人が着て空をとぶといわれる、羽で作った軽い着物。

バザー 寄付された品物を売り、得たお金を世の中のためなどに使うためにもよおすそく売会。

はさまる【挟まる】間に入りこむ。

はさみ ❶物をはさんで切る道具。❷カニなどの、はさみににた足。❸じゃんけんの、ちょき。

はさむ【挟む】 ❶両がわから強くおさえる。▼「ペンチではさむ」❷物と物との間に入れる。▼「本の間にしおりをはさむ」❸わりこませる。▼「口をはさむ」

はさん【破産】 財産を全部なくしてしまうこと。倒産。

はし【橋】 川の両岸など、二つの場所をつなぐ通り道としてかけられたもの。▼「谷のつり橋」➡【橋】176ページ

はし【端】 ❶へり。ふち。さき。▼「道路のはし」❷切りはなした部分。▼「切れはし」❸ものごとのはじめ。糸口。

はし【箸】 食べ物などをはさむ、二本の細い棒。▼「わりばし」

はじ【恥】 ❶はずかしいこと。名よをきずつけられること。▼「はじをかく」❷名よを重んじること。▼「はじを知る」

はしか 子供がかかる感染症の一つ。高い熱が出て、からだに赤いぶつぶつができる。

はじく ❶はねかえす。はねとばす。▼「つめではじく」❷はねてよせつけない。▼「油は水をはじく」❸そろばんで計算する。▼「そろばんの玉をはじく」

はじける いきおいよくさけてわれる。いきおいよくとび出す。▼「ポップコーンがはじける」

はしご 高い所へのぼるときに使う道具。▼「はしごをかけて屋根にのぼる」

はしごしゃ【はしご車】 高いところの火を消すための長いはしごがついた消防車。

はじさらし【恥さらし】 はじを広く世間に知られること。また、その人。

はしたない いやしい。下品だ。▼「はしたないまねをするな」

はしにもぼうにもかからない【箸にも棒にも掛からない】 小さなはしや、大きな棒を使っても引っかからないように、どうにもとりあつかいの方法がない。▼「いたずら者ではしにも棒にもかからない」

はじまる【始まる】 新しくことがおこる。⇔終わる。➡【始】285ページ

はじめ【初め】 ❶ものごとの、はじまったとき。さいしょ。▼「月の初め」❷ものごとの、おこり。もと。➡【初】329ページ

［初め❶と始め❷］

はじめ【始め】 ❶なにかをすることが早いこと。先にやること。▼「始めに歌う」❷前方にあること。▼「列の始め」

はじめて【初めて】 最初であること。そのとき、やっと。➡【初】329ページ

はじめる【始める】 新しくことをおこす。⇔終える。➡【始】285ページ

ばしゃ【馬車】 人や物をのせて、馬に引かせてはこぶ車。

はしゃぐ 調子にのってさわぐ。

パジャマ ねる時に着る服。シャツとズボンの上下に分かれている。

ばしょ【場所】 ❶ところ。▼「すわる場所」❷大ずもうを行っている期間。また、その所。▼「春場所がはじまる」

はしょる ❶着物のすそをあげて、帯などの間にはさむ。❷はぶいて切り上げる。▼「くわしい説明をはしょる」

はしら【柱】 ❶たてものの屋根をささえる材木。❷ものごとの中心になるもの。▼「父は一家の柱だ」➡【柱】448ページ ●霜柱●大黒柱●茶柱●火柱

はじらう【恥じらう】 はずかしがる。きまり悪がる。

はしりがき【走り書き】 いそいで文字を書くこと。また、書いたもの。

なぞなぞ にせものからできる食べ物は？ 答えは次のページ。

はしりたかとび【走り高跳び】走って、横にわたしてある棒をとびこえ、その高さをきそう陸上競技。

はしりはばとび【走り幅跳び】走っていってとんで、そのとんだきょりをきそう陸上競技。

はしる【走る】❶足をすばやく動かしてすすむ。かける。▽「グラウンドを走る」❷にげる。▽「平家の軍、西に走る」❸ながれる。はやく動く。▽「雲が走る。電車が走る」⬇【走】394ページ

はじる【恥じる】はずかしく思う。▽「失敗をはじる」

はす 池やぬまにはえる植物。地下にのびるくきは、レンコンといい、食用となる。夏、花が水面より上にさく。

はず そうなるのがあたりまえなこと。▽「夕方帰ってくるはずだ」

バス 男の歌う声でもっともひくい声。また、その声で歌う人。

バス 洋式のふろ。また、洋式のふろ場。▽「バスルーム」

バス 大ぜいの客をいっしょにはこぶ大型の自動車。乗り合い自動車。

パス ❶通りぬけること。❷試験などにうかること。合格。❸ただで入れるふだ。❹定期券。❺サッカーなどで、ボールを味方におくること。

はすう【端数】はんぱな数。

はずかしい【恥ずかしい】人に見られたくない。きまりが悪い。てれくさい。合わせる顔がない。▽「失敗してはずかしい」

はずかしめる【辱める】❶はじをかかせる。❷地位や名誉をきずつける。▽「学校の名を辱める行い」

バスケット ❶ふたや手のついたかご。❷バスケットボール。

バスケットボール 五人ずつ二チームにわかれてする球技で、きまった時間のうちに、ボールをあいてのじん地のあみの中に多く入れたほうが勝ちになる。ろう球。

はずす【外す】❶とってはなす。とりさる。▽「戸を外す。はしごを外す」❷とめてあるものをとりはなす。▽「ボタンを外す。かぎを外す」❸とりそこなう。そらす。▽「タイミングを外す。まとを外す」❹その場からしりぞく。▽「席を外す」⬇【外】112ページ

パスタ スパゲッティやペンネなど、イタリア料理に使うめん類。▽「パスタをゆでる」

バスてい【バス停】バスが止まって、お客が乗り降りする所。バスの停留所。

パステル 色のこなを棒のような形にかためた、やわらかいクレヨン。

パスポート 政府が外国へ旅行する人にわたす旅券のこと。これをもらわないと外国への旅行はできない。

［パステル］

はずみ【弾み】❶はねかえること。❷いきおいがつくこと。❸なりゆき。▽「もののはずみでけんかになる」❹そのとたん。▽「ころんだはずみに足をくじく」

はずむ【弾む】❶はねかえる。▽「ボールがはずむ」❷調子づく。▽「話がはずむ」❸あらくなる。▽「息がはずむ」❹思い切って多くお金を出す。▽「お礼をはずむ」

はすむかい【はす向かい】ななめ前。▽「はす向かいの家」

パズル 考えて解くあそび。なぞ解き。

はずれ【外れ】❶くじなどに当たらないこと。▽「外れくじ」❷よい結果にならないこと。▽「期待外れ」❸中心からはなれた所。▽「町の外れ」

はずれる【外れる】❶とれてはなれる。▽「戸が外れる」❷当たらずにそれる。▽「くじに外れる。予想が外れる」⬍当たる。❸

遠くはなれる。▼「町を外れる」❹そむく。▼「人の道に外れる」⬇【外】112ページ

パスワード ひみつを守るために、本人であることを証明する文字や番号。コンピューターのじょうほうを利用するときなどにつかう。

はぜ 海やあさい川口にすむ魚。すむ場所によって、色やもようがちがう。

パセリ セリのなかまのやさい。葉は細かくちぢれていて、こい緑色。よい香りがある。スープに入れたり、料理のかざりにする。

パソコン 個人や、家庭であつかうための、小型のコンピューター。「パーソナルコンピューター」の略。

はそん【破損】物の一部分が破れたりこわれたりすること。

はた【畑】3年 はた・はたけ 作物を作る土地。はたけ。▼「田畑」

はた【旗】布や紙などで作り、いろいろなしるしや、合図に使うもの。⬇【旗】157ページ ●旗色が悪い ●旗印

はた【機】布を織る道具。はたおりの道具。▼「機を織る」⬇【機】157ページ

はだ【肌】❶からだのひふ。▼「はだがあれる」❷土地などの表面。▼「山はだ」❸気質。性質。▼「学者はだの人」

バター 牛乳からとったあぶらをかためた食べ物。パンにぬったり、料理に使ったりする。

ばたあし【ばた足】泳ぐときに、のばした足を上下にばたばた動かして、水をける動作。▼「クロールのばた足」

はだか【裸】❶衣服を着ていないこと。▼「はだか一かん」❷財産など何も持っていないこと。❸おおいのないこと。▼「はだか電球」

はだぎ【肌着】シャツやパンツなど、はだにじかにつける衣服。下着。

はたく ❶たたく。打つ。▼「ほっぺたをはたく」❷たたいてはらう。▼「ほこりをはたく」

はたけ【畑】❶水をはらずに作物を作る土地。▼「麦畑」「だんだん畑」❷仕事や学問の分野。▼「畑ちがい」⬇【畑】559ページ

はたけちがい【畑違い】やっていることの種類が、ちがうこと。専門がちがうこと。▼「畑ちがいの研究」

はたさく【畑作】畑に作物を作ること。また、その作物。

はださむい【肌寒い】はだに寒さを感じる。▼「なんとなくはだ寒い」

はだざわり【肌触り】はだにさわる感じ。▼「やわらかいはだざわりの布」

はだし 足に何もはいていないこと。▼「海辺をはだしで歩く」

はたして【果たして】❶思ったとおり。やはり。▼「果たして夜は雪になった」❷ほんとうに。▼「果たしてどうなるか心配だ」

はたす【果たす】❶なしとげる。▼「責任を果たす」❷すっかり……してしまう。▼「小づかいを使い果たす」⬇【果】109ページ

はたち【二十・二十歳】二十さいのこと。▼「今年で二十になる」

はたと ❶急に。とつぜん。▼「風がはたとやんだ」❷にらみつけるようす。▼「はたとにらむ」❸手のひらでうつようす。▼「はたとひざをうつ」

バタフライ ❶チョウのこと。❷およぎ方の一つ。両手を一度に水の中に入れ、後ろにかき上げてすすむ。両足はそろえて同時に水をける。

はだみ【肌身】からだ。

はためく 風にふかれて、ハタハタと音をたてる。

はたらき【働き】❶働くこと。▼「下働き」

あいうえお かきくけこ さしすせそ たちつてと なにぬねの はひふへほ まみむめも やゆよ らりるれろ わをん

前のページの答え⇒「煮物（にせもの）」

❷活動する。▽「ねむくて頭の働きがにぶる」❸ききめ。▽「水の働きは強い」▽「薬の働き」❹力。作用。

はたらきざかり【働き盛り】いちばん元気に働くことのできる年ごろ。

はたらきもの【働き者】よく働く人。▽「村いちばんの働き者」

はたらく【働く】❶仕事をする。▽「工場で働く」❷心が活動する。▽「頭が働く」❸ききめがある。▽「薬がうまく働く」❹動く。▽「機械が働く」⬇【働】490ページ

はち【八】1年 ハチ や・やっ・やっつ・よう
やっつ。▽「八人。八月」

ノ 八
★少しのちがいで「入」「人」になるので注意
●八十八夜●八方美人●八方ふさがり●尺八

はち【鉢】❶皿より深く、口の広い入れ物。▽「植木ばち」❷頭。▽「はち巻き」

はち【蜂】羽を持ち、からだは、頭・胸・腹がはっきり分かれているこん虫。どのハチも毒針でさすのではなく、一部のなかまのめすだけが、針でさす。⬇すずめばち（コラム）

ばち【罰】神や仏のこらしめ。悪いことをしたむくい。▽「ばちがあたる」

はちあわせ【鉢合わせ】❶頭と頭がぶつかること。▽「まがり角ではち合わせをする」❷人と人とがばったり出会うこと。

[鉢合わせ]

はちうえ【鉢植え】植物をはちに植えること。また、その物。

はちがつ【八月】一年を十二にわけた月のうち、八ばん目の月。

はちきれる ❶なかみがいっぱいになって、やぶれる。❷元気いっぱいのようす。▽「はちきれるような笑顔」

はちくのいきおい【破竹の勢い】竹をわったときのように、勢いがはげしくてとめられないようす。

はちじゅうはちや【八十八夜】立春から数えて八十八日目の日。だいたい五月一日か二日になる。農家はこのころからたねまきをはじめる。

はちどり アメリカ大陸などにすむ、小さくてきれいな鳥。空中に羽ばたきながら止まって、花のみつを吸う。

はちのすをつついたよう【蜂の巣をつついたよう】どうしようもないほどひどいさわぎになるようす。

はちまき【鉢巻き】頭にまいてしばる布。▽「向こうはち巻き」⬇向こう鉢巻き（図）

はちみつ【蜂蜜】ミツバチが集めた、花のみつ。食べられる。

はちゅうるい【は虫類】カメ・ヘビ・ワニなどのなかま。たまごをうみ、まわりの温度によって体温がかわる。

はちょう【波長】波のようなものの動きをあらわすもの。波の山と山、または、谷と谷との間のきょりでしめす。とくに、光・音・電気などでつかう。▽「光は、波長によって色がかわる」

はつ【発】3年 ハツ・（ホツ）
❶出発すること。▽「東京発」⇕着。❷外へ出すこと。▽「発揮。発射。連発」❸のびる。▽「発達。発展」❹鉄砲のたまなどを数えることば。

発（筆順）
形と筆順に注意
上にはねる
●発案●発育●発音●発火●発芽●発覚●発掘

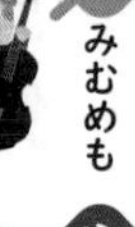

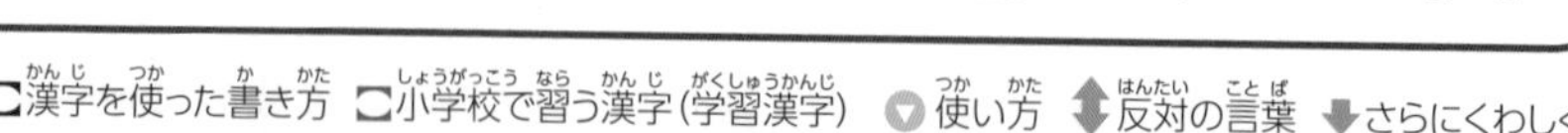

発見●発言●発行●発光●発酵●発散●発車●発信●発する●発生●発声●発送●発着●発電●発熱●発売●発病●発表●発布●発砲●発明●開発●活発●出発●爆発

はつ【初】 ❶はじめてのこと。▽「お初にお目にかかります。初顔合わせ」❷さいしょのこと。▽「初物」⇒【初】329ページ
●初恋●初春●初日●初耳●初詣●初物●初雪●初夢

はっ【法】 きまり。「法度」と読むときのとくべつな読み方。⇒【法】635ページ

ばつ【末】 あとのほう。すえ。「末子」「末弟」などと読むときのとくべつな読み方。⇒【末】660ページ

ばつ【罰】 悪いことをした者へのこらしめ。▽「ばつをうける」

はつあん【発案】 ❶新しく案を考え出すこと。❷議案を出すこと。

はついく【発育】 だんだん育つこと。

はつおん【発音】 声や音を出すこと。

はつおん【×撥音】 はねる音。日本語では「ん」「ン」で表す音。

はつか【二十日】 ❶月の二十番目の日。❷二十の日数。二十日間。

はっか【発火】 もえだすこと。

はっか【薄荷】 シソのなかまの植物。さわやかな香りがする。おかしや料理に使う。ミント。

はつが【発芽】 たねが芽を出すこと。

はっかく【発覚】 かくしていた悪いことなどが、人に知られること。

ばつがわるい【ばつが悪い】 ぐあいが悪い。きまりが悪い。

はっき【発揮】 ねうちや力をしめすこと。▽「実力を発揮する」

はっきり ❶明らかなようす。▽「星がはっきり見える」❷さわやかなようす。▽「頭がはっきりしない」❸たしかなようす。▽「くわしい説明で、意味がはっきりわかる」

ばっきん【罰金】 悪いことをしたつぐないに、出させるお金。

バック ❶背景。背後。❷サッカーなどで、後ろをまもる人。❸後ろだて。▽「有力なバックがある」❹後ろへもどること。▽「自動車がバックする」

バッグ かばん。ハンドバッグなど。

パック ❶ものをつつむこと。また、つつむための紙や箱。▽「牛乳パック」❷いくつかのものを一つにまとめたもの。▽「おかしのファミリーパック」

はっくつ【発掘】 土の中にうまっている物をほり出すこと。

バックミラー 自動車で、後ろのようすを見るためにとりつけたかがみ。

ばつぐん【抜群】 多くの中で、とくべつにぬきん出てすぐれていること。

パッケージ 品物を紙や布などでつつむこと。また、品物を運ぶためにひもをつけたり、つつんだりすること。▽「プレゼントのパッケージ。荷物のパッケージ」

はっけっきゅう【白血球】 血液の中にある、色のない血球。からだに入ったばい菌をつつみころす力がある。

はっけん【発見】 はじめて見つけ出すこと。▽「新しい島を発見する」

はっけん【発券】 乗り物などに乗ったり入ったりするための券やチケット、番号札などを出すこと。▽「発券機」

はつげん【発言】 意見を言うこと。

はつこい【初恋】 はじめて恋をすること。はじめて一人の人をとくべつに好きになること。

はっこう【発行】 本や印刷物などを、世の中に出すこと。発刊。刊行。

はっこう【発光】 光を出すこと。

はっこう【発酵】 こうぼ菌や、乳酸菌などのはたらきで、米・麦・豆・果物などが分解して、アルコール・酸類・二酸化炭素などが

早口ことば （五回続けていえるかな）女房の脈。

できること。

はっこつ【白骨】雨や風にさらされて白くなった骨。

ばっさい【伐採】竹や木などをきりだすこと。▼「スギの木をばっ採する」

はっさん【発散】光・力などが外にとび散ること。▼「ストレスを発散させる」

バッジ 胸やえりにつける記章。

はっしゃ【発車】電車・自動車などが動き出すこと。⇔停車。

はっしゃ【発射】鉄ぽうのたまや、ロケットなどをうち出すこと。

はっしん【発信】❶たよりを出すこと。⇔受信。❷無線などで通信をおくること。送信。

はっする【発する】❶外へ出す。はなつ。▼「光を発する」❷おこる。はじまる。▼「天竜川は諏訪湖に発する」❸出発する。❹人をさしむける。出発させる。▼「使いを発する」

はっせい【発生】おこること。生まれ出ること。▼「火災が発生する」

はっせい【発声】声を出すこと。

はっそう【発送】ゆうびんや荷物などを、送り出すこと。

ばった 草原や畑にいるこん虫。後ろ足が長く、よくとびはねる。

バッター 野球・ソフトボールで、ボールを打つ人。打者。⬇野球(図)

はったつ【発達】❶からだや心がそだっていくこと。❷進歩すること。

ばったり ❶急にたおれるようす。▼「へいがばったりたおれた」❷思いがけなく出会うようす。▼「駅で友達にばったり会った」❸急にやむようす。▼「注文がばったり来なくなった」

はっちゃく【発着】電車・バス・船などが、出たり着いたりすること。

バッテリー ❶野球・ソフトボールの投手と捕手の組み合わせ。❷ちく電池。

はってん【発展】のび広がること。さかんになること。▼「町が発展する」

はつでん【発電】電気をおこすこと。▼「水力発電。原子力発電」

はっと ❶急に気がつくようす。▼「はっと思い出す」❷とつぜんのことでおどろくようす。▼「はっと息をのむ」

バット 野球・ソフトボールで、ボールを打つ棒。

はつねつ【発熱】❶熱を出すこと。❷病気で体温が上がること。

はっぱ【葉っぱ】植物の葉。

はつばい【発売】売り出すこと。

はつはる【初春】❶春のはじめ。❷新しい年のはじめ。新年。

はっぴ 職人の着るはんてん。しるしばんてん。⬇はんてん(図)

はつひ【初日】一月一日の朝の太陽。

ハッピー しあわせなこと。▼「とてもハッピーな日」

ハッピーエンド 物語や映画などで、主人公が幸せになっておわること。

はつびょう【発病】病気になること。

はっぴょう【発表】広く人々に知らせること。▼「新しい研究を発表する」

はっぴょうかい【発表会】練習したり、調べたりしたことを、ひろく多くの人に見たり聞いたりしてもらう会。▼「ピアノの発表会」

はっぷ【発布】新しくできた法律などを、広く世の中の人々に知らせること。▼「憲法を発布する」

はっぽう【発砲】鉄ぽうや大ほうのたまをうち出すこと。

はっぽうびじん【八方美人】だれとでも調子を合わせてつき合う人。

はっぽうふさがり【八方ふさがり】やる方法がなくて、こまること。

はつみみ【初耳】 はじめて聞くこと。

はつめい【発明】 くふうして、新しい物を作り出すこと。▽「発明家」

はつめいか【発明家】 発明をする人。また、とても役に立つものを発明した人。

はつもうで【初詣】 新年になって、はじめて神社や寺におまいりすること。初まいり。

はつもの【初物】 その季節になって、最初にとれたやさいや果物など。

はつゆき【初雪】 その冬になってはじめてふった雪。

はつゆめ【初夢】 元日または一月二日の夜に見る夢。

はつらつ 明るく元気のいいようす。

はて【果て】 ❶いちばん、はしのところ。▽「世界の果て」❷おわり。▽「果てもなくつづく道」⇩【果】109ページ

はで【派手】 はなやかで、おおげさなようす。⇕じみ。

パティシエ ケーキなどの洋がしを作る仕事をする人。⇩シェフ（コラム）

はてしない【果てしない】 どこまでもつづいている。▽「果てしない海」

はてな あやしいと思ったり、まよっている時の気持ちをあらわすことば。▽「はてな、いつもとちがうぞ」

はてる【果てる】 ❶おわる。なくなる。▽「会が果てる」❷死ぬ。▽「命が果てる」⇩【果】109ページ

ばてる すっかりつかれてしまう。

はと 中形の鳥。つばさは長くて大きい。寺や神社でよく見かけ、平和のシンボルとされる。

ばとうきん【馬頭琴】 弦楽器のひとつ。三味線のような形で、二本の弦を弓でひいて音を出す。弦も弓も馬の毛を使い、弦をはった長い棒の先が馬の頭の形をしている。

［馬頭琴］

パトカー 警察官が、そうさや見回りのときにのる自動車。パトロールカー。⇩自動車（図）

はとば【波止場】 波をよけるてい防がある、船着き場。⇩防波堤（図）

バドミントン 庭や室内でするスポーツ。ネットをはさんで、ラケットで羽根をうち合う。

バトル 戦い。▽「バトルをくりひろげる」

パトロール 見回りをすること。とくに、警官が見回りをすること。

バトン ❶リレー競走で、走者が持つ棒。▽「バトンタッチ」⇩ゼッケン（図）❷音楽を演奏するときのタクト。指揮棒。❸パレードなどで、音楽に合わせてふり動かす棒。

はな【花】 ❶植物が、なかまをふやすためにさかせるもの。花びら・おしべ・めしべなどを持っていて、美しい色や形のものが多い。⇩雌しべ（図）❷サクラの花。▽「お花見」「花ふぶき」❸美しいこと。はなやかなこと。▽「花形」「花よめ」❹いちばんいい時。▽「今が花だ」❺生け花。▽「お花をならう」⇩【花】108ページ
●花形●花曇り●花言葉●花園●花束●花畑●花火●花びら●花祭り●花道●花輪●草花●火花

はな【鼻】 顔のまん中の高い部分。息をしたり、においをかいだりする。⇩顔（図）⇩【鼻】578ページ
●鼻歌●鼻緒●鼻が高い●鼻先●鼻血●鼻つまみ●鼻であしらう●鼻にかける●鼻につく●鼻持ちならない●鼻を折る

はなうた【鼻歌】 気分のいいときなどに、鼻にかかった声でうたう歌。ハミング。

はなお【鼻緒】 げたやぞうりなどについている、足の指をかけるひも。

はながた【花形】 ❶花の形。花のもよう。❷人気のある人。スター。▽「花形選手」

早口ことば （五回続けていえるかな）庭には二羽、裏庭には二羽、ニワトリがいる。

はながたかい【鼻が高い】じまんするようす。とくいになるようす。

はなかんむり【花冠】いくつもの花を輪にあんで、頭にのせるもの。

［花冠］

はなくそ【鼻くそ】鼻みずにほこりなどがまざって、鼻の中で固まったもの。

はなぐもり【花曇り】サクラの花がさくころの、くもりの天気をいう。

はなことば【花言葉】いろいろな花に、その花らしい意味を持たせたことば。たとえば、クローバーは幸福、スイセンはうぬぼれをあらわすなど。

はなし【話】❶ことばで言うこと。▼「話を聞く」❷物語。▼「昔話」❸わけ。▼「話のわかる人」❹相談。▼「話がまとまる。話がつく」⬇【話】759ページ
●話に花が咲く

はなしあい【話し合い】たがいに話すこと。相談。▼「話し合いに入る」

はなしあう【話し合う】たがいに思っていることを話す。相談する。

はなしことば【話し言葉】話をするときの言葉。⇕書き言葉。

はなして【話し手】話をするほうの人。語り手。⇕聞き手。

はなしにはながさく【話に花が咲く】次から次へといろいろな話がつづき、にぎやかに話し合っている。

はなす【放す】❶解いて自由にしてやる。▼「犬をくさりから放す」❷そのままにしておく。▼「窓を開け放す」⬇【放】635ページ

はなす【話す】思ったことをことばで人に言う。▼「学校であったことを母に話す」⬇【話】759ページ

はなす【離す】❶くっついていたものを解いて分ける。▼「つないでいた手をはなす」❷間をあける。▼「二位を大きくはなす」

はなぞの【花園】たくさんの花がうえてあるところ。

はなたば【花束】花をひとまとめに束ねたもの。▼「バラの花束」

「話しことば」と「書きことば」

話しことば

今日はおねえちゃんの服かりたの。

書きことば

今日は姉の服をかりました。

はなぢ【鼻血】鼻から出る血。

はなつ【放つ】❶かこいなどから出して自由にしてやる。▼「小鳥をかごから放つ」❷おいはらう。▼「国外に放つ」❸とばす。▼「矢を放つ」❹火をつける。▼「火を放つ」❺光・音・においなどを出す。⬇【放】635ページ

はなであしらう【鼻であしらう】あいてにちゃんとした返事をしないで、いいかげんにあつかう。

バナナ 熱帯地方にそだつ植物。実はあまく、栄養がある。

はなにかける【鼻にかける】とくいそうにじまんする。▼「成績のよいことを鼻にかける」

はなにつく【鼻につく】いやになる。あきる。▼「鼻につくふるまい」

はなばたけ【花畑】花がたくさんうえてある畑。

はなはだしい【甚だしい】ひどい。大きい。たいへんだ。▼「地しんのひ害ははなはだしい。はなはだしくふゆかいだ」

はなばなしい【華華しい・華々しい】はなやかで、りっぱなようす。⬇「々」は同じ文字をくり返すという意味のおどり字という記号。▼「はなばなしいかつやくをする」

はなび【花火】火薬をまぜた物に火をつけて、はれつした時の音や、色の美しさを楽しむもの。▽「うち上げ花火」

はなびら【花びら】花を形づくっているもの。花弁。⬇雌しべ（図）

はなふぶき【花吹雪】サクラの花などが風にふかれて、ふぶきのようにみだれちるもの。▽「花ふぶきがまう」

はなまつり【花祭り】四月八日に釈迦のたんじょう日をいわう祭り。

はなみ【花見】花、とくにサクラの花をながめて楽しむこと。

はなみず【鼻水】鼻の穴から出る水のようなもの。

はなみち【花道】❶しばいのぶたいの、むかって左がわについている長いろうか。役者が出たり入ったりして、しばいをする所。❷力士が土俵に出入りする通路。

[花道❶]

はなむけ 旅立つ人や、わかれていく人におくるお金や品物。せんべつ。

はなもちならない【鼻持ちならない】見聞きするにたえないほどいやらしい。▽「鼻持ちならないじまん話」

はなやか【華やか】美しく、目立つようす。▽「はなやかな顔立ち」

はなよめ【花嫁】けっこんしたばかりの女性。新婦。⬍花婿。

はなよりだんご【花より団子】美しい花を見るより、食べる団子のほうがいいということ。外見よりも、じっさいに役立つもののほうがいいということのたとえ。

[花より団子]

はならび【歯並び】歯の並びかた。▽「歯並びがいい」

はなれ【離れ】母屋からはなれている部屋。▽「はなれのざしき」

ばなれ【場慣れ】その場所のようすに慣れていること。▽「場慣れして落ち着いたたいど」

はなれじま【離れ島】陸地から遠くはなれている島。

はなればなれ【離れ離れ】ばらばらに、はなれてしまうこと。▽「卒業と同時にクラスの友だちがはなればなれになる」

はなれる【放れる】とらえられていたものが、自由になる。▽「犬がくさりから放れる」⬇【放】635ページ

はなれる【離れる】❶くっついていたものがわかれる。▽「左右にはなれる」❷遠ざかる。▽「船が岸をはなれる」

放れる

離れる

[放れると離れる❶]

はなれわざ【離れ業】ふつうの人にはできないような、だいたんなやり方。

はなわ【花輪】輪の形にした花かざり。おいわいやそう式などに使う。

はなをあかす【鼻を明かす】人を出しぬいてびっくりさせる。

はなをおる【鼻を折る】じまんしている人の心をくじく。やりこめる。

なぞなぞ にくなのに、八百屋さんで売っているのは？ 答えは次のページ。

はにかむ はずかしがる。

パニック あわてふためいて、こんらんすること。▼「パニックにおちいる」

バニラ ランのなかまの植物。熱帯地方に生える。実を発こうさせるとあまいかおりがするので、おかしのかおりづけに使う。

はにわ 四世紀から六世紀ごろの日本で、墓のまわりに立てた、すやきの土の人形・家・馬など。まよけと、かざりとをかねたものといわれる。

［はにわ］

はね【羽】❶鳥のからだをつつんでいるもの。❷鳥やこん虫のつばさ。▼「羽を広げる」❸飛行機のつばさ。⬇【羽】56ページ
●羽を伸ばす

ばね ❶はがねをまげたり、まいたりしたもの。のびちぢみして、はかりなどに使われる。❷はねる力。

はねおきる【跳ね起きる】いきおいよく起き上がる。飛び起きる。▼「ねぼうをして、ふとんからはね起きる」

はねつき【羽根突き】はご板で羽根をつき合うあそび。

はねつける まったくうけつけない。きびしくことわる。

ばねばかり ばねがのびちぢみすることを利用した、はかり。⬇はかり（図）

はねる【跳ねる】❶とびあがる。▼「馬がはねる」❷とびちる。はじける。▼「油がはねる」

はねる ❶とりのぞく。▼「不良品をはねる」❷かすめとる。▼「もうけをはねる」❸はねとばす。▼「どろがはねる」

パネル ❶かべやゆかなどにはる板。❷絵をかく板。画板。❸たくさんの人に見せるための、写真やポスターなどをはる板。

はねをのばす【羽を伸ばす】思うままにのびのびとふるまう。

はのねがあわない【歯の根が合わない】寒いときやおそろしいときに、歯と歯がぶつかってふるえるようす。

パノラマ ❶広々とした景色。▼「パノラマ写真」❷もけいを使って、実際の景色を高い所から見おろしたような感じに作ったもの。

はは【母】❶おかあさん。⇕父。❷ものごとを生みだすもと。▼「必要は発明の母」⬇【母】634ページ
●母親●母の日

はば【幅】❶横の長さ。▼「はばの広い道路」❷ちがい。差。▼「大はばの値下げ」❸勢力。▼「はばをきかす」❹ゆとり。よゆう。▼「はばを持って考える」

パパ おとうさん。

ははおや【母親】女親。母。⇕父親。

はばかる ❶えんりょする。▼「世をはばかる。人目をはばかる」❷はばをきかせる。いばる。▼「にくまれっ子世にはばかる」

はばたく【羽ばたく】❶鳥が羽を広げてばたばたと動かす。❷社会に出てかつやくする。▼「社会に羽ばたく」

ははのひ【母の日】五月の第二日曜日。母に感謝し、そのしるしとしてカーネーションをおくるなどする。

はばむ【阻む】じゃまをする。▼「行く手をはばむ」

はびこる ❶いきおいよくのび広がる。▼「雑草がはびこる」❷悪い者がいきおいをふるう。▼「悪者がはびこる」

はぶ 毒へびの一種。沖縄などにすむ。

はぶく【省く】❶とりのぞく。▼「むだを省く」⇕補う。❷かんたんにする。▼「手間を省く」⬇【省】373ページ

ハプニング とつぜんの出来事。意外な出来事。▼「思わぬハプニング」

はブラシ【歯ブラシ】歯をみがくための小

さなブラシ。

バブル あわ。あぶく。また、あわのように消えやすいもののたとえ。

はへん【破片】 こわれたかけら。

はま【浜】 海辺。海岸。

はまぐり あさい海のすなや、どろの中にすんでいる二枚貝。

はまべ【浜辺】 海辺。はまのあたり。

はまや【破魔矢】 正月に神社で売る、矢の形をしたお守り。

はまる ❶ぴったりと入る。▼「指輪がぴったりはまる」❷落ちこむ。▼「みぞにはまる」❸だまされる。▼「計略にはまる」

はみがき【歯磨き】 歯ブラシで歯のよごれをとり、きれいにすること。

はみだす【はみ出す】 わくから外に出る。中に入りきらないで外へ出る。▼「道からはみ出す。ふとんからはみ出す」

はみでる【はみ出る】 あまって外へ出る。▼「箱からはみ出る」

ハミング 口をとじ、声を鼻から出して、メロディーだけを歌うこと。鼻歌。

ハム ❶ブタ肉を塩づけにし、それをいぶした食べ物。❷アマチュアの無線通信をする人。

ハムスター 体長十五センチメートルくらいのネズミのなかまの動物。

はめ【羽目】 よくない場合や境ぐう。▼「苦しい羽目におちこむ」

はめつ【破滅】 破れほろびること。▼「身の破めつをまねく」

はめる ぴったりとあうようにつける。▼「ボタンをはめる」

ばめん【場面】 ❶その場のようす。❷劇などで、あるぶたいのようす。

はもの【刃物】 物を切る道具。刀。

はもん【波紋】 ❶水の上にできる波の輪。▼「波もんが広がる」❷えいきょう。さわぎ。▼「世間に波もんをまきおこす」

はやあし【早足・速足】 いそぎ足。

はやい【早い】 ❶時間がかからない。⇕遅い。❷時間が前である。▼「予定より一年早い。朝早い」❸まだその時でない。▼「あきらめるには早い」⬇【早】394ページ

はやい【速い】 動きがすばやい。すみやか。▼「川のながれが速い。足が速い」⇕遅い。⬇【速】402ページ

[早い❷・速い]

はやうまれ【早生まれ】 一月一日から四月一日までに生まれること。また、その間に生まれた人。⇕遅生まれ。

同じ年の四月二日から十二月三十一日までに生まれた子（遅生まれ）より、一年早く小学校に入学することから。

1年早く入学する
4月1日

4月	3月	2月	1月
8月	7月	6月	5月
12月	11月	10月	9月

…早生まれ
…遅生まれ

[早生まれ]

はやおき【早起き】 朝早く起きること。▼「早起きはきもちがいい」

はやおきはさんもんのとく【早起きは三文の徳】 朝早く起きるといいことがあるということから、いつまでもねていないでさっさと起きてはたらきなさいということわざ。「早起きは三文の得」とも書く。

はやがてん【早合点】 人の言うことをよく

あいうえお かきくけこ さしすせそ たちつてと なにぬねの はひふへほ まみむめも やゆよ らりるれろ わをん

前のページの答え⇒「にんにく」

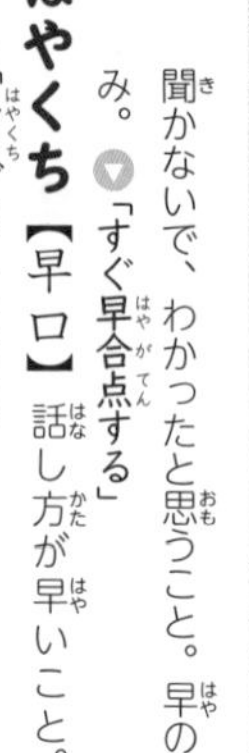

聞かないで、わかったと思うこと。早のみこみ。▽「すぐ早合点する」

はやくち【早口】話し方が早いこと。▽「早口でまくしたてる」

はやくちことば【早口言葉】いうのがむつかしいことばを早くいうあそび。「生麦生米生卵」など。

はやさ【速さ】速いこと。きまった時間にすすむきょりや、できる仕事の多い・少ないの度合い。

はやざき【早咲き】さく時期が、ふつうより早いこと。またその花。▽「早ざきのウメ」⇔遅咲き。

はやし【林】木がたくさん、はえしげっている所。⬇【林】748ジペー ●雑木林

はやし 笛・たいこ・つづみ・かね・しゃみせんなどで、しばいやおどりなどのひょうしをとったり、気分をもり上げたりする音楽。

はやす【生やす】はえるようにする。▽「木や草を生やす。ひげを生やす」⬇【生】371ジペー

はやす ❶声や手びょうしで、歌の調子をとる。❷声をあげて、ほめたりひやかしたりする。

はやて 急に速くふく風。疾風。

はやびき【早引き】学校や会社を決まった終わりの時間より早く帰ること。早退。はやびけ。

はやまる【早まる】❶きまった日や時刻よりも早くなる。▽「予定が早まる」⇔遅れる。❷いそぎすぎて失敗する。▽「早まるな、おちつきなさい」⬇【早】394ジペー

はやまる【速まる】どんどんはやくなる。▽「スピードが速まる」⬇【速】402ジペー

はやみち【早道】❶近道。❷手近でかんたんな方法。▽「問題解決への早道」

はやみみ【早耳】ものごとを早く聞きつけること。また、その人。

はやめる【早める】日や時刻を予定よりも早くする。▽「遠足へ行く日を早める」⬇【早】394ジペー

はやめる【速める】いそがせる。動きをすばやくする。▽「スピードを速める」⬇【速】402ジペー

はやる ❶広く行われる。▽「うらないがはやる」❷はんじょうする。▽「駅前の店はよくはやる」❸悪いことが広がる。▽「かぜがはやる」

はやる ❶あせる。いらだつ。▽「はやる心をおさえる」❷いさみたつ。▽「血気にはやる」

はやわざ【早業】すばやくて、みごとなやり方。▽「目にもとまらぬ着がえの早業」

はら【原】平らで広い土地。野原。▽「草原」⬇【原】218ジペー ●海原●野原

はら【腹】❶おなか。▽「腹がいたい」⬇体(図) ❷心の中。▽「腹の中がわからない」❸度胸。▽「腹が大きい」⬇【腹】607ジペー ●腹いせ●腹が据わる●腹が立つ●腹黒い●腹の虫が治まらない●腹ばい●腹八分●裏腹

ばら まとまっていたものがばらばらになっていること。▽「ばら売り」

ばら えだにとげのあるひくい木。花の形や色は種類が多く、よいかおりがある。

はらいせ【腹いせ】腹の立った気持ちをべつのことではらすこと。▽「しかられた腹いせにドアをけとばす」

はらいた【腹痛】おなかが痛いこと。ふくつう。

はらう【払う】❶ほこりやごみをとりさる。▽「すすをはらう」❷代金をわたす。❸横に動かす。▽「足をはらう」❹ゆきわたらせる。▽「注意をはらう」

バラエティー ❶いろいろな種類や変化があること。▽「バラエティーに富んだ料理が並ぶ」❷いろいろな内容をくみこんで、見る人を楽しませるテレビの番組。

はらがけ【腹掛け】❶はっぴの下に着る仕事着。❷子供のむねから腹をおおう布。⬇昔話（図）

はらがたつ【腹が立つ】おこりたくなる。▽「悪いいたずらに腹が立つ」

はらぐろい【腹黒い】口には出さないが、心の中で悪いことを考えている。意地が悪い。▽「腹黒い人」

パラシュート 飛行機から飛びおりるときに使う道具。かさの形にひらき、ゆっくりおりてくる。らっかさん。

はらす【晴らす】いやな気持ちをなくしてさっぱりする。▽「うたがいを晴らす」⬇【晴】373ページ

パラソル ❶女の人がさす日がさ。❷海で、砂はまなどに立てて使う大きな日がさ。▽「ビーチパラソル」

パラダイス ❶天国のこと。❷つらいことのない、楽しい世界。

はらっぱ【原っぱ】野原。

はらのむしがおさまらない【腹の虫が治まらない】腹が立ってどうにもがまんができない。

はらばい【腹ばい】腹を下にして、うつぶせになること。

はらはちぶ【腹八分】食事のときに、食べ物をほどよく食べること。

はらはら ❶木の葉やなみだなどが、つづいておちるようす。▽「かれ葉がはらはらとちる」❷しきりに心配するようす。▽「はらはらしながら見まもる」

ばらばら ❶細かく切りはなされたようす。▽「ばらばらにくずれる」❷つぶになったものが、おちるようす。❸まとまりがないようす。▽「みんなの意見がばらばらだ」

ばらまく ❶まきちらす。▽「ハトに豆をばらまく」❷大ぜいの人にわたす。▽「家々に広告をばらまく」

パラリンピック からだの不自由な人が参加する国際運動競技大会。オリンピックが終わったあとに同じ場所で開かれる。

はらわた ❶大腸と小腸。❷内臓。▽「魚のはらわた」❸心。▽「はらわたがにえくりかえる（ひどく腹が立つ）」

はらん【波乱】❶ものごとに変化があること。▽「波乱の多い年」❷もめごと。さわぎ。▽「波乱をおこす」

バランス つりあい。平均。

はり【針】❶衣服などをぬうときに使うもの。❷注射器の先についているもの。❸ハチのしりにあって敵をさすもの。❹時計や計器のめもりをしめすもの。⬇【針】347ページ
●針金●針仕事

はり【張り】❶張ること。❷引っぱる力。❸気持ちがひきしまること。▽「心の張りをなくす」

はりあい【張り合い】❶やりがいがあること。▽「張り合いのある仕事」❷あらそうこと。▽「意地の張り合い」

はりあう【張り合う】きょうそうする。きそう。▽「一位を張り合う」

はりあげる【張り上げる】声を大きく強く出す。▽「大声を張り上げる」

バリアフリー お年寄りやからだの不自由な人も便利で安全に暮らせるようにすること。階段の代わりにゆるやかな坂道にしたり、車いすでも入れるトイレを作ったりするなど。

はりがね【針金】鉄や銅などを、細長くのばしてひものようにしたもの。

はりがみ【張り紙】人に知らせる目的などで、かべなどにはりつける紙。

ばりき【馬力】❶動力の単位。一馬力は七十五キログラムの物を毎秒一メートル動かす力。▽「五馬力のモーター」❷がんばる力。▽「馬力がある」

はりきる【張り切る】❶いっぱいに強く張っている。❷元気いっぱいで心がひきしまっている。

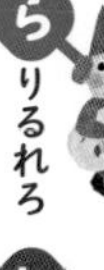

早口ことば（五回続けていえるかな）願いがま術で成就する。

はりこ【張り子】木型の上に紙をはってかため、あとで、木型をぬいて紙だけにしたもの。▼「張り子のトラ」

はりさける【張り裂ける】❶ふくれきってやぶれる。❷悲しみ・いかり・苦しみなどにがまんができなくなる。▼「悲しくて、胸が張りさけるようだ」

はりしごと【針仕事】針を使って、衣服などをぬう仕事。さいほう。

はりつめる【張り詰める】❶一面に張る。▼「氷が張りつめる」❷心をひきしめる。ひじょうにきんちょうする。▼「気を張りつめる」

バリトン 男の歌う声で中ぐらいの高さの声。また、その声で歌う人。

はりめぐらす【張り巡らす】まわりにぐるりと張る。▼「家のまわりにへいを張りめぐらす」

はる【春】❶四季の一つ。三月・四月・五月ごろ。❷わかくて元気な時。▼「人生の春」❸新年。正月。▼「初春」⬇【春】328ページ
●春一番●春雨●春の七草●初春

はる【張る】❶ひもや糸などをきつく引っぱる。❷広げる。▼「胸を張る」❸広がりのびる。ふやす。▼「根を張る」❹一面におおう。▼「氷が張る」❺いっぱいにみたす。▼「水を張る」❻気持ちがひきしまる。▼「気が張る」❼ねだんが高い。▼「値が張る」❽気持ちをかえない。▼「強情を張る」❾筋肉がこる。▼「かたが張る」❿対こうする。▼「むこうを張る」⬇【張】451ページ

はるいちばん【春一番】立春のあと、はじめてふく強い南風。

はるか ❶遠くはなれているようす。▼「はるかかなたに海が見える」❷長い年月がたったようす。▼「はるか昔」❸たいへんちがうようす。▼「きみのほうが、ぼくよりはるかにうまい」

はるかぜ【春風】春にふく、あたたかい風。

バルコニー 二階以上の、たてものの外へはり出した、屋根のない手すりのある台。ろ台。

ベランダ
バルコニー

【バルコニー】

はるさめ【春雨】❶春にふる雨。⬇雨（図）❷すきとおった、そうめんのような食べ物。

はるのななくさ【春の七草】春になって花のさく草で、セリ・ナズナ・ゴギョウ・ハコベ・ホトケノザ・スズナ・スズシロの七草。⬍秋の七草。

セリ
ナズナ
ゴギョウ（ハハコグサ）
スズシロ（ダイコン）
ハコベ（ハコベラ）
ホトケノザ（タビラコ）
スズナ（カブ）

【春の七草】

はるばる ひじょうに遠くから。▼「ツバメは、はるばる海をこえてくる」

パルプ 紙を作る原料。木をくだいて作る。

はるやすみ【春休み】春に学校が休みになること。三月の終業式から、新しい学年になる四月の始業式までの間。

はれ【晴れ】❶天気のよいこと。❷はなやかなこと。▼「晴れのぶたい」

バレエ 十六世紀のころフランスではじめられたおどり。多くは、物語になっていて、オー

ケストラの曲に合わせてぶたいでおどる。

パレード 大ぜいの人が行列を作って、ねり歩く行進。

バレーボール 六人あるいは九人ずつの二組に分かれ、コートのまん中にネットをはり、おたがいにボールを手でうちかえし合う球技。

[バレーボール]

はれがましい【晴れがましい】 ❶たいそうおもてだつ。晴れやかである。❷おもてだってはずかしい。

はれぎ【晴れ着】 美しくてりっぱな、よそいきの着物。▽「正月の晴れ着」

はれつ【破裂】 ❶破れてさけること。❷相談などがまとまらなくなること。

パレット 絵をかくとき、絵の具をとかしたり、まぜ合わせたりする板。

はればれ【晴れ晴れ】 心がさっぱりとしたようす。▽「晴れ晴れとした顔」

はれま【晴れ間】 ❶雨や雪が、やんでいるちょっとの間。❷雲の切れ目に青空の見える所。▽「晴れ間がのぞく」

はれものにさわるよう【腫れ物にさわるよう】 気むずかしい人を、こわごわあつかうようす。

はれやか【晴れやか】 心がさっぱりとして明るいようす。

バレリーナ バレエの女のおどり手。

はれる【晴れる】 ❶雨がやむ。雲やきりがきえさる。▽「昼すぎて、空が晴れる」❷心がさっぱりする。▽「気が晴れる」❸うたがいがなくなる。⬇【晴】373ページ

はれる【腫れる】 皮ふの一部がふくれる。▽「ハチにさされたところがはれる」

ばれる かくしていたことが人に知られてしまう。▽「うそがばれる」

ばれん 版画を刷るとき、絵の具を紙にうつしとるために、紙の上をこする道具。丸くて平らな形をしている。

バレンタインデー 二月十四日。キリスト教で、バレンタインという聖人を祝う日。日本では、女の人が男の人にチョコレートなどのプレゼントをする日。

ハロウィン 十月三十一日の夜にある祭り。ヨーロッパではじまったもの。カボチャをくりぬいてつくったちょうちんをかざったり、ま女やおばけのかっこうをした子どもたちが近所の家からおかしをもらったりする。

ハロー こんにちは。

バロメーター ❶気圧をはかる器械。気圧計。❷目じるし。ものごとのようすを知るもとになるもの。▽「顔の色は健康のバロメーター」

パワー 力。勢力。▽「パワーがある」

はをくいしばる【歯を食いしばる】 歯をかたくかんでこらえる。▽「歯を食いしばってがんばる」

はん【反】 3年 ハン・(ホン)・(タン) そらす・そる

❶ぎゃくになること。▽「反面」❷そむくこと。▽「反逆。違反」❸くりかえすこと。▽「反復」❹はねかえすこと。▽「反射」

反 反 反 反

★「友」「皮」ににているので注意

●反映●反感●反響●反撃●反抗●反省●反則●反対●反対語●反対色●反動●反応●反発●反比例●反乱

はん【半】 2年 ハン なかば

はんぶん。なかば。▽「前半。大半」

半 半 半 半 半

さかさことば 前から読んでもうしろから読んでも「ネコ、すず外す子ね」。

●半永久的●半円形●半額●半旗●半径●半月●半減●半熟●半身●半信半疑●半生●半世紀●半濁音●半濁点●半月●半島●半時●半端●半分●後半●夜半

はん【犯】5年 ハン（おかす）

きまりをやぶること。罪になる悪いことをすること。▼「防犯。共犯」

犯 犯 犯 犯 犯（つき出る）（上にはねる）

●犯行●犯罪●犯人●常習犯

はん【阪】4年 ハン

❶さか。道が上がったり下がったりしているところ。

❷「大阪」の略。

↓都道府県の「大阪府」で使う。

阪 阪 阪 阪 阪 阪 阪（阝にしない）

●阪神工業地帯

はん【判】5年 ハン・バン

❶はっきりすること。▼「判明」

❷見分けること。くべつすること。さばくこと。▼「判断。裁判」

❸はんこ。▼「判をおす」

判 判 判 判 判 判 判（短く）

●判決●判事●判断●判定●判別●判明●審判●批判●評判

はん【坂】3年 （ハン） さか

さか道。ななめの所。▼「急坂」

坂 坂 坂 坂 坂 坂 坂（右上に）

★「板」ににているので注意

はん【板】3年 ハン・バン いた

うすく平らにした木材や金属。

板 板 板 板 板 板 板 板

★「坂」ににているので注意

はん【版】5年 ハン

❶字や絵を木の板にほったもの。▼「版木。版画」

❷印刷。▼「活版。出版」

❸同じ物を印刷した回数。▼「第二版」

版 版 版 版 版 版 版 版（おる）

はん【班】6年 ハン

組。なかま。グループ。▼「班長」

班 班 班 班 班 班 班 班（刂としない）

はん【飯】4年 ハン めし

めし。ごはん。▼「夕飯。赤飯」

飯 飯 飯 飯 飯 飯 飯（食ではない）

★「飲」ににているので注意

ばん【万】

数の多いこと。▼「万国旗。万能」

↓【万】666ページ

●万国●万歳●万事●万全●万能●万物●万有引力

ばん【判】

本や紙の大きさ。▼「新書判」↓

【判】572ページ

ばん【板】

いた。▼「掲示板。黒板。板書」↓

【板】572ページ

ばん【番】2年 バン

❶見はり。▼「るす番。門番」

❷もののじゅんじょ。▽「一番。順番」

番（点の向きに注意／つなげて書かない）

●番外●番組●番狂わせ●番犬●番号●番付●番頭●交番

ばん【晩】6年 バン
❶日ぐれ。夕方。❷夜。▽「今晩」⇔朝。❸時期がおそいこと。▽「晩学。晩年」

晩（マや刀としない）

●晩さん●晩年

パン 小麦粉などを材料にして、やいてふくらませた食べ物。▽「食パン」⇒バゲット（図）

はんい【範囲】あるかぎられた広さ。きめられたていど。▽「はん囲が広い」

はんえい【反映】❶反射してうつること。❷えいきょうがおよぶこと。▽「みんなの意見を反映させる」

はんえい【繁栄】とみ栄えること。

はんえんけい【半円形】円を直径で二つに分けた形。

はんが【版画】木・石・銅などにほった絵を、紙や布に刷りうつしたもの。

ハンガー 洋服をかけておくための道具。▽「コートをハンガーにかける」

ばんかい【ばん回】もりかえすこと。もとにもどすこと。▽「名よをばん回する」

ばんがい【番外】きまっている順番のほかであること。とび入り。

はんかがい【繁華街】店や人通りの多い、にぎやかな通り。

はんかく【半角】コンピューターで字をうつ時に、一文字分の字の半分の大きさでうつこと。▽「3は全角の大きさで、30の3と0は半角の大きさです」⇔全角。

はんがく【半額】きまった金額の半分。▽「料金が半額になる」

ハンカチ 手や顔をふく、小さい四角の布。ハンカチーフ。

バンガロー 夏の間、キャンプ地などで使うかんたんな小屋。

はんかん【反感】人をにくみ、さからったりいやがったりする気持ち。▽「反感を持つ。反感をかう」

はんき【半旗】悲しみをあらわすために、さおの先から三分の一ほど下げてかかげた旗。

はんぎゃく【反逆】そむくこと。

はんきょう【反響】❶音が物に当たってはねかえり、もう一度聞こえること。▽「声が反きょうする」❷あることにたいする世間でのひょうばん。

パンク タイヤに穴があくこと。▽「パンクした自転車」

ばんぐみ【番組】劇・放送・試合などの組み合わせ。また、その順番を書いたもの。プログラム。

ばんくるわせ【番狂わせ】❶じゅんじょなどがくるうこと。❷思いもよらない結果になること。▽「横づなが負けるという番くるわせがあった」

はんけい【半径】円や球の中心から、円周や球面上の点まで引いた直線。また、その長さ。直径の半分。

パンケーキ 小麦粉・たまご・牛乳などをまぜて、フライパンで平たく丸い形に焼いたおかし。ホットケーキ。⇒コラム648ページ

はんげき【反撃】せめてくる敵を、反対にせめかえすこと。反攻。

はんけつ【判決】裁判所で法律にもとづいて、罪のあるなしを決めること。▽「判決を言いわたす」

はんげつ【半月】半円形の月。

はんげん【半減】半分に減ること。

ばんけん【番犬】どろぼうよけなどのため

なぞなぞ 野山にでかけるのが好きな王さまは？ 答えは次のページ。

に飼う犬。家の番をする犬。

はんこ　石や木などに名まえをほったもの。インクをつけて紙におしつけると、ほった形のあとがつく。印かん。印。判。▽「はんこをおす」

はんこう【反抗】　反対して、てむかうこと。▽「親に反こうする」

はんこう【犯行】　罪になるような悪い行い。▽「犯行を自白する」

ばんごう【番号】　順番をあらわすのに使う、数字や符号。

ばんこっき【万国旗】　世界の国々の国旗。

ばんごはん【晩ご飯】　夕方の食事。夕食。夕飯。

はんざい【犯罪】　罪を犯すこと。また、おかした罪。▽「犯罪をおかす」

ばんざい【万歳】　❶人やものごとをいわってとなえることば。▽「ばんざいを三唱する」❷めでたいこと。▽「退院できて、まずはばんざいだ」❸どうにもならず、お手上げのこと。

ハンサム　顔やようすが美しくととのっている男の人のこと。美男子。

ばんさん【晩さん】　ごうかな夕飯。

はんじ【判事】　裁判所で、罪になるかどうかをきめる役人。

パンジー　スミレのなかまの草花。春に黄・白・むらさきなどがまじった花がさく。サンシキスミレ。

はんしゃ【反射】　光や音などが、何かにぶつかって、はねかえってくること。▽「日光が雪に反射してまぶしい」

ばんしゅう【晩秋】　秋の終わりごろ。

はんじゅく【半熟】　❶半分にえていること。▽「半熟のたまご」❷果物がよく熟していないこと。

ばんしょ【板書】　黒板にチョークで書くこと。また、その文字。

はんじょう【繁盛】　にぎわって、さかえること。▽「店がはん盛する」

バンジョー　弦楽器の一つ。胴はまるくて、四〜六本の弦があり、ギターににている。

はんしん【半身】　からだを左右または上下に分けた、半分。▽「右半身」

はんしんはんぎ【半信半疑】　半分信じ半分疑うこと。うそかほんとうかよくわからないこと。

はんせい【反省】　行いをふりかえって、正しいかどうか考え直すこと。内省。▽「一日の行いを反省する」

はんせい【半生】　一生のおよそ半分。

はんせいき【半世紀】　一世紀は一〇〇年で、その半分の五〇年のこと。

はんせん【反戦】　戦争に反対すること。▽「反戦運動」

はんせん【帆船】　帆をはって風の力を利用してすすむ船。帆前船。⬇船（図）

ばんぜん【万全】　完全にととのって、手おちのないこと。▽「万全のじゅんびをととのえる」

ばんそう【伴奏】　歌をうたったり楽器をひいたりするとき、ほかの楽器でそれに合わせて演奏すること。

ばんそうこう　きず口をおおったり、ガーゼをとめたりするために使うテープのようなもの。

はんそく【反則】　きそくや法律にそむくこと。▽「反則をおかす」

はんそで【半袖】　ひじのところまであるそで。また、そのような洋服。⬇服（図）

はんだ　すずとなまりの合金。金属をつなぎ合わせるのに使う。

パンダ　❶クマににている動物。中国のおく地にすみ、竹を食べる。白と黒のもようがある。ジャイアントパンダ。❷茶かっ色でおの長い動物。竹やくだものを食べる。レッサーパンダ。

はんたい【反対】　❶ぎゃくになること。❷

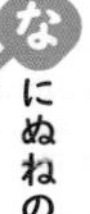
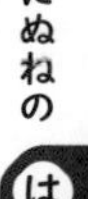

さからうこと。⇕賛成。

はんたいご【反対語】「長い・短い」「上・下」のように、たがいに意味が反対のことば。対義語。対語。対語。⇕同義語。同意語。→コラム

はんたいしょく【反対色】赤と緑のようにまぜると灰色になる二つの色。また、まぜると白色になる光の色。

はんだくおん【半濁音】ぱ・ぴ・ぷ・ぺ・ぽの音のこと。⇕清音。→濁音

はんだくてん【半濁点】ぱ・ぴ・ぷ・ぺ・ぽの「゜」じるしのこと。→濁点

ことばのふしぎ

反対のことば

「大きい」の反対は「大きくない」と「ない」をつけやすいものです。でも、「大きい」の反対の意味を持つことばは、「小さい」です。このように反対の意味を持つことばを反対語といいます。「大きくない」は、反対語とはいえません。

パンタグラフ 電車などの屋根にとりつけて、電線から電気をとりいれる、ひし形でのびちぢみするしかけ。

バンダナ 細かいもようのついた大きいハンカチ。頭に巻くなどする。

はんだん【判断】よい悪いを考えてきめること。▽「判断力」

ばんち【番地】住所を表すために細かく分けてつけた番号。手紙のあてなで、町や村の下に書く。

パンチ ❶紙などに穴をあけること。また、そのための道具。❷げんこつでなぐること。▽「パンチをくらわせる」

ばんちゃ【番茶】緑色をしたお茶の中で、おそい時期につんだかたい葉でつくるお茶。せん茶よりも苦みが少ない。

はんちょう【班長】一つの班のリーダーとなる人。

パンツ ❶ズボン。❷ズボンやスカートの下にはく下着。→服(図)

はんつき【半月】一か月の半分。

ばんづけ【番付】演芸や、勝負ごとをする人の名を、じゅんばんに書きならべたもの。▽「すもうの番付」

ハンデ 「ハンディキャップ」の略。

はんてい【判定】見分けて、きめること。▽「しん判の判定にしたがう」

ハンディキャップ ❶競技などで、すぐれた者とおとっている者の力を平均にするため、すぐれた者にはじめからつけておく差。ハンデ。❷不利なこと。ハンデ。

はんてん【斑点】まだらにちらばっている点。ぶち。▽「はん点のある犬」

はんてん たけのみじかい和服のうわっぱり。羽織ににているが、胸にひもがなく、えりをおらない。はっぴ。→図

[はんてん・羽織・はかま]

ハンド ❶手。❷サッカーで、ボールを手でさわるはんそく。

前のページの答え⇒「ハイキング」

バンド ❶革や、布でできた帯。ベルト。❷楽団。▽「ジャズバンド」

はんとう【半島】 海の中へ長くつき出ている大きな陸地。

はんどう【反動】 ❶ある運動と反対の方向にはたらく運動。❷世の中の進歩やながれにさからうような考え。

ばんとう【番頭】 店や旅館などではたらいている人のかしら。

はんとき【半時】 ❶昔の時間で一時の半分。今の一時間に当たる。❷少しの時間。▽「半時のしんぼうだ」

ハンドバッグ さいふや、けしょう品などを入れる女物の小さなかばん。

パントマイム せりふを言わないで、身ぶりや表情だけでする劇。黙劇。無言劇。▽「パントマイムを演じる」

ハンドル ❶にぎり。とって。❷自転車や自動車にとりつけてあって手でにぎって運転する物。⬇サドル（図）

はんにち【半日】 一日の半分。▽「半日休む」

はんにん【犯人】 罪を犯した人。

ばんねん【晩年】 年をとったとき。

はんのう【反応】 ❶しげきをうけておこる、ひとつのあらわれ。▽「めんえき反応」❷二つ以上のちがった物質から、ちがった物質ができるはたらき。▽「化学反応」❸手ごたえ。▽「よびかけても反応がない」

ばんのう【万能】 ❶何にでもよくきくこと。▽「万能薬」❷いろいろなことにすぐれていること。▽「万能選手」

はんぱ【半端】 ❶全部そろっていないこと。▽「半ぱのきれ」❷どちらともはっきりしないこと。▽「中と半ぱ」

ハンバーガー 丸いパンにハンバーグなどをはさんだ食べ物。

ハンバーグ ひき肉にタマネギのみじん切り・パン粉などをまぜてやいた食べ物。ハンバーグステーキ。

［ハンバーグ］

はんばい【販売】 品物を売ること。

ばんぱく【万博】 世界じゅうの国が、一つの場所で国の文化や産業についてならべて見せる会。「万国博覧会」の略。

はんぱつ【反発】 ❶はねかえること。▽「反発力」❷さからって、うけつけないこと。▽「みんなの反発をかう」

はんぴれい【反比例】 きょりがきまっているときの、速さと時間のわりあいのように、一方の数が二倍、三倍とかわるにつれて、もう一方の数はぎゃくに二分の一、三分の一とかわっていく関係。逆比例。⬍比例。

はんぷく【反復】 くりかえして行うこと。▽「反復練習をする」

ばんぶつ【万物】 すべてのもの。世の中のすべてのもの。

パンフレット かんたんにとじてある小さい本。▽「宣伝パンフレット」

はんぶん【半分】 同じくらいに二つに分けたうちの一つ。二分の一。

はんべつ【判別】 はっきりと見分けること。識別。▽「判別がつかない」

ハンマーなげ【ハンマー投げ】 くさりにつけた鉄の球を投げて、きょりをあらそう陸上競技。

はんめい【判明】 はっきりわかること。▽「新しい事実が判明した」

はんめん【反面】 ❶反対がわの面。❷ほかのほうから見ると。▽「このカメラは、うつりがいい反面、重い」

ハンモック 太くてじょうぶなひもであんだネット。木やはしらにつってねどこにする。

ばんゆういんりょく【万有引力】 す

べての物体と物体の間にはたらく、たがいに引き合う力。イギリスのニュートンが発見した。

はんらん【反乱】そむいてたたかいをおこすこと。▼「反乱軍」

はんらん ❶水がいっぱいになって、あふれ出すこと。▼「川がはんらんする」❷品物がたくさん出回ること。

ひ
ぴ び
ピ ビ ヒ

ひ【比】5年 ヒ くらべる
❶ある数がほかの数にくらべて何倍、または何分の一に当たるかをしめすわりあい。▼「比例。前年比」❷くらべること。▼「比較。対比」
比 比 比 比（おる）
★「北」ににているので注意
●比較的●比重●比率●比類●比例●対比

ひ【皮】3年 ヒ かわ
かわ。▼「牛皮。表皮」
皮 皮 皮 皮 皮（つとしない）
★「反」ににているので注意
●皮肉●皮膚

ひ【否】6年 ヒ（いな）
反対の意味をあらわすことば。また、うちけしのことば。▼「否定。安否」
否 否 否 否 否 否 否
●否決●否定●否認●拒否●賛否

ひ【批】6年 ヒ ―
よい悪いの意見をくわえること。
批 批 批 批 批 批 批（おる。北ではない）
●批判●批評

ひ【肥】5年 ヒ こえ・こえる・こやし・こやす
❶太ること。こえること。▼「肥満」❷肥料。こやし。
肥 肥 肥 肥 肥 肥 肥 肥
●肥大●肥満●肥料

ひ【非】5年 ヒ ―
❶あやまち。欠点。▼「非をみとめる」❷よくないこと。悪いこと。❸「……でない」とうちけすことば。▼「非公式。非常識」
非 非 非 非 非 非 非 非
★筆順に注意
●非行●非常●非常口●非難●非売品

ひ【飛】4年 ヒ とばす・とぶ
とぶこと。▼「飛行」
飛 飛 飛 飛 飛 飛 飛 飛 飛（点のうち方に注意）
●飛行機●飛行船●飛躍

ひ【秘】6年 ヒ（ひめる）
❶かくしておくこと。▼「秘密の道具。秘蔵」❷おく深いこと。▼「神秘」
秘 秘 秘 秘 秘 秘 秘 秘 秘 秘（形と筆順に注意）

なぞなぞ　しかはしかでも、四本足ではなくて立って歩くしかは？　答えは次のページ。

●秘境●秘けつ●秘書●秘蔵●秘伝●秘密

ひ【悲】 3年 ヒ かなしい・かなしむ
❶かなしむこと。▽「悲痛」⇔喜。
❷あわれむこと。▽「慈悲」

●悲哀●悲運●悲観●悲願●悲喜こもごも●悲劇●悲惨●悲壮●悲痛●悲報●悲鳴

ひ【費】 5年 ヒ （ついえる）・（ついやす）
❶あることに使われるお金。▽「費用」
❷使ってへらすこと。▽「消費。浪費」

ひとふでに書く

●学費●出費●食費●旅費

ひ【日】 ❶太陽。太陽の光。▽「日がのぼる」❷昼間。▽「日が長くなる」❸一日。▽「日に三度食事する」❹日数。▽「日がたってしまった」❺予定の日。期日。▽「日延べ」
⇒【日】528ページ
●日当たり●日が浅い●日帰り●日傘●日暮れ●日ごと●日頃●日ざし●日だまり●日付●日付変更線●日時計●日取り●日の目を見る●日々●日焼け●日よけ●日和●日和見●日を追って●朝日●月日●曜日

ひ【火】 ❶物が光と熱を出してもえているようす。▽「火にくべる」❷ほのお。▽「ろうそくの火。火柱」❸火事。▽「火を出す。火の用心」⇒【火】108ページ
●火遊び●火の海●火の車●火の気●火の手●火のない所に煙は立たぬ●火花●火ぶたを切る●火元●口火●下火●花火

ひ【灯】 ともしび。明かり。▽「灯がともる。町の灯」⇒【灯】488ページ

ひ【碑】 詩や文章をきざみつけた石。せきひ。いしぶみ。▽「文学ひ」

び【美】 3年 ビ うつくしい
❶うつくしいこと。うるわしいこと。▽「優美。華美」
❷味がよいこと。▽「美味」
❸すぐれていること。▽「美談」
❹ほめること。▽「賛美」

つなげて書かない

●美化●美術●美術館●美談●美徳●美容

び【備】 5年 ビ そなえる・そなわる
用意しておくこと。▽「準備」

●備考●備品●警備●設備●予備

び【鼻】 3年 はな （ビ）
顔のまん中にある、はな。▽「耳鼻科」

自ではない　ヨコ棒より上に出る

●鼻炎●鼻濁音

ひあがる【干上がる】 ❶すっかりかわく。水がなくなる。▽「たんぼが干上がる」❷お金がなくて、くらしができなくなる。▽「生活が干上がる」

ピアス 耳たぶなどに小さな穴をあけてつけるかざり。

ひあそび【火遊び】 ❶火をもてあそぶこと。❷あぶない遊び。

ひあたり【日当たり】 太陽の光が当たること。また、その場所。

ピアノ ❶けんばんを指でたたいてひく楽器。⇒楽器（図）❷音楽で弱く演奏するという記号。「p」であらわす。

ピーアール【PR】 仕事や事業、商品の

内容などをいっぱんの人々にわかってもらうための広告。広報。

ひいおじいさん おじいさん、または、おばあさんの父に当たる人。⇔ひいおばあさん。

ひいおばあさん おじいさん、または、おばあさんの母に当たる人。⇔ひいおじいさん。

ビーカー 理科の実験に使う、つつがたのガラスの入れ物。⇒試験管（図）

ひいき とくにかわいがること。また、かわいがられる人。

ピーク ❶頂上。山のいちばん高いところ。❷いちばんいきおいがある時。▽「今が人気のピークだ」

ビージーエム【BGM】 映画やドラマをもりあげるために、登場人物の気持ちにあわせて流れる音楽。バックグラウンドミュージック。

ビーシージー【BCG】 結かくを予防するために注射する、ワクチン。牛の結かく菌から作る。

ビーズ 手芸や服のかざりに使う小さな玉。ガラスやプラスチックでできていて、糸を通す穴があいている。⇒服（図）

ピース 平和。

ヒーター ❶室内などをあたためる器具。❷電熱器。

ビーだま【ビー玉】 子どもが遊びに使う、小さいガラス玉のおもちゃ。

ピーティーエー【PTA】 親と先生とが、子供の教育について話し合い、相談するための集まり。

ビートばん【ビート板】 水泳の練習に使う、水にうく板。

ピーナッツ マメのなかまであるラッカセイの実。まゆのような形をしていて、中にできる種を食べる。ピーナツ。

ビーバー 北アメリカやヨーロッパの大きな川や湖にすむ動物。からだの長さは約八〇センチメートル。泳ぎがうまく、水辺にすを作る。

ビーフ 牛の肉。▽「ビーフステーキ」

ピーマン ナスのなかまのやさい。実が大きく、中はからっぽでかおりがある。

ひいらぎ 葉がかたくてつやがあり、葉のふちにするどいとげがある木。秋、白い小さな花をつける。クリスマスのかざりにする。

［ひいらぎ］

ビール オオムギ・ホップなどからつくったアルコール飲料。少しにがい。

ヒーロー ❶英ゆう。❷劇や小説の男の主人公。⇔ヒロイン。

ひうん【悲運】 不幸せなこと。運が悪く、悲しいことに出あうこと。

ひえこむ【冷え込む】 急に寒くなる。寒さがます。▽「今夜は冷えこむ」

ひえる【冷える】 つめたくなる。温度がひくくなる。⇒【冷】751ページ

ピエロ こっけいなことをして人をわらわせる人。道化師。道化者。

びえん【鼻炎】 鼻の中がはれる病気。くしゃみや鼻水が出る。

びか【美化】 美しくすること。きれいにすること。▽「校内を美化しよう」

ひがあさい【日が浅い】 まだ、あまり日がたっていない。▽「入学してまだ日が浅い」

ひがい【被害】 わざわいや害をうけること。また、うけた損害。

ひがいしゃ【被害者】 ひ害をうけた人。▽「事件のひ害者」⇔加害者。

ひかえ【控え】 ❶わすれないように書きとめておくこと。また、その書いたもの。❷用意

前のページの答え⇒「歯科医」

としてとっておくもの。

ひかえしつ【控え室】まっているための部屋。待合室。

ひかえめ【控え目】思い切り行わないこと。えんりょがちなこと。

ひがえり【日帰り】とまらないで、その日のうちに帰ってくること。▼「日帰りの旅行」

ひかえる【控える】❶書きとめる。▼「ノートにひかえる」❷少なめにおさえる。▼「おかしをひかえる」❸用意してまっている。▼「席にひかえる」❹そばについている。▼「そばにひかえる」

ひかく【比較】二つ以上のものをたがいに比べてみること。

ひかくてき【比較的】ほかのものと比べてみると。わりあいに。▼「今年は比かく的あたたかい」

ひかげ【日かげ】日光のあたらない場所。▼「日かげで休む」⇔日なた。

ひかげん【火加減】火を使うときの、火の力の強さ。▼「火加減を見る」

ひがさ【日傘】強い太陽の光をよけるためにさすかさ。

ひがし【東】日がのぼってくる方角。⇔西。↓【東】488ページ

●東シナ海●東半球

[東]

ひがしシナかい【東シナ海】中国と沖縄県の間の海。↓海流（図）

ひがしはんきゅう【東半球】地球を東西に分けたときの東がわの半分。東経〇度から一八〇度までの地いき。アジア、ヨーロッパ、アフリカなどがふくまれる。⇔西半球。

ひがた【干潟】海の水が引いてあらわれた遠浅の海岸。

ぴかぴか ❶つやがあって光っているようす。▼「ぴかぴかのガラスまど」❷くりかえして、強く光るようす。

ひがむ ものごとをすなおに見ないで、まがって考える。心がひねくれる。

ひからびる【干からびる】かわいてかさかさになる。▼「干からびた地面」

ひかり【光】❶光ること。光るもの。▼「月の光」❷きぼう。▼「未来に光を見いだす」❸人をしたがわせるようないきおい。▼「親の光で仕事をえる」↓【光】226ページ

ひかる【光る】❶光をはなって、てりかがやく。❷目立ってすぐれている。▼「学年の中でもいちばん光っている生徒」↓【光】226ページ

ひかん【悲観】当てがはずれたり悲しんだりして、のぞみをなくすこと。▼「試験におちて悲観する」⇔楽観。

ひがん【彼岸】❶仏教で春分と秋分の日を中心とした七日間。お墓まいりなどをして祖先をまつる。❷あの世。死後の世界。

ひがん【悲願】❶仏が、人々をすくおうとしてたてた願い。❷心の底からぜひやりたいと思う願い。

ひき【引き】❶引くこと。❷引き立て。ひいきすること。❸つて。手づる。▼「先輩の引きで会社に入る」

ひき【匹】動物や虫を数えることば。「びき」「ぴき」ともよむ。▼「二ひきの犬。三びきのカブトムシ。六ぴきのハムスター」

ひきあい【引き合い】❶引っぱり合うこと。❷ものごとの例。または、しょうこ。▼「前の失敗を引き合いに出す」❸売り買い

あいうえお かきくけこ さしすせそ たちつてと なにぬねの はひふへほ ひ まみむめも やゆよ らりるれろ わをん

のとりひき。

ひきあう【引き合う】❶引っぱり合う。▼「ロープを引き合う」❷損をしない。▼「千円ならば引き合う」

ひきあげる【引き上げる】❶引っぱって上にあげる。▼「いかりを引き上げる」❷ねだんなどを高くする。▼「バス代を引き上げる」❸地位を高くする。▼「チームのキャプテンに引き上げる」❹出むいていた所から帰る。もとの所にもどる。▼「客はみんな引き上げた」

ひきあわせる【引き合わせる】❶人と人とをあわせる。❷ひきくらべる。てらし合わせる。

ひきいる【率いる】❶先に立って大ぜいのものをつれていく。▼「生徒を率いて遠足に行く」❷多くの人の長として指図する。⬇【率】405ページ

ひきうける【引き受ける】❶責任を持って、仕事などをうけつぐ。▼「大事な役目を引き受ける」❷たしかであると保証する。▼「身元を引き受ける」

ひきかえす【引き返す】もとの所までもどる。▼「家へ引き返す」

ひきがね【引き金】❶鉄ぽうやピストルで、たまをうちだすときに、指をかけて引く金具。❷きっかけ。

ひきこもごも【悲喜こもごも】悲しいこととうれしいことが、かわるがわるにおこること。

ひきこもる【引きこもる】家や部屋の中に閉じこもる。

ひきざん【引き算】ある数から、ほかの数を引いて、差を出す計算。⇔足し算。

ひきしお【引き潮】海の水がひいて海面がひくくなること。下げ潮。干潮。⇔満ち潮。

ひきしまる【引き締まる】❶強くしまる。▼「筋肉が引きしまる」❷心がしまる。▼「気持ちが引きしまる」

ひきずる【引きずる】❶物を地面などにつけたまま引いていく。▼「足を引きずる」❷むりに引っぱっていく。▼「むりやり病院に引きずっていく」

ひきだし【引き出し】つくえやたんすなどの、引いて出し入れできる箱。

ひきだす【引き出す】❶引いて外へ出す。❷かくれていたものを、みちびき出す。▼「答えを引き出す」❸入れておいたものを出す。▼「銀行からお金を引き出す」

ひきたつ【引き立つ】❶とくによく目立つ。とくによく見える。▼「がくぶちに入れると絵が引き立つ」❷いきおいがよくなる。▼「気持ちが引き立つ」

ひきたてる【引き立てる】❶はげまして元気を出させる。▼「気を引き立てる」❷とくに目をかけて使う。▼「目下のものを引き立てる」❸むりに引っぱっていく。▼「罪人を引き立てる」❹とくに、よく見えるようにする。▼「絵が部屋のふんい気を引き立てる」

ひきつぎ【引き継ぎ】あとをうけつぐこと。▼「仕事の引き継ぎ」

ひきつける【引き付ける】❶そばへ引きよせる。❷人の心を引きよせる。▼「うまい宣伝で、お客を引き付ける」❸小さい子どもがけいれんをおこす。

ひきつれる【引き連れる】あとに従えてつれて行く。▼「妹を引き連れて行く」

ひきとる【引き取る】❶自分の所にひきうける。▼「子犬を引き取る」❷ひきさがる。帰る。❸息がたえる。死ぬ。▼「息を引き取る」

ひきにく【ひき肉】細かくくだいた肉。▼「ひき肉でハンバーグをつくる」

ひきのばす【引き伸ばす】❶引っぱって長くしたり、広げたりする。❷写真をもとの大きさより大きくする。

なぞなぞ　せっかく買っても人にあげてしまうものはなに？　答えは次のページ。

ひきもきらない【引きも切らない】次から次へとつづいて、たえまがない。▽「見物人が引きも切らない」

ひきょう【卑きょう】❶正しくなくてずるいこと。❷勇気がなくておくびょうなこと。⇕勇敢。

ひきょう【秘境】まだ人が行ったことがなく、ようすが知られていない所。

ひきわけ【引き分け】勝ち負けがつかないで、そのまま中止すること。あいこ。

ひく【引く】❶ひっぱる。ひきよせる。⇕押す。❷とりだす。▽「例を引く」❸しりぞく。やめる。▽「軍を引く」❹長く書く。▽「線を引く」❺なくなる。とれる。▽「熱が引く」❻多くの中からさがし出す。▽「辞書を引く」❼へらす。▽「十から五を引く」⇕足す。加える。⬇【引】53ページ

ひく【弾く】バイオリンやピアノなどのような弦をはった楽器を演奏する。

ひく のこぎりで切り分ける。

ひく 車が、人や物の上をふみつけて走り通る。

びく つった魚を入れるかご。

ひくい【低い】❶高さが少ない。背がみじかい。▽「低い山」⇕高い。❷音や声などが高くない。▽「低い声」❸身分や地位が下にある。⬇【低】469ページ

ひくつ【卑屈】心がいじけていること。気力がなく行いがいやしいこと。

ピクニック つれだって野や山にあそびに出かけること。遠足。

ぴくぴく 細かくふるえるように動くようす。▽「まぶたがぴくぴくする」

ひぐま 性質のあらい、大形のクマ。日本では北海道にすみ、日本にすむ動物のなかでいちばん大きい。

ひくまる【低まる】ひくくなる。▽「気温が低まる」⬇【低】469ページ

ひくめる【低める】ひくくする。▽「ぶつからないように頭を低める」⇕高める。⬇【低】469ページ

ひぐれ【日暮れ】太陽がしずむころ。夕方。▽「日暮れの道を家にいそぐ」

ひげ ❶男の人の、口のまわり、あご・ほおのあたりに生える毛。❷動物の口のまわりに生えている長い毛。

ひげき【悲劇】❶世の中の悲しみや、あわれを書いた劇。⇕喜劇。❷人の世の悲しい出来事。

ひけつ【否決】相談して、あることがらをみとめないと決めること。▽「会議で否決する」⇕可決。

ひけつ【秘けつ】 知られていない、とくによいやり方。おくの手。

ひけめ【引け目】 ほかの人よりおとっているので、気おくれすること。▽「引け目を感じる」

ひける【引ける】 ❶仕事がすんで帰る。▽「会社は五時で引ける」❷気おくれがする。▽「気が引ける」⇒【引】53ページ

ひこう【非行】 よくない行い。▽「非行に走る。非行少年」

ひこう【飛行】 空を飛んで行くこと。

びこう【尾行】 あいてに知られないように、あとをつけていくこと。

びこう【備考】 ❶参考のために用意して備えること。❷文をよくわからせるために、本文のあとにつけくわえて書きしるしたもの。

ひこうき【飛行機】 空中を飛ぶ乗り物。航空機。⇒図582ページ

ひこうしき【非公式】 おおやけでないこと。おもてむきでないこと。▽「国王は非公式の旅行に出た」⇔公式。

ひこうせん【飛行船】 空気よりも軽いガスを胴体につめて、空中にうかび、胴体の下のプロペラですすむ乗り物。⇒飛行機（図）

ひこく【被告】 裁判でうったえられた人。⇔原告。

ひごと【日ごと】 一日一日。日がたつにつれて。▽「日ごとに寒くなる」

ひこぼし【ひこ星】 ⇒牽牛星

ひごろ【日頃】 ふだん。へいぜい。

ひざ 足のもものとすねのつなぎ目で、おれまがる部分。⇒体（図）

ピザ 小麦粉に水や塩をくわえたものをこねて、平たくまるくのばし、チーズやトマト、ソーセージなどをのせて焼いたイタリアの料理。

[ピザ]

ひさい【被災】 台風・地しん・火事などの災害にあうこと。

ひさし ❶家の出入り口などの上に出ている小さい屋根。⇒軒（図）❷ぼうしのつば。

ひざし【日ざし】 さしこむ太陽の光。日光。▽「日ざしが強い」

ひさしい【久しい】 ❶長い時間がたっている。永い。❷ひさしぶり。⇒【久】170ページ

ひさしぶり【久しぶり】 長い時間がたったこと。しばらくぶり。▽「久しぶりに友達に会う」

ひさびさ【久久・久々】 久しぶり。▽「久々に雨がふる」⇒「々」は同じ文字をくり返すという意味のおどり字という記号。

ひざまずく ひざをついてかがむ。▽「神前でひざまずく」

ひさん【悲惨】 悲しくいたましいこと。みじめでむごたらしいこと。

ひじ うでの関節で、おれまがる外がわの部分。⇒体（図）

ひしがた【ひし形】 真四角をおしつぶした形。むかい合う辺は平行。⇒四角形（図）

ひじき 海岸の岩などについて育つ海そう。細くてとがった形で、干すと黒い色になる。豆などといっしょにて食べる。

ビジネス 事務。仕事。商売。▽「ビジネスマン」

ひしひし 強く身にせまるようす。強く身がひきしまるようす。▽「さびしさをひしひしと感じる」

ひしめく 大ぜいの人がおし合ってごたごたしている。▽「群衆がひしめく」

ひしゃく【▲柄×杓】 持ち手がついた筒形やおわん形の道具。水や湯をくむ。

[柄杓]

びしゃもんてん【毘沙門

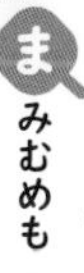

前のページの答え⇒「はがき」

天】七福神の一人。よろい・かぶとをつけ、ほこを持っている。仏をまもる神。⬇七福神（図）

ひじゅう【比重】ある物の重さと、これと同じ体積の、セ氏四度の水の重さとを比べたわりあい。

びじゅつ【美術】美にたいする考えを、絵・ちょう刻などであらわす芸術。

びじゅつかん【美術館】美術品を集めて、いっぱんの人に見せる所。

ひしょ【秘書】大臣や会社の重役などにつきしたがって、その仕事をたすける人。▼「社長の秘書」

ひしょ【避暑】夏の暑さをさけるために、すずしい土地に行くこと。

ひじょう【非常】❶ふだんとかわっていること。⇕平常。❷とても。たいへん。▼「非常に暑い」

びしょう【微笑】かすかに笑うこと。ほほえむこと。

ひじょうかいだん【非常階段】火事や地しんなどの時ににげるために使う階段。

ひじょうぐち【非常口】火事や地しんなどの時に使う、出入り口。

ひじょうしき【非常識】ふつうの人が持っている考え方とちがった考えを持っていたり、することも人なみはずれていること。

びしょぬれ たくさんぬれること。びしょびしょにぬれること。▼「かさをわすれてびしょぬれになる」

びじん【美人】顔がきれいな女の人。

ビスケット 小麦粉にさとう・牛乳・バターなどをまぜて、丸や四角い形にしてやいたおかし。クッキー。

ピストル 片手でうつ小型の鉄ぽう。けんじゅう。⬇武器（図）

ひずみ 形がゆがんでいること。いびつなこと。ゆがみ。▼「ドアのひずみ」

びせいぶつ【微生物】けんび鏡でなければ見えない小さな生物。アメーバ・細菌などのようなもの。

ひそう【悲壮】あわれな中にも、いさましさがあること。▼「悲そうな決心」

ひぞう【秘蔵】めったに外に出さず、大切にしまっておくこと。また、その物。▼「秘蔵の品」

ひそかに 人に気づかれないように。こっそりと。▼「ひそかにぬけだす」

ひそひそ 小さい声で、こっそりと話すようす。▼「ひそひそと話し合う」

ひそひそばなし【ひそひそ話】ほかの人に聞こえないように小さな声でする話。ないしょ話。

ひそめる【潜める】❶そっとかくれる。▼「身をひそめる」❷声などを外に聞こえないようにする。▼「声をひそめる」

ひそやか ❶ひっそりとものしずかなようす。❷人に気づかれていないようす。▼「ひそやかな話し声」

ひだ ❶はかまやスカートにつけた細長いおり目。❷細くおりたたんだように見えるもの。▼「山のひだ」

ひたい【額】かみの毛のはえぎわと、まゆ毛の間。⬇顔（図）⬇【額】123ページ

ひたいをあつめる【額を集める】大ぜいがより集まって、相談をする。

びだくおん【鼻濁音】「れんが」「かぎり」の「が」「ぎ」のように、音が鼻にかかって出る濁音。

ひたすら ただそればかり。いちずに。▼「ひたすら父の帰りをまつ」

ひたひた ❶物にくっつき当たるようす。▼「川の水がひたひたと岸にうちよせる」❷大ぜいの者が少しずつせまるようす。▼「敵がひたひたとせまる」

ひだまり【日だまり】日光がよく当たってあたたかい所。

ビタミン 動物のからだのはたらきを調節す

る、なくてはならない栄養素。ビタミンA・B・C・Dなど種類が多い。

ひたむき ものごとにむちゅうになるようす。▽「ひたむきに研究をつづけている」

ひだり【左】 ❶北をむいた時に西に当たる方向。からだで、心臓のある方。⇔右。❷ひだりの手。▽「左で書く」

➡【左】260ページ

●左うちわ●左利き●左手●左前

［左と右］

ひだりうちわ【左うちわ】 左手でうちわをあおいでくらすように、苦労しないで楽な生活がおくれること。

ひだりきき【左利き】 左手のほうが右手よりよく使えること。また、その人。⇔右利き。

ひだりて【左手】 ❶左の方の手。⇔右手。❷左の方。▽「公園は学校の左手にある」

ぴたりと ❶すきまなく、くっつくようす。▽「戸をぴたりとしめる」❷急に止まるようす。▽「せきがぴたりと止まる」❸ずれがなく合っているようす。▽「予想がぴたりと当たる」

ひだりまえ【左前】 ❶ふつうとは反対に、むかって左のえりを上にかさねる着物の着方。❷ものごとが思うようにならないで、金回りが悪くなること。▽「店が左前になる」

ひだりむき【左むき】 左の方にむくこと。また、むいていること。

ひたる【浸る】 ❶水につかる。しん水する。❷気分などにすっかり入る。▽「勝利の感激にひたる」

びだん【美談】 人の心をうつような美しい話。感心する話。

ひつ【必】 4年 ヒツ かならず

きっと。かならず。▽「必勝。必要」

必 ソ 义 必 必

★筆順に注意

●必死●必修●必需品●必勝●必然●必読●必要●必要は発明の母

ひつ【筆】 3年 ヒツ ふで

❶ふで。▽「鉛筆。万年筆。毛筆」❷ふでなどでかいた絵や文。▽「肉筆」❸文章を書くこと。▽「筆記」

★それぞれのヨコ棒の長さに注意

●筆記●筆算●筆者●筆順●筆談

ひつう【悲痛】 心が痛くなるほど悲しいこと。▽「悲痛なさけび声」

ひっかかる【引っ掛かる】 ❶物にかかって動かない。▽「電線にたこが引っかかる」❷だまされる。▽「さぎに引っかかる」❸こだわる。気になる。▽「明日のテストのことが心に引っかかる」

ひっかく【引っかく】 つめやとがったもので、物の表面を強くこする。▽「ネコがかべを引っかく」

ひっかける【引っ掛ける】 ❶物にかけてぶら下げる。つるす。▽「手すりにかさを引っかける」❷つき出たものに物やからだがあたって止まる。▽「そでぐちをドアのとってに引っかける」❸水などをかける。あびせる。▽「プールで水を引っかける」

ひっき【筆記】 書きつけること。書き記すこと。▽「先生の話を筆記する」

ひつぎ 死んだ人を入れる箱。棺。

ひっきりなし 切れ目なくつづくようす。▽「ひっきりなしに車が通る」

なぞなぞ くさくないのにくさいといわれるやさいは？ 答えは次のページ。

ビッグ 大きいこと。▼「ビッグニュース」

びっくり 思いがけないことでおどろくこと。▼「大きなかみなりの音にびっくりする」

ひっくりかえる【ひっくり返る】 ❶たおれる。▼「花びんがひっくり返る」❷うら返しになる。ぎゃくてんする。▼「負けていた試合が、最後にひっくり返って勝つ」

ひっくるめる 一つにまとめる。▼「みんなの意見をひっくるめて結論を出す」

ひづけ【日付】 書きものや手紙などに書きこんでおく、それを書いた年月日。

ひづけへんこうせん【日付変更線】 太平洋を通る経度一八〇度の線をもとにした、日付のかわる線。この線を東から西へこえるときには日付を一日すすめ、西から東へこえるときには同じ日をかさねる。⬇世界(図)380ページ

ひっこし【引っ越し】 ひっこすこと。すむ家をかえること。▼「引っこしのあいさつ」

ひっこす【引っ越す】 すむ家をかえる。転居する。▼「外国に引っこす」

ひっこみがつかない【引っ込みがつかない】 やりかけて、とちゅうでやめることができなくなる。

ひっこみじあん【引っ込み思案】 自分からすすんでものごとができない、気の弱い性質。

ひっこめる【引っ込める】 一度出したものを、またもとへもどす。▼「出した手を引っこめる」

ピッコロ 横にしてふく木管楽器。高くするどい音を出す。⬇楽器(図)

ひっさん【筆算】 紙などに数字を書いてする計算。⇔暗算。

ひっし【必死】 死ぬつもりで、いっしょうけんめいになること。死にものぐるい。▼「必死で夏休みの宿題をおわらせる」

ひつじ【羊】 牛のなかまの動物。人にかわれているヒツジと野生のヒツジとがある。人にかわれているヒツジは、「メンヨウ」ともいい、毛や肉を利用する。⬇【羊】725ページ

ひつじかい【羊飼い】 羊を育てている人。また、はなしがいにした羊の番をする人。

ひっしゃ【筆者】 文章や本などを書いた人。作者。

ひっしゅう【必修】 必ず勉強しなければならないこと。▼「必修科目」

ひつじゅひん【必需品】 毎日の生活になくてはならない品物。

ひつじゅん【筆順】 文字を書くときの、点や線を書く順序。書き順。

ひっしょう【必勝】 必ず勝つこと。▼「必勝の意気ごみでたちむかう」

びっしょり ひどくぬれるようす。

ひつぜん【必然】 必ずそうなるということ。⇔偶然。

ひっそり しずかで、物音ひとつしないようす。▼「ひっそりとしずまる」

ひったくる むりにうばいとる。▼「かばんをひったくってにげる」

ぴったり ❶すきまがなく、くっついているようす。▼「戸をぴったりしめる」❷よく合うようす。▼「意見がぴったり合う」

ひつだん【筆談】 口で話すかわりに、紙に字を書いてつたえあうこと。

ピッチャー 野球でバッターにボールを投げる人。投手。⇔キャッチャー。⬇野球(図)

ひってき【匹敵】 力が同じくらいで、ちょうどよいあいてであること。

ヒット ❶野球の安打。❷大成功。大当たり。▼「ヒット曲」

ひつどく【必読】 必ず読まなければならないこと。▼「小学生必読の書」

ひっぱる【引っ張る】 ❶自分の方へ引きよせる。❷ひもなどをぴんと張る。▼「つなを引っ張る」❸むりにつれて行く。▼「いやがる友達を引っ張って来る」❹なかまにさそ

う。▽「野球部に引っ張る」

ひづめ 牛・馬・ブタなどの足のつめ。

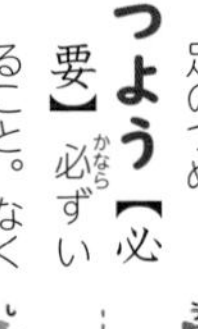
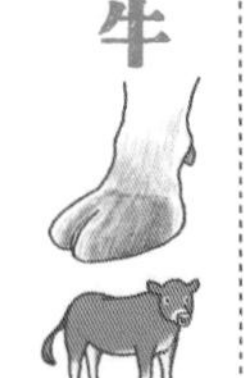

[ひづめ]

ひつよう【必要】 必ずいること。なくてはすまされないこと。▽「本を買うお金が必要だ」⇕不要。

ひつようははつめいのはは【必要は発明の母】 人間の生活で、どうしても必要になったときに発明が生まれる、ということわざ。

ひてい【否定】 そうでないとうちけすこと。否認。⇕肯定。

ビデオ 画像や音声を録画・録音したり、それを再生したりする装置。

ひでん【秘伝】 ひみつにして、たやすくは人に伝えないこと。秘法。▽「秘伝のわざ」

ひと【一】 ひとつ。▽「一息。一筋」⬇【一】40ページ ●一泡吹かせる●一息●一重●一癖●一口●一言●一こま●一筋●一筋縄では行かない●一粒●一種●一通り●一時●一筆書き●一回り●一昔●一目●一役買う●一人

ひと【人】 ❶人間。❷ほかの人。他人。▽「人に言う」❸世間の人。▽「人聞きが悪い」❹人がら。▽「人がよい」❺大人。ふつうの人。▽「人なみ」⬇【人】348ページ ●人当たり●人いきれ●人一倍●人影●人柄●人聞きが悪い●人気●人心地●人込み●人差し指●人里●人質●人だかり●人づて●人手●人出●人となり●人懐こい●人波●人並み●人々●人前●人見知り●人目●人目を引く●旅人

ひとあたり【人当たり】 他人にたいするたいど。▽「人当たりがいい」

ひとあわふかせる【一泡吹かせる】 人が思いもしないことをして、あっとおどろかせる。

ひとあんしん【一安心】 いちおう安心すること。ほっとすること。▽「無事と聞いて一安心する」

ひどい ❶思いやりがない。むごい。▽「ひどいあつかい」❷はげしい。すごい。▽「山はひどい雪になった」

ひといき【一息】 ❶休まないでつづけてすること。▽「坂を一息にかけのぼる」❷一休みすること。▽「一息入れる」❸もう少しのがんばり。▽「あと一息で頂上だ」❹一つ息をすいこむ間。▽「水を一息にのみこむ」

ひといきれ【人いきれ】 人が大ぜいいて、むんむんすること。▽「満員のバスは人いきれがする」

ひといちばい【人一倍】 ふつうの人よりずっと上であること。▽「人一倍仕事が速い」

ひとえ【一重】 ❶重ならないで、一まいだけのこと。▽「かべ一重のへだたり。一重まぶた」❷花びらが重ならないで一列にならんでいるもの。

ひとかげ【人影】 人のすがた。

ひとがら【人柄】 ❶人の性格。▽「人がらがよい」❷よい人物であること。

ひとぎきがわるい【人聞きが悪い】 人に聞かれるとはずかしくてこまる。

ひときわ いちだんと。いっそう。

びとく【美徳】 すぐれた行い。⇕悪徳。

ひとくせ【一癖】 ふつうの人とちがって、どこかゆだんできないようす。▽「あの人は一くせありそうな人だ」

ひとくち【一口】 ❶一度に口に入れること。❷ほんの少し、飲み食いすること。❸みじかくまとめていうことば。▽「一口で言えば」❹寄付金などの単位。▽「一口百円」

ひとけ【人気】 人がいるようす。人の気配。▽「人気のない部屋」

前のページの答え⇒「はくさい」

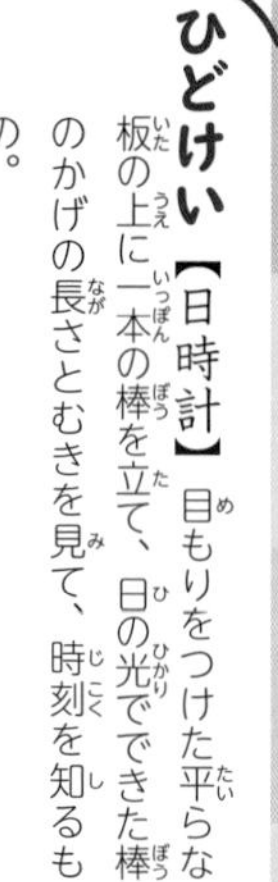

ひどけい【日時計】目もりをつけた平らな板の上に一本の棒を立て、日の光でできた棒のかげの長さとむきを見て、時刻を知るもの。

ひとこえ【一声】ひとこと言うこと。ちょっと言うこと。▼「みんなに一声かけて先に帰る。つるの一声」

ひとごこち【人心地】ほっとした心持ち。▼「人心地がつく」

ひとこと【一言】❶一つのことば。▼「一言も聞きもらさない」❷ちょっとしたみじかいことば。▼「一言のべる」

ひとこま【一こま】一区切り。一つの場面。▼「歴史の一こま」

ひとごみ【人込み】たくさんの人がこみあっていること。また、その所。

ひとさしゆび【人差し指】手の、親指のとなりの指。⬇指(図)

ひとざと【人里】人がすんでいる所。▼「人里からはなれた山おく」

ひとしい【等しい】❶二つ以上のもののようすや量が、同じである。▼「ねだんが等しい」❷よくにている。同じようだ。⬇【等】489ページ

ひとしお いっそう。ひときわ。▼「寒さがひとしお身にしみる」

ひとしきり しばらくの間さかんなようす。▼「ひとしきり雨がふりつづく」

ひとじち【人質】❶昔、やくそくをまもるしるしとして、あいてにあずけられている人間。❷要求を通すためにとらえられている人。▼「犯人は子供を人質にとった」

ひとすじ【一筋】❶一本。❷ひたすら。▼「研究一筋のくらし」

ひとすじなわではいかない【一筋縄では行かない】ふつうの方法では、やりようがない。▼「この問題はむずかしいので、一筋縄ではいかない」

ひとだかり【人だかり】人が大ぜい集まっていること。▼「人だかりがある」

ひとつ【一つ】❶数の名。いち。一個。❷一さい。▼「一つちがいの兄」❸そのものだけ。▼「一つ覚えのせりふ」❹ちょっと。▼「一つためしてみよう」⬇【一】40ページ

ひとづて【人づて】❶人にたのんでつたえてもらうこと。❷人から聞くこと。▼「友達のうわさを人づてに聞く」

ひとで【人手】❶はたらく人。▼「人手がたりない」❷他人のたすけ。▼「人手をかりる」❸人のしわざ。▼「人手にかかって死ぬ」❹他人。他人の手。▼「土地を人手にわたす」

ひとで【人出】人が大ぜい出ること。▼「ものすごい人出」

ひとで 岸の近くの海にすみ、五本のうでが星形に出ている動物。貝などをとって食べる。

ひととおり【一通り】❶ふつう。あたりまえ。▼「一通りの心配ではない」❷ざっと。あらまし。▼「一通り読む」

ひととき【一時】少しの時間。しばらくの間。▼「朝の一時をすごす」

ひととなり【人となり】生まれつきの性質。人がら。▼「明るい人となり」

ひとなつこい【人懐こい】人に親しみやすい。▼「人なつこい子供」

ひとなみ【人波】おしよせてくる大ぜいの人。▼「人波にもまれながら歩く」

ひとなみ【人並み】ふつうの人と同じようす。▼「人並みのくらし」

ひとびと【人人・人々】多くの人たち。いっぱんの人たち。⬇「々」は同じ文字をくり返すという意味のおどり字という記号。▼「道を行く人々」

ひとふでがき【一筆書き】模様や図案などを、とちゅ

やってみよう!

答えは766ページへ

[一筆書き]

うできらないで最後までつづけて書くこと。

ひとまえ【人前】 ❶人が見ているところ。▽「人前では話せない」❷みえ。ていさい。▽「人前をかざる」

ひとまず とにかく。いちおう。▽「ひとまず、これでおわりとしよう」

ひとまわり【一回り】 ❶ある所を一回まわること。▽「池を一回りする」❷十二さいの年れい差。▽「ぼくは兄より一回り下だ」❸物の大きさの一だんかい。▽「からだが一回り大きい」

ひとみ【瞳】 目玉の黒い部分。黒目。また、黒目の中心の穴。⇩顔（図）

ひとみしり【人見知り】 子供などが、見なれない人を見て泣き出したり、はずかしがったりすること。

[人見知り]

ひとめ【一目】 ちょっと見ること。▽「一目で兄弟とわかる」

ひとめ【人目】 人に見られること。よそ目。▽「そのかっこうでは人目につく」

ひとめぼれ【一目ぼれ】 一度見ただけで好きになること。▽「向かいに座った人に一目ぼれする」

ひとめをひく【人目を引く】 人々の注意をひく。とくに目立つ。▽「かわった服が人目を引く」

ひとやすみ【一休み】 とちゅうでちょっと休むこと。▽「ここで一休みしよう」

ひとり【独り】 ❶自分だけ。▽「独りでくらす」❷けっこんしていないこと。独身。⇩【独】498ページ ●独り言●独り占め●独り立ち●独り舞台●独りぼっち●独りよがり

ひとり【一人】 人数が一であること。

ひどり【日取り】 日をとりきめること。また、きめた日。▽「遠足の日取り」

ひとりごと【独り言】 あいてがいないのに、ひとりで何かを言うこと。また、そのことば。▽「独り言をいう」

ひとりじめ【独り占め】 人に分けないで、自分だけでとってしまうこと。独占。▽「もうけを独りじめにする」

ひとりだち【独り立ち】 自分だけの力でくらしをたてていくこと。独立。▽「親からはなれて独り立ちする」

ひとりでに 何もしないのに。しぜんに。▽「戸がひとりでにしまった」

ひとりぼっち【独りぼっち】 なかまがいなくて、ただひとりでいること。

ひとりよがり【独りよがり】 自分ひとりで、よいと思いこんで、ほかの人の意見を聞き入れないこと。▽「独りよがりな考え」

ひな ❶ひよこ。❷人形に着物をきせたもの。ひな人形。▽「おひな様」

ひなた【日なた】 日光が当たっている所。▽「ふとんを日なたにほす」⇔日かげ。

ひなたぼっこ【日なたぼっこ】 日光が当たっている所であたたまること。▽「日なたぼっこをするネコ」

ひなにんぎょう【ひな人形】 三月三日のひな祭りの時にかざる、昔の人のすがたをした人形。⇩おひなさま（図）

ひなまつり【ひな祭り】 三月三日のももの節句に、ひな人形をかざって、女の子のおいわいをする祭り。

ひなん【非難】 人の欠点やあやまちをとがめること。▽「非難をあびる」

ひなん【避難】 さいなんやきけんをさけて、安全な所にうつること。

ひなんくんれん【避難訓練】 火事や地しんなどがおこったときにあわてないように、自分の身を守って、安全なところににげ

なぞなぞ うっとうしがられてばかりの服は？ 答えは次のページ。

る練習をすること。

ビニール　エチレン樹脂などから作られるもの。「ビニル」ともいう。

ビニールハウス　ビニールでおおった、かんたんな温室。

ひにく【皮肉】　❶遠回しに、いやがらせや悪口を言うこと。当てこすり。▽「皮肉を言う」❷思いどおりにはいかないこと。▽「運命の皮肉」

ひねくれる　すなおでなくなる。▽「兄とくらべられてひねくれる」

びねつ【微熱】　ふつうの体温より少し高い熱。三十七度から三十七度五分ぐらいまでの体温。▽「かぜでび熱がある」

ひねる　❶手や指でねじる。❷からだのむきをかえる。❸いろいろと考えてくふうする。▽「頭をひねる」

ひのいり【日の入り】　太陽が西へしずむこと。また、そのころ。⇕日の出。

ひのうみ【火の海】　火が一面にもえ広がっているようす。▽「あっという間に、町全体が火の海となった」

ひのき　三〇〜四〇メートルになる高い木。かおりがよくじょうぶで、材木は家やたんすなどをつくる材料になる。

ひのきぶたい【ひのき舞台】　❶ヒノキの板で作ったぶ台。❷うでまえをしめすことができる晴れの場所。▽「世界のひのきぶ台でかつやくする」

ひのくるま【火の車】　家のくらしがたいへん苦しいこと。

ひのけ【火の気】　❶火のあたたかみ。▽「火の気がない部屋」❷火のもと。▽「火の気に注意する」

ひのて【火の手】　❶火事で火がもえあがる勢い。❷ものごとのはげしい勢い。▽「こうげきの火の手があがる」

ひので【日の出】　太陽が東からのぼり出すこと。また、そのころ。⇕日の入り。

南
東
西
出はじめ
入りきったとき
日の出
日の入り

どちらも太陽の上のはしが水平線と重なったときの時刻をいう。

[日の出]

ひのないところにけむりはたたぬ【火の無い所に煙は立たぬ】　火があるからけむりが立つように、うわさが立ったり、うたがわれたりするのは、何か原因があるからだ。

ひのまる【日の丸】　白地の中に赤い丸をかいた、日本の国旗。

ひのようじん【火の用心】　火事にならないよう火に気をつけること。

[日の丸]

ひばな【火花】　❶とびちる火。火の粉。❷石や金属がはげしくぶつかったときに出る火。▽「火花がとびちる」❸プラスとマイナスの電気がふれ合うときに出る光。スパーク。

ひばなをちらす【火花を散らす】　たがいにゆずらないで、はげしくあらそう。▽「議論に火花を散らす」

ひばり　スズメより少し

[ひばり]

大きい鳥で、空高く上ってさえずる。春、畑や草原の中にたまごをうむ。

ひはん【批判】 ものごとのよい点、悪い点をとりあげて言うこと。とくに悪い点を言うときに使う。

ひび【日日・日々】 毎日。日ごと。⬇「々」は同じ文字をくり返すという意味のおどり字という記号。▽「日々楽しくすごす」

ひび ❶手や足のひふにできる、小さいわれ目。❷さけ目。▽「ひびが入る」

ひびく【響く】 ❶音が聞こえる。鳴りわたる。❷世間に知れわたる。▽「天下にひびく」❸えいきょうする。▽「この長雨は作物のでき高にひびく」

ひひょう【批評】 もののよしあしを見分けて、自分の意見を言うこと。

びひん【備品】 その場所に備えつけてある品物。▽「教室の備品」

ひふ【皮膚】 動物のからだの外がわをおおっている皮。はだ。

ひふく【被服】 からだにつける衣服。

ビブス スポーツ選手が胸やせなかにつける番号を書いた布。また、チーム分けをするときに、グループのめじるしとして着るベスト。

ひぶたをきる【火ぶたを切る】 たたかいをはじめる。昔、火縄銃の火ぶたをひらいて火をつけ、たまをうったことからいう。

ひほう【悲報】 悲しい知らせ。

ひぼん【非凡】 なみなみでないこと。とくにすぐれていること。▽「非ぼんな才能」⬍平凡。

ひま【暇】 ❶時間。▽「少しのひまもない」❷とくにすることがない時間。▽「ひまつぶし」❸休み。▽「一日のひまをとる」❹えんを切ること。▽「ひまを出す」

ヒマラヤ インドと中国の間に東西につづく世界一高い山脈。世界一高い山エベレスト（チョモランマ）をはじめ、八〇〇〇メートル以上の山が多い。

ひまわり キクのなかまの草花で、高さ二、三メートルくらい。夏に大きな黄色い花がさく。種から油がとれる。

［ひまわり］

ひまん【肥満】 肥え太っていること。

びみ【美味】 とてもおいしい味。▽「このスープは美味だ」

ひみつ【秘密】 人に知らせないでかくしておくこと。ないしょ。▽「秘密を守る。この本の秘密のヒントは『い』です」

びみょう【微妙】 ことばでかんたんには言えないようす。▽「びみょうなちがい」

ひめ【姫】 ❶身分の高い人のむすめ。❷女の人をほめていうことば。▽「歌ひめ」❸ことばの上につけて、小さくかわいらしいものをあらわすことば。▽「ひめりんご」

ひめい【悲鳴】 ❶おどろいたときやおそろしいときにあげる声。▽「子供の悲鳴が聞こえる」❷泣きごと。弱音。▽「つらくて悲鳴をあげる」

ひめる【秘める】 かくしておく。ないしょにする。▽「胸に秘めた思い」⬇【秘】577ページ

ひも 物をしばったり、たばねたりするための、せんいなどで作った細長いもの。

ひもじい おなかがすいて、食べ物がほしい。▽「ひもじい思いをする」

ひもと【火元】 火事の出た所。▽「火事の火元は、キッチンだった」

ひもとく 本をひらいて読む。

ひもの【干物】 魚や貝などをほしたもの。

ひや【冷や】 ❶つめたいこと。▽「冷やあせ」❷つめたい水や酒。▽「お冷や」⬇【冷】751ページ

ひやあせ【冷や汗】 はずかしかったり、おどろいたりしたときに出るあせ。▽「はずかしさで冷やあせをかく」

前のページの答え⇒「パジャマ」

ひやかす【冷やかす】❶からかう。▽「友達を冷やかす」❷買う気もないのに、品物を見たり物のねだんを聞いたりする。▽「夜店を冷やかす」⬇【冷】751ページ

ひやく【飛躍】❶飛び上がること。❷急に進歩すること。❸じゅんじょをふまないこと。▽「話が飛やくする」

ひゃく【百】1年 ヒャク ―

❶十の十倍。❷数の多いこと。▽「百科事典」

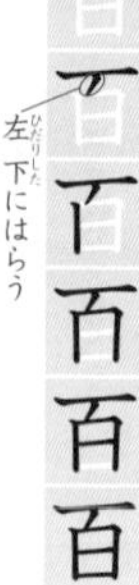

●百姓●百人一首●百聞は一見にしかず●百葉箱●百科事典

ひゃくしょう【百姓】農民。田や畑をたがやす人。

ひゃくにんいっしゅ【百人一首】百人の歌人の歌を、一人につき一首ずつえらんだもの。藤原定家のえらんだ「小倉百人一首」がもっとも有名。

ひゃくぶんはいっけんにしかず【百聞は一見にしかず】何度も聞くより、じっさいに自分で一度見るほうが、ずっとよくわかるということ。

ひゃくようばこ【百葉箱】天気についてしらべるのに使う、風通しをよくした箱。中に温度計・湿度計などを入れておく。

[百葉箱]

ひやけ【日焼け】日光に当たって、ひふが黒くなること。

ヒヤシンス 球根でふえる草花。春に青・むらさき・もも色・黄・白などの、強いかおりの花がさく。⬇球根（写真）

ひやす【冷やす】つめたくする。▽「ジュースを冷やす」⬇【冷】751ページ

ひゃっかじてん【百科事典】地理・歴史・社会・文化・科学など、いろいろなことについて説明してある事典。

ひゃっかてん【百貨店】⬇デパート

ひやむぎ【冷や麦】小麦粉に塩と水をまぜて作った、うどんより細いめん。つめたい水や氷でひやし、つゆをつけて食べる。

ひややか【冷ややか】❶冷たいようす。❷思いやりのないようす。冷淡。▽「冷ややかな目で見る」

ひゆ あるものごとを説明するのに、それとよくにたほかのものを使ってあらわすこと。たとえること。

ヒューズ すず・なまりなどからつくった金属の線で、大きすぎる電気が流れると、切れて電気の流れを止め、事故を防ぐ。

ビュッフェ 立ったまま食べる形式の食事。また、並んだ料理から好きなものをとって食べる形式の食事。バイキング。

ひよう【費用】物を買うときや、何かをするためにいるお金。

ひょう【氷】3年 ヒョウ こおり・(ひ)

こおること。こおり。こおったもの。

はねる

●氷河●氷山●氷点●氷点下●樹氷●流氷

★「水」「永」ににているので注意

ひょう【兵】軍人。へいたい。「兵糧」などと読むときのとくべつな読み方。⬇【兵】625ページ

ひょう【表】3年 ヒョウ あらわす・あらわれる・おもて

❶おもて。上。▼「表面」⇔裏。❷あらわすこと。▼「表情。発表」❸一目でわかるようにならべてしめしたもの。▼「年表」

この形に注意

●表意文字●表音文字●表現●表札●表紙●表示●表彰●表情●表明●意表●公表●図表●代表

ひょう【俵】6年 ヒョウ たわら

❶たわら。▼「土俵」❷たわらに入れたものを数えることば。▼「米一俵」

おる　この形に注意

ひょう【票】4年 ヒョウ

❶ふだ。書きつけの用紙。▼「伝票」❷ふだを数えることば。▼「一票」

西ではない

●開票●投票●得票

ひょう【評】5年 ヒョウ

❶ものごとのよい悪いや、ねうちなどをよく考えてのべること。▼「評価」❷世間のうわさ。▼「評判」

点の向きに注意

●評価●評判●評論●悪評

ひょう【標】4年 ヒョウ

❶目じるし。目当て。▼「標準。目標」❷見本。▼「標本」

西ではない

●標語●標高●標識●標準●標準語●標本●商標●目標

ひょう

アジアやアフリカにすむネコのなかまのもうじゅう。木のぼりがうまく、シカやレイヨウなどをおそって食べる。

びよう【美容】

顔やからだのかっこうを美しくすること。▼「毎日、わすれずに美容体操をする」

びょう【平】

たいら。▼「平等。自由平等」

➡【平】625ページ

びょう【秒】3年 ビョウ

❶時間の単位。一分の六十分の一。❷角度の単位。一分の六十分の一。

●秒針●秒速

びょう【病】3年 ビョウ・(ヘイ) やまい・やむ

❶からだを悪くすること。やまい。▼「病気。急病」❷悪いところ。▼「病根」

●病院●病気●病原菌●病死●病弱●病床●病状●病身●病虫害●病的●病棟●看病●仮病●日射病

ひょういもじ【表意文字】

漢字のように一つ一つの字に意味がある文字。⇔表音文字。

びよういん【美容院】

かみの毛を切ったり、染めたり、パーマをかけたりする店。

びょういん【病院】

医者が、病人や、けが人をしんさつし、ちりょうをするところ。

早口ことば（五回続けていえるかな）バスガスばく発。

ひょうおんもじ【表音文字】かな文字やローマ字のように、音だけをあらわして、一字だけでは意味を持たない文字。⇔表意文字。

ひょうか【評価】❶よく考えてつけたねうち。❷もののよい悪いをきめること。▽「高い評価をうける」

ひょうが【氷河】高山や南極・北極で、かたまった万年雪が氷のかたまりとなり、ひくい土地にむかって少しずつながれ下るもの。

びょうき【病気】生物のからだによくない変化がおこり、いたかったり苦しかったりすること。▽「病気にかかる」

ひょうきん 気軽でこっけいなようす。

びょうけつ【病欠】病気のために、学校や会社などを休むこと。

ひょうげん【表現】心に思うことや感じたことなどを、ことば・文字・音・絵画などで外にあらわすこと。

びょうげんたい【病原体】病気のもとになるとても小さな生物。

ひょうご【標語】ある考えをうまくあらわしたみじかいことば。スローガン。「車は左、人は右」など。

ひょうこう【標高】海面からはかった高さ。海抜。

ひょうごけん【兵庫県】近畿地方にある県。阪神工業地帯として工業がさかん。姫路の城・神戸の港は有名。県庁は神戸市にある。⬇都道府県（図）

ひょうさつ【表札】家の門や入り口にかけておく名札。「標札」とも書く。

ひょうざん【氷山】氷河の一部分が海におしだされてうかぶもの。南極・北極方面に見られる。

ひょうし【拍子】❶音楽の調子。▽「ひょう子をとる」❷はずみ。▽「ころんだひょう子に手をすりむく」

ひょうし【表紙】本やノートなどの表とうらにつける、紙などのおおい。

ひょうじ【表示】あらわし示すこと。▽「列車の発車時刻を表示する」

びょうし【病死】病気で死ぬこと。

ひょうしき【標識】目じるし。しるし。

びようしつ【美容室】かみの毛を切ったり、染めたり、パーマをかけたりする店。美容院。

びょうしつ【病室】病院の中にある、病人をねかせる部屋。

びょうしゃ【描写】もののようすを、文章や絵などにうつしだすこと。

びょうじゃく【病弱】病気がちでからだが弱いこと。▽「病弱な子供」

ひょうじゅん【標準】❶ものごとをはかる目やすになるもの。❷ふつう。▽「標準サイズの服」

ひょうじゅんご【標準語】その国で基準とされていることば。

ひょうじゅんじ【標準時】あるはんいの土地で共通の時刻としてきめたもの。日本では、兵庫県明石市を通る東経一三五度の時刻をもとにしてきめている。

ひょうしょう【表彰】よい行いやすぐれた成績などを人々の目の前でほめたたえること。▽「一位になって表しょうされる」

ひょうじょう【表情】気持ちや思っていることが、顔や身ぶりにあらわれること。

びょうしょう【病床】病人のねどこ。

びょうじょう【病状】病気のようす。容体。▽「病状がよくなる」

ひょうしょうじょう【表彰状】りっぱなおこないをしたことをほめておくる賞状。

びょうしん【秒針】時計の、秒をしめす針。

びょうしん【病身】❶弱くて病気がちなからだ。❷病気をしているからだ。

びょうそく【秒速】一秒間にすすむきょりによってしめされる速さ。

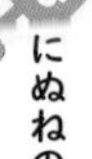
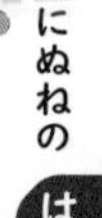

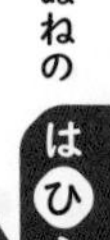

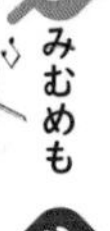
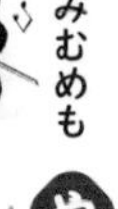

ひょうたん ウリのなかまのつる草。夏に白い花がさき、実はまん中がくびれ、上下がふくらんでいる。実の中をくりぬき、うつわなどにする。

[ひょうたん]

ひょうてん【氷点】水がこおりはじめるとき、または氷がとけるときの温度。一気圧でセ氏0度。

ひょうてんか【氷点下】セ氏0度以下。▽「氷点下五度」

びょうとう【病棟】病院で、病室のあるたてもの。

びょうどう【平等】差別がなく、みんな同じであること。

ひょうはく【漂白】薬品などを使い、色をぬいて白くすること。

ひょうばん【評判】❶世間のうわさ。❷大ぜいの人に知られていること。

びょうぶ【×屏風】かざりや仕切りなどのために立てる物。折りたためる。⬇おひなさま（図）

ひょうほん【標本】❶理科や社会科の勉強や研究に使う、動植物などの見本。▽「トンボの標本」❷見本。手本。

ひょうめい【表明】はっきりとあらわしめすこと。▽「意見を表明する」

ひょうめん【表面】❶もののおもて。いちばん外がわ。▽「水の表面」❷うわっつら。人が見ているところ。▽「表面だけをかざる人」

ひょうりゅう【漂流】船などが海の上を流れただようこと。

ひょうろん【評論】ものごとのねうちや、よい悪いについて考えをのべること。また、その意見。▽「人物評論」

びよく【尾翼】飛行機の後ろのほうについているつばさ。⬇飛行機（図）

ひよけ【日よけ】太陽の光をさえぎるためのおおい。▽「まどの日よけ」

ひよこ ❶ニワトリの子。ひな。❷まだ一人前でない者。

ぴょこんと ❶急に動作をするようす。▽「ぴょこんと頭をだす」❷そこだけつき出ているようす。▽「ぴょこんと飛び出している」

ひょっこり 思いがけなく。とつぜん。

ひょっとこ 口先がとがってつき出ているおどけた顔の面。

[ひょっとこ]

ひよどり 木の多い所に住む体長二十八センチメートルくらいのほっそりした鳥。からだは暗い灰色で、ピーヨピーヨとやかましく鳴く。

ひより【日和】❶晴れておだやかな天気。▽「小春日和」❷空もよう。天気。

ひよわい【ひ弱い】もろくて弱々しい。

ぴょんぴょん くりかえし軽くとびはねるようす。▽「ぴょんぴょんとなわとびをする」

ひら【平】❶たいらなこと。▽「平屋」❷ひらたいもの。▽「平手」❸地位や身分がふつうのこと。▽「平社員」⬇【平】625ページ
●平泳ぎ●平仮名●平たい●平手

びら 印刷した広告や知らせ。ちらし。

ひらいしん【避雷針】高いたてものなどの上につけて、かみなりがおちてひ害のおこるのをふせぐ金属の

電流を地中に流してしまう。
[避雷針]

なぞなぞ どれだけ待ってもさかないはなは？ 答えは次のページ。

棒。針金で地面につながっていて、かみなりがおちても電気は地中にながれる。

ひらおよぎ【平泳ぎ】泳ぎ方の一つ。手で水をかいて、カエルのように足をのばしたりちぢめたりして、すすむ。

ひらがな【平仮名】かなの一つ。漢字をくずした、草書をもとにして作られた文字。

ひらき【開き】❶開くこと。あけること。▽「戸の開きが悪い」❷魚の腹や背を切って開いて干した物。▽「アジの開き」

ひらく【開く】❶とじてあったものをあけはなす。あける。▽「戸を開く」⇔閉じる。❷広げる。▽「本を開く」❸新しく土地をたがやす。❹間があく。▽「差が開く」❺はじめる。▽「会議を開く」⬇【開】112ページ

ひらける【開ける】❶とじていたものがあく。▽「運が開ける」❷広々とする。▽「視界が開ける」❸世の中がすすみ、発展する。▽「文明が開ける。町が開ける」⬇【開】112ページ

ひらたい【平たい】❶でこぼこがなく平らである。❷わかりやすい。▽「平たい言い方」❸厚さが少なくて横に広い。▽「平たい箱」

ひらて【平手】ひらいた手のひら。▽「平手うち」

ピラフ 米をバターでいためて、肉や魚、やさいを入れ、スープでたいた洋風のごはん。

ピラミッド 大昔、石やれんがでつくられた四角すいの巨大な建造物。エジプトやアメリカ大陸にある。エジプトのものは、墓としてつくられ、アメリカ大陸のものは、祭りを行う場所としてつくられたといわれている。

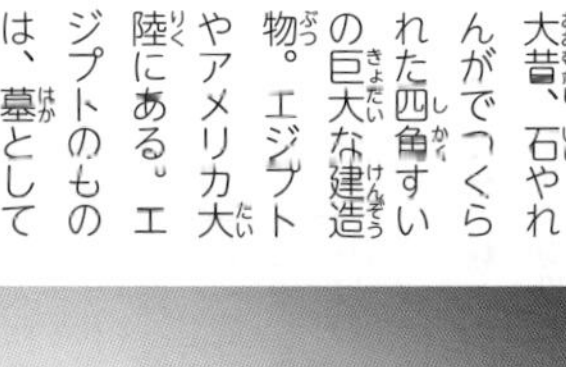

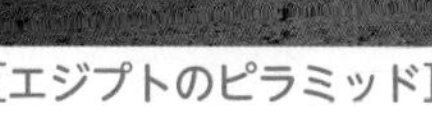
[エジプトのピラミッド]

ひらめ【平目】体の平たい魚で、目は二つとも左がわにある。海底のすなの上にすむ。カレイににている。⬇コラム146ページ

ひらめく ❶はっと思いつく。▽「すばらしいアイデアがひらめく」❷旗などが風にひらひらとする。

ひらや【平屋】二階のない家。

ひらりと ❶身軽に動くようす。▽「船からひらりと岸に飛び降りる」❷軽くひるがえるようす。▽「ひらりとてのひらを返す」

びり 順番のいちばん終わりにいること。▽「かけっこではいつもびりになる」

ひりつ【比率】二つ以上のものを比べ合わせたわりあい。▽「米と麦の比率を七対三にする」

ひりひり ひふやのどなどが、きず・やけど・からみなどによって、いたみを感じるようす。▽「きず口がひりひりする」

びりびり ❶紙や布が引きさかれるようす。また、その音を表すことば。▽「紙をびりびりとやぶる」❷窓ガラスなどが細かくふるえるようす。❸電気のしげきをからだで感じるようす。

ぴりぴり ❶神経がひじょうにびん感になっているようす。▽「受験が近づきぴりぴりしている」❷ひふやのどにいたみやしげきを感じるようす。

ひりょう【肥料】作物がよくそだつように、土の中に入れるこやし。

ひる【昼】❶夜が明けて、日がしずむまで。⇔夜。❷まひる。正午。▽「昼すぎ」❸昼に食べるご飯のこと。▽「昼にしよう」⬇【昼】448ページ ●昼下がり●昼間●真昼

ビル 「ビルディング」の略。▽「駅ビル・高層ビル」

ひるごはん【昼ご飯】昼の食事。お昼。昼

食。

ひるさがり【昼下がり】正午の少しあと。午後二時ごろ。

ビルディング 鉄筋コンクリートなどでつくった高いたてもの。ビル。

ひるね【昼寝】ひるまに少しねむること。

ひるま【昼間】日の出から日の入りまで。日中。

ひるむ いきおいがくじけて弱る。

ひれ 魚がおよぐときに使うもの。ふつう、せびれ・むなびれ・はらびれ・しりびれ・おびれがある。

せびれ
おびれ
むなびれ
はらびれ
しりびれ

［ひれ］

ひれい【比例】一方の数がかわると、それにつれてほかの数も、同じわりあいでかわっていくこと。たとえば、はたらく人数とその人たちにしはらうお金の場合、人数が二倍・三倍となるにしたがい、お金も二倍・三倍となる。正比例。⇔反比例。

ひれつ【卑劣】心や行いが人の道にはずれて、ずるくていやしいこと。

ひろい【広い】❶面積が大きい。❷はばが大きい。▽「広い川」❸はんいが大きい。▽「知識が広い」❹こせこせしないでゆったりしている。▽「心の広い人」⇔狭い。↓【広】226ページ

ひろいよみ【拾い読み】文のおもしろそうなところや大事なところを、えらんで読むこと。

ヒロイン 劇や小説の、女の主人公。⇔ヒーロー。

ひろう【拾う】❶おちているものをとりあげる。▽「石ころを拾う」⇔捨てる。❷たくさんある中からえらびとる。▽「よい作品を拾う」❸なくさないですむ。▽「命を拾う」❹タクシーをとめてのる。↓【拾】316ページ

ひろう【披露】広く人々に知らせること。▽「作品をひろうする。ひろうえん」

ひろう【疲労】からだや心がつかれること。▽「ひ労がたまる」

ビロード 絹・綿・毛などで織った、やわらかいつやのある織物。

ひろがる【広がる】❶ひろくなる。▽「道はばが広がる」❷ひろいはんいにゆきわたる。▽「うわさが広がる」❸ものごとが大きくなる。▽「事業が海外にまで広がる」↓【広】226ページ

ひろげる【広げる】❶ひろくする。▽「道を広げる」❷たたんだものをひらく。▽「かさを広げる」❸大きくする。▽「会社を広げる」↓【広】226ページ

ひろしまけん【広島県】中国地方にある県。養しょくカキの産地。工業もさかん。日本三景の一つ厳島がある。県庁のある広島市には一九四五（昭和二十）年八月六日、世界最初の原ばくがおとされた。↓都道府県（図）

ひろば【広場】たくさんの人が集まれるような広い場所。▽「駅前広場」

ひろびろ【広広・広々】たいへん広く、ひらけているようす。↓「々」は同じ文字をくり返すという意味のおどり字という記号。▽「広々とした庭」

ひろま【広間】広い部屋。広いざしき。▽「大広間」

ひろまる【広まる】広いはんいにゆきわたる。ひろがる。▽「ひょうばんが広まる」↓【広】226ページ

ひろめる【広める】広くゆきわたらせる。▽「知識を広める。うわさを広める」↓【広】226ページ

びわ インドから中国をへて奈良時代に日本につたわった弦楽器。ふつう四本の弦をばちでひいて音を出す。

びわこ【琵琶湖】滋賀県にある日本一大き

あいうえお かきくけこ さしすせそ たちつてと なにぬねの はひふへほ ひ まみむめも やゆよ らりるれろ

わをん

前のページの答え⇒「鼻」

な湖。水道や工業用水などに利用される。景色が美しく、近江八景などの名所がある。

ひん【品】3年 ヒン しな
❶しなもの。▽「新品。作品」
❷人がら。▽「人品。気品」
●品位●品行●品詞●品質●品種●品性●品評会●学用品●商品●賞品●食品●部品●薬品

ひん【貧】5年 (ヒン)・ビン まずしい
まずしいこと。たりないこと。

●貧血●貧困●貧弱●貧富

びん【便】❶たより。手紙。▽「定期便」❷つごうがよいこと。▽「便乗」➡【便】631ページ
●便乗●便せん●郵便

びん【貧】まずしいこと。▽「貧乏」➡【貧】598ページ

びん【瓶】ガラスや、とう器で作った入れ物。

ピン ❶さして物をとめるための細長いはり。▽「安全ピン」❷かみの毛をはさんでおさえる道具。▽「ヘアピン」

ひんい【品位】人がらのていど。人のねうち。▽「品位をたもつ」

ピンからキリまで ❶はじめからおわりまで。❷いちばんよいものからいちばん悪いものまで。▽「カメラにもピンからキリまである」

びんかん【敏感】感じ方がはやくてするどいこと。⬍鈍感。

ピンク もも色。

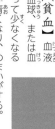

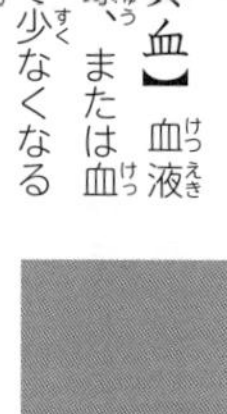

[ピンク]

ひんけつ【貧血】血液の中の赤血球、または血色素がへって少なくなること。顔が青くなり、めまいがする。

ひんこん【貧困】❶貧しくて生活に困ること。❷たりないこと。

ひんし【品詞】一つ一つのことばをそのはたらきや使い方によって分けてくべつしたもの。名詞・代名詞・動詞・形容詞・形容動詞・副詞・連体詞・接続詞・感動詞・助動詞・助詞の十一の品詞がある。

ひんし【ひん死】死にかかっていること。今にも死にそうなこと。

ひんしつ【品質】品物のよい悪いの性質。▽「品質のよい毛糸」

ひんじゃく【貧弱】貧しくてみすぼらしいこと。▽「貧弱な体格」

ひんしゅ【品種】❶同じ作物や家ちくなどを、そのとくちょうによって分けたもの。❷品物の種類。

びんじょう【便乗】❶ちょうどつごうよく、車や船に乗りこむこと。▽「トラックに便乗して町へ行った」❷ある機会をうまく利用すること。▽「品物不足に便乗して値上げする」

ひんせい【品性】人が生まれながらに持っている性質。人がら。

ピンセット 小さい物をつまんだり、消毒した物をはさんだりするのに使う道具。

びんせん【便せん】手紙を書く紙。

ひんそう【貧相】みすぼらしいようす。▽「貧相な身なり」

ピンチ おいつめられてあぶないじょうたい。▽「ピンチにおちいる」

びんづめ【瓶詰】びんにつめること。また、びんにつめた物。

ヒント それとなくわからせる手がかり。問題を解くかぎ。▽「この本のなぞのヒントは『て』です」

ぴんと ❶ゆるまないようにしっかり張るようす。▽「糸をぴんと張る」❷姿勢がしっかりしているようす。▽「背筋をぴんとのばす」

あいうえお

かきくけこ

さしすせそ

たちつてと

なにぬねの

ひ
はひふへほ

まみむめも

やゆよ

らりるれろ

わをん

ピント ❶レンズのしょう点。▽「ピントが合う」❷ねらいどころ。

ひんぱん【頻繁】たびたびおこるようす。▽「火事がひんぱんにおこる」

ひんぷ【貧富】貧ぼうと金持ちのこと。▽「貧富の差が大きい」

びんぼう【貧乏】財産やお金がなくて、生活が苦しいこと。

ピンぼけ ❶写真で、ピントが合わないでぼけていること。❷大切な点が、ずれていること。▽「ピンぼけな答え」

ピンポン ⇒卓球

びんわん【敏腕】ものごとをてきぱきとかたづけていくすぐれたうでまえ。

ふ ぷ ぶ
プ ブ フ

ふ【父】2年 フ ちち

ちち。男親。▽「祖父」⇔母。

父 父 父 父

●父子●父母

★「文」ににているので注意

ふ【不】4年 フ・ブ —

ことばの上について「よくない」とか「反対の」という意味をあらわすことば。▽「不完全。不勉強。不始末」

不 不 不 不

●不安●不案内●不意●不意打ち●不意を突かれる●不運●不得手●不快●不快指数●不覚●不可欠●不可抗力●不可能●不吉●不朽●不況●不遇●不屈●不潔●不孝●不幸●不公平●不在●不作●不治●不思議●不自然●不時着●不始末●不自由●不純●不順●不信●不振●不審●不正●不足●不調●不通●不敵●不当●不動●不等号●不動産●不能●不発●不服●不平●不変●不便●不本意●不満●不眠●不眠不休●不向き●不明●不滅●不毛●不用●不要●不利●不和

ふ【夫】4年 フ・(フウ) おっと

❶おっと。妻のある男。⇔妻。婦。❷男の人。▽「農夫」

夫 夫 夫 夫

●夫妻●夫人●丈夫

★「天」ににているので注意

ふ【付】4年 フ つく・つける

❶つけくわえること。▽「付録」❷あたえること。わたすこと。▽「付与」

付 付 付 付 付

●付近●付属●寄付

ふ【布】5年 フ ぬの

❶ぬの。おりもの。▽「毛布。湿布」❷広がること。▽「分布。配布」

布 布 布 布 布

●布教●布告●布団●公布●財布

ふ【府】4年 フ —

❶役所。▽「総理府。政府」❷都・道・県と同じ資格の自治団体。京都府と大阪府の二つ。▽「府立」

府 府 府 府 府 府 府 府

ふ【阜】4年 フ —

あ いうえお
か きくけこ
さ しすせそ
た ちつてと
な にぬねの
はひふへほ ふ
ま みむめも

や ゆよ
ら りるれろ
わ をん

なぞなぞ 歯ブラシからとれるヘビの仲間は？ 答えは次のページ。

❶おか。少し高い場所。土の山。
❷大きい。多い。

阜 阜 阜 阜 阜 阜 阜 阜（はなす）

ふ【歩】 将棋のこまの一つ。↓【歩】633ページ

●岐阜県

ふ【負】 3年 フ おう・まかす・まける
❶たたかいにまけること。⇔勝。
❷身にせおうこと。▽「負担」
❸たのみとすること。▽「自負」
❹0より小さい数。マイナス。

負 負 負 負 負 負 負 負 負

●負傷●負担●勝負

ふ【婦】 5年 フ ―
❶女の人。▽「婦人」
❷妻。よめ。▽「夫婦」⇔夫。

婦 婦 婦 婦 婦 婦 婦 婦 婦 婦 婦（つき出ない）

ふ【富】 4年 フ・（フウ） とみ・とむ
❶たくさんのお金や物。▽「国富」
❷ゆたかなこと。▽「豊富」

富 富 富 富 富 富 富 富 富 富 富 富（上の口より大きめに）

●富士山●富裕●貧富

ふ 小麦粉からたんぱく質だけを取りだして焼いた食べ物。みそしるやなべに入れる。

ぶ【分】 ❶温度・わりあいなどの単位で、一の十分の一をあらわす。▽「体温は三十六度九分」❷わりあい。勝ち目。▽「分が悪い」↓【分】622ページ

●五分五分●腹八分

ぶ【不】 下につくことばの意味をうちけすことば。▽「不作法。不用心」↓【不】599ページ

●不格好●不気味●不器用●不精

ぶ【武】 5年 ブ・ム ―
❶いくさ。▽「武人。武士」
❷強くいさましいこと。▽「武勇」

武 武 武 武 武 武 武 武（点を落とさないように）

●武器●武具●武芸●武士●武術●武将●武装●武勇●武力

ぶ【歩】 ❶土地の広さの単位で、「つぼ」と同じ。やく三・三平方メートル。❷わりあい。▽「歩合」↓【歩】633ページ

ぶ【部】 3年 ブ ―
❶物を細かく分けた一つ一つ。▽「部品。細部」
❷学問や仕事、学校のクラブ活動などを区分したものにつけることば。▽「文学部。野球部。サッカー部」
❸本・雑誌・新聞などを数えるときのことば。▽「雑誌五部」

部 部 部 部 部 部 部 部 部 部 部（卩としない）

●部下●部首●部署●部隊●部品●部分●部門●外部●支部●全部●内部●本部

ぶ【無】 ❶ないこと。❷ことばの上につけて、その意味をうちけすことば。▽「無礼」↓【無】681ページ

●無愛想●無気味●無器用●無作法●無事●無精●無難●無礼

ファースト ❶一番目の。最初の。また、何かを第一に考えること。▽「レディファースト」❷野球で、一塁。また、そこを守る人。

ファーストフード ファストフードのこと。

ぶあいそう【無愛想】おせじも愛きょうもないこと。▽「無愛想な返事」

ファイト ❶たたかい。試合。❷たたかおうとする気持ち。気力。

ファイル ❶しょるいをはさんでおくもの。紙ばさみ。❷しょるいなどを整理し、ぶんるいしてとじておくこと。▽「サッカーの記事を切りぬいてファイルする」❸コンピューターの中に一まとめにしてきろくされたじょうほう。

ファインプレー みごとなわざ。

ファウル ❶競技のとき、きそくをやぶること。反則。❷野球で、うった球が内野・外野の線の外におちること。

ファストフード かんたんで、すぐにできる料理。お店で注文するとすぐに食べられる。ファーストフード。

ファスナー 洋服やかばんに使う、わかれている布や革などをつなぐためのとめ具。

ぶあつい【分厚い】厚みがある。

ファックス 文字や図形を電気信号にかえて遠くにおくる装置。「ファクシミリ」の略。

ファッション はやり。流行。また、服装のこと。▽「ファッションモデル」

ファミリー ❶家族。家庭。▽「ファミリー向けのレストラン」❷一族。▽「ファミリーの一員」

ふあん【不安】心がおちつかないこと。気にかかること。心配。▽「不安なきもちでるすばんをする」

ファン そのことがすきで、むちゅうになる人。▽「アイドルのファン」

ファンタジー じっさいにはないことを頭に思いうかべること。空想。幻想。また、そのありさまを書いた物語。

ふい【不意】思いがけないこと。とつぜん。▽「不意によびとめられる」

ブイ ❶船の通り道の目じるしにする物。港・わん・川・海などにうかべ、岩やあさい所、船がとまるのにいい場所などを教える。❷船などについている救命ぶくろ。うき。

フィールド 陸上競技で、トラックの内がわの、高とびや、はばとびなどをする所。⇔トラック。

ふいうち【不意打ち】❶いきなりあいてをおそうこと。▽「不意打ちのけんさ」❷急にものごとを行うこと。

ブイエス【VS】……対……。バーサス。▽「紅組vs白組」

フィギュア ❶テレビやアニメなどに登場する人間や動物の形をした人形。❷「フィギュアスケート」の略。

フィギュアスケート 音楽に合わせて、氷の上にいろいろな形をえがいておどるようにすべるスケート競技。

［フィギュアスケート］

フィクション ほんとうにはない話を、ほんとうのように作りあげること。作り話。⇔ノンフィクション。

フィッシュ 魚のこと。

フィリピン 西太平洋にある国。大小の島々からなる。首都はマニラ。

フィルム ❶うすいプラスチックなどの上に、光を感じる薬をぬったもの。写真や映画などをとるときに使う。❷映画。

ふいをつかれる【不意をつかれる】【不意を突かれる】用心していないときに、急にやられる。▽「敵に不意をつかれる」

ふう【風】2年 フウ・(フ) かぜ・かざ
❶かぜ。▽「強風。台風」
❷ようす。ぐあい。▽「風格。風体」
❸しきたり。ならわし。▽「家風」
❹おもむき。景色。▽「風景」

前のページの答え⇒「ハブ（はぶらし）」

❺遠回しに言うこと。▼「風刺」
❻うわさ。世間。▼「風説」

風

●風圧●風雨●風雲●風化●風格●風紀●風景●風向風速計●風刺●風車●風習●風しん●風雪●風船●風速●風俗●風味●風来坊●風流●風力●風鈴●季節風●逆風●古風●順風●通風●洋風●和風

ふう【封】 とじること。とじ目。▼「手紙にふうをする。ふうを切る」

ふうあつ【風圧】 風が物にくわえる圧力。▼「風圧をうける」

ふうう【風雨】 ❶風と雨。❷雨といっしょに風がふくこと。あらし。

ふううん【風雲】 ❶風と雲。❷世の中に大きなことがおこりそうなようす。▼「風雲急を告げる」

ふうか【風化】 岩石が、風や雨のために、しだいにくずれて土になること。

ふうかく【風格】 人がら。その人がもっている持ち味。▼「風格のある人」

ふうがわり【風変わり】 ふつうの人と生活や考え方がちがっているようす。▼「風変わりなかっこう」

ふうき【風紀】 人々が生活するうえでまもらなくてはならないきまり。▼「風紀がみだれる」

ふうきり【封切り】 ❶ふうのしてある物をはじめてひらくこと。❷新しい映画を、はじめてうつして見せること。

ふうけい【風景】 ❶ながめ。景色。▼「風景画」❷その場のようす。

ふうこうふうそくけい【風向風速計】 風のふく速さや、ふいてくる方向をはかる器械。

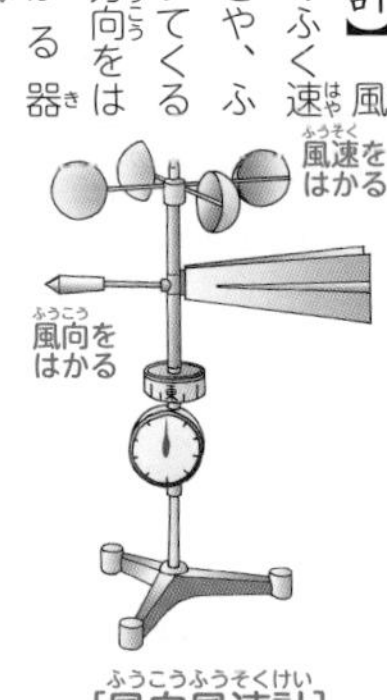

ふうこうふうそくけい［風向風速計］

ふうさ【封鎖】 とじこめて人や物を出入りさせないこと。▼「海上ふうさ」

ふうし【風刺】 人のことや世の中のことについて、それとなく遠回しに皮肉を言うこと。▼「ふうしまんが」

ふうしゃ【風車】 風の力で回る大きな車。その力で、こなをひいたり、電気をおこしたりする。

ふうしゅう【風習】 世の中のならわし。習慣。

ふうしょ【封書】 ふうとうに入れた手紙。

ふうじる【封じる】 ❶ふうをする。❷とじこめて動けないようにする。▼「敵のこうげきをふうじる」❸禁止する。▼「口をふうじる」

ふうしん【風しん】 ウイルスによってかかる病気で、全身に赤いぶつぶつがでる。はしかに似ていて、三日ほどでぶつぶつが消えるので、三日ばしかともいう。

ふうせん【風船】 紙やゴムのふくろの中に空気などを入れて、ついたり、とばしたりしてあそぶもの。

ふうぜんのともしび【風前のともし火】 風がふきあたるところの火ということから、きけんがせまって、命などのあぶないこと。

ふうそく【風速】 一秒間に風がふく速さ。▼「風速二〇メートル」

ふうぞく【風俗】 昔から行われてきた生活の上でのいろいろなしきたりや方法。風習。▼「江戸時代の風ぞく」

ブーツ 革などでできた、足首よりも上までの長さのくつ。⬇服（図）

フード 食べ物。食品。▼「ベビーフード」

フード 上着のえりについている、ふくろの形をした頭にかぶるための布。

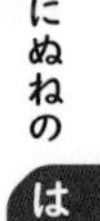

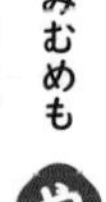

ふうとう【封筒】 手紙などを入れる紙のふくろ。

ふうふ【夫婦】 けっこんした男と女。

ふうみ【風味】 上品でよい味。▽「風味のあるお茶。風味がそこなわれる」

ブーム 急に人気が出ること。急に流行すること。▽「スキーブーム」

ふうりゅう【風流】 ❶自然を愛し味わう心。❷歌・絵・生け花・茶道などのゆうがなあそび。

ふうりょく【風力】 風の強さ。風の力。▽「風力が強まる」

ふうりん【風鈴】 夏、のき下などにつり下げ、風がふくたびにすずしい音をたてる小さなつりがね形のすず。

プール ❶コンクリートなどでこしらえた、水泳をするところ。❷物を集めておく所。

ふうん【不運】 運が悪いこと。▽「不運な事故」⇔幸運。

ふえ【笛】 息をふき入れて鳴らす楽器の一つ。くだにあながあいていて、いろいろな高さの音を出す。▽「笛をふく。口笛」⬇【笛】473ページ

フェア ❶人を集めて物を売り買いするもよおし。市。▽「スポーツ用品フェア」❷正しくて公平なようす。▽「フェアな態度」❸野球などでボールが決められた線の中に落ちること。⇔ファウル。

フェアプレー 正しくりっぱな試合ぶり。また、行い。

フェイント スポーツなどで、あいてをまどわすための見せかけの動作。

フェスティバル おまつり。▽「ミュージックフェスティバル」

フェリーボート 大型のわたし船。とくに自動車ごとはこぶ船をさす。カーフェリー。⬇船（図）

ふえる【増える】 数や量が多くなる。増す。▽「人口が増える。貯金が増える」⇔減る。⬇【増】396ページ

フェルト ヒツジなどの動物の毛をあつめて、強い力でおしつけて固めて作った厚い布。

フェルトペン ペンの先がフェルトでできているペン。水にとけるインクを使う。

フェンス さく。へい。▽「フェンスでかこむ」

フォーク 食べ物をつきさしたり、口にはこんだり、肉を切るときに押さえたりするときなどに使う道具。⬇洋食（図）

フォークダンス 世界の各地方に古くからつたわるダンス。大ぜいの人でおどるものが多い。

ふか【ふ化】 たまごがかえること。また、たまごをかえすこと。▽「たまごがふ化する」

ぶか【部下】 上役や隊長の指図をうけてはたらく人。配下。

ふかい【深い】 ❶底までの間が長い。⇔浅い。❷考えていることがいいかげんでない。▽「深い考え」❸色がこい。▽「深い緑色」❹はなはだしい。▽「欲が深い」⬇【深】348ページ

ふかい【不快】 気持ちが晴れ晴れしないこと。こころよくないこと。不ゆ快。▽「不快な思い」⇔愉快。

ふかいしすう【不快指数】 気温・しつ度をもとに、人間の感じる不快のていどをあらわした数。七〇以上では一部の人、七五以上では半分の人、八〇以上では全部の人が不快と感じる。

ふがいない いくじがない。なさけない。▽「これぐらいのことでくじけるとは、まったくふがいない」

ふかいり【深入り】 そのことに熱心になって、関係が深くなること。

ふかく【不覚】 ❶ゆだんをして失敗すること。▽「不覚にも、試合に負けた」❷思わずしてしまうこと。▽「不覚のなみだ」❸意識がなくなってしまうこと。▽「前後不覚にねむる」

なぞなぞ まとめて買えない花は？ 答えは次のページ。

ふかけつ【不可欠】どうしてもなくてはならないこと。▽「成功に不可欠なものは努力だ」

ふかこうりょく【不可抗力】人の力ではふせぎきれない、どうすることもできないこと。▽「不可こう力の事故」

ふかす むしてやわらかくする。水蒸気であたためる。▽「おいもをふかす」

ぶかつ【部活】「部活動」の略。学校で、同じ興味をもった生徒たちが集まっておこなうクラブの活動。

ぶかっこう【不格好】かっこうが悪いこと。▽「服が大きすぎて、不格好だ」

ふかのう【不可能】どう努力しても、できないこと。▽「一日でしあげるのは不可能だ」⬍可能。

ふかふか ふっくらとやわらかなようす。▽「ふかふかしたふとん」

ふかまる【深まる】だんだん深くなる。▽「悲しみが深まる」⬇【深】348ジペー

ふかめる【深める】だんだん深くする。▽「知識を深める」⬇【深】348ジペー

ぷかりぷかり ❶軽いものが水にうかんでいるようす。ぷかぷか。▽「ペットボトルがぷかりぷかりと流れていく」❷タバコを軽くふかすようす。

ぶき【武器】❶戦争に使う道具。兵器。❷自分に有利な手だて。

ふきかえ【吹き替え】外国の映画やテレビ番組の中で外国語でしゃべっていることばを、自分の国のことばにし、録音すること。

[吹き替え]

ふきげん【不機嫌】機げんがわるいこと。

ふきこむ【吹き込む】❶息をふき入れる。❷雨や風が家の中などに入ってくる。❸よくないことを教えこむ。▽「悪ぢえをふきこむ」

ふきさらし【吹きさらし】おおいなどがなく、風の当たるままになっていること。また、そのような所。

ふきだし【吹き出し】まんがなどで、せりふの部分を人の口からふきだしたような形に囲んだところ。

吹き出し
今、助けに行くよ
[吹き出し]

ふきだす【噴き出す】❶いきおいよく出る。❷思わずわらいだす。▽「おかしくて思わずふき出す」

ふきだまり【吹きだまり】風にふかれて雪などが一か所にたまった所。

ふきつ【不吉】えんぎが悪いこと。▽「不吉な予感」

ふきとばす【吹き飛ばす】❶物などを強くふいて、飛ばす。▽「風がぼうしをふき飛ばす」❷いやなものをいっきにはらいのける。▽「寒さをふき飛ばして走る」

ふきながし【吹き流し】いくつかの細長い布を輪にぬいつけ、さおの先につけて風になびかせる物。風の方向を知るために使ったり、こいのぼりの先につけたりする。

ふきのとう フキという草の、春のはじめに出る若いくき。かおりが強く味はにがい。

ぶきみ【不気味・無気味】気味が悪いこと。▽「不気味な物音」

ふきゅう【不朽】いつまでもなくならないこと。▽「不きゅうの名作」

ふきゅう【普及】広くいきわたること。▽「パソコンがふきゅうする」

ふきょう【不況】景気の悪いこと。不景気。⬍好況。▽「不きょうでとう産する」

ふきょう【布教】宗教を教え広めること。

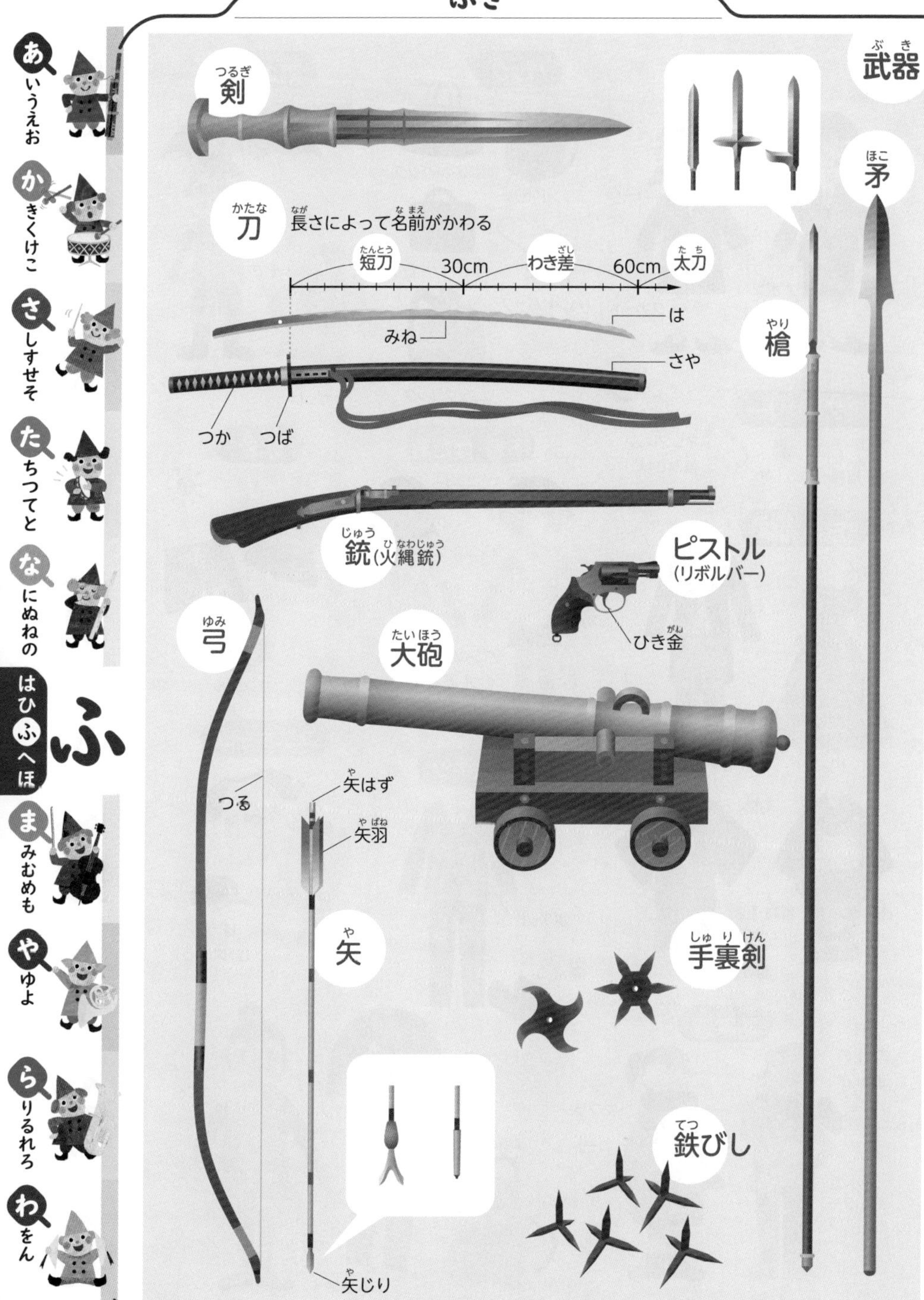
武器
剣
刀
長さによって名前がかわる
短刀
30cm
わき差
60cm
太刀
は
みね
さや
つか
つば
矛
槍
銃(火縄銃)
ピストル
(リボルバー)
ひき金
弓
大砲
つる
矢はず
矢羽
矢
手裏剣
鉄びし
矢じり

前のページの答え⇒「バラ」

服
制服
ぼうし
ネクタイ
ブレザー
リボン
ズボン
(半ズボン)
スカート
くつ
バッグ
ランドセル
ボストンバッグ
手さげかばん
ハンドバッグ
リュックサック
上ばき
雨の日
かさ
半そで
レインコート・
かっぱ
長ぐつ
アクセサリー
ブローチ
ネックレス・
首かざり
指輪
正装・礼服
ビーズ
ドレス
モーニング
羽織
帯
着物・和服
はかま
下着・はだ着
ランニング
パンツ
くつした
スリップ
水着
サンダル
背広・スーツ
ボタン
ポケット
革ぐつ
ユニホーム
JAPAN
ぼうし
(野球ぼう)
防寒着
ニットの
ぼうし
マフラー
コート
ニットの
セーター
手ぶくろ
ブーツ
トレーナー
ジーンズ・ジーパン
エプロン
カーディ
ガン
ワンピース
タイツ
デニム生地

▼「布教活動」

ぶきよう【不器用・無器用】手先を使うことが上手でないこと。⇔器用。▼

ふきん【付近】近くであること。近所。▼「付近を散歩する」

ふく【服】3年 フク —

❶着るもの。洋服など。▼「礼服」
❷こな薬などをのむ。▼「服用」
❸したがうこと。▼「降服。服従」

服（形と筆順に注意）

●服役●服従●服飾●服する●服装●服毒●服用●制服●和服

ふく【副】4年 フク —

❶主なものにつきそうもの。そえ。▼「副食」
❷長の次で、長をたすける役目。▼「副議長」⇔正。

副（はねる／短めに）

●副業●副作用●副産物

ふく【復】5年 フク —

❶もとへもどること。もとどおりになること。▼「復興。回復」
❷帰りのこと。▼「往復」⇔往。
❸ふたたび。もう一度。▼「復習」

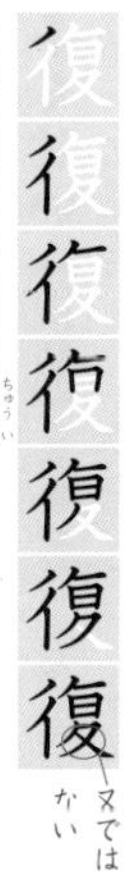

復（夂ではない）

●復元●復習●復しゅう●復唱●復活●復帰●復旧●復興●反復

★「復」「腹」にているので注意

ふく【福】3年 フク —

幸せ。幸い。▼「幸福。福祉」

福（ネとしない）

●福井県●福岡県●福祉●福島県●福引き●福禄寿●祝福

ふく【腹】6年 フク はら

❶おなか。はら。▼「空腹」
❷心の中。▼「腹案」
❸中ほど。▼「山腹。中腹」

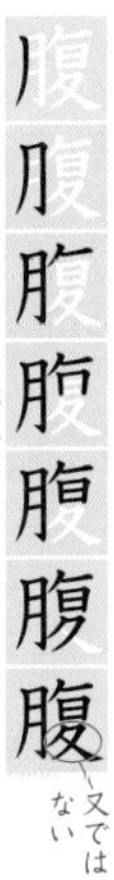

腹（夂ではない）

●腹案●腹痛●満腹

★「復」「複」にているので注意

ふく【複】5年 フク —

❶二つ以上ある。▼「複眼」⇔単。
❷かさなる。▼「重複」

複（ネとしない）

★「復」「腹」にているので注意

●複眼●複合●複雑●複数●複製●複線

ふく【吹く】❶風がおこる。▼「北風がふく」❷楽器をふいて鳴らす。▼「笛をふく」❸口をすぼめていきおいよく息を出す。▼「風車をふく」❹大げさなことを言う。▼「ほらをふく」❺表面にあらわれる。▼「芽をふく」

ふく【噴く】内から外に強いいきおいで出る。また、出す。▼「火山が火をふく」

ふく 布や紙などでこすって、よごれや水分をとりのぞく。▼「手をふく」

ふぐ 海にいる魚。敵に会うと空気や水をすって風船のようにふくれる。身はおいしいが、内臓に毒を持つものがある。

ぶぐ【武具】よろい・かぶと・弓矢のような、いくさに使う道具。

ふくいけん【福井県】中部地方にある県。日本海に面し水産業がさかん。カニ・アマエビがとれる。県庁は福井市にある。↓都道府県

あいうえお かきくけこ さしすせそ たちつてと なにぬねの はひふへほ まみむめも やゆよ らりるれろ わをん

なぞなぞ 一日じゅう仕事をすると、くれるのはお給料となに？ 答えは次のページ。

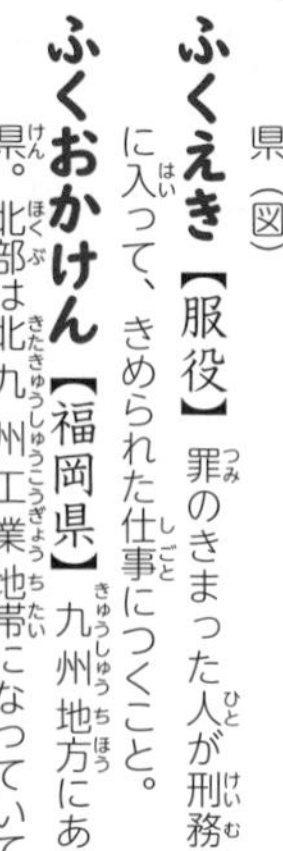

県（図）

ふくえき【服役】罪のきまった人が刑務所に入って、きめられた仕事につくこと。

ふくおかけん【福岡県】九州地方にある県。北部は北九州工業地帯になっていて、商工業がさかん。県庁は福岡市にある。⬇都道府県（図）

ふくがん【複眼】トンボ・セミなどの目のように、小さい目がたくさん集まって一つの大きな目になっているもの。⇕単眼。

ふくぎょう【副業】主な仕事のかたてまにやる仕事。内職。⇕本業。

ふくげん【復元・復原】もとの形・ようすにもどすこと。▽「復元図」

ふくごう【複合】二種類以上のものが合わさって一つになること。

ふくざつ【複雑】こみ入っていること。▽「複雑な気持ち」⇕単純。

ふくさよう【副作用】薬のもともとのはたらきとともにおこる、べつのはたらき。たとえば、かぜ薬で胃を悪くするような場合。

ふくさんぶつ【副産物】一つの物を作るときに、いっしょに作り出される物。たとえば、石炭ガスを作るときに出るコールタールなど。

ふくし【福祉】人々の幸せ。幸福。

ふくしまけん【福島県】東北地方にある県。農業県だが、工業化がすすんでいる。モモ・ナシなどの産地。県庁は福島市にある。⬇都道府県（図）

ふくしゅう【復習】おさらい。前に教えられたことを、くりかえして習うこと。⇕予習。

ふくしゅう【復しゅう】敵にしかえしをすること。報復。

ふくじゅう【服従】ほかの人の命令や考えに従うこと。▽「父の言いつけに服従する」

ふくしょう【復唱】言われたとおりまちがいのないように、あいてにむかってくりかえして言うこと。

ふくしょく【服飾】❶衣服とかざり。❷身につけるかざり。アクセサリー。

ふくしょく【副食】主食にそえていっしょに食べるもの。おかず。▽「副食には、ハンバーグが出た」⇕主食。

ふくすう【複数】二つ以上の数。⇕単数。

ふくせい【複製】書物や絵・ちょう刻などについて、もとの物と同じような物を作ること。また、そのできあがった物。▽「複製画」

ふくせん【伏線】小説や劇などで、あとのほうでのべることのじゅんびとして、前のほうでそれとなく出しておくこと。▽「話にふく線を張る」

ふくそう【服装】身なり。よそおい。

ふくつ【不屈】くじけないこと。▽「不くつの精神でたちむかう」

ふくつう【腹痛】腹が痛むこと。

ふくびき【福引き】当たりくじを引いた人に景品をあたえるくじ引き。

ふくぶくろ【福袋】正月などに、いろいろな品物を入れて口をとじ、なかみがわからないようにして売る縁起物のふくろ。

ふくむ【含む】❶中に入っている。▽「会費の中に旅費もふくむ」❷口の中に入れておく。▽「あめ玉をふくむ」❸心のうちにおさめておく。

ふくめる【含める】❶ふくむようにする。ふくませる。❷口の中に入れる。❸よくわかるように言い聞かせる。▽「かんでふくめるように話をする」

ふくめん【覆面】顔をおおいかくすこと。また、それに使われる物。

ふくよう【服用】薬をのむこと。

ふくよか ふっくらしてあたたかいようす。▽「ふくよかなほおをした子供」

ふくらはぎ 足のすねの後ろの、肉のふくれたところ。⬇体（図）

ふくらます【膨らます】元よりも大きくする。ふくらませる。▽「風船をふくらます」

ふくらむ【膨らむ】ふくれる。ふくれて大きくなる。▽「つぼみがふくらむ」

ふくれる【膨れる】❶内から外にもりあがる。❷おこったり気に入らないことがあって、ふきげんな顔をする。

ふくろ【袋】中に品物を入れて口をとじるようになっている、入れ物。

ふくろう 夜に活動する鳥。昼は木のほらあなや森のしげった所でねむり、夜出て小鳥やネズミを食べる。

ふくろくじゅ【福禄寿】七福神の一人。頭が長く、ひげをたれ、つえをついている。⬇七福神（図）

ふくろのねずみ【袋のねずみ】ふくろに入れられて外に出られないネズミのように、おいつめられてのがれられなくなったようす。

ふくわらい【福笑い】正月にするあそび。顔の線だけを書いた紙の上に、別の紙でつくったまゆ毛・目・鼻・口を目かくしをしてならべ、おもしろい顔になったといってわらう。

ふけつ【不潔】清潔でないこと。きたならしいこと。▽「不潔なタオル」

ふける【老ける】年をとる。また、年をとって見える。⬇【老】755ページ

ふける【更ける】時がたって、夜や季節などがきわまる。▽「夜がふける」

ふける ものごとにいっしょうけんめいになる。心をうばわれる。▽「一日じゅう読書にふける」

ふこう【不孝】孝行でないこと。親を大事にしないこと。▽「親不孝」

ふこう【不幸】幸せでないこと。不幸せ。▽「あの青年は、人のしあわせを願い、人の不幸を悲しむことのできる人だ」

ふこうへい【不公平】えこひいきがあること。▽「不公平なわりあて」

ふこく【布告】みんなに広くつげ知らせること。公示。

ふさ【房】❶糸をたばねて、その先をばらばらにしたもの。❷花や実が、一つのくき・えだにたくさんむらがってついたもの。▽「ブドウのふさ」

ブザー スイッチをおすと、音を出すようになっている物。▽「げんかんのブザー」

ふさい【夫妻】夫と、その妻。

ふざい【不在】家にいないこと。るす。

ぶさいく【不細工】きれいではないこと。形が悪いこと。▽「不細工なぬい目」

ふさぎこむ【ふさぎ込む】気分が晴れ晴れしないで、だまりこむ。▽「しかられてふさぎこむ」

ふさく【不作】作物などのみのりが悪いこと。凶作。⇔豊作。

ふさぐ ❶とじる。ふたをする。▽「あなをふさぐ」❷通れなくする。▽「道をふさぐ」❸いっぱいにする。▽「荷物で席をふさぐ」❹気持ちが晴れない。▽「失敗つづきで気がふさぐ」

ふざける ❶おどけたことを言ったり、したりする。▽「サルのまねをしてふざける」❷おもしろがってさわぐ。▽「水をかけ合ってふざける」❸人をばかにする。▽「ふざけたことを言うな」

ふさふさ かみの毛などがたれさがって多いようす。▽「ふさふさとした毛」

ぶさほう【不作法・無作法】ぎょうぎが悪いこと。▽「不作法をたしなめる」

ぶざま みっともないこと。ていさいの悪いこと。▽「ぶざまなすがた」

ふさわしい よくにあう。つりあっている。▽「学生にふさわしいかっこう」

ふし【節】❶えだの出たあと。▽「節のある板」❷竹などのくきにある、くぎり。▽「竹

前のページの答え⇒「日（日が暮れる）」

の節」❸骨のつぎ目。▽「手の節がいたむ」❹歌の調子。▽「おけさ節。節回し」❺ところ。点。▽「あやしい節がある」⬇【節】383ジペー
●節穴●節くれ立つ●節々

ふし【父子】父と子。

ふじ【不治】病気が治らないこと。「ふち」ともいう。▽「不治の病」

ふじ【藤】幹がつるになってのびる木。むらさき・白などの花がふさになってたれ下がる。

ぶし【武士】昔、ふだんから武芸をならい、いくさのときは、出かけてたたかった人。さむらい。

ぶじ【無事】なにもかわったことがないこと。▽「父の無事をいのる」

ふしあな【節穴】板などの、節のぬけたあとの穴。▽「節穴からのぞく」

ふしあわせ【不幸せ】幸せでないこと。不幸。▽「不幸せな人生」⇕幸せ。

ふしぎ【不思議】ふつうでは考えることのできないこと。へんに思うこと。

ふしくれだつ【節くれ立つ】❶木などの節が多くて、でこぼこになっている。❷指の関節などがごつごつしている。▽「節くれ立った指」

ふじさん【富士山】静岡県と山梨県のさかいにある日本一高い山。高さ三七七六メートル。形の美しいことで世界に名高い。

ふしぜん【不自然】自然でないこと。わざとらしいこと。▽「不自然な動作」

ふじちゃく【不時着】悪天候や故障などのために、飛行機が目的地でない所におりること。▽「湖に不時着する」

ぶしつけ 礼儀を知らないこと。無礼。▽「ぶしつけなおねがい」

ふしまつ【不始末】❶ものごとをきちんとしないで、だらしがないこと。▽「火の不始末が火事のもとだ」❷失敗。▽「不始末をしでかす」

ふじみ【不死身】❶何をされても死なないくらい、強いこと。▽「不死身のあくま」❷どんなにたいへんでも負けないこと。またそのような人。▽「不死身のヒーロー」

ふしめ【伏し目】目を下にむけてうつむくこと。▽「ふし目がちで歩く」

ぶしゅ【部首】漢字辞典で漢字をさがすとき、目じるしとする漢字の部分。糸（いとへん）など。⬇コラム

ふじゆう【不自由】思うままにならないこと。▽「不自由のないくらし」

ぶじゅつ【武術】弓・やり・刀の使い方など、武士がいくさをするのに必要なわざ。武芸。武技。

みてみよう！

部首のひみつ

漢字には、部首とよばれる部分があります。

部首はふつう、三百年ほど昔、中国の清で作られた漢字辞典をもとにしています。ところが、いま使われている漢字の形は、その辞典とはかなり変わってしまいました。「帰」という漢字もそうで、もとは「歸」と書いていました。部首は「止」です。ところが、これをいまでは「帰」と書くようになったので、「止」がなくなってしまったのです。そこで、部首を「巾」にしました。でも、これだとちょっとわかりにくいですね。そのため、「リ」を部首にする辞典も出てきたのです。

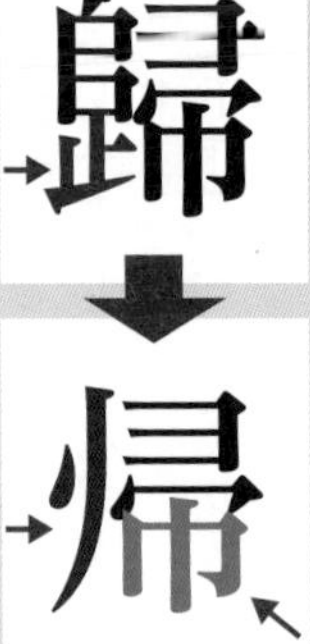

ふじゅん【不純】まじりけがあって、きれいでないこと。▽「不純な水」

ふじゅん【不順】きまりどおりいっていないこと。▽「不順な天候がつづく」

ぶしょ【部署】わりあてられて自分がうけもつ所。持ち場。▽「部署につく」

ふしょう【負傷】けがをすること。

ぶしょう【不精・無精】だらしのないこと。なまけること。▽「不精ひげ」

ぶしょう【武将】武士の大将。

ふしょく【腐食】木材などがくさって形がくずれること。▽「柱がふしょくする」

ぶじょく【侮辱】ばかにして、はずかしい思いをさせること。

ふしん【不信】❶信用できないこと。❷まごころがないこと。

ふしん【不振】ふるわないこと。いきおいのないこと。▽「営業ふしん」

ふしん【不審】うたがわしいこと。

ふじん【夫人】他人の妻をうやまっていうことば。

ふじん【婦人】女の人。大人の女。

ふすま 部屋のしきりに使う、両面に紙をはった戸。唐紙。⬇床の間（図）

ふせい【不正】正しくないこと。また、その行い。▽「できの悪いのはしかたがないとして、不正だけはするなと教えてきたはずだぞ！」

ふぜい【風情】❶とくべつな味わい。おもむき。▽「風情のある庭」❷ようす。気配。▽「さびしげな風情」❸ことばのあとにつけて、けんそんやけいべつの意味をあらわす。▽「学生風情」

ふせぐ【防ぐ】❶せめてこられないように、まもる。▽「敵を防ぐ」⬍攻める。❷害をうけないようにする。▽「火事を防ぐ」⬇【防】635ページ

ふせる【伏せる】❶うらがえしにおく。▽「本をふせる」❷下の方にむける。▽「目をふせる」❸うつぶせになる。▽「地面にふせる」❹かくす。▽「名前をふせる」

ふせん【付せん】ぎもんに思ったり、直したりするところに、目じるしのためにはりつける小さな紙。

ぶそう【武装】いくさをするための身じたく。▽「武装を解く。核武装」

ふそく【不足】足りないこと。

ふぞく【付属】あるものについていること。

ふた【二】ふたつ。▽「二箱。二重」⬇【二】525ページ

ふた 入れ物の口をおおうもの。▽「びんのふた。ふたをする」

ふだ【札】❶文字や絵をかきつけた、木や紙のきれはし。▽「名札。立て札」❷カルタ。トランプのカード。⬇【札】272ページ
●札付き●切り札

ぶた【豚】昔、イノシシを人が飼いならしてきた家ちく。肉は食用で、皮もなめしていろいろな物を作る。

ぶたい【部隊】❶ひとかたまりの軍隊。❷行動する多くの人の集まり。

ぶたい【舞台】❶おどりや劇などをして見せるために高くつくった台。❷人がうでまえをあらわす場所。▽「晴れのぶ台」

ふたえ【二重】二つに重なっていること。二重。▽「二重まぶた」

ふたご【双子】一人のおかあさんから同じ時に生まれた二人の子ども。

ふたたび【再び】もう一度。また。▽「再び会う」⬇【再】261ページ

ふたつ【二つ】❶数の名。に。二個。❷二さい。▽「二つちがいの妹」⬇【二】525ページ

ふたつへんじ

はい はい！

[二つ返事]

早口ことば（五回続けていえるかな）美女が美術館で美術を見る。

【二つ返事】何か言われて、「はいはい」とすぐに気持ちよく返事をするようす。▼「二つ返事でひきうける」

ふたば【二葉・双葉】草や木の、はじめに出る葉。

ふたり【二人】一人と、もう一人。ににん。

ふたん【負担】責任や仕事をひきうけること。▼「負担がかかる」

ふだん へいぜい。いつも。

ふち【縁】物のはし。へり。まわり。

ふち ❶ながれがゆるく、水が深くたまっている所。❷うかび上がることのできない苦しいありさま。▼「悲しみのふちにしずむ」

ぶち いろいろな色がまじっていること。まだら。▼「黒と白のぶちの犬」

ふちょう【不調】❶調子が悪いこと。⇕好調。❷ととのわないこと。まとまらないこと。▼「話し合いは不調におわった」

ぶちょう【部長】「部」の名前でよばれる集まりの中でいちばんえらい人。▼「バレー部の部長」

ぶつ【仏】5年 ブツ ほとけ
❶ほとけ。この世のすべてのことを知って、さとりをひらいた人。❷仏教。▼「仏具」

ノ イ 仏 仏（おる）

●仏教●仏具●仏像●仏壇●仏頂面●神仏●大仏●念仏

ぶつ【物】3年 ブツ・モツ もの
❶もの。▼「物体。物質。生物」❷ことがら。人がら。▼「人物」❸さがす。▼「物色」

物 牛 牛 牜 物 物 物

●物価●物産●物資●物質●物色●物騒●物体●物々交換●物理学●見物●産物●植物●動物●名物

ぶつ ❶たたく。うつ。▼「しりをぶつ」❷演説などをする。▼「みんなの前で一席ぶつ」

ふつう【不通】通じないこと。

ふつう【普通】あたりまえ。どこにでもあって、めずらしくないこと。通常。▼「ごくふ通の人」

ふつか【二日】❶月の二番目の日。❷二つの日。二日間。▼「二日おき」

ぶっか【物価】物のねだん。

ふっかける【吹っ掛ける】❶ねだんを高く言う。❷けんかをしかける。

ふっかつ【復活】❶一度死んだ者が生きかえること。▼「キリストの復活」❷一度やめたものを、ふたたびもとどおりにすること。▼「マラソン大会を今年から復活する」

ぶつかる ❶強くうちあたる。▼「柱にぶつかる」❷じっさいに会って、ようすをさぐる。▼「本人にぶつかって話をつける」❸かさなる。かちあう。▼「日曜日と祝日がぶつかる」

ふっき【復帰】もとのところへかえること。▼「チームに復帰する」

ふっきゅう【復旧】こわれたりしたものが、もとどおりになること。▼「鉄道が復旧した」

ぶっきょう【仏教】紀元前五世紀ごろ、インドの釈迦がひらいた宗教。タイ、ミャンマー、日本などに広まっている。日本へは六世紀につたわり、日本人の文化、道徳に大きなえいきょうをあたえた。

ぶっきらぼう ものの言いかたや行いが、ぶあいそうで、らんぼうなこと。▼「ぶっきらぼうな返事」

ブック 書物。本。▼「ブックカバー」

ぶつぐ【仏具】香ろ・しょく台のような、仏だんなどにかざる道具。

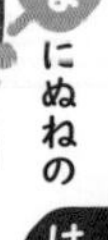

ぶつける ❶投げてあてる。▽「かべにボールをぶつける」❷打ってあてる。▽「机に手をぶつける」❸かくさずに言う。▽「本音をぶつける」

ふっこう【復興】 おとろえていたものがふたたびさかんになること。ふたたびさかんにすること。▽「ひ災地が復興する。伝統芸能を復興する」

ふつごう【不都合】 思いどおりでなく、つごうの悪いこと。よくないこと。▽「着がえるにはせまくて不都合な部屋」

ぶっさん【物産】 その土地でとれたもの。産物。▽「県の物産展」

ぶっし【物資】 くらしや生産のもとになる品物。▽「物資が不足する」

ぶっしつ【物質】 もの。見たり、さわったりできるもの。

ぶっしょく【物色】 多くのものの中から、さがし出すこと。▽「お土産を物色する」

ぶっそう【物騒】 ❶世間がおだやかでなく、さわがしいようす。▽「火事だどろぼうだと最近はなにかと物そうだ」❷らんぼうをしそうなようす。▽「物そうな人間」

ぶつぞう【仏像】 絵やほりものにした仏のすがた。▽「仏像をほる」

ぶったい【物体】 物質で作られていて形があるもの。

ぶつだん【仏壇】 仏像や位はいをまつり、おがむための壇やたな。

ぶっちょうづら【仏頂面】 ぶあいそうで、きげんの悪い顔つき。

ふつつか ゆきとどかないようす。▽「ふつつか者ですが、よろしく」

ふってん【沸点】 ⇒沸騰点

ふっとう【沸騰】 ❶にえたつこと。❷さわぎたてること。▽「議論ふっとう」

ふっとうてん【沸騰点】 にえたつときの液体の温度。水では、一気圧で、セ氏一〇〇度。沸点。

フットボール サッカーのこと。また、ラグビー・アメリカンフットボールをさすこともある。

ぶつぶつ ❶小さな声で文句を言うようす。▽「いつまでもぶつぶつ言う」❷小さなつぶのようなものがたくさんあるようす。▽「にきびがぶつぶつできる」

ぶつぶつこうかん【物々交換】 お金で売り買いしないで、物と物とをとりかえること。

ぶつりがく【物理学】 物の性質や運動、熱・光・電気・音・原子力などのはたらきや、しくみ・きまりなどをしらべる学問。

ふで【筆】 ❶文字や絵をかく道具。▽「絵筆」❷筆でかいたもの。文章。また、文章を書くこと。▽「筆が立つ」⇒【筆】585ページ ●筆遣い●筆箱●筆不精●筆まめ●一筆書き

ふでがたつ【筆が立つ】 文章や字を書くことが上手である。

ふてき【不敵】 何事をもおそれないこと。▽「不敵なつらがまえ」

ふてきせつ【不適切】 その場にふさわしくなかったり、対応のしかたが悪かったりすること。▽「ことばの使い方が不適切だ」

ふてくされる 不満に思って、どうにでもなれというたいどをとる。▽「母にしかられてふてくされる」

ふでづかい【筆遣い】 ❶筆の使い方。❷文や絵のかき方や感じ。▽「こまやかな筆づかい」

ふでばこ【筆箱】 えんぴつや消しゴムなどを入れておく箱。筆入れ。

ふでぶしょう【筆不精・筆無精】 手紙などを書くのをいやがること。まためんどうがること。⇕筆まめ。

ふてぶてしい たいどがおうへいで、礼儀正しくない。ずうずうしい。

ふでまめ【筆まめ】 めんどうがらずに手紙や文を書くこと。⇕筆不精。

なぞなぞ うきぶくろに入る空気以外のものは？ 答えは次のページ。

ふと 思いがけず。ちょっとしたひょうしに。▽「ふと立ち止まる」

ふとい【太い】 ❶まわりが大きい。⇔細い。❷肉が多くついている。▽「太い足」❸ひくくてよくひびく。▽「太い声」❹ずうずうしい。▽「太いやつだ」➡【太】410ページ

ふとう【不当】 正しくないこと。▽「不当な利益」⇔正当。

ふどう【不動】 しっかりしていて動かないこと。▽「不動の信念」

ぶどう 幹がつるになってのびる木で、夏から秋にかけてまるい実がふさになってたれ下がる。実は食べたり、ぶどう酒にしたりする。

ふとうこう【不登校】 心のなやみなどの理由で、子供が学校に行かなくなること。

ふとうごう【不等号】 算数で、二つの数や式が等しくないことをしめす「＞」「＜」の記号。

ふどうさん【不動産】 土地や家などのように、かんたんに動かすことができない財産。⇔動産。

ふところ【懐】 ❶着物を着たときの、胸の所の内がわ。❷物のおく深くかこまれた所。▽「山のふところに入る」❸持っているお金。▽「ふところがさびしい」

ふとじ【太字】 太く書いた字。⇔細字。

ふとした ちょっとした。思いがけない。▽「ふとしたことで友達になる」

ふとっぱら【太っ腹】 小さなことにくよくよしないで、心の大きいこと。

ふとどき ❶いきとどかないこと。▽「ふとどきな点」❷よくない行い。けしからぬこと。▽「ふとどき者」

ふとめ【太め】 やや太いと思われるようす。▽「太めの毛糸」⇔細め。

ふとる【太る】 からだに肉が多くついて、全体に大きくなる。こえる。⇔やせる。➡【太】410ページ

ふとん【布団】 中に綿や鳥の羽などを入れ、布でくるんだしん具。

ふな【船】 ほかのことばとむすびついて「ふね」の意味をあらわす。▽「船旅。船賃」➡【船】387ページ ●船足●船着き場●船出●船乗り●船べり

ふな コイのなかまの魚で、池や川にすんでいる。コイとはちがって、口にひげはない。

ふなたび【船旅】 船に乗ってする旅。

ふなつきば【船着き場】 船が着いたり、出たりする所。

ふなで【船出】 船が出ていくこと。航海に出ること。出帆。出船。

ふなのり【船乗り】 船員。船に乗ってはたらいている人。

ぶなん【無難】 ❶安全なこと。無事。❷とくべつ、よいところも悪いところもないこと。▽「無難な出来の作品」

ふにおちない【ふに落ちない】 のみこめない。なっとくできない。▽「どうもふに落ちない行動だ」

ふにゃふにゃ ❶やわらかくて張りがないようす。▽「空気がぬけてふにゃふにゃになった風船」❷しっかりしないようす。▽「ふにゃふにゃとすわりこむ」

ふにん【赴任】 新しいつとめ先に行くこと。▽「大阪にふ任する」

ふね【船】 ❶人や荷物をのせて、水の上を走る乗り物。主に、大型のものをいう。➡図 ❷水などを入れる物。▽「湯船」➡【船】387ページ ●宝船●出船

ふね【舟】 主に小さくてさおや、ろでこぐふね。▽「ささぶね。つりぶね」

ふねをこぐ【舟をこぐ】 ❶ふねをこいで、すすませる。❷いねむりをする。▽「机にむかったままふねをこぐ」

［舟をこぐ❷］

あいうえお

かきくけこ

さしすせそ

たちつてと

なにぬねの

はひふへほ
ふ

まみむめも

やゆよ

らりるれろ

わをん

ふ

ふのう【不能】 はたらきのないこと。できないこと。不可能。▽「使用不能の機械」⇔可能。

ふはい【腐敗】 ❶くさってだめになること。❷だらくして、だめになること。▽「政治がふ敗している」

ふはつ【不発】 ❶うったたまが、はれつしないでおわること。▽「不発だん」❷計画したことをやらないこと。

ふびん かわいそう。気の毒。▽「おもちゃをとられてばかりいる子をふびんに思う」

ぶひん【部品】 機械などを組み立てている一つ一つの品物。部分品。

ふぶき【吹雪】 強い風にふきまくられてふる雪。また、それに、にたようす。▽「花ふぶき。紙ふぶき」

ふふく【不服】 したがう気にならないこと。不平。不満。▽「不服をもうしたてる」

ぶぶん【部分】 全体をいくつかに分けた一つのところ。⇔全体。

ふへい【不平】 気に入らないこと。不満。不服。▽「不平をならべる」

ふへん【不変】 変わらないこと。

ふべん【不便】 便利でないこと。▽「交通が不便だ」⇔便利。

ふぼ【父母】 父と母。両親。

ふほんい【不本意】 自分のほんとうの気持ちではないこと。▽「不本意ながらしょうちした」

ふまえる【踏まえる】 ❶しっかりと足をおしつけて動かない。▽「大地をふまえる」❷よりどころにする。▽「現実をふまえた意見」

ふまん【不満】 ものたりなく思うこと。不平。不服。⇔満足。

ふみ【文】 ❶手紙。文章。▽「文をおくる」❷本。書物。▽「文を読む」➡【文】622ページ

ふみいる【踏み入る】 ふんで中に入る。▽「人の土地に勝手にふみ入ってはいけない」

ふみきり【踏切】 線路を横切る所。

ふみきる【踏み切る】 ❶足でけってとぶ。❷決心して実行にうつす。▽「りっこうほにふみ切る」

ふみこむ【踏み込む】 ❶ふんで入る。▽「どろ道に足をふみこむ」❷とつぜん入りこむ。▽「けい事がふみこむ」❸ものごとに深入りする。

ふみだい【踏み台】 ❶高い所に物を上げ下ろしするときに使う台。❷ある目的のために、利用するもの。▽「他人をふみ台にして」

前のページの答え⇒「人」

出世する」

ふみたおす【踏み倒す】❶足でふんでたおす。❷お金などを借りてかえさない。▽「借金をふみたおす」

ふみにじる【踏みにじる】❶ふんでめちゃめちゃにする。▽「花をふみにじる」❷人の言うことや行いにとりあわず、あいてをきずつける。▽「友達の気持ちをふみにじる」

ふみはずす【踏み外す】❶ふみまちがう。❷まちがった行いをしてしまう。▽「人の道をふみ外す」

ふみん【不眠】ねむらないこと。ねむれないこと。▽「不みんの日がつづく」

ふむ【踏む】❶足でおしつける。▽「人の足をふむ」❷行く。歩く。▽「敵地をふむ」❸じっさいに行う。▽「場かずをふむ」❹まもりしたがう。▽「人の道をふむ」❺ねだんをつける。▽「値を高くふむ」

ふむき【不向き】合わないこと。向かないこと。▽「不向きな仕事」

ふめい【不明】❶はっきりしていないこと。▽「ゆくえ不明」❷ものごとを正しく見る力がないこと。▽「自分の不明をはじる」

ふめつ【不滅】ほろびないこと。

ふもう【不毛】何も得るところがないこと。みのらないこと。▽「不毛の地」

ふもと 山のすそ。山の下のはし。▽「ふもとの村」⬍頂。⬇中腹（図）

ぶもん【部門】種類によっていくつかに分けた、一つ一つのまとまり。▽「生産部門。ピアノ部門で金賞をとる」

ふやける ❶水をすいこんでふくれる。▽「お湯で手がふやける」❷だらだらして、しまりがなくなる。▽「ふやけた顔」

ふやす【増やす】数や量を多くする。▽「なかまを増やす」⬍減らす。⬇【増】396ページ

ふゆ【冬】四季の一つ。十二月・一月・二月ごろ。⬇【冬】487ページ ●冬枯れ●冬ごもり●冬場●冬休み

ふゆう【富裕】くらしがゆたかなこと。ゆう福。▽「富ゆうな家に育つ」

ぶゆう【武勇】いくさに強くて勇ましいこと。▽「武勇のほまれが高い」

ふゆかい【不愉快】いやな気持ちになること。楽しくないこと。不快。▽「わらわれてふゆかいだ」⬍愉快。

ふゆがれ【冬枯れ】❶冬に草や木の葉がかれること。▽「冬枯れの林」❷冬、客がへって、不景気になること。

ふゆごもり【冬ごもり】冬の間、あなや巣の中にとじこもっていること。

ふゆじたく【冬支度】冬の服や暖ぼう器具などを出して、冬をむかえる準備をすること。

ふゆば【冬場】冬のころ。

ふゆやすみ【冬休み】冬の寒い時期に、学校などを休みにすること。

ふよう【不用】❶使わないこと。▽「不用の品」❷役に立たないこと。

ふよう【不要】いらないこと。必要がないこと。⬍必要。

ぶよう【舞踊】おどり。▽「日本ぶよう」

フライ 魚や肉などにパン粉をつけて、油であげた食べ物。▽「エビフライ」

プライド 自分で自分を、すぐれている人間だと思う気持ち。自尊心。

フライドチキン 味のついた小麦粉をまぶして油であげたニワトリの肉。

プライバシー 他人に見せない個人の生活。また、個人のひみつをまもること。▽「プライバシーをまもる」

フライパン とってのついた底のあさいなべ。肉ややさいをいためたり、卵をやいたりするのに使う。▽「フライパンでオムライスをつくる」

プライベート その人だけに関係があるようす。▽「プライベートな用事で休む」

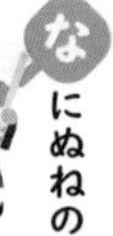

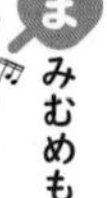

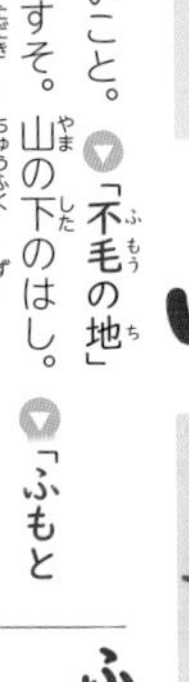

ブラウス 女の子や女の人が着る、ゆったりとしたシャツのような上着。

プラカード 広告、または、なにか世の中にうったえたいことばなどを書き、持って歩く看板。▼「プラカードをかかげて行進する」

プラグ 電気製品のコードの先についている、コンセントにさしこんで電気を取る部分。

コンセント
プラグ
［プラグ］

ぶらさがる【ぶら下がる】 ❶ぶらりと、たれ下がる。▼「電線にたこがひっかかってぶら下がる」❷目の前にちらつく。▼「勝利が目の前にぶら下がる」

ブラシ はけ。▼「ブラシをかける」

ブラジル 南アメリカの大西洋がわにある国。アマゾン川が流れ、こえた土地が多い。首都はブラジリア。

プラス ❶くわえること。また、その記号。「+」。❷得をすること。▼「この仕事は、とてもプラスになった」❸0より大きい数。正数。❹電流のながれ出るほう。陽極。⇕マイナス。

フラスコ 理科の実験に使うガラスの入れ物。細くて長い首がついている。

［フラスコ］

プラスチック 石油などから作られる合成樹脂。熱をくわえ、いろいろな形にかえられる。ポリ塩化ビニール・ポリエチレンなどをいう。

ブラスバンド 吹奏楽器と打楽器で作られた音楽隊。

ブラック ❶黒。黒色。❷さとうやミルクを入れないコーヒー。▼「ブラックコーヒー」

ブラックリスト 注意しなければいけない人の名前を書きならべた表。

フラッシュ 暗い所で写真をうつすときに、いっしゅんの間光らせる強い光。

フラット 音楽で、ある音を半音低くすること。記号は「♭」。⇕シャープ。⬇音符（コラム）

プラットホーム 駅で列車・電車などにのりおりする所。

プラネタリウム 空の星の動きなどを見せるため、まるい天じょうに夜空をうつし出すしかけ。

ぶらぶら ❶物がぶら下がって、ゆれ動くようす。❷目的もなく、ゆっくりと動き回るようす。▼「ぶらぶらと町を歩く」❸仕事をしないでいるようす。▼「病気で、一年間もぶらぶらした」

フラミンゴ 全身がうすい赤色で首とあしが長い鳥。アフリカ、中央アジア、アメリカなどの暑い地方で、水の近くに大きな群れをつくってすむ。

プラモデル プラスチックモデルのこと。プラスチックの部品で飛行機や自動車などのもけいを、組み立てられるようにしたもの。商標名。

フラワー 花。▼「ドライフラワー」

プラン 計画。くわだて。▼「旅行のプランを立てる」

プランクトン 海や池にういている生物。ごく小さいものが多い。魚のえさになる。

ぶらんこ あそび道具の一つ。つり下げた二本のつなの先に横木をわたし、それにのって、ゆり動かしてあそぶ。

フランス 西ヨーロッパにある国。むかしから芸術の進んだ国として名高い。ブドウのさいばいで知られている。首都はパリ。

ブランド あるきまった場所や会社で作った商

早口ことば （五回続けていえるかな）標準時の労働力。

ことばのふしぎ

なまえがかわる!?

成長とともに名前のかわる魚があります。代表的なものはブリです。大きさによって、関東ではワカシ、イナダ、ワラサ、ブリとかわります。地域によっても、ちがう名前でよばれています。

むかしは、こういう魚は出世魚とよばれ、えんぎがいいと喜ばれたそうです。

ワカシ
イナダ
ワラサ
ブリ

●ブリの呼び方

関東	ワカシ・ワカナ(ゴ) →イナダ →ワラサ →ブリ
関西	ツバス・ツバイソ →ハマチ →メジロ →ブリ

もっと学ぼう!

生き物っておもしろいと思ったら『**ドラえもん 生き物大探検**』を読んでみよう! クジラやライオン、いろんな動物のヒミツを知ることができるよ。

品であるというしるし。とくに、有名な商品についているものをいう。▽「ブランド品」

ふり【不利】❶得にならないこと。❷勝ち目がないこと。⇔有利。

ふり【振り】❶すがた。なり。❷ぶたいの上でする動作。❸刀を数えることば。▽「日本刀一ふり」

ぶり 海にいる魚で、せなかが青く、からだの長さが約一メートルくらいある。にたり焼いたりして食べる。⬇コラム

フリー ❶せいげんがなく、自由であること。▽「明日は予定がなくて一日フリーだ」❷なかまや団体にはいっていないこと。▽「フリーのアナウンサー」

ふりかえ【振り替え】ほかのものととりかえること。▽「ふりかえ休日」

ぶりかえす【ぶり返す】❶なおりかけた病気が、また悪くなる。❷一度おさまったものがまた問題になる。❸寒さや暑さが、またもどってくる。

ふりかえる【振り返る】❶後ろをふりむく。❷今までのことを思い出して考える。▽「この一年をふり返る」

ふりかかる【降り掛かる】❶降ってきてからだにかかる。▽「火の粉が降りかかる」❷身の上に何かがおこる。▽「さいなんがふりかかる」

ふりかけ【振り掛け】ごはんにふりかけて食べる粉。のり・ごま・塩・魚をほして粉にしたものなどをまぜたもの。

ふりがな【振り仮名】漢字のそばに、その読み方をあらわすためにつける、仮名。▽「ふり仮名をつける」

ブリキ うすい鉄の板にすずをめっきして、さびにくくしたもの。

ふりこ【振り子】下に重りがついていてゆれ動くもの。▽「ふり子時計」

ふりしきる【降りしきる】さかんに降る。▽「降りしきる雪」

ふりしぼる【振り絞る】いっしょうけんめいに出す。▼「声をふりしぼる」

プリズム ガラスや水しょうなどで作った三角柱。太陽の光がこの中を通ると七つの色に分かれる。

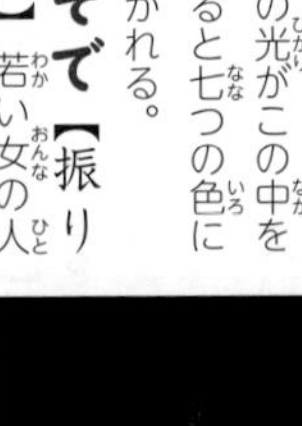

[プリズム]

ふりそで【振り袖】若い女の人の着る、たもとの長い晴れ着。⇩図

ふりだし【振り出し】❶すごろくの出発点。❷ものごとの出発点。▼「勝負がふり出しにもどる」

ふりつ【府立】大阪府や京都府の費用でたてているたてものや設備。▼「府立図書館」

ふりつけ【振り付け】歌や曲に合わせた動作を、くふうして作ること。

ブリッジ ❶橋。❷船で指図をする高い所。❸トランプあそびの一つ。

えり
帯
そで
たもと
すそ
たび

[振り袖]

ふりはなす【振り放す】❶しがみついているものをふってはなれさせる。▼「手をふり放してかけだす」❷追いつこうとしているものを引きはなす。▼「敵をふり放してにげ切る」

ふりみだす【振り乱す】ふってばらばらにする。▼「かみの毛をふり乱す」

ふりむく【振り向く】顔やからだを後ろへ向ける。ふり返る。▼「よび声にふり向くと友人がいた」

ふりょう【不良】❶よくないこと。▼「成績不良。不良品」❷行いが悪いこと。▼「不良少年」

ふりょく【浮力】気体や液体の中の物にたいして、気体や液体が、その物をおし上げようとする力。その物の重さよりもふ力が強いときにうく。

ぶりょく【武力】たたかいをする力。

フリル 洋服のえりやそでにつけるひらひらしたかざり。

プリン カップに、たまご、牛乳、さとうをまぜた液を入れてむしたおかし。

プリンス 王子。皇太子。

プリンセス 王女。また、皇太子の妻。

プリント ❶印刷すること。印刷物。❷もようをそめた布。❸写真のフィルムから紙にやきつけること。

ふる【降る】上の方からおちてくる。▼「雨が降る」⇩【降】228ジペー

ふる【振る】❶ゆり動かす。▼「旗をふる」❷まきちらす。▼「レタスに塩をふる」❸はねつける。あいてにしない。▼「もうし出をふる」❹なくす。うしなう。▼「地位を棒にふる」❺わりあてる。▼「役わりをふる。かなをふる」

ふるい【古い】年月が多くたっている。⇕新しい。⇩【古】223ジペー

ふるい 粉や砂などを入れ、

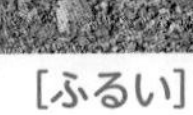

[ふるい]

早口ことば (五回続けていえるかな) 病しょうから雨量をみる。

ふり動かして、細かい物と大きな物をより分ける道具。

ふるう【奮う】 いさみたつ。▽「勇気を奮う」⬇【奮】622ページ

ふるう【振るう】 ❶さかんになる。▽「事業がふるう」❷ふり回す。▽「刀をふるう」❸十分に力を出す。▽「商売にうでをふるう」

ブルー 青。青色。

フルーツ 果物。

フルート 横にしてふく木管楽器。やわらかくて、すんだ音を出す。今は、金属のものが多い。⬇楽器（図）

ふるえあがる【震え上がる】 おそろしさや寒さのために、ひどくふるえる。▽「寒さにふるえ上がる」

ふるえる【震える】 ❶こきざみに動く。▽「風で花びらがふるえる」❷寒さやおどろきでぶるぶるする。▽「こわくて足がふるえる」

ふるくさい【古臭い】 いかにも古い感じで新しさがない。▽「古くさい考え」

ふるさと 自分が生まれそだった所。故郷。▽「ふるさとをしのぶ」

ふるす【古巣】 ❶もとの巣。❷もとすんでいた所や、つとめていた所。▽「古巣に帰る」

フルスピード 出せるかぎりの速さ。全速力。▽「フルスピードで走る」

ブルドーザー 地面をけずったり、平らにしたりするための、地ならし用の自動車。⬇自動車（図）

ぶるぶる おそろしさや寒さなどで、ふるえるようす。▽「怒りで手がぶるぶるふるえる」

ふるぼける【古ぼける】 ひじょうに古くなって、きたなくなる。

ふるほん【古本】 読んで古くなった本。また、だれかが読んだあと売りに出された本。

ふるまい ❶行い。しわざ。▽「らんぼうなふるまい」❷もてなし。ごちそう。▽「ふるまい酒」

ふるまう ❶行う。▽「自分勝手にふるまう」❷ごちそうする。▽「おかしをふるまう」

ふるめかしい【古めかしい】 いかにも古くなった感じである。▽「古めかしいたてもの」

ふれあう【触れ合う】 ❶両方からさわり合う。▽「かたがふれ合う」❷なかよくする。▽「心のふれ合う友達」

ぶれい【無礼】 礼儀にはずれていること。▽「無礼なたいど」

プレー ❶競技。▽「ファインプレー」❷遊び。▽「プレールーム」

ブレーキ ❶車の速さを調節したり、止めたりするしかけ。❷ものごとをおくらせたり、止めたりすること。▽「仕事にブレーキをかける」

プレート ❶板。とくに、金属でできた板。▽「車のナンバープレート」❷野球で、ピッチャーがボールを投げるときにふむ板。また、ホームベースにおく板。❸大きい皿。

フレーム ❶がくぶち。わく。❷木のわくで作ったなえどこ。温しょう。

ふれこみ【触れ込み】 前もって言いふらすこと。宣伝。

ブレザー 制服などの上着。⬇服（図）

ブレスレット 手首やうでにかざりとしてつける輪。

プレゼント おくりもの。進物。

プレッシャー まわりの期待や注目などが大きく、気持ちが強く圧ぱくされること。▽「プレッシャーがかかる」

フレッシュ 新しく、生き生きしているようす。新鮮な。さわやかな。

プレハブ 部品を工場でつくっておき、現場で組み合わせてつくる住宅。

プレパラート けんびきょうで見るために、植物の葉やプランクトンなどのびせいぶつを二枚のうすいガラスの板にはさんだもの。

あいうえお かきくけこ さしすせそ たちつてと なにぬねの はひふへほ まみむめも やゆよ らりるれろ わをん

ふ

ふれまわる【触れ回る】 広く知らせ回る。▽「宣伝カーでふれ回る」

プレミアム ❶ねだんが割り増しになったときの、もとのねだんとの差。▽「プレミアムのついたチケット」❷おまけにつく品。▽「プレミアムのマスコットがつく」❸品物の質がとくによいこと。▽「プレミアムアイスクリーム」

ふれる【触れる】 ❶さわる。▽「手をふれる」❷ひっかかる。▽「きそくにふれる」❸関係する。▽「問題点にふれる」❹広く知らせる。▽「町じゅうにふれる」❺目、耳などで知る。▽「目にふれる」

フレンド ともだち。▽「ガールフレンド」

ブレンド いろいろな種類のものをまぜること。▽「ブレンドコーヒー」

ふろ【風呂】 ❶湯の中に入ってからだをあたためたり、あらったりするところ。また、その湯ぶね。ふろば。❷ふろ屋。銭湯。

プロ 「プロフェッショナル」の略。⇔アマ。

ブローチ 服のえりや胸などにつける、留め針のついたかざり。

ふろく【付録】 ❶本文につけくわえたもの。つけたり。❷雑誌・新聞などにそえてある物。おまけ。

プログラム ❶番組。❷予定表。

ふろしき【風呂敷】 物をつつむための四角の布。▽「リンゴをふろしきにつつむ」

プロダクション ❶作品を作る会社。とくに、映画・テレビ・出版にかんする会社。❷芸能人の仕事をとりあつかう会社。

ブロック ❶コンクリートで四角につくった建築材料。へいや、たてものなどに使う。▽「ブロックべい」❷町などの一区切り。❸かたまり。

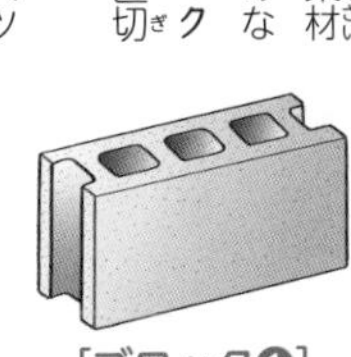
[ブロック❶]

ブロッコリー キャベツのなかまのやさい。緑色のつぼみが大きなかたまりになっている。

プロデューサー テレビの番組や映画などを作る役目の人。

ふろば【風呂場】 ⇒風呂❶

プロパンガス 色もにおいもない気体。石油や天然ガスからとれる。ボンベにつめて燃料として使われる。

プロフィール その人がどんな人かをしらせるために、生まれた場所や好きなたべものなどを書いたもの。

プロフェッショナル そのことを職業として行うこと。また、その人。くろうと。プロ。⇔アマチュア。

プロペラ 飛行機や船を動かすための、回転する羽根。⇒飛行機（図）

プロレス リングの上で、いろんな技を使ってたたかう見せ物。

ブロンズ ❶銅と、すずをまぜて作った金属。青銅。▽「ブロンズ像」❷青銅で作った物。❸銅像。

フロント ❶ホテルなどの受付。▽「にもつをフロントにあずける」❷たてものや車などの前の面。▽「フロントガラス」

ふわふわ ❶やわらかくふくらんでいるようす。▽「ふわふわするふとん」❷軽いものがうかんでいるようす。▽「雲がふわふわとただよう」

ふん【分】 ❶時間の単位。一時間の六十分の一。❷角度の単位。一度の六十分の一。⇒【分】622ページ

ふん【粉】 5年 フン こ・こな

❶こな。▽「花粉。金粉。粉末」❷細かくくだくこと。▽「粉砕」❸おしろい。また、かざること。▽「粉飾」

粉 粉 粉 粉 粉 粉 粉 粉 粉 粉

点の向きに注意　力ではない

●粉砕 ●粉末 ●花粉

ふん【奮】 6年 フン ふるう
いさみたつこと。元気を出すこと。▼「興奮」
★「奪」ににているので注意
●奮闘●奮発

ふん 動物の大便。くそ。▼「犬のふん」

ぶん【文】 1年 ブン・モン（ふみ）
❶ことばをつなげて、まとまった考えをあらわしたもの。▼「文章。作文」
❷学問。文芸。▼「文化。文明」
★「交」ににているので注意
●文化●文科●文化遺産●文学●文化勲章●文化財●文化の日●文具●文芸●文献●文庫●文語●文豪●文才●文集●文書●文章●文節●文体●文鳥●文鎮●文通●文法●文房具●文末●文脈●文明●文面●文楽●条文●序文●短文●読書感想文●論文

ぶん【分】 2年 ブン・フン・ブ わかつ・わかる・わかれる・わける
❶わけること。▼「半分。区分」
❷わけたもの。▼「部分。分校」
❸ほど。ようす。▼「あの分ではだめだ。気分」
❹身分。くらい。▼「親分」
❺つとめ。▼「おのれの分をつくす」
❻物を作っているもの。▼「塩分」
はねる　つき出ない
●分解●分割●分岐点●分業●分家●分校●分散●分子●分譲●分身●分数●分析●分担●分度器●分配●分泌●分布●分母●分野●分離●分量●分類●分裂●自分●十分●水分●成分●約分●養分

ぶん【聞】 2年 ブン・（モン） きく・きこえる
きくこと。きこえること。▼「見聞」
右上にはらう
●外聞●新聞

ふんいき【雰囲気】 その場のようす。気分。もよう。▼「楽しいふんい気」

ふんか【噴火】 火山がばくはつして、よう岩や灰などをふき出すこと。▼「島の火山がふん火した」

ぶんか【文化】 ❶世の中がひらけすすむこと。▼「文化がすすむ」❷学問・芸術・教育・法律・経済など、人間のきずいたもの。文明。

ぶんかい【分解】 ❶一つのまとまった物を細かい部分に分けること。▼「時計を分解する」❷一つの物質を二つ以上のものに分けること。▼「水を酸素と水素に分解する」

ぶんかいさん【文化遺産】 ❶新しい文化を作っていくうえに、とくに大切な役わりをはたすもの。文字など。❷世界遺産の一つ。人間のつくった文化や、それと関わりのふかいいちいきで、すぐれた価値があるとみとめられたもの。日本では法隆寺や姫路城など。

ぶんがく【文学】 人間の考えや感じ・想像などをことばによって書きあらわした芸術。詩・小説・きゃく本など。

ぶんかくんしょう【文化勲章】 科学や芸術など、日本の文化をさかんにするため、すぐれた手がらのあった人におくられるくん章。毎年、十一月三日の「文化の日」におくられる。

ぶんかさい【文化祭】 学校などで、児童や生徒の作品を展示したり、音楽や劇の発表をしたりして、多くの人に見に来てもらう行

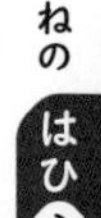

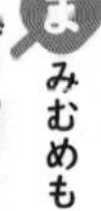

事。

ぶんかざい【文化財】文化としてねうちのあるもの。また、文化的なはたらきによって作られたもの。学問・芸術・宗教など。

ぶんかつ【分割】まとまったものをいくつかに分けること。▽「分割ばらい。遺産を分割する」

ぶんかのひ【文化の日】国民の祝日の一つ。自由と平和を愛し、文化をすすめる日。十一月三日。⇩国民の祝日（図）

ぶんきてん【分岐点】えだが分かれるように、分かれる所。分かれ目。▽「鉄道の分き点にさしかかる」

ぶんぎょう【分業】手分けをして仕事をすること。▽「分業で仕事をする」

ぶんぐ【文具】文ぼう具。▽「文具店」

ぶんげい【文芸】❶文学。▽「文芸作品」❷文学や芸術。

ぶんけん【文献】❶昔の文化やきまりなどをしらべるのに、たよりになる本や書き物。▽「歴史の文けん」❷研究や調査の参考とする本。▽「参考文けん」

ぶんこ【文庫】❶本を集めてしまっておくくら。また、集めた本。▽「学級文庫」❷書き物を入れておく小さな箱。▽「手文庫」❸小型でねだんのやすい本。▽「文庫本」

ぶんご【文語】昔、文章を書くときに使われたことばで、「なり」「けり」「たり」などのことばでむすんである。書きことば。⇔口語。

ぶんこう【分校】本校からはなれて作られた小さな学校。⇔本校。

ぶんごう【文豪】文学の上で、ひじょうにすぐれた人。大作家。▽「文ごう、夏目漱石」

ふんさい【粉砕】❶粉のように細かくうちくだくこと。▽「石を粉さいする」❷試合などであいてを完全にうちやぶること。▽「敵を粉さいする」

ぶんさい【文才】文章を上手に書くことのできる才能。▽「文才がある」

ぶんさん【分散】ばらばらに分かれること。▽「分散して行動する」

ぶんし【分子】❶いくつかの原子が集まって、一つの性質を持っている物。たとえば、水の分子は二つの水素原子と、一つの酸素原子からできている。❷団体に入って、その団体を作っている人。❸分数で、横線の上の数字。3/5の場合なら「3」のほう。⇔分母。

ふんしつ【紛失】まぎれてなくなること。物をなくすこと。▽「ふん失とどけ」

ぶんしゅう【文集】いろいろな文章を集めて本にしたもの。▽「学級文集」

ふんしゅつ【噴出】ふき出ること。ふき出すこと。▽「石油がふん出する」

ぶんしょ【文書】文字で書きしるしたもの。書類。▽「ひみつ文書」

ぶんしょう【文章】文。文字を使ってまとまった考えや心の動きを書きあらわしたもの。▽「文章にあらわす」⇩コラム

ことばのふしぎ

「です」「ます」と「である」「だ」

文の最後を「です」「ます」とするか、「である」「だ」とするかで、受ける感じがちがってきます。「今日は休みです」「今日は休みである」のように、「です」だとていねいでやさしい感じ、「である」だとちょっとかたい感じがしませんか。意味はどちらも同じなので、文の内容や読む人がだれかを考えて使い分けてみるといいと思います。この文章は「です」「ます」で書いていますよ。

あいうえお
かきくけこ
さしすせそ
たちつてと
なにぬねの
はひふへほ
ふ
まみむめも
やゆよ
らりるれろ
わをん

前のページの答え⇒「ひよこ」

ぶんじょう【分譲】土地などをいくつかに分けてゆずること。▽「分じょう地」

ぶんしん【分身】もとのからだから分かれること。また、分かれたからだ。▽「子供は親の分身か？」

ふんすい【噴水】❶ふき出る水。❷水がふき出るようにしたしかけ。

ぶんすう【分数】ある数をほかの数でわる形を、横線を引いてあらわしたもの。たとえば1わる5は「$\frac{1}{5}$（ごぶんのいち）」。

ふんする よそおう。身なりをかえてそのすがたをする。▽「劇でオオカミにふんする」

ぶんせき【分析】❶物質を成分に分けてしらべること。❷こみ入ったものごとを整理し、まとまった部分に分けてしらべること。▽「事故の原因を分せきする」⇕総合。

ぶんせつ【文節】文を組み立てていることばの一つ一つ。「花がさいた」の文は「花が」と「さいた」の二文節になる。

ふんそう【紛争】ごたごたと争うこと。▽「ふん争にまきこまれる」

ふんそう【ふん装】衣装やけしょうなどで、自分のすがたをかえること。▽「リスにふん装して演じる」

ふんぞりかえる【ふんぞり返る】胸をはってからだをそり返らせる。いばっているたいどをいう。

ぶんたい【文体】❶文章の形。文語体・口語体など。❷その人だけが持つ文章のとくちょう。

ふんだくる らんぼうにうばいとる。

ふんだりけったり【踏んだりけったり】ふまれたり、けられたりで、さんざんな目にあうようす。

ぶんたん【分担】一つの仕事を分けてうけもつこと。▽「家事を分担する」

ふんだんに ひじょうにたくさん。多いようす。▽「ふんだんに水を使う」

ぶんちょう【文鳥】東南アジアに広くすんでいる小鳥。くちばしが太く赤い。ペットとして飼う。

ぶんちん【文鎮】紙や本などが動かないように、重しとしてのせる物。

ぶんつう【文通】手紙をやりとりすること。▽「外国の友達と文通する」

ふんづける【踏んづける】足でふんでおさえる。強くふむ。ふみつける。▽「人の足をふんづける」

ふんとう【奮闘】❶力いっぱいたたかうこと。奮戦。❷いっしょうけんめい努力すること。

ぶんどき【分度器】角度をはかる、半円形の道具。

0 30 60 90 120 150 180

［分度器］

ぶんどる ❶敵の武器などをうばいとる。❷人の物を自分の物にする。

ぶんぱい【分配】分けて配ること。分け合うこと。配分。

ふんぱつ【奮発】❶心をふるいおこすこと。❷思い切ってお金を多く出すこと。▽「千円奮発する」

ふんばる ❶足に力を入れてふみささえる。❷こらえる。がまんする。

ぶんぴつ【分泌】あせや消化液のように、からだの活動に必要な液がにじみ出ること。「ぶんぴ」ともいう。

ぶんぷ【分布】分かれて広がっていること。▽「人口の分布をしらべる」

ふんべつ【分別】世の中の道理や人の道をわきまえること。思りょ。▽「分別のある人」

ぶんべつ【分別】種類ごとに分けること。▽「ごみを分別して捨てる」

ぶんぼ【分母】分数で、横線の下の数字。$\frac{3}{5}$の場合なら、「5」のほう。⇕分子。

ぶんぽう【文法】文章や、ことばを組み立ていきまり。▼「英語の文法」

ぶんぼうぐ【文房具】紙・えんぴつ・ノートなどのように字を書くのに必要な道具。文具。▼「文ぼう具売り場」

ふんまつ【粉末】こな。こ。粉にしたもの。▼「粉末のみ薬」

ぶんまつ【文末】文章のいちばんおわり。▼「文末をけずる」

ぶんみゃく【文脈】文章のすじみち。文章の前と後ろのつづきぐあい。

ぶんめい【文明】人間のちえがすすんで、生活が便利でゆたかになったようす。文化。

ぶんめん【文面】文章に書かれてある意味。▼「手紙の文面」

ぶんや【分野】ものごとのはんい。領域。▼「医学の分野」

ぶんらく【文楽】江戸時代に大阪ではじまった人形しばい。人形浄瑠璃。

ぶんり【分離】分かれ、はなれること。▼「水と油は分りする」

ぶんりょう【分量】❶重さ。目方。❷かさ。量。▼「仕事の分量をふやす」

ぶんるい【分類】種類や性質によって分けること。▼「植物の分類」

ぶんれつ【分裂】❶さけて分かれること。❷なかまわれすること。

へ

ぺべ

ぺべへ

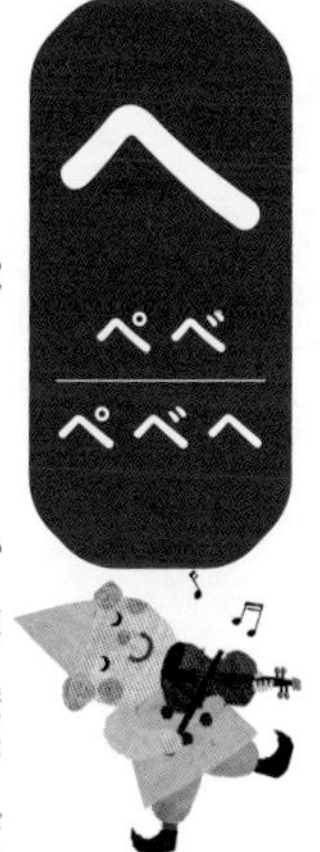

へ ことばの後ろについて、行き先や方向・場所などをあらわすことば。「へ」と書いて「え」と発音する。▼「学校へ行く。友達へ手紙を書く」⇩コラム

べ【辺】そば。あたり。▼「海辺。岸辺」⇩【辺】631ページ

ヘア かみの毛。▼「かわいいヘアスタイル」

ペア 二つ、または、二人で一組のもの。▼「となりの子とペアになる」

へい【平】3年 ヘイ・ビョウ たいら・ひら

❶たいらなこと。たいら。▼「平地」
❷おだやかなこと。▼「平静。太平」
❸ひとしい。ちがいがない。▼「公平」
❹たやすい。▼「平易」
❺ふつう。なみ。▼「平常。平日」

平 点の向きに注意

●平安●平穏●平気●平均●平均台●平均点●平家●平原●平行●平衡●平成●平然●平定●平熱●平年●平凡●平面●平野●平和●水平

へい【兵】4年 ヘイ・ヒョウ

❶軍人。へいたい。▼「兵士。水兵」
❷いくさ。戦争。▼「兵器」

兵

●兵士●兵隊●兵力●衛兵

へい【並】6年 （ヘイ） なみ・ならびに・ならぶ・ならべる

ことばのふしぎ

「は」「を」「へ」を使うとき

ほとんどのことばは、口で言った発音どおりに書きます。しかし、ことばのあとにつく「わ」「お」「え」という音のことばは、それぞれ「は」「を」「へ」と書きます。たとえば、「わたしは、お母さんをむかえに駅へ行きました。」のように書きます。

さかさことば 前から読んでもうしろから読んでも「夫婦」。

並並並並並並並並

ならぶ。ならべる。▼「並行。並列」

へい【陛】 6年 ヘイ ―

宮殿にのぼる、かいだん。転じて、天子をうやまうことば。▼「陛下」

陛陛陛陛陛陛陛陛陛陛

★「階」ににているので注意

へい【閉】 6年 ヘイ しまる・しめる・とじる・(とざす)

とじること。とざすこと。ふさぐこと。▼「閉会。密閉」⇕開。

閉閉閉閉閉閉閉閉閉閉閉

★「関」ににているので注意 ●閉口●閉鎖●閉店●開閉

へい【丙】 ものごとの第三番目。▼「甲・乙・丙・丁」

へい【塀】 家やしきのまわりに板や石で作ったかこい。▼「へいをめぐらす」

べい【米】 2年 ベイ・マイ こめ

米米米米米米

点の向きに注意 ●米穀●米寿●渡米●北米

❶こめ。▼「米食。米飯」❷アメリカのこと。▼「南米。米国」

へいあん【平安】 おだやかなこと。安らかなこと。▼「平安な世の中」

へいあんじだい【平安時代】 七九四年、桓武天皇が都を京都にうつしてから、源頼朝が鎌倉に幕府を開く十二世紀後半までのやく四百年間。

へいおん【平穏】 安らかでおだやかなこと。▼「平おん無事にすごす」

へいか【陛下】 天皇・皇后・皇太后などをうやまうことば。

へいかい【閉会】 会がおわること。会をおえること。⇕開会。

へいがい【弊害】 害になる悪いこと。

へいかん【閉館】 美術館・図書館などが、その日の仕事をおえること。▼「閉館は五時です」⇕開館。

へいき【平気】 ❶気持ちがしずかでおちついていること。❷なんとも思わないこと。気にとめないこと。

へいき【兵器】 戦争に使う道具。武器。▼「核兵器」

へいきん【平均】 ❶多い少ないのないようにならすこと。❷つりあい。

へいきんだい【平均台】 体操の用具で、からだの平均をとる練習に使う台。また、女子の体操競技の一つ。

へいきんてん【平均点】 全部の人の点数をくわえて、人の数でわった、全体のまん中になる点数。

へいけ【平家】 「平」の姓を名のる武士のなかま。平安時代のすえに平清盛が出てさかえるが、のちに、源氏にほろぼされた。

へいげん【平原】 平らで広い土地。平らな広い野原。平野。平地。

へいこう【平行】 二つの直線、または平面がならんで、どこまでのばしても交わらないこと。▼「平行線」

へいこう【並行】 ❶ならんで進むこと。「バスと電車が並行して走る」❷二つ以上のことをいちどにやること。▼「カレーと並行してサラダをつくる」

へいこう【平衡】 つりあいがとれていること。▼「心の平こうをたもつ」

へいこう【閉口】 こまること。もてあますこと。▼「すごい暑さに閉口する」

へいこうしへんけい【平行四辺形】

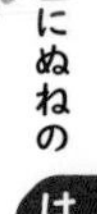

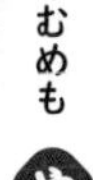

あいうえお かきくけこ さしすせそ たちつてと なにぬねの はひふへほ へ まみむめも やゆよ らりるれろ わをん

むかい合っている辺が、たがいに平行になっている四角形。➡四角形(図)

へいこうぼう【平行棒】 器械体操の用具で、二本の棒を平行にとりつけたもの。また、その体操競技。

べいこく【米国】 アメリカ合衆国のこと。▽「米国大使館」

へいさ【閉鎖】 ❶閉じること。ふさぐこと。▽「門をへいさする」⇔開放。❷仕事や活動を止めてしまうこと。▽「学級へいさ」

へいし【兵士】 位が、いちばん下の兵隊。

へいじつ【平日】 ふだんの日。日曜や祝日などでない日。

べいじゅ【米寿】 「米」の字を分けると八十八になるところから、八十八さいのこと。また、そのおいわい。

へいじょう【平常】 ふだん。いつものこと。▽「平常どおりの授業」⇔非常。

へいせい【平成】 一九八九年一月から二〇一九年四月(平成三十一年)までの元号。

へいせい【平静】 おだやかで静かなこと。おちついているようす。

へいぜん【平然】 おちついて、平気なようす。少しもおどろかないようす。

へいたい【兵隊】 ❶兵士の集まり。いくさをする人々。軍隊。❷戦争でたたかう人。兵士。

へいち【平地】 でこぼこの少ない平らな地面。平原。

へいてい【平定】 敵をしたがわせておだやかにすること。▽「国を平定する」

へいてん【閉店】 ❶店を閉めること。⇔開店。❷商売をやめること。

へいねつ【平熱】 健康なときの体温。大人はふつう三十六～三十七度。

へいねん【平年】 ❶二月の日数が二十八日で、一年が三百六十五日ある年。⇔うるう年。❷ふつうの年。とくに、気温や、作物のとれ高がふつうの年。▽「平年なみ」

へいはつ【併発】 二つ以上のことがいっしょにおこること。▽「肺えんをへい発する」

へいほうセンチメートル【平方センチメートル】 面積をはかる単位。一平方センチメートルは、たて・横が一センチメートルの正方形の面積。記号は「cm^2」。

へいほうメートル【平方メートル】 面積をはかる単位。一平方メートルは、たて・横が一メートルの正方形の面積。記号は「m^2」。

へいぼん【平凡】 とくにすぐれたところや、かわったところのないこと。ふつう。▽「平ぼんなくらし」⇔非凡。

へいめん【平面】 平らな表面。

へいや【平野】 広く平らな土地。平原。▽「関東平野」

へいりょく【兵力】 ❶兵士の数。❷たたかう力。兵士の数・武器の数などであらわす。

へいれつ【並列】 ❶並ぶこと。また、並べること。❷二つ以上の電池の同じ極をまとめてつなぐこと。⇔直列。

直列　明るい

並列　長く光る

[並列❷と直列]

へいわ【平和】 ❶人々がなかよくしてあらそわないこと。❷何事もなくおだやかなこと。▽「平和な毎日がつづく」❸戦争がなくて世の中がよくおさまっていること。太平。⇔戦争。

ベーコン ブタなどの肉を、塩づけにしてけむりでいぶした食べ物。▽「ベーコンエッグ」

ページ 本やノートなどをひらいたときの、かた面。また、それを数えることば。▽「ページをめくる」

ベース ❶もとになるもの。基本。土台。❷基地。▼「ベースキャンプ」❸野球で、ランナーがふんで通らなければならないところ。一塁・二塁・三塁・本塁の四つがある。▼「ホームベースをふむ」⬇野球（図）

ベース バイオリンのなかまの中で、もっとも大きく、もっともひくい音を出す弦楽器。コントラバス。⬇楽器（図）

ペース ❶歩く速さや、走る速さ。❷ものごとをする速さやいきおい。▼「あいてのペースに合わせる」

ベースボール 野球。

ペーパー 紙。▼「ティッシュペーパー。トイレットペーパー」

ベール 女の人が顔をおおいかくすためにつける、うすい布。

へきが【壁画】 かべにかいた絵。

へきち【へき地】 都会から遠くはなれた、交通の不便な土地。辺地。

へきめん【壁面】 壁の表面。

ヘクタール 面積をはかる単位。一万平方メートル。記号は「ha」。

ヘクトパスカル 気圧をあらわす単位。記号は「hPa」。

へこたれる もうだめだと思って元気がなくなる。▼「これくらいでへこたれるな」

ぺこぺこ ❶頭を何度も下げるようす。▼「ぺこぺことあやまる」❷腹がひどくすいているようす。▼「おなかがぺこぺこだ」

へこむ ❶まわりよりもひくくなる。くぼむ。▼「車のドアがへこむ」❷くじける。へこたれる。▼「試合に負けてへこむ」

ベスト もっともよいこと。全力。最上。最善。▼「ベストをつくす」

ベスト シャツの上に着る、そでのない上着。チョッキ。

ベストセラー あるきまった期間に、いちばんよく売れた本。

へそ ❶腹のまん中にある、小さなくぼみ。母親のおなかの中にいた時、栄養をとっていたところ。❷物のまん中にある、❶ににたもの。▼「あんパンのへそ」

へそくり けん約して、ないしょでためたお金。

へそまがり【へそ曲がり】 性質がすなおでないこと。また、その人。あまのじゃく。つむじ曲がり。

べそをかく 泣き顔になる。泣く。

へた【下手】 うまくないこと。上手でないこと。⬍上手。

へだてる【隔てる】 ❶さえぎる。間に物をおく。▼「かべでへだてる」❷遠ざける。▼「二人のなかをへだてる」

へたのよこずき【下手の横好き】 うまくもないくせに、むちゅうになってそのことをすること。

［下手の横好き］

へたばる つかれてぐったりする。▼「けわしい山をのぼってへたばる」

ペダル 自転車などの、足でふむ所。⬇サドル（図）

へちま ウリのなかまの植物。くきはつるになっていて、まきひげでまきつく。秋、長い実がなる。実のせんいは、ふろでからだをあらうときに使う。

べつ【別】 4年 ベツ わかれる

❶わかれること。▼「死別。送別」
❷分けること。▼「区別。種別」
❸ほかの。同じでない。▼「別の人」

別（筆順） カではない 短く

●別格●別居●別冊●別室●別状●別人●別世界

あいうえお かきくけこ さしすせそ たちつてと なにぬねの はひふへほ まみむめも やゆよ らりるれろ わをん

●別荘●別天地●別々●別名●別離●格別●性別●送別●特別

べっかく【別格】 ほかのものと区別して、とくべつにあつかうこと。

べっきょ【別居】 親子・夫婦などが別れてすむこと。⇔同居。

べっさつ【別冊】 毎月、毎週、きまって出る本や雑誌のほかに、別に作った本や雑誌。▼「別冊付録」

べっしつ【別室】 ほかの部屋。

べつじょう【別状】 ふつうとかわったようす。かわったことがら。異状。▼「命に別状はない」

べつじん【別人】 ほかの人。ちがう人。▼「名前は同じだが別人だ」

べっせかい【別世界】 ❶この世とは別の世界。❷うるさいことの多い世間をはなれた所。別天地。▼「山の上は景色がよく、まるで別世界のようだ」

べっそう【別荘】 いつもすんでいる家のほかに、気候がよく景色のよい所などにつくった家。

ぺったん ❶たたきつける音をあらわす語。▼「ぺったんぺったんともちをつく」❷ものがはりついたり、ひらたくなったりするようす。▼「ぺったんとシールをはる。ぺったんと座りこむ」

べってんち【別天地】 ふつうとはぜんぜんちがった所。この世とは思えない、ようすのちがった所。別世界。

ベッド ねるときにつかう台。

ペット かわいがって飼っている動物。

ペットボトル プラスチックのなかまの、軽くてわれにくい「ペット」という材料でつくった入れ物。ジュースやしょうゆなどを入れるのに使われる。

ヘッドホン ステレオや、放送などを一人で聞くときに、頭にかけて耳に当てて聞く装置。

[ヘッドホン]

ヘッドライト 自動車・電車などの前についている明かり。⬇サドル（図）

べっとり 一面にねばりつくようす。▼「べっとりとあせをかく」

へっぴりごし【へっぴり腰】 からだをかがめ、しりを後ろにつき出したこしつきで、自信のないときのようす。

べつべつ【別別・別々】 別れ別れ。それぞれ。めいめい。⬇「々」は同じ文字をくり返すという意味のおどり字という記号。▼「別々に行く」

べつめい【別名】 ほんとうの名前のほかにつけた名前。▼「利根川は別名を坂東太郎という」

へつらう あいての気に入るようなことを言ったりする。きげんをとる。こびる。▼「強い者にへつらう」

べつり【別離】 別れること。離別。

ベテラン そのことになれていて、よくできる人。▼「ベテラン選手」

ぺてん うそをついて人をだますこと。▼「ことばたくみにぺてんにかける」

へど 食べたものをはくこと。また、はいたもの。▼「へどをはく」

ベトナム インドシナ半島の東がわにある国。首都はハノイ。

へとへと つかれて、からだの力がぬけたようす。▼「朝から歩いて、へとへとだ」

へどろ 工場や家庭などからながす汚水の中にまじっていたものが、海や湖の底にたまってできるどろ。水がよごれ、魚が死んだりする。

ペナルティー ❶ばつ。ばっ金。❷スポーツで、反則に対するばつ。

ペナント ❶細長い三角の旗。❷野球などの優

前のページの答え⇒「笛（ふたえのた抜き）」

勝旗。▽「ペナントをあらそう」

べに【紅】 ❶あざやかな赤い色。▽「紅しょうが」❷くちびるやほおにつけるけしょう品。▽「口紅」⬇【紅】227ページ

[紅]

ペニシリン ある種類の青カビからつくる薬。肺えんなどにきく。

ベニヤいた【ベニヤ板】 うすい板をたて横に、かわるがわるはり合わせた板。家具・かべ板などに使う。

へのへのもへじ 「へのへのもへじ」の七つのひらがなを使って、人の顔を書く遊び。

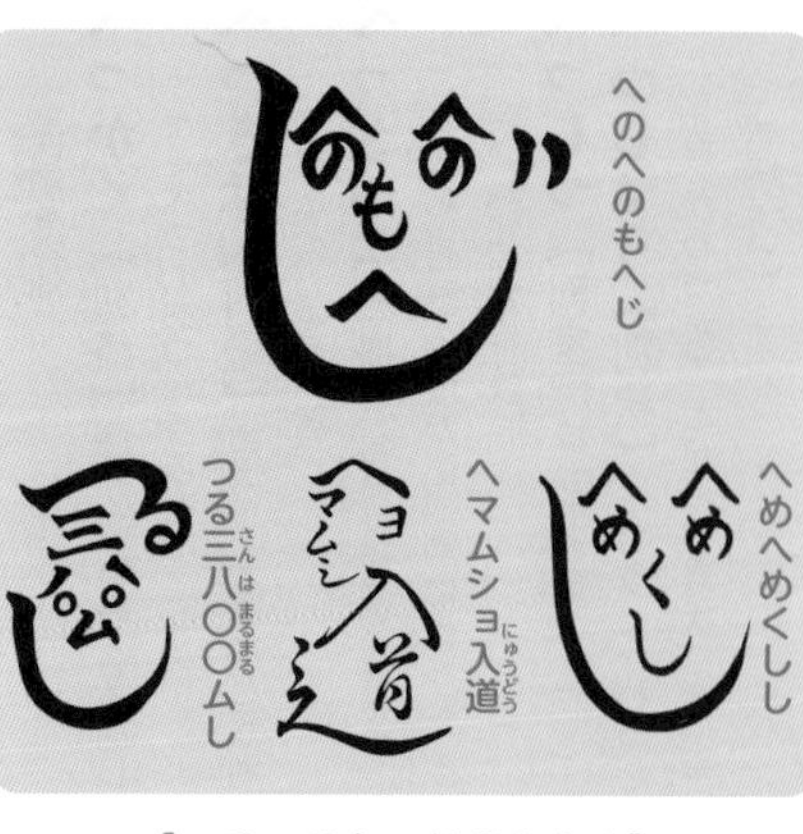

[へのへのもへじのなかま]

へばりつく ぴったりくっついてはなれないでいる。

へばる すっかりくたびれてしまう。

へび【蛇】 からだの細長いは虫類の動物。足がなく、うろこにおおわれている。ハブなど毒を持つものもある。

ベビー 赤ちゃん。だいたい生まれてから一年くらいまでの子供。

へぼ うでまえの下手なこと。

へま なんでもないつまらない失敗。

へや【部屋】 家の中を、使いやすいように区切ったもの。▽「子供部屋」

へら 竹や木などを細長く、平たくけずった物で、布に、しるしやすじをつけたり、物を練ったりする道具。

へらす【減らす】 数や量を少なくする。▽「交通事故を減らす」⬍増やす。⬇【減】218ページ

へらずぐち【減らず口】 あいてに負けないで、にくまれ口をきくこと。負けおしみ。▽「減らず口をたたく」

ベランダ 二階以上のたてものの外にはり出している、屋根つきのゆか。

へり はし。ふち。▽「たたみのへり」

ペリカン 海岸や湖などにすむ水鳥。長いくちばしの下に大きなふくろがある。魚を食べる。からだは白い。

[ペリカン]

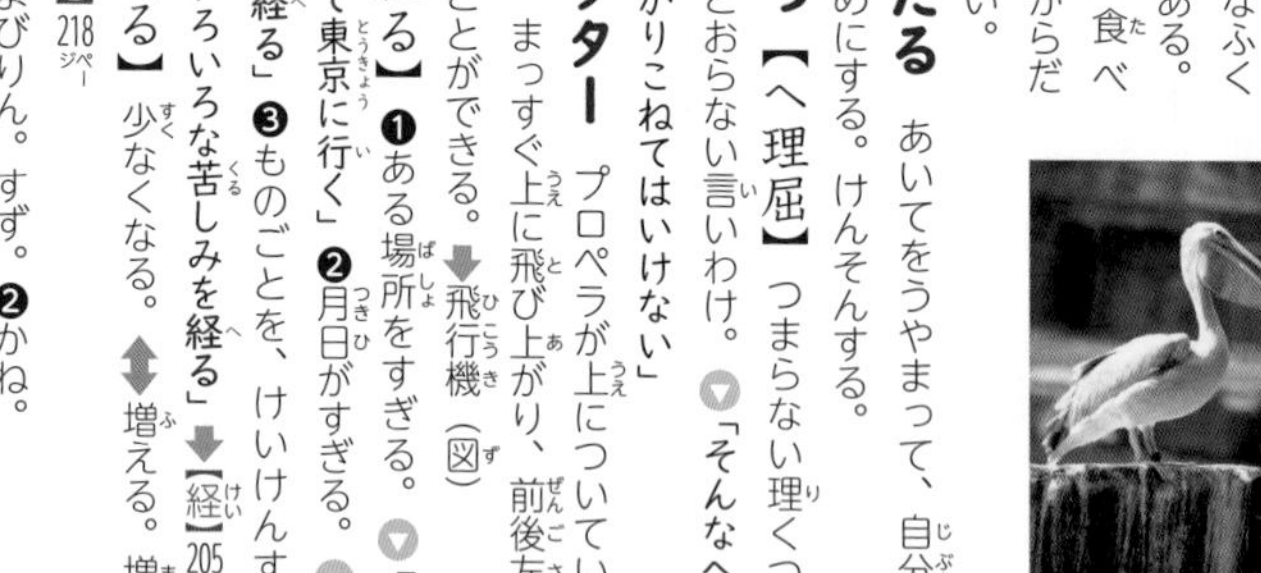

へりくだる あいてをうやまって、自分をひかえめにする。けんそんする。

へりくつ【へ理屈】 つまらない理くつ。すじのとおらない言いわけ。▽「そんなへ理くつばかりこねてはいけない」

ヘリコプター プロペラが上についている飛行機。まっすぐ上に飛び上がり、前後左右に飛ぶことができる。⬇飛行機（図）

へる【経る】 ❶ある場所をすぎる。▽「横浜を経て東京に行く」❷月日がすぎる。▽「年月を経る」❸ものごとを、けいけんする。▽「いろいろな苦しみを経る」⬇【経】205ページ

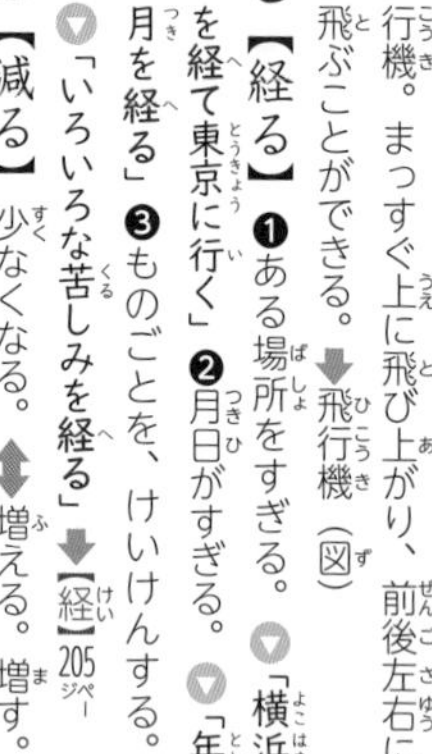

へる【減る】 少なくなる。⬍増える。増す。⬇【減】218ページ

ベル ❶よびりん。すず。❷かね。

ヘルシー 健康にいいこと。▽「ヘルシーな食べ物」

ベルト ❶革・布などで作った帯。バンド。▽「シートベルト」❷はなれている二つの車にまいて、一つの車の回転をほかの車につたえ

る物。▼「ベルトコンベア」

ベルトコンベア ベルトを二つの車にかけて回し、その上に品物をのせて、はこぶしかけ。

ベルマーク 商品についているベル（かね）のマーク。集めると、学校で使う道具などを買うことができる。また、その一部が寄付金となって、全世界の困っている学校へ送られる。

［ベルマーク］

ヘルメット きけんや暑さよけにかぶる、かたいぼうし。

べろ ❶舌。▼「しっぱいしてべろを出す」❷舌ににた形をしたもの。▼「くつのべろ」

へん【片】6年 （ヘン） かた

❶二つのうちの一方だけ。かたほう。❷ほんの少し。かけら。▼「破片」

ノ　ノ'　片　片（おる）

★筆順に注意

へん【辺】4年 ヘン あたり・べ

❶図形を形づくっている直線。▼「四辺形。三角形の底辺」❷あたり。▼「この辺で休もう」❸遠くはなれた所。▼「辺地」

フ　刀（つき出ない）　辺　辺（ひとふでに書く）　辺

●辺境●辺ぴ●周辺●身辺

へん【返】3年 ヘン かえす・かえる

❶もとへもどすこと。▼「返上。返済」❷こたえること。▼「返事。返信」

返　反　反　返　返（ひとふでに書く）　返

●返還●返却●返済●返事●返上●返信●返答●返礼

へん【変】4年 ヘン かえる・かわる

❶かわること。かえること。▼「変化」❷とつぜんの出来事。▼「事変。異変」❸かわっていること。▼「変人。変死」

変　変　変　変　変（又や久ではない）

●変圧器●変化●変化●変形●変更●変死●変種●変色●変身●変人●変装●変則●変態●変電所●変動●急変●大変

へん【編】5年 ヘン あむ

❶いろいろな物を集めて、まとめること。▼「編成」❷本、新聞などを作ること。▼「編集」❸本や文章。また、それを数えるときのことば。▼「一編の詩」

糸（おる）　編　絹　絹　編　編（用ではない）

●編曲●編成●編入●短編●長編

べん【弁】5年 ベン ―

❶言うこと。のべること。▼「弁がたつ。雄弁」❷はっきりくべつすること。▼「弁別」❸花びら。▼「花弁」❹水・空気などの出入りをととのえる物。▼「ポンプの弁。安全弁」

弁（おる）　厶　弁　弁　弁

★「升」ににているので注意

●弁解●弁護●弁護士●弁償●弁財天●弁当●弁論●答弁●熱弁

べん【便】4年 ベン・ビン たより

あいうえお　かきくけこ　さしすせそ　たちつてと　なにぬねの　はひふへほ　まみむめも　やゆよ

らりるれろ

わをん

なぞなぞ　たてぶえの中でさかだちしてる動物はなあに？　答えは次のページ。

❶つごう。べんり。▽「簡便」 ❷大便。小便。▽「便所。便通」

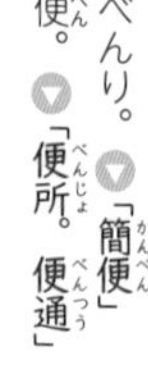

便 便 便 便 便 便 便 便 便

つき出ない　左につき出る

●便所●便利●小便●大便●不便

べん【勉】 3年 ベン

つとめること。はげむこと。▽「勤勉」

勉 勉 勉 勉 勉 勉 勉 勉 勉 勉

●勉強

ペン ❶インクを使って書く用具。❷文章を書くこと。▽「ペンの力」

へんあつき【変圧器】 電気のながれる力の強さを変える機械。トランス。

へんか【変化】 性質やじょうたいが、変わること。▽「色が変化する」

べんかい【弁解】 言いわけすること。

へんかん【返還】 もとの持ち主に返すこと。▽「領土を返かんする」

へんかん【変換】 あるものを別の形に変えること。▽「ひらがなを漢字に変かんする」

ペンキ 絵の具を油にとかしたもの。物をくさらせないようにするためや、美しくするために、板などにぬる。「油ペイント」ともいう。

へんきゃく【返却】 かりていた物を返すこと。▽「図書を返きゃくする」

へんきょう【辺境】 都から遠くはなれた国境や地方。▽「辺境の地」

べんきょう【勉強】 ❶いっしょうけんめい学問や仕事にはげむこと。勉学。❷品物のねだんを安くすること。

へんきょく【編曲】 一つの曲をほかの演奏のし方に直すこと。

ペンギン 南極をはじめ南半球にすむ海鳥。つばさは、ひれのような形をしていて、飛ぶことはできないが、およぎはうまい。

［フンボルトペンギン］

へんくつ【偏屈】 性質がかたより、すなおでないこと。▽「へんくつ者」

へんげ【変化】 ❶ばけもの。動物などがすがたを変えてあらわれること。▽「ようかい変化」❷神や仏が、かりに人のすがたになってあらわれたもの。

へんけい【変形】 形を変えること。変わった形。▽「地しんで地形が変形する」

へんけん【偏見】 かたよった考え。

べんご【弁護】 わけをよく説明して人をかばうこと。▽「友達を弁護する」

へんこう【変更】 変えてあらためること。▽「予定を変こうする」

べんごし【弁護士】 裁判でうったえられた人や、うったえた人を弁護する職業の人。

へんさい【返済】 かりたお金や品物を返すこと。▽「借金を返済する」

べんざいてん【弁財天】 七福神の一人で女神。よい音楽を聞かせるとともに、人に知えや富をあたえるといわれる。弁天。⬇七福神（図）

へんし【変死】 ふつうでない死に方をすること。自殺・他殺・事故死など。

へんじ【返事】 こたえること。こたえることばや書面。返答。返信。▽「返事がない」

べんじょ【便所】 大便や小便をする所。手洗い。トイレ。

へんじょう【返上】 もらったものを返すこと。▽「休みを返上してはたらく」

べんしょう【弁償】 人にあたえた損害を、お金や品物でおぎなうこと。

へんしょく【変色】 色が変わること。

へんしょく【偏食】 食べ物にすききらいのあること。▽「へん食を直す」

ペンシル えんぴつ。▼「シャープペンシル」

へんしん【返信】 返事の手紙。返事。返答。

へんしん【変身】 ほかのものにすがたを変えること。また、変えたすがた。

へんじん【変人】 ふつうの人とくらべて変わっている人。変わり者。

へんせい【編成】 まとめて組み立てること。組み立て。▼「予算を編成する」

へんそう【変装】 人に気づかれないように、身なりや顔を変えること。

へんそく【変則】 ふつうのやり方とちがうこと。▼「変則打法」

へんたい【変態】 ❶動物が成育する間に、形を変えること。▼「チョウは、たまご→幼虫→さなぎ→成虫と変態する」❷正常でないじょうたい。

ペンダント 宝石やメダルなどをくさりやひもに通して、首から下げるかざりもの。

ベンチ 木などで作った長いす。

ペンチ 物をはさんだり、針金を切ったりする、鉄の道具。⬇工具（図）

べんてん【弁天】 ⬇弁財天

へんでんしょ【変電所】 発電所からおくられた電流の電圧を高くして遠くにおくったり、また高い電圧を下げて、工場や家々にくばったりする所。

へんとう【返答】 答えること。返事。返信。回答。▼「返答にこまる」

へんどう【変動】 変わり動くこと。

べんとう【弁当】 よそで食べるために、入れ物などに入れて持ちはこぶ食事。▼「弁当を作る。幕の内弁当」

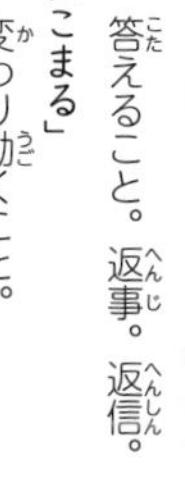

へんにゅう【編入】 組み入れること。

ペンネーム 本名ではなく、文章などを書くときに使うべつの名。

へんぴ【辺ぴ】 町から遠くはなれて、不便であるようす。▼「辺ぴな所」

べんぴ【便秘】 大便が長い間、出ないこと。

ペンペングさ【ペンペン草】 春、白い小さな花を開く草。道ばたなどにたくさん生える。春の七草の一つ。ナズナともいう。

べんり【便利】 つごうがよいこと。⇕不便。

へんれい【返礼】 うけたお礼にたいしてするおくりもの。お返し。

べんろん【弁論】 大ぜいの人の前で、自分の考えや意見をのべること。▼「弁論大会」

ほ
ぽ ぼ
ポ ボ ホ

ほ【歩】 2年
ホ・(ブ)・(フ) あるく・あゆむ

あるくこと。あゆむこと。足をはこんで前へすすむこと。▼「歩行。徒歩」

上ではない

●歩行●歩調●歩道●歩道橋●歩幅●散歩●初歩●進歩

ほ【保】 5年
ホ たもつ

❶たもつこと。▼「保存。確保」❷まもり、世話をすること。▼「保育。保育所」❸うけあう。ひきうける。▼「保険」

●保安林●保育●保育園●保育所●保温●保管●保菌者●保険●保健●保健所●保護●保護者●保護色●保護鳥●保持●保守●保証●保障●保存●保留●確保

ほ【補】 6年
ホ おぎなう

たりないところをみたすこと。おぎなうこと。▼「補欠。増補」

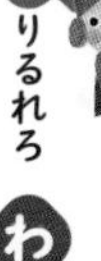

前のページの答え⇒「ブタ（たてぶえ）」

補補補補補補補補補補補補 ネとしない

●補給●補修●補習●補充●補助●補償●補足●補聴器●補導●候補

ほ【帆】 広げて船の柱に上げ、風をうけて船をすすませる布。

ほ【穂】 ❶イネや麦の実をむすぶところ。❷ほの形をしたもの。▽「筆のほ」

ぼ【母】 2年 ボ はは
❶はは。おかあさん。女親。▽「母性。父母会」⇕父。❷ものの生まれるもと。大もと。▽「母校。母船」

母母母母母 点に注意。毋ではない

●母音●母校●母国●母子●母性●母体●聖母●父母●分母

ぼ【墓】 5年 ボ はか
死んだ人をうめる所。はか。

墓墓墓墓墓墓墓 上のヨコ棒より長く

★「暮」ににているので注意

●墓地

ぼ【模】 しくみ。かまえ。▽「規模」⬇【模】697ページ

ぼ【暮】 6年 (ボ) くらす・くれる
❶日がくれること。▽「薄暮」❷年や季節のおわるころ。▽「年末にお歳暮を贈る」

暮暮暮暮暮暮

★「墓」ににているので注意

ほあんりん【保安林】 大水をふせぎ、自然の美しい景色がこわされないように、国が法律でむやみに木を切ることを禁止している森林。

ほいく【保育】 小さい子供の心やからだをまもり育てること。

ほいくえん【保育園】 ⬇保育所

ほいくし【保育士】 保育所などで、小学校に入る前の子どもたちのせわをする資格を持った人。

ほいくしょ【保育所】 親が安心して仕事ができるように、子供をあずかって世話をしている所。保育園。

ホイッスル スポーツの試合で、しんぱんがふく笛。▽「試合終了のホイッスル。ホイッスルを合図に休けいに入る」

ボイラー 機械を動かすのに使う、蒸気を作るかま。

ぼいん【母音】 ア・イ・ウ・エ・オの五つの音のこと。⇕子音。

ポイント ❶点。場所。❷力を入れる所。大切な所。▽「漢字の学習にポイントをおく」❸線路の分かれ目で、車両のすすむ方向を切りかえる器械。

ほう【方】 2年 ホウ かた
❶方角。むき。▽「方位。四方。前方」❷四角。▽「正方形」❸二つあるもののいっぽう。▽「かれの方の言い分を聞く」❹やり方。わざ。▽「方法。方式」

方方方方

★「万」ににているので注意

●方位●方角●方眼紙●方言●方向●方策●方式●方針●方便●方法●方々●方面●一方●地方●両方

ほう【包】 4年 ホウ つつむ
つつむこと。つつんだもの。▽「プレゼントを包装する」

包　つかない。巳ではない　上にはねる

●包囲●包装●包帯●包丁

ほう【放】3年

ホウ　はなす・はなつ・はなれる・ほうる

❶はなすこと。出すこと。▽「放送」
❷ゆるすこと。にがすこと。▽「放免」
❸かまわずにおくこと。▽「放置」

放　又ではない

●放火●放課後●放棄●放射●放射能●放出●放心●放水●放水路●放送衛星●放電●放任●放牧●放流●放浪●解放●追放

ほう【法】4年

ホウ・（ハッ）・（ホッ）

❶きそく。おきて。▽「法律」
❷やり方。▽「方法」
❸仏の道。▽「法事」

法　上のヨコ棒より長く　おる

●法案●法王●法事●法則●法廷●法務省●法要●法律●法隆寺●遠近法●憲法●十進法●寸法●魔法

ほう【宝】6年

ホウ　たから

たから。たからもの。▽「宝石。国宝」

宝　点を落とさないように

●宝庫●宝物●家宝●財宝

ほう【訪】6年

ホウ　たずねる・（おとずれる）

人をたずねること。おとずれること。▽「訪問。来訪」

訪　つき出ない。力ではない

●訪日●訪問

ほう【報】5年

ホウ　（むくいる）

❶むくいること。恩をかえすこと。▽「報酬。果報」
❷知らせ。▽「報告。吉報」

報　皮ではない

●報告●報酬●報道●報復●警報●広報●情報●電報●予報

ほう【豊】5年

ホウ　ゆたか

❶たくさんなこと。▽「豊富」
❷作物などのよく実ること。▽「豊年」

豊　上に出る

●豊作●豊年●豊富

ぼう【亡】6年

ボウ・（モウ）　（ない）

❶ほろびる。なくなる。▽「滅亡」
❷にげる。▽「亡命」
❸死ぬ。▽「亡父。死亡」

亡　まげる

●亡命●亡霊●死亡●逃亡

ぼう【防】5年

ボウ　ふせぐ

ふせぐこと。まもること。▽「防止」

防　つき出ない

●防衛●防音装置●防火●防寒●防御●防砂林●防止●防臭●防水●防雪林●防潮堤●防波堤●防犯●防備●防風林●防腐剤●消防●予防

なぞなぞ　通る時には閉まり、いない時には開くものは？　答えは次のページ。

ぼう【忘】 6年 （ボウ） わすれる

わすれること。▽「忘年会」

忘 忘 忘 忘 忘 忘 忘（まげる）

ぼう【望】 4年 ボウ・（モウ） のぞむ

❶遠くを見ること。▽「望遠鏡。展望」
❷ねがうこと。のぞみ。▽「希望」
❸なつかしく思うこと。▽「望郷」
❹人気。よいひょうばん。▽「人望」

望 望 望 望 望 望 望 望 望 望 望

●望遠鏡●願望●失望●切望●絶望●待望●熱望●要望

ぼう【貿】 5年 ボウ ―

品物をあいてととりかえること。たがいに商売し合うこと。▽「貿易」

貿 貿 貿 貿 貿 貿 貿 貿 貿 貿 貿 貿（この形に注意）

ぼう【棒】 6年 ボウ ―

まっすぐで細長い物。▽「鉄棒。金棒」

棒 棒 棒 棒 棒 棒 棒 棒 棒 棒 棒 棒

●棒グラフ●棒磁石●棒高跳び●棒に振る●棒読み●相棒

ぼう【暴】 5年 ボウ・（バク） あばれる・（あばく）

❶あらあらしいこと。▽「暴風。乱暴」
❷度をこえること。▽「暴食。暴利」

暴 暴 暴 暴 暴 暴 暴 暴 暴 暴 暴 暴 暴 暴 暴（上のヨコ棒より長く）（水ではない）

●暴飲暴食●暴漢●暴君●暴言●暴行●暴走●暴動●暴風●暴風雨●暴利●暴力●横暴●乱暴

ぼう【坊】 ❶僧のすむ家。❷僧。▽「ぼうさん」❸男の子。ぼうや。❹親しみ、または、あざけってよぶことば。▽「あまえんぼう」

ぼう【某】 時・所・人などをはっきりさせないで言うことば。▽「ぼう国」

ほうあん【法案】 法律にするために、国会に出される案。

ほうい【方位】 東西南北のむき。方角。

ほうい【包囲】 まわりをかこむこと。とりまくこと。▽「敵を包囲する」

ほういじしん【方位磁針】 東西南北の方位を知るためのじしゃく。針はいつも南と北をさしている。⬇らしんばん

ぼういんぼうしょく【暴飲暴食】 やたらに酒を飲み、ものを食べること。

ほうえい【放映】 テレビで放送すること。

ぼうえい【防衛】 防ぎまもること。▽「国土を防衛する」⇕攻撃。

ぼうえき【貿易】 外国と品物の売り買いをすること。交易。通商。

ぼうえんきょう【望遠鏡】 レンズを組み合わせて、遠くの物が大きく見えるようにした器械。

ほうおう【法王】 ローマカトリック教会でいちばん位の高い人。教皇。

ほうおう【×鳳×凰】 中国の伝説の鳥。麒麟、亀、竜とともにめでたい時に現れるとされる。

ほうか【放火】 火事をおこそうとして、家などに火をつけること。

ほうが【邦画】 ❶日本で作られた映画。⇕洋画。❷日本画。

ぼうか【防火】 火事を防ぐこと。▽「防火訓練。防火へき」

ほうかい【崩壊】 くずれてこわれること。▽「ばくげきでほうかいしたたてもの」

ぼうがい【妨害】 じゃまをしてこまらせる

あいうえお
かきくけこ
さしすせそ
たちつてと
なにぬねの
はひふへほ
ほ
まみむめも
やゆよ
らりるれろ
わをん

こと。▼「交通ぼう害。安みんぼう害」

ほうがく【方角】 むき。東西南北の方向。方位。

北
北北東
北東
東北東
東
東南東
南東
南南東
南
南南西
南西
西南西
西
西北西
北西
北北西
[方角]

ほうがく【邦楽】 日本の音楽。日本人が作った音楽。⇔洋楽。

ほうかご【放課後】 その日の授業がおわった後。▼「放課後に練習する」

ぼうかん【防寒】 寒さを防ぐこと。▼「防寒具。防寒服」

ぼうかん【傍観】 何もしないで、そばで見ていること。▼「ぼう観者」

ほうがんし【方眼紙】 たて・横にたくさんの線が、同じかんかくで引いてある紙。グラフや展開図をかくときに使う。

ほうがんなげ【砲丸投げ】 鉄の重たい球(ほう丸)を投げ、そのとんだきょりをきそう陸上競技。

ほうき【放棄】 資格や権利をすててしまうこと。▼「試合を放棄する」

ほうき ごみやちりをはく道具。

ほうきぼし【ほうき星】 ⬇すい星

ぼうぎょ【防御】 防ぐこと。まもること。▼「防ぎょがうまいだけでは、試合には勝てない」⇔攻撃。

ぼうグラフ【棒グラフ】 大きさや量をくらべるのに、棒線の長さであらわしたグラフ。⬇グラフ(図)

ぼうくん【暴君】 らんぼうで、やさしさや、なさけのない王や主人。

ほうげん【方言】 ある地方だけで使われることば。⬇コラム638ページ

ぼうけん【冒険】 あぶないことをすすんですること。▼「ぼう険小説」

ぼうげん【暴言】 らんぼうなことば。

ほうこ【宝庫】 ❶宝物を入れておくくら。❷よい産物がたくさんとれる所。▼「地下資源の宝庫」

ほうこう【方向】 ❶向き。方角。▼「南の方向」❷目当て。目的。方針。▼「人生の方向をさだめる」

ほうこう【奉公】 ❶国や世の中のためにつくすこと。❷主人につかえること。▼「ほう公に出る」

ぼうこう【暴行】 人にたいして、なぐる、けるなどのらんぼうをすること。

ぼうこう 腹の下の方にあって、じん臓からおくられてくるにょうをしばらくためておくふくろ。

ほうこうおんち【方向音痴】 方向についての感覚がにぶく、道にまよいやすいこと。また、そのような人。

ほうこく【報告】 知らせること。

ぼうさい【防災】 台風・地しん・火事などの災害をふせぐこと。▼「防災くんれん」

ほうさく【豊作】 田や畑の作物が、たくさんとれること。⇔不作。凶作。

ほうし【奉仕】 ❶世の中のためにつくすこと。▼「社会ほう仕」❷安く売ること。サービス。▼「ほう仕品」

ほうじ【法事】 仏教で、死んだ人のたましいをなぐさめとむらうために行うぎしき。法要。▼「法事をいとなむ」

ぼうし【防止】 防ぎ止めること。▼「きけんを防止する。事故防止」

前のページの答え⇒「ふみ切」

方言のひみつ

テレビを見ていて、日本語なのに自分たちがいつも使っていることばとはなんだかちがうな、と思うことはありませんか。それは、テレビに出ている人が、「共通語」や「方言」を使っているからです。

私たちが学校などで習っていることばは、「共通語」というのですが、これに対してその地域でしか使われていないことばを「方言」と呼んでいます。日本じゅうにいろいろなことばがあるということに気づいている人は、昔からおおぜいいました。

柳田国男という人は、九十年ほど前に方言について本を書きました。『蝸牛考』という本です。「蝸牛」は、カタツムリのことで、この本では日本全国でカタツムリをさすことばがどのように広まっているのか調べました。調べる中で「方言は昔の都だった京都を中心にして、京都の付近に新しい言い方が広まり、遠い所に古い言い方が残る」ということを見つけました。

「デンデンムシ（ほかにデンデンゴーナなど）」がいちばん新しい言い方で、そこから遠くへ広がっていくにつれマイマイ→カタツムリ→ツブリ→ナメクジの順で古い言い方になると考えたのです。この考え方だけで、日本の方言のすべてを説明することはできませんが、研究はこの考え方によって一気に進みました。

みなさんの住んでいる所では、カタツムリをなんと呼んでいますか？ できればおとしよりにも聞いてみてください。

ぼうし【帽子】頭にかぶるもの。日ざしや寒さ、きけんなどをふせぐ。⬇服（図）

ほうしき【方式】きまったやり方。手つづき。▼「えらぶ方式をかえる」

ぼうじしゃく【棒磁石】棒のように細長くした磁石。

ほうじちゃ【ほうじ茶】番茶をきつね色になるまで強い火であぶった、かおりのよいお茶。

ほうしゃ【放射】❶一つ所から四方八方に広がり出ること。▼「放射状に広がる」❷物が熱や光を出すこと。ふく射。▼「放射熱」

ぼうじゃくぶじん【傍若無人】まるでそばに人がいないかのように、自分勝手にものごとをすること。▼「ぼう若無人なふるまい」

ほうしゃじょう【放射状】一つ所から四方八方へ出ているようす。▼「道路が駅前から放射状にのびている」

ほうしゃせん【放射線】ウランやラジウムなどから出る、とくべつに強いはたらきを持った光線のようなもの。アルファ線・ベータ線・ガンマ線がある。▼「放射線治りょう」

ほうしゃのう【放射能】ウランやラジウムなどの放射性元素が、放射線を出すはたらき。

ほうしゅう【報酬】 仕事やほねおりにたいしてはらわれる、お金や品物。謝礼。

ほうしゅつ【放出】 ❶ほとばしり出ること。ふき出すこと。▽「ホースから水を放出する」❷たくわえてあった物を出すこと。▽「物資を放出する」

ほうしん【方針】 計画。目当て。やり方。指針。目標。▽「方針通り行う」

ほうしん【放心】 ほかのことに気をとられて、ぼんやりしていること。▽「放心じょうたいで勉強が手につかない」

ほうじん【邦人】 自分の国の人。日本人。▽「在留ほう人」

ぼうず【坊主】 ❶おぼうさん。❷男の子。▽「いたずらぼうず」❸かみの毛をみじかくかった頭。▽「ぼうず頭」

ほうすい【放水】 ❶川の水をながすこと。▽「放水路」❷ホースで水をかけること。▽「消火のために放水する」

ぼうすい【防水】 水がしみこまないようにすること。▽「防水した雨具」

ほうせき【宝石】 ダイヤモンドやルビー・サファイアなどのように、美しくてねうちのある石。▽「宝石商」➡誕生石（図）

ぼうせき【紡績】 動物や、植物のせんいに手をくわえて糸にすること。▽「ぼう績機械」

ぼうせん【防戦】 あいてのこうげきを防ぐために戦うこと。

ぼうせん【傍線】 字や文章の横に、目じるしに引いた線。▽「ぼう線を引く」

ぼうぜん【ぼう然】 ぼんやりとして気がぬけたようす。▽「逆転負けをしてぼう然と立ちつくす」

ほうせんか 庭や花だんにうえる花。夏に赤・むらさき・白などの花がさく。実はじゅくすとたねをはじきとばす。

ほうそう【包装】 品物を紙や布などで包むこと。荷づくり。▽「包装紙」

ほうそう【放送】 電波でニュース・話・演芸・音楽などを送ること。

ぼうそう【暴走】 ❶らんぼうにつっ走ること。▽「ダンプカーが暴走する」❷人の意見を聞かないで勝手に行動すること。▽「わがままで暴走しがちだ」

ほうそく【法則】 ❶きまり。おきて。❷いつ、どこでもきまったじょうけんのもとでは、かならず成立する関係。▽「引力の法則」

ほうたい【包帯】 けがをしたところなどにまく、細長い布。▽「包帯をまく」

ぼうだい【ぼう大】 量がとても多いようす。▽「ぼう大な人数」

ぼうたかとび【棒高跳び】 長い棒でからだをささえてとぶ高とび。

ほうち【放置】 かまわずにそのままにしておくこと。▽「車を放置する」

ほうちょう【包丁】 料理するときに使うはもの。▽「包丁をとぐ」

ぼうちょう【膨張】 ❶ふくれ広がること。▽「空気がぼう張する」❷量がふえること。▽「人口がぼう張する」⇔収縮。

ほうてい【法廷】 裁判官が裁判をする所。▽「法ていに入る」

ほうでん【放電】 ❶電池などにたくわえられている電気がながれ出ること。⇔充電。❷強い電気であるため、プラスとマイナスのはなれた二つの極の間に電流が通うこと。

ほうどう【報道】 新聞・ラジオ・テレビなどで、出来事を大ぜいの人に知らせること。

ぼうどう【暴動】 多くの人が集まってさわぎをおこし、世の中をみだすこと。▽「暴動がおこる」

ほうどうきかん【報道機関】 大ぜいの人々にニュースを知らせるためのしくみ。新聞・ラジオ・テレビなど。

ほうにち【訪日】 外国人が日本にやって来

なぞなぞ パンはパンでも、食べられないパンは？ 答えは次のページ。

ること。▼「訪日観光客」

ぼうにふる【棒に振る】今までの努力や苦労をすっかりむだにすること。▼「せっかくのチャンスを棒にふる」

ほうにん【放任】かまわないで、したいようにさせておくこと。

ほうねん【豊年】作物がよくみのり、たくさんとれた年。⇔凶年。

ぼうねんかい【忘年会】一年間の苦労を忘れるために、年のおわりに行う楽しみの会。

ほうのう【奉納】神や仏に品物やおどり、すもうなどをささげること。▼「ほう納ずもう」

ぼうはてい【防波堤】波を防いで港の中をしずかで安全にするためにつくったつつみ。

港(波止場)

[防波堤]

ぼうはん【防犯】犯罪がおこらないように、ふだんから気をつけること。▼「防犯ベル」

ほうび【褒美】よいことをした人に、ほめてあたえるお金や品物。ごほうび。

ぼうび【防備】防ぎまもること。備え。▼「防備をかたくする」

ほうふ【抱負】心にえがいている考えや計画。▼「今年のほう負を語る」

ほうふ【豊富】豊かでたくさんあること。

ぼうふう【暴風】大きなひがいを出すようなはげしい風。あらし。

ぼうふうう【暴風雨】強い雨をともなうはげしい風。

ぼうふうりん【防風林】風の害を防ぐために作った林。

ほうふく【報復】しかえしをすること。かたきをうつこと。復しゅう。▼「報復手段」

ぼうふざい【防腐剤】物がくさるのを防ぐ薬。

ぼうふら カの幼虫。からだの長さは五ミリくらいで、水のたまったところにすむ。

ほうべん【方便】目的をはたすために、その場その場で使ううまい方法。▼「うそも方便」

ほうほう【方法】し方。やり方。▼「自分に合った方法で勉強する」

ほうぼう【方方・方々】あちらこちら。⬇「々」は同じ文字をくり返すという意味のおどり字という記号。▼「方々さがし回る」

ほうぼく【放牧】野山の広い土地に、牛や馬などを放し飼いにすること。

ほうむしょう【法務省】法律や裁判に関係した仕事をする国の役所。

ほうむる【葬る】❶死体などを土の中にうめる。❷人に知られないようにかくしてしまう。▼「事件をやみにほうむる」❸世の中に出られないようにする。▼「社会からほうむる」

ほうめい【芳名】他人の名前をうやまっていうことば。▼「ご芳名。芳名帳」

ぼうめい【亡命】自分の国にいては、命があぶないので、外国へにげだすこと。▼「亡命者。外国に亡命する」

ほうめん【方面】❶方角。そのあたり。▼「東京方面」❷あることについてのこと。分野。▼「政治方面のこと」

ほうもつ【宝物】たからもの。

ほうもん【訪問】人をたずねること。訪れること。▼「先生を訪問する」

ぼうや【坊や】男の子をかわいがってよぶことば。▼「ぼうや、年はいくつ?」

ほうよう【法要】仏教で、死んだ人の霊をなぐさめる行事。

ぼうよみ【棒読み】文章を、区切りやアクセントなどをつけないで同じ調子で読むこと。

ほうりつ【法律】社会生活をしていくうえで、国民がまもらなければならない国のきまり。国会できめる。

ほうりゅう【放流】魚をふやしたり、そだてたりするために、小さい魚などをたくさん川や池に放すこと。

ほうりゅうじ【法隆寺】奈良県にある寺で、七世紀のはじめごろ聖徳太子がたてたもの。木のたてものとしては世界でいちばん古い。世界遺産。

ぼうりょく【暴力】らんぼうなふるまい。力ずく。▽「暴力をふるう」

ボウリング 室内のあそびの一つ。大きな球をころがして十本のとっくりの形をした棒（ピン）をたおすゲーム。

ほうる【放る】❶遠くへなげる。▽「ボールを放る」❷そのままにしておく。▽「読みかけの本を放っておく」⇒【放】635ページ

ボウル 料理を作るときに、材料の粉ややさいをまぜたりする、深さのある入れ物。⇒コラム642ページ

ぼうれい【亡霊】死んだ人のたましい。ゆうれい。

ほうれんそう【ほうれん草】アカザのなかまのやさい。緑色の葉とくきをゆでたりいためたりして食べる。根は赤い。

ほうろう【放浪】あちらこちらの土地を、あてもなく歩き回ること。流浪。▽「放ろうの旅」

ほうわ【飽和】もうそれ以上ふくむことができないくらい、いっぱいになっていること。▽「ほう和じょうたい」

ほえる 動物が大声でなく。▽「犬がほえる」

ほお 顔の両がわ。ほっぺた。ほほ。▽「ほおを赤らめる」⇒顔（図）

ボーイ ❶男の子。少年。❷男の給仕。▽「ボーイフレンド」⇔ガール。

ボーイスカウト 少年の心やからだをきたえ、社会につくす人にそだてることを目的として作られた集まり。一九〇八年、イギリスではじめられた。⇔ガールスカウト。

ほおかぶり ❶ほおをかくすように手ぬぐいを頭からかぶること。「ほおかむり」「ほっかぶり」ともいう。❷知らないふりをすること。▽「ほおかぶりをきめこむ」

［ほおかぶり❶］

ポーク ブタの肉。▽「ポークソテー」

ほおじろ 山にいる小鳥。目の下に、白くて太い一本のすじがある。

ホース ゴムやビニールなどで作ったくだ。水やガスなどを通す。

［ほおじろ］

ポーズ からだのかっこう。かまえ。▽「カメラの前でポーズをとる」

ほおずき ナスのなかまの草。秋につく赤い実は大きなふくろ形のがくにつつまれている。

ほおずり ほおとほおをすりつけること。かわいがるしぐさ。

ほおづえ ひじをついて、ほおを手でつえのようにしてささえること。

［ほおづえ］

ボート 西洋式の小さな船。▽「救命ボート」

ボーナス 月給のほかに出る、とくべつのお金。賞与。▽「ボーナスで買う」

ほおばる 口の中にいっぱい食べ物を入れる。▽「おにぎりをほおばる」

ホープ ❶きぼう。のぞみ。❷期待をかけられ

前のページの答え⇒「フライパン」

ことばのふしぎ

「ボウル」「ボール」

サッカーで使う「ボール」と料理で使う「ボウル」は外国からつたわったことばです。日本語としての発音はにていますが、もとの英語では別の語で異なる発音のため、ちがう書き方になりました。

もっと学ぼう!

小学生向けの『プログレッシブ小学英和・和英辞典』には身近な英語がたくさん。ぜんぶの発音を聞けるから、自然な英語が身につくよ。

ている人。▽「野球界のホープ」

ホーム ❶家庭。❷野球の本塁。ホームベース。

ホーム 駅で電車に乗りおりする所。プラットホーム。

ホームシック 自分のふるさとや家をこいしがること。郷愁。

ホームページ インターネットで、ほかの人に見てもらうために、いろいろなじょうほうをのせている画面。

ホームラン 野球で、本塁打のこと。打った人はベースを一回りして本塁にもどることができて、一点となる。

ホール ❶大広間。❷大ぜいの人が集まるたてもの。会館。

ボール ❶球。❷野球で投手のなげた球がホームベースの上の、ストライクになる部分を通らないこと。➡コラム

ボールがみ【ボール紙】 古い紙などからつくった厚い紙。かたくて強い。段ボールをつくる材料になる。

ボールペン ペン先に、回転する小さな球をはめこんだ筆記用具。

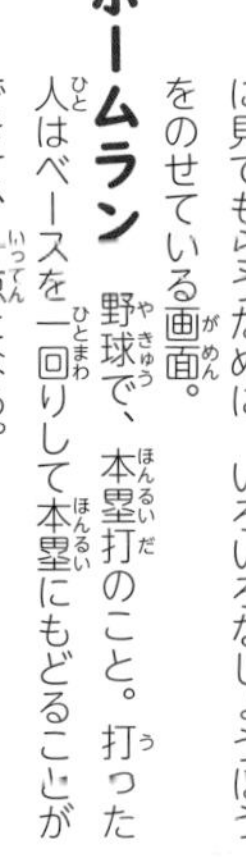

ほおん【保温】 熱がさめないようにしたり、つめたいままにしておいたりすること。温度がかわらないようにすること。▽「ごはんを保温する」

ほか【外・他】 ❶よそ。べつの所。▽「外の国」❷以外。▽「その外に何があるか。外のやり方」➡【外】112ページ・➡【他】410ページ

ほかく【捕獲】 つかまえること。いけどりにすること。▽「クマをほかくした」

ぼかす ❶色のさかい目をぼんやりさせる。❷ことばのおわりや説明などをあいまいにする。▽「急所をぼかす」

ぽかぽか ❶あたたかいようす。▽「ぽかぽか陽気」❷くり返し、たたくようす。▽「ぽかぽかなぐる」

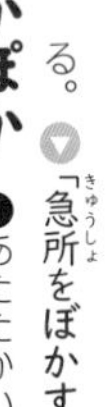

ほがらか【朗らか】 気持ちが明るく、生き生きとしているようす。▽「朗らかにわらう」➡【朗】755ページ

ほかん【保管】 ほかの人のお金や物をあずかって、しまっておくこと。▽「書類を金庫に保管する」

ほきゅう【補給】 たりないものを補うこと。▽「ガソリンを補給する」

ぼきん【募金】 ある目的のために、大ぜいの人からお金を集めること。また、集めたお金。▽「共同ぼ金」

ほく【北】 2年 ホク きた

❶きた。日の出にむかって左手の方角。▽「北東」⇕南。➡東（図）❷にげること。▽「敗北」

北 北 北 北 北

ななめ右上に

★「比」ににているので注意

北西・北東・北斗七星・北米・北北西・北北東・北陸地方・北海道・北極・北極星・東西南北

あいうえお かきくけこ さしすせそ たちつてと なにぬねの はひふへほ まみむめも やゆよ らりるれろ わをん

ぼく【木】 1年 ボク・モク き・こ
植物の、き。▼「大木。高木。木刀」

一 十 オ 木

★「水」ににているので注意

ぼく【牧】 4年 ボク（まき）
牛や馬を飼うこと。▼「牧畜。放牧」

牧 牛 牛 牝 牧 牧 牧（又ではない）

●牧師●牧場●牧草●牧畜●牧歌的●放牧●遊牧

ぼく【僕】 男子が自分のことをさして言うことば。⇔君。

ぼくし【牧師】 キリスト教で、プロテスタント教会の責任者として信者をみちびく人。カトリック教会では、「神父」という。

ぼくじゅう【墨汁】 すみをすったしる。また、すぐ使えるように売っている、すみのしる。

[墨汁]

ぼくじょう【牧場】 牛・馬・羊などを放し飼いにしてそだてる所。まきば。▼「空気のすんだ牧場」

ボクシング 二人でグローブをはめてうち合う競技。拳闘。

ほぐす ❶もつれたもの、むすび合ったものをほどく。解く。❷かたくなったものをやわらかくする。▼「かたのこりをほぐす」

ほくせい【北西】 北と西のまん中の方角。西北。⇔南東。

ぼくそう【牧草】 牛や馬などのえさにする草。

ほくそえむ うまくいったと、一人でにやにやわらうこと。

ぼくちく【牧畜】 牧場などで、牛や馬をやしないそだてること。

ほくとう【北東】 北と東のまん中の方角。東北。⇔南西。

ぼくとう【木刀】 木で刀の形に作ったもの。▼「木刀をかまえる」

ほくとしちせい【北斗七星】 北の空にある、大ぐま座のひしゃくの形にならんだ七つの星。⬇図647ページ

ほくべい【北米】 北アメリカ。

ほくほく ❶イモなどが、水っぽくなくて、おいしそうなようす。▼「ほくほくのやきいも」❷よろこぶようす。▼「お年玉をもらってほくほくする」

ほくほくせい【北北西】 北と北西との間の方角。⇔南南東。

ほくほくとう【北北東】 北と北東との間の方角。⇔南南西。

ぼくめつ【撲滅】 すっかりほろぼしてしまうこと。▼「ハエをぼくめつする」

ほくりくちほう【北陸地方】 本州の中部地方のうち、日本海がわの地域。新潟・富山・石川・福井の四県。

ほぐれる ❶ほどける。解ける。▼「ひもがほぐれる」❷気持ちがゆるんで、なごやかになる。▼「おふろでほぐれる」

ほくろ ひふにできる、小さな黒い点。

ぼけ ❶あたまのはたらきがにぶること。ぼんやりすること。▼「時差ぼけ」❷まん才で、おかしなことを言ってわらわせる役。⇔突っ込み。

ほげい【捕鯨】 クジラをとること。

ほけつ【補欠】 たりないところを、たしてうめ合わせること。また、うめ合わせる人。▼「補欠入学。補欠選挙」

ポケット 洋服などについている、ふくろになっている物入れ。⬇服（図）

ぼける ❶頭のはたらきがにぶる。ぼんやりす

なぞなぞ 1時間こいでも少しも前へ行けない乗り物は？ 答えは次のページ。

る。❷色や形が、はっきりしなくなる。▼「ピントがぼける」

ほけん【保険】お金を少しずつつみたてておき、思いがけないさいなんがあったときに、きまったお金をうけとることのできるしくみ。▼「生命保険」

ほけん【保健】からだの健康を保つこと。▼「保健室。保健衛生」

ほけんしつ【保健室】学校などで、病気やけがのかんたんなちりょうや、健康の相談をする部屋。

ほけんじょ【保健所】人々の健康をまもるために、病気の予防をしたり、衛生の指導をしたりする役所。

ほこ【矛】両側にはのある刀を、棒の先につけた、やりのような武器。↓武器（図）

ほご【保護】たすけまもること。かばいまもること。▼「野鳥を保護する」

ほこう【歩行】歩くこと。▼「二足歩行型ロボット」

［二足歩行型ロボット］

ぼこう【母校】自分が卒業した学校。▼「十年たって母校の先生になる。母校へあそびに行く」

ぼこく【母国】自分が生まれた国。祖国。本国。▼「母国に帰る」

ほごしゃ【保護者】子供をまもりそだてる人。▼「保護者会」

ほごしょく【保護色】動物のからだの色がまわりの色ににていて、見分けのつきにくい色であること。アマガエル・ウサギなどに見られる。↓コラム645ページ

ほこら 神をまつった小さいお宮。

ほこらしい【誇らしい】とくいでじまんしたい。▼「優勝して、ほこらしい足どりで帰っていく」

ほこり【誇り】じまん。名よに思うこと。▼「自分の住む国にほこりを持つ」

ほこり 小さいごみ。ちり。

ほこる【誇る】じまんする。▼「日本一をほこる美しい風景」

ほころびる ❶ぬい目がとける。▼「すそがほころびる」❷つぼみがひらく。▼「花がほころびる」❸口をひらいてわらう。▼「口もとがほころびる」

ほし【星】❶夜の空に、小さくかがやいて見える物。▼「星空。流れ星。星が光る」❷小さくてまるい点。▼「目に星ができる」❸すもうなどで、勝ち負けをあらわすしるし。▼「勝ち星をあげる」❹運勢。▼「幸せな星のもとに生まれる」❺犯人。▼「星をあげる（犯人をつかまえる）」↓【星】373ページ

●星影●星月夜●一番星●黒星●白星

ほじ【保持】持ちつづけること。▼「世界記録を保持する」

ぼし【母子】母と子。▼「母子手帳」

ほしい【欲しい】自分のものにしたい。▼「おもちゃが欲しい」↓【欲】730ページ

ポシェット 長いひもやベルトがついた、小さなバッグ。かたからさげる。

ほしかげ【星影】星の光。星明かり。

ほしくさ【干し草】かりとって、ほした草。家ちくのえさにする。

ほじくる あなをほるように中の物をつつく。中の物をつつき出す。▼「砂山をほじくる」

ポジション ❶地位。場所。位置。❷球技で、まもるべき位置。

ほしぞら【星空】星がたくさんかがやいている晴れた夜空。▼「星空をあおぐ」

ほしづきよ【星月夜】星の光が月のように明るい夜。「ほしづくよ」ともいう。↓月（コラム）

ほしまつり【星祭り】七夕のこと。

ほしゅ【保守】昔からのならわしや、考え方をなかなかかえようとしないこと。▼「保守

的な人」⇔革新。急進。

ほしゅ【捕手】野球で、投手のなげるボールをうける人。キャッチャー。⇔投手。↓野球(図)

ほしゅう【補修】やぶれたりこわれたりしたところを、補い直すこと。▽「こわれた屋根を補修する」

ほしゅう【補習】きまった学習のほかに、さらに習うこと。▽「補習授業」

ほじゅう【補充】たりないところを補って、ちょうどよくすること。▽「たりない人数を補じゅうする」

ぼしゅう【募集】大ぜいの人によびかけて人や物を集めること。▽「標語をぼ集する」

ほじょ【補助】補い助けること。またその人。援助。▽「補助金」

ほしょう【保証】責任を持つこと。うけあうこと。▽「二年間保証つき」

ほしょう【保障】わざわいをうけないように守ること。▽「安全を保障する」

ほしょう【補償】損害をお金などでうめ合わせること。▽「補しょう金」

ほす【干す】❶かわかす。▽「せんたく物を干す」❷池などの水をすっかりなくす。❸全部のむ。↓【干】147ページ

ボス 親分。かしら。▽「チームのボス」

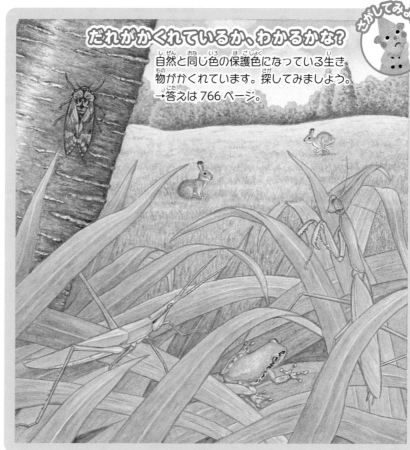

さがしてみよう!

だれがかくれているか、わかるかな?

自然と同じ色の保護色になっている生き物がかくれています。探してみましょう。

→答えは766ページ。

前のページの答え⇒「ぶらんこ」

ポスター 文や絵をかき入れた、広告のためのはり紙。▽「ポスターをはる」

ポスト ❶ゆうびんを出すときに入れる箱。❷地位。仕事上の位置。職。

ボストンバッグ 底が長方形で、中ほどがふくらんだ旅行用のかばん。

ほそい【細い】 ❶はばやまわりが小さい。⇕太い。❷せまい。▽「細い道」❸弱い。小さい。▽「細い声」❹少ない。とぼしい。▽「食が細い」⬇【細】261ページ

ほそう【舗装】 道路の表面を石・コンクリート・アスファルトなどでかためること。▽「ほそう道路」

ほそく【補足】 補い足すこと。つけたすこと。▽「説明を補足する」

ほそながい【細長い】 細くて長い。

ほそぼそ【細細・細々】 ❶たいへん細いようす。▽「細々とした川の流れ」❷くらしが苦しいようす。▽「細々とくらす」⬇「々」は同じ文字をくり返すという意味のおどり字という記号。

ほそみ【細身】 はばのせまいほっそりとした作り。▽「細身のズボン」

ほそめ【細目】 ❶少しだけひらいた目。▽「細目をあける」❷少し細いこと。▽「細めの針金」⇕太め。

ほそる【細る】 ❶細くなる。からだがやせる。▽「身が細る思い」❷量や勢いが少なくなる。▽「食が細る」⬇【細】261ページ

ほぞん【保存】 そのままの形でとっておくこと。▽「作品を保存する」

ポタージュ すりつぶしたやさいに、生クリームや牛乳などをくわえた、とろりとしたスープ。

ほたてがい【帆立貝】 あさい海にすむ、大きな二枚貝。貝がらはおうぎのような形。

ぼたもち【ぼた餅】 「おはぎ」に同じ。

ほたる【蛍】 腹の先に光を出すところがあって、夏の夜に光るこん虫。ゲンジボタル・ヘイケボタルなど。

ぼたん【×牡丹】 中国からきた背の低い木。四、五月ごろ、赤・むらさき・白・もも色などの美しい大きな花が開く。

ボタン ❶洋服などの合わせ目の一方につけて、とめるもの。⬇服（図）❷ベルを鳴らしたり、機械を動かしたりするときに指でおす、つき出た部分。

ぼたんゆき【×牡丹雪】 一つ一つがぼたんの花びらのように大きい雪。ぼた雪。

ぼち【墓地】 死んだ人をうめる所。墓場。▽「墓地にまいそうする」

ホチキス コの字の形をしたはりがねで紙をとじる道具。ホッチキス。商標名。

ほちょう【歩調】 ❶歩くときの調子。足並み。▽「歩調をとる」❷大ぜいで何かをするときの調子。▽「歩調が合う」

ほちょうき【補聴器】 耳のよく聞こえない人が、聞こえをよくするために使う器具。

ほっ【発】 はじまる。はじめる。▽「発足」⬇【発】560ページ ●発起●発作●発端

ぼつ【没】 ❶人が死ぬこと。▽「一九〇〇年ぼつ」❷新聞・雑誌などで投書や原こうをとりあげないこと。▽「ぼつになる」

ほっかいどう【北海道】 北海道本島と近くの島々からなる地域。気候は寒い。農業・牧ちく・林業・水産業がさかん。道庁は札幌市にある。⬇都道府県（図）

ぼっかてき【牧歌的】 自然にめぐまれて、のどかで気持ちがゆったりとしたようす。▽「牧歌的な田園風景」

ぽっかり ❶大きく口のあくさま。われるようす。▽「道にぽっかりあながあいた」❷軽くてうかぶようす。▽「ヤシの実がぽっかりと水にうく」

ほっきょく【北極】 地球の北のはしで、陸はなく、こおりついた海だけがある所。⇕南極。

ほっきょくせい【北極星】 真北の空にある星で、小ぐま座にふくまれる。一年じゅう位置をかえないので、夜、方角を知るために使われる。

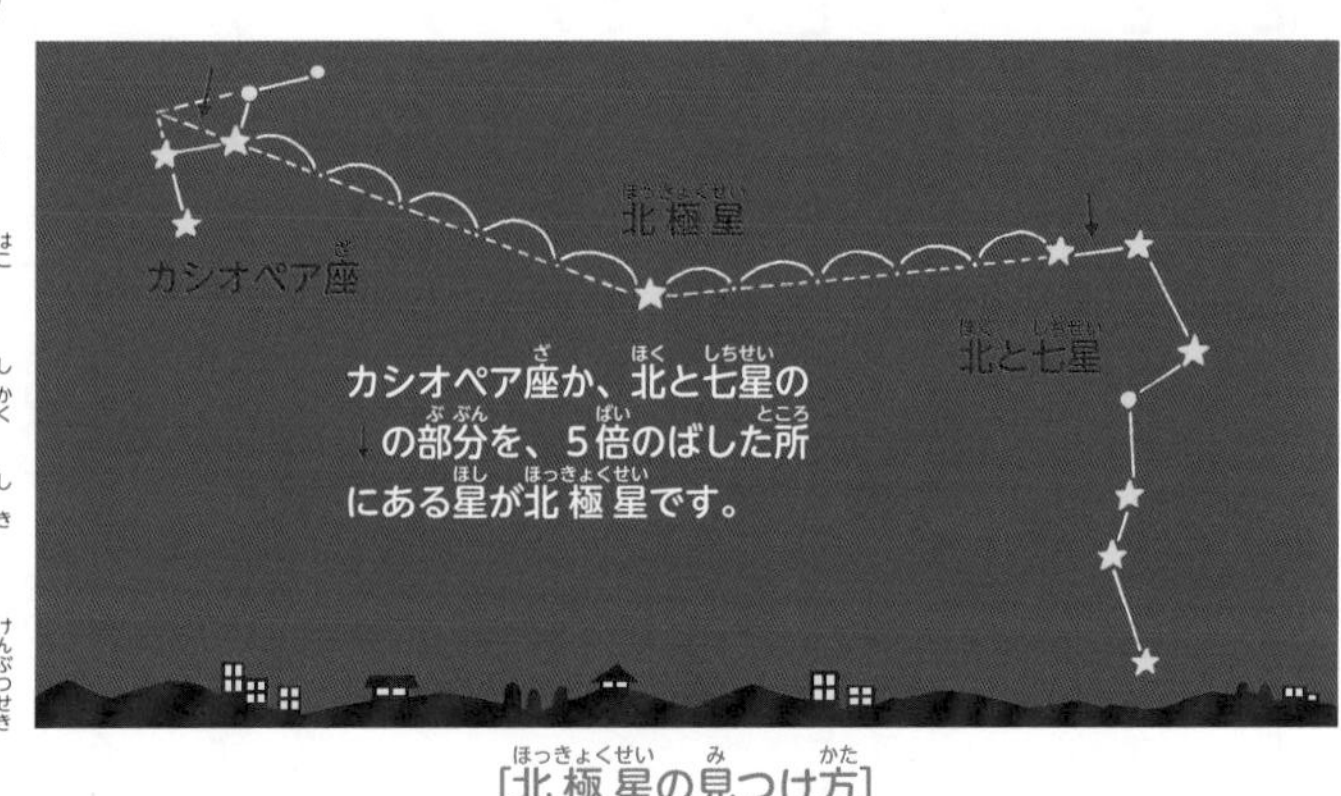
カシオペア座
北極星
北と七星
カシオペア座か、北と七星の
↓の部分を、5倍のばした所
にある星が北極星です。

[北極星の見つけ方]

ボックス ❶箱。❷四角に仕切った見物席。❸箱形の小さいたてもの。▽「電話ボックス」❹野球でバッターやコーチの立つ所。また、キャッチャーの守備位置。▽「バッターボックス」

ほっさ【発作】 はげしいいたみや、けいれんなどが、急におこること。

ぼっしゅう【没収】 むりにとりあげること。▽「財産をぼっ収する」

ほっする【欲する】 ほしがる。ねがう。のぞむ。▽「自由を欲する」⬇【欲】730ページ

ぼっする【没する】 ❶しずむ。かくれる。▽「日が西の山にぼっする」❷人が死ぬこと。▽「九十さいでぼっする」

ほっそく【発足】 ものごとがはじまること。▽「研究所が発足する」

ほっそり 細く、すらりとしているようす。▽「ほっそりとした足」

ほったてごや【掘っ立て小屋】 土台をおかないで、地面にあなをほって柱を立ててつくったそまつな家。

ほったん【発端】 ものごとのはじめ。糸口。▽「事件の発たん」

ホッチキス 金属のとじばりで、紙などをとじる道具。ホチキス。商標名。

ぽっちゃり ふっくらしてかわいらしいようす。▽「ぽっちゃりした女の子」

ほっと ❶ためいきをつくようす。▽「ほっとためいきをつく」❷安心するようす。▽「試験もすんで、ほっとする」

ホット ❶熱いこと。▽「ホットミルク」❷とても新しいこと。▽「ホットなニュース」

ポット ❶飲みものを入れる、そそぎ口のついた深いびん。▽「紅茶をポットからそそぐ」❷飲みものの温度が長い時間変わらないようにした容器。魔法瓶。

ぼっとう【没頭】 そのことにむちゅうになること。▽「研究にぼっ頭する」

ホットケーキ 小麦粉・たまご・牛乳などをまぜて、フライパンで平たく丸い形に焼いたおかし。パンケーキ。⬇コラム648ページ

ほっとする 安心する。きんちょうしない。▽「家にいるとほっとする」

ホットドッグ 細長いパンに切れ目を入れ、あたためたソーセージをはさんだ食べ物。

ポップコーン トウモロコシの実を火であぶってはじけさせ、塩をふったおかし。

ほっぺた ほおのあたり。ほおのかわいらしい言いかた。▽「ほっぺたをふくらます」⬇顔(図)

ぼつらく【没落】 ほろびること。お金や力がなくなっておちぶれること。

ほつれる ほどける。とける。▽「かみがほつ

あいうえお かきくけこ さしすせそ たちつてと なにぬねの はひふへほ まみむめも やゆよ らりるれろ わをん

なぞなぞ 使う時にはいらず、使わない時にいるものは？ 答えは次のページ。

れる。▽「ぬい目がほつれる」

ほてい【布袋】七福神の一人。僧のすがたをし、太っている。福をさずけるといわれる。⬇七福神（図）

ボディー ❶人のからだ。とくに胴の部分。▽「ボディーライン」❷車などの中心の部分。▽「車のボディーに傷がつく」

ボディーガード 人の生命を身をもってまもる役目の人。護衛。

ポテト ジャガイモ。▽「ポテトサラダ」

ほてる 火や熱などで、顔やからだがあつく感じる。▽「顔がほてる」

ホテル 西洋風の旅館。

ほど【程】❶ていど。▽「身の程を知れ」❷きょり。へだたり。▽「程遠い」❸ようす。❹ころ。▽「後程」●程遠い●程無く●程々 ⬇【程】470ページ

ほどう【歩道】車は通れないで、人だけが歩くように作ってある道。⬍車道。

ほどう【補導】悪いほうへ行かないようにたすけ導くこと。

ほどう【舗道】コンクリートやアスファルトなどで、ほそうした道。

ほどうきょう【歩道橋】道路を横断するために、車道をまたぐようにかけられた、人が歩く橋。

ほどく 糸でぬってあるものや、むすんであるものをときはなす。ほぐす。解く。▽「くつひもをほどく」

ほとけ【仏】❶さとりをひらいた人。仏陀。▽「仏心」❷おしゃかさま。❸なさけ深い人。❹死んだ人。▽「仏になる」⬇【仏】612ページ ●仏心●仏の顔も三度

ほとけごころ【仏心】なさけ深い心。

ほとけのかおもさんど【仏の顔も三度】仏のようにおだやかな人でも、度々だまされたりらんぼうされたりすると、しまいにはおこるということ。

ほどける むすんでいたものがとけてゆるむ。▽「リボンがほどける」

ほどこす【施す】❶めぐむ。あたえる。▽「お金をほどこす」❷あらわししめす。▽「めんぼくをほどこす」❸行う。▽「手当てをほどこす」

ほどとおい【程遠い】❶きょりがだいぶはなれている。❷まだずっと先である。▽「宇宙旅行が手軽に楽しめるようになるのは、程遠い話だ」

ほとばしる いきおいよくとびちる。▽「たきのしぶきがほとばしる」

ほとほと ひじょうに。まったく。▽「ほとほとこまりはてる」

ほどほど【程程・程々】ちょうどいいように。適度に。⬇「々」は同じ文字をくり返すという意味のおどり字という記号。▽「程々に運動をする」

ほとぼり ❶まだのこっている熱。❷世間のうわさ。▽「事件のほとぼりもうさめた」❸気持ちの高まり。▽「けんかのほとぼりがさ

ことばのふしぎ ホットケーキとパンケーキ

「ホットケーキ」と「パンケーキ」のちがいを知っていますか？ 同じものとしている辞書と、「あまくてふっくらしているのがホットケーキ」「うすくてソーセージにも合わせられるのがパンケーキ」としている辞書があります。今はまだ、はっきりと決まっていないようです。

める」

ほとり　あたり。そば。▽「池のほとり」

ボトル　びん。

ほとんど　❶たいてい。おおかた。▽「ほとんどの人が出席した」❷もう少しのところで。▽「ほとんどおぼれるところだった」

ほにゅうびん【ほ乳瓶】　ミルクなどを入れて赤ちゃんに飲ませるためのびん。乳首にた飲み口がついている。

ほにゅうるい【ほ乳類】　背骨を持っている動物のなかま。肺で呼吸をし、乳をのませて子をそだてる。人間・牛・馬・犬など。

ほね【骨】　❶動物のからだのささえになっているかたいもの。▽「魚の骨」❷うちわ・しょうじなどの紙をはる所。❸中心となる人や物。▽「この物語の骨になる人」❹しっかりした心がまえ。▽「骨のある人」❺苦労すること。▽「骨が折れる」⇩【骨】249ページ
●骨折り●骨折り損のくたびれもうけ●骨が折れる●骨組み●骨抜き●骨身を惜しまない●骨休め●骨をうずめる●あばら骨●背骨●無駄骨

ほねおり【骨折り】　力をつくすこと。苦労してはたらくこと。▽「みんなの骨折りで図書館ができた」

ほねおりぞんのくたびれもうけ【骨折り損のくたびれもうけ】　苦労してはたらいても、きき目や、よいことが何もないこと。むだぼねおり。

ほねがおれる【骨が折れる】　やることがたいへんだ。めんどうだ。

ほねぐみ【骨組み】　❶骨の組み合わせ。骨格。❷もとになる組み立て。▽「たてものの骨組みができる」

ほねぬき【骨抜き】　❶料理で、鳥や魚の骨をぬきとること。❷意見や計画から大事な部分をとりさって、だめにしてしまう。▽「計画が骨ぬきにされる」

ほねみをおしまない【骨身を惜しまない】　苦労することをいやがらないでいっしょうけんめいにはたらく。▽「家族のためには骨身をおしまない」

ほねやすめ【骨休め】　からだを休めること。休息。▽「骨休めに温泉に行く」

ほねをうずめる【骨をうずめる】　その土地で死ぬ。

ほのお【炎】　❶物がもえるときに光りかがやく部分。▽「ろうそくのほのお」❷はげしい感情。▽「いかりのほのお」

ほのか　ぼんやりしてはっきりしないようす。かすか。▽「ほのかな明かり」

ほのぼの　❶うすぼんやりと明るいようす。▽「東の空がほのぼのと明ける」❷ほんのりと、あたたかみがあるようす。▽「ほのぼのとした人のなさけ」

ほのめかす　それとなく、ようすやことばにあらわして知らせる。▽「犯行をほのめかす」

ホバークラフト　空気を下に強くふき出して、機体をうかせて走る乗り物。水上・陸上の両方に使える。商標名。⇩船（図）

ほばしら【帆柱】　はん船で、ほをかけるための柱。マスト。⇩船（図）

ほはば【歩幅】　歩くときの、一歩のはば。

ポピュラー　広く人々に知られて親しまれていること。人気のあること。▽「ポピュラーな歌」

ポプラ　ヤナギのなかまの木で、冬、葉が落ちる。高くまっすぐにのびて形が美しいので、なみ木などにする。

ほぼ　およそ。おおかた。だいたい。▽「作品は、ほぼできあがった」

ほほえましい　にっこりほほえみたくなるような感じである。▽「ひな鳥のめんどうをみる親鳥のすがたがほほえましい」

ほほえむ　にっこりわらう。

ほまれ【誉れ】　よいひょうばん。名誉。▽「国のほまれ」

前のページの答え⇒「ふろのふた」

ほめたたえる【褒めたたえる】心から、さかんにほめる。

ほめる【褒める】すぐれている、りっぱであるとたたえる。

ぼや 小さな火事。▽「ぼやを出す」

ぼやける はっきりしなくなる。

ほらあな【洞穴】がけや岩などの、中が大きな穴になっている所。

ほらふき 大げさなことを言う人。

ボランティア 自分からすすんで、無料で世の中のためにつくす人。

ほり【堀】❶水を通すために地面をほった所。❷城のまわりをほって水をためた所。▽「ほりをめぐらす」

ほりかえす【掘り返す】❶ほって、下のほうの土を表面に出す。▽「畑の土をほり返す」❷一度うめた部分をほる。▽「道路をほり返して水道管の修理をする」

ほりさげる【掘り下げる】❶下へ深くほる。❷ものごとを深くしらべる。

ほりだしもの【掘り出し物】思いがけなくさがし出しためずらしい物。安く手に入れたねうちのある物。▽「ほり出し物のカメラ」

ほりもの【彫り物】木・金属・石などに、物の形やもようなどをほった物。ちょうこく。▽「おみやげに、クマのほり物をもらった」

ほりゅう【保留】その場できめずに、そのまま止めておくこと。▽「答えは保留にしておく」

ボリューム ❶量。かさ。❷音の量。▽「テレビのボリュームをあげる」

ほりょ【捕虜】戦争などで、敵につかまった人。▽「ほりょになる」

ほる【掘る】❶地面にあなをあける。▽「池をほる」❷地下にうまっている物をとり出す。▽「石炭をほる」

ほる【彫る】きざむ。ちょうこくする。

ボルト ねじの一種。ナットと組み合わせ材木や鉄などをつなぎ合わせる。

スパナ
このように使う
ボルト
ナット
［ボルトとナット］

ボルト 電圧の単位。記号は「V」。家庭で使っている電圧は、ふつう一〇〇ボルト。

ホルモン からだの中から出る液。血液にまじって、からだの中を回り、器官のはたらきをよくする。

ホルン 管が、まるくまいている金管楽器。角笛から発達したもの。⬇楽器（図）

ほろ 雨や風をふせぐために、自動車などにかけるおおい。

ぼろ ❶使い古した布切れや衣服。❷かくしていた欠点。▽「ぼろを出す」❸古くてみっともないもの。▽「ぼろ家。ぼろ自転車」

ぼろがでる【ぼろが出る】かくしておいた欠点や失敗があらわれる。▽「すぐにかっとしてぼろが出る」

ポロシャツ はんそででえりがついている、頭からかぶって着るシャツ。

ほろびる【滅びる】おとろえてなくなる。▽「悪はほろびる。今はほろびてしまった動物」

ほろぼす【滅ぼす】たやす。なくす。

ぼろぼろ ❶物がくだけたり、こぼれたりするようす。▽「ビスケットがぼろぼろにくだける」❷紙や布がひどくいたんで、やぶれているようす。▽「ぼろぼろのぞうきん」

ホワイト 白。白色。

ほん【本】1年 ホン もと ❶書物。▽「絵本。文庫本」❷大もと。ものごとのもと。▽「根本」❸もはんとなるもの。▽「手本」

❹中心。主な。▽「本社。本校」❺正しい。うそでない。▽「本名」❻もとから持っている。▽「本能」❼もとづく所。▽「本籍」❽この。▽「本年」❾細長いものを数えることば。▽「えんぴつ一本」

本 一 十 才 木 本

★「木」ににているので注意。

●本意●本格的●本気●本拠●本業●本家●本校●本国●本腰●本質●本社●本州●本性●本職●本心●本陣●本籍●本尊●本体●本店●本当●本堂●本人●本音●本能●本場●本番●本部●本降り●本分●本末転倒●本名●本望●本物●本来●本流●本領●本塁打●基本●資本●台本●単行本●見本

ぼん【盆】❶平たくて、食品などをはこぶあさい入れ物。おぼん。❷仏教で、七月十五日に先祖のたましいをまつる行事。うらぼん。

ほんい【本意】❶もとからの考え。❷ほんとうの気持ち。本心。

ほんかくてき【本格的】本物らしい。本式である。▽「本格的な夏」

ほんき【本気】まじめな気持ち。

ほんきょ【本拠】主なよりどころ。もとになる所。▽「本きょ地」

ほんぎょう【本業】主にしている職業。本職。⇕副業。

ほんけ【本家】❶一族の中でいちばんもとになる家。⇕分家。❷茶・生け花などのいちばんもとになる師しょうの家。家元。

ほんこう【本校】❶分校にたいして、もとになる学校。⇕分校。❷この学校。▽「本校の生徒」

ほんごく【本国】❶その人の生まれた国。自分のせきのある国。❷植民地などにたいして、もとになる国。

ぼんさい【盆栽】はちに小さな植物をうえて形をととのえ、自然のおもしろみを味わうようにしたもの。

ほんしつ【本質】いちばんもとになる性質。

ほんじつ【本日】「今日」の、きちんとした言い方。▽「本日開店」

ほんしゃ【本社】❶大もとの神社。❷大もとの会社。▽「支社から本社へ電話する」⇕支社。

ほんしゅう【本州】日本列島でいちばん大きな島。東は太平洋、西は日本海にはさまれている。

ほんしょう【本性】もともと持っている性質。生まれつき持っている性質。▽「本性をあらわす」

ほんしょく【本職】❶主としている職業。❷専門家。▽「本職の大工さん」

ほんしん【本心】❶正しい心。良心。▽「本心にたちかえってはたらく」❷いつわりのないほんとうの気持ち。本意。内心。▽「本心を明かす」

ほんじん【本陣】❶たたかいのとき、大将のいるじん地。❷江戸時代に、大名や身分の高い人がとまった旅館。

ぼんじん【凡人】とくにすぐれたところのない、ごくふつうの人。凡夫。

ポンず【ポン酢】ダイダイ・ユズ・レモンなどミカンのなかまの果物のしるからつくった調味料。

ほんせき【本籍】その人の戸せきがある所。▽「本せき地」

ほんそう【奔走】あちこちかけ回って、いろいろと世話をやくこと。▽「寄付金集めにほん走する」

ほんぞん【本尊】その寺で、いちばん大切にまつってある仏様。▽「本尊を安置する」

ほんたい【本体】❶ほんとうの形。正体。▽「本体を見やぶる」❷機械などの中心の部分。▽「本体に部品をつなぐ」

ほんだな【本棚】本を入れておくたな。

あいうえお かきくけこ さしすせそ たちつてと なにぬねの はひふへほ ほ まみむめも やゆよ らりるれろ わをん

早口ことば（五回続けていえるかな）ヘリコプターが離陸着陸する。

ぼんち【盆地】 まわりが山や高い土地にかこまれていて、おぼんのような形をした平らな土地。▼「甲府盆地」

ほんてん【本店】 もとになって、ほかの店をまとめる店。⇕支店。

ほんとう【本当】 うそや見せかけでないこと。真実。まこと。▼「本当のことを言おう」

ほんどう【本堂】 寺の本尊をまつるたてもの。金堂。

ほんにん【本人】 その人。当人。

ほんね【本音】 心の底から出たほんとうの気持ち。▼「本音をはく」

ほんの ❶まったくの。▼「ほんの子供だ」❷ごく。▼「ほんの少しばかり」

ほんのう【本能】 生まれつき持っている性質や、はたらき。▼「赤んぼうが乳をすうのは本能だ」

ほんのり かすか。うっすら。ぼんやり。▼「顔がほんのり赤くなる」

ほんば【本場】 ❶主な産地。▼「お茶の本場」❷ものごとが本式に行われている所。▼「本場の野球を見る」

ほんばん【本番】 テレビ・映画などで、練習ではなく、じっさいにうつしたり、放送したりすること。また、練習に対してじっさいに行うこと。▼「入試の本番であがってしまう」

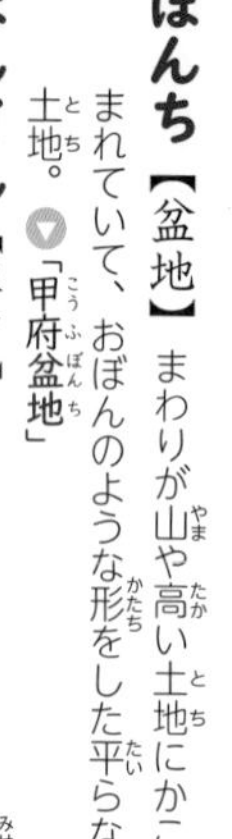

ほんぶ【本部】 組織や仕事などの中心になって指図をしたり、世話をやいたりする所。▼「大会本部」⇕支部。

ポンプ 水・油・空気などをおくるのに使う道具。▼「消防ポンプ」

ほんぶり【本降り】 雨がすぐにはやみそうもなく、強くふること。▼「本降りになる」⇕小降り。

ほんまつてんとう【本末転倒】 大事なことと、たいして大事でないつまらないことが、ぎゃくになること。

ほんみょう【本名】 ほんとうの名前。⇕偽名。

ほんめい【本命】 ❶競馬などで、一番になりそうな馬や選手。また、ある地位につく見こみがいちばん強いと思われている人。▼「あの子が劇のおひめさま役の本命だ」❷その人がいちばんにねらっているもの。▼「本命の学校に合格した」

ほんもう【本望】 ❶前からの望み。❷望みがかなってとくもまんぞくであること。▼「出場できて本望だ」

ほんもの【本物】 ❶ほんとうの物。⇕にせ物。❷すぐれていて、たしかなこと。▼「かれの絵は本物だ」

ほんや【本屋】 本や雑誌を売る店。書店。

ほんやく【翻訳】 ある国のことばであらわされた文章を、ほかの国のことばや文章に直すこと。▼「ほん訳書」

ぼんやり ❶はっきりしないようす。▼「ぼんやりとしか見えない」❷まがぬけて大事なことに気がつかないようす。▼「ぼんやりして電車を乗りすごす」

ほんらい【本来】 ❶もともと。もとから。▼「母は本来話しずきだ」❷あたりまえ。ふつう。▼「きみに相談するのが本来だが、できなかった」

ほんりょう【本領】 もともと持っている性質や、とくちょう。▼「本領を発揮する」

ほんるいだ【本塁打】 ⬇ホームラン

ほんろう 思うままにもてあそぶこと。▼「船があら波にほんろうされる。あいてチームをほんろうする」

ま マ

ま【目】 め。「目の当たり」「目深」などと読むときのとくべつな読み方。⬇【目】699ページ

ま【真】 ❶まこと。ほんとう。▽「じょうだんを真にうける」❷あることばの上につけて、正しくまじりけのないことをしめしたり、意味を強めたりする。▽「真心。まじりけのない真水」⬇【真】347ページ
●真新しい●真上●真心●真正面●真っ赤●真っ暗●真っ黒●真っ最中●真っ青●真っ盛り●真っ先●真っ白●真っすぐ●真っただ中●真っ二つ●真夏●真に受ける●真人間●真昼●真冬●真水●真向かい●真夜中●真ん中

ま【馬】 ウマ。▽「絵馬。馬子」⬇【馬】548ページ
●馬子にも衣装

ま【間】 ❶物と物とのあいだ。▽「すき間」❷ひま。おり。▽「間に合う。合間」❸部屋。▽「日本間。洋間」❹しばいのせりふや、話すことばのあいま。▽「間をおく。間が持てない」⬇【間】148ページ
●間が抜ける●間借り●間が悪い●間口●間近●間違い●間違える●間取り●間に合う●間延び●間引き●間もなく●居間●大広間●つかの間●手間●土間●仲間●昼間

マーガリン 植物などのあぶらに塩などをまぜ合わせてつくった、バターににた食べ物。▽「パンにマーガリンをぬる」

マーク ❶しるし。記号。⬇記号（図）▽「JISマーク」❷とくに、目をつけること。▽「三番バッターをマークする」

マーケット ❶小さな店がたくさん集まって物を売っている所。市場。❷商品の売り買いやとりひきをする所。市場。▽「商品のマーケットを広げる」

まあたらしい【真新しい】 見るからに新しい。▽「真新しいぼうし」

マーチ 行進曲。

まあまあ 十分ではないが、だいたいよい。▽「まあまあの出来」

マーマレード オレンジやナツミカンなどの皮をきざみ、しるとさとうをいっしょににてつくったジャム。

まい【米】 こめ。▽「白米。玄米。新米」⬇【米】626ページ

まい【毎】 2年 マイ ― ことばの上について「そのたびごと」「それぞれ」の意味をあらわす。▽「毎回。毎年。毎日」

毎（ななめ左下に。母ではない）

まい【枚】 6年 マイ ― ❶紙・板・お金のように、うすく平たいもの。▽「大枚。枚数」❷紙・布・板など、うすく平たいものを数えることば。▽「はがき一枚」

枚（夂や又ではない）

まい【妹】 2年 （マイ） いもうと ― いもうと。▽「姉妹」⬍姉。

妹（おる）

まい【舞】 歌や音楽に合わせて、いろいろな身ぶりをすること。おどり。

まいあがる【舞い上がる】 ❶空にまうようにして高くとんだり、上がったりする。▽「紙くずが風でまい上がる」❷興奮などで我を忘れる。▽「スターとあく手してまい上がる」

早口ことば （五回続けていえるかな）ぼう主がびょう風に上手にぼう主の絵をかいた。

まいかい【毎回】そのたび。いつも。

マイク「マイクロホン」の略。

マイクロホン 音を電流にかえる機械。放送や、大ぜいの人に話すときなどに使われる。マイク。

まいご【迷子】道にまよった人。また、親にはぐれた子供。

まいこむ【舞い込む】❶まいながら入ってくる。▽「雪がまいこんでくる」❷思いがけなく来る。▽「よい知らせがまいこむ。小鳥がまいこむ」

まいしゅう【毎週】どの週も。一週間ごと。▽「毎週一回、泳ぎに行く」

まいそう【埋葬】死んだ人を土の中にうめて、ほうむること。▽「お墓にまいそうする」

マイナス ❶ひくこと。また、その記号。「－」。❷たりないこと。❸損をすること。▽「そんなことをするのはマイナスになる」❹数字で0より小さい数。負の数。❺電気のながれの入るほう。陰極。⇕プラス。

まいにち【毎日】日ごと。日々。▽「毎日ふろに入る」

まいばん【毎晩】どの夜も。夜ごと。毎夜。▽「毎晩九時にねる」

まいぼつ【埋没】すっかりうずもれて見えなくなること。▽「がけくずれで家がまいぼつする」

まいもどる【舞い戻る】また、もとの所へ帰ってくる。

まいる【参る】❶神社・寺におまいりする。❷「行く」「来る」のへりくだった言い方。▽「明日参ります」❸負ける。弱る。▽「寒さに参る」⬇【参】278ページ

まう【舞う】❶音楽や歌に合わせて、からだや手足を動かしておどる。❷おどるように、物がひらひらとぶ。▽「木の葉がまう」

まうえ【真上】ちょうどそのまっすぐ上。▽「真上を見あげる」

マウス ❶ネズミ。とくに、研究や実験に使われるハツカネズミ。❷机の上で動かして、パソコンに指示をするそうち。かたちがネズミに似ている。

まえ【前】❶目のむいている方。⇕後ろ。❷さき。はじめ。▽「前から二番目の席」❸昔。もと。▽「三年前」⇕後。後。⬇【前】388ページ ●前足●前置き●前かがみ●前髪●前払い●前触れ●前向き●板前●気前●手前●出前●名前●人前

まえあし【前足】動物の、前の方の足。⇕後足。後ろ足。

まえうり【前売り】乗り物のきっぷや映画・音楽会の入場券などを、使う日よりも前に売り出すこと。▽「前売り券」

まえおき【前置き】文章や話などで、本すじに入る前にのべることば。まくら。前口上。

まえかがみ【前かがみ】からだを少し前にまげること。

まえかけ【前掛け】エプロン。

まえがみ【前髪】ひたいの前の方にたらしたかみの毛。▽「前がみを切る」

まえばらい【前払い】お金を先にはらうこと。先ばらい。⇕後払い。

まえぶれ【前触れ】❶前もって知らせること。先ぶれ。▽「前ぶれなしにたずねる」❷あることがおこるのを、知らせるような出来事。前兆。

まえむき【前向き】❶すすんで行く方向をむいていること。⇕後ろ向き。❷すすんでものごとをしようとするようす。▽「前向きで勉強にとりくむ」

まがいもの【まがい物】本物とまちがえるほど、にせて作った物。にせ物。▽「まがい物の宝石」

まがさす【魔が差す】悪まが人の心に入りこんだかのように、ふと悪い心がおこる。

▽「ふとまが差して、勝手に戸だなのどら焼きを食べてしまった」

マガジン 雑誌。

まかす【任す】 任せる。▽「るすばんを弟に任す」⬇【任】532ページ

まかす【負かす】 やっつける。▽「あいてを負かす」⬇【負】600ページ

まかせる【任せる】 ❶信用して、その人の思うままにさせる。▽「すべてをきみに任せる」❷自分以外のものの動きにしたがう。▽「からだを波に任せる」❸およぶかぎり。▽「力に任せて引く」⬇【任】532ページ

まかなう【賄う】 ❶食事のしたくをうけもつ。▽「学校の給食をまかなう」❷ものごとをうまくとりはからう。▽「ほしいものは自分のこづかいでまかなう」

まがぬける【間が抜ける】 大事なことがおちている。ちえがたりない。▽「間がぬけたあいさつ」

まがも ぬまや湖にすむカモのなかまの水鳥。冬に北からわたってくるものが多い。肉は食用にする。

まがり【間借り】 お金をはらって、よその家の部屋を借りてすむこと。

まがりかど【曲がり角】 ❶道が曲がっている角。❷ものごとの大きなかわり目。▽「人生の曲がり角」

まがりくねる【曲がりくねる】 いくつにもおれ曲がる。あちこちに曲がる。▽「曲がりくねった道」

まがる【曲がる】 ❶まっすぐでなくなる。ゆがむ。▽「こしが曲がる」❷むきをかえる。▽「左へ曲がる」❸一方にかたむく。▽「柱が曲がる」❹道理にはずれる。正しくない。▽「曲がったことはきらいだ」⬇【曲】181ページ

マカロニ イタリア料理で使うパスタの一つ。穴のあいた短い棒の形をしたものなどがある。

まがわるい【間が悪い】 ❶その場のぐあいが悪い。きまりが悪い。▽「間が悪い思い」❷運が悪い。▽「間が悪く、雨がふってきた」

まき【牧】 まきば。ぼくじょう。▽「牧場」⬇【牧】643ページ

まき【巻】 ❶まくこと。まいたもの。▽「巻物」❷本や物語を区切って分けるときに使うことば。▽「巻の一」⬇【巻】148ページ

まき 燃やして火をおこすために、ちょうどいい大きさに切ったり割ったりした木。たきぎ。⬇昔話（図）

まきあげる【巻き上げる】 ❶ぐるぐる巻いて上げる。▽「すだれを巻き上げる」❷うばいとる。ふんだくる。▽「お年玉を巻き上げられる」

まきおこす【巻き起こす】 事件やもめごとを引き起こす。

まきがい【巻き貝】 タニシ・サザエのように巻いたからを持つ貝。

まきこまれる【巻き込まれる】 ❶巻かれて中に入れられる。❷知らず知らずに、事件などに引きこまれる。

まきじゃく【巻き尺】 入れ物に巻きこんであるものさし。引き出して使う。⬇工具（図）

まきずし【巻きずし】 酢で味をつけたごはんと、魚やきゅうり、たまごやき、かんぴょうなどの具を、いっしょにのりで巻いたすし。

まきぞえ【巻き添え】 他人の事件に巻きこまれて、損害やめいわくをうけること。▽「けんかの巻きぞえをくう」

まきちらす【まき散らす】 あたり一面に散らす。あちこちへなげ散らす。

まきつく【巻きつく】 ほかのもののまわりをぐるぐる巻いてはなれなくなる。▽「アサガオのつるが棒に巻きつく」

まきば【牧場】 牛や馬などを放し飼いにして

なぞなぞ 小さいごみなのに、自まんに思われているのは？ 答えは次のページ。

いる所。ぼくじょう。

まきひげ【巻きひげ】カボチャなどのつるのように、ほかの物に巻きつく、葉やくきの変化した、つる。

[巻きひげ]

まきもの【巻物】細長い紙に字や絵をかいて巻いたもの。

まぎらす【紛らす】❶ほかのものとまざり合って、わからないようにする。ごまかす。❷心をほかのものにむけて気分をかえる。

まぎらわしい【紛らわしい】よくにていて見分けがつきにくい。

まぎれこむ【紛れ込む】❶ごたごたにつけこんで中に入りこむ。❷こんざつのためにまちがって入りこむ。

まぎれる【紛れる】❶くべつがしにくい。❷入りまじって見えなくなる。▽「人ごみにまぎれる」❸ほかのことに心をうばわれる。▽「気がまぎれる」

まく【幕】6年 マク・バク ❶長くはばの広い布で、おおいや、しきりに使うもの。▽「紅白の幕」❷しばいの一区切り。▽「一幕物」❸場面。場合。▽「わたしの出る幕ではない」❹ものごとのおわり。▽「これで幕だ」

幕 幕 幕 幕 幕 幕 幕 幕
●幕が開く●幕切れ●幕を閉じる●暗幕●開幕●黒幕

まく【巻く】❶ぐるぐるとまるめる。▽「紙を巻く」❷まといつく。▽「つるが巻く」❸まるく回す。▽「ねじを巻く」⬇【巻】148ジ

まく【膜】❶からだの内臓・筋肉などをおおう、うすい皮。▽「腹まく」❷物の表面をおおううすい皮。

まく ❶たねをちらしてうえる。▽「畑にたねをまく」❷あたり一面に散らす。▽「水をまく」

まくがあく【幕が開く】❶劇がはじまる。❷ものごとがはじまる。

まくぎれ【幕切れ】❶劇で、一つの場面のおわり。❷ものごとがおわること。▽「事件の幕切れ」

まくしたてる べらべらしゃべりつづける。▽「早口でまくしたてる」

まぐち【間口】❶土地やたてものなどの、前がわのはば。正面の横の長さ。⇕奥行き。❷仕事などのはんい。▽「研究の間口を広げる」

マグニチュード 地しんの大きさをあらわす単位。記号は「M」。

マグネット 磁石。

マグマ 地下にある高温のどろどろしたもので、火山がふき出すもの。ひえてかたまるとよう岩になる。岩しょう。

まくら ❶ねるときに頭をのせるもの。⬇シーツ（図）❷話や文章の前おきとしてのべることば。前置き。前口上。▽「話のまくら」

まくらぎ【まくら木】鉄道のレールをささえるために下におく横木。

まくらもと【まくら元】ねている人のまくらのそば。▽「まくら元におく」

まくる ❶巻きながら上にあげる。▽「ズボンのすそをまくる」❷はがす。めくる。▽「ふとんをまくる」

まぐれ ぐうぜんによい結果になること。▽「まぐれで、よい点をとる」

まぐろ あたたかい海にすむ大きな魚。さしみや、すしなどにして食べる。⬇すし（図）

まくをとじる【幕を閉じる】❶幕をしめて劇がおわる。❷ものごとがおわる。▽

あいうえお かきくけこ さしすせそ たちつてと なにぬねの はひふへほ ま まみむめも やゆよ らりるれろ わをん

「オリンピックの幕を閉じる」

まけ【負け】負けること。⇕勝ち。

まげ かみの毛をたばねて、いろいろな形にゆったもの。

みてみよう!

まげのしゅるい

かみがたでどんな人かわかった時代があるよ

小いちょう
町人

大いちょう
武士
今でもおすもうさんがこのかみがたをします

文金高島田
今でも花よめさんがこのかみがたをします

丸まげ
結婚している女性

桃割れ
結婚していない女性

まけおしみ【負け惜しみ】負けたことをざんねんに思って、わざと強がったり、言いわけをしたりすること。

まける【負ける】❶力がおとっていてやぶれる。▽「試合に負ける」⇕勝つ。❷まいる。あいてにゆずる。▽「ゆうわくに負ける。暑さに負ける」❸ねだんを安くする。▽「十円負ける」⬇【負】600ページ

まげる【曲げる】まがるようにする。▽「針金を曲げる」⬇【曲】181ページ

まけんき【負けん気】負けたくないというきもち。▽「負けん気が強い」

まご【孫】子供の子供。⬇【孫】408ページ

まごころ【真心】うそいつわりのない、正直な心。▽「真心をこめる」

まごつく どうしていいのかわからないで、うろうろする。まごまごする。

まこと【誠】いつわったり、かざったりしない心。まごころ。真実。⬇【誠】373ページ

まことしやか いかにもほんとうらしいようす。▽「まことしやかな作り話」

まごにもいしょう【馬子にも衣装】馬を引くしごとをする馬子でさえも、いい着物を着せるとりっぱに見えるように、だれでも着かざるとりっぱに見えるものだ。

まごまご どうしていいかわからなくて、うろうろするようす。▽「改札口でまごまごしているおばあさんを助ける」

まさ【正】ほんとう。そのとおり。▽「正夢」⬇【正】372ページ ●正しく●正に●正夢

まさか ❶そんなことはおこらないだろうが。いくらなんでも。よもや。▽「まさか失敗しないだろうね」❷いざという場合。万一の場合。▽「まさかのときの用意に、貯金をしておく」

まさしく【正しく】まったく。たしかに。▽「正しくきみの言うとおりだ」

まさつ【摩擦】❶こすること。すれあうこと。❷あらそい。▽「まさつをさける」

まさに【正に】❶まちがいなく。たしかに。▽「正にそのとおりだ」❷ちょうど。ぴったり。▽「正に試合がはじまろうとしている」

まさゆめ【正夢】ほんとうになる夢。夢で見たことと同じことが、じっさいにおきたときの、その夢。⇕逆夢。

[正夢]

まさる【勝る】ほかよりすぐれる。ひいでる。▽「走る速さはかれのほうが勝る」⇕劣る。⬇【勝】332ページ

前のページの答え⇒「ほこり」

まざる【交ざる】➡交じる➡【交】226ページ

まざる【混ざる】➡混じる➡【混】257ページ

まし　そのほうがほかにくらべればいいこと。▽「何もないよりましだ」

まじえる【交える】❶とりくみ合う。▽「たたかいを交える。ことばを交える」❷いっしょに入れる。くわえる。▽「先生を交えて話し合う」➡【交】226ページ

マジック　まじゅつ。ま法。手品。

まじない　神や仏の力をかりて、病気やわざわいをはらうためにいのること。また、その術。

まじまじ　じっと見つめるようす。▽「めずらしい魚をまじまじと見る」

まじめ【真面目】まごころのこもったたいど。本気なこと。ごまかしのないこと。

まじゅつ【魔術】❶ふしぎな力で人をまよわすわざ。❷大じかけな手品。奇術。

マシュマロ　たまごのしろみにさとう、ゼラチンなどをまぜてあわだててかためた、やわらかいおかし。

まじょ【魔女】まほうを使って、ふつうの人にはできないふしぎなことをする女の人。

ましょうめん【真正面】まっすぐの正面。まん前。まむかい。

まじる【交じる】ほかのものがいっしょに

いろいろなまじない

乳歯がぬけたら

上の歯はゆか下に、下の歯は屋根の上になげると丈夫な歯が生える［日本］

まくらの下に入れると歯のよう精がお金にかえる［アメリカ・スペイン］

箱に入れてベッドのよこにおくとま法のくにのネズミが歯とこうかんでお金をおいていく［メキシコ］

晴れてほしい

てるてるぼうずをつくる［日本］

かみなりをさけたい

「くわばらくわばら」ととなえる［日本］

くしゃみがでた

「ブレス・ユー」［アメリカやイギリスなど］

「チョク・ヤシャ」［トルコ］

「ゲズンハイト」［ドイツ］

「クスケー」［沖縄］

くしゃみはよくないことのサインとされるため、「お大事に」や「長生きしてね」などというまじないのことばをかけます

けがや病気をなおしたい

「ちちんぷいぷい」［日本］

「キスでよくなあれ」［アメリカ］

なる。まざる。▼「子供の中に大人が一人交じる」⬇【交】226ページ

まじる【混じる】 いっしょになってとけ合い、見分けがつかなくなる。まざる。▼「コーヒーにミルクが混じる」⬇【混】257ページ

まじわる【交わる】 ❶中に入って一つになる。交じる。▼「朱に交われば赤くなる」❷交差する。▼「道路が交わる」❸つきあう。▼「友と交わる」⬇【交】226ページ

マシン ❶機械。❷レースに使う自動車やバイク。

ます【増す】 ❶数が多くなる。ふえる。▼「人数が増す」⬍減る。❷くわえる。ふやす。▼「速度を増す」❸すすむ。▼「食欲が増す」⬇【増】396ページ

ます【升】 ❶水・米・こななどの量をはかるうつわ。❷すもうなどの、四角に区切った見物席。ます席。❸一字ずつを記入するげんこう用紙のわく。

まず 最初に。先に。

ますい【麻酔】 薬を使って、一時的にからだの感じをうしなわせること。▼「麻すいをかけて手術する」

まずい ❶おいしくない。味が悪い。▼「まずい料理」⬍うまい。❷下手だ。▼「字がまずいのではずかしい」❸ぐあいが悪い。▼「まずいことになる」

マスク ❶お面。❷野球のキャッチャーなどがかぶる、顔をおおうもの。❸ばい菌の入るのをふせぐため、鼻や口をおおうもの。❹顔かたち。

マスコット 幸せをはこんでくるという、えんぎのよい人や品物など。

マスコミ 「マスコミュニケーション」の略。

マスコミュニケーション 新聞・ラジオ・テレビなどを通じて、大ぜいの人に世の中のことをつたえるしくみ。マスコミ。

まずしい【貧しい】 ❶びんぼうである。▼「貧しいくらし」❷知識やけいけんがとぼしい。おとっている。▼「貧しい才能」⬇【貧】598ページ

マスター ❶主人。❷飲食店などの男主人。▼「酒場のマスター」❸完全に身につける。▼「英語をマスターする」❹もとになるもの。▼「マスターキー」

マスト 船の帆柱。

ますます 前よりもいっそう。いよいよ。▼「ますます雨がはげしくなる」

ませる 年のわりに大人びている。

まぜる【交ぜる】 いくつかのものを合わせて、いっしょにする。▼「リンゴとミカンを交ぜて包んでもらう」⬇【交】226ページ

まぜる【混ぜる】 いくつかのものをいっしょにし、とけ合わせる。▼「絵の具をよく混ぜる」⬇【混】257ページ

また ❶両足のつけねのあいだ。❷一つのものから二つ以上に分かれるところ。▼「木のまた」

また ❶同じく。▼「これもまた、むずかしい問題だ」❷そのうえ。そのほかに。▼「学者であり、また政治家でもある」❸ふたたび。▼「また来ます」

まだ ❶今でも。▼「電車はまだ来ない」❷もっと。さらに。▼「まだあそびたい」❸たったの。わずか。▼「まだ一時間しかねていない」❹どちらかといえば。▼「夏よりもまだ冬のほうがいい」

またがし【また貸し】 かりた物をさらにほかの人に貸すこと。

またがる ❶またを広げて両方の足ではさむようにして乗る。▼「馬にまたがる」❷二つ以上のものにつづく。▼「二つの町にまたがる川」

またぎき【また聞き】 じかにではなく、それを聞いた人から聞くこと。

またぐ またをひらいて、物の上をこえる。▼「しきいをまたぐ」

またしても またも。さらにかさねて。▼

なぞなぞ 赤いからだで、みちばたで紙を食べているものは？ 答えは次のページ。

「またしても優勝をのがした」

またたく【瞬く】❶目をあけたりとじたりする。❷光がついたりきえたりする。❸星がちらちらと光る。

または あるいは。でなければ。▼「水またはジュースをください」

まだら いろいろの色がいりまじっているもの。▼「まだらもよう」

まち【町】❶都道府県のもとにある自治団体。市よりも小さく、村よりも大きい。❷家がたくさんあるにぎやかな所。⇩【町】451ページ
●町並み●町外れ

まち【街】店などがたくさんならんでいる所。
⇩【街】113ページ

まちあいしつ【待合室】駅や病院などで、乗客やかん者などが時間や順番を待つための部屋。ひかえ室。

まちあわせ【待ち合わせ】時間と場所をきめておいて会うこと。▼「待ち合わせにおくれる」

まちうける【待ち受ける】人が来るのを、じゅんびして待っている。

まぢか【間近】すぐ近く。すぐそば。

まちがい【間違い】❶まちがえること。❷あやまち。しっぱい。▼「字のまちがいが多い」▼「ねむたくてまちがいをおこす」

まちがう【間違う】⇩まちがえる

まちがえる【間違える】❶あやまりをおかす。しっぱいする。▼「計算をまちがえる」❷とりちがえる。▼「道をまちがえる」

まちかど【街角・町角】❶まちのまがり角。▼「街角を左にまがる」❷まちの通り。▼「街角で花を売る」

まちかねる【待ちかねる】待っている時間が長くて、がまんできない。

まちこがれる【待ちこがれる】今か今かと、じりじりして待つ。

まちどおしい【待ち遠しい】まだかまだかと待っているので、時間が長く感じられる。▼「夏休みが待ち遠しい」

まちなみ【町並み】町の通りに家がたちならんでいるようす。家並み。

まちはずれ【町外れ】町のにぎやかな所からはなれた、さびしい所。

まちぶせ【待ち伏せ】急におそおうと、かくれて人を待っていること。

まちぼうけ【待ちぼうけ】待っていた人がとうとう来ないこと。

まちまち そろわないで、ばらばらなようす。▼「意見がまちまちだ」

まちわびる【待ちわびる】待つのが長すぎて、気をもむ。

まつ【末】4年 マツ・(バツ) すえ

❶おわり。▼「年度末。末端」⇔本。
❷こまかいこな。▼「粉末」
❸つまらない。大切でない。▼「粗末」

一 二 キ 末 末
上のヨコ棒より短く
★「未」ににているので注意

●末期●末期●末席●末端●期末●結末●月末●始末●週末●年末

まつ【松】❶針のような葉を持つ木。めでたい木として正月のかざりに使われる。実を「まつぼっくり（まつかさ）」という。❷門松のこと。▼「松の内」⇩【松】331ページ

まつ【待つ】❶人や時が来るのをのぞんで時間をすごす。▼「春を待つ。チャンスを待つ」❷とちゅうで動作をやめる。することを先にのばす。▼「おこづかいをもらうのを少し待つ」⇩【待】411ページ

まっか【真っ赤】❶ひじょうに赤いようす。▼「真っ赤なリンゴ」❷まったく。まるきり。▼「真っ赤なうそ」

まつかざり【松飾り】正月に門にかざる松。門松。

まっき【末期】おわりのころ。▼「江戸時代の末期。末期しょう状」⇔初期。

まっくら【真っ暗】❶何も見えないほど暗いようす。▽「真っ暗な部屋」❷これから先どうなるかわからないようす。▽「お先真っ暗だ」

まっくろ【真っ黒】ひじょうに黒いようす。▽「海で真っ黒にやける」

まつげ まぶたのふちにはえる毛。⬇顔（図）

マッサージ からだのつかれやこりをとるために、もんだりさすったりして、血のめぐりをよくすること。

まっさいちゅう【真っ最中】ものごとが、もっともさかんに行われているとき。▽「試合の真っ最中」

まっさお【真っ青】ひじょうに青いようす。▽「顔が真っ青になる」

まっさかり【真っ盛り】ものごとがもっとも盛んであるようす。

まっさき【真っ先】いちばん先。

まっしぐら いきおいよく、ひたすらすすむようす。いっさんに。

まっしろ【真っ白】ひじょうに白いようす。▽「真っ白な雪」

まっすぐ【真っすぐ】❶少しもまがっていないようす。▽「真っすぐな道」❷より道などをしないようす。▽「真っすぐ家に帰る」❸うそのないようす。正直。▽「真っすぐな人がら」

まっせき【末席】すわる席のいちばんはしの方。下座。⇔上席。

まったく【全く】❶みんな。ぜんぶ。すべて。▽「まちがいが全くない」❷ほんとうに。▽「全くいやになる。英語は全く読めない」⬇【全】388ページ

まつたけ 秋、アカマツの林にはえるキノコ。かおりも、味もよい。

まっただなか【真っただ中】❶まん中。❷まっさいちゅう。

まったん【末端】いちばんはし。いちばんすみ。おわり。▽「枝の末たん」

マッチ ❶こすって火を出すもの。▽「マッチをする」❷試合。▽「タイトルマッチ」❸つり合うこと。▽「ぼうしの色が服によくマッチしている」

まっちゃ【抹茶】お茶の新芽を乾そうさせて、うすでこなごなにしたお茶。茶道で使うほか、おかしの材料にもなる。

マット ❶げんかんや部屋の入り口におくしきもの。❷体操用具の一つで、厚いしきもの。

まつのうち【松の内】正月の松かざりがある間。元日から七日まで。

まつばづえ【松葉杖】足にけがをした人などが使うつえ。上の方が二つに分かれていて松の葉に似た形をしている。

まっぴら ぜったいにいやだ。▽「テストで0点をとるのはまっぴらだ」

マップ 地図。

まっぷたつ【真っ二つ】ちょうど半分にすること。▽「真っ二つに切る」

まつぼっくり【松ぼっくり】マツの木の実。こい茶色のうろこが重なったような形をしている。まつかさ。⬇公園（図）

まつむし コオロギのなかまのこん虫。夏から秋にかけて、草原で「チンチロリン」と鳴く。

まつよいぐさ 高さが一メートルくらいの草花。夏の夕方によいをまって黄色い花がさくので、こうよばれる。

まつり【祭り】❶神をなぐさめる儀式。また、そのときのもよおし。祭礼。祭典。▽「祭りばやし」❷にぎやかに行われるもよおし。▽「港祭り。雪祭り」⬇コラム662ページ ⬇【祭】261ページ

まつりごと【政】国や国民をおさめること。政治。⬇【政】373ページ

まつりばやし【祭りばやし】祭りのふんいきをもりあげるためにする、笛やたいこを使った音楽。▽「にぎやかで陽気な祭りばやし」

前のページの答え⇒「ポスト」

日本の祭り

一年をとおして、日本全国でいろいろな祭りがあります。

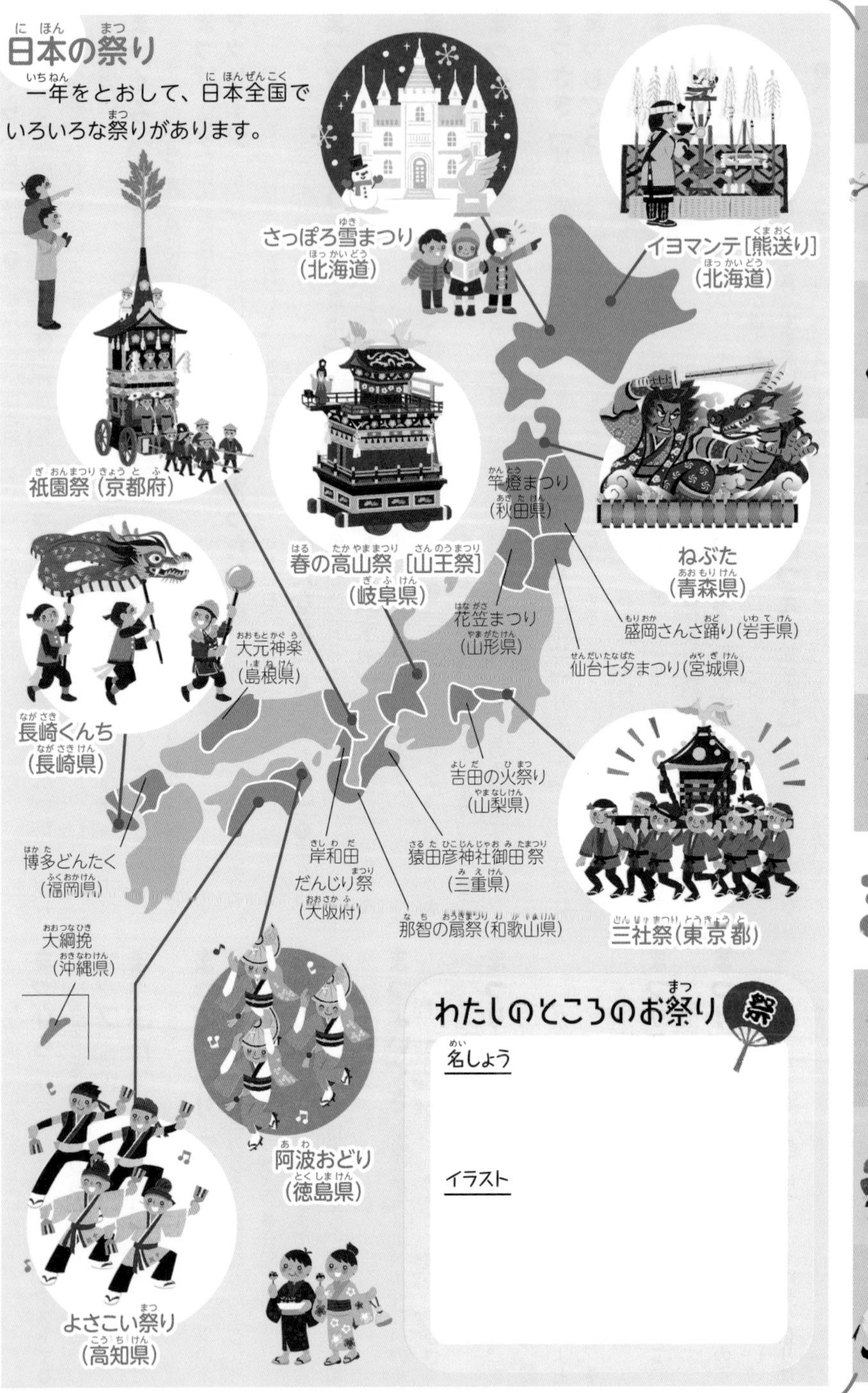

あいうえお
かきくけこ
さしすせそ
たちつてと
なにぬねの
はひふへほ
ま みむめも
やゆよ
らりるれろ
わをん

まつる【祭る】❶おそなえをしたり、音楽を演奏したりして、神をなぐさめる。❷きまった所に社をつくり、その中に神として大事におさめる。⬇【祭】261ページ

まつわる ❶関係がある。▽「湖にまつわる伝説」❷たえずついていてはなれない。つきまとう。▽「子供が母親にまつわる」

まで 行動やものごとがとどく所・時間・多さをあらわすことば。▽「学校まで行く。日がくれるまで遊ぶ。おやつは三個まで」

まと【的】❶矢やたまを当てる目じるしとして前の方に立てておく物。▽「的を射る」❷目当て。ねらい。▽「あこがれの的」⬇【的】473ページ

まど【窓】家の中に光や風を入れるために、かべや屋根にあけたあな。▽「窓ガラス」⬇【窓】395ページ ●窓口●窓辺●窓枠●出窓

まとう 身につける。▽「ぼろをまとう」

まどう【惑う】❶どうすればいいかわからなくなってこまる。▽「返事のしかたにまどう」❷よくないほうに心がうばわれる。▽「欲にまどう」

まどぐち【窓口】郵便局や銀行などで、客のあいてをする所。

まどべ【窓辺】窓のそば。窓近く。▽「窓辺に花をかざる」

まとまり ばらばらだったものがひとつになること。▽「まとまりのないグループ」

まとまる ❶いくつかのものが一つになる。▽「意見がまとまる」❷ととのう。▽「文章がまとまる」❸おさまる。なりたつ。▽「えん談がまとまる」

まとめる ❶一つに集めそろえる。▽「作品をまとめる」❷あらそいをなくしてまるくおさめる。❸きまりをつける。

まとも ❶真正面。▽「風をまともにうける」❷まじめなようす。ちゃんとしている。▽「まともな人間になる」

まどり【間取り】家の中の部屋のとり方。▽「間取りをくふうする」

まどろむ しばらくの間、とろとろとねむる。うとうとする。▽「公園のベンチでまどろむ」

まどわす【惑わす】❶どうしていいかわからなくさせる。▽「人の心をまどわす」❷しっかりした考えをなくさせ、よくないほうにさそう。迷わす。▽「子供をまどわす」

マナー ぎょうぎ。態度。▽「食事のマナーがわるい」

まないた 料理で、肉ややさいなどをほうちょうで切るときにしく板。

まなこ【眼】目。目のたま。黒目。▽「ねばけ眼」⬇【眼】150ページ

まなざし 目つき。ものを見るときの目のようす。▽「やさしいまなざし」

まなじり 目の外がわにある耳に近いほうのはし。目じり。

まなつ【真夏】夏のまっさかり。夏のもっとも暑い時。盛夏。⬍真冬。

まなつび【真夏日】一日の最高気温が三〇度以上の日。二十五度以上の日を夏日、三十五度以上の日を猛暑日と言う。⬍真冬日。

まなぶ【学ぶ】❶習う。まねる。▽「西洋文化に学ぶ」❷学問をする。▽「大学に学ぶ」❸教えをうける。▽「先生に学ぶ」⬇【学】123ページ

マニア あることにむちゅうになっている人。▽「切手マニア」

まにあう【間に合う】❶その場の役に立つ。▽「子供でも間に合う」❷十分である。▽「今、間に合っています」❸時間におくれない。▽「学校に間に合う」

まにあわせ【間に合わせ】そのときだけ、かわりのものを役立たせること。

まにうける【真に受ける】ほんとうのことと思いこむ。

さかさことば 前から読んでもうしろから読んでも「まさか逆さま」。

マニュアル 機械や道具の使い方を書いたもの。▽「パソコンのマニュアル」

まぬがれる【免れる】 のがれる。ぐあいよくさける。「まぬかれる」ともいう。▽「あやうく難をまぬがれる」

まね ほかのものににせて、同じようなかっこうをしたり同じような動きをしたりすること。▽「先生のまね」

マネージャー ❶支配人。❷スポーツで、チームの世話などをする人。

マネキン ❶服を着せて店にかざる人形。❷デパートなどでけしょう品や衣服を客に宣伝する女の人。マヌカン。

まねく【招く】 ❶手で合図したり、よびかけたりしてあいてをよびよせる。▽「手で招く」❷人をさそって来させる。▽「クリスマスパーティーに友達を招く」❸ひきおこす。▽「不幸を招く」⬇【招】331ページ

まねごと まねしてすること。▽「探ていのまねごとをする」

まねる ほかのものににせて、同じようにする。まねをする。

まのあたり【目の当たり】 すぐ目の前。▽「事故を目の当たりに見る」

まのび【間延び】 ❶時間のあいだが長いこと。▽「間延びした話し方」❷しまりのないこと。▽「間延びした顔」

まばたき 目を、ぱちぱちあけたり、つぶったりすること。またたき。

まばゆい きらきらして、まぶしい。▽「まばゆい朝の日の光」

まばら 間をおいて点々とちらばっているようす。▽「まばらな人かげ」

まひ ❶しびれて感じなくなること。神経や筋肉のはたらきが止まったり、にぶくなったりすること。▽「顔面まひ」❷はたらきが、にぶくなること。▽「交通がまひする」

まひる【真昼】 昼の最中。日中。

まぶか【目深】 目がかくれるほど深くかぶるようす。▽「ぼうしを目深にかぶる」

まぶしい ❶光がきらきらして、よく見えない。▽「日光がまぶしい」❷光りかがやくくらい美しい。▽「まぶしい笑顔」

まぶす こなどを全体につける。

まぶた 目をおおっているひふ。▽「まぶたをとじる」⬇顔（図）

まふゆ【真冬】 冬のまっさいちゅう。冬のもっとも寒い時。⇔真夏。

まふゆび【真冬日】 一日の最高気温が〇度未満の日。一日の最低気温が〇度未満の日は冬日と言う。⇔真夏日。

マフラー ❶防寒などのために首にまくもの。毛糸などで作る。えりまき。⬇服（図）❷自動車などのエンジンの音を小さくするもの。

まほう【魔法】 人をまよわすふしぎな法。あやしい術。▽「まほう使い」

まほうつかい【魔法使い】 まほうを使って、ふつうの人にはできないふしぎなことをする人。

まほうびん【魔法瓶】 中に入れたものの温度が長い時間かわらないように作ったびん。

まぼろし【幻】 ほんとうはないのに、あるように見えて、たちまちきえてなくなるもの。▽「まぼろしをおいかける」

まま ❶思いどおりに。▽「ままにならない世の中」❷そのとおりにまかせるようす。▽「風のままに。気のむくまま」❸どうなろうと、気にしないこと。▽「えーい、ままよ、これでいこう」

ママ おかあさん。⬇お母さん（コラム）

ままごと 料理やせんたく・買い物など大人が家でする仕事をまねるあそび。「まま」はごはんのこと。

まみず【真水】 塩気などのまじっていない水。淡水。

まみれる からだにくっついてよごれる。▽「あせとほこりにまみれる」

まむかい【真向かい】 正面。真正面。ま

ん前。⬇コラム363ページ

まめ【豆】❶まめのなかまの植物のたね。また、その植物。▽「豆まき」❷ほかのことばの上について、「小さい」という意味をあらわす。▽「豆電球」⬇【豆】488ページ

まめ　手や足の皮ふがこすれてできる水ぶくれ。豆のような形をしている。▽「鉄ぼうのれんしゅうで手にまめができた」

まめ　❶じょうぶ。元気。▽「まめにすごす」❷かげひなたなくまじめなこと。▽「まめにはたらく」❸きちょうめん。▽「まめに手紙をくれる」

まめちしき【豆知識】知っていると少し役に立つ知識。

まめまき【豆まき】❶畑に豆のたねをまくこと。❷節分に、いった豆をまいて、わざわいをおい出す行事。⬇四季（図）

まもなく【間もなく】もうじきに。▽「この飛行機は間もなく着陸する」

まもの【魔物】人をまよわす、ふしぎな力を持つあやしいもの。ばけもの。

まもる【守る】❶ほかから害をうけないように、ふせぐ。▽「城を守る」❷きまりにしたがう。一度きめたことをかえない。▽「やくそくを守る」❸自分のからだや立場を大事にする。▽「身を守る」⬇【守】314ページ

まやく【麻薬】いたみ止めや、ますいなどに使う薬。モルヒネなど。

まゆ【繭】こん虫の幼虫がさなぎになるときに作る糸の巣。カイコの幼虫が作るものからは、生糸をとる。

まゆげ【まゆ毛】まぶたの上に横にならんで生えている毛。まゆ。⬇顔（図）

まゆをひそめる　いやなことや心配ごとのあるときに、顔をしかめるようす。▽「そう音にまゆをひそめる」

まよう【迷う】❶はっきり自分の気持ちや考えがきまらない。▽「どうしたらよいか迷う」❷さとることができない。▽「金のみりょくに迷う」❸方向がわからない。▽「道に迷う」⬇【迷】690ページ

まよけ【魔▲除け】悪いものごとを近づけないようにすること。また、そのためのお守り。▽「まよけの置物」⬇縁起物（図）

まよなか【真夜中】夜中の一時から二時ごろをいう。深夜。

マヨネーズ　たまごのきみと油・酢・塩などをまぜてつくるクリームのようなソース。

マラカス　打楽器の一つ。マラカという木の実をくりぬいて中に小石などを入れたもので、両手に一つずつ持ってふり鳴らす。

マラソン　四二・一九五キロメートルを走る陸上競技。昔、ギリシャがペルシアとたたかった時、一人の兵士がマラトンの野からアテネまで走って勝利を知らせ、息がたえたことからこの競技種目ができたという。

まり　ゴム・布・革などで作った、はずむ球。

まりも　「モ」の一種。緑色の球（まり）のような形をした植物。北海道の阿寒湖のマリモは特別天然記念物。

まりょく【魔力】人をまよわすふしぎな力。

まる【丸】❶まるい形。球の形。▽「丸顔」❷完全に。まったく。▽「丸出し」❸船や昔の人などの名前につけることば。▽「日本丸」「牛若丸」⬇【丸】149ページ ●丸木橋●丸ごと●丸太●丸つぶれ●丸裸●丸み

まるい【丸い】❶円の形の。球の形の。▽「丸い月」❷欠けていない。おだやかな。かどがない。▽「人がらが丸い。けんかを丸くおさめる」⬇【丸】149ページ

まるい【円い】円の形をしている。▽「円いテーブル」⬇【円】75ページ

まるきばし【丸木橋】切り出したままの木をわたしただけの橋。

まるごと【丸ごと】そっくりそのまま。全部。▽「トマトを丸ごと食べる」

まるた【丸太】切りたおして皮をはいだまま

早口ことば（五回続けていえるかな）ま術書を熟読する。

の木。まるたんぼう。丸木。

まるだし【丸出し】 かくさないで、すっかり出すこと。▽「おなか丸出し」

まるつぶれ【丸つぶれ】 すっかりだめになること。▽「面目が丸つぶれになった」

まるで ❶まったく。ぜんぜん。▽「まるで歯が立たない」❷とてもにているようす。ちょうど。あたかも。▽「まるでゆめみたいだ」

まるはだか【丸裸】 ❶からだに何も着ていないこと。まっぱだか。▽「おふろあがりに丸はだかでいたらしかられた」❷お金や物がないこと。▽「火事で丸はだかになる」

まるみ【丸み】 かどがなく、ふっくらとしたようす。「円み」とも書く。

まるめる【丸める】 ❶まるくする。▽「ねん土を丸める」❷かみの毛をそる。▽「頭を丸める」❸人を自分の言いなりにさせてしまう。▽「たくみにあいてを丸める」⬇【丸】149ジペー

まるもうけ【丸もうけ】 少しも損をしないで、全部得をすること。

まれ 少ないようす。めずらしいようす。

マレーシア 東南アジアにある国。首都はクアラルンプール。⬇国花（図）

まろやか 味などがやさしくておだやかなようす。⬇おいしい（コラム）

まわす【回す】 ❶輪のように動かす。▽「ねじを回す」❷じゅんにおくる。▽「回覧板を回す」❸めぐらす。じゅんびする。▽「手を回す。車を回す」⬇【回】111ジペー

まわり【周り】 ❶外がわ。▽「円の周り」❷近く。あたり。▽「家の周り」⬇【周】316ジペー

まわり【回り】 ❶回ること。❷いきわたること。▽「火の回りがはやい」❸じゅんにたずねること。▽「近所回り」

まわりくどい【回りくどい】 くどくどとよけいなことが多くて、てっとりばやくいかない。▽「回りくどい話」

まわりどうろう【回り灯ろう】 中のろうそくに火をともすと、かげ絵が動いてうつるようにした灯ろう。走馬灯。

[回り灯ろう]

まわりみち【回り道】 遠回りして行くこと。また、その道。

まわる【回る】 ❶輪のような形に動く。回転する。▽「こまが回る。地球が回る」❷じゅんじゅんにいくつかの場所をたずねる。▽「あいさつに回る」❸まっすぐでなくほかへよっていく。▽「いつもとちがう道を回る」❹いきとどく。▽「よく気が回る」❺からだじゅうにいきわたってきき目があらわれる。▽「薬が回る」❻すぎる。▽「五時を少し回る」⬇【回】111ジペー

まわれみぎ【回れ右】 ❶からだを右に回して、うしろ向きになること。また、そうする号令。❷行動や考えなどをまったく別の方向にかえること。▽「回れ右でにげ出した」

まん【万】2年 マン・（バン）

❶千の十倍。百の百倍。▽「一万円」
❷数の多いこと。▽「巨万の富」

一 万 万（つき出ない）

★「方」ににているので注意

●万一 ●万年筆 ●万年雪

まん【満】4年 マン みたす・みちる

❶いっぱいになること。▽「満員」
❷全体。すっかり。▽「得意満面」
❸潮がみちること。▽「干満の差」
❹年れい・年月を数えるとき、まる一年を一と数えること。▽「満八さい」

満 満 満 満 満 満（つき出る）

●満開●満月●満場一致●満足●満潮●満天●満点●満年齢●満腹●円満●肥満●不満●未満

まんいち【万一】もしも。ひょっとして。▽「万一の場合は電話をください」

まんいん【満員】乗り物や会場にこれ以上入れないほど、人がいっぱい入ること。▽「満員電車」

まんが【漫画】こっけいでおもしろい絵。物語になっているものや、世の中の出来事を当てこすったものなどがある。

まんかい【満開】花がすっかり開くこと。花のまっさかり。▽「満開のウメ」

まんがいち【万が一】⬇万一

まんげきょう【万華鏡】つつの中に三枚の鏡を組み合わせて立て、色とりどりの小さな紙などを入れて、回しながらのぞくおもちゃ。もようが変わっていくようすを楽しむ。

まんげつ【満月】欠けたところがなく、まるい月。十五夜の月。⬍新月。⬇月（図）

まんざい【漫才】二人でこっけいなことを話して、客をわらわせる芸。

まんざら　かならずしも。▽「まんざらすてたものではない」

まんじゅう　小麦粉などをこねてあんこや肉をつつみ、むしたおかし。

まんじょういっち【満場一致】集まった人たちの意見が全部同じになること。▽「満場いっちでえらばれる」

マンション　高級なアパートのこと。

まんせい【慢性】病気などがすぐにはなおらないで、いつまでも長びくこと。⬍急性。▽「まん性気管支えん」

まんぞく【満足】❶心の中に不平や不満のないこと。気持ちが満ち足りていること。▽「満足感」⬍不満。❷十分なこと。完全なこと。▽「満足な設備」

まんちょう【満潮】海の水が満ちていっぱいになること。⬍干潮。

まんてん【満天】空いっぱい。空全体。▽「満天の星」

まんてん【満点】❶きめられた点数を全部とること。▽「テストで満点をとる」❷文句なしにいいようす。▽「サービス満点」

マント　さむいときに、上着の上に着るそでのないコート。

マンドリン　八本のげんを小きざみにかき鳴らす、弦楽器。

まんなか【真ん中】ちょうど中央。

まんねんひつ【万年筆】じくの中に入れたインクが、書くときにペン先からにじみ出るようになったペン。

まんねんゆき【万年雪】一年じゅう、夏でもきえない雪。高い山や寒い地方に見られ、下の方は氷になっている。

まんねんれい【満年齢】生まれた時を0さいとし、たんじょう日ごとに年がふえる年れい。⬍数え年。⬇数え年（図）

まんびき【万引き】だれも見ていないすきに、売っている品物などをこっそりぬすむこと。

まんぷく【満腹】食べて腹がいっぱいになること。

まんべんなく　どこも同じように。いきわたらない所がないように。▽「紙にまんべんなく色をぬる」

まんぼう　フグのなかまで、海にすむ大きな魚。丸く、押しつぶされたような平たい形をしている。

マンホール　下水のそうじや、けんさをする人が出入りするあな。

まんまと　わからないうちにうまく。うまうまと。▽「まんまとだまされた」

まんめん【満面】顔じゅう。顔一面。▽「満面に笑みをうかべる」

マンモス　ゾウのなかまで、今から一万年前にほろびた動物。ゾウよりも大きくて、からだじゅうに黒い長い毛がはえ、大きなきばを

なぞなぞ　すぐ目のまえにあるのに、見えないものはなに？　答えは次のページ。

持っていた。

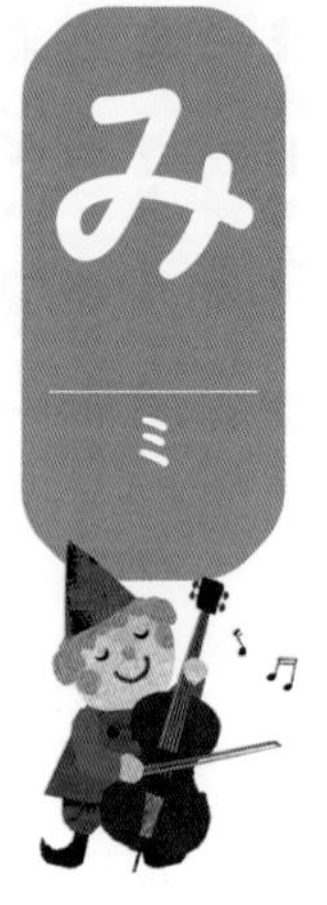

み【未】4年 ミ ——

ほかのことばの上について「まだしない」という意味をあらわす。▽「未定」

一 二 キ 未 未

上のヨコ棒より長く

★「末」ににているので注意

●未開●未解決●未完成●未熟●未遂●未成年●未然●未知●未知数●未納●未満●未明●未来●未練

み【味】3年 ミ あじ・あじわう

❶あじ。あじわい。▽「味覚。酸味」
❷おもむき。▽「興味。趣味」
❸なかま。▽「味方。一味」

丨 ロ ロ 吀 味 味 味

●味覚●味方●意味●正味●風味

み【三】 みっつ。▽「三日月。三日ぼうず」⬇【三】278ページ

み【身】❶からだ。▽「身につける」❷自分のこと。▽「身内」❸身分。地位。▽「身のほど」❹心。まごころ。▽「身を入れて聞く」❺魚などの肉。▽「白身」❻なかみ。▽「刀の身」❼ふたのある入れ物の、物を入れるほう。⬇【身】347ページ

●身内●身勝手●身構える●身から出たさび●身軽●身代わり●身ぐるみ●身支度●身だしなみ●身近●身なり●身に染みる●身に付く●身に着ける●身の上●身の毛がよだつ●身の回り●身ぶり●身震い●身分●身元●身寄り●身を固める●身を粉にする●身を立てる●身を引く●身を寄せる●黄身●中身

み【実】❶植物の果実。▽「クリの実」❷なかみ。▽「実のあることば」❸みそしるなどに入れる肉やさい。⬇【実】302ページ

●実入り●実を結ぶ

み【×巳】十二支の六番めで、へび。⬇十二支(図)

みあい【見合い】けっこんしようとする男と女が、なかだちの人にひき合わせてもらうこと。▽「見合いけっこん」

みあげる【見上げる】❶下から上の方を見る。⇔見下ろす。❷すぐれてりっぱに見える。▽「見上げた心がけ」

みあわせる【見合わせる】❶たがいに見る。❷くらべて見る。▽「二さつの本を見合わせる」❸しばらくようすを見る。▽「出発を見合わせる」

みいだす【見いだす】見つけだす。

ミイラ 人間や動物の死体が、長い間くさらないでかわき、だいたいそのままの形でのこっているもの。

みいり【実入り】❶米・麦などがよくじゅくすこと。❷収入。所得。もうけ。▽「今月は実入りが多い」

みいる【見入る】❶気をつけて見る。❷見とれる。▽「花の美しさに見入る」

みうち【身内】❶からだの内。❷親類。▽「身内だけで集まる」

みえ【見え】うわべ。▽「見えをはる」

みえけん【三重県】近畿地方にある県。伊勢神宮がある。志摩半島の真じゅの養しょくは有名。県庁は津市にある。⬇都道府県(図)

みえすく【見え透く】うそやごまかしだということがよくわかる。▽「見えすいたうそ」

みえる【見える】❶目に入る。▽「海が見える」❷見ることができる。▽「めがねをかけるとはっきり物が見える」❸それらしく思

われる。▼「重い病気に見える」❹「来る」のていねいな言い方。▼「お客様が見える」
⇒【見】216ページ

みおくり【見送り】❶行く人を送ること。▼「駅まで見送りに行く」❷見ているだけで、手を出さないこと。▼「野球で、見送りの三振をする」

みおくる【見送る】❶行く人を送る。▼「先生を見送る」❷見ているだけで手を出さない。▼「ストライクの球を見送る」

みおさめ【見納め】もうこれで見られないといういちばんおわり。

みおろす【見下ろす】❶上から下の方を見る。⇕見上げる。❷けいべつする。ばかにする。見下げる。

みかい【未開】❶文明がまだ開けていないこと。野蛮。▼「未開の地」❷土地がまだ開けていないこと。

みかいけつ【未解決】解決がつかないこと。まだしまつがついていないこと。▼「そうじをさぼった問題は未解決だ」

みかえす【見返す】❶後ろをふり返って見る。❷自分を見たあいてを見る。❸もう一度、見なおす。▼「答案を見返す」❹つめたくあしらわれたあいてに、りっぱになって見せつけてやる。▼「成功して、今に見返してやるぞ」

みかく【味覚】あまい・からい・すっぱいなどの味を感じとるはたらき。

みがく【磨く】❶こすってつやを出す。きれいにする。❷学問やわざをりっぱなものにする。▼「うでをみがく」

みかけ【見かけ】見たところ。うわべ。外見。▼「見かけを気にする」

みかける【見かける】❶目にする。▼「よく見かける人」❷見始める。▼「テレビを見かけたら友だちが来た」

みかた【味方】自分のなかま。自分に力をかしてくれる人。⇕敵。

みかづき【三日月】新月から三日目の夜に出る、細い弓形をした月。⇒コラム

みがって【身勝手】自分のことばかり考えて、人のことなど考えてもみないこと。わがまま。▼「身勝手な人」

みかねる【見かねる】平気で見ていられない。▼「見かねて、思わず手だすけをする」

みがまえる【身構える】あいてにたいして、むかえうつための用意をする。▼「頭をひくくして身構える」

みからでたさび【身から出たさび】自分がした悪い行いのために、自分で苦しむようになること。

みがる【身軽】❶からだの動かし方が軽いこと。❷軽くてさっぱりしていること。▼「身軽ないでたち」❸気楽で自由なこと。▼「身軽なひとりぐらし」

みがわり【身代わり】人の代わりになること。ぎせいになること。

みかん 果物の木の一つ。じゅくした実はかおりがよく、あまずっぱい。

みかんせい【未完成】まだできあがっていないこと。▼「未完成の作品」

みき【幹】木のえだをささえて、地上に立って

ことばのふしぎ

「みかづき」か「みかずき」か？

「ズ」と発音することばで「づ」と書くものがあります。「三日月」は「みかずき」ではありません。「みっか＋つき」のように、ことばが合わさって「つ」がにごるときは、「みかづき」となります。

前のページの答え⇒「まぶた」

みてみよう！ 漢字の書き順

「右」と「左」、とてもよく似た漢字ですが、書き順に注意しましょう。一番めに書くのは「右」は「ノ」の部分で、「左」は「一」の部分です。なぜそうなったのかというと、「右」と「左」とでは成り立ちがちがうからです。書き出しは『「左」横ぼう、「右」はらい』と覚えるといいでしょう。

ほかにも、「馬」や「長」など、注意するものがあります。漢字辞典などで成り立ちを調べると覚えやすいでしょう。

右
みぎ

左
ひだり

『ドラえもんの国語おもしろ攻略 漢字の書きじゅんがわかる1年生～3年生』は、書き順を歌いながら覚えられるように工夫されています。

いる太い部分。▽「太い幹」⬇【幹】148ページ

みぎ【右】北をむいて東に当たる方向。⇕左。⬇コラム・左（図）⬇【右】56ページ ●右利き●右手

みぎきき【右利き】左手より右手のほうが自由に強く動かせること。また、その人。⇕左利き。

ミキサー ❶セメント・すな・じゃりなどをまぜてかきまわし、コンクリートを作る機械。❷小さいモーターのしかけで、果物や、やさいなどをくだいたりまぜたりする器械。

ミキサーしゃ【ミキサー車】コンクリートを作る大きなミキサーを取りつけてある自動車。⬇自動車（図）

みぎて【右手】❶右の手。⇕左手。❷右の方。▽「学校は公園の右手にある」

みぎにでるものはない【右に出る者はない】いちばんすぐれていて、その人より上の者がいない。▽「足の速さでは、かれの右に出る者はない」

みきわめる【見極める】❶最後までたしかに見とどける。▽「ボールのゆくえを見極める」❷よくたしかめる。見さだめる。▽「品質を見極める」

みくびる【見くびる】ばかにする。見下げる。▽「相手のチームを弱いと見くびる」

みぐるしい【見苦しい】みにくい。みっともない。▽「見苦しいすがた」

みぐるみ【身ぐるみ】からだにつけている物全部。▽「身ぐるみはぐ」

ミクロ ひじょうに小さいこと。▽「ミクロの世界」

みけん ひたいのまん中。また、まゆとまゆの間。▽「みけんにしわをよせる」⬇顔（図）

みこ 神社にいて神につかえる、けっこんしていない女の人。

みこし 祭りのとき、神様の乗り物としてかつぐもの。▽「みこしをかつぐ」⬇祭り（図）662ページ

みごと【見事】❶美しいようす。りっぱなようす。▽「見事な夕やけ」❷ひじょうに上手なようす。▽「見事なできばえ」❸すっかり。まったく。▽「見事にだまされた」

みこみ【見込み】予想。計画。▽「演奏会は見こみどおりにうまくいった」

みごろ【見頃】見るのにいちばんよいころ。▽「サクラは今が見ごろだ」

ミサイル ロケットやジェットエンジンの力によって、高速で飛ぶ兵器。目標に当たってばく発する。

みさお【操】こころざしをまもってかえない

こと。➡【操】396ページ

みさかい【見境】くべつ。見分け。▽「見境なくほえる犬」

みさき【岬】海の中や湖の中につき出した陸地のはし。

みさげる【見下げる】ばかにする。けいべつする。見下す。

みさだめる【見定める】はっきりとよく見てたしかめる。▽「現状を見定める」

みじかい【短い】❶長さが少ない。▽「短い針」⇔長い。❷時間のたつことが少ない。▽「勉強の時間が短い」⇔長い。❸せっかちだ。▽「気が短い」➡【短】435ページ

みじたく【身支度・身仕度】衣服などをきちんと着ること。

みじめ【惨め】気のどくで見ていられないようす。いたいたしいようす。▽「みじめなすがた」

みじゅく【未熟】❶植物の実が、まだよくみのっていないこと。❷けいこがたりなくて、まだ十分なうでまえを持っていないこと。▽「未熟なわざ」

ミシン 布・紙・革などをぬい合わせる機械。▽「ミシンをかける」

[ミシン]

みじん ❶たいへん小さいもの。細かいもの。▽「みじんに切りきざむ」❷わずかなこと。▽「不安はみじんもない」

みじんこ エビのなかまの動物で、からだは小さく二ミリメートル以下。池や田んぼの水の中にいて、魚のえさになる。

ミス ❶まだ結こんしていない女の人。むすめ。❷美人コンテストなどで、優勝した女の人。▽「ミス日本」

ミス やりそこなうこと。失敗。あやまり。▽「ミスをおかす」

みず【水】❶色もにおいもない液体で、あらゆる生物にとって必要なもの。▽「真水」❷大水。こうずい。▽「水が出た」➡【水】355ページ ●水揚げ●水入らず●水かき●水掛け論●水かさ●水際●水草●水臭い●水煙●水先案内●水仕事●水しぶき●水玉模様●水たまり●水と油●水鳥●水に流す●水の泡●水はけ●水引●水浸し●水辺●水も漏らさぬ●水を差す●雨水●清水

みずあげ【水揚げ】❶船の荷を陸にあげること。❷魚などのとれた量。▽「水あげ高」❸生け花などで、花が水をよくすい上げるようにすること。

みずあめ【水あめ】とうめいでとろりとしたやわらかいあめ。

みすい【未遂】やりかけて、まだやりとげないこと。▽「殺人未遂」

みずいらず【水入らず】身内の者だけで、よその人が入っていないこと。▽「親子水入らずで旅行する」

みずいろ【水色】うすい青色。すんだ水のような色。

みずうみ【湖】陸地にあって、水のいっぱいたまっている所。池やぬまよりも大きくて深い。➡【湖】224ページ

みずかき【水かき】アヒルやカエルなどの足の指の間にあるまく。およぐときに水をかくのに使う。

みずかさ【水かさ】水の量。▽「川の水かさがます」

みずから【自ら】❶自分。わたくし。▽「自らを知る」❷自分で。自分自身で。▽「自らすすんで手伝う」➡【自】286ページ

みずぎ【水着】水あそびや水泳をするときに着る服。➡服（図）

みずぎわ【水際】陸地と海・川・湖などのさかい目。水辺。なぎさ。

みずくさ【水草】水の中にはえる草。

みずくさい【水臭い】よそよそしい。▽「友達なのに水くさいぞ」

あいうえお かきくけこ さしすせそ たちつてと なにぬねの はひふへほ まみむめも み やゆよ らりるれろ わをん

さかさことば 前から読んでもうしろから読んでも「ママが私としたわがまま」。

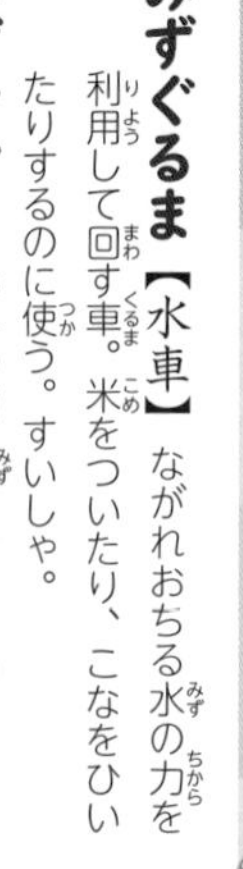

みずぐるま【水車】ながれおちる水の力を利用して回す車。米をついたり、こなをひいたりするのに使う。すいしゃ。

みずけむり【水煙】水しぶき。▼「モーターボートが水けむりをあげて走る」

みすごす【見過ごす】❶見おとす。▼「うっかりしてまちがいを見過ごす」❷見ても見ないふりをする。見のがす。▼「あやまちを見過ごす」

みずさいばい【水栽培】土を使わずに水で植物を育てること。⇒球根（写真）

みずしごと【水仕事】家の中で水を使う仕事。すいじや、せんたくなど。

みずしぶき【水しぶき】とびちる小さい水玉。水けむり。▼「水しぶきをあげて車がはしっていく」

みずしらず【見ず知らず】まるで知らないこと。▼「見ず知らずの人について行ってはいけない」

みずすまし 池や川などにいる小さなこん虫。水面をぐるぐる回る。

ミスター ❶男の人をよぶときに使うことば。さん。▼「ミスター田中」❷代表的な男の人としてえらばれる人。▼「ミスター日本」

みずたまもよう【水玉模様】小さなまるがたくさんある模様。

みずたまり【水たまり】道などに水がたまっている所。

ミステリー ❶ふしぎ。神秘。❷すいり小説。

みすてる【見捨てる】見ながらそのままにしておく。見はなす。見かぎる。▼「たすけもせずに見捨てる」

みずとあぶら【水と油】水と油のように、たがいにとけ合わない間がら。▼「あの人たちは水と油だ」

みずとり【水鳥】足に水かきがあっておよいだり、もぐったりすることのできる鳥。ガン・カモなど。

みずにながす【水に流す】今までのあらそいや、にくしみ合いを、すっかりわすれて、なかなおりする。▼「今までのことは水に流そう」

みずのあわ【水の泡】❶水の上にうかんでいる空気のたま。❷もののはかないことのたとえ。▼「人生は水のあわのようだ」❸せっかくの努力がむだになることのたとえ。▼「今までの苦労が水のあわになる」

みずはけ【水はけ】水がたまらずにながれ出るぐあい。▼「水はけが悪い」

みずひき【水引】おくりもののつつみ紙などをむすぶひも。ふつう、めでたいことには赤と白または金と銀を、めでたくないことには黒と白または銀一色のひもを使う。

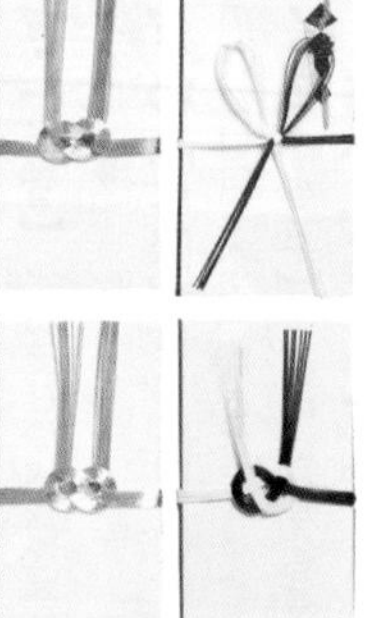

[水引]

みずびたし【水浸し】水につかること。▼「大雨でゆかが水びたしになる」

みずべ【水辺】水のほとり。水ぎわ。

みずぼうそう【水ぼうそう】主に子供がかかる感染しょう。高い熱が出て、からだじゅうに赤くまるいぶつぶつができる。水とう。

みすぼらしい 身なりが悪く、まずしそうなようす。▼「みすぼらしい身なり」

みすみす 見ていながら。知っていながら。▼「みすみす犯人をとりにがす」

みずやり【水やり】植物に水をやること。▼「アサガオの水やり当番」

みずをさす【水を差す】じゃまをして、うまくいかないようにする。▼「二人の間に水を差すようなことをするな」

みせ【店】品物をならべて売る所。▼「店先」⇒【店】480ページ

みせいねん【未成年】満二十さいになっていない人。▽「中学生はまだ未成年だ」⬍成年。

みせさき【店先】店の前。店頭。

みせしめ 人に見せてこらしめとすること。▽「みせしめのために、きつくしかる」

ミセス 結こんしている女の人。また、その人をよぶときに使うことば。

みせびらかす【見せびらかす】じまんそうに見せつける。▽「新しい服を見せびらかす」

みせる【見せる】❶人に見てもらう。見させる。▽「ノートを先生に見せる」❷人にわからせる。▽「やる気を見せる」❸けいけんさせる。▽「いたい目を見せる」❹きっと……する。▽「やりとげてみせる」⬇【見】216ページ

みぜん【未然】ことが、まだおこる前。▽「事故を未然にふせぐ」

みそ ❶むしたダイズに、こうじや塩を入れ、発こうさせてつくった調味料。▽「みそしる」❷❶ににたもの。▽「カニのみそ（内臓）」❸くふうをしたところ。とくいなところ。▽「手軽に持ち歩けるのがみそだ」

みぞ【溝】❶どぶ。❷細長くくぼんだ所。▽「しきいのみぞ」❸心持ちや意見のちがい。▽「友人との間にみぞができた」

みぞおち むねとおなかの間にあるへこんだところ。⬇体（図）

みそこなう【見損なう】❶見まちがう。❷見のがす。❸ねうちを見あやまる。▽「かれを見損なったよ」

みそしる【みそ汁】やさい・とうふなどをにた中に、みそをくわえたしる。おみおつけ。

みぞれ 雪がとけかけて雨にまじってふるもの。▽「雪がみぞれにかわる」⬇雨（図）

みたいだ ❶ほかのものにたとえて言う意味を表すことば。▽「リンゴみたいな赤いほお」❷「たぶんそのようだ」という気持ちを表すことば。▽「どうやら晴れるみたいだ」❸「そのような」「そのように」と、一つの例をあげてしめすことば。▽「きみみたいにまじめな人はいないよ。ジュースみたいなものを飲みたい」

みだし【見出し】❶新聞や本などで、書いてあることがらが一目でわかるように、はじめにかんたんに大きく書いてある文字。▽「見出しをつける」❷辞典で、説明しようとすることばのこう目を太字であらわしたもの。

みだしなみ【身だしなみ】身なりやことばづかい・たいどなどをきちんとすること。▽「身だしなみがいい」

みたす【満たす】❶いっぱいにする。▽「水を満たす」❷まんぞくさせる。▽「心を満たす」⬇【満】666ページ

みだす【乱す】❶ごちゃごちゃにする。▽「部屋を乱す。心を乱す」❷きまりをなくす。▽「列を乱す」❸さわぎをおこす。▽「平和を乱す」⬇【乱】739ページ

みたてる【見立てる】見てえらびさだめる。▽「着物のがらを見立てる」

みだりに むやみに。やたらに。わけもなく。▽「みだりに花をとるな」

みだれる【乱れる】❶ごちゃごちゃになる。▽「かみの毛が乱れる。心が乱れる」❷きまりがないようになる。▽「じゅんじょが乱れる」❸さわぎがおこる。▽「世が乱れる」⬇【乱】739ページ

みち【道】❶人や車の行き来する所。道路。❷とちゅう。▽「帰り道に母と会う」❸みちのり。きょり。▽「町への道は遠い」❹人として行わなければならないこと。▽「道を説く」❺方法。▽「生きる道。最善の道」❻方面。▽「学問の道」⬇【道】490ページ
●道案内●道草●道順●道しるべ●道すがら●道筋●道連れ●道のり●道端●道々●坂道

あいうえお かきくけこ さしすせそ たちつてと なにぬねの はひふへほ まみむめも み やゆよ らりるれろ わをん

なぞなぞ 絶対に食べられない豆はなんだ？ 答えは次のページ。

みち【未知】まだ知らないこと。わかっていないこと。▽「未知の人。未知の世界」

みちあんない【道案内】❶道しるべ。❷先に立って案内してくれる人。▽「土地の人に道案内をたのむ」

みぢか【身近】自分の近く。▽「身近にきけんがせまる」

みちかけ【満ち欠け】月が丸くなることと細くなること。⬇月（図）

みちくさ【道草】とちゅうでほかのことにかまって、時間をつぶすこと。▽「学校の帰りに道草をくう」

みちしお【満ち潮】海の水が満ちること。満潮。⇕引き潮。

みちじゅん【道順】歩いていく、または、通っていく道のじゅんじょ。

みちしるべ【道しるべ】行く先の方向や道のりなどを書いて、道のそばに立ててある物。道案内。

みちすう【未知数】❶数学で、値がわからない数。❷この先どうなるかわからないこと。▽「実力は未知数だ」

みちすじ【道筋】❶通り道。通っていく道。❷ものごとのすじみち。

みちづれ【道連れ】道を連れだって歩く人。旅行などにいっしょに行く人。

みちのり【道のり】道のきょり。

みちばた【道端】道のほとり。道のわき。

みちひき【満ち引き】海の水面が上がったり下がったりすること。満ち干。

みちびく【導く】❶道案内をする。▽「席へ導く」❷教えてわかるようにしてやる。▽「生徒を導く」⬇【導】490ページ

みちる【満ちる】❶いっぱいになる。▽「水が満ちる」❷十分になる。▽「自信に満ちる」❸完全になる。▽「月が満ちる」❹期間がおわる。▽「任期が満ちる」⇕欠ける。⬇【満】666ページ

みつ【密】6年 ミツ

❶ひそかなこと。▽「秘密」
❷細かくゆきとどいているようす。▽「精密。厳密」
❸すきまのないようす。▽「密集」

密 密 密 密 密 密 密（形と筆順に注意）

●密航●密告●密造●密談●密着●密封●密閉●密輸●密林●過密●親密

みっつ【三つ】みっつ。▽「三つ葉。三つ子」●三つ子の魂百まで ⬇【三】278ページ

みつ【蜜】❶花の中心にあるめしべから出る、あまいしる。❷はちみつ。ミツバチが集めた花のみつ。

みっか【三日】❶月の三番めの日。▽「十一月三日は文化の日です」❷三日間。▽「週に三日、ピアノのレッスンに通う」

みっかぼうず【三日坊主】ものごとにすぐにあきる人。何ごとも三日と長つづきしない人。▽「決心しても三日ぼうずでやめてしまう」

［三日坊主］

みつかる【見付かる】❶見つけられる。▽「いたずらが見つかる」❷さがしていたものが発見される。▽「なくなったおもちゃが見つかる」

みつぐ【貢ぐ】❶お金や品物をほかの人にさし出す。▽「お金をみつぐ」❷政府や君主に産物などをさしあげる。

ミックス まぜあわせること。また、まぜあわせたもの。▽「ミックスジュース」

みつける【見付ける】❶さがし出す。▽

「にげた犬を見つける」❷いつも見なれている。▽「日本人はサクラを見つけている」

みっこう【密航】こっそりと船や飛行機にのりこんで、外国へわたること。▽「密航がばれてつかまる。密航者」

みっこく【密告】人のかくしていることや悪いことを、こっそりと警察などに知らせること。▽「犯人を密告する」

みつごのたましいひゃくまで【三つ子の魂百まで】三さいぐらいのおさないころの性格は、年をとってもかわらないものだ。

みっせつ【密接】❶ぴったりとすきまもなくつくこと。❷関係がたいへんに深いこと。▽「密接な間がら」

みつだん【密談】こっそりと話し合うこと。ひみつの相談。

みっちゃく【密着】すきまなくぴったりとくっつくこと。▽「密着取材」

みっちり 十分。▽「みっちりきたえる」

みっつ【三つ】❶数の名。さん。三個。▽「もも三つ」❷三さい。▽「父と母は三つちがいだ」⬇【三】278ページ

みっともない 見た目によくない。世間に対して、ていさいが悪い。

みつばち【蜜蜂】ハチのなかまのこん虫。女王バチを中心に集団で一つの巣にすむ。はちみつをとるために人に飼われる。

みっぷう【密封】すきまなく、かたくとじること。▽「びんの口を密ぷうする」

みっぺい【密閉】かたくしっかりと閉めること。すきまなく閉じること。

みつめる【見詰める】じっと目をはなさずに見る。▽「画面を見つめる」

みつもる【見積もる】❶目で見てだいたいをはかる。❷前もってだいたいの日数や費用などの計算をする。

みつゆ【密輸】税関を通さないで、こっそりと外国から物を買いこんだり（密輸入）、外国へ物を売ったり（密輸出）すること。▽「密輸品」

みつりん【密林】ぎっしりと草木のしげった林。ジャングル。

みてい【未定】まだきまっていないこと。▽「日時は未定です」

みとおし【見通し】❶こちらからあちらまで見えること。また、その場所。▽「見通しがきく」❷これから先のことがわかること。▽「今後の見通しがつく」

みとおす【見通す】❶はじめからおわりまで目を通す。❷遠くの方までずっと一目に見わたす。❸目に見えない先のことや心の中まで見ぬく。

みどころ【見所】❶将来の見こみ。▽「この子は見所がある」❷見なければならない大事な場面。▽「この映画の見所」

みとどける【見届ける】❶おわりまで見きわめる。❷見てたしかめる。

みとめる【認める】❶見てわかる。▽「人かげを認める」❷しょうちする。▽「ねうちを認める」❸よろしいとしてゆるす。▽「ねがいを認める」⬇【認】532ページ

みどり【緑】草や木の葉の色。⬇【緑】748ページ

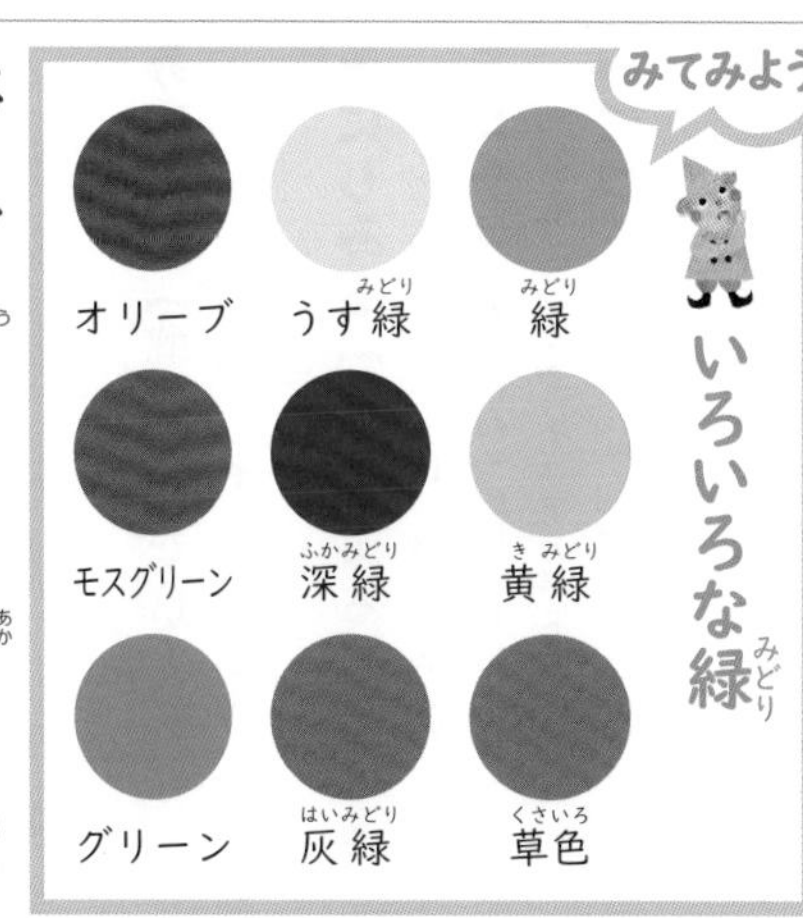

みどりご 生まれてまもない赤ちゃん。▽「みどりごを胸にだく」

前のページの答え⇒「豆電球」「豆知識」など

みとりず【見取り図】 たてものや土地などのだいたいのようすがわかるように書いた図。▽「見取り図をかく」

みどりのひ【みどりの日】 国民の祝日の一つ。五月四日。自然に親しむ心をそだてる日。⬇国民の祝日（図）

みとれる【見とれる】 心をうばわれてじっと見る。うっとりとして見る。▽「すばらしい絵に見とれる」

みな【皆】 すべて。だれもかれも。みんな。

みなおす【見直す】 ❶あらためて見る。❷もう一ぺんよく見て、そのねうちをみとめる。▽「友達の力を見直す」

みなぎる ❶水がみちあふれる。❷いきおいがみちみちていっぱいになる。▽「元気がみなぎる」

みなさん そこにいる多くの人をていねいにいう語。また、多くの人にていねいに呼びかける語。▽「みなさんの意見を聞きたい。」「みなさん、こんにちは」

みなと【港】 海が陸地に入りこんでいて、船がとまれるようになっている所。▽「港町」⬇防波堤（図）⬇【港】229ページ

みなとまち【港町】 港を中心にできた町。港のある町。

みなみ【南】 日の出る方向にむかって、右手に当たる方角。⬍北。⬇東（図）⬇【南】523ページ ●南十字星●南半球

みなみアメリカ【南アメリカ】 六大州の一つ。西は太平洋、東は大西洋にはさまれている。ブラジル・アルゼンチン・ペルー・チリ・コロンビア・ベネズエラなどの国々がある。南米。⬇世界（図）380ページ

みなみじゅうじせい【南十字星】 南半球で見える星座。四つの明るい星が、十字の形にならんでいる。白鳥座の北十字星にたいしていう。

みなみはんきゅう【南半球】 地球の赤道から南の半分。⬍北半球。

みなもと【源】 ❶水のながれのもと。▽「川の源」❷ものごとのおこるもと。▽「力の源」⬇【源】218ページ

みならい【見習い】 ある仕事をじっさいに練習すること。また、その人。▽「見習い社員」

みならう【見習う】 見て学ぶ。見ておぼえる。▽「ぎょうぎ作法を見習う」

みなり【身なり】 衣服を身につけたすがた。よそおい。服装。

ミニ ❶小さなこと。小型。▽「ミニカー」❷すそがひざより上にあるみじかいスカート。ミニスカート。

ミニカー ❶本物そっくりに作られた小さなもけいの自動車。ミニチュアカー。❷小型の自動車。

みにくい【醜い】 ❶見ていていやな感じがする。見苦しい。▽「みにくいあらそい」❷顔かたちがよくない。

みにしみる【身に染みる】 心に深く感じる。▽「人のなさけが身に染みる」

ミニチュア ほんものににせて小さく作ったもの。▽「ミニチュアのパトカー」

みにつく【身に付く】 ほんとうに自分のものになる。▽「学力が身につく」

みにつける【身に着ける・身に付ける】 ❶着る。からだにつける。▽「宝石を身に着ける」❷しっかりおぼえる。▽「技術を身につける」

みにつまされる【身につまされる】 人の苦労や悲しみが、自分のことのように思われる。▽「身につまされる話」

ミニトマト トマトの一種。実が小さいものをいう。赤や黄色に熟する。プチトマト。日本でつくられたことば。

みぬく【見抜く】 ものごとの表にあらわれていないところを見やぶる。

みね【峰】 ❶山のいちばん高い所。❷物の高く

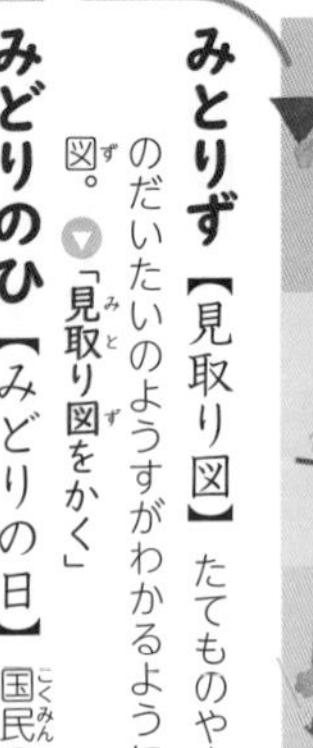

なった所。▼「雲のみね」❸刀やはものの、背のほう。▼「みねうち」

みのう【未納】お金や品物をまだおさめてないこと。▼「会費未納」

みのうえ【身の上】❶人のくらしのようす。▼「身の上話。身の上相談」❷一生の運命。▼「つらい身の上を語る」

みのがす【見逃す】❶見てもそのままにして、とがめない。▼「ちこくを見のがす」❷見おとす。▼「テレビの番組を見のがす」

みのけがよだつ【身の毛がよだつ】からだじゅうの毛が立つほど、ひどくおそろしいようす。▼「身の毛がよだつざんこくな話」

みのしろきん【身の代金】むりやり連れ去った人を返す代わりに犯人が要求するお金。▼「身の代金をはらう」

みのまわり【身の回り】❶自分のまわりのくらし。▼「身の回りの世話」❷自分のからだにつけたり、使ったりする物。▼「身の回りの品」

みのむし「ミノガ」の幼虫。木のえだや葉を糸でくっつけて中に入るすがたが、「みの（昔の雨具）」をつけたところににている。

［みのむし］

みのり【実り】実ること。作物ができること。▼「実りの秋」

みのる【実る】❶草木の実がなる。▼「イネが実る」❷できあがる。成功する。▼「長い間の苦心が実る」⇒【実】302ページ

みばえ【見栄え】外から見てりっぱなこと。▼「見栄えのする品」

みはらし【見晴らし】広く、ずっと遠くまで見わたされること。また、その景色。ながめ。▼「見晴らしがいい」

みはり【見張り】あたりによく注意して、番をすること。また、その人。

みはる【見張る】❶目を大きくひらいて見る。▼「美しさに目を見張る」❷まわりをよく見て、番をする。▼「敵の動きを見張る」

みぶり【身ぶり】手足やからだを動かして、あるしぐさをすること。また、その動作。▼「身ぶり手ぶり」

みぶるい【身震い】おそろしいときや寒いときにからだがふるえること。

みぶん【身分】その人の社会における地位。▼「身分が高い」

みほん【見本】❶じっさいのものがどんなものかをわからせるように見せるもの。▼「見本品」❷手本。▼「歌い方の見本をしめす」

みまい【見舞い】さいなんや病気にかかった人をたずねてなぐさめること。また、その手紙や品物。▼「見まいの品」

みまもる【見守る】❶じっと見つめる。▼「人ぜいが見守る」❷よく気をつけて見ている。▼「病人を見守る」

みまわり【見回り】用心のためにあちらこちらを回って見て歩くこと。▼「見回りの先生」

みまわる【見回る】用心などのために、あちこちを歩き回る。▼「たてもののまわりを見回る」

みまん【未満】ある数や量にとどかないこと。▼「百円未満」

みみ【耳】❶顔の左右にあって音を聞くもの。⇒顔（図）❷聞くこと。▼「耳なれ

10さい以下
10さい未満

［未満と以下］

さかさことば　前から読んでもうしろから読んでも「みがかぬ鏡」。

る」❸布・パンなどのへりの所。⬇【耳】287ページ
●耳打ち●耳が痛い●耳が早い●耳に入れる●耳にする●耳にたこができる●耳につく●耳元●耳寄り●耳を貸す●耳を傾ける●耳を澄ます●初耳

みみうち【耳打ち】人の耳に口をよせて、そっとささやくこと。

みみがいたい【耳が痛い】自分のあやまちや弱みを言われて、聞くのがつらい。▼「耳が痛い忠告」

みみがはやい【耳が早い】うわさなどをすぐに聞きつけて知る。

みみず 土の中にすむ小さな動物。ひものように細長く、多くの節がある。

みみずく 頭に耳のような羽があるフクロウ。

［みみずく］

みみたぶ【耳たぶ】耳の下のたれ下がった肉のやわらかい部分。耳たぼ。⬇顔（図）

みみにいれる【耳に入れる】❶聞く。❷話して聞かせる。▼「いやな話だが、いちおう母の耳に入れておこう」

みみにする【耳にする】うわさを聞く。▼「かれのうわさを耳にする」

みみにたこができる【耳にたこができる】同じことを何度も聞いて、いやになる。

みみにつく【耳につく】❶声や音などが耳からはなれない。❷なんべんも聞かされてうるさく感じる。

みみもと【耳元】耳のすぐそば。▼「耳元でささやく」

みみより【耳寄り】聞いてよかったこと。聞くだけのねうちのあるようす。▼「耳寄りなもうけ話」

みみをかす【耳を貸す】人の話を聞く。▼「うったえに耳を貸す」

みみをかたむける【耳を傾ける】よく聞こうといっしょうけんめいになる。▼「先生の話に耳をかたむける」

みみをすます【耳を澄ます】注意していっしょうけんめい聞く。

みみをそばだてる【耳をそばだてる】耳をかたむけて熱心に聞く。▼「野鳥の鳴き声に耳をそばだてる」

みめい【未明】夜がまだ明けきらない時。朝まだうす暗い時。

みもと【身元】その人の身の上のこと。

みもの【見物】見るねうちのあるもの。▼「この勝負は見物だ」

みもふたもない【身もふたもない】あまりありのまますぎて、味わいも深みもなくつまらない。

みや【宮】❶皇居。❷やしろ。神社。▼「宮参り」❸皇族のよび名。▼「常陸宮」⬇【宮】171ページ

みやぎけん【宮城県】東北地方にある県。日本三景の一つ、松島がある。金華山の近くは漁場として知られている。米作がさかん。県庁は仙台市にある。⬇都道府県（図）

みゃく【脈】5年 ミャク
❶動物のからだの中の、血が通る道。血管。▼「動脈。静脈」
❷みゃくはく。▼「脈をはかる」
❸一つづきになっているもの。つながり。▼「山脈」
❹見こみ。のぞみ。▼「まだ脈がある」

丿 月 月 肝 肝 脈 脈 脈 脈
★「派」ににているので注意
この形に注意

●脈打つ●脈がある●脈はく

みゃくがある【脈がある】❶脈はくが感じられる。❷のぞみがある。

みゃくはく【脈はく】心臓から血がおし出されるたびに、血管が波うつこと。▼「脈は

くを数える」

みやげ【土産】❶旅先から買って帰るその土地の産物。❷人の家をたずねるとき、持っていくおくりもの。

みやこ【都】❶その国の君主のすむ町。その国の政治の中心地。首都。▽「都に上る」❷にぎやかで大きな町。▽「森の都」⬇【都】

みやざきけん【宮崎県】九州地方にある県。農林業がさかん。青島など、観光地も多い。県庁は宮崎市にある。⬇都道府県（図）486ページ

みやぶる【見破る】ひみつにしていることや、かくしていることを見ぬく。

みやまいり【宮参り】❶神社にお参りすること。❷生まれた子が、はじめて氏神にお参りすること。⬇人生（コラム）

ミュージカル おどりと歌を中心にした、現代風の劇や映画。

ミュージック 音楽。

みょう【名】❶な。なまえ。▽「本名。ぞく名。名字」❷めいよ。▽「功名」⬇【名】689ページ ●名字●名代●大名●本名

みょう【明】❶あすの。次の。▽「明五日」❷あかるいこと。▽「光明。灯明」⬇【明】689ページ ●明後日●明星●明朝●明日

みょう【命】いのち。▽「じゅ命」⬇【命】690ページ

みょう【妙】❶ふしぎなこと。▽「みょうなうわさ。みょうな顔」❷たいそうすぐれていること。▽「自然のみょう。みょう技」

みょうごにち【明後日】あさって。あしたの次の日。⬍一昨日。

みょうじ【名字】家の名。姓。たとえば、「山田正夫」の山田が名字。

みょうじょう【明星】❶金星のこと。❷ある方面で、きわだっている人。

みょうちょう【明朝】明日の朝。

みょうにち【明日】あした。今日の次の日。▽「明日まいります」⬍昨日。

みようみまね【見様見まね】人のすることを見て、まねをしているうちにひとりでにおぼえてしまうこと。

［見様見まね］

みより【身寄り】親類。身内。

ミラー かがみ。▽「車のバックミラー」

みらい【未来】これから先のこと。今より先のこと。将来。⬍過去。

ミリ ❶メートル法で千分の一をあらわすことば。記号は「m」。❷「ミリメートル」のこと。

ミリメートル 長さの単位。一メートルの千分の一。記号は「mm」。

みりょく【魅力】人をひきつける、ふしぎな力。▽「み力のある話しぶり」

ミリリットル 容積の単位。一リットルの千分の一で、一立方センチメートルと同じ。記号は「mL」。

みりん あまい味の酒。料理の味つけに使う。

みる【見る】❶ながめる。▽「花を見る」❷読む。▽「本を見る」❸しらべる。▽「機械の調子を見る」❹世話をする。▽「めんどうを見る」❺けいけんする。▽「いたい目を見る」⬇【見】216ページ ●見る影もない●見るからに●見るに忍びない●見るに見かねて

みる【診る】医者が病人のからだをしらべて、病状などを判断する。

みるかげもない【見る影もない】みすぼらしい。見るのがつらいようなあわれなさま。▽「見るかげもないすがた」

みるからに【見るからに】ちょっと見るだけで。▽「見るからに活発な子」

ミルク 牛乳。

早口ことば （五回続けていえるかな）ミキサー車と雪上車がしゃにむに競う。

みるにしのびない【見るに忍びない】気のどくで見ていられない。

みるにみかねて【見るに見かねて】見ているのがつらくて。じっと見ていることができなくて。▽「子供たちのいたずらを、見るに見かねて注意した」

みるみるうちに【見る見るうちに】見ているうちに。わずかの間に。▽「黒い雲が見る見るうちに空に広がった」

みれん【未練】あきらめきれないで、心にのこること。▽「未練がのこる」

みわたす【見渡す】遠く、広くのぞみ見る。▽「山の上から海を見わたす」

みをかためる【身を固める】❶けっこんして家庭をつくる。❷きまった職につく。❸身じたくをする。

みをこにする【身を粉にする】からだがこなごなになるほど、ほねをおっていっしょうけんめいはたらく。

みをたてる【身を立てる】❶ある仕事について、くらしができるようになる。❷りっぱになる。出世する。▽「音楽家として身を立てる」

みをひく【身を引く】かかわりのあることからしりぞく。自分から関係をたつ。▽「政界から身を引く」

みをむすぶ【実を結ぶ】❶ものごとがよい結果になる。▽「長年の苦労が実を結ぶ」❷植物の実がなる。

みをよせる【身を寄せる】よその家に世話になる。

みん【民】4年 ミン（たみ）いっぱんの人々。▽「国民。住民」

「民　民　民　民　民
上にはねる
★「氏」ににているので注意
●民営●民家●民間●民芸品●民衆●民宿●民主主義●民族●民法●民謡●民話●移民●市民●農民

みんえい【民営】国や公共団体でなく、いっぱんの人が事業を行うこと。私営。⇕国営。公営。

みんか【民家】いっぱんの、ふつうの人がすむ家。▽「民家にとめてもらう」

みんかん【民間】❶いっぱんの人の生活している世の中。❷国や役所などに関係のないこと。▽「民間会社」

みんげいひん【民芸品】芸術作品とはちがって、ふつうの人たちのくらしの中で作られ、つたえられてきた工芸品。▽「おみやげ屋で民芸品を買う」

みんしゅう【民衆】世の中の、ふつういっぱんの人たち。大衆。

みんしゅく【民宿】ふつうの民家が、許可をとって、旅行客をとめること。また、その宿。

みんしゅしゅぎ【民主主義】国をおさめる権利が国民にあり、国民全体の幸せを考えて、政治をしようとする考え方。また、人はだれでも自由であり平等であるという考え方。

みんぞく【民俗】むかしから人びとの間に伝わってきた、生活のなかでのいろいろなきまり。

みんぞく【民族】同じ土地からおこり、同じことば・宗教・風ぞく・習慣を持つ人間の集まり。

ミント　シソのなかまの植物。さわやかな香りがする。おかしや料理に使う。はっか。

みんな　全部。のこらず。みな。▽「おこづかいをみんな使ってしまう」

みんぽう【民法】財産や家族など、ふだんの生活の中でおこるいろいろな関係のきまりをさだめた法律。

みんよう【民謡】昔から、その地方の人々に親しまれ、生活の中で歌いつたえられてきた歌。▽「ロシア民よう」

みんわ【民話】人々の間に、いつだれが作ったともわからないで、昔から語りつがれてきた話。昔話。

む

ム

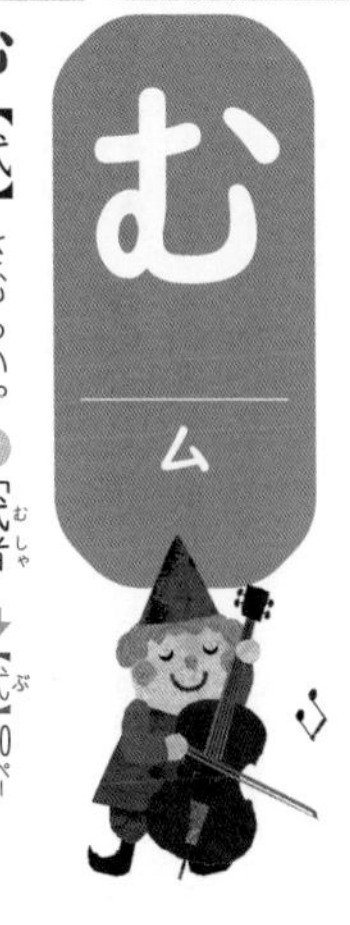

む【武】さむらい。▼「武者」➡【武】600ページ
●武者人形●武者震い

む【務】5年 ム つとめる・つとまる
❶つとめること。▼「勤務。執務」
❷仕事。▼「事務。業務。任務」
❸責任。▼「義務。責務。服務」

務 務 務 務 務 務 務 務 務 務 務（予ではない）

む【無】4年 ム・ブ ない
❶何もないこと。⇕有。
❷ほかのことばについて「ない」ことをあらわす。▼「無効。無人」
●無意識●無医村●無一文●無意味●無益●無縁●無害●無我夢中●無関心●無期●無傷●無機物●無記名●無気力●無口●無形文化財●無限●無言●無罪●無差別●無残●無視●無地●無実●無慈悲●無邪気●無条件●無色●無職●無所属●無心●無神経●無人島●無数●無制限●無責任●無線●無造作●無駄●無駄遣い●無駄骨●無断●無知●無敵●無鉄砲●無届け●無頓着●無二●無念●無能●無農薬●無分別●無法●無謀●無名●無用●無欲●無理●無理強い●無理やり●無料●無力●有無●皆無

無 無 無 無 無 無 無 無 無 無 無 無

む【夢】5年 ム ゆめ
ゆめ。ゆめのようにはかないもの。▼「夢想。夢中。悪夢」

夢 夢 夢 夢 夢 夢 夢 夢 夢 夢 夢 夢 夢

む【六】むっつ。ろく。▼「六月目」➡【六】757ページ

むい【六】むっつ。「六日」と読むときのとくべつな読み方。➡【六】757ページ

むいか【六日】❶月の六番めの日。▼「遠足は十月六日に決まった」❷六日間。▼「五はく六日の旅行」

むいしき【無意識】❶自分で自分のやっていることに気がつかないこと。知らず知らず。▼「無意識に目をとじる」❷正気をうしなうこと。

むいそん【無医村】医者のいない村。

むいちもん【無一文】お金が少しもないこと。▼「無一文で一週間すごす」

むいみ【無意味】意味がないこと。むだなこと。つまらないこと。▼「来ない人をまっていても無意味だ」

ムード 気分。ふんいき。▼「ムード音楽。優勝ムードにわく」

むえき【無益】むだ。何の得にもならないこと。▼「無益なあらそいはやめよう」⇕有益。

むえん【無縁】❶なんの関係もないこと。▼「ぼくにはむえんの話です」❷とむらう身よりがいないこと。▼「むえん仏」

むかい【向かい】向こうがわ。向かい合っている前の方。▼「向かいの家」

むがい【無害】害のないこと。▼「この薬は人体には無害です」⇕有害。

むかいかぜ【向かい風】すすんでいく前の方からふいてくる風。逆風。⇕追い風。➡順風（図）

むかう【向かう】❶顔やからだをむける。▼「机に向かう」❷その方へ行く。▼「駅へ

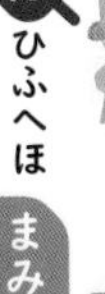

なぞなぞ 右の手で持てないものなんだ？ 答えは次のページ。

むかう …向かう」❸はむかう。▼「敵に向かう」❹近づく。▼「春に向かう」⬇【向】227ページ

むかえる【迎える】❶人の来るのをしたくしてまちうける。▼「駅で友達をむかえる」❷まねく。よびよせる。▼「客をむかえる」❸家族やなかまに入れる。▼「新入生をむかえる」❹時が来る。▼「春をむかえる」

むかし【昔】ずっと前。いく年も前。⇕今。⬇【昔】380ページ
●昔かたぎ●昔話●大昔●一昔

むかしばなし【昔話】❶古くから言いつたえられてきている話。民話。❷昔あったこと、けいけんしたことについての話。⬇図

むかつく ❶気持ちが悪く、はきけがする。▼「胸がむかつく」❷腹が立つ。しゃくにさわる。▼「声を聞いただけでむかつく」

むかで たくさん足のある虫で、からだは頭と胴とに分かれ、小さい虫を食べる。土の中や石の下などにすむ。

むかむか ❶気持ちが悪くなり、はきけがするようす。▼「胃がむかむかする」❷腹が立ってしかたがないようす。▼「思い出してもむかむかする」

むがむちゅう【無我夢中】ものごとに夢中になり、自分をわすれること。▼「無我夢中でにげだす」

むかんけい【無関係】かかわりのないこと。なんにもつながりがないこと。▼「わたくしには無関係です」

むかんしん【無関心】心にかけないこと。きょうみを持たないこと。▼「流行には無関心だ」

むき【無期】いつまでという期限のないこと。▼「無期延期」

むき【向き】❶向いている方向。▼「家の向き」❷ふさわしいこと。▼「子供向きの本」❸性格や行いのくせ。▼「熱中する向きがある」❹本気。▼「むきになる」

むぎ【麦】イネのなかまの作物。実は人間の食べ物や動物のえさとして大切。大麦・小麦・エンバク・ライ麦などがある。⬇【麦】554ページ

むきず【無傷】❶傷のないこと。傷のないもの。❷一度も失敗したり、負けたりしたことがないこと。▼「無傷のまま勝ちすすむ」

むきだし【むき出し】なんのおおいもなく表に出すこと。丸出し。

むぎちゃ【麦茶】オオムギ（ムギのなかまの一つ）をからのついたままいって、熱湯でにだした飲み物。冷やして飲むことが多い。

むきなおる【向き直る】からだを動かしてそちらの方向へ向きをかえる。▼「黒板の方へ向き直る」

むきになる【向きになる】ちょっとしたことでも、すぐ本気になる。▼「むきになって言いはる」

むきみ【むき身】ハマグリやアサリなどの貝がらをとった、中の肉。

むきりょく【無気力】元気のないこと。やる気のないこと。

むぎわら【麦わら】ムギのほをとったあとのくき。▼「麦わらぼうし」

むく【向く】❶顔やからだをそちらへむかせる。❷うまくあう。▼「子供に向く本」❸ある方向に面する。▼「南を向いたまど」❹ある状態になる。▼「運が向く」⬇【向】227ページ

むく 外がわについているものをはがしとる。▼「ミカンの皮をむく」

むくい【報い】❶よいことをしたためにうける幸せ。また悪いことをしたためにうけるいなんや不幸せ。▼「報いをうける」❷はたらいてもらう金や品物。

むくいる【報いる】うけたものごとにたいして、ふさわしいおかえしをする。▼「恩に報いる」⬇【報】635ページ

むくち【無口】口数の少ないこと。▼「無口な人」

むくむ 病気などのために、顔や手足がはれぼったくなる。▼「足がむくむ」

まえ　こた　みぎ て
前のページの答え⇒「右手」

むくむく ❶かさなってわき出るようす。▽「むくむくと雲がわき出る」❷太るようす。▽「むくむくと太る」

むくれる むっとして腹を立てる。▽「すぐにむくれる」

むけいぶんかざい【無形文化財】 演劇・音楽・工芸などの技術で、のちの世までのこすねうちがあると、国がきめて保護しているもの。▽「重要無形文化財」

むける【向ける】 ❶向きをそのものの方にまわす。▽「顔を上に向ける。マイクを向ける」❷人を行かせる。▽「使者を向ける」⬇【向】227ジペー

むげん【無限】 どこまでも限りのないこと。▽「無限に広がる空」⇕有限。

むこ【婿】 むすめの夫。⇕嫁。

むごい ❶ひどい。ざんこくだ。▽「むごいしうち」❷見ているのもつらいほどかわいそうである。▽「むごい事故」

むこう【向こう】 ❶自分から見てあちらの方。▽「山の向こう。向こう岸」❷これから先のほう。▽「向こう三年間の保証付き」❸あいて。先方。▽「向こうのつごう」⬇【向】227ジペー ●向こうずね●向こう鉢巻き●向こう見ず

むこう【無効】 ききめのないこと。役に立たないこと。▽「投票が無効になる」⇕有効。

むこうぎし【向こう岸】 川や入りえなどの向こう側の岸。▽「向こう岸まで泳ぐ」

むこうずね【向こうずね】 足のすねの前の方。⬇体（図）

むこうはちまき【向こう鉢巻き】 ひたいの所でむすんだはちまき。

むこうみず【向こう見ず】 あと先のことを考えずに、ものごとをすること。また、その人。むてっぽう。▽「向こう見ずの性格」

「ねじり鉢巻き・向こう鉢巻き」

むごたらしい むごいようすである。ざんこくである。ひどい。▽「むごたらしい事件」

むごん【無言】 何も言わないこと。

むざい【無罪】 罪がないこと。また、さいばんで、罪がないときめられること。▽「無罪判決」⇕有罪。

むさくるしい【むさ苦しい】 ごちゃごちゃして、きたならしい。▽「むさ苦しい部屋」

むさべつ【無差別】 区別をつけないこと。▽「たくさんの中から無差別にえらび出す。柔道の無差別級」

むさぼる いくらでもほしがる。あきないで、しつづける。▽「むさぼるように本を読む。むさぼるように食べる」

むざむざ わけもなくやすやすと。▽「むざむざと試合に負けた」

むざん【無残・無惨】 いたましいようす。むごたらしいようす。▽「花畑が無残にあらされている」

むし【虫】 ❶こん虫。また、それににた小さな生き物。▽「虫にさされる」❷スズムシなどの鳴く虫。▽「虫の声」❸からだの中の寄生虫。回虫。▽「虫下し」❹人をばかにしていうことば。▽「泣き虫。弱虫」❺あるものごとにいっしょうけんめいな人。▽「学問の虫。本の虫」❻なんとなく感じること。▽「虫の知らせ。虫がすかない」⬇【虫】447ジペー ●虫がいい●虫が知らせる●虫ずが走る●虫の息●虫の居所が悪い●虫歯●虫干し●虫眼鏡●青虫●毛虫

むし【無視】 ❶あってもないようにあつかうこと。▽「信号無視」❷ばかにしてあいてにしないこと。みくびること。▽「注意を無視

する」

むじ【無地】 布や紙などに、もようがないこと。全体が同じ色であること。▼「茶色の無地の洋服」

むしあつい【蒸し暑い】 しっ気が多くて蒸されるように暑い。▼「蒸し暑い夏の夜」

むしがいい【虫がいい】 自分につごうのいいようにばかり考える。自分勝手。▼「虫がいい話」

むしかえす【蒸し返す】 ❶一度蒸したものをもう一度蒸す。❷いったんきまったことをもう一度問題にする。

むしかご【虫かご】 虫を入れて飼う小さなかご。

むしがしらせる【虫が知らせる】 何かおこりそうだと、なんとなく予感がする。▼「虫が知らせたのか、急いで家に帰ると、母が病気でねていた」

むしがすかない【虫が好かない】 なんとなく好きでない。▼「悪い人ではないのだが、どうも虫が好かない」

むしずがはしる【虫ずが走る】 ぞっとするくらいいやに思う。▼「いやなやつを見ると虫ずが走る」

むじつ【無実】 じっさいにはそんな事実はないこと。▼「無実の罪」

むしとり【虫取り】 虫をとること。また、そのための道具。▼「虫取りあみ」

むしのいき【虫の息】 今にもたえそうな呼吸。今にも死にそうなようす。

むしのいどころがわるい【虫の居所が悪い】 きげんが悪くておこりっぽい。▼「今、武君は虫の居所が悪い」

むしば【虫歯】 細菌のために、あながあいた歯。▼「虫歯をぬく」➡歯(図)547ジ

むしばむ 虫に食われるように、からだや心が少しずつ悪くなる。

むじひ【無慈悲】 あわれむ心のないこと。思いやりがないこと。冷こく。

むしぶろ【蒸し風呂】 湯気でからだを蒸してあたためる方式のふろ。

むしぼし【虫干し】 カビや虫の害をふせぐために、衣服や本を干して風にさらすこと。▼「衣服を虫干しする」

むしめがね【虫眼鏡】 とつレンズによって、小さな物を大きくして見る道具。▼「虫眼鏡でアリを観察する」

むじゃき【無邪気】 すなおでかわいいこと。悪気のないこと。

むしゃにんぎょう【武者人形】 よろいやかぶとをつけて、さむらい(武者)のかっこうをした人形。五月の端午の節句にかざる。➡端午の節句(図)

むしゃぶりつく はげしいいきおいですがりつく。かじりつく。▼「ステーキにむしゃぶりついて食べる」

むしゃぶるい【武者震い】 心がいさんで、からだがふるえること。

むじゅん【矛盾】 ものごとの前と、あとが合わないこと。つじつまが合わないこと。▼「むじゅんした考え」

むじょうけん【無条件】 なんの条件もつけないこと。▼「無条件でゆずる」

むしょうに むやみに。やたらに。めちゃくちゃに。▼「先生にほめられて、むしょうにうれしかった」

むしょく【無色】 色のついていないこと。▼「無色とうめい」

むしょく【無職】 きまった職業のないこと。▼「失業して、今は無職です」

むしょぞく【無所属】 どの政党や団体にも入っていないこと。

むしる つかんで引きぬく。▼「畑の草をむしる」

むしろ どちらかといえば。いっそ。▼「都会よりもむしろ田舎がすきだ」

むしんけい【無神経】 感じ方がにぶいこと。細かく気をくばらないこと。▼「無神経

さかさことば 前から読んでもうしろから読んでも「見こみ」。

なことばづかい」

むじんとう【無人島】人のすんでいない島。▽「無人島にながれつく」

むす【蒸す】❶湯気を当てて熱する。▽「タオルを蒸す。ごはんを蒸す」❷気温が高く、しっ気が多くて暑く感じる。▽「ひどく蒸す夜だ」⬇【蒸】334ページ

むすう【無数】数えられないほど、たくさんあること。▽「無数の星」

むずかしい【難しい】❶わかりにくい。▽「難しい勉強」⇕易しい。❷かんたんにはできない。▽「優勝するのは難しい」❸病気などがなおりにくい。▽「難しい病気」❹きげんが悪い。▽「難しい顔をする」⬇【難】523ページ

むずがゆい むずむずして、かゆい。

むずかる 小さい子供などのきげんが悪くなる。「むつかる」ともいう。▽「赤んぼうがむずかる」

むすこ【息子】親から見て、男の子。⇕娘。

むすびめ【結び目】結び合わせた所。

むすぶ【結ぶ】❶なわ・ひもなどをつなぎ合わせる。▽「ひもを結ぶ」⇕解く。❷はなれているものをつないで、続くようにする。▽「電車が二つの町を結ぶ」❸やくそくをする。▽「えんを結ぶ」❹かたくとじる。▽「口を結ぶ」❺まとまったじょうたいになる。▽「努力が実を結ぶ」❻つゆや氷ができる。▽「つゆを結ぶ」⬇【結】212ページ

むずむず ❶かゆいようす。▽「背中がむずむずする」❷じれったくて、また自分もやってみたくて、おちつかないようす。▽「うでがむずむずする」

むすめ【娘】❶親から見て、女の子。⇕息子。❷わかい女の人。

むせいげん【無制限】制限しないこと。数や量などを限らないこと。

むせかえる【むせ返る】食べ物やけむり、強いにおいなどで、ひどくむせる。▽「むせ返るような草いきれ」

むせきにん【無責任】しなければならない責任をはたさないこと。

むせぶ ❶物がのどにつかえ、息がつまりそうになってせきが出る。▽「けむりにむせぶ」❷声をつまらせて、はげしく泣く。▽「なみだにむせぶ」

むせる 食べ物やけむりなどで、のどがふさがるように感じたり、せきが出たりする。▽「いそいでお茶をのんでむせる」

むせん【無線】電線を使わないこと。▽「無線放送」⇕有線。

むそう【夢想】あてもないことを考えること。空想。▽「十年後を夢想する」

むぞうさ【無造作】❶かんたんにすること。▽「無造作に荷物を持ち上げる」❷気軽なこと。▽「無造作にすてる」

むだ【無駄】役に立たないこと。それをしてもよくならないこと。

むだづかい【無駄遣い】むだなことにお金や物を使うこと。

むだぼね【無駄骨】むだな努力。▽「無駄骨をおる」

むだん【無断】ことわらないこと。人のゆるしをうけないこと。▽「無断欠席」

むち【無知】何も知らないこと。知識のないこと。▽「無知をさらけ出す」

むち ❶馬などをたたいてすすませるための、竹や革で作った細長い棒やひも。❷物をさししめすために使う棒。

むちうつ【むち打つ】❶むちで打つ。❷しっかりするように、はげます。

むちゃ ❶理くつに合わないこと。▽「むちゃなことを言う」❷ていどがかなりひどいこと。むちゃくちゃ。▽「むちゃな食べ方」

むちゅう【夢中】❶夢を見ている間。❷あることにだけ、ひじょうに熱心になること。▽「あそびに夢中だ」

あいうえお かきくけこ さしすせそ たちつてと なにぬねの はひふへほ まみむめも やゆよ らりるれろ わをん

むつ【六つ】むっつ。ろく。➡【六】757ページ

むっくり ❶急におき上がるようす。❷肉がついて、太っているようす。

むっつ【六つ】❶数の名。ろく。六個。❷六さい。▼「六つで入学する」➡【六】757ページ

むっと ❶心の中で腹を立てるようす。▼「むっとしてだまりこむ」❷むし暑いようす。▼「むっとする暑さ」❸いやなにおいのするようす。

むつまじい なかがよい。親しい。

むてき【無敵】あまり強いので、あいてになるものがいないこと。

むてっぽう【無鉄砲】ものごとのよしあしや、あと先のことは考えずに、めちゃくちゃにことをすること。むこうみず。▼「無鉄ぽうなことをする」

むとんちゃく【無頓着】気にかけないこと。▼「着るものにはむとんちゃくだ」

むな【胸】むね。▼「胸さわぎ。胸元」➡【胸】175ページ

むなさわぎ【胸騒ぎ】何か悪いことがおこりそうな気がして、心臓がどきどきすること。

むなしい ❶はかない。❷むだである。かいがない。▼「健とうむなしく敗退する」❸内容がない。なかみがない。▼「むなしい生活」

むなもと【胸元】胸のあたり。

むに【無二】二つとないこと。くらべるもののないこと。▼「無二の親友」

むね【胸】❶からだの前の方で、首と腹の間の部分。▼「胸をはって歩く」➡体（図）❷心。気持ち。▼「胸にうかぶ」❸心臓。▼「胸がどきどきする」➡【胸】175ページ
●胸がすく●胸がつぶれる●胸がはり裂ける●胸がふさがる●胸に迫る●胸を痛める●胸を打つ●胸を躍らせる●胸を締め付けられる●胸を反らす●胸を突かれる●胸をときめかす●胸をなで下ろす●胸を膨らませる

むね【棟】❶屋根のいちばん高い所。➡軒（図）❷家。たてもの。❸家を数えることば。▼「五むね」

むねがすく【胸がすく】いやな気分がきえて、さっぱりする。せいせいする。▼「思ったことを言って胸がすく」

むねがつぶれる【胸がつぶれる】❶たいそうおどろく。❷悲しみや心配で胸がいっぱいになる。

むねがはりさける【胸がはり裂ける】ひどい悲しみ・いかりなどで心がさける思いがする。

むねがふさがる【胸がふさがる】悲しさやくやしさで、心がいっぱいになる。▼「悲しみで胸がふさがる」

むねにせまる【胸に迫る】心をうたれる。感動する。▼「胸にせまることば」

むねをいためる【胸を痛める】ひどく心配する。頭を痛める。

むねをうつ【胸を打つ】心に強くひびく。感動する。▼「胸を打つドラマ」

むねをおどらせる【胸を躍らせる】うれしくて心がうきたつ。胸をわくわくさせる。▼「はじめての旅行に胸をおどらせる」

むねをしめつけられる【胸を締め付けられる】苦しみや悲しみで、胸をおさえつけられるようにつらい。

むねをそらす【胸を反らす】いばって反りかえる。いばる。

むねをつかれる【胸を突かれる】強く心を動かされる。はっとさせられる。▼「何気ない一言に胸をつかれる」

むねをときめかす【胸をときめかす】うれしくて胸をどきどきさせる。▼「おくりものに胸をときめかす」

むねをなでおろす【胸をなで下ろす】ほっと安心する。▼「全員ぶじのニュースに、胸をなで下ろす」

むねをふくらませる【胸を膨らませる】心の中が楽しさでいっぱいになる。▼

なぞなぞ いくらまいてもめが出ないものはなに？ 答えは次のページ。

「よろこびに胸をふくらませる」

むねん【無念】❶残念なこと。▽「無念のなみだ」❷何も考えないこと。▽「無念無想」

むのう【無能】仕事をする力のないこと。▽「無能な人」⇕有能。

むのうやく【無農薬】米ややさいなどを作るとき、薬を使わないこと。

ムハンマド（五七〇ごろ〜六三二年）アラビア半島で生まれ、イスラム教をひらき、アッラーの神の教えを広めた。「マホメット」ともいう。

むふんべつ【無分別】ものごとのよしあしのくべつができないこと。▽「無分別な行動」

むほう【無法】きまりをやぶり、すじみちにしたがわず、らんぼうなこと。▽「無法者」

むぼう【無謀】考えがたりないこと。むちゃなこと。▽「無ぼうな計画」

むほん【謀反】家来が主人にそむいて、いくさをおこすこと。

むめい【無名】❶名がわからないこと。▽「無名戦士の墓」❷名を書かないこと。❸世間に名が知られていないこと。▽「無名の作家」⇕有名。

むやみ ❶あと先のことを考えないようす。▽「むやみに山の花や草をとってはいけない」❷ていどをこすこと。やたらに。▽「むやみに食べると太るよ」

むよう【無用】❶役に立たないこと。❷いらないこと。▽「心配無用」❸してはならないこと。▽「落書き無用」

むよく【無欲】欲のないこと。

むら【村】❶いなかで、人が集まりすんでいる所。▽「海辺の村。山あいの村」❷都道府県のもとにある自治団体。市・町より小さい。

⬇【村】408ページ
●村里●村八分

むら【群】多くのものが集まっていること。▽「群雲。群竹」⬇【群】203ページ

むら ❶色や物の大きさなどが同じようにそろっていないこと。❷気がかわりやすいこと。▽「気分にむらがある」

むらがる【群がる】多くのものが一か所に集まる。▽「スズメが群がる」

むらさき【紫】スミレの花のような、青と赤のまじった色。

むらざと【村里】いなかの、人が集まってすんでいる所。

むらす【蒸らす】むれるようにする。▽「ごはんを蒸らす」⬇【蒸】334ページ

むらむら ❶急に腹が立つようす。❷急に悪い心がおこるようす。▽「いたずら心がむらむらとおこる」

むり【無理】❶理くつに合わないこと。❷できそうもないことをおしきって行うこと。▽「無理をして出かける」

むりじい【無理強い】無理にものごとをおしつけること。強制すること。

むりやり【無理やり】無理をしてでも行うようす。▽「無理やり飲ませる」

むりょう【無料】お金がいらないこと。ただ。⇕有料。

むりょく【無力】❶力がないこと。▽「無力感」❷勢力や財産がなくて何もできないこと。⇕有力。

みてみよう

いろいろな紫

ラズベリー	はい赤むらさき	むらさき
ラベンダー	なすこん	すみれ
パープル	ききょう色	赤むらさき

むれ【群れ】 一か所に集まったもの。集まり。むらがり。▽「カラスの群れ」⇒【群】203ページ

むれる【群れる】 より集まる。▽「メダカが群れる」⇒【群】203ページ

むれる【蒸れる】 ❶湯気で熱せられてやわらかくなる。▽「ごはんが蒸れる」❷しっ気が多くなる。▽「くつの中が蒸れる」⇒【蒸】334ページ

むろ【室】 ❶山のがけなどにつくった岩屋。❷外の空気にふれないようにして、物を入れておく部屋。▽「こうじ室」⇒【室】301ページ

むろまちじだい【室町時代】 足利氏が京都の室町に幕府をひらいていた時代。一三三六年から一五七三年まで。

むんずと 力をこめてつかみかかるようす。▽「むんずとかたをつかむ」

むんむん むされるように暑いようす。▽「電車が満員でむんむんする」

め

メ

め【女】 おんな。▽「女神」⇒【女】330ページ
●女神

め【目】 ❶物を見るところ。まなこ。⇒顔（図） ❷物を見る、めつき。▽「きつい目で見る」「白い目で見る」❸目玉のような形をしたもの。▽「台風の目」「足に魚の目ができる」❹線と線でかこんだ一区切り。▽「碁盤の目」❺じゅんばんをあらわすことば。▽「二人目。三番目」❻けいけん。▽「いやな目にあう」⇒【目】699ページ
●目新しい●目当て●目上●目移り●目が利く●目がくらむ●目がける●目頭●目方●目が高い●目が無い●目から鼻へ抜ける●目くばせ●目先●目指す●目ざとい●目覚ましい●目覚める●目障り●目下●目じり●目印●目立つ●目つき●目と鼻の間●目に余る●目につく●目には目を歯には歯を●目に見えて●目にも留まらぬ●目に物見せる●目抜き通り●目の上のこぶ●目の敵●目のつけ所●目鼻がつく●目鼻立ち●目分量●目星をつける●目もくれない●目元●目盛り●目安●目を疑う●目を奪う●目を覆う●目を掛ける●目を配る●目を凝らす●目を皿にする●目を白黒させる●目を背ける●目を付ける●目を通す●目を盗む●目を離す●目を光らす●目を細くする●目を丸くする●目を回す●目を見張る●木目●役目●横目

め【芽】 ❶植物のたねからのびはじめる物。そだって、くき・えだ・葉・花などになる。▽「芽を出す。新芽」❷ものごとのはじめ。▽「悪の芽」⇒【芽】110ページ
●芽が出る●芽生え

めあたらしい【目新しい】 めずらしい。▽「目新しい商品」

めあて【目当て】 ❶見てすぐわかるもの。目印。▽「かんばんを目当てに店をさがす」❷ねらい。こうしようと心にきめたこと。▽「目当てを持つ」

めい【名】 1年 な ミョウ・メイ
❶なまえ。▽「姓名。地名」❷すぐれていること。▽「名人。名作。名バイオリニスト」❸世間のひょうばん。▽「名声。有名」❹人を数えるときのことば。▽「三名」

ノ ク タ タ 名 名 (つき出ない)

★「各」ににているので注意

●名案●名画●名義●名曲●名句●名月●名言●名産●名刺●名実●名手●名称●名所旧跡●名物●名簿●名門●名誉●氏名●人名●題名●無名

めい【明】 2年 メイ・ミョウ
あかす・あからむ・あかり・あかるい・あかるむ・あきらか・あく・あくる・あける
❶あかるいこと。▽「照明」⇔暗。

前のページの答え⇒「水」

❷はっきりしていること。▼「明記」 ❸かしこいこと。▼「賢明」

●明暗・明快・明確・明言・明細書・明治・明せき・明朗・証明・説明・発明・文明

めい【命】 3年 メイ・(ミョウ) いのち

❶いのち。▼「救命。人命。生命」 ❷言いつけ。▼「命令。厳命。任命」

はねる

●命じる・命中・命日・命令・運命・使命・宿命・存命

めい【迷】 5年 (メイ) まよう

❶思いまようこと。▼「迷信。低迷」 ❷わからないこと。▼「迷宮。迷路」

ひとふでに書く

●迷宮入り・迷信・迷路・迷惑

めい【盟】 6年 メイ ―

ちかい。かたいやくそく。▼「盟約をむすぶ」

長く。左右に出る。 四や皿ではない

●加盟・同盟・連盟

めい【鳴】 2年 メイ なく・ならす・なる

❶なくこと。なき声。▼「悲鳴」 ❷なること。なる音。▼「雷鳴。共鳴」

忘れずに書く

めい その人の兄弟姉妹のむすめ。⇕おい。

めいあん【名案】 よい考え。よい思いつき。▼「名案がうかぶ」

めいあん【明暗】 ❶明るさと暗さ。❷幸せと不幸せ。▼「人生の明暗」

めいおうせい【冥王星】 海王星の外がわにあり、太陽のまわりを回る星。

めいが【名画】 ❶有名な絵。すぐれた絵。❷すぐれた映画。▼「名画かん賞」

めいかい【明快】 すじみちが通ってはっきりしていること。▼「明快な説明」

めいかく【明確】 はっきりしていて、確かなこと。▼「明確なしょうこ」

めいき【明記】 はっきりと書くこと。▼「名前を明記する」

めいきゅういり【迷宮入り】 事件などの解決がむずかしくなること。

めいきょく【名曲】 すぐれた有名な音楽の曲。▼「ピアノ名曲全集」

めいく【名句】 ❶すぐれていて、有名な文やことば。名文句。▼「名言名句辞典」 ❷有名な俳句。▼「芭蕉の名句」

めいげつ【名月】 昔のこよみで八月十五日、また九月十三日の夜の月。⬇月(図)

めいげん【名言】 人を感心させるような、すぐれた意味を持ったことば。「少年よ大志をいだけ」など。

めいげん【明言】 はっきり言うこと。▼「かならず行くと明言する」

めいさく【名作】 すぐれたできばえの作品。すぐれた文学・絵画・ちょう刻・音楽など。▼「世界名作童話」

めいさん【名産】 その土地でとれる有名な品物。名物。▼「スイカの名産地」

めいし【名刺】 自分の名前や住所・勤め先などを書いた小さな紙。

めいじ【明治】 明治天皇の時代の元号。一八六八年九月から一九一二(明治四十五)年七月まで。この間に日本は、西洋の文化や政治のしくみをとり入れ、近代化をすすめた。

めいじつ【名実】 名前となかみ。ひょうばんと実力。▽「名実かねそなえる」

めいしゅ【名手】 あるわざに、とくにすぐれている人。名人。▽「笛の名手」

めいしょう【名称】 名前。よび名。

めいしょきゅうせき【名所旧跡】 景色がよくて有名な所や、古いいわれのある土地・たてものなどのある所。

めいじる【命じる】 ❶言いつける。命令する。▽「退場を命じる」❷ある地位につける。▽「放送委員に命じる」

日本の迷信

★ 夜につめを切ると親の死に目に会えない

★ 山で夜に口ぶえをふくとヘビが出る

★ ごはんを食べてすぐ横になるとウシになる

★ くしゃみをするとだれかにうわさされている

★ うそをつくとえんま様に舌をぬかれる

どれも科学的な根きょはないと言われていますが、どうしてそう言われるようになったのか、調べてみてもおもしろいかもしれませんね。

めいしん【迷信】 ❶人を迷わせるような言いつたえや信こう。❷理くつに合わないことを正しいと信じること。

めいじん【名人】 ❶あることがらに、とくべつすぐれたわざを持っている人。名手。▽「名人わざ。つりの名人」❷碁・将棋で最高の位。▽「名人戦」

めいせい【名声】 高いひょうばん。

めいせき【明せき】 明らかではっきりしていること。▽「明せきな頭脳」

めいそう【めい想】 目をとじて、しずかに考えること。▽「めい想にふける」

めいちゅう【命中】 ねらったものにうまく当たること。的中。

めいど 死んでから行くといわれているところ。あの世。▽「めいどの旅」

めいにち【命日】 その人が死んだ日に当たる日。▽「十日は祖父の命日です」

めいふく【めい福】 死んだのちの幸せ。▽「つつしんでめい福をいのる」

めいぶつ【名物】 ❶よく知られているもの。▽「名物先生」❷その土地の有名な産物。名産。▽「名物のそば」

めいぼ【名簿】 人々の名前を書いた帳面。▽「会員名ぼ」

めいめい【命名】 名前をつけること。▽「花子と命名する」

めいめい 一人一人。おのおの。

めいもん【名門】 ❶身分の高いすぐれた家がら。▽「名門の出」❷名高い学校。有名な学校。▽「野球の名門校」

めいよ【名誉】 高いほまれ。すぐれているというひょうばん。栄よ。光栄。▽「名よある賞をもらう」

めいる 元気がなく暗い気持ちになる。ふさぎこむ。▽「雨つづきで気がめいる」

めいれい【命令】 言いつけること。また、その言いつけ。▽「命令を出す」

めいろ【迷路】 入ると、迷ってなかなか出られないような道。

めいろう【明朗】 明るくてほがらかなこと。▽「明朗活発。明朗な人」

めいわく【迷惑】 やっかいでこまること。▽「他人に迷わくをかける」

メイン いちばんだいじなところ。「メーン」ともいう。▽「メインの料理」

めうえ【目上】 自分より、年や地位などが上の人。⇕目下。

めうつり【目移り】 いろいろな物を見て、あれこれまよって考えをきめられないこ

さかさことば 前から読んでもうしろから読んでも「耳」。

と。▽「品物がたくさんあって、目移りがする」

メーカー ❶品物の製造元。その品物をつくった会社。❷有名な製造元。▽「メーカー品」

メーター ❶↓メートル ❷電気・ガスなどの使った量や自動車などの走ったきょりをはかる器具。計量器。

メーデー はたらく者の祭り。世界じゅうどこでも五月一日に行われる。

メートル 長さの単位。一メートルは一〇〇センチメートル。記号は「m」。

メートルほう【メートル法】長さをメートル、量をリットル、重さをキログラムの単位であらわすはかり方。

メール ❶パソコンやけい帯電話で送りあうメッセージ。電子メール。❷ゆうびん物。▽「アメリカからエアメールがとどく」

メカ 機械。▽「メカにくわしい」

めがかすむ【目がかすむ】病気になったりつかれたりして視力が弱り、物がぼんやりとくもったように見えること。

めがきく【目が利く】❶遠くまでよく見える。▽「遠くまで目が利く」❷ものを見分ける力がすぐれている。目が高い。▽「絵に目が利く」

めがくらむ【目がくらむ】❶めまいがして、目がくらくらする。❷心をうばわれて、正しい判断ができなくなる。▽「欲に目がくらむ」

めがける【目がける】ねらいをさだめてすすむ。▽「的を目がけてなげる」

めがしら【目頭】目の、鼻に近い方のはし。↕目じり。

めがしらがあつくなる【目頭が熱くなる】心に強く感じて、思わずなみだが出そうになる。

めかた【目方】重さ。重量。

めがたかい【目が高い】りっぱなものや、よいものを見分ける力がすぐれている。目が利く。

めがでる【芽が出る】❶木や草の芽が出る。❷仕事やはたらきが、世間にみとめられはじめる。運がむいてくる。▽「画家としてやっと芽が出る」

めがない【目が無い】たいへんすきである。▽「ケーキには目が無い」

めがね【眼鏡】❶レンズを用いてよく見えるようにしたり、目をまもったりする器具。❷ものを見分ける目。

めがねにかなう【眼鏡にかなう】目上の人にみとめられ、気に入られる。▽「社長の眼鏡にかなう」

メガホン 声を遠くまでとどかせるために口に当てて使うらっぱ形のつつ。

めがまわる【目が回る】❶めまいがする。目がくらむ。▽「ジェットコースターに乗ると目が回る」❷いそがしくてたいへんなようすのたとえ。▽「朝から目が回るようないそがしさだ」

めがみ【女神】女の神様。

めからはなへぬける【目から鼻へ抜ける】すばしこく、わかりがはやい。りこうで、ぬけめがない。

メキシコ 北アメリカの南部にある国。金・銀・銅などを産する。首都はメキシコシティ。↓国花（図）

めきめき のびたり、すすんだりするのが目立つようす。▽「ピアノがめきめき上達する」

めくばせ【目くばせ】目つきでする合図や注意。▽「弟に目くばせする」

めぐまれる【恵まれる】❶なさけをかけてもらう。ありがたいことにあう。▽「ひさしぶりの雨にめぐまれる」❷十分にあたえられている。ゆたかである。▽「才能にめぐまれる」

めぐむ【恵む】❶なさけをかける。❷お金や品物を分けてやる。

めぐりあう【巡り会う・巡り合う】思

いがけなく出あう。▽「二十年ぶりにめぐり会う」

めくる うすいものを、上からはがすようにしてひらく。▽「ページをめくる」

めぐる【巡る】 ❶物のまわりにそってすすむ。▽「川が山をめぐる」❷まるく動き回る。▽「月がめぐる」❸歩き回る。▽「寺々をめぐる」❹回ってもとへかえる。▽「歴史はめぐる」

めげる 弱る。元気がなくなる。▽「寒さにもめげずはたらく」

めさき【目先】 ❶目の前のこと。❷すぐ先のこと。▽「目先のこと」❸すぐ先の見通し。▽「目先のよくきく人」

めざす【目指す・目差す】 一つの目当てを持つ。めがける。▽「頂上を目指す」

めざとい【目ざとい】 ❶見つけるのがはやい。▽「目ざとく見つけ出す」❷目覚めやすい。

めざましい【目覚ましい】 目の覚めるようにすばらしい。▽「目覚ましいかつやくをする」

めざましどけい【目覚まし時計】 前もってきめておいた時間に音がなる時計。

めざめる【目覚める】 ❶目が覚める。▽「夜中に目覚める」❷悪い考えに気がついて、本心にかえる。▽「悪から目覚める」❸気がつく。▽「真実に目覚める」

めざわり【目障り】 見てじゃまになること。またその物。▽「目障りな看板」

めし【飯】 ❶米のごはん。❷食事のこと。▽「飯にしよう。朝飯」⬇【飯】572ページ

めしあがる【召し上がる】 「のむ」「食べる」のうやまった言い方。

めした【目下】 自分より年や地位などが下の人。⇔目上。

めしべ【雌しべ】 花の中心にあって、おしべの花粉をうけて後に実をつくるもの。しずい。⇔雄しべ。

[花のしくみ]

メジャー いろいろあるなかでとくに数が多いところ。また、中心となるところ。▽「メジャーリーグ」

メジャー まきじゃく。ものさし。

めじり【目じり】 目の、耳に近い方のはし。まなじり。⇔目頭。

めじるし【目印】 ❶見てすぐわかるようにつけたしるし。▽「目印をつける」❷目当て。▽「高いビルを目印に歩く」

めじろおし【目白押し】 鳥のメジロがおし合って木に止まるように、たくさんの人がこみ合ってならぶこと。▽「目白おしにならぶ」

めす【雌】 動物の女のほう。⇔雄。

メス 手術や解ぼうに使う、小さな刀。

めずらしい【珍しい】 めったにない。▽「けさはめずらしく早起きした」

メゾソプラノ 女の歌う声で、中ぐらいの高さの声。また、その声の人。⬇ソプラノ(図)

めだか 川や池などにすむ小さな魚。むれをつくっておよぐ。目が大きい。

めだつ【目立つ】 とくに目につく。人から注目されやすい。▽「目立つかっこう」

めだま【目玉】 ❶目の玉。❷目玉の形をしたもの。▽「目玉焼き」

めだまがとびでる【目玉が飛び出る】 ❶ひどくしかられるようす。❷ねだんが高くて、びっくりするようす。▽「目玉が飛び出るほど高い」

めだまやき【目玉焼き】 フライパンでた

なぞなぞ みずはみずでもひものような細いみずは？ 答えは次のページ。

まごを焼いたもの。黄身が目玉のように見える。

メダル ほうびや、記念のために、金属で作った小さな板。絵や字がきざんである。▼「金メダルを受賞する」

めちゃくちゃ ❶でたらめで、まったく筋が通っていないこと。めちゃめちゃ。▼「めちゃくちゃないいわけ」❷どうしようもないほどひどいこと。めちゃめちゃ。▼「へやがめちゃくちゃにちらかる」

めつき【目つき】物を見るときの目のようす。▼「するどい目つき」

めっき ❶きれいにしたり、さび止めのために、金属の上にべつの金属をうすくつけること。また、そうしてできた物。▼「金めっき」❷なかみが悪いのにうわべだけよく見せること。▼「めっきがはげる」

めっきり 急に。目立って。▼「めっきり寒くなった」

メッセージ ❶知らせのことば。❷あいさつのことば。声明書。

めったに ほとんど……しない。▼「めったに人は通らない」

めつぼう【滅亡】ほろびて、なくなってしまうこと。▼「一族がめつ亡する」

メディア 新聞やテレビなど、おおぜいの人に情報を知らせるための方法。

めでたい ❶よろこばしい。▼「めでたい正月」❷人がよすぎて間がぬけている。▼「おめでたいやつだ」

めとはなのあいだ【目と鼻の間】二つの物の間のきょりが、ごく近いこと。▼「学校と家は目と鼻の間だ」

メドレー ❶二つ以上の曲を区切らないで、つづけて演奏すること。❷メドレーリレーのこと。競走では、走るきょりを次々にかえ、水泳では、およぎ方を次々にかえてリレーする。

メトロノーム 音楽の曲の速さやひょうしをしめす器械。

めにあまる【目に余る】だまって見ていられないほどひどい。▼「目に余るいたずら」

[メトロノーム]

めにうかぶ【目にうかぶ】目で見ているようにはっきりと心に思いえがかれる。▼「楽しかった思い出が目にうかぶ」

めにつく【目につく】目立つ。目をひく。▼「あざやかな色が目につく」

めにはめをはにははを【目には目を歯には歯を】目をやられたら目をきずつけるというように、あいてからうけた苦しみと同じ方法でしかえしをすること。

めにみえて【目に見えて】目立って。▼「目に見えて上達する」

めにもとまらぬ【目にも留まらぬ】目に見えないほど速いようす。▼「目にも留まらぬはやわざ」

めにものみせる【目に物見せる】ひどい目にあわせてやる。思い知らせる。▼「今度こそ目に物見せてやる」

メニュー 食事や飲み物などの料理の内容を書いた表。こんだて表。

めぬきどおり【目抜き通り】人通りが多く、にぎやかな通り。

めのうえのこぶ【目の上のこぶ】目の上のこぶがじゃまなように、自分より地位や力が上で、じゃまになる人。

めのかたき【目の敵】何かにつけて、にくく思うこと。また、その人。

めのつけどころ【目のつけ所】注目する点。着眼点。

めのなかにいれてもいたくない【目の中に入れても痛くない】たいそうかわいがっているようす。▼「かわいく

て目の中に入れても痛くない」

めのまえ【目の前】 ❶見ている前。▽「目の前で人がころぶ」❷すぐ先にあること。すぐ近くにあること。▽「運動会はもう目の前だ。市役所は学校の目の前にある」

めばえ【芽生え】 ❶たねから芽が出はじめること。また、その芽。❷ものごとのおこりはじめのこと。

めばな【雌花】 めしべだけがついていて、のちに実になる花。⇔雄花。

めはながつく【目鼻がつく】 ものごとのだいたいの見こみがつく。▽「仕事の目鼻がつく」

めはなだち【目鼻立ち】 目や鼻のようす。顔だち。▽「目鼻立ちのはっきりした人」

めぶんりょう【目分量】 目で見てだいたいはかった量。

めぼしい 目立っている。ねうちがある。▽「めぼしい品物をえらぶ」

めぼしをつける【目星をつける】 だいたいのけんとうをつける。▽「犯人の目星をつける」

めまい 目が回ること。

めまぐるしい 目の前に次々といろいろのものが出てきて、目が回るような思いがするようす。

メモ ものごとをわすれないように書きつけておくこと。また、書きつけた物。▽「メモ帳。手帳にメモする」

めもくれない【目もくれない】 見むきもしない。問題にしない。▽「野球にむちゅうで、勉強には目もくれない」

めもと【目元】 ❶目のそば。目のあたり。❷目つき。▽「やさしい目元」

めもり【目盛り】 ものさし・はかり・温度計などについている、数をしめすしるし。

めやす【目安】 だいたいの目当て。見通し。▽「新しい仕事の目安がつく」

めらめら ほのおをあげて、火がいきおいよくもえるようす。▽「ほのおがめらめらと上がる」

メルヘン おとぎ話。童話。むかし話。

メロディー 音楽のふしまわし。せん律。▽「楽しげなメロディー」

メロン ウリのなかまの果物。まるくて、かおりがよく、あまい。⬇四季(図)

めをうたがう【目を疑う】 思ってもいないことを見て、ひじょうにびっくりする。▽「あまりの変化に目を疑う」

めをうばう【目を奪う】 見る人の目をひきつける。▽「目をうばうあでやかさ」

めをおおう【目を覆う】 あまりようすがひどいので、見ていられない。▽「目をおおう事故の現場」

めをかける【目を掛ける】 めんどうを見てかわいがる。▽「先ぱいに目をかけてもらう」

めをくばる【目を配る】 よく気をつけてあちこちを見る。気を配る。▽「子供たちに目を配る」

めをこらす【目を凝らす】 ❶じっと見つめる。❷よく見えないものをよく見ようと見つめる。▽「遠くの人かげにじっと目をこらす」

めをさらにする【目を皿にする】 目を皿のようにまるく大きくあけてよく見る。▽「目を皿にしてさがす」

めをしろくろさせる【目を白黒させる】 おどろいたときや苦しいときに、目玉を動かす。▽「食べ物がのどにつかえて目を白黒させる」

めをそむける【目を背ける】 おそろしさなどのため、まともに見ていられないで、目をそらす。▽「テレビのこわい場面で、思わず目を背ける」

めをつける【目を付ける】 注意して見る。心にとめておく。▽「前から目を付けていた選手」

めをとおす【目を通す】ひととおり見る。ざっと読む。▼「新聞に目を通す」

めをぬすむ【目を盗む】人に見つけられないようにこっそりする。▼「先生の目をぬすんでいたずらをする」

めをはなす【目を離す】見ていたのをやめる。注意をおこたる。

めをひからす【目を光らす】あやしいと思って、気をつけてみはる。

めをほそくする【目を細くする】かわいらしく思ったり、うれしくなったりしてわらう。目を細める。▼「アサガオの成長に目を細くする」

[目を細くする]

めをまるくする【目を丸くする】❶目を大きくあける。❷おどろいたり、感心したりする。

めをまわす【目を回す】❶気をうしなう。❷いそがしくて、あわてる。▼「あまりのいそがしさに目を回す」

めをみはる【目を見張る】目を大きくあけて、おどろいたり、感心したりする。▼「成長ぶりに目を見張る」

めん【面】3年 メン (おも)・(おもて)・(つら)

❶顔。▼「洗面。赤面。面とむかう」
❷物の外がわの平らな部分。▼「水面」
❸顔の形に作った物。▼「仮面。能面」
❹平たい物。▼「帳面。画面」
❺むき。方向。▼「正面。方面」
❻ある一部分のようす。▼「よい面」

一 丆 丙 而 而 面 面（ななめ左下に／ヨコ棒は二本）

●面会●面食らう●面する●面積●面接●面倒●面と向かって●面目●面々●海面●顔面●紙面●地面

めん【綿】5年 メン わた

❶ワタ。▼「脱脂綿」
❷ワタで作った糸。また、織物。

綿 綿 綿 綿 く 幺 糸 糸 綿 綿 綿（おる／はれる）
★「線」ににているので注意

●綿花●綿密●木綿

めん【麺】小麦粉などに水をくわえてこねたものを、細く長い形にした食べ物。うどん・そば・スパゲッティなど。

めんえき【免疫】ある病気に一度かかると、その病気に強くなって、かかりにくくなること。

めんか【綿花】ワタのたねのまわりをつつんでいる、白いせんい。糸をとり、織物を作る。

めんかい【面会】人に会うこと。面接。▼「面会時間。面会謝絶」

めんきょ【免許】❶政府や役所などが、あることをしてもよいとゆるすこと。▼「運転めん許」❷先生が弟子に、わざの全部を教え資格をあたえること。

めんくらう【面食らう】とつぜんのことに、おどろいてまごまごするようす。▼「ふいの出来事に面食らう」

めんこ ボール紙を丸や四角にしたおもちゃ。あいてのめんこを裏返したり、下にもぐりこませたりして遊ぶ。

[めんこ]

めんじょ【免除】しなければならないこと

を、とくべつにのぞくこと。▽「税金をめん除する。授業料めん除」

めんじょう【免状】❶資格があることを、みとめた書き物。▽「教師のめん状をとる」❷卒業証書。

めんじる【免じる】❶ゆるす。▽「罪をめんじる」❷職をやめさせる。❸ほかの人のためにゆるす。▽「きみのあやまちは親にめんじてゆるす」

めんする【面する】そちらをむいている。▽「海に面する部屋」

めんせき【面積】広さ。

めんせつ【面接】じかに人に会うこと。面会。面談。▽「面接試験」

メンツ 面目。体面。もともとは中国語。「面子」と書く。▽「メンツがつぶれる」

メンテナンス あるものが悪くならないように、ようすをたしかめたり、なおしたりすること。▽「ビルのメンテナンス」

めんどう【面倒】❶手がかかってやっかいなこと。▽「面どうな手つづき」❷世話。やっかい。▽「面どうを見る」

めんどうくさい【面倒くさい】ひじょうにやっかいだ。

めんどり 鳥のめす。とくに、ニワトリのめす。⇕おんどり。

メンバー 会や団体のなかまの一人一人。▽「両チームのメンバーがそろう」

めんぼく【面目】❶人にあわせる顔。世間に対する名よ。▽「面目が立たない。面目をほどこす」❷すがた。ようす。▽「町の面目が一新された」

めんみつ【綿密】細かにゆきとどいていて、ておちがないようす。

も

モ

も【模】6年 モ・ボ

❶まねること。にせること。▽「模造」
❷手本にすること。手本。▽「模範」
❸かたどること。▽「模型」
❹かざり。かたち。▽「模様」

すにしない

●模擬●模擬試験●模写●模造紙●模範●模倣

も【喪】人が死んだときに、その家の人や親類などが、あるきまった間、家にこもって、つつしんでいること。▽「も服。も中。もに服する」

も【藻】水の中にはえる植物。

もう【毛】2年 け モウ

動物や人のからだにはえている毛。▽「羊毛。羽毛。毛髪」

●毛細血管●毛髪●毛筆●毛布

もう ❶動作などがおわっているようす。すでに。▽「もうねてしまった」❷あと少しでことがおこるようす。まもなく。▽「もうはじまります」❸つけくわえて。さらに。▽「もう一つください」

もうい【猛威】はげしいいきおい。▽「台風がもういをふるう」

もうかる 利益があがる。▽「新製品が大量に売れてもうかる」

もうけ 利益。とく。▽「丸もうけ」

もうける【設ける】前もって用意する。したくする。▽「席を設ける。水飲み場を設ける」⬇【設】383ページ

もうける とくをする。利益を得る。▽「商売でもうける」

もうけん【猛犬】あらあらしい性質の犬。

早口ことば （五回続けていえるかな） もうじゅうを従順にする。

もうさいけっかん【毛細血管】からだの中を通っている、あみの目のように細かい血管。血液はこの管を通ってからだじゅうに栄養をあたえる。▽「もう犬に注意」

もうしあげる【申し上げる】「言う」を、へりくだっていうことば。▽「おいわいのことばを申し上げる」

もうしこむ【申し込む】❶自分がしたいことや、気持ちなどをあいてにつたえる。▽「試合を申しこむ」❷ぼ集におうじる。▽「参加を申しこむ」

もうしでる【申し出る】考えやきぼうなどを自分から言う。

もうじゅう【猛獣】性質があらあらしく、ほかの動物を食べるけもの。トラ・ライオン・ヒョウ・オオカミなど。

もうしょ【猛暑】夏のはげしい暑さ。

もうしょび【猛暑日】一日の最高気温が三十五度以上の日。三〇度以上を真夏日、二十五度以上を夏日と言う。

もうしわけない【申し訳ない】言いわけができない。すまない。

もうじん【盲人】目の見えない人。

もうす【申す】「言う」のへりくだった言い方。⬇【申】347ページ

もうぜん【猛然】いきおいのはげしいようす。▽「もう然とたたかう」

もうそう【妄想】ありもしないことをじっさいにあったと、しんじこんでしまうこと。▽「もう想をいだく」

もうちょう【盲腸】大腸のはじめの部分。もう腸えんをおこすのは、ここではなく、虫垂という所。⬇消化器（図）

もうでる【詣でる】神社や寺におがみにいく。

もうてん【盲点】❶目のおくにある、光を感じない所。ここでは物を見ることができない。❷うっかりして見おとしているもの。気がつかないところ。▽「もう点をついた質問」

もうどうけん【盲導犬】目の見えない人を安全に導くように、くんれんされた犬。⬇犬（図）

もうどく【猛毒】はげしい毒。

もうはつ【毛髪】かみの毛。

もうひつ【毛筆】けものの毛で作った筆。⬍硬筆。

もうふ【毛布】厚手の毛織物の一つ。主にねるときに使う。⬇シーツ（図）

もうまく【網膜】目のいちばんおくにあって、物がうつるうすいまく。

もうもく【盲目】目が見えないこと。

もうれつ【猛烈】いきおいが、ひじょうにはげしいようす。▽「もうれつな暑さ」

もえる【燃える】❶火がついてほのおやけむりがあがる。▽「たき木が燃える」❷ほのおのように心がわきたつ。▽「きぼうに燃える。いかりに燃える」⬇【燃】540ページ

もえる 木の葉や草の芽が出る。▽「若草がもえるころ」

モーション 運動。動作。身ぶり。▽「投球モーション。スローモーション」

モーター 電気などで、物を動かす力を得るしかけ。電動機。発動機。

モーターボート モーターの力で走る小さい船。発動機船。

モーニング ❶朝。午前。昼前。❷儀式などのときに着る礼服。モーニングコート。⬇服（図）

もがく ❶もだえ苦しんで手足を動かす。❷いらだつ。あせる。じれる。

もぎ【模擬】本物をまねて、同じようなことをすること。▽「もぎ店」

もぎしけん【模擬試験】本物の試験をまねてやってみる試験。

もく【木】植物の、き。▽「材木。樹木。木炭」⬇【木】643ページ

●木魚●木材●木星●木造●木炭●木版●木目●木管楽器●木琴●木工

もく【目】1年 モク・(ボク) め・(ま)

❶め。▼「目前。注目」
❷大切なところ。▼「眼目」
❸めざすこと。▼「目標。目的」
❹小分け。▼「項目。科目」
❺見出し。書き出したもの。▼「目次」
❻生物を分けるうえの単位。「こう」の下で「科」の上。

目 目 目 目 目

★「日」ににているので注意

●目撃●目算●目測●目録●目下●曲目●種目●題目●着目

もぐ ちぎりとる。▼「トマトをもぐ」

もくぎょ【木魚】お経を読むときにたたいて鳴らすもので、木をくりぬいて作ったまるい形の道具。

もくげき【目撃】出来事をじっさいに目で見ること。▼「事件を目げきする」

もくざい【木材】切っていろいろなものの材料にする木。材木。

もくじ【目次】本の中の見出しや、そのページをならべてかかげたもの。だいたいの内容がわかる。

もくせい【木星】太陽系で、太陽を回る五番目のわく星。わく星の中でいちばん大きく、直径は地球のやく十一倍。⇩太陽系(図)

もくぜん【目前】目の前。すぐ近く。▼「旅行が目前にせまる」

もくぞう【木造】木でつくること。また、木でつくった物。▼「木造建築」

もくそく【目測】目で見て、おおよその長さや広さなどをはかること。

もくたん【木炭】すみ。木をむしやきにして作る燃料。

もくてき【目的】目当て。めざすもの。▼「研究の目的」

もくとう【黙とう】目をつぶって、だまったまま心の中でいのること。

もくどく【黙読】声を出さないで読むこと。▼「もく読で本を読む」⇕音読。

もくにん【黙認】知らないふりをして見のがすこと。▼「いたずらをもく認する」

もくはん【木版】印刷するために、木の板に文字や絵をほって作ったもの。

もくひょう【目標】めざすもの。目当て。方針。指針。▼「今週の目標」

もくめ【木目】木材の切り口や板の面にあらわれている、木の年輪の線。

もぐもぐ 食べ物を口の中でよくかんでいるようす。▼「もぐもぐとおいしそうに食べる」

もくようび【木曜日】日曜日から数えて五ばんめの日。水曜日の次の日。⇩週

もぐら ネズミににた動物。土の中にあなをほってすみ、ミミズや虫などをとって食べる。

もぐる【潜る】❶水の中にくぐって入る。▼「もぐってアワビをとる」❷物の下や間に入りこむ。❸かくれてこっそり行う。▼「地下にもぐる」

もくれい【黙礼】だまっておじぎをすること。▼「先生にもく礼する」

もくれん 春、葉の出る前に白やむらさき色の大きな花がさく木。

もくろく【目録】❶本の見出しのじゅんじょ。目次。❷品物の名を集めたもの。「図書目録」❸物をおくるときに、その品物の名前を書きしるしてわたすもの。▼「記念品の目録をわたす」

もくろむ 前もってどうするかを考える。くわだてる。計画する。▼「悪いことをもくろむ」

もけい【模型】実物の形ににせて小さくつくったもの。ひながた。▼「船の模型」

なぞなぞ 木曜日と金曜日だけ音が出る楽器は？ 答えは次のページ。

もげる はなれておちる。▽「人形の手がもげる」

モザイク ガラス・貝がら・タイル・石・木などを組み合わせて、もようや絵などをあらわしたもの。

もし まだ起こっていないことを想像していうことば。かりに。ひょっとして。▽「もし雨だったら、遠足は中止します」

もじ【文字】 ことばを書きあらわすしるし。字。もんじ。▽「絵文字。大文字」

もじばん【文字盤】 時計や、はかりなどの、文字や目もりを書いた板。

もしも 「もし」を強めたことば。▽「もしもおくれたら、先に行って下さい」

もしもし ❶よびかけるときのことば。▽「もしもし、わすれ物ですよ」❷電話で、最初によびかけるときのことば。▽「もしもし、中村さんですか」

もじもじ どうしようかとまよって、ぐずぐずするようす。▽「はずかしそうにもじもじする」

もしや はっきりしないが、ひょっとすると。▽「もしや、あの人ではないかと胸をおどらせる」

もしゃ【模写】 絵や本などをそのままねて写すこと。▽「名画を模写する」

もじる ほかのことばの口調ににせた言い方をする。▽「校歌をもじって歌う」

もず スズメより少し大きい鳥。するどい声で鳴き、虫やカエルなどをつかまえて食べる。えものを、小枝につきさしておくくせがある。

もぞう【模造】 ある物の形ににせてつくること。また、その物。▽「模造品」

もぞうし【模造紙】 表面がなめらかでじょうぶな紙。つつみ紙やポスターなどにする。

もぞもぞ ❶虫などがはい回るようす。また、そのような感じを受けるようす。▽「せなかがもぞもぞする」❷落ち着きなくからだを動かすようす。▽「きまりが悪そうにもぞもぞしている」

もだえる ❶もがき苦しむ。❷口に出さず、心の中で深くなやみ苦しむ。

もたらす 持ってくる。▽「北風が雪をもたらす」

もたれる ❶よりかかる。❷食べ物がこなれないで胃の中にたまる。

もち【餅】 もち米をむして、うすや機械でついた食べ物。▽「鏡もち。もちつき」

もちあげる【持ち上げる】 ❶持って高く上げる。❷ほめておだてる。

もちあじ【持ち味】 ❶その食べ物にもとからそなわっている味。❷小説や芸術品などの、そのものだけが持っているおもしろみ。❸ある人だけが持っている性質や人がら。特色。

もちあるく【持ち歩く】 手に持ったり、身につけたりして歩く。▽「いつも手帳を持ち歩く」

もちあわせる【持ち合わせる】 ちょうどそのとき持っている。

もちいる【用いる】 ❶使う。▽「材料に木を用いる」❷よいとしてとりあげる。▽「かれの案を用いる」❸職につかせる。▽「新人を用いる」⬇[用]725ページ

もちきり【持ち切り】 そのことがうわさや話の中心となること。▽「旅行の話で持ち切りだ」

もちこす【持ち越す】 そのままにして次へおくる。▽「作品の完成を来年へ持ちこす」

もちこたえる【持ちこたえる】 そのじょうたいで、しんぼうしつづける。▽「病気を持ちこたえてがんばる」

もちだす【持ち出す】 ❶中にある物を持って外に出す。▽「地しんのとき持ち出す物をまとめておく」❷言い出す。話題として出す。▽「旅行の話を持ち出す」❸費用などの不足した分を出す。▽「費用の不足分は先生が持ち出した」

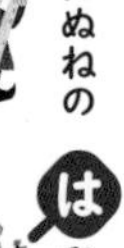
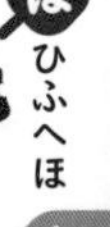

もちつき【餅つき】もちをつくこと。

もちなおす【持ち直す】❶持ちかたをかえる。❷ぐあいが悪かったのが、またよいほうへむかう。▽「病状が持ち直す」

もちぬし【持ち主】そのものを持っている人。所有者。▽「店の持ち主」

もちば【持ち場】うけもちの場所。

もちまえ【持ち前】生まれながら持っている性質。▽「持ち前の明るさ」

もちもの【持ち物】❶持ち歩いているもの。▽「持ち物を駅のロッカーに入れる」❷その人が所有しているもの。▽「このカメラは父の持ち物です」

もちゅう【喪中】人の死後、もに服する期間。

もちよる【持ち寄る】一人一人が持って集まる。▽「考えを持ち寄る」

もちろん 言うまでもなく。むろん。▽「もちろん、ぼくは賛成だ」

もつ【物】もの。▽「貨物。荷物」⬇【物】612ページ ●禁物●作物●食物●書物

もつ【持つ】❶手にとる。▽「えんぴつを持つ」❷身につける。▽「ハンカチを持つ」❸うけもつ。▽「学級を持つ」❹長く、そのようすがかわらない。▽「このたてものはよく持つ」⬇【持】287ページ

もっか【目下】❶目のあたり。目の前。❷今。ただ今。▽「目下勉強中」

もっかんがっき【木管楽器】フルート・クラリネット・オーボエなど、もとは木で作られた管楽器。⬇楽器（図）

もっきん【木琴】木で作った音階のある打楽器。二本の棒でたたいて鳴らす。シロホン。⬇楽器（図）

もっこう【木工】木から、家具などを作ること。▽「木工細工。木工品」

もっこり まわりよりもまるくもりあがっているようす。▽「もっこりしたかたのきんにく」

もったいない ❶おそれおおい。たいへんありがたい。▽「わざわざお見まいいただいてもったいない」❷むやみに使ったり、すてたりするのはおしい。▽「すてるとはもったいない」

もったいぶる 大事なことのように見せる。わざとえらそうなかっこうをする。▽「もったいぶったたいど」

もってこい あつらえむきの。もっともふさわしい。▽「もってこいの仕事」

もってのほか とんでもないこと。思いもよらぬこと。

もっと さらに。それ以上に。▽「もっと食べたい。もっとちょうだい」

モットー ふだんの行いの目標を、かんたんにあらわしたことば。標語。

もっとも【最も】いちばんに。第一に。▽「最も寒い所」⬇【最】262ページ

もっとも ❶道理にかなっている。▽「もっともな考え」❷そうは言うものの。しかし。▽「わたしは早おきだ。もっとも日曜日は、おそくおきる」

もっともらしい ❶いかにも道理にかなっているようだ。▽「もっともらしい理由」❷いかにもまじめそうだ。

もっぱら【専ら】そのことだけ。そればかり。▽「専ら宇宙の本に読みふける」⬇【専】387ページ

モップ ゆかをそうじするのに使う、とってのついたぞうきん。

もつれる ❶糸などがからみ合ってとけにくくなる。❷ものごとがうまくいかず、ごたごたしてすっきりしない。▽「話し合いがもつれる」❸自由に動かなくなる。▽「足がもつれる」

もてあそぶ ❶手に持ってあそぶ。❷ばかにして、自由にあつかう。おもちゃにする。▽「純真な心をもてあそぶ」

もてあます【持て余す】しまつにこまる。

前のページの答え⇒「木琴（木、金）」

とりあつかいに苦しむ。

もてなし ❶人のとりあつかい。❷ごちそう。▽「もてなしをうける」

もてなす ❶人を親切にあつかう。❷ふるまう。ごちそうする。▽「客を手料理でもてなす」

もてる【持てる】 ❶持つことができる。▽「重いものも平気で持てる」❷人気がある。人から好かれる。

モデル ❶型。手本。見本。▽「モデル地区。モデルハウス」❷絵やちょう刻・写真・小説などで、作品の材料になる人や動物。❸もけい。▽「プラスチックモデル」❹新型の服を発表するときに、着て見せる人。ファッションモデル。

もと【下】 ❶したの方。▽「太陽の下」❷あたり。かたわら。▽「足下」⬇【下】108ペ

もと【元】 ❶ものごとのはじめ。おこり。▽「火元。根元。身元。元にもどる」❷仕事をするもとになるお金。❸以前。昔。▽「元校長」⬇【元】217ペ ●元値●元々●地元●手元

もと【本】 ものごとのいちばん大切なところ。▽「本を正す」⬍末。⬇【本】650ペ

もと【基】 ものごとのよりどころ。▽「資料を基に発表する」⬇【基】157ペ

もどかしい 思うようにならないでじれったい。

もどす【戻す】 ❶もとへかえす。▽「本を本だなにもどす」❷食べた物を口からはく。

もとづく【基づく】 それが基となっておこる。はじまる。▽「法律に基づいてとりしまる」

もとどおり【元通り】 以前と同じ形や状態であること。▽「元通りの場所にもどしておく」

もとめる【求める】 ❶なにかをしてくれるように、たのむ。▽「助けを求める」❷手に入れようとしてさがす。ほしがる。▽「平和を求める」❸買う。▽「本を求める」⬇【求】171ペ

もともと【元元・元々】 ❶もとから。はじめから。元来。▽「もともと寒さに強い」❷損も得もないこと。▽「負けてもともとだ」⬇「々」は同じ文字をくり返すという意味のおどり字という記号。

もどる【戻る】 ❶帰る。▽「家にもどる」❷もとのようになる。▽「笑顔がもどる」

モニター ❶放送局・新聞社・会社などからたのまれて、放送・記事・商品について、意見をのべること。また、その人。❷放送中・録画中のようすを見る装置。▽「モニターテレビ」

もの【者】 人をさしていうことば。▽「若者」⬇【者】310ペ

もの【物】 ❶かたちのあるもの。物体。▽「品物」❷世の中のことがら。▽「物知り」❸ことば。▽「物も言わない」❹わけ。▽「物わかりがいい」⬇【物】612ペ ●物言い●物売り●物置●物おじ●物音●物思い●物陰●物語●物悲しい●物心●物腰●物事●物静か●物好き●物足りない●物ともせず●物にする●物になる●物見高い●物珍しい●物々しい●物別れ●物笑い●青物●絵巻物●大物●織物●金物●着物●果物●建物●本物●魔物

ものおき【物置】 ふだん使わない道具などを入れておく小屋。

ものおじ【物おじ】 おくびょうなこと。ものごとをこわがること。

ものおと【物音】 何かの物がたてる音。▽「大きな物音がする」

ものおもい【物思い】 心配ごとなどがあって、あれこれと考えにふけること。▽「物思いにふける」

ものかげ【物陰】 物にかくれて見えない所。▽「物かげにネコがひそむ」

ものがたり【物語】 ❶話。❷作った話。小説。❸昔から語りつたえられた話。

ものがなしい【物悲しい】 なんとなく悲しい。▽「もの悲しい笛の音」

ものぐさ めんどうくさがること。ぶしょうなこと。また、その人。

モノクロ 白と黒の色だけでかかれた絵。また、画面が白と黒の色だけの映画や写真。▽「モノクロ映画」⇔カラー。

ものごころ【物心】 ものごとについてのちえ。世の中のことや人の心などを知る心。▽「物心がつく年ごろ」

ものごし【物腰】 何かをするときの、ものの言い方や動作。▽「上品な物ごし」

ものごと【物事】 いろいろな物やことがら。▽「ものごとには限度がある」

ものさし【物差し】 ❶物の長さをはかる道具。❷物のねうちをはかるきじゅん。▽「自分の物差しで人をはかる」

ものしずか【物静か】 ❶なんとなく静かなようす。❷おだやかでおちついているようす。▽「物静かな話し方」

ものしり【物知り】 広くものごとを知っていること。また、その人。

ものずき【物好き】 かわったことの好きな性質。また、その人。

ものすごい ❶とてもおそろしい。▽「ものすごい顔でおこる」❷ていどをこえている。▽「ものすごい暑さ」

ものたりない【物足りない】 なんとなくまんぞくできない。

ものともせず【物ともせず】 なんとも思わないで。少しもおそれないで。▽「敵を物ともせずに勝ちすすむ」

ものにする【物にする】 ❶自分の持ち物にする。▽「やっとカメラを物にする」❷自分の思うとおり、うまくできるようになる。▽「英語を物にする」

ものになる【物になる】 一人前のはたらきができるようになる。りっぱになる。▽「プロの選手として物になる」

ものみだかい【物見高い】 なんでも見たがる。▽「物見高いやじうま」

ものものしい【物物しい・物々しい】 ❶いかめしい。おごそかである。きびしい。▽「物々しいけいかい」❷おおげさである。▽「物々しいかっこう」⬇「々」は同じ文字をくり返すという意味のおどり字という記号。

モノレール 一本のレールにまたがったり、つり下がったりして走る電車。

ものわかり【物わかり】 ものごとの理くつがわかること。▽「物わかりがいい人」

モバイル 持ってあるくことができる小さい機械。▽「モバイルパソコン」

もはや もう。すでに。今となっては。▽「もはや手おくれだ」

もはん【模範】 手本となるもの。

モビール いろいろな形に切った、紙やプラスチックのうすい板などをはりがねや糸でつるしたかざり。

もふく【喪服】 もに服するときに着る物。そう式のときに着る黒い衣服。

もほう【模倣】 まねすること。にせること。まね。⇔創造。

もみ イネのほからおとしたままの、からのついている米。

もみけす【もみ消す】 ❶もんで火を消す。❷悪いうわさなどが広がらないようおさえる。

もみじ【紅葉】 ❶秋に木の葉が赤や黄にかわること。こうよう。▽「紅葉がり（紅葉を見に行くこと）」❷⬇かえで

もむ ❶両手でこすり合わせる。▽「きりを両手でもむ」❷筋肉をやわらかくする。▽「かたをもむ」❸気持ちがいらだつ。▽「気をもむ」❹きびしくきたえる。

黄葉→
紅葉→
［紅葉］

あいうえお
かきくけこ
さしすせそ
たちつてと
なにぬねの
はひふへほ
まみむめも
も

やゆよ

らりるれろ
わをん

さかさことば 前から読んでもうしろから読んでも「桃」。

▽「練習でびっしりもむ」❺入りみだれておし合う。▽「みこしをもむ」

もめん【木綿】❶ワタのたねについている白くてやわらかなもの。ふとんに入れたりする。❷もめんの糸。またそれでおった織物。▽「木綿のシャツ」

もも【桃】夏にあまい実がじゅくす果物のなる木。春、うす赤か、白い花がさき、ひな祭りにかざる。

もも 足のひざと、またの間の部分。⬇体（図）

ももいろ【桃色】ももの花のような色。うすい赤。ピンク。

[桃色]

もものせっく【桃の節句】三月三日の女の子のおいわい。ひな祭り。もとは節の日に供えものをするという意味の節供と書かれていた。

もや 空気がひえて、水蒸気が小さい水のつぶになって地面や海面をおおったもの。もやより見通しが悪いものをきりという。かすみ。

もやし ダイズなどマメのたねを水につけ、暗いところで芽を出させた食べ物。⬇大豆（コラム）

もやす【燃やす】❶もえるようにする。燃やす。▽「火を燃やす」❷気持ちがはげしくなる。▽「心を燃やす。情熱を燃やす」⬇【燃】540ページ

もよう【模様】❶そめもの・織物・ほりものなどに、かざりとして作りだすいろいろの形。❷ようす。ありさま。▽「運動会の模様。雨模様」

もよおす【催す】❶会などをひらく。▽「会をもよおす」❷感じる。何かがおころうとする。▽「ねむけをもよおす。なみだをもよおす」

もより【最寄り】いちばん近く。近所。▽

モモのタネとかわをとってみよう！

用意するもの

おしり

やわらかくじゅくしたモモ
じゅくしていると、モモのおしりがやわらかくなっている。

キッチンで使っているはさみ

❶はさみをモモのおしりの部分に入れ、タネにそって下半分くらい実を切りはなす。

❷はさみでタネをはさみ、左右にまわす。すると、タネの上の方も実からはなれるので引っぱり出す。

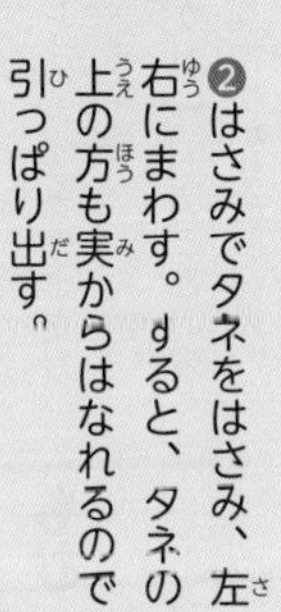

❸モモのかわを、ゆっくりひっぱってむく。よくじゅくしているとむきやすい。タネもかわもない、モモの実だけのものが完成！

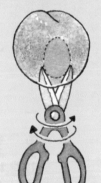

おいしく食べよう。

⚠かならずおうちの人とやりましょう

「最寄りの駅」

もらいなき【もらい泣き】 人が泣いているのを見て、共感して自分もいっしょに泣くこと。▽「やさしいことばに思わずもらい泣きをする」

[もらい泣き]

もらう 人から物をあたえられる。▽「プレゼントをもらう」

もらす【漏らす】 ❶もれるようにする。こぼす。▽「おしっこをもらす」❷おとす。ぬかす。▽「大事な点を聞きもらす」❸思うことを外にあらわす。▽「本心をもらす」❹ひみつなどをこっそり知らせる。▽「ひみつをもらす」

もり【守り】 まもること。小さな子の世話をすること。▽「赤ちゃんの守りをする」⬇【守】314ページ

もり【森】 木がたくさん集まりしげっている広い所。▽「森にすむ動物」⬇【森】348ページ

もり 魚などをつきさしてとる道具。

もりあがる【盛り上がる】 ❶下から上の方へ高く持ち上げられる。▽「地面が盛り上がる」❷気分が高まってくる。▽「ふんいきが盛り上がる」

もりあげる【盛り上げる】 ❶盛ったように高くする。▽「土を盛り上げる」❷盛んにする。▽「気分を盛り上げる」

もりかえす【盛り返す】 おとろえた力やいきおいを、もとどおりに盛んにする。▽「いきおいを盛り返す」

もりこむ【盛り込む】 中にたくさん入れる。▽「みんなの意見を盛りこむ」

もる【盛る】 ❶入れ物に物をいっぱい入れる。▽「ごはんを盛る」❷土やすななどを高くつみ上げる。❸薬を調合する。▽「どくを盛る」⬇【盛】373ページ

もる【漏る】 水などがすきまからこぼれ出る。▽「雨がもる」

モルタル セメントと、すなをまぜて水で練ったもの。かべをぬったり、れんがや、石がきをつないだりする。

モルモット 二十五センチメートルくらいの大きさの動物。からだは白や、白に黒いぶちなど。医学などの実験に使われる。

[モルモット]

もれる【漏れる】 ❶水や光がすきまから外へこぼれる。▽「明かりがもれる」❷ぬける。おちる。▽「名前がもれる」❸ひみつが人に知れてしまう。▽「ひみつがもれる」

もろい ❶こわれやすい。くだけやすい。▽「もろい材質」❷心持ちなどが弱い。▽「なみだもろい。情けにもろい」

もろとも みんないっしょに。共々。▽「台風で家もろとも流される」

もろもろ いろいろなもの。数多くのこと。▽「もろもろの草花。その他もろもろ」

もん【文】 ❶文章。文字。▽「文句」❷昔のお金の単位。一文は一文銭ひとつの大きさで、約二・四センチメートル。▽「八文半」⬇【文】622ページ
●文字●文無し●経文●注文

もん【門】 2年 モン （かど）
❶家の外の出入り口。▽「門構え」
❷家がら。▽「名門」
❸先生を中心とするなかま。▽「門下」
❹大ほうを数えることば。▽「大砲五門」

門 門 門 門 門 門 門 門（はねる）

●門外漢●門限●門人●門前払い●門前町●門

あいうえお かきくけこ さしすせそ たちつてと なにぬねの はひふへほ まみむめも も やゆよ らりるれろ わをん

さかさことば 前から読んでもうしろから読んでも「八百屋」。

弟・関門・校門・正門・専門・入門・部門

もん【問】 3年 モン とい・とう・とん

❶たずねること。▽「質問。自問」
❷おとずれること。▽「訪問」

問 問 問 問 問 問 問 問 問 問 問 はねる ★「間」ににているので注意

●問題●問答●学問●疑問

もん【紋】 ❶もよう。❷古くからきめられて、その家に代々つたわっている家のしるし。定もん・家もん・もん章など。

もんか【門下】 先生のもとで教えをうけること。また、その人。門人。

もんがいかん【門外漢】 ❶そのものごとに、かかわりのない人。❷専門家でない人。しろうと。

もんがまえ【門構え】 門をつくること。門のつくり。▽「りっぱな門構え」

もんく【文句】 ❶文章の中にあることば。▽「歌の文句。きまり文句」❷不平。苦情。▽「文句を言う」

もんげん【門限】 夜、門をしめる時刻。▽「門限におくれる」

モンゴル 中国の北にある国。牧ちくがさかん。首都はウランバートル。

もんし【門歯】 前にある歯の上下それぞれ、四本の歯。

もんじ【文字】 ことばを書きあらわすしるし。字。もじ。

もんしょう【紋章】 家や団体をあらわすしるし。▽「もん章をつける」

もんしろちょう 日本各地にいるチョウ。羽は白く、黒いもんがある。幼虫は青虫とよばれ、キャベツなどの葉を食べる。

[もんしろちょう]

もんじん【門人】 先生について教えをうけている人。弟子。門下生。門弟。

もんぜんばらい【門前払い】 たずねてきた人に会わないで、おい帰すこと。▽「客に門前ばらいをくわせる」

もんぜんまち【門前町】 寺や神社のまわりにできた町。

モンタージュ 写真や映画で、いろいろの像を組み合わせて、一つの作品を作り出すこと。▽「モンタージュ写真」

もんだい【問題】 ❶たずねて答えを出させることがら。▽「試験問題」❷解決しなければならないことがら。話し合いの中心となることがら。▽「大気のお染が問題になる」❸めんどうなこと。▽「問題の多い人。こまった問題」

もんつき【紋付き】 もんのしるしがついていること。またその着物。あらたまった行事などで着る。▽「もん付きのはおり」

もんどう【問答】 ❶たずねることと、答えること。❷話し合うこと。▽「問答無用」

もんどりうつ【もんどり打つ】 とんぼがえりをする。ちゅうがえりをする。▽「もんどり打ってたおれる」

もんなし【文無し】 お金を少しも持っていないこと。一文無し。

もんばん【門番】 門の番人。

もんぶかがくしょう【文部科学省】 教育や文化に関係のある仕事や、科学技術が向上するための仕事をする、国の役所。

や

ヤ

や

【夜】2年 ヤ よ・よる

よる。▼「深夜。今夜」⇕昼。

夜 夜 夜 夜 夜 夜 夜（この形に注意）

●夜間●夜勤●夜具●夜景●夜警●夜行●夜光塗料●夜食●夜半●夜分●十五夜●日夜

や

【野】2年 ヤ の

❶のはら。▼「原野。平野」

❷かざらない、そのままのすがたやようす。▼「野生の動物」

❸文化がよくひらけないこと。▼「野卑。野蛮」

❹おおやけの仕事についていないこと。民間。▼「下野」

野 野 野 野 野 野 野（ななめ右上に）

●野外●野球●野菜●野獣●野心●野性●野鳥●

焼き肉のなまえ

焼き肉店と同じように、家でもカルビを食べたいと思ったことはありませんか。ところが、スーパーマーケットに行くと「カルビ」をなかなか見つけることができないはずです。なぜかというと、販売するための分類では「カルビ」というなまえはないからです。スーパーマーケットでは「ばら」というなまえで売られている肉のあたりが、おおくの焼き肉店でのカルビにあたります。

決まりはないので、ある店では「カルビ」として扱われている肉が、別の店では「特上カルビ」「カルビ」とわかれていることもあります。

焼き肉店

販売名

ロース
シャトーブリアン
リブロース
かたロース
サーロイン
ヒレ
らんぷ
かた
タン
そともも
もも
ばら
カルビ
ハラミ
赤身

さかさことば 前から読んでもうしろから読んでも「宿屋」。

野党●野蛮●野暮●野望●外野●内野●分野

や【八】 ❶やっつ。はち。▽「七転び八起き」❷数の多いこと。▽「八重ザクラ」↓【八】560ジペー

●八重●八重歯●八百長●八百屋

や【矢】 細い棒の先にするどくとがった矢じりをつけて、弓でとばす武器。▽「弓矢」↓【矢】283ジペー↓武器（図）
●矢車●矢先●矢印●矢もたてもたまらない

や【屋】 ❶たてもの。▽「小屋」❷やね。▽「屋根。屋台」❸職業や店の名につけてよぶことば。▽「本屋。大阪屋」↓【屋】86ジペー
●屋形船●屋号●屋敷●屋根●楽屋●問屋●部屋
●山小屋

や【家】 すまい。たてもの。いえ。▽「家主」
↓【家】109ジペー
●家捜し●家賃●大家●貸家

やえ【八重】 ❶物がたくさん重なっていること。❷たくさんの花びらが重なっている花。▽「八重ザクラ」

やえば【八重歯】 ほかの歯に重なるようにはえる歯。おに歯。

[八重歯]

やおちょう【八百長】 競技や試合で、前もって勝ち負けをうち合わせておいて、表面だけけしんけんにあらそうように見せかけること。いんちき勝負。

やおや【八百屋】 やさいや果物を売る店。青物屋。▽「八百屋でナスを買う」

やおら しずかにゆっくりと。▽「やおら立ちあがる」

やがい【野外】 ❶野原。❷家の外。屋外。戸外。▽「野外音楽堂」

やかた【館】 むかし、身分の高い人がすんだりっぱな家。▽「きぞくの館」↓【館】149ジペー

やかたぶね【屋形

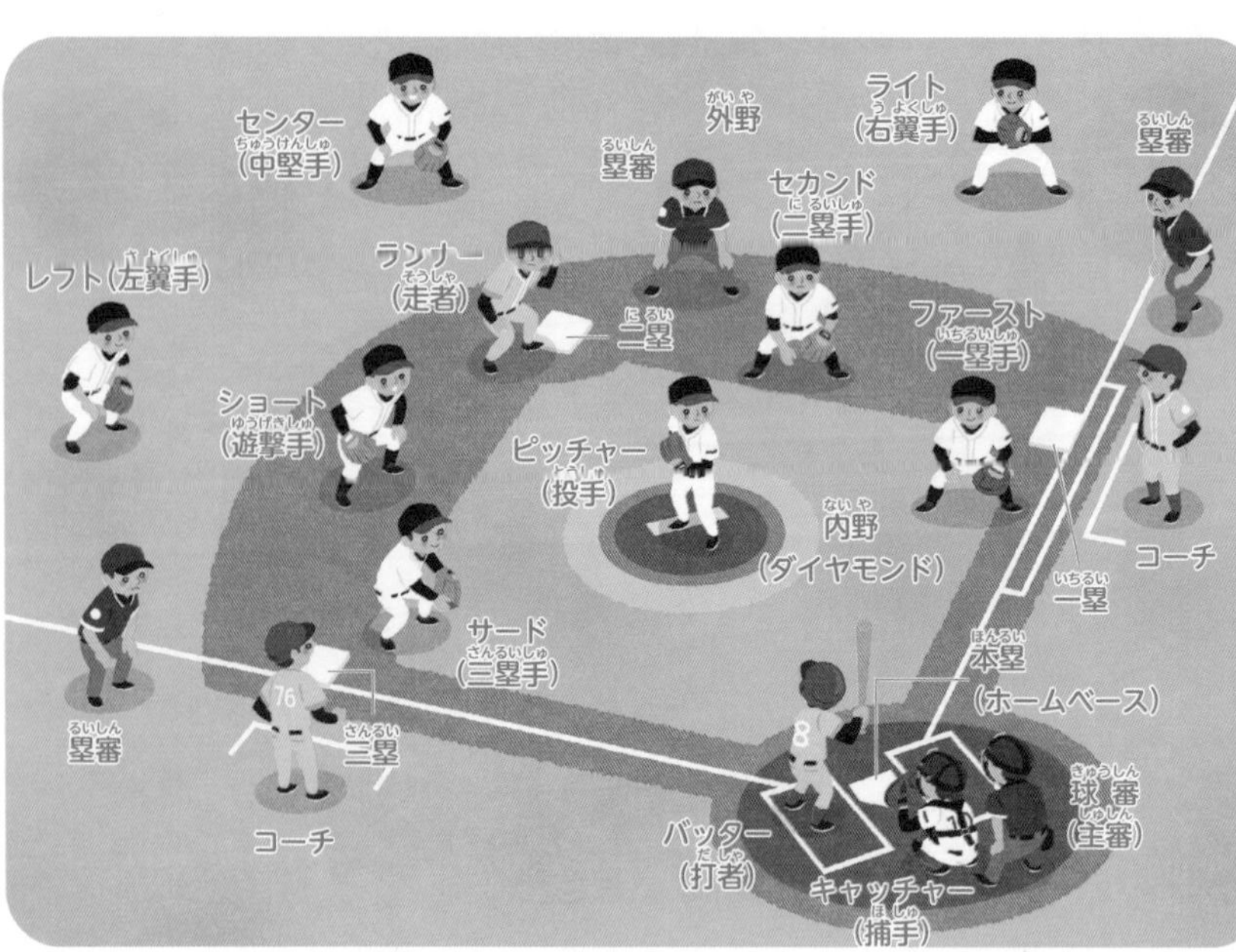

[野球のことば]

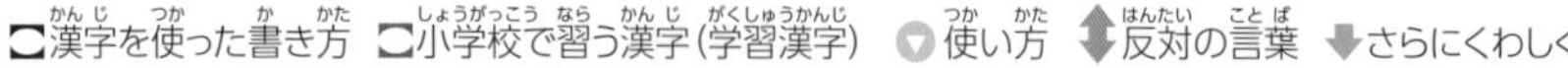

船】小さな家の形をしたものをとりつけた船。花火の見物などに使う。

やがて しばらくたつと。そのうちに。

やかましい ❶そうぞうしい。▽「工事の音がやかましい」❷きびしい。▽「とりしまりがやかましい」❸気むずかしい。▽「味にやかましい」

やかん【夜間】夜の間。夜。▽「夜間の外出」

やかん 金属でつくった、湯をわかすための道具。そそぎ口ととってがついている。

やぎ ヒツジににた、二本の角を持つ動物。人に飼われて、乳や肉は食用になる。

やきいも【焼き芋】皮ごと焼いたサツマイモ。ほくほくしておいしい。

やきにく【焼き肉】肉を焼いた料理。とくに、肉や内臓を鉄板やあみの上で焼いてたれをつけて食べる料理。⬇コラム707ページ

やきまし【焼き増し】フィルムを焼きつけて、同じ写真を何枚も作ること。

やきもき どうなることかと気をもんで、いらいらすること。▽「試合で負けそうになってやきもきした」

やきもち【焼き餅】❶火にあぶって焼いたもち。❷うらやみ、ねたむこと。しっと。▽「焼きもちをやく」

やきもの【焼き物】❶土で形を作り、火で焼いてかためた物。とう磁器。❷魚や鳥などの肉を火であぶった物。

やきゅう【野球】九人ずつのチームが、投手のなげるボールを打って得点をきそうスポーツ。こうげきと守備を、かわるがわる九回行う。⬇図708ページ

やきをいれる【焼きを入れる】❶刀のはをまっかに焼き、うってはまた焼き、これをくりかえして強くかたくする。❷人を、手あらくきたえる。

やきん【夜勤】夜、勤めに出ること。また、その勤め。

やく【役】3年 ヤク・(エキ) ―

❶やくめ。つとめ。▽「役人」❷うけもちの仕事。▽「案内役」❸劇に出てくる人物のうけもち。

(儿としない)

●役員●役柄●役者●役所●役立つ●役人●役場●役目●役割●主役●大役●配役

やく【約】4年 ヤク ―

❶ちかい。▽「約束」❷みじかくちぢめる。かんたんにする。▽「要約。節約」❸だいたい。およそ。▽「約千人」

(おる)(はねる)

●約数●約束●約分●公約●条約●予約

やく【訳】6年 ヤク わけ

❶ある国のことばや文を、ほかの国のことばや文に直すこと。また、直したもの。▽「英訳。通訳」❷昔のことばや文章をわかりやすく言いかえること。▽「現代語訳」

(つき出ない)

●訳す●訳文●英訳●翻訳

やく【薬】3年 ヤク くすり

くすり。▽「火薬。丸薬」

(点のうち方に注意)

●薬学●薬剤師●薬草●薬品●薬味●薬用●薬局●製薬●無農薬

あいうえお かきくけこ さしすせそ たちつてと なにぬねの はひふへほ まみむめも やゆよ らりるれろ わをん

なぞなぞ ねむっているときにでも見えるものはなに？ 答えは次のページ。

やく【焼く】❶火でもやす。▼「紙くずを焼く」❷火であぶる。▼「魚を焼く」❸とう磁器や炭を作る。▼「皿を焼く」❹日光にひふを当てる。▼「日に焼く」⬇【焼】332ページ

やぐ【夜具】夜、ねるときに使う、ふとん・まくら・ねまきなど。寝具。

やくいん【役員】❶会社や団体などで主な仕事をうけもつ人たち。社長や取締役など。❷役目に当たる人。係の人。▼「児童会の役員になる」

やくがく【薬学】薬について、その性質・作り方・使い方などを研究する学問。

やくがら【役柄】役目の性質。▼「役がらをよくわきまえる」

やくざいし【薬剤師】国できめた資格をとって、薬をまぜ合わせる仕事をする人。▼「薬ざい師の資格をとる」

やくしゃ【役者】劇をする人。はいゆう。▼「人気役者」

やくしゃ【訳者】外国語や古いことばを、別の国のことばや今のことばに訳す人。

やくしょ【役所】国や県や市などをおさめる仕事をする所。役人がその仕事をする場所。官庁。▼「市役所」

やくしん【躍進】いきおいよく発展すること。ものごとが急に進むこと。

やくす【訳す】❶ある国のことばをほかの国のことばに直す。ほんやくする。▼「日本語に訳す」❷昔のことばや文を、わかりやすいことばに直す。

やくすう【約数】ある整数をわりきることができる整数。▼「六の約数は一・二・三・六の四つである」⇕倍数。

やくそう【薬草】薬になる草。ゲンノショウコ・センブリ・ドクダミなど。

やくそく【約束】たがいにとりきめること。また、そのとりきめ。

やくだつ【役立つ】役目や仕事などをりっぱにはたしている。役に立つ。▼「生活に役立つ道具」

やくにん【役人】役所につとめ、仕事をしている人。公務員。

やくば【役場】町や村などをおさめる仕事をする所。▼「村役場」

やくひん【薬品】くすり。

やくぶん【約分】分数の分母と分子を同じ数でわって、かんたんにすること。▼「$\frac{2}{8}$を約分すると$\frac{1}{4}$になる」

やくぶん【訳文】ある国の文章を、ほかの国のことばに直したもの。

やくみ【薬味】食べ物に、かおりや、からみなどをくわえるために入れる物。ネギ・ワリビ・トウガラシなど。

やくめ【役目】あたえられたつとめ。しなければならない仕事。▼「役目をはたす」

やくよう【薬用】薬として使うこと。▼「薬用植物。薬用せっけん」

やくよけ【厄▲除け】さいなんをはらいのけること。また、その方法。

やぐら ❶城の石がきの上や、門の上などにつくったたてもの。見はりをしたり、矢を射たりする。❷木材などで組みあげた、高いたてもの。▼「火の見やぐら。ぼんおどりのやぐらを組む」

やぐるま【矢車】何本かの矢をじくにさして、矢が風で回るようにしたもの。こいのぼりのさおの先につける。

やくわり【役割】役目をわりあてること。また、その役目。▼「重い役割」

やけ 思うようにならなくて、どうにでもなれという気持ちになること。▼「やけを起こす」

やけい【夜景】夜の景色。

やけいしにみず【焼け石に水】焼けて熱くなっている石に、水をかけてもすぐにかわいてしまうように、少しばかりのたすけでは、きき目があらわれないことのたとえ。

やけくそ もう、どうにでもなれと、なげやりになること。▼「おいつめられて、やけくそ

になる」

やけただれる【焼けただれる】焼けて、ひふなどがくずれる。

やけど 火や高熱などにふれて、ひふがただれること。▽「やけどをおう」

やけのはら【焼け野原】大火事のために、すっかり焼けて、野原のように広々となった所。▽「一面の焼け野原」

やける【焼ける】❶火がついてもえる。▽「家が焼ける」❷火の熱が中まで通って食べられるようになる。▽「魚が焼ける」❸日光が空にうつって赤く見える。▽「夕空がまっかに焼ける」❹日光に当たって、はだが黒くなる。▽「日に焼ける。はだが焼ける」❺胃が熱く感じられて、むかつく。▽「胸が焼ける」⬇【焼】332ジペー

やご トンボの幼虫。ぬまや池など水の中にすむ。

やこう【夜行】❶夜走る列車。夜行列車。❷夜に行動すること。▽「夜行動物」

やごう【屋号】商売をしている店のよび名。たとえば「ふじ屋」。

やこうとりょう【夜光塗料】暗い所でも光って見えるように、物の表面にぬる液体。

やさい【野菜】畑で作る、食べ物にする植物。キャベツ・ダイコンなど。

やさがし【家捜し・家探し】❶家の中をすみからすみまでのこらずさがすこと。❷すむ家をさがすこと。

やさき【矢先】ものごとがはじまろうとするそのまぎわ。とたん。▽「外出しようとした矢先に、雨がふりだした」

やさしい【易しい】わかりやすい。かんたんにできる。▽「易しい文章」⇕難しい。⬇【易】71ジペー

やさしい【優しい】❶上品できれいである。▽「優しい顔」❷すなおでおだやかである。▽「気立てが優しい人」❸なさけ深い。思いやりがある。▽「優しく声をかける」⬇【優】718ジペー

やし 熱帯地方にはえる大きな木。人の頭くらいのかたい実がなる。実は食べたり、ヤシ油をとったりする。

やじ 人のあやまちをせめたり、からかったりして大声でさわぐこと。▽「やじをとばす」

やじうま なんの関係もないのにおもしろ半分に見物したり、わいわいさわぎたてたりする人。

やしき【屋敷】❶すまいのたっている土地。❷大きくてりっぱなすまい。▽「武家やしき」

やしなう【養う】❶世話をしてそだてる。▽「子を養う」❷元気や体力などを回復させる。▽「体力を養う」❸身につくようにする。▽「判断力を養う」⬇【養】726ジペー

やじゅう【野獣】野山にすんでいるけもの。野生のけもの。

やしょく【夜食】夕食のあとに、夜おそく食べる食事。▽「夜食をとる」

やじる やじをとばす。ひやかしたり、ばかにしたことばをかける。

やじるし【矢印】方向をあらわすときなどに書く矢の形をしたもの。「↓」。

やしろ【社】神をまつってあるたてもの。神社。⬇【社】310ジペー

やしん【野心】ひそかにいだく大きなのぞみ。野望。▽「野心をいだく」

やすあがり【安上がり】かかるお金が、安くてすむこと。▽「安上がりの旅行」

やすい【安い】買うのに少しのお金ですむ。⇕高い。⬇【安】27ジペー

やすね【安値】安いねだん。⇕高値。

やすまる【休まる】心もからだもゆったりとする。▽「気が休まる」⬇【休】170ジペー

やすみ【休み】❶休けい。休息。▽「休み時間」❷授業やつとめのない日。▽「夏休み」❸学校やつとめに行かないこと。▽「病気で

前のページの答え⇒「夢」

休みをとる」

やすむ【休む】❶その日やその時間の活動を中止する。▽「店は月曜に休む」❷学校やつとめに行かない。❸心やからだを楽にする。▽「日かげで休む」❹ねる。ねむる。▽「早めに休む」⬇【休】170ページ

やすめる【休める】❶はたらくことをやめさせる。▽「仕事の手を休める」❷ゆったりとさせる。▽「心を休める」⬇【休】170ページ

やすもの【安物】ねだんが安く、そまつな物。▽「安物を買う」

やすものかいのぜにうしない【安物買いの銭失い】安物を買うと、品質が悪く、すぐにこわれたり使えなくなったりするので、かえって損になるということわざ。

やすやす かんたんに。たやすく。

やすらか【安らか】心配ごとがないようす。のんびりしているようす。

やすらぐ【安らぐ】心配ごとがなくなる。安心する。▽「心が安らぐ」

やすり 物をこすってみがくための道具。表面に、細かいみぞがたくさんある。

やせい【野生】動物や植物などが、野山で自然にそだつこと。▽「野生の動物」

やせい【野性】❶かざりけのない性質。❷自然のままの、あらっぽい性質。▽「野性味あふれる人」

やせがまん 負けたくない気持ちを出して、むりにがまんをすること。

やせる 肉が少なくなってからだが細くなる。⇕肥える。太る。

やたい【屋台】❶車のついた、屋根のある小さい台。食べ物などを売り歩くのに使う。❷祭りのときなどに、おどりをする台。

やちょう【野鳥】野山にすむ鳥。

やちん【家賃】家の借り賃。

やっ【八つ】❶はち。やっつ。❷数の多いこと。⬇【八】560ページ
●八つ当たり

やつ ❶人に親しみをこめたり、ばかにしたりして言うことば。▽「君はいいやつだ」❷物をさして、少しらんぼうに言うことば。▽「大きいやつをください」

やつあたり【八つ当たり】腹が立ったいきおいで、関係のないまわりの人にまでおこりちらすこと。

やっかい ❶めんどうだ。めいわくだ。▽「やっかいなことが起こった」❷人の世話になること。▽「おじさんのやっかいになる」

やっき【躍起】あせってむきになること。▽「やっきになって反対する」

やっきょく【薬局】❶病院で、薬の調合をする所。❷薬屋。

やっつ【八つ】❶数の名。はち。八個。❷八さい。▽「八つ年上の姉」⬇【八】560ページ

やっつける ❶あいてをひどい目にあわせる。こらしめる。▽「敵をやっつける」❷「する」「やる」をあらっぽく言うことば。▽「まず宿題をやっつける」

やつで 庭にうえられる木で、葉が手の形をしているもの。

やってくる【やって来る】近づいて来る。▽「もうすぐ春がやって来る」

やっと ❶長い時間がかかってものごとに決着がつくようす。ようやく。▽「やっと雪がとけた」❷苦労のすえ、どうにか。▽「やっと作文を書きおえる」

やっぱり「やはり」を強めたことば。

ヤッホー 山に登ったとき、みはらしのよいところでよびかけることば。また、うれしいときによろこびをあらわすことば。

やつれる やせおとろえる。みすぼらしくなる。▽「すっかりやつれる」

やど【宿】❶人のすむ家。▽「わが宿」❷やどや。旅館。▽「宿をとる」⬇【宿】323ページ

やとう【野党】内閣をつくっていない側の政

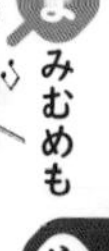

党。⇔与党。

やとう【雇う】お金をはらって人や車などを使う。▽「運転手をやとう」

やどかり 海にすむ動物。エビ・カニの両方ににていて、大きなはさみを持っている。やわらかいからだをまもるため、空いている貝がらの中にすむ。

やどす【宿す】❶とどめる。▽「おもかげを宿す」❷にんしんする。▽「子を宿す」⇩【宿】323ページ

やどる【宿る】❶旅に出て宿屋にとまる。❷一時とどまる。▽「葉につゆが宿る」❸ほかの物の中に入ってとどまる。▽「正直のこうべに神宿る（正直にしていればいいことがある）」⇩【宿】323ページ

やなぎ【柳】川のそばや、しめった土地にはえる木。えだは細長い。シダレヤナギ・ネコヤナギなど。

やに ❶木の皮から出る、ねばねばしたもの。❷パイプの中にたまる、たばこから出たねばねばしたもの。

やぬし【家主】❶その家の主人。❷人に貸す家を持っている人。大家。

やね【屋根】雨や雪などをさけるために、かわら・トタン・わら・板などで作った、家の上のほうをおおうもの。

やはり ❶思っていたとおり。▽「やはり、友達は来なかった」❷前と同じように。▽「今年もやはり暑い夏だ」❸いろいろ考えたが、はじめに思ったとおり。▽「やはり食べたい」

やはん【夜半】夜中。夜ふけ。▽「台風が今夜半に上陸する」

やばん【野蛮】❶文化がまだひらけていないこと。未開。❷礼儀を知らないで、不作法なこと。▽「野ばんなふるまい」

やぶ 低い木や草、竹などが、たくさん集まってはえている所。▽「竹やぶ」

やぶいしゃ【やぶ医者】下手な医者。

やぶからぼう【やぶから棒】だしぬけであること。いきなり。ふいに。やぶにかくれていて急に棒をつき出すという意味。

[やぶから棒]

やぶく【破く】紙やうすい布などをひきさく。やぶる。▽「紙ぶくろを破く」

やぶへび【やぶ蛇】「やぶをつついてへびを出す」の略で、よけいなことに手出しをして悪い結果になること。

やぶる【破る】❶紙やうすい布などをひきさく。やぶく。▽「ふすまを破る」❷うち負かす。▽「敵を破る」❸きまったことをだめにする。▽「やくそくを破る。きまりを破る」❹こえる。▽「記録を破る」⇩【破】547ページ

やぶれかぶれ【破れかぶれ】もうどうにでもなれと、なげやりになること。▽「負けつづけて破れかぶれになる」

やぶれる【破れる】❶きずがつき、形がこわれる。▽「紙が破れる。服が破れる」❷だめになる。うしなわれる。▽「ゆめが破れる」⇩【破】547ページ

やぶれる【敗れる】❶負ける。▽「試合に敗れる。戦争に敗れる」⇔勝つ。❷うまくいかなくなる。失敗する。▽「交しょうに敗れる」⇩【敗】549ページ

やぶん【夜分】夜の間。夜中。

やぼ【野暮】❶気がきかなくて、いろいろなものごとを知らないこと。また、そういう人。▽「野暮な人」❷いなかくさいこと。▽「野暮な身なり」

やぼう【野望】才能や実力につりあわない、大きな望み。野心。▽「とほうもない野望を

早口ことば（五回続けていえるかな）よいの明星。

いだく」

やぼったい【野暮ったい】❶ものごとをするのが下手で気がきかない。❷身なりを気にせず、かっこうが悪い。

やま【山】❶平地から高くそびえている土地。❷高くつみ上げたもの。▽「荷物の山」❸見こみ。予想。▽「山をかける」❹ものごとのいちばんもり上がったところ。大事なところ。▽「山場」⬇【山】278ページ ●山あい●山奥●山おろし●山形県●山際●山崩れ●山口県●山国●山小屋●山里●山すそ●山積み●山手●山梨県●山並み●山鳴り●山の幸●山の手●山場●山肌●山びこ●山開き●山伏●山盛り●山焼き●山分け●砂山

やまあい【山あい】山と山の間。

やまあらし アフリカなどの暑い地方にすんでいる動物。大きさはウサギぐらいで、からだに長いとげがある。敵にあったときは、とげを立てて身を守る。

やまい【病】❶病気。わずらい。▽「病にたおれる」❷悪いくせ。▽「いつもの病が出る」⬇【病】593ページ

やまいも【山芋】野山に生えるつる草。いもは太くて長く、とろろなどにして食べる。

やまおく【山奥】山の中へずっと入った所。山のおく深く。

やまおり【山折り】紙を折るとき、折る線が外に出るように折ること。⬍谷折り。⬇谷折り（図）

やまおろし【山おろし】山の上からふきおろしてくる風。

やまがたけん【山形県】東北地方にある県。米と果物の産地。果物ではサクランボが有名。県庁は山形市にある。⬇都道府県（図）

やまぎわ【山際】❶山のそば。山のほとり。❷山の尾根のあたり。❸遠くの山と空のさかい。▽「山際が赤くなる」

やまくずれ【山崩れ】山から岩や石や土などが、くずれておちてくること。

やまぐちけん【山口県】中国地方にある県。工業や水産業がさかん。秋吉台のしょう乳どうは名高い。県庁は山口市にある。⬇都道府県（図）

やまぐに【山国】山にとりかこまれている国や地方。▽「長野県は山国だ」

やまごや【山小屋】山に登る人や山ではたらく人たちが、とまったり休んだりする小屋。

やまざと【山里】山の中の小さい村。山に近い小さい村。山村。

やましい かくしごとなどがあって自分の心にはじたり、気にかかったりするところがある。後ろ暗い。

やますそ【山すそ】山のふもと。山のいちばん下の方。⬇中腹（図）

やまたいこく【邪馬台国】三世紀ごろ日本にあった国で、女王、卑弥呼が支配していた。その場所については、九州か近畿地方か、はっきりしない。

やまたのおろち 日本の神話に出てくるきょ大なヘビ。頭と尾が八つずつあるといわれる。

やまづみ【山積み】❶山のように高く積み上げること。▽「山積みの商品」❷たくさんたまっていること。▽「問題が山積みされている」

やまて【山手】❶山に近い土地。❷高台にある住宅地。山の手。⬍下町。

やまと【大和】❶「日本」の古いよび名。▽「大和ことば」❷昔の国の名。今の奈良県に当たる。奈良時代には政治や文化の中心地であった。▽「大和朝廷」

やまなしけん【山梨県】中部地方にある海のない県。まん中に甲府盆地があり、ブドウ・モモの産地。県庁は甲府市にある。⬇都道府県（図）

やまなみ【山並み】山がつづいているようす。つづいた山々。山脈。

やまなり【山鳴り】地すべりやふん火などのため、山が鳴りひびくこと。また、その音。▽「山鳴りにおびえる」

やまのさち【山の幸】山からとれる食べ物。鳥・けもの・木の実など。⇔海の幸。

やまのて【山の手】→山手

やまのひ【山の日】国民の祝日。八月十一日。山のめぐみに感謝する日。→国民の祝日（図）

やまば【山場】ものごとのいちばん大事なところ。頂点。▽「山場をむかえる」

やまはだ【山肌】木や草がはえていない、土や岩などの見えている山の地面。

やまびこ【山びこ】山などにむかってさけぶと、その声がそのままはねかえってくること。こだま。エコー。

やまびらき【山開き】冬は閉さする高い山で、その年のはじめての山登りがゆるされる日。または、ゆるされること。▽「富士山の山開き」

やまぶき ひくい木で、春に黄色い花がさく。

やまぶし【山伏】仏の教えを学ぶために、野や山にねおきして修行する僧。

やまほど【山ほど】たくさん。山のように。▽「宿題が山ほどある」

やまもり【山盛り】山のようにいっぱい盛ること。▽「山盛りのごはん」

やまやき【山焼き】冬のおわりから春にかけて、山のかれ草を焼くこと。灰が肥料になって草の芽が出やすくなる。

やまやま そうしたいと強く思う。▽「行きたいのはやまやまだが、あいにく今日はだめだ」

やまゆり ユリのなかま。野山に生える。夏、白に赤色のはん点のある花がさき、よいかおりがする。

［やまゆり］

やまわけ【山分け】品物やお金を、同じくらいに分けること。▽「たくさんもらったどら焼きを山分けする」

［山分け］

やまんば おく深い山にすむという、女のすがたをしたおに。

やみ ❶まっくらで、何も見えないこと。▽「やみ夜」❷心がみだれてどうしていいかわからないこと。▽「心がやみにまよう」❸売り買いを、かくれて行うこと。▽「やみとりひき」

やみあがり【病み上がり】病気をしてなおったばかりのこと。また、その人。

やみつき【病みつき】熱中して、やめられなくなること。▽「テレビゲームに病みつきとなる」

やむ【病む】❶病気にかかる。▽「肺を病む」❷苦しんだり、なやんだりする。▽「ちょっとしたことでも気に病む」→【病】593ページ

やむ つづいてきたものが、そこでとまる。▽「雨がやむ。音がやむ」

やむをえない【やむを得ない】どうにもしようがない。しかたがない。

やめる【辞める】つとめや仕事からはなれる。▽「会社を辞める。大臣を辞める」→【辞】288ページ

やめる つづけていたことをおわりにする。よす。▽「本を読むのをやめる」

やもたてもたまらない【矢もたてもたまらない】深く思いこんで、がまんができないようす。

やもり は虫類の動物。指が吸ばんのように

あいうえお かきくけこ さしすせそ たちつてと なにぬねの はひふへほ まみむめも やゆよ らりるれろ わをん

さかさことば 前から読んでもうしろから読んでも「良き月夜」。

なっていて、かべなどにすいつく。夜、出てきて、虫などを食べる。⬇コラム

やや 少し。いくらか。▼「ねだんがやや高めだ。やや寒い」

ややこしい こみいっていて、わかりにくい。▼「計算のややこしい問題」

ややもすると そうなりやすいようす。ややもすれば。どうかすると。▼「夏休みはややもすると遊んでしまう」

やよい【弥生】昔のこよみで三月のこと。

やよいじだい【弥生時代】縄文時代につづく、紀元前三百年ごろから紀元後三百年ごろまでの時代。弥生土器がつかわれ、稲作が行われるようになった。

やらせ テレビなどで、本当ではないことを本当のことのように見せて報道すること。

やり 長い棒の先に細長いはものがついている武器。▼「やりでつく」⬇武器（図）

やりかえす【やり返す】❶しかえしをする。❷し直す。やり直す。

やりかた【やり方】する方法。しかた。▼「やり方をかえてみよう」

やりくち【やり口】やり方。し方。▼「ずるいやり口。やり口がきたない」

やりくり お金や品物などをいろいろくふうして、どうにかつごうをつけてまにあわせること。▼「やりくり上手」

やりこめる 言いあらそいをして、あいてをうちまかす。

やりすごす【やり過ごす】後ろから来た人を前に行かせる。

やりて【やり手】❶ものごとを行う人。❷うでまえのある人。

やりとげる【やり遂げる】ものごとをおわりまですっかりやってしまう。

やりとり【やり取り】❶物をやったり、もらったりすること。❷ことばで言ったり、答えたりすること。▼「手紙のやり取りをする」

やりなげ【やり投げ】やりをできるだけ遠くに投げて、勝ち負けをきめる陸上競技。

やりぬく【やり抜く】仕事や、ものごとなどをおわりまでする。▼「明日までに、何がなんでもやりぬこう」

やる ❶行う。する。▼「練習をやる。宿題をやる」❷行かせる。つかわす。▼「駅へむかえにやる」❸物をあたえる。▼「犬にえさをやる」

やわらか【柔らか】やわらかいようす。▼「やわらかなクッション」

やわらか【軟らか】やわらかいようす。▼「やわらかなごはん」

「いもり」と「やもり」

よくにているイモリとヤモリですが、ちがいはわかりますか。

ヤモリはヘビやカメのなかま。つよい指でかべを上手にのぼります。イモリはカエルのなかまで、水の中でも生きられます。

「家を守る、家守」「水のある井戸を守る、井守」と覚えると、見たばしょでどちらかわかるようになりますよ。

やわらかい【柔らかい】❶しなやかである。ふんわりしている。▽「やわらかいふとん」⇕固い。❷おとなしい。やさしい。▽「人当たりがやわらかい。やわらかい光」❸かたくるしくない。▽「やわらかい頭。やわらかい表現」

やわらかい【軟らかい】からだ、ボールなどがかたくない。おすとへこむようす。▽「やわらかい食べ物」⇕硬い。

やわらぐ【和らぐ】❶しずかになる。すなおになる。▽「心が和らぐ。和らいだふんいき」❷波風・寒さ・暑さなどがおだやかになる。▽「寒さが和らぐ」⇒【和】759ページ

やわらげる【和らげる】❶やわらかくする。わかりやすくする。▽「表現を和らげる」❷気持ちなどをしずめる。▽「きんちょうを和らげる」⇒【和】759ページ

やんちゃ いたずらのはげしいこと。また、その子供。▽「やんちゃな子」

ゆ

ユ

ゆ【由】3年 ユ・ユウ・（ユイ） （よし）

ものごとのおこったわけ。▽「由来」

由（筆順）上にしっかり出す　つき出ない

●由々しい●経由

ゆ【油】3年 ユ あぶら

あぶら。石油など。▽「灯油」

油（筆順）上にしっかり出す　つき出ない

●油脂●油断●油田●給油●軽油●原油●重油●石油

ゆ【輸】5年 ユ —

人や物をべつの所にはこぶこと。おくること。▽「輸送」

輸（筆順）はねる　短めに

★「輪」ににているので注意

●輸血●輸出●輸送●輸入●運輸●空輸

ゆ【湯】❶水をわかしたもの。▽「湯がわく。湯冷まし」❷ふろ。▽「湯船」❸温泉。▽「湯の町」⇒【湯】488ページ

●湯上がり●湯気●湯煙●湯冷め●湯桶読み●湯水のように使う●重湯

ゆあがり【湯上がり】ふろから出たばかりの時。▽「湯上がりタオル」

ゆいいつ【唯一】ただ一つ。それ一つだけしかないこと。▽「町でゆいいつの高いたてもの。ゆいいつのとりえ」

ゆいごん【遺言】死んだあとのことについて、言いのこすこと。▽「遺言状」

ゆいしょ【由緒】❶そのものについて古くから言われていること。いわれ。由来。▽「寺のゆいしょをしらべる」❷りっぱな歴史。▽「ゆいしょのある家」

ゆいのう【結納】けっこんのやくそくのしるしに、お金や品物をとりかわすこと。また、そのお金や品物。▽「結納金。結納をかわす」

ゆう【友】2年 ユウ とも

❶ともだち。▽「友人。親友」❷味方。▽「友軍」

友（筆順）一 ナ 方 友

★「反」ににているので注意

●友好●友情●友人●悪友●旧友●級友●交友●親友

ゆう【右】みぎ。▽「座右。左右」⇕左。⇒【右】56ページ

さかさことば　前から読んでもうしろから読んでも「よく聞くよ」。

ゆう【由】 ❶わけ。いわれ。▼「理由」 ❷それによること。▼「自由」 ⬇【由】717ページ

ゆう【有】 3年 ユウ・(ウ) ある
❶あること。▼「有意義」⇕無。
❷持っていること。▼「所有。特有」
❸そのうえにまた。それにくわえて。▼「十有余年」

有 ノ ナ 有 有 有 有
★筆順に注意
●有益●有害●有機物●有限●有権者●有効●有罪●有志●有終の美を飾る●有線●有毒●有能●有望●有名●有利●有料●有力●共有●固有●私有

ゆう【勇】 4年 ユウ いさむ
いさましいこと。▼「勇気。武勇」

勇 マ ア 甬 甬 勇 勇 勇
ややとしない　つき出る
●勇敢●勇気●勇士

ゆう【郵】 6年 ユウ ―
郵便のこと。手紙や小包などをおくる仕事。▼「郵便。郵送」

郵 ≡ 乒 垂 垂 垂 郵 郵
左右に出る　卩としない
●郵送●郵便●郵便局

ゆう【遊】 3年 ユウ・(ユ) あそぶ
❶あそぶこと。あそび。▼「遊戯」
❷あちらこちらに動くこと。▼「遊牧」
❸よその土地へ行くこと。▼「外遊」
❹使われておらず、役に立っていないこと。▼「遊休」

遊 亠 方 方 斿 斿 游 遊
はねる　ひとふでに書く
●遊泳●遊園地●遊説●遊牧●遊覧

ゆう【優】 6年 ユウ (すぐれる)・(やさしい)
❶やさしく美しいこと。▼「優美」
❷すぐれていること。▼「優秀。優勝」
❸とくべつに大切にすること。てあついこと。▼「優遇。優待」
❹はいゆう。▼「名優。女優。俳優」

優 亻 僡 僡 偄 優 優 優
下につける。百ではない
●優越感●優雅●優遇●優秀●優柔不断●優勝●優勢●優先●優待●優等●優に●優美●優良●優劣

ゆう【夕】 日がくれて夜になろうとするとき。ゆうぐれ。ゆうがた。▼「朝夕」⇕朝。⬇【夕】379ページ
●夕方●夕刊●夕刻●夕食●夕涼み●夕立●夕月夜●夕なぎ●夕映え●夕日●夕べ●夕焼け

ゆう【結う】 ❶しばる。むすぶ。⇕解く。❷かみの毛をむすぶ。▼「まげを結う」⬇【結】212ページ

ゆういぎ【有意義】 意味やねうちがあること。▼「夏休みを有意義にすごす」

ゆううつ【憂うつ】 心配や悲しみのために、心の中が晴れ晴れしないようす。陰気。▼「ゆううつな気持ち」

ゆうえい【遊泳】 泳ぐこと。▼「遊泳禁止。宇宙遊泳」

ゆうえき【有益】 ためになること。役に立つこと。有用。⇕無益。

ゆうえつかん【優越感】 ほかの人よりも、自分がすぐれていると思う心。▼「優えつ感をいだく」⇕劣等感。

ゆうえんち【遊園地】 楽しく遊べる乗り物や遊び道具をそろえた公園。

ゆうが【優雅】 やさしくて上品なこと。▼「優がなふるまい。優がなおどり」

あいうえお かきくけこ さしすせそ たちつてと なにぬねの はひふへほ まみむめも やゆよ らりるれろ わをん

ゆうかい【誘拐】人をだましてつれだすこと。▼「悪質なゆうかい犯人」

ゆうがい【有害】害のあること。さまたげになること。▼「人体に有害な物質」⇔無害。

ゆうがた【夕方】日がくれようとする時。夕ぐれ。⇔朝方。

ゆうかん【勇敢】勇気を持って、ものごとをするようす。▼「勇かんにたたかう」⇔卑きょう。おく病。

ゆうかん【夕刊】夕方に発行される新聞。⇔朝刊。

ゆうき【勇気】勇ましい気持ち。ものごとをおそれない心。▼「勇気を出して発言する」

ゆうぎ【遊戯】❶遊びたわむれること。❷幼ち園などで、運動と楽しみのため、きまりにしたがってする遊び。おゆうぎ。

ゆうぐう【優遇】とくに大切にもてなすこと。優待。▼「優ぐうをうける」

ゆうげん【有限】限りがあること。⇔無限。

ゆうけんしゃ【有権者】選挙権を持っている人。日本では、十八さいでだれでもなれる。

ゆうこう【友好】友達としてのつきあい。なかのよいこと。▼「友好国」

ゆうこう【有効】❶役に立つこと。❷きき目があること。▼「辞書を有効に使う」「有効期限」⇔無効。

ゆうざい【有罪】さいばんで、罪があるときめられること。罪があること。▼「有罪の判決が下る」⇔無罪。

ゆうし【有志】あることをなしとげようとする気持ちがあること。また、その人。▼「有志の集まり」

ゆうし【勇士】勇気のある人。勇ましい兵隊。

ゆうし【雄姿】りっぱで、勇ましいすがた。▼「富士山のゆう姿に見とれる」

ユーじしゃく【U磁石】ローマ字のUの字の形をした磁石。

ゆうしゃ【勇者】勇気がある人。

ゆうしゅう【優秀】ひじょうにすぐれていること。▼「優しゅうな成績」

ゆうじゅうふだん【優柔不断】ぐずぐずして、思い切りが悪いこと。

ゆうしょう【優勝】いちばんすぐれていること。第一位になること。

ゆうじょう【友情】友達どうしの、親しみや思いやりの心。▼「厚い友情」

ゆうしょく【夕食】夕方の食事。夕飯。▼「夕食をとる」

ゆうじん【友人】ともだち。

ゆうずう【融通】❶お金などを貸し借りして、まにあわせること。▼「五万円ほどゆう通してもらう」❷その場で、うまくかたづけること。▼「ゆう通のきく人」

ゆうすずみ【夕涼み】夏の夕方、外に出て、すずしい風にふれること。

ゆうせい【優勢】勢いがまさっていること。▼「優勢勝ち」⇔劣勢。

ゆうせん【有線】電線を使った電信・電話など。▼「有線放送」⇔無線。

ゆうせん【優先】ほかのものより先にすること。▼「歩行者優先」

ゆうそう【郵送】手紙や小包などを、郵便で送ること。▼「本を郵送する」

ユーターン 車などが、Uの字の形に回り、もと来た道をひきかえすこと。

[ユーターン]

ゆうたい【優待】とくべつにもてなすこと。優ぐう。▼「優待券。優待席」

ゆうだい【雄大】大きくてりっぱなようす。

さかさことば 前から読んでもうしろから読んでも「夜、イカいるよ」。

そう大。▽「ゆう大ながめ」

ゆうだち【夕立】夏の夕方などに、短時間にはげしくふる雨。にわか雨。

ゆうちょう【悠長】おちついていること。気が長くのんびりしていること。▽「ゆう長にかまえる」

ゆうづきよ【夕月夜】月の出ている夕方。「ゆうづくよ」ともいう。⬇月（コラム）

ゆうとう【優等】すぐれた等級や成績。▽「優等生」

ゆうどう【誘導】うまくさそい導くこと。▽「安全な場所にゆう導する」

ゆうどく【有毒】毒があること。

ユートピア みんなが幸せで楽しい、ゆめのような世界。理想郷。

ゆうなぎ【夕なぎ】夕方、海からの風が陸からの風にかわるとき、海岸の風が一時しずまること。

ゆうに【優に】らくらくと。十分に。▽「優に五百人をこす参加者」

ゆうのう【有能】才能があること。役に立つこと。▽「有能な人」⬍無能。

ゆうひ【夕日】西の空にしずんでいく太陽。入り日。⬍朝日。

ゆうび【優美】上品で美しいこと。▽「優美なまいすがた」

ゆうびん【郵便】手紙や品物などをおくり先にとどける仕事。また、とどけられる手紙や品物。▽「郵便はがき」

ゆうびんうけ【郵便受け】配達された郵便や新聞などを受け取るために、家の入り口などにもうける箱。

ゆうびんきょく【郵便局】郵便をあつかうところ。

ユーフォー【UFO】空をとぶ正体不明の物。未確認飛行物体。空とぶ円ばん。

ゆうふく【裕福】お金持ちで、くらしが楽なこと。▽「ゆう福なくらし」

ゆうべ【夕べ】❶夕方。❷もよおしもののある夜。▽「音楽の夕べ」

ゆうべ 前の日の夜。▽「ゆうべは夜ふかしをしたのでねむい」

ゆうべん【雄弁】すらすらと力強く上手に話すこと。また、その話しぶり。▽「議会でゆう弁をふるう」

ゆうぼう【有望】見こみがあること。望みがあること。▽「有望な若者」

ゆうぼく【遊牧】草や水のある所をさがし、次々とすむ所をかえながら、牛・馬・羊などを飼うこと。

ゆうほどう【遊歩道】散歩ができるようにつくられた道。

ゆうめい【有名】名高いこと。名がよく知られていること。▽「有名な観光地をたずねる」⬍無名。

ユーモア 上品なおもしろみ。▽「ユーモアのある人」

ユーモラス 上品で、おかしみのあるようす。こっけいであいきょうがあるようす。▽「ユーモラスな身ぶり」

ゆうやけ【夕焼け】日がしずむころ、西の空が赤くなること。⬍朝焼け。

ゆうやみ【夕やみ】夕方の暗さ。夕方、日がしずんでからしばらくの間の暗さ。▽「夕やみにとぶホタル」

ゆうゆう【悠悠・悠々】❶いそがないで、ゆったりしたようす。▽「ゆうゆうと歩く」❷かぎりなく時が長いようす。⬇「々」は同じ文字をくり返すという意味のおどり字という記号。

ゆうよ【猶予】❶ぐずぐずすること。▽「一刻のゆうよもゆるされない」❷きまった時間や日数をのばすこと。▽「三日のゆうよをください」

ゆうらん【遊覧】見物して回ること。観光。▽「遊覧船。遊覧飛行」

ゆうり【有利】❶利益があること。❷つごうのよいこと。⬍不利。

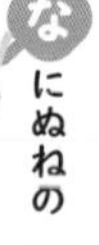
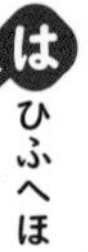

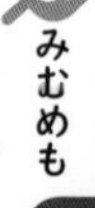

ゆうりょう【有料】 料金がいること。▽「有料道路」⇔無料。

ゆうりょう【優良】 すぐれて、りっぱなこと。▽「健康優良児」

ゆうりょく【有力】 ❶いきおいや権力が強いこと。▽「有力者」❷役に立つこと。見こみのあること。▽「有力な情報」⇔無力。

ゆうれい【幽霊】 ❶死んだ人が、生きていたときのすがたであらわれたもの。❷じっさいはないものを、あるように見せかけたもの。▽「ゆうれい部員」

ゆうれつ【優劣】 優れているか、おとっているかということ。▽「二つの作品は優れつがつけにくい」

ゆうわく【誘惑】 人をさそって、悪いことに引きこむこと。▽「ゆうわくに負ける。ゆうわくの多い時代」

ゆえ【故】 理由。わけ。事情。▽「故あって外国で生活する」⇒【故】224ページ

ゆか【床】 家の中で、地面よりも一段高くなっていて、板をはった所。

ゆかい【愉快】 楽しくて、晴れ晴れとしたようす。おもしろい。⇔不愉快。不快。

ゆかた【浴衣】 夏に着る、裏地のついていない着物。▽「浴衣を着て祭りに行く」

ゆがむ ❶形がまがる。▽「顔がゆがむ」❷心がひねくれる。▽「ゆがんだ考え方」

ゆかり 関係があること。えんがあること。▽「えんもゆかりもない人。両親ゆかりの地」

ゆき【雪】 空中の水蒸気が急にひえ、氷の結しょうとなってふってくる白い物。▽「初雪」⇒【雪】382ページ ●雪明かり●雪下ろし●雪かき●雪合戦●雪国●雪景色●雪煙●雪解け●雪焼け●淡雪●粉雪●根雪●万年雪

ゆき【行き】 ⇒いき

ゆきあかり【雪明かり】 雪の白さでまわりが明るく見えること。

ゆきあたりばったり【行き当たりばったり】 ⇒いきあたりばったり

ゆきおろし【雪下ろし】 屋根につもった雪を下ろすこと。

ゆきかう【行き交う】 行ったり来たりする。▽「人が行き交う」

ゆきかき【雪かき】 つもった雪をかいてのけること。また、その道具。

ゆきがっせん【雪合戦】 雪をボールのようにまるめて投げ合うあそび。

ゆきき【行き来】 ⇒いきき

ゆきぐに【雪国】 雪の多くふる地方。日本では北陸・東北地方など。

ゆきげしき【雪景色】 雪がふりつもって、まっ白になった景色。

ゆきさき【行き先】 ⇒いきさき

ゆきすぎ【行き過ぎ】 ⇒いきすぎ

ゆきだおれ【行き倒れ】 ⇒いきだおれ

ゆきだるま【雪だるま】 雪をまるめてかため、だるまのような形にしたもの。⇒四季(図)

ゆきちがい【行き違い】 ⇒いきちがい

ゆきどけ【雪解け】 ❶春になって、つもっていた雪がとけること。❷おたがいに対立していたものが、だんだんとうちとけてくることのたとえ。▽「両国間の雪解けがはじまった」

ゆきとどく【行き届く】 ⇒いきとどく

ゆきどまり【行き止まり】 ⇒いきどまり

ゆきやけ【雪焼け】 雪の反射で、ひふが黒く焼けること。▽「雪焼けで黒い顔」

ゆきわたる【行き渡る】 ⇒いきわたる

ゆく【行く】 ❶歩く。前へ進む。「いく」がふつうで、「ゆく」は少しあらたまった感じ。▽「道を行く」❷すぎさる。たちさる。▽「行く春」❸ことがはかどる。いく。▽「うまく行く」⇒【行】226ページ ●行く先●行く末●行く手

ゆく【逝く】 人が死ぬ。

さかさことば 前から読んでもうしろから読んでも「夜、たいほいたるよ」。

ゆくえ【行方】❶行った所。行き先。▼「行方をさがす」❷これから先のなりゆき。▼「勝敗の行方を見まもる」

ゆくて【行く手】すすんでいく方向。

ゆげ【湯気】湯からたちのぼる水蒸気がひえて、ごく小さな水玉となって、けむりのように見えるもの。

ゆけつ【輸血】血がたりなくなった病人やけが人の静脈に、血液型にしたがって健康な人の血を入れること。

ゆけむり【湯煙】温泉などの湯から立ちのぼる、けむりのように見える湯気。

ゆさぶる【揺さぶる】ゆさゆさとゆり動かす。「ゆすぶる」ともいう。

ゆざめ【湯冷め】ふろから上がったあと、からだが冷えること。

ゆし【油脂】動物や植物からとったあぶら。

ゆしゅつ【輸出】品物を外国へ売り出すこと。▼「車を輸出する」⇔輸入。

ゆず ミカンのなかまの木。黄色くてまるい実がなる。実のしるや皮はかおりがよいので、料理に使われる。

ゆすぐ 水でざっとあらいおとす。

ゆする【揺する】ゆり動かす。▼「ゆりかごをゆする」

ゆする おどかして、お金や物を出させてうばう。▼「金をゆする」

ゆずる【譲る】❶自分の物を人にあたえる。▼「本をゆずる」❷自分をあとにして、他人を先にする。▼「道をゆずる」❸先へのばす。▼「くわしい話は次回にゆずることにする」

ゆそう【輸送】鉄道・船・トラックなどで人や物を送りはこぶこと。▼「海上輸送」

ゆたか【豊か】❶ものがたくさんあり、不足や不自由のないようす。▼「豊かなくらし」❷知識・ちえ・けいけんなどがたくさんあるようす。▼「知識が豊かだ」❸ゆるやか。広い。▼「豊かな心」⇒【豊】635ページ

ゆだねる【委ねる】まかせる。自由にさせる。▼「選たくを委ねる」⇒【委】30ページ

ゆだん【油断】気持ちをゆるすこと。気をつけないこと。▼「油断をする」

ゆだんたいてき【油断大敵】気をゆるめると、思いがけない失敗をすることもあるので、油断をするな、というましめ。

ゆたんぽ【湯たんぽ】プラスチックやゴムで作った入れ物の中にお湯を入れて、ふとんや足をあたためる道具。

ゆっくり ❶いそがないようす。▼「ゆっくり歩く」❷ゆとりのあるようす。▼「仕事をおえてゆっくりする」

ゆったり ゆるやかなようす。ゆとりのあるようす。▼「ゆったりとすわる」

ゆでたまご【ゆで卵】からのまま卵をゆでたもの。

ゆでる 熱湯に入れてにる。うでる。▼「たまごをゆでる」

ゆでん【油田】石油のとれる所。地中に深い井戸をほり、くだでとる。

ゆとうよみ【湯×桶読み】漢字の熟語の上の字を訓で読み、下の字を音で読む読み方。場所・手本・荷物・夕飯など。⇔重箱読み。⇒重箱読み（表）

ゆとり ❶おちついてゆったりとしていること。▼「心にゆとりをもつ」❷きゅうくつでないこと。▼「かばんにゆとりがある」

ユニーク ほかとちがった、とくちょうを持っていること。▼「ユニークな考え方」

ユニセフ 戦争などで苦しんでいる子どもたちに、食べ物や薬や服をおくって助けるしくみ。一九四六年につくられた。国際連合児童基金。

ユニホーム ❶きまりによってきめたそろいの服。制服。❷そろいの運動服。▼「野球チームのユニホーム」⇒服（図）

ゆにゅう【輸入】外国の品物を買い入れること。▼「輸入品」⇔輸出。

ゆのみ【湯のみ】お茶やお湯を入れて飲むための入れ物。

ゆび【指】手足の先の、細く分かれた部分。▽「親指。小指。中指。薬指」➡【指】285ページ
●指折り●指差す●指人形●指輪

第二指
親指
人差し指
第三指
中指
第四指
小指
薬指
小指
足の甲
手の甲

［指］

ゆびおり【指折り】たくさんの中で、指を折って数えられるほど少なく、すぐれていること。また、そのもの。有数。▽「世界でも指折りの大きな川」

ゆびきり【指切り】約束を守るしるしに、自分の小指とあいての小指をひっかけてつなぐこと。▽「指切りして別れた」

ゆびさす【指差す】指で方向をしめす。▽「遠くの山を指差す」

ゆびにんぎょう【指人形】中に手の指を入れてあやつる人形。

ゆびわ【指輪】かざりのために指にはめる、輪。▽「真じゅの指輪」

ゆぶね【湯船】人が入る大きなふろおけ。よくそう。▽「湯船につかる」

ゆみ【弓】❶木や竹をまげてつるをはり、矢をとばす道具。けものをとったり、たたかいに使った。▽「弓を射る。弓矢」➡武器（図）❷バイオリンなどのげん楽器を、こすって鳴らす道具。➡【弓】170ページ

ゆみなり【弓なり】つるをはった弓のような形。▽「弓なりに反る」

ゆみや【弓矢】弓と矢。➡武器（図）

ゆめ【夢】❶ねむっているときに、ほんとうの出来事のように頭にうかんでくるもの。▽「初夢。正夢。夢を見る」❷じっさいとかけはなれたこと。▽「夢みたいなことを言うな。夢物語」❸のぞみ。きぼう。▽「夢がかなう」❹はかないこと。▽「夢ときえる」➡【夢】681ページ
●夢うつつ●夢心地●夢見る

わたしの夢

ゆめうつつ【夢うつつ】夢を見ているのか、ほんとうのことか、はっきりくべつできないようす。おぼろげ。

ゆめごこち【夢心地】夢を見ているような、うっとりした気持ち。

ゆめみる【夢見る】❶ねて、夢を見る。❷あこがれる。▽「未来のピアニストを夢見る」

ゆらい【由来】❶いわれ。わけ。ことのおこりなどについて、語りつたえられていることがら。由緒。▽「寺の名の由来」❷はじめから。もともと。▽「本校は由来、テニスが強い」

ゆらぐ【揺らぐ】❶ゆれる。▽「船がゆらぐ」❷もとになるものがぐらついて、あぶない。▽「決心がゆらぐ」

ゆらす【揺らす】ゆさぶって動かす。▽「ぶらんこをゆらす」

ゆらめく【揺らめく】ゆらゆらとゆれ動く。▽「かげろうがゆらめく」

ゆらゆら ゆっくりとゆれ動くようす。▽「ボートがゆらゆらとゆれる」

ゆり 大きな花がさく草。花。球根で

［ゆり］

あいうえお かきくけこ さしすせそ たちつてと なにぬねの はひふへほ まみむめも や ゆ よ らりるれろ わをん

なぞなぞ なにがあっても弱音をはかない動物は？ 答えは次のページ。

ふえる。

ゆりうごかす【揺り動かす】❶ゆすって動かす。▽「木をゆり動かして実を落とす」❷人の心を動かす。▽「そのことばが、かれの心をゆり動かした」

ゆりかご【揺りかご】赤んぼうをゆり動かしてねかせるかご。

ゆるい【緩い】❶きびしくない。▽「とりしまりがゆるい」⇕厳しい。❷かたくない。ゆったりしている。▽「むすび方がゆるい。洋服がゆるくなった」⇕きつい。❸急でない。▽「ゆるい坂」❹いきおいが弱い。▽「ながれがゆるい川」

ゆるがす【揺るがす】ゆり動かす。ゆすぶる。▽「天地をゆるがすような大きな音」

ゆるぐ【揺るぐ】❶ゆれ動く。❷心が動く。気がかわる。▽「信念が揺るぐ」

ゆるす【許す】❶もうし出やねがいを聞き入れる。▽「入学を許す」❷すぐれているとみとめる。▽「自他ともに許す」❸罪やあやまちをとがめないでおく。▽「罪を許す」❹けいかいしない。▽「心を許す」⬇【許】174ジペー

ゆるむ【緩む】❶ゆるくなる。たるむ。▽「ひもがゆるむ」❷ゆだんする。▽「気がゆるむ」❸きびしかったものがやわらぐ。▽「寒さがゆるむ」

ゆるめる【緩める】❶ゆるくする。ひきしめない。▽「ベルトをゆるめる」⇕締める。❷弱める。▽「速度をゆるめる」

ゆるやか【緩やか】急でないようす。ゆったりしているようす。▽「ゆるやかな坂道。ゆるやかな川のながれ」

ゆれる【揺れる】❶上下、あるいは左右に動く。ゆらゆらと動く。❷心がおちつかない。▽「気持ちがゆれる」

ゆわえる【結わえる】むすぶ。しばる。▽「ひもを結わえる」⬇【結】212ジペー

よ
ヨ

よ【予】3年 ヨ

❶あらかじめ。前もって。▽「予定」

❷ぐずぐずする。▽「猶予」

卩としない

★「矛」ににているので注意

●予感●予期●予言●予行演習●予告●予算●予習●予選●予想●予想外●予測●予知●予定●予備●予報●予防●予防接種●予約

よ【余】5年 あます・あまる ヨ

❶あまり。よぶん。▽「余地」

❷そのほか。▽「余談」

❸あまりの数をはぶくときに、数字の下につけることば。▽「十年余」

❹自分。わたくし。▽「余は悲しい」

つき出ない はねる

●余韻●余興●余計●余念が無い●余波●余白●余分●余裕●余力

よ【預】6年 あずける・あずかる ヨ

自分の物やお金をあずけること。▽「預金」

矛ではない

よ【四】よっつ。▽「四人」⬇【四】283ジペー

よ【世】❶世の中。社会。▽「世に広まる」❷時代。▽「武士の世」❸ある人の一代。▽「父の世」⬇【世】372ジペー ●世の中●世論●世渡り●世を去る

よ【代】時代。▽「徳川の代」⬇【代】412ジペー

よ【夜】日がくれてから朝になるまでの間。よる。▽「星月夜。夜がふける」⬇【夜】707ジペー

●夜明け●夜露●夜通し●夜中●夜更かし●夜更け●夜を日に継いで

よあけ【夜明け】 夜が明けるころ。明け方。▼「夜明けの空」

よい【良い】 ❶すぐれている。正しい。▼「良い品物。行いが良い」⇔悪い。❷すなおである。▼「良い子供」❸十分である。▼「それだけで良い」❹さしつかえない。問題ない。▼「帰っても良い」❺たしかである。▼「きおくが良い」❻親しい。▼「なかが良い」⇒【良】746ページ

よい【善い】 人がらや行いがりっぱである。正しい。▼「善いことをする」⇔悪い。⇒【善】388ページ

よい【宵】 日がくれて、まもないころ。▼「よいやみ。よいのうち」

よいしょ ❶物を持ち上げたり、何かの動作をするときにかけるかけごえ。▼「よいしょと教室のいすにこしをおろす」❷あいてをほめていい気分にさせる。▼「よいしょして、きげんをとる」

よいのみょうじょう【宵の明星】 日がくれたころ、西の空に見える金星。⇔明けの明星。

よいん【余韻】 ❶あとにのこる音のひびき。▼「余いんがのこる」❷あとにのこる味わい。▼「コンサートの余いんにひたる。物語の余いんを楽しむ」

よう【用】 2年 ヨウ もちいる

❶はたらき。▼「作用。効用」❷使うこと。▼「用例。使用」❸しなければならないこと。▼「用事」❹必要な品物やお金。▼「費用。用品」

用 用 用 用 用（はねる）

●用意●用具●用件●用語●用紙●用心●用水●用足し●用立てる●用地●用途●用法●用向き●愛用●引用●応用●活用●器用●採用●実用●信用●不用●利用

よう【幼】 6年 ヨウ おさない

年がひじょうにおさないこと。おさない者。▼「幼年。幼稚」⇔老。

幼 幼 幼 幼 幼（おる）★「幻」ににているので注意

●幼児●幼時●幼女●幼少●幼稚園●幼虫

よう【羊】 3年 ヨウ ひつじ

ヒツジ。▼「綿羊。羊毛」

羊 羊 羊 羊 羊（いちばん長く）（つき出ない）

よう【洋】 3年 ヨウ ―

❶広い海。大きな海。▼「太平洋」❷西洋と東洋。❸西洋。▼「洋楽。洋室。洋酒。洋食」

洋 洋 洋 洋 洋（つき出ない）

●洋画●洋菓子●洋書●洋風●洋服●洋間●遠洋●西洋●大西洋●東洋

よう【要】 4年 ヨウ （いる）・かなめ

❶大切な所。かなめ。▼「要点。重要」❷入用なこと。▼「要員。必要」

要 要 要 要 要（西ではない）（おる）

●要求●要件●要所●要する●要するに●要素●要注意●要望●要約●要領●重要●主要●需要●必要

よう【容】 5年 ヨウ ―

❶入れること。▼「容器。収容」

前のページの答え⇒「らくだ（楽だ）」

❷すがた。形。▽「容姿。美容」
❸たやすいこと。▽「容易」
❹ゆるすこと。▽「許容。寛容」

点の向きに注意　火ではない

●容疑●容赦●容積●容体●容ぼう●容量●形容●内容

よう【葉】 3年 ヨウ は
❶木のは。▽「紅葉。落葉。葉脈」
❷紙や写真などを数えるのに使うことば。▽「写真一葉」

おる

よう【陽】 3年 ヨウ
❶太陽。日。▽「陽光。斜陽」
❷日の当たる方。見える所。▽「山陽」⇔陰。
❸明るい性質。▽「陽気。陽性」
❹電気のプラスのほう。▽「陽極」

ヨコ棒をわすれて昜としない

●陽気●陽極●陽性

よう【様】 3年 ヨウ さま
❶ようす。ありさま。▽「様子。異様」
❷手本。きまり。▽「様式」

つき出ない　この形に注意

●様相●一様●空模様●同様

よう【養】 4年 ヨウ やしなう
❶からだをやしなうこと。▽「養育」
❷身につける。▽「教養。修養」

つき出ない　良ではない

●養鶏●養護●養子●養女●養生●養殖●養成●養父●養分●養母●栄養●休養●静養●保養

よう【曜】 2年 ヨウ
一週間のそれぞれの日につけられた名。▽「曜日。土曜」

よう【八】 やっつ。「八日」と読むときのとくべつな読み方。▽「八月八日」⬇【八】560ページ

よう【酔う】 ❶酒を飲んで頭がぼうっとするようになる。❷乗り物の中で、気持ちが悪くなる。▽「バスによう」❸美しいものなどに心をひかれて、うっとりする。▽「すばらしい音楽によう」

ようい【用意】 じゅんびすること。▽「食事の用意」

ようい【容易】 やさしいこと。手軽なこと。▽「この問題は容易に解ける」

ようえき【溶液】 こなや、かたまりなどをとかしこんだ液。▽「食塩のよう液」

ようおん【よう音】 「きゃ」「きゅ」「きょ」「しゃ」「しゅ」「しょ」などのように、かなの右下に「や」「ゆ」「よ」のかなを小さくそえて書きあらわす音。

ようか【八日】 ❶月の八番めの日。▽「両親の結こん記念日は六月八日です」❷八日間。▽「あと七日か八日で完成するそうだ」

ようが【洋画】 ❶西洋画。油絵や水彩画など。❷ヨーロッパやアメリカで作られた映画。⇔邦画。

ようかい【妖怪】 おばけ。ばけもの。▽「ネコのようかい」⬇コラム727ページ

ようがく【洋楽】 西洋の国々で発達した音楽。⇔邦楽。

あいうえお かきくけこ さしすせそ たちつてと なにぬねの はひふへほ まみむめも やゆよ らりるれろ わをん

よ

ようがし【洋菓子】ケーキ・キャンデー・ビスケットのような西洋風のおかし。⇔和菓子。

[洋菓子]

ようかん あんこをねったりむしたりして四角くかためたおかし。

ようがん【溶岩】地下のマグマが、火山の火口からふき出した物。あるいは、それがひえてかたまった物。

ようき【容器】物を入れる器。▽「容器に水をたっぷりといれる」

ようき【陽気】❶にぎやかで明るいこと。▽「陽気な性格」⇔陰気。❷気候。▽「陽気がよくなる」

ようぎ【容疑】罪をおかしたうたがいのあること。▽「容疑が晴れる」

ようぎしゃ【容疑者】罪をおかしたのではないかと、疑われている人。⬇コラム728ページ

ようきゅう【要求】必要であるとして求めること。▽「要求にこたえる」

ようきょく【陽極】電池などで電流が出るほう。プラス極。⇔陰極。

ようきょく【謡曲】能楽という日本の音楽劇でうたう文句。うたい。

ようぐ【用具】何かをするのに必要な物。道具。▽「筆記用具」

ようけい【養鶏】たまごや肉を売るためにニワトリを飼うこと。▽「養けい所」

ようけん【用件】用事の内容。用向き。▽「さっそく用件にはいる」

妖怪
雪女
雪の夜に、白いきものを着てあらわれるという女。
一つ目小僧
目が一つしかない妖怪。関東・中部地方では決まった日の夜に来るといって、目の多いかごを門に高く立てて追いはらう行事をする。
つくもがみ
百年たった物などにやどり、ばけたり人に害をあたえたりするとされる。
ねこまた
ネコのばけもの。飼っていたネコが年をとって妖怪になったといわれている。
かっぱ
水中にすむといわれるいきもの。人や馬を水中に引きこんでおぼれさせる。
鬼
人のような形で、角がはえ、きばがある怪物。

なぞなぞ 持っているとみんなにほめられる楽器は？ 答えは次のページ。

ことばのふしぎ 「犯人」「容疑者」「被告人」

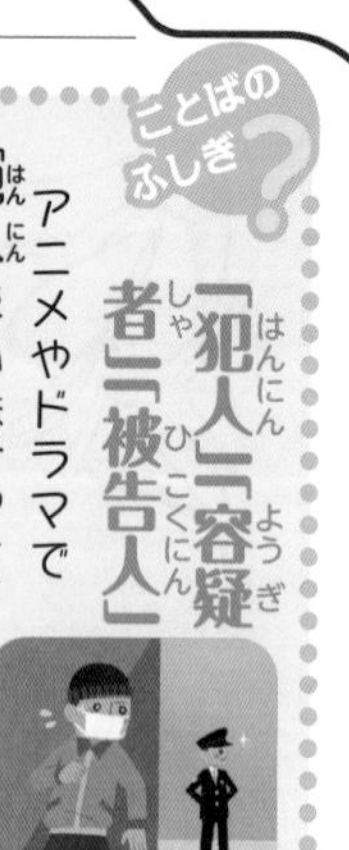

アニメやドラマで「犯人たいほ」って言っているのを聞いたことはありませんか？ 悪いことをした人を、おまわりさんや刑事さんたちがつかまえることをそう言います。

「犯人」は悪いことをした人のことですが、新聞などではこの人を「容疑者」と呼んでいます。「容疑」というのは、悪いことをした疑いがあるという意味です。つかまえたときには、まだこの人が犯人だとは言えないことが多いので、「容疑者」と呼ぶのです。

法律ではこの人たちのことを「被疑者」と言います。つかまった人はこのあと裁判を受けることになるのですが、そうすると今度は「被告人」と呼ばれるようになります。悪いことをした人がつかまると、同じ人でも呼び方が変わるんですね。

ようけん【要件】❶大切な用事。用向き。▽「要件を書きとめる」❷必要なことがら。▽「工業がさかえる要件」

ようご【用語】❶使うことば。❷あるきまった部門で使うことば。▽「数学用語。野球用語」

ようご【養護】けがや病気をしないように世話をし、まもること。

ようご【擁護】かばいまもること。▽「人権をよう護する」

ようこそ あいてが来てくれたことをよろこぶ気持ちをあらわすことば。▽「日本へようこそ」

ようし【用紙】使い方に合うように作られた紙。▽「答案用紙。原こう用紙」

ようし【養子】❶他人の子供をもらって自分の子にすること。また、その子。女のときは「養女」ともいう。↔実子。❷むすめの夫としてその家にむかえた人。むこ養子。

ようじ【幼児】乳をのまなくなってから、五さいぐらいまでの子供。

ようじ【用事】しなくてはならない仕事。用件。▽「大切な用事」

ようしつ【洋室】洋間のこと。▽「洋室にソファーをおく」↔和室。

ようしゃ【容赦】❶ゆるすこと。▽「今度したら容しゃしません」❷手かげんすること。▽「容しゃなくとりしまる」

ようしゅ【洋酒】ウイスキーのように、西洋から来た酒。↔日本酒。

ようしょ【要所】大切なところ。▽「要所をおさえる」

ようじょ【幼女】幼い女の子。

ようじょ【養女】養子にした女の子。

ようしょう【幼少】幼く小さいこと。▽「幼少のころ」

ようしょく【洋食】西洋風の料理。西洋料理。▽「洋食店」↔和食。

[和食と洋食]

ようしょく【養殖】人の力で、魚や貝を養いふやすこと。▽「カキの養しょく」

ようじん【用心】気をつけること。けいかいすること。▽「火の用心」

ようす【様子】❶事情。わけ。▽「様子を知

あいうえお かきくけこ さしすせそ たちつてと なにぬねの はひふへほ まみむめも やゆよ らりるれろ わをん よ

らせる」❷そぶり。すがた。▽「かわいらしい様子」❸気配。▽「晴れそうな様子」

ようすい【用水】飲み水や、田や畑などに引く水。▽「農業用水。用水路」

ようする【要する】必要とする。

ようするに【要するに】かんたんに言うと。つまるところ。結局。▽「要するによく努力することだ」

ようせい【陽性】❶晴れ晴れとして明るい性質。▽「性格が陽性だ」❷検査の反応がはっきりあらわれること。陽性反応。⇔陰性。

ようせい【養成】教えみちびいて、りっぱにそだてること。▽「選手の養成」

ようせい【妖精】西洋のおとぎ話に出てくる木や花のたましい。女の人や小人のすがたをしていることが多い。

ようせき【容積】入れ物の中に入る量。容量。

ようせつ【溶接】電気やガスの火で、鉄などをとかしつなぎ合わせること。▽「電気よう接。金属をよう接する」

ようそ【要素】あることがらができあがったり、物がつくりあげられたりするのになくてはならぬもの。もとになるかんじんなこと。▽「色の三要素」

ようだ ❶ほかのものにたとえていうことば。▽「まるで海のようだ。宝石のように星がかがやく」❷だいたいそのようすだという意味をあらわす。▽「今年の夏は暑いようだ」

ようだい【容体・容態】けがや、病気のようす。病状。▽「急に容体がかわる」

ようたし【用足し】❶用事をすませること。おつかい。❷便所に行くこと。

ようち【用地】ある目的に使う土地。▽「学校の建設用地」

ようち【幼稚】❶幼いこと。❷ていどがひくいこと。▽「幼ちな考え」

ようちえん【幼稚園】小学校に入る前の子供を、教えそだてるところ。

ようちゅう【幼虫】たまごからかえったばかりの虫。⇔成虫。

ようちゅうい【要注意】よく気をつけなくてはいけないこと。▽「要注意人物」

ようてん【要点】大切な所。要し。▽「要点をまとめる」

ようと【用途】使いみち。

ようび【曜日】曜をつけてよぶ、一週間のそれぞれの日。日・月・火・水・木・金・土の七つがある。

ようひん【用品】使う品物。必要なもの。▽「スポーツ用品。家庭用品」

ようふ【養父】養子にいった家の父。義理の父。⇔実父。

ようふう【洋風】西洋風。西洋のような。▽「洋風の家」⇔和風。

ようふく【洋服】西洋風の衣服。スカート・ズボンなど。⇔和服。➡服（図）

ようぶん【養分】動物や植物がそだつために、必要な栄養分。

ようぼ【養母】養子にいった家の母。義理の母。⇔実母。

ようほう【用法】使い方。▽「漢字の用法。用法をあやまる」

ようぼう【要望】強く望むこと。

ようま【洋間】西洋風の部屋。洋室。▽「洋間にじゅうたんをしく」⇔日本間。

ようみゃく【葉脈】木や草の、葉に見えるすじ。葉を強くし、また、水や養分の通り道となる。

ようもう【羊毛】ヒツジからとった毛。毛糸や洋服地の原料になる。

ようやく【要約】大切な点をみじかくまとめること。▽「話の要約」

ようやく ❶しだいに。だんだん。▽「ようやく春らしくなってきた」❷苦労して達成できる。やっと。▽「ようやく家についた」

ようりょう【要領】❶ものごとの大切なと

前のページの答え⇒「リコーダー（利口だ）」

ころ。▼「要領をえない話」❷うまいやり方。▼「要領のいい人」

ようりょう【容量】入れ物の中に入る量。かさ。容積。▼「びんの容量」

ようれい【用例】使い方をしめす例。

ヨーグルト 牛乳に乳酸菌などの菌をくわえて発こうさせ、クリームのようにした食べ物。味はすっぱい。

ヨーヨー ❶二つの円ばんを短いじくでつなぎ、そのじくにひもを巻きつけたおもちゃ。ひもの先をもってたらすと円ばんが上下に動く。❷小さなふうせんに空気と水をいれてふくらませ、ひもじょうのゴムでつりさげたもの。ヨーヨーふうせん。水ヨーヨー。

ヨーヨー❶　ヨーヨー❷

［ヨーヨー］

ヨーロッパ 六大州の一つ。アジアの北西につづいている。早くから文化がひらけた。イギリス・フランス・ドイツ・スウェーデン・イタリア・スペイン・ギリシャ・ロシアなどの国がある。欧州。⬇世界（図）

よかん【予感】あることがらのおこりそうなことを、前もって感じること。▼「予感が当たる」

よき【予期】前々から、こうなるだろうと心にきめていること。▼「予期した結果になる」

よきょう【余興】えん会や多くの人が集まるとき、会をおもしろくするために行う演芸など。▼「余興に民ようを歌う」

よきん【預金】銀行などにお金を預けること。また、預けたお金。▼「預金者」

よく【浴】4年 ヨク　あびせる・あびる
❶水や湯をあびること。▼「入浴」❷日光に当たること。▼「日光浴」

浴 浴 浴 浴 浴 浴 浴（あける／火ではない）

●浴場●浴槽●海水浴

よく【欲】6年 ヨク　（ほしい）・（ほっする）
ほしがること。ほしがる心。▼「意欲」

欲 欲 欲 欲 欲 欲（フとしない）

●欲張る●欲望●欲目●欲求●欲求不満●食欲●無欲

よく【翌】6年 ヨク　――
年月などの上につけて、「次に来る」の意味をあらわす。▼「翌日」

翌 翌 翌 翌 翌 翌 翌

★「習」ににているので注意

●翌朝●翌月●翌年

よく ❶上手に。▼「字がよく書ける」❷十分に。▼「よくかんで食べる」❸たびたび。▼「よく見かける」❹とても。▼「よくにている」❺感心したときに使うことば。▼「よくまあ、歩けたね」

よくあさ【翌朝】次の日の朝。あくる朝。▼「翌朝には元気になった」

よくげつ【翌月】次の月。あくる月。

よくしつ【浴室】湯の中に入ってからだをあたためたり、洗ったりするところ。ふろば。

よくじつ【翌日】次の日。あくる日。

よくじょう【浴場】❶ふろ場。▼「大浴場」❷ふろ屋。

よくせい【抑制】おさえつけてとめること。▼「感情をよく制する」

よくそう【浴槽】ふろおけ。湯船。

よくねん【翌年】次の年。あくる年。

よくばる【欲張る】必要以上にお金や物をほしがる。▼「欲張って損をする」

よくぼう【欲望】欲しがり望む心。ねがい。望み。▼「欲望をみたす」

よくも「よく」を強めたいい方。よくまあ。▼「よくもここまで来たものだ」

よくよう【抑揚】声の調子を上げたり下げたりすること。▼「よくようをつけて本を読む」

よくよく ❶もっとよく。▼「よくよく見たらまちがいだった」❷ひじょうに。きわめて。▼「よくよく運のいい人だ」❸よほど。▼「よくよくのことがあったのだろう」

よけい【余計】❶むだなこと。余っていること。▼「よけいなこと」❷いっそう。より多く。▼「ほめられるとよけいに勉強する」

よける ❶わきへよる。さける。▼「車をよける」❷ふせぐ。▼「ぼうしで暑さをよける」

よげん【予言】未来のことを前もって言い当てること。▼「予言が当たる」

よこ【横】左右の方向。⇔縦。⬇【横】80ページ
●横顔●横切る●横車を押す●横たえる●横たわる●横付け●横綱●横取り●横殴り●横ばい●横道●横目●横文字●横やり●縦横

よこうえんしゅう【予行演習】卒業式などのもよおしを、前もって練習してみること。リハーサル。

よこがお【横顔】❶横から見た顔。❷その人のあまり知られていないことがらや性格。▼「大臣の横顔をしょうかいする」

よこがき【横書き】文字や数字を、左から右へ書いていくこと。また、書いたもの。右から左へ書く言語もある。▼「横書きの手紙」⇔縦書き。⬇コラム

よこぎる【横切る】横にわたって通る。▼「道路を横切る」

よこく【予告】前もって知らせること。▼「テストを予告する」

よこぐるまをおす【横車を押す】すじの通らない、むりをおし通す。

よこしま 正しくないこと。▼「よこしまな心。よこしまな考えをいだく」

よこじま【横×縞】よこの方向にすじになっているもよう。▼「よこじまのセーター」

よごす【汚す】きたなくする。

よこたえる【横たえる】横にする。ねかせる。▼「からだを横たえる」

よこたわる【横たわる】横になる。ねる。▼「地面に横たわる」

よこづけ【横付け】車や船などの横を、入り口や岸などにつけること。▼「車を入り口に横付けにする」

ことばのふしぎ

外国はぜんぶ横書き？

「横文字」の説明を見ると、「外国語」と書いています。でも、日本語と同じように縦に書く「外国語」もあります。中国内の内モンゴル地区で使われているモンゴル語は縦書きです。モンゴル語は日本語と反対で、左から右への縦書きです。

また、横書きでも、アラビア語は英語と反対で右から左へ書いていきます。

アラビア語
① انتظر لأنني ذاهب
② لمساعدتك الآن!
モンゴル語
日本語
①今、助けに行くから
②待ってろ！
英語
① Hold on!
② I'm going to help you now.

早口ことば（五回続けていえるかな）旅客機から常緑樹が見えた。

よこづな【横綱】❶すもうとりでいちばん上の位。また、その人が土俵入りの時にしめる太いつな。❷あるもののうちでもっともすぐれたもの。▽「果物の横づな」

よこどり【横取り】人の物を、勝手に横からうばい取ること。

よこなぐり【横殴り】❶横の方からなぐりつけること。❷雨風が横から強くふきつけること。▽「横なぐりのはげしい雨」

よこになる【横になる】からだを横にしてねる。▽「少し横になる」

よこばい【横ばい】❶カニが歩くように、横にはうこと。❷物のねだんなどの上がり下がりが少ないようす。

よこみち【横道】❶わき道。❷本すじからそれること。▽「話が横道にそれる」

よこめ【横目】顔を前にむけて、目だけで横を見ること。▽「横目で見る」

よこもじ【横文字】英語の文字のように横に書いていく文字。また、外国語。⬇コラム

よこやり【横やり】❶話し合っているわきの方からよけいなことを言うこと。さしで口。❷文句をつけること。▽「計画に横やりを入れる」

よごれ【汚れ】どろなどがついて、きたなくなったところ。▽「服のよごれをおとす」

よごれる【汚れる】きたなくなる。

よさこいまつり【よさこい祭り】高知県高知市で行われる夏の祭り。鳴子という打楽器で音を出しながらおどる。

[よさこいまつり]

よさん【予算】収入や支出を前もって予想して計算すること。また、そのお金。▽「予算をたてる」⬍決算。

よしあし ❶よいことと悪いこと。❷よいか悪いかどちらともきめられない。▽「まじめすぎるのもよしあしだ」

よじじゅくご【四字熟語】四つの漢字でできている言葉。「電光石火」、「絶体絶命」など。

よしず 植物のヨシのくきであんだすだれ。日よけなどに使う。

よじのぼる【よじ登る】岩などにつかまりながら登る。すがりついて登る。▽「がけをよじ登る」

よしゅう【予習】学校などで、習う部分を、前もって自分で勉強しておくこと。⬍復習。

よしん【余震】大きな地しんのあとにしばらくの間たびたび起こる地しん。ゆり返し。

よす やめる。中止する。▽「あそびに行くのをよす」

よせ【寄席】落語・講談・まん才などを見せる所。▽「落語を聞きに寄席に行く」

よせがき【寄せ書き】多くの人が一まいの紙や布などに、ことばや絵を思い思いにかくこと。また、かいた物。

よせる【寄せる】❶近づける。▽「ほおを寄せる」❷こちらへ近づいてくる。▽「大きな波が寄せる」❸おくる。▽「手紙を寄せる」❹まかせる。▽「身を寄せる」❺くわえる。たす。▽「数を寄せる」❻集める。▽「ごみを寄せる」⬇【寄】156ページ

よせん【予選】❶前もって選ぶこと。❷よりすぐれた選手やチームを選び出すための試合。▽「予選に勝ちぬく」

よそ ❶ほかの場所。▽「よその土地」❷関係がないこと。▽「よその人」

よそいき【よそ行き】❶よそへ行くこと。外出。❷よそへ行くときの衣服。❸ことばづかいや動作が、ふだんとちがってあらたまること。▽「よそ行きのことば」⬇「よそゆき」ともいう。

よそう【予想】ものごとがどうなっていくかと、前もって考えること。

よそうがい【予想外】前もって考えたことが外れること。思いがけないこと。▽「予想外の結果」

よそおい【装い】❶かざりととのえること。❷衣服を身につけたようす。身なり。服装。▽「装いをこらす」

よそおう【装う】❶身じたくをする。▽「美しく装う」❷かざりととのえる。▽「室内を装う」❸そのふりをする。▽「平気を装う」⬇【装】395ページ

よそく【予測】前から、こうなるだろうとおしはかっておくこと。

よそみ【よそ見】前を見ないで、ほかの方を見ること。わき見。

よそよそしい 他人に対するようで、親しみがない。▽「よそよそしいたいど」

よだれ 気がつかないうちに口から流れてたれるつば。▽「ごちそうによだれをたらす」

［よだれ］

よち【予知】前もって知ること。

よち【余地】❶のこりの土地。余った所。すきま。▽「すわる余地もない」❷ゆとり。よゆう。▽「まだまだ考える余地がある」

よつ【四つ】❶よっつ。▽「四つ角」❷すもうで、たがいに両手でまわしをとって組むこと。▽「四つに組む」⬇【四】283ページ

よっか【四日】❶月の四番めの日。❷四日間。▽「四日で仕上げる」

よつかど【四つ角】道が十文字に交わっている所。▽「四つ角を右にまがる」⬇コラム363ページ

よっきゅう【欲求】欲しがって求めようとすること。また、その心。

よっきゅうふまん【欲求不満】ものごとが自分の思う通りにいかないで、いらいらして楽しくないじょうたい。

よっつ【四つ】❶数の名。よん。し。四個。❷四さい。▽「四つ下の妹」⬇【四】283ページ

ヨット 三角のほをはって走る船。▽「ヨットレース」⬇船（図）

よつゆ【夜露】夜の間におりるつゆ。▽「夜つゆにぬれる」⬍朝露。

よてい【予定】前々からきめておくこと。また、きめたこと。▽「予定表」

よとう【与党】内閣を作っている側の政党。⬍野党。

よどおし【夜通し】ひとばんじゅう。

よどみ ❶水がたまって、ながれない所。❷ものごとが、すらすらといかないこと。つかえること。▽「よどみなくしゃべる」

よどむ ❶水のながれが止まって、一か所にとどまる。▽「水がよどむ」❷ものごとがすらすらいかないで、つかえる。❸水の底に物がしずんでたまる。

よなか【夜中】夜の中ごろ。真夜中。

よねんがない【余念が無い】そのことだけを考えて、ほかのことは考えない。▽「歌の練習に余念が無い」

よのなか【世の中】人々が集まって生活しているところ。世間。社会。

よは【余波】❶あらしのすんだあとにおしよせる大きな波。❷まだのこっているえいきょう。▽「事件の余波」

よはく【余白】字や絵がかかれてある紙の、白くのこっている所。

よび【予備】必要なとき、いつでもまにあうように、前から用意しておくこと。また、その物。▽「予備のお金」

よびおこす【呼び起こす】❶声をかけて目をさまさせる。❷思い出させる。心の中に思い起こさせる。呼びさます。▽「記おくを

早口ことば（五回続けていえるかな）緑茶紅茶をおもちゃの茶わんにいれる。

呼び起こす」

よびかけ【呼び掛け】❶声をかけて呼ぶこと。❷意見をのべて、大ぜいの人に賛成してもらおうとすること。▽「戦争反対の呼びかけにおうじる」

よびかわす【呼び交わす】たがいに呼び合う。▽「大声で名を呼び交わす」

よびすて【呼び捨て】「さん」「くん」などのうやまうことばをつけないで、人の名前を呼ぶこと。▽「『武!』と呼び捨てにする」

よびな【呼び名】❶「しずちゃん」のように、ふだんその人を呼ぶときの名。通しょう。❷ものにつけた名前。名しょう。呼しょう。

よびみず【呼び水】❶ポンプの水が出ないとき、水を引き出すために入れる水。❷ことをおこす、きっかけとなるもの。▽「小さな事件が呼び水となる」

呼び水

[呼び水]

よびもの【呼び物】人気を集めているもの。ひょうばんの高いもの。

よぶ【呼ぶ】❶大きな声であいての名前を言う。❷声をかけてこちらに来させる。❸名づける。▽「この犬はポチと呼ぶ」❹まねく。▽「パーティーに呼ぶ」❺集める。▽「人気を呼ぶ」⬇【呼】223ページ

よふかし【夜更かし】夜おそくまでおきていること。▽「夜ふかしをする」

よふけ【夜更け】夜おそくなったころ。深夜。▽「夜ふけに電話が鳴る」

よぶん【余分】❶余り。のこり。❷よけい。▽「余分に用意する」

よほう【予報】前もって知らせること。▽「天気予報」

よぼう【予防】病気や、さいがいなどがおこらないように、前もって防ぐこと。▽「予防注射」

よぼうせっしゅ【予防接種】感染しょうにかからないように注射などをすること。

よほど ❶ていどをこえて。よっぽど。かなり。▽「よほどつかれたのだろう」❷思い切って。よっぽど。▽「よほど学校を休もうかと思った」

よみ【読み】❶読むこと。❷漢字の読み方。❸これから先のなりゆきを考えること。▽「読みが深い」

よみかえす【読み返す】もう一度読んでみる。読み直す。

よみがえる ❶一度死んだものが生きかえる。❷元気をとりもどす。▽「雨で花がよみがえる」❸思い出す。もとにもどる。▽「記おくがよみがえる」

よみきり【読み切り】雑誌や新聞の記事や読み物などで、一回だけでおわるもの。▽「読み切りまんが」

よみさし【読みさし】読むのをとちゅうでやめていたもの。読みかけ。

よみとる【読み取る】❶文章を読んで、書かれてある意味をよく理解する。❷人の心をおしはかる。

よみふける【読みふける】むちゅうになって読む。▽「小説に読みふける」

よむ【読む】❶目で見た文字を声に出す。▽「本を読む」❷文字・文章を見て、意味をとる。❸ものごとを見て、その意味をおしはかる。▽「人の心を読む」❹数える。▽「目もりを読む」⬇【読】499ページ

よむ【詠む】❶詩や短歌を作る。❷詩や短歌を声高く読みあげる。

よめ【嫁】❶むすこの妻。⬍婿。❷けっこんあいての女の人。

よもぎ キクのなかまの草。ぎざぎざのこい緑色の葉で、うらに白い毛が生えている。よいかおりがし、春のはじめに出る芽をつんで草

もちを作る。⇒桜もち（図）

よもやまばなし【よもやま話】世の中のさまざまなことについての話。

よやく【予約】前もって約束しておくこと。また、その約束。

よゆう【余裕】❶余っていること。余分。❷ゆったりしてこせこせしないこと。▼「余ゆうのあるたいど」

よりあい【寄り合い】大ぜいの人が集まって話し合うこと。

よりあつまる【寄り集まる】あちこちから来て一つに集まる。▼「話し合いのためにみんなが寄り集まる」

よりかかる【寄り掛かる】❶何かにからだをよせてささえる。▼「かべに寄りかかる」❷自分でやろうとしないでほかの人にたよる。▼「親に寄りかかる」

よりごのみ【より好み】好きなものばかりえらんでとること。えり好み。

よりすぐる たくさんある中からよいものをえらび出す。えりすぐる。▼「河原の石からきれいなものをよりすぐる」

よりそう【寄り添う】からだをそばに寄せる。▼「母に寄りそう」

よりつく【寄り付く】そばに寄っていく。▼「人が寄り付かない、暗い森」

よりどころ ❶たよりにするところ。▼「心のよりどころ」❷考えるもと。しょうこ。▼「何をよりどころにそんなことを言うのか」

よりどり【より取り】すきなものを自由にえらび取ること。

よりぬき【より抜き】多くの中から、えらんでぬきとったもの。えりぬき。

よりみち【寄り道】目的の場所に行くとちゅうで、ほかのところによること。▼「寄り道しておそくなった」

よりょく【余力】❶余っている力。▼「五〇〇メートル走っても、まだ、余力をのこす」❷ゆとり。よゆう。

よる【因る】もとづく。原因となる。…のためだ。▼「不注意による事故」⇒【因】54ページ

よる【夜】日がくれてから朝になるまでの間。晩。⇔昼。⇒【夜】707ページ

よる【寄る】❶近づく。▼「そばに寄る」❷たちよる。より道する。▼「店に寄る」❸多くなる。▼「年が寄る」❹集まる。▼「人が多く寄る」❺かたよる。はしに近づく。❻すもうで、おしすすむ。⇒【寄】156ページ

よろいど【よろい戸】細い板を何まいもならべてとりつけた、よろいのような戸。風通しがよい。まきあげて開ける金属製のもの（シャッター）もある。

よろける 足がふらふらしてころびそうになる。▼「石につまずいてよろける」

［よろい戸］

よろこばしい【喜ばしい】うれしい。おめでたい。▼「喜ばしい知らせ」

よろこび【喜び】❶喜ぶこと。うれしいこと。❷いわうこと。いわい。▼「喜びのことばをのべる」

よろこびいさむ【喜び勇む】うれしさ楽しさに、心がはずんでいる。

よろこぶ【喜ぶ】うれしく思う。楽しく思う。▼「合格を喜ぶ」⇔悲しむ。⇒【喜】157ページ

よろしい ❶「よい」のあらたまった言い方。▼「帰ってよろしいでしょうか」❷よいとみとめるときの言い方。▼「よろしい、わかりました」

よろしく ❶ほどよく。てきとうに。▼「よろ

なぞなぞ 丸いのに四角い物ってなんだ？ 答えは次のページ。

しくやってくれ」❷感謝の気持ちなどをつたえてもらうことば。▼「お母さんによろしく」❸たのむときなどのあいさつのことば。

よろずや【よろず屋】❶いろいろな物を売る店。▼「よろず屋でおか子とほうきを買う」❷何でもひととおり知っている人。

よろめく ❶からだがふらふらする。よろける。❷人のさそいに動かされる。

よろん【世論】世の中の多くの人々の考え。「せろん」ともいう。

よわい【弱い】❶力がない。力がおとる。▼「うでの力が弱い」⇔強い。❷じょうぶでない。▼「からだが弱く病気がちだ」❸やぶれやすい。こわれやすい。▼「熱に弱い」❹苦手である。とくいでない。▼「算数はどうも弱い」↓【弱】312ページ

よわき【弱気】気が弱いこと。▼「弱気で意見も言えない」⇔強気。

よわごし【弱腰】弱々しいようす。すすんでものごとをする気がないたいど。▼「弱ごしになる」

よわたり【世渡り】世の中でくらしていくこと。生活。▼「世わたりがうまい」

よわねをはく【弱音を吐く】気の弱い、いくじのないことを言う。

よわまる【弱まる】弱くなる。▼「いきおいが弱まる。風が弱まる」⇔強まる。↓【弱】312ページ

よわみ【弱み】弱いところ。悪いところ。弱点。▼「弱みをにぎる。弱みを見せる」⇔強み。

よわむし【弱虫】気の弱い人。いくじのない人。▼「なんて弱虫なんだ」

よわめる【弱める】弱くする。▼「力を弱める。光を弱める」⇔強める。↓【弱】312ページ

よわよわしい【弱弱しい・弱々しい】いかにも弱く見えるようす。↓「々」は同じ文字をくり返すという意味のおどり字という記号。▼「弱々しいからだ」

よわりめにたたりめ【弱り目にたたり目】こまっているとき、さらにこまったことがかさなること。運の悪い上に、さらに悪い運がかさなること。泣き面にはち。

よわる【弱る】❶弱くなる。おとろえる。▼「力が弱る」❷こまる。▼「宿題がたまって弱る」↓【弱】312ページ

よをさる【世を去る】死ぬ。

よをひについで【夜を日に継いで】夜も昼も休まないでつづける。▼「夜を日に継いで走り続ける」

よん【四】よっつ。▼「四階。四本」↓【四】283ページ

よんどころない しかたない。どうしようもない。▼「よんどころない用事で欠席いたします」

ら ラ

ラーメン 中国風のめん料理。中華そば。▼「みそラーメン。塩ラーメン」

[ラーメン]

らい【来】 2年 ライ くる・(きたる)・(きたす)
❶くること。▼「来客。伝来」
❷次の。▼「来年。来月」⇕去。

来（筆順）　点のうち方に注意　上のヨコ棒より長く
●来襲●来春●来世●来日●来賓●往来●外来●家来●将来●未来

らいう【雷雨】 かみなりといっしょにふる雨。▼「はげしいらい雨」

ライオン アフリカの草原にすむ、ネコのなかまのもうじゅう。おすにはたてがみがあり、百じゅうの王とよばれる。しし。

らいきゃく【来客】 たずねてくる客。たずねてきた客。▼「来客に会う」

らいしゅう【来週】 今週の次の週。⇩再来週(図)

らいしゅう【来襲】 ❶敵がせめてくること。❷おそってくること。▼「ハチの大群が来しゅうする」

らいしゅん【来春】 次の年の春。

ライス ごはん。▼「カレーライス」

らいせ【来世】 仏教で、人が死んでから行くといわれている次の所。あの世。

ライセンス 許可。めん許。また、それをしるした書き物。めん許証。

らいちょう【雷鳥】 日本アルプスなどの高い山にすむ鳥。羽の色は、夏は黒に茶のまだらの色だが、冬にはまっ白になる。

ライト 光。明かり。ともしび。

ライト ❶右。右がわ。⇕レフト。❷野球で、本るいから見て、外野の右がわ。また、右がわをまもる人。右よく手。⇩野球(図)

ライトバン 後ろに大きな荷物がつめる乗用車。バン。ワゴン。⇩自動車(図)

らいにち【来日】 外国の人が日本にくること。▼「各国の元首が来日する」

らいねん【来年】 今年の次の年。

ライバル 競争あいて。好敵手。

らいひん【来賓】 会や式などにまねかれてきた客。▼「来ひん席」

ライフ ❶いのち。❷生活。くらし。▼「ライフスタイル」❸一生。人生。▼「マイライフ」

ライブ ❶実際にお客さんのいるところで行われる演奏。生演奏。▼「ライブを見に行く」❷テレビやラジオなどで、録画ではなくて、いまその場で行われていることを放送すること。生放送。

らいめい【雷鳴】 かみなりの音。

ライン ❶線。▼「校庭にラインを引く」❷船や飛行機の通り道。❸基準。▼「合格ライン」

ラインナップ (「ラインアップ」とも言う) ❶野球で、バッターの打つ順番。打順。❷組織や団体などをつくっている顔ぶれ。

らく【落】 3年 ラク おちる・おとす
❶おちること。おとすこと。▼「落下」
❷むらざと。▼「村落。集落」
❸おちぶれること。▼「零落。没落」
❹きまりがつくこと。おちつくこと。▼「落成」

落（筆順）　又や久ではない

前のページの答え⇒「リング」

●落書き●落語●落差●落日●落城●落選●落第●落胆●落着●落馬●落葉●落葉樹●落雷●落下●段落●転落

らく【楽】 ❶たのしいこと。▽「安楽」⇕苦。❷くらしがゆたかなこと。▽「生活が楽になる」❸ほねのおれないこと。▽「楽な仕事」⬇【楽】123ページ
●楽あれば苦あり●楽園●楽勝●楽天家●楽々●楽観●気楽●苦楽●行楽●千秋楽●道楽

らくあればくあり【楽あれば苦あり】 楽しいことがあれば、苦しいこともある。いいことばかりあるとはかぎらないということ。

らくえん【楽園】 苦しみやなやみがなく、楽しいことばかりがある所。パラダイス。天国。▽「遊園地は子供の楽園だ」

らくがき【落書き】 書いてはいけない所に、勝手なことを書きちらすこと。また、書いたもの。いたずら書き。

らくご【落語】 聞く人をわらわせるこっけいな話で、おわりにしゃれの「おち」がつく。寄席などで演じる。

らくさ【落差】 ものが落ちるときの、上と下の高さのちがい。

らくしょう【楽勝】 試合などで、楽々と勝つこと。▽「五対一で楽勝する」

らくじょう【落城】 城がせめ落とされて、敵に負けること。

らくせい【落成】 建築や工事ができあがること。▽「落成式」

らくせん【落選】 ❶選挙に落ちること。⇕当選。❷しん査にもれること。▽「コンクールに落選する」⇕入選。

らくだ アジアやアフリカのさばくにすむ動物。背中にしぼうをたくわえた大きなこぶがある。人や荷物をはこぶのに使われる。

らくだい【落第】 ❶試験や検査に落ちること。❷成績が悪くて上の学年にすすめないこと。⇕及第。

らくたん【落胆】 がっかりすること。▽「試合に負けて落たんする」

らくちゃく【落着】 ものごとがすんで落ち着くこと。きまりがつくこと。

らくてんか【楽天家】 くよくよしないで、世の中を明るく考えてくらす人。▽「楽天家の母はいつも明るい」

らくのう【酪農】 牛や羊の乳をしぼり、加工してバター・チーズ・ミルクなどを作る農業。▽「らく農家」

らくば【落馬】 馬から落ちること。

ラグビー 十五人ずつの二組が、だ円形のボールをうばい合い、これをあいてのじん地に持っていく競技。

らくよう【落葉】 木の葉がかれて落ちること。またその葉。落ち葉。

らくようじゅ【落葉樹】 カエデ・サクラなどのように、秋のすえから冬にかけて葉が落ちる木。⇕常緑樹。

らくらい【落雷】 かみなりが落ちること。▽「落らいによる停電」

らくらく【楽楽・楽々】 ❶気軽でゆったりしたようす。▽「楽々とした生活」❷少しもほねをおらずに。▽「楽々と勝つ」⬇「々」は同じ文字をくり返すという意味のおどり字という記号。

ラケット テニス・バドミントン・たっ球などのボールをうつ道具。

ラジオ 放送局が、電波を使って、人々にニュース・音楽などを放送すること。また、その受信機。

ラジコン おもちゃの自動車や飛行機などをリモコンで動かしてあそぶ機械。「ラジオコントロール」の略で、商標名。

らしんばん【羅針盤】 船や飛行機で、方向や位置を知るのに使う機械。じしゃくが南北をさす性質を利用している。コンパス。

ラスト いちばんあと。最後。最終。

ラストスパート 最後にありったけの力を出すこと。最後のがんばり。▽「マラソンで

あいうえお かきくけこ さしすせそ たちつてと なにぬねの はひふへほ まみむめも やゆよ ら りるれろ わをん

「残り十メートルをラストスパートした」

らせん ねじくぎの線のように、ぐるぐるとまいた形をしていること。▼「らせんかいだん」

[らせん階段]

らたい【裸体】 衣服を身につけていないすがた。まるはだか。▼「ら体画」

らちがあかない はかどらない。きまりがつかない。▼「電話だけではらちがあかない」

らっか【落下】 高い所から物が落ちること。▼「大きな石が落下する」

らっかさん【落下傘】 飛行機から飛び降りるとき、ゆっくり落ちていくために使う、布で作ったかさのような道具。パラシュート。

らっかせい【落花生】 マメのなかまの植物。秋に花がかれると、えがのびて土にもぐり、土の中で実ができる。実はピーナッツという。

らっかん【楽観】 うまくいくと考え、くよくよしないこと。⇕悲観。

ラッキー 運がよいこと。幸せ。幸福。▼「ラッキーな勝ち方」

らっきょう ユリのなかまのやさい。土の中にできる丸いくきを食べる。においが強い。▼「らっきょうとカレーは意外とあう」

らっこ イタチのなかまの動物で、北アメリカなどの海にすむ。貝を胸にのせ、石でわって食べる。

ラッシュ ものごとが同じ時間に集中して起こること。▼「ラッシュアワー。帰省ラッシュ」

ラッシュアワー 学校やつとめに通う人たちで、乗り物がひじょうにこみあう、朝と夕方の時間。

らっぱ 先がアサガオの花のようなひらいた形をした金管楽器。トランペットやトロンボーンなど。⬇楽器（図）

ラッピング おくり物などをきれいな布や紙で包むこと。▼「プレゼントをきれいにラッピングしてもらう」

ラブ おたがいに愛しあうこと。れん愛。▼「ラブレター」

ラベル はりふだ。はり紙。レッテル。▼「かんづめのラベルを確認した」⬇コラム740ページ

ラムネ 炭酸ガスをとかしたあわが出る水に、あまい味とレモンのかおりをつけた飲み物。くびれのあるびんに入れて、ガラス玉でふたをする。

らん【乱】 6年 ラン みだす・みだれる

❶みだれること。みだすこと。▼「乱世」
❷戦争。さわぎ。▼「反乱。内乱」

（筆順）乱 — 上に はねる

●乱雑●乱視●乱層雲●乱闘●乱入●乱反射●乱暴●乱用●混乱●戦乱●動乱●内乱●波乱

らん【卵】 6年 （ラン） たまご

たまご。▼「産卵」

（筆順）卵 — おる　はねる

●卵黄●卵白

らん【覧】 6年 ラン ―

見ること。ながめること。▼「観覧」

（筆順）覧 — 短めに　上に はねる

●回覧●遊覧

らん【欄】 新聞・雑誌の記事の種類を分ける区切り。▼「社会らん。投書らん」

らん 野山にはえる植物。美しい花をながめるた

あいうえお かきくけこ さしすせそ たちつてと なにぬねの はひふへほ まみむめも やゆよ らりるれろ わをん ら

さかさことば 前から読んでもうしろから読んでも「留守にする」。

ラベル

加工食品のラベルに書いてあることばはこんな意味があるよ

❶**名称**
食品の内容をあらわすなまえ

❷**原材料名**
食品に使っている材料のなまえ
・おおく使っているじゅんになまえを表示

❸**添加物**
色あいをよくしたり、長持ちさせたりするために食品にくわえるもの
・おおく使っているじゅんになまえを表示

❹**原料原産地名**
原材料のとれた場所のなまえ
・日本の物は国産または都道府県のなまえなど
・外国の物は国のなまえ

❺**内容量／固形量／内容総量**
食品の量を表示

❻**消費期限／賞味期限**
その日までに食べてほしいものが消費期限
その日までおいしく食べられるものが賞味期限

❼**保存方法**
冷ぞうこにいれるかどうかや、暗いところで保存するかどうかを表示

❽**原産国名**
その食品が作られた国のなまえ

❾**製造者、加工者、輸入者、販売者**
食品の表示内容について説明できる人（会社）の、なまえと住所

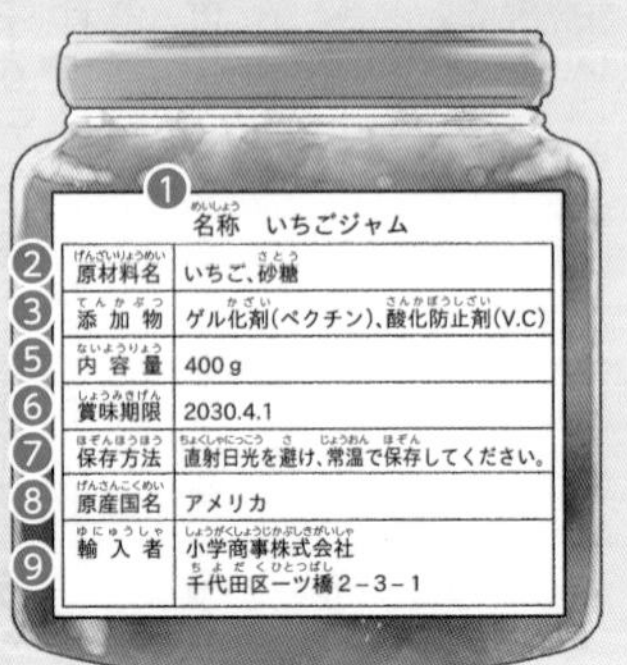

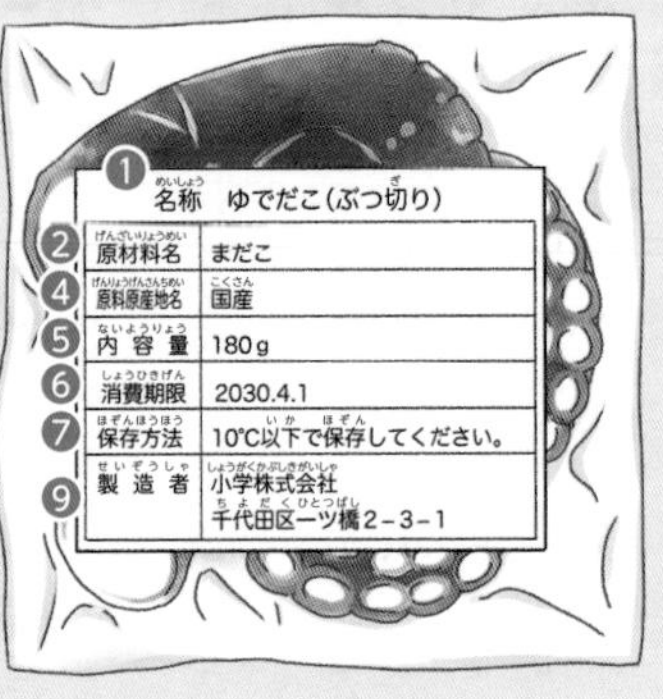

めにはち植えなどにも作られる。種類が多い。

らんおう【卵黄】たまごの中の黄色の部分。黄身。

らんかん【欄干】橋やかいだんのふちにつくった手すり。

ランキング せいせきや記録でつけた順位。▽「世界ランキング。人気ランキング」

ランク 順位をつけること。また、順位。▽「ランクの高い方にはいる」

らんざつ【乱雑】ちらかって、まとまりがないようす。▽「乱雑な部屋」

らんし【乱視】目の角まくがゆがんでいるため、物がゆがんで見えること。また、そういう目。

らんせい【乱世】あらそいやたたかいで、乱れた世の中。「らんせ」ともいう。

ランダム きまりがなく、ぐうぜんにまかせること。▽「ランダムにえらぶ」

ランチ ❶昼食。昼めし。❷軽い洋食。

らんとう【乱闘】敵味方が、入り乱れてたたかうこと。▽「乱とうさわぎ」

ランドセル 小学生が学校にせおって行くかばん。⬇服（図）

ランナー ❶陸上競技で走る人。▽「マラソンランナー」❷野球で、塁に出た人。走

者。▽「一塁ランナー」⬇野球（図）

らんにゅう【乱入】 大ぜいの人が、おし入ること。▽「土足で乱入する」

ランニング ❶走ること。競走。❷運動のときに着る、そでなしのシャツ。⬇服（図）

らんぱく【卵白】 たまごの中の白色の部分。白身。

らんはんしゃ【乱反射】 表面がでこぼこのものに光が当たって、いろいろの方向に反射すること。

ランプ 石油をしんにしみこませて火をともす明かり。▽「石油ランプ」

らんぼう【乱暴】 あらあらしくふるまうこと。むちゃなこと。▽「乱暴者」

らんま【欄間】 部屋と部屋のしきりの上に、かざりのため、また風通しをよくするためにつくったまど。⬇床の間（図）

らんよう【乱用】 むやみに使うこと。▽「薬の乱用をいましめる」

らんらん ぎらぎらと光るようす。▽「目がらんらんとかがやく」

り

り

り【里】 2年 リ さと

❶昔のきょりの単位で、一里は三十六町。やく三・九二七キロメートル。❷人が集まってくらしている所。さと。むらざと。▽「郷里」

り【利】 4年 リ （きく）

❶もうけ。▽「利益。営利。金利」❷はものがよく切れること。▽「鋭利」❸役に立つ。つごうがよい。▽「利点」❹かしこい。▽「利口」

はねる 短く

●利害●利口●利己主義●利子●利息●利発●利用●利率●権利●勝利●不利●便利●有利

り【理】 2年 リ ―

❶すじみち。道理。▽「理由」❷ととのえること。▽「理髪。整理」❸ものごとの道理をしらべる学問。▽「理科」

●理解●理屈●理性●理想●理想的●理知●理論●管理●義理●原理●修理●心理●推理●代理●調理●地理●無理●料理

り【裏】 6年 （リ） うら

うら。うち。▽「表裏。裏面」⬍表。

この形に注意

●庫裏●内裏

リアクション ある動きやしげきに対して返ってくる動き。反応。反動。▽「リアクションが大きい。きびしいやり方に対するリアクション」

リアスかいがん【リアス海岸】 のこぎりの歯のように、ぎざぎざした形の海岸。日本では、三陸海岸・志摩半島・若狭湾などに見られる。

リアル 今、目のまえにあること。ありのままであること。▽「ミカンをリアルにえがく」

リーグせん【リーグ戦】 参加するすべてのチームが、ほかのチーム全部と試合をするし方。

あいうえお かきくけこ さしすせそ たちつてと なにぬねの はひふへほ まみむめも やゆよ らりるれろ わをん

なぞなぞ 牛の後ろにくっついているものは？ 答えは次のページ。

リーズナブル ちょうどよいと思えるようす。また、値段が手ごろなようす。▽「この品物はリーズナブルだ」

リーダー 先に立って、みんなをみちびく人。指導者。▽「登山のリーダー」

リード ❶先に立って人をみちびき教えること。▽「下級生をリードする」❷競技のとちゅうであいてをひきはなすこと。▽「三点リードする」

りえき【利益】 ❶もうけ。とく。収益。▽「利益を上げる。利益を生む」⇕損失。❷ためになること。

りか【理科】 自然のことがらを学ぶとともに、自然に親しみ、科学的な考え方をやしなう科目。

りかい【理解】 ❶ものごとの、すじみちやわけをよくのみこむこと。❷人の気持ちや立場がよくわかること。

りがい【利害】 もうけと損。利益と損害。損得。

りき【力】 ❶ちから。▽「馬力。自力」❷人数のあとにつけて、合わせたちからをあらわす。▽「千人力」❸いっしょうけんめいやる。▽「力投」➡【力】748ページ
●力作●力士●力説●力走●力点●力む●力量●神通力●他力

りきさく【力作】 せいいっぱいの力を出し、心をこめて作った作品。▽「力作を発表する」

りきし【力士】 すもうとり。せきとり。▽「人気力士。優勝力士」

りきせつ【力説】 力をこめて考えを言うこと。▽「公害対策を力説する」

りきそう【力走】 力のかぎり、いっしょうけんめいに走ること。▽「ゴールに向かって力走する」

りきてん【力点】 ❶てこで物を動かすとき力のかかる所。⇕作用点。➡てこ（図）❷とくに力を入れるところ。

りきむ【力む】 ❶力を入れる。❷力があるように見せかける。

りきりょう【力量】 ものごとをなしとげる力。うでまえ。能力。

りく【陸】 4年 リク
地球の表面で、水におおわれていない所。陸地。▽「上陸。着陸」⇕海。 
●陸軍●陸上●陸上競技●陸路●陸橋●大陸●内陸●離陸

リクエスト 注文。おねがい。▽「リクエストにこたえる」

りくじょう【陸上】 陸地の上。▽「陸上輸送」⇕海上。

りくじょうきょうぎ【陸上競技】 陸上で行われるスポーツ競技。競走・はばとび・やりなげ・マラソンなどがある。➡オリンピック（図）

りくち【陸地】 海におおわれていない所。陸。

りくつ【理屈】 ❶すじみち。道理。▽「理くつにあった話」❷こじつけ。むりにつけたわけ。▽「理くつをこねる」

りくろ【陸路】 陸の上の道。▽「陸路で運ぶ」⇕海路。空路。

りこう【利口】 かしこいこと。頭がいいこと。▽「利口な子」

リコーダー 木やプラスチックなどで作られた、たて笛。➡楽器（図）

りこん【離婚】 夫婦がわかれて、他人になること。

リサイクル いらなくなったものを、すてないで、ふたたび利用すること。▽「リサイクル運動」

リサイタル 独唱会。独奏会。▽「ピアノリサイタル。武君のリサイタル」

りさん【離散】家族などがはなればなれになること。▽「一家が離散する」

りし【利子】貸したりあずけたりしたお金にたいして、きまったわりあいで受け取るお金。利息。

りす 森にすむ動物。尾はふさふさとして、太くて長い。木の実を食べる。

リスク 損をしたり、ものごとが悪い方向にいったりする危険があること。▽「リスクの高い手術。リスクをおかす」

リスト 品物の名などを書いて表にしたもの。目録。いちらん表。

リズム ❶音の強弱によってできる調子。▽「ワルツのリズム」❷規則正しいくりかえし。▽「生活のリズム」

りせい【理性】ものごとの道理を考え、正しく判断する力。

リセット もとにもどすこと。はじめからやりなおすこと。

りそう【理想】りっぱで、これ以上はないというのぞみ。▽「理想が高い」

りそうてき【理想的】もっともよいじょうたい。▽「理想的なすまい」

リゾート 遊んで楽しんだり、暑さや寒さをさけてゆっくりしたりするために行く場所。▽「リゾート地」

りそく【利息】⇒利子

りちぎ【律義・律儀】まじめで、ぎりがたいこと。▽「律義な性格」

りつ【立】1年 リツ・(リュウ) たつ・たてる

❶たつこと。たてること。▽「直立」

❷つくる。もうける。▽「立案」

❸なりたつ。▽「立証。成立」

●立夏●立候補●立志伝●立秋●立春●立身出世●立体●立体感●立体交差●立体的●立冬●立派●立法●立方体●確立●起立●県立●市立●対立●中立●独立

りつ【律】6年 リツ・(リチ)

❶おきて。きまり。きそく。▽「法律」

❷調子。音の調子。▽「音律」

それぞれのヨコ棒の長さに注意

●一律●規律

りつ【率】わりあい。▽「利率。能率」⇒【率】405ページ

りつあん【立案】案を作ること。計画を立てること。

りっか【立夏】こよみの上で、今日から夏になるという日。五月五、六日ごろ。⇒こよみ(コラム)

りっきょう【陸橋】道や線路などの上にかけられた橋。▽「陸橋をわたる」

りっこうほ【立候補】選挙のときに、候補者として、名のりをあげること。▽「市長選挙に立候補する」

りっしゅう【立秋】こよみの上で、今日から秋になるという日。八月七、八日ごろ。⇒こよみ(コラム)

りっしゅん【立春】こよみの上で、今日から春になるという日。二月四日ごろ。節分の次の日に当たる。⇒こよみ(コラム)

りったい【立体】長さ・はば・おくゆきを持っている物。▽「立体図形。立体写真」

りったいこうさ【立体交差】道路や線路などが交わる所で、一方は高い橋の上を通し、もう一方はその下を通るようにすること。

[立体交差]

前のページの答え⇒「ろ(うしろ)」

りったいてき【立体的】 ❶物に、深さや厚みがあるようす。❷一面だけでなく、いろいろの方面からものごとを見るようす。

りっとう【立冬】 こよみの上で、今日から冬になるという日。十一月七日ごろ。⬇こよみ（コラム）

リットル 容積の単位。一リットルは一〇〇〇立方センチメートル。記号は「L」。

りっぱ【立派】 どうどうとして、すぐれているようす。▽「りっぱなたいど」

りっぽう【立法】 法律をさだめること。法律を作ること。▽「立法権」

りっぽうセンチメートル【立方センチメートル】 体積の単位。一立方センチメートルは、たて・横・高さが一センチメートルの立方体の体積。記号は「cm^3」。

りっぽうたい【立方体】 六つの正方形でかこまれた立体。さいころの形。正六面体。

りっぽうメートル【立方メートル】 体積の単位。一立方メートルは、たて・横・高さが一メートルの立方体の体積。記号は「m^3」。

りてん【利点】 ほかのものにくらべて、役に立つすぐれたところ。

リトマスしけんし【リトマス試験紙】 酸・アルカリの反応を見る赤と青の紙。酸につけると青は赤くなり、アルカリにつけると赤は青くなる。

リニアモーターカー じしゃくの力を利用してレールの上を走る乗り物。▽「リニアモーターカーはゆれない」

リニューアル 古いものを新しいものに作りかえること。改装。▽「店をリニューアルする」

リハーサル 劇や演奏などの上演の前に、しあげとして行うけいこ。予行演習。▽「劇のリハーサル」

りはつ【利発】 かしこいこと。りこうなこと。▽「利発な子」

りはつ【理髪】 かみの毛を切って、ととのえること。散ぱつ。▽「理はつ店」

リハビリ 「リハビリテーション」の略。

リハビリテーション 病気やけがなどでからだが不自由になった人むけの、くんれん。リハビリ。

リビング 洋風の居間。家族がふだんいる部屋。

リボン 色やもようのついた細くて長いひも。むすんでかざりにする。▽「かみの毛をレースのリボンでむすぶ」⬇服（図）

リモートコントロール はなれている所からスイッチを入れたり切ったりして、機械を動かすこと。また、そのしかけ。リモコン。

リモコン ⬇リモートコントロール

リヤカー 人が手で引っぱったり、自転車の後ろにつけたりして使う、二輪の荷車。

りゃく【略】 5年 リャク ―

❶はかること。▽「計略。策略」
❷はぶくこと。▽「簡略。省略」
❸かすめとること。▽「略奪」

略（ヌや夂としない）

●略語●略字●略式●略称●略図●略する●略歴●侵略●戦略

りゃくご【略語】 ことばをみじかく、かんたんにしたもの。たとえば、「テレビ」は「テレビジョン」の略語。

りゃくじ【略字】 かんたんに、略して書いた文字。たとえば、「広」「声」は、もとは「廣」「聲」の略字。

りゃくしき【略式】 かんたんで手軽なやり方。⇕正式。

りゃくしょう【略称】 一部分をはぶいて、かんたんにした名前やよび方。

りゃくず【略図】 細かいところははぶいて、

かんたんにかいた図面。

りゃくする【略する】❶かんたんにする。▽「字を略する」❷言うことや書くことをはぶく。▽「説明は略する」

りゃくだつ【略奪】人の物を、むりやりにうばいとること。

りゃくれき【略歴】その人が今までにどんな学校で勉強してきたか、どんな仕事についていたかなどを、かんたんにまとめたもの。かんたんなりれき。

りゆう【理由】ものごとが、そうなったわけ。▽「休んだ理由を説明する」

りゅう【流】3年 リュウ・(ル)　ながす・ながれる

❶ながれ。ながれる。ながす。▽「海流。寒流。放流」❷仕事のし方。やり方。▽「流儀」❸等級。ていど。▽「一流の店」❹はやること。広まること。▽「流行」

流 流 流 流 流 流 流（おる）

●流域●流感●流行語●流行性感冒●流星●流線型●流通●流動●流動食●流派●流氷●流用●急流●気流●合流●上流●対流●暖流●電流●風流

りゅう【留】5年 リュウ・ル　とまる・とめる

とまること。とめること。とどめること。とどまること。▽「在留。留任」

留 留 留 留 留 留 留 留 留 留（この形に注意）

●留学●留置●蒸留

りゅう【竜】昔の人が空想した動物。ヘビににて、四本の足と二本の角があり、海や池にすんで天にのぼり、雲をよんで雨をふらせるという。たつ。ドラゴン。

りゅういき【流域】川の流れにそった土地。▽「利根川の流域」

りゅうがく【留学】外国に出かけていって勉強すること。▽「留学生」

りゅうき【隆起】もり上がっていること。陸地がだんだん高くなること。▽「地しんのために土地がりゅう起する」

りゅうぎ【流儀】❶それぞれの流派の考え方・やり方。❷その人だけのやり方。▽「自分なりの流ぎ」

りゅうぐう【竜宮】海の底にあって、海神・おとひめが魚を家来にしてすんでいるという宮殿。

りゅうこう【流行】しばらくの間だけ、世間に広くゆきわたること。はやり。▽「流行歌。かぜが流行する」

りゅうこうご【流行語】ある期間だけ、多くの人の間で使われることば。

りゅうこうせいかんぼう【流行性感冒】➡インフルエンザ

りゅうせい【流星】流れ星。小さな星のかけらが、地球におちてくるとき、もえて光を出すもの。

りゅうせんけい【流線型】水中や空気中を速くすすめるように作られた形。流れが作り出す曲線の形をしている。▽「流線型の電車」

りゅうち【留置】ある場所に、一時とどめておくこと。▽「留置場」

りゅうちょう【留鳥】一年じゅう同じ土地にすんでいる鳥。スズメやカラスなどのこと。⇔渡り鳥。旅鳥。

りゅうちょう【流ちょう】流れるようにすらすらと話したり、書いたりするようす。▽「流ちょうに英語を話す」

りゅうつう【流通】❶とまらないで、流れていくこと。▽「空気の流通をよくする」❷世の中の人に広くゆきわたり、使われること。▽「新しいお札が流通している」

りゅうどう【流動】流れ動くこと。▽「流

早口ことば（五回続けていえるかな）老若男女。

動する世界」

りゅうどうしょく【流動食】水のようになった、消化のよい食べ物。おもゆ、スープ、果物のしるなど。

りゅうは【流派】茶道・生け花などで、考え方のちがいによっていくつかに分かれている、一つ一つのなかま。

りゅうひょう【流氷】北極や南極の寒い海にできた氷が、風や海の流れのために流されて来るもの。

りゅうよう【流用】あることに使おうとしたものを、ほかにまわして使うこと。▽「本代を流用して、ノートを買う」

リュックサック にもつを入れてせなかにせおうかばん。山に登るときや遠足のときなどに使う。⬇服（図）

りょ【旅】3年 リョ たび

たび。▽「旅客。旅行」

旅（この形に注意）

●旅客●旅客機●旅館●旅券●旅行●旅情●旅費

りよう【利用】❶ものごとを役に立つように使うこと。▽「図書館の本を利用して勉強する」❷自分の利益になるように人や物を使うこと。

りょう【両】3年 リョウ

❶ふたつのこと。▽「両人。両者」
❷昔のお金の単位。▽「五両」
❸鉄道車両などを数えることば。▽「客車五両。車両」

両（はねる）

●両替●両眼●両極●両者●両親●両性●両生類●両手●両人●両方●両面●両用●両立

りょう【良】4年 リョウ よい

よいこと。▽「良質。改良」

良（おる・この形に注意）

●良好●良識●良質●良心●良薬は口に苦し●最良●優良

りょう【料】4年 リョウ

❶ざいりょう。▽「資料」
❷はたらいてもらうお金。▽「給料」
❸買ったり、見たり、使ったりするときにはらうお金。▽「料金。入場料」

料（点のうち方に注意）

★「科」ににているので注意

●肥料●有料●料亭●料理●原料●材料●食料●送料●燃料

りょう【量】4年 リョウ はかる

❶物のかさ。▽「数量。少量」
❷かさをはかること。▽「計量」
❸うでまえや心の動きなどをおしはかること。▽「技量」

量

●雨量●技量●重量●水量●数量●測量●大量●適量●分量

りょう【漁】魚や貝をとること。▽「大漁。漁師」⬇【漁】175ページ

りょう【領】5年 リョウ

❶おさめること。▽「占領。領域」
❷うけとること。▽「領収。受領」
❸大切なところ。▽「要領。本領」

領

●領域●領海●領収書●領土●大統領

りょう【猟】鳥やけものをとらえること。かり。▽「りょう犬。りょうに行く」

りょう【寮】会社につとめている人や、学生などが大ぜいでいっしょにくらしている家。▽「学生りょう」

りょういき【領域】❶国の力がおよぶはんい・広さ。❷持ち場。関係のあるはんい。分野。領分。

りょうおもい【両思い】好きな人に好きだと思ってもらえていること。

[両思い]

りょうかい【了解】❶よくわかること。❷わけをなっとくして、許可すること。▽「了解をもとめる」

りょうがえ【両替】ちがった種類のお金にとりかえること。▽「一万円札を千円札に両がえする」

りょうきょく【両極】❶北極と南極。❷電気やじしゃくのプラスとマイナス。❸ものごとのあるものと、それとはまったく反対のもの両方のこと。

りょうきん【料金】物を見たり、使ったりするためにはらうお金。

りょうけん【猟犬】かりをするときに、えものをおい出したり、とってきたりするために使う犬。

りょうこう【良好】すぐれていること。▽「手術後の経過は良好です」

りょうし【猟師】山でけものや鳥をとり、それを売ってくらしをたてている人。かりゅうど。

りょうし【漁師】海で魚や貝をとることを仕事としている人。

りょうしき【良識】社会に生きる上で、かたよらない、すぐれてりっぱな考え方。▽「良識を持つ」

りょうしつ【良質】性質がすぐれていること。上質。⇔悪質。

りょうしゃ【両者】❶両方の人。二人。❷二つのもの。

りょうじゅう【猟銃】かりのときに使う鉄ぽう。▽「りょうじゅうをかまえる」

りょうしゅうしょ【領収書】お金をうけとったしるしの書きつけ。レシート。

りょうしょう【了承】よくのみこんで聞き入れること。▽「りょう承を得る」

りょうしん【両親】父と母。父母。

りょうしん【良心】自分の行いが、よいか悪いかを、見分ける心のはたらき。▽「良心がとがめる」

りょうせい【両性】男と女。動物のおすとめす。

りょうせいるい【両生類】水中と陸上の両方にまたがって成長する動物。多くは、幼生時、水中でくらす。カエル・サンショウウオ・イモリなど。

りょうて【両手】右と左、両方の手。

りょうてい【料亭】料理を作って客に食べさせる和風の店。

りょうど【領土】国がおさめている土地全体のこと。▽「日本の領土」

りょうほう【両方】二つのもののうち、二つとも。▽「国語も算数も両方ともすきだ」⇔片方。

りょうほう【療法】病気やきずのなおし方。▽「電気りょう法。温泉りょう法」

りょうめん【両面】❶表とうらの二つの面。❷二つの方面。両方。

りょうめんテープ【両面テープ】表と裏の両方の面でものをはりあわせることができるテープ。

りょうやくはくちににがし【良薬は

なぞなぞ ふろばにいる動物はなんだ？ 答えは次のページ。

口に苦し】よくきく薬は苦くてのみにくいように、人からうける注意は聞きづらいが、ためになる。

りょうよう【両用】 二つのことに役立てること。▽「水陸両用の乗り物」

りょうよう【療養】 病気をなおすために、医者にみてもらったり、からだを休めたりすること。▽「自宅りょう養」

りょうり【料理】 ❶肉や魚、やさいなどをにたりやいたりして食べられるようにすること。▽「おせち料理」❷ものごとをうまくかたづけること。

りょうりつ【両立】 二つともなりたつこと。▽「勉強と運動とを両立させる」

りょうりにん【料理人】 料理をすることを仕事にしている人。コック。⬇シェフ（コラム）

りょかく【旅客】 ❶旅をしている人。❷お金をはらって乗りものに乗る人。

りょかくき【旅客機】 旅客をのせるための飛行機。「りょかっき」ともいう。

りょかん【旅館】 旅をしている人をとめる所。宿屋。▽「旅館にとまる」

りょく【力】 1年 リョク・リキ ちから

ちから。▽「引力。努力」

フ 力（はねる つき出る）

★「刀」ににているので注意

●圧力●学力●火力●協力●強力●気力●原子力●権力●実力●視力●水力●全力●速力●体力●電力●能力●風力●武力●兵力●有力

りょく【緑】 3年 リョク・（ロク） みどり

みどり。▽「緑地。新緑」

く 纟 糸 糸 紀 紀 緑（この形に注意）

★「縁」ににているので注意

●緑地●緑地帯●緑茶

りょくち【緑地】 草や木のたくさんしげっている土地。

りょくちゃ【緑茶】 緑色をしているお茶。せん茶・番茶・玉ろなど。

りょけん【旅券】 政府が外国へ行く人の国せきや身分を証明する、書きつけ。パスポート。▽「旅券をとる」

りょこう【旅行】 旅をすること。

りょひ【旅費】 旅行にかかるお金。

リラックス くつろぐこと。力をぬくこと。きんちょうをほぐすこと。

りりく【離陸】 飛行機が地上をはなれて、空にとび上がること。⬍着陸。

りりしい きりっとしてひきしまっているようす。▽「はちまきをしめた、りりしいすがた」

リレー ❶じゅんじゅんにうけついで次へわたすこと。▽「バケツの水をリレーする」❷陸上競技、水泳などで、次々にひきついでする競争のこと。▽「運動会でリレーの選手にえらばれる」

りれきしょ【履歴書】 学校・職業・身の上など、その人がこれまでにけいけんしてきたことがらを書いたもの。

りろん【理論】 ❶すじみちのとおった考え。▽「理論と実せん」❷理くつ。

りん【林】 1年 リン はやし

木がたくさんはえている所。はやし。▽「山林。森林」

一 十 才 木 村 林 林

●林間学校●林業●林道●原生林●植林●防雪林●密林

りん【輪】 4年 リン わ

❶車などのわ。▽「車輪。前輪」❷わを数えることば。▽「五輪」

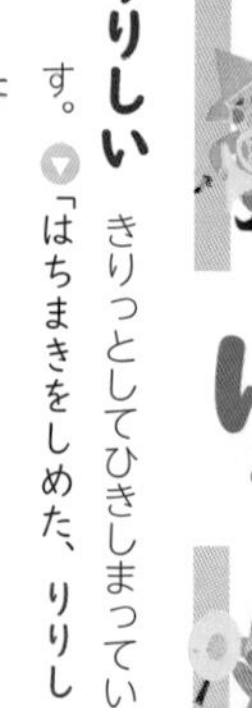

あいうえお かきくけこ さしすせそ たちつてと なにぬねの はひふへほ まみむめも やゆよ らりるれろ わをん

❸花を数えることば。▽「ウメ一輪」
❹物のまわり。▽「輪郭」
❺じゅんじゅんに回ること。▽「輪読」

輪 輪 輪 輪 輪 輪 輪 輪 輪 輪 輪 輪 輪 輪 輪（左右につき出ない）

★「輪」ににているので注意 ●輪郭●輪唱●大輪●年輪

りん【臨】6年 リン（のぞむ）

❶見下ろすこと。▽「君臨」
❷その時にさしかかること。▽「臨時」
❸その場所に出ること。▽「臨席」

臨 臨 臨 臨 臨 臨 臨 臨 臨 臨 臨 臨 臨 臨 臨 臨 臨 臨（巨ではない）

★筆順に注意 ●臨海●臨海学校●臨機応変●臨時●臨終

りんかい【臨海】海の、すぐ近くにあること。▽「臨海工業地帯」

りんかいがっこう【臨海学校】夏休みなどに、学校などで生徒を海につれていき、水泳を教えたりからだをきたえたりして生活すること。

りんかく【輪郭】❶まわりの線。外から見た物の形。▽「顔の輪かく」❷だいたいのようす。▽「事件の輪かく」

りんかんがっこう【林間学校】夏休みなどに、学校などが生徒を山や高原につれていき、からだをきたえ、自然に親しんで生活すること。

りんきおうへん【臨機応変】かわったた出来事にであったとき、その場その時に合ったやり方をすること。

りんぎょう【林業】木をそだて、材木を切り出したりする仕事。

リング ❶指輪。❷輪の形をしている物。❸ボクシングなどをする場所。

りんご 秋から冬にじゅくす果物。木は背が高く、春に白い花がさく。

りんじ【臨時】❶時間や日をきめないで、必要なときにものごとを行うこと。▽「臨時列車」❷まにあわせにやること。▽「臨時の手伝い」

りんじゅう【臨終】人が死ぬまぎわ。いまわ。▽「臨終にまにあう」

りんしょう【輪唱】同じ歌を、間をおいておいかける歌い方。▽『静かな湖はん』の歌を輪唱する」

りんじん【隣人】となりの人。近所の人。▽「りん人どうしで、たすけ合う」

りんせつ【隣接】となり合っていること。▽「りん接する町」

りんどう【林道】❶林の中を通っている道。❷山で切りたおした材木をはこびだすためにつくられた道。

りんどう 山や野原に、はえている草。秋、むらさき色の花をつける。葉はササににている。

リンパせつ【リンパ節】からだじゅうをめぐるリンパ管にある豆つぶぐらいのかたまり。首・わきの下に多い。ばい菌を、ここでくいとめる。リンパせん。

りんり【倫理】人間として行わなければならない正しい生き方。道徳。

る
ル

る【留】とどまって動かないこと。「留守」と読むときのとくべつな読み方。⬇【留】745ページ

る【流】❶あてもなくいくこと。▽「流ろう」❷ながすこと。▽「流罪」
●流罪●流布●流浪
⬇【流】745ページ

るい【類】4年 ルイ たぐい

❶くらべ合うもの。▽「類がない」
❷にたものの集まり。なかま。▽「魚類」
❸同じようになること。▽「類焼」

前のページの答え⇒「ろば（ふろば）」

類 類 類 类 米 半（犬や女ではない）

●類型●類語●類似●類書●類人猿●類する●類別●衣類●種類●書類●親類●人類●鳥類●分類●ほ乳類●両生類

るいけい【累計】小さな部分の合計を次々にくわえていった全体の合計。▽「一年間のおこづかいのがくをるい計して出す」

るいご【類語】意味のにていることば。たとえば「勉強」と「勉学」、「両親」と「父母」など。類義語。

るいじ【類似】にていること。▽「類似した問題。類似品」

るいしょ【類書】内容がにている本。同じ種類の本。▽「類書を集める」

るいじんえん【類人猿】もっとも人に近く、知能のすすんだサルのなかま。あと足で立って歩くことができる。オランウータン・チンパンジー・ゴリラ・テナガザルなど。

るいする【類する】にる。にている。▽「これに類する民話はいくつもある」

るいべつ【類別】同じ種類のものどうしに分けること。分類。

ルーズ しまりがないこと。だらしがないこと。▽「お金にルーズだ」

ルート ❶道。❷道すじ。▽「観光ルート。はん売ルートを広げる」

ルーム へや。▽「バスルーム」

ルール やくそく。きまり。きそく。▽「交通ルールをまもる」

ルクス ある面がうける、光の明るさをあらわす単位。ルックス。

るす【留守】❶家の人がいないとき、その家をまもること。留守番。▽「となりに留守をたのむ」❷家にいないこと。不在。▽「留守にする」❸ほかのことに気をとられて、注意がわすれられること。▽「手もとがお留守になる」

るすばん【留守番】家の人がいないとき、その家をまもること。また、その人。留守。▽「留守番をたのまれる。留守番をしながらゲームする」

るつぼ ❶熱に強いつぼで、金属などをとかすときに使う。❷多くの人がこうふんしてわきたつようす。▽「会場はこうふんのるつぼと化した」❸いろいろなものがまざって一つになったようす。▽「人種のるつぼ」

ルビー 赤い色をした宝石。紅玉。⬇誕生石（図）

るふ【流布】世の中に広まること。▽「うわさが流布する」

るり 青い色をした宝石。▽「るり色」

るろう【流浪】目的もなく、あちらこちらを歩き回ること。さすらい歩くこと。放浪。▽「各地を流ろうする」

れ
レ

れい【礼】3年 レイ・（ライ）

❶うやまいの気持ちをしめす、礼儀や作法。おじぎ。▽「失礼。目礼」

❷うやまいの気持ちや感謝の心をあらわすためにおくるお金や物。▽「謝礼。返礼」

礼 礼 ラ ネ ネ 礼

●礼儀●礼状●礼装●敬礼●朝礼●無礼

れい【令】4年 レイ

❶きまり。おきて。▽「法令。政令」

❷言いつけ。▽「命令。号令」

❸ほかの言葉の上について、うやまう意味をあらわすことば。▽「令嬢」

❹よい。りっぱな。▽「令名」

あいうえお かきくけこ さしすせそ たちつてと なにぬねの はひふへほ まみむめも やゆよ らりるれろ わをん

令 ノ 𠆢 今 今 令

★「今」ににているので注意

●令嬢●令息●令和●号令●司令●指令●命令

れい【冷】4年 レイ さます・さめる・つめたい・ひえる・ひや・ひやす・ひやかす・ひやす

❶温度がひくく、つめたいこと。▽「冷気」 ❷ひやすこと。温度をひくくすること。▽「冷却。冷蔵」 ❸心がつめたいこと。▽「冷淡。冷遇」

冷 冫 冫 冷 冷 冷 冷 冷（シとしない）

●冷害●冷却●冷酷●冷笑●冷静●冷蔵●冷淡●冷凍●冷房

れい【例】4年 レイ たとえる

❶それにたことがら。たとえ。見本。▽「先例。前例」 ❷ならわし。習慣。▽「五月の連休明けに祭りを開くのが例です」

例 亻 仃 佢 伢 例 例 例（ヨコ棒につく・短く）

●例外●例祭●例題●例年●例の●例文●慣例●実例●条例●比例

れい【零】 ゼロのこと。「0」であらわす。▽「れい点。れい下五度」

れい【霊】 ❶からだの中にあって、心のはたらきをすると考えられるもの。たましい。❷死人のたましい。亡れい。❸人間の力でははかれない、ふしぎでとうといもの。▽「れい感」

れいか【零下】 れい度よりひくい温度。

れいがい【冷害】 夏の気温がひくすぎるためにうける、農作物の害。

れいがい【例外】 ふつうの例にはずれること。ふつうのきそくから、はずれること。▽「例外をみとめる」

れいかん【霊感】 ❶神や仏が自分にのりうつったような感じ。❷心にひらめき感じとるふしぎな力。インスピレーション。▽「れい感がひらめく」

れいき【冷気】 冷たい空気。

れいぎ【礼儀】 人をうやまい、人の道を正しくまもるたいどや作法。

れいきゃく【冷却】 冷たくすること。冷やすこと。

れいこく【冷酷】 思いやりがなくて、むごいこと。▽「冷こくな人」

れいこん【霊魂】 たましい。心。⇔肉体。

れいさい【例祭】 神社などで、毎年きまった日に行う祭り。▽「秋の例祭」

れいさい【零細】 たいそうわずかで、とぼしいこと。▽「れい細き業」

れいしょう【冷笑】 人をばかにして笑うこと。せせら笑い。▽「失敗して、みんなに冷笑される」

れいじょう【礼状】 感謝の気持ちを書いておくる手紙。お礼の手紙。

れいじょう【令嬢】 よその家のむすめをうやまってよぶことば。⇔令息。

れいせい【冷静】 静かにおちついていること。▽「冷静に判断する。いつも冷静な人」

れいそう【礼装】 儀式のときのきちんとした身なり。正装。

れいぞう【冷蔵】 食べ物や飲み物などがくさるのをふせぐために、冷やしてしまっておくこと。▽「冷蔵庫」

れいぞうこ【冷蔵庫】 電気などで中を冷やして、食べ物などをしまっておくための入れ物。

れいそく【令息】 よその家のむすこをうやまってよぶことば。⇔令嬢。

れいだい【例題】 練習のために、例として出す問題。▽「例題を出す」

れいたん【冷淡】 ❶思いやりや親切な心が

なぞなぞ？ きくと、悲しくなくてもなみだがでるのは？ 答えは次のページ。

なく、冷たいこと。▼「冷たんな目」❷熱心でないこと。関心のないこと。

れいど【零度】角度や温度などで、度数をはかるときのもとになる点。0度。▼「気温れい度」

れいとう【冷凍】食べ物などがくさらないように、こおらせておくこと。

れいねん【例年】毎年。いつもの年。

れいの【例の】いつもの。▼「例の所で会おう。例の人」

れいぶん【例文】わかりやすく説明するために、例としてあげる文。

れいぼう【冷房】部屋の温度を下げて外よりもすずしくすること。また、その機械。▼「冷ぼう車」⇔暖房。

れいわ【令和】日本の今の元号。二〇一九年五月から。

レインコート 雨で服がぬれないように着るコート。ビニールなどでできている。↓服（図）

レーザーこうせん【レーザー光線】波長のひじょうに短い特しゅな光。ちらばらないで、とても遠くまでとどく。通信・精密工作・医学などに使われる。コンパクトディスクや、バーコードもこの光を使っている。

レース 細い糸で、もようをあんだ布。▼「レースのカーテン」

レース 競争。▼「自動車レース」

レーズン ブドウの実をかわかしたもの。ほしブドウ。▼「レーズンパン」

レーダー 電波によって、遠い所にある物の位置や方向をさぐる装置。電波探知機。▼「気象レーダー」

レール ❶列車や電車を走らせるためにしいてある、長い鉄の棒。線路。❷カーテンや戸などをすべらせるための細長い棒。▼「カーテンレール」

れき【歴】5年 レキ

❶すぎてきたこと。すごすこと。▼「歴史」「経歴」❷明らかなこと。▼「歴然」

一 厂 厤 厤 歴 歴 歴（左に出る）

★「暦」ににているので注意

●歴史●歴代●歴任●学歴

れきし【歴史】昔から今までの、社会のうつりかわりや出来事。また、それを書き記したもの。▼「日本の歴史」

れきしてき【歴史的】❶歴史に関係があるようす。▼「歴史的事実」❷歴史に長くのこるようす。▼「歴史的な大事件。歴史的なしゅんかん」

れきだい【歴代】代々。その時代時代。▼「歴代の校長」

れきにん【歴任】いろいろなつとめや役所の仕事を、次々につとめること。

レギュラー ❶ふつうのものであること。正式に決められたものであること。▼「レギュラーサイズ」❷「レギュラーメンバー」の略。試合や放送番組にいつもきまって出る人。▼「レギュラーからはずれる」

レギュラーメンバー 正式な顔ぶれ。試合や番組などに、いつもきまって出る人。

レクリエーション 仕事や勉強のつかれを、楽しみや休養などによってなおし、新しい力をつけていくこと。また、そのあそびや休養。

レゴブロック 小さなブロックをくっつけたり、はずしたりして形を作るおもちゃ。商標名。

[レゴブロック]

レコード ❶記録。とくに競技の成績をしるすもの。❷音楽などを録音してある、まるいばん。▼「レコードをきく」

レジ ❶入ってきたお金と出ていくお金を記録す

る機械。❷店などで、客からうけとったお金やおつりを記録するために❶の機械がおいてあるところ。▽「レジ係」

レシート お金をうけとったしるしの書きつけ。領収書。

レシーブ テニス・バレーボール・たっ球などで、打ちこまれたボールを打ちかえすこと。⇔サーブ。

レシピ 料理の材料や作り方を書いたもの。▽「シュークリームのレシピ」

レジャー ひま。余か。仕事・勉強以外の、自分の自由にできる時間。また、ひまなときにする楽しみ。

レストラン 西洋風の料理店。

レスリング 二人がマットの上で組み合ってたたかう競技。あいての両かたをマットにおしつけると勝ちになる。

レター 手紙。▽「ファンレター」

レタス キクのなかまのやさい。きみどり色の葉が重なっていて、ボールのような形をしている。サラダなどに使う。

れつ【列】3年 レツ

❶くわわること。▽「参列」

❷つづいてならぶこと。ならんでいるもの。▽「車の列ができる。行列」

一 ァ 歹 歹 歹 列（つける・はねる・短く）

●列車●列島●整列●直列●配列

レッカーしゃ【レッカー車】 こしょうした車や、ちゅう車い反の車などをとりのぞくための、クレーンをとりつけた車。⇩自動車（図）

れっしゃ【列車】 機関車につながれたひとつづきの客車や貨車。

レッスン ❶練習。けいこ。▽「バレエのレッスン」❷授業。学課。

れっせい【劣勢】 あいてより勢いがおとっていること。⇔優勢。

レッテル ❶商品にはってある、会社のマークや名前を書いた紙。❷人や物に対する評価。

レッド 赤。赤色。

れっとう【列島】 一列につづいてならんでいる島々。▽「日本列島」

れっとう【劣等】 ほかのものよりおとっていること。▽「れっ等感」

れっとうかん【劣等感】 ほかの人にくらべて、自分はおとっていると思いこむ気持ち。⇔優越感。

レディー ❶上品でしとやかな女の人。❷女の人。

レバー 機械や器具などを動かすときににぎるところ。

レバー 動物のかん臓。▽「レバーペースト」

レフェリー サッカー・ラグビー・バスケットボール・レスリングなどの、勝ち負けやはんそくなどをきめるしんぱん。レフリー。

レフト ❶左。左がわ。⇔ライト。❷野球で、本るいから見て外野の左がわ。また、左がわをまもる人。左よく手。⇩野球（図）

レベル 水準。ものをくらべるときのもとになるていど。▽「レベルが高い」

レポート 研究したことや、しらべたことをまとめたもの。報告書。▽「夏休みに観察したアサガオの記録をレポートにする」

レモン ミカンのなかま。実は黄色くだ円形で、両はじがとがっている。味はすっぱく、よいかおりがする。ジュースや料理に使う。

れん【連】4年 レン つらなる・つらねる・つれる

❶ならびつづくこと。▽「連山。連続」

❷なかま。▽「いつもの連中。常連」

一 亘 車 連 連（ひとふでに書く）

●連休●連結器●連呼●連行●連合●連載●連日●連中●連勝●連想●連続●連打●連帯責任●連

前のページの答え⇒「わさび」

中●連敗●連発●連邦●連名●連盟●連夜●連絡●連絡船●関連●国連

れん【練】3年 レン ねる
❶ねること。▼「練乳。練炭」
❷みがき、きたえること。けいこすること。▼「訓練。練習」

練 練 練 練 練 練 練（おる）

れんあい【恋愛】おたがいに愛し合うこと。▼「れん愛けっこん」

れんか【廉価】ねだんが安いこと。▼「廉価な机にする」

れんが ねんどに砂などをまぜてねり、長方形の形にしてかまどで焼いたもの。たてものなどをつくるのに使う。

れんきゅう【連休】休みの日がつづくこと。また、つづいた休日。

れんげそう 四、五月ごろ、赤むらさき色の花がさく草花。この草をそのまま土にうめると肥料になるので、イネを作る前のたんぼなどにうえる。牧草にもなる。れんげ。げんげ。

れんけつき【連結器】列車や電車の車両をつなぎ合わせるしかけ。

れんこ【連呼】何度も呼びつづけること。▼「立候補者の名を連呼する」

れんこう【連行】人を連れて行くこと。▼「犯人が警察に連行される」

れんごう【連合】二つ以上の集まりが、一しょになってすること。▼「小学校・中学校の連合運動会」

れんこん ハスの、土の中にのびている太くて大きなくき。わぎりにすると穴がたくさんあいている。⬇お節料理（図）

れんさい【連載】新聞や雑誌につづきものとして、何回ものせること。

れんじつ【連日】毎日毎日。来る日も来る日も。▼「連日の雨」

れんしゅう【練習】習った技術・運動などをくりかえしけいこすること。習練。▼「ブラスバンドの練習」

れんじゅう【連中】なかま。つれ。「れんちゅう」ともいう。

れんしょう【連勝】つづけて勝つこと。勝ちつづけ。⬍連敗。

レンズ とう明なガラスなどをけずったり、みがいたりして作ったもの。まん中の部分があついものを「とつレンズ」、まわりの部分よりまん中がうすいものを「おうレンズ」という。

れんそう【連想】ある一つのことがらから、それに関係のあるほかのことを思いうかべること。▼「金魚を連想させる服」

［連想］

れんぞく【連続】次から次へとひきつづいていること。▼「連続ドラマ」

れんだ【連打】つづけて打つこと。

レンタル お金をもらって物をかすこと。

れんちゅう【連中】⬇れんじゅう

レントゲンしゃしん【レントゲン写真】エックス線でとった写真。からだの中のようすをうつし出す。

レントゲンせん【レントゲン線】⬇エックス線

れんぱい【連敗】つづけて敗れること。▼「連敗をくいとめる」⬍連勝。

れんぱつ【連発】❶つづいておこること。▼「あくびの連発」❷つづいてうつこと。▼「連発式のピストル」

れんぽう【連邦】 いくつもの国が集まって一つの国を作っている国。アメリカやドイツなど。

れんめい【連名】 二人以上の人が名前をならべて書くこと。

れんめい【連盟】 ある同じ目的で、力を合わせるやくそくをすること。また、そのための集まり。同盟。▼「体育連盟」

れんや【連夜】 毎ばん。毎夜。

れんらく【連絡】 ❶つながりのあること。▼「バスと電車の連絡がよい」❷知らせること。知らせ。▼「連絡が入る」

れんらくせん【連絡船】 せまい海や、大きな川などで、鉄道やバスと連絡して、人や荷物をはこぶ船。

ろ

ロ

ろ【路】 3年 ロ じ

みち。▼「道路。進路。十字路」

右上に。足としない

●路地●路上●路頭●路頭に迷う●路面●航路●水路●線路●通路

ろう【老】 4年 ロウ おいる・(ふける)

❶年をとること。また、年とった人。▼「老衰。敬老」⇔若。若。幼。

❷年をとった人をそんけいしてつけることば。▼「手塚老」

❸よくなれていること。▼「老練」

★「考」ににているので注意

●老化●老眼●老朽●老後●老人●老衰●老若男女●老年●老婆心●老木●家老●敬老●敬老の日●長老

ろう【労】 4年 ロウ

❶ほねおり。▼「しょうかいの労をとる。苦労」

❷仕事。つとめ。▼「労働。労務」

❸ほねおったためのつかれ。▼「疲労。過労」

点の向きに注意。⺌としない

つき出る

●労働組合●労働者●労働力●労力●勤労

ろう【朗】 6年 ロウ (ほがらか)

❶気持ちが晴れ晴れとして、明るいこと。▼「明朗」

❷声がよくとおること。▼「朗読」

良ではない

はねる

★「郎」ににているので注意

●朗読●朗報

ろうあ 耳が聞こえないことと、口がきけないこと。

ろうか【老化】 ❶年をとって、からだのはたらきがおとろえること。▼「老化現象」❷物が時間がたつにつれて変化し、おとろえること。▼「たてものが老化する」

ろうか【廊下】 たてものの中の通り道。▼「わたりろうか」

ろうがん【老眼】 年をとって、近くの物を見る力がおとろえた目のこと。

ろうきゅう【老朽】 古くなって、役に立たなくなること。▼「老きゅう校舎」

ろうご【老後】 年をとってから後。▼「老後を楽しむ」

ろうじん【老人】 年とった人。年より。▼「老人ホーム」

ろうすい【老衰】 年をとって、心やからだ

さかさことば 前から読んでもうしろから読んでも「渡したわ」。

がおとろえること。▽「祖母が老すいでなくなる」

ろうそく 糸などをしんにして、まわりをろうで細長くかためて作ったもの。火をともして明かりにする。

ろうでん【漏電】電線や電気器具から電気がもれること。

ろうと【漏斗】⬇じょうご

ろうどう【労働】からだや頭を使ってはたらくこと。▽「あせ水ながして労働する。肉体労働」

ろうどうしゃ【労働者】はたらいてお金をもらって生活している人。

ろうどうりょく【労働力】物を作りだすために必要な人間のはたらく力。

ろうどく【朗読】声を出し、文や詩などを読んで聞かせること。▽「詩を朗読する」

ろうにゃくなんにょ【老若男女】年よりも、若者も、男も女もすべて。

ろうにん【浪人】❶主人を持たない武士。ろう士。❷職のない人。❸入学試験におちて、次の試験をまっている人。▽「大学ろう人」

ろうばい あわてて、うろたえること。▽「うそがばれて、ろうばいする」

ろうばしん【老婆心】くどいほどこまごまと、人に世話をやくきもち。

ろうひ【浪費】時間やお金のむだづかい。▽「お金のろう費をつつしむ」

ろうほう【朗報】よい知らせ。▽「合格の朗報がとどく」

ろうぼく【老木】長い年数のたった木。

ろうや 悪いことをした人をとじこめておく所。ろうごく。

ろうりょく【労力】はたらく力。はたらき。▽「わずかの労力をおしむな」

ろうれん【老練】長い間、仕事やわざになれていて、上手なこと。▽「老練なかけひき」

ローカル 地方の。地方らしい。▽「ローカル放送」

ロータリー 駅前や交通のはげしい大通りの四つ角のまん中などに、こんざつを整理するために作った、まるくかこったところ。

[ロータリー]

ロードショー 新しい映画を見せること。

ロープ アサや、はがねの線をより合わせて、じょうぶに作った、つな。

ロープウエー 空中にはったロープに車体をつるして、人や物をはこぶ乗り物。空中ケーブル。

[ロープウエー]

ローマじ【ローマ字】昔、ローマで使われた、A・B・C・D…Zまでの二十六文字。ヨーロッパやアメリカのことばを書きあらわすのに使われている。⬇アルファベット

ローマすうじ【ローマ数字】昔、ローマで使った数字。今では時計などに使われるが、計算には使われない。Ⅰ・Ⅱ・Ⅴ・Ⅹ（＝1・2・5・10）など。

アラビア数字	ローマ数字
1	Ⅰ
2	Ⅱ
3	Ⅲ
4	Ⅳ
5	Ⅴ
6	Ⅵ
7	Ⅶ
8	Ⅷ
9	Ⅸ
10	Ⅹ
11	Ⅺ
12	Ⅻ

[アラビア数字とローマ数字]

ロール くるくると巻くこと。また、巻いたもの。▽「ロールケーキ」

ローン 銀行などがお金を貸すこと。元のお金にいくらか足して返すことが多い。▽「住宅ローン」

ろか【ろ過】液体などのまざり物をとりのぞいてきれいにすること。

ろく【六】1年 ロク む・むい・むっ・むっつ
むっつ。▼「六人。六大州」

六 六 六 六

ろく【録】4年 ロク —
しるすこと。▼「記録。収録」

録 録 録 録 録 録 録 録
（この形に注意）（水ではない）
●録音●録画●登録●付録

ログアウト インターネット上のネットワークや、コンピューターの接続を切って利用を終えること。⇔ログイン。

ログイン インターネット上のネットワークや、コンピューターを接続して利用できる状態にすること。⇔ログアウト。

ろくおん【録音】音を記録すること。

ろくが【録画】映像を記録すること。▼「テレビ映画の名作を録画する」

ろくがつ【六月】一年を十二にわけた月のうち、六ばん目の月。⬇国民の祝日（図）

ろくしょう【緑青】銅にできる緑色のさび。水と二酸化炭素のためにできる。

ろくだいしゅう【六大州】地球上の陸地を大きく六つに分けたもの。アジア・ヨーロッパ・アフリカ・北アメリカ・南アメリカ・オセアニアの六つの州。⬇世界（図）

ろくでなし 役に立たないだめな人。

ろくに 十分に。まんぞくに。▼「ろくに休む所もない」

ろくよう【六曜】こよみで、縁起がいい日か悪い日かをみるときなどに使う「先勝」「友引」「先負」「仏滅」「大安」「赤口」の六つの日。

先勝（せんしょう せんかち）	急な用などに吉だが午後は凶
友引（ともびき）	午前中・夕刻・夜は吉だが昼は凶で、葬式に悪い
先負（せんぶ せんまけ）	静かにしているのがよく、急な用などは避け、午後は大吉
仏滅（ぶつめつ）	移転・開店・新しい事業の開始など、すべて凶
大安（たいあん だいあん）	結婚や引っこし、旅行などすべてのことによい大吉日
赤口（しゃっく しゃっこう）	なにごとをするのも悪い凶日だが、正午のみは吉

ろくろ ぐるぐる回るしかけの台。台の上に、ねん土をのせ、台を回しながら、つぼなどを作りあげる。

［ろくろ］

ロケーション 映画をさつえい所の中でとらないで、じっさいの場所に出かけて行って、さつえいすること。ロケ。

ロケット 燃料をばく発させてできた、たくさんのガスをいきおいよくふき出させ、その反動でとぶしかけ。宇宙船などに使う。▼「宇宙ロケット」

ロゴ 会社や商品の名前の文字を、よくめだつように形や色をくふうしたもの。▼「ロゴマーク」

ろこつ【露骨】むきだしのままであること。ありのままにあらわすこと。▼「ろ骨にいやな顔をする」

ろじ【路地】家と家との間のせまい道。

ロシア ヨーロッパ東部からシベリアにおよぶ大きな国。首都はモスクワ。一九九一年までは、ソビエト連邦の中心だった。

ろしゅつ【露出】❶物がむきだしになって

さかさことば 前から読んでもうしろから読んでも「私負けましたわ」。

いること。❷人前にさらけだすこと。❸写真をとるときにシャッターを開いて、カメラの内部などに光を当てること。▽「ろ出計」

ろじょう【路上】道ばた。▽「紙くずを路上にちらすな。路上ちゅう車」

ロッカー かぎのかかる戸だな。▽「コインロッカー」

ロック かぎをかけること。▽「ドアをしめると自動的にロックがかかる」

ロック アメリカで生まれた、テンポが速くはげしいリズムを持った音楽。

ロッククライミング ロープなどを使って、けわしい岩ぺきをのぼること。

ろっこつ【ろっ骨】ほにゅう類の胸の部分をつつむようにまもっている十二対の骨。あばら骨。

ろてん【露天】屋根やおおいのない所。▽「ろ天ぶろ。ろ天商」

ろてん【露店】道ばたで品物をならべて売っている店。

ろば ウマのなかまの動物。ウマよりは小さく、耳が長い。力が強く、ウシやウマのように家ちくとして飼う。

ろばた【炉端】いろりのそば。炉辺。

ロビー ホテルや空港などで、入り口にある広いところ。休んだり、待ち合わせに使ったりする。

ロボット ❶機械じかけで動く人形。❷工場などで自動的にはたらく機械。❸自分の考えではなく、他人の考えどおりに動かされる人。

ロマンチック ゆめを見ているように美しいようす。▽「ロマンチックな絵」

ろめん【路面】道路の表面。▽「路面を走る電車」

ろん【論】6年 ロン

❶ものごとのわけについての意見や考え。▽「評論。世論」
❷意見をのべること。▽「論争。弁論」

左右に出ない

★「諭」ににているので注意

●論文●論より証拠●論理●論理的●議論●結論●言論●討論●理論

ロング 長さや時間が長いこと。▽「ロングブーツ」⇕ショート。

ろんじる【論じる】❶すじみちを立てて説明する。❷あることがらについて人と意見をたたかわす。

ろんそう【論争】たがいに意見をのべて争うこと。▽「はげしく論争する」

ろんぶん【論文】すじみちをたてて、意見や研究の結果をのべた文章。▽「卒業論文。研究論文」

ろんよりしょうこ【論より証拠】議論をするよりも、証拠をしめしたほうがものごとがはっきりするということ。▽「論より証拠、写真を見てくれ」

ろんり【論理】考えをすすめていくすじみち。▽「論理の通った話」

ろんりてき【論理的】考え方や議論のすじみちが通り、理くつに合っているようす。▽「論理的に説明する」

わ
ワ

わ【羽】 鳥を数えることば。▽「二羽のインコ」
⬇コラム

わ【和】3年 ワ・(オ)
(なごむ)・(なごやか)・
(やわらぐ)・(やわらげる)
❶おだやか。あらそいごとがない。▽「平和。温和」
❷なかよくすること。▽「調和」
❸たし算の答え。⇕差。
❹日本。日本でつくられたもの。▽「和漢。和服」

ニ千禾和和和

●和英●和音●和歌●和解●和菓子●和歌山県●和語●和紙●和室●和食●和風●和洋折衷●温和●中和●調和●平和●飽和

わ【話】2年 ワ
はなし・はなす
❶はなし。▽「童話。民話」
❷はなすこと。▽「話術。会話」

言言言言言計話話話話 右からはらう。千ではない

●話題●会話●手話●受話器●神話●説話●世話●対話●電話●童話●民話

わ【我】 自分自身のことをさすときに使うことば。▽「我が国。我が身」⬇【我】110ページ
●我が物顔●我が家

わ【輪】 ❶まるい形をした物。▽「花輪。指輪」❷長い物をまげて、まるくした物。❸車のわ。車輪。⬇【輪】748ページ
●輪切り●輪を掛ける●首輪

ワークシート 勉強用のプリント。問題などがのっている。

ワースト もっとも悪いこと。もっとも低いこと。最悪。最低。▽「ワーストスリー（悪い方から数えて三つ）にはいる。ワースト記録」

ワールド 世界。▽「ワールドチャンピオン」

ワイシャツ 男の人が背広の下に着る、えりとそでのついたシャツ。

ワイド 大きい。広い。▽「ワイド版」

ワイパー 自動車の前の窓についている、棒の形の装置。雨がふってきたら左右に動いてしずくをふき、前がよく見えるようにする。

ワイヤ ❶針金。❷電線。❸はがねの線をより

ことばのふしぎ ウサギの数え方

ネコを数えるときは、一ぴき、二ひきと数えますが、ウサギはなんと数えるでしょう。
ネコと同じように一ぴき、二ひきでもいいのですが、鳥を数えるように、一羽、二羽とも数えます。昔、寺のおぼうさんは四本足で歩く「けものの肉」を食べてはいけない決まりがありました。しかし、「鳥なら食べてもよい」となっていたので、ウサギを鳥だと言いはって、一羽、二羽と数えたからだと言われています。その数え方がいまだに残り、鳥ではないのに一羽二羽と数えられているそうです。

もっと学ぼう！
『ドラえもん はじめての数え方』はいろいろなものの数え方がのっている。「豆ふ」や「たんす」など難しい数え方に、ちょう戦してみよう！

なぞなぞ 寒い雪の日に山や木がかぶるぼうしはなんだ？ 答えは次のページ。

合わせて作った、じょうぶな、つな。ワイヤロープ。

わいろ 利益を得ようとして、関係のある人にこっそりとおくるお金や品物。そでの下。

わいわい おおぜいの人が大きな声でさわぐようす。▽「わいわいとやかましい」

ワイン ブドウの実からつくった酒。ぶどう酒。

わえい【和英】 ❶日本とイギリス。❷日本語と英語。❸日本語を英語であらわした辞典。和英辞典。↕英和。

わおん【和音】 高さのちがう二つ以上の音を同時に鳴らしたときに出る音。

わか【和歌】 日本に古くからある詩で、五音と七音を組み合わせたもの。長歌・短歌・せどう歌などがある。今では短歌のことをいう。

わかい【若い】 ❶年をとってない。年が少ない。▽「若い女性。母は父より三つ若い」❷草木がはえて、間がない。❸元気がいい。▽「いつも気が若い」❹みじゅくである。▽「考えがまだ若い」⬇【若】312ページ

わかい【和解】 なかなおりすること。和ぼく。▽「あいてと和解する」

わかぎ【若木】 はえてから、何年もたっていない木。▽「サクラの若木」

わかくさ【若草】 春に芽を出してまもない、若々しい草。

わがし【和菓子】 まんじゅう・ようかん・だんご・らくがんなどの、日本風のおかし。↕洋菓子。

[和菓子]

わかす【沸かす】 ❶水などをにえたたせる。▽「湯をわかす」❷心をわきたたせる。▽「血をわかす」

わかちあう【分かち合う】 分け合う。▽「喜びを分かち合う」

わかつ【分かつ】 ❶くべつしてはなすようにする。▽「文の切れ目を分かつ」❷区切る。▽「土地を分かつ」❸分けてくばる。▽「もうけを分かつ」⬇【分】622ページ

わかて【若手】 若くて、はたらきざかりの人。▽「若手のかつやくが目立つ」

わかば【若葉】 芽を出してまもない葉。▽「若葉がしげる」

わがまま 人のことは考えずに、自分勝手にふるまうこと。身勝手。▽「わがままを言う」

わかめ 陸の近くの浅い海にはえる海そう。こい茶色で、フリルのような形をしている。みそしるなどに入れて食べる。

わかもの【若者】 年の若い人。青年。

わがや【我が家】 自分のすむ家。自分の家庭。▽「我が家に帰る」

わかやまけん【和歌山県】 近畿地方にある県。山地が多く気候があたたかいので、ミカン・ハッサク・カキ・ウメ作りがさかん。県庁は和歌山市にある。⬇都道府県（図）

わかる【分かる】 ❶はっきり知れる。▽「答えがわかる」❷ものごとのわけや人の気持ちなどをよくのみこむ。▽「話のわかる人」⬇【分】622ページ

わかれ【別れ】 別れること。▽「別れを告げる」

わかれる【分かれる】 ❶一つのものが二つ以上にはなれる。▽「道が分かれる」❷くべつがつく。▽「勝敗が分かれる」⬇【分】622ページ

わかれる【別れる】 いっしょだった人が、はなれてべつべつになる。▽「友と別れる」⬇【別】628ページ

わかわかしい【若若しい・若々しい】 たいへん若く見える。⬇「々」は同じ文字をくり返すという意味のおどり字という記号。▽「若々しい声」

わき ❶胸の両がわで、かたと、うでの下の所。また、衣服でそこに当たる所。❷かたわら。そば。▽「テーブルのわき。団地のわきにあ

る公園」

わきあいあい【和気あいあい】なごやかな気持ちがあふれているようす。▽「和気あいあいと話し合う」

わきあがる【沸き上がる】❶水がにえたつ。❷さかんにおこる。▽「よろこびの声がわき上がる」

わきかえる【沸き返る】❶よくにえたつ。❷さわがしくなる。▽「スタンドがわき返る」

わきまえる ❶よい悪いがわかる。▽「よしあしをわきまえる」❷理解する。こころえる。▽「礼儀をわきまえる」

わきめもふらず【わき目も振らず】よそ見をしないで、いっしょうけんめいなようす。▽「わき目もふらず走る」

わきやく【わき役】劇や映画で主役をたすける役。▽「わき役を演じる」⇔主役。

わぎり【輪切り】まるくて長い物を横に切ること。▽「ダイコンの輪切り」

わく【枠】❶ものをかこむ、かこいや、ふち。▽「まどのわく」❷四方をかこむ線。❸はんい。▽「予算のわく」

わく【沸く】❶水などが熱くなる。▽「湯がわく」❷さわぎたてる。▽「会場がわく。人気がわく」

わく ❶水が地中から出る。❷虫などが発生する。▽「ボウフラがわく」

わくせい【惑星】太陽のまわりを回っている星。水星・金星・地球・火星・木星・土星・天王星・海王星の八つ。遊星。⇔恒星。⬇太陽系（図）

ワクチン 病気のもとになる菌から作る薬。弱めた菌を注射して、からだの中に病気をふせぐ力をつくる。▽「インフルエンザのワクチン」

わくわく 心がおちつかないようす。▽「胸がわくわくする」

わけ【訳】❶ことばの意味。▽「ことばの訳」❷原因。理由。▽「どうしてしかられたのか、訳がわからない」❸ものの道理。▽「訳のわからない人」❹とくべつの事情。▽「訳を聞く」⬇【訳】709ページ ●訳はない●言い訳●内訳

わけへだて【分け隔て】あいてによって、とりあつかいがちがうこと。▽「だれとでも分けへだてなくあそぶ」

わけまえ【分け前】分けてとること。分けてとるお金やもうけ。▽「利益の分け前をもらう」

わける【分ける】❶全体をいくつかにする。べつべつにする。▽「リンゴを三つに分ける」❷くばる。▽「用紙を分ける」❸左右にどける。▽「しげみを分ける」⬇【分】622ページ

わご【和語】日本人が昔から使ってきたことば。やまとことば。「はな」「うみ」「うれしい」など。

わゴム【輪ゴム】輪の形をしたゴム。

ワゴン ❶車輪のついた台。荷物を運ぶのに使う。台車。❷たくさんの人や荷物がのるように作られた車。▽「ワゴン車」

わざ【技】❶うでまえ。技術。▽「技をきそう。技をみがく」❷すもうなどのきまり手。▽「投げ技」⬇【技】158ページ

わざ【業】❶おこない。すること。▽「軽業」❷仕事。職業。▽「商いを業とする」⬇【業】176ページ

わざと しぜんにそうなるのではなく、そうしようと考えて。わざわざ。故意に。▽「わざと負ける」

わさび アブラナのなかまの草。地下にのびた太いくきは、からく、強いかおりがある。すりおろして、さしみなどにそえる。

わざわい【災い】その人にとってよくない出来事。さいなん。▽「災いをまねく」⬇【災】261ページ

わざわざ ❶とくべつに。▽「わざわざお見おくり、ありがとう」❷わざと。▽「わざわ

前のページの答え⇒「わたぼうし」

ざ、水をかける」

わし【和紙】 日本で昔から作られている紙。コウゾ・ミツマタの木から作る。日本紙。

わし からだが大きく、くちばしやつめが、するどい鳥。小鳥や魚、ウサギなどをとって食べる。イヌワシ・オオワシ・オジロワシなど。

わしつ【和室】 たたみをしいた部屋。日本間。⇕洋室。⬇床の間（図）

わしづかみ ワシがつめでつかむように、あらっぽく物をつかみとること。

わしょく【和食】 日本風の食事。日本料理。⇕洋食。⬇洋食（図）

わずか ほんの少し。ちょっと。▼「わずかなお金。わずかな時間」

わずらう【患う】 病気になる。▼「胸をわずらう」

わずらう【煩う】 なやみ苦しむ。▼「将来のことを思いわずらう」

煩う
患う
［患うと煩う］

わずらわしい【煩わしい】 ❶心がなやまされる。❷めんどうくさい。▼「わずらわしい仕事」

わずらわす【煩わす】 ❶苦しめ、なやます。▼「心をわずらわす」❷めんどうをかける。▼「親の手をわずらわす」

わすれもの【忘れ物】 うっかり置いてきてしまった物。

わすれる【忘れる】 ❶おぼえていたものが思い出せなくなる。▼「あいての名前を忘れる」❷うっかりして気づかない。▼「時のたつのも忘れる」❸うっかりして物をおいてくる。▼「ぼうしを学校に忘れる」⬇【忘】636ページ

わた【綿】 ❶実から、せんいをとる植物。実がじゅくすと割れ、中に白いふわふわした毛のようなものがある。これが綿花で、糸やめんの織物を作る。ふとんにも入れる。❷綿のようなもの。▼「綿雲」⬇【綿】696ページ

わだい【話題】 話の中心になることがら。▼「話題がつきない」

わだかまり 気にかかることがあって、すっきりしないこと。▼「二人の間のわだかまりがとける」

わたくし【私】 ❶自分をさすときの、ていねいなことば。▼「私の家は東京にあります」❷自分だけに関係したこと。おおやけでないこと。▼「私事」⇕公。⬇【私】284ページ

わたぐも【綿雲】 ふわふわした綿のような雲。積雲。⬇雲（図）

わたげ【綿毛】 わたのようにやわらかい毛。▼「タンポポの綿毛」

わた毛
［タンポポの綿毛］

わたし【私】 自分をさすことば。「わたくし」よりも、ふつうの言い方。⬇【私】284ページ

わたしたち【私たち】 自分をふくめたなかまをさすことば。▼「私たちの学校」

わたしぶね【渡し船】 川や湖などで、人や物をむこう岸へはこぶ船。

わたす【渡す】 ❶むこうにとどける。▼「船で人をわたす」❷またがらせる。かける。▼「橋をわたす」❸さずける。▼「お金をわたす」

わだち 通った車の輪のあと。

わたぼうし【綿帽子】 ❶結こん式の時に着物すがたの花よめがかぶる白いかぶりもの。❷山や木に雪が積もって、白いぼう子をかぶったようにみえること。▼「けさは庭の木も綿ぼう子をかぶっている」

わたりあるく【渡り歩く】 きまった所におちつかず、あちこちうつり歩いて生活する。▼「各地をわたり歩く」

わたりどり【渡り鳥】 季節によってすむ所

をかえる鳥。ツバメ・ガン・ハクチョウ・ツグミなど。⇔留鳥。

わたりにふね【渡りに船】川をわたろうとしていたら船が来るように、ちょうどよい時にめぐり合うこと。

わたりろうか【渡り廊下】二つのたてものをつないでいるろうか。

わたる【渡る】❶水の上をこえてむこうへいく。▽「川をわたる」❷こちらからむこうへうつる。▽「人の手にわたる」❸生きていく。▽「世の中をわたる」

ワックス スキーの板、自動車、ゆかなどのすべりをよくしたり、つやを出したりするためにぬる、ろう。

ワット 電力の単位。一ワットは、一ボルトの電圧で一アンペアの電流が一秒間に出す力。記号は「W」。

ワッペン ブレザーコートの胸などにはりつけるかざり。フェルトなどに、もようをぬいとりしたもの。

わな ❶動物をおとしいれてとらえるしかけ。❷人をだますけいりゃく。

わなげ【輪投げ】棒などを立て、はなれたところからその棒をめがけて輪を投げ入れる遊び。

わに 大きなあごとするどい歯を持つ、は虫類の動物。熱帯の川やぬまにすみ、魚・水鳥・ほにゅう動物を食べる。

わびしい ❶しずかでさびしい。▽「わびしい冬景色」❷心細い。▽「わびしい一人暮らし」❸まずしい。みすぼらしい。▽「わびしいくらし」

わびる あやまる。▽「不注意をわびる」

わふう【和風】日本の昔からあるやり方。日本式。▽「和風建築」⇔洋風。

わふく【和服】着物・はおり・はかまなど、日本風の衣服。⇔洋服。↓振り袖（図）

わめく 大声をあげる。

わようせっちゅう【和洋折衷】日本風と西洋風の両方をほどよくとりいれてあること。

わら イネや麦のくきをかわかした物。なわ・たわら・むしろなどを作る。

わらいころげる【笑い転げる】あまりにもおもしろいので、転がるようにして笑う。笑いこける。▽「腹をかかえて笑い転げる」

わらう【笑う】❶よろこび・楽しさ・おかしさなどによって声をたてる。▽「大声で笑う」❷ばかにする。あざける。そしる。▽「失敗を笑う」↓【笑】331ページ

●笑う門には福来たる

わらうかどにはふくきたる【笑う門には福来たる】いつも笑って明るくくらしている人の家には、ひとりでに幸せがやってくるということ。

わらじ わらをあんで作ったはき物。

わらび シダのなかまの植物。山や野に生える。春から夏のはじめに出る、先がまるまった若い葉は、食べられる。

ワラビー カンガルーの仲間で、カンガルーよりも小さい動物。

わらぶき ワラで作った屋根。

わらべ【童】小さい子供。おさな子。▽「童歌」↓【童】490ページ

わらべうた【童歌】昔から、子供たちにうたわれてきた歌。子もり歌・手まり歌・あそび歌・お正月の歌など。童よう。

［ワラビー］

［わらぶき］

なぞなぞ 犬にかじりついた子はどんな子？ 答えは次のページ。

わり【割】❶わりあい。▽「割がいい仕事」❷十分の一。▽「百円の一割は十円」⬇【割】134ページ
●割合●割に●割引●役割

わりあい【割合】❶物と物との関係や大小のひかくを数であらわしたもの。▽「一月に二回の割合で東京に行く」❷ほかとくらべてみると。▽「年の割合にはしっかりしている」❸思ったよりも。わりに。▽「割合早くすんだ」

わりあてる【割り当てる】❶分けてくばる。❷うけもちをきめる。▽「係を割り当てる」

わりきる【割り切る】❶わり算で、あまりが出ないように割る。❷一つの見方でものを考え、はっきりときめてしまう。▽「これも約束したことだと割り切る」

わりこむ【割り込む】むりにおしわけて入る。▽「列に割りこむ」

わりざん【割り算】一つの数が、ほかの数の何倍にあたるかを見つけ出す計算。除法。⇕掛け算。

わりだす【割り出す】❶計算して答えを出す。❷あることから、考えを引き出す。▽「結論を割り出す」

わりに【割に】思ったよりも。割合に。▽「試験は、割にやさしかった」

わりばし【割り箸】使うときに、われ目を割って二本にする、はし。

わりびき【割引】きめられたねだんよりいくらか安くすること。▽「割引券」⇕割り増し。

わりふり【割り振り】割り当てること。▽「そうじ当番の割りふり」

わりまし【割り増し】きまったねだんよりも、ある割合で高くすること。▽「割り増し料金」⇕割引。

わる【割る】❶一つの物を、二つ以上に分ける。▽「茶わんを割る」❷こわす。▽「どら焼きを割る」❸まぜてうすくする。▽「水で割る」❹うち明ける。▽「腹を割って話す」❺わり算をする。▽「六割る二」❻ある数より下になる。▽「千円を割るねだん」⬇【割】134ページ

わるあがき【悪あがき】あきらめきれないで、むだなほねおりをすること。▽「いくら悪あがきしてもだめだ」

わるい【悪い】❶正しくない。れいぎやきまりからはずれている。▽「悪い行い。悪いことをする」⇕善い。良い。❷よくない。▽「きげんが悪い。からだに悪い。天気が悪い」❸すまない。もうしわけない。▽「悪いけれど、少しまってください」❹おとっている。▽「成績が悪い」⬇【悪】10ページ

わるがしこい【悪賢い】悪いことをすることに、ちえがよくはたらく。

わるぎ【悪気】いじわるな心。悪い心。▽「悪気のないいたずら」

わるくち【悪口】人を悪く言うこと。また、そのことば。▽「悪口を言う」

わるさ【悪さ】悪い行い。いたずら。▽「悪さをしてはいけない」

わるだくみ【悪巧み】よくないけいりゃく。▽「悪だくみがばれる」

わるぢえ【悪知恵】悪いことをするときに、はたらくちえ。

ワルツ ヨーロッパではじまった、四分の三びょうしのおどりの曲。また、そのおどり。円舞曲。

わるびれる【悪びれる】気おくれがして、おどおどする。▽「悪びれたたいど」

わるもの【悪者】悪いことをする人。悪人。▽「悪者をこらしめる」

われ【我】自分自身をさすときに使うことば。⬇【我】110ページ
●我先に●我ながら●我に返る●我々●我を忘れる

われさきに【我先に】自分が先になろうと

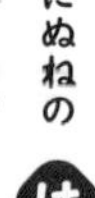

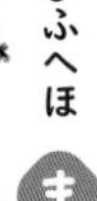

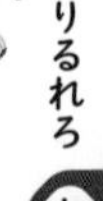

あらそって。我勝ちに。▼「我先ににげる」

われながら【我ながら】自分のことであるが。自分で自分のしたことを思うと。▼「雪道でつるりとすべって、我ながらはずかしかった」

われにかえる【我に返る】ぼんやりしたり、気をうしなっていたのがふつうにもどる。はっと気がつく。

われめ【割れ目】さけている所。▼「氷の割れ目」

われる【割れる】❶こわれる。▼「ガラスが割れる」❷分かれる。▼「意見が割れる」❸明らかにされる。▼「犯人が割れる」❹わり算でわりきれる。⇒【割】134ページ

われわれ【我我・我々】自分をふくめたなかまを、いうことば。⇒「々」は同じ文字をくり返すという意味のおどり字という記号。▼「我々の空き地」

われをわすれる【我を忘れる】ものごとにむちゅうになる。▼「我を忘れて、童話に読みふける」

わをかける【輪を掛ける】❶もののていどを、いっそうひどくする。▼「弟は兄に輪をかけていたずらだ」❷おおげさに言う。▼「話に輪をかける」

わん【湾】海が陸地に深く入りこんでいる所。▼「東京湾」

わんきょく【湾曲】弓の形にまがっていること。▼「背骨がわん曲する」

わんしょう【腕章】うでにまいたり、つけたりする、しるし。▼「週番のわん章」

ワンタッチ 一度手でさわること。また、一度さわっただけでかんたんに機械などを動かすことができるしくみ。▼「ワンタッチで開くドア」

わんぱく【腕白】わがままで、いたずらなこと。また、そのような子供。▼「わんぱくぼうず」

ワンピース 女の人の洋服で、上と下がつながっているもの。

ワンマン ❶ほかの人の意見を聞かないで、なんでも自分の思う通りにする人。❷ほかのことばの上について、「ひとりで」「ひとりだけの」という意味をあらわすことば。▼「ワンマンカー」

わんりょく【腕力】❶うでの力。▼「わん力が強い」❷力でものごとをきめること。▼「わん力をふるう」

わんわん ❶イヌの鳴き声をあらわす語。▼「イヌがわんわんほえる」❷人が大きな声で泣くようすをあらわす語。▼「こどもがとつぜんわんわん泣き出した」

を

を ことばの後ろについて、動作の目的・場所・方向などをあらわす。「を」と書くが、「お」と発音する。▼「字を書く。右をむく」

ん
ン

ん ことばの後ろにつけて、うちけしの意味をあらわす。▼「わたしは行きません。まだ帰りません。知らん顔」

ンゴロンゴロほぜんちいき【ンゴロンゴロ保全地域】アフリカのタンザニアという国にある自然保護地域。世界遺産。野生のゾウ、ライオン、ヒョウなどがいる。

ンジャメナ チャドという国の首都。

[ンゴロンゴロ保全地域]

前のページの答え⇒「わん白（ワン、パクッ）な子」

こたえ

588ページ

ひとふでがきで
かけるかな?

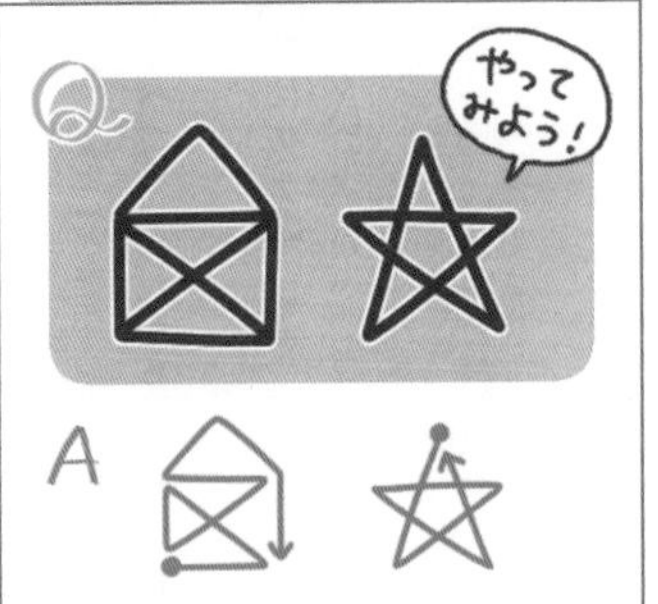

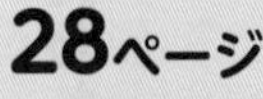

28ページ

「た」をぬいて
よむとわかるよ

たおたたしたいた
たたれたたにたた
どたたらたたたた
たたたたやたたき

たぬきより

363ページ

たどり着けるか
挑戦してみてね!

645ページ

だれがかくれて
いるかな?

表紙イラスト／たちもとみちこ（colobockle）

イラスト／たちもとみちこ（colobockle）、山口達也、髙橋雅子、サノマリナ、倉本ヒデキ、ツク之助、北沢優子、イトウソノコ、てづかあけみ、まえじまふみえ、見杉宗則、斉藤ロジョコ、勝部浩明、まるやまひとみ、TOKUMA（bowlgraphics）

コラム原稿／神永曉

原稿／小林澄子、吉田暁子

校正／日本レキシコ、鷗来堂、牧野昭仁、兼古和昌

写真／おくやまひさし、朝倉秀之、広瀬雅俊、岡田博

写真協力／ヤマハ株式会社、中央宝石研究所、Cheong Fatt Tze Mansion、株式会社トンボ楽器製作所、レゴジャパン株式会社、倉本みか、小室登志和

楽譜浄書／南舘健

特別協力／小川直之（國學院大學教授）

協力／森田康夫、佐藤正幸、ハンガイ・アルガイスフ、薮田紗香、近藤重人、深谷桃圭、大塚ひかり、寺田正（寺田医院）、北川吉隆、大藪百合、福井綾子（にじいろ幼児教室）、李相英（炭火焼ホルモンかぶん）、阪場光子（みつこ音楽教室）、吉田憲明（代々木クリスタル歯科）、村山のぞみ、石岡さくよ、永田健児、永田寛樹、千賀由佳、渡邉真央、加納隼人、長尾智一郎（colobockle）

表紙デザイン／佐野研二郎・橋本尚太・香取有美（MR_DESIGN）

本文デザイン／鈴木正明・松本多津子（ロデンツ）

組版／株式会社DNPメディア・アート

販売／窪康男、北森碧、福島真実

宣伝／野中千織

制作／望月公栄、斉藤陽子

編集／大野美和

9ページ

「動物の赤ちゃんのひみつ」写真さつえい日

コウテイペンギン
2016年12月21日さつえい

ライオン
2017年10月2日さつえい

ジャイアントパンダ
2015年7月3日さつえい

写真協力：アドベンチャーワールド

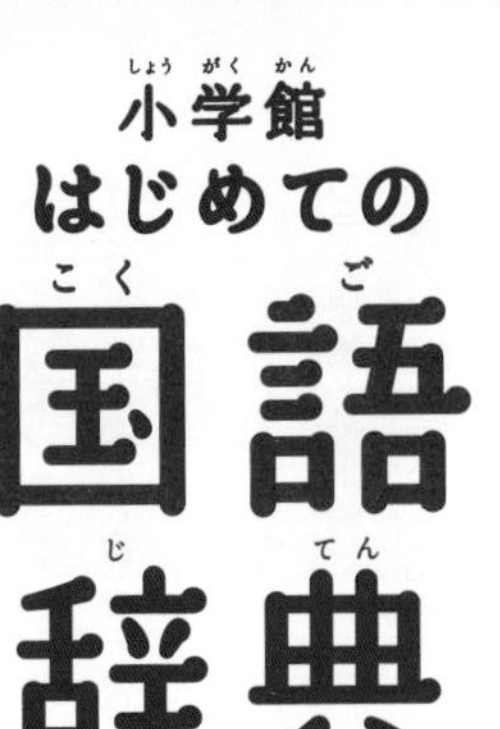

2021年２月22日　初版第１刷発行
2023年12月13日　第４刷発行

編集　小学館 国語辞典編集部
発行人　吉田 兼一
発行所　株式会社 小学館
〒101－8001
東京都千代田区一ツ橋 2－3－1
電話　編集 (03)3230－5170　販売 (03)5281－3555
印刷所　大日本印刷株式会社
製本所　株式会社 若林製本工場

ISBN 978-4-09-501807-2

JASRAC 出 2007926-304

★小学館の辞書公式ウェブサイト「ことばのまど」　https://kotobanomado.jp/

なかったことば一覧

この辞典で、ことばを探してもみつからなかった時に書いておきましょう。

ことば	漢字	みつけたところ

ことば	漢字	みつけたところ